中国铁建年鉴

CHINA RAILWAY CONSTRUCTION CORPORATION LIMITED YEARBOOK

2015

《中国铁建年鉴》编委会 编

图书在版编目（CIP）数据

中国铁建年鉴. 2015 / 《中国铁建年鉴》编委会编.
—北京：中国经济出版社，2018.6
ISBN 978－7－5136－5155－4
Ⅰ. ①中… Ⅱ. ①中… Ⅲ. ①铁建工程－中国－2015－年鉴 Ⅳ. ① F532.3-54
中国版本图书馆CIP数据核字（2018）第066569号

中国铁建年鉴（2015）

责任编辑：郑　潇　李玄璇
责任印制：马小宾

出版发行：中国经济出版社
承　　印：北京富泰印刷有限责任公司
经　　销：各地新华书店
开　　本：787mm × 1092 mm　1/16
印　　张：44.5
插页印张：2.25
字　　数：1650千字
版　　次：2018年6月第1版
印　　次：2018年6月第1次印刷
定　　价：300.00元
广告经营许可证：京西工商广字第8179号

中国经济出版社　**网址** www.economyph.com　**社址** 北京市西城区百万庄北街3号　**邮编** 100037
本版图书如存在印装质量问题，请与本社发行中心联系调换（联系电话：010-68330607）

《中国铁建年鉴》编委会

编 辑 工 作 人 员

编辑说明

一、《中国铁建年鉴》是一部概览中国铁建系统各方面情况的综合性、资料性工具书，1993 年创刊，逐年连续出版，本期年鉴为第 23 卷。全书全面、系统地反映 2014 年度中国铁建的基本概貌、改革发展、施工生产、经营管理、科技教育、党群工作等方面取得的新成果、新经验以及重要活动信息。

二、本年鉴内容采用文章、条目、图片、表格等表现形式。年鉴体例采用分类编辑法，全书由类目、分目、条目 3 个层次组成，个别类目如“工程施工”“党的工作”，为表述清楚设次分目。本期年鉴设类目 16 个，类目下设分目 73 个、次分目 39 个、条目 1801 条、表格 94 份、文章 9 篇。

三、本年鉴注重图片资料收录，以彩页和压题、补白的形式编录，力求全书图文并茂地反映企业的发展历程。

四、本年鉴稿件由中国铁建总部机关各部门及所属各单位提供，并经其主管领导审核把关。年鉴文章、条目、图表中涉及的一些数据，是不同口径、不同渠道提供的，如有矛盾之处，应以经营计划和财务部门提供的数据为准。

五、本年鉴根据行文实际需要，单位名称全称和简称并用。

六、本年鉴卷首有详细的目录，卷末有按汉语拼音顺序排列的主题分析索引，文中所有信息均可由目录、索引、书眉检索。

七、本年鉴坚持“质量第一、读者第一、服务第一”的宗旨，从年鉴内容到格式均按《编辑出版法规手册》等有关规定进行规范。如有疏漏不当之处，欢迎提出宝贵意见。

八、《中国铁建年鉴》的编辑出版，得到中国版协年鉴工作委员会、中国经济出版社和兄弟单位的指导、帮助，得到中国铁建系统各级领导、部门的关心、支持，得到各单位史志工作者的密切配合，我们在此一并致谢。

2014年7月21日，国家主席习近平在委内瑞拉进行国事访问期间，在委内瑞拉总统尼古拉斯·马杜罗陪同下，到中铁十七局集团公司承建的委内瑞拉加拉加斯社会住房蒂乌娜项目工地视察，鼓励大家建好住房，促进两国友谊。图为习近平主席与马杜罗总统走进蒂乌娜项目工地。

（高大琦 摄）

2014年7月3日，中共中央政治局常委、国务院总理李克强到湖南长沙南站视察中国铁建参建的沪昆高速铁路项目，观看DWL-48连续走行捣固稳定车作业，对高铁建设者说，“你们干的这番事业很了不起，正在创造中国新的速度，是国家的大功臣”。（新华社 供稿）

2014年12月31日，中共中央政治局委员、广东省委书记胡春华（前右一）到中铁十二局集团公司承建的广东龙怀高速公路中洲河施工现场调研。

（贾鹏翼 摄）

2014年6月20日，福建省委书记尤权（前右二）到中国铁建大桥工程局集团公司福平铁路项目检查指导工作。（王 鹏 提供）

2014年5月14日，云南省委副书记、省长李纪恒（前右五）到中国铁建参建的昆明南站项目调研。

（姚 兰 提供）

2014年5月6日，青海省委副书记、省长郝鹏（前右二）到中国铁建参建的西格铁路二线关角隧道项目调研。

（杨多军 提供）

2014年12月28日，江苏省省长李学勇（右一）到中铁十四局集团宁启铁路复线工地调研。

（梁 勇 摄）

2014年4月30日，江西省委书记强卫（前中）到中国铁建大桥工程局集团承建的南昌胡惠元堤延伸段道路项目调研。（于得水 摄）

2014年 1月29日，中国铁建股份有限公司董事长、党委书记孟凤朝率队专程前往塞内加尔驻华大使馆，拜会塞内加尔驻华大使阿卜杜拉耶·法勒将军阁下。

（孙利民 摄）

2014年9月8日，中国铁建股份有限公司执行董事、副总裁、总经济师扈振衣（左三）拜会在天津出席2014年夏季达沃斯论坛的塞尔维亚总理武契奇。 （张 岩 提供）

2014年3月8日，中国铁建与徐州市人民政府在铁建大厦举行战略合作框架协议签字仪式。

（刘建国 摄）

2014年7月25日，中国铁建与鞍钢集团战略合作框架协议在鞍钢会展中心正式签署。（刘英才 摄）

2014年10月24日，中铁第一勘察设计院集团公司与巴基斯坦国家工程咨询公司NESPAK在巴基斯坦驻华大使馆签订战略合作协议。

（丁 洋 提供）

中铁十四局集团公司在南京长江隧道施工中完成的“高水压浅覆土复杂地形地质超大直径长江盾构隧道成套工程技术”获2014年度国家科技进步二等奖。

（刘德君 提供）

中铁二十局集团公司在兰新高速铁路祁连山隧道施工中破解碎屑流地质、软岩极高地应力大变形地质、超大规模突水突泥突石灾害等世界级高原高速铁路隧道施工难题。图为2014年5月1日，兰新高速铁路祁连山1号隧道贯通现场。

（罗忠坚 摄）

中铁十九局集团公司在兰渝铁路胡麻岭隧道施工中采用“双侧壁九步开挖法”“CRD六步开挖法施工”“真空降水”“双液回退劈裂注浆”等新技术新工艺，攻克突水涌砂的“国内罕见，世界难题”。

（杨秀权 摄）

北京地铁八通线

沈阳地铁1号线

上海崇明越江通道（长江隧桥）

西安至安康铁路秦岭Ⅰ线隧道

新建青藏铁路格尔木至拉萨段

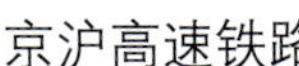

京沪高速铁路

大秦铁路

武汉天兴洲公铁两用长江大桥

兰武铁路二线乌鞘岭特长隧道

◀武广铁路客运专线武汉站

▶武汉长江隧道

◀南京地铁1号线一期工程

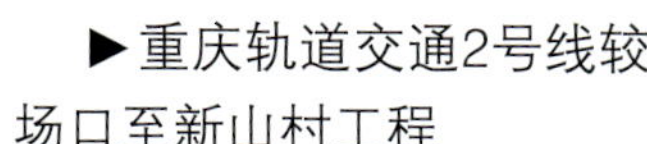

▶重庆轨道交通2号线较场口至新山村工程

中铁第四勘察设计院集团公司勘察设计，中铁十七、十八、十九、十六、十二、十四、十五、十一、二十四局和中铁建设集团公司参建，甘肃铁一院工程监理公司、北京铁城监理公司监理的京沪高速铁路工程获第十二届中国土木工程詹天佑奖。

（孙进修 提供）

中铁第四勘察设计院集团公司勘察设计的南京南站站房工程获第十二届中国土木工程詹天佑奖。

（崔喜利 提供）

中国铁建大桥工程局集团公司承建的沪蓉西高速公路支井河特大桥工程获第十二届中国土木工程詹天佑奖。

（李仕兵 摄）

中铁十二、十八局集团公司和中铁第一勘察设计院集团公司、中铁二十一局集团三公司参建的秦岭终南山公路隧道工程获第十二届中国土木工程詹天佑奖。（张　诚 提供）

▶中铁十六、十八、十九局集团公司参建，甘肃铁一院工程监理公司监理的青岛胶州湾海底隧道工程获第十二届中国土木工程詹天佑奖。（王强强 摄）

◀中铁十八局集团公司参建的北京地铁大兴线工程获第十二届中国土木工程詹天佑奖。（阎世杰 提供）

中铁十六局集团公司承建的北京地铁10号线国贸站工程获第十二届中国土木工程詹天佑奖。（成海忠 摄）

中铁十九局集团一公司参建的山东华电莱州电厂“上大压小”新建工程获2013—2014年度国家优质工程金质奖。

（邢丽杰　提供）

中铁第四勘察设计院集团公司勘察设计的京沪高速铁路DK950+039-DK1148+522.48段综合工程获2013—2014年度国家优质工程奖。

（崔喜利　提供）

中铁第一勘察设计院集团公司勘察设计，中铁建设集团公司承建的哈大铁路客运专线长春西站站房及站台雨棚工程获2013—2014年度国家优质工程奖。　（张孟桥　提供）

中铁第四勘察设计院集团公司勘察设计，中铁十八局集团公司承建的新建铁路石家庄至武汉客运专线驻马店特大桥工程获2013—2014年度国家优质工程奖。（张启山 提供）

中铁二十四局集团公司承建的南通市江海大道西段快速化改造工程获2013—2014年度国家优质工程奖。（文 雄 摄）

中铁十一局集团公司承建的福建省浦城（闽浙界）至南平高速千米A合同（浦城）段综合工程获2013—2014年度国家优质工程奖。（肖秀珠 摄）

中铁十七局集团公司承建，甘肃铁一院工程监理公司监理，中铁十八、十九局集团公司参建的新建京沪高速铁路天津特大桥工程获2013—2014年度国家优质工程奖。（杨秀权 摄）

中铁建设集团公司承建，中铁二十局、二十三局、中国铁建大桥工程局集团公司参建的哈尔滨铁路枢纽新建哈尔滨西客运站工程获2013—2014年度国家优质工程奖。（袁 鹏 摄）

中铁十四局集团五公司承建的厦门至成都国家高速公路湖南段汝城（湘赣界）至郴州高速公路山店江特大桥工程获2013—2014年度国家优质工程奖。（杨战勇 提供）

中铁第四勘察设计院集团公司勘察设计，铁四院（湖北）工程监理咨询公司监理，中铁二十、二十四局集团公司参建的昌九城际铁路永修特大桥工程获2013—2014年度国家优质工程奖。

（张启山 提供）

中铁二十局集团六公司承建的天津西站交通枢纽配套市政公用工程南广场及公共换乘区工程获2013—2014年度国家优质工程奖。（刘文君 提供）

中铁城建集团公司承建的京沪高速铁路济南西站站房工程获2013—2014年度国家优质工程奖。

（熊国青 提供）

中铁十五局集团公司承建的深圳地铁2号线东延线后海停车场综合工程获2013—2014年度国家优质工程奖。

（郑凤华 摄）

中铁十五局集团四公司承建的邯郸市人民路—东环路全互通立交桥工程获2013—2014年度国家优质工程奖。

（党国栋 摄）

中铁二十二局集团公司参建的新建京石铁路客运专线永定河特大桥工程获2013—2014年度国家优质工程奖。

（罗小慧 提供）

中铁十六、十八局和中国铁建大桥局、电气化局集团公司参建的天津地铁3号线工程获2013—2014年度国家优质工程奖。 （阎世杰 提供）

中铁第四勘察设计院集团公司勘察设计、中铁十一局集团公司承建、北京铁城建设监理公司监理的汉宜铁路沉湖汉江特大桥工程获2013—2014年度国家优质工程奖。

（张启山 提供）

中铁第四勘察设计院集团公司勘察设计、中国铁建电气化局集团公司承建的新建武汉至宜昌铁路四电系统集成及相关工程获2013—2014年度国家优质工程奖。

（邵澎 提供）

中铁十一、十七、十九局集团公司参建的武汉轨道交通2号线一期工程被评为2014年度全国市政金杯示范工程。（周 鹏 摄）

▶中铁二十四局集团公司参建的重庆轨道交通6号线（红土地车站—礼嘉车站段）工程被评为2014年度全国市政金杯示范工程。（文 雄 提供）

◀中国铁建大桥工程局集团一公司承建的大连普湾新区十四号路跨海桥工程（2标段）被评为2014年度全国市政金杯示范工程。（林君德 提供）

中国铁建大桥工程局集团三公司承建的牡丹江市东四跨江桥项目二期阳明泡大桥工程被评为2014年度全国市政金杯示范工程。（吕成林 摄）

中铁建设集团公司承建的宁波站工程获中国钢结构金奖。（叶晓华 提供）

中铁建设集团装饰分公司承建的中国铁道建筑总公司工程技术研发基地科研楼获2013—2014年度全国建筑工程装饰奖（公共建筑装饰类）。（陈 盼 提供）

2014年7月25日，中国铁建组织实施的土耳其安卡拉至伊斯坦布尔高速铁路项目二期工程通车。图为土耳其安伊高铁通车现场。

（张天鉥　摄）

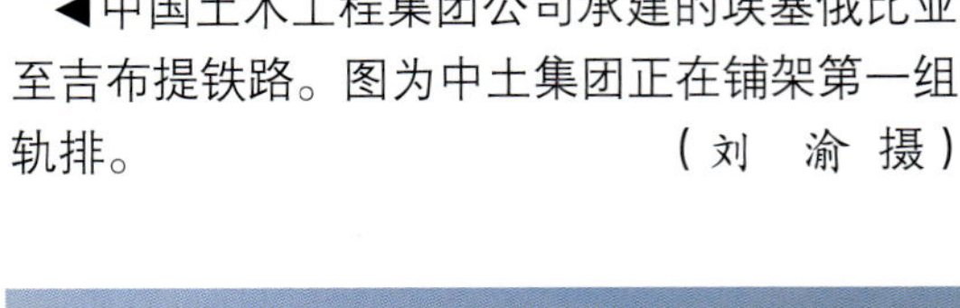

◀中国土木工程集团公司承建的埃塞俄比亚至吉布提铁路。图为中土集团正在铺架第一组轨排。（刘　渝　摄）

▶中铁二十局集团公司采用中国标准在海外一次性建成的最长铁路——安哥拉本格拉铁路全线竣工。列车停靠在已经分段开通运营的万博车站。（尤家民　摄）

2014年12月1日，中国铁建中非建设尼日利亚公司承建的阿布贾至卡杜纳铁路全线铺通。图为接轨现场。（杨鸿杰　摄）

2014年7月1日，中国铁建参建的大同至西安高速铁路太原南站至西安北站段通车运营。

（张 诚 摄）

2014年11月16日，中国铁建参建的兰新高速铁路新疆段开通运营。图为兰新高铁新疆段通车日首发列车。

（卢民一 摄）

2014年12月26日，中国铁建参建的贵广铁路客运专线开通运营。（张明泉 摄）

◀2014年8月16日，中国铁建参建的拉日铁路正式运营。图为列车驶在中铁十二局集团承建的色麦2号特大桥上。 （杨斌 摄）

▶2014年11月26日，中铁十五局集团公司承建的沪昆铁路客运专线江西段站前1标段工程。图为沪昆线杭长段试验列车通过江山至玉山区间，并创造412千米的最高时速。

（孙进修 摄）

◀中铁十八局集团公司承建的湘桂铁路黄岭1、2号隧道工程。

（阎世杰 提供）

▶中国铁建电气化局集团公司承建的神朔铁路朱盖塔车站万吨级扩能改造工程。图为施工人员正在进行接触网自检。

（赵守民 杜卓波 摄）

中铁十七局集团五公司承建的临合高速公路王格尔塘1号隧道工程。 （赵渊青 摄）

中铁十一局集团四公司承建的福州新南港大桥工程。 （肖 帆 摄）

中铁十九局集团三公司承建的盘锦港疏港高速公路西安互通立交桥工程。 （倪作霖 提供）

中国铁建大桥工程局集团一公司承建的昌樟高速公路药湖特大桥工程。
（陈树青　摄）

2014年12月31日，中铁十二局集团参建的广东省二广高速公路建成通车。
（贾鹏翼　摄）

中铁十六局集团公司承建的福建省平潭岛坛西渔平大道互通立交工程。
（朱晓燕　摄）

中铁建设集团北京分公司承建的北京9191工程。
（王洪珂 提供）

中铁十九局集团五公司承建的北京东北热电中心京能燃气热电厂生产行政综合楼工程。
（刘 军 摄）

中铁建设集团公司承建的北京联合大学综合实训楼工程。
（王洪珂 提供）

中铁十六局集团公司承建的江西省南昌市湾里区旧城改造建筑群。 （杨卧龙 摄）

中铁十六局集团公司承建的北京市诺金饭店。（杨萍莉 提供）

2014年3月28日，中铁第一勘察设计院集团公司设计的国内首条穿越黄河的地铁——兰州地铁1号线开工建设。

（张孟桥 摄）

2014年9月19日，中铁第四勘察设计院集团公司设计的瘦西湖隧道建成通车。（薛光桥 摄）

2014年4月30日，中铁第四勘察设计院集团公司总体设计的昆明地铁首期工程全线建成运营。

（张启山 提供）

2014年12月27日，中国铁建重工集团公司联合浙江大学、中南大学、天津大学、中铁十八局集团公司等单位共同研发、拥有自主知识产权的国产首台大直径全断面硬岩隧道掘进机（敞开式TBM），在湖南长沙下线。（张　杰　摄）

昆明中铁大型养路机械集团公司制造的SPZ-440N窄轨双向配碴整形车。（富建强　摄）

昆明中铁大型养路机械集团公司制造的XM-1800钢轨铣磨车。（富建强　摄）

中国铁建房地产集团公司开发的广州中国铁建荔湾国际城项目。（呙于鹏 提供）

中国铁建房地产集团公司开发的北京中国铁建国际花园项目。（张 欣 提供）

中国铁建房地产集团公司开发的广州中国铁建佛山国际公馆项目。（呙于鹏 提供）

2014年8月1日，中铁十二局集团机关举办纪念兵改工30周年——消夏晚会。图为演出现场精彩瞬间。（晓 玮 摄）

中国铁建重工集团公司在湖南省直工会举办的健排舞大赛上演出的《铁建人的雨中情》获二等奖。（陈海燕 提供）

2014年9月5日，中铁建设集团公司举办职工规范汉字听写大赛。

（李泽文 提供）

目 录

特 载

大事记

概 况

董事会工作

工程施工

工程管理

铁路工程

设备物资

海外经营 境外工程

海外经营

境外工程

经营管理

企业管理

经营计划

房地产开发与监管

资本运营与管理

财　务

机关房地产管理

离退休职工管理

公　　安

科技管理

党的工作

综合工作

组　织

宣　传

纪检监察

新闻工作

工会 共青团

工　　会

团委工作

所属单位

中国土木工程集团有限公司

中铁十一局集团有限公司

中铁十二局集团有限公司

中国铁建大桥工程局集团有限公司

中铁十四局集团有限公司

中铁二十二局集团有限公司

中铁二十三局集团有限公司

中铁二十四局集团有限公司

中铁二十五局集团有限公司

中铁建设集团有限公司

中国铁建电气化局集团有限公司

中国铁建港航局集团有限公司

中国铁建房地产集团有限公司

中铁第一勘察设计院集团有限公司

中铁第四勘察设计院集团有限公司

中铁第五勘察设计院集团有限公司

人　物

统计资料

文献辑要

附　录

索　引

2014 年 11 月 27 日，中国铁建落实党风廉政建设"两个责任"工作促进会议在中国铁建大厦召开。

（刘建国 摄）

特　载

本栏责任编辑　杨启燕

夯实党建基础　落实“两个责任”为企业深化改革和科学发展提供坚强保障

——党委书记、董事长孟凤朝在中国铁建党委二届十次全体委员（扩大）会议上的报告

（摘　要）

（2015年1月27日）

一、2014年党委工作回顾

2014年，面对复杂多变的国内外形势和艰巨繁重的改革发展任务，股份公司党委认真贯彻落实党中央、国务院的决策部署，坚持深化改革，着力推进企业经营“五个转变”；坚持战略引领，着力拓展国内国际“两个市场”；坚持创新驱动，着力推动企业转型发展；坚持从严治党，认真开展党的群众路线教育实践活动，着力加强作风建设和基层党组织建设；各级党组织政治核心作用充分发挥，企业在激烈市场竞争中砥砺前行，全年全面超额完成年度目标任务。

（一）坚持以求真务实的作风，开展党的群众路线教育实践活动

认真组织实施第一批党的群众路线教育实践活动和国资委第三巡视组巡视反馈意见的整改落实，扎实开展第二批党的群众路线教育实践活动，企业作风建设取得明显成效。

1. 持续推进第一批党的群众路线教育实践活动整改落实工作。股份公司党委严格按照“两方案一计划”的整改方案，建立整改项目责任制，明确整改目标、整改时间、整改责任部门和责任人。坚持定期召开整改落实工作调度会，加强组织协调和跟踪督促检查，采取汇总上报、逐项销号等监管措施，确保总部机关整改落实工作有序推进。

2. 精心组织开展第二批党的群众路线教育实践活动。36家二级单位党委，加强组织领导，周密安排部署，按照“照镜子、正衣冠、洗洗澡、治治病”的总要求，以为民务实清廉为主题，贯彻整风精神，突出问题导向，注重教育与实践并重，纠“四风”与建制度并举，认真开展教育实践活动。各级党组织和广大党员深入学习提高认识，广泛征求各方意见，深入查摆“四风”问题，坦诚开展互相批评，认真制定整改方案，紧盯问题整改落实，着眼长远建章立制，确保教育实践活动不虚不空不偏、不走过场，坚持与生产经营两手抓，实现双促进、双丰收。一大批“四风”问题和涉及职工群众切身利益的突出问题得到有效整改。中铁建设集团公司在中央企业教育实践活动总结大会上作了经验介绍。股份公司党委受到中央教育实践活动领导小组办公室和国资委党委的充分肯定。

3. 持之以恒抓好巡视整改落实工作。股份公司党委针对国资委第三巡视组反馈的六个方面的主要问题和六个方面的整改建议，及时召开常委会议，认真研究制定整改工作方案，全面系统地部署企业整改落实工作。股份公司党委组建巡视工作领导小组和办公室，配备专职人员，建立健全巡视工作制度，推进巡视工作制度化、规范化、常态化。2014年11月27日，股份公司在落实“两个责任”工作促进会上通报首轮巡视工作情况，引起与会人员的强烈反响。

（二）坚持以时不我待的责任，加强干部人才队伍建设

高度重视领导班子建设，牢固树立人才是企业第一资源理念，积极培养和造就高素质干部人才队伍，不断激活和发挥人才优势，为企业持续健康发展奠定基础。

1. 从严管理监督领导人员。深化领导班子和领导人员履职尽责管理，突出目标导向、职能职责导向和问题导向，强化追责问责机制，实施全过程监管，促进各级领导班子和领导人员坚定信念、勤勉务实、敢于担当、清正廉洁。全面实施年度考核综合评价，对所属领导班子和领导人员的年度履职和综合建设情况进行全面“体检”。开展领导人员个人有关事项报告抽查核实工作，建立领导人员报告个人有关事项信息库；对拟

提拔领导人员，强化基层党委、纪委监督作用，配齐配强二级单位领导班子。

2. 建立健全科学的选人用人机制。研究制定领导人员管理、轮岗交流、设置非领导职务等规范性文件制度，改革完善领导班子、领导人员管理制度，拓展干部成长空间，优化全系统领导人员资源配置。在领导人员选拔过程中，充分发挥基层党委的作用，先后在十六局、二十二局分别实施本级党委提名考察和提名差额考察的领导人员选任方式，积极探索选人用人新途径、新方法。对二级公司纪委书记人选，实行股份公司纪委会同干部部门提名考察、选拔，纪委双重领导体制得到落实。

3. 全面优化人才发展环境。坚持内培外引，加强人才储备。落实高端人才培训计划，加强与北京外国语大学、北京交通大学、天津大学、清华大学、石家庄铁道大学等高校合作，全年开设海外语言、项目管理、国际工程管理等8个方面专项业务培训班。同时大规模开展多层次、多类别专业培训和职业资格培训，提升员工素质和从业能力。重视骨干队伍和核心人才建设，完善人才交流使用和专家管理等规章制度，推进人才培养管理和使用规范化、制度化。全年60名专家分别获得全国专业技术杰出人才、中央企业拔尖人才、中青年科技创新领军人才以及茅以升铁道工程师等国家级、省部级奖项。坚持超前谋划，构建海外专家库，实施海外“百千万人才工程”，储备从事海外经营管理的紧缺人才。积极从严控制职工总量，职工总量增长势头进一步减弱，人员构成和整体结构得到进一步优化。

（三）坚持以改革创新的精神，抓好党的基层组织建设

不断夯实党建基础，创新基层党建，充分发挥各级党组织和广大党员的“三个作用”，推动企业改革发展的各项任务落到实处。

1. 扎实推进基层党建工作创新实践。各级党委结合企业管理体制和经营机制改革，积极探索党组织的设置方式和管理模式，加强区域指挥部、工程项目部和海外公司项目的党建工作，推动党建工作全覆盖。坚持从严治党，进一步完善基层党建工作制度，加强基层党建工作考核评价，深入开展“四好领导班子”“五好党支部”“六好共产党员”创建活动和民主评议党员工作，推动基层党建工作落实。

2. 政治核心作用得到有效发挥。贯彻落实《中央组织部、国资委党委关于中央企业党委在现代企业制度下充分发挥政治核心作用的意见》，进一步修订完善党委议事规则、“三重一大”决策制度等规章制度，健全党组织发挥政治核心作用的工作体制机制，明确“掌方向、抓班子、议大事、带队伍、促和谐”作为各级党组织发挥政治核心作用的重点内容，积极推动三级管理体制、区域经营模式、发展战略目标的落实，各级党组织的政治优势有效转化为发展优势。

（四）坚持以主动有为的担当，做好宣传思想文化工作

围绕社会主义核心价值观，大力加强思想政治工作和精神文明建设，凝聚企业发展共识，深化企业文化建设，为企业改革发展营造良好社会环境，提供强大精神文化力量支撑。

1. 加强思想舆论建设，凝聚企业发展共识。围绕学习贯彻党的十八届三中、四中全会精神，国资委重大决策部署，国家高层外交活动等主题，广泛宣传中国铁建发展的新思路、新进展、新成效。通过座谈会、领导调研、“一对一”交流等方式，积极开展“认清形势明思路、统一思想谋发展”的专题形势宣传教育活动，夯实企业发展的思想基础，形成发展共识，增强发展自信。围绕企业发展和社会关注的热点问题，着力构建舆情工作机制，积极把握媒体、网络传播规律，加强舆论引导，有效疏导社会情绪，把握好舆论引导的主动权和话语权。

2. 注重典型引路，促进文明创建。股份公司各级党组织把文明创建作为加强和创新思想宣传工作的抓手，把精神文明创建纳入常态化工作目标，作为常态化工作任务，积极探索文明创建的丰富内容和实现形式，结合实际抓常态、攻难点、创特色、树典型，使文明创建更凸显行业特色。把社会主义核心价值观的要求融入文明创建活动之中，推动全系统文明创建活动不断向纵深发展。2014年，相继推出中国铁建重工集团公司、中铁十二局集团京沪高速铁路4标段总工程师赵常煜、中铁第一勘察设计院集团公司董事长王争鸣3个国家层面先进典型；推选各类先进集体42个、先进个人69人；2家单位被评为全国文明单位，3家单位通过全国文明单位复查，充分展示了中国铁建文明形象。

3. 强化对外宣传，推进企业文化建设。以兵改工30周年为契机，以服务企业“大海外”战略和国家“高铁外交”战略为重点，广泛开展“企业形象宣传年”活动。土耳其安伊高速铁路、埃塞吉布提铁路、尼日利亚阿卡铁路和沿海铁路、安哥拉本格拉铁路等海外项目，从不同侧面、不同角度、重要时间节点开展深度报道，引发海内外对中国铁建的了解和关注，得到国资委领导的充分认可，受到李克强总理等国家领导人的高度评价。围绕重大节日、重点工程和重大事件超前谋划、主动出击，成功实施“新春走基层”“长沙中低速磁浮线开工”“晋中南重载铁路全线贯通”“瘦西湖隧道通车”等集中对外宣传，有效提升了企业知名度。中国铁道建筑报社围绕创新创效、精细管理、选树典型等，全方位、多角度报道企业改革发展成果。铁道兵纪念馆正式开馆并面向全社会开放，2014 年参观人数超过 2 万余人，覆盖 42 个国家和地区，在扩大社会影响，促进市场开发方面发挥了积极作用；全面反映铁道兵的光荣历史、优秀文化和精神风貌的 10 集大型文献纪录片《永远的铁道兵》在中央电视台播出，在社会上引起强烈反响。

（五）坚持以驰而不息的恒心，深化党风廉政建设

严格落实党风廉政建设“两个责任”，支持纪检监察组织深化“三转”，坚持有腐必反、有贪必肃，着力构建预防和惩治腐败的责任体系。

1. 落实“两个责任”，推进纪检监察体制机制创新。制定落实党风廉政建设“两个责任”指导意见和 9 项配套措施。完善党风廉政建设责任制考核办法，推动责任制考核工作走上制度化、经常化和规范化轨道。支持纪检组织聚焦主业，整合海外业务、投资板块等监督资源，推动设立归口派驻纪检监察组；开展企检共建、实行案件线索报告，加强企业惩治和预防腐败体系工作规划的实施，源头预防腐败的制度体系进一步完善。

2. 严肃党纪政纪，加强案件查办和执法监察力度。广泛开展“坚持依法合规，打造阳光央企”为主题的反腐倡廉宣传教育月活动，增强全员拒腐防变意识。加大案件查办力度。2014 年全系统受理信访举报 750 件次，初核线索 507 件，立案 411 件，结案 422 件。给予党政纪处分 860 人，移送司法机关 14 人，刑事处理 18 人，组织处理 27 人，责任追究 54 人。深入开展执法监察，组织开展内审自查自纠和亏损项目内部审计工作，加大追责力度。2014 年党纪处分 32 人，政纪处分 298 人，通报批评 472 人，组织处理 346 人，挽回经济损失 5475 万元。

3. 认真落实中央“八项规定”，持之以恒反对“四风”。坚持用制度管人、依制度办事。进一步深化改进作风实施意见，研究制定和完善业务招待费、职务消费、公务用车、公务接待、差旅费等规章制度，企业“三公经费”和领导人员职务消费等明显下降。大力开展节约型机关建设，严格执行节电、节水、节油等有关规定，全面推行无纸化办公。深入推进机关强服务、提效能、展作为、树形象，机关效能建设取得明显成效。2014 年全系统招待费支出 2.15 亿元，比 2013 年下降 41.5%，赢得社会各界好评。

（六）坚持以特色活动为载体，推进工会共青团工作

认真落实党建带工建、党建带团建，把工会、共青团工作纳入党建工作总体格局，激励和引导广大职工和团员青年立足岗位，展示作为。

1. 服务企业改革发展大局。股份公司各级工会组织以“共筑铁建梦”为主题，深入开展“在学习中成长——中国铁建员工悦读会”系列活动，努力营造“书香铁建”氛围，培育先进职工文化。加强“职工书屋”和职工教育培训阵地建设，有计划、有步骤开展职工专业技术技能培训。广泛开展劳动竞赛和职工技术创新。争先创业树模范工作成绩突出，6 家单位获得全国五一劳动奖状，5 人获得全国五一劳动奖章，9 个集体获得“全国工人先锋号”称号。

2. 着力构建服务职工工作体系。进一步健全安全生产责任制，推进集体合同和工资集体协商，注重青年职工、海外工作职工、新生代农民工等特殊群体的心理疏导和人文关怀，适时开展送温暖、送清凉活动，解决职工家庭生活、权益保护等现实问题。重视新上项目和海外项目的建家建线，其质量和水平持续提升。加强劳动法律服务监督和劳动争议调解组织建设，进一步拓宽职工群众诉求渠道，各类矛盾纠纷、突发事件得到妥善处理，保证了职工队伍稳定。企业民主管理不断深化，股份公司一届五次职代会提案答复率 100%，所属工会职工代表大会召开率 100%。

3. 共青团和青年工作充满活力。各级团组织坚持以“我的青春梦想在铁建落地开花”为思想引领，深入开展“导师带徒”“我为重点工程做贡献”“团组织就在我身边”等主题实践活动，提升青年能力素质，增强青年认同感、归属感。广泛开展“青年文明号”创建活动，在全社会展示企业青年良好的精神风貌。2014 年有 15 个先进青年集体和 15 名先进青年受到中央企业团工委的表彰，4 个先进青年集体和 6 名先进青年获得团中央表彰。

过去的一年，股份公司党委进一步强化安全生产责任制，没有发生重大以上安全生产责任事故；进一步完善维稳工作机制，企业发展内和外顺；进一步履行社会责任，股东利益得到维护，定点扶贫和援疆援藏援青工作扎实推进。面对复杂多变的经济形势，企业取得这样的成绩实属不易，令人欣喜。但是，也要清醒地看到企业存在的问题和不足。主要表现在：一是企业经济运行的质量和效益还不高，结构调整转型力度还不大，各业务板块发展还不平衡，企业可持续发展的基础不够牢固；二是部分单位党组织建设比较薄弱，党务人才缺乏局面没有根本转变，党组织的政治核心作用没有得到充分发挥；三是落实中央“八项规定”、反对“四风”任务艰巨，滋生腐败的土壤依然存在，党风廉政建设和反腐败工作需要进一步加强。

二、2015 年企业面临的形势

2015 年是全面深化改革的关键之年，是全面推进依法治国的开局之年，也是全面完成“十二五”规划的收官之年，对企业发展意义重大。习近平总书记在中央经济工作会议上，深刻分析了中国经济发展的阶段性特征，系统阐述了中国经济发展的“新常态”，对2015年经济形势作出了科学判断。总的来看，全球经济增速可能略有回升，但复苏疲软态势难有明显改观；国内经济总体保持平稳，但经济下行压力加大。在经济发展进入“新常态”的背景下，中国铁建要保持持续快速发展的良好局面，还面临不少的困难和挑战。一是世界经济风险性、不确定性因素较多。全球经济总体增长水平不容乐观，国际贸易保护主义不断抬头，土地、劳动力等综合成本不断上升，地缘政治形势严峻，国际金融市场动荡加剧。二是中国经济运行仍面临不少困难和挑战，经济刺激政策效果递减，结构调整阵痛加剧，企业生产经营困难增多，各类隐性风险逐步显现。三是国内外基础设施建设领域竞争日益激烈，国内基建市场同质化竞争加剧，对企业资金实力、投资责任和项目安全的要求越来越高。国际市场上各国纷纷加入“高铁战局”，高铁项目受地缘、政治、经济、文化影响博弈“白炽化”。四是企业自身深化改革转型发展的任务繁重，制约企业发展的作风建设和管理粗放因素还没有得到根除。

在客观分析企业发展面临的困难和挑战的同时，也要看到发展机遇和有利条件，坚定加快企业发展的信心和决心。一是世界经济将持续复苏走稳。2014年下半年以来，发达经济体持续复苏，美国经济增长强劲，全球经济增速会有所提高。二是国内保增长政策效应逐步释放。2014年中央为应对经济下行压力先后出台一系列定向调控政策措施。内容涵盖定向降准、结构性减税、棚户区改造、中西部铁路建设、稳定外贸，以及在近期实施的全面降息和基础设施领域推出一批鼓励社会资本参与的项目(PPP)等。这些政策效应将在2015年继续释放。三是中国经济发展的基本面总体向好。中央提出“一带一路”、京津冀协同发展、长江经济带三大战略，坚定不移推进西部开发、东北振兴、中部崛起、东部率先的四大板块发展，将会有更多的基础设施建设和房地产投资机会。“十二五”规划尚未完工的在建工程和尚未动工的大项目，建设进度将有所加快，也将刺激投资增长。四是国家大力支持中国企业“走出去”。国家大力倡导“互联互通”“一带一路”，大力推动“高铁走出去”，以及投资设立丝路基金、亚投行、金砖国家开发银行、上合银行等，加大金融支持企业“走出去”力度，为“走出去”企业提供长期外汇资金支持，为中国铁建“大海外”发展战略提供了千载难逢的历史机遇，也为企业海外党建搭建了广阔舞台。

三、2015年党委主要工作安排

2015年，股份公司党委总体工作思路是：全面贯彻落实党的十八大，十八届三中、四中全会和中央经济工作会议、中央企业负责人会议精神，深入学习贯彻习近平总书记系列重要讲话精神，以“两个责任”落实年为主线，以巩固党的群众路线教育实践活动成果为抓手，紧紧围绕企业改革创新和科学发展，引领各级党组织和全体共产党员、广大职工，更加注重思想引领，更加注重领导班子建设，更加注重基层党组织建设，更加注重宣传思想文化工作，更加注重党风廉政建设，更加注重发挥工会共青团职能作用，统一思想，坚定信心，开拓创新，真抓实干，为企业持续健康发展提供坚强的政治保证、思想保证和组织保证。

重点做好七个方面工作：

(一)强化党员干部理论武装，进一步提高引领企业科学发展的领导能力

一是注重思想引领。紧密联系企业和班子建设实际，加强中国特色社会主义理论体系，党的十八届三中、四中全会精神和习近平总书记系列重要讲话精神贯彻学习，教育引导广大党员干部坚定理想信念，投身企业改革发展实践。二是注重政治纪律。把严守政治纪律、严明政治规矩摆在更加重要的位置，从思想上清醒起来，从言论上警觉起来，从行动上自觉起来，在工作上、决策上守好纪律，讲好规矩。严格落实全面从严治党要求，对不守政治纪律，违反党章党纪的行为，坚决严肃处理。三是注重观念转变。准确把握新常态下企业面临的新课题、新矛盾，对标国内国际先进企业，着力转变不适应、不符合企业科学发展的思想观念，着力解决影响和制约科学发展的突出问题，推进企业转型升级。四是注重把握大局。坚持谋全局、议大事、把方向，积极探索加快企业发展的新途径，解决新问题、新难题，出台改革新举措，加强“十三五”发展规划研究，强化转型发展战略引领。五是注重依法治企。推进“法治铁建”建设，提高运用法治思维和方式解决问题、推动发展的能力。

(二)认真落实“两个责任”，进一步推进党风廉政建设和反腐败工作

一是落实“两个责任”，强化履职担当。严格落实《关于落实党风廉政建设主体责任和监督责任的意见》和相关配套改革举措，组织开展“两个责任”落实年活动，建立健全横向到边、纵向到底的责任体系。二是创新体制机制，严厉惩治腐败。认真落实纪检监察体制机制改革各项措施，推进查办腐败案件体制机制创新，重点查处改制重组、招标投标、工程建设、物资采购等重要领域、关键环节的腐败案件；及时查处通报违反中央“八项规定”精神案件。三是改进巡视工作，深化执法监察。完成对所属8～10家二级单位常规巡视和首次巡视单位“回头看”。紧紧围绕中央“八项规定”“两个责任”“三重一大”决策制度等国法、党章和企规的落实情况，适时开展专项巡视检查。持续开展“亏损项目整治年”活动。

（三）巩固和拓展教育实践活动成果，进一步深入持久抓好作风建设

一是巩固整改落实成果，确保教育实践活动善始善终。坚持整改工作定期逐级报告制度和定期公开制度，督促所属领导班子和领导人员整改方案、整改措施的落实。对使用中介承揽工程、违规提点分包、转包工程项目、使用亲属和关系包工队、材料设备供应商等问题进行专项治理。二是巩固制度建设成果，建立健全转变作风的长效机制。进一步完善日常管理制度，建立严格规范的公务接待、公车使用、差旅费、会议费、招待费等管理办法。完善企业管理人员业绩考核、薪酬管理制度，严格规范履职待遇和职务消费。建立健全经营投资责任追究制度，完善巡视、审计、诫勉谈话等制度，坚决追究失职渎职行为。认真组织实施整改“回头看”活动，切实抓好教育实践活动和巡视工作的整改落实。

（四）深化领导班子建设，进一步抓好各级班子建设和人才队伍建设

一是坚持班子整体优化，科学抓好班子调配。坚持“优化领导班子结构，增强班子整体功能”的调配原则，选优配强党政正职，优化领导班子结构，有效发挥领导班子推动企业科学发展的整体功能。二是严格党内政治生活，不断增强班子合力。坚持民主集中制原则，严格执行民主决策、集体领导与个人分工负责相结合的制度以及请示报告制度。严肃党内政治生活，每年召开一次高质量的民主生活会，坚持真理、修正错误、统一意志、增进团结。三是改进选人用人机制，加强人才队伍建设。建立常态化的年轻干部选拔工作机制，拓宽选人用人视野和渠道，推进年轻干部交流、培养和使用。加强不同类别、不同领域干部交流，解决政工干部匮乏问题。推进项目经理队伍、专家队伍、政工干部队伍和各类人才工程建设，探索建立集聚各方面优秀人才的体制机制。重视加强离退休干部队伍的教育管理服务。

（五）加强基层党组织建设，进一步提升基层党组织的凝聚力和战斗力

一是严格教育管理，争创服务型党组织。认真抓好党员学习教育和管理，适时开展党员践诺行动，进一步完善党内激励关怀帮扶机制，深入开展“四、五、六”争创活动，提高企业管党治党水平。继续举办基层项目书记、党委书记、党委副书记培训班，提高党务工作者素质和能力。二是自觉融入中心，切实履行监督职责。继续抓好《中央组织部、国资委党委关于中央企业党委在现代企业制度下充分发挥政治核心作用的意见》的贯彻落实。坚持把企业改革发展的重点难点作为党建工作的切入点和突破口，探索企业党组织充分发挥政治核心作用的方法途径。三是创新工作方式，积极探索海外党建。坚持“立足属地、内外区别、注重实效”原则，健全党的海外组织机构，规范党的海外制度建设，拓展党的海外活动方式，强化党的海外思想教育。研究制定“关于加强海外项目部党的建设的指导意见”。

（六）改进宣传思想文化工作，进一步增强企业科学发展的软实力

一是加强思想政治工作，增强企业发展动力。制定经常性思想政治工作实施意见、精神文明创建活动实施意见，深化思想政治工作研究，组织开展主题教育活动以及道德传播志愿者活动，组织评选第四届道德模范。二是拓宽对外宣传渠道，有效处置负面舆情。围绕国内外有重大影响的项目，加大对外宣传报道力度。持续选树不同层面、不同范围的先进典型人物，充分发挥典型的示范引领作用。进一步拓宽宣传渠道，创新传播手段，讲好中国铁建故事，塑造中国铁建良好形象。进一步提高舆论引导能力和水平，切实维护企业声誉。三是弘扬传统优秀文化，深化企业文化建设。发挥好铁道兵纪念馆和纪录片《永远的铁道兵》的作用，开展“铁道兵杯”模范人物评选等活动，形成中国铁建独特的文化品牌。重视中国铁道建筑报社和门户网站建设，加强文化产品制作、创新，开展丰富多彩的文化活动，弘扬铁道兵优秀文化，与时俱进深化企业文化建设。

（七）激发群团组织工作活力，进一步发挥工会共青团的职能作用

深入开展“基层工会组织建设年”活动，夯实组织基础，不断提高工会工作科学化、法治化水平。围绕“铁建·书香”主题，推动铸魂提素；围绕“铁建·健康”主题，推动双向维护；围绕“铁建·富强”主题，推动共建共享。共青团组织要围绕企业改革发展，把握青年脉搏，坚持服务企业、服务基层、服务青年，不断提高各级团组织的吸引力和凝聚力。

2015年是全面深化改革的关键之年，是全面推进依法治国的开局之年，也是全面完成“十二五”规划的收官之年。我们将紧密团结在以习近平同志为总书记的党中央周围，在国资委党委坚强领导下，团结带领广大党员、干部职工，同心同德、勇于担当，开拓进取、奋发图强，努力把中国铁建建设成为中央企业深化改革转型发展的“排头兵”，为实现强企富工的“铁建梦”和中华民族伟大复兴的“中国梦”努力奋斗！

适应新常态 抢抓新机遇 谋求新发展

——董事长、党委书记孟凤朝在中国铁建一届六次职工代表大会暨2015年工作会议上的讲话

(摘 要)

(2015年1月28日)

一、关于2014年的工作

2014年是中国政治、经济、社会发展逐步进入新常态的一年，是各项改革不断深化、各种矛盾日益显现、企业发展任务更为紧迫的一年，是中国铁建在迎接挑战中把握机遇、在攻坚克难中改革创新、在转型升级中科学发展，各项工作取得良好成绩的一年。

这一年，我们更加注重追求有质量的发展增长。紧紧抓住提升发展质量这个核心，从经营承揽、项目管控、资本运作、物资采购、清收降债、亏损整治、风险防控等方面精准发力，努力降本增效，着力提质增量，取得了明显成效。发展质量有明显提高，公司资产负债率、营业利润率、净利率、净现金流等指标有明显改善。公司在世界500强排名第80位、中国500强第11位、中国上市公司500强第6位、全球250家最大工程承包商第2位，再次获得国际信用评级机构给予的全球建筑行业的最高信用级别。在资本市场，公司获得中国上市公司最具核心竞争力企业、中国上市公司百强企业奖等奖项，社会影响力、知名度、认可度不断提升。

这一年，我们更加注重推进有活力的改革调整。按照党的十八届三中全会的要求和国资委的部署，积极推进企业全面深化改革工作。推进混合所有制改革，启动股份公司非公开发行A股股票和昆明中铁大型养路机械集团有限公司分拆上市工作；推进监督管理体制改革，设立审计分局，增设巡视办公室，派驻纪检组；推进经营机制改革，全面实施区域经营战略，整合、重组、优化海外经营资源，形成三支专业海外经营力量；推进组织架构改革，整合撤并37家三、四级子(分)公司；推进大集体改革，逐步解决历史遗留问题。

这一年，我们更加注重强化有规范的运作管理。完成股份公司董事会、监事会、经理层的换届和聘任工作。坚持“三重一大”集体决策制度，明确议事规则和决策程序。掌握和适应监管新规定，依法合规、准确及时地对外披露信息。完善以总法律顾问为核心的企业法律顾问制度，建立健全法律风险防范机制。强化审计监督和风险内控工作，组织进行全覆盖的自审自查工作，对重大亏损项目进行重点专项审计和整治问责。开展风险内控评价工作，对内控缺陷进行整改督导。狠抓基础管理工作，制定、修订和出台一批规章制度，施工管理、资质管理、档案管理、统计管理、信息管理、资产管理、社会责任工作、共享中心建设等都取得新的进步。

这一年，我们更加注重实施有效率的创新驱动。以市场需求引领创新趋向，创新平台建设成绩突出，股份公司国家级创新平台增至13家，省级技术中心46家。专利管理工作跃上新台阶，新增授权专利998件，专利战略初步形成。科技奖励再获丰收，获得国家科技进步二等奖1项，省部科技奖励、工法359项，获得省部及以上勘察设计咨询奖励107项。主持或参与40余项国际、国家、行业技术标准的编制工作，主持编制4项国际标准。管理创新有新进步，全系统评选创新成果116项。提前完成“十二五”科技创新目标。

这一年，我们更加注重发挥有特色的政治优势。深入学习贯彻党的十八届三中、四中全会精神，领会精神实质、统一思想认识、凝神聚力发展。持续推进第一批群众路线教育实践活动整改落实工作，对整改项目实行逐项销号管理，保证“两方案一计划”的有效落实。组织开展第二批群众路线教育实践活动，按照“照镜子、正衣冠、洗洗澡、治治病”的总要求，以为民务实清廉为主题，突出问题导向，教育与实践并重，纠“四风”与建制度并举，取得明显成效。坚持德才兼备、以德为先、注重实绩和群众公认的用人导向，考核调整二级单位领导人员201名(次)，进一步优化领导班子的年龄、专业、能力结构。大力加强思想政治工作和精神文明建设。加大先进典型宣传，不断增强舆论引导，深化企业文化建设。铁道兵纪念馆开馆迎展、

《永远的铁道兵》纪录片制作播放，为大力弘扬铁道兵精神、推动企业科学发展，提供强大的精神文化力量。以落实“两个责任”和中央“八项规定”为契机，加大宣传教育、查办案件、执法效能监察力度，扎实推进巡视工作，党风建设和反腐倡廉工作取得明显成效。工会、共青团、离退休人员工作有新成绩。

在肯定成绩和进步的同时，我们也要清醒地看到，企业在改革发展进程中还存在一些亟待解决的突出问题，主要是：产业结构不合理，发展质量不够高，基础管理不扎实，执行力不够强，选人用人有不足，违纪问题未杜绝。对于这些问题，我们不忽视、不躲避、不绕行、不懈怠，要以群众路线教育实践活动和国资委巡视回访为契机，痛下决心、对症下药、采取措施、切实解决。

二、关于当前的形势

中央经济工作会议作出中国经济发展进入新常态的重大判断，标志着中国经济增长速度由高速转为中高速，经济发展模式由规模速度型转为质量效率型，经济发展动力由传统增长点转向新的增长点，对国家政治经济活动必将产生重大、深刻、长远影响。既为企业改革发展提供新动力和新机遇，也给企业带来了新困难和新问题。正确认识新常态、适应新常态、把握新常态，已成为推动企业实现稳步健康持续发展的关键。

新常态即是新挑战。经济发展进入“新常态”，既有国际环境变化的影响，也与中国经济的增长方式密切相关，这些客观因素都是我们亟待克服和着力化解的挑战。从发展环境看：中华民族要实现伟大的“中国梦”，必须打破国际产业分工桎梏，跳出“拉美国家陷阱”，不能走别人给我们安排的道路。中国与主要霸权国家政治经济对抗的加剧，必然会对中国铁建的“走出去”提出严峻挑战。从发展模式看：国内产能严重过剩，单纯依靠投资和出口拉动经济增长的模式难以为继。经济增长的驱动要素发生明显转变，必然会对中国铁建的转型升级提出严峻挑战。从发展方式看：经济发展不能破坏人民生存环境，危害人民身体健康。更加严格的绿色环保法规实施，必然会对中国铁建的生产方式提出严峻挑战。从发展禀赋看：中国资源禀赋紧缺，淡水、矿产、石油等战略资源稀缺，大规模外购受国际政治环境制约。大宗商品价格的异常波动，必然会对中国铁建的可持续发展提出严峻挑战。从发展宗旨看：企业发展成果最终要回馈社会、回报股东、惠及民生。政治责任、经济责任、社会责任的加压，必然会对中国铁建的创效获利能力提出严峻挑战。

新常态即是新机遇。长期的发展实践证明，基础设施建设投资一贯是中国经济发展的“火车头”和“整流器”。在经济下行压力较大情况下，中央高度重视优化经济发展战略格局，重点实施“一带一路”、京津冀协同发展、长江经济带三大开发战略，加快推进西部开发、东北振兴、中部崛起、东部率先的板块开发，重视和支持铁路、公路、棚户区改造、新型城镇化建设，与20多个国家进行的高速铁路合作或洽谈，金砖开发银行、亚洲基础设施投资银行等金融机构的设立，都为企业开拓国内国际市场提供了广阔前景。总的看，基建投资对于稳增长的作用依然重要，新常态仍是中国铁建的重要发展战略机遇期。

新常态即是新转型。经济发展进入新常态，基本特征是速度变化、结构优化、动力转换，这为破解长期制约中国铁建发展的“一头独大、产高利低”顽疾，提供了千载难逢的宏观经济政策支撑。让企业有机会在努力实现“保增长”目标的同时，把握好“提速”“增效”的平衡点，不再单纯以发展速度论英雄、以规模大小看成败，能把发展目光投得再远一些、把前进脚步迈得再稳一些、把产业结构调得再优一些、把企业收益提得再高一些、把员工生活搞得再好一些，换挡不减速，量增质更优，推动企业向社会价值链和经济产业链的上游升级，为摘掉“大包工队”的帽子打下基础。

新常态即是新动力。我们有政治动力：国家领导人向全世界推销“中国高铁”，为我们搭乘“外交高铁”扬帆出海提供了动力。我们有改革动力：国企国资改革的系列政策措施，为我们完善机制、增强活力提供了动力。我们有要素动力：权利清单、责任清单、负面清单的建立运行，为我们强化资源配置能力、降解经营市场风险提供了动力。我们有创新动力：新常态下的创新驱动发展战略，为我们强身健体、积蓄发展后劲提供了动力。

纵观政经大势，难和险在增多，但时和势仍有利。我们要趋利避害、顺势而为，着重抓好三件事。一是确立发展新观念。在继续贯彻落实“稳增长、调结构、强管理、转方式、促转型”十五字总要求的基础上，认真研究新思路、把握新定位、体现新作为，更加注重发展的政策支撑，更加注重发展的质量效益，更加注重发展的内生动力，更加注重发展的低碳循环，更加注重发展的创新驱动，更加注重发展的以人为本。二是探寻发展新举措。推进产业结构调整优化，加快发展新技术、新产品、新业态，积极进入新领域；加大“走出去”力度，抓住有利时机进行全球产业布局；积极实施并购重组战略，整合利用两种资源；加大亏损项目、亏损企业整治力度，全面提升企业管理水平。三是培育发展新动力。把握好稳增长与促改革的结合点，最大限度释放改革红利，向改革要发展；把握好稳增长与再创新的切入点，以思维创新、科技创新、制度创新、管理创新驱动增长，向创新要发展；把握好稳增长与调结构的平衡点，探索和培育新的增长点，向转型要发展；把握好稳增长与强管理的结合点，提高盈利能力和管理水平，向管理要发展。切实推动企业进入稳中有进、稳中提质、稳中持续的“新常态”。

三、关于2015年的主要任务

2015年是全面完成“十二五”规划的收官之年，是全面深化企业改革的关键之年，也是全面推进依法治企的开局之年。中国铁建改革发展总的要求是：深入学习贯彻党的十八届三中、四中全会和中央企业负责人会议精神，主动适应经济发展新常态，以提质增效为中心，坚持稳中有进，坚持改革创新，坚持转型升级，坚持依法治企，坚持从严治党，努力开创改革发展新局面。

重点工作是：

(一)打好“一保一降”攻坚战，确保实现全年增长目标

“一保”就是全力以赴保增长目标，“一降”就是千方百计降低负债率。

制定这个发展目标，是有科学依据的。这些指标是按照国资委稳中求进的工作总基调，充分考虑企业“十二五”规划的底线要求，坚持“综合平衡、量力而行、适当超前”的原则确定的。考虑到国际国内的一些不确定因素，2015年的指标也没有定得太高，适当留有余地。总体看，无论是从市场形势分析、产业指标分析、需求角度分析，还是从企业的生产能力、任务储备、人力资源、资金能力、施工装备等要素分析，实现这个目标是有基础、有支撑的，这个目标是完全能够完成的。

实现这个发展目标，要付出艰苦努力。要保持清醒头脑，坚定必胜信心，既利用好有利条件，又妥善应对困难挑战，兼顾全局和重点，统筹当前和长远，把握工作主动权，勇于挑战，勇于担当，把“保增长”目标层层分解，把“降负债”责任层层传递。基础好的单位，要发挥优势、快马扬鞭、多作贡献。底子薄的单位，要克服困难、奋力拼搏、缩小差距。处于中游的单位，要凝神聚力、全面发力、弯道超车。只有各单位完成了目标，股份公司才能实现国资委下达的任务。

实现这个发展目标，要辩证全面认识。打好“一保一降”攻坚战，“保”是基础，“降”是手段，根本目的是提质增效。没有“降”的保，还是泡沫和虚胖，又走上了产高利低的老路；脱离了“保”的降，就会掉队和降级，被甩出中央企业A类集团行列。

(二)大力推进结构调整，创造新的增长点

这几年，我们一直反复强调推进结构调整、转型升级，主要在于：第一，建筑业是一个极度竞争的行业，进入门槛低，行业利润低，辛辛苦苦干一年，也就是养活个队伍。第二，建筑业属于典型的周期行业，一旦遇到国家经济下行，将对企业的发展造成严重冲击。第三，由于建筑市场不够规范，低价中标、垫资施工、拖欠工程款等问题比较突出，行业特性决定了没有持续稳定的现金流。第四，大规模的基本建设完成后，中国铁建的未来在哪里？中国铁建的增长引擎在哪里？新的效益增长点在哪里？这是目前要思考解决的问题。

1.积极探索构建多元化业务能力。中国铁建与行业领先企业的差距，除了国际经营能力、资源整合能力、全球运营模式等方面外，还有业务多元化能力的差距。我们尽管是“7+1”产业，但目前能够说得上的，还只是局限于包括勘察设计在内的工程承包。除此之外，能够支撑起中国铁建“大厦”新的主业在哪里？根据目前中国铁建的主业结构和业务板块发展的基础，必须要继续把调整结构作为主攻方向，更加注重传统优势产业的调整改造，更加注重产业细分领域和比较优势的发挥，扎实推进勘察设计、工程承包、房地产、工业制造、资本运营、物流物贸、金融等产业的调整升级。关于各产业调整的方向、路径，前几年的工作会议上都讲过了，这里不再重复。重点强调一下工业制造和房地产板块的调整升级问题。

关于工业制造板块。应该说中国铁建工业制造这几年发展一直不错。在国家工业制造全行业萎缩下滑的情况下，主要经济指标逆势上扬，保持了好于、快于、优于全国的良好态势，呈现增速持续、结构改善、效益提升的态势，表现强劲有力。2014年，昆明中铁大型养路机械集团公司和中国铁建重工集团公司以1.18%的营业收入占比，贡献了7.55%的净利润，存在的最大问题是比重过小，块头不大。这么一个有潜力、有优势的产业，我们还没有做成一个支柱型产业。从2015年起，要把工业制造板块作为重点提升的产业，下大力来抓。一是要搞好企业顶层设计，以市场重大需求为导向推进新产品研发，以重大项目为着力点推进创新成果产业化，加大产品研发和市场培育力度，构建管用有效的营销网络，创新商业模式和营销手段，打造全生命周期的服务能力。二是要继续争取国家政策和资金支持，做好重大装备与国家科技专项的对接，抓好科技成果转化项目、关键技术的自主创新和产业化应用。三是要协调解决产品研发、商业模式创新、投融资及项目配套中的问题，加快昆明中铁大型养路机械集团北方基地建设。支持昆明中铁、铁建重工在海内外以全资收购、控股、参股、股权合作等多种方式开展并购重组；支持引入战略投资者，进一步实现股权结构多元化；支持技术装备通过工程承包方式带动出口以及直接出口；支持在境外建设生产制造基地、研发中心、销售中心、服务中心。

关于房地产板块。中国铁建房地产取得了很大成绩,净利润占比 26.45%。当前,房地产行业高速发展、暴利时期已经结束,由黄金时代进入白银时代。房地产是中国铁建的核心业务,是要长期重点发展的战略产业,做大做强房地产是坚定不移的目标。要继续坚持以中国铁建房地产集团公司为龙头,部分集团公司为补充的格局。对各集团公司做房地产要坚持有进有退、有保有压、有所为有所不为的原则。不具备人才、资金、管控能力的,不能涉足房地产;已经做了,但做得不好的,要退出房地产业务,不能每个集团公司都搞房地产,那样非出问题不可。中国铁建房地产集团公司要及早认真研究转型问题,加大与集团内企业与知名开发商合作的力度,研究开展对房企的并购。要认真研究转型方向和转型业务,尽早谋划向商业地产、旅游地产、养老地产、城市综合服务转型,住宅要做,但不能单一搞住宅。转型是一个艰难的抉择,难的是不确定性,要有舍有得。要把现在持有的物业盘活,把现有的商业项目运营好,在此基础上开展深入的调查研究和评估论证,探索多种业态的拿地模式、开发模式、融资模式、营运模式、盈利模式,培养提升综合开发运营能力。要调整完善中国铁建房地产集团公司的业绩考核办法,充分发挥考核的导向作用,既要考核当前,又要考核长远,既要考核住宅,也要考核转型业务。中国铁建房地产集团公司还要尽快考虑海外布局问题。

2. 积极推进商业模式的转型升级。多年来,中国铁建的业务板块没有组合,经营资源没有协同。设计、施工、房地产开发、物资物流等业务多是单一运作、单打独斗、单兵作战、各干各的、各挣各的。如何将现有的产业板块整合起来,形成设计、施工、开发、运营、物资物流、投融资等一体化运作,构建渠道互通、业务互动、资源共用、利益共享、风险共担、共同发展的联动互惠机制,将单项优势聚合为整体优势,打造新的商业运作模式,是当前面临的迫切任务。一是要主动适应国家投融资体制转变的需求,整合协同现有各项业务,充分发挥政治优势、品牌优势、融资优势、设计优势、建设优势、管理优势、人才优势和全产业链优势,与其他中央企业、金融机构等社会资本联动,通过一揽子解决方案和整合商务平台,在国家重大战略项目实施中,大显身手、大有作为,让政府和业主省心放心。这种模式从一点创利到多点创利、单个创利到综合创利,将为企业提供更大的价值创造空间,也将为我们从红海到蓝海,从拿项目到造项目,打造差异化的竞争优势。二是要解决好多元协同联动问题。多位一体建设的商业模式是企业价值创造的总体设计,需要超强的资源整合能力、超强的业务组装能力、超强的组织运转能力。如果解决不好协同联动的问题,那就会联而不动,优势不优,难以运转。三是要高度关注前沿科技对我们商业模式的影响。大数据、云计算、移动互联网和 3D 打印等前沿技术,引发了新的科技革命浪潮,必将成为未来时代发展的主导,要提前介入、紧密跟踪、深入研究,找准与企业传统产业的切入点,积极探索站在时代前沿、引领行业发展的全新商业模式和生产方式。

3. 积极思考从工程承包商到运营商的转型升级。中国铁建从铁道兵走到今天,修建了很多铁路、公路、地铁,盖了很多高楼大厦、开发了很多住宅。修大路、走小路、盖高楼、住帐篷,我们做得很辛苦,工程完了都是别人的,只是为别人打工,自身拥有的物业资产少之又少。讲转型,就是要思考从工程承包商到运营商转型的问题。一是持有型物业,包括写字楼、商业综合设施、养老地产、旅游地产等,这是住宅地产转型的方向。二是基础设施运营项目。我们有铁路专用线、高速公路、桥梁 BOT 运营项目,有的项目运营得非常好,比如渝遂高速、济阳黄河大桥,但这样的项目比较少,今后要进一步加大这方面的力度,选择一些好的项目以 BOT 方式运营,也可以以股权并购的方式收购部分优良资产,为我们提供稳定的现金流。我们既要运作工程,也要运作资产,在综合运作中,提高资产质量。如果我们利用多元协同、多位一体的建设模式,遴选一些优质资产项目运作,就会逐步实现向运营商转变的目标。三是可以考虑在经济发展好、政府信用好、法制健全的国家,探索取得一些项目的特许经营权,获得稳定的经济利益,进一步拓宽海外业务领域。各集团公司在这方面要加大努力,多下工夫。

4. 积极拓展新业务。我们并不知道哪一个领域会胜出,哪一个物种更适合在这种环境下成长,但我们要允许物种的生长。中国铁建在很多业务领域可以去尝试,不只是某一集团、某一点去尝试。对于特别有发展前景的领域,由股份公司牵头去做。除了前面讲的一些持有物业和道路桥梁外,城市管道、污水处理、建筑垃圾、生活垃圾、停车场运营等特许经营业态也可以是我们的选项。进入这些领域不仅是大势所趋,更是进入与我们主业相关的朝阳产业。这些公共服务领域现金流稳定,受经济周期影响小,对我们的主业将形成良好的补充和支持。

5. 积极探索打造金融板块。资金问题一直是困扰制约我们的重要因素。要搞商业模式创新,运作一些大项目、城市综合项目,仅仅凭主业背景、信誉、世界 500 强的光环和表内资金是远远不够的,必须加快产融结合和金融业务板块的打造。一是加强资金集中管理,提高资金的使用效率,切实提高资金的集中度和集中管理质量。二是加快探索通过银行、保险、证券、信托、基金等多途径合作方式,内外联动,通过产业融资、产业链融资等新的手段,助力中国铁建的发展。三是学习借鉴国内外先进企业的产融结合发展模式，打造中国铁建的金融板块。

（三）积极推进企业改革，增强企业活力

中国铁建的改革，要按照党的十八届三中全会、中央企业负责人会议精神的要求和部署，牢牢把握问题导向，坚定不移地加快推进。

1. 深化国有资本管理体制改革。围绕国有资本管理体制向管资本转变的要求，积极创造条件，努力争取将总公司改组为国有资本投资公司，通过控股、参股、退股，放大国有资本的控制力和影响力，进一步把企业做强做大，壮大国有资本。

2. 稳妥、规范、有效发展混合所有制经济。发展混合所有制经济有利于优化配置资源，有利于形成新的生产力，有利于构建多元制衡机制，有利于规范经营管理行为。我们要认真研究，既要积极，更要慎重。要通过混合所有制方式进入新的业务领域，催生新的产业和产品。要坚持因业施策、因企施策、宜独则独、宜控则控、宜参则参。在混改问题上，必须进行资产评估，完善资产运行机制，严格操作流程，防止国有资产流失。

3. 推进公司治理结构改革。要进一步完善和规范公司治理，建立健全协调运作、有效制衡的公司法人治理结构。全资三级公司的治理结构已经进行了改革，实行执行董事总经理、党委书记的领导体制，这一改革是股份公司综合考虑各方面因素决定的，是适应三级公司施工生产主体定位的，是符合《中华人民共和国公司法》规定的，几年的实践证明是完全正确的，要继续坚持和推进。三级公司还没有改革到位的，2015 年上半年务必按要求改革到位。

4. 推进考核制度改革。要增强考核制度的导向性，切实解决目前存在的考核与战略规划脱节、两张皮的问题；要增强考核制度的针对性，准确界定不同企业的功能，尽快完善企业的分类考核评价体系，解决考核指标不科学、考核标准一刀切、分类考核不足、考核指标层层加码、鞭打快牛的问题；要增强考核制度的有效性，形成比较客观、公正、公平、激励与约束并重、被考核对象认可的考核评价办法和政策。

5. 推进薪酬制度改革。2014 年 11 月，国务院召开会议，国资委专门下发了通知。这次薪酬改革主要是适应国资国企改革进程，完善薪酬形成机制，合理研究薪酬水平，健全薪酬监督机制，统筹规范薪酬外待遇。在此基础上，要结合企业实际，逐步建立起与绩效紧密挂钩、能高能低、能升能降的薪酬分配制度。

（四）切实加强领导班子建设，提高领导企业能力

各级领导班子是决定中国铁建改革发展和建设现代企业的主要力量，领导班子建设的好坏直接关系到企业的发展兴衰和基业常青，非常重要。

1. 要抓好领导班子的配备。“欲治兵者，必先选将。”各级领导班子是中国铁建组织系统的首要层次，是企业发展的第一资源，是重中之重、要中之要。要把中国铁建搞好，成为世界知名、国际一流的跨国公司，必须把最精良、最优秀的人力资源，精英中的精英配置到各级领导班子中。“夫将者，国之辅也，辅周则国必强，辅隙则国必弱。”官是干出来的，不是争出来的、跑出来的。培养选拔企业领导班子必须有个标准，要用对党忠心，对企业忠诚，勇于开拓，善于管理，敢于担当，业绩突出，清正廉洁的人；要用既有为企之德，又有治企之才的人。为企之德是首要的，仅有治企之才而无为企之德的，这样的人也不能用。

2. 要抓好主管领导的配备。主管领导是企业的领路人，是航船上的舵手，地位极其重要，影响极为重大。企业能否得到科学发展、安全发展、长远发展，能否取得好的经济效益，员工能否生活得体面，有较高的幸福指数，主管领导至为关键，其地位和作用别人不能代替。一人正则正一方，一人斜则歪一片，搞得不好就会搞垮一个企业。在这方面，中国铁建有过深刻的教训，这种教训在集团公司层面、在工程公司层面、在项目层面都有。我们一定要高度重视，把握好这个极端重要、特别关键的培养配备。要建立更加严格、科学的考核制度，让干部的品质、能力、实绩等客观因素，在选人用人中起主导作用。决不能用那些跑官要官、品行不端、贪污腐败的人，决不能用那些自私自利、心胸狭小、缺少担当的人，决不能用那些业绩不突出、原则性不强、谁都不得罪的人。主管领导除了前面条件之外，还应该具备战略思维、全球视野、管控能力强、员工服气，能够带领企业上台阶、上水平的能力。要好中选好，优中选优，不能搞个人授意，不能搞平衡，不能搞交易。不能让“千里马歇步”“老黄牛撂挑”，干事的寒心。

3. 要抓年轻干部的选拔培养。这项工作事关领导班子建设的可持续性，事关企业的长远发展。“取士之方，必求其实，用人之术，当尽其材。”抓后继有人的问题，不能急抱佛脚，临佛上香，要把功夫下在长期培养、批次接续、储备充足、随时可用上。军队选拔干部有一个办法，就是建立后备干部制度，列入后备干部的都是优秀的人才，组织上重点培养考察，本人不知情。当然这个制度在执行中出现了一些问题，有的干部要跑“两次”，先跑后备，再跑提拔，背离了实行后备干部制度的初衷，但这不是制度的问题，而是执行中出了偏差。要学习借鉴军队的经验，在各级建立后备干部制度，改进人选产生办法，建立健全培养锻炼、适时使用、定期调整、有进有退的管理机制。培养年轻干部，要坚持德才兼备、以德为先、注重基层、注重实干、注重员工认可。项目部要成为培养年轻干部的重要平台和摇篮。“宰相必起于州郡，猛将必发于卒伍。”集团公司的班子成员，要有在三级公司任主管的经历；三级公司的领导，都要搞过几个项目、有担任过项目长的经历。

4. 加强领导班子的能力建设。面对企业面临的新形势和各种复杂难题，面对艰巨繁重的改革发展任务，唯一的、最管用的就是领导干部的能力。有了能力这把钥匙，就能打开企业发展的万把锁。职位是职责，是为有资格有能力的人设置的，特别重要领导岗位更要如此。要能与位匹配，以位去找人，不是以人去填位，有为才有位。企业领导应该具备统筹全局的能力，改革创新的能力，识人用人的能力，善于管理的能力，依法治企的能力，强企富工的能力。要引导干部将心思用在履职能力的提升上。学历、资历、年龄和能力上要看能力，能力和出力要看出力，出力和力度要看力度。领导干部要有担当，有多大担当才能有多大事业，尽多大责任才能有多大成就，不能无担当，只想揽权不想担责，只想出彩不想出力。为官一任，要富民一方，为企一任，要造福一企，不能几年干下来，企业还是“涛声依旧，重复昨天的故事”。

5. 要加强领导班子的团结。团结出凝聚力，团结出号召力，团结出战斗力，团结出生产力。今天中国铁建的发展就是全系统团结奋斗的结果。要把团结作为中国铁建第一号软实力工程建设，凝聚推动中国铁建发展的正能量，切实形成目标一致，万众一心，方向同一，团结奋斗的大好局面。家和万事兴，团结搞好了，中国铁建就有希望。搞好各级领导班子的团结。主要强调两个方面。一是要顾全大局，相互补台。“百年修得同船渡。”大家来自五湖四海，为了一个共同的目标，走到一起共事，既是企业发展的需要，更是一种缘分。有心情舒畅、团结和谐的工作环境，身苦心不苦，是领导干部这个群体的一种幸福指数。各级领导班子要时刻以大局为重，心往一处想，劲往一处使，努力形成齐心协力谋发展的整体合力。二是选派干部时，一定要高度重视领导班子成员的团结能力，对害群之马坚决不能提拔。要坚持五湖四海，铭记“君子不党”的古训，不能拉帮结派，搞小山头、小圈子、小团伙、小宗派，不能搞人身依附，发现不良风气的人和事，要加大批评教育力度，严肃纪律处分，决不能让其成气候、成风气。

领导干部在团结问题上要特别把握好“三个第一”：一是党性第一，个性要服从党性。党员领导干部第一身份是共产党员，必须做符合党员身份的事。二是事业第一，组织上把你放在那个位置上，就是期待你带领员工把企业带到一个新的高度，因此必须以事业为重，私事服从公事，小事服从大局，团结是事业需要，企业发展需要，员工的企盼。个人的事情再重，与企业发展相比，都是轻的。三是主管领导对班子团结问题负第一责任。各级主管要善于胸怀全局、作风民主、多谋善断、团结协作，当班长不当家长；善于总揽全局、集体决策、分工负责，总揽而不包揽；善于集中正确意见和集体智慧、周密论证、科学决策、果断而不武断；善于调动和发挥积极性，知人善任，放手而不撒手；善于统筹兼顾，敢于承担责任，勇于攻坚克难。做到拿得起、放得下、收得拢、撒得开，严于律己，宽以待人，发挥表率作用。

（五）落实“两个责任”，推进党风廉政建设和反腐败工作

习近平总书记在党的十八届中央纪委五次全会上的重要讲话，全面部署新形势下党风廉政建设和反腐败斗争，明确了总体思路、主要任务和标准要求，是对全面从严治党的一次深入动员和再部署，各级党委、纪委要深刻领悟中央的决心意图，进一步统一思想，落实“两个责任”，抓好企业党风廉政建设和反腐败工作，不断强化正风反腐的责任担当。

1. 把守纪律讲规矩摆在更加突出的位置。“求木之长者，必固其根本。欲流之远者，必浚其泉源。”习近平总书记在中纪委会议的讲话中十余次提及“规矩”一词，他强调，“党章是全党必须遵循的总章程，也是总规矩，党的纪律是刚性约束，政治纪律更是全党在政治方向、政治立场、政治言论、政治行动方面必须遵守的刚性约束。国家法律是党员、干部遵守的规矩，党在长期实践中形成的优良传统和工作惯例也是重要的党内规矩”。总书记如此看重规矩，就是要明确各级党员干部要从严执纪，各级党委要加强监督问责，避免成为纸老虎、稻草人。没有规矩不成方圆。在中国铁建，不讲规矩，无视制度、纪律的现象依然存在：有的集团公司对涉及投资等重大事项，不履行程序，个人说了算；个人凌驾于组织制度、纪律之上，肆意妄为、弄虚作假、欺上瞒下，潜规则代替明规矩；该请示的事项不请示，该汇报的不汇报，对股份公司的规章制度当成摆设。

2. 要坚决反腐不动摇。党与腐败水火不容，中国铁建与腐败水火不容。随着反腐的进一步深入，国有企业已成为反腐的第二阵地。要坚决贯彻中央和国资委党委反腐败的部署，保持高压态势不放松。查处腐败问题，必须坚持零容忍的态度不变，猛药去疴的决心不减，刮骨疗毒的勇气不泄，严厉惩处的尺度不减，发现一起查处一起，发现多少查处多少，把反腐利剑举起来，形成强大震慑力。在反腐败的问题上，就要动真格，铁面无私，拉下脸来，查到谁是谁，决不姑息迁就。"立信必以法为尺。"廉洁不仅是从政之本，也是治企之本，反腐坚持无禁区、全覆盖、零容忍，才能确保企业基业常青。

3. 要横下一条心纠正"四风问题"。2014 年以来，股份公司分两批开展党的群众路线教育实践活动，多措并举，猛药施治，集中解决形式主义、官僚主义、享乐主义和奢靡之风问题，集中解决招待费问题，对作风之弊、行为之垢来了一次大排查、大检修、大扫除，取得了重大成果，但依然存在一些不容忽视的问题。作风是形象、是导向、是力量，作风决定人心向背、决定工作成效、决定企业兴衰，虽然教育活动结束，但作风建设永远在路上，纠正四风问题永远没有终点。一要抓紧问题整改。对群众路线教育实践活动和国资委巡视回访反馈的问题，要制定明细的责任清单和问题清单，分清责任、逐项整改、确保落实。二要按照"坚持、巩固、深化、拓展"的要求，常抓不懈，久久为功。不能搞一阵风、昙花一现。三要坚决贯彻落实国资委《中央企业负责人履职待遇、业务支出管理办法》，坚持依法依规、廉洁节俭、规范透明的原则，对企业负责人公务用车、办公用房、业务招待、国内差旅、出国出境等进行整顿规范，以良好的作风为中国铁建发展提供保障。

4. 切实加强对领导班子的管理监督。要着力完善对领导人的监管制度，加大纪检监督、法律监督、审计监督、管理监督、民主监督，强化对权力集中，管人、管物、管钱的重要部门和关键岗位的监管，将权力关进制度的笼子里。

5. 提升党建科学化水平。经济发展进入新常态，党建工作也要与时俱进。一是强化理论武装，进一步提高引领企业科学发展的领导能力，为改革发展稳定提供坚强的思想保证和智力支持。二是加强基层党组织建设，充分履行保证监督职责和把关定向作用，稳步推进海外党建工作。三是改进宣传思想文化工作，进一步增强企业科学发展的软实力。四是激发群团组织工作活力，进一步发挥工会共青团的职能作用。要始终着眼于发展铁建、服务铁建、建设铁建大局，全面加强党的建设，努力将党的政治工作优势转化为发展优势，将党的组织资源转化为发展资源，将党的组织活力转化为发展活力。

（六）全面推进依法治企，建设"法治铁建"

"依法治企"既是落实依法治国方略的客观要求，也是企业改革发展的内在需要，完整把握和准确理解依法治企的丰富内涵，对建设"法治铁建"，具有深刻的现实意义和重要价值。

1. 坚持制度引领，规范企业治理行为。坚持依法治企，必须依据规章制度办事情。要打牢制度基础，把国家的法律法规与企业的规章制度统一起来，该制定的制定，该修订的修订，该完善的完善，该废止的废止。要加大督查力度，增强落实规章制度的执行力，消除和减少"打擦边球""选择性执行""上有政策、下有对策""个人说了算"等现象。不能把规章制度当成摆设，犯了规矩打个哈哈就过去了，更不能把违规违法当成一种魄力和本事。

2. 坚持领导带头，提高依法治企能力。企业既是法律法规的实施者，也是法治社会的建设者，必须对外依法经营，对内依法治理。领导干部要率先做到"三个自觉、五个带头"：自觉运用法治思维来看待问题，自觉运用法治方式来解决问题，自觉按照法定程序进行决策；带头学习贯彻落实党的十八届四中全会精神；带头学法、用法、依法治企；带头严明政治纪律，做到言行一致、令行禁止；带头执行党纪党规，守住"底线"，不越"红线"，不碰高压线；带头遵守企业规章制度，做表率、做示范。

3. 坚持依法议事，促进决策程序合规。要依法完善企业内部治理结构，理清股东会、董事会、监事会、经理层的职责权限，明确议事规则和决策机制，确保公司重大决策依法合规。企业的各种决策会议，形式上是议事程序，本质上是权利分配。召开常委会、办公会、董事会等，要把好"四个关"：该开什么会开什么会，严把决策程序关；该什么人参会什么人参会，严把决策范围关；该什么人表态什么人表态，严把讨论表决关；该什么人落实什么人落实，严把规范用权关。

4. 坚持依法经营，保护企业和员工正当权益。市场经济本身是法治经济，要增强运用法律思维、法律手段解决问题的能力。一方面要树立守法意识。注重规范与自律，依法公平参与竞争，带头遵守法律法规，重信守诺，维护市场秩序，按照市场规则平等开展竞争。一方面要增强用法理念。卡住防范经营风险的关键环节，做到规范开展经营活动、规范劳务队伍选用、坚持物资阳光采购，养成办事依法、遇事找法、解决问题用法、化解矛盾靠法的法治思维，妥善处理企业在市场经营中遇到的法律纠纷，切实维护企业合法权益。要不断加大厂务、企务公开力度，积极拓展职工参与企业民主决策、民主管理的方法和途径，大力维护职工权益，依法依规解决职工矛盾和利益诉求。

坚持改革创新 强化落实执行 为做大做强做优做实中国铁建不懈奋斗

——总裁张宗言在中国铁建一届六次职工代表大会暨2015年工作会议上的报告

(摘 要)

(2015年1月28日)

一、2014年工作回顾

过去的一年是很不平凡的一年。在经济下行、市场萎缩、企业改革管理任务十分繁重的形势下,我们认真贯彻党中央、国务院和国资委系列决策部署,深化改革,强化管理,开拓创新,攻坚克难,圆满完成了各项目标任务,实现了稳中有进、稳中有为、稳中向好。

(一)以深化改革和强化管控为主线,完善管理体系

一是大力推行区域经营模式,健全区域经营规范运作和管理的制度体系,强化区域经营机构建设,各单位特别是工程承包单位的区域经营力量和区域承揽能力不断增强。二是积极推进项目管理体制机制改革,规范集团公司和工程公司在项目上的经济关系,促进工程公司施工管理的主体责任进一步落实。三是强力推进绩效考核体系改革,根据注重质量、分类管理的原则,改革股份公司对各子公司负责人绩效考核指标体系,强化绩效考核对"做强做优做实"中国铁建的引领作用。四是持续推进组织机构精简合并和资源整合,中铁城建集团有限公司和中国铁建大桥工程局集团有限公司先后挂牌成立,中国土木工程集团有限公司和中铁建中非建设有限公司的优化重组顺利完成。五是着力推进海外经营管理体制改革,构建"股份公司主抓统筹管理、外经单位主抓市场经营、非外经单位主抓项目生产"的基本体制,明确全系统各方面、各业务单位在海外经营上的职能定位与工作职责,初步建立海外经营管理的制度体系与工作机制,为加快实施大海外战略奠定基础。

在深化改革的同时,我们切实强化管控力度。一是强化审计监督,深入开展覆盖全系统所有独立会计核算单位的自审自查工作,在此基础上认真抓好问题整改和责任追究,有效促进积弊革除和管理提升。二是强化审批管控,认真梳理并集中公布必须经股份公司审批、审核、核准和备案的事项,全系统绝大部分单位均按照要求完善各自的审批制度。三是强化集中经营管理,坚定不移地推进物资集中采购供应、设备集中采购和资金、保险资源、商旅服务集中管理;持续强化市场经营统筹协调,有效改善承揽任务的质量;强力落实"自己的业务自己做",有效促进工程承包、物流贸易、设计咨询、工业制造等产业的发展。

(二)以整治亏损和防控风险为重点,改善发展质量

围绕解决项目亏损这个危害企业发展质量最烈的问题,我们大张旗鼓地开展了亏损项目整治活动。根据"清、诊、治、惩、防"五字方针,对全系统的亏损项目展开集中整治。经过一年的努力,建立健全亏损项目动态监控、亏损项目跟踪审计、亏损项目问责等整治亏损项目的长效机制。更为重要的是,通过亏损项目整治活动,在全系统形成了向亏损项目开战、向亏损责任人开炮、向企业亏损说不的强大攻势,实现对亏损责任的一票否决,堵住亏损责任人的晋升渠道,营造"创效光荣、亏损可耻"的浓重舆论氛围,前所未有地增强了项目创誉创效的正能量。

与亏损项目整治活动同步,以清收降债为主题全面强化了经济风险管控。一是强力回收应收款项;二是加强融资创新;三是建立健全债务风险监测管控体系,严格投融资业务准入门槛,加强规范企业经济行为和清收清欠管理的长效机制建设,强化经济风险管控的制度保障。

(三)以强力经营和狠抓现场为手段,提升竞争能力

牢固树立"经营能力是企业核心竞争力"理念,不断强化经营工作的龙头地位，坚持工程经营与投融资经营双轮驱动、施工能力与经营能力良性互动，狠抓重点行业、重点领域、重点项目经营不放松，取得良好的经营承揽成绩。在京沈铁路客运专线、哈佳铁路、深茂铁路等铁路重大项目竞标中占取优势份额，先后承揽兰州城市轨道交通1号线、简蒲高速公路等规模大、品质高的重点项目；通过投融资方式，承揽全国第一条中低速磁浮城市轨道——长沙磁浮项目等具有市场定位功能的重点项目。

狠抓现场管理与科研攻关，施工生产与科技创新取得良好成绩。大西高速铁路太原至西安段、兰新高速铁路、贵广高速铁路、山西中南部铁路通道、杭长铁路客运专线、青荣城际铁路、北京地铁14号线、扬州瘦西湖隧道等重点工程建成通车；南水北调中线工程正式通水。2014年获得国家科技进步奖1项，中国土木工程詹天佑奖7项，改革开放35年百项经典暨精品工程奖11项，国优工程奖16项，中国建设工程鲁班奖4项，新增国家级科技创新平台4家、省级技术中心10家，新增授权专利998件，完成工业制造新产品研发81项。科技创新硕果累累，提前超额完成“十二五”科技创新目标。

（四）以多元发展和国际经营为载体，推进结构调整

贯彻“建筑为本、相关多元”方针，大力推进产业、产品结构调整。非工程承包业务的净利润占比进一步提升，工业制造产业效益增长强劲，金融保险产业实现新的跨越，勘察设计咨询业务规模实现较快增长。

海外经营是2014年工作的一大亮点。在逐步理顺海外经营管理体制机制的同时，着力在利用国家政策、加强高层对接沟通、创新经营模式、深耕支柱市场、紧抓重大项目上下工夫，先后承揽尼日利亚沿海铁路、沙特内政部安全总部发展项目、孟加拉高速公路项目等重大项目。墨西哥高速铁路项目虽遭墨方单方面毁约，但为中国铁建在国际国内赢得了前所未有的知名度。尼日利亚阿卡铁路、土耳其安伊高速铁路通车，安哥拉本格拉铁路顺利建成并试运行，受到所在国政府的高度赞誉和中国领导人的充分肯定。

（五）以队伍建设和全面建设为保障，夯实发展基础

始终把基础管理、全面建设放在突出位置来抓。一是大力加强人才队伍建设。2014年接收大学毕业生10254人，职工总量增幅同比回落了5.2个百分点，全员本科及以上学历人员的占比提高了2.5个百分点，人员结构进一步优化；全系统各级职工教育培训活动广泛开展，全年举办各类培训班1512期，18.2万人次参加培训。二是系统加强制度建设。股份公司本级全年制定修订制度办法91项，所属单位普遍根据股份公司系列思路措施制定配套制度，并对各自既有的制度办法进行清理、修订、完善。三是持续推动信息化建设。财务共享中心的试点与推广应用范围进一步扩大，项目管理系统建设在探索中不断推进。四是切实加强民生福祉与和谐劳动关系建设。全力推动拖欠职工工资和“五险一金”问题的解决；推进厂办大集体改革，获得国资委大集体改革支持资金1亿元；不断改善职工住房条件，在岗职工人均年收入逐步增长；深入开展“服务职工、服务基层”活动，大力推动建家建线、帮扶济困工作，全年救助困难职工1.1万户次，累计发放救助款9738万元；认真落实职工民主管理制度，2014年股份公司职代会的157项提案，已由机关24个部门全部处理答复完毕。五是着力加强企业文化和队伍作风建设。全面倡导以企业为重、事业为重的价值观，进一步推进了“九种文化”落地生根；强化企业文化建设与党的群众路线教育实践活动、与干部队伍作风建设的有机结合，强化反“四风”和反腐败工作，求真务实、艰苦奋斗的作风得到进一步弘扬，公平正义、清风正气得到进一步树立。

全系统涌现大批模范人物和先进集体，有5人获得全国五一劳动奖章，108人被授予火车头奖章，6家单位获得全国五一劳动奖状，9个集体获得全国工人先锋号称号，21个集体被授予火车头奖杯，4个青年集体和6名青年获得团中央表彰。同时，中国铁建在世界500强企业的排名攀升至第80位，位列中国企业500强第11位、中国上市公司500强第6位，被评为中国上市公司最具核心竞争力企业。特别是在利好市场环境刺激和良好业绩与信誉支撑下，中国铁建在资本市场表现抢眼，股价创公司上市6年来的最高水平。

二、形势与要求

综合分析当前形势，机遇与挑战并存。

一方面，企业发展正面临着十分重要的战略机遇期。从宏观经济形势看，在经济结构不断优化、新增长点不断涌现、质量效益不断提高的经济新常态背景下，2015年国家将继续实施积极的财政政策和稳健的货币政策，积极实施“一带一路”、京津冀协同发展、长江经济带三大战略，稳步推进新型城镇化，预计GDP增幅将在7%左右，固定资产投资将增长15%左右，这些将从宏观层面上为我们营造转型的氛围，提供增长的动力。从深化改革的大势看，2015年是国家全面深化改革的关键之年，在中央着力推进的各项改革中，国企国资改革是重中之重，将在发展混合所有制经济、完善现代企业制度、解决历史遗留问题等方面有所突破，这将从体制机制与公司治理结构上激发企业的发展活力。从市场需求与行业状况看,2015 年国家将继续加大铁路、公路、轨道交通、重大水利、电力、棚户区改造等基础设施领域的投资力度,其中全国铁路拟新开工项目 60 项,投资约 1 万亿元,国内基建市场需求比较旺盛。特别是 2014 年末国家启动铁路、公路、市政、水利、能源等重点基础设施领域投融资机制改革,积极推广政府和社会资本合作(PPP)模式,必将进一步刺激基建市场需求,对企业发展产生积极影响。同时,2015 年国家将继续从组织、体制、机制、商务、外交、金融等方面强力推动"走出去",铁路等交通基建项目是"走出去"布局的重点,海外市场空间将继续扩大,为中国铁建的海外经营提供了前所未有的历史机遇。

另一方面,企业发展也面临着前所未有的严峻挑战。一是增速放缓、变革加快的挑战。今后一个时期,经济进入新常态,GDP 增速放缓,投资驱动弱化;国企国资改革、投融资体制改革加快推进;国家"走出去"战略强势推进,国际化程度大幅提升。这些都将对我们的发展势头和固有的体制机制模式带来冲击,对经营管理能力提出严峻挑战。二是规制趋紧、监管趋严的挑战。中央重典反腐、整饬党风,全面推进依法治国。近一段时间,国家有关方面采取一系列日趋严格的监督管理措施,加强巡视工作,加大审计力度,强化建筑市场专项治理,强化铁路市场廉政建设,提高安全生产考核标准,等等。这些都对我们依法治企、确保安全提出新的挑战。三是竞争激烈、不进则退的挑战。各大建筑中央企业纷纷在国内外染指蚕食我们传统的铁路、轨道交通建筑市场,竞争趋于白热化,"背水争雄,不胜则亡",我们稍有懈怠,就会被兄弟单位远远甩在后面。

2015 年是"十二五"的收官之年,根据客观形势和企业实际,我们新一年工作的总体要求是:贯彻落实党的十八届三中、四中全会和中央企业负责人会议精神,围绕做大做强做优做实中国铁建的总体目标,坚持深化改革,突出创新驱动,强化经营协同,狠抓落实执行,不断改善发展质量和效益,全力打造企业内实外美、持续稳健发展新常态,坚决打胜"十二五"收官之战。

做好 2015 年及今后一个时期的工作,必须做到"四个坚持":一是坚持以改革激发活力。改革是企业发展的活力之源。与前两年相衔接,必须继续把改革作为 2015 年及今后一个时期工作的一条主线,通过改革全面革新束缚企业生产力发展和效能发挥的体制机制模式,努力扫除做大做强做优做实中国铁建的一切障碍。二是坚持以创新驱动发展。"唯创新者进,唯创新者强,唯创新者胜。"在新的历史条件和市场环境下,必须适应新常态、融入新常态、创造新常态,必须勇于开拓,锐意创新,通过创新驱动企业发展。三是坚持以协同凝聚战力。作为一家拥有 30 多家二级成员企业、"7+1"多元产业的特大型综合建筑企业,面对基建市场的投融资体制改革,面对国际市场,面对大市场、大业主、大项目,我们不仅要做"加法",更要做"乘法",必须通过协同实现"聚变效应""裂变效应"。四是坚持以落实确保成效。股份公司的大政方针在近两年已经基本明确,当前工作的关键就是落实、落实、再落实。2015 年,要把落实执行作为工作的主题之一。各单位要以踏石留印、抓铁有痕的劲头切实贯彻落实好党中央、国务院和国资委的路线、方针、政策和要求,贯彻落实好股份公司的具体思路、制度和要求,一步一个脚印,确保既有部署全面落地。

三、2015 年重点工作

2015 年,要围绕改革创新和落实执行两大主题,重点抓好六个方面的工作。

(一)坚持深化改革,不断优化体制机制

2015 年全面深化改革的任务十分艰巨。我们要在深入贯彻党中央、国务院和国资委系列改革举措的基础上,继续以理顺体制机制为着力方向,注重改革的关联性、耦合性与系统性,协调推进各领域、各方面的改革,确保取得实质性进展和新的突破。

要认真落实国资委一系列改革部署。在 2014 年 12 月召开的中央企业、地方国资委负责人会议上,国务院国资委确定界定不同国有企业功能、发展混合所有制经济、完善现代企业制度、解决历史遗留问题、推进"四项改革"试点等改革重点工作,预计下一步将出台具体改革方案。国企国资改革政治性强,牵一发而动全身。我们将根据国资委的统一部署和具体要求,认真贯彻国资委相关改革举措,力争国企国资改革在中国铁建尽早启动,尽早取得突破。

1. 要继续深化生产经营管理体制改革。一是继续深化市场经营管理体制改革,以提升区域经营能力为重点,切实加强集团公司区域经营机构建设,实现集团公司区域经营机构承揽的新签合同额占比超过 80%;加快海外市场布局,力争 2015 年海外国别市场数量达到 110 个左右。二是继续深化项目管理体制改革,以规范集团公司与工程公司的经济关系为突破口,改进并加强对项目的考核,促进工程公司在项目管理上的主体责任全面落实。三是继续深化海外经营管理体制改革,认真落实《海外经营管理工作指导意见》,制定出台国别市场管理、境外在建项目信用评价、资产管理、经营决策管理等配套制度办法,建立海外经营管理专家委员会和海外经营管理专家库,全面推进海外经营管理体制科学高效运转。

2. 要建立健全工程公司发展机制。一是要建立工程公司及其他板块三级单位的专业化发展机制。通过政策引导机制、任务分配机制、资源配置机制等，大力提升工程公司及其他板块三级单位的专项能力；通过推行工程公司内部矩阵式、专业化的要素组织模式，全面提升工程公司组织生产的专业化、精益化水平。二是要健全工程公司的经济积累机制。认真贯彻《关于进一步规范集团内部经济关系的若干意见》，全面实施对工程公司收费的封顶政策，遏止集团公司对工程公司收费无序的现象，充分调动工程公司做大做强自身的积极性。三是要完善作业层建设管理机制。坚持“既防止左又防止右”，在着力提高社会资源整合能力、健全外包管理体系的同时，重视自有施工队、“架子队”、专业队建设，全面提高工程公司对作业层的掌控力。

3. 要大力推进内外部资源整合。一方面，要加快内部资源整合。在继续推进集团公司分公司、四级公司撤并工作的基础上，要对年营业收入20亿元以下且连续3年利润水平低于集团同类企业平均水平的综合工程公司，以及规模小、效益差、偏离主业发展方向的三级公司予以撤并；对综合工程局下设的2个或多个同专业的专业工程公司予以合并。与此同时，要通过内部划转、股份制、经营联合等手段，加快内部房地产及相关土地资源、物流仓储资源、工业制造资源等的重组整合。另一方面，要加快外部资源整合。根据有利于开发占领市场、有利于优化资产结构、有利于完善产业链条的原则，灵活采取收购、控股、参股以及国资部门划转等不同方式，切实推动对外兼并和战略投资步伐。对外兼并重点对象包括：具有较强资质和能力的规划咨询设计企业、拥有核心技术与市场潜能的工业制造企业、资产质量较高的房地产企业、可与中国铁建既有业务进行广泛协同并带来较高收益的金融企业、可通过并购进入或拓展该国市场的海外设计建筑企业等。

4. 要不断优化各级的绩效考核与奖惩机制。一是继续深化股份公司对各集团公司负责人绩效考核指标设置改革，强化考核与战略规划的衔接，继续加大发展质量指标特别是现金流指标与应收款项指标的考核权重，并充分考虑各单位的差异性，提升考核的针对性与有效性。二是全面落实股份公司即将出台的《关于加强工程项目绩效考核的决定》，优化并强化工程公司对工程项目及项目经理的绩效考核。各集团公司都要大力推进对区域经营机构、三级公司绩效考核体系的改革。三是加强全员绩效考核，每一名在岗员工都要有职责明确的岗位说明书、定量的考核指标，考核结果要与薪酬及职务升迁直接挂钩。

（二）持续聚焦效益，切实改善发展质量

要继续把改善发展质量、做实企业放在突出位置来抓。要坚持开源与节流并举、“堵漏”与“疏浚”并重，切实提升企业的资产质量与效益水平。

1. 要持续整治亏损项目。我们向亏损项目开战，既是攻坚战，也是持久战。要继续贯彻“清、诊、治、惩、防”五字方针。“清”一定要搞清楚，要结合亏损项目动态监控机制建设，常新常清，实时掌握底数；“诊”一定要有针对性，开出对症的“药方”，不能大而化之；“治”一定要措施得力，猛药去疴，良药常补，药到病除，确保既有亏损项目亏损额比上年末减少30%；“惩”一定要真追究、真处罚，这次会上，我们要对前一阶段的亏损项目责任人处罚情况进行通报，今后每半年要在全系统通报一次，形成常制，对亏损责任人“零容忍”；“防”一定要防得住，不能旧伤未愈、又添新伤，这是衡量亏损项目整治活动是否成功的主要标准之一，今年要力争杜绝新增亏损项目，确保杜绝新上项目亏损。

2. 要全面加强成本管控。一是全面加强项目责任成本管理。要把责任成本管理作为提升项目创效能力的治本之策来抓，全面加强项目方案成本、人工成本、材料成本、机械成本、现场管理费等方面的管控，真正通过强化项目责任成本管理解决目前项目管理中的系统性问题。二是严格控制非生产经营性开支。原则上不再批准非生产经营性的固定资产建设项目，公务乘用车严格按照有关规定控制，严格落实中央“八项规定”，压减办公费、会议费、差旅费、招待费等各类管理费用开支，确保2015年的管理费用（不含科技研发费用）同比下降5%以上。三是强化税务筹划与“营改增”应对工作。2015年是“营改增”政策全面推行的最后期限，要积极稳妥应对，加强与其他建筑中央企业的联动，加大向国家有关部委争取优惠政策的力度，加强税收筹划，化解“营改增”风险。

3. 要强力优化资金管理。要切实落实“现金为王”的理念，全面改善企业的资金状况。一是进一步强化清收清欠管理。要做到“快收、强收”，股份公司要进一步加大清收清欠指标的考核权重，财务部、经济管理部、资本运营部要督导有关单位对应收账款、应收客户合同工程款、BT项目回购款进行逐笔分析与确权回收，建立定期督导分析通报机制，确保2015年应收账款、应收客户合同工程款进入下行通道。二是进一步加强资金集中管理。中国铁建财务公司全口径资金集中度要聚焦日均指标，日均资金集中度要达到35%以上；要试点推进资金统收统付管理模式；要切实加强资金预算的集中管理，有效提高资金头寸的利用率；要推进跨境人民币和外币资金集中管理，逐步实现资金集中管理的全覆盖。三是进一步优化融资管理。要强化融资集中管理，严格股份公司对融资规模、融资方式、融资成本等方面的管控，实现有效遏制有息负债快速增长、优化融资结构、降低融资成本的目标，特别要加强对职工集资、高息融资等混乱现象的清理，加强对表外融资的集中管理，确保融资工作在依法合规、有序运转、风险可控的基础上，助推生产经营的快速优质发展。

4. 要注重提升经营质量，积极创造规模效益。一是要坚持理性经营，提升经营质量，工程经营、投融资经营、物资贸易经营、房地产经营等都要严守“不揽、不投、不做”的底线，确保项目经济风险受控，确保任务和业务订单的“含金量”。二是要高度重视并抓紧抓实二次经营，做实做细有关资料，加强与甲方及其上级单位、设计院的有效沟通，力争2015年全系统二次经营补充合同额突破800亿元。三是要正确处理规模与效益的关系，坚持经营工作的龙头地位不动摇，始终保持强力经营的工作态势，在有效防范风险的基础上，努力不断做大企业的生产经营规模，提高市场话语权和生产接续能力，扩大效益的内生空间。四是要积极创造单个项目的生产规模效益，10亿元以下的工程标段原则上要交给一个工程公司施工；30亿元以下的海外项目原则上由一家施工单位承担；房地产项目、投资项目对内划分施工标段原则上每个标段的金额分别不低于6亿元、8亿元。

（三）着力强化协同，充分释放集团优势

社会在变、市场在变、模式在变，我们必须紧跟时代步伐，适应变化。2015年，股份公司鼓励系统内部各集团、各板块之间建立战略合作伙伴关系，联合协同经营。同时，要通过狠抓协同充分释放集团优势，促进企业快速发展。

1. 要狠抓设计与施工协同。要以提升“四种能力”为抓手推进设计施工协同。一是经营协同能力。要把设计单位经营介入时间早、经营资源层次高的优势与施工单位经营区域领域广、经营资源关系深的优势有机结合起来，实现设计单位与施工单位经营相互借力，促进彼此共同发展；要突出对规划研究和工可项目的经营管理，全面加强规划研究和工可项目对施工项目经营的指引作用；要研究建立外经单位与设计单位经营合作的良性机制，重视并强化海外规划研究特别是工可项目的承揽，通过占领国际市场产业高端为经营工作开辟道路。二是生产协同能力。要研究建立设计与施工的生产互动机制和科技创新互动机制，在系统内设计单位设计、系统内施工单位施工的重大项目上定期不定期召开技术研讨会，通过设计单位技术交底、施工单位评价设计图纸等办法，促进双方共同提高生产水平、技术水平和科技创新水平。三是创效协同能力。主要是各设计单位要“不唯上、不唯书、只唯实”，坚持从工程地质实际出发、从工程技术和工程经济的可行性出发，始终确保设计质量，并努力为兄弟施工单位的变更索赔创造便利条件，积极为维护中国铁建的合法利益作贡献。四是设计施工总承包能力。各设计单位要把发育和提升设计总承包能力作为一项战略工程来抓，股份公司鼓励设计单位与施工单位合作承揽工程总承包项目。

2. 要狠抓投资开发与生产经营协同。要通过投资扩大经营规模，创造经营业绩，拓宽经营领域，拉长经营链条，创新经营模式，创新盈利模式，提升专项施工能力，提高经济效益，等等。一是通过投资拉动经营规模。要以财政部公布的首批30个PPP示范项目为重点，积极跟踪各地的PPP项目信息，充分利用好财政部及各地财政对PPP项目的优惠政策，确保在PPP新模式经营领域占得先机；要潜心体察政府所需，着力在城市经营、城市综合体开发上下功夫，通过投资杠杆扩大企业的市场占有率；要秉承积极审慎原则，适度承揽BT项目，确保企业在城市轨道交通等领域应有的市场地位。二是通过投资提升专项施工能力。要积极以投融资方式获取竞争优势，努力补齐专项施工领域的短板，要确保湖北武穴、石首等长江大桥BT项目落地，包括超高层建筑、港口与航道、水利电力等都要列为我们的投资重点关注领域。三是通过投资改善经营状况。要积极承揽和洽谈BOT、PPP、TOT等具有特许经营性质的交通、市政基础设施项目，为企业获取优质的运营类资产，提供稳定的现金流。

3. 要狠抓内部业务协同。一是有效推进物资集采。要深入总结近年来物资集采供应的经验和教训，着力优化机制、破解难题，稳步提高全系统物资集采度，大幅提升中国铁建物资集团公司对内集采供应的业务规模。二是做大内部金融业务。在强力集中资金的同时，中国铁建财务公司要努力做大内部贷款业务，确保2015年放贷规模不低于180亿元；要积极在内部开展票据、结售汇等业务，实现系统内金融产业与各产业的相互促进、协同发展。三是坚决落实“自己的业务自己做”。凡内部单位能够提供的设计、咨询、施工、监理、采购、保险经纪、招标代理、物业管理、商旅服务以及能生产的各类工业产品，原则上必须选用内部单位的产品或服务，特别是采购盾构机和大型养路机械设备必须选用中国铁建重工集团公司和昆明中铁大型养路机械集团公司的产品。此外，要积极开发机械设备维护保养及租赁、周转材料回收利用等有潜力的内部市场，力争有所突破。

4. 要狠抓全产业链经营协同。全产业链协同经营是一篇大文章。各产业各单位要摒弃“只见树木，不见森林”的经营模式，放开眼界、放开手脚，积极开展全产业链经营,积极“制造”全产业链项目。其中,中国铁建投资公司、中国铁建房地产集团公司要发挥龙头作用,设立专职部门,组建专业团队,以城市轨道交通项目为主要切入点,积极运作“以地铁换土地、换沿线物业开发、换城市综合体”,集中精力以投融资为杠杆,大力推进“投融资 + 房地产 + 设计施工总承包 + 物流贸易 + 装备制造 + 城市综合体开发运营”,迅速在全产业链经营上实现突破。同时,设计院要积极从前期规划和工程可行性研究入手“制造”全产业链项目,外经单位要通过海外全产业链经营带动各产业“走出去”。其他各产业单位特别是资金状况比较好的集团公司,要积极发挥各自的产业产品与地缘优势,力争在全产业链经营上有所斩获。在发挥有关单位主体作用的同时,要充分发挥股份公司机关在全产业链经营上的统筹协调作用,成立由主管领导挂帅的全产业链协同经营领导小组,分别由经营计划部和国际部牵头,资本运营部、房地产开发部、财务部等相关部门积极配合,研究制定国内外全产业链协同经营的有关规制性文件,各部门要共同行动,为展开全产业链经营提供服务保障。

(四)大力推进创新,全面加快升级步伐

“问渠哪得清如许,为有源头活水来。”我们要大力实施创新驱动发展战略,努力培育新的经济增长点和竞争优势,为企业升级发展提供不竭的动力源泉。

1. 要大力推进经营创新。一方面,要大力推进经营模式创新。包括通过规划研究、工程可行性项目引领经营,通过投融资拉动经营,通过全产业链协同推动经营,积极投身城市运营、城市综合体开发以及 PPP 经营模式等。要在经营模式、商业模式、盈利模式等各方面推动全面创新,通过创新实现企业经营的升级发展。另一方面,要大力推进经营领域创新。要不断开拓创新各产业各业务的经营领域。工程建筑产业要在大桥设计施工,超高层建筑,城市“四电”集成,水工施工以及隧道、“四电”设计领域大步迈进,积极承揽供水、供电、供气、供暖等市政民生工程;房地产业要积极尝试开发新的房地产产品,力争在地铁上盖物业、商业地产、旅游地产等方面取得新的突破;维管运营产业要通过资源整合和投资倾斜,着力在城市公共交通、综合管廊、停车设施、污水处理、建筑垃圾处理和资源化利用等运营管理方面取得突破;工业制造产业要积极尝试在通用工程机械以及沥青设备、高端混凝土设备、建筑垃圾处理设备、制砂设备等新领域取得突破;物流贸易产业要启动内部资源整合,大力发展仓储、加工、商品混凝土和电子商务等新兴业务;在海外经营方面要积极尝试在有条件的国外市场开展商业地产开发、矿产资源开发、物流贸易、工业制造、农业开发等多元业务,探索设立专业的海外铁路和轨道交通运营维护管理团队,力争在尼日利亚、安哥拉、沙特等海外市场的运营维管业务方面取得新突破。

2. 要大力推进产融结合。一是大力加强与各类金融机构、投资商的合作,特别是要加强与信托公司、保险公司以及基金公司的合作,加强与国家开发银行、进出口银行以及亚洲基础设施投资银行、丝路基金等国家“走出去”专项金融机构的联系沟通,积极通过争取融资创造市场、落实项目。二是整合现有资产管理公司和产业基金、永续债发行等资源,通过专业化平台积极拓展各种融资渠道,着力加大表外融资力度,为企业市场开发提供融资支撑、开辟经营道路。三是认真做好股票增发、有关单位或业务分拆上市等工作,并探索通过收购香港当地公司打通境外融资渠道。四是积极探索基建运营类项目收费受益权、应收账款、质保金等资产的证券化,充分利用资本市场,创新融资模式,盘活内部资产。五是探索设立融资租赁公司,积极尝试参股或控股外部金融企业,努力做大企业的金融产业。总之,要通过全面强化产业资本与金融资本的结合,为企业升级发展提供强劲的金融之翼。

3. 要大力推进管理创新。一是以标杆企业为榜样推进管理创新。各级各单位要充分认识对标管理的重要性,要从系统内外选择确立自己的标杆,对标找差距、对标知荣辱、对标转观念、对标促提升,在全系统开创百舸争流、千帆竞渡的蓬勃局面。二是以全员广泛参与的活动推进管理创新。要在全系统广泛开展管理创新活动,设立管理创新奖项,定期汇编管理创新成果,在报纸、网站、内刊开设管理创新专栏,充分激发各级管理者和广大干部员工学管理、用管理、创新管理的积极性。三是以信息化建设为支点推进管理创新。要以加快财务共享中心、项目管理系统等各个业务系统的信息化建设为突破口,加强各信息系统的集成与融合,通过信息化建设推动各项管理流程优化,提高工作效率和管理水平。

4. 要大力推进科技创新。要坚持内外兼修,品牌与品质并重。要加强科技创新平台建设,加强科技立项和各类奖项、专利、工法的申报,加强国家级高端科技领军人才队伍建设,力争在国家重点实验室建设、院士推荐等方面取得新突破。要不断提升企业的科研能力,尽快弥补在深水大跨度桥梁、超高层房屋建筑、水工建设领域的技术和业绩短板。要积极探索科技创新的协同运作方式,强化工程承包单位、设计院、工业制造单位在新产品研发、技术攻关等方面的合作。要切实抓好新技术、新工法、新工艺、新设备推广应用,抓好新专利、新产品的产业化,真正把科技创新成果落实为实实在在的经济增长力。

（五）潜心筑牢基础，协调推进各项工作

基础建设关乎全局和长远。基础牢则事业兴，基础稳则全局稳。2015年，要继续驰而不息、始终不渝地抓基础、抓全面，凝神聚气、强基固本，促进企业平安和谐稳健发展。

1. 要加强安全生产建设。要牢固树立安全生产“红线意识”，以“零容忍”的态度强力抓好施工生产规范、安全生产规定、安全生产责任制的落实，特别是要严格按照2014年11月隧道施工安全视频会的要求，狠抓隧道施工安全九条规定、六项措施的落实；以“零容忍”的态度强力整治隧道施工安全、脚手架施工安全、高边坡施工安全、车辆交通安全等安全生产问题；以“零容忍”的态度强力追究安全生产伤亡事故、险性事件和重大事故隐患责任人的责任，加大工程质量监督管理力度，积极开展工程创优，进一步提升工程质量水平；持续开展安全生产大检查、大整改活动，持续强化安全生产高压态势，确保企业安全生产大局稳定。

2. 要加强规制体系建设。要加强企业法治建设，坚持决策先问法、违法不决策，建立重要决策合法性审查机制，全面规范合同管理，进一步加快法律风险防范体系建设，全面提升依法治企能力和水平。要继续加强制度建设，对企业现有的制度办法进行全面系统的梳理，搞清楚哪些领域无规可依、哪些制度已经过时、哪些条款相互抵触、哪些规定脱离实际，该制定的制定、该修订的修订、该废止的废止。要加强党风廉政建设，强化对权利的制约与监督，坚决贯彻落实中央“八项规定”精神，坚决反对形式主义、官僚主义、享乐主义和奢靡之风，反对各种以权谋私现象，坚持守纪律、讲规矩，切实将党风廉政建设不断推向深入。要抓好规划的制定和落实，不断健全战略规划管理体系，特别是2015年要根据形势发展和企业实际，坚持“一个中心、两大支撑、四化并进”的总体思路，坚持实事求是、改革创新、统筹协调，抓好“十三五”战略规划的编制工作。

3. 要加强人才队伍建设。要继续优化人才结构，严格控制职工总量，不断提升高等学历、高职称人才的占比；要拓展人才成长渠道，重点打通非领导职务人才、项目经理人才、专家人才的成长通道，激发人才培养的体制活力；要进一步加大企业管理人员在不同岗位、不同单位之间，机关与基层之间的挂职锻炼与交流使用力度；要广泛开展各种形式的内外部教育培训活动，力争全系统每一名员工每年都能受到一次教育培训，股份公司机关牵头的“八个培训班”要进一步扩大规模；要大力开展“导师带徒”活动，加快对新员工的培养；要认真对照“十二五”人才资源目标，千方百计加强对“七类人才”的培养引进力度，确保在科技人才、海外人才、各产业高端人才等企业紧缺的人才培养引进方面取得新突破。

4. 要加强企业文化建设。一方面，要坚持内聚人心，大力弘扬以企业为重、事业为重、责任为重、团结为重、大局为重的正气，大力弘扬艰苦奋斗、勤俭节约、廉洁自律、诚实守信、低调务实的清风，坚决抵制不负责任、不讲原则、不讲是非、不讲团结、不讲大局的歪风邪气，坚决反对搬弄是非、挑拨离间、恶意告状、相互诋毁、既害人又害己又害企的各种现象，切实在绩效考核、选人用人、利益分配等方面全面维护公平正义，切实推动“九种文化”内化于心、外化于行，打造中国铁建坚不可摧、战无不胜的核心价值观。另一方面，要坚持外树形象，持续不断地在中央主流媒体、网络媒体等各领域加大全方位的正面宣传力度；按照企业视觉识别系统的要求，进一步统一全系统所有机关办公楼和工程项目的标志，不断为中国铁建的品牌形象加分；要强化舆情管理，增强与各类媒体特别是新媒体打交道的能力，积极稳妥应对负面舆情事件，严防惹是生非、添堵抹黑，坚决杜绝给中国铁建的品牌形象减分。要切实通过内聚人心、外树形象为打造内实外美的企业发展新常态提供强大的精神支柱。

5. 要加强民生福祉建设。各级领导干部都要深刻认识到，职工群众对美好生活的向往就是我们的奋斗目标。要扎实有效地解决职工工资和“五险一金”拖欠问题，股份公司工会要会同人力资源部对全系统职工工资和“五险一金”拖欠现象进行一次大排查；各单位要全面摸底、系统梳理、具体分析，拿出解决问题的路线图和时间表。要加快推进企业年金制度改革这件利企利民的大好事，加快推进解决厂办大集体问题，积极创造条件确保内部职工充分就业，继续通过加强各种方式改善职工生活，继续抓好帮扶济困和送温暖活动。要认真落实各项职工民主管理制度，确保职工对企业管理的知情权、参与权与监督权。要通过全方位加强民生福祉建设，实现企业发展成果与职工群众共享，实现中国铁建政通人和，职工群众安居乐业。

（六）强力抓好落实，真正确保管理成效

要确保股份公司的基本工作思路真正转化为生产力，确保2015年的各项工作目标圆满完成，必须突出落实执行的极端重要性。各级各单位要正视自身在实际工作中关注本单位实际情况多、强调从上到下集中统一管控少，执行力不够的问题，自觉把落实执行、确保成效作为2015年的一项核心使命。

1. 通过做到“五有”抓落实。一是要有深刻理解。各级管理者要认真学习股份公司一系列重要会议精神和一系列指导性文件与制度办法，抓住关键、找准重点，切实领会精神实质，切不可揣着糊涂装明白。二是要有制度配套。要根据股份公司一系列指导性文件和制度办法，结合自身管理实际，制定出台配套的实施细则与制度办法；通过制度配套落实股份公司的要求，确保不变形、不走样，防止制定的制度措施表面上贯彻落实股份公司精神，实则不得要领，甚至与股份公司的要求南辕北辙。三是要有机构改革。要根据股份公司的工作思路和管理要求，对现有的组织机构进行改革，该撤并的撤并，该设立的设立，该改造的改造，该重新划分职能的重新划分职能，以强力的机构改革措施推动股份公司大政方针落地。四是要有任务分解。要把股份公司的各项管理任务、目标指标分解到各单位各部门，配套明确的工作清单与时间表，并把责任落实到具体人；要一级抓一级，一级保一级，层层夯实责任，层层传导压力，通过目标与责任的层层分解与层层连锁，确保各项管理任务和工作目标全面落实。五是要有领导带头。各级领导特别是主管领导要带头落实股份公司的工作思路与管理要求，亲自抓好政策宣传贯彻，亲自组织制度配套、机构改革、任务分解等工作，对关键问题必须亲力亲为，身体力行，形成“第一推动力”，为股份公司工作思路与管理要求全面落地提供根本保证。

2. 通过调动各方积极性促落实。一是充分利用经济杠杆。要全面规范内部各种经济关系，建立科学合理、激励有效的利益分成机制，有效调动区域指挥部、工程公司、项目经理部、专业作业队等各级完成工作目标的积极性；要完善重点工作激励机制，对于在市场经营、清收清欠、治亏工作、科技与管理创新、基础建设等方面做出突出贡献的团队和个人予以重奖，并在综合评优评先方面充分体现导向作用。二是全面加强竞赛机制建设。各业务系统都要建立定期的业务开展情况通报制度，把各单位的落实执行情况、工作实效情况排出名次、分出好坏，把“成绩单”晒出来，营造你追我赶、争抓落实、争创实效的竞赛氛围。三是在内部市场建立满意度评价机制。凡是开展内部设计、咨询、施工、监理、采购业务，提供内部工业产品和保险经纪、招标代理、物业管理、商旅等服务的单位，都要建立有针对性的满意度评价机制，通过满意度评价提升内部服务水平，调动各方开展内部业务协同、推进全产业链经营的积极性和主动性。

3. 通过监督检查与问责保落实。针对目前存在的工作落实不力、制度办法“象征性执行”“选择性执行”等问题，全面加大监督检查与问责力度。要全面扎实有效地开展管理督导活动，股份公司机关 2015 年将派出若干督导组对全系统所有二级单位进行管理督导，重点督促检查指导股份公司经营管理思路政策和决策部署的落实，并在全系统通报各单位情况，对问题责任人进行严肃问责。与此同时，要全面强化内部审计监督，加快 3 个审计分局建设，坚持财务审计与管理审计并举，突出“六个必审”，提升审计监督的覆盖面与工作质量，注重审计成果的运用，强化审计监督对落实执行的倒逼与助推作用。要加强各级督查督办工作，把全年各项任务逐条逐项明确落实到各单位各部门，不办理完毕不销号，不解决问题不撒手。要加强执法监察、效能监察与巡视工作，对不按股份公司要求认真履职的、违反股份公司制度规定的以及失职渎职造成损失的要予以严肃处理。要真正通过全方位、立体化的监督检查与问责，确保各项制度、各项工作执行落实到位。

强化责任　勇于担当
努力开创党风建设和反腐倡廉工作新局面
——纪委书记李春德在2015年中国铁建党风建设和反腐倡廉工作会议上的报告
（摘　要）
（2015年1月29日）

一、2014年主要工作

（一）认真落实“两个责任”，探索纪检体制机制创新

1.融合上级精神和基层实际。股份公司党委、纪委先后两次召开落实“两个责任”、深化“三转”工作视频会议，传达学习中央纪委、国资委纪委领导同志的讲话精神，并下发调研提纲，开展了全系统落实“两个责任”、深化“三转”工作专题调研。各二级单位党委、纪委分头开展了专题调研，并提交调研报告34份。

2.起草意见及配套措施。股份公司党委、纪委组织起草了《关于落实党风廉政建设主体责任和监督责任的意见》（以下简称《意见》），以及《关于加强二级单位纪检监察组织建设的决定》《归口派驻纪检组工作方案》等9项配套措施。11月27日，股份公司党委召开落实党风廉政建设“两个责任”工作促进会议，对《意见》及配套措施进行了讨论修改，并对落实“两个责任”进行再动员、再部署。国资委党委委员、纪委书记强卫东莅临会议并在讲话中指出：落实“两个责任”的意见及其配套措施，符合国资委党委的要求，是中国铁建党委创新反腐败体制机制的有益探索，走在了中央企业前列。

3.推进制度和措施落地。为落实党的十八届三中全会《决定》关于“加强反腐败体制机制创新和制度保障”的要求，股份公司纪委会同党委干部部，先后对所属6家二级单位的纪委书记、副书记进行提名考察。为落实“三转”要求，股份公司纪委书记5月1日起不再兼任监事会主席职务，不再分管宣传、共青团等党群部门工作。

（二）贯彻落实中央“八项规定”精神，持续推进作风转变

1.开展专项治理。结合对国资委第三巡视组反馈意见的整改，股份公司组织部分单位开展了公务用车专项检查；并针对公款为领导人员办理各种消费卡、公款为领导人员购买图书、领导人员未如实报告个人有关事项等突出问题，在全系统开展专项治理活动，检查纠正存在的问题。

2.健全相关制度。在股份公司制定出台《业务招待费管理办法》之后，股份公司纪委又协调和督促相关业务部门起草差旅费、公务接待和公务用车等管理办法草案，制定违反中央“八项规定”精神案件上报和通报制度，进一步扎紧制度的“笼子”。

3.严肃进行问责。各级纪检监察机构针对违规报销烟酒和娱乐场所发票、违规接受宴请、违规购买储值消费卡、公车私用、收受礼金等违反中央“八项规定”精神的问题进行问责，查处43起，责任追究39人，并在全系统视频会上对典型案例进行点名道姓通报。

全系统通过持之以恒地贯彻落实中央“八项规定”精神，作风建设取得显著成效。

（三）扎实推进巡视工作，有效发挥震慑作用

1.突出问题导向。巡视组先后对中铁十八局、十七局集团公司两家单位开展巡视，发现问题和案件线索195件，涉及领导人员违规安排包工队、违反组织人事纪律、违反中央“八项规定”精神、带病提拔干部，以及导致工程项目亏损的腐败问题等。根据管理权限，巡视组已将发现的问题和案件线索移交股份公司纪委和被巡视单位处置。

2.形成震慑效应。11月27日，按股份公司党委要求，巡视组在落实“两个责任”工作促进会议上通报了巡视工作情况，引起全系统强烈反响，有效地发挥了警示震慑作用。

（四）严肃查处违纪违规案件，努力遏制腐败蔓延势头

1.办案数量大幅上升。2014年，全系统受理信访举报、初核线索、立案、结案、给予党政纪处分人数，分别比2013年增加121.9%、73.6%、41.2%、45.5%和78.1%。

2. 大案要案查办取得突破。股份公司纪委联合昆明铁路检察院查办中铁十五局集团沙特分公司贪腐案件取得阶段性成果，6人涉嫌行贿、受贿、贪污、挪用公款等职务犯罪被立案调查，挽回直接经济损失上千万元；加强与西安碑林区检察院和公安分局配合协作，推进中铁十五局集团公司坦桑尼亚公路改造项目贪腐案件的查处，涉案合作方负责人及中铁十五局集团原西北公司董事长等6人被判刑，有效地遏制了合作方索要近亿元退场费的无理要求，避免了巨大经济损失。

3. 企检共建效果明显。股份公司纪委与最高人民检察院铁路运输检察厅联合下发《关于加强铁检机关与铁路建设单位工作联系配合的通知》，对全系统与各级铁检机关分层建立联系配合机制作出部署；与最高人民检察院预防职务犯罪厅联合开展海外人员风险防控体系课题研究，加强对海外机构和项目的监督；与司法部司法协助与外事司加强联系，创建境外案件取证工作平台。

（五）切实加强组织建设，充分发挥职能作用

1. 健全组织机构。股份公司党委将纪委监察局内设机构由过去的两室四处调整为三室六处，编制由12人增加到18人。股份公司党委制定《关于加强所属二级单位纪检监察组织建设的决定》，确定"只能加强、不能削弱"的原则，提出机构设置、人员配备等要求。

2. 规范制度流程。股份公司纪委进一步聚焦主业、明确职责，认真梳理业务流程，制定出台《纪委领导工作分工和各部门职责》《巡视工作暂行办法》《信访举报管理工作办法》《案件检查工作办法》等20余项规章制度，促进纪检监察工作的制度化、流程化、规范化，夯实工作基础。

（六）广泛开展宣传教育，构筑思想道德防线

按照股份公司纪委统一部署，全系统以"坚持依法合规，打造阳光央企"为主题，认真开展第二个反腐倡廉宣传教育月活动。股份公司纪委邀请专家学者，讲授反腐倡廉党课；利用蓝信系统，编发反腐倡廉简报；利用多媒体平台，播放反腐倡廉格言警句；利用企业网站，开辟反腐倡廉宣传短片专栏。按照"统一组织，分级开展"的原则，所属单位结合自身实际，开展形式多样的宣传教育活动。2014年，全系统开展反腐倡廉教育活动7316场次，受教育干部职工20余万人次，强化了拒腐防变意识。

在看到成绩的同时，我们也必须清醒地看到，全系统党风建设和反腐倡廉工作还存在一些突出问题。这些问题的存在，说明企业党风建设和反腐倡廉工作在认识、落实和问责上还有差距。在认识上，有的领导人员片面强调"企业特殊"，认为企业的主要任务就是生产经营，其他工作包括政治理论学习、党风建设和反腐倡廉工作都要为生产经营"让道"。在落实上，有的党委书记没有把党风廉政建设当作分内之事、应尽之责，每年开个会、讲个话，或签个责任书就万事大吉；有的领导人员怕丢选票、不敢负责、不敢担当，没有履行"一岗双责"。在问责上，有的单位"一案双查"基本停留在口头上和文件中，很少对主体责任和监督责任进行追究。对于这些问题，各级党委、纪委必须高度重视，认真对待，切实加以解决。

二、2015年主要任务

2015年工作的总体思路和要求是：深入贯彻党的十八大和十八届三中、四中全会，以及十八届中央纪委五次全会精神，认真贯彻习近平总书记系列重要讲话精神，按照中央企业反腐倡廉建设工作会议部署，把守纪律讲规矩摆在更加重要的位置，以落实党风廉政建设"两个责任"为主线，持之以恒贯彻中央"八项规定"精神，坚决反对和纠正"四风"，深入推进纪检体制机制创新，加大巡视工作力度，强化监督执纪问责，保持惩治腐败的高压态势，扎实推进全系统党风建设和反腐倡廉工作。

（一）加强纪律建设，坚持严格执纪

一是遵守政治纪律和政治规矩。各级领导人员要遵守党的章程，履行党员义务，自觉执行党的纪律，模范遵守国家法律法规；遵守政治规矩，以更强的党性意识、政治觉悟和组织观念要求自己，增强"四个服从"意识。二是强化执纪检查，增强刚性约束。各级纪检监察组织要把维护党的政治纪律放在首位，教育党员领导干部牢固树立党纪党规意识，认真贯彻中央和上级决策部署。要铁面执纪，坚决查处违反党纪党规的行为，强化制度刚性约束，让违纪者付出代价，使纪律真正成为带电的高压线。

（二）落实"两个责任"，强化责任追究

一是突出党委主体责任。各级党委要切实增强党的观念，明确从严治党职责，深入开展理想信念宗旨和反腐倡廉教育，加强作风和纪律建设，落实"一岗双责"，坚决惩治腐败。二是落实纪委监督责任。加大正风肃纪和腐败案件查处力度，加强对"三重一大"决策制度执行情况，以及对管人管钱管物等重点领域和关键岗位的监管，强化公开，细化程序，严防暗箱操作。三是强化责任追究。要着力解决责任追究难的问题，坚持"一案双查"，对违反政治纪律、政治规矩、组织纪律，纠正"四风"不力、发生顶风违纪问题，出现系统性、塌方式腐败案件的单位和部门，既要追究主体责任、监督责任，又要追究领导责任。

（三）严格执纪监督，坚决纠正“四风”

一是既要抓全局，又要抓个案。按照中央和国资委的部署，目前要针对巡视、审计发现的企业领导人员违规介绍和安插亲属包工队、关系包工队，公款出国（境）旅游，婚丧嫁娶大操大办等共性问题开展专项治理，并抓好督促整改。要盯住关键节点、关键环节，以具体问题的突破，带动作风的整体转变，推进作风建设常态化、长效化。二是既要自上而下，又要自下而上。各级纪检监察机构要紧盯“四风”新形式、新动向，警惕穿上“隐身衣”的享乐主义、奢靡之风，加大执纪查处和点名曝光力度；同时要进一步畅通监督渠道，有效发挥职工群众的监督作用，请职工群众参与监督、予以评价。三是既要靠制度监管，又要靠文化引领。在认真执行《业务招待费管理办法》的基础上，尽快下发差旅费管理、公务接待、公务用车等管理办法，建立健全改进作风的长效机制。大力弘扬中华民族优秀传统和中国铁建优良作风，加强企业廉洁文化建设，加大正面宣传和舆论引导力度，形成风清气正的良好氛围。

（四）加大巡视力度，强化震慑效果

一是对所属8～10个二级单位开展常规巡视，围绕“四个着力”，聚焦突出问题，重点发现领导班子在作风建设和落实主体责任方面存在的问题；重点发现领导人员违反政治纪律、政治规矩、组织纪律、中央“八项规定”精神和执行《国有企业领导人员廉洁从业若干规定》《贯彻落实“三重一大”决策制度实施办法》等方面的问题。二是对2014年被巡视单位开展“回头看”，检查整改落实情况，确保落实到位，并及时查找新问题。三是适时开展专项巡视，哪里有问题就巡视哪里，谁问题突出就巡视谁，对一个单位、一个项目、一件事、一笔资金等进行巡视，增强巡视的针对性、灵活性。四是强化巡视成果运用，解剖“麻雀”，举一反三，查找和分析共性问题，堵塞管理漏洞，完善规章制度，推动落实整改，及时通报整改情况，接受干部职工监督。

（五）保持高压态势，严厉惩治腐败

一是强化查办案件工作的组织协调。加强与地方纪检监察、公检法等部门的协调配合，加强对下级纪委查办案件工作的领导，健全重大案件督办机制，建立案件查办人才网络中心，集中使用办案力量。二是突出重点领域和关键环节。坚决查处严重违反党的政治纪律、组织纪律、保密纪律的行为；严肃查处发生在各级领导人员和关键岗位人员中的违纪违法案件，特别是严肃查处违反《国有企业领导人员廉洁从业若干规定》和“三重一大”决策制度的案件，重大亏损项目在资金管理、合同管理、物资设备采购、劳务队伍使用、工程分包、验工计价等重要领域和关键环节的违规违纪问题。三是依纪依规办案。进一步规范案件查办、信访举报、线索处置、案件监督及案件审理等工作；坚持“一案双查”“一案两报告”制度，深入剖析党的十八大以来查处的典型案例，用活用好反面教材，发挥警示、震慑和教育作用。

（六）加强组织领导，推进体制机制创新

一是完善下级纪委向上级纪委报告线索处置和案件查办情况制度，纪委书记、副书记提名考察制度，纪委书记绩效考核和薪酬兑现管理办法等。二是加强组织领导，整合监督资源，成立案件查办及巡视工作人才网络中心，构建系统内部交叉办案、交叉监督的工作格局。扎实推进归口派驻纪检组试点工作，充分发挥“派”的权威和“驻”的优势。

（七）聚焦监督主业，加强队伍建设

一要持续深化“三转”工作。将落实“转职能、转方式、转作风”的要求，向二级及以下纪检监察机构延伸，加大退出议事协调机构力度，严格落实纪委书记不分管其他业务的要求，把更多的精力集中到监督执纪问责的主业上。二要强化教育培训。组织各层次、各专业的业务培训，提高纪检监察干部业务素质和履职能力，做到情况明、数字准、责任清、工作实、作风正。三要强化责任担当。纪检监察干部要牢记使命，练好内功，敢作敢为，坚决克服不想监督、不敢监督问题。对不敢抓、不敢管，监督责任缺位的坚决问责。

2014 年 12 月 1 日，10 集大型纪录片《永远的铁道兵》在北京举行首映式暨新闻发布会。图为首映式期间，中央电视台记者采访中国铁建董事长、党委书记孟凤朝。（刘建国 摄）

大事记

本栏责任编辑　**杨启燕**

2014年中国铁建大事记

1月

▲3日　中国铁建总裁张宗言在中国铁建大厦会见到访的中国驻阿尔及利亚大使刘玉和。

▲6日　中国铁建召开安全生产工作视频会议，总结2013年工作，表彰先进、分析形势、部署工作。

▲同日　中国铁建总裁张宗言，执行董事、副总裁、总经济师庖振衣会见到访的泰国意大利泰发展大众集团有限公司总裁蓬差·卡拉素塔一行，双方就开展广泛合作进行深入交流。

▲8日　国资委党委专题调研组一行到中国铁建总部机关，就党的群众路线教育实践活动进行专题调研，听取中国铁建在第一批群众路线教育实践活动中取得的成效和经验，并对国资委党委如何更好地开展第二批党的群众路线教育实践活动征求意见。国资委党建工作局副局级巡视员姚焕等调研组成员，中国铁建党委书记、董事长、中国铁建党委党的群众路线教育实践活动领导小组组长孟凤朝出席会议。中国铁建党委组织部部长、领导小组办公室主任张良才主持会议。

▲同日　中国铁建总裁张宗言在长沙拜会湖南省省长杜家毫。双方就进一步加强合作，实现互利共赢等方面进行较为深入的会谈。

▲9日　国务院国资委第三巡视组向中国铁建反馈巡视情况。巡视组组长韩修国代表巡视组作巡视情况反馈，对中国铁建领导班子进行整体评价，提出整改意见和建议。中国铁建董事长、党委书记孟凤朝作表态发言，总裁张宗言主持会议。会议在中国铁建总部设立主会场，设立18个京外分会场，总部机关副处长及以上人员、二级单位领导班子成员537人参加会议。

▲同日　中国铁建总裁张宗言会见印度阿达尼集团董事会主席阿达尼。双方经过务实高效的会谈，就加强合作达成一致意见。

▲10日　中铁第一勘察设计院集团公司主持的“湿陷性黄土地区高速铁路修建关键技术”、中铁第四勘察设计院集团公司主持的“桥建合一及功能可视化立体疏解客流铁路车站设计建造技术”和中国铁建港航局集团公司参与的“长期循环动载下饱和软弱土地基灾变控制技术及应用”获得2013年度国家科学技术进步二等奖。

▲16日　中国铁建股份有限公司党委二届九次全体委员会议在中国铁建大厦三层报告大厅举行。中国铁建党委书记、董事长孟凤朝代表党委常委会向会议作工作报告，总裁张宗言主持会议。

▲17日　中国铁建总承包建设的土耳其安卡拉至伊斯坦布尔高速铁路二期主体工程完工。线路全长158千米，设计时速250千米。由中国铁建牵头组建的合包集团（简称CCCI）中标承建，工程的设计和施工全部采用欧洲技术标准。

▲同日　中国铁建系统6项工程被评为2013年度全国市政金杯示范工程：中铁十八局集团公司参建的北京市轨道交通15号线（一期中、东段望京西至俸伯）工程，中铁十一局集团五公司、六公司、电务公司和中铁二十三局集团六公司参建及西安铁一院工程咨询监理公司监理的重庆轨道交通三号线二期工程，铁四院（湖北）工程监理咨询公司监理的武汉二七长江大桥正桥工程，中铁十八局集团五公司承建的天津市新港4号路下穿进港二线地道工程，中铁十一局集团公司承建的乌鲁木齐市东外环扩容改建工程4标段，甘肃铁一院工程监理公司监理的南宁市白沙至亭江立交工程。

▲17—18日　中国铁建一届五次职工代表大会暨2014年工作会议在中国铁建大厦三层报告大厅举行。国务院监事会主席吕黄生出席并讲话，中国铁建董事长、党委书记孟凤朝发表讲话，总裁张宗言作行政工作报告，副董事长、党委副书记、工会主席彭树贵主持会议，副总裁、总经济师庖振衣作提案工作报告，副总裁、总会计师兼法律顾问庄尚标作财务工作报告。

▲18日　中国铁建举行2014年党风建设和反腐倡廉工作会议。中国铁建党委副书记、纪委书记、监事会主席齐晓飞作工作报告，党委书记、董事长孟凤朝发表重要讲话，副董事长、党委副书记、工会主席彭树贵宣读《关于发布2012—2013年度效能监察示范项目的决定》，中国铁建纪委副书记郭品云宣读违纪违规案件的处分决定，中国铁建所属单位递交党风廉政建设责任书。总裁张宗言主持会议。

▲22日　中国铁建董事长、党委书记孟凤朝在中国铁建大厦会见来访的中国电子信息产业集团总经理刘烈宏一行，商谈中国铁建与中国电子的战略合作事宜。

▲同日　中国铁建总裁张宗言在中国铁建大厦，会见青岛市崂山区区委书记齐家滨一行。

▲28 日　中国驻赞比亚大使馆举行 2014 年华人华侨招待会，对在 2014 年为中赞友谊作出贡献的集体和个人颁发奖状，中国土木工程集团赞比亚有限公司获得特殊贡献奖。

▲29 日　中国铁建举行 2014 年春节团拜会，董事长、党委书记孟凤朝，总裁张宗言率领中国铁建在京领导班子成员在铁建大厦大厅，给全系统广大员工及离退休人员拜年。孟凤朝致辞，副董事长、党委副书记、工会主席彭树贵主持。

▲同日　中国铁建董事长、党委书记孟凤朝率队专程前往塞内加尔驻华大使馆，拜会塞内加尔驻华大使阿卜杜拉耶·法勒将军阁下。双方就中国铁建在塞内加尔追踪的具体项目进展情况进行交流磋商。中国铁建国际部、国际集团负责人陪同会见。

2 月

▲5 日　中国铁建国际集团马来西亚公司总承包的天辰花园公寓项目举行开工典礼，业主为中国天辰集团有限公司。

▲9 日　埃塞俄比亚总统穆拉图在迪雷达瓦市市长陪同下，视察中国土木工程集团公司承建的埃塞米埃索至达瓦利铁路项目（简称“埃塞铁路项目”）。穆拉图对中国企业规范的管理和对当地雇员周全的劳动保护给予了高度评价，同时感谢中国企业对埃塞铁路建设的贡献并欣然题词。埃塞铁路项目为埃塞俄比亚首都亚的斯亚贝巴至吉布提铁路（750 千米）的一段，全长约 340 千米，2012 年 4 月开工。

▲11 日　中国铁建董事长、党委书记孟凤朝在铁建大厦会见安永会计师事务所客人。

▲13 日　中铁十八局集团三公司承建的目前世界最长的高海拔地区高速铁路隧道兰新铁路客运专线大坂山隧道贯通。大坂山隧道全长 15918 米，位于青海省大通回族自治县和门源回族土族自治县境内的大坂山中高山区，穿越大坂山主峰，海拔 3000 ~ 4200 米，是兰新铁路客运专线第一长隧，也是目前世界最长的高原高速铁路隧道。2010 年开工建设。

▲18 日　中国铁建执行董事、副总裁、总经济师扈振衣在铁建大厦会见来访的印度尼西亚驻华大使易幕龙。

▲同日　中国铁建工会一届六次全委（扩大）会议在电气化局集团京燕饭店举行。中国铁建党委副书记、副董事长、工会主席彭树贵受中国铁建工会常委会委托作工作报告。会上传达全国铁路总工会第十三届执委会第七次会议精神；中国铁建工会副主席、经审委主任、女工委主任白晶作经费审查委员会工作书面报告；补选中铁十八局集团公司工会主席赵心昭为中国铁建工会第一届委员会常委。中国铁建工会第一届委员会、经费审查委员会委员 46 人出席或列席会议。

▲19 日　中国铁建副总裁、总会计师、总法律顾问庄尚标拜会湖南省长沙市委副书记、长沙市市长胡衡华，双方就进一步的合作进行了友好的洽谈。

▲20 日　中国铁建董事长、党委书记孟凤朝在钓鱼台国宾馆拜会塞内加尔总统麦基·萨勒一行。双方就开展广泛合作进行深入交流。中国驻塞内加尔大使夏煌参加会见。

▲21 日　中国铁建党的群众路线教育实践活动第一批总结暨第二批部署会议在北京召开。中国铁建党委书记、董事长、中国铁建党委党的群众路线教育实践活动领导小组组长孟凤朝出席会议并作重要讲话。中国铁建党委副书记、执行董事、总裁、中国铁建党委党的群众路线教育实践活动领导小组组长张宗言主持大会。国资委党委党的群众路线教育实践活动第一督导组组长解思忠，副组长、国资委企业领导人员管理二局副局长孟凡良和督导组成员到会指导。

▲同日　中国铁建董事会秘书余兴喜获得上海证券报社主办的 2013 年度金治理·上市公司优秀董秘奖。

▲22 日　中国铁建安全质量管理干部培训班在重庆举行。开班仪式上副总裁刘汝臣围绕工作重点，指导部署 2014 年安全生产工作，强调“用新视角新思路新方法抓好关键点”。培训班特别邀请国家安全监督总局党组成员、总工程师黄毅，住房和城乡建设部安全质量专家鲁屹，讲述党中央关于安全生产的一系列重要要求、轨道交通安全监督管理等内容。

▲24 日　中国铁建董事长、党委书记孟凤朝在中国铁建大厦会见非洲联盟委员会前主席让·平一行。中国驻塞内加尔大使夏煌参加会见。

▲同日　中国铁建执行董事、副总裁、总经济师扈振衣在北京钓鱼台国宾馆拜会来华访问的特立尼达和多巴哥共和国总理比塞萨尔。双方就重点合作的湖沥青项目、ARIMA 医院项目、西班牙港港口项目交换意见。

▲26 日　中俄双方共同举行中俄同江铁路界河桥开工奠基仪式。中铁第四勘察设计院集团公司承担项目的施工图设计审核任务，中铁十三局集团四公司参建总投资 7.2 亿元工程。

▲27 日　中国铁建总裁张宗言、副总裁刘汝臣在福建厦门拜访厦门市市长刘可清。双方就进一步加强合作，实现互利共赢等方面进行深入的会谈。

▲同日　中国土木工程集团公司援建的卢旺达小学操场项目成功移交。

▲28 日　安哥拉总统多斯桑托斯视察中国铁建参建的凯兰巴·凯亚西社会住宅项目一期工程。

3 月

▲1 日　中国铁建总裁张宗言在铁建大厦会见湖北省副省长许克振一行。双方就拓展合作方式、深化合作空间，推进湖北国家级重要综合性交通枢纽建设交换意见。

▲2 日　摩洛哥、突尼斯等非洲 7 国国家公共工程部部长、建筑业专家 20 余人，到中铁十二局集团公司承建的阿尔及利亚东西高速公路 M3 标段观摩交流，并表示 M3 标段是阿工程建设的典范，为撒哈拉沙漠周边各国提供了宝贵经验。

▲3 日　中国铁建国际集团公司副总经理兼亚洲事业部总经理胡凡在泰国曼谷意大利泰公司总部大楼与该公司签署莫桑比克货运铁路项目线路和港口初步设计合同。该项目位于莫桑比克境内，线路起自太特省煤矿中心莫阿蒂泽，横跨太特、索法拉和赞比西亚 3 省区，接入马库泽港，线路全长 537 千米。

▲4 日　中共第十八届中央候补委员、吉林省委常委、长春市委书记高广滨到中铁二十二局集团一公司承建的长春地铁项目盾构区间隧道施工现场进行重点调研。

▲7 日　中国铁建团委一届六次全委扩大会议在北京召开。中央企业团工委副书记赵玉坤，国资委群工局青年处处长巴清宏，中国铁建党委副书记、纪委书记、监事会主席齐晓飞出席会议并讲话。大会由中国铁建团委副书记沈玉泉主持。

▲7—13 日　中国铁建在清华大学举办房地产高级管理人员培训班。所属集团公司的 76 名房地产高级管理人员参加培训。中国铁建副总裁、总会计师、总法律顾问庄尚标出席开班仪式并讲话。

▲8 日　中国铁建与徐州市人民政府在铁建大厦举行战略合作框架协议签字仪式。中国铁建总裁张宗言，副总裁、总会计师、总法律顾问庄尚标，总裁助理王北京，徐州市市长朱民，市委常委、常务副市长王昊，政府秘书长吴新福及副秘书长、金融办主任李京城等出席签字仪式。

▲9 日　中国铁建总裁张宗言拜会两会代表、山西省省长李小鹏，双方就在基础设施建设、投资开发、装备制造产业等方面加强战略合作交换意见，达成广泛共识。

▲同日　中国铁建总裁张宗言在铁建大厦会见港区十二届全国人大代表霍英东集团行政总裁霍震寰，香港城市大学校董会主席、香港菱电发展有限公司主席胡晓明和招商局集团副总裁李引泉。中国铁建副总裁、总会计师、总法律顾问庄尚标参加会见。

▲10 日　中国铁建董事长、党委书记孟凤朝和总裁张宗言，在铁建大厦会见甘肃省白银市委书记张智全和市长汪海洲一行。双方进行友好坦诚会谈，并就有关合作项目交换意见。

▲同日　中国铁建总裁张宗言在铁建大厦会见湖南省长沙市市长胡衡华一行。双方进行务实高效会谈，一致表示加强友好合作。中国铁建副总裁、总会计师、总法律顾问庄尚标，长沙市政府副秘书长蒋集政参加会见。

▲11 日　中国铁建总裁张宗言在北京拜会柬埔寨国王诺罗敦·西哈莫尼。

▲13 日　中国铁建总裁张宗言在铁建大厦会见中国驻巴西大使李金章，双方举行亲切会谈。中国铁建执行董事、副总裁、总经济师扈振衣出席会见。

▲14 日　中国铁建总裁张宗言在铁建大厦会见阿根廷圣胡安省交通部长托马斯·何塞·艾斯德拉达一行，双方就阿根廷基础设施建设项目进行深入交流。

▲16 日　中国铁建董事长、党委书记孟凤朝在兰州参加中铁二十一局集团公司成立 10 周年座谈会期间，拜会甘肃省省长刘伟平。孟凤朝表示，中国铁建愿意继续发挥设计、施工、装备、资金、管理等方面的综合优势，积极参与地方项目投资和基础设施建设，更好地服务于甘肃经济社会的转型跨越发展。刘伟平表示，希望中国铁建加大在甘肃的投资力度，继续为当地经济社会发展作贡献。

▲同日　中国铁建董事长、党委书记孟凤朝到中铁二十一局集团公司兰州枢纽项目工地调研，并就中国铁建兰州轨道交通工程项目建设事宜，与兰州市轨道交通公司领导班子进行交流会谈。

▲17 日　中国铁建国际集团中标特立尼达和多巴哥斯卡博罗总医院扩建项目。

▲18 日　中国铁建城建集团有限公司在湖南长沙成立。

▲19 日　中国铁建执行董事、副总裁、总经济师扈振衣到重庆铁发秀松公司，调研重庆秀山至贵州松桃高速公路（重庆段）建设情况。

▲20 日　中国铁建投资公司投资建设的赤望高速安顺至紫云段项目签约。该工程是中国铁建在贵州的首个 BOT 项目。

▲同日　中国铁建国际集团公司副总经理胡凡与老挝农林部水灌溉局局长梅康在老挝共同签署老挝甘蒙省农田水利灌溉综合整治工程项目谅解备忘录。该谅解备忘录经老挝总理府授权批准，其排他性条款具

有法律效益。

▲28 日　中国铁建在总部机关举行中铁建中非建设有限公司整体划转中国土木工程集团有限公司大会。中国铁建执行董事、副总裁、总经济师扈振衣讲话，副总裁、总会计师、总法律顾问庄尚标主持会议并强调相关要求，发展规划部部长庞守义宣读关于划转的有关决定并宣布移交纪律，发展规划部副部长陈维传达中国铁建董事长、党委书记孟凤朝和总裁张宗言对移交工作的指示和要求，总裁助理、中非建设董事长兼党委书记陈晓星和中土集团董事长兼党委书记刘志明分别作表态发言，中非建设总经理孙勇、中土集团总经理袁立、中国铁建相关部门负责人、中非建设在京领导和员工、中土集团在京领导和部门负责人出席大会。

▲同日　中国铁建 2013 年年报业绩发布电话会议召开。2013 年，中国铁建新签合同额 8534.8 亿元，同比增长 8.1%；实现营业收入 5867.9 亿元，同比增长 21.2%；净利润 104.4 亿元，同比增长 20.4%，各项主要经济指标均创历史新高。

▲同日　中铁十三局集团公司承建的目前世界最大规模引水隧洞群——雅砻江锦屏二级水电站 3 号引水隧洞顺利实现充水。

▲29 日　茅以升科技教育基金会五届二次全体委员会议在中国铁建举行。

▲同日　中铁十二局集团公司等单位承建的北京连接东北地区高速铁路网——京沈京冀铁路客运专线开工。

▲30 日　中铁二十局集团一公司承建的中国目前最大断面黄土隧道——陕西西(安)宝(鸡)高速公路改扩建工程唐家塬隧道贯通，填补了中国大断面黄土隧道开挖技术方面的空白。

▲31 日　中国铁建第二批党的群众路线教育实践活动领导小组办公室召开第一次督导组长联席会议。会议传达国资委部分中央企业教育活动负责人会议精神，全面听取各督导组对第二批活动单位前段时间工作进展情况汇报，并对下一步督导工作进行安排部署。

▲3 月 31 日—4 月 2 日　贵州省省长陈敏尔、省委副书记李军等省领导，分别率领 2014 年全省第一次项目建设现场观摩会代表，集体查看中铁二十二局集团公司承建的茅台酒“十二五”扩建项目施工现场。

▲3 月　中铁第四勘察设计院集团公司档案馆被湖北省总工会授予湖北省女职工建功立业标兵岗称号。

▲3 月　中国铁建重工集团有限公司程永亮获得 2013 年第十三届中国青年科技奖。

4 月

▲10 日　中国铁建国际集团马来西亚公司签订马来西亚巴生商业中心(1GATEWAY)项目。合同投资 4.5 亿马币，约合 8.667 亿元人民币，合同工期 3 年。

▲14 日　中国铁建董事长、党委书记孟凤朝在铁建大厦会见来访的巴西众议院代表团，与议长恩里克·爱德华多·阿尔维斯进行友好会谈。

▲17 日　中国铁建董事长、党委书记孟凤朝在铁建大厦会见江西省委常委、赣州市委书记史文清一行。双方业务人员针对新建南昌至赣州铁路客运专线，围绕提高时速、尽早开工和选准站址三大问题进行务实交流。

▲同日　中国铁建总裁张宗言在铁建大厦会见山东省交通运输厅厅长张传亭一行，双方就中国铁建目前在山东投资建设的高速公路项目进行交流会谈。

▲同日　中国铁建党委副书记、纪委书记、监事会主席齐晓飞参加中铁建设集团领导班子“我的群众观”专题学习研讨会。国资委第一巡回督导组成员、监事会第 14 办事处处长陈毓晖等出席座谈会。中铁建设集团党委书记、董事长汪文忠主持会议。该集团 13 名领导班子成员参加研讨。

▲同日　中国铁建大桥工程局集团有限公司在天津空港经济区成立。

▲21 日　云南省工商局举行 2013 年度驰名商标授牌仪式，为 24 个获得驰名商标认定保护的企业授牌，昆明中铁大型养路机械集团有限公司的“铁工”商标获中国驰名商标认定。

▲22 日　中华全国总工会党组书记、副主席、书记处第一书记陈豪，党组成员、经费审查委员会主任李守镇，中华全国铁路总工会主席何玉华等一行到中国铁建调研。

▲23 日　中国铁建执行董事、副总裁、总经济师扈振衣在铁建大厦会见由商务部美洲大洋洲司副司长徐迎真和国家开发银行国际业务合作局副局长田云海带队的拉美市场调研团一行。

▲同日　“在学习中成长——中国铁建员工悦读会”系列活动启动。

▲同日　中铁十二局集团公司承建的以色列阿口至卡米尔铁路吉隆隧道北洞比计划提前 3 个月贯通。至此，吉隆隧道 2 个 4625 米的主洞全部贯通。

▲同日　中国铁建与青岛市合作的青岛蓝色硅谷城际轨道交通项目、青岛总部大道土地开发项目正式签约。中国铁建总裁张宗言，青岛市委副书记、市长张新起等双方领导见证了签约。

▲25 日　昆明中铁大型养路机械集团公司荣获“云南省知识产权优势企业”称号。

▲27 日　中国铁建党委常委、副总裁刘汝臣到其第二批群众路线教育实践活动联系点单位中铁十六局集团公司，参加该集团领导班子的学习交流研讨会，调研指导党的群众路线教育实践活动。

▲28 日　中共中央政治局委员、国务院副总理马凯在中国铁路总公司副总经理卢春房、中国铁建总裁张宗言等陪同下考察大西铁路客运专线太原至西安段建设情况。山西省委书记、省人大常委会主任袁纯清，省委副书记、省长李小鹏，省委常委、省委秘书长聂春玉等陪同考察。

▲29 日　中国铁建经营工作座谈会在中铁二十二局集团综合楼会议室召开。中国铁建总裁助理孙公新、王北京出席会议并讲话。

▲4 月　曾恕辉、胡立春、叶明、杜越获得全国五一劳动奖章，中铁十一局集团五公司等 5 家单位获得全国五一劳动奖状，中土集团尼日利亚公司总部机关等 6 家单位荣获“全国工人先锋号”称号。

▲4 月　中铁建设集团公司承建的宁波站、长春站改建工程获中国钢结构金奖，长春站改项目经理程先坤荣获“中国钢结构工程优秀建造师”称号。

▲4 月　中铁物资集团兰州公司荣获“5A 级综合服务型物流企业”称号。

5 月

▲1 日　中铁二十局集团公司承建的“世界高铁第一高隧”兰新高铁祁连山隧道贯通，建设者在施工中破解碎屑流地质、软岩极高地应力大变形地质、超大规模突水突泥突石灾害等多项世界级高原高铁隧道施工难题，创新施工纪录。

▲5 日　中国铁建总裁张宗言到中铁二十局集团公司调研指导党的群众路线教育实践活动。

▲6 日　中国铁建党委副书记、副董事长、工会主席彭树贵到联系点单位中铁二十四局集团公司，参加该集团领导班子学习交流暨集体查摆问题研讨会，调研指导党的群众路线教育实践活动。

▲7—9 日　中国铁建总裁张宗言在珠海先后与广东省委常委、珠海市委书记李嘉，市委副书记、市长何宁卡会谈。双方就提升合作层次、拓展合作领域、加快推进既有项目建设等事宜进行深入交流，取得广泛共识。

▲7 日　中国铁建副总裁、总法律顾问庄尚标参加中国铁建港航局集团公司党的群众路线教育实践活动专题研讨交流会，并进行指导。

▲8 日　中共中央政治局常委、国务院总理李克强在安哥拉访问期间，参观中国铁建参建的安哥拉最大的社会住房项目——凯兰巴·凯亚西新城（简称 KK 新城），了解 KK 新城等民生工程情况，召开海外民生工程座谈会。中铁十七局集团建筑公司副总经理兼安哥拉 RED 项目部经理杨震等在安中资企业、商会及企业员工代表 40 多人参加座谈交流。

▲8—9 日　中国铁建总裁张宗言在澳门出席由中国对外承包工程商会和澳门特别行政区经济局共同主办的第五届国际基础设施投资与建设高峰论坛。

▲13 日　中国铁建党的群众路线教育实践活动第三督导组交流座谈会在北京召开。国资委群众路线教育实践活动第一巡回督导组成员、监事会第 14 办事处专职监事陈毓晖到会指导。中国铁建党委书记、董事长、中国铁建党委党的群众路线教育实践活动领导小组组长孟凤朝出席会议并讲话。

▲同日　中国铁建董事长、党委书记孟凤朝在铁建大厦会见中国驻墨西哥大使邱小琪，双方举行亲切会谈。中国铁建执行董事、副总裁、总经济师扈振衣，中国铁建总裁助理赵晋华参加会见。

▲同日　中国铁建与宜宾市政府和中信信托公司签署战略合作协议。在中国铁建董事长、党委书记孟凤朝，宜宾市长徐进，中国中信副总经理、中信信托董事长蒲坚的共同见证下，中国铁建副总裁、总法律顾问庄尚标，宜宾市副市长李敏和中信信托业务总监吴志凌分别代表三方签署战略合作协议。各方本着尊重市场、互惠互利、优势互补、共同发展的原则，将在推进宜宾市新型城镇化发展方面开展全方位、宽领域、深层次的合作。

▲15 日　中国铁建党委召开学习贯彻王岐山重要讲话精神视频会。

▲16 日　中国铁建党委召开中心组理论学习暨反腐倡廉宣传教育月报告会，特邀《求是》杂志社黄苇町研究员就“加强党的纪律建设”作专题报告。中国铁建党委副书记、纪委书记、监事会主席齐晓飞主持并作讲话。

▲同日　中国铁建专业市场承揽动员会议在北京召开。

▲同日　中国铁建设计施工总承包的中国首条中低速磁悬浮铁路——长沙磁悬浮铁路工程开工仪式在长沙举行。

▲19 日　中国铁建董事长、党委书记孟凤朝在重庆拜会重庆市市长黄奇帆，双方就加强中国铁建与重庆市的战略合作深入交换意见。

▲19—30 日　中国铁建首期经营管理人员实战培训班在北京培训中心举办。

▲20 日　在国家主席习近平与俄罗斯总统普京的共同见证下，中国铁建等几十家中方企业在上海与俄罗斯签署能源、电力、航空、通信、基础设施建设等领域多项合作文件。签约仪式上，中国铁建总裁张宗言、莫斯科市市长索比亚宁、中国国际基金有限公司董事长徐京华分别代表三方签署莫斯科市基础设施建设合作备忘录。

▲同日　中国铁建董事长、党委书记孟凤朝在铁建大厦会见刚果（布）驻华大使丹尼尔·奥瓦萨一行。

▲同日　中国铁建董事长、党委书记孟凤朝在铁建大厦会见来访的巴西交通部长凯撒·博尔热斯一行。双方围绕巴西交通基础设施建设进行友好务实会谈，并取得广泛共识。

▲21—22 日　中国铁建海外工作会议在北京举行。中国铁建董事长、党委书记孟凤朝，总裁张宗言，副董事长、党委副书记、工会主席彭树贵，党委副书记、纪委书记、监事会主席齐晓飞，执行董事、副总裁、总经济师庖振衣，副总裁夏国斌，副总裁、总法律顾问庄尚标，副总裁刘汝臣，总会计师王秀明出席会议。商务部原副部长陈健到会指导。会上，孟凤朝、张宗言发表讲话，庖振衣作工作报告，中土集团、国际集团、十二局集团、十八局集团介绍海外经营经验；分别讨论中国铁建《海外经营管理工作指导意见》；表彰海外经营工作先进单位和先进个人。

▲24 日　中国铁建 12 人获得 2013 年度茅以升科学技术奖——铁道工程师奖和建造师奖。

▲27 日　国资委教育实践活动第一巡回督导组组长、原监事会主席翟立功一行通过听取汇报、与班子成员及机关有关部门负责人和部分在京二级单位领导干部代表等个别访谈、查阅资料等方式，对中国铁建第一批党的群众路线教育实践活动后续整改工作开展专项检查。

▲同日　中国铁建与海南高速公路公司在北京签署战略合作框架协议。

▲同日　山西省省委书记、省人大常委会主任袁纯清到中铁二十二局集团四公司承建的东山供水项目调研。

▲同日　汤加王国副首相瓦伊普鲁阁下率领的汤加政府议会联合考察团一行，访问中国土木工程集团公司总部。瓦伊普鲁称赞“中土集团奉献的精品工程是当地承包商无法做到的”，希望中土集团积极参与汤加其他项目建设。中土集团副总经理周天想接见考察团。

▲28 日　中国铁建总裁张宗言在铁建大厦会见到访的巴西卡玛古·科雷亚集团董事会主席利伽多一行。

▲29 日　中国铁建执行董事、副总裁、总经济师庖振衣在铁建大厦会见来访的马来西亚 ABN 集团执行主席丹斯里和中国驻马来西亚前大使柴玺，就有关项目合作交换意见。

▲30 日　中国铁建党委常委、总会计师王秀明到其第二批群众路线教育实践活动联系点单位中铁二十二局集团公司，调研指导该集团公司群众路线教育实践活动。中铁二十二局集团公司党委书记司家海作工作汇报，董事长刘国志主持会议。

6 月

▲4 日　国务院国资委第一巡回督导组一行 3 人，由副组长李慧芳带队，在中国铁建党委党的群众路线教育实践活动领导小组办公室主任、组织部部长张良才，铁四院党委副书记雷佳民陪同下，专程赴广西南宁，检查指导铁四院南宁院党的群众路线教育实践活动第一环节工作的开展情况。

▲5 日　中国铁建海南指挥部成立座谈会在海口召开，副总裁、总法律顾问庄尚标出席并讲话。

▲6 日　中国铁建副总裁、总法律顾问庄尚标一行在海口拜会海南省省长蒋定之、海南省常务副省长谭力。双方就海南国际旅游岛先行试验区项目的合作以及其他海南省重点项目进行沟通与洽谈。

▲8 日　中国铁建总裁张宗言到云南昆明拜会云南省副省长丁绍祥，就发展合作进行交流。

▲同日　云南省重点项目 6 月集中开工暨昆明东南绕城高速公路开工仪式在宜良县中铁二十四局集团公司承建的 A 标段 5 工区举行。中国铁建参与昆明东南绕城高速公路、昆明地铁等重点工程建设。云南省省委副书记、省长李纪恒，昆明市市长李文荣、中国铁建总裁张宗言，参与项目建设的中国铁建大桥局、十四局、十八局、二十局、二十四局集团公司负责人等出席开工仪式。

▲11 日　浙江省省长李强看望慰问中铁十七局集团公司杭长铁路客运专线诸暨火车站建设者。

▲12 日　中国铁建召开全系统落实“两个责任”深化“三转”工作视频会议。中国铁建党委副书记、纪委书记、监事会主席齐晓飞主持会议。纪委副书记郭品云传达中央政治局常委、中央纪委书记王岐山，中央纪委副书记陈文清 5 月 19 日在中央纪委“转职能、转方式、转作风”专题研讨班上的重要讲话精神，以及 5 月 23 日国务院国资委纪委召开的中央企业纪检监察系统视频会议精神。纪委副书记王兆刚宣布《落实“两个责任”深化“三转”工作专题调研活动方案》。

▲13 日　中国铁建审计工作会议在北京召开。

▲16 日　中央政治局委员、广东省省委书记胡春华到大广高速公路工地调研，称赞中铁十一局集团是一支有战斗力的队伍。

▲同日　中国铁建总裁张宗言在铁建大厦会见云南省公路局局长吕云锋一行。双方围绕加快云南交通建设、开展合作进行会谈。

▲18 日　中国铁建 2013 年年度股东大会在铁建大厦召开。

▲19 日　中国铁建党委副书记、纪委书记、监事会主席齐晓飞一行 6 人，在共青团贵州省委副书记涂妍及省青基会有关人员陪同下，赴开阳县南江乡龙广小学考察“中国铁建·爱心食堂”项目工作，为该校师生送去公司捐赠的电脑、电视等物资，并与开阳县委副书记吕传峰，副县长蒋仕敏，县委办、县政府办、团县委、县教育局、南江乡等相关单位负责人进行座谈。

▲20 日　中国铁建副总裁、总法律顾问庄尚标在安徽芜湖与芜湖市市委副书记、市长潘朝晖举行会谈。双方就拓展合作领域、深化合作空间，推进芜湖城南过江隧道项目交换意见。

▲同日　福建省省委书记尤权率省委、省政府、省人大、省政协及全省各区市和省直有关部门负责人一行 40 余人，到中铁大桥工程局集团公司福平铁路项目检查指导。

▲同日　中铁十一局集团电务公司和中国土木工程集团公司在北京签署埃塞俄比亚至吉布提铁路（埃吉铁路）四电项目合同。

▲23 日　中国铁建执行董事、副总裁、总经济师扈振衣在铁建大厦 B 座会见来访的中国驻刚果（布）大使关键，双方进行深入交流。

▲同日　国务院国资委监事会第八办事处主任陶永山、专职监事朱文山、注册会计师谢妍姹在中国铁建总会计师王秀明等陪同下，到中铁二十一局集团公司监督检查。

▲23—24 日　中国铁建党委副书记、纪委书记、监事会主席齐晓飞参加中铁建设集团公司领导班子专题民主生活会。国资委党委第一巡回督导组和中国铁建党委第五督导组全体成员到场指导。

▲24 日　中国纪检监察学院副院长韦剑平一行就纪检监察系统局处级干部能力建设的问题到中国铁建开展专题调研。中国铁建党委副书记、纪委书记、监事会主席齐晓飞率纪委有关同志、二级单位的纪委书记代表与韦剑平一行进行座谈。

▲24—25 日　中国铁建董事会规范运作暨重大信息内部报告培训座谈会在北京召开。中国铁建副董事长、党委副书记、工会主席彭树贵到会讲话，国务院国资委企业改组局副局长秦永法就完善国有企业治理进行授课，董事会秘书余兴喜主持会议并作总结，董事会秘书局主任李学甫宣读《关于表彰重大信息内部报告工作先进个人的决定》，所属二级单位董秘、董事会工作机构负责人围绕业务工作及制度建设进行研讨和交流。

▲25 日　国家副主席李源潮在坦桑尼亚正式访问期间，视察坦赞铁路达累斯萨拉姆市客站，并出席第 15 期中、坦、赞三国议定书下向坦赞铁路局提供的装卸设备的移交仪式。中国铁建总裁助理赵晋华、中国土木工程集团公司董事长刘志明和援助坦赞铁路专家组组长苗忠等陪同考察，并介绍坦赞铁路的基本情况，以及由中国铁建所属中土集团具体实施的援坦赞铁路经济技术合作项目情况。

▲26 日　中国铁建副总裁刘汝臣参加中铁十六局集团公司在北京召开的党的群众路线教育专题民主生活会并讲话，强调要将此次专题民主生活会作为切实解决“四风”问题的新起点，狠抓工作作风，密切联系员工，创新工作方法，激发创业热情，为企业发展增添动力。该集团公司是刘汝臣第二批党的群众路线教育实践活动的联系点。

▲29 日　中国铁建联合四川省总工会在成都举行“相约天府之国 缘定中国铁建”青年联谊会。中国铁建川渝地区的 148 位单身小伙儿和成都市教育、卫生、金融、保险系统的 177 位未婚女性参加联谊会。四川省总工会党组书记、常务副主席罗茂乡出席活动。四川省总工会副主席、女工委主任纪小玲，中国铁建工会副主席、女工委主任白晶分别致辞。

▲30 日　中国铁建党委副书记、副董事长、工会主席彭树贵参加中铁二十四局集团公司在上海召开的领导班子党的群众路线教育实践活动专题民主生活会并讲话。该集团公司是彭树贵在第二批党的群众路线教育实践活动中的联系点。

7 月

▲1 日　中铁第四勘察设计院集团公司总体设计的南京地铁 10 号线通车运营。

▲同日　大同—西安高速铁路太原南站至西安北站段通车运营。

▲2—3 日　中国铁建副总裁、总法律顾问庄尚标参加中国铁建港航局集团公司班子专题民主生活会，指导党的群众路线教育实践活动。该集团公司是庄尚标在第二批党的群众路线教育实践活动中的联系点。

▲3 日　中共中央政治局常委、国务院总理李克强到湖南长沙南站视察中国铁建参建的沪昆高铁，观看 DWL－48 连续走行捣固稳定车作业，对高铁建设者

说:“你们干的这番事业很了不起,正在创造中国新的速度,是国家的大功臣。”

▲同日　中国铁建总裁张宗言会见山东省菏泽市市长孙爱军一行。双方围绕项目合作进行高效会谈,并达成广泛共识。

▲同日　中铁第一勘察设计院集团公司总体设计的新建哈密—额济纳铁路项目新疆段举行开工奠基仪式。该项目起自内蒙古临策铁路川地托站至哈密东站,新建线路全长628.8千米,总投资95.53亿元,是北路大通道中的重要组成部分。6月30日,内蒙古段开工建设。

▲4日　中国铁建亏损项目整治暨债务风险管控工作布置会议在北京召开。

▲7日　《财富》公布2014年世界500强排名,中国铁建位居第80名,比2013年提升20个席位。

▲7—9日　中国铁建党委副书记、纪委书记、监事会主席齐晓飞带领纪委有关人员,到中铁十一局集团公司、中铁第四勘察设计院集团公司、中国铁建城建集团公司、中国铁建重工集团公司专题调研党风廉政建设主体责任和监督责任落实情况,以及纪检监察机构转职能、转方式、转作风相关工作。

▲8日　中国铁建副总裁、总法律顾问庄尚标与广西壮族自治区党委常委、南宁市市委书记余远辉及市长周红波举行会谈,双方就加强南宁地铁等基础设施的合作进行交流。

▲同日　中国铁建董事长、党委书记孟凤朝参加中铁十五局集团公司党的群众路线教育专题民主生活会,强调做好企业发展战略研究,用好作风、选出作风好的干部。

▲同日　中国铁建党委常委、总会计师王秀明参加中铁二十二局集团公司党的群众路线教育实践活动专题民主生活会。该集团公司是王秀明在第二批党的群众路线教育实践活动的联系点。

▲9日　中国铁建副总裁夏国斌参加昆明中铁大型养路机械集团公司党的群众路线教育实践活动领导班子专题民主生活会。该集团公司是夏国斌在第二批党的群众路线教育实践活动中的联系点单位。

▲14日　《财富》杂志发布中国500强排行榜,中国铁建排名第6位,与2013年度名次相同。

▲16日　中国社会科学院当代中国研究所国史学会“三线建设”研究分会6位专家,在研究分会会长、原军事科学院副院长钱海皓中将带领下,到中国铁建调研铁道兵参加“三线建设”相关情况,感叹:“铁道兵在‘三线建设’中的贡献应该宣告于世界。”中国铁建党委副书记、纪委书记、监事会主席齐晓飞参加调研座谈会。

▲18日　2014第五届中国投资交流会在广东召开,发布2014中国上市公司行业排行榜单。中国铁建获中国上市公司百佳行业领军企业和中国上市公司最具核心竞争力企业2个奖项,孟凤朝董事长荣获“中国上市公司最具社会责任感企业家”奖。

▲同日　中国铁建获第十届新财富金牌董秘奖,公司董秘余兴喜应邀参加颁奖典礼。

▲19日　中铁十八局集团公司承建的兰渝铁路西秦岭隧道全面贯通。该隧道开创国内铁路隧道采用TBM掘进机与钻爆法施工史上的新业绩,创新国内铁路隧道施工诸多施工技术纪录。

▲21日　正在委内瑞拉进行国事访问的国家主席习近平,在委内瑞拉总统尼古拉斯·马杜罗的陪同下,到中铁十七局集团公司承建的委内瑞拉加拉加斯社会住房蒂乌娜项目工地视察,亲切接见中铁十二局集团公司党委书记王锦友,中铁十七局集团公司董事长、党委书记段东明等中国企业负责人及蒂乌娜住房项目青年突击队代表,鼓励大家建好住房,促进两国友谊。

▲23日　国务院国资委根据2013年度中央企业负责人经营业绩考核结果,公布46家A级企业名单,中国铁建负责人排名第15位。

▲24—25日　广东省(2014年工程测量)职工职业技能大赛在中铁二十五局集团公司南广贵广铁路广州枢纽工程项目部举行。中国铁建副董事长、党委副书记、工会主席彭树贵出席开幕式并亲临实际操作比赛现场——南广贵广铁路枢纽工地看望慰问职工,与职工代表座谈。

▲25日　中国铁建与鞍钢集团战略合作框架协议在鞍钢会展中心正式签署。中国铁建副总裁夏国斌和鞍钢集团副总经理余自甦分别代表双方在框架协议上签字。

▲同日　中国铁建承建的土耳其安伊高速铁路通车。

▲29日　全国人大常委会副委员长沈跃跃率队到中铁十二局集团公司承建的太原理工大学图书馆工地进行大气污染防治法执法检查。山西省省长李小鹏、中国铁建总裁张宗言等陪同检查。

▲31日　中国铁建股份有限公司团委一届七次全委(扩大)会议在北京召开。股份公司团委委员、各集团公司级团组织负责人37人出席会议。会议由股份公司团委书记沈玉泉主持。

▲同日　中央政府驻澳门特区联络办经济部部长王新东带队到中土集团所属中铁(澳门)有限公司承建的澳门轻轨一期工程C350项目部调研指导。澳门轻轨一期工程是澳门特区政府首个轻轨项目、最大的

民生工程之一。

▲7 月　中国上市公司内部控制指数(2013)发布,并评选出百强企业。在2110家主板和中小板上市公司中,中国铁建排名第29位,位居建筑行业首位。中国内部控制百强企业名单,是教育部和国家自然科学基金会支持的重点研究成果,由厦门大学课题组根据内部控制指数排序。

8 月

▲1 日　中国铁建以票面3.95%息率在境外成功发行的8亿美元永续资本债券,募集资金全额到账。这是国内企业在境外发行的最大规模永续债券,创造美元永续债券发行的亚洲最低票息。

▲5 日　中国铁建副董事长、党委副书记、工会主席、中国铁建长沙磁浮工程设计施工总承包项目部总指挥长彭树贵,与湖南省副省长张剑飞现场调研长沙磁浮工程,并召开会议听取工程建设情况汇报。

▲同日　中铁十二、十九、二十一局集团公司参建的拉(萨)和日(喀则)铁路全线试运营。

▲6 日　中铁第四勘察设计院集团公司设计的,目前世界最大跨度钢箱混合梁铁路斜拉桥——宁波铁路枢纽北环线甬江特大桥主桥合龙。

▲7 日　中国铁建副总裁夏国斌一行到中国铁建港航局集团公司湛江市东海岛石化产业园区围堰工程项目、宝钢广东湛江钢铁基地项目自备电厂2×350兆瓦机组工程水工工程项目检查指导工作。

▲10 日　中国铁路总公司副总经理卢春房到中铁十八局集团公司承建的中南部铁路通道重载综合试验段检查工作。

▲11 日　中国铁建区域经营管理工作推进会在北京召开。会议强调:全力推进经营管理体制战略性变革,坚定不移地推进区域经营管理模式,打造以区域经营为主干的规范化、标准化、科学化经营管理体制,提升整体市场经营能力,铸造拉动企业持续健康发展的先导引擎。

▲12—15 日　中国铁建第一期领导干部培训班在北京培训中心举行。中国铁建机关部门副职以上领导和二级单位的领导班子成员184人参加培训。中国铁建董事长、党委书记孟凤朝,总裁张宗言,党委副书记、纪委书记、监事会主席齐晓飞,副总裁、总法律顾问庄尚标到班授课。中国铁建副董事长、党委副书记、工会主席彭树贵主持。培训班还邀请清华大学教授、著名经济学家李稻葵讲解当前经济形势,分析企业未来发展机遇。

▲13 日　国务院国资委副主任金阳到中铁十七局集团公司承建的乌鲁木齐绕城高速公路项目调研。

▲同日　中国铁建总裁张宗言在总部会见力拓钻石与矿物集团首席执行官戴伟思一行。双方就几内亚西芒杜项目合作情况交换意见,表示共同推动项目的深度合作与建设。

▲同日　中铁二十局集团公司采用中国标准在海外一次性建成的最长铁路——安哥拉本格拉铁路全线竣工。

▲14 日　福建省省长苏树林到中铁十七局集团公司京福铁路客运专线项目一分部南平北站施工现场调研,称赞十七局集团为京福客专打造精品工程,为福建省经济建设作出重要贡献。

▲16 日　拉(萨)和日(喀则)铁路开通运营。

▲18 日　中国铁建召开安全隐患排查治理平台推进会,会议强调要把安全监管摆在企业改革攻坚的关键位置上,在全系统内形成层层监控、上下互动的格局,为中国铁建持续健康发展保驾护航。

▲同日　中国铁建专利培训班开班典礼在清华大学举行。

▲21 日　坦桑尼亚总统基奎特在依法卡拉专属区出席中铁十五局集团三公司承建的基隆贝罗桥项目奠基仪式并发表演讲,对十五局集团科学管理、工程安全质量、进度都表示满意。

▲22 日　国务院总理李克强到中国铁路总公司考察铁路投资和项目进展情况时强调,铁路建设要坚持质量第一,铁路运营要乘客至上,让铁路发展潜力转变为现实生产力;并指出,投融资体制改革是铁路改革的关键,中国高铁走出去不仅能带动装备和劳务出口,更会在国际市场竞争中不断提升自身的综合实力。李克强考察铁路运输调度指挥中心,并与中国铁路总公司和铁路建设单位相关领导进行座谈,中国铁建总裁张宗言参加座谈会。

▲同日　安哥拉总统多斯桑托斯考察中国铁建参建的凯兰巴·凯亚西社会住宅项目施工现场,并举行内阁现场办公会议,要求尽快重新启动凯兰巴·凯亚西二期工程。

▲25 日　中铁建设集团海南公司中标海南西环铁路站后工程3标段,合同投资4.6亿元,房屋总建筑面积2.5万平方米(不含雨棚),包括东方站、板桥站、黄流站、尖峰站、乐东站、崖城站及凤凰机场站7个站房工程。

▲26 日　中国铁建国际集团沙特公司与沙特铁路总局正式签署沙特达曼至利雅得货运铁路2号线更新改造项目施工合同。线路长78.4千米,合同工期21个月,合同投资2亿人民币。

▲27 日　中国铁建总裁张宗言出席中国－巴基

斯坦经贸投资推介会。会议期间，张宗言与巴基斯坦人民党联合主席、前总统扎尔达里深入交流。

▲28 日　中国铁建执行董事、副总裁、总经济师扈振衣在铁建大厦，会见到访的特立尼达和多巴哥驻华大使钱德拉达斯·辛格阁下，同时接受特多媒体代表团的专题访问。

9 月

▲1 日　中国铁建召开中期业绩发布电话会议。2014 年上半年，中国铁建新签合同额 3898.24 亿元，比 2013 年同期增长 13.29%；实现营业收入 2616.94 亿元，同比增长 10.87%；实现净利润 50.45 亿元，同比增长 5.22%。

▲同日　为期 6 天的第四届中国－亚欧博览会开幕，中国铁建董事长、党委书记孟凤朝作为中央企业代表之一率团参加盛会。中国土木工程集团公司、中铁十九局集团公司、中铁第一勘察设计院集团公司、昆明中铁大型养路机械集团公司和中国铁建重工集团公司 5 家单位参加亚博会的展览。孟凤朝在丝绸之路经济带交通建设与物流论坛上发表演讲，并考察新疆勘察设计院、中铁十五局集团公司指挥部、中铁二十一局集团一公司、中国铁建驻疆企业反恐维稳领导小组办公室，对中国铁建在疆企业生产经营及反恐维稳工作给予充分肯定并寄予厚望。

▲1—4 日　“中国梦·铁路情·劳动美——我与改革创新”全国铁路职工主题演讲比赛在武汉铁路局党校举行。中国铁建获得特等奖 1 个、银奖 1 个，被评为优秀组织奖。

▲2 日　中国铁建总裁张宗言会见北京基础设施投资公司总经理郝伟亚。针对北京城市轨道建设，双方通过务实会谈，达成一致意见。

▲3 日　中国铁建召开安全生产工作视频会议，通报 17 家奖励单位和 5 家重罚单位。

▲3—4 日　中国铁建党委副书记、纪委书记、监事会主席齐晓飞，总裁特别助理史道泉一行，到中铁十二局集团公司调研亏损项目整治及落实党风廉政建设主体责任、监督责任情况，肯定十二局集团的做法和取得的初步成效。

▲4 日　中国铁建总裁张宗言在铁建大厦会见前来调研的香港金融发展局主席史美伦一行。双方共同表示，通过加强银企合作，加快中国企业“走出去”步伐。

▲4—5 日　共青团中国铁道建筑总公司第三次暨中国铁建股份有限公司第二次代表大会在北京召开，180 名代表参加会议。中央企业团工委书记李伟，中国铁建党委书记、董事长孟凤朝，总裁张宗言，党委副书记、副董事长、工会主席彭树贵出席并讲话，副总裁、总经济师扈振衣，副总裁夏国斌，副总裁、总法律顾问庄尚标，副总裁刘汝臣，总会计师王秀明出席大会。大会选举沈玉泉为中国铁建团委书记，9 人当选新一届委员会常委，31 人当选新一届委员会委员。中国铁建工会在会上致祝词。

▲5 日　中铁十七局集团二公司承建的委内瑞拉蒂乌娜社会住房项目交房仪式在现场举行。委内瑞拉总统马杜罗出席仪式。

▲9 日　中国铁建执行董事、副总裁、总经济师扈振衣在天津拜会出席 2014 年夏季达沃斯世界经济论坛的塞尔维亚总理武契奇。

▲10 日　中国铁建执行董事、副总裁、总经济师扈振衣在天津拜会参加 2014 年夏季达沃斯世界经济论坛的马里共和国总统凯塔一行。

▲14—18 日　中国铁建总部机关部门人员在总会计师王秀明的带领下，到宝兰铁路客运专线现场调研，为成本管理科学化寻求数据化、专业化、模块化、高速化的事实支撑。中国铁建总裁张宗言参加调研。

▲15—16 日　中国铁建董事长、党委书记孟凤朝一行到中铁二十二、二十三局集团公司调研，实地察看正在建设中的松花江特大桥和哈西客站项目。

▲16 日　中铁第四勘察设计院集团公司总体设计，中铁十六、二十、二十四、二十五局集团公司和中铁城建集团公司参建的杭长高速铁路长沙至南昌段开通运营。

▲19 日　中铁第四勘察设计院集团公司设计、中铁十四局集团公司承建的目前世界上最大直径单洞双层公路隧道——瘦西湖隧道建成通车。

▲22 日　中国铁建职工汉字听写大赛闭幕。昆明中铁大型机械养路集团公司代表队获一等奖，中铁十七、二十一局集团公司和中铁第四勘察设计院集团公司代表队获二等奖，中国铁建大桥局工程局集团公司、中国铁建国际集团公司、中铁十二和十五局集团公司代表队获三等奖。

▲22—23 日　应国家新闻出版广电总局邀请，土耳其国家广播电视总台摄制组一行 4 人到中国铁建采访拍摄，了解中国高铁建设情况。22 日，中国铁建执行董事、副总裁、总经济师扈振衣接受摄制组的采访，就土方关心的问题作了解答，并表示摄制组此行一定能加深土耳其人民对中国铁建的认知，促进在更多领域、更高层次上加强合作。

▲23 日　中国铁建总裁张宗言率团参加由湖南省国资委、长沙市人民政府主办的 2014 湖南长沙国资项目合作洽谈周活动。会上，长沙市委书记易炼红会

见张宗言等中央企业领导。

▲同日　中国铁建总裁张宗言一行赴长沙磁浮工程项目检查指导工作。长沙磁浮工程总承包项目经理、铁四院副院长谢海林率项目部领导班子、各施工标段项目经理等陪同考察。

▲24日　中国铁建总裁张宗言及整治亏损督导组一行到中铁二十五局集团三公司督导整治亏损工作。

▲同日　中铁建中非建设有限公司与业主方签署西非首条实施建设的城市轨道——尼日利亚阿布贾城铁2期工程谅解备忘录。

▲25日　中国铁建董事长、党委书记孟凤朝在铁建大厦会见昆明市市委副书记、市长李文荣一行。

▲26日　中铁建中非建设有限公司的全资子公司中土尼日利亚有限公司与尼日利亚巴耶萨州政府签订尼日利亚巴耶萨州一揽子公路项目合同，合同金额1874.96亿尼日利亚奈拉，约折合人民币74.28亿元。

▲28日　中国铁建召开工程承包板块区域经营推进工作座谈会。

▲同日　中国铁建工会联合天津市总工会举办"爱在渤海之滨，缘定中国铁建"大型青年联谊活动。中国铁建京津地区的154名单身青年和149名天津市未婚女青年参加活动。

▲29日　中铁第五勘察设计院集团公司负责勘察设计，中铁十二、十三、十五、十六、十七、十九、二十一、二十四局集团公司参建的神华集团新建准池铁路全线铺通。这是中国首条新建牵引质量达到2万吨级、轴重按25吨设计的重载铁路。准池铁路线路全长179.8千米，为国铁Ⅰ级双线电气化铁路，是连接大准铁路和朔黄铁路的重要煤运通道。

▲9月　在FIDIC年度工程颁奖典礼上，中铁第一勘察设计院集团公司承担总体总包设计的西安地铁2号线工程获得2014年度全球杰出工程大奖。

10月

▲1—7日　沙特麦加轻轨铁路2014年朝觐运营158个小时，运送朝觐者突破380万人次。原计划开行列车1696列，实际开行列车1949列。中国铁建连续5年安全完成朝觐运营任务，累计运送朝觐者1600万人次。

▲3日　中国铁建党委副书记、纪委书记齐晓飞到中铁十一局集团公司承建的贵州省平塘县境内的单口径球面射电望远镜镜体土石方开挖和配套土建工程视察。

▲4日　中国铁建党委副书记、纪委书记齐晓飞到中铁二十四局集团公司承建的贵州民族大学新校区工地以及中铁十七局集团公司承建的中心大道和中八安置房项目工地视察，并同在贵安新区施工的中铁十一、十八局集团公司项目经理座谈。

▲5日　中国铁建党委副书记、纪委书记齐晓飞拜会贵州省委常委、政法委书记、副省长秦如培，双方进行深入交流。

▲7日　中土集团东非公司签约坦桑尼亚姆万扎森格拉玛镇供水项目，合同投资1213万美元，合同工期450天。

▲10日　为感谢中非建设塞拉利昂有限公司抗击埃博拉疫情的贡献，中国驻塞拉利昂大使馆经商处致信表扬。

▲13日　中国铁建参与设计和施工的北京地铁（八通线、5号线），沈阳地铁1号线，上海崇明越江通道（长江隧桥），西安至安康铁路秦岭Ⅰ线隧道，新建青藏铁路格尔木至拉萨段，京沪高速铁路，大秦铁路，武汉天兴洲公铁两用长江大桥，兰武二线乌鞘岭特长隧道，武广铁路客运专线武汉站，武汉长江隧道11项工程被评为改革开放35年百项经典工程；南京地铁1号线一期工程、重庆轨道交通2号线较场口至新山村工程被评为精品工程。

▲17日　中共中央政治局委员、国务院副总理马凯在山东调研公路交通工作时，到中国铁建和山东省首个战略合作项目——济乐高速公路施工现场调研高速公路建设情况。

▲同日　中国铁建员工悦读会总结表彰暨经典诵读展演视频大会召开。

▲同日　中国铁建国际集团公司在曼谷签署泰国115节火车客运车厢贸易项目合约，合同总额1.53亿美元。

▲20日　中国铁建党的群众路线教育实践活动总结大会召开。

▲22日　中国铁建董事长、党委书记孟凤朝在铁建大厦会见中国机械工业集团副总经理孙德润。双方经过务实高效会谈，达成战略合作意向。

▲24日　中国铁建总裁张宗言在铁建大厦会见来华访问的玻利维亚发展规划部部长卡罗一行。在玻利维亚启动复兴铁路计划和中国铁建深入实施"大海外"战略的背景下，双方就项目推进、深化合作关系等充分交换意见。

▲同日　中国铁建召开财务状况分析会。

▲同日　中铁第一勘察设计院集团公司与巴基斯坦国家工程咨询公司NESPAK在巴基斯坦驻华大使馆签订战略合作协议。

▲26日　中国铁建入选2013年度中国上市公司

社会责任建设100强，排名第44位。

▲28日　中国铁建总裁张宗言在铁建大厦会见北京市交通委员会党组书记、主任周正宇一行，双方进行友好交流，就合作达成共识。

▲29日　中国铁建轨道交通及水利水电工程经营工作专题会召开。

▲31日　中国铁建召开2014年前三季度业绩发布电话会。中国铁建新签合同额5649.15亿元，同比增长6.66%；营业收入4116.75亿元，同比增长5.15%；利润总额96.36亿元，同比增长6.21%。

▲同日　中国铁建总裁张宗言，党委副书记、纪委书记齐晓飞率工作组到中铁二十三局集团现场办公，就扭亏增盈、转型升级、压缩编制、强化区域经营等问题，帮扶整改。

11月

▲2日　东南亚国家媒体考察团一行15人到访中国铁建，中国铁建董事长、党委书记孟凤朝出席见面会。

▲4日　墨西哥通信和交通部宣布，中国铁建牵头的国际联合体中标墨西哥城至克雷塔罗高速铁路项目。

▲5日　中国铁建总裁张宗言会见来访的贵州省委常委、政法委书记、副省长、贵安新区党工委书记秦如培。双方有关业务人员就贵阳机场建设、企业兼并重组、BT项目回购等问题进行交流。

▲6日　中国铁建获第十届中国上市公司董事会金圆桌奖“优秀董事会”“最具创新力董秘奖”2个奖项。

▲7日　中国铁建总裁张宗言一行在北京钓鱼台国宾馆，拜会来京参加APEC会议的塔吉克斯坦总统拉赫蒙。双方就加强基础设施建设合作情况深入交换意见。

▲同日　中国铁建总裁张宗言在铁建大厦会见来访的阿特金斯全球总裁克鲁格一行。双方就共同开拓英国基建市场以及欧美市场达成合作共识。

▲15日　中国铁建总裁张宗言在铁建大厦会见中国驻墨西哥大使邱小琪，就共同关心的话题进行深入交流和研讨。

▲16日　兰新高速铁路新疆段开通运营。

▲18日　中铁建中非建设有限公司举行干部大会暨重组揭牌仪式。

▲同日　内蒙古自治区政府主席巴特尔和中国铁建董事长、党委书记孟凤朝等见证内蒙古自治区交通运输厅与中国铁建等5家中央企业签署战略合作协议。

▲20日　中国铁建董事长、党委书记孟凤朝在铁建大厦会见中国驻马里大使陆慧英，双方就加强合作及促进中国铁建在马里的发展进行深入交流和沟通。

▲同日　中国铁建中非建设有限公司与尼日利亚交通部签署尼日利亚沿海铁路项目商务合同，合同金额119.7亿美元，约折合735.16亿元人民币。项目全长1402千米，全部采用中国铁路标准。

▲同日　中国铁建国际集团公司签约沙特阿拉伯王国内政部安全总部第五期工程项目，合同总金额19.79亿美元。

▲21日—12月21日　国资委第三巡视组进驻中国铁建开展巡视回访工作。

▲25日　中国铁建隧道施工安全专题视频会在山西太原召开。

▲27日　中国铁建落实党风廉政建设“两个责任”工作促进会议召开。

▲11月　中铁十二局集团公司获全国大学生就业百强企业称号。

12月

▲1日　10集大型纪录片《永远的铁道兵》在北京举行首映式暨新闻发布会，计划12月5日在中央电视台首播。

▲2日　中国铁建董事长、党委书记孟凤朝在铁建大厦会见中国驻尼日利亚兼驻西非国家经济共同体代表顾小杰。

▲同日　中国铁建总裁张宗言在香港拜会中央人民政府驻香港特别行政区联络办公室副主任仇鸿。双方就共同关注的826项目，以及未来更好地参与香港方面的建设等问题进行交流。

▲3日　国务院国资委国有重点大型企业监事会主席吕黄生一行，在中国铁建总会计师王秀明、投资公司总经理王巍陪同下，赴厄瓜多尔米拉多铜矿项目检查指导工作。

▲同日　中国铁建董事长孟凤朝在铁建大厦会见中国驻阿根廷大使杨万明。杨万明希望中国铁建能参与阿根廷的基础设施建设。孟凤朝表示将关注阿根廷建筑市场，希望得到大使的支持和帮助。

▲4日　第十二届中国土木工程詹天佑奖颁奖典礼在北京新疆大厦举行。中国铁建副总裁夏国斌应邀参加颁奖典礼。中国铁建系统参建的京沪高速铁路、南京南站站房工程、沪蓉西高速公路支井河特大桥、秦岭终南山公路隧道、青岛胶州湾海底隧道、北京地铁大兴线、北京地铁10号线国贸站7项工程获得第十二届

中国土木工程詹天佑奖，占获奖工程总数（28 项）的 25%。系统内有 16 家单位获奖。

▲同日 2014 中国上市公司海外高峰论坛暨中国证券金紫荆奖颁奖典礼在香港举行。中国铁建获最佳信息披露上市公司奖。

▲9 日 中国铁建独立（外部）董事葛付兴、王化成、承文、路小蔷，董事会秘书余兴喜等一行，到中铁十六局集团公司考察调研。

▲10 日 国务院国资委精神文明建设指导委员会在北京召开中央企业志愿服务工作推进会。会上，中国铁建国际集团“志愿服务中国海军亚丁湾打击海盗护航编队”项目被命名为“中央企业优秀志愿服务项目”，中铁物资集团物贸公司管理部法务王永阳被命名为“中央企业优秀志愿者”。

▲同日 中国铁建副董事长、党委副书记、工会主席彭树贵，独立（外部）董事葛付兴、王化成、承文、路小蔷，董事会秘书余兴喜等一行，到中国铁建投资公司考察调研。

▲11—12 日 中国铁建副董事长、党委副书记、工会主席彭树贵，独立（外部）董事葛付兴、辛定华、承文、路小蔷，董事会秘书余兴喜等一行，先后到中国铁建重工集团公司、长沙磁浮项目部和中铁城建集团公司考察调研。

▲13—14 日 中国铁建副董事长、党委副书记、工会主席彭树贵，独立（外部）董事葛付兴、承文、路小蔷，董事会秘书余兴喜等一行，到昆明中铁大型养路机械集团公司调研。

▲15—17 日 中国铁建党委副书记、副董事长、工会主席彭树贵一行，先后到贵州十五局、十八局、二十二局、中铁建设集团等单位所属重点工程项目，看望慰问困难职工和先进职工代表，向一线职工发放慰问品，并与大家面对面座谈交流。中国铁建工会 2015 年“两节”送温暖活动启动。

▲17 日 中国铁建董事长、党委书记孟凤朝，副总裁、总法律顾问庄尚标等一行拜会四川省常委、成都市委书记黄新初，并深入成都地铁 10 号线工地进行调研。

▲同日 由国家人力资源和社会保障部主办的第十二届中华技能大奖、全国技术能手和国家技能人才培育突出贡献奖评选结果揭晓：中铁十二局集团二公司工程测量工高级技师田国锐获得中华技能大奖，中铁十二局集团二公司建筑材料试验工高级工郝民强、中铁二十四局集团南昌公司建筑材料试验工高级工郑腰华获得“全国技术能手”称号，中铁十二局集团获得国家技能人才培育突出贡献奖，中铁二十局集团技工学校校长杨建国获得国家技能人才培育突出贡献奖。

▲19 日 中国铁建董事长、党委书记孟凤朝一行在珠海出席港珠澳大桥主体工程交通工程 CA02 合同段的签字仪式，并在 18 日深入珠海横琴新区高新科技产业区土地一级开发场地填筑工程项目和中国铁建南方总部大厦项目考察。

▲22 日 中国铁建十二、十四、十七、二十三、电气化局集团等单位参与建设的中国西南地区首条城际高速铁路——成（都）绵（阳）乐（山）铁路客运专线建成通车。

▲23 日 中铁第四勘察设计院集团公司承担总体设计的尼加拉瓜大运河在尼加拉瓜里瓦斯市开工建设。尼加拉瓜副总统，香港尼加拉瓜运河开发投资有限公司董事长，铁四院董事长蒋再秋等出席开工仪式。

▲24 日 中国铁建总裁张宗言，副总裁、总法律顾问庄尚标在铁建大厦会见昆明市副市长何波一行。双方就昆明市地铁有关项目，围绕建设模式、融资渠道、合作方式等问题进行交流。

▲同日 中国铁建总裁张宗言拜访北京市丰台区区委书记杨艺文。

▲25 日 上海市轨道交通建设 2014 年第 4 次安全质量联席会在中铁二十四局集团公司机关召开。中国铁建副总裁刘汝臣充分肯定所属单位在上海地区轨道交通建设所取得的成效，并提出三点意见，强调抓好质量的牢固性、实用性、美观性，提高工程质量。上海轨道交通建设管理中心常务副总经理张川回顾 2014 年上海轨道交通建设情况，分析 2015 年上海轨道交通建设的机遇与挑战，并提出工作要求。中铁十一、十四、十九、二十四局，电气化局集团公司分别在会上作交流发言。

▲26 日 中铁第四勘察设计院集团公司设计，中铁十一、十二、十四、十六、十八、二十一、二十三、二十五局，大桥局，电气化局集团公司等参建的时速 250 千米高速铁路——全长 857 千米的贵广铁路客运专线通车运营。

▲同日 中国铁建参建的兰新高速铁路开通运营，全长 1776 千米，设计时速 200 千米～250 千米，是目前一次性修建里程最长的世界首条高原高速铁路。

▲同日 中铁十四局集团公司承建的尼泊尔国家武警学院开工。中国外交部部长王毅，尼泊尔副总理高塔姆出席开工典礼。10 多家当地媒体对开工盛况进行了报道。中国驻尼泊尔大使馆、经参处，尼方军官和各界代表，中资企业和施工等单位的 300 余人参加典礼。

▲同日 中国铁建责任成本管理指导意见施工项目经理层座谈会在山东济南中铁十四局集团公司机关召开。中国铁建总裁特别助理赵晋华一行，以及来自

全系统各单位的11名项目经理等20多人参加会议。与会人员紧紧围绕《中国铁建股份有限公司施工项目责任成本管理指导意见》《中国铁建股份有限公司劳务分包商管理指导意见》征求意见稿，以及加强责任成本管理、提高项目创利水平等问题，进行深入的探讨，并提出很多建设性意见和建议。

▲27日　中国铁建重工集团公司联合浙江大学、中南大学、天津大学、中铁十八局集团公司等单位共同研发、拥有自主知识产权的国产首台大直径全断面硬岩隧道掘进机（敞开式TBM），在湖南长沙下线。它的研制成功打破了国外垄断局面，填补了中国大直径全断面硬岩隧道掘进机研制的空白。

▲同日　中铁十二、十三、十四、十六、十七、十九、二十、二十二局集团公司等单位参建的南水北调中线一期工程正式通水。

▲28日　中铁十五、十七局集团公司等单位参建的郑开城际铁路开通运营。

▲同日　中铁十四、十七、二十局集团公司和中国铁建电气化局集团公司等单位参建的青荣城际铁路开通运营。

▲同日　中铁二十一局集团一公司参建的南疆铁路吐库二线开通运营。

▲同日　中铁二十局集团公司承建的引洮供水一期工程开通。一期总干渠长110.47千米，其中87.22%为隧洞，年引水量2.37亿立方米，2006年11月开工建设。

▲同日　中铁第四勘察设计院集团公司设计的香港地铁西港岛线开通运营。该线为港岛线的西延部分，线路与上环站连接，设有坚尼地城站、香港大学站、西营盘站3座车站，2009年7月开工。

▲29日　中铁十五局集团公司参建的京港高速铁路广深港延长线内地段全线建成。

▲30日　中铁十七局集团建筑公司承建的山西省图书馆工程；中铁十八、十六局集团公司承建，中铁十九局集团公司参建的青岛胶州湾隧道及接线工程；中铁建设集团公司承建，中铁建设集团设备安装公司参建的乐成恭和苑老年公寓、海军总医院内科医疗楼工程获2014—2015年度中国建设工程鲁班奖（国家优质工程）。

▲同日　中铁十一、十二、十四、十六、十七、十八、二十、二十一、二十三局集团公司和中国铁建电气化局集团公司参建的瓦日铁路建成通车。

▲同日　中铁十二、十四、二十二局集团公司等单位参建的太兴铁路开通运营。

▲31日　中国土木工程集团埃塞俄比亚公司在吉布提边境城镇伽利莱举行吉布提铁路铺轨仪式，标志着埃塞—吉布提铁路项目的轨道铺架施工进入吉布提境内。吉布提总统盖莱和中国驻吉布提大使符华强、参赞葛华参加铺轨仪式。

该条铁路由埃塞俄比亚首都亚的斯亚贝巴至吉布提共和国首都吉布提市，全长740千米，全线采用中国二级电气化铁路标准，设计时速120千米，总投资约40亿美元。2012年4月动工，计划2015年10月全线通车。

▲同日　中国铁建重工集团院士专家工作站在湖南省长沙市正式授牌并在铁建重工集团技术中心大楼挂牌，中国工程院院士杨华勇与铁建重工集团负责人共同揭牌。

▲12月　中铁建中非建设有限公司与中国铁建大桥工程局集团公司组成联合体，签署尼日利亚奥融—卡拉巴跨海桥项目合作协议。一期工程于2013年9月25日由业主尼日利亚三角洲事务部确定中铁建中非建设有限公司施工，10月21日正式签订商务合同，合同金额10.66亿美元，工期5年。项目主要工程包括修建1条长9.97千米的道路和1座长13.08千米的水上特大桥，线路全长23.05千米，双向4车道。大桥建成后将成为尼日利亚境内最长的海上大桥。中铁建中非建设有限公司与中国铁建大桥工程局集团公司签署合作协议是落实中国铁建海外区域经营战略的又一重大成果。此次双方的成功合作将成为中国铁建系统内资源共享、强强联合的又一成功案例。

2014 年企业改革亮点

一、改革重组

为提升房建专业施工能力,打造更多高精尖的地标性建筑,2014 年 3 月 18 日,中铁城建集团在长沙成立。为进一步突出桥梁工程品牌优势,2014 年 4 月 17 日,中国铁建大桥局在天津成立。为加快走出去步伐,优化"大海外"资源配置,加强和推进中国铁建海外区域经营,2014 年 11 月 18 日,中铁建中非建设有限公司重组设立。

二、区域经营

2014 年 8 月 11 日,中国铁建召开区域经营管理推进会,全力推进经营管理体制战略性变革,坚定不移地推进区域经营管理模式,打造以区域经营为主干的规范化、标准化、科学化经营管理体制,提升企业整体市场经营能力。推进区域经营管理模式,做到"三个不容动摇",即主要依靠区域经营机构承揽任务,而不是依靠工程公司承揽任务的基本管理思路不容动摇;区域经营机构以经营承揽为主,以施工监控为辅,为本区域的市场开发和市场维护全面负责的基本职能定位不容动摇;落实"六给两要"要求,持续加强区域经营机构建设的基本工作态势不容动摇。

三、铁路"走出去"

2014 年 7 月 25 日,中国铁建参与修建的土耳其安伊高铁顺利通车。安伊高铁二期是中国企业在海外建成的第一条高铁。

继上世纪 70 年代在非援建坦赞铁路之后,中国在新世纪承建的海外最长铁路——横贯安哥拉全境的本格拉铁路于 2014 年 8 月 13 日全线竣工。该铁路由中铁二十局集团承建。

2014 年 11 月 20 日,中国铁建中非建设有限公司与尼日利亚交通部签署 119.7 亿美元的尼日利亚沿海铁路商务合同。

2014 年 12 月 1 日,经过中非建设员工多年的艰辛努力,非洲首条中国标准现代化铁路——尼日利亚阿卡铁路顺利铺通。

四、治亏降债

2014 年 7 月 4 日,中国铁建召开亏损项目整治暨债务风险管控工作布置会议,通过建立亏损项目治理和债务风险管控长效机制,筑牢止亏治亏的有效屏障,全力打造企业消灭亏损、降低债务、提质增效的健康发展模式。为改善提升企业效益水平,解决发展质量的根本问题,中国铁建启动"亏损项目整治年"活动,要求各单位必须认真贯彻"清、诊、治、惩、防"五字方针,即全面清理亏损项目,认真诊断亏损原因,精心矫治亏损问题,严惩亏损责任人员,严防新增亏损项目。

五、落实"两个责任"

2014 年 11 月 27 日,中国铁建在国资委所属中央企业中率先组织召开落实党风廉政建设"两个责任"工作促进会议。落实"两个责任":一是党委负主体责任,党委领导班子要对职责范围内的党风廉政建设负全面领导的集体责任。二是纪委负监督责任,纪委要组织开展对党内的督促检查。为保证"两个责任"的落实更加明确化、具体化、精细化,中国铁建纪委制定《关于落实党风廉政建设主体责任和监督责任的指导意见》等 10 项配套措施。

六、千人培训

2014 年 5 月至 9 月,中国铁建连续举办 5 期经营管理人员实战培训,全系统各集团公司的区域指挥长,以及区域经营有关人员 1098 人参加培训。培训内容不仅涉及经营业务基础、经营实战方面的知识,还特别安排当前国内经济形势分析、企业文化与媒体应对等方面课程。

七、"七上八下"

2013 年以来,中国铁建从创新管理体制入手,推出一系列利当前、惠长远的改革措施。2014 年 8 月 11 日,中国铁建召开区域经营管理推进会,会议提出确保各项经济指标"七上八下",即新签合同额、营业收入、净利润、经营性现金净流量、经济增加值、路内外信用评价等级、国家级评优奖项 7 项指标上升,安全事故、质量事故、项目亏损个数及额度、应收账款、生产经营性有息负债、资产负债率、信誉差评、违纪违法案件 8 项指标下降。

八、依法治企

为贯彻落实党的十八届四中全会作出"全面推进依法治国"的重大决策和国资委提出打造"法治央企"法制工作新五年规划,2014 年 12 月 25 日,中国铁建召开法律合规工作会议,全面推进依法治企工作。在打造法治铁建的征程中,中国铁建以深化完善总法律顾问制度为核心,以建立健全企业法律风险防范机制建设为重点,着力加强合同管理、突出抓好法律纠纷案件管理、严格执行四项法律审核、稳步推动合规管理,始终坚持法律全程参与服务重大项目,深入开展境外法律风险防范,大力推进工程项目法律风险防范体制建设,进一步开展知识产权法律保护等工作。

九、九条规定

2014 年 11 月 25 日,中国铁建在太原召开隧道施工安全专题视频会,贯彻落实国家四部委《隧道施工安全九条规定》,牢固树立"红线"意识,不断提升企业隧道施工安全和整体安全生产水平。这"九条规定",针对培训上岗、施工方案、现场管理、探测预报、监测监控、作业人数、逃生通道、爆炸物品管理、应急预案等九个方面明确具体的规定。为增强规定落实的可操作性,中国铁建推出"六项措施"细化"九条规定",落实责任,强化实施,切实做到"铁规定、刚执行、全覆盖、真落实、见成效"。

(摘自 2015 年 1 月 1 日《中国铁道建筑报》)

2014 年，中国土木工程集团公司在天津铁道职业技术学院举办为期 6 个月的第十五期坦赞铁路技术人员培训班。图为 12 月 8 日培训班结业典礼现场。

（寇鲁林 摄）

概 况

本栏责任编辑　**杨启燕**

【中国铁建简况】 中国铁建股份有限公司(中文简称“中国铁建”,英文简称 CRCC)的前身是组建于 1948 年 7 月的中国人民解放军铁道兵,1984 年集体转业,改称铁道部工程指挥部;1989 年成立中国铁道建筑总公司,2000 年 9 月,先后划归中央企业工作委员会和国务院国有资产管理委员会管理;2007 年 11 月 5 日,由中国铁道建筑总公司独家发起成立中国铁建股份有限公司,于 2008 年 3 月 10 日、13 日分别在上海证券交易所(A 股,代码 601186)和香港联合证券交易所(H 股,代码 1186)上市。

截至 2014 年底,中国铁建下辖 36 家二级子公司和单位;三级法人企业 371 家,其中工程公司 171 家。在岗员工 249624 人。其中,管理人才 51145 人,占 20.49%;专业技术人员 104750 人,占 41.96%;技能人才 93729 人,占 37.55%。拥有 1 名工程院院士、6 名国家勘察设计大师、10 名“百千万人才工程”国家级人选、1 名中国青年科技奖获得者、244 名享受国务院特殊津贴的专家。

资产总额 6170.04 亿元,比 2013 年增长 11.57%。机械动力设备 103594 台(套),总功率 810 万千瓦,技术装备率 8.78 万元/人,动力装备率 31.13 千瓦/人。公司业务涵盖工程承包、勘察设计咨询、工业制造、房地产开发、物流与物资贸易等,具有科研、规划、勘察、设计、施工、监理、维护、运营和投融资等完善的行业产业链。在高原铁路、高速铁路、高速公路、桥梁、隧道和城市轨道交通工程设计及建设领域,确立行业领导地位。自 20 世纪 80 年代以来,中国铁建在工程承包、勘察设计咨询等领域获得国家级奖项 539 项。其中,国家科技进步奖 66 项;国家勘察设计“四优”奖 99 项;中国土木工程詹天佑奖 66 项;中国建设工程鲁班奖 95 项;国家优质工程奖 213 项。累计拥有专利 3662 项、获国家级工法 266 项。

中国铁建经营范围遍及除台湾地区以外的全国 31 个省、自治区、直辖市和香港、澳门特别行政区,以及世界 78 个国家和地区,是中国乃至全球最具实力、最具规模的特大型综合建设集团之一。连续 9 年入选世界企业 500 强,2014 年排名第 80 位;连续 17 年入选全球 250 家最大承包商,2014 年排名第 2 位;连续 10 年入选中国企业 500 强,2014 年排名第 11 位。

(杨启燕)

【主要经济技术指标完成情况】 2014 年,中国铁建系统累计完成企业总产值 6234.9 亿元,完成年度计划 5854.4 亿元的 106.5%,同比增长 2.8%。其中,国内产值 5929.1 亿元,占总产值的 95.1%,同比增长 2.5%;海外产值 305.8 亿元,占总产值的 4.9%,同比增长 10.8%。

在企业总产值中,工程施工 5146 亿元,占 82.5%;勘察设计咨询 130.5 亿元,占 2.1%;工业制造 130.8 亿元,占 2.1%;物资贸易 458.4 亿元,占 7.4%;房地产开发 232.8 亿元,占 3.7%;金融保险 17.9 亿元,占 0.3%;运营维管 12.5 亿元,占 0.2%;其他营业收入 105.9 亿元,占 1.7%。

在施工产值中,铁路工程 2104.3 亿元,占 40.9%;公路工程 1096.5 亿元,占 21.3%;房屋建筑工程 723.3 亿元,占 14.1%;市政工程 459.6 亿元,占 8.9%;轻轨、地铁工程 378.5 亿元,占 7.4%;铁路四电工程 140.3 亿元,占 2.7%;水利工程 63.9 亿元,占 1.2%;电力工程 20.6 亿元,占 0.4%;机场工程 27.4 亿元,占 0.5%;矿山工程 57.7 亿元,占 1.1%;港口与航道工程 26.7 亿元,占 0.5%;其他工程 47.1 亿元,占 0.9%。

企业总产值排名前 5 位的单位:中铁十二局集团公司 516.7 亿元,中铁十一局集团公司 466 亿元,中铁十六局集团公司 400 亿元,中铁十四局集团公司 378 亿元,中铁十七局集团公司 374 亿元。

全系统全年累计完成主要实物工程量:土石方 130082 万立方米,隧道 1221 千米,桥梁 1468 千米,正线铺轨 9519 千米,站线铺轨 1559 千米,公路 2321 千米,通信线路 10418 千米,供电线路 11589 千米,轻轨 23.8 千米,地铁 241 千米,房屋建筑面积 12276 万平方米,房屋竣工面积 1245 万平方米。 (荆彩萍)

【主要财务指标完成情况】 2014 年,中国铁建实现营业收入 5919.68 亿元,比 2013 年增加 51.78 亿元,增长 0.88%。其中,工程承包业务完成营业 5121.23 亿元,增长 9.42%;勘察设计咨询业务完成营业收入 90.09 亿元,增长 16.08%;工业制造完成营业收入 119.02 亿元,增长 1.25%;房地产开发业务完成营业收入 246.31 亿元,下降 0.32%;物流贸易及其他业务完成营业收入 544.03 亿元,下降 39.1%;全年完成海外营业收入 236.25 亿元,比 2013 年增加 23.61 亿元,增长 11.1%。实现利润 149.52 亿元,同比增长 14.67%。实现利税 398.84 亿元,同比增长 12.27%。实现净利润 115.72 亿元,同比增长 10.85%。每股收益 0.92 元。资产总额 6170.04 亿元,同比增长 11.57%。负债总额 5141.13 亿元,同比增长 9.57%。所有者权益 1028.91 亿元,同比增长 22.75%,其中归属于上市公司股东权益 909.36 亿元,上市公司股东的每股净资产 7.37 元。资产负债率 83.32%,同比下降 1.52 个百分点。12 月 31 日,中国铁建 A 股、H 股总市值 1727.7 亿元。

2013—2014 年中国铁建主要财务指标完成情况比较

项目	2013 年	2014 年	同比增长或下降(%)
资产总额(亿元)	5530.19	6170.04	11.57
所有者权益(亿元)	838.25	1028.91	22.75
营业收入(亿元)	5867.90	5919.68	0.88
利润总额(亿元)	130.40	149.52	14.67
净利润(亿元)	104.39	115.72	10.85
归属于母公司所有者的净利润(亿元)	103.45	113.43	9.65
技术开发投入(亿元)	46.79	50.81	8.59
利税总额(亿元)	363.02	398.84	12.27
应缴税金总额(亿元)	232.62	258.41	11.09
加权平均净资产收益率(%)	13.30	12.39	减少 0.91 个百分点
总资产报酬率(%)	3.70	3.71	增加 0.01 个百分点
总公司国有资本保值增值率(%)	114.91	113.67	减少 1.24 个百分点

(丁亚杰)

【生产经营】 (1)新签合同额保持平稳。2014 年,中国铁建在经济下行压力加大,发展步入新常态的宏观市场条件下,深化改革,强化管理,开拓创新,攻坚克难,整体经营情况实现稳中有进、稳中有为、稳中向好,全年新签合同额 8277.08 亿元。

2013—2014 年中国铁建主营业务新签合同额情况

主营业务分类	2013 年新签合同额(亿元)	2014 年		同比增长或下降(%)
		新签合同额(亿元)	占新签合同总额的比率(%)	
工程承包	6907.05	6873.06	83.04	-0.49
勘察设计咨询	91.92	100.15	1.20	8.95
工业制造	120.19	152.73	1.85	27.07
物流与物资贸易	1122.71	870.47	10.52	-22.47
房地产开发	285.63	268.57	3.24	-5.97
其他业务	7.34	12.10	0.15	64.87
合　计	8534.84	8277.08	100.00	-3.02

2013—2014 年中国铁建工程承包业务新签合同额情况

工程承包类别	2013 年新签合同额(亿元)	2014 年		同比增长或下降(%)
		新签合同额(亿元)	占工程承包业务新签合同总额的比率(%)	
铁路工程	2160.23	2617.77	38.09	21.18
公路工程	1436.67	981.39	14.28	-31.69
城市轨道工程	658.72	632.60	9.20	-3.97
房屋建筑工程	1527.33	1455.49	21.18	-4.70
市政工程	651.65	687.00	10.00	5.42
水利电力工程	167.29	144.97	2.11	-13.34
机场码头工程	44.31	72.24	1.05	63.05
合　计	6646.20	6591.46	95.91	-0.82

(2)经营承揽取得良好成绩。坚持工程经营与投融资经营双轮驱动、施工能力与经营能力良性互动,狠抓重点行业、重点领域、重点项目经营不放松,年内在京沈铁路客运专线、哈佳铁路、深茂铁路等铁路重大项目竞标中占取优势份额,先后承揽兰州城市轨道交通1号线、简蒲高速公路等一大批规模大、品质高的重点项目。通过投融资方式,承揽国内第一条中低速磁浮城轨——长沙磁浮项目等具有市场定位功能的重点项目。

(3)经济效益持续提升。在稳定经营规模、实现"保增长"目标的同时,中国铁建在区域经营模式推进、项目管理机制优化、海外经营管理体制理顺、绩效考核体系完善等方面,取得实质性进展;在亏损项目整治、债务风险管控、自审自查整改、海外市场经营等方面,取得良好成效。

(杨启燕)

【改革发展】 中国铁建始终贯彻"建筑为本、相关多元"的战略发展方向,大力推进产业、产品结构调整。工程承包业务中铁路工程特别是"四电"工程、市政工程及机场码头工程,实现较快增长。海外经营方面,在逐步理顺海外经营管理体制机制的同时,着力在利用国家政策,加强高层对接沟通,创新经营模式,深耕支柱市场,紧抓重大项目上下工夫,全年海外新签合同额1278亿元,同比增长59.74%,占新签合同总额的15.44%。先后承揽尼日利亚沿海铁路、沙特内政部安全总部发展项目、孟加拉高速公路项目等一大批重大项目。尼日利亚阿卡铁路、土耳其安伊高速铁路通车,安哥拉本格拉铁路顺利建成并试运行,受到所在国政府的高度赞誉和中国领导人的充分肯定,在国际国内赢得了前所未有的知名度。

(杨启燕)

【企业管理】 (1)以深化改革和强化管控为主线,完善管理体系。一是大力推行区域经营模式;二是积极推进项目管理体制机制改革;三是强力推进绩效考核体系改革;四是持续推进组织机构精简合并和资源整合;五是着力推进海外经营管理体制改革。在深化改革的同时,强化审计监督、审批管控、集中经营管理等管控力度,持续强化市场经营统筹协调,承揽任务质量有效改善。强力落实"自己的业务自己做",促进工程承包、物流贸易、设计咨询、工业制造等产业的发展。

(2)以整治亏损和防控风险为重点,改善发展质量。根据"清、诊、治、惩、防"五字方针,对全系统的亏损项目展开集中整治。与亏损项目整治活动同步,以清收降债为主题全面强化经济风险管控。一是强力回收应收款项;二是加强融资创新;三是建立健全债务风险监测管控体系,严格投融资业务准入门槛,加强规范企业经济行为和清收清欠管理的长效机制建设,强化经济风险管控的制度保障。

(3)以队伍建设和全面建设为保障,夯实发展基础。始终把基础管理、全面建设放在突出位置来抓。一是大力加强人才队伍建设;二是系统加强制度建设;三是持续推动信息化建设;四是切实加强民生福祉与和谐劳动关系建设;五是着力加强企业文化和队伍作风建设。

(杨启燕)

【技术创新】 2014年,中国铁建新增国家级科技创新平台4家、省级技术中心10家;中国铁建院士专家工作站在湖南长沙授牌,是目前国内掘进机械行业组建的唯一院士专家工作站。全年投入科技经费86.83亿元,主持的"高水压浅覆土复杂地形地质超大直径长江盾构隧道成套工程技术"获得国家科技进步二等奖;新增授权专利998项,其中发明专利132项;获得国家级工法50项,中国土木工程詹天佑奖7项;4项工程被国际咨询工程师联合会评为FIDIC全球杰出工程,其中西安地铁2号线是全球第一个获FIDIC大奖的地铁工程;获得全国勘察设计咨询奖7项。

(杨启燕)

【工程创优】 2014年,中国铁建参与设计和施工的北京地铁(八通线、5号线)、沈阳地铁1号线、上海崇明越江通道(长江隧桥)、西安至安康铁路秦岭Ⅰ线隧道、新建青藏铁路格尔木至拉萨段、京沪高速铁路、大秦铁路、武汉天兴洲公铁两用长江大桥、兰武铁路二线乌鞘岭特长隧道、武广铁路客运专线武汉站、武汉长江隧道11项工程被评为改革开放35年百项经典工程,南京地铁1号线一期工程、重庆轨道交通2号线较场口至新山村工程被评为精品工程。参建的京沪高速铁路、南京南站站房、沪蓉西高速公路支井河特大桥、秦岭终南山公路隧道、青岛胶州湾海底隧道、北京地铁大兴线、北京地铁10号线国贸站7项工程获得第十二届中国土木工程詹天佑奖。承建的山西省图书馆、青岛胶州湾隧道及接线工程、乐成恭和苑老年公寓、海军总医院内科医疗楼4项工程获得中国建设工程鲁班奖。参建的山东华电莱州电厂"上大压小"新建工程获国家优质工程金质奖,参建的哈大铁路客运专线长春西站站房及站台雨棚工程、新建铁路石家庄至武汉客运专线驻马店特大桥、南通市江海大道西段快速化改造工程、福建省浦城(闽浙界)至南平高速公路A合同(浦城)段综合工程、新建武汉至宜昌铁路四电系统集成及相关工程、新建京沪高速铁路天津特大桥、哈尔滨铁路枢纽新建哈尔滨西客运站、厦门至成都国家高速公路湖南段汝城(湘赣界)至郴州高速公路山店江特大桥、昌九城际铁路永修特大桥、天津西站交通枢纽配套市政公用工程南广场及公共换乘区工程、京沪高速铁路济南西站站房、深圳地铁2号线东延线后海停车场综合工程、邯郸市人民路—东环路全互通立交桥、新建京石铁路客运专线永定河特大桥、天津地铁3号线工程15项工程获得国家优质工程银质奖。承建的宁波站、长春站改建工程获得中国钢结构金奖。

（杨启燕）

【国内工程】 2014年，中国铁建完成施工产值5141.8亿元，5000万元以上的在建项目有2727项，其中铁路工程623项、公路工程605项、城市轨道交通工程399项。国内在建重点工程36项。其中，铁路工程17项：沪昆高速铁路、哈齐铁路客运专线、合福铁路客运专线、成渝铁路客运专线、山西中南部铁路通道、兰渝铁路、兰新铁路第二双线、贵广铁路、西格二线关角隧道、重庆铁路枢纽BT项目、合肥南站工程、郑徐铁路客运专线、西成铁路客运专线、成兰铁路、敦格铁路、石济铁路客运专线、宝兰铁路客运专线；公路工程4项：三门峡至淅川高速公路、麻柳湾至昭通高速公路项目、江门至罗定高速公路、潮州至惠州高速公路；市政工程5项：扬州瘦西湖隧道工程、重庆火车北站综合交通枢纽工程、贵州多彩贵州城、镇江新区基础设施BT项目、南昌市象湖隧道工程；城市轨道交通工程3项：北京地铁、青岛地铁2号线、厦门地铁1号线；水利工程2项：南水北调工程、山西中部引黄工程；房屋建筑工程3项：广西九洲国际、贵州茅台酒厂扩建工程、福建福清清利嘉中心；综合工程2项：湛江石化产业园、新疆伊吾县白石湖煤矿露天剥离工程。

2014年，武汉至黄石、武汉至黄冈城际铁路，大西高速铁路太原至西安段、邯长铁路复线、兰渝铁路广安段、拉日铁路、沪昆高速铁路杭州至怀化段、韶赣铁路、昆明枢纽昆阳支线铁路、兰新铁路第二双线、青荣城际铁路、贵广高速铁路、成绵乐铁路客运专线、山西中南部铁路通道、郑开城际铁路、大准铁路、吉衡铁路、沈吉铁路沈阳北至抚顺北段、松陶铁路建成通车。北京地铁6号线二期、7号线、14号线东段以及15号线西段，南京地铁10号线、长沙地铁2号线、无锡地铁1号线、武汉轻轨1号线汉口北延长线、武汉地铁4号线二期通车运营。兰新铁路客运专线大坂山隧道、青藏铁路二线新关角隧道、吐库二线中天山隧道、兰新高铁祁连山隧道、京津城际铁路延伸线盾构隧道、兰渝铁路化马隧道、太兴铁路二青山隧道、兰渝铁路西秦岭隧道、四川遂宁观音湖下穿隧道、贵阳枢纽龙洞堡机场隧道、张唐铁路付营子等重难点隧道贯通。新建准池铁路全线铺通，哈齐铁路客运专线松花江特大桥、云桂铁路南盘江特大桥主体工程完工，瘦西湖隧道建成通车，南京市江北大道城市化改造工程通车，南水北调中线工程正式通水，雅砻江锦屏二级水电站3号、4号引水隧洞顺利充水。

（刘 辉）

【房地产开发】 2014年，中国铁建房地产开发业务在全国整体市场出现下行的态势下发展总体健康平稳，全年实现销售金额268.57亿元，同比下降5.97%；销售面积301万平方米，同比持平；完成营业收入246.31亿元，同比减少0.32%；实现利润总额40.64亿元，同比增长12.41%。2014年，积极在具有地产发展前景的一、二线城市完善房地产项目区域布局，进入珠海及南昌房地产市场，同时在已经布局的北京、成都、广州、武汉、重庆等房地产市场发展前景较好的城市继续获取房地产项目，2014年在北京、广州、杭州、珠海、成都、重庆、武汉、南昌等11个城市获取土地13宗89.47万平方米（折合1342亩），规划总建筑规模328万平方米，土地出让金117.65亿元，比上年减少44.46%。

截至2014年底，中国铁建在北京、上海、天津、重庆、广州、杭州等45个城市及其他地域拥有房地产开发项目111个，建设用地总面积1160万平方米（折合17400亩），规划总建筑面积3681万平方米。86个房地产项目在国内40个城市及其他区域销售，有10个项目销售额超过10亿元。中国铁建房地产业务的全国区域布局初步形成，在房地产行业内树立较强的品牌影响力。

（杨启燕）

【工业制造及大型设备】 2014年，中国铁建不断加大结构调整力度，通过优化内部资源配置、增加投入等措施促进工业制造产业科学快速发展，构建以中国铁建高新装备有限公司、中国铁建重工集团有限公司两家工业企业为龙头，以中铁十一局集团汉江重工有限公司、中铁十六局集团建工机械有限公司、中铁十八局集团泵业公司、中铁二十局集团西安工程机械有限公司，中国铁建电气化局集团轨道交通器材有限公司及康远新材料有限公司、西安电气化制品有限公司、科技公司，中铁第五勘察设计院集团工程机械有限公司9家专业化工业企业为骨干、共存互补的工业格局。拥有大型养路机械、盾构（TBM）、铁路铺轨设备、高铁运架提设备、起重机械、矿山设备、压实设备、电气化施工设备、高速道岔及弹条扣件、铁路工务器材及接触网导线十大核心技术和500余种产品。其中，大型养路机械设计制造能力亚洲第一、世界第二，国内市场占有率80%以上；长距离大坡度煤矿斜井TBM填补国内空白；流动式高速铁路运架一体机技术国际领先；铁路道岔研制水平国内领先，市场占有率35%以上；高速铁路接触网导线生产技术达到国内领先水平；拖式振动压路机国内市场占有率60%。

中国铁建拥有大型设备4327台(套)，原值262.68亿元。其中，TBM掘进机、盾构机209台(套)，特别是大直径盾构机在过海、过江隧道施工中发挥着举足轻重的作用，提升了中国铁建国内城市轨道交通承揽能力和施工竞争实力；港航施工船舶7艘、大型矿山采剥施工设备50台(套)，原值13.7亿元，专用施工设备大大拓宽中国铁建在水工、矿山领域的施工范围，加快企业转型升级进度，提升企业整体施工技术水平；铁路大型机械化整道设备(起拨道捣固车、配碴整形车、动力稳定车等)71台(套)，原值12.7亿元，铁路专用施工机械的综合性能和技术处于国内领先和国际先进水平，并具有明显的国际技术经济比较优势，成为中国铁路科技进步十大标志之一。 (郭春雷)

【物流与物资贸易】 中国铁建是全国最大的工程物流系统服务商和第二大铁路物资供应商，拥有遍布全国各大重要城市和物流节点城市的70余个区域性经营网点、133万平方米的物流场地、4万余延长米铁路专用线、32550立方米成品油储存能力，通过完善高效的物流信息化、区域化、市场化服务体系，提供一体化的流通服务。着力推动物流业务转型升级，广泛开拓工程大宗物资供应链上下游市场，先后开辟物资贸易、加工制造、国际业务、集中采购代理、电子商务等新兴领域。在所属子公司中，中铁物资集团有限公司2014年在中国物流与采购联合会评选的中国物流企业50强排名中位列第2位。 (杨启燕)

【党建工作】 2014年，中国铁建党委贯彻落实党中央、国务院的决策部署，坚持深化改革，坚持全面从严治党。(1)认真组织实施第一批党的群众路线教育实践活动和国资委第三巡视组巡视反馈意见的整改落实，扎实开展第二批党的群众路线教育实践活动，企业作风建设取得明显成效。(2)高度重视领导班子建设，积极培养和造就高素质干部人才队伍，不断激活和发挥干部人才优势。一是从严管理监督领导人员。二是建立健全科学的选人用人机制。三是全面优化人才发展环境。(3)创新基层党建，夯实党建基础，充分发挥各级党组织和广大党员的“三个作用”，推动企业改革发展的各项任务落到实处。(4)围绕社会主义核心价值观，进一步加强思想舆论建设，凝聚企业发展共识；注重典型引路，相继推出铁建重工集团、二十二局集团京沪高铁4标段总工程师赵常煜、铁一院董事长王争鸣3个国家层面先进典型；强化对外宣传，以兵改工30周年为契机，广泛开展“企业形象宣传年”活动。服务企业“大海外”战略和国家“高铁外交”战略，加强海外铁路项目深度报道宣传。铁道兵纪念馆正式开馆，大型文献纪录片《永远的铁道兵》成功在中央电视台播出。(5)严格落实党风廉政建设“两个责任”，推进纪检监察体制机制创新。严肃党纪政纪，开展“坚持依法合规，打造阳光央企”为主题的反腐倡廉宣传教育月活动。加大案件查办力度，全年受理信访举报750件次，相关人员受到相应惩处。认真落实中央“八项规定”，持之以恒反对“四风”。研究制定和完善业务招待费、职务消费、公务用车、公务接待、差旅费等规章制度，企业“三公经费”和领导人员职务消费等明显下降。大力开展节约型机关建设，切实转变机关作风，机关效能建设成效明显。(6)认真落实党建带工建、党建带团建，把工会、共青团工作纳入党建工作总体格局，服务企业改革发展大局。 (耿仁胜)

【履行社会责任】 (1)加强治理，规范运作。中国铁建不断优化治理结构，建立健全规章制度，坚持依法合规经营，维护投资者利益，努力实现企业可持续发展。2014年，获最佳信息披露上市公司、中国上市公司百佳行业领军企业、中国上市公司最具核心竞争力企业、2014年上市公司企业300强、2013年度全国上市公司社会责任建设100强等称号。(2)诚信经营，回报股东。积极维护与利益相关方的关系，依靠诚信赢得市场，强化自身管理，努力提升经营业绩，用良好的业绩回报广大股东。(3)建造精品，回馈社会。中国铁建将质量和安全视为企业的生命，将建造精品视为企业的基石，将服务客户视为企业的使命，深化科技创新能力，打造优质产品回报社会。2014年获得改革开放35年百项经典暨精品工程11项，中国建设工程鲁班奖4项，国家优质工程金质奖1项、银质奖15项；获得国家科学技术进步奖1项，省部级科学技术进步奖119项；获得中国优秀专利奖2项，授权专利995项；获得国家级工法50项，中国土木工程詹天佑奖7项。(4)以人为本，共享发展。中国铁建秉持“以人为本”理念，重视员工发展，2014年培训员工181535人次。不断提升民主管理水平，保障员工权益，加大对困难员工的帮扶力度，全年筹集送温暖资金6787万元，慰问模范先进、一线员工、离退休员工、困难员工和农民工47148人次；筹集“三不让”专项资金7268万元，救助困难员工家庭10769户次，资助困难员工子女入学2783人次，救助患病员工3613人次。(5)致力公益，和谐共赢。中国铁建致力于有担当的企业公民，发扬“一方有难、八方支援”的精神，投身抗击山火、洪涝、地震等自然灾害的工作中；积极参与对口扶贫、济困扶弱、和谐社区建设等活动；本着立足当地、服务当地的宗旨，走入社区、融入社区，主动回馈当地社会。2014 年吸纳劳务用工 213 万人。（6）绿色营造，共建文明。中国铁建将绿色经营融入企业战略，积极参与应对全球气候变化，不断提高能源综合利用效率，追求经济与环境和谐发展，努力构建"资源节约型、环境友好型"企业，为建设生态文明作出贡献。2014 年，中国铁建非工业万元营业收入综合能耗（可比价）为 0.1078 吨标煤，比 2013 年下降 3.47%。（何燕军）

【企业资质】 截至 2014 年底，中国铁建系统有施工资质 1346 项，其中总承包资质 586 项、专业承包资质 760 项。总承包资质中，特级资质 20 项，一级资质 312 项；专业资质中，一级资质 516 项。（杨 玲）

【管辖单位】 截至 2014 年底，中国铁建股份有限公司下辖中国土木工程集团有限公司，中铁十一、十二局集团有限公司，中国铁建大桥工程局集团有限公司、中铁十四至二十五局集团有限公司，中铁建设集团有限公司、中国铁建电气化局集团有限公司、中国铁建港航局集团有限公司、中国铁建房地产集团有限公司，中铁第一、第四、第五勘察设计院集团有限公司，中铁上海设计院集团有限公司、中铁物资集团有限公司、昆明中铁大型养路机械集团有限公司、中国铁建重工集团有限公司、中国铁建国际集团有限公司、中铁城建集团有限公司、北京铁城建设监理有限责任公司、中国铁建投资有限公司、中国铁建财务有限公司、中铁建中非建设有限公司、诚合保险经纪有限公司、中铁建（北京）商务管理有限公司、北京培训中心（党校）36 家二级子公司和单位；三级法人企业 371 家，其中工程公司 171 家。（李学红 陈向阳）

【对外并购重组】 2014 年 1 月，中铁第一勘察设计院集团有限公司为充实城市轨道交通设计力量，进一步开辟华北、华东区域市场，收购山东际高建筑设计院有限公司 35% 的股权。（李学红 陈向阳）

【内部划转重组】 2014 年 3 月，为整合海外经营平台，集中、集聚海外优势资源，更好地发挥中国铁建品牌优势，经股份公司 2014 年第 3 次总裁办公会研究，报经股份公司第二届董事会第 31 次会议审议通过，将中铁建中非建设有限公司本级及所属子、分公司，办事处等机构和人员、资产、债权债务，以 2014 年 3 月 31 日为截止时点，整体划转到中国土木工程集团有限公司。

2014 年 8 月，为进一步巩固、做强非洲市场，尽快拓展非洲以外其他区域市场，实现股份公司海外战略目标，经股份公司 2014 年第 6 次总裁办公会研究，并经股份公司第二届董事会第 34 次会议审议通过，决定重组恢复设立中铁建中非建设有限公司（以下简称"中非建设"）。即将原中铁建中非建设有限公司及其所属子公司（含控股、参股公司）、办事处的资产、机构、股权等，以及中国土木工程集团有限公司（以下简称"中土集团"）在西非、中非、南非及苏丹国设立的子、分公司、办事处、在建项目的人员、资产（含项目现场使用的全部设备）、项目等整体划入中非建设；同时将北京中土大厦划转到中非建设作为办公场所，将广州中土实业公司及所属广东万通大厦公司、广州万凯市场发展公司的人员及资产划入中国铁建房地产集团有限公司，将上海中土大厦划转到中铁十五局集团有限公司。

2014 年 11 月，批复昆明中铁大型养路机械集团有限公司（以下简称"昆明中铁"）以协议转让方式，收购中铁十四局集团北京中铁房山桥梁有限公司持有的北京瑞维通工程机械有限公司（以下简称"瑞维通公司"）33% 的股权。收购后，昆明中铁持有瑞维通公司 100% 的股权。（李学红 陈向阳）

【机构设立审批】 1 月 10 日，中国铁建大桥工程局集团有限公司成立中铁建（合肥）再生资源开发利用有限公司。

同日，中铁二十二局集团有限公司成立中铁二十二局集团云南分公司（仅限于经营承揽）。

同日，中铁第一勘察设计院集团有限公司所属陕西逸博置业有限公司（以下简称"逸博公司"）与中国中铁一局集团正方房地产开发有限公司（以下简称"正方公司"）合资成立甘肃逸丰房地产开发有限公司（为项目公司）。公司注册资本 1000 万元。其中，逸博公司出资 510 万元，占 51% 的股权；正方公司出资 490 万元，占 49% 的股权。

1 月 14 日，中铁二十二局集团有限公司成立中铁二十二局集团温州分公司（仅限于经营承揽）。

1 月 21 日，中国铁建投资有限公司成立珠海铁建大厦置业有限公司（为项目公司）。

1 月 27 日，中国土木工程集团有限公司成立中国土木（新加坡）有限公司。

2 月 17 日，中铁十六局集团有限公司成立中国铁建十六局集团越南有限公司。

同日，中铁第四勘察设计院集团有限公司成立澳门办事处。

2 月 19 日，中铁二十三局集团有限公司成立安徽分公司（仅限于经营承揽）。

同日，中铁第四勘察设计院集团有限公司（以下简称“铁四院”)与其南宁勘察设计院有限公司(以下简称南宁院)共同出资成立中铁四院集团广西楚桂审图咨询有限公司。公司注册资本300万元,其中,铁四院占51%的股权;南宁院占49%的股权。

2月25日,中铁十九局集团有限公司成立中铁十九局集团岚县矿山工程有限公司(为项目公司)。

同日,中铁十二局集团有限公司成立中铁十二局集团混凝土制品(合肥)有限公司(为项目公司)。

3月7日,中铁城建集团有限公司成立中铁城建集团房地产开发有限公司。

3月11日,中国铁建国际集团有限公司成立中国铁建(东南亚)有限公司。

3月12日,中铁第一勘察设计院集团有限公司成立中铁第一勘察设计院集团青岛分公司。

3月14日,中铁十六局集团北京铁龙物资有限公司更名为中铁十六局集团物资贸易有限公司。

3月24日,中铁建石家庄投资有限公司更名为中铁建华北投资发展有限公司。

3月25日,中铁十六局集团有限公司成立中铁十六局集团城市建设发展有限公司。

同日,中铁十四局集团有限公司成立中铁十四局集团宁波分公司(仅限于经营承揽)。

同日,中铁二十二局集团有限公司成立中铁二十二局集团大连分公司(仅限于经营承揽)。

4月1日,中铁二十三局集团有限公司成立中铁二十三局集团国际分公司,撤销海外部。

4月2日,达州市建筑设计研究院更名为中铁二十三局集团建筑设计研究院有限公司。

同日,中铁建设集团有限公司将大连创富房地产开发有限公司纳入编制序列管理。

同日,中铁第一勘察设计院集团有限公司成立西安铁一院工程施工图审查有限公司和西安铁一院工程试验检测有限公司。

4月4日,中铁二十二局集团有限公司成立中铁二十二局集团长沙分公司(仅限于经营承揽)。

4月11日,中铁二十局集团有限公司(以下简称“二十局”)与广西城建投资实业有限公司共同出资成立广西城投铁建商品混凝土有限公司(以下简称“广西城投”),公司总股本3685万元。其中,二十局占49%的股权;广西城投占51%的股权。

4月16日,中铁二十二局集团有限公司设立中铁二十二局集团揭阳分公司(仅限于经营承揽)。

同日,中国铁建房地产集团有限公司成立中铁房地产集团北京金郡兴盛置业有限公司(为项目公司)。

4月28日,中铁物资集团有限公司(以下简称“中铁物资”)与深圳市为海集团有限公司(以下简称“为海集团”)合资成立中铁物资集团混凝土管理有限公司。公司注册资本1500万元。其中,物资集团占60%的股权;为海集团占40%的股权。

5月4日,中国土木工程集团有限公司成立中国土木工程集团刚果(布)有限公司。

5月5日,中铁十八局集团有限公司(以下简称“十八局”)与四川聚信发展股权投资基金管理公司(以下简称“四川聚信”)共同出资成立中铁十八局集团绕城高速东南段项目管理有限公司。公司注册资本4.08亿元。其中,十八局占51%的股权;四川聚信占49%的股权。

同日,中国铁建房地产集团有限公司成立广州增城中铁房地产置业有限公司(为项目公司)。

同日,中铁物资集团有限公司与四川省川威集团有限公司(以下简称“川威”)合资成立中铁物资集团四川物产有限公司。公司注册资本5000万元,其中,中铁物资占60%的股权;川威集团占40%的股权。

同日,中国铁建投资有限公司成立中铁建青岛投资有限公司(为项目公司)。

同日,中国铁建投资有限公司(以下简称“投资公司”)与中铁十八局集团有限公司、中铁第一勘察设计院集团有限公司共同出资成立中铁建贵州安紫高速公路有限公司(为项目公司)。公司注册资本61575万元。其中,投资公司占99.8%的股权;十八局占0.1%的股权;铁一院占0.1%的股权。

同日,中国铁建投资有限公司与中铁二十局集团有限公司(以下简称“二十局”)共同出资成立中铁建(四川)简蒲高速公路有限公司(为项目公司)。公司注册资本20000万元。其中,投资公司占80%的股权;二十局占20%的股权。

同日,重庆铁发遂渝高速公路有限公司成立重庆铁发秀松高速公路有限公司。

5月13日,中国铁建房地产集团有限公司成立成都中铁龙泰房地产开发有限公司(为项目公司)。

同日,中国铁建房地产集团有限公司成立中铁房地产集团杭州京兆置业有限公司(为项目公司)。

同日,中铁第四勘察设计院集团有限公司与苏州高新有轨电车有限公司(以下简称“苏州高新”)共同出资成立华东有轨电车交通设计研究有限公司。公司注册资本1000万元。其中,铁四院占55%的股权;苏州高新占45%的股权。

5月14日,中铁十四局集团有限公司成立中铁十四局集团新疆分公司(仅限于经营承揽)。

5月20日,成立中国铁建(墨西哥)有限公司,由中国铁建国际集团有限公司出资并代为管理。

5月24日,中铁十七局集团有限公司成立中铁十七局集团尼日利亚分公司。

5月28日，中铁十八局集团有限公司成立中铁十八局集团科威特有限公司。

同日，中铁十九局集团有限公司成立中铁十九局集团塔吉克斯坦有限公司。

6月4日，重庆铁发遂渝高速公路有限公司（以下简称“铁发遂渝”）与重庆市涪陵北山新城综合开发有限责任公司（以下简称“涪陵新城”）共同出资成立重庆铁发北山地产有限公司（为项目公司）。公司注册资本2000万元。其中，铁遂渝发占90%的股权；涪陵新城占10%的股权。

6月6日，中铁二十三局集团有限公司成立中铁二十三局集团武汉分公司（仅限于经营承揽）。

6月9日，中铁二十三局集团有限公司成立中铁二十三局集团信息技术发展有限公司。

6月17日，中铁十六局集团有限公司成立中铁十六局集团建工机械有限公司。

6月23日，中铁十一局集团有限公司成立中铁十一局集团重庆房地产开发有限公司（为项目公司）。

6月30日，中铁十七局集团有限公司成立中铁十七局集团宁夏分公司（仅限于经营承揽）。

7月2日，成立中国铁建海外专家委员会，为非常设议事机构，日常工作由国际部负责。

7月7日，北京铁城建设监理有限责任公司成立芜湖铁城工程监理有限公司。

7月8日，中铁十一局集团有限公司（以下简称“十一局”）与呼和浩特市交通投资有限责任公司（以下简称“交通投资公司”）共同出资成立呼和浩特市建通有限责任公司。公司注册资本10000万元。其中，十一局占49%的股权；交通投资公司占51%的股权。

7月17日，中铁十二局集团有限公司成立中铁十二局集团河北分公司（仅限于经营承揽）。

同日，中国铁建港航局集团有限公司成立中国铁建港航局集团青海分公司、启东分公司（仅限于经营承揽）。

7月25日，中铁十七局集团有限公司成立中铁十七局集团国际分公司，国际分公司与海外工程总指挥部为“一个机构、两块牌子”。

8月5日，中铁十五局集团有限公司成立中铁十五局集团电气化工程有限公司。

8月6日，中铁第五勘察设计院集团有限公司成立中铁第五勘察设计院集团厦门分院。

8月8日，中国土木工程集团有限公司成立中国土木工程集团驻塞尔维亚代表处、驻罗马尼亚代表处。

同日，中铁十八局集团有限公司成立中铁十八局集团西南工程有限公司（为项目公司）。

同日，中铁二十局集团有限公司成立中铁二十局集团阿达驻车投资建设管理有限公司、中铁二十局集团物业管理有限公司。

同日，中铁二十二局集团有限公司（以下简称“二十二局”）与北京正辰信实投资管理有限公司（以下简称“北京正辰”）合资设立中铁二十二局集团北京置业有限公司（为项目公司）。公司注册资本5000万元。其中，二十二局占70%的股权；北京正辰占30%的股权。

同日，中国铁建港航局集团有限公司成立中铁建港航局集团达州基础设施投资有限公司（为项目公司）。

8月27日，中铁十二局集团有限公司成立中铁十二局集团临沂分公司（仅限于经营承揽）。

同日，中铁十七局集团有限公司成立中铁十七局集团苏州分公司（仅限于经营承揽）。

9月10日，中铁城建集团有限公司成立中铁城建集团四川、云南、贵州、重庆分公司（仅限于经营承揽）。

9月11日，将股份公司机关党委宣传部（企业文化部）新闻处更名为新闻舆情处。

同日，中国铁建房地产集团有限公司成立成都中铁建投资有限公司（为项目公司）。

同日，中铁第四勘察设计院集团有限公司成立中铁四院集团投资有限公司。

9月12日，中铁物资集团有限公司成立中铁物资集团青岛中铁混凝土有限公司、贵阳中铁混凝土有限公司、成都中铁建混凝土有限公司和海南中铁建混凝土有限公司（均为项目公司）。

9月18日，中国铁建国际集团有限公司成立中国铁建国际集团巴基斯坦代表处、柬埔寨代表处、印度尼西亚代表处。

9月19日，中国铁建房地产集团有限公司成立成都中铁建锦城投资有限公司（为项目公司）。

9月22日，中铁十八局集团有限公司与中民交通（天津）投资管理中心（以下简称“中民交通”）共同出资成立中铁十八局集团云南安宁工业园区新亚美谷物流园工程项目管理公司。公司注册资本1500万元。其中，十八局占66.7%的股权；中民交通占33.3%的股权。

9月26日，中铁十五局集团有限公司成立中铁十五局集团西安铁罂房地产开发有限公司（为项目公司）。

9月28日，中铁十四局集团有限公司成立中铁十四局集团建筑工程有限公司。

同日，中铁十八局集团有限公司成立中铁十八局集团天津滨海置业有限公司(为项目公司)。

10月21日,中铁十七局集团有限公司成立中铁十七局集团上海铁峰房地产开发有限公司(为项目公司)。

同日,中国铁建投资有限公司与中铁第四勘察设计院集团有限公司合资成立中铁建珠海西部投资开发有限公司(为项目公司)。公司注册资本1亿元。其中,投资公司占60%的股权;铁四院占40%的股权。

10月22日,中铁二十局集团有限公司成立中铁二十局集团(塞拉利昂)有限公司。

同日,中铁二十五局集团有限公司成立中铁二十五局集团白俄罗斯有限公司。

同日,中国铁建国际集团有限公司成立中国铁建国际集团玻利维亚分公司。

11月6日,中铁建资产管理有限公司与建信(北京)投资基金管理有限责任公司(以下简称"建信投资公司")共同出资,设立铁建蓝海广德投资基金管理有限公司。公司注册资本2000万元。中铁建资产管理有限公司和建信投资公司各以货币出资1000万元,各占50%的股权。

同日,中铁十四局集团有限公司成立中铁十四局集团澳门分公司。

同日,中国铁建房地产集团有限公司(以下简称房地产集团)与铁一院陕西逸博置业有限公司共同出资设立北京通瑞兴盛置业有限公司(为项目公司)。公司注册资本5000万元。其中,房地产集团占60%的股权;铁一院占40%的股权。

同日,中铁第一勘察设计院集团有限公司成立中铁第一勘察设计院塔吉克斯坦有限责任公司。

11月26日,中铁二十三局集团有限公司成立中铁二十三局集团平度分公司(仅限于经营承揽)。

同日,中铁二十四局集团有限公司成立中铁二十四局集团远东建筑有限公司。

12月1日,中铁十六局集团路桥工程有限公司更名为中铁十六局集团市政建设发展有限公司。

同日,中铁十七局集团有限公司成立中铁十七局集团深圳分公司(仅限于经营承揽)。

同日,中铁第一勘察设计院集团有限公司成立铁一院兰州新区逸博房地产开发有限公司(为项目公司)。

12月2日,中国铁建股份有限公司成立中国铁建阿尔及利亚代表处,由中国铁建国际集团有限公司代为管理。

同日,中国土木工程集团有限公司成立中国土木工程集团迪拜分公司。

12月15日,中铁二十三局集团有限公司成立中铁二十三局集团日照分公司。

12月16日,中铁十六局集团有限公司成立中铁十六局集团置业江西京诚房地产有限公司(为项目公司)。

12月18日,中铁十六局集团有限公司成立中铁十六局集团塔吉克斯坦分公司。

同日,中国铁建马来西亚有限公司与Budi Kinrara Sdn. Bhd.公司合资设立中国铁建马来西亚建设有限公司。公司注册资本100万马来西亚令吉。其中,中国铁建马来西亚有限公司占51%的股权,Budi Kinrara Sdn. Bhd.公司占49%的股权。

12月24日,中铁第四勘察设计院集团有限公司成立中铁四院杨春湖房地产有限公司(为项目公司)。

12月25日,以中铁第四勘察设计院集团桥梁处和中国铁建大桥局工程集团有限公司管理的中铁现代勘察设计院有限公司为主体,组建中铁建大桥设计研究院。

12月31日,成立中国铁建股份有限公司审计监事局北京分局、西安分局和长沙分局。其中,北京分局定员20人;西安分局定员16人;长沙分局定员16人。

同日,中铁二十二局集团有限公司成立中铁二十二局集团北京铁建天瑞物业管理有限公司海南分公司、太原铁建天瑞物业管理有限公司。

同日,中铁二十三局集团有限公司成立中铁二十三局集团重庆铁源资产经营管理有限公司。

(李学红　陈向阳)

【注销机构】 3月17日,中铁二十五局集团有限公司注销中铁建贵州梵净山开发有限公司。

4月1日,中铁二十三局集团有限公司注销中铁二十三局集团辽宁省分公司。

4月4日,中铁十九局集团有限公司注销中铁十九局集团沙特分公司。

4月11日,中铁二十三局集团有限公司注销中铁二十三局集团北京办事处。

4月29日,中国铁建国际集团有限公司注销中国铁建国际集团深圳雷威中土建设工程有限公司。

6月6日,中铁二十二局集团有限公司注销中铁二十二局集团晋江分公司。

6月18日,中铁二十三局集团有限公司注销中铁二十三局集团日照铁城房地产开发有限公司。

7月3日,中铁二十二局集团有限公司注销中铁二十二局集团北京天瑞泰投资有限公司。

10月8日,中国土木工程集团有限公司注销中国铁道(澳门)建筑工程有限公司。

10月15日,中铁十四局集团有限公司注销中铁十四局集团集团水利水电工程分公司、建筑安装工程分公司。

11月11日，昆明中铁大型养路机械集团有限公司交易完成转让唐山昆铁科技有限公司所持股权。

12月31日，中铁物资集团有限公司交易完成转让中铁物资集团兰新贸易公司所持股权。

（李学红　陈向阳）

【直管项目部、区域经营机构设立、变更】　1月29日，成立中国铁建股份有限公司武汉轨道交通8号线工程指挥部，定员控制在40人以内，主要负责中国铁建分担工程项目的全面管理、组织协调。

3月25日，成立中国铁建股份有限公司福建指挥部，编制定员4～6人，主要负责股份公司在福建、江西建筑市场开发、经营承揽和协调管理工作。

同日，成立中国铁建股份有限公司兰州轨道1号线一期TJI标段项目部，定员22人。

3月27日，成立中国铁建股份有限公司兰州轨道1号线一期TJⅡ标段项目部，定员22人，与兰州轨道1号线一期TJI标项目部“一套人马、两块牌子”。

4月1日，成立中国铁建股份有限公司海南指挥部，编制定员4～6人，主要负责股份公司在海南地区建筑市场开发、经营承揽和协调管理工作。

5月6日，成立中国铁建股份有限公司南方总部，代表股份公司负责入驻总部各企业的协调管理和服务工作。南方总部不另设机构，由中国铁建投资有限公司代行总部职能。

5月9日，成立中国铁建股份有限公司长沙磁浮工程设计施工总承包项目部，代表股份公司负责长沙磁浮交通工程项目的全面管理和协调组织。

6月19日，成立中国铁建昆明绕城高速公路东南段A标段项目经理部，定员25人，负责昆明绕城高速东南段A标段的投资及施工管理。

10月22日，成立中国铁建股份有限公司新疆指挥部，定员3人，主要负责股份公司在新疆地区建筑市场开发、经营承揽和在建项目协调管理。

同日，成立中国铁建昆明轨道交通6号线二期工程指挥部，定员18人。　（李学红　陈向阳）

【干部构成】　截至2014年底，中国铁建系统干部总数154269人。其中，专业技术干部146282人，占干部总数的94.82%；女干部32875人，占干部总数的21.31%；少数民族干部5235人，占干部总数的3.39%；党员干部63984人，占干部总数的41.48%。学历结构：研究生及以上毕业6293人，大学本科毕业95091人，大专毕业41312人，中专毕业6068人，高中毕业3894人，初中以下1611人。大专以上学历干部142696人，占干部总数的92.5%。年龄结构：30岁以下74247人，31～40岁43499人，41～50岁22106人，51岁以上14401人。

专业技术干部中，高级技术职务20846人、中级技术职务39969人、初级技术职务74522人、工程技术人员110635人、经济人员10482人、会计人员14582人、统计人员175人、政工人员7798人、卫生技术人员1805人、教师302人、文案人员113人、翻译人员320人、新闻人员12人、文艺人员10人。　（王　谐）

【工人构成】　截至2014年底，中国铁建系统工人总数112940人，其中女工人23345人，占工人总数的20.67%。文化程度：本科及以上3614人，占工人总数的3.2%；大专和高技能人员15962人，占工人总数的14.13%；中专、技校和职业高中25801人，占工人总数的22.84%；高中29776人，占工人总数的26.36%；初中及以下37787人，占工人总数的33.46%。获得国家职业资格证书的工人有65367人，占工人总数的57.88%。其中，初级工6072人、中级工16348人、高级工31753人、技师8806人、高级技师2297人。

（张　寒）

【主要技术设备】　截至2014年底，股份公司拥有机械动力设备103594台(套)。其中，盾构设备198台；全断面掘进机(TBM)11台；铁路客运专线用900吨运架一体机10台，架桥机81台，运梁车85台，提移梁机144台(套)；移动模架14台(套)；常规铁路架桥机48台，铺轨机19台；电气化施工设备278台(套)；大型机械化整道设备113台。机械设备成新率46.37%。

（张宏成）

中国铁道建筑总公司领导人员名单

董事长、总经理、党委副书记	孟凤朝	党委常委	扈振衣(7月免，退休)
董事、党委书记	张宗言		夏国斌
副董事长、党委副书记、工会主席	彭树贵(12月免，退休)		庄尚标
			刘汝臣
副董事长、党委副书记、纪委书记、工会主席	齐晓飞(12月任副董事长、工会主席，免纪委书记)		王秀明(4月任)
			李春德(12月任)
		全国政协委员	赵广发

中国铁建股份有限公司领导

董事长、党委书记	孟凤朝	副总裁	刘汝臣
执行董事、总裁、党委副书记	张宗言	总会计师	王秀明(4月任)
副董事长、党委副书记、工会主席	彭树贵(12月免，退休)	纪委书记	李春德(12月任)
		非执行董事	朱明暹(10月免)
			葛付兴(10月任)
副董事长、党委副书记、纪委书记、监事会主席	齐晓飞(10月免监事会主席，2015年1月任副董事长、免纪委书记)	独立非执行董事	李克成(10月免)
			赵广杰(10月免)
			吴太石(10月免)
			魏伟峰(10月免)
			王化成(10月任)
			辛定华(10月任)
执行董事、副总裁、总经济师	扈振衣(7月免，退休)		承　文(10月任)
			路小蔷(10月任)
副总裁	夏国斌		
执行董事、副总裁、总会计师总法律顾问	庄尚标(4月免总会计师，8月任执行董事)		

中国铁建股份有限公司部门以上领导

总裁特别助理	赵晋华(7月任)	监事	黄少军(10月免)
	孙公新(7月任)		李学甫(9月任)
	史道泉(7月任)	职工监事	张良才
	吴仕岩(7月任)	总裁助理	林兰生
监事会主席	黄少军(10月任)		王学伟(4月免，退休)
总工程师	韩风险		
董事会秘书	余兴喜		卓　磊

	陈晓星
	冯中海
	王北京(5月免,退休)
	鲁　斌
	赵晋华(3月任,7月免)
	孙公新(3月任,7月免)
	史道泉(3月任,7月免)
	吴仕岩(3月任,7月免)
副总工程师	辛　实
副总经济师	许顺生
	琚建明
	孟乔然
	房光辉
	赵登善
	郝趁义(7月任)
	庚守义(7月任)
	孙国富(7月任)
	袁　立(8月任)
	李学甫(9月任)
安全总监	王　峰
新闻发言人	钱桂林
纪委副书记	郭品云
	王兆刚
工会副主席兼女工委主任	白　晶
工会副主席	刘志明(8月任)

中国铁建股份有限公司部门正副职领导

董事会秘书局

主　任	李学甫(9月免)
副主任	靖　菁(10月主持工作)
副巡视员	卢富平(12月)

办公室

主　任	戴开扬
副主任	齐　伟
	樊祐修

发展规划部

部长兼企协秘书长	庚守义(兼)
副部长	陈　维(享受部门正职待遇。7月免,退休)
企协副秘书长兼企业管理处处长	董跃君(享受部门副职待遇)

人力资源部(党委干部部)

部　长	鲁　斌(兼)
副部长兼人事处处长	张晓明(2月免)
	顾传智(7月任,享受部门正职待遇)
	赵玉林

科技设计部(技术中心办公室)

部长兼技术中心办公室主　任	王清明
技术中心办公室副主任	贾志武
副部长	许和平

经营计划部

部　长	孙国富(3月免)
	乔志东(3月任)
副部长	张国峰(1月免)
	王旭永(7月免)

工程管理部

部　长	陈勇鹏
副部长	高晓东(享受部门正职待遇)
	曾宗根
总公司战备局副局长	贾国林(9月任)

安全质量监督部

部　长	王　峰(兼)
副部长	彭　峰
	秦正刚

房地产开发部

部　长	楼　翱

设备物资部

部　长	覃为刚
总机械师	沙明元(享受部门正职待遇)
副部长	白云飞

资本运营部

部　长　张沛然

总经济师　荀照杰

财务部

部　长　曹锡锐

副部长　王　磊

乔国英

高继红(9月任)

审计监事局

局　长　黄少军(兼)

副局长　董海军

法律合规部

部　长　王甲国

副部长　刘　兵

国际部

部　长　武宪功

副部长　廖　军

信息中心

主　任　肖新华

副主任　孙永利

整治亏损项目办公室

主　任　王秀明(7月兼)

副主任　赵晋华(7月兼)

曹锡锐(7月兼)

常委副主任　王旭永(7月任)

副主任　郭双来(7月任)

党委办公室

主　任　赵登善(兼)

党委组织部

部　长　张良才(兼)

副部长　林立人(享受部门正职待遇)

组织员　高学存

党委宣传部(企业文化部)

巡视员、副部长　刘　渝(主持工作,7月任巡视员)

政研会副秘书长　李昌明

纪委办公室

副主任　陈建宏

执法效能和监察室(巡视办公室)

主　任　张晓明(2月任)

案件检查室

主　任　杜庆吉(2月任)

纪检监察专员　王共鸣

工会生产综合部

部长兼火车头体协秘书长　李　睿

团　委

书　记　沈玉泉(7月任)

机关离退休职工管理部

部长、党总支书记　马吉财

副部长　高尚升

卜锦华

机关房地产管理中心

主　任　(暂空)

中国铁道建筑报社

副社长、副总编辑　江耀明(主持工作)

副总编辑　王　洋

中国铁建股份有限公司区域经营指挥部

北京区域指挥部指挥长　娄德兰

广州区域指挥部指挥长　蒋汉祥

青岛分公司总经理、青岛市地铁2号线一期工程土建二标项目总部指挥长　金守华

广西区域指挥部指挥长　覃正标

山西区域指挥部指挥长　赵瑞亮

福建指挥部指挥长、十八局集团公司副总经理　孟文林

海南指挥部指挥长、物资集团公司董事长、党委书记　金跃良

海南指挥部副指挥长(集团公司副职)　汤世明

海南指挥部副指挥长(集团公司副职)　吴福存

武汉轨道交通8号线工程指挥部指挥长、昆明轨道交通6号线二期工程指挥部指挥长　陆晓辉

甘肃省分公司总经理兼兰州轨道交通工程指挥部指挥长、党工委书记兼兰州轨道1号线一期TJ1、2标项目部项目经理　李茂松

(王　谐)

中国铁道建筑总公司所属单位组织序列

（2014年）

- 中国铁道建筑总公司
  - 中国铁建股份有限公司
    - 中国土木工程集团有限公司
    - 中铁十一、十二局集团有限公司
    - 中国铁建大桥工程局集团有限公司
    - 中铁十四至二十五局集团有限公司
    - 中铁建设集团有限公司
    - 中国铁建电气化局集团有限公司
    - 中国铁建港航局集团有限公司
    - 中国铁建房地产集团有限公司
    - 中铁第一、第四、第五勘察设计院集团有限公司
    - 中铁上海设计院集团有限公司
    - 中铁物资集团有限公司
    - 昆明中铁大型养路机械集团有限公司
    - 中国铁建重工集团有限公司
    - 中国铁建国际集团有限公司
    - 中铁城建集团有限公司
    - 北京铁城建设监理有限责任公司
    - 中国铁建投资有限公司
    - 中国铁建财务有限公司
    - 中铁建中非建设有限公司
    - 诚合保险经纪有限责任公司
    - 中铁建（北京）商务管理有限公司
    - 北京培训中心（党校）
  - 锦鲤资产管理中心
    - 划入总公司存续企业的中国铁道建筑（香港）有限公司等四十一家单位（股权）
  - 其他控股公司
    - 北京通达京承高速公路有限公司
    - 重庆铁发遂渝高速公路有限公司

（制表：李学红）

中国铁建股份有限公司机关组织序列

（2014年）

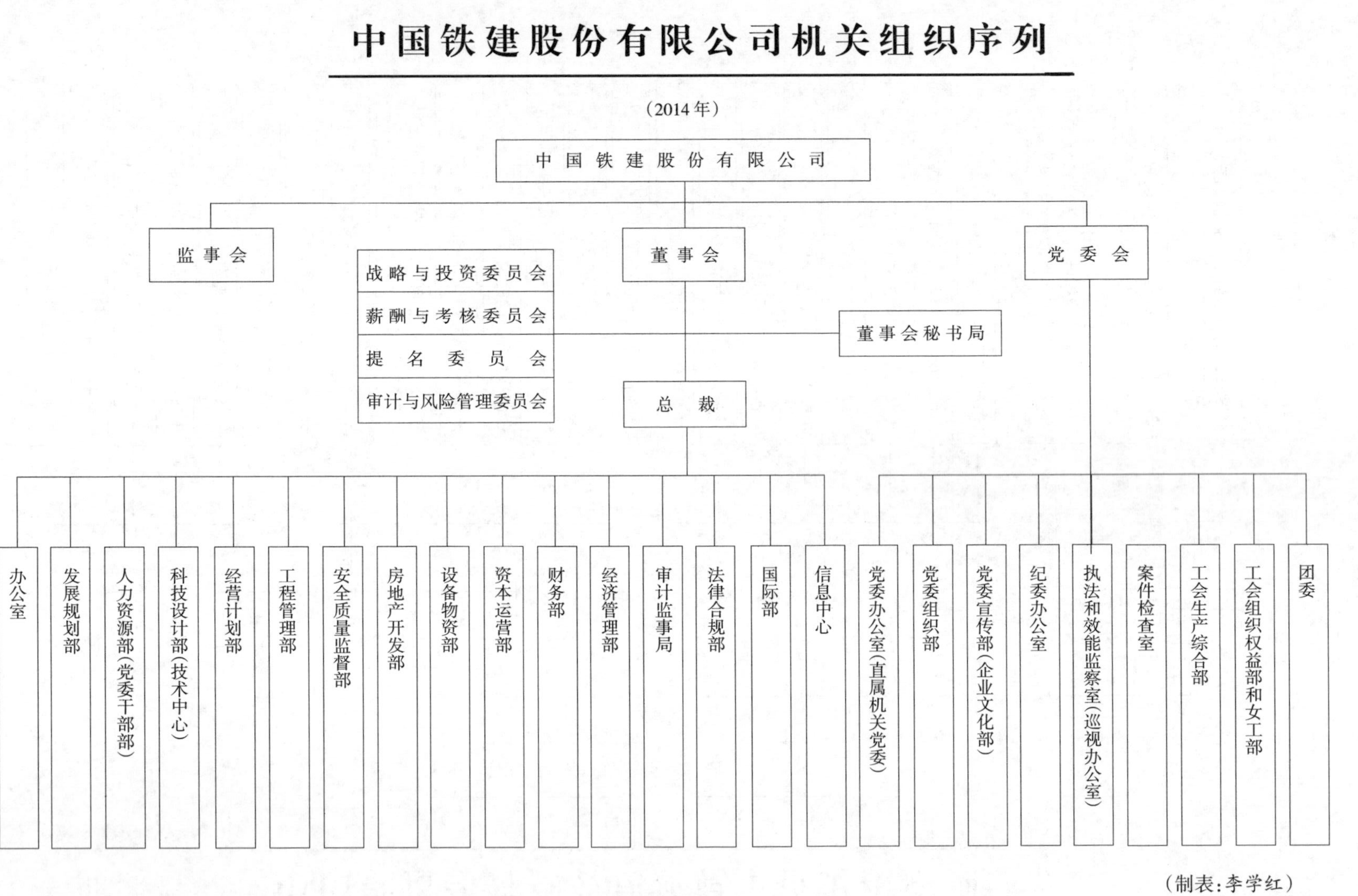

（制表：李学红）

中国铁建股份有限公司所属二级单位组织序列

（2014年）

中国铁建股份有限公司

- 中国土木工程集团有限公司
- 中铁十一局集团有限公司
- 中铁十二局集团有限公司
- 中国铁建大桥工程局集团有限公司
- 中铁十四局集团有限公司
- 中铁十五局集团有限公司
- 中铁十六局集团有限公司
- 中铁十七局集团有限公司
- 中铁十八局集团有限公司
- 中铁十九局集团有限公司
- 中铁二十局集团有限公司
- 中铁二十一局集团有限公司
- 中铁二十二局集团有限公司
- 中铁二十三局集团有限公司
- 中铁二十四局集团有限公司
- 中铁二十五局集团有限公司
- 中铁建设集团有限公司
- 中国铁建电气化局集团有限公司
- 中国铁建港航局集团有限公司
- 中国铁建房地产集团有限公司
- 中铁第一勘察设计院集团有限公司
- 中铁第四勘察设计院集团有限公司
- 中铁第五勘察设计院集团有限公司
- 中铁上海设计院集团有限公司
- 中铁物资集团有限公司
- 昆明中铁大型养路机械集团有限公司
- 中国铁建重工集团有限公司
- 中国铁建国际集团有限公司
- 中铁城建集团有限公司
- 北京铁城建设监理有限责任公司
- 中国铁建投资有限公司
- 中国铁建财务有限公司
- 中铁建中非建设有限公司
- 诚合保险经纪有限责任公司
- 中铁建（北京）商务管理有限公司
- 北京培训中心（党校）

（制表：李学红）

中国铁道建筑总公司党组织序列

(2014年)

- 中国铁道建筑总公司党委
  - 中国铁建股份有限公司党委
    - 中国土木工程集团有限公司党委
    - 中铁十一局集团有限公司党委
    - 中铁十二局集团有限公司党委
    - 中铁十三局集团有限公司党委
    - 中铁十四局集团有限公司党委
    - 中铁十五局集团有限公司党委
    - 中铁十六局集团有限公司党委
    - 中铁十七局集团有限公司党委
    - 中铁十八局集团有限公司党委
    - 中铁十九局集团有限公司党委
    - 中铁二十局集团有限公司党委
    - 中铁二十一局集团有限公司党委
    - 中铁二十二局集团有限公司党委
    - 中铁二十三局集团有限公司党委
    - 中铁二十四局集团有限公司党委
    - 中铁二十五局集团有限公司党委
    - 中铁建设集团有限公司党委
    - 中国铁建电气化局集团有限公司党委
    - 中国铁建港航局集团有限公司党委
    - 中国铁建房地产集团有限公司党委
    - 中铁第一勘察设计院集团有限公司党委
    - 中铁第四勘察设计院集团有限公司党委
    - 中铁第五勘察设计院集团有限公司党委
    - 中铁上海设计院集团有限公司党委
    - 中铁物资集团有限公司党委
    - 昆明中铁大型养路机械集团有限公司党委
    - 中国铁建重工集团有限公司党委
    - 中国铁建国际集团有限公司党委
    - 中铁城建集团有限公司党委
    - 北京铁城建设监理有限责任公司党委
    - 中国铁建投资有限公司党委
    - 诚合保险经纪有限责任公司党委
    - 中国铁建财务有限公司党委
    - 中铁建中非建设有限公司党委
    - 中铁建(北京)商务管理有限公司党委
    - 股份公司党校(北京培训中心)党委
    - 总公司(股份公司)直属机关党委
  - 重庆铁发遂渝高速公路有限公司党委

(制表:杨 赳)

中国铁道建筑总公司工会组织序列

（2014年）

中国铁道建筑总公司工会

中国铁建股份有限公司工会

- 中国土木工程集团有限公司工会
- 中铁十一局集团有限公司工会
- 中铁十二局集团有限公司工会
- 中铁十三局集团有限公司工会
- 中铁十四局集团有限公司工会
- 中铁十五局集团有限公司工会
- 中铁十六局集团有限公司工会
- 中铁十七局集团有限公司工会
- 中铁十八局集团有限公司工会
- 中铁十九局集团有限公司工会
- 中铁二十局集团有限公司工会
- 中铁二十一局集团有限公司工会
- 中铁二十二局集团有限公司工会
- 中铁二十三局集团有限公司工会
- 中铁二十四局集团有限公司工会
- 中铁二十五局集团有限公司工会（筹）
- 中铁建设集团有限公司工会
- 中国铁建电气化局集团有限公司工会
- 中国铁建港航局集团有限公司工会
- 中国铁建房地产集团有限公司工会
- 中铁第一勘察设计院集团有限公司工会
- 中铁第四勘察设计院集团有限公司工会
- 中铁第五勘察设计院集团有限公司工会
- 中铁上海设计院集团有限公司工会
- 中铁物资集团有限公司工会
- 昆明中铁大型养路机械集团有限公司工会
- 中国铁建重工集团有限公司工会
- 中国铁建国际集团有限公司工会
- 中铁城建集团有限公司工会
- 北京铁城建设监理有限责任公司工会
- 中铁建（北京）商务管理有限公司工会
- 股份公司党校（北京培训中心）工会
- 总公司（股份公司）直属机关工会

（制表：杨 赳）

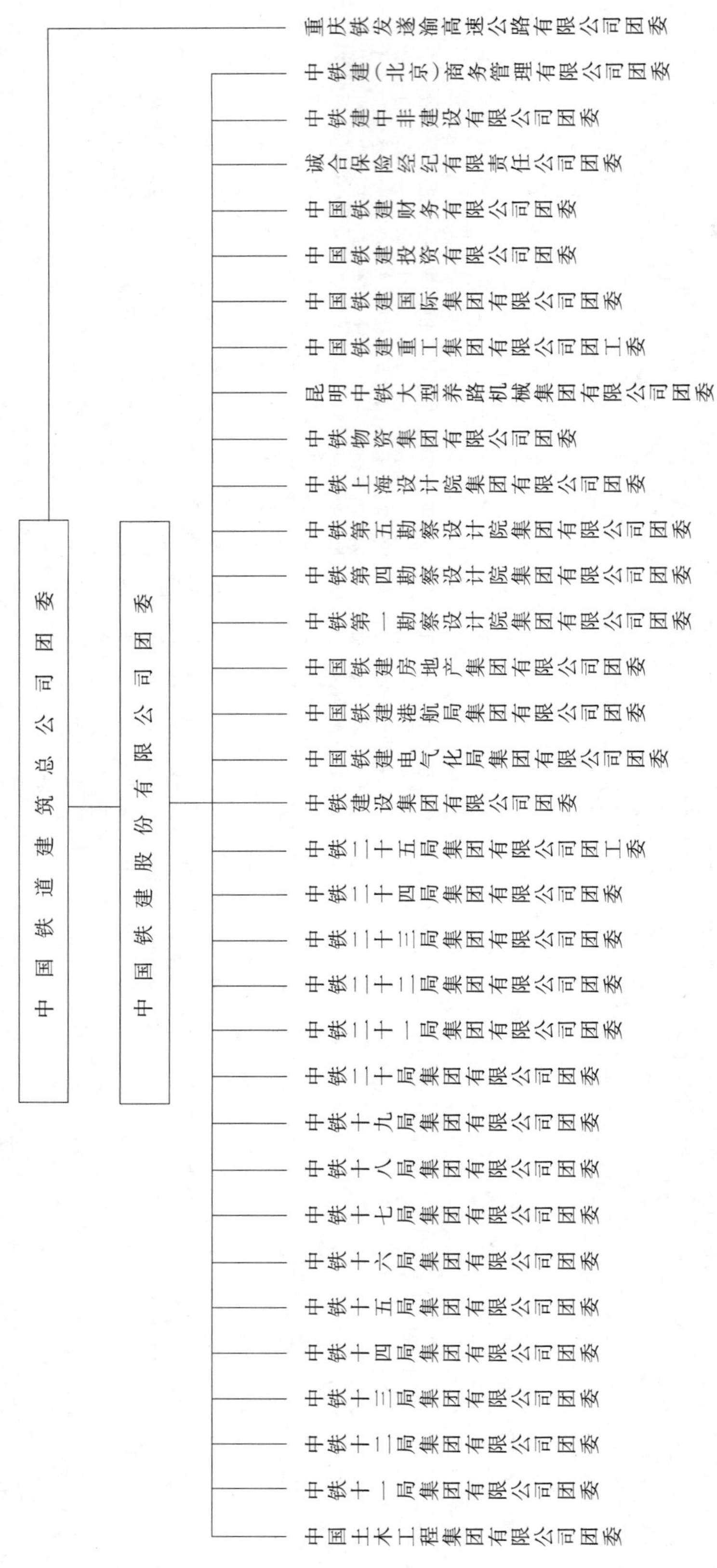
中国铁道建筑总公司共青团组织序列
（2014年）
中国铁道建筑总公司团委
中国铁建股份有限公司团委
中国土木工程集团有限公司团委
中铁十一局集团有限公司团委
中铁十二局集团有限公司团委
中铁十三局集团有限公司团委
中铁十四局集团有限公司团委
中铁十五局集团有限公司团委
中铁十六局集团有限公司团委
中铁十七局集团有限公司团委
中铁十八局集团有限公司团委
中铁十九局集团有限公司团委
中铁二十局集团有限公司团委
中铁二十一局集团有限公司团委
中铁二十二局集团有限公司团委
中铁二十三局集团有限公司团委
中铁二十四局集团有限公司团委
中铁二十五局集团有限公司团工委
中铁建设集团有限公司团委
中国铁建电气化局集团有限公司团委
中国铁建港航局集团有限公司团委
中国铁建房地产集团有限公司团委
中铁第一勘察设计院集团有限公司团委
中铁第四勘察设计院集团有限公司团委
中铁第五勘察设计院集团有限公司团委
中铁上海设计院集团有限公司团委
中铁物资集团有限公司团委
昆明中铁大型养路机械集团有限公司团委
中国铁建重工集团有限公司团工委
中国铁建国际集团有限公司团委
中国铁建投资有限公司团委
中国铁建财务有限公司团委
诚合保险经纪有限责任公司团委
中铁建中非建设有限公司团委
中铁建（北京）商务管理有限公司团委
重庆铁发遂渝高速公路有限公司团委
（制表：杨赳）

2014 年 6 月 18 日，中国铁建 2013 年度股东大会在铁建大厦召开。 （刘建国 摄）

董事会工作

本栏责任编辑 杨启燕

【中国铁道建筑总公司董事会】 2014年12月16日前，中国铁道建筑总公司董事会（以下简称"总公司董事会"）由孟凤朝、张宗言、彭树贵3名董事组成。2014年12月16日，国资委下发《关于齐晓飞、彭树贵职务任免的通知》（国资任字〔2014〕197号），任命齐晓飞为中国铁道建筑总公司副董事长，总公司董事会由孟凤朝、张宗言、齐晓飞3名董事组成。董事会按照《中华人民共和国公司法》《中国铁建股份有限公司章程》的规定行使职权。2014年，按照国务院国资委要求，继续做好建设规范董事会各项工作。在国务院国资委指导下，建立健全公司法人治理相关制度，继续完善董事会决策机制，董事会运行不断完善。（余兴喜）

【规范董事会工作】 总公司董事会按照国资委关于建设规范董事会相关规定，不断完善公司法人治理，提高董事会决策的合规性、科学性。总公司董事会积极组织董事参加国资委培训，不断提高履职能力。2014年5月5日，总公司向国资委上报《中国铁道建筑总公司关于中国铁建董事会2013年度工作情况的报告》（中铁建董〔2014〕27号）。（李学甫）

【总公司董事会第21次临时会议】 2014年9月4日召开，会议审议通过《关于向中国铁建股份有限公司2014年第一次临时股东大会提交提案选举中国铁建股份有限公司第三届董事会董事的议案》。（靖 菁）

【总公司董事会第22次临时会议】 2014年9月30日召开，会议审议通过《关于向中国铁建股份有限公司2014年第一次临时股东大会提交临时提案选举中国铁建股份有限公司第三届监事会股东代表监事的议案》。（孙 瞻）

【总公司董事会第23次临时会议】 2014年12月30日召开，会议审议通过《关于为阿联酋铁路项目A、B标段提供母公司担保的议案》。（李 静）

【股东大会】 股东大会是股份公司的权力机构，依法行使下列职权：决定公司的经营方针和投资计划；选举和更换非由职工代表担任的董事、监事，决定有关董事、监事的报酬事项；审议批准董事会报告；审议批准监事会报告；审议批准公司的年度财务预算方案和决算方案；审议批准公司的利润分配方案和弥补亏损方案；对公司增加或者减少注册资本作出决议；对发行公司债券作出决议；对公司合并、分立、解散、清算或者变更公司形式作出决议；制定和修改公司章程，并批准《股东大会议事规则》《董事会议事规则》《监事会议事规则》；对公司聘用、解聘或者不再续聘会计师事务所作出决议；审议单独或者合计持有公司百分之三以上有表决权股份的股东提出的议案；审议批准公司在一年内购买、出售重大资产超过公司最近一期经审计总资产30%的事项；审议批准变更募集资金用途事项；审议批准股权激励计划；审议批准公司章程规定的对外担保事项；审议法律和公司股票上市地的证券监督规则规定的应当由股东大会审议批准的关联交易；审议法律、公司股票上市地的证券监督管理机构的相关规定及公司章程规定应当由股东大会决定的其他事项。（余兴喜）

【中国铁建股份有限公司2013年度股东大会】 2014年6月18日，中国铁建股份有限公司（以下简称"公司"）2013年度股东大会以现场与网络相结合的方式召开，会议审议并通过《关于董事会2013年度工作报告的议案》《关于监事会2013年度工作报告的议案》《关于公司2013年度财务决算报告的议案》《关于公司2013年度利润分配方案的议案》《关于公司2013年年报及其摘要的议案》《关于核定公司2014年全资子公司担保额度的议案》《关于聘请2014年度外部审计机构及支付2013年度审计费用的议案》《关于聘请2014年度内部控制审计机构及支付2013年度审计费用的议案》《关于2013年度董事薪酬标准的议案》《关于变更控股股东履行自有房屋及土地使用权相关承诺的议案》《关于授予董事会发行公司H股股份一般性授权的议案》，听取公司独立董事2013年度履职情况报告。（靖 菁）

【2014年第一次临时股东大会】 2014年10月28日，公司2014年第一次临时股东大会以现场与网络相结合的方式召开，会议审议并通过《关于确定监事会主席薪酬标准的议案》《关于选举第三届董事会执行董事和非执行董事的议案》《关于选举第三届董事会独立非执行董事的议案》《关于选举第三届监事会股东代表监事的议案》。（靖 菁）

【中国铁建股份有限公司董事会】 公司第二届董事会由9名董事组成：执行董事、董事长孟凤朝，执行董事、副董事长彭树贵，执行董事、总裁张宗言，执行董事、副总裁庖振衣，非执行董事朱明暹，独立非执行董事李克成、赵广杰、吴太石、魏伟峰。2014年10月28

日,公司召开2014年第一次临时股东大会,进行董事会换届选举。10月29日,公司召开第三届董事会第一次会议,选举公司董事长、副董事长。换届后第三届董事会由9名董事组成:执行董事、董事长孟凤朝,执行董事、副董事长彭树贵,执行董事、总裁张宗言,执行董事、副总裁庄尚标,非执行董事葛付兴,独立非执行董事王化成、辛定华、承文、路小蔷。

董事会对股东大会负责,按照《中国铁建股份有限公司章程》依法行使职权。董事会下设提名、战略与投资、薪酬与考核、审计与风险管理4个专门委员会。董事会制定《董事会议事规则》、各专门委员会工作细则及《独立董事工作制度》等法人治理相关工作制度。 (余兴喜)

【董事会提名委员会】 提名委员会负责规范公司董事、总裁及其他高级管理人员的选择标准和程序。公司第二届董事会提名委员会由孟凤朝、彭树贵、李克成、赵广杰和吴太石5名董事组成,孟凤朝任提名委员会主席。2014年10月29日,经第三届董事会第一次会议审议通过,公司第三届董事会提名委员会由孟凤朝、彭树贵、王化成、辛定华、承文5名董事组成,孟凤朝任提名委员会主席。2014年,提名委员会分别于4月29日、8月28日和10月29日召开会议3次,审议5项议题。 (余兴喜)

【董事会战略与投资委员会】 战略与投资委员会负责对公司发展战略规划和重大投资决策进行研究并提出建议。公司第二届董事会战略与投资委员会由张宗言、扈振衣、朱明暹、李克成、吴太石5名董事组成,张宗言任战略与投资委员会主席。2014年10月29日,经第三届董事会第一次会议审议通过,公司第三届董事会战略与投资委员会由张宗言、庄尚标、葛付兴、王化成、辛定华5名董事组成,张宗言任战略与投资委员会主席。2014年,战略与投资委员会分别于1月14日、3月26日、8月27日、10月9日召开会议4次,审议13项议题。 (余兴喜)

【董事会薪酬与考核委员会】 薪酬与考核委员会负责制定、审查公司董事及高级管理人员的薪酬政策与方案;负责研究公司董事及高级管理人员的考核标准、进行考核并提出建议。公司第二届薪酬与考核委员会由赵广杰、李克成、吴太石3名董事组成,赵广杰任薪酬与考核委员会主席。2014年10月29日,经第三届董事会第一次会议审议通过,公司第三届董事会薪酬与考核委员会由承文、葛付兴、路小蔷3名董事组成,承文任薪酬与考核委员会主席。2014年,薪酬与考核委员会分别于3月4日、4月28日、6月17日、8月27日、12月8日召开会议5次,审议7项议题。

(余兴喜)

【董事会审计与风险管理委员会】 审计与风险管理委员会主要负责提议公司外部审计机构的聘请、更换;公司内部审计制度的监督;公司内外部审计的沟通、监督和核查;财务信息及其披露的审阅;内控制度的审查;公司风险管理策略和解决方案的制定,重大决策、重大事件、重要业务流程的风险控制、管理、监督和评估等工作。公司第二届审计与风险管理委员会由吴太石、朱明暹、李克成、赵广杰、魏伟峰5名董事组成,吴太石任审计与风险管理委员会主席。2014年10月29日,经第三届董事会第一次会议审议通过,公司第三届审计与风险管理委员会由王化成、葛付兴、辛定华、承文、路小蔷5名董事组成,王化成任审计与风险管理委员会主席。2014年,审计与风险管理委员会分别于3月4日、3月26日、4月28日、8月27日、10月29日、12月8日召开会议6次,审议15项议题。 (余兴喜)

【董事会秘书】 公司设董事会秘书1名,由董事会聘任和解聘。董事会秘书为公司的高级管理人员,对董事会负责。其主要职责:(1)组织筹备并列席董事会会议及其专门委员会会议、监事会会议和股东大会会议。(2)确保公司董事会决策的重大事项严格按规定的程序进行。根据董事会的要求,参加组织董事会决策事项的咨询、分析,提出相应的意见和建议。受委托承办董事会及其有关委员会的日常工作。(3)作为公司与证券监管部门的联络人,负责组织准备和及时递交监管部门所要求的文件,负责接受监管部门下达的有关任务并组织完成。(4)负责协调和组织公司信息披露事宜,建立健全有关信息披露的制度,参加公司所有涉及信息披露的有关会议,及时知晓公司重大经营决策及有关信息资料。(5)负责公司股价敏感资料的保密工作,并制定行之有效的保密制度和措施。对于各种原因引起公司股价敏感资料外泄,要采取必要的补救措施,及时加以解释和澄清,并通告公司股票上市地监管机构。(6)负责公司投资者关系管理事务,完善公司投资者的沟通、接待和服务工作机制。(7)负责协调来访接待,保持与新闻媒体的联系,负责协调解答社会公众的提问,并组织向中国证监会报告有关事宜。(8)协助公司董事会制定公司资本市场发展战略，协助筹划或者实施公司资本市场再融资或者并购重组事务。(9)保证公司的股东名册妥善设立，保证有权得到公司有关记录和文件的人及时得到有关记录和文件；负责公司股权管理事务，包括：保管公司股东持股资料，办理公司限售股相关事项，督促公司董事、监事、高级管理人员及其他相关人员遵守公司股份买卖相关规定及其他公司股权管理事项。(10)协助董事及总裁在行使职权时切实履行境内外法律、公司章程及其他有关规定。在知悉公司作出或可能作出违反有关规定的决议时，有义务及时提醒，并有权如实向中国证监会及其他监管机构反映情况。(11)协调向公司监事会及其他审核机构履行监督职能提供必要的信息资料，协助做好对有关公司财务负责人、公司董事和总裁履行诚信责任的调查。(12)履行董事会授予的其他职权以及公司股票上市地要求具有的其他职权。2014年10月29日，经第三届董事会第一次会议审议通过，继续聘任余兴喜担任公司董事会秘书。

(余兴喜)

【第二届董事会第30次会议】 2014年1月15日在中国铁建大厦14层第2会议室召开。会议审议通过《关于公司2013年生产经营计划执行情况和2014年生产经营计划的议案》《关于公司2013年企业投资完成情况和2014年企业投资方案的议案》《关于公司2014年度全面预算的议案》《关于公司2014年信贷规模预算的议案》《关于核定公司2014年全资子公司担保额度的议案》《关于公司银行综合授信的议案》；并听取《关于中国铁建投资有限公司等单位收购亦庄南部新区X18－1街区地块建设办公基地的汇报》。

(靖 菁)

【第二届董事会第31次会议】 2014年3月27—28日在中国铁建大厦14层第2会议室召开。会议审议通过《关于公司2013年度财务决算报告的议案》《关于公司2013年度利润分配方案的议案》《关于公司2013年年报及其摘要的议案》《关于董事会向股东大会报告2013年度工作报告的议案》《总裁2013年度工作报告》《关于公司2013年度社会责任报告的议案》《关于公司2013年度内部控制评价报告的议案》《关于聘请2014年度外部审计机构及支付2013年度审计费用的议案》《关于聘请2014年度内部控制审计机构及支付2013年度审计费用的议案》《关于2013年度董事薪酬标准的议案》《关于公司会计政策变更的议案》《关于变更控股股东履行自有房屋及土地使用权相关承诺的议案》《关于中铁十三局集团有限公司参加南昌市绕城高速公路BT项目投资建设的议案》《关于入股湖南磁浮交通发展股份有限公司的议案》《关于〈中国铁建董事会2014年工作要点〉的议案》《关于授予董事会发行公司H股股份一般性授权的议案》《关于召开公司2013年度股东大会审议相关事宜的议案》《关于将中铁建中非建设有限公司整体划转到中国土木工程集团有限公司的议案》；并听取《独立董事2013年度履职情况报告》。

(靖 菁)

【第二届董事会第32次会议】 2014年4月29日在中国铁建大厦14层第2会议室召开。会议审议通过《关于公司总会计师任免的议案》《关于公司2014年第一季度报告的议案》《关于董事会对总裁2013年度绩效考核结果的议案》《关于董事会对总裁2014年度绩效考核方案的议案》《关于公司对中铁建铜冠投资有限公司向中国进出口银行借款提供担保的议案》《关于公司2014年度全面风险管理报告的议案》《关于董事会向国资委报告2013年度工作的议案》，并听取《关于公司2014年一季度财务决算情况的汇报》。

(孙 瞻)

【第二届董事会第33次会议】 2014年6月20日以通讯方式召开。会议审议通过《关于设立中国铁建(墨西哥)有限公司的议案》《关于2013年度高管人员薪酬方案的议案》。

(孙 瞻)

【第二届董事会第34次会议】 2014年8月28—29日在中国铁建大厦14层第2会议室召开。会议审议通过《关于公司2014年上半年财务决算的议案》《关于公司2014年半年报及其摘要的议案》《关于向中铁建设集团有限公司增加注册资本金的议案》《关于2014年内部控制评价工作方案的议案》《关于重组恢复设立中铁建中非建设有限公司的议案》《关于中国土木工程集团有限公司投资吉布提铁路项目10%股权的议案》《关于中国铁建投资有限公司收购重庆高速公路集团高速公路部分股权项目的议案》《关于中铁十一局集团有限公司、中铁十四局集团有限公司参加武汉市轨道交通土建BT项目投资建设的议案》《关于确定监事会主席薪酬标准的议案》《关于调整董事会秘书薪酬标准的议案》《关于修订〈中国铁建股份有限公司重大信息内部报告制度〉的议案》。

(孙 瞻)

【第二届董事会第35次会议】 2014年9月10日以

通讯方式召开。会议审议通过《关于将中国铁道建筑总公司提交的〈关于选举中国铁建股份有限公司第三届董事会董事的议案〉提交公司2014年第一次临时股东大会审议的议案》《关于召开2014年第一次临时股东大会的议案》。（孙 瞻）

【第二届董事会第36次会议】 2014年10月10日在中国铁建大厦14层第2会议室召开。会议审议通过《关于昆明中铁大型养路机械集团有限公司境外上市方案的议案》《关于公司所属昆明中铁大型养路机械集团有限公司境外上市符合〈关于规范境内上市公司所属企业到境外上市有关问题的通知〉的议案》《关于公司维持独立上市地位承诺的议案》《关于公司持续盈利能力的说明与前景的议案》《关于授权董事会及其授权人士处理昆明中铁大型养路机械集团有限公司分拆上市事宜的议案》《关于召开2014年第二次临时股东大会的议案》。（孙 瞻）

【第三届董事会第1次会议】 2014年10月29日在中国铁建大厦14层第2会议室召开。会议审议通过《关于选举公司第三届董事会董事长、副董事长的议案》《关于第三届董事会各专门委员会组成人员的议案》《关于聘任公司总裁的议案》《关于聘任公司副总裁等高级管理人员的议案》《关于聘任公司董事会秘书的议案》。（孙 瞻）

【第三届董事会第2次会议】 2014年10月30日在中国铁建大厦14层第2会议室召开，会议审议通过《关于会计政策变更的议案》《关于公司2014年第三季度报告的议案》《关于设立中国铁建股份有限公司阿尔及利亚代表处的议案》，并听取《关于公司2014年三季度财务决算情况的汇报》。（孙 瞻）

【第三届董事会第3次会议】 2014年12月8日在中国铁建大厦14层第2会议室召开，会议审议通过《关于2013年度高管人员薪酬兑现方案的议案》。（孙 瞻）

【第三届董事会第4次会议】 2014年12月16日在中国铁建大厦14层第2会议室召开，会议审议通过《关于公司符合非公开发行A股股票条件的议案》《关于公司非公开发行A股股票方案的议案》《关于公司非公开发行A股股票预案的议案》《关于公司非公开发行股票募集资金使用可行性分析报告的议案》《关于前次募集资金使用情况报告的议案》《关于公司建立募集资金专项存储账户的议案》《关于提请股东大会授权董事会及其授权人士全权办理本次发行工作相关事宜的议案》《关于〈中国铁建股份有限公司未来三年（2015—2017）股东回报规划〉的议案》《关于修改〈中国铁建股份有限公司章程〉的议案》。（李 静）

【完善公司法人治理制度】 董事会继续加强制度建设，按照国资委、中国证监会、证券交易所等监管机构的有关规定，结合企业实际情况，进一步完善法人治理制度。制定《中国铁建股份有限公司重大信息内部报告制度》《中国铁建股份有限公司重大新中标项目与新签合同信息披露实施细则》。（靖 菁）

【外部董事专题调研】 2014年12月9—15日，公司副董事长彭树贵带队，股份公司非执行董事葛付兴，独立非执行董事王化成、辛定华、承文、路小蔷，在董事会秘书余兴喜和董事会秘书局陪同下，先后到中铁十六局集团公司、中国铁建投资公司、中国铁建重工集团公司、中铁城建集团公司、昆明中铁大型养路机械集团公司5家二级单位和燕翔饭店改扩建（诺金饭店）工程项目、长沙磁浮项目调研。调研采取座谈和现场考察的方式进行，其目的为董事会科学决策提供翔实、准确的信息。（孙 瞻）

【董事会秘书局】 董事会秘书局为公司董事会的常设工作机构，负责公司董事会日常工作事务，负责筹备、组织股东大会、董事会会议，负责董事会决议执行情况的监督和信息反馈；负责起草董事会重要文件，建立健全董事会各项工作制度；负责董事会印章管理，处理法人代表授权委托事项；负责为董事履职提供工作服务；负责公司投资者关系管理，管理股东名册，接待投资者来访，与投资者保持良好的日常沟通与交流；组织编制年报、半年报、季度报告等定期报告；负责安排、组织业绩路演、推介活动；负责董事会与公司内外部的联络与沟通，协调与境内外监管机构的关系；负责公司内部重大信息的收集、整理与汇总，对外进行信息披露；负责公司委派的专职外部董事的日常管理、工作服务；负责委派的专职外部董事代表出资人行使决策意见的沟通与协调；负责公司董事会与全资、控股子公司董事会的业务联系；参与公司股票、债券及其衍生品的发行工作；参与公司全面风险管理、内部控制、履行社会责任等工作；承办总公司董事会相关工作；完成领导交办的其他工作。董事会秘书局下设秘书处、投资者关系处和股权代表管理处，定员 14 人，现员 10 人。设主任 1 人、副主任 1 人。

依法合规办事，注重工作实效。2014 年，按照《董事会 2014 年工作要点》的总体部署，主要围绕公司董事会规范运作开展工作，进一步完善公司治理结构与制度建设，做好信息披露与投资者关系管理，对二级公司董事会建设进行业务指导，开展股权再融资、分拆上市等工作，为企业改革与发展服务。（李学甫）

【公司重大信息内部报告制度修订】 根据上海证券交易所、香港联合交易所有限公司有关信息披露的最新要求和公司实际情况，修订公司重大信息内部报告制度，并经 2014 年 8 月 28 日召开的第二届董事会第 34 次会议审议通过。9 月 16 日，正式印发《中国铁建股份有限公司重大信息内部报告制度》（中国铁建董〔2014〕134 号）。（谢华刚）

【公司重大新中标项目与新签合同信息披露实施细则制定】 根据上海证券交易所、香港联合交易所有限公司相关规定及《中国铁建股份有限公司信息披露管理办法》《中国铁建股份有限公司重大信息内部报告制度》的要求，2014 年 11 月 21 日，制定印发《中国铁建股份有限公司重大新中标项目与新签合同信息披露实施细则》（中国铁建董〔2014〕159 号）。（赫东娜）

【组织培训】 2014 年，按照国资委、上海证券交易所等有关监管机构要求，组织公司董事、董事会秘书 17 人次参加董事会规范运作专题研讨、上市公司合规运作专题培训等活动。（王海强）

【二级单位法人治理业务指导】 2014 年，以调查问卷的方式了解所属 34 家二级公司董事会运作基本情况，撰写《二级公司董事会运作基本情况报告》。全年收集整理二级单位董事会工作总结、计划 31 份，备案董事会决议等相关资料 162 份。通过 QQ 群交流资料 29 份，解答问题 210 个次。（谢华刚　徐　红）

【二级公司董事会规范运作暨重大信息内部报告培训座谈会】 6 月 23—25 日，在股份公司北京培训中心召开。所属单位董事会秘书、董事会工作机构负责人及股份公司相关部门重大信息联络人 86 人参加会议。股份公司副董事长、党委副书记、工会主席彭树贵作重要讲话，国资委企业改组局副局长秦永法作关于《完善国企治理的思考与探索》的培训讲座。会议表彰 2013 年度重大信息内部报告先进个人 38 名，座谈交流各单位董事会运作情况，讨论修改《二级公司董事会规范运作指导意见（征求意见稿）》《中国铁建股份有限公司重大信息内部报告制度（修订征求意见稿）》。会议采取以会代训的形式，对二级公司董事会规范运作及重大信息内部报告工作起到一定的推动作用。（谢华刚　徐　红）

【重大信息内部报告工作】 2014 年，修订印发《中国铁建股份有限公司重大信息内部报告制度》；召开二级公司董事会规范运作暨重大信息内部报告培训座谈会，进一步健全重大信息内部报告联络人制度，完善重大信息内部报告联络人队伍；表彰 2013 年度重大信息内部报告先进个人 38 人。全年收集重大信息 29 条，整理披露临时公告 16 份。（谢华刚　徐　红）

【资本市场获奖情况】 2014 年，中国铁建入选香港上市公司港股 100 强；在中国上市公司海外高峰论坛暨中国证券紫荆奖颁奖典礼上，荣获“最佳信息披露上市公司奖”；在中国上市公司百强国际资本高峰论坛上，荣获“2013 年度中国上市公司百强企业奖”“中国道德企业奖”；在第五届中国投资交流会上，荣获“中国上市公司百佳行业领军企业”“中国上市公司最具核心竞争力企业”称号；在中国最佳上市公司 50 强暨中国上市公司 300 强评选中，入上市公司企业 300 强；在第七届中国 · 南方企业社会责任论坛上，被评为 2013 年度全国上市公司社会责任建设 100 强；在中国上市公司董事会金圆桌论坛上，获得“优秀董事会奖”；在第三届中国星光董事局传媒大奖评选中，被评为 2013 年度优秀董事局。

在中国上市公司百强国际资本高峰论坛上，董事长孟凤朝获得“十大 2013 年度中国百强企业领袖奖”，董事会秘书余兴喜获得“十佳 2013 年度中国百强优秀董秘奖”；董事长孟凤朝在第五届中国投资交流会上，被评为中国上市公司最具社会责任感企业家。董事会秘书余兴喜在第十届新财富金牌董秘评选中，获得“新财富金牌董秘奖”；在 2013 年度金治理 · 上市公司优秀董秘评选中，获得“金治理 · 社会责任公司董秘奖”；在中国上市公司董事会金圆桌论坛上，获得“最具创新力董秘奖”；在第三届中国星光董事局传媒大奖评选中，被评为“2013 年度金牌董秘”；在中国上市公司价值评选中，荣获“2013 年度中国主板上市公司百佳董秘”称号。（卢富平　孙　瞻）

【**合规披露公司信息**】 2014年,公司在上海证券交易所披露文件资料117份,其中定期报告6份、临时公告62份、公司治理文件6份、H股公告10份、股东大会会议资料3份、公司章程1份、其他文件29份;在香港联合交易所有限公司披露中文文件123份,其中公告与通告82份、通函21份、财务报表2份、月报表12份、委任代表表格5份、债券及结构性产品公告1份,披露英文文件91份。信息披露文件在报送交易所的同时,按监管机构要求抄送北京证券监督管理局,并分别在《中国证券报》《上海证券报》《证券日报》《证券时报》4家指定报纸和《中国铁道建筑报》及公司网站披露。公司于香港联交所网站发布的海外监管公告,在公司网站上同时披露中英文版,方便海外投资者了解公司信息。 (赫东娜)

【**公司定期报告编制**】 2014年,编制公司2013年年度报告及2014年第一季度报告、中期报告、第三季报告,定期报告未出现重大差错或遗漏。同时,按期完成定期报告的翻译等相关工作。 (卢富平)

【**投资者关系管理**】 公司贯彻落实《国务院办公厅关于进一步加强资本市场中小投资者合法权益保护工作的意见》、上海证券交易所《关于进一步加强上市公司投资者关系管理工作的通知》和北京证券监督管理局《关于集中开展投资者保护宣传工作的通知》精神,按照《中国铁建股份有限公司投资者关系工作制度》的规定,开展投资者关系管理工作。公司设立投资者关系热线电话,每天接听投资者咨询电话,及时回答相关问题。设立投资者关系专用邮箱,为投资者及分析师提供便利的沟通条件。全年接听热线电话1300余次,回复邮件1000余封。对投资者普遍关注的热点问题,及时汇总上报公司领导。全年接待投资者74场296人次;参加投资机构举办的投资者论坛15次65场,接待投资者267人次。 (卢富平 何 珊)

【**上证e互动平台管理**】 公司利用上海证券交易所"上证e互动"网络平台,重视和加强与投资者的互动和交流,对投资者和各界人士提出的相关问题给予及时回复,并通过"上证e互动"平台及时发布公司拟召开的相关会议信息,上传机构投资者来访调研等记录。 (卢富平 何 珊)

【**投资者关系管理网站内容更新**】 为加强投资者关系管理工作的主动性和互动性,畅通与投资者沟通的渠道和方式,进一步完善信息披露工作,及时更新公司网站中的投资者关系等内容。完善投资者关系管理栏目下的二级栏目,及时更新相关数据,增强投资者关系栏目内容的针对性、及时性和准确性,同时搭建投资者互动问答平台,进一步拓宽投资者的信息反馈渠道。 (卢富平 何 珊 赫东娜)

【**业绩发布和路演**】 公司配合定期报告的发布,及时组织各类业绩发布及路演活动。2014年,召开2013年度报告业绩发布现场会(内地和香港特区两地)、2014年半年报告业绩发布现场会,2014年第一季度报告、第三季度报告业绩发布电话会议,发布公司经营业绩,回答投资者和分析师普遍关注的问题。在发布年度业绩的同时,公司在中国香港和新加坡等投资者集中的地区开展一对一、一对多的路演活动,获得投资者和分析师的高度认可。 (卢富平)

【**内幕信息管理**】 公司按照中国证监会等监管机构的要求和《中国铁建股份有限公司内幕信息知情人管理制度》的规定,在确保所披露信息及时、真实、准确、完整的基础上,进一步加强内幕信息管理,完善内幕信息知情人登记备案制度,管控重点事项和重点领域内幕信息,严格规范内幕信息知情人的行为,有效地保护了公司股东、公司及其他利益相关人员的合法权益。 (卢富平 王海强)

【**2013年度分红派息**】 制定《关于公司2013年度分红派息工作的报告》,明确工作流程、工作事项、时间节点及分工建议等,整体筹划分红派息工作,与机关有关部门密切配合,2014年8月,公司完成2013年度分红派息工作。 (卢富平)

【**证券事务中介机构**】 2014年,公司聘请北京德恒律师事务所(境内律师)、贝克·麦坚时律师事务所(境外律师)、香港中央证券登记有限公司(境外股东登记服务机构)、香港皓天财经集团有限公司(境外财经公关公司和印刷商)4家证券事务中介机构。 (卢富平)

【**关注监管机构信息动态**】 日常定期浏览中国证监会、上海证券交易所、香港联合交易所有限公司和北京上市公司协会网站的最新信息动态,及时了解监管机构的最新政策、法规和动态,及时下载、传阅监管部门发布的最新通知和文件,根据公司领导指示认真贯彻落实。全年接收监管机构的通知及文件177份,传阅、

处理 109 份。（赫东娜）

【公司股东名册管理】 公司 A 股、H 股股东情况和相关数据分别由中国证券登记结算公司上海分公司、香港中央证券进行管理和提供。A 股股东名册管理主要是 PROP 系统的日常管理，需要每月月初从 PROP 系统下载上月末公司前百名大股东名册数据和股息红利差异化计税补缴明细数据，以及在召开股东大会、分红派息、业绩发布等期间需要特定日期股东名册时，按时进行股东名册的申请、下载、汇总、对比和查询。H 股股东名册管理主要是与香港中央证券的沟通和联系工作，每月月末从香港中央证券网站下载公司全部股东名册及地域分布、大股东名单等统计表格，及时了解公司股份分布情况。截至 2014 年 12 月 31 日，公司股东总数 333722 户，其中 A 股股东 311441 户、H 股股东 22281 户。（赫东娜）

【昆明中铁分拆上市工作启动】 2014 年 8 月，公司成立分拆上市工作领导小组，经报国资委、中国证监会审定，决定首先启动昆明中铁大型养路机械集团有限公司分拆上市工作。10 月 10 日，公司第二届董事会第 36 次会议审议通过昆明中铁分拆上市的相关议案。12 月 17 日，公司发布股东大会会议通知，确定于 2015 年 2 月 5 日召开股东大会，审议昆明中铁分拆上市相关事项。12 月，公司就“豁免中国铁建股份有限公司给予其股东认购子公司股票权利”事项向香港联合交易所有限公司进行多轮咨询。（孙 瞻）

【公司非公开发行 A 股股票工作启动】 2014 年 11 月，公司抓住资本市场回暖、股价走势较好的适宜时机，成立股权再融资领导小组，经报国资委、中国证监会汇报审定，决定正式启动 A 股增发工作。2014 年 12 月 9—16 日，公司股票停牌，将发行底价锁定在 7.2 元。12 月 16 日，公司第三届董事会第 4 次会议审议通过 A 股增发相关议案，确定于 2015 年 2 月 5 日召开股东大会，审议 A 股增发相关事项。12 月 31 日，公司向国资委上报《中国铁道建筑总公司关于中国铁建股份有限公司非公开发行 A 股股票的请示》。（孙 瞻）

2014 年 1 月 6 日，中国铁建召开安全生产工作视频会议。　（刘建国　摄）

工程施工

本栏责任编辑　**杨启燕**

工程管理

【**工程管理部**】 是股份公司工程管理、工程调度、抗洪抢险、抗震救灾、环境保护及铁路战备综合管理职能部门。主要职责:管理、指导全系统工程管理工作,负责组织制定建设项目施工管理、竣工验收管理等各项规章制度,负责交流推广先进项目管理经验,负责组织有关部门处理和解决公司承建的重点工程中的施工组织、施工难点问题和竣工验收交接工作,负责工程调度和重难点工程的信息工作,负责公司总承包项目和本级工程项目的施工组织管理指导工作,负责工程项目环境保护、节能减排、防洪、抗震减灾等工作;参与公司总体发展战略及中长期规划的研究制定、社会责任报告编撰工作,参与全面风险管理和内控相关工作,参与绩效考核、经济对标、信息化建设、责任成本管理、全面预算管理及概预算梳理、设计变更、经济索赔工作;承办总公司管理的国家铁路战备及总公司经营项目工程管理工作。下设综合处、工程管理处、调度处、节能环保处。 (刘 辉)

【**施工生产综述**】 2014 年,中国铁建系统完成施工产值 5141.8 亿元,占年度计划的 114.9%,与同期相比增加 490.9 亿元。全系统超过 5000 万元以上的在建项目 2727 项。其中,铁路工程 623 项;公路工程 605 项;市政工程 267 项;城市轨道交通工程 399 项;房屋建筑工程 637 项;水利工程 88 项;电力工程(含水电工程)16 项;机场工程 2 项;港口与航道工程 28 项;矿山工程 37 项;地质灾害治理工程 1 项;其他类别 24 项。

中国铁建国内在建重点项目 36 项。其中,铁路工程 17 项,即沪昆高速铁路、哈齐铁路客运专线、合福铁路客运专线、成渝铁路客运专线、山西中南部铁路通道、兰渝铁路、兰新铁路第二双线、贵广铁路、西格二线关角隧道、重庆铁路枢纽 BT 项目、合肥南站工程、郑徐铁路客运专线、西成铁路客运专线、成兰铁路、敦格铁路、石济铁路客运专线、宝兰铁路客运专线;公路工程 4 项,即三门峡至淅川高速公路、麻柳湾至昭通高速公路项目、江门至罗定高速公路、潮州至惠州高速公路;市政工程 5 项,即扬州瘦西湖隧道工程、重庆火车北站综合交通枢纽工程、贵州多彩贵州城、镇江新区基础设施 BT 项目、南昌市象湖隧道工程;城市轨道交通工程 3 项,即北京地铁、青岛地铁 2 号线、厦门地铁 1 号线;水利工程 2 项,即南水北调工程、山西中部引黄工程;房屋建筑工程 3 项,即广西九洲国际、贵州茅台酒厂扩建工程、福建福清清利嘉中心;综合工程 2 项,即湛江石化产业园、新疆伊吾县白石湖煤矿露天剥离工程。

2014 年,中国铁建参建的武汉至黄石城际铁路、武汉至黄冈城际铁路、大西高铁太原至西安段、邯长铁路复线、兰渝铁路广安段、拉日铁路、沪昆高铁杭州至怀化段、韶赣铁路、昆明枢纽昆阳支线铁路、兰新铁路第二双线、青荣城际铁路、贵广高速铁路、成绵乐铁路客运专线、山西中南部铁路通道、郑开城际铁路、大准铁路、吉衡铁路、沈吉铁路沈阳北至抚顺北段、松陶铁路建成通车。参建的北京地铁 6 号线二期、7 号线、14 号线东段、15 号线西段及南京地铁 10 号线、长沙地铁 2 号线、无锡地铁 1 号线、武汉轻轨 1 号线汉口北延长线、武汉地铁 4 号线二期开通运营。参建的兰新铁路客运专线大坂山隧道、青藏铁路二线新关角隧道、吐库铁路二线中天山隧道、兰新高速铁路祁连山隧道、京津城际铁路延伸线盾构隧道、兰渝铁路化马隧道、太兴铁路二青山隧道、兰渝铁路西秦岭隧道、四川遂宁观音湖下穿隧道、贵阳枢纽龙洞堡机场隧道、张唐铁路付营子等重难点隧道工程贯通。参建的新建准池铁路全线铺通,哈齐铁路客运专线松花江特大桥、云桂铁路南盘江特大桥主体工程完工,瘦西湖隧道建成通车,南京市江北大道城市化改造工程通车,南水北调中线工程正式通水,雅砻江锦屏二级水电站 3 号、4 号引水隧洞顺利充水。 (刘 辉)

【**21 家单位被评为年度中国铁建项目管理先进单位**】

中国土木工程集团埃塞俄比亚公司
中铁十一局集团五公司
中铁十二局集团建筑安装公司
中铁十二局集团四公司
中国铁建大桥工程局集团四公司
中铁十四局集团隧道公司
中铁十五局集团六公司
中铁十六局集团三公司
中铁十七局集团四公司
中铁十八局集团五公司
中铁十九局集团三公司
中铁二十局集团四公司
中铁二十一局集团路桥公司
中铁二十二局集团三公司
中铁二十三局集团轨道交通公司
中铁二十四局集团安徽公司
中铁二十五局集团一公司
中铁建设集团西安分公司
中铁建设集团华东分公司
中国铁建电气化局集团二公司

中铁城建集团北京工程公司 （刘 辉）

【59个项目经理部被评为中国铁建优秀项目经理部】

中国土木工程集团尼日利亚公司奥贡州项目经理部

中国土木工程集团尼日利亚公司拉各斯伊科若杜公路项目经理部

中铁十一局集团西安地铁1号线D1TJSG－12标段项目经理部

中铁十一局集团兰新铁路甘青段项目经理部

中铁十一局集团四公司龙城高速公路第4施工合同段项目经理部

中铁十一局集团公司湘桂铁路扩改工程Ⅵ标段指挥部

中铁十二局集团公司吉图珲铁路客运专线JHSⅥ标段项目经理部

中铁十二局集团公司北京地铁6号线二期13标段项目经理部

中铁十二局集团三公司宁安铁路1标段第4分项目经理部

中铁十二局集团一公司火渤铁路第1项目经理部

中铁十二局集团电气化公司玛多至玉树330千伏输电线路工程施工Ⅱ标段项目经理部

中国铁建大桥工程局集团公司中宁黄河桥改扩建工程项目经理部

中国铁建大桥工程局集团公司兰新铁路指挥部

中国铁建大桥工程局集团公司天津跨线桥项目经理部

中铁十四局集团公司湖北省保宜高速公路襄阳段BYXYTJ－09合同段项目经理部

中铁十四局集团公司援阿富汗国家科技教育中心项目经理部

中铁十四局集团公司梧桐苑项目经理部

中铁十四局集团公司北京地铁14号线工程土建施工17合同段项目经理部

中铁十五局集团七公司洛栾高速公路嵩栾段SLTJ.1标段项目经理部

中铁十五局集团公司南京青奥轴线地下工程项目经理部

中铁十五局集团一公司三淅高速灵卢段TJ10标段项目经理部

中铁十六局集团公司北京地铁6号线一期8标段项目经理部

中铁十六局集团公司沪昆铁路客运专线江西段站前工程HKJX－5标段项目经理部

中铁十六局集团公司西宝铁路客运专线站房工程指挥部

中铁十六局集团公司燕翔饭店改扩建项目总承包工程项目经理部

中铁十七局集团公司山西中南铁路通道ZNTJ－5标段项目经理部

中铁十七局集团公司兰新铁路甘青段项目经理部

中铁十七局集团三公司承秦高速秦皇岛段3标段项目经理部

中铁十七局集团公司南广铁路NGZQ－3标段项目经理部

中铁十八局集团公司北京地铁6号线二期11标段项目经理部

中铁十八局集团公司南昌轨道交通1号线一期工程土建6标段项目经理部

中铁十八局集团二公司南宁市五象大桥工程项目经理部

中铁十九局集团公司乌努格吐山铜钼矿项目经理部

中铁十九局集团公司北京地铁6号线一期工程土建施工第2合同段项目经理部

中铁十九局集团公司南钦铁路NQ1标段工程指挥部

中铁十九局集团公司石武铁路客运专线河南段项目经理部六分部

中铁二十局集团公司丽攀高速公路华坪至滇川界A2标段项目经理部

中铁二十局集团公司秦汉大道灞河桥项目经理部

中铁二十局集团一公司北京地铁14号线第9合同段项目经理部

中铁二十一局集团公司兰新第二双线兰州枢纽引入工程项目经理部

中铁二十一局集团电务电化公司兰渝铁路LYSD－1标段项目经理部

中铁二十二局集团公司北京地铁6号线二期16标段项目经理部

中铁二十二局集团公司成渝高速公路复线（重庆段）B合同段项目经理部

中铁二十二局集团电气化公司上海地铁11号线项目经理部

中铁二十三局集团二公司哈尔滨市三环南部联络线涉铁工程施工Ⅰ标段项目经理部

中铁二十四局集团公司南通市江海大道东段快速化改造工程A标段项目经理部

中铁二十四局集团公司重庆轨道交通6号线一期礼嘉站及区间隧道工程项目经理部

中铁二十五局集团公司贵广南广铁路广州枢纽工

程1标段项目经理部

中铁建设集团公司北京青龙湖国际会展酒店项目经理部

中铁建设集团公司海南和泓·假日阳光项目经理部

中铁建设集团公司西安群贤北府一期项目经理部

中铁建设集团公司太原恒大绿洲二期项目经理部

中铁建设集团公司武汉恒大绿洲三期项目经理部

中国铁建电气化局集团公司兰新铁路二线项目经理部

中国铁建电气化局集团公司大西铁路客运专线四电工程指挥部

中国铁建电气化局集团公司宁杭铁路客运专线工程指挥部

中国铁建港航局集团公司湛江市东海岛石化产业园区围堰工程项目部

中铁城建集团南昌建设公司万郡·大都城二期Ⅱ标段项目经理部

中铁城建集团首都机场T3E－T2联络通道工程项目经理部 （刘 辉）

【57人被评为2014年度中国铁建优秀项目经理】

丁兆军 罗力军 童永智 王棋文 陆记铮
王立军 蔡英康 王鹏程 李春江 刘亚丽
王 成 陈丕刚 刘 啸 赵宗奎 杨玉斌
杨洪建 李玉琼 刘晓宝 晁 军 高宏宇
齐 勇 贾建平 张 涛 张宝刚 路明鉴
谭伟姿 彭肇武 全厚发 高 岩 斯明勇
徐海军 张 斌 余文元 李天明 陈兵章
郭民祥 汪益斌 郗红梅 唐清兵 谭 鹰
肖 亮 盛灿军 谢碧辉 丁 满 王德恒
王金文 王 伟 寇 震 王培雄 伍怀中
尤丁剑 王建会 张 瑞 李留安 廖剑锋
琚建明 金守华

（刘 辉）

铁路工程

·沪昆高速铁路·

【工程概况】 沪昆高速铁路是中国东西向线路里程最长、经过省份最多的高速铁路，途径上海、杭州、南昌、长沙、贵阳、昆明6个省会城市及直辖市。线路全长2066千米，为复线电气化铁路，设计时速350千米，总投资3000亿元。沪昆高速铁路通道主要由沪杭、杭长和长昆3段铁路客运专线组成。其中，沪杭铁路客运专线于2009年2月开工建设，2010年10月26日正式通车运营；杭长铁路客运专线于2009年12月22日开工建设，2014年12月10建成通车；长昆铁路客运专线于2010年3月26日开工建设，长沙至怀化段于2014年12月16日建成通车。全线计划2015年5月通车。 （刘 辉）

【杭长铁路客运专线】 东起浙江杭州，经绍兴、金华、衢州，江西上饶、鹰潭、抚州、南昌、新余、宜春、萍乡，湖南株洲至长沙，线路长927千米。中国铁建所属十一局、大桥局及十五、十六、十七、十九、二十局集团公司参与工程建设。

中铁十一局集团公司杭长铁路客运专线HCZJ－3标段工程 项目部驻浙江省义乌市，项目负责人甘胜银。合同投资300401万元，线路长43.6千米。主要工程量：桥梁28座28400延长米，隧道12座9400延长米，路基5.6千米，车站1座。

中国铁建大桥工程局集团公司杭长铁路客运专线HKJX－4标段工程 项目部驻江西省南昌市，项目负责人张锦辉。合同投资239660万元，线路长37.1千米。主要工程量：赣江特大桥37106.5延长米。

中铁十五局集团公司杭长铁路客运专线HKJX－1标段工程 项目部驻江西省上饶市，项目负责人王令振。合同投资570415万元，线路长66.3千米。主要工程量：土石方210万立方米，桥梁56座42300延长米，隧道15座9796延长米，铺轨592千米。

中铁十六局集团公司杭长铁路客运专线HKJX－5标段工程 项目部驻江西省高安市，项目负责人赵永。合同投资465994万元，线路长68.6千米。主要工程量：土石方622.3万立方米，桥梁29座45100延长米，涵洞77座2270.8横延米，无砟轨道233.38千米，车站2座（南昌西站、高安站）。

中铁十七局集团公司杭长铁路客运专线HCZJ－2标段工程 项目部驻浙江省诸暨市，项目负责人韩贤文。合同投资410434万元，线路长52千米。主要工程量：土石方189万立方米，桥梁42座35300延长米，涵洞44座992横延米，隧道19座14200延长米。

中铁十九局集团公司杭长铁路客运专线HKJX－8标段工程 项目部驻江西省萍乡市，项目负责人张明杰。合同投资475234万元，线路长67.5千米。主要工程量：土石方516.2万立方米，桥梁54座45700延长米，隧道7座7500延长米，车站1座（萍乡北站），标段内的轨道板预制及铺设。

中铁二十局集团公司杭长铁路客运专线 HCTJ－1 标段工程　项目部驻湖南省株洲市，项目负责人刘庭联。合同投资 437293 万元，线路长 50.2 千米。主要工程量：土石方 359 万立方米，桥梁 45 座 29000 延长米，隧道 16 座 14200 延长米，涵洞 16 座 636 横延米。

（刘　辉）

【长昆铁路客运专线】　起自湖南长沙，途经湘潭、韶山、娄底、邵阳、新化、溆浦、怀化，贵州玉屏、三穗、凯里、贵定、贵阳、平坝、安顺、关岭、普安、盘县，云南富源、曲靖至昆明。全长 1167 千米，设计时速 250 千米以上。中国铁建所属十二局、大桥局，十四、十六、十七、二十、二十二、二十三、二十四、二十五局，电气化局集团公司参与工程建设。

中铁十二局集团公司长昆铁路客运专线 CKTJ－3 标段工程　项目部驻云南省马龙县，项目负责人刘建佳。合同投资 345199 万元，线路长 51.6 千米。主要工程量：桥梁 47 座 18400 延长米，涵洞 60 座 1788 横延米，隧道 11 座 14600 延长米。

中铁十二局集团公司长昆铁路客运专线 CKTJ－5 标段工程　项目部驻湖南省娄底市，项目负责人赵西民。合同投资 306647 万元，线路长 42.5 千米。主要工程量：桥梁 14 座 7300 延长米，涵洞 19 座 645.4 横延米，隧道 7.5 座 30800 延长米，CRTSI 型双块式无砟道床铺设 85.2 千米。

中国铁建大桥工程局集团公司长昆铁路客运专线 CKGZTJ－11标段工程　项目部驻贵州省晴隆县，项目负责人臧守杰。合同投资 307000 万元，线路长 41.8 千米。主要工程量：桥梁 5 座 961.7 延长米，涵洞 1 座 23.12 横延米，隧道 6 座 40700 延长米，CRTSⅡ型板式无砟轨道铺设 85.7 千米。

中铁十四局集团公司长昆铁路客运专线 CKGZTJ－7标段工程　项目部驻贵州省贵阳市，项目负责人乔培贞。合同投资 295896 万元，线路长 50.9 千米。主要工程量：土石方 390 万立方米，桥梁 36 座 18000 延长米，涵洞 88 座 2351.48 横延米，隧道 19 座 8357 延长米。正线无砟轨道铺设 101.3 千米。

中铁十四局集团公司长昆铁路客运专线 CKTJ－9 标段工程　项目部驻湖南省怀化市，项目负责人林存友。合同投资 321323 万元，线路长 41.6 千米。主要工程量：桥梁 29 座 8200 延长米，涵洞 17 座 750.2 横延米，隧道 23 座 32300 延长米。

中铁十六局集团公司长昆铁路客运专线 TJ－3 标段工程　项目部驻云南省嵩明县，项目负责人饶延泉。合同投资 124115 万元，线路长 16 千米。主要工程量：土石方 274.4 万立方米，桥梁 18 座 8900 延长米，隧道 1 座 454 延长米。

中铁十六局集团公司长昆铁路客运专线 CKTJ－3/GZYZ－1 标段工程　项目部驻湖南省娄底市，项目负责人郎建平。合同投资 294343 万元，线路长 32.9 千米。主要工程量：桥梁 24 座 13700 延长米，隧道 7 座 11500 延长米，路基 7.6 千米，无砟轨道 32.9 千米，车站 1 座（娄底南站）。

中铁十七局集团公司长昆铁路客运专线 CKGZTJ－5标段工程　项目部驻贵州省麻江县，项目负责人李予文。合同投资 231869 万元，线路长 30.4 千米。主要工程量：土石方 149 万立方米，桥梁 23 座 7593 延长米，涵洞 8 座 218 横延米，隧道 12.5 座 20600 延长米。

中铁十七局集团公司长昆铁路客运专线 CKTJ－7 标段工程　项目部驻湖南省怀化市，项目负责人成华。合同投资 253700 万元，线路长 34.5 千米。主要工程量：土石方 84 万立方米，桥梁 19 座 5671 延长米，涵洞 3 座 79 横延米，隧道 12 座 27400 延长米。

中铁二十局集团公司长昆铁路客运专线 TJ－2 标段工程　项目部驻云南省曲靖市，项目负责人石鸿江。合同投资 363115 万元，线路长 54.6 千米。主要工程量：桥梁 41 座 22700 延长米，隧道 8 座 15400 延长米，涵洞 44 座 1151.3 横延米，公路跨线桥 5 座 276.6 米。

中铁二十局集团公司长昆铁路客运专线 CKGZTJ－9标段工程　项目部驻贵州省安顺市，项目负责人冯军武。合同投资 497298 万元，线路长 63.2 千米。主要工程量：隧道 19 座 43600 延长米，桥梁 22 座 11800 延长米，车站 1 座，轨道板预制场 1 座，CRTS Ⅱ型无砟轨道预制、铺设 106.5 千米。

中铁二十二局集团公司长昆铁路客运专线 CKGZ-TJ－12 标段工程　项目部驻贵州省盘县，项目负责人司尚荣。合同投资 390000 万元，线路长 48.3 千米。主要工程量：土石方 448 万立方米，桥梁 10200 延长米，隧道 32200 延长米，双块式无砟道床 96.6 千米。

中铁二十三局集团公司长昆铁路客运专线 CKGZ-TJ－6 标段工程　项目部驻贵州省贵定县，项目负责人赵永明。合同投资 435800 万元，线路长 56.5 千米。主要工程量：隧道 23 座 34275 延长米，桥梁 33 座 16700 延长米，涵洞 17 座 421.7 横延米，CRTSI 型双块式无砟轨道铺设 114 千米。

中铁二十四局集团公司长昆铁路客运专线 CKGZ-TJ－5 标段工程　项目部驻贵州省福泉市，项目负责人郑军锋。合同投资 97900 万元，线路长 12.6 千米。主要工程量：桥梁 7 座 1500 延长米，隧道 4.5 座 10534 延长米。

中铁二十五局集团公司长昆铁路客运专线

CKTJ－1标段工程　项目部驻湖南省湘潭市，项目负责人苏建斌。合同投资152777万元，线路长25.1千米。主要工程量：路基土石方208.6万立方米，桥梁26座16600延长米，隧道3座1122延长米，涵洞13座397.5横延米，轨道铺设50.1千米。

中国铁建电气化局集团公司长昆铁路客运专线贵州西段四电工程　项目部驻贵州省贵阳市，项目负责人刘兴晨。合同投资206109.1万元，线路长263.1千米。主要工程量：房屋建筑14233平方米，接触网642.8条千米，电力线路1732.9千米，通信线路563千米，自动闭塞1523千米，连锁道岔120组。

中国铁建电气化局集团公司长昆铁路客运专线湖南段四电系统集成、防灾安全监控、信息及相关工程　项目部驻湖南省怀化市新晃县，项目负责人廖衡湘。合同投资35000万元，线路长39.9千米。主要工程量：接触网承导线109.8条千米，电力线路319条千米，通信线路80条千米，信号自动闭塞188条千米，连锁道岔12组。（刘　辉）

·哈齐铁路客运专线·

【工程概况】　哈齐铁路客运专线自哈尔滨站引出，经肇东、安达、大庆、泰康，止于齐齐哈尔南站。线路全长286千米，工程投资312.4亿元，设计时速300千米。2009年10月开工建设，计划2015年7月试运行。中国铁建所属大桥局及十五、十六、二十、二十二、二十三局集团公司参加工程建设。（刘　辉）

【参建标段】　中国铁建大桥工程局集团公司哈齐铁路客运专线HQTJ－5标段工程　项目部驻黑龙江省泰康县，项目负责人戴文革。合同投资446713万元，线路长64千米。主要工程量：路基土石方320万立方米，桥梁4座51624延长米，涵洞29座1168横延米，站场2处，铺轨119.8千米。

中铁十五局集团公司哈齐铁路客运专线HQTJ－4标段工程　项目部驻黑龙江省大庆市，项目负责人张启亮。合同投资218420万元，线路长44千米。主要工程量：土石方351万立方米，桥梁7座19731延长米，涵洞40座971横延米，站场1处，铺轨48千米。

中铁十六局集团公司哈齐铁路客运专线HQTJ－3标段工程　项目部驻黑龙江省大庆市，项目负责人任灿伟。合同投资432000万元，线路长64千米。主要工程量：路基22千米，桥梁6座42000延长米，涵洞42座903横延米，无砟道床124千米，长轨铺设309千米，车站2座（安达站、龙凤站）。

中铁二十局集团公司哈齐铁路客运专线HQTJ－2标段工程　项目部驻黑龙江省肇东市，项目负责人王广建。合同投资315395万元，线路长59千米。主要工程量：路基土石方462万立方米，桥梁11座20000延长米，涵洞79座1545横延米，站场1处，无砟道床119千米，铺轨16千米。

中铁二十二局集团公司哈齐铁路客运专线HQTJ－1标段工程　项目部驻黑龙江省哈尔滨市，项目负责人张国华。合同投资476274万元，线路长47千米。主要工程量：路基土石方569万立方米，桥梁8座，CFG桩732万米，铺轨233千米，拆除道岔25组，新铺道岔48组。

中铁二十三局集团公司哈齐铁路客运专线HQTJ－5标段工程　项目部驻黑龙江省齐齐哈尔市，项目负责人周才华。合同投资190734万元，线路长26千米。主要工程量：路基土石方156万立方米，桥梁2座19050延长米，预制轨道板4.5万块。（刘　辉）

·合福铁路客运专线·

【工程概况】　合福铁路客运专线属于京福高速铁路的重要组成部分。京福高速铁路从京沪高速铁路安徽蚌埠站引出，经合肥、黄山、上饶、武夷山、南平至福州，是第一条贯穿中国南北的高速铁路大通道。蚌埠以北利用已经通车的京沪高速铁路连接，然后再接合肥—福州铁路客运专线至福州。合福铁路客运专线自合肥南站引出，经安徽巢湖、铜陵、芜湖、绩溪、黄山，江西婺源、上饶，福建武夷山、南平，至福州站。线路全长805千米。其中，江西省境内184千米；安徽省境内343千米；福建省境内278千米。设计时速350千米。工程投资1098亿元。2009年12月31日开工建设，计划2015年7月建成通车。中国铁建所属十一局、大桥局及十七、十九、二十四局集团公司参加工程建设。

（刘　辉）

【参建标段】　中铁十一局集团公司合福铁路客运专线HFZQ－7标段工程　项目部驻安徽省绩溪县，项目负责人李文俊。合同投资359916万元，线路长39.2千米。主要工程量：土石方492万立方米，桥梁51座14500延长米，涵洞20座1192.4横延米。

中铁十一局集团公司合福铁路客运专线HFMG－1标段工程　项目部驻江西省婺源县，项目负责人郝生德。合同投资708016万元，线路长95千米。主要工程量：土石方480万立方米，桥梁109座33700延长米，隧道47.5座56700延长米。

中国铁建大桥工程局集团公司合福铁路客运专线HFZQ－2标段工程　项目部驻安徽省巢湖市，项目负责人吴焕通。合同投资593294万元,线路长90千米。主要工程量:土石方177万立方米,桥梁13.5座81400延长米,涵洞41座1159.3横延米,隧道4座2631延长米。

中铁十七局集团公司合福铁路客运专线HFMG-7标段工程　项目部驻福建省南平市、宁德市,项目负责人赵子林。合同投资429241万元,线路长59.3千米。主要工程量:土石方417万立方米,桥梁33座11100延长米,涵洞9座261横延米,隧道17座44600延长米。

中铁十九局集团公司合福铁路客运专线HFMG-3标段工程　项目部驻江西省上饶市,项目负责人马南飞。合同投资459259万元,线路长54.3千米。主要工程量:土石方305万立方米,桥梁47座25100延长米,涵洞6座194.5横延米,隧道13.5座22100延长米。

中铁二十四局集团公司合福铁路客运专线HFMG-4标段工程　项目部驻福建省武夷山市,项目负责人郑志强。合同投资302676万元,线路长49.5千米。主要工程量:土石方256.6万立方米,桥梁15座6600延长米,隧道12.5座39800延长米。

中铁二十四局集团公司合福铁路客运专线HFMG-4标段工程　项目部驻安徽省铜陵市,项目负责人宋文胜。合同投资326389万元,线路长37.5千米。主要工程量:土石方525万立方米,桥梁18座20700延长米,隧道4座7437延长米,车站2座(铜陵北车站、南陵车站)。　(刘　辉)

·成渝铁路客运专线·

【工程概况】　成渝铁路客运专线全长308千米,设计时速350千米,桥隧长度占线路全长的66%。全线设成都东、简阳南、资阳北、资中北、内江北、隆昌北、荣昌北、大足、永川东、璧山、沙坪坝、重庆12座车站。西端接轨成都枢纽的成都东站,东端至重庆枢纽的沙坪坝站,引入位于重庆市渝中区的既有重庆客站。2010年3月22日开工建设,计划2015年10月建成通车。中国铁建所属十一、十六、十七、十八、电气化局集团公司参加工程建设。　(刘　辉)

【参建标段】　中铁十一局集团公司成渝铁路客运专线CYSG-4标段工程　项目部驻重庆市荣昌县,项目负责人荆山。合同投资490347万元,线路长54.2千米。主要工程量:土石方737.8万立方米,桥梁70座27000延长米,箱梁预制架设728孔,隧道10座6518延长米,板式无砟轨道107.6千米,铺轨642.3千米。

中铁十六局集团公司成渝铁路客运专线CYSG-2标段工程　项目部驻四川省资阳市,项目负责人卢永堂。合同投资367000万元,线路长52.1千米。主要工程量:土石方311.1万立方米,桥梁74座,隧道11座,涵洞16座386横延米,梁场2座,制运架箱梁728孔,连续梁5联29孔。

中铁十七局集团公司成渝铁路客运专线CYSG-6标段工程　项目部驻重庆市沙坪坝区,项目负责人文珂。合同投资134823万元,线路长17.2千米。主要工程量:土石方78万立方米,桥梁13.5座4670延长米,隧道7座15300延长米,涵洞22座681横延米。

中铁十八局集团公司成渝铁路客运专线CYSG-4标段工程　项目部驻重庆市沙坪坝区,项目负责人程跃盛。合同投资68437万元,线路长11千米。主要工程量:路基土石方7.4万立方米,桥梁7座7960.3延长米,隧道4座1928延长米。

中国铁建电气化局集团公司成渝铁路客运专线四电系统集成及相关工程　项目部驻四川省成都市,项目负责人冯学彬。合同投资179573.6万元,线路长308.4千米。主要工程量:通信长途干线光缆334.5千米,长途干线电缆185.8千米,地区及站场光、电缆285.7千米,连锁道岔194组,电力高压电缆线路753千米,低压电缆线路194.3千米,电源线路97.3千米,接触网接触导线(新建)823.7条千米。　(刘　辉)

·中南部铁路通道·

【工程概况】　中南部铁路通道是世界上第一条按30吨轴重设计、施工的重载铁路,西起山西省吕梁市瓦塘镇,东至山东省日照港,横贯晋豫鲁3省12市。线路全长1259.5千米,山西、河南、山东3省境内分别为579千米、255千米和426千米。其中,新建铁路1034.8千米,利用既有铁路增建二线170.6千米;配套建设与菏瓦、南同蒲、太焦、京广、京九、京沪铁路的联络线113.9千米。设计时速120千米,桥隧长度占线路全长的46.8%。工程投资821亿元。2009年12月23日开工建设,2014年12月30日建成通车。中国铁建所属十一、十二、十四、十六、十七、十八、二十、二十一、二十三、二十四局及电气化局集团公司参加工程建设。　(刘　辉)

【参建标段】　中铁十一局集团公司中南部铁路通道ZNTJ-7标段工程　项目部驻山西省洪洞县,项目负责人李小红。合同投资370375万元,线路长49千米。主要工程量:隧道3座13700延长米,桥梁18座17800延长米,正线铺轨301.8千米,无砟轨道23.4千米。

中铁十二局集团公司中南部铁路通道 ZNTJ－1 标段工程　项目部驻山西省临县，项目负责人祁玺剑。合同投资 604232 万元，线路长 70.1 千米。主要工程量：路基土石方 1713 万立方米，桥梁 64 座 20700 延长米，隧道 25 座 31600 延长米，涵洞 136 座 9744 横延米，制梁 3644 片，架梁 4825 片，正线铺轨 339.4 千米，站线铺轨 38.1 千米。

中铁十四局集团公司中南部铁路通道 ZNTJ－21 标段工程　项目部驻山东省日照市，项目负责人孟繁亚。合同投资 192370 万元，线路长 82.9 千米。主要工程量：土石方 911.9 万立方米，特大桥 30 座 24500 延长米，隧道 7 座 9852 延长米，涵洞 148 座 3959 横延米，车站 2 座。

中铁十六局集团公司中南部铁路通道 ZNTJ18 标段工程　项目部驻山东省泰安市，项目负责人樊志高。合同投资 246855 万元，线路长 25.2 千米。主要工程量：路基土石方 433 万立方米，桥梁 10881.8 延长米，铺架 211.4 千米。

中铁十七局集团公司中南部铁路通道 ZNTJ－5 标段工程　项目部驻山西省石楼县，项目负责人刘友平。合同投资 292461 万元，线路长 57.7 千米。主要工程量：土石方 1170 万立方米，桥梁 28 座 12600 延长米，隧道 18 座 25000 延长米，涵洞 117 座 8537 横延米。

中铁十七局集团公司中南部铁路通道 ZNTJ－20 标段工程　项目部驻山东省临沂市，项目负责人毛承租。合同投资 240348 万元，线路长 21.1 千米。主要工程量：土石方 251 万立方米，桥梁 3 座 5624 延长米，隧道 3 座 3840 延长米，涵洞 41 座 734 横延米。

中铁十八局集团公司中南部铁路通道 ZNTJ－12 标段工程　项目部驻山西省平顺县，项目负责人张晓华。合同投资 251000 万元，线路长 52.9 千米。主要工程量：土石方 279 万立方米，桥梁 15 座 3728 延长米，隧道 9 座 42200 延长米，涵洞 24 座 900 横延米。

中铁二十局集团公司中南部铁路通道 ZNTJ－3 标段工程　项目部驻山西省临县，项目负责人王广建。合同投资 151685 万元，线路长 23.8 千米。主要工程量：特大桥 3 座 2256 延长米，大桥 19 座 5140.9 延长米，隧道 10 座 9441 延长米，涵洞 42 座 2769.4 横延米，铺轨 49.5 千米。

中铁二十局集团公司中南部铁路通道 ZNTJ－19 标段工程　项目部驻山东省沂源县，项目负责人高雷州。合同投资 251218 万元，线路长 84.5 千米。主要工程量：土石方 696.8 万立方米，特大桥 49 座 26800 延长米，隧道 15 座 28000 延长米，涵洞 59 座 943.3 横延米，铺轨 15.8 千米。

中铁二十一局集团公司中南部铁路通道 ZNTJ－13 标段工程　项目部驻河南省安阳市，项目负责人冯建军。合同投资 375000 万元，线路长 77.3 千米。主要工程量：土石方 976 万立方米，桥梁 31 座 22600 延长米，隧道 8 座 6260 延长米，制架 T 梁 1269 孔。

中铁二十一局集团公司中南部铁路通道 ZNTJ－18 标段工程　项目部驻山东省泰安市，项目负责人周万平。合同投资 88900 万元，线路长 11.9 千米。主要工程量：路基 11.9 千米，框架小桥涵 60 座，中桥 3 座，228 千米线上运架梁及铺架。

中铁二十三局集团公司中南部铁路通道 ZNTJ－21 标段工程　项目部驻山东省日照市，项目负责人安茂平。合同投资 79495 万元，线路长 29.6 千米。主要工程量：土石方 473.4 万立方米，桥梁 6 座 10900 延长米，涵洞 1187.74 横延米。

中铁二十四局集团公司中南部铁路通道 ZNTJ－20 标段工程　项目部驻山东省临沂市，项目负责人康军利。合同投资 16453 万元，线路长 10.2 千米。主要工程量：路基土石方 58 万立方米，路基圬工 14.9 万立方米，特大桥 2 座 1947.7 延长米，框架涵 21 座，公路跨铁路桥 1 座。

中国铁建电气化局集团公司中南部铁路通道四电系统集成及相关工程 ZNZH－2 标段工程　项目部驻山东省泰安市，项目负责人李爱忠。合同投资 284424 万元，线路长 521.1 千米。主要工程量：通信干线光电缆 840.2 千米，双线自动闭塞 462.7 千米，信号联锁道岔 300 组，电力线路 1079 千米，接触网 1311.4 千米，房屋建筑 48921 平方米。（刘　辉）

·兰渝铁路·

【工程概况】　兰渝铁路北起甘肃省兰州市枢纽兰州东站，途经榆中县、渭源县、岷县、宕昌县、陇南市（武都区），向东经四川省广元市、苍溪县、阆中市、南部县到南充市（顺庆区），在南充（高坪区）分线，一条经武胜县到重庆市，另一条经广安市、三汇坝到重庆市。线路全长 820 千米，其中甘肃省境内 435 千米。设计时速 160 千米，桥隧长度占线路全长的 73%。工程投资 774 亿元。2008 年 9 月 26 日开工建设，计划 2015 年建成通车。中国铁建所属十一局、大桥工程局，十六、十八、十九、二十一、二十三局，电气化局集团公司参加工程建设。（刘　辉）

【参建标段】　中铁十一局集团公司兰渝铁路客运专线 LYS－4 标段工程　项目部驻甘肃省宕昌县，项目负责人汪伟。合同投资 127865 万元，线路长 26 千米。主要工程量：路基土石方 4 万立方米，隧道 3 座 25600

延长米,桥梁3座627延长米,涵洞1座27横延米,无砟道床53.7千米,有砟道床0.7千米,宕昌车站。

中国铁建大桥工程局集团公司兰渝铁路客运专线LYS－4标段工程　项目部驻甘肃省宕昌县,项目负责人李素清。合同投资310000万元,线路长66千米。主要工程量:路基6千米,隧道12座39000延长米,桥梁15座22000延长米,涵洞22座436横延米。

中国铁建大桥工程局集团公司兰渝铁路兰州枢纽工程　项目部驻甘肃省兰州市,项目负责人李维瑞。合同投资89978万元。主要工程量:路基土石方710万立方米,隧道2座853延长米,李麻沙沟大桥276延长米,箱型桥5座,站场铺轨51千米,房屋建筑77177平方米。

中铁十六局集团公司兰渝铁路客运专线LYS－2标段工程　项目部驻甘肃省渭源县,项目负责人薛瑞林。合同投资278243万元,线路长54千米。主要工程量:路基土石方435万立方米,桥梁15座10300延长米,隧道13座49200延长米,涵洞28座,车站2座。

中铁十八局集团公司兰渝铁路客运专线XQLS1标段工程　项目部驻甘肃省武都县,项目负责人苏睿。合同投资163996万元,线路长31千米。主要工程量:西秦岭特长隧道右线28000延长米,范家坪隧道3198延长米,潘家沟两座单线中桥88.2延长米。

中铁十八局集团公司兰渝铁路客运专线LYS－9标段工程　项目部驻四川省元坝县,项目负责人王中会。合同投资53653万元,线路长9千米。主要工程量:土石方7.9万立方米,桥梁3座397延长米,涵洞1座23.5横延米,梅岭关隧道8200延长米。

中铁十九局集团公司兰渝铁路客运专线LYS－1标段工程　项目部驻甘肃省定西市,项目负责人曲桂有。合同投资212818万元,线路长39千米。主要工程量:路基土石方97.4万立方米,隧道4.5座35000延长米,桥梁4座640.9延长米,涵洞7座500横延米,铺轨5.8千米,房屋建筑7770平方米,车站1座。

中铁二十一局集团公司兰渝铁路客运专线LYS－7标段工程　项目部驻甘肃省榆中市,项目负责人张柳春。合同投资181572万元,线路长30千米。主要工程量:路基土石方405万立方米,桥梁20座14718延长米,隧道3座6968延长米,涵洞96座1779横延米,轨道正线铺轨75千米,通信敷设电光缆30千米。

中铁二十三局集团公司兰渝铁路客运专线重庆枢纽1标段工程　项目部驻重庆市北碚区,项目负责人李建军。合同投资217369万元,线路长48千米。主要工程量:路基土石方2527万立方米,隧道7座8697延长米,桥梁12座4601延长米,涵洞98座4531横延米,有砟道床47千米,正线铺轨450千米,站线铺轨175千米。

中国铁建电气化局集团公司兰渝铁路渭沱合川站后代建工程　项目部驻重庆市合川区,项目负责人罗世昌。合同投资10695万元,线路长4.3千米。主要工程量:渭沱、合川两站通信、信号、电力,承导线32.3千米,回流线14.1千米,供电线8.4千米。　(刘　辉)

·兰新铁路第二双线·

【工程概况】　兰新铁路第二双线自兰州西站引出,经青海省西宁市,甘肃省张掖市、酒泉市、嘉峪关市,新疆维吾尔自治区哈密市、吐鲁番市,引入乌鲁木齐站,线路全长1776千米,设车站31座。其中,甘肃省境内797.8千米;青海省境内265.7千米;新疆境内712.9千米。设计时速200千米,工程投资1200亿元。2009年11月4日开工建设,2014年11月16日建成通车。中国铁建所属十一、十二局,大桥局,十六、十七、十八、十九、二十、二十一局,电气化局集团公司参加工程建设。　(刘　辉)

【参建标段】　中铁十一局集团公司兰新铁路第二双线LXS－16标段工程　项目部驻甘肃省瓜州县,项目负责人余霖。合同投资354475万元,线路长84千米。主要工程量:路基土石方782万立方米,桥梁34座4731延长米,涵洞195座3959横延米,站场2座,正线铺轨781.7千米,站线铺轨27.3千米,车站2座。

中铁十二局集团公司兰新铁路第二双线LXS－14标段工程　项目部驻甘肃省玉门市,项目负责人范军。合同投资386213万元,线路长83千米。主要工程量:土石方930万立方米,路基68.7千米,桥梁23座15000延长米,涵洞119座,双块式无砟道床173千米,电力迁改139处,通信迁改144处,清泉南站。

中铁十二局集团公司兰新铁路第二双线LXTJ－8标段工程　项目部驻新疆维吾尔自治区乌鲁木齐市,项目负责人邸建玄。合同投资216881万元,线路长42千米。主要工程量:路基28千米,桥梁20座10000延长米,隧道1座4600延长米,涵洞61座1711横延米,无砟轨道道床铺设84千米,轨枕预制301.6千米。

中国铁建大桥工程局集团公司兰新铁路第二双线LXS－6标段工程　项目部驻青海省门源县,项目负责人王保国。合同投资219800万元,线路长52千米。主要工程量:区间土石方337万立方米,站场土石方46万立方米,隧道1座2280延长米,特大桥8座14300延长米,涵洞63座1418横延米,车站2座,无砟道床板单线105千米。

中国铁建大桥工程局集团公司兰新铁路第二双线

LXTJ－4标段工程　项目部驻新疆维吾尔自治区哈密市，项目负责人张春荣。合同投资120000万元，线路长30千米。主要工程量：土石方230万立方米，路基18.2千米，桥梁20座11900延长米，涵洞46座1061横延米，无砟道床30千米。

中铁十六局集团公司兰新铁路第二双线LXTJ6标段工程　项目部驻新疆维吾尔自治区吐鲁番市，项目负责人张传安。合同投资242954万元，线路长34千米。主要工程量：路基土石方379万立方米，桥梁14座12700延长米，涵洞49座1398横延米，站场1座，正线铺轨649千米，站线铺轨25千米。

中铁十七局集团公司兰新铁路第二双线LXS－17标段工程　项目部驻甘肃省酒泉市，项目负责人王林俊。合同投资302125万元，线路长105千米。主要工程量：路基土石方1258万立方米，桥梁29座5451延长米，涵洞204座4345横延米，站场2座，无砟道床单线210千米，车站2座。

中铁十八局集团公司兰新铁路第二双线LXS－2标段工程　项目部驻甘肃省兰州市红古区，项目负责人刘东。合同投资391414万元，线路长53千米。主要工程量：路基土石方183万立方米，桥梁21座24400延长米，隧道9座17300延长米，涵洞35座849.6横延米，铺设无砟轨道53.6千米。

中铁十八局集团公司兰新铁路第二双线LXS－5标段工程　项目部驻青海省门源县，项目负责人高永亮。合同投资140966万元，线路长16千米。主要工程量：大坂山隧道15900延长米，三塘沟斜井1952.2米，头塘沟斜井1046.6米，南门斜井2100米，平导16066米，进出口防寒泄水洞2300米。

中铁十九局集团公司兰新铁路第二双线LXS－15标段工程　项目部驻甘肃省酒泉市，项目负责人陈金荣。合同投资318342万元，线路长46千米。主要工程量：路基土石方208.5万立方米，桥梁26900延长米，涵洞45座，预制双块式轨枕120.9万根，三电迁改95处。

中铁二十局集团公司兰新铁路第二双线LXS－7标段工程　项目部驻青海省门源县，项目负责人任少强。合同投资150899万元，线路长16千米。主要工程量：大梁隧道6561延长米，祁连山隧道9515延长米，桥梁1座273延长米，CRTS I型双块式无砟轨道33千米。

中铁二十局集团公司兰新铁路第二双线LXTJ－1标段工程　项目部驻新疆维吾尔自治区哈密市，项目负责人姚长文。合同投资196910万元，线路长67千米。主要工程量：路基土石方889万立方米，桥梁2座2789.8延长米，隧道1座1050延长米，涵洞122座3400横延米，无砟道床67千米，车站1座（红柳河南）。

中铁二十一局集团公司兰新铁路第二双线LXTJ－7标段工程　项目部驻新疆维吾尔自治区乌鲁木齐市，项目负责人朱昌岳。合同投资174210万元，线路长34千米。主要工程量：路基土石方335万立方米，隧道5座6026延长米，桥梁16座4909延长米，涵洞50座1329横延米，无砟道床68.8千米，制架梁218孔。

中铁二十一局集团公司兰新铁路第二双线LXSQZ－1标段工程　项目部驻青海省西宁市，项目负责人范登乾。合同投资195146万元，线路长23千米。主要工程量：路基土石方92.7万立方米，桥梁14座13500延长米，隧道5座6131延长米，涵洞11座231横延米，电力迁改23千米，无砟道床45.5千米，制架梁366孔。

中铁二十一局集团公司兰新铁路第二双线LX－LZSN－1标段工程　项目部驻甘肃省兰州市，项目负责人姚璐。合同投资201884万元，线路长15千米。主要工程量：路基土石方73.6万立方米，桥梁8座6383延长米，隧道4座6823延长米，涵洞175.8横延米，电力迁改15千米，正线铺轨30.5铺轨千米，站线铺轨3.1千米，无砟道床30.5千米，制架梁164孔，房屋建筑22104平方米。

中铁二十一局集团公司兰新铁路第二双线LXS－13标段工程　项目部驻甘肃省酒泉市，项目负责人丁晖东。合同投资34594万元，线路长14千米。主要工程量：路基土石方92万立方米，特大立交1座7500延长米，涵洞13座387横延米，酒泉南站。

中铁二十一局集团公司兰新铁路第二双线站后LXSD2－XJ标段工程　项目部驻新疆维吾尔自治区哈密市，项目负责人杨晓军。合同投资106864万元。主要工程量：电力、变电线路137千米、车站4座，变电所2座，接触网支柱组立5350根，接触网架设356.4千米，供电线架设73.6千米，正馈线架设263.1千米。

中国铁建电气化局集团公司兰新铁路第二双线四电集成及站后相关工程LXSD2－XJ标段（新疆段）工程　项目部驻新疆维吾尔自治区乌鲁木齐市，项目负责人冯学彬。合同投资474630.4万元，线路长709.9千米。主要工程量：接触网1455.2千米，电力线路1299.2千米，通信线路1371.6千米，自动闭塞564.3千米，连锁道岔158组，房屋建筑45858平方米。

中国铁建电气化局集团公司兰新铁路第二双线乌鲁木齐枢纽引入代建站后工程　项目部驻新疆维吾尔自治区乌鲁木齐市，项目负责人马宝平。合同投资31857万元，线路长4.6千米。主要工程量：接触网18.1条千米，电力线路12.8千米，通信线路9.9千米，自动闭塞3.4千米，连锁道岔13组，房屋建筑23026平方米。

中国铁建电气化局集团公司兰新铁路第二双线哈密枢纽引入站后四电系统集成工程 HSN 标段工程　项目部驻新疆维吾尔自治区哈密市，项目负责人冯学彬。合同投资 20764.8 万元，线路长 9.4 千米。主要工程量：通信线路 48.1 千米，自闭线路 64.6 千米，连锁道岔 112 组，电力线路 85.6 千米，接触网 61.4 条千米。（刘　辉）

·贵广铁路·

【工程概况】 贵广铁路始于贵州省贵阳市贵阳北站，止于广东省广州枢纽新广州车站，途经贵阳、都匀、桂林、贺州、肇庆、佛山、广州，线路全长 857 千米。其中，广东省境内 207.5 千米；广西壮族自治区境内 348.5 千米；贵州省境内 301 千米。设计时速 200 千米，桥隧长度占线路全长的 70%。工程投资 858 亿元。2008 年 10 月 13 日开工建设，2014 年 12 月 26 日建成通车。中国铁建所属十二局、大桥局，十四、十六、十八、二十一、二十三局和电气化局集团公司参加工程建设。

（刘　辉）

【参建标段】 中铁十二局集团公司贵广铁路 GGTJ－6 标段工程　项目部驻广西壮族自治区桂林市，项目负责人王光勇。合同投资 623657 万元，线路长 66.2 千米。主要工程量：路基土石方 766 万立方米；隧道 15 座 30000 延长米，其中天平山隧道 14000 延长米；桥梁 46 座 31000 延长米，制架箱梁 692 孔、T 梁 752 片；涵洞 1430 横延米；正线铺轨 495 千米，站线铺轨 24.1 千米。

中国铁建大桥工程局集团公司贵广铁路 GGTJ－8 标段工程　项目部驻广西壮族自治区钟山县，项目负责人臧守杰。合同投资 421321 万元，线路长 70 千米。主要工程量：路基土石方 607 万立方米；隧道 9 座 24200 延长米，其中两安隧道 12600 延长米；桥梁 24 座 23200 延长米；涵洞 105 座 2321 横延米；无砟道床 139 千米。

中铁十四局集团公司贵广铁路 GGTJ－9 标段工程　项目部驻广西壮族自治区贺州市，项目负责人周长进。合同投资 420989 万元，线路长 60 千米。主要工程量：路基土石方 195 万立方米，桥梁 32 座 18300 延长米，隧道 14 座 34800 延长米，涵洞 19 座 384 横延米，无砟道床 122 千米，有砟道床 2.6 千米，正线铺轨 314 千米，站线铺轨 12 千米。

中铁十六局集团公司贵广铁路 GGTJ－11 标段工程　项目部驻广东省肇庆市，项目负责人张国辉。合同投资 260725 万元，线路长 56 千米。主要工程量：土石方 311 万立方米，桥梁 47 座 17100 延长米，制架箱梁 754 孔，涵洞 8 座 167 横延米，隧道 30 座 35200 延长米，正线铺轨 111 千米，站线铺轨 2.5 千米。

中铁十八局集团公司贵广铁路 GGTJ－4 标段工程　项目部驻贵州省从江县，项目负责人李正士。合同投资 199787 万元，线路长 34 千米。主要工程量：路基土石方 183 万立方米；隧道 3.5 座 29300 延长米，其中洛香隧道 11200 延长米、高青隧道 10900 延长米；桥梁 5 座 1023 延长米，涵洞 11 座 348 横延米，预制轨枕 48.6 万块，无砟轨道铺轨 64 千米。

中铁二十一局集团公司贵广铁路 GGTJ－3、4 标段工程　项目部驻贵州省黎平县，项目负责人曾继光。合同投资 192002 万元，线路长 31 千米。主要工程量：路基土石方 4.8 万立方米；隧道 7 座 28900 延长米，其中黄冈隧道 12200 延长米；桥梁 6 座 1129.5 延长米，移动模架现浇箱梁 23 孔，连续钢构梁 18 联，无砟道床 60.7 千米。

中铁二十三局集团公司贵广铁路 GGTJ－7 标段工程　项目部驻广西壮族自治区阳朔县，项目负责人袁勇。合同投资 588035 千米，线路长 94 千米。主要工程量：路基 20.9 千米，路基土石方 756 万立方米；桥梁 53 座 28800 延长米，制架箱梁 826 孔；隧道 26 座 44600 延长米，涵洞 66 座 1463 横延米，正线铺轨 189.3 千米。

中国铁建电气化局集团公司贵广铁路四电系统集成、防灾安全监控及相关工程 GGSD－2 标段工程　项目部驻广东省广州市，项目负责人郭志光。合同投资 302496.5 万元，线路长 527.5 千米。主要工程量：敷设通信光电缆 2682 千米、信号（防灾）电缆 4029 千米、（牵引变）电缆 3843 千米、接触线 1773 千米、附加线 3000 千米，隧道照明设备安装 47955 套。（刘　辉）

·郑徐铁路客运专线·

【工程概况】 郑徐铁路客运专线西起河南省郑州市，在郑州枢纽与郑西、京广高速铁路衔接，东至江苏省徐州市，在徐州枢纽与京沪高速铁路衔接，线路设郑州东、开封北、兰考南、民权北、商丘、砀山南、永城北、萧县北、徐州东 9 座车站。其中，郑州东站和徐州东站为既有车站；商丘站为既有车站扩建；其余 6 座车站为新建车站。线路全长 361.937 千米。其中，河南省境内 252.8 千米；安徽省境内 73.4 千米；江苏省境内 35.6 千米。全线无隧道，桥梁长度占线路全长的 93.5%，为双线电气化客运专线，设计时速 350 千米，合同投资 479.8 亿元，2012 年 12 月 26 日开工建设，计划工期 4 年。中国铁建所属十二、十四、十六、十七、十八、二十、

二十一局集团公司参加工程建设。 （刘 辉）

【参建标段】 中铁十二局集团公司郑徐铁路客运专线ZXZQ－9标段工程 项目部驻江苏省徐州市，项目负责人洪成林。合同投资217389万元，线路长11.4千米。主要工程量：桥梁3座26900延长米，制架箱梁718孔，钻孔桩7148根，725个墩台。

中铁十四局集团公司郑徐铁路客运专线ZXZQ－5标段工程 项目部驻河南省商丘市，项目负责人刘美良。合同投资164221万元，线路长27.1千米。主要工程量：桥梁1座27100延长米；制架箱梁833孔，无砟道床54.2千米。

中铁十六局集团公司郑徐铁路客运专线ZXZQ－6标段工程 项目部驻安徽省砀山县，项目负责人刘彬。合同投资70000万元，线路长12.8千米。主要工程量：路基1.9千米，虞城特大桥1座10900延长米，框架桥3座687.3顶平方米，涵洞4座143.5横延米，站场1处。

中铁十七局集团公司郑徐铁路客运专线ZXZQ－3标段工程 项目部驻河南省开封市，项目负责人罗玉华。合同投资356288万元，线路长52.7千米。主要工程量：路基及站场土石方48.9万立方米，开兰特大桥51100延长米，制架箱梁1501孔，涵洞3座266.4横延米，无砟道床52.6千米，站线铺轨3.1千米。

中铁十八局集团公司郑徐铁路客运专线ZXZQ－3标段工程 项目部驻河南省开封市，项目负责人宋庚银。合同投资106900万元，线路长21.6千米。主要工程量：路基土石方48.9万立方米，开兰特大桥20000延长米，涵洞2座60.88横延米，架梁705孔，无砟道床21.5千米，站线铺轨0.9千米。

中铁二十局集团公司郑徐铁路客运专线ZXZQ－4标段工程 项目部驻河南省民权县，项目负责人张林。合同投资203338万元，线路长28.6千米。主要工程量：民权特大桥28600延长米，制架箱梁1089孔，无砟道床72.4千米。

中铁二十一局集团公司郑徐铁路客运专线ZXZQ－4标段工程 项目部驻河南省民权县，项目负责人孙玉国。合同投资41387万元，线路长9.1千米。主要工程量：土石方32.3万立方米，桥梁6座7617延长米，涵洞3座115.4横延米，无砟道床9.1千米。

（刘 辉）

·西成铁路客运专线·

【工程概况】 西安至成都高速铁路由新建西安至江油客运专线与成绵乐城际铁路两段组成，线路自西安北站引出，向西南方向途经汉中、广元、绵阳、德阳接入成都东站，线路全长660千米。其中，陕西省境内343千米；四川省境内317千米。为双线电气化客运专线，设计时速250千米，合同投资400亿元，2012年10月27日开工建设，计划2017年11月建成通车。中国铁建所属十二、十六、十七、十九、二十局及电气化局集团公司参加工程建设。 （刘 辉）

【参建标段】 中铁十二局集团公司西成铁路客运专线XCZQ－4标段工程 项目部驻陕西省佛坪县，项目负责人雷军。合同投资220000万元，线路长15.1千米。主要工程量：秦岭天华山隧道出口3552延长米（隧道全长15988.6延长米），老安山隧道15161延长米，得利隧道进口7837延长米（隧道全长14167延长米），木河中桥79.9延长米，椒溪河特大桥884.9延长米。

中铁十六局集团公司西成铁路三电迁改1标段工程 项目部驻陕西省户县，项目负责人李克庆。合同投资11568万元，线路长117千米。主要工程量：5千伏临时开关站2座，35千伏永临结合电源线48千米，35千伏临时电力171千米，电力迁改和通信迁改线路长117千米。

中铁十七局集团公司西成铁路客运专线XCZQ－3标段工程 项目部驻陕西省宁陕县，项目负责人陈自明。合同投资231161万元，线路长30.3千米。主要工程量：路基土石方1.95万立方米，隧道5座28800延长米，桥梁4座1453延长米，站场1处，正线铺轨60.5千米，站线铺轨2.3千米。

中铁十九局集团公司西成铁路客运专线XCZQ－1标段工程 项目部驻四川省广元市，项目负责人张玉。合同投资293945万元，线路长38.9千米。主要工程量：路基土石方86万立方米，隧道3座26500延长米，桥梁10座7105延长米，涵洞5座72横延米。

中铁十九局集团公司西成铁路客运专线XCZQ－7标段工程 项目部驻陕西省汉中市，项目负责人李华伟。合同投资260994万元，线路长34.7千米。主要工程量：路基土石方139.9万立方米，桥梁4座29800延长米，涵洞24座452横延米，站场1处，正线铺轨749.2千米，站线铺轨12.7千米。

中铁二十局集团公司西成铁路客运专线XCZQ－8标段工程 项目部驻陕西省汉中市，项目负责人雷卫东。合同投资255041万元，线路长33.5千米。主要工程量：路基土石方4.2万立方米，隧道2.5座17000延长米，桥梁2座32700延长米，站场1处，正线铺轨66.5千米，站线铺轨1.6千米。

中国铁建电气化局集团公司西成铁路四电系统集

成工程　项目部驻陕西省西安市未央区，项目负责人王志国。合同投资329579万元，线路长342.9千米。主要工程量：通信光电缆1863.6千米，信号电缆2329千米，10千伏电缆线路866.4千米，接触网982千米，附加导线686.4千米。

中国铁建电气化局集团公司西成铁路四电系统集成XCSDJC－1－2标段工程　项目部驻四川省广元市利州区，项目负责人罗世昌。合同投资142477.6万元，线路长165.8千米。主要工程量：通信光电缆874.6千米，区间电缆874.8千米，正线电缆高压电缆380千米，接触网444.6千米，附加导线663.5千米，房屋建筑28954平方米。（刘　辉）

·成兰铁路·

【工程概况】　成兰铁路起于四川省成都市青白江区，途经广汉市、什邡市、绵竹市、安县、茂县、九寨沟县、松潘县，在甘肃省内接正在建设的兰渝铁路哈达铺站，哈达铺至兰州段与兰渝铁路共线，线路全长780千米，Ⅰ级电气化铁路，设计时速200千米，计划投资619万元。2011年2月26日开工建设，工期6年，计划2017年竣工。中国铁建所属十二、十四、十六、十七、十九、二十五局集团公司参加工程建设。（刘　辉）

【参建标段】　中铁十二局集团公司成兰铁路CLZQ－8标段工程　项目部驻四川省茂县，项目负责人王毅东。合同投资158755万元，线路长18.2千米。主要工程量：茂县隧道出口3803延长米，核桃沟大桥171延长米，榴桐寨隧道进口14200延长米。

中铁十四局集团公司成兰铁路CLZQ－11标段工程　项目部驻四川省松潘县，项目负责人张立丰。合同投资147335万元，线路长24.2千米。主要工程量：隧道21100延长米，其中解放村隧道兰州端1772延长米、金瓶岩隧道12700延长米、王登隧道6601延长米；桥梁2473.8延长米。

中铁十六局集团公司成兰铁路CLZQ－4标段工程　项目部驻四川省安县，项目负责人刘生龙。合同投资125717万元，线路长19.2千米。主要工程量：路基土石方320.2万立方米，隧道2座11800延长米，桥梁2座480延长米，涵洞34座1281横延米，正线铺轨101.9千米。

中铁十七局集团公司成兰铁路CLZQ－7标段工程　项目部驻四川省茂县，项目负责人唐波涛。合同投资108314万元，线路长7.3千米。主要工程量：路基土石方105万立方米。隧道1座6千米，桥梁3座1213.8延长米，涵洞1座21横延米，无砟轨道129.8千米。

中铁十九局集团公司成兰铁路CLZQ－5标段工程　项目部驻四川省安县，项目负责人周宝春。合同投资133078万元，线路长18.1千米。主要工程量：站场土石方26476立方米，隧道2座17600延长米，桥梁1座235延长米，站场1处，预制站台梁28孔，支架现浇铁路梁14孔。

中铁二十五局集团公司成兰铁路CLZQ－13标段工程　项目部驻四川省松潘县，项目负责人庞尔林。合同投资157087万元，线路长22.9千米。主要工程量：路基土石方293万立方米，隧道2座11200延长米，桥梁14座6388延长米，涵洞11座751横延米，正线铺轨102千米，车站2座。（刘　辉）

·敦格铁路·

【工程概况】　敦格铁路是链接甘肃省敦煌市与青海省格尔木市的一条铁路，线路起点为敦煌铁路敦煌站，终点为饮马峡站，并有连接线前往格尔木站。线路全长616.7千米，2012年10月18日开工建设，设计为Ⅰ级单线电气化铁路并预留复线条件，正线长509千米。其中，甘肃省境内263.7千米；青海省境内245.3千米。设计时速120千米，计划投资129.5亿元，建设工期6年。中国铁建所属十一、十七、二十一、二十二局集团公司参加工程建设。（刘　辉）

【参建标段】　中铁十一局集团公司敦格铁路站前1标段工程　项目部驻甘肃省酒泉市阿克塞哈萨克族自治县，项目负责人陈林生。合同投资155067万元，线路长133.9千米，主要工程量：路基土石方1313万立方米，桥梁59座14724延长米，涵洞361座7768横延米，轨道正线铺轨133.8千米，站线铺轨16.8千米，新建车站5座，制架梁458孔。

中铁十七局集团公司敦格铁路站前3标段工程　项目部驻地甘肃省酒泉市阿克塞哈萨克族自治县，项目负责人张秋生。合同投资126478万元，线路长23.2千米。主要工程量：路基土石方41万立方米，涵洞7座118.9延长米，金山隧道20100延长米，无砟道床19.6千米。

中铁二十一局集团公司敦格铁路站前2标段工程　项目部驻青海省德令哈市，项目负责人朱建军。合同投资163066万元，线路长133.5千米。主要工程量：路基土石方3623万立方米，路基133千米，桥梁47座107延长米，涵洞387座6398横延米，正线铺轨133.4千米，站线铺轨33.6千米。

中铁二十二局集团公司敦格铁路站后1标段工程

项目部驻青海省海西蒙古族藏族自治州，项目负责人程治平。合同投资50829万元，线路长133.5千米，主要工程量：通信、信号、信息、电力、牵引变电及相关房屋、站房、站场工程。（刘 辉）

·石济铁路客运专线·

【工程概况】 石济铁路客运专线是太（原）青（岛）客运专线的一部分，东接胶济铁路客运专线，西连石太铁路客运专线，是国家规划“四纵四横”快速铁路网的一横的中段。石济铁路客运专线建成通车后，太青铁路客运专线将全线贯通，沟通山西、河北和山东3省，设计时速250千米，计划投资436亿元，建设工期3.5年，计划2015年12月底建成通车。中国铁建所属十一、十二、十四、十八、十九局集团公司参加工程建设。（刘 辉）

【参建标段】 中铁十一局集团公司石济铁路客运专线SJZ－1标段工程 项目部驻河北省石家庄市，项目负责人王金柱。合同投资169395万元，线路长31.3千米。主要工程量：路基土石方60万立方米，桥梁2座22800延长米，涵洞6座117横延米，站场1处，正线铺轨354.6千米，站线铺轨13千米，制架箱梁702孔，铺道岔61组，铺砟9380立方米。

中铁十二局集团公司石济铁路客运专线SJZ－2标段工程 项目部驻山东省济南市，项目负责人王学申。合同投资32700万元，线路长6.6千米。主要工程量：路基土石方17万立方米，桥梁3座5108.7延长米，涵洞6座94.9横延米，有砟道床9.3千米，正线铺轨9.3千米。

中铁十四局集团公司石济铁路客运专线SJZ－4标段工程 项目部驻河北省衡水市武邑县，项目负责人王焕。合同投资261472万元，线路长45.4千米。主要工程量：路基土石方103.4万立方米，桥梁4座39500延长米，涵洞14座384.7横延米，站场1处，制架梁1106片，有砟道床45.4千米。

中铁十八局集团公司石济铁路客运专线SJZ－6标段工程 项目部驻山东省德州市平原县，项目负责人王志杰。合同投资246143万元，线路长41.9千米。主要工程量：预制箱梁937孔，架设箱梁516孔，架设T梁4孔，桥梁9座，涵洞3座。

中铁十九局集团公司石济铁路客运专线SJZ－3标段工程 项目部驻河北省辛集市、衡水市，项目负责人李庆林。合同投资235982万元，线路长38.5千米。主要工程量：路基土石方230.8万立方米，特大桥4座26700延长米，框架桥10座，涵洞29座。（刘 辉）

·宝兰铁路客运专线·

【工程概况】 宝鸡至兰州铁路客运专线是国家中长期铁路网规划中徐州至兰州客运专线的西段，自西宝铁路客运专线陕西省宝鸡南站引出，途经甘肃省天水市、定西市和兰州市，全长403千米，为Ⅰ级双线电气化铁路，设计时速250千米，计划投资535亿元，2012年10月开工建设，计划2017年底建成通车。中国铁建所属大桥局及十四、十七、十八、十九、二十、二十一局集团公司参加工程建设。（刘 辉）

【参建标段】 中国铁建大桥工程局集团公司宝兰铁路客运专线BLTJ－2标段工程 项目部驻甘肃省天水市，项目负责人王保国。合同投资168247万元，线路全长32.4千米。主要工程量：路基土石方31.8万立方米，隧道3座30500延长米，桥梁2座140.4延长米，涵洞6座153横延米，无砟道床64.8千米。

中铁十四局集团公司宝兰铁路客运专线BLTJ－13标段工程 项目部驻甘肃省榆中县，项目负责人管振祥。合同投资213884万元，线路长25.1千米。主要工程量：路基土石方149万立方米，隧道4座5709延长米，桥梁6座6585延长米，涵洞16座568横延米，正线铺轨25千米，房屋建筑16441平方米。

中铁十七局集团公司宝兰铁路客运专线BLTJ－6标段工程 项目部驻甘肃省秦安县，项目负责人冯广利。合同投资268049万元，线路长32.6千米。主要工程量：路基土石方128万立方米，隧道2座12900延长米，桥梁13座15700延长米，涵洞4座114横延米，无砟轨道64.7千米。

中铁十八局集团公司宝兰铁路客运专线BLTJ－4标段工程 项目部驻甘肃省兰州市，项目负责人李小丰。合同投资23052万元，线路长8.7千米。主要工程量：路基土石方39万立方米，隧道1座346延长米，桥梁2座1757.9延长米，涵洞14座251.4横延米，站场2处，正线铺轨5.4千米，站线铺轨4.6千米。

中铁十九局集团公司宝兰铁路客运专线BLTJ－7标段工程 项目部驻甘肃省秦安县，项目负责人丁礼建。合同投资194562万元，线路长24.3千米，主要工程量：桥梁3座448.5延长米，隧道3座23600延长米，无砟道床铺设48.5千米。

中铁二十局集团公司宝兰铁路客运专线BLTJ－8标段工程 项目部驻甘肃省通渭县，项目负责人刘文武。合同投资197480万元，线路长23.7千米。主要工程量：路基土石方70.4万立方米，隧道5座9176延长米，桥梁9座115延长米，涵洞11座351.1横延米。

中铁二十一局集团公司宝兰铁路客运专线BLTJ－3标段工程　项目部驻甘肃省天水市，项目负责人张天舒。合同投资296008万元，线路长26.77千米。主要工程量：路基土石方166.73万立方米，桥梁8座16500延长米，隧道3座8595延长米，无砟道床54.51千米，房屋建筑10482平方米，制架箱梁330孔。

中铁二十一局集团公司宝兰铁路客运专线兰州枢纽BL－LZSN－1标段工程　项目部驻甘肃省兰州市，项目负责人赵彦旭。合同投资196073万元，线路长28.1千米。主要工程量：路基土石方967.5万立方米，桥梁20座5248.9延长米，涵洞33座2345.9横延米，正线铺轨27.2千米，站线铺轨52.5千米，无砟道床4.1千米，制架T梁313片。

中铁二十一局集团公司宝兰铁路客运专线三电及管线迁改和临电工程BLQG－2标段工程　项目部驻甘肃省定西市，项目负责人石双宏。合同投资16519万元，线路长301.4千米。主要工程量：电力、通信线路及热力管网、给排水管道迁改及临电工程。

中铁二十一局集团公司宝兰铁路客运专线兰州枢纽工程BL－LZSN－5标段工程　项目部驻甘肃省兰州市，项目负责人吴刚。合同投资25292万元，线路长8.8千米。主要工程量：接触网34条千米，电源电缆线路8.2千米，高压干线电缆线路49.3千米，低压电缆线路89.3千米，信号连锁道岔109组。　（刘　辉）

·西格铁路二线关角隧道·

【工程概况】　西格铁路二线关角隧道全长32.6千米，是目前中国在建最长的铁路隧道，也是世界最长的高原铁路隧道。关角隧道位于青海省天峻县境内，属青藏高原亚寒带半干旱气候，年平均气温－0.5℃，极端最低气温－35.8℃，最大积雪厚度21厘米，最大冻结深度299厘米，海拔3400～4000米。　（刘　辉）

【参建标段】　中铁十六局集团公司青藏铁路西宁至格尔木增建二线关角隧道XGZHQ5－1标段工程　项目部驻青海省天峻县，项目负责人刘海荣。合同投资135792万元，线路长49.26千米。合同工期：2007年11月6日—2012年4月15日，计划2014年底竣工。主要工程量：隧道17372延长米，隧道开挖270.24万立方米，混凝土72.13万立方米。　（刘　辉）

·重庆铁路枢纽BT项目·

【工程概况】　重庆铁路枢纽BT项目为沙坪坝铁路枢纽综合改造工程BT建设总承包项目。位于重庆市沙坪坝区，北靠沙坪坝商业核心区——三峡广场，南接石碾盘、小龙坎片区，西南侧与沙坪坝公园紧邻，东临重庆八中。合同投资23亿元，合同工期：2013年1月—2015年6月。　（刘　辉）

【承建单位】　中铁十七局集团公司以BT＋施工总承包方式承担重庆沙坪坝铁路枢纽综合改造工程，包括沙坪坝站站场改造工程、成渝铁路客运专线沙坪坝站站房工程、站场上盖工程、公共交通换乘设施工程、景观绿化工程、物业开发及配套工程。主要工程量：桥梁2座267延长米，涵洞及通道5座542米，隧道2座1120延长米，城市道路4.87千米。　（刘　辉）

·合肥南站工程·

【工程概况】　合肥南站站房工程主要由地上两层、地下一层、局部设计夹层组成。南北设置站房，东西设置高架桥。站房主体建筑轴线间南北宽364.25米、东西宽561.8米，站房建筑高度38.05米，附属建筑高度10.9米。站房建筑面积99284平方米。其中，站台层14211平方米；高架层55144平方米；地下层29929平方米。雨棚面积61280平方米。站房结构形式：站台层为列车通过层，采用钢筋混凝土框架结构，桥建合一，框架梁上分别承受承轨结构体系和站台板梁板结构体系，地上两层为高架候车层，采用钢筋混凝土结构，屋盖采用型钢混凝土柱和钢桁架结构体系。

（刘　辉）

【承建单位】　中铁建设集团公司承担合肥南站工程施工任务。合同投资17亿元，2012年10月开工建设，2014年11月12日建成通车。　（刘　辉）

公路工程

·三门峡至淅川高速公路·

【工程概况】　三门峡至淅川高速公路是河南省高速公路网规划项目，北接山西大同至运城高速公路，向南跨越黄河后与连霍高速公路相交，经三门峡、灵宝、卢氏等市（县），止于上海至西安高速公路，路线全长189千米。与相接的连霍、沪陕、福银3条国家高速公路共同构架成中部地区区域交通骨架体系，该项目按双向

4车道高速公路标准建设,整体式路基宽度24.5米,分离式路基宽度12.25米,设计时速80千米。合同投资113亿元,2010年9月开工建设,计划2015年10月建成通车。中国铁建所属十一、十二、十四、十五、十七、十八、十九、二十五局集团公司参加工程建设。

(刘 辉)

【参建标段】 中铁十一局集团公司三门峡至淅川高速公路LXTJ-9标段工程 项目部驻河南省三门峡市,项目负责人肖江松。合同投资43577万元,线路长8千米。主要工程量:路基土石方403.6万立方米,桥梁8座1660延长米,隧道1座2090延长米,涵洞通道10座,互通1处。

中铁十二局集团公司三门峡至淅川高速公路LXTJ-3标段工程 项目部驻河南省淅川县,项目负责人杜世文。合同投资49000万元,线路长6.4千米。主要工程量:路基土石方169.8万立方米,隧道4座3243延长米,桥梁5座1436.34延长米,涵洞14座476.38横延米。

中铁十四局集团公司三门峡至淅川高速公路LXTJ-4标段工程 项目部驻河南省卢氏县,项目负责人刘明才。合同投资23245万元,线路长4.1千米。主要工程量:路基土石方12万立方米,庙沟特大桥1595.5延长米,西安岭隧道2389.5延长米。

中铁十五局集团公司三门峡至淅川高速公路LXTJ-12标段工程 项目部驻河南省西峡县,项目负责人周禹弛。合同投资45782万元,线路长6.1千米。主要工程量:路基土石方126.7万立方米,桥梁6座3345.2延长米,隧道1.5座2931延长米,涵洞5座91.2横延米。

中铁十五局集团公司三门峡至淅川高速公路LXTJ-8标段工程 项目部驻河南省卢氏县,项目负责人李光洲。合同投资35617万元,线路长8.5千米。主要工程量:路基土石方300万立方米,大桥5座1512.5延长米,隧道2座778.3延长米,涵洞、通道16座779米。

中铁十七局集团公司三门峡至淅川高速公路LXTJ-1标段工程 项目部驻河南省卢氏县,项目负责人王登科。合同投资33742万元,线路长4.5千米。主要工程量:路基土石方133.7万立方米,桥梁5座2620延长米,涵洞6座248.27横延米,预制40米T梁340片、25米箱梁392孔。

中铁十八局集团公司三门峡至淅川高速公路LXTJ-11标段工程 项目部驻河南省卢氏县,项目负责人陈文。合同投资29339万元,线路长3.3千米。主要工程量:路基土石方165万立方米,分离式大桥2座712延长米,隧道2座1450延长米,涵洞2座。

中铁十八局集团公司三门峡至淅川高速公路LXTJ-4标段工程 项目部驻河南省卢氏县,项目负责人陈文。合同投资22451万元,线路长1.7千米。主要工程量:路基土石方87万立方米;桥梁2座714延长米,其中李家湾1号大桥547延长米、李家湾2号大桥167延长米;桦栎树隧道297延长米。

中铁十九局集团公司三门峡至淅川高速公路LXTJ-8标段工程 项目部驻河南省卢氏县,项目负责人李锐。合同投资47479万元,线路长6.2千米。主要工程量:路基2748米,大桥7座2966延长米,隧道1座507.5延长米,涵洞7座。

中铁二十五局集团公司三门峡至淅川高速公路LXTJ-10标段工程 项目部驻河南省西峡县,项目负责人李勇舟。合同投资36636万元,线路长5.2千米。主要工程量:路基土石方61.1万立方米,隧道4座5144延长米,桥梁2座3449.3延长米,涵洞4座186横延米。

(刘 辉)

·麻柳湾至昭通高速公路·

【工程概况】 麻昭高速公路是中国高速公路主骨架渝昆、广昆高速公路的重要组成部分,云南南北高速公路大通道建设的重要一段,起于云南省大关县寿山乡岔河村即水富至麻柳湾高速公路的止点,止于云南省昭通市鲁甸县大水塘村,与昭通至待补高速公路连接。线路全长117.8千米,其中主线106.6千米、大关联络线11.2千米,设计时速80千米、100千米。合同投资134.5亿元,计划工期3年,2012年8月3日开工建设,计划2015年12月建成通车。中国铁建所属十二、十六、二十四局集团公司参加工程建设。 (刘 辉)

【参建标段】 中铁十二局集团公司麻昭高速公路B2B3标段工程 项目部驻云南省昭通市,项目负责人王学先。合同投资107340万元,线路长7.5千米。主要工程量:路基土石方18万立方米,隧道12座6903延长米,桥梁11座4830延长米,涵洞3座58横延米。

中铁十六局集团公司麻昭高速公路B4标段工程 项目部驻云南省昭通市,项目负责人黎爱清。合同投资50230万元,线路长2.5千米。主要工程量:路基土石方8.4万立方米,桥梁5座3080延长米,隧道1座1662延长米。

中铁二十四局集团公司麻昭高速公路C1标段工程 项目部驻云南省昭通市,项目负责人余尚军。合同投资43195万元,线路长4.2千米。主要工程量:路基土石方29.86万立方米,桥梁4座421延长米,隧道

3 座 3688 延长米，涵洞 3 座。（刘 辉）

·江门至罗定高速公路·

【工程概况】 广东省江门至罗定高速公路起点为江门市鹤山共和镇，终点为罗定市华石镇，线路全长 143.1 千米，计划投资 118 亿元，2016 年建成通车。中国铁建所属十一、十二、十四、二十局集团公司参加工程建设。（刘 辉）

【参建标段】 中铁十一局集团公司江门至罗定高速公路 12 标段工程　项目部驻广东省云浮市，项目负责人涂维。合同投资 107237 万元，线路长 9.1 千米。主要工程量：路基土石方 304 万立方米，隧道 2 座 4335 延长米，桥梁 11 座 3876.7 延长米，涵洞 35 座 596.7 横延米，制架梁 1260 孔。

中铁十二局集团公司江门至罗定高速公路 3 标段工程　项目部驻广东省江门市，项目负责人刘新华。合同投资 61444 万元，线路长 8.5 千米。主要工程量：桥梁 8 座 2564 延长米，涵洞、通道 34 座。

中铁十四局集团公司江门至罗定高速公路 14 标段工程　项目部驻广东省云浮市，项目负责人侯立波。合同投资 54668 万元，线路长 12.1 千米。主要工程量：路基土石方 283.6 万立方米，桥梁 9 座 2251.3 延长米，隧道 1 座 529 延长米，涵洞 18 座。

中铁二十局集团公司江门至罗定高速公路 15 标段工程　项目部驻广东省云浮市，项目负责人苏晓飞。合同投资 17640 万元，线路长 8.9 千米。主要工程量：路基土石方 193.6 万立方米，桥梁 8 座 367 延长米，涵洞 33 座 1343.8 横延米。（刘 辉）

·潮州至惠州高速公路·

【工程概况】 广东省潮州至惠州高速公路全长 243.1 千米，双向 6 车道，设计速度 100 千米、120 千米，计划投资 297.5 亿元，2016 年建成通车。中国铁建所属十一、十二、十四、二十、二十三局及港航局集团公司参加工程建设。（刘 辉）

【参建标段】 中铁十一局集团公司潮州至惠州高速公路 12 标段工程　项目部驻广东省陆河县，项目负责人尹道林。合同投资 18755 万元，线路长 6.5 千米。主要工程量：路基土石方 392.8 万立方米，桥梁 5 座 1603 延长米，涵洞、通道 17 座 719 延长米，预制箱梁 755 孔。

中铁十一局集团公司潮州至惠州高速公路 15 标段工程　项目部驻广东省海丰县，项目负责人程相峰。合同投资 59561 万元，线路长 20.4 千米。主要工程量：路基土石方 559.6 万立方米，隧道 2 座 822.5 延长米，桥梁 13 座 2661.4 延长米，涵洞 62 座 2552.8 横延米，制梁 122 孔，架梁 119 孔。

中铁十二局集团公司潮州至惠州高速公路 5 标段工程　项目部驻广东省揭西县，项目负责人陈枢。合同投资 44191 万元，线路长 11.2 千米。主要工程量：路基土石方 385 万立方米，桥梁 10 座 2839 延长米，互通式立体交叉 2 处，匝道桥 7 座 840.5 延长米，天桥 2 座 150 延长米，涵洞 36 座 1440.2 横延米。

中铁十四局集团公司潮州至惠州高速公路 6 标段工程　项目部驻广东省揭西县，项目负责人高奎。合同投资 52186 万元，线路长 14.2 千米。主要工程量：路基土石方 696.7 万立方米，桥梁 13 座 3980.3 延长米，涵洞 54 座 2789.6 横延米，站场 3 处。

中铁十四局集团公司潮州至惠州高速公路 17 标段工程　项目部驻广东省惠东县，项目负责人刘明才。合同投资 185886 万元，线路长 15.5 千米。主要工程量：路基土石方 600 万立方米，制梁 1145 孔。

中铁二十局集团公司潮州至惠州高速公路 7 标段工程　项目部驻广东省揭西县，项目负责人罗铁钢。合同投资 55605 万元，线路长 10.8 千米。主要工程量：路基土石方 329.5 万立方米，隧道 1 座 1123 延长米，桥梁 15 座 7412 延长米，涵洞 24 座 1235.7 横延米，制架箱梁 1595 孔。

中铁二十三局集团公司潮州至惠州高速公路 13 标段工程　项目部驻广东省汕尾市，项目负责人徐俊义。合同投资 17734 万元，线路长 8 千米。主要工程量：路基土石方 294.3 万立方米，桥梁 8 座 1433 延长米，涵洞 28 座 1145.8 横延米，制架箱梁 611 孔。

中国铁建港航局集团公司潮州至惠州高速公路 8 标段工程　项目部驻广东省陆河县，项目负责人陈文锋。合同投资 22433 万元，线路长 7 千米。主要工程量：路基土石方 266 万立方米，桥梁 6 座 2483 延长米，涵洞 10 座 731 横延米。（刘 辉）

城市轨道交通工程

·北京地铁 6 号线二三期工程·

【工程概况】 北京地铁 6 号线是一条贯穿北京中心城区的东西向轨道交通骨干线，西起石景山区苹果园站，东至通州区东小营站，全长41.74千米，工程分三期建设。其中，一期工程西起海淀区五路居，东至朝阳区草房，线路长31千米，设车站20座，2012年12月30日正式开通；二期工程自朝阳区草房至通州区东小营，2014年12月28日建成通车；三期工程自苹果园至海淀区五路居，计划2016年建成通车。中国铁建所属十二、十四、十八、二十二局集团公司参加工程建设。

（刘 辉）

【参建标段】 中铁十二局集团公司北京地铁6号线二期13标段工程 项目负责人李光耀。线路长3.2千米，合同投资48452万元。主要工程量：新华大街站，新华大街站至玉带河大街站区间。

中铁十八局集团公司北京地铁6号线二期11标段工程 项目负责人陈庆章。线路长4千米，合同投资62764万元。主要工程量：物资学院站，草房站至物资学院站双线区间，物资学院站至北关站区间。

中铁二十二局集团公司北京地铁6号线二期16标段工程 项目负责人汤贵海。线路长0.95千米，合同投资21400万元。主要工程量：新城站，新城站至东小营站区间。

中铁十四局北京地铁6号线三期6标段工程 项目负责人刘少雨。线路长0.4千米，合同投资34999万元，合同工期2014年5月—2016年1月。主要工程量：苹果园站。

中铁二十二局北京地铁6号线三期5标段工程 项目负责人汤贵海。线路长2.4千米，合同投资33000万元，合同工期2013年6月—2015年1月。主要工程量：苹果园南路站，苹果园站至苹果园南路站区间，苹果园南路站至西黄村站区间。

（刘 辉）

·北京地铁7号线·

【工程概况】 北京地铁7号线起于北京西站，沿羊坊店南路、两广大街至东四环，穿越化工路至垡头，最后至焦化厂设置终点站，沿线经过丰台、西城、东城、朝阳4个区。线路全长24千米，设车站21座，全部为地下线，线路在东端设置车辆段1座。2009年开工建设，2014年12月28日建成通车。中国铁建所属十一、十二局，大桥工程局，十六、十八、十九局集团公司参加工程建设。

（刘 辉）

【参建标段】 中铁十一局集团公司北京地铁7号线9标段工程 项目负责人曾恕辉。线路长1.8千米，合同投资27518万元。主要工程量：南楼子庄站，化工站至南楼子庄站区间。

中铁十一局北京地铁7号线2标段工程 项目负责人童飞。线路长32千米，合同投资27890万元。主要工程量：正线铺轨13.88千米，车辆段铺轨19.24千米。

中铁十二局集团公司北京地铁7号线00标段工程 项目负责人王毅军。线路长1千米，合同投资33680万元。主要工程量：大郊亭站，百子湾站，大郊亭站至百子湾站区间。

中铁十二局集团公司北京地铁7号线8标段工程 项目负责人刘广钧。线路长0.98千米，合同投资27270万元。主要工程量：化工站，百子湾站至化工站区间。

中国铁建大桥工程局集团公司北京地铁7号线6标段工程 项目负责人侯刚。线路长2.2千米，合同投资59371万元。主要工程量：双井站，广渠门外站至双井站、双井站至九龙山站区间。

中铁十六局集团公司北京地铁7号线4标段工程 项目负责人徐福田。线路长1.9千米，合同投资67355万元。主要工程量：三里河站，磁器口站，珠市口站至三里河站、三里河站至磁器口站区间，磁器口站至广渠门内站区间联络线。

中铁十八局集团公司北京地铁7号线13标段工程 项目负责人解培为。线路长1.2千米，合同投资36866万元。主要工程量：焦化厂站，双合村站至焦化厂站区间，焦化厂站至设计终点区间。

中铁十九局集团公司北京地铁7号线7标段工程 项目负责人李凤城。线路长1.1千米，合同投资58698万元。主要工程量：7号线九龙山站，14号线九龙山站，九龙山站至大郊亭站区间。

（刘 辉）

·北京地铁14号线·

【工程概况】 北京地铁14号线西起丰台区长辛店东河沿路，穿京石高速公路后，沿卢沟桥路向东，进入北京南站，至朝阳公园后，到达来广营地区。线路全长45.9千米，设车站36座，停车场、车辆段各1座。沿途经过丰台、宣武、崇文、东城、朝阳5个区。2014年12月28日，该线分东西两段开通。中段部分计划2015年底建成通车。中国铁建所属十四、十五、十九、二十、二十二局集团公司参加工程建设。

（刘 辉）

【参建标段】 中铁十四局集团公司北京地铁14号线17标段工程 项目负责人苗春刚。线路长2.5千米，合同投资57433万元。主要工程量：大望路站，红庙站，九龙山站至大望路站至红庙站区间。

中铁十五局集团公司北京地铁14号线12标段工

程　项目负责人李运涛。线路长 1. 19 千米,合同投资 25107 万元。主要工程量:十里河站,十里河站至南八里庄站区间。

中铁十九局集团公司北京地铁 14 号线 18 标段工程　项目负责人吕兵。线路长 1. 78 千米,合同投资 40761 万元。主要工程量:朝阳公园站,红庙站至甜水园站区间,甜水园站至朝阳公园站区间。

中铁二十局集团公司北京地铁 14 号线 9 标段工程　项目负责人刘召臣。线路长 1 千米,合同投资 23658 万元。主要工程量:安乐林站,永定门外站至安乐林站区间。

中铁二十二局集团公司北京地铁 14 号线 3 标段工程　项目负责人刘治宝。线路长 2. 2 千米,合同投资 24000 万元。主要工程量:郭庄子站,大瓦窑站至郭庄子站、郭庄子站至大井站区间。　（刘　辉）

·北京地铁昌平线·

【工程概况】　北京地铁昌平线是连接城市中心区与昌平新城的一条南北向轨道交通快速客运线路,北起十三陵景区,南至城铁 13 号线西二旗站,线路全长 31. 2 千米,2009 年 4 月 2 日开工建设。一期工程于 2010 年 12 月 30 日建成通车;二期工程北起十三陵镇,与一期工程起点南邵站相接,设十三陵景区站、西关环岛站、昌平站、亢山广场站、水库路站、昌平新区站 6 座车站。除昌平站采用暗挖法施工外,其余均采用明挖法施工,计划 2015 年底建成通车。中国铁建所属十四、十六、十八、二十二局集团公司参加工程建设。

（刘　辉）

【参建标段】　中铁十四局集团公司北京地铁昌平线 7 标段工程　项目负责人赵光泉。线路长 1. 7 千米,合同投资 45026 万元,合同工期 2012 年 4 月—2015 年 9 月。主要工程量:昌平站 243. 8 米,西关环岛站至昌平站区间 288. 7 米,昌平站至亢山广场站区间 1150. 25 米。

中铁十六局集团公司北京地铁昌平线 6 标段工程　项目负责人王海明。线路长 1. 3 千米,合同投资 27169 万元,合同工期:2012 年 4 月—2015 年 9 月。主要工程量:西关环岛站,西关环岛站至昌平站区间 2609. 3 米。

中铁十六局集团公司北京地铁昌平线与 8 号线联络线工程　项目负责人史英俊。线路长 2. 7 千米,合同投资 29850 万元,合同工期:2010 年 1 月—2013 年 1 月。主要工程量:育知路站至平西府站区间 1476 米,平西府站至回龙观东大街站区间 863. 5 米。

中铁十八局集团公司北京地铁昌平线 8 标段工程　项目负责人黄广锴。线路长 1. 1 千米,合同投资 29004 万元,合同工期:2012 年 4 月—2015 年 9 月。主要工程量:亢山广场站 189. 4 米,亢山广场站至水库路站区间 940 米。

中铁二十二局集团公司北京地铁昌平线轨道工程　项目负责人赵巨宏。线路长 9. 5 千米,合同投资 19947 万元,合同工期:2014 年 1 月—2015 年 5 月。主要工程量:铺轨 35. 8 千米,道岔 36 组,交叉渡线 4 组,整体道床混凝土 344620 立方米,道砟 18040 立方米。

（刘　辉）

·青岛地铁 2 号线·

【工程概况】　青岛地铁 2 号线工程自青岛市南京路与香港中路交叉口起沿香港中路、香港东路向东,经新闻中心、青岛大学、啤酒城后北拐,沿深圳路北上经长途汽车东站、东韩到李村,后沿夏庄路至李村公园。沿线设 14 座地下车站,包括 7 座明挖站、6 座暗挖站、1 座明暗挖结合站;设 15 个区间,包括 1 个盾构区间 1369. 7 米、4 个 TBM 掘进区间 7152. 3 米、10 个矿山区间 10842. 4 米,其中汽车东站至东韩站区间采用明挖、矿山法施工,1 处车辆段出入段线 1410. 9 米,采用矿山法施工,1 处站后折返线采用四线矿山法施工。中国铁建所属十二、十四、十六、十七、十八、十九、二十、二十二、二十五局集团公司参加工程建设。合同投资 33 亿元,合同工期:2011 年 11 月—2015 年 10 月。

（刘　辉）

【参建单位】　中铁十二局集团公司青岛地铁 2 号线 11 工区　项目负责人鲍海荣。合同投资 31825 万元,线路长 2 千米。主要工程量:环城南路站,东韩站至环城南路站区间。

中铁十四局集团公司青岛地铁 2 号线 4 工区　项目负责人王春国。合同投资 54691 万元,线路长 2. 1 千米。主要工程量:南京路站,燕儿岛路站,高雄路站,南京路站至燕儿岛路站区间,燕儿岛路站至高雄路站区间。

中铁十六局集团公司青岛地铁 2 号线 10 工区　项目负责人娄兵。合同投资 27356 万元,线路长 1. 4 千米。主要工程量:东韩站,汽车东站至东韩站区间。

中铁十七局集团公司青岛地铁 2 号线 12 工区　项目负责人鲜胜军。合同投资 33203 万元,线路长 1. 8 千米。主要工程量:枣庄路站,环城南路站至枣庄路站区间,枣庄路站至李村站区间。

中铁十八局集团公司青岛地铁 2 号线 5 工区　项

目负责人施红忠。合同投资 51040 万元,线路长 4.5 千米。主要工程量:麦岛站,徐家麦岛站,海川路站,海安路站,海安路站至海川路站区间,海川路站至徐家麦岛站区间,徐家麦岛站至麦岛站区间,麦岛站至高雄路站区间。

中铁十九局集团公司青岛地铁 2 号线 4 工区　项目负责人董宝云。合同投资 19811 万元,线路长 1.5 千米。主要工程量:苗岭路站,啤酒城站至苗岭路站区间。

中铁二十局集团公司青岛地铁 2 号线 13 工区　项目负责人周玉兵。合同投资 34130 万元,线路长 1.3 千米。主要工程量:李村公园站,李村站至李村公园站区间,李村公园站站后折返线区间。

中铁二十二局集团公司青岛地铁 2 号线 6、7 工区　项目负责人周清福。合同投资 30649 万元,线路长 1.8 千米。主要工程量:啤酒城站,海安路至啤酒城站区间。

中铁二十五局集团公司青岛地铁 2 号线 8 工区　项目负责人张旭海。合同投资 45726 万元,线路长 2.1 千米。主要工程量:同安路站,苗岭路至同安路站、同安路站至汽车东站区间,车辆段出入段线暗挖区间。

（刘　辉）

市政工程

·扬州瘦西湖隧道工程项目·

【工程概况】　扬州瘦西湖隧道工程项目为中国铁建 BT(建设—移交)项目。位于江苏省扬州市,东起漕河路至史可法路交叉口,西讫杨柳青路与维扬路交叉口,自东向西分别下穿北门遗址公园、友谊路、长春路、蜀冈—瘦西湖风景区、国家税务总局党校和扬子江路,全长 3.6 千米。工程主要建筑包括主体隧道、匝道、接线道路及风塔、设备及管理用房。其中,主体隧道段长 1275 米,设计时速 60 千米,采用单管双层方案,上下各布置两条车道,直径 14.5 米,采用盾构法施工。合同投资 13 亿元,2011 年 8 月 21 日开工建设,2014 年 9 月 19 日建成通车。中国铁建所属十四局集团公司承担施工任务。

（刘　辉）

·重庆火车北站综合交通枢纽工程·

【工程概况】　重庆火车北站综合交通枢纽工程建筑面积 255.5 万平方米,广场面积 118.8 万平方米。合同投资 100000 万元,合同工期 2013 年 1 月—2015 年 2 月。中国铁建所属十九局集团公司承担施工任务。

（刘　辉）

水利工程

·南水北调中线一期工程·

【工程概况】　南水北调总体规划为东线、中线和西线 3 条调水线路。通过 3 条调水线路与长江、黄河、淮河和海河四大江河的联系,构成以“四横三纵”为主体的总体布局,以利于实现中国水资源南北调配、东西互济的合理配置格局。中线工程从长江支流汉江中上游的丹江口水库引水,自流供水给黄淮海平原大部分地区,向输水沿线的河南、河北、北京、天津四省市 20 余座城市提供生活和工业用水,输水干渠全长 1277 千米,规划一期工程年调水量 97 亿立方米,最终达到每年 130 亿立方米。2003 年 12 月开工建设,2014 年 12 月 27 日通水。中国铁建所属十二、十三、十四、十六、十九、二十、二十一、二十四局集团公司承担 47 亿元的施工任务。

（刘　辉）

·山西中部引黄工程·

【工程概况】　中部引黄工程是山西省“十二五规划”大水网建设中一项重要的工程。该工程自忻州市保德县黄河天桥水电站库区取水,供水范围包括忻州、吕梁、临汾 3 市 14 个县(市、区),年供水 3 亿立方米。中国铁建所属十一、十二、十七、十八、二十、二十五局集团公司承担 23 亿元的施工任务。2012 年 6 月开工建设,计划 2016 年建成。

（刘　辉）

房建工程

·贵州茅台酒厂扩建工程·

【工程概况】　贵州茅台酒厂扩建工程计划投资 126.3 亿元,2012 年 12 月开工建设。工程范围包括德庄河以北,老厂区以南的厂区道路、管线、桥梁等相关配套设施和河堤、污水处理站,约 139 万平方米建筑面积的制酒生产房、酒库、制曲生产房、酒库勾调中心、暂存粮库、包装车间、办公楼、接待中心、展示中心、室内停车场等230多项建(构)筑物的设计、施工。工程分3个管段,分别是中华片区制酒生产设施及其配套设施、环山酒库、7号地块酒曲车间。中国铁建所属二十二局承担施工任务。 (刘 辉)

矿建工程

·新疆广汇集团伊吾县白石湖煤矿露天剥离工程·

【工程概况】 新疆广汇集团伊吾县白石湖煤矿露天剥离工程位于新疆维吾尔自治区哈密市伊吾县淖毛湖镇西北40千米,南北长800米,东西长1200米,分土石方剥离和原煤开采两部分施工。一期土石方剥离工程总量1亿立方米,原煤开采3500万立方米,合同工期:2011年6月—2016年6月,合同投资14.86亿元。二期土石方剥离及采煤工程,年采剥总量5303万立方米,合同工期10年,合同投资87亿元。 (刘 辉)

【参建单位】 中铁十九局集团公司主要承担新疆广汇集团伊吾县白石湖煤矿露天剥离工程施工任务。项目负责人胡金琦。 (刘 辉)

安全质量监督

【中国铁建股份有限公司安全生产委员会】 2007年成立。2014年1月,中国铁建股份公司安全生产委员会成员调整。总裁张宗言任主任委员;副总裁刘汝臣等任副主任委员;部门以上领导及机关有关部门负责人任委员。下辖的安全生产委员会办公室设在安全质量监督部,安全总监兼安全质量监督部部长王峰兼任办公室主任。中国铁建股份公司安全生产委员会的主要职责:规划、监督、指导全系统安全工作;对安全生产状况进行评估,及时提出强化管理举措;对安全重大问题提出决策性意见;审查较大以上事故调查处理报告,并提出处理意见。 (郭 宏)

【安全质量监督部】 是监督、管理中国铁建系统劳动安全、人身安全、锅炉压力容器安全、运输安全和工程质量、计量、试验工作,在安全、质量和"三标"体系运行工作中发挥规划、监督、管理和服务作用的职能部门。主要职责:贯彻国家有关部委和国务院国有资产监督管理委员会安全质量工作的法律法规,制定公司安全生产和质量工作的制度规章并组织实施;负责公司系统安全生产、质量的监督、检查、指导工作;负责公司总承包项目和本级经营项目的安全生产监督和质量监督工作;较大及以上安全伤亡事故、质量事故的协助调查;组织签订安全生产责任书;负责安全风险与内控管理工作;负责公司生产安全事故应急响应预案的编制控制,对重大安全质量风险源控制情况进行监督检查;负责股份公司安全许可证的申报工作;负责股份公司安全生产委员会和交通委员会办公室工作;参与中国建设工程鲁班奖、铁路优质工程、国家优质工程的初审、推荐、申报以及组织股份公司优质工程和安全标准工地复查工作;与国家安全生产监督管理总局、国务院国有资产监督管理委员会及相关部委、地方政府质量安全监管部门沟通联系,防范和化解安全、质量风险;负责总公司经营项目的安全生产、质量监督工作;负责公司总部贯标认证工作。参与公司总体发展战略及中长期规划的研究制定工作;参与公司社会责任报告的编撰并提供相关资料;参与全面风险管理和内控相关工作;参与绩效考核工作;参与经济对标工作;参与信息化建设工作;参与全面预算管理工作;参与施工重难点问题的解决。下设安全监督处、质量监督处和贯标办公室,定员10人,设部长1人、副部长2人。现员10人。其中,教授级高级工程师3人,高级工程师6人,高级经济师1人。 (郭 宏)

【安全质量工作综述】 2014年,中国铁建贯彻落实国家和有关部委安全质量工作要求,按照年初工作会议统一部署,牢固树立"红线意识",紧紧围绕"真重视还是假重视、真明白还是假明白、真投入还是假投入、真处罚还是假处罚"等问题,深入开展隐患排查治理工作,做到提前想到、提前发现、提前消除隐患,进一步强化安全质量监管,促进企业安全稳定发展。

2014年,股份公司未发生重大生产安全事故,安全质量形势基本稳定。每百亿元产值死亡人数为0.67人,比2013年下降40%。工程创优项目成绩显著,全系统获得改革开放35年百项经典暨精品工程11项,国家优质工程金质奖1项、银质奖15项,中国建设工程鲁班奖4项。 (郭 宏 孙胜考)

【安全质量工作视频会议】 3月23日,股份公司召开安全生产工作视频会议,总结分析2014年安全生产情

况，表彰安全生产先进单位，兑现安全工作包保责任状，部署2015年安全生产工作。（郭 宏）

【宣传贯彻新安全生产法】 8月31日，第十二届全国人大常委会第十次会议通过《关于修改〈中华人民共和国安全生产法〉的决定》，新安全生产法自2014年12月1日起施行。股份公司购买新安全生产法，分发给公司领导、机关工作人员和所属单位安全质量的部门干部学习。派员分别参加国家铁路局、中国安全生产协会等举办的新安全生产法培训班。各单位广泛开展宣传贯彻活动，在施工现场悬挂新安全生产法系列挂图，组织开展安全生产法知识竞赛，进一步提高守法意识，依法依规开展安全工作。（郭 宏）

【安全工作“包保责任状”】 2014年初，股份公司董事长孟凤朝、总裁张宗言与各集团公司主要党政领导干部分别签订“2014年安全工作包保责任状”。年终兑现责任状，分别向被评为安全生产先进单位的中铁十一、十七、二十二、二十四、二十五局集团公司，中铁建设集团公司，中国铁建电气化局、港航局集团公司，中铁城建集团公司，中国铁建房地产、国际集团公司，中国铁建投资公司颁发奖金100万元；分别向被评为安全生产达标单位的中国土木工程集团公司，中铁十四、十五、十六、十八、二十局集团公司颁发奖金50万元；分别向被评为安全生产达标单位的中铁第一、第四、第五勘察设计院集团公司，中铁上海设计院集团公司、中铁物资集团公司、昆明中铁大型养路机械集团公司、中国铁建重工集团公司、北京铁城监理公司、中铁建中非建设公司、中铁建（北京）商务管理公司颁发奖金30万元；分别向被评为安全生产达标单位的中国铁建财务公司、诚合保险经纪公司、中国铁建股份公司培训中心颁发奖金6万元；分别向被评为安全生产达标单位、先进单位单位的党政主要领导干部各发奖金10000~30000元。（郭 宏）

【安全质量管理干部培训】 3月29—30日，在浙江省湖州市举办全系统安全质量管理干部培训班，全系统270余名安全质量管理干部参加培训。股份公司副总裁刘汝臣围绕工作重点，指导部署安全生产工作。邀请国家安全生产监督管理总局、国务院国资委有关业务司局领导授课。（郭 宏、孙胜考）

【落实《隧道施工安全九条规定》】 9月19日，国家安全生产监督管理总局、交通运输部、国务院国资委、国家铁路局联合印发《隧道施工安全九条规定》。11月25日、12月16日，股份公司两次召开专题会议，学习《隧道施工安全九条规定》，并制定下发《关于落实〈隧道施工安全九条规定〉的六项措施及其说明》（中国铁建安质〔2014〕156号），加强隧道施工安全管理。（郭 宏）

【全国“安全生产月”活动】 根据国务院安全生产委员会《关于开展2014年全国“安全生产月”活动的通知》精神，全系统于6月组织参加第13个全国“安全生产月”活动。各单位结合实际，围绕“坚守红线、从严执法”的主题，按照阶段活动工作内容，认真组织，广泛宣传，大力提高全员安全意识和素质，提高员工的安全生产技能，增强全员安全生产的文化素养和安全价值观，深入开展安全隐患排查治理，促进企业安全生产持续稳定。（郭 宏）

【安全隐患排查治理平台】 为推进隐患排查治理工作深入开展，根据“预防为主、关口前移、源头治理”的指导思想，按照“超前性、全员性、有效性、真实性”的总体要求，7月，股份公司推出安全隐患排查治理平台，并在运用中逐步改进完善。9月3日，股份公司对各单位隐患排查治理工作进行排名，奖励1030万元。（高维权 郭 宏）

【安全生产应急管理】 为强化全系统安全生产应急救援能力，提升应急管理和处置水平，经股份公司2014年第8次总裁办公会议研究决定，在股份公司成立安全生产应急救援（指挥）中心（简称“救援指挥中心”）。救援指挥中心设在安全质量监督部，设主任1人，由安全质量监督部部长兼任；设专职副主任1人（相当于部门副职）。救援指挥中心的具体工作由安全质量监督部负责。主要职责：负责与各应急部门、有关单位的联络和综合协调；负责各种灾害事故的处置工作；根据实际情况，调派相应部门及专家组人员参与事故处置；负责启动应急预案，第一时间及时通知应急抢险救援队伍到场指挥；按照各级领导和指挥员的指示要求调集有关物资、装备和应急救援力量；负责向国家申领安全生产保障能力建设专项资金；负责要情上报和信息反馈工作；负责组织开展应急演练工作；负责救援时隐患排查防止次生灾害工作；负责救援队的业务指导；负责应急事件预防工作。

积极推进承担国家应急救援基地（中铁十七局集团公司）和应急培训基地（中铁二十局集团公司）建设任务，完善救援队伍体系和制度建设，新增一批新型救援装备，同时自主研发隧道顶管救援装备，完成模拟各种塌体顶进救援的技术程序和现场应急处置方案。11月25日，在山西省太原市现场观摩中铁十七局集团公司应急救援队隧道应急救援演练，受到国家安监总局、

国家应急救援指挥中心等单位的好评。 （杨生荣）

【全国“质量月”活动】 根据国家质量监督检验检疫总局、中共中央宣传部、教育部、科学技术部、工业和信息化部、公安部、人力资源和社会保障部、环境保护部、住房和城乡建设部、交通运输部、水利部、农业部、商务部、国家卫生和计划生育委员会、国务院国有资产监督管理委员会、海关总署、国家工商行政管理总局、国家新闻出版广电总局、国家食品药品监督管理总局、国家统计局、国家知识产权局、国家旅游局、中国银行业监督管理委员会、中国保险监督管理委员会、国家国防科技工业局、中国人民解放军总装备部、中华全国总工会、中国共产主义青年团中央委员会、中华全国妇女联合会、中华全国工商业联合会、中国国际贸易促进委员会、中国机械工业联合会、中国石油和化学工业联合会、中国纺织工业联合会、中国企业联合会、中国消费者协会、中国质量协会联合下发的《关于开展2014年全国“质量月”活动的通知》（国质检质联〔2014〕432号）精神，全系统开展2014年“质量月”活动。各单位围绕“推动‘三个转变’建设质量强国”的主题，开展广泛深入的宣传教育活动，建设质量文化，提高质量意识。深入宣传《质量发展纲要（2011—2020年）》，认真贯彻落实国务院《贯彻实施质量发展纲要2014年行动计划》，充分发挥企业的主体作用，提高质量竞争力，提升质量总体水平，促进经济发展提质增效升级，有效推动“中国制造向中国创造转变、中国速度向中国质量转变、中国产品向中国品牌转变”。全面开展质量整治、确保安全、强化过程质量控制活动，在企业中形成质量兴企、人人有责的良好氛围。工程承包企业组织开展工程质量通病治理专项行动，消除质量通病，提高工程质量。其他企业有针对性地开展产品质量、服务质量提升活动，创建产品和服务品牌。 （孙胜考）

【水利安全生产标准化】 为加强水利工程市场准入，提高资信能力，按照水利部要求，推荐中国铁建所属十一局、大桥工程局、十六局、二十二局、二十三局集团公司等5家单位参加水利部第一批安全生产标准化一级企业达标试点，并指导、协调工作开展。2014年，中铁十一局、中国铁建大桥工程局集团公司通过水利部组织的现场考核验收。 （杨生荣）

【安全先进工作者】 2014年，中国铁建表彰安全先进工作者115名。

中国铁建安全先进工作者

边　涛　奚　鎏　周发财　郝少博　张树海
徐　良　唐双林　邢天恩　赵朋宪　吴舜明
王　松　刘二明　李志刚　岳国辉　尹文辉
汪安祥　林宪广　李传营　刘贵军　张兆钦
白双喜　王四虎　孙铁林　李自宽　吴　友
杨彦岭　姚建华　刘为溪　吴万良　李宏伟
李　全　狄明世　常建梅　彭　峰　徐纯治
张仲利　孙建新　曹树强　宋立柱　杨　宇
周立云　杨军奇　钱霞印　原忠良　任永明
谈红福　李文江　孙玉国　狄　佳　胡　贺
王建强　王新坡　肖红武　张显军　张炳涛
徐仁华　黄望勤　徐　银　杨选忠　张作民
张建平　兰文庆　许宝全　叶鹏云　金柴君
王维军　瞿天亮　周　伟　蒋　杰　徐科峰
盛存银　李均洋　张洪国　黄元胜　李　猛
管湘洪　李宪杰　李葆华　王志华　王　欣
符　昌　叶国东　姚光权　张建林　王文庆
周　杰　吕　锐　罗绍君　黄兆祥　郝　盟
李闰生　赵如林　闫万里　魏海岗　王　瑞
谭文斌　李文哲　汪贵民　虞传海　王江来
杨纪彦　谢　萌　董化龙　陈洪周　王继平
李一民　白　晶　王清明　乔国英　戴　红
张纯清　江耀明　杨生荣　白云飞　陈　豪

（郭　宏）

【质量管理先进个人】 2014年，中国铁建表彰质量管理先进个人120名。

中国铁建质量管理先进个人

毛宗德　王利福　凌长龙　程　政　冯秀国
祝可芬　霍　强　杨媛秀　黄直久　张　帆
贾优秀　马伟平　陈　琦　岳丽敏　华　鹏
樊立龙　杨战勇　徐金领　李红英　孟祥林
姚铁军　冉　磊　陈　燕　黄　义　张　凤
张　斌　曹乾桂　郑宏利　张志勇　滕小军
王根枝　侯虎军　王志武　潘建平　赵志艳
王　昌　马桂珠　刘福春　孙　亮　梁爱国
梁斌鑫　刘洪印　王　超　张　林　邓国荣
鲁　瑞　李红霞　党庆阳　王爱国　张雪锋
王建强　章　东　任天权　白志波　张　华
袁正国　王　海　柳明佳　任文祥　鲁　璐
唐　映　毛越琴　朱浩天　梅　飞　张帅奇
张　勇　罗力勤　王　硕　李文彬　夏忠炎
郑德成　罗　祥　周　清　曾　浩　时学海
夏凯峰　刘建军　王　强　张松林　韩庆民
王李刚　王　博　张　峰　周全能　张素段
赵定宇　沈　吟　陈　娟　谢　超　杜　向
陶　泉　王文宏　郑北南　谭志武　徐华银
李树良　赵新民　张永清　段艳刚　崔利鹏

李清琨　郭智华　翟云强　计正恒　华正民
郝　杰　王　喆　许万里　袁战文　史立新
白立国　孙友霞　琚建明　王　峰　陈洪波
李小和　覃为刚　秦正刚　孟文林　李茂松

（孙胜考）

【安全质量标准工地】　2014 年，全系统有 90 个工地（车间）被评为中国铁建安全质量标准工地（车间）。

中国铁建安全质量标准工地

中国土木工程集团公司土耳其安伊高速铁路二期 Pamukova 铺轨基地项目

中国土木工程集团公司以色列吉隆隧道项目

中国土木工程集团公司沙特南北铁路 CTW400 项目

中铁十一局集团一公司武汉地铁 4 号线二期黄金口停车场及出入工程项目经理部

中铁十一局集团三公司合福铁路安徽段站前 7 标段项目经理部三分部（合福线下）

中铁十一局集团四公司京石高速公路改扩建工程 JS9 项目经理部

中铁十一局集团六公司广州轨道交通 7 号线大洲车辆段施工 1 标段

中铁十二局集团二公司北京地铁 6 号线二期 13 标段

中铁十二局集团三公司重庆（长寿）化工园区铁路专用线工程指挥部

中铁十二局集团一公司、四公司渝万铁路 1 标段

中铁十二局集团电气化公司宁安铁路四电集成工程

中铁十二局集团七公司石长铁路增建第二线站前 1 标段

中国铁建大桥工程局集团二公司北京地铁 7 号线 6 标段

中国铁建大桥工程局集团钢结构公司京石二通道高速公路工程第 1 标段

中国铁建大桥工程局集团中铁株洲桥梁公司兰州轨枕车间

中国铁建大桥工程局集团六公司一汽大学生公寓项目经理部

中国铁建大桥工程局集团五公司西安地铁 3 号线一期工程土建施工试验段 -2 标段

中铁十四局集团公司莞惠城际轨道 GZH -1 标段

中铁十四局集团公司山东枣庄十电旧房片区棚改项目施工工程

中铁十四局集团公司扬州瘦西湖隧道工程

中铁十四局集团公司新建铁路郑州至徐州客运专线 ZXZQ05 标段

中铁十四局集团公司太兴铁路 2 标段

中铁十五局集团公司新建郑州至新郑机场城际铁路 ZJZQ - Ⅱ标段

中铁十五局集团公司大连地铁一期工程 206 标段

中铁十五局集团五公司岳武高速公路安徽段 YW -10标段

中铁十五局集团六公司神华黄骅机车车辆检修中心项目

中铁十六局集团四公司南昌市站西花园还建房工程

中铁十六局集团北京轨道交通建设公司南昌轨道交通 1 号线一期工程土建施工 3 标段

中铁十六局集团铁运公司沪昆江西段南昌轨道板场项目

中铁十六局集团地铁公司京津城际延伸线解放路隧道工程

中铁十六局集团城市建设发展公司燕翔饭店改扩建项目（酒店、写字楼及商业设施）

中铁十七局集团公司成渝铁路客运专线 6 标段

中铁十七局集团二公司沪昆铁路客运专线湖南段Ⅶ标段

中铁十七局集团三公司南京至安庆铁路 3 标段

中铁十七局集团建筑公司太原宝佳万科紫台项目

中铁十八局集团一公司三淅高速公路 LXTJ -4B 标段

中铁十八局集团三公司南昌轨道交通 1 号线一期工程土建 6 标段

中铁十八局集团四公司天津地铁 5 号线第 7 合同段

中铁十八局集团轨道公司南平京台高速公路 A8 标段

中铁十九局集团公司新建西安至成都铁路西安至江油段（陕西境内）站前工程 XCZQ -7 标段

中铁十九局集团公司新建兰新铁路第二双线张掖至红柳河 LXS -15 标段

中铁十九局集团公司东北东部铁路通道登沙河至庄河段改造工程 DZ1 标段

中铁十九局集团公司滨绥铁路牡丹江至绥芬河扩能改造工程施工Ⅳ标段

中铁二十局集团一公司沪昆铁路客运专线云南段大龙潭特大桥

中铁二十局集团四公司青烟威荣城际铁路Ⅳ标段青烟直通线跨外夹河特大桥

中铁二十局集团五公司西安地铁 1 号线浐河站综合出入口项目

中铁二十局集团六公司西咸空港综合保税区事务服务办理中心

中铁二十一局集团公司兰州西客站站场工程

中铁二十一局集团三公司西咸北环线 LJ－6 合同段

中铁二十一局集团路桥公司山西中南部铁路通道 ZNTJ－18 标段铺架项目经理部

中铁二十一局集团四公司西钢盛世华城 4 标段

中铁二十二局集团二公司吉图珲铁路客运专线铺架工程

中铁二十二局集团三公司京台线建瓯至闽侯高速公路宁德市境路基土建工程 A1 标段

中铁二十二局集团四公司德州至商丘高速公路夏津至聊城段

中铁二十二局集团五公司高沁高速公路 LJ12 合同段

中铁二十三局集团一公司济南至乐陵高速公路 LMSG－06 标段沥青拌和站

中铁二十三局集团三公司延延高速公路后塬坪隧道

中铁二十三局集团六公司邛崃特大桥

中铁二十三局集团公司贵广铁路阳朔车站道岔及正线无砟轨道施工工程

中铁二十四局集团上海铁建公司昆山正仪林场定销房 A 标段项目 1－1 号～1－8 号、S1 地库及后配套工程

中铁二十四局集团浙江公司胜山至陆埠公路 LJ－4标段工程

中铁二十四局集团福建铁路建设公司福州京台高速公路 JTA3 合同段项目经理部

中铁二十四局集团南昌铁路公司京福铁路客运专线闽赣 IV 标段三分部

中铁二十五局集团一公司莞惠城际轨道交通 GZH－8 标段

中铁二十五局集团四公司云桂铁路 2 标段里颇隧道工程

中铁二十五局集团五公司湾底疏港路高架工程

中铁二十五局集团轨道交通公司广州市轨道交通 4 号线庆盛站结构工程

中铁建设集团公司银河商务区 E 地块商业金融项目工程

中铁建设集团公司山东嘉亿国际财富中心项目工程

中铁建设集团公司宿迁市第一人民医院土建、水电安装工程

中铁建设集团公司南昌铜锣湾广场大型商业体、超高层商务楼工程

中国铁建电气化局集团一公司新建铁路德龙烟线德州至大家洼段四电工程

中国铁建电气化局集团二公司长安 220kV 变－原平南牵引变电站 110kV（Ⅰ、Ⅱ回）输电线路工程

中国铁建电气化局集团公司新建兰新铁路第二双线站后四电系统集成及相关工程（第 LXSD2－XJ 标段）

中国铁建电气化局集团五公司新建成灌铁路彭州支线站后四电集成工程

中国铁建港航局集团三分公司大连凌水湾总部经济基地项目填海护岸工程第 1 标段

中国铁建房地产集团北京正达置业公司长阳西站 5 号地中国铁建国际花园

中铁第四勘察设计院集团公司珠海高栏港疏港铁路专用线一期工程

上海设计院集团上海先行建设监理公司赣龙监理项目部

中铁物资集团公司南昌国际体育中心及南昌铁路西客站市政路网工程 BT 项目

昆明中铁大型养路机械集团北京瑞维通工程机械有限公司生产部

中国铁建重工集团公司制造供应中心制造部

中国铁建国际集团公司麦加轻轨铁路运营维保项目

中铁城建集团一公司西城·济水上苑二区（一期）工程

中铁城建集团二公司四会大隆湾一期工程

中铁城建集团三公司滨海信息安全产业园一期工程

中铁城建集团北京公司宁东基地企业总部

中铁城建集团北京公司丰台王佐二期项目经理部

中国铁建投资公司中铁建山东京沪高速公路济乐有限公司济乐高速公路工程

中铁建（北京）商务管理公司北京铁建物业管理有限公司来广营国际城物业服务中心　（杨生荣）

2014 年中国铁建优秀质量管理小组

序号	获 奖 小 组	获 奖 成 果
1	中国土木工程集团阿尔及利亚有限公司 55 千米铁路复线项目部甘塔斯隧道 QC 小组	提高属地劳务隧道衬砌施工技能
2	中国土木工程集团阿卡铁路项目 T 梁外观质量控制 QC 小组	加强施工控制,提高预制 T 梁外观质量
3	中国土木工程集团援安提瓜和巴布达机场航站楼项目 QC 小组	钢结构屋面室外压型彩钢板施工方案优化
4	中铁十一局集团三公司兰新铺架工区 QC 小组	提高西北干旱风沙地区无砟道岔混凝土表观质量
5	中铁十一局集团建筑安装公司婧威 QC 小组	邻近高铁营业线石方施工新方法
6	中铁十一局集团公司神华新街项目部 QC 小组	提高神华 TBM 试验斜井管片外观质量
7	中铁十一局集团六公司成渝铁路客运专线无砟轨道 QC 小组	提高路基段 CRTS Ⅰ 型双块式连续无砟轨道外观质量
8	中铁十一局集团四公司黄河特大桥项目部 QC 小组	提高深基坑钢板桩插打一次合格率
9	中铁十二局集团一公司兰新铁路无砟轨道 QC 小组	无砟轨道支承层压槽装置研制
10	中铁十二局集团公司哈密站房项目部 QC 小组	高温差地区屋面防水保护层防裂缝控制
11	中铁十二局集团二公司西成铁路客运专线 4 标段项目部 QC 小组	提高中埋式止水带安装合格率
12	中铁十二局集团电气化公司北京地铁项目疏散平台支架安装 QC 小组	提高疏散平台支架安装速度
13	中铁十二局集团四公司渝北制梁场 QC 小组	后张法简支箱梁预应力张拉质量控制
14	中国铁建大桥工程局集团公司厦深铁路榕江特大桥科技攻关 QC 小组	钢桁梁节段拼装施工质量控制
15	中国铁建大桥工程局集团公司合福铁路四分部桥梁防护墙外观 QC 小组	高速铁路桥梁防护墙外观质量控制
16	中国铁建大桥工程局集团公司 C RTS－I 型板式无砟轨道 CA 砂浆充填层施工质量控制 QC 小组	CRTS－I 型板式无砟轨道 CA 砂浆充填层施工质量控制
17	中国铁建大桥工程局集团公司沪昆桥墩混凝土外观质量 QC 小组	提高桥墩混凝土外观质量
18	中国铁建大桥工程局集团公司牡绥铁路预制 T 梁压浆质量控制 QC 小组	提高预制 T 梁管道压浆施工质量
19	中铁十四局集团二公司青峰隧道 QC 小组	提高隧道分段前进式高压注浆质量
20	中铁十四局集团二公司太兴项目部卓越 QC 小组	提高无砟轨道弹性支承块外观质量合格率
21	中铁十四局集团五公司东毛高速项目部 QC 小组	降低软岩隧道初期支护变形量
22	中铁十四局集团隧道公司长株潭城际铁路综合 II 标段第二项目部 QC 小组	盾构十次穿越京广既有线铁路沉降控制
23	中铁十四局集团北京中铁房山桥梁公司桥梁车间 QC 小组	提高地铁梯形轨枕外观质量
24	中铁十四局集团公司扬州瘦西湖隧道盾构 QC 活动小组	硬质膨胀性粘土地质泥水盾构掘进施工效率控制
25	中铁十五局集团六公司巴新项目部 QC 小组	提高 DC－32 型捣固车养道作业质量
26	中铁十五局集团六公司铁路运输处 QC 小组	降低 SS4 改型电力机车制动系统故障率
27	中铁十五局集团物资公司石长项目部桥面系 QC 小组	提高桥面系钢支架栏杆制作质量一次检查合格率
28	中铁十五局集团二公司沪昆铁路客运专线江西段－1 标段无砟轨道底座板混凝土表面质量控制 QC 小组	提高无砟轨道底座板混凝土表面施工质量
29	中铁十五局集团七公司大连地铁二衬混凝土施工 QC 小组	提高暗挖逆作法地铁车站混凝土抗渗性
30	中铁十六局集团二公司天津地铁项目部神舞 QC 小组	提高直螺纹套丝的合格率

续表

序号	获 奖 小 组	获 奖 成 果
31	中铁十六局集团北京轨道交通工程建设公司周阳宗 QC 小组	提高复合高强度地质盾构机施工效率
32	中铁十六局集团北京轨道交通工程建设公司南昌地铁 1 号线 3 标段 QC 小组	降低富水砂层盾构施工地表沉降量
33	中铁十六局集团一公司大冲邕江特大桥 QC 小组	创新预压施工方法提高预压效率
34	中铁十六局集团铁运公司神朔指机车 QC 小组	降低韶山 4 改型电力机车轮缘磨耗
35	中铁十七局集团四公司大西项目 QC 小组	缩短高速铁路桥梁伸缩缝安装时间
36	中铁十七局集团二公司兰新铁路甘青段 LXS－17 标段项目经理部第二 QC 小组	缩短铁路工程竣工文件编制时间
37	中铁十七局集团三公司织毕项目三分部 QC 小组	提高高瓦斯隧道瓦斯隔离板安装质量
38	中铁十七局集团铺架分公司邯黄项目经理部第二 QC 小组	提高无缝线路移动式闪光焊焊缝平直度
39	中铁十七局集团一公司石家庄地铁项目 QC 小组	提高地铁车站中立柱钢管安装合格率
40	中铁十八局集团轨道交通公司莞惠城际 2 标段管片拼装 QC 小组	盾构区间管片拼装质量控制
41	中铁十八局集团隧道公司新凉风垭隧道工程光面爆破 QC 小组	提高隧道在不同地质条件下的钻爆成洞的光面效果
42	中铁十八局集团一公司港珠澳大桥珠海连接线项目 QC 小组	提高拱北隧道曲线管幕管节加工的整体质量
43	中铁十八局集团四公司南京地铁项目部 QC 小组	闪长岩地层围护桩施工技术创新
44	中铁十八局集团二公司兰渝铁路项目部 QC 小组	控制铁路瓦斯隧道瓦斯自动检测监控系统服务质量
45	中铁十九局集团二公司大西铁路客运专线项目无砟轨道 QC 小组	提高 CRTS Ⅰ 型双块式无砟轨道混凝土浇筑质量
46	中铁十九局集团五公司袁州梁场箱梁施工工艺研究 QC 小组	提高高速铁路箱梁接触网预埋施工合格率
47	中铁十九局集团轨道交通公司南宁轨道交通 1 号线 09 标段项目部 QC 小组	提高井点降水效率
48	中铁十九局集团三公司灯辽高速公路第一分部 QC 小组	减少施工现场临时用电安全隐患
49	中铁十九局集团六公司前庄铁路铺架 QC 小组	砼枕吊装工具的创新
50	中铁十九局集团六公司中益电厂电建 QC 小组	确保深基坑一次开挖成功
51	中铁二十局集团六公司城际轨道交通浅埋暗挖隧道初支拱架安装质量控制管理小组	城际轨道交通浅埋暗挖隧道初支拱架安装质量控制
52	中铁二十局集团一公司苏州南环项目部 QC 小组	提高墩柱钢筋保护层合格率
53	中铁二十局集团公司中南部铁路通道项目经理部路基防护 QC 小组	提高路基三维排水柔性生态护坡施工质量
54	中铁二十局集团二公司沪昆铁路客运专线大独山隧道下导开挖质量 QC 管理小组	控制大独山隧道下导超欠挖
55	中铁二十局集团三公司临合项目部 QC 小组	提高水泥混凝土桥面施工质量
56	中铁二十一局集团电务电化公司兰新二线新疆项目部电力变电架子队小石头 QC 小组	提高双 10kV 干线电缆的敷设合格率
57	中铁二十一局集团二公司西安黄渠头安置小区项目部 QC 小组	减少墙砖施工空鼓现象
58	中铁二十一局集团大连铁路枢纽 SN2 标段二分部 QC 小组	提高仰拱施工效率
59	中铁二十一局集团路桥工程有限公司 QC 小组	减少预应力简支 T 梁钢绞线损耗
60	中铁二十一局集团四公司宝麟铁路项目部“创新号”QC 小组	保证单线铁路隧道水沟电缆槽施工一次成型率
61	中铁二十二局集团一公司松陶铁路项目部跨 302 国道特大桥挂篮施工 QC 小组	提高跨 302 国道特大桥挂篮行走速度

续表

序号	获 奖 小 组	获 奖 成 果
62	中铁二十二局集团公司北京地铁6号线二期16标段项目部加强富水砂层盾构掘进过程沉降控制 QC 小组	加强富水砂层盾构掘进过程沉降控制
63	中铁二十二局集团公司沪昆铁路客运专线贵州段工程指挥部 QC 小组	提高桥梁钢筋笼工厂化加工钢筋定位精度
64	中铁二十二局集团昆玉铁路工程指挥部 QC 小组	确保宝峰隧道大断面断层破碎带施工安全
65	中铁二十二局集团五公司巫奉项目部 QC 小组	提高隧道软弱围岩初期支护质量
66	中铁二十三局集团二公司哈大齐项目 QC 小组	严寒地区高速铁路路基填料质量控制
67	中铁二十三局集团二公司哈尔滨西客站铺架项目 QC 小组	提高扣件一次组装合格率
68	中铁二十三局集团公司兰渝铁路兴隆场编组站汇龙 QC 小组	提高炮孔合格率
69	中铁二十三局集团轨道交通公司 U 梁预制 QC 小组	提高声屏障预埋件安装精度
70	中铁二十三局集团三公司马路田大桥连续预应力管道定位精度控制 QC 小组	提高连续梁预应力管道定位精度
71	中铁二十三局集团四公司湘桂铁路 V 标段观音岩隧道 QC 小组	提高隧道施工缝防水施工质量
72	中铁二十四局集团安徽公司徐明高速公路 XMLJ－07 合同段项目经理部 QC 小组	钢绞线斜拉索防腐耐磨层涂装质量控制
73	中铁二十四局集团南昌铁路公司聚能 QC 小组	提高桥梁无砟轨道底座板限位凹槽合格率
74	中铁二十四局集团福建铁路建设公司京台高速 QC 小组	降低小型预制构件废品率
75	中铁二十四局集团轨道交通分公司南宁轨道交通1号线 TJSG－16 标段项目部 QC 小组	提高机械连接直螺纹接头检测合格率
76	中铁二十四局集团 S26－4－2 标段项目 QC 小组	提高无落地支架立柱保护层合格率
77	中铁二十五局集团一公司高速铁路无砟轨道支承层施工质量控制 QC 攻关小组	高速铁路无砟轨道支承层施工质量控制攻关
78	中铁二十五局集团轨道公司长沙地铁7标段项目 QC 小组	降低盾构注浆管路堵塞率
79	中铁二十五局集团四公司贵阳火车北站功能区路网工程二项目部 QC 小组	超长地下结构防水工程质量控制
80	中铁二十五局集团二公司船山东路项目部 QC 攻关小组	提高旋挖钻成桩质量
81	中铁二十五局集团炎汝高速公路第33合同段攻关 QC 小组	提高山区高速公路采用机制砂配制高标号混凝土质量
82	中铁建设集团公司“318”QC 小组	提高复杂环境下超深基坑底板卷材防水一次验收合格率
83	中铁建设集团公司张荣伟 QC 小组	提高黏滞流体阻尼器埋件的一次验收合格率
84	中铁建设集团公司宁波站改建工程 QC 小组	提高环形梁施工质量一次验收合格率
85	中铁建设集团西安分公司第十一项目 QC 小组	提高外墙防火隔离带（岩棉）处面砖粘贴质量合格率
86	中铁建设集团公司窗边防渗 QC 小组	降低住宅工程铝合金窗边渗水率
87	中国铁建电气化局集团北方公司京石武铁路客运专线石家庄枢纽项目部接触网 QC 小组	提高高速铁路腕臂和吊弦预配合格率
88	中国铁建电气化局集团二公司西安地铁项目 QC 活动小组	提高酚醛风管加工组装效率
89	中国铁建电气化局集团四公司大西项目变电专业 QC 小组	提高牵引变电所地网热熔焊接合格率
90	中国铁建电气化局集团南方公司兰新铁路客运专线项目部电气化 QC 小组	接触网腕臂预制技术创新
91	中国铁建电气化局集团一公司乌鲁木齐新客站测量定位 QC 小组	提高接触网基础测量定位的精确度
92	中国铁建港航局集团轨道交通公司莞惠项目部提高隧道初期支护喷射混凝土平整度 QC 小组	提高隧道初期支护喷射混凝土平整度

续表

序号	获 奖 小 组	获 奖 成 果
93	中国铁建港航局集团岩土公司粤电中山致力团队 QC 小组	提高真空预压法处理软基中黏土密封墙密封效果
94	中国铁建港航局集团岩土公司广东云浮至罗定高速公路第 3 合同段项目 QC 小组	减少 T 梁腹板表面裂纹
95	中国铁建港航局集团岩土公司包茂 T11 标段 QC 小组	提高半自动数控钢筋笼滚焊机产能
96	中国铁建港航局集团一分公司天津南港工业区红旗路南侧公用走廊用地吹填造陆工程一标段 QC 小组	降低水下基槽回填砂流失率
97	中铁第一勘察设计院集团公司卫星影像数字测图 QC 小组	卫星影像测制 1:2000 数字地形图应用研究
98	中铁第一勘察设计院集团公司铁路隧道工程辅助设计系统研发 QC 小组	提高铁路隧道工程辅助设计系统的可扩展性
99	中铁第一勘察设计院集团公司兰州地铁 1 号线世纪大道站结构设计 QC 小组	减小富水砂卵石土车站基坑设计沉降量
100	中铁第一勘察设计院集团公司西安地铁 4 号线土建 6 标段接地设计 QC 小组	降低高土壤电阻率地铁车站的接地电阻值
101	中铁第一勘察设计院集团公司兰州新区道路勘察 QC 小组	提高兰州新区道路勘察设计质量
102	中铁第四勘察设计院集团公司工勘院工程测量技术应用研究所 QC 小组	提高地铁铺轨控制基标测设精度
103	中铁第四勘察设计院集团公司设备处杭州地铁电扶梯系统设计 QC 小组	降低杭州地铁扶梯故障率
104	中铁第四勘察设计院集团公司电化处温州市域铁路 S1 线接触网 QC 小组	温州 S1 线上盾构隧道接触网安装空间参数优化
105	中铁第四勘察设计院集团公司监理公司鹦鹉洲长江大桥监理部 QC 小组	提高箱梁预应力孔道施工合格率
106	中铁第四勘察设计院集团公司城地院三阳路越江隧道 QC 小组	提高三阳路越江隧道废水泵房可靠性
107	中铁第五勘察设计院集团公司路基检测质量控制 QC 小组	既有路基密实状态检测仪的研制
108	中铁第五勘察设计院集团公司成都地铁路基桩板结构 QC 小组	缩短路基桩板结构的设计周期
109	中铁第五勘察设计院集团公司交通工程应急抢修 QC 小组	铁路中等高度桥墩抢修器材研制
110	中铁第五勘察设计院集团公司市政院桥梁所 QC 小组	滁州市明光路跨线桥工程大跨度预应力框架墩优化设计
111	中铁第五勘察设计院集团公司市政工程设计院桥梁所 QC 小组	提高复杂地质条件嵌岩桩长现场确定速度
112	中铁上海设计院集团公司缩短薛湖矿专用线施工图设计周期 QC 小组	缩短薛湖煤矿专用线施工图设计周期
113	中铁上海设计院集团公司轨道交通服务 QC 小组	提高湖州市轨道交通线网服务水平
114	中铁上海设计院集团公司地铁暗挖设计 QC 小组	提高地铁暗挖隧道风险源识别率
115	中铁上海设计院集团公司提高厄立特里亚马萨瓦至卡如拉高速公路工程人工单价编制的准确率 QC 小组	提高厄立特里亚马萨瓦至卡如拉高速公路工程人工单价编制的准确率
116	中铁上海设计院集团公司电力 QC 小组	减少九江长江大桥电力线路及附属设施改造投资
117	中铁物资集团西北公司铁精矿粉质量控制及供应商管理策略研究 QC 活动小组	铁精矿粉质量控制及供应商管理策略研究
118	中铁物资集团四川指挥部钢箱梁焊接质量控制 QC 小组	大截面、大跨度钢箱梁焊接变形控制
119	昆明中铁大型养路机械集团公司制造总厂总装分厂精益 QC 小组	提高 ZF 主驱动脱挂的成功率
120	昆明中铁大型养路机械集团公司研究院 DWL－48 捣稳车 QC 小组	缩短 DWL－48 捣固稳定车作业挂挡时间
121	中国铁建重工集团中铁隆昌铁路器材有限公司技术攻关 QC 小组	改进工艺，实现重载铁路用弹条批量生产
122	中国铁建重工集团制造总厂机加车间前盾机加工 QC 小组	提高盾构前盾大孔径攻丝合格率

（制表：孙胜考）

中国铁建 1984—2014 年获奖优质工程统计

项目 数量 年度	中国土木工程詹天佑奖	中国建设工程鲁班奖（国家优质工程）	国家优质工程	省（直辖市）优质工程	铁道部（铁路）优质工程	火车头优质工程	总公司（股份公司）优质工程	中国铁建杯优质工程奖
1984 年			1				1	
1985 年			1		1		7	
1986 年			1		4			
1987 年			1		3			
1988 年				8(8)	3			
1989 年			2	5(5)	7			
1990 年		2	2	7(7)	2			
1991 年		1	2	10(10)			10	
1992 年				3(3)	1		12	
1993 年				8(8)	5		14	
1994 年				2(2)			9	
1995 年				7(7)	24		19	
1996 年		3		10(10)	12		20	
1997 年		4		7(7)	20		29	
1998 年		2		10(10)	27		27	
1999 年	2	2	4	13(13)	24		54	
2000 年		3	5	22(14)	13		41	
2001 年	2	5	1	19(14)	21		61	
2002 年		6	5	44(29)	9	12	64	
2003 年	5	9	5	43(25)	18	28	55	
2004 年	3	6	10	69(42)		14	48	
2005 年	1	4	13	69(59)		29	78	
2006 年	5	5	11	66(14)		56	90	
2007 年	8	5	23	73(11)		61	110	
2008 年	8	8	18	67		71	99	
2009 年	5	6	20			63	91	
2010 年	7	3	17		31	47	143	
2011 年	4	7	15			54	124	
2012 年		5	24		52			144
2013 年	9	4	16					98
2014 年	7	4	16					126
合　计	66	94	213	562(298)	277	435	1206	368
总　计	373			1274(298)			1574	

注：省、直辖市优质工程括号中的数量不含建设过程中所获“优质结构奖”数量。　（制表：孙胜考）

2014 年中国铁建获得中国建设工程鲁班奖情况

序号	获 奖 工 程	施 工 单 位
1	山西省图书馆工程	中铁十七局集团建筑公司
2	青岛胶州湾隧道及接线工程	中铁十六、十八、十九局集团公司
3	乐成恭和苑老年公寓	中铁建设集团公司及其设备安装公司、北京中铁装饰公司
4	海军总医院内科医疗楼	中铁建设集团公司及其设备安装公司

（制表：孙胜考）

2014 年中国铁建获得国家优质工程奖情况

序号	获 奖 工 程	施 工 单 位
	金质奖	
1	山东华电莱州电厂“上大压小”新建工程	中铁十九局一公司
	银质奖	
2	哈大铁路客运专线长春西站站房及站台雨棚工程	中铁建设集团公司及其设备安装公司、中铁第一勘察设计院集团公司
3	新建铁路石家庄至武汉客运专线驻马店特大桥工程	中铁十八局集团公司及其一、四、五公司，中铁第四勘察设计院集团公司
4	南通市江海大道西段快速化改造工程	中铁二十四局集团公司
5	福建省浦城（闽浙界）至南平高速公路 A 合同（浦城）段综合工程	中铁十一局集团公司及其二、三、四、电务公司
6	新建武汉至宜昌铁路四电系统集成及相关工程	中国铁建电气化局集团公司及其南方公司、二公司，中铁第四勘察设计院集团公司
7	新建京沪高速铁路天津特大桥工程	中铁十七局集团公司及其一、三、四、五、铺架公司，中铁十九局集团公司及其一、二、五、六公司，中铁十八局集团公司及其一、五公司，中铁第一勘察设计院集团甘肃铁一院工程监理公司
8	哈尔滨铁路枢纽新建哈尔滨西客运站工程	中铁建设集团公司及其北京中铁装饰公司、设备安装公司，中国铁建大桥工程局集团公司、中铁二十局集团四公司、中铁二十三局集团公司及其二公司
9	厦门至成都国家高速公路湖南段汝城（湘赣界）至郴州高速公路山店江特大桥工程	中铁十四局集团五公司
10	昌九城际铁路永修特大桥工程	中铁二十局集团公司及其一公司、中铁二十四局集团公司、中铁第四勘察设计院集团公司及其铁四院（湖北）工程监理咨询公司
11	天津西站交通枢纽配套市政公用工程南广场及公共换乘区工程	中铁二十局集团六公司、中铁十二局集团电气化公司
12	京沪高速铁路济南西站站房工程	中铁城建集团公司
13	深圳地铁 2 号线东延线后海停车场综合工程	中铁十五局集团公司及其城市交通公司
14	邯郸市人民路至东环路全互通立交桥工程	中铁十五局集团四公司
15	新建京石铁路客运专线永定河特大桥工程	中铁二十二局集团公司及其二、四公司
16	天津地铁 3 号线工程	中国铁建大桥工程局集团公司及其电务公司，中铁十六局集团二公司、北京轨道交通公司，中铁十八局集团公司

（制表：孙胜考）

2014 年中国铁建杯优质工程奖获奖情况

序号	获 奖 工 程	施 工 单 位
1	石武铁路客运专线跨合武铁路特大桥工程	中铁十一局集团公司及其一、三、四、六公司
2	佛山中海锦城国际花园一期 B 标段工程	中铁十一局集团公司及其建筑安装公司
3	兰州兰西天和苑住宅小区 1 号楼工程	中铁十一局集团建筑安装公司
4	宿淮铁路京杭运河特大桥工程	中铁十一局集团公司及其二、三公司
5	宿淮铁路徐洪河特大桥工程	中铁十一局集团公司及其二、三公司
6	武汉市轨道交通 2 号线一期工程 16 标段土建工程	中铁十一局集团公司及其城市轨道公司
7	汉宜铁路湖联渠特大桥工程	中铁十一局集团一公司
8	石武铁路客运专线滠口特大桥工程	中铁十一局集团一、三、六公司和桥梁公司
9	武汉市轨道交通 2 号线一期工程 24 标段虎名区间隧道及名都车站工程	中铁十一局集团四公司
10	京石铁路客运专线略庄屯跨保衡公路特大桥工程	中铁十一局集团五、六公司和桥梁公司
11	京石铁路客运专线冉庄龙泉河特大桥工程	中铁十一局集团五、六公司和桥梁公司
12	渝利铁路龙溪河双线特大桥工程	中铁十一局集团五公司
13	渝利铁路高石盘隧道工程	中铁十一局集团五公司
14	渝利铁路黄草山隧道工程	中铁十一局集团五公司
15	新建铁路南川至涪陵线站后四电工程	中铁十一局集团电务公司
16	上海金山铁路改建工程四电工程	中铁十一局集团电务公司
17	武汉市轨道交通 2 号线一期工程信号系统安装工程	中铁十一局集团电务公司
18	改建铁路苏州站改造综合工程	中铁十二局集团公司及其建筑安装公司、中国中铁四局集团公司、中铁二十四局集团公司
19	神华甘泉铁路乌拉山 2 号隧道工程	中铁十二局集团公司及其四公司
20	贵州省六盘水至盘县高速公路第 9 合同段老鹰岩特大桥工程	中铁十二局集团一公司
21	渝利铁路土建 I 标御临河双线特大桥工程	中铁十二局集团一公司
22	渝利铁路排花洞隧道工程	中铁十二局集团一公司
23	改建铁路重庆至怀化线重庆北至涪陵段增建第二线工程新铁山坪隧道工程	中铁十二局集团三公司
24	改建铁路成昆线广通至昆明段扩能改造工程九盘岭隧道工程	中铁十二局集团四公司
25	厦深铁路客运专线梁山隧道工程	中铁十二局集团四公司
26	玛多至玉树 330 千伏输电线路工程施工Ⅱ标段工程	中铁十二局集团电气化公司
27	苏州轨道交通 2 号线Ⅱ－TS－06 标段土建工程	中国铁建大桥工程局集团公司、中铁二十三局集团公司
28	天津铁建大厦工程	中国铁建大桥工程局集团公司

续表

序号	获 奖 工 程	施 工 单 位
29	古窑子至青铜峡高速公路青铜峡黄河公路特大桥工程	中国铁建大桥工程局集团一公司
30	扬州市瘦西湖隧道工程	中铁十四局集团公司及其隧道、电气化、建筑、北京中铁房山桥梁公司和四公司
31	新建邯郸(邢台)至黄骅港铁路肖张镇跨大广高速公路特大桥工程	中铁十四局集团公司及其二公司、中铁十七局集团公司
32	苏州港太仓港区浏家港岸线调整工程Ⅱ标段工程	中铁十四局集团公司及其二公司
33	周口师范学院图书馆管理中心工程	中铁十四局集团公司
34	新建霍尔果斯铁路口岸站工程 ZQ 标段工程	中铁十四局集团公司
35	贵州省六盘水至盘县高速公路工程第 1 合同段河头 1 号特大桥工程	中铁十四局集团五公司
36	成都地铁 2 号线一期工程土建 9 标段(4、5 号盾构区间)、将军衙门站土建工程	中铁十五局集团公司、中国铁建大桥工程局集团公司
37	上海 S6 公路新建 1 标段工程	中铁十五局集团公司
38	杭瑞高速公路大兴至思南段第 19 合同段思塘隧道工程	中铁十五局集团一公司
39	沈海复线高速公路莆田段 A3 合同段玢山隧道工程	中铁十五局集团四公司
40	沈阳绕城高速公路改扩建工程后丁香特大桥工程	中铁十五局集团五公司
41	湖南省岳阳至常德高速 TJ－14 合同段安合垸特大桥工程	中铁十五局集团五公司
42	湖南省岳阳至常德高速 TJ－05 合同段高架二桥工程	中铁十五局集团五公司、湖南岳阳路桥基建总公司、山东黄河工程集团有限公司
43	高陵鹿苑渭河公路特大桥工程	中铁十五局集团七公司
44	洛阳铁道·龙城嘉园 4、5、6 号楼工程	中铁十五局集团七公司
45	三门峡义乌国际商贸城工程	中铁十五局集团七公司
46	象山港公路大桥及接线工程第 2 合同段角洞岙隧道工程	中铁十六局集团三公司
47	重庆沿江高速公路主城至涪陵段 W1 合同段木洞隧道工程	中铁十六局集团三公司
48	舟山市临城至北蝉钓梁疏港公路尖峰岗隧道工程	中铁十六局集团三公司
49	昆明市轨道交通首期工程土建工程展览中心站至塘子巷站工程	中铁十六局集团公司及其北京轨道交通公司
50	天津于家堡站交通枢纽配套市政公用工程土建施工第 4 标段工程	中铁十六局集团公司及其北京轨道交通建设公司
51	郑州市轨道交通 1 号线一期工程土建施工 05 标段工程	中铁十六局集团公司及其北京轨道交通建设公司
52	新建广深港铁路客运专线虎门站及虎门站特大桥工程	中铁十七局集团公司及其一公司、建筑公司
53	新建厦深铁路客运专线惠阳特大桥工程	中铁十七局集团公司及其二公司
54	新建厦深铁路客运专线深圳东站高架桥及站房工程	中铁十七局集团公司及其四公司、建筑公司
55	新建杭州至宁波铁路客运专线 HYZQ－2 标段余姚特大桥工程	中铁十七局集团公司及其三公司
56	新建杭州至宁波铁路客运专线大山脑隧道工程	中铁十七局集团公司及其三公司
57	新建杭州至宁波铁路客运专线曹娥江特大桥工程	中铁十七局集团公司及其六公司

续表

序号	获奖工程	施工单位
58	苏州轨道交通2号线Ⅱ－TS－08标段工程	中铁十七局集团公司、中铁二十三局集团苏州公司
59	苏州轨道交通2号线II－TS－10标段工程	中铁十七局集团公司、中铁二十三局集团公司
60	新建宁杭铁路客运专线NHZQ－3标段长兴特大桥及长兴车站工程	中铁十七局集团公司及其二公司、建筑公司
61	新建宁杭铁路客运专线NHZQ－3标铺架工程	中铁十七局集团公司及其铺架分公司
62	神华新准铁路巴准线7标段工程	中铁十七局集团二公司
63	三淅高速公路灵卢段白水峪大桥工程	中铁十七局集团三公司
64	新建厦深铁路(福建段)XSFJ－1标段九龙江双线特大桥工程	中铁十七局集团六公司
65	津秦铁路客运专线塘沽西跨京津塘高速特大桥工程	中铁十八局集团公司
66	新建向塘至莆田铁路建宁隧道工程	中铁十八局集团公司
67	新建向塘至莆田铁路雪峰山隧道工程	中铁十八局集团公司
68	天津市中央大道海河隧道工程	中铁十八局集团公司
69	纳黔高速公路沙地坪隧道工程	中铁十八局集团一公司
70	重庆绕城高速公路南段环山坪隧道工程	中铁十九局集团二公司
71	丹东至通化高速公路路基工程第17合同段杨木川隧道工程	中铁十九局集团三公司
72	武汉市轨道交通2号线一期工程中南路站土建工程	中铁十九局集团轨道交通公司
73	常州西绕城高速公路CRC－4标段京杭运河特大桥工程	中铁二十局集团公司及其一公司
74	成渝高速公路复线九顶山隧道工程	中铁二十局集团公司及其三公司
75	丽攀高速公路丽江至攀枝花C4合同段花山特大桥工程	中铁二十局集团公司及其四公司
76	G216线五彩湾至大黄山高速公路工程	中铁二十局集团公司及其五公司
77	中铁二十局六公司咸阳基地3、4号高层住宅楼	中铁二十局集团六公司
78	济广高速济南连接线工程匡山互通立交工程	中铁二十一局集团公司及其三公司
79	津秦铁路客运专线董官营跨抚昌黄公路特大桥工程	中铁二十一局集团一公司
80	新建松陶铁路第二松花江特大桥工程	中铁二十二局集团公司及其一公司
81	津秦铁路客运专线宁车沽永定新河特大桥工程	中铁二十二局集团公司及其一公司、中铁城建集团公司及其三公司
82	广州至珠海铁路复工工程SG－3标段铺架工程	中铁二十二局集团二公司
83	新建福州可门港铁路支线工程可门特大桥工程	中铁二十二局集团三公司
84	厦门中国铁建·海曦项目	中铁二十二局集团三公司
85	晋江市世纪大道改造工程	中铁二十二局集团三公司
86	哈尔滨红旗大街打通工程	中铁二十二局集团哈尔滨铁路建设集团公司

续表

序号	获 奖 工 程	施 工 单 位
87	津秦铁路客运专线第九大街公路特大桥抬高改造工程	中铁二十二局集团电气化公司
88	新建向塘至莆田铁路青云山隧道工程	中铁二十三局集团公司
89	新建扎兰屯至阿荣旗铁路工程	中铁二十三局集团二公司
90	新建地方铁路锡北线土建工程及铺架工程 PJ－C 标段工程	中铁二十三局集团三公司
91	湘桂铁路扩改工程 V 标观音岩隧道工程	中铁二十三局集团四公司
92	湘桂铁路扩能改造洛清江双线特大桥工程	中铁二十三局集团四公司
93	兰渝铁路重庆枢纽朝阳嘉陵江右线单线大桥工程	中铁二十三局集团六公司
94	重庆沿江高速公路梨香溪特大桥工程	中铁二十三局集团六公司
95	重庆轨道交通 3 号线南延伸段土建工程鱼洞车站工程	中铁二十三局集团六公司
96	大连海军 1815 工程 101 项目	中铁二十三局集团轨道交通公司
97	南京地铁 10 号线土建工程 TA－05 标段工程	中铁二十三局集团轨道交通公司
98	南通市江海大道西段快速化改造工程	中铁二十四局集团公司、中国中铁大桥局集团公司
99	宿州市淮河路上跨京沪铁路立交桥工程	中铁二十四局集团公司
100	长兴县环城西路公铁立交桥工程	中铁二十四局集团公司
101	新建铁路丽江地区仁和至丽江段站前站后工程	中铁二十五局集团四公司
102	哈大铁路客运专线长春西站站房及站台雨棚工程	中铁建设集团公司
103	北京丽都饭店改扩建工程	中铁建设集团公司
104	西安市群贤北府一期工程	中铁建设集团公司
105	唐山市唐海·碧海云天工程	中铁建设集团有限公司
106	长沙中国铁建·国际城 1、6、6－a、7、12 号栋、地下室工程	中铁建设集团有限公司
107	贵阳中国铁建·国际城 C 组团	中铁建设集团长沙分公司
108	唐山原专用汽车制造厂危旧房改造工程	中铁建设集团天津分公司
109	新建成都至都江堰铁路站后系统集成工程	中国铁建电气化局集团公司
110	新建铁路北京至武汉客运专线(河北段)四电集成工程	中国铁建电气化局集团公司
111	兰新线红柳河至乌西段电化改造工程 DS2 标段工程	中国铁建电气化局集团一公司
112	京九铁路向塘西至东莞段电气化改造工程	中国铁建电气化局集团一、四公司
113	京包铁路集宁至包头增建第二双线工程 JBSD8 标段工程	中国铁建电气化局集团二公司
114	朔黄铁路扩能改造电气化等工程	中国铁建电气化局集团二公司
115	新建盘锦至营口铁路客运专线四电系统集成工程	中国铁建电气化局集团三公司

续表

序号	获 奖 工 程	施 工 单 位
116	新建铁路北京至石家庄客运专线工程北京西枢纽四电集成工程	中国铁建电气化局集团三公司
117	新建铁路石家庄至武汉客运专线(湖北段)四电集成系统工程	中国铁建电气化局集团南方公司
118	武汉市轨道交通四号线一期机电设备安装2标段工程	中国铁建电气化局集团南方公司
119	新建南京至杭州客运专线四电系统集成工程	中国铁建电气化局集团南方公司
120	建发宝湖湾二期工程	中铁城建集团公司及其北京公司
121	北京市门头沟永定镇居住及F1住宅混合公建项目(MC20-045地块)	中铁城建集团北京公司
122	内蒙古希望—加州华府二期工程	中铁城建集团北京公司
123	北京中国铁建·山语城一期2标段工程	中铁城建集团一公司
124	合肥中国铁建·国际城和畅园Ⅰ标段工程	中铁城建集团一公司
125	海城铁路内陆港小区3、4、6号楼工程	中铁城建集团三公司
126	天津中铁城建大厦工程	中铁城建集团三公司、中铁二十二局集团公司

(制表:王昌林)

2014年中国铁建生产安全事故情况

事故级别	总 计(起数)	死亡人数(人)	重伤人数(人)	直接经济损失(万元)	备 注
一般事故					
较大事故	5	23			
重大事故					
特别重大事故					
其 他					
合 计	5	23			

(制表:郭 宏)

中国铁建兵改工以来职工因工死亡人数逐月统计

数量 项目 年度	一月	二月	三月	四月	五月	六月	七月	八月	九月	十月	十一月	十二月	全年合计		
													职工人数（人）	死亡人数（人）	千人死亡率（‰）
1984 年	1	4	1	1	3	1	3	2	3	1	4	3	150549	27	0. 179
1985 年		1	3	1	2	10	4	2	4	6	2	1	153134	36	0. 235
1986 年	4	1	1	5	3	3	7	5	6	5	3	1	151620	44	0. 29
1987 年			4	12	2		9	8	3	4	2	1	151428	45	0. 297
1988 年			4	1	5	1	2		3		2	3	146855	21	0. 143
1989 年	3		4	2	3		3	1	1	3			150962	20	0. 132
1990 年	1				1		3		1		2		153288	8	0. 053
1991 年			1	1	1		3		5	9	4		158588	24	0. 151
1992 年	1					1	1	2	1	1	2	6	160379	15	0. 094
1993 年	1	2	1		1	3	1	2	1	6	1		145876	19	0. 13
1994 年		3		2			5		1	1		2	145368	14	0. 096
1995 年		3		5		1		1		1	1	2	145608	14	0. 096
1996 年	1	1			1	1				1	1		146871	6	0. 041
1997 年	1	9		3	4	1	1	3	4		2		141327	28	0. 198
1998 年			2								2		139731	4	0. 029
1999 年			1	7	2	2	1	5	3	1		10	171445	32	0. 187
2000 年	6		4				1	5	1	1	1	1	200850	20	0. 1
2001 年	2				2		2	2	6		7	3	186680	24	0. 129
2002 年											1		186000	1	0. 005
2003 年			2			1	1						176000	4	0. 023
2004 年	1				1		2	1	1		1	4	227650	11	0. 048
2005 年		7	4		1			2	7			12	230533	33	0. 143
2006 年	1	8		1						4		6	237232	20	0. 084
2007 年	4		6	4	1	4			3				242168	22	0. 091
2008 年			5		3			2					184868	10	0. 054
2009 年			5					3		6		6	209103	20	0. 096
2010 年		2	12	4	3		10	1	2	1	7		228004	42	0. 184
2011 年	3		6		7			5	1	25		2	240660	49	0. 2036
2012 年					3	3	1			13	4		287568	24	0. 0835
2013 年	3			3	3		3					3	287341	15	0. 0522
2014 年	3								5	3	7	5	296983	23	0. 0774
合计	36	41	66	52	52	32	63	52	62	92	56	71		675	0. 1064

（制表：郭 宏）

原铁道兵部队和中国铁建逐年事故死亡人数统计

项目/数量/年度	死亡人数	千人死亡率	项目/数量/年度	死亡人数	千人死亡率	项目/数量/年度	死亡人数	千人死亡率
1948 年	21		1979 年	192	0.51	1984 年	27	0.179
1949 年	96		1980 年	177	0.58	1985 年	36	0.235
1950 年	36		1981 年	116	0.52	1986 年	44	0.29
1951 年	365		1982 年	121	0.62	1987 年	45	0.297
1952 年	521		1983 年	76	0.47	1988 年	21	0.143
1953 年	448					1989 年	20	0.132
1954 年	33					1990 年	8	0.053
1955 年	157	1.55				1991 年	24	0.151
1956 年	144	1.26				1992 年	15	0.094
1957 年	60	0.58				1993 年	19	0.13
1958 年	125	1.24				1994 年	14	0.096
1959 年	235	1.53				1995 年	14	0.096
1960 年	249	1.77				1996 年	6	0.041
1961 年	151	1.17				1997 年	28	0.198
1962 年	63	0.64				1998 年	4	0.029
1963 年	137	0.68				1999 年	32	0.187
1964 年	106	0.51				2000 年	20	0.1
1965 年	336	1.63				2001 年	24	0.129
1966 年	436	1				2002 年	1	0.005
1967 年	351	1				2003 年	4	0.023
1968 年	263	0.6				2004 年	11	0.048
1969 年	373	0.58				2005 年	33	0.143
1970 年	404	0.7				2006 年	20	0.084
1971 年	536	1.3				2007 年	22	0.091
1972 年	371	0.71				2008 年	10	0.054
1973 年	254	0.61				2009 年	20	0.096
1974 年	291	0.67				2010 年	42	0.184
1975 年	263	0.56				2011 年	49	0.2036
1976 年	257	0.74				2012 年	24	0.0835
1977 年	216	0.64				2013 年	15	0.0522
1978 年	193	0.58				2014 年	23	0.0774
铁道兵合计				8173	0.88	中国铁建合计	675	0.1064

（制表：郭 宏）

中国铁建兵改工以来伤亡事故统计

项目 / 数量 / 年度	合计				职工因工伤亡事故				职工在国有公路上发生交通事故				职工非因工伤亡事故				施工方主要责任造成群众伤亡事故				外部劳务伤亡事故			
	起数	轻伤	重伤	死亡	起数	轻伤	重伤	死亡	起数	轻伤	重伤	死亡	起数	轻伤	重伤	死亡	起数	轻伤	重伤	死亡	起数	轻伤	重伤	死亡
1984 年	312	187	107	79	219	162	69	27					36	7	9	24	57	18	29	28				
1985 年	241	168	58	52	215	157	51	36					17	3	4	10	9	8	3	6				
1986 年	259	160	61	77	217	156	47	44					26	3	6	19	16	1	8	14				
1987 年	166	99	38	63	145	92	36	45					13	5	2	11	8	2		7				
1988 年	117	64	23	45	92	60	21	21	4		1	3	15		1	15	6	4		6				
1989 年	111	76	26	33	87	56	19	20	14	20	5	5	10		2	8								
1990 年	113	89	18	31	86	69	15	8	12	17	3	8	12	3		12	3			3				
1991 年	128	99	24	38	107	84	21	24	7	9	4		11			11	3	6		3				
1992 年	144	113	15	28	130	112	13	15	6	1	2	4	6			7	2			2				
1993 年	144	131	28	32	129	119	21	19	10	9	6	11	3	1		2	2	2	1		11			20
1994 年	107	97	8	21	99	94	6	14	3	3	2	2	5			5	1	2		4	9	10	6	33
1995 年	92	85	15	14	92	85	15	14													4	3		6
1996 年	72	62	9	8	70	62	9	6					2			2					3			9
1997 年	87	72	11	36	85	72	11	28					2			8					4	5		7
1998 年	66	59	7	6	64	59	7	4					2			2					4	2	1	9
1999 年	103	86	9	37	98	86	9	32					5			5					2			4
2000 年	66	74	13	21	65	74	13	20					1			1					3	1	1	5
2001 年	66	80	14	30	62	80	14	24					4			6					1			1
2002 年	79	70	7	2	78	70	7	1					1			1					2	1	2	4
2003 年	72	67	10	4	72	67	10	4													2	1		4
2004 年	76	79	7	12	75	79	7	11					1			1								
2005 年	57	63	10	33	57	63	10	33													3			3
2006 年	60	60	11	20	60	60	11	20													1	3		3
2007 年	67	70	14	22	67	70	14	22													3			4
2008 年	4	2	2	10	1			4													3	2	2	6
2009 年	8			20	6			15													2			5
2010 年	10	3		42	1	3		7													9			35
2011 年	11			49																	11			49
2012 年	6	22	7	24																	6	22	7	24
2013 年	5			15																	5			15
2014 年	5			23																	5			23
合计	2854	2237	552	927	2479	2091	456	518	56	59	23	33	172	22	24	150	107	43	41	73	93	50	19	269

（制表：郭 宏）

中国铁建兵改工以来各单位逐年职工因工死亡人数统计

单位 \ 数量 \ 年度	职工因工死亡人数																														
	一九八四年	一九八五年	一九八六年	一九八七年	一九八八年	一九八九年	一九九〇年	一九九一年	一九九二年	一九九三年	一九九四年	一九九五年	一九九六年	一九九七年	一九九八年	一九九九年	二〇〇〇年	二〇〇一年	二〇〇二年	二〇〇三年	二〇〇四年	二〇〇五年	二〇〇六年	二〇〇七年	二〇〇八年	二〇〇九年	二〇一〇年	二〇一一年	二〇一二年	二〇一三年	二〇一四年	合计
中国土木工程集团公司																																
中铁十一局集团公司	2	7	6	4	2	2	1	1	7	1	5						2	2		2		1	4				2			3		54
中铁十二局集团公司	2	1	1	2	4										2	2		14					2	9		2	10				3	54
中铁十三局集团公司	1	2		2	4	3		1	1	1			1			4				1			1	1			7			3	7	40
中铁十四局集团公司	1	3	1	6	1	1	1	4	2				1	1		1	1					6				6		3		3		42
中铁十五局集团公司	3	2		2	2	4		6	2	3	4			1		8	6	1					1	3	1			5				54
中铁十六局集团公司	6	8	11	4	1	2	1	2	2	3	1	2	1	20				1			1	8		3		5	2					84
中铁十七局集团公司	1		2	3		1	1	1			3												9	4	4	1	2	2		3		37
中铁十八局集团公司	5	4	9	16	3		2	1		3		6	1			2	2	1						1	5	3	10	1	13		3	91
中铁十九局集团公司	1		4	1	1	3		3		5		1		1	1	10	8				1	12		1				24			5	82
中铁二十局集团公司	1	6	7	5	3	4	1	1	1							4		2			2		3					11				51
中铁二十一局集团公司																													7	3		10
中铁二十二局集团公司																						3					1		1			5
中铁二十三局集团公司																												1	3		5	9
中铁二十四局集团公司																					4					2	7					13
中铁二十五局集团公司																										1	1					2
中铁建设集团公司		1	1																									2				4
中国铁建电气化局集团公司																																
中国铁建港航局集团公司																																
中国铁建房地产集团公司																																
中铁第一勘察设计院集团公司																																
中铁第四勘察设计院集团公司																					1											1
中铁第五勘察设计院集团公司																			1													1
中铁上海设计院集团公司																																
中铁物资集团公司			1										1																			2
昆明中铁大型养路机械集团公司																					1											1
中国铁建重工集团公司																																
中铁建中非建设公司																																
中铁建(北京)商务管理公司																					1	3										4
中国铁建直属单位	4	2	1				1	4		3	1	5	1	5	1	1	1	3		1												34
合计	27	36	44	45	21	20	8	24	15	19	14	14	6	28	4	32	20	24	1	4	11	33	20	22	10	20	42	49	24	15	23	675

注:中国铁建直属单位包括原工厂局、国内工程公司、铁路运输处、铁道战备舟桥处。

（制表:郭　宏）

设 备 物 资

【设备物资部】 主要职责:贯彻执行国家有关设备、运输、物资、工业、节能减排工作的方针、政策和法规;组织制定股份公司系统设备、运输、物资、工业、节能减排管理的各项规章制度;负责股份公司主要物资和大型专用设备的集中招标采购和大型专用施工设备的内部调配;组织设备重大技术的推广与交流;负责利用外资贷款购置设备,协调总承包工程项目和本级经营项目主要物资的供应;负责股份公司系统铁路路料运输、工程路用车、铁路机车车辆调拨、铁路自轮运转特种设备管理;负责铁路集采专供物资、油料、民爆器材计划及协调工作;负责工业企业建设和工业产品技术研发、引进、消化、吸收,以及工业企业资源优化配置、产品调整的研究论证;负责股份公司节能减排管理,组织全系统设备、运输、物资、节能减排检查及年度统计报表汇总上报工作。定员 9 人,现员 8 人,设部长 1 人、总机械师 1 人、副部长 1 人;下设设备处、物资处、工业处。 (张宏成)

【主要技术设备】 截至 2013 年底,股份公司拥有机械动力设备 103594 台(套),固定资产原值 493.07 亿元,净值 228.62 亿元,设备资产比 2013 年增加 52.47 亿元。机械设备总功率 810.54 万千瓦,技术装备率 11.64 万元/人,动力装备率 41.27 千瓦/人,成新率 46.37%。主要设备:盾构设备 198 台,全断面掘进机(TBM)11 台,铁路客运专线用 900 吨运架一体机 10 台、架桥机 81 台、运梁车 85 台、提移梁机 144 台(套),移动模架 14(套);常规铁路架桥机 48 台,铺轨机 19 台;电气化施工设备 278 台(套);大型机械化整道设备 113 台。主要施工设备实力继续提高,特别是大型设备保有量稳步提升,提升中国铁建的市场竞争力,在工程投标和施工任务完成中发挥重要作用。 (张宏成)

【设备管理专业人员】 2014 年,中国铁建系统有设备管理专业技术人员 12669 人,其中,高级工程师 998 人、工程师 1874 人。设备操作技术工人 26806 人,机械司机 10586 人,汽车驾驶员 10599 人,修理工 2962 人。所属单位全年完成专业技术培训 923 期,培训人员 13315 人。 (张宏成)

【物资管理专业人员】 2014 年,股份公司系统有物资管理人员 16391 人,其中高级职务 391 人、中级职务 1680 人、初级职务 4867 人、其他管理人员 9453 人。 (刘宝庆)

【设备物资检查】 为进一步加强中国铁建设备物资管理工作,增强企业机械化施工能力和综合实力,降低设备物资采购成本,提高管理水平及企业整体经济效益,下发《关于部署开展 2014 年度设备物资检查工作的通知》,要求所属单位从机构设置、制度落实、人员配备、资料管理等方面入手,对设备管理方面的购置、租赁、使用、维护保养、安全操作、持证上岗;铁路运输方面的工程路用车及大吨位预制梁运输专用车组的申请、扣车、使用、交费和建档管理,桥梁、轨枕、钢轨运输专列的使用管理;物资管理方面的主要原材料和大宗物资招标采购,材料质量、价格、库存,周转材料、危爆物品的使用管理等进行加强。各单位根据股份公司的安排,统一部署,狠抓落实,总结经验,找出问题,并制定整改措施,取得较好的效果。 (刘宝庆 张宏成)

【推广应用"四新"技术】 2014 年,组织中国铁建系统设备管理人员与国内外主要设备制造商开展施工设备和施工工艺的交流,促进新设备、新技术、新工艺的及时推广与应用。11 月 25 日,组织设备管理人员参加在上海新国际博览中心举办的第七届中国国际工程机械、建材机械、工程车辆及设备博览会(Bauma China 2014),及时了解国内外工程机械的技术水平和发展趋势。 (张宏成)

【中国铁建隧道掘进机设备应用现场会议】 9 月 24—25 日在辽宁省沈阳市召开。所属局集团公司、设计院、有盾构(TBM)施工任务的工程公司的设备部长和掘进设备管理人员 75 人参加会议。会议组织参观中铁十二局集团公司辽宁沈阳地铁 9 号线 7 标段泥水盾构及中铁十八局集团公司辽西北供水工程 TBM 施工现场,中铁十二局集团公司针对泥水盾构的施工管理、中铁十八局集团公司针对硬岩 TBM 的施工管理、中国铁建重工集团公司针对盾构和 TBM 的设计制造作了介绍,与会人员就施工中遇到的具体问题进行现场交流。 (张宏成)

【中国铁建设备分类编码研讨会议】 11 月 20—21 日,组织系统内部分设备管理业务专家召开设备分类编码会议。会议确定新增设备分类编码734类。其中,施工机械43类;运输设备7类;生产设备168类;测量及试验设备502类;其他固定资产14类。修正设备分类29类。 (张宏成)

【中国铁建设备统计会议】 12月11日,组织所属集团公司设备统计人员召开设备统计会议,分析当前设备统计工作中存在的问题,查找问题原因,对部分重点报表进行集中编制,规范设备统计工作,提高股份公司系统设备统计报表水平。 (张宏成)

【设备集中招标采购】 2014年,所属各集团公司上报设备购置计划8630台,预算金额55.35亿元,比2013年同期上报的47.46亿元增加7.89亿元,增幅16.62%。股份公司批复7692台,预算金额44.48亿元,比2013年同期批复的40.73亿元增加3.75亿元,增幅9.21%。 (张宏成)

【铁路运输保障任务】 2014年,股份公司为所属单位申请办理铺轨机、架桥机等超级、超限设备过轨运输3次;为中铁十一至二十五局集团公司、中国铁建电气化局集团公司办理铁路平板车6984辆,保障施工现场设备、物资及时到位、转运。 (张宏成)

【工业制造】 2014年,中国铁建不断加大结构调整力度,通过优化内部资源配置、增加投入等措施,促进工业制造产业科学快速发展,构建以昆明中铁大型养路机械集团有限公司、中国铁建重工集团有限公司两家工业企业为龙头,以中铁十一局集团汉江重工有限公司、中铁十六局集团建工机械有限公司、中铁十八局集团泵业公司、中铁二十局集团西安工程机械有限公司,中国铁建电气化局集团轨道交通器材有限公司及康远新材料有限公司、西安电气化制品有限公司、科技公司,中铁第五勘察设计院集团工程机械有限公司9家专业化工业企业为骨干、共存互补的工业格局。拥有大型养路机械、盾构(TBM)、铁路铺轨设备、高铁运架提设备、起重机械、矿山设备、压实设备、电气化施工设备、高速道岔及弹条扣件、铁路工务器材及接触网导线十大核心技术和500余种产品。其中,大型养路机械设计制造能力亚洲第一、世界第二,国内市场占有率80%以上;长距离大坡度煤矿斜井TBM填补国内空白;流动式高速铁路运架一体机技术国际领先;铁路道岔研制水平国内领先,市场占有率35%以上;高速铁路接触网导线生产技术达到国内领先水平;拖式振动压路机国内市场占有率60%。 (郭春雷)

【大型设备】 2010—2014年,中国铁建系统累计投入228.18亿元购置施工设备,其中大型施工设备101.78亿元。机械设备装备能力由2009年的59906台(套)增加到2014年的103594台(套),增长72.9%;机械设备原值由2009年的264.88亿元增加到2014年的493.06亿元,增长86.34%;设备总功率由2009年的499万千瓦,提高到2014年的810万千瓦,增长62.3%;动力装备率由2009年的21.4千瓦/人,提高到2014年的31.13千瓦/人,增长45.5%;技术装备率由2009年的7.6万元/人,提高到2014年的8.78万元/人,增长15.6%。中国铁建通过优化资源配置,实施技术先导,加大专用化施工设备投入,改善关键设备受制于人的局面,提高企业抗风险能力和技术实力。

中国铁建大型设备原值由2009年的160.9亿元增加到2014年的262.68亿元,增长63.3%;数量由2009年的2124台(套)增加到2014年的4327台(套),增长103.7%。其中,TBM掘进机、盾构机由2009年的80台(套)增加到2014年的209台(套),进一步提升中国铁建承揽国内城市轨道交通建设的能力,特别是大直径盾构机在过海、过江隧道施工中发挥着举足轻重的作用。2009—2014年,新增港航施工船舶7艘和大型矿山采剥施工设备50台,原值13.7亿元。专用施工设备的投入,拓宽中国铁建在水工、矿山领域的施工范围,加快企业转型升级的进度,提升企业的整体施工技术水平。铁路大型机械化整道设备(起拨道捣固车、配碴整形车、动力稳定车等)新增71台(套),原值12.7亿元。中国铁建的铁路专用施工机械的综合性能和技术处于国内领先和国际先进水平,并具有明显的国际技术经济比较优势,成为中国铁路科技进步十大标志之一。

(郭春雷)

2014 年 5 月 8 日，中国土木工程集团公司承建的埃塞俄比亚至吉布提铁路项目举行铺轨仪式。图为中土集团正在铺架第一组轨排。（刘 渝 摄）

海外经营 境外工程

本栏责任编辑 杨启燕

海外经营

【国际部】 主要职责:参与中国铁建股份有限公司(以下简称“公司”)海外发展战略及海外中长期规划的研究制定,并就贯彻执行提出具体措施;制定和完善公司外经、外事管理制度和办法;负责与国家外交、外经主管部门和驻外使领馆、商会、协会的沟通联络及交流工作;负责因公出国(境)任务和人员审核、报批,因公护照和签证的办理,因公出国(境)证照的管理,邀请外国人来华的审核报批,境外换发因公证照的审核、报批,公司管理的在出入境机关备案人员的因私证照管理和因私出国(境)审核报批;负责公司外文资料、信息及外事活动的翻译工作;负责《工程新闻纪录》(ENR)全球最大250家国际承包商评选参选资料的准备及报送工作;负责公司境外突发事件应急预案的制定和修订;牵头负责以公司名义承揽的海外项目的审核、投议标许可证办理、相关证照提供;牵头负责重大工程承包项目的综合评审;牵头负责市场准入、项目跟踪主责单位、厘清经济关系等协调工作;负责海外工程项目造价及合同管理;负责海外专家委员会的日常工作;负责公司对海外有关方面发出函件的审核工作;负责公司对外经营资格证书年检、企业信用等级评价的申报工作;负责海外工程承包项目经营情况、涉足国家(地区)及期末在外人员统计;负责海外工程项目中标信息、重大信息的汇总、报送工作;参与海外舆情监控工作;参与海外风险管理和内控相关工作;参与商务部、国家外汇管理局组织的境外投资联合年检和综合绩效评价工作;参与海外并购重组工作。部门定员8人,设部长、副部长各1人,下设海外业务管理处、外事处,每处定员3人。 (李 欣)

【全球最大250家国际承包商排名】 5月,按照中国对外承包工程商会通知要求,完成美国《工程新闻记录》(ENR)组织的2014年度全球最大250家国际承包商评选活动的资料报送工作。2014年,中国铁建在ENR全球最大250家国际承包商中排名第2位。 (李 欣)

2014年中国铁建海外工程新签合同额情况

单位:万美元

序号	单 位	新签合同额	占海外合同总额比例(%)
1	中国土木工程集团有限公司	1336122.55	64.71
2	中铁十一局集团有限公司	1200.00	0.06
3	中铁十二局集团有限公司	30149.43	1.46
4	中铁十四局集团有限公司	33744.30	1.63
5	中铁十五局集团有限公司	22127.00	1.07
6	中铁十六局集团有限公司	5206.81	0.25
7	中铁十七局集团有限公司	13955.18	0.68
8	中铁十八局集团有限公司	64567.00	3.13
8	中铁二十局集团有限公司	2823.00	0.14
10	中铁二十四局集团有限公司	22552.78	1.09
11	中铁二十五局集团有限公司	1200.75	0.06
12	中铁建设集团有限公司	1446.95	0.07
13	中铁第一勘察设计院集团有限公司	450.00	0.02
14	中铁第四勘察设计院集团有限公司	9.0	0.00
15	中铁上海设计院集团有限公司	120.50	0.01
16	中国铁建国际集团有限公司	529189.54	25.63
	总 计	2064865.69	100.00

(制表:李 欣)

2014 年中国铁建海外工程完成营业额情况

单位:万美元

序号	单　　位	完成营业额	占海外营业总额比例(%)
1	中国土木工程集团有限公司	253999.00	52.14
2	中铁十一局集团有限公司	11337.48	2.33
3	中铁十二局集团有限公司	28663.50	5.88
4	中国铁建大桥工程局集团有限公司	6037.50	1.24
5	中铁十四局集团有限公司	14988.26	3.08
6	中铁十五局集团有限公司	2843.61	0.58
7	中铁十六局集团有限公司	3738.53	0.77
8	中铁十七局集团有限公司	25854.28	5.31
9	中铁十八局集团有限公司	37950.76	7.79
10	中铁十九局集团有限公司	10492.16	2.15
11	中铁二十局集团有限公司	11023.23	2.26
12	中铁二十一局集团有限公司	937.98	0.19
13	中铁二十三局集团有限公司	2186.00	0.45
14	中铁二十四局集团有限公司	2352.64	0.48
15	中铁二十五局集团有限公司	2799.36	0.57
16	中铁建设集团有限公司	8333.23	1.71
17	中国铁建电气化局集团有限公司	3191.00	0.66
18	中国铁建港航局集团有限公司	182.00	0.04
19	中铁第一勘察设计院集团有限公司	859.3.	0.18
20	中铁第四勘察设计院集团有限公司	830.9.	0.17
21	中铁第五勘察设计院集团有限公司	507.4.	0.10
22	中铁上海设计院集团有限公司	130.13	0.03
23	中国铁建国际集团有限公司	56991.24	11.70
24	中铁建中非建设有限公司	904.28	0.19
25	北京铁城建设监理有限责任公司	24.00	0.00
	总　　计	487157.77	100.00

(制表:李　欣)

【外宾来访】 1 月 9 日下午,中国铁建总裁张宗言会见印度阿达尼集团董事会主席阿达尼。双方经过务实高效的会谈,就加强合作达成一致意见。中国铁建执行董事、副总裁、总经济师扈振衣参加会见。

2 月 18 日下午,中国铁建执行董事、副总裁、总经济师扈振衣在中国铁建大厦会见来访的印度尼西亚驻华大使易幕龙一行,双方就开展广泛合作进行深入交流。

2 月 24 日下午,中国铁建董事长孟凤朝在中国铁建大厦会见非洲联盟委员会前主席让·平一行。中国驻塞内加尔大使夏煌参加会见。

2 月 24 日下午,中国铁建执行董事、副总裁、总经济师扈振衣在北京钓鱼台国宾馆拜会来华访问的特立尼达和多巴哥共和国总理比塞萨尔。双方就重点合作的湖沥青项目、阿丽玛医院项目、西班牙港港口项目交换意见。

3 月 14 日,中国铁建总裁张宗言在中国铁建大厦会见阿根廷圣胡安省交通部长托马斯·何塞·艾斯德拉达一行,双方就阿根廷基础设施建设项目进行深入交流。

5 月 20 日下午,中国铁建董事长孟凤朝在中国铁建大厦会见刚果(布)驻华大使丹尼尔·奥瓦萨一行。

中国铁建总裁助理赵晋华参加会见。

5月20日上午,中国铁建董事长孟凤朝在中国铁建大厦会见来访的巴西交通部长凯撒·博尔热斯一行。双方围绕巴西交通基础设施建设,进行友好务实会谈,并取得广泛共识。巴西交通部副部长丹尼尔·西格玛、巴西驻华大使莱昂,中国铁建总裁助理赵晋华参加会见。

5月29日上午,中国铁建执行董事、副总裁、总经济师庖振衣在中国铁建大厦会见来访的马来西亚ABN集团执行主席丹斯里和中国驻马来西亚前大使柴玺,就有关项目合作交换意见。

5月28日,中国铁建总裁张宗言在中国铁建大厦会见到访的巴西卡玛古·科雷亚集团董事会主席利伽多一行。中国铁建执行董事、副总裁、总经济师庖振衣陪同会见。

6月23日上午,中国铁建执行董事、副总裁、总经济师庖振衣在中国铁建大厦B座会见来访的中国驻刚果(布)大使关键,双方进行深入交流。

8月28日,中国铁建执行董事、副总裁、总经济师庖振衣在中国铁建大厦会见到访的特立尼达和多巴哥驻华大使钱德拉达斯·辛格阁下,同时接受特立尼达和多巴哥媒体代表团的专题访问。

10月24日下午,中国铁建总裁张宗言在中国铁建大厦会见来华访问的玻利维亚发展规划部部长卡罗一行。双方就项目推进、深化合作关系等问题充分交换意见。

11月7日下午,中国铁建总裁张宗言在中国铁建大厦会见来访的阿特金斯全球总裁克鲁格一行。双方就共同开拓英国基建市场以及欧美市场达成合作共识。中国铁建总裁特别助理赵晋华参加会见。

12月2日,东南亚国家媒体考察团一行15人到访中国铁建,中国铁建董事长孟凤朝出席见面会。东南亚国家媒体考察团代理团长、马来西亚《星报》新闻编辑伍美朵等媒体代表就关心的话题与中国铁建与会人员进行交流。（李 欣）

【与港澳互访】 9月4日上午,中国铁建总裁张宗言在中国铁建大厦会见前来调研的香港金融发展局主席史美伦一行。双方共同表示,将通过加强银企合作,加快中国企业"走出去"步伐。中国铁建总会计师王秀明、总裁特别助理赵晋华参加会见。

12月2日,中国铁建总裁张宗言在中国香港拜会中央人民政府驻香港特别行政区联络办公室副主任仇鸿。双方就共同关注的广深港香港826标段盾构工程项目,以及未来更好地参与香港方面的建设等问题进行愉快的交流。中国铁建总裁特别助理赵晋华参加会见。（李 欣）

【出席第五届国际基础设施投资与建设高峰论坛】 5月8—9日,中国铁建总裁张宗言在中国澳门出席由中国对外承包工程商会和澳门特别行政区经济局共同主办的第五届国际基础设施投资与建设高峰论坛。中国铁建总裁助理赵晋华陪同出席。

【习近平主席视察中国铁建委内瑞拉施工项目】 委内瑞拉时间7月21日下午,正在委内瑞拉进行国事访问的中国国家主席习近平,在委内瑞拉总统尼古拉斯·马杜罗的陪同下,到中铁十七局集团公司承建的委内瑞拉加拉加斯社会住房蒂乌娜项目工地视察,亲切接见中铁十二局集团公司党委书记王锦友、中铁十七局集团公司董事长、党委书记段东明等中国企业负责人及蒂乌娜住房项目青年突击队代表,鼓励大家建好住房,促进两国友谊。（李 欣）

【李克强总理参观中国铁建安哥拉施工项目】 安哥拉首都罗安达当地时间5月8日下午,正在安哥拉访问的中国国务院总理李克强参观中国铁建参建的安哥拉最大的社会住房项目——凯兰巴·凯亚西新城(简称KK新城),了解KK新城等民生工程情况,召开海外民生工程座谈会。中铁十七局集团建筑公司副总经理兼安哥拉RED项目部经理杨震等在安中资企业、商会及企业员工代表40余人参加座谈交流。（李 欣）

【重要记载】 ▲1月17日　中国铁建总承包建设的土耳其安卡拉至伊斯坦布尔高速铁路二期主体工程完工。

▲5月5日　中国土木工程集团公司与尼日利亚联邦交通部签订尼日利亚沿海铁路项目框架合同,总金额131.22亿美元,刷新中国对外承包工程单体合同额最高纪录。中国土木工程集团公司董事长刘志明和尼日利亚联邦交通部部长伊德里斯·乌斯曼代表双方签约。11月20日,尼日利亚交通部部长依瑞士·乌斯曼与中国铁建中非建设有限公司副董事长曹保刚互递合同文本,全部采用中国铁路标准的尼日利亚沿海铁路项目在尼日利亚首都阿布贾正式签署商务合同,合同总金额119.7亿美元。

▲埃塞俄比亚时间5月8日上午　中国在海外首次采用全套"中国标准"修建的电气化铁路——埃塞俄比亚至吉布提共和国铁路,在埃塞俄比亚东部城市德雷达瓦正式铺轨。埃塞俄比亚总理海尔马里亚姆出席铺轨仪式。中国土木工程集团公司承担铺轨任务。

▲8月13日　中国铁建采用中国标准在海外一次性建成的最长铁路——安哥拉本格拉铁路重建工程全线完工。全长1344千米的本格拉铁路,西起大西洋港口城市洛比托,东至与刚果民主共和国接壤的边境城市卢奥,途经本格拉、万博、奎托、卢埃纳等重要城市,是该国洛比托经济走廊的重要通道。该项目设计时速90千米,为目前该国有史以来速度最快的铁路。本格拉铁路项目总投资18.3亿美元,由中铁二十局集团公司采取EPC(设计—采购—施工)总承包模式,从设计到施工全部采用中国铁路建设标准,钢轨、水泥、通信设备等材料全部从中国采购,投入运营后的机车车辆等设备也由中国企业提供。

▲8月25日　美国《工程新闻记录》(ENR)公布250家最大全球承包商和250家最大国际承包商最新排名,中国铁建分别列2014年最大全球承包商第2位和最大国际承包商第39位。

▲10月7日18时　中国铁建承建并运营的沙特麦加轻轨铁路连续5年圆满完成对朝觐穆斯林的承运任务,累计运送朝觐者1600万人次。此次运营从10月1日凌晨4时正式开始,在7天6夜的时间里,持续运营158个小时,运送朝觐者突破380万人次。原计划开行列车1696列,实际开行列车1949列,兑现率为115%。

▲11月20日　中国铁建沙特分公司收到沙特阿拉伯王国内政部签署的安全总部第五期工程第1、3、5号承包合同,合同总金额19.79亿美元。这是目前中国铁建海外工程承包房建领域承揽的规模最大的项目,创中国铁建海外房建项目单次签约最大合同额纪录。　(李　欣)

境外工程

【土耳其安卡拉—伊斯坦布尔高速铁路二期工程】全长158千米,总投资10.83亿美元。其中,第1标段科斯克亚至温兹里罕姆长103千米,合同投资6.6亿美元,2006年11月28日中标并签约,2008年10月21日开工;第2标段温兹里罕姆至依奴诺长54千米,合同投资6.1亿美元,2006年7月11日中标并签约,2008年9月22日开工。铁路采用欧洲技术标准,设计时速250千米,合同工期24个月。工程由中国铁建牵头,与中国机械进出口集团公司及土耳其成吉思汗、伊兹塔斯建筑公司组成合包集团共同负责工程施工。主要工程量:桥梁22座10300延长米,隧道44座45100延长米,车站7座。截至2014年底,开工累计完成投资3.4亿美元。　(李　欣)

【安哥拉本格拉铁路大修工程】　位于安哥拉中部,西起大西洋沿岸的洛比托港,东至安哥拉与刚果的边境,是安哥拉3条铁路主干线之一。全长1343千米,合同投资18亿美元,合同工期2007年8月—2011年1月。由于业主资金问题,项目延期。中铁二十局集团公司负责设计施工总承包。截至2014年底,开工累计完成投资18亿美元,8月13日全线完工。　(李　欣)

【尼日利亚铁路现代化工程】　尼日利亚拉各斯至卡诺双线准轨铁路正线全长1315千米,铺轨2730千米,车站25座,桥梁200余千米,机车车辆维修工厂2座,采用中国技术标准进行设计、施工,开创中国技术标准输出先河。2006年10月30日中标,合同投资83亿美元。2007年3月开工,合同工期4年。中国土木工程集团公司负责设计施工总承包。2008年基本完成初步勘测设计任务,并向尼日利亚提交相关设计资料。2009年5月1日,双方达成一致,先期启动阿布贾至卡杜纳和拉各斯至伊巴丹段。阿布贾至卡杜纳段为正线186.5千米、站线41.29千米的单线铁路,2009年10月26日与联邦交通部签约,合同投资84975万美元,合同工期36个月。截至2014年底,累计完成投资8.13亿美元。　(李　欣)

【尼日利亚阿布贾城市铁路工程】　全长60.7千米,合同投资8.4亿美元,2007年5月签约,合同工期4年。主要工程量:铁路桥梁10座1226延长米,公路跨线桥7座340延长米,框架桥1600平方米,涵洞168座,铺轨165千米,铺道岔131组。采用中国技术标准,中土尼日利亚有限公司负责设计施工总承包。截至2014年底,累计完成投资4.5亿美元。　(李　欣)

【阿尔及利亚55千米铁路项目】　位于阿尔及利亚北部沿海地区。2007年7月,中国土木工程集团公司与土耳其OZGUN公司组成联合体中标,2009年6月20日签约,2009年7月18日开工。全长55千米,合同投资5.7亿美元。中国铁建负责拆除既有单线线路、改建复线线路。其中,单线双洞隧道7370延长线;单洞双线隧道2796延长米。工程为设计施工总承包项目,设计时速160千米。截至2014年底,累计完成投资2.39亿美元。　(李　欣)

【阿尔及利亚贝佳亚港口至东西高速公路100千米连接线工程】　位于阿尔及利亚贝佳亚省和布维拉省境内,由贝佳亚港口的现有道路开始,向西南方向沿苏曼河河谷布线,终点至东西高速公路中标段M2标段的哈尼夫互通，线路长约 100 千米。合同投资 13 亿美元，中国铁建中标 11.8 亿美元，合同工期 2013 年 12 月—2016 年 12 月。截至 2014 年底，累计完成投资 3.02 亿美元。（李 欣）

【尼日利亚奥融—卡拉巴 23 千米跨海桥项目一期工程】 2013 年 11 月，中国土木工程集团公司与尼日利亚联邦三角洲事务部签订关于尼日利亚奥融—卡拉巴 23 千米跨海桥项目的合同，项目为设计 + 施工（交钥匙）工程，合同工期 5 年，合同投资 10.7 亿美元。（李 欣）

【沙特阿拉伯麦麦高速铁路工程】 全长 449 千米，采用法国有砟高速铁路技术标准，设计时速 350 千米。中铁十八局集团公司承建的第 1 标段于 2009 年 3 月签约，合同投资 3.84 亿美元，后签署补充合同，投资总额 5.73 亿美元。主要工程量：土石方 12200 万立方米，桥梁 93 座，车站 7 座。截至 2014 年底，累计完成投资 2.38 亿美元。（李 欣）

【格鲁吉亚第比利斯绕城铁路工程】 2011 年 8 月 18 日签约，合同投资 3.38 亿美元，业主为格鲁吉亚铁路公司，中铁二十三局集团公司承担 23 千米现代化改造任务。截至 2013 年底，累计完成投资 2.33 亿美元。（李 欣）

【埃塞俄比亚铁路工程】 为设计、采购、施工总承包 EPC 项目。2011 年 12 月 16 日签约，全长约 330 千米，合同投资 14.02 亿美元。标准轨电气化客货混运单线铁路，设计时速 120 千米，参照中国技术标准实施，中国土木工程集团公司承建。截至 2014 年底，累计完成投资 9.47 亿美元。（李 欣）

【吉布提国际自治港多哈雷新港至格雷雷铁路工程】 为设计、采购、施工总承包 EPC 项目。2012 年 1 月 30 日签约，合同投资 5.78 亿美元。全长 125 千米，单线标准轨道，设计时速 120 千米，采用中国技术标准，中国土木工程集团公司承建。截至 2014 年底，累计完成投资 2.78 亿美元。（李 欣）

【拉各斯巴达格瑞高速公路工程】 2011 年 12 月 29 日签约，合同投资 9.41 亿美元。全长 14.8 千米，双向 10 车道，路宽 100 米。中国土木工程集团公司承建。截至 2014 年底，累计完成投资 2.57 亿美元。（李 欣）

【马来西亚四季饭店项目】 2014 年 7 月 8 日签约，合同投资 2.95 亿美元。位于马来西亚吉隆坡双塔附近，总建筑面积 16.5 万平方米，地下 4 层、地上 65 层，是集商业、公寓和酒店为一体的综合楼。中国铁建国际集团公司承建。截至 2014 年底，完成累计产值 666 万美元。（李 欣）

【沙特内政部安全总部发展项目第五期合同第 1、3、5 号承包项目】 2014 年 11 月 19 日签约，总投资 19.79 亿美元。总建筑面积 115 万平方米。项目包含 207 个地块，69 种类型的组合体（建筑群）。主要工程量：办公楼、宿舍楼、活动中心、娱乐中心、餐厅、瞭望塔、库房、车库、加油站等。中国铁建国际集团公司承建。（李 欣）

2014 年 9 月 25 日，国务院国资委监事会第 8 办事处主任陶永山（左三）一行深入中国铁建茅台酒厂扩建项目调研。

（王　艺　摄）

经营管理

本栏责任编辑　**杨启燕**

企业管理

【发展规划部】 主要职责:组织制定中国铁建股份有限公司(以下简称"公司")总体发展战略、中长期发展规划,组织开展公司发展方针、政策、策略和各创效板块战略、分战略、子战略等战略体系的构建,组织全面风险管理和内控工作,负责公司制度建设和企业重大课题组织研究及企业改革、资源配置、整合、并购、重组、合并、分离、分立、关闭、注销、撤销、破产等方案的制订和组织实施,负责企业组织架构、机构编制设立、审批、撤销、管理等工作,组织工程公司建设及企业管理建设,负责企业施工、勘察设计、工程监理、对外承包等资质的审核、申报、统计、管理工作,负责注册资本金调整和企业工商注册、商标、标志、域名等注册登记工作,负责企业管理协会和公司参加的相关协会的日常工作,负责《中国铁道建筑管理》杂志的编辑、出版,组织公司社会责任报告的编纂并提供相关资料;参与责任成本管理、投资收购论证、信息化建设工作;承办总公司企业管理相关工作。定编15人,设部长兼企业管理协会秘书长1人、副部长1人,企业管理协会副秘书长1人;下设战略规划处、政策研究处、企业管理处、风险内控处、编制处。 (扆守义)

【工作综述】 (1)企业改革。启动中国铁建全面深化改革工作;稳步实施大集体改革,获国资委支持资金1亿元。

(2)战略规划管理。起草《中国铁建战略规划管理办法》;组织编制中国铁建2014—2016年滚动规划;编制中国铁建"十二五"规划完成情况分析报告;分析编制中国铁建与中国建筑对标分析报告。

(3)管理提升活动。2014年,上报国资委关于中国铁建开展管理提升活动的评价报告和总结报告。

(4)资质管理。修订印发《中国铁建股份有限公司关于进一步加强企业资质管理工作的指导意见》;组织、帮助中铁十二局集团公司取得房屋建筑施工总承包特级资质;组织实施中铁十六局集团有限公司房屋建筑特级资质重组到中铁城建集团有限公司的有关工作;下发《中国铁建股份有限公司关于加强特级资质申报工作的通知》。2014年,中国铁建系统取得施工资质54项。

(5)内部资源重组。2014年,中铁建中非建设有限公司整体划转中国土木工程集团有限公司;协调解决中铁城建集团有限公司组建过程中的遗留问题;为适应海外区域化发展需要,重组设立中铁建中非建设有限公司;组织协调解决昆明中铁大型养路机械集团北方基地建设与中铁十四局集团有限公司、中铁十四局集团北京中铁房山桥梁有限公司分割等事宜。

(6)对外并购重组。积极推进湖南省企业的重组工作;组织机关相关部门专题研究中国铁建重工集团有限公司等单位拟实施的对外并购、收购事项;启动贵州有关单位的重组工作;指导、协助中铁二十三局集团川东水泥有限公司解决发展问题。

(7)机构编制。召开机构编制研讨会;下发《中国铁建股份有限公司关于整合撤并三、四级法人公司和分公司情况的通报》,整合撤并子、分公司37家,未增加新的综合性工程公司;梳理、明确总部机关各部门海外管理职责;专题研究总部机关有关部门设置、所属单位增加领导职数的问题。2014年,批准新设机构121个,其中,区域指挥部3个、直管项目部6个、项目公司32个、经营承揽性公司25个、境外机构23个、其他专业公司和机构32个。

(8)风险内控。2013年度股份公司内控评价、内控审计工作顺利完成,2014年度重大、重要风险管控工作组织实施。编制中国铁建2013年度全面风险管理报告并上报国资委,披露中国铁建2013年度社会责任报告。制定2014年中国铁建内部控制评价工作方案并组织实施,印发中国铁建股份公司关于加强三级公司风险内控工作及进一步加快内控缺陷整改工作的通知。

(9)参加协会评选活动。2014年,中国铁建系统23家企业获评全国优秀施工企业、61人获评全国优秀项目经理、12人获评全国优秀职业经理人称号,33人被评为全国工程建设优秀项目经理,6人被评为施工企业领军人物。

(10)企业管理工作。根据中铁十六、二十三、二十五局集团公司及中铁建设集团公司、中国铁建重工集团公司增加企业注册资本金的申请,年内经研究后实施。积极申报世界500强和中国500强,2014年中国铁建位列《财富》世界500强第80位、中国500强第11位、《财富》中国上市公司500强第6位。开展中国铁建2013年度工程公司20强和专业公司10强评选、中国铁建第二届管理创新成果评审工作。 (李吉锋)

【企业战略规划】 中国铁建总体发展战略:建筑为本、相关多元、一体运营、转型升级,发展成为经济实力国际领先、技术实力国际领先、竞争实力国际领先,具有高价值创造力的跨国建筑产业集团。

"十二五"期间总体发展目标(2011—2015年):以产业结构调整和转型升级为抓手,做到"自主创新能力强、资源配置能力强、风险管控能力强、人才队伍强”,以及“经营业绩优、公司治理优、布局结构优、社会形象优”。公司综合实力显著增强,主要经济指标增幅位居行业前列,盈利能力明显提高,产业结构调整取得重大突破,自主创新能力明显提升,海外经营比重有较大幅度增长,体制机制更加完善,员工权益得到切实保障,企业更加和谐稳定,推进企业向做强做优深层次发展。

实现“一保两进”:一保,即保持 ENR 全球最大 225 家承包商前 3 强的地位,创造利润达到国际建筑企业利润率平均水平。两进,即进入世界 500 强前 100 强的行列;进入国家重点培育的 30 ~ 50 家具有国际竞争力的世界一流的大企业大集团。“十二五”期间完成新签合同总额 28800 亿元,完成营业收入总额 25700 亿元,实现净利润总额 550 亿元。2015 年净利润率达到 2.5%,EVA(5%)为 55.7 亿元,资产规模达到 4725 亿元,资产负债率控制在合理水平。

2014—2016 年滚动规划总体目标:在注重规模持续增长的同时,更加注重发展质量,更加注重效益的提升。紧紧抓住近几年基础设施建设稳定增长时期,下大力调整产业结构,提升创效业务规模,提升专业化能力,深耕细分市场、细分领域,促进各产业协调发展。到 2016 年,当年新签合同额达到 7500 亿元,完成营业收入 6600 亿元,实现净利润超过 119 亿元。 (李 江)

【大集体改革】 2014 年 1 月 9 日,经总公司总经理办公会研究批准,分别向国资委、人力资源和社会保障部上报《中国铁道建筑总公司大集体改革总体方案》。4 月 7 日,大集体改革方案获得人力资源和社会保障部批准;4 月 25 日,大集体改革方案获得国资委批准。下半年,按照改革方案总体部署,遵照国资委大集体企业改革工作要求,专题向国资委汇报总公司 2014 年大集体改革进展情况和 2015 年大集体改革计划,并向国资委提交部分大集体企业改革方案、职工安置方案及改革成本测算依据等资料,年底获得国资委专项大集体企业改革支持资金 1 亿元。 (李吉锋)

【工程公司营业收入 20 强及经济效益 20 强评选】 根据 2014 年度所属单位财政决策数据,分别以营业收入、利润总额为依据,评选出中国铁建工程公司营业收入 20 强和中国铁建工程公司经济效益 20 强。

2014 年度中国铁建工程公司 20 强排名

序号	单位名称	营业总收入(元)
1	中铁十二局集团第三工程有限公司	11417229368.80
2	中铁十二局集团第一工程有限公司	11329859103.99
3	中铁十二局集团第二工程有限公司	8690210359.26
4	中铁十二局集团第四工程有限公司	7868732065.98
5	中铁十七局集团第一工程有限公司	7655743665.20
6	中铁十一局集团第三工程有限公司	6541564932.65
7	中铁十一局集团第四工程有限公司	6497310423.07
8	中铁十一局集团第二工程有限公司	6261119421.19
9	中铁十一局集团第一工程有限公司	6196520097.28
10	中铁十一局集团第五工程有限公司	6041296961.60
11	中铁二十局集团第四工程有限公司	5828538452.26
12	中铁十七局集团第三工程有限公司	5696618103.77
13	中铁十七局集团第二工程有限公司	5589865007.29
14	中铁十一局集团建筑安装工程有限公司	5555211857.89
15	中铁十七局集团第四工程有限公司	5337487472.19
16	中铁十四局集团第四工程有限公司	5333393075.35
17	中铁十四局集团第二工程有限公司	5290687854.24
18	中铁十八局集团第五工程有限公司	5191874444.29
19	中铁十四局集团第五工程有限公司	5025619110.03
20	中铁二十局集团第一工程有限公司	4990267281.32

(制表:杨 玲)

2014 年度中国铁建工程公司经济效益 20 强排名

序号	单位名称	营业总收入(元)
1	中铁十二局集团电气化工程有限公司	343135213.27
2	中铁十二局集团第一工程有限公司	245656839.27
3	中铁十二局集团建筑安装工程有限公司	150851790.44
4	中铁二十二局集团第三工程有限公司	108908612.60
5	中铁二十三局集团轨道交通工程有限公司	100045526.18
6	中铁十四局集团隧道工程有限公司	93610219.01
7	中铁十九局集团轨道交通工程有限公司	90193708.23
8	中铁十二局集团第四工程有限公司	85161553.80
9	中铁十八局集团第五工程有限公司	83734525.20
10	中铁城建集团第一工程有限公司	81743508.54
11	中铁十一局集团建筑安装工程有限公司	81348024.88
12	中铁二十局集团第四工程有限公司	81164826.16
13	中铁十二局集团第三工程有限公司	80930217.80
14	中铁十一局集团电务工程有限公司	78599279.09
15	中铁十一局集团第二工程有限公司	76530871.96
16	中铁建电气化局集团南方工程有限公司	75662822.30
17	中铁十一局集团第五工程有限公司	74155236.53
18	中铁十七局集团第二工程有限公司	74060208.67
19	中铁十七局集团第三工程有限公司	72906310.12
20	中铁十一局集团第一工程有限公司	72432404.48

(制表:杨 玲)

【管理创新成果评选】 中国铁建管理创新成果评选工作每两年举行一次。2014 年,开展中国铁建第二届管理创新成果评选工作。本次评审收到集团公司、公司成果申报 152 项。经评审,101 项成果被评为中国铁建第二届企业管理现代化创新成果,其中一等奖 15 项、二等奖 33 项、三等奖 53 项。授予中铁十二、十四、十六局集团公司和中铁第一、第四勘察设计院集团公司特别组织奖。 (杨 玲)

中国铁建第二届企业管理现代化创新成果目录

序号	成果名称	申报单位
	一等奖	
1	厚积薄发 借力而行——融资带动国际工程承包经营管理新举措	中国土木工程集团公司
2	劳务队伍“五化”管理模式	中铁十二局集团公司
3	项目基础管理的创新与实践	中铁十二局集团一公司
4	项目科技创新“五同步”工作法	中铁十二局集团二公司
5	“四阶段七步考核兑现法”在项目全过程经济绩效管理中的应用	中铁十二局集团建筑安装公司
6	盾构施工生产“盾构分部”模式管理	中铁十四局集团隧道公司
7	加强 TBM 精益管理 提升品牌竞争力——在 TBM 工序承包模式下的 TBM 管理	中铁十八局集团隧道公司
8	隧道拱架实施精细化工厂管理	中铁二十二局集团一公司
9	隧道围岩变形实时监测及自动报警管理系统	中铁二十四局集团福建铁路建设公司

续表

序号	成 果 名 称	申 报 单 位
10	几内亚西芒杜铁矿地勘项目 HSEC 管理创新实践	中铁第一勘察设计院集团公司
11	构建基于胜任力的企业任职资格体系——铁一院专业技术人员职业发展通道制度建设	中铁第一勘察设计院集团公司
12	高速铁路接触网技术服务创新管理	中铁第四勘察设计院集团公司
13	勘察设计企业基于信息化的高效薪酬管理	中铁第四勘察设计院集团公司
14	基本标杆企业财务指标对比分析的业务运营标准研究——以净资产收益率作为指导各项业务运营标准	中国铁建房地产集团中铁地产(成都)开发公司
15	全面深入推进集中采购 管理提升降本增效双赢	中铁物资集团集中采购中心
	二等奖	
1	阿卡项目成本现代化管理创新体制	中国土木工程集团公司
2	对标国际承包商 探索对外承包工程最佳管理实践	中国土木工程集团公司
3	与时俱进 以先进文化为引领 永葆企业发展基业长青	中铁十一局集团公司
4	实施物资集采配送 提高采购管理水平	中铁十一局集团建筑安装公司
5	长大隧道“五线式”机械化配置管理模式创新	中铁十二局集团二公司
6	项目经理选拔任用的创新与实践	中铁十二局集团三公司
7	法律联络员制度下的项目合同管理创新模式	中铁十二局集团四公司
8	技术交底模块在项目标准化管理中的应用	中铁十二局集团电气化公司
9	法律合规与清欠工作结合机制的创新构建	中国铁建大桥局集团五公司
10	以品牌建设为核心的市场开拓管理	中铁十四局集团四公司
11	双块式轨枕预制场“七位一体”管理体系建设	中铁十四局集团五公司
12	资源极度匮乏条件下的海外大型工程项目国内物资保障工作的实践与创新	中铁十四局集团建筑安装分公司
13	二十四字方针在地铁暗挖粉细砂地层中的应用	中铁十六局集团地铁公司
14	“四精管理”铸就“南天一柱”	中铁十六局集团城市建设发展公司
15	狠抓科技创新深化项目管理优质高效建设我国第一条重载铁路	中铁十六局集团五公司
16	严格标准化管理 精心建设上海轨道交通 13 号线 IA 标工程	中铁十六局轨道交通公司
17	促进企业文化与人力资源管理的契合	中铁十七局集团六公司
18	目标管理 信息化推进 实施子材大桥项目工程	中铁十八局集团轨道交通公司
19	创新劳务管理模式 降低项目管理风险	中铁二十一局集团公司
20	大跨度跨既有线和高速公路特大桥连续梁施工组织管理模式	中铁二十一局集团三公司
21	实施“三诊式”工作法 兑现高寒地区第一条高速铁路安全质量目标	中铁二十二局集团公司
22	跨广深铁路既有线高速公路高架桥的施工安全管理	中铁二十四局集团南昌铁路公司
23	7200T 双幅 T 构桥梁平面转体施工技术	中铁二十四局集团新余公司
24	大型起重设备安全管理	中铁二十四局集团鹰潭设备安装公司

续表

序号	成 果 名 称	申 报 单 位
25	衡阳湘江特大桥大跨度预应力混凝土连续梁桥施工控制系统开发研究	中铁二十五局集团二公司
26	施工企业机械设备集约化管理	中国铁建电气化局集团四公司
27	投标信息管理系统的构建	中铁第一勘察设计院集团公司
28	大型铁路设计院基于信息化的勘测设计一体化系统建设	中铁第四勘察设计院集团公司
29	高速铁路桥梁设计技术的创新管理	中铁第四勘察设计院集团公司
30	勘察设计企业基于信息化的高效薪酬管理	中铁第四勘察设计院集团公司
31	构筑钢铁制造业与物流业联动服务平台	中铁物资集团东北公司
32	以电子商务为核心的现代物流管理模式	中铁物资集团钢之家电子商务公司
33	双箱拉动生产模式构建	中国铁建重工集团公司道岔分公司
	三等奖	
1	阿卡项目降本增效创新成果报告	中国土木工程集团公司
2	扎根海外 探索创新 创造效益 走向国际——记中土尼日利亚有限公司设计管理创新	中国土木工程集团公司
3	提升理念 全面管控 创新发展 推进技术管理与科技创新工作再上新台阶	中铁十一局集团公司
4	顺应市场需求 突出专业特色 提升城轨施工能力 实现管理创新发展	中铁十一局集团三公司
5	依托铺架优势 夯实专业化管理体系	中铁十一局集团三公司
6	法律风险防范机制的创新构建	中铁十一局集团四公司
7	强化执行 提升企业管理软实力	中铁十一局集团建筑安装公司
8	厦深铁路榕江特大桥科技攻关系统的实施与建立	中国铁建大桥局集团三公司
9	实行清包带劳务的管理模式	中国铁建大桥局集团六公司
10	以创新驱动产业转型 打造环保科技型企业	中国铁建大桥局集团园林环境工程公司
11	企业家精神成就科学发展	中铁十四局集团凯华置业公司
12	理顺安全、质量、工期、效益辩证关系促进项目管理创优	中铁十六局集团地铁公司
13	全面实施风险管理 确保建设工程总体目标的实现	中铁十六局集团地铁公司
14	强化架子队建设 实现效益信誉双丰收	中铁十六局轨道交通公司
15	打造特色 培育优势 深入推进自主型架子队专业化建设	中铁十七局集团一公司
16	职工社会保险管理信息化建设及应用	中铁十七局集团四公司
17	以机动灵活的市场战略积极扩展海外市场	中铁十七局集团电气化公司
18	推行“五化”管理 提升高速公路施工标准化	中铁十八局集团二公司
19	借助三维导航与管控集成系统,实施科技创新,建设南京地铁	中铁十八局集团四公司
20	节约成本创效益 优化方案抓源头 实现项目效益最大化	中铁十八局集团四公司
21	科技创新 打造 SK－Ⅱ型双块式轨枕铁路品牌	中铁十八局集团四公司
22	科技创新 精细化管理 铸造精品工程	中铁十八局集团五公司
23	国际工程承包中现代化管理体制的创新构建	中铁十八局集团国际公司
24	工程队建设“五项原则”	中铁二十局集团一公司

续表

序号	成 果 名 称	申 报 单 位
25	项目经理分级管理及考核体系	中铁二十局集团四公司
26	开拓创新 资金集中 统筹调配 服务基层	中铁二十局集团五公司
27	加快房建主业发展促企业转型升级	中铁二十局集团六公司
28	推行风险预控 确保项目效益	中铁二十局集团电气化公司
29	加强基础管理 促进企业发展	中铁二十一局集团公司
30	战略引领 深调结构 稳健发展	中铁二十一局集团公司
31	科学援建 奉献民生 彰显风范	中铁二十一局集团公司
32	创新理念 主动控制 增强工程投资、成本管理的有效性	中铁二十一局集团甘肃房地产开发公司
33	铁路铺架项目物资管理系统的开发应用	中铁二十二局集团二公司
34	创新项目施工技术 提高项目经济效益	中铁二十二局集团六公司
35	优化施工方案 实现创效增收	中铁二十三局集团二公司
36	产业转型 管理升级 专业化道路铸光焰	中铁二十三局集团轨道公司
37	施工项目综合管理信息平台助力项目管理精细化	中铁二十五局集团公司
38	集约化管理 专业化发展	中铁二十五局集团一公司
39	单线铁路隧道中桥梁施工的工序优化与技术创新管理	中铁二十五局集团四公司
40	深化信息系统应用 落实“法人一套账”	中国铁建电气化局集团三公司
41	外部劳务程序化管理	中国铁建电气化局集团北方公司
42	“首件工程确认”在高铁四电工程施工中的应用	中国铁建电气化局集团南方公司
43	基于中国铁建地产品牌的住宅开发产品线研究	中国铁建房地产集团公司
44	经济与技术相结合 产品标准化基础上的成本领先	中国铁建房地产集团四川公司
45	健康住宅在刚需住宅产品中的创新研究——基于中国铁建地产果壳里的城项目的应用成果	中国铁建房地产集团四川公司
46	“三技治企”理念在勘察设计企业转型发展中的创新实践	中铁第一勘察设计院集团公司
47	科技创新为企业转型夯实基础	中铁第一勘察设计院集团公司
48	矩阵型会计核算中心控制制度的探索	中铁第一勘察设计院集团公司
49	高铁地质工作的级配式人力资源管理	中铁第四勘察设计院集团公司
50	中海外印尼项目钢轨供应服务解决方案	中铁物资集团港澳公司
51	营销模式与资金精细化管理的有机融合	中铁物资集团华东公司
52	构建开放式的集团管控体系 助推企业可持续发展	昆明中铁大型养路机械集团公司
53	创新经营管理模式 谋求海外市场新突破	中铁建中非建设尼日利亚公司

（制表:杨 玲）

【企业管理协会“三优”评选】 根据2014年中国施工企业管理协会“三优”评选表彰结果,中国铁建系统24家企业获评2013年度全国优秀施工企业,57人被评为2013年度中国工程建设优秀(高级)职业经理人,5人被评为全国工程建设优秀项目经理。

全国优秀施工企业

中铁二十二局集团二公司
中铁二十二局集团公司
中铁二十局集团一公司
中铁二十四局集团安徽公司
中铁二十四局集团上海铁路建设公司
中铁二十四局集团公司
中铁二十一局集团四公司
中铁建大桥工程局集团四公司
中铁建大桥工程局集团五公司
中铁建电气化局集团三公司
中铁建电气化局集团四公司
中铁十八局集团四公司
中铁十八局集团五公司
中铁十二局集团一公司
中铁十九局集团三公司
中铁十九局集团五公司
中铁十九局集团轨道交通公司
中铁十六局集团三公司
中铁十六局集团公司
中铁十七局集团电气化公司
中铁十四局集团公司
中铁十一局集团三公司
中铁十一局集团五公司
中铁十一局集团一公司

全国工程建设优秀项目经理

刘国平 中铁十一局集团二公司
刘祖彬 中铁十一局集团五公司
吴 景 中铁十一局集团四公司
全国军 中铁十一局集团电务公司
严新全 中铁十一局集团电务公司
李光耀 中铁十二局集团公司
王晋生 中铁十二局集团三公司
王庆玺 中国铁建大桥工程局集团一公司
廖福兴 中国铁建大桥工程局集团四公司
佟显涛 中国铁建大桥工程局集团四公司
王保良 中国铁建大桥工程局集团四公司
朱丙岩 中国铁建大桥工程局集团六公司
张志刚 中国铁建大桥工程局集团六公司
苗春刚 中铁十四局集团公司
梁金宝 中铁十四局集团二公司
黄聚生 中铁十四局集团四公司
朱新华 中铁十四局集团电气化公司
赵卫星 中铁十五局集团公司
张有红 中铁十五局集团六公司
郭保飞 中铁十六局集团公司
邱 军 中铁十六局集团公司
王法庭 中铁十六局集团公司
范忠泉 中铁十六局集团二公司
范 增 中铁十七局集团公司
陈二平 中铁十七局集团一公司
彭肇武 中铁十八局集团公司
陈方杰 中铁十八局集团三公司
郭红霄 中铁十八局集团五公司
许公亮 中铁十八局集团五公司
桂丙宏 中铁十九局集团三公司
肖红江 中铁十九局集团三公司
李庆林 中铁十九局集团五公司
刘俊斌 中铁二十局集团一公司
刘文武 中铁二十局集团二公司
任高峰 中铁二十局集团三公司
常运超 中铁二十局集团六公司
张天舒 中铁二十一局集团公司
庄纪栋 中铁二十一局集团公司
万成福 中铁二十二局集团三公司
王东君 中铁二十二局集团五公司
陈宗国 中铁二十三局集团一公司
张教才 中铁二十三局集团四公司
王玉策 中铁二十三局集团轨道交通公司
黄瑞堂 中铁二十四局集团公司
王飞球 中铁二十四局集团公司
薛家明 中铁二十四局集团公司
韩 俊 中铁二十四局集团安徽公司
程全红 中铁建设集团公司
任向阳 中铁建设集团公司
袁乐海 中铁建设集团公司
赵 利 中铁建设集团公司
周昌纪 中铁建设集团公司
李瑞青 中国铁建电气化局集团三公司
万亚杰 中国铁建电气化局集团三公司
熊秋龙 中国铁建电气化局集团南方公司
潘观强 中国铁建港航局集团公司
王志红 中国铁建港航局集团公司

优秀职业经理人

吴 刚 中铁十一局集团电务公司
许超英 中铁十二局集团一公司
郭衍敬 中铁二十四局集团公司

王辅圣　中铁二十四局集团安徽公司
李开明　中铁二十四局集团南昌铁路公司

（杨　玲）

【《铁道建筑管理》编辑发行】 2014 年，编辑发行《铁道建筑管理》6 期，审阅稿件 680 余篇，修改刊登文章 203 篇 110 万字，刊登照片 150 余幅。为宣传企业精神，促进企业管理探索创新发挥了积极作用。

（杜经红）

【内部控制评价底稿修订完善】 2014 年，中国铁建内部控制评价工作更加突出适用性和实用性，在原有工程承包、勘察设计、海外业务、房地产、通用类工作底稿的基础上，设计编写完成股份公司总部、投资管理、金融类工作底稿，底稿基本涵盖中国铁建各业务板块。同时，进一步修订评价工作底稿内容，减少对规章制度建设的要求，删除部分不适用的项目，内部控制评价重点向主营业务偏移，将 452 项评价点减少至 292 项（工程承包类底稿），使评价工作更加易于操作，评价内容更具针对性。

（张世杰）

【内控缺陷整改工作监督检查】 为加强整改工作力度，推进整改工作进度，2014 年，中国铁建相继印发《关于做好 2013 年度内部控制存在缺陷整改工作的通知》《关于印发〈总部机关 2013 年度内部控制缺陷整改工作方案〉的通知》，统一组织全系统开展内控缺陷后续整改工作。根据《关于开展内控缺陷整改工作检查的通知》《关于开展内控缺陷整改工作自查的通知》要求，自 7 月起，中国铁建系统开展内控缺陷整改工作自查，选取中国铁建大桥工程局集团公司、中铁十八局集团公司、中铁二十三局集团公司、中国铁建投资公司、中国铁建财务公司、诚合保险经纪公司、中铁建（北京）商务管理公司等 7 家单位开展现场检查。针对自查和现场检查发现的问题，印发《关于进一步加快内控缺陷整改工作的通知》，要求各单位进一步加强整改工作的组织领导、加快内控缺陷整改工作进度、重视缺陷整改后的实际运行效果，保质保量完成内控缺陷整改工作。

（张世杰）

【内部控制评价与审计】 经中国铁建第二届董事会第 34 次会议审议批准，2014 年内部控制评价工作继续采取自我评价和独立评价相结合模式进行。所属 34 家二级单位开展内部控制自我评价，股份公司总部、中国土木工程集团公司，中铁十一、十四、二十五局集团公司，中铁建设集团公司，中国铁建港航局、房地产集团公司，中铁第四、第五勘察设计院集团公司，中铁城建集团公司、北京铁城建设监理公司、诚合保险经纪公司、中铁建（北京）商务公司 14 家单位开展内部控制独立评价。通过认真开展内部控制自我评价和独立评价，2014 年未发现重大、重要缺陷，内部控制有效。根据上市公司监管要求，股份公司编制完成内部控制评价报告，经第三届董事会第 10 次会议审议批准，向社会公开披露。

2014 年，中国铁建内部控制审计工作继续委托安永华明会计师事务所开展。在做好审计工作配合的同时，中国铁建重视审计结果的利用，及时组织开展内控缺陷整改。对于审计工作中提出的管理建议，结合企业实际情况，予以充分借鉴、吸收。2014 年，安永华明会计师事务所未发现中国铁建内部控制存在重大、重要缺陷，认为中国铁建内部控制有效，出具标准意见内部控制审计报告，向社会公开披露。

（张世杰）

【重大、重要风险管控】 根据股份公司领导班子调整和部门职能变化，2014 年，中国铁建进一步完善风险内控组织体系，由股份公司总裁张宗言担任内控与风险管理领导小组组长，副总裁扈振衣、庄尚标任副组长，各业务部门负责人为成员，进一步加强风险内控工作的组织领导。

通过在全系统范围内开展风险评估，报经股份公司内控与风险管理领导小组审议批准，中国铁建 2014 年面临的 10 项重大、重要风险为：应收账款风险、宏观经济风险、项目管理风险、成本费用风险、海外风险、安全与质量风险、现金流风险、价格波动风险、投资风险、战略管理风险。为做好重大、重要风险管控，股份公司印发《2014 年重大、重要风险管控方案》，明确风险管控责任，各责任部门根据风险管控要求，制定重大、重要风险管控实施方案。按照国资委关于全面风险管理工作要求，结合风险管理工作开展情况，股份公司编制《2014 年度全面风险管理报告》，经第二届董事会第 32 次会议审议批准，正式报送国资委。

（张世杰）

【三级公司风险内控工作】 股份公司将风险内控工作与各项管理活动进一步结合，把工作向纵深推进，全面加强三级公司风险内控工作是 2014 年一项重点工作。为全面客观了解三级公司风险内控工作状况，5—7 月，股份公司对中铁十一局集团五公司、中铁十四局集团三公司、中铁十六局集团三公司、中铁十七局集团二公司、中铁十九局集团三公司、中铁二十一局集团三公司、中国铁建电气化局二公司、中铁物资集团华东公司、中国铁建房地产贵州公司等 9 家单位开展风险内控工作专题调研，全面了解三级公司风险内控工作现状。根据调研情况，股份公司印发《关于加强三级公司风险内控工作的通知》，要求全系统进一步提高对加强三级公司风险内控工作重要性的认识，明确加强三级公司风险内控工作的目标和任务：利用一年左右时间，在三级公司建立起设计科学、运行有效的风险内控体系，促进三级公司持续、健康发展。（张世杰）

【专项风险管理研究成果推广】 发展规划部与房地产开发部、国际部共同开展的房地产业务和海外工程承包专项风险管理研究工作，经过两年的努力，2014年基本顺利完成。7月，房地产业务专项风险管理研究成果——《房地产业务风险管理办法》《房地产业务风险管控指导手册》《房地产专项风险研究——标杆企业实践汇编》正式发布实施；海外工程承包专项研究成果——《对外承包工程风险管理指南》（2014年版）编制完成，部分内容根据2014年股份公司海外工作会议精神予以补充、调整后正式发布。（张世杰）

经营计划

【经营计划部】 主要职能：负责中国铁建股份有限公司（以下简称公司）国内工程经营工作的协调、指导和管理，组织编制公司经营发展战略规划和经营计划工作相关规章制度、办法；负责重大工程项目投标的组织协调、国内较大工程（施工）总承包及本级工程承包项目的前期调研与承揽；负责概预算、定额等工程经济工作，组织和指导铁路项目概算调整、清理及路外重大工程项目调概索赔等工作；负责本级工程承包项目内部经济责任合同的拟订、签订、监督工作；负责企业内部固定资产投资建设项目的立项批复和生产经营、固定资产投资计划及统计工作；负责公司总部机关小型及大修项目、翻建职工住房项目的立项与计划申报和计划完成情况的监督检查；负责经营风险管理与内控工作；负责工程承包考核指标下达；承办总公司相关计划统计工作。下设市场开发处、造价合同处、计划统计处。（冀异生）

【工作综述】 （1）新签合同额规模保持稳定。2014年，中国铁建新签合同额8277亿元，完成年度计划的108%，新签合同质量进一步提升。

（2）区域经营管理推行力度加深。2014年，股份公司召开区域经营管理工作推进会、轨道交通和水利水电市场经营专题会，全面统一思想，提高认识，形成实行区域经营管理体制的强大推力。加快区域经营体制机制建设，制定下发《中国铁建股份有限公司区域经营机构建设考核暂行办法》，下达股份公司区域指挥部经营考核计划指标，编写《区域经营管理工作指南》和《区域经营管理办法模板》，形成一套推行区域经营规范运作的管理制度体系，为所属单位完善体制机制建设提供具体的参照依据。创新理念推动区域经营实现新的进步：一是推行区域经营的方式方法创新，通过区域经营机构负责人座谈会、区域经营管理讲座、专题工作汇报、编写区域经营《内部清样》、定期电话访问等形式，动态掌握全系统工作进展情况；二是创新理论丰富区域经营内涵，提出区域经营为属地经营的一种延伸，要求所属单位在搞好区域经营的同时做好属地经营工作，要求经营部长必须亲自参与属地经营，丰富实战经验。

（3）经营计划基础业务建设不断加强。一是强化队伍整体素质建设。股份公司下发《关于进一步加强经营基础工作持续提升企业管理效能的通知》，以培养专业人才为核心，夯实各项基础工作。加大各层级经营人才培训力度，提出"千人培训计划"，全年举办5期经营管理人员实战培训班，培养经营骨干1098人；举办经营业务人员培训班2期331人。与石家庄铁道大学沟通联系，积极探索校企结合的经营人才培养新模式。二是强化工作行为规范。下发《中国铁建股份有限公司经营行为准则》，要求主动防范经营工作中存在的违法、违规、违纪经营和不顾经济效益和项目风险的盲目经营等不良行为；下发《关于规范计划统计工作有关要求的通知》，对计划统计工作中存在的不重视、不严格执行编制计划、对统计工作虚报、瞒报、漏报等错误现象进行规范；汇编印发《市场经营警示案例集》，以反面教学的方式为各单位提升基础业务水平提供重要的学习和参考资料。三是强化信息基础工作，首次将经营信息搜集工作作为基础工作的重要组成部分来抓，明确各单位基础建设项目信息搜集的重点方向和任务分工，中国铁建经营信息搜集平台雏形初步建立，在统筹全系统经营信息资源、畅通信息沟通渠道、节约信息搜集成本方面发挥不可替代的作用。四是强化计划统计和投资业务管理，持续强化计划统计和投资管理基础业务管控，9月开展计划统计和投资工作督导检查活动，调研、督导13家单位；根据调研结果，下发《关于进一步加强计划统计管理的通知》，明确要求各单位在限定时间内对计划统计和投资管理工作施行归口管理，统一名称，并配齐配强计划统计专职人员。坚持履行投资决策程序，及时完成所属单位固定资产建设项目的审核和批复工作，年内调研中国铁建重工集团公司重型闸瓦项目、中铁二十四局集团公司钢结构项目、中国铁建港航局集团公司即墨项目，审批2个缓建1个。强化造价业务管理,组织系统内各单位学习、研讨《建设工程工程量清单计价规范》和2013版《建筑工程施工合同》范本;下发《关于进一步加强铁路初步设计图招标项目二次经营工作的通知》,推动全系统二次经营工作;下发《关于填报工程项目拖欠工程款情况的通知》,摸清项目拖欠工程款情况,为开展清债工作打基础。

(4)经营工作整体效能不断提升。2014年,股份公司与相关部委、铁路总公司、省市领导及路内外核心业主高层开展沟通,努力搭建高端经营平台,为承揽工程总承包项目创造先决优势;积极推动城市轨道、水利水电市场发展,培育新的经济增长点。 (冀弃生)

【经营承揽指标完成情况】 2014年,中国铁建系统累计承揽任务合同总额9015.2亿元,完成年度计划7661.4亿元的117.7%。其中,新签合同额8277.1亿元,补充签订合同额738.1亿元;国内市场承揽任务总额7716.1亿元,海外市场总额1299.1亿元。承揽任务合同总额各业务板块情况:工程承包7611.2亿元,占承揽任务合同总额的84.4%;勘察设计咨询100.2亿元,占1.1%;工业制造152.7亿元,占1.7%;物资贸易870.5亿元,占9.7 %;房地产开发266.1亿元,占3%;其他14.5亿元,占0.2%。

2014年,中国铁建系统新签合同总额8277.1亿元。其中,国内市场新签合同额6999.1亿元;海外市场新签合同额1278亿元。工程承包板块承揽任务合同额7611.2亿元。其中,铁路工程3028.1亿元,占39.8%;公路工程1110.9亿元,占14.6%;房屋建筑工程1535.7亿元,占20.2%;轻轨、地铁工程684.1亿元,占9%;市政工程725亿元,占9.5%;水利电力工程161.9亿元,占2.1%;机场码头工程72.2亿元,占0.9%;其他工程293.2亿元,占3.9%。 (江炳堃)

【总公司、股份公司2014年企业投资统计】 2014年,企业实际投资283亿元,完成企业年度投资计划445亿元的63.57 %。其中,固定资产建设项目2014年实际完成投资9.52亿元,完成年度计划21.55亿元的44.18%。开工累计完成投资24.34亿元,剩余工作量48.8%。

房地产项目2014年实际完成投资334亿元。其中,续建项目完成投资223亿元,土地储备完成投资111亿元,分别完成计划的65%和35%。企业自有资金完成投资144.1亿元,完成年度计划177.1亿元的81.41%。

设备购置2014年实际购置17921台(套),购置金额45.89亿元,当年实际投入资金36.13亿元。实际购置金额占2014年计划金额66.61亿元的68.89%,实际投入资金占2014年计划投入资金54.48亿元的66.32%。

资本运营项目2014年投入114项、资金221.21亿元,完成年度计划418.42亿元的52.92%。其中,股份公司投入资金91.84亿元,完成年度计划188.9亿元的48.62%;项目公司融资和其他股东投入资金129.37亿元。

信息化建设项目2014年完成投资1.2亿元,完成年度计划2.8亿元的41.03%。每单位平均314万元,与2013年同比增长16.4%。 (邵洪博 包 辉)

中国铁建股份有限公司2007—2014年企业投资完成情况

年　份	设备购置(亿元)	信息化建设(亿元)	固资建设项目(亿元)	资本运营(亿元)	房地产(亿元)	合　计(亿元)
2007年	38.20	–	11.40	9.80	22.50	81.90
2008年	54.40	–	11.60	27.50	70.20	163.70
2009年	92.50	–	10.20	26.10	35.00	163.80
2010年	94.60	1.50	12.70	46.40	185.60	340.80
2011年	32.97	1.40	6.78	58.92	164.90	264.97
2012年	33.50	0.71	10.18	63.78	135.15	243.32
2013年	34.98	1.00	11.41	147.00	143.74	338.13
2014年	36.10	1.20	9.50	91.80	144.10	282.70
8年合计	417.25	5.81	83.77	471.30	901.19	1879.32
年平均	52.16	1.16	10.47	58.91	112.65	234.92
占总投资比例	22.20	0.31	4.46	25.08	47.95	

(制表:邵洪博)

【**总公司上报国资委2014年企业投资完成情况和2015年投资计划**】 中国铁道建筑总公司根据国资委《关于做好中央企业2014年投资完成情况和2015年投资计划报送工作的通知》要求，上报2014年投资完成情况和2015年投资计划。2014年，中国铁道建筑总公司完成投资613592万元，完成年度计划1138455万元的53.9%。其中，固定资产完成477605万元，完成计划817289万元的58.4%，包括企业自建自用固定资产建设项目104703万元、信息化建设项目11631万元和施工机械购置361271万元；股权（产权）完成135987万元，完成年度计划321166万元的42.3%。2015年计划投资966791万元。其中，固定资产562715万元，股权（产权）投资404076万元。境外投资223435万元，占投资计划的23.1%，主要为购置施工机械和股权（产权）投资。 （邵洪博　包　辉）

【**推进工程承包板块经营体制改革**】 2014年，股份公司在工程承包板块各单位中大力推进区域经营管理模式。一是通过召开2次全系统范围的重大经营会议，全面统一思想，提高认识，形成实行区域经营管理体制的强大推力。特别是8月11日召开的区域经营管理工作推进会是首次在全系统范围召开由高级别领导参加，以推动区域经营为专题的会议，在全系统范围内统一强力推行区域经营的思想认识，提出了明确细致的推动标准，下发具有可操作性的管理办法。二是全面加快区域经营体制机制建设，推动区域经营建设工作取得实质性进展。制定下发《中国铁建股份有限公司区域经营机构建设考核暂行办法》，对各单位区域经营机构建设、要素配置、区域划分、制度体系建设进一步规范；在总结先进单位多年经验和做法的基础上，编写《区域经营管理工作指南》《区域经营管理办法模板》，形成一套推行区域经营的规范运作的管理制度体系，为各单位完善体制机制建设提供具体的参照依据。 （江炳堃）

【**中国铁建系统棚户区改造**】 近几年，党中央、国务院高度重视棚户区改造工作，股份公司在4月2日召开推进全系统棚户区改造工作专题会。经过摸底，全系统计划改造棚户区37个，改造户数27315户，计划投入资金146亿元，其中，配套设施投资20亿元（不含前期准备工作费用）。2014年安排7个项目，改造户数2676户，投资10.7亿元。2015年以后计划改造建设棚户区30个，改造户数24639户，计划投资136亿元，其中，13个项目已纳入当地棚户区项目库改造，户数10090户，预计投资70亿元，另外17个项目将纳入当地棚户区项目库，改造户数14549户，预计投资67亿元。 （邵洪博　包　辉）

【**总公司利用自用土地改善职工住房**】 2014年，总公司生产与生活并重，批准规划设计和在建项目29个，建设规模2387815平方米，项目计划总投资618748万元，资金来源全部由职工个人出资，2014年职工个人出资到位资金81630万元。2014年竣工项目2个，竣工建筑面积10500平方米，竣工价值54044万元。 （邵洪博　包　辉）

【**首台国产开敞式TBM成功中标**】 在股份公司经营计划部和北京指挥部的支持协助下，2013年8月18日，中铁十八局集团公司中标吉林省中部城市引松供水工程总干线2标段工程，该项目主要是引水隧洞工程，采用TBM法施工。经过比选、招标，2014年5月9日，中铁十八局集团公司选定中国铁建重工集团公司生产的TBM为中标单位。

TBM又称全断面硬岩掘进机，此次中标生产的TBM将是国内首台独立研发、具有自主知识产权的开敞式TBM，是中国铁建完成国家863计划研制国产TBM的落地项目，标志着中国装备制造业的核心突破，也是中国科研与制造水平向世界顶尖迈进的一大步。2014年，该台TBM进洞和掘进顺利，掘进近3千米，最高日掘进73.9米。 （高　勇）

【**经营管理人员“千人培训计划”**】 为配合推行区域经营，帮助各单位充实区域经营力量，股份公司提出“千人培训计划”。2014年举办5期经营管理人员实战培训班，培养经营骨干1098人，全部充实到各单位区域经营机构。培训结束后，股份公司专门对各单位进行回访，确保各参训人员分配至各区域经营机构，保证培训达到预期效果。 （包　辉）

【**经营业务人员培训班**】 为加强经营队伍建设的基础工作，进一步扩大经营队伍规模和储备后备经营人才，2014年在石家庄铁道大学举办2期经营业务人员培训班，为系统内各单位培训经营业务人员331人。 （包　辉）

房地产开发与监管

【**房地产开发部**】 主要职责：开展国内房地产行业发展趋势的分析、研究，贯彻国家房地产法律法规和相关政策，动态监测房地产市场整体发展状况；负责股份公司房地产发展战略规划的编制、完善和组织实施，并指导所属集团公司房地产发展战略的制定和实施；建立房地产业务管理流程和相关制度，构建科学、规范、高效的房地产业务管理体系，完善房地产风险防控机制，推进房地产业务信息化建设；负责股份公司房地产领导小组的日常工作，组织对房地产项目的考察分析、市场研究、投资评价、过程监管等工作，负责协调和处理房地产开发过程中出现的有关问题；负责编制房地产板块年度投资计划和业务发展计划，统计分析房地产经济技术指标完成情况，对标企业研究；参与股份公司全面预算、绩效考核、投资后评价、责任成本管理等工作，负责建立与政府相关部门之间的联系与沟通。下设开发处、监管处，定员 5 人，设部长 1 人。（楼 翔）

【中国铁建股份有限公司房地产开发与经营领导小组】 由股份公司领导和董事会秘书局、发展规划部、经营计划部、房地产开发部、资本运营部、财务部、审计监事局、法律合规部部门领导组成。房地产开发与经营领导小组（以下简称“房地产领导小组”）负责全系统房地产业务的整体协调与管理，负责涉及房地产业务的重大事项和新项目审批，负责研究和处理有关房地产业务发展过程中的重大问题。房地产开发部负责领导小组会议的具体事宜和日常工作。2014 年召开会议 16 次，形成会议纪要 16 份，下达批复 10 份。

1 月 10 日，房地产领导小组召开 2014 年第 1 次会议，听取中铁二十局集团公司关于云南省昆明市呈贡新区 B 地块项目、中铁二十二局集团公司关于福建省厦门市中铁海新大厦项目、中国铁建投资公司关于广西壮族自治区桂林市临桂新区 110667 平方米（166 亩）土地的情况汇报。会后形成房地产领导小组会议纪要，并对福建省厦门市中铁海新大厦项目下达批复。

2 月 17 日，房地产领导小组召开 2014 年第 2 次会议，听取中铁十一局集团公司关于湖北省武汉市汉阳区四新中心区项目、重庆市江北区大石坝九村地块和中国铁建房地产集团公司关于浙江省杭州市江干区〔2014〕1 号地项目、杭州西湖区〔2014〕3 号地项目以及山东省青岛市北区瑞安路项目的情况汇报。会后形成房地产领导小组会议纪要。

3 月 17 日，房地产领导小组召开 2014 年第 3 次会议，听取中国铁建房地产集团公司关于上海市松江区中山街道新城 C19 - 01 地块、北京市朝阳区来广营 010 号地块、北京市大兴区旧宫镇 009 号地块、辽宁省大连市固特异轮胎公司搬迁改造项目、安徽省合肥市庐阳区 N1403 地块，以及广东省广州市增城朱村街〔2014〕02、03、04、05 号地块与浙江省杭州市萧政储出〔2014〕7 号地块的情况汇报。会后形成房地产领导小组会议纪要，并对北京市大兴区旧宫镇 009 地块、广东省广州市增城朱村街〔2014〕02 号地块和浙江省杭州市萧政储出〔2014〕7 号地块下达批复。

3 月 24 日，房地产领导小组召开 2014 年第 4 次会议，听取中铁十八局集团公司关于天津滨海新区地塘单国用（2007）041 号地块、中铁十五局集团公司关于贵州都匀桥梁厂地块和河南省周口市市人大政协西侧地块、重庆铁发遂渝高速公路公司关于重庆璧山区绿岛新区项目和中国铁建姚家湾项目的情况汇报。会后形成房地产领导小组会议纪要。

4 月 10 日，房地产领导小组召开 2014 年第 5 次会议，听取中国铁建房地产集团公司关于北京市丰台区长辛店镇辛庄村 017 号地块、北京市门头沟区东辛秤 C 地块西区，以及北京市大兴区生物医药基地 025、026 号地块和天津市西青区中北镇项目的情况汇报。会后形成房地产领导小组会议纪要。

4 月 25 日，房地产领导小组召开 2014 年第 6 次会议，听取中国铁建投资公司关于甘肃省兰州市崔家大滩 G1411 地块、中铁十七局集团公司关于山西省太原市小店区学府街地块和陕西省西安市浐灞生态区地块的情况汇报。会后形成房地产领导小组会议纪要。

5 月 15 日，房地产领导小组召开 2014 年第 7 次会议，听取中铁十一局集团公司关于重庆市九龙坡区陈家坪热水瓶厂地块、重庆市九龙坡区玉清寺地块和中铁物资集团公司关于海南省陵水黎族自治县珍珠海岸椰林滨海新区项目的情况汇报。会后形成房地产领导小组会议纪要，并对重庆市九龙坡区陈家坪热水瓶厂地块下达批复。

7 月 15 日，房地产领导小组召开 2014 年第 8 次会议，听取中铁建设集团公司关于北京市石景山区第二水泥管厂居住项目的情况汇报。会后形成房地产领导小组会议纪要。

8 月 1 日，房地产领导小组召开 2014 年第 9 次会议，听取中铁二十二局集团公司关于湖北省荆门市原三三二六厂项目、中铁城建集团公司关于湖南长沙基地建设项目和中国铁建房地产集团公司关于北京立思辰网络技术有限公司股权收购项目的情况汇报。会后形成房地产领导小组会议纪要。

8 月 18 日，房地产领导小组召开 2014 年第 10 次会议，听取中铁第四勘察设计院集团公司关于湖北省武汉市汉阳区四新板块 17、18、19 号地块和武汉市青山区阳春湖地块，以及中国铁建房地产集团公司关于北京市通州区永顺镇 051 号地块的情况汇报。会后形成房地产领导小组会议纪要，并对湖北省武汉市阳春湖地块、北京市通州区永顺镇 051 地块下达批复。

10 月 8 日，房地产领导小组召开 2014 年第 11 次会议，听取中国铁建房地产集团公司关于北京市顺义区前进新城063号地块和北京市门头沟区何各庄南区、北区地块的情况汇报。会后形成房地产领导小组会议纪要。

10月22日，房地产领导小组召开2014年第12次会议，听取中铁十六局集团公司关于江西省南昌市DAGJ2014064号地块的情况汇报。会后形成房地产领导小组会议纪要，并下达批复。

11月19日，房地产领导小组召开2014年第13次会议，听取中铁二十四局集团公司关于上海钢铁交易大厦项目、中铁建设集团公司关于北京市朝阳区东坝南区1105-667地块的情况汇报。会后形成房地产领导小组会议纪要。

12月1日，房地产领导小组召开2014年第14次会议，听取中国铁建房地产集团公司关于北京市房山区梅花庄旧村改造南区限价房项目、中铁第四勘察设计院集团公司补充上报的湖北省武汉市青阳区杨春湖项目的情况汇报。会后形成房地产领导小组会议纪要。

12月15日，房地产领导小组召开2014年第15次会议，听取中国铁建房地产集团公司关于广西壮族自治区南宁市青秀区凤岭北17333平方米居住用地项目和南宁市五象大道北侧36000平方米居住用地项目、中国铁建大桥工程局集团公司关于海南省海口市天街华府项目、中铁十七局集团公司关于陕西省西安市浐灞生态区地块项目的情况汇报。会后形成房地产领导小组会议纪要。

12月23日，房地产领导小组召开2014年第16次会议，听取中国铁建房地产集团公司关于安徽省合肥市蜀山区科学院路W1407商住用地项目和成都锦江区华新社区居住用地项目的情况汇报。会后形成房地产领导小组会议纪要。

（夏冀　赵文晴）

【《房地产简报》】　中国铁建每季度向全系统刊发《房地产简报》，通报和分析房地产板块发展情况，传递有效政策信息，引导全系统房地产管理者采取有效应对措施。《房地产简报》分“要闻概览”“土地储备”“销售快报”“政策聚焦”“权威发布”“市场动态”6个栏目。2014年刊发第16、17、18、19共4期简报。

（傅志跃）

【房地产项目销售】　2014年，中国铁建房地产板块实现销售金额268.6亿元，销售面积301万平方米。其中，中国铁建房地产集团公司实现销售金额211.7亿元，销售面积212万平方米。在全年的销售中，中国铁建房地产集团公司销售金额占中国铁建房地产板块的78.8%，其中，北京项目销售金额100.5亿元，占房地产板块的37.4%。

2014年，北京、上海、广州3个一线城市实现销售额116.1亿元，占房地产板块的43%；重庆、杭州、成都、南宁、长沙、合肥等城市实现销售额125.8亿元，占房地产板块的47%；临沂、信阳、保定等城市及区域实现销售额26.7亿元，占房地产板块的10%。

（傅志跃）

2014年中国铁建房地产项目销售金额超过亿元的项目排名

序号	单位名称	项目名称	销售金额（万元）	销售面积（万平方米）
1	中国铁建房地产集团有限公司	北京市通州永顺镇051号地块	1377001	8.00
2	中国铁建房地产集团有限公司	中国铁建·合肥国际城	136620	19.05
3	中国铁建房地产集团有限公司	北京大兴旧宫镇009号地块	131706	14.63
4	中国铁建房地产集团有限公司	中国铁建·北京国际城	124555	6.70
5	中国铁建房地产集团有限公司	中国铁建·成都国际城	118942	19.06
6	中国铁建房地产集团有限公司	中国铁建·贵阳国际城	108725	19.77
7	中国铁建房地产集团有限公司	中国铁建·上海青秀城	107609	5.54
8	中国铁建房地产集团有限公司	中国铁建·北京山语城	106163	5.16
9	中国铁建房地产集团有限公司	中国铁建·杭州国际城	102897	6.48
10	中国铁建房地产集团有限公司	中国铁建·北京国际花园	102146	5.02
11	中国铁建房地产集团有限公司	中国铁建·北京原香漫谷	97059	8.46
12	中国铁建房地产集团有限公司	中国铁建·成都西派国际	93980	6.49
13	中国铁建房地产集团有限公司	中国铁建·北京原香嘉苑	93418	8.90
14	中国铁建房地产集团有限公司	中国铁建·北京青秀尚城	84013	11.28
15	中国铁建房地产集团有限公司	中国铁建·广州国际城	48804	2.32
16	中铁第一勘察设计院集团有限公司	中国铁建·西安逸园A区	47000	5.37
17	中国铁建房地产集团有限公司	中国铁建·北京顺新嘉苑	44391	3.18
18	中国铁建房地产集团有限公司	中国铁建·成都锦江国际花园	44059	4.65

续表

序号	单 位 名 称	项 目 名 称	销售金额（万元）	销售面积（万平方米）
19	中国铁建房地产集团有限公司	中国铁建·天津国际城	43604	1.90
20	中国铁建房地产集团有限公司	中国铁建·杭州青秀城	43130	3.03
21	中铁建设集团有限公司	中国铁建·北京耀中心	42842	1.12
22	中铁十一局集团有限公司	中国铁建·武汉梧桐苑	40300	5.32
23	中国铁建房地产集团有限公司	中国铁建·武汉国际城	39251	4.62
24	中国铁建房地产集团有限公司	中国铁建·北京梧桐苑	35841	1.49
25	中国铁建房地产集团有限公司	中国铁建·长沙山语城	33796	5.99
26	中国铁建房地产集团有限公司	中国铁建·南宁江湾山语城	32173	3.88
27	中铁二十二局集团有限公司	中国铁建·保定京南一品	30859	9.73
28	中国铁建房地产集团有限公司	中国铁建·大连青秀蓝湾	30831	3.03
29	中国铁建房地产集团有限公司	中国铁建·南京青秀城	30240	1.75
30	中铁建设集团有限公司	中国铁建·莱州国际城	30000	3.79
31	中铁二十一局集团有限公司	中国铁建·兰州梧桐苑	29830	4.19
32	中国铁建房地产集团有限公司	中国铁建·长沙国际城	28773	5.39
33	中国铁建房地产集团有限公司	中国铁建·长春国际花园	28342	4.94
34	中铁二十局集团有限公司	中国铁建·重庆山水时光	26124	3.91
35	中铁二十一局集团有限公司	中国铁建·西安国际城	25035	0.83
36	中铁建设集团有限公司	中国铁建·信阳领秀城	24124	4.80
37	中铁十四局集团有限公司	中国铁建·济南国际城	21290	2.01
38	中铁建设集团有限公司	中国铁建·西安瑞园	21000	2.66
39	中国铁建房地产集团有限公司	中国铁建·长沙梅溪青秀	16619	2.57
40	中国铁建房地产集团有限公司	中国铁建·成都青秀城	16477	2.08
41	中铁十八局集团有限公司	中国铁建·武汉 1818 中心	16000	0.98
42	中铁第四勘察设计院集团有限公司	中国铁建·株洲荷塘星城	15662	3.24
43	中国铁建房地产集团有限公司	中国铁建·杭州国际花园	15163	0.90
44	中国铁建房地产集团有限公司	中国铁建·徐州原香漫谷	14699	2.33
45	中铁十五局集团有限公司	中国铁建·临沂东来尚城	14256	2.30
46	中铁二十二局集团有限公司	中国铁建·重庆中铁 5 号	12530	1.13
47	中国铁建大桥工程局集团有限公司	中国铁建·长春香堤美郡	11813	1.92
48	中铁十四局集团有限公司	中国铁建·泰安泮河嘉苑	11277	2.72
49	中铁十五局集团有限公司	中国铁建·都匀东来尚城	11010	3.19
50	中铁十六局集团有限公司	中国铁建·顺昌天天花园	10693	2.15
51	中国铁建大桥工程局集团有限公司	哈尔滨先锋路改造项目	10409	1.10
52	中铁二十一局集团有限公司	中国铁建·西安梧桐苑	10077	3.49

注:北京市通州区永顺镇 051 号地为回迁房、公租房回购总价,北京市大兴区旧宫 009 号地项目为回迁安置房回购总价,2 个项目均与相关单位签订了回购协议。

（制表:傅志跃）

【房地产业务专项调研】 2014 年,股份公司实地调研济南、兰州、西安、太原、武汉、黄石、通辽、沈阳、大连、莱州、临沂等 11 个城市的 20 余个项目,与中铁十一、十二、十四、十五、十六、十八、十九、二十一、二十二局集团公司,中铁第一、第四勘察设计院集团公司,中铁建设集团公司、中国铁建房地产集团公司、中国铁建投资公司等 14 家单位分别召开房地产业务座谈会,有针对性地提出下一步升级房地产业务发展模式,加强房地产业务管控的意见和建议。（刘建光 傅志跃）

【土地储备情况】 2014 年,股份公司实地调研北京、上海、武汉、广州、重庆等 20 多个城市的近 70 个房地产项目,组织召开房地产领导小组会议 16 次,研究、审议 58 个项目。截至 2014 年底,在北京、广州、杭州、珠海、成都、重庆、武汉、南昌等 10 个城市获取土地 13 宗 91.33 万平方米,规划总建筑规模约 328 万平方米,土地成交总价 118 亿元。其中,中国铁建房地产集团公司在北京、广州、杭州和成都获取土地 5 宗 44.4 万平方米,总建筑规模 166 万平方米,土地成交总价 78.2 亿元。

1 月 7 日,中国铁建投资公司竞得广东省珠海市横琴新区十字门中央商务区 4 号地块,建设用地面积 1.73 万平方米,容积率 6.8,计容面积 11.75 万平方米,土地成交总价 5.153 亿元,计容楼面地价4387 元/平方米。

2 月 18 日,中铁第一勘察设计院集团竞得甘肃省兰州市民主西路地块,建设用地面积 0.66 万平方米,容积率 8.0,计容面积 5.11 万平方米,土地成交总价

1.78 亿元，计容楼面地价 3483 元/平方米。

3 月 25 日，中国铁建房地产集团公司竞得浙江省杭州市萧政储出〔2014〕7 号地块，建设用地面积 10.18 万平方米，容积率 2.59，计容面积 26.37 万平方米，土地成交总价 22.85 亿元，计容楼面地价 8665 元/平方米。

3 月 25 日，中国铁建房地产集团公司竞得北京市大兴区旧宫镇 009 地块，建设用地面积 11.07 万平方米，容积率 2.14，计容面积 23.66 万平方米，土地成交总价 26.45 亿元，计容楼面地价 11180 元/平方米。

3 月 26 日，中国铁建房地产集团公司竞得广东省广州市增城区朱村街〔2014〕02 号地块，建设用地面积 6.37 万平方米，容积率 2.5，计容面积 15.93 万平方米，土地成交总价 7.41 亿元，计容楼面地价 4652 元/平方米。

4 月 2 日，中国铁建房地产集团公司竞得四川省成都市成华区圣灯街道理工大学片区地块，建设用地面积 3.24 万平方米，容积率 5.0，计容面积 16.19 万平方米，土地成交总价 4.296 亿元，计容楼面地价2654 元/平方米。

4 月 17 日，中铁十八局集团公司竞得天津市滨海新区津滨塘（挂）2013 －7 号地块，建设用地面积 2.22 万平方米，容积率 2.2，计容面积 4.88 万平方米，土地成交总价 1.469 亿元，计容楼面地价 3010 元/平方米。

4 月 18 日，中铁第一勘察设计院集团公司竞得甘肃省兰州市新区二号湖以东地块，建设用地面积 0.96 万平方米，容积率 3.0，计容面积 2.8 万平方米，土地成交总价 1011 万元，计容楼面地价 361 元/平方米。

5 月 16 日，中铁十一局集团公司竞得重庆市热水瓶厂地块，建设用地面积 4.87 万平方米，容积率 4.2，计容面积 20.45 万平方米，土地成交总价 9.5 亿元，计容楼面地价 4646 元/平方米。

6 月 3 日，中铁二十局集团公司竞得安徽省蚌埠市迎宾大道地块，建设用地面积 6.67 万平方米，容积率 2.4，计容面积 16 万平方米，土地成交总价 1.3 亿元，计容楼面地价 813 元/平方米。

8 月 20 日，中国铁建房地产集团公司竞得北京市通州区永顺镇 051 地块，建设用地面积 13.54 万平方米，容积率 2.8，计容面积 37.92 万平方米，土地成交总价 17.17 亿元，计容楼面地价 4528 元/平方米。

9 月 19 日，中铁第四勘察设计院集团公司竞得湖北省武汉市青山区杨春湖地块，建设用地面积 10.98 万平方米，容积率 3.0，计容面积 32.94 万平方米，土地成交总价 11.61 亿元，计容楼面地价3525 元/平方米。

10 月 27 日，中铁十六局集团公司竞得江西省南昌市 DAGJ2014064 地块，建设用地面积 17 万平方米，容积率 2.0，计容面积 34 万平方米，土地成交总价 85600 万元，计容楼面地价 2518 元/平方米。

截至 2014 年底，中国铁建在北京、上海、天津、重庆、广州、杭州、南京、成都、武汉、西安、长沙、贵阳、南宁、长春、大连、南昌、珠海、佛山等 45 个城市及其他地域开发房地产项目 111 个，建设用地总面积 1160 万平方米，规划总建筑面积 3681 万平方米。

（刘建光　夏 冀）

2014 年中国铁建系统获取房地产项目情况

时间	单　位	项 目 名 称	地理位置	建设用地面积（万平方米）	总建筑面积（万平方米）	土地价格（万元）	楼面地价（元/平方米）
1 月 7 日	中国铁建投资有限公司	珠海横琴 4 号地块	广东省珠海市	1.73	16.66	51530	4387
2 月 18 日	中铁第一勘察设计院集团有限公司	兰州民主西路项目	甘肃省兰州市	0.66	6.29	17800	3483
3 月 25 日	中国铁建房地产集团有限公司	杭州萧政储出〔2014〕7 号地块	浙江省杭州市	10.18	38.74	228500	8665
3 月 26 日	中国铁建房地产集团有限公司	北京大兴区旧宫镇 009 地块	北京市	11.07	31.37	264500	11180
3 月 26 日	中国铁建房地产集团有限公司	广州增城区朱村街（2014）02 号地块	广东省广州市	6.37	22.25	74100	4652
4 月 2 日	中国铁建房地产集团有限公司	成都成华区圣灯街道理工大学片区地块二	四川省成都市	3.24	18.44	42960	2654
4 月 17 日	中铁十八局集团有限公司	天津滨海新区津滨塘（挂）2013 －7 号地块	天津市	2.22	6.44	14690	3010

续表

时间	单 位	项 目 名 称	地理位置	建设用地面积（万平方米）	总建筑面积（万平方米）	土地价格（万元）	楼面地价（元/平方米）
4月18日	中铁第一勘察设计院集团有限公司	兰州新区二号湖以东地块	甘肃省兰州市	0.96	3.55	1011	361
5月16日	中铁十一局集团有限公司	重庆九龙坡区二郎科技新城组团C分区C3-4-1月02号地	重庆市	4.87	24.69	95000	4646
6月3日	中铁二十局集团有限公司	安徽蚌埠迎宾大道项目	安徽省蚌埠市	6.67	20.90	13000	813
8月20日	中国铁建房地产集团有限公司	北京通州永顺镇051号地块	北京市	13.54	55.40	171700	4528
9月19日	中铁第四勘察设计院集团有限公司	武汉市青山区杨春湖地块(2014)097	湖北省武汉市	10.98	41.06	116100	3525
10月27日	中铁十六局集团有限公司	南昌DAGJ2014064号地块	江西省南昌市	17.00	42.60	85600	2518
总 计				89.48	328.39	1176491	

（制表：刘建光 夏 冀）

【房地产业务管理制度建设】 2014年，股份公司制定印发中国铁建《2014年房地产业务工作要点》《关于进一步加强房地产业务管理的指导意见》《关于积极应对市场变化，努力完成全年销售目标的通知》《关于开展房地产项目实施情况与可研对比分析工作的通知》《房地产风险管理办法》《房地产风险防控指导手册》《标杆企业实践汇编》《关于建立房地产项目可售库存预警及应对机制的通知》等制度办法及相关文件。（楼 翔）

【房地产业务管理】 2014年，根据股份公司房地产业务发展情况，为加强资金流管理，形成《中国铁建房地产板块资金使用情况分析报告》；开展房地产项目自查自纠工作，完成《中国铁建房地产项目自查工作分析报告》；对比分析在开发项目，形成《中国铁建房地产项目实施与可行性研究对比分析报告》；加强项目可售资源分析与管控，形成《中国铁建房地产项目可售资源状况分析报告》；结合项目库存情况，完成《中国铁建房地产开发项目库存预警分析报告》，并针对36个房地产项目启动库存预警，其中1个红色预警项、17个橙色预警项目、18个黄色预警项目。

（刘建光）

【房地产业务培训】 3月7—13日，为促进中国铁建房地产业务持续健康发展，提升房地产管理人员的管理水平，中国铁建房地产高级管理人员培训班在清华大学举办。所属集团公司76名房地产高级管理人员参加培训。中国铁建副总裁、总会计师、总法律顾问庄尚标出席开班仪式并讲话。培训班聘请房地产行业的知名学者、具有实际操作经验的企业管理人员授课。课程包括宏观经济与房地产行业发展趋势、房地产运营管理、房地产营销及规划设计、成本管控、财务及纳税筹划。

（傅志跃）

资本运营与管理

【资本运营部】 主要职责：贯彻执行国家资本管理的法律法规，落实国有资产管理委员会有关资产管理的规定，制定中国铁建股份有限公司（以下简称“公司”）资本发展战略和运作制度；负责组织研究国内外宏观、微观经济形势和相关产业运行状况，定期向公司领导提出分析报告；负责公司总部境内外经营性固定资产投资（含矿业投资）、权益性资本投资管理工作；负责国内外投资考核指标的下达，组织公司对外经营性投资项目的选择、咨询、论证、评估；负责投资项目股权管理和项目实施过程的监管；负责实物资产管理工作。承办总公司及总公司锦鲤资产管理中心相关工作职能。部门定员13人，设部长1人、副部长1人、总经济师1人；下设咨询评估处、投资管理处、矿产资源处、资产管理处。

（张沛然）

【资本运营项目概况】 2014年,中国铁建系统有资本运营项目117项,其中,总公司本级3项;股份公司108项。

总公司3项本级资本运营项目均为BOT项目,总投资102.87亿元,企业应投入资本34.72亿元,总公司已投入资本23.03亿元。

股份公司114项资本运营项目中,BOT项目10项、BT项目80项、土地一级开发项目8项、股权类投资项目(包括矿产资源、开发区项目)16项,计划总投资2310.84亿元,股份公司应投入资本941.12亿元,股份公司累计投入资本715.35亿元。BOT项目总投资477.08亿元,股份公司应投入资本120.61亿元,股份公司已投入资本42.14亿元。BT项目总投资1070.55亿元,其中,本企业应投入资本572.31亿元,已投入资本444.85亿元。2014年,BT项目实际回购款182.89亿元。土地一级开发类项目总投资644.72亿元,股份公司应投入资本金156.77亿元,已投入资本21.19亿元。股权类投资项目(包括矿产资源和自贸区项目)总投资118.5亿元,其中企业应投入资本91.43亿元,已投入资本53.06亿元。 （张红彦）

2014年中国铁道建筑总公司资本运营投资情况

项目名称	项数	项目总投资（亿元）	企业应投资本金（亿元）	企业已投入资本金（亿元）
中国铁道建筑总公司本级	3	102.87	34.72	23.03
BOT项目	3	102.87	34.72	23.03
中国铁建股份有限公司	114	2310.84	941.12	461.25
BOT项目	10	477.08	120.61	42.14
BT项目	80	1070.55	572.31	344.85
土地一级开发项目	8	644.72	156.77	21.19
参股项目	16	118.50	91.43	53.06
合计	117	2432.74	859.55	484.28

（制表:张红彦）

2014年中国铁道建筑总公司本级资本运营项目投资情况

项目名称	投资方式	项目总投资（万元）	项目资本金（万元）	企业应投资本金（万元）	企业已投入资本金（万元）
京承高速公路二期	BOT	391900	137000	95900	95900
重庆遂渝高速公路	BOT	422980	148043	118434	118434
合计		814880	285043	214334	214334

（制表:张红彦）

2014年中国铁建股份有限公司资本运营投资情况

序号	单位名称	项目数量	2014年企业投资情况		
			项目计划投资（万元）	企业应投资本金（万元）	企业年度投入资本金（万元）
1	中国铁建投资有限公司	25	15423764	5503119	182929
2	中国土木工程集团有限公司	2	218728	52414	7000
3	中铁十一局集团有限公司	9	353224	267829	50093
4	中铁十二局集团有限公司	2	214739	117370	-
5	中国铁建大桥工程局集团有限公司	1	50000	50000	2010
6	中铁十四局集团有限公司	6	477270	415270	82293
7	中铁十五局集团有限公司	7	289994	184226	5228
8	中铁十六局集团有限公司	15	793576	754511	127297
9	中铁十七局集团有限公司	8	555462	283562	15986
10	中铁十八局集团有限公司	4	353662	353662	63590
11	中铁十九局集团有限公司	3	541723	197240	116471
12	中铁二十局集团有限公司	7	289275	216427	35174

续表

序号	单位名称	项目数量	2014年企业投资情况		
			项目计划投资（万元）	企业应投资本金（万元）	企业年度投入资本金（万元）
13	中铁二十一局集团有限公司	2	72002	72002	4577
14	中铁二十二局集团有限公司	2	45767	9000	–
15	中铁二十四局集团有限公司	1	208950	100000	–
16	中铁建设集团有限公司	2	69461	69461	16480
17	中国铁建港航局集团有限公司	4	188459	57189	38728
18	中国铁建房地产集团有限公司	2	502100	181800	–
19	中铁第一勘察设计院集团有限公司	1	38000	7500	–
20	中铁第四勘察设计院集团有限公司	2	175875	72362	28000
21	中铁物资集团有限公司	5	1756550	187350	47564
22	中铁建中非建设有限公司	2	389855	158921	2461
23	云贵指挥部	2	100000	100000	92500
	合计	114	23108436	9411215	918381

（制表：张红彦）

2014年中国铁建股份有限公司新开工的资本运营项目投资情况

序号	投资主体	项目名称	投资模式	项目计划总投资（万元）	本企业需投入资本金（万元）	2013年投入资金		
						项目实际投资（万元）	本企业投入（万元）	项目公司贷款投入（万元）
1	中国土木工程集团有限公司	吉布提铁路股权投资	股权项目	71628	35814	–	–	–
2	中铁十一局集团有限公司	湖北黄石山南地方铁路新港货运支线1标段项目	BT	15195	3000	2390	2390	–
3	中铁十一局集团有限公司	武汉地铁2号线北延长线（8月15日）	BT	170829	170829	5000	5000	–
4	中铁十四局集团有限公司	武汉市轨道交通8号线越江段工程	BT	20000	20000	1000	1000	–
5	中铁十六局集团有限公司	南昌市九龙湖综合整治工程–湖体和岸线整治工程BT项目	BT	10000	10000	–	–	–
6	中铁十七局集团有限公司	福州市蓝色经济园道路及配套设施项目	BT	47262	47262	15986	15986	–
7	中铁十八局集团有限公司	云南安宁工业园区新亚美谷物流园铁路专用线工程（温泉至麒麟段）BT投融资建设项目	BT	20000	20000	20000	20000	–
8	中铁二十局集团有限公司	巴珠铁路项目	股权项目	17694	17694	–	–	–
9	中铁第四勘察设计院集团有限公司	长沙磁浮轨道交通项目	股权项目	28000	28000	28000	28000	–
10	中铁物资集团有限公司	南昌市红谷滩新区后续加密路网碟子湖大道和凤凰七路改造项目	BT	13750	4550	4061	2071	1990
11	中铁物资集团有限公司	南昌市西客站地区路网二期工程（加密支路）BT项目	BT	40000	10000	–	–	–

（制表：张红彦）

【资本运营效益情况】 2014年，资本运营项目完成营业收入249.66亿元，实现收益38.55亿元。其中，投资收益16.18亿元；工程承包等收益22.37亿元。回收BT项目回购款182.89亿元。其中，昆明、贵阳3个项目回收75.02亿元;其他BT项目回收107.87亿元。
（张红彦）

【资本运营投资拉动公司主业效果明显】 2014年,中国铁建既有资本运营项目对公司主业拉动效果明显。年内拉动工程承包312.65亿元。其中,物资采购43.02亿元;设计咨询6.7亿元;设备制造及其他5.21亿元。（张红彦）

【投融资经营管理制度建设】 2014年,中国铁建印发《关于投融资业务准入和规模的通知》,限定和控制开展投融资业务的条件和投融资项目的总规模,坚持积极稳健的投融资经营方针,理性搞好投融资经营管理,积极开展投融资业务,努力把握上新项目的节奏,控制好总体规模,把投资置于企业财务能力承受范围之内,使投融资规模与企业的经济实力、投融资能力相匹配。
（罗 芳）

【清收逾期回购款工作取得突破】 2014年,中国铁建加强逾期回购款的清收工作,清收昆明、贵阳3个BT项目逾期回购款75.02亿元。其中,昆明二环项目24.22万元;禄大九宜项目39.83亿元;贵阳北二环项目10.97亿元。（罗 芳）

【拟投资项目评审会议】 2014年,股份公司召开项目评审会议12次,评审拟投资项目28个。其中,26个项目通过会议评审;1个项目需再次分析论证,即中国铁建投资公司入股南京银行项目;1个项目放弃,即中铁二十局集团公司以购买信托方式参加天津地铁投资建设项目。26个评审通过的项目投资规模合计138.73亿元,不含厄瓜多尔米拉多铜矿初步设计审核项目。（张红彦）

【转型升级中标一批战略性项目】 巩固市场优势地位,或进入业绩相对薄弱的业务领域,是中国铁建战略性投融资的重要方向。为占领拥有中低速磁浮技术的高端,投资参股建设国内第一条低速磁浮城轨——长沙磁浮项目;中国铁建大桥工程局集团公司为提升大跨度桥梁施工能力,积累业绩,投资武汉石首、武穴长江大桥项目;为巩固提升大直径盾构的优势市场地位,中铁十四局集团公司投资武汉轨道交通8号线越江段工程BT项目;为占领武汉地铁市场,中铁十一局集团公司投资武汉轨道交通2号线北延长线(机场线)BT项目。（张红彦）

【总结汇编项目案例和政策文件】 2014年,股份公司收集整理19个典型投融资项目案例汇编成册印发;组织开展PPP模式研究,选编、编写《基础设施PPP项目案例及政策文件汇编》《基础设施PPP模式运作与管理(初稿)》,为运用PPP模式开展基础设施投资储备知识。（张红彦）

【资本运营业务培训班】 在股份公司北京培训中心(党校)举办2014年度资本运营业务培训班,各集团公司资本运营业务骨干参加培训。（陈梦月）

财 务

【财务部】 负责中国铁建股份有限公司(以下简称“公司”)资产产权管理、财务管理、会计核算、资金管理和会计监督的综合职能部门。主要职责:贯彻执行国家财务会计法律法规和制度,组织制定和实施公司财务发展战略,制定和实施公司财务会计规章制度,管理、组织、监督、检查和规范公司财务会计工作;负责全面预算管理,组织公司系统业绩考核评价;负责公司系统财务会计管理、财务信息化、资金管理、产权管理和公司总部机关本级会计核算、经费管理、财务预决算工作;负责组织开展经济活动分析和实施财务会计诚信建设,依法编制和及时提供财务会计报告;协助做好公司信息披露相关工作;建立和落实财务内控制度与责任,对公司经济活动过程和经济运行任务进行财务监督和控制;建立和完善财务、汇率、利率、资金风险防范预警与控制机制;组织实施财务收支稽核检查;负责既有的股权管理、货币类金融产品及债券投资与管理;承办中国铁道建筑总公司及锦鲤资产管理中心财务工作;负责国务院监事会派驻公司办公室事务的协调配合和服务工作;完成公司董事会及董事会相关委员会交办的工作。下设财务处、会计处、机关财务处、产权处、预算考核处、融资管理处、资金管理中心。定员34人,设部长1人、副部长3人。在职人员27人,其中,高级会计师13人、高级经济师1人、会计师9人。
（曹锡锐）

【年度工作综述】 2014年,中国铁建系统财务工作坚持以“十二五”战略规划为引领,全面贯彻股份公司年度工作会精神,以提升资产运行质量和效益为根本,以做实做优财务状况为目标,着力强化资金集中管控、推进清收清欠目标落实、严控有息负债规模增长,保持资金运转的高效顺畅;贯彻落实降本增效要求,积极推动保险资源和商旅服务集中采购,加强非生产性支出控制，提高税务筹划力度，提升财务创效水平；全面加强风险防控，加大基础管理和财务内控力度，促进各级财务行为的规范化，保证经济运行安全；高标准推进财务共享服务中心建设，加大财务信息化资源整合力度，有效改进财务管控手段，提升管控效率；充分发挥全面预算管理的引领导向作用，丰富和优化业绩考核体系，规范产权管理各项工作，为优化资源配置、实现国有资产保值增值奠定基础。在加强财会队伍全面建设、创新财务管控模式、推动企业转型发展等方面积极实践，为企业经济持续稳健发展作出了贡献。（高继红）

【会计信息披露和配合审计工作】 2014 年，中国铁建在上海证券交易所和香港联合证券交易所及时、准确、完整地披露季度报告、半年度报告、年度报告等各项会计信息，完成国资委、财政部财务决算报告的编制和报送。在完成 4 个季度的财务报告编制的同时，配合股份公司董事会完成财务信息披露、资料整理、路演数据本的制作。工作包括主要会计数据的计算摘录，每股收益的计算，非经常性损益的分析认定，业务板块的划分及毛利率的分析计算，主要经济指标大幅增减原因的分析、解释，担保、收购、兼并等重要事项的确认，整理、更新路演数据资料。股份公司系统财务决算审计机构有 5 家，审计 724 家法人单位。2014 年内退人员精算报告在韬睿事务所、股份公司人力资源部的协助下顺利完成。（丁亚杰）

【财务制度建设】 2014 年，制定《中国铁建股份有限公司业务招待费管理办法》，完善内部控制机制，从严控制业务招待费开支。制定《中国铁建股份有限公司 2014 年度债务风险管控方案》，努力控制债务规模，坚决使资产负债率进入下降通道。制定《工程承包企业清收清欠管理办法》，切实强化工程承包企业清收清欠管理，促进应收款项及时回收。制定《股份公司、股份公司党委关于进一步规范企业经济行为的规定》，明确各项经济行为的规范要求及红线。制定《关于引入铁建蓝海基金投资建设项目的指导意见》，推进股份公司产融结合，发起成立投资产业基金，向社会募集资金，用于 BT、BOT、城市综合体开发、房地产项目等投资项目。制定《关于加强工程项目绩效考核的几点意见》，进一步发挥绩效考核的导向作用，有效调动项目管理人员的创效积极性，促进项目管理的良性循环，实现“做优项目、激励团队、发展企业、富裕员工”的目标。制定《直管项目财务管理办法》，规范股份公司直管项目的财务活动，加强直管项目部的财务管理及内部控制。制定《直管项目管理费核定及控制办法》，体现项目管理费核定的科学性与公平性，从严控制项目管理费开支，提高项目经济效益。（王 磊）

【中国铁建 2014 年度财务工作会议】 11 月 24 日在北京召开。会上，确定 2015 年财务工作总体思路：以“十二五”财务发展战略为引领，以安全发展、健康运行为基础，以提质增效、落实保增长为目标，进一步强化风险控制和集中管理，加强基础管理和责任落实，努力实现“三个提升、三个降低”（营业收入、净利润和经营性净现金流有明显提升；资产负债率、有息负债规模、“两金”占用有明显下降），推动企业经济在安全、健康的轨道上快速发展。国资委监事会第 8 办事处副主任朱文山和中国铁建总会计师王秀明、监事会主席黄少军出席会议。

总会计师王秀明作题为《调整和创新并举，规模与质量同步，在企业转型发展中充分发挥财务管控的价值》的财务工作报告。报告指出：2014 年面对市场风险、效益风险、资金风险叠加的经济新常态，各级财务部门紧紧围绕年度目标，同心协力，攻坚克难，在促进产业结构调整、创新财务管控模式、推动企业转型发展等方面取得来之不易的成绩，为做实做优做强做大企业作出积极贡献。全系统财务人员在不同的岗位上默默奉献、扎实工作，特别是各级总会计师和财务部门负责人承担难以想象的责任和压力，在保护企业生态环境，应对各类审计检查，预防各种风险方面措施得力；在盘清企业家底、治理消化潜亏、优化财务状况方面付出了艰辛的努力；在组织资金供应、保证资金链安全、发挥支撑保障作用方面成效显著；在企业的各项改革，如分拆上市、内部重组、理顺经济关系等方面发挥关键作用。报告要求各级财务部门要积极作为，进一步调整管理理念，增强和提高风险防控意识，持续改进财务管控手段，在企业转型发展中实现财务管控的价值。根据确定的目标和思路，2015 年要重点抓好以下工作：一是科学制定“十三五”规划，发挥战略引领作用；二是着力优化财务状况，推动企业持续健康发展；三是大力推动清收清欠，有效改善经营性现金流；四是积极推进产融结合，全力支持商业模式转型；五是持续加强资金管理，夯实企业稳健发展基石；六是全力做好应对准备，保证税制改革平稳过渡；七是深化全面预算管理，提高预算控制执行效力；八是不断强化风险管控，保障企业经济运行安全；九是稳步推进共享中心建设，不断提升管控效率；十是加大业务培训力度，构建长效人才培养体系。

会议表彰了 2014 年度财务工作先进单位和先进个人，部署了资金管理工作、财务决算和年度工作报告的编报等有关工作，就新会计准则进行了培训。各集团公司、直属单位的总会计师，财务部长，资金管理、决算工作负责人以及机关有关人员近180人参加会议。

（李 鲲）

【中国铁建财务工作先进单位和先进个人】

2014年度中国铁建财务工作先进单位

中国土木工程集团公司
中铁十一局集团公司
中铁十二局集团公司
中国铁建电气化局集团公司
中铁第四勘察设计院集团公司
中国铁建重工集团公司
中土集团埃塞俄比亚公司
中铁十一局集团一公司
中铁十一局集团桥梁公司
中铁十二局集团三公司
中铁十二局集团四公司
中铁建大桥工程局集团一公司
中铁建大桥工程局集团六公司
中铁十四局集团三公司
中铁十四局集团建筑公司
中铁十五局集团四公司
中铁十五局集团公司华东指挥部
中铁十六局集团三公司
中铁十六局集团路桥公司
中铁十七局集团二公司
中铁十七局集团四公司
中铁十八局集团公司大都公司
中铁十八局集团公司福平铁路项目经理部
中铁十九局集团一公司
中铁十九局集团矿业投资公司
中铁二十局集团二公司
中铁二十局集团公司宁西项目经理部
中铁二十一局集团二公司
中铁二十一局集团宝兰铁路客运专线甘肃段项目经理部
中铁二十二局集团公司东海岛铁路工程指挥部
中铁二十二局集团四公司贵州茅台酒厂项目经理部
中铁二十三局集团轨道交通公司
中铁二十三局集团电务公司
中铁二十四局集团浙江公司
中铁二十四局集团福建铁路建设公司
中铁二十五局集团房地产开发公司
中铁二十五局集团（珠海）建设开发公司
中铁建设集团公司设备安装分公司
中国铁建电气化局集团南方公司
中国铁建电气化局集团五公司
中国铁建港航局路桥公司
中国铁建房地产集团广州公司
中铁第一勘察设计院集团甘肃铁一院工程监理公司
中铁第四勘察设计院集团公司工程经济设计处
中铁第五勘察设计院集团北京铁五院工程机械公司
中铁上海设计院集团南昌铁路勘测设计院
中铁物资集团中南公司
昆明中铁大型养路机械集团昆明奥通达铁路机械公司
中国铁建重工集团中铁隆昌铁路器材公司
中国铁建国际集团阿尔及利亚公司
中铁城建集团北京公司
北京铁城建设监理公司天津分公司
中国铁建投资公司中铁建兰州地铁投资公司
中铁建中非建设公司尼日利亚公司
中铁建（北京）商务管理公司中铁国际航空服务有限公司
中国铁建青岛地铁2号线工程指挥部

2014年度中国铁建决算工作先进单位

中铁十二局集团公司
中铁十九局集团公司
中铁二十二局集团公司
中铁第一勘察设计院集团公司

2014年度中国铁建预算工作先进单位

中铁十八局集团公司
中铁二十四局集团公司
中国铁建电气化局集团公司
中国铁建房地产集团公司

2014年度中国铁建资金管理先进单位

中铁十二局集团公司
中国铁建电气化局集团公司
中铁第一勘察设计院集团公司
中国铁建重工集团公司

2014年度中国铁建财务信息化先进单位

中铁十五局集团公司
中铁十七局集团公司
中铁十八局集团公司
中铁二十局集团公司

2014年度中国铁建财务工作先进个人

蔡海英 刘 林 张 敏 李 杰 杨男子
周 云 朱贵丽 向永兰 周修阳 杨 健
崔 明 刘 伟 刘 斌 李华春 姜宏伟
李东平 程晓钊 庄有余 张兴安 康强辉
辛聪生 孙 伟 王玉田 姜晓波 李 刚
董兴宇 苗斌伟 黄 浩 马建政 陈再超
景少卿 娇 宇 王 强 薛孟江 国立琪
刘召清 李耀庭 李 鹏 祁 杰 张 立

李晓敏　高红霞　秦渝红　王付清　胡仁疆
王福海　钱文学　邓平涛　李　争　隰亚智
李树生　张盐军　张　纯　刘壮丽　王伟健
邓强林　卫立刚　时　冰　李建军　李　平
王进平　张建卫　金　亮　王铭浩　龙凤娇
万佩刚　金　雁　刘永庆　魏　永　王旭东
陈　杨　刘乐勇　迪海涛　刘　涛　王　平
李德峰　曹文娣　孙宏伟　胡　潇　陆　璐
陈吉荣　何　华　陈智武　张孝雷　孙海波
景宽鑫　刘统伟　周志娟　闫　爽　田树平
张海龙　李正云　王敬贤　赵登朝　钮永跃
周均强　孟跃龙　陈永科　丰艳波　马双玮
杨照群　张升奇　王建波　孟祥琨　蒋道斌
段　刚　顾　鑫　韩玉荣　卜江勇　江玲玲
谢秋玲　王玮俊　王　闯　宁勇军　黄俊杰
杨小玉　史　前　韦元周　姚顺瑜　王颖新
王玉静　高越月　冯文钊　孙　晨　夏振华
渠祥军　段东东　张光毅　周　睿　赵　峰
宋瑞青　谢坤华　乔国伟　刘天文　卿仲谋
张福强　林雅敏　王　博　韩　冰　张淑华
陈　颖　周　强　黄　进　李浩宇　张　建
尚明蕊　常月琳　朱煜峰　杨海光　韩　凌
陈　进　焦英伟　宋　勇　韦春华　谢荣华
文　煜　廖　慧　代云书　黄国栋　钱霞波
狄晓钰　吴卫国　李　森　董爱民　万　炯
李殷程　程　刚　郭勇鹏　贺　炬　张红伟
陈　琼　王志海　窦　阳　陈　匀　钟妙宁
孙明湘　邓　颖　周晓宏　周　金　刘新龙
孙立颖　陈　晓　尚　健

（李　彤）

【税务管理】　2014 年，针对“营改增”后可能面临的诸多不利影响，中国铁建全面应对，“营改增”准备工作扎实推进。一方面积极争取行业政策支持，会同中国建筑、中国中铁等 8 家建筑企业向财政部、国税总局提交《关于建筑业“营改增”的政策建议》，并邀请财政部领导到项目现场调研，直观认知建筑业现状，部分建议得到财政部和国税总局采纳，从政策层面降低“营改增”对企业的冲击。另一方面在建筑业中央企业中率先部署进行“营改增”仿真演练，并组织召开 4 次研讨会，有的放矢地拟订 27 个课题进行研究，达到先行先试、先试先知的练兵目的。同时，所属单位充分利用高新技术企业认定、西部大开发优惠、研发费用加计扣除、进口免税、出口退税、区域税收返还等政策，优化产业布局、调整业务结构，实现在依法合规的基础上降低税收成本。截至 2014 年底，全系统有 51 家单位获得高新技术企业资格认定，享受减按 15% 的企业所得税优惠税率，有效地降低了税收成本。　（李　彤）

【融资信贷情况】　截至 2014 年底，中国铁建系统获得银行综合授信 7683 亿元。新增融资信贷规模 234 亿元，其中，有息负债新增 262 亿元，票证类规模减少 28 亿元。股份公司本级当年超短融注册 300 亿元，发行 60 亿元；本级在境外成功发行 8 亿美元永续债券，成为国内首家以担保结构在境外发行会计股权权益永续债券的中央企业，创造美元永续债券发行的亚洲最低票息。与建信信托发起设立产业基金，进一步拓宽中国铁建的融资空间，有效地保障生产规模扩张的资金需求。

（乔国英）

【资金集中管理情况】　继续加强银行账户审批和授权，通过结算业务集中、上划下拨、区域资金池等方式，有效地推进资金集中各项工作。截至 2014 年底，中国铁建系统资金中心和中国铁建财务公司集中资金 1033.4 亿元，总体资金集中度 79.3%；所属子公司平均资金上存度达到 35%，比 2013 年同期提高 10 个百分点。继续加大内部调剂力度，有效地盘活内部资金使用效率，减少外部融资。截至 2014 年底，中国铁建系统资金中心和中国铁建财务公司调剂资金 1190.4 亿元，比 2013 年同期增加 157.4 亿元，增长 15%。中国铁建财务公司不断完善跨银行、跨区域内部资金集中平台建设，年底集中资金 352 亿元，全年日均集中资金余额 259 亿元，实现净利润 6.54 亿元。

资金中心以中国铁建资产管理（香港）有限公司为平台，在中国银行香港分行开立境外资金归集主账户，试点开展境外资金归集工作。收到《国家外管局北京外汇管理部关于中国铁建股份有限公司在香港开立服务贸易境外存放账户的批复》（京汇〔2014〕69 号）和《国家外管局北京外汇管理部关于中国铁道建筑总公司开展外汇资金集中运营管理业务的备案通知书》（京汇备〔2014〕18 号），并向人民银行申报《跨国企业集团开展跨境人民币资金集中运营业务》，为中国铁建进一步开展境外资金集中和境外低成本融资提供有力的支持。截至 2014 年底，中国铁建系统累计归集境外资金折合人民币 15917 万元。　（东润宁）

【中国铁建信用评级】　2014 年，中债资信评估有限责任公司对中国铁建的评级结果为 AAA，评级展望为稳定。聘请的中诚信国际信用评级有限责任公司对中国铁建发债主体进行评级，对存续债项进行跟踪评级，信用等级均为 AAA，评级展望为稳定。聘请国际信用评级机构穆迪和标普对中国铁建境外存续债券进行主体

跟踪评级，穆迪评级为A3，评级展望为稳定，标普评级为A－，评级展望为稳定。（陈 英）

【担保情况】 2014年，中国铁建股份公司第二届董事会第30次会议审议批准，核定2014年对全资子公司担保总额度400亿元。截至2014年12月31日，股份公司为中铁十一、十四、十五、十六、十八、十九、二十三局集团，中国铁建投资公司、房地产集团公司，中铁第五勘察设计院集团公司，铁建宇翔、铁建宇鹏有限公司提供担保132.2亿元。

截至2014年底，股份公司对外担保4.74亿元。其中，为四川纳叙铁路有限责任公司（参股公司，按出资比例）累计提供担保1.176亿元，为中铁建铜冠公司（合资公司，按持股比例30%）提供保证担保3.56亿元。（蔡梅君）

【全面预算管理】 1月，组织所属单位会审2014年度全面预算，完成全面预算报告，提交董事会审议并获得通过，并向国资委上报中国铁道建筑总公司2014年度预算报告。5月，根据国资委关于总公司预算批复的要求，结合股份公司管理重点，对所属子公司2014年度全面预算进行逐家批复，批复年度主要财务指标预算和业务预算，并指出各单位全面预算管理工作中需要重点关注和改进的问题，要求各单位进一步强化责任成本管理和资金管理，充分发挥全面预算管理在资源配置和防范风险等方面的作用。7月，全面预算分析系统开始运行，进一步加强对所属单位预算执行的监督和分析。10月，股份公司召开全系统预算管理工作视频会议，传达国资委2015年全面预算编报的基本要求，安排2015年全面预算管理工作，要求各单位以价值创造为引领，以稳增长、降负债、夯资产、控风险为核心，以预算管理为手段，不断优化资源配置，增强管控能力，促进企业提质增效创优，全力实现"十二五"战略规划目标。11月，根据所属单位上报的2014年度主要经济指标预计完成情况，结合2015年度建筑行业形势的预判及中国铁建"十二五"战略规划，向国资委上报总公司2015年度主要经济指标预报表。12月，下达子公司2015年度预算指导数，为编制2015年度全面预算奠定基础。（张鸿斌）

【业绩考核】 1月，股份公司制定子公司负责人2014年度绩效考核主要指标方案，在股份公司2014年度工作会上，由总裁代表股份公司与各子公司董事长签订2014年度绩效合约书。2月，总公司2014年度经营业绩考核指标建议值上报国资委，经审核获得批复。4月，股份公司董事会评定总裁2013年度业绩考核结果为A级；同时董事会对总裁2014年度绩效考核方案审议通过，并制定董事会对总裁2014年度绩效合约书。6月，国资委评定总公司2013年度经营业绩考核结果为A级；股份公司完成所属子公司负责人2013年度绩效考核结果的认定，中铁十二局集团公司、中国铁建电气化局集团公司、中国铁建房地产集团公司被评为2013年度业绩考核优秀单位。2014年，股份公司制定下发《子公司负责人2014年度绩效考核实施方案》，明确年度考核指标、权重及目标；完成股份公司本级直管项目公司、项目部2013年度经营业绩考核结果的认定和2014年度考核指标的测算，形成2013年度经营业绩考核结果及薪酬兑现方案，下达2014年度考核指标。7月，向国资委上报股份公司经营业绩考核目标执行情况报告。12月，参加国资委召开的中央企业负责人经营业绩考核工作会议。每季度按照国资委的部署，监测总公司经济增加值季度执行情况，并形成监测报告上报国资委。总公司经济增加值总体运行情况良好，在中央企业建筑业中位于前列。（李 鲲）

【国有资本经营收益上缴】 9月，根据《财政部国资委关于印发〈中央企业国有资本收益收取管理暂行办法〉的通知》《财政部关于进一步提高中央企业国有资本收益收取比例的通知》，以及国资委《关于上缴2013年度国有资本收益的通知》精神，核定中国铁道建筑总公司2013年度应上缴国有资本收益81885.37万元。（尚 健）

【国有资本经营预算】 12月，财政部下发《财政部国资委关于下达2014年中央国有资本经营预算改革脱困资金预算（拨款）的通知》，拨付中国铁道建筑总公司2014年中央国有资本经营预算改革脱困资金10000万元，主要用于厂办大集体改革项目。（尚 健）

【中国铁建总部财务管理】 2014年，完成中国铁道建筑总公司、中国铁建股份有限公司、总公司锦鲤资产管理中心、中铁建资产管理公司、总公司机关房地产管理中心、战备资产等核算单位的报销审核、账务处理、报表编制、会计档案整理、日常业务查询、备用金清理、人员工资及各单位离退休人员统筹外费用的发放工作；配合中介机构完成年报审计、税务审计、内控审计和评价工作；完成股份公司机关固定资产的清查盘点和处理工作；完成股份公司机关迎审自查自纠工作；完成公安缺口经费的上报拨付工作；起草《中国铁建股份有限公司差旅费管理办法》《中国铁建股份有限公司公务接待管理规定》等制度办法。（杨现庆）

【财务共享中心建设】 2014年，中国铁建财务共享中心建设完成第一阶段的试点工作，财务共享中心的组织建设、制度建设、业务流程、运营管理、质量管理体系基本形成。3月，中铁十五局集团公司财务共享中心建设完成，集中核算单位765个；5月，中铁二十局集团公司财务共享中心建设完成，集中核算单位446个。8月，在中铁十五局集团公司召开股份公司财务共享中心建设推进会。9月，中铁十八局财务共享中心建设完成，集中核算单位600余个。12月，中铁二十五局集团公司财务共享中心建设完成，集中核算单位300余个。 （岳云飞）

【产权管理】 2014年，中国铁建依据《企业国有产权转让管理暂行办法》（国资委3号令）和《关于中央企业资产转让进场交易有关事项的通知》（国资厅发产权〔2013〕78号）要求，按照“应进必进、能进则进、进则规范、操作透明”的原则，积极推动产权和资产转让进场交易，全年进场交易挂牌总金额5.92亿元，资产溢价率30.38%。加强产权管理风险点检查，按照“重点监控，分段实施”的工作思路，逐步完善产权管理综合评价体系。结合财务监察、内部审计等工作，重点检查、评价资产评估行为，针对评估项目在经济行为审批、评估委托、备案等环节中存在的不规范问题，召开专题会议，要求所属单位全面整改并严肃问责。

（邓 凯）

【资产评估】 2014年，中国铁建完成资产评估备案项目6项。其中，转让国有资产评估项目5项，评估前净资产账面价值13213.45万元，评估价值16884.93万元，评估增值3671.48万元，评估增值率27.8%；接受非国有资产评估项目1项，评估前净资产账面价值416万元，评估价值450.18万元，评估增值34.18万元，评估增值率8.22%。主要采用资产基础法和收益法等评估方法实施评估。 （阎 宇）

【会计人员】 截至2014年底，中国铁建系统有会计人员17779人，比2013年增加490人，增长2.8%。男性8201人，占46.1%；女性9578人，占53.9%。25岁以下3384人，占19%；26～35岁8394人，占47.2%；36～50岁4665人，占26.2%；51岁以上1336人，占7.5%。高中及以下625人，占3.5%；中专890人，占5%；大专5846人，占32.9%；本科10050人，占56.5%；硕士366人，占2.1%，博士3人。与2013年相比，大专及以下学历人员比重在减少，本科以上学历人员比重稳步增加。 （陈 晓）

【财会学会工作】 2014年，中国铁建组织所属单位参加《铁道财会》课题研讨活动，获得一等奖3项、二等奖18项、三等奖8项。参加《铁道财会》优秀论文研讨活动，参赛的2篇论文分别获得二、三等奖。7月7日—8月8日，在股份公司北京培训中心举办5期驻北京单位会计人员继续教育培训班，1476名中、初级会计人员参加培训。培训班按照国务院机关事务管理局提出的培训要求，设置“营改增”与财税热点问题讲解、“营改增”对建筑企业的影响及应对策略、财会人员职业素质与服务意识、企业会计准则及规范经济行等课程。

（刘新龙）

审计监事

【审计监事局】 负责中国铁建股份有限公司（以下简称“公司”）内部审计及监事会、董事会审计与风险管理委员会的工作。下设审计一处、审计二处、监事会办公室。定员15人，现有人员13人，其中，高级技术职务12人、初级技术职务1人。主要职责：贯彻执行国家有关方针、政策、法规，制定内部审计制度和监事会工作制度及有关规定，协助修订公司审计与风险管理委员会工作细则；负责对公司及所属企业（单位）财务收支、财务预算、财务决算、资产质量、经营绩效、建设项目等经济活动的真实性、合法性和效益性进行审计监督、评价；负责对公司高级管理人员、所属企业负责人收入进行审计监督、评价；负责管理和组织实施公司内部经济责任审计及日常审计工作；承办总公司直管项目公司、项目部（指挥部、协调组）和锦鲤资产管理中心的内部审计工作；负责协助监事会主席、监事处理监事会日常事务；协助监事会主席做好监事会业务建设，完善监事会议事规则；负责监事会会议的筹备与组织，督促检查决议的贯彻执行情况；对监事会提出的问题组织调研，进行协助和处理；协调监事会与公司所属单位、机关业务部门之间的关系；协助组织召开审计与风险管理委员会定期和临时会议；负责审计与风险管理委员会会议签到、决议、纪要、记录等工作；负责做好审计与风险管理委员会决策的前期准备工作，向其提供相关书面材料；负责审计与风险管理委员会提交董事会审议的专项意见；协助审计与风险管理委员会对公司风险管理策略和解决方案、重大决策、重大事件、重要业务流程的风险控制、管理、监督和评价等工作；负责组织会计师事务所对公司年度财务决算的审计，并监督检查会计师事务所的审计质量情况；负责内部审计学会工作及审计人员岗位资格证书的管理，组织审计人员后续教育、业务培训和审计理论研究；总结审计工作，交流、推广审计经验，评选和表彰审计先进单位和先进个人。（黄少军）

·审计工作·

【综述】 2014年，中国铁建系统完成审计项目3673个，完成计划的115%。其中，经济责任审计439项；绩效考核结果复核审计35项；工程项目审计1356项；财务收支及效益审计749项；内控审计52项；企业基建审计73项；各类专项基金专项审计及其他专项审计调查等969项。全系统提交审计报告2888份，经审计，为企业挽回经济损失和促进被审计单位增收节支21134.9万元，给予党纪、政纪处分58人，移送纪检监察17人。较好地发挥审计工作在推进依法经营、强化内部管控、促进廉政建设等方面发挥的积极作用。开展中国土木工程集团公司，中铁十一、十二局集团公司，中国铁建大桥工程局集团公司，中铁十六、二十局集团公司的经济责任审计，并进行绩效复核审计；开展中国铁道建设（香港）有限公司年报审计，中国土木工程集团尼日利亚公司、中铁十八局集团尼日利亚公司财务收支审计，总公司机关大院监控改造、大院北大门水电配套工程等17项小型基建项目审计，原中铁建中非建设公司及中国土木工程集团公司划转移交审计以及45个亏损项目专项审计。（沈晓霞）

【审计机构和审计人员】 截至2014年底，中国铁建系统设立内部审计机构222家，专职审计人员646人。其中，高级技术职务228人、中级技术职务272人、初级技术职务146人。（沈晓霞）

【2014年度中国铁建审计项目】 （1）经济责任审计439项，提交报告401份。通过审计，纠正违规违纪金额78696.2万元，促进增收节支3399.66万元。（2）工程项目审计1356项，提交报告1107份。通过审计，纠正违规违纪金额35868.5万元，促进增收节支5287.3万元。（3）财务收支审计429项，提交报告301份。通过审计，纠正违规违纪金额37312.5万元，促进增收节支1864万元。（4）经济效益审计320项，提交报告296份。通过审计，纠正违规违纪金额33611.3万元，促进增收节支7477.76万元。（5）内部控制审计52项，提交报告31份。通过审计，纠正违规违纪金额300.6万元，促进增收节支278万元。（6）基建审计73项，提交报告73份。通过审计，纠正违规违纪金额1096.8万元，促进增收节支1273.08万元。（7）后续审计36项，提交报告26份。通过审计，纠正违规违纪金额228.12万元。（8）各类资金、基金审计213项，提交报告105份。通过审计，纠正违规违纪金额20万元。（9）专项审计调查429项，提交报告305份。通过审计，纠正违规违纪金额43413.3万元，促进增收节支743.11万元。（10）其他审计项目326项，提交报告206份。通过审计，纠正违规违纪金额9936.92万元，促进增收节支812万元。（沈晓霞）

【审计理论研究及培训】 2014年，中国铁建系统举办审计人员培训班19期，培训专、兼职审计人员421人；全系统有13篇论文在省部级以上刊物发表。12月，在国资委召开的中央企业内审工作会上，中国铁建作为4家内审工作开展好的单位之一在大会上作题为《适应新常态，建设新生态，加强审计监督维护企业发展年轻态》的先进经验介绍。（沈晓霞）

【获全国内部审计“双先”表彰】 2014年，中国铁建译2011—2013年全国内部审计先进集体，这是中国铁建连续第4次获此殊荣。中铁十二局集团公司审计处张金才、中铁十七局集团公司审计处王正伟、中铁二十局集团公司审计部朱宝林获得该届全国内部审计先进工作者称号。（沈晓霞）

【中国铁建审计工作先进单位和个人】 2014年，中国铁建表彰审计工作先进单位42个、先进工作者68名。

中国铁建审计工作先进单位

中铁十二局集团公司审计处
中铁十九局集团公司审计处
中铁二十局集团公司审计中心
中铁二十一局集团公司审计处
中铁建设集团公司审计部
中国铁建房地产集团公司审计部
中国铁建投资公司监察审计部
中铁十一局集团一公司审计部
中铁十一局集团二公司审计部
中铁十二局集团一公司审计科
中铁十二局集团四公司审计科
中国铁建大桥工程局集团一公司审计部
中国铁建大桥工程局集团四公司审计部
中铁十四局集团二公司审计部
中铁十四局集团建筑公司审计部
中铁十五局集团五公司审计科
中铁十五局集团七公司审计科
中铁十六局集团一公司审计部
中铁十六局集团二公司审计部
中铁十七局集团二公司审计部

中铁十七局集团建筑公司审计部
中铁十八局集团二公司审计部
中铁十八局集团四公司审计科
中铁十九局集团一公司纪检监察审计部
中铁十九局集团轨道交通公司审计部
中铁二十局集团一公司审计部
中铁二十局集团电气化公司审计部
中铁二十一局集团一公司审计部
中铁二十一局集团二公司审计部
中铁二十二局集团一公司审计部
中铁二十二局集团三公司审计部
中铁二十三局集团一公司审计部
中铁二十三局集团三公司审计部
中铁二十四局集团福建铁路建设公司审计部
中铁二十四局集团浙江公司审计部
中铁二十五局集团一公司审计部
中铁二十五局集团六公司审计部
中铁建设集团设备安装分公司审计部
中铁建设集团济南分公司审计部
中国铁建电气化局集团三公司审计部
中国铁建电气化局集团南方公司审计部
中铁城建集团一公司审计科

中国铁建审计工作先进工作者

白海洋　王贤禄　邵丽聪　曹文敏　李岩红
赵晓军　陈家居　王惠蓉　刘锦波　张　冰
王　辉　孙霄霞　盛小虎　张永新　范　浩
刘增强　张　伟　董振江　刘　旺　王丽华
王正伟　邢海军　陈　峰　张双凤　王艳英
杨　左　国玉艳　于明阔　赵凯德　周长林
王永刚　唐　静　赵党校　支金虎　苏承文
宋世林　赵明星　赵　敏　欧毓冕　赵贺雷
杜俊林　宗冠春　沈　斌　桂庆萍　谭　冰
谭　慧　潘念舟　石　慧　杨玉祥　李冬生
林　彦　黄筱睿　姜　胜　程守昌　唐文婷
冯　成　赵君瑞　戴学兵　史　超　刘　芳
文嘉茂　胡蓓蓓　高彩燕　王海威　刘一达
黄　炎　周　鹭　侯　伟

（沈晓霞）

·监事会工作·

【中国铁建股份有限公司监事会】　由3名监事组成，其中，股东代表监事2名、职工代表监事1名。股东代表担任的监事由股东大会选举和罢免，职工代表担任的监事由公司职工民主选举和罢免。2014年10月28日，监事会经公司第一次临时股东大会审议通过进行换届。2014年10月28日前，第二届监事会股东代表监事：齐晓飞、黄少军；职工代表监事：张良才；齐晓飞担任监事会主席。2014年10月28日监事会换届后，第三届监事会股东代表监事：黄少军、李学甫；职工代表监事：张良才。2014年10月29日，第三届监事会第一次会议选举黄少军担任第三届监事会主席。全年召开会议6次，全部为现场会议，先后审议表决通过议案22项，其中，第二届监事会召开会议3次、第三届监事会召开会议3次。（邹　兵）

【中国铁建股份有限公司第二届监事会第12次会议】　3月28日在中国铁建大厦15层第1会议室以现场会议方式召开。会议审议通过《中国铁建股份有限公司2013年度财务决算报告》《中国铁建股份有限公司2013年度利润分配方案》《中国铁建股份有限公司2013年年度报告及其摘要》《中国铁建股份有限公司2013年度内部控制评价报告》《中国铁建股份有限公司关于变更控股股东履行自有房屋及土地使用权相关承诺》《中国铁建股份有限公司关于会计政策变更的议案》《中国铁建股份有限公司2013年度监事会工作报告》《中国铁建股份有限公司监事会2014年工作要点》议案。（邹　兵）

【中国铁建股份有限公司第二届监事会第13次会议】　4月29日在中国铁建大厦15层第1会议室以现场会议方式召开。会议审议通过《中国铁建股份有限公司2014年第一季度报告》议案。（邹　兵）

【中国铁建股份有限公司第二届监事会第14次会议】　8月29日在中国铁建大厦15层第1会议室以现场会议方式召开。会议审议通过《中国铁建股份有限公司2014年上半年财务决算》《中国铁建股份有限公司2014年半年报及其摘要》《中国铁建股份有限公司重大信息内部报告制度》议案。（邹　兵）

【中国铁建股份有限公司第三届监事会第1次会议】　10月29日在中国铁建大厦14层第2会议室以现场会议方式召开。会议审议通过《关于选举中国铁建股份有限公司第三届监事会主席》议案。（邹　兵）

【中国铁建股份有限公司第三届监事会第2次会议】　10月30日在中国铁建大厦14层第2会议室以现场会议方式召开。会议审议通过《中国铁建股份有限公司2014年第三季度报告》《中国铁建股份有限公司会计政策变更》议案。（邹　兵）

【中国铁建股份有限公司第三届监事会第3次会议】 12月16日在中国铁建大厦14层第2会议室以现场会议方式召开。会议审议通过《关于公司非公开发行A股股票方案》《关于公司非公开发行股票募集资金使用可行性分析报告》《关于前次募集资金使用情况报告》《关于〈中国铁建股份有限公司未来三年(2015—2017)股东回报规划〉》《关于修改〈中国铁建股份有限公司章程〉》《关于修改〈中国铁建股份有限公司募集资金管理办法〉》《关于修改〈中国铁建股份有限公司股东大会议事规则〉》议案。（邹　兵）

【监事会检查监督】 股份公司监事会把会议监督与日常监督相结合,改进工作方式,积极深入一线、深入基层开展调研和检查指导工作,综合调研公司重大投资项目和重要骨干子企业的重、难点项目。通过实地调研,全面了解公司重大经营管理和投资项目和情况,为更好地履行监督职责提供信息保障。（邹　兵）

【监事会程序监督】 2014年,监事会成员出席历次股东会议、董事会现场会议和审计与风险管理委员会会议,参加总经理办公会议10次,参加股份公司2014年工作会、自审自查工作布置会、海外工作会、审计工作会、整治亏损项目及债务风险管控会、财务分析会、财务工作会等。通过参加会议,参与中国铁建重大决策讨论,依法监督历次董事会审议议题、议案及会议召开程序和决策程序,全面了解中国铁建重大经营管理事项,并有效监督董事会、高级管理层的决策、执行程序及董事、高级管理人员的履职情况,为强化企业管控,提升中国铁建各项决策的科学性、有效性和规避企业风险起到重要作用,有效地促进了中国铁建依法经营、规范运作。（邹　兵）

【监事培训】 10月上旬,监事会主席齐晓飞、监事黄少军、职工监事张良才参加北京证监局组织的上市公司董事、监事培训班,系统学习上市公司法人治理、上市公司信息披露、内控流程及风险管控等内容。（邹　兵）

·审计与风险管理·

【中国铁建股份有限公司审计与风险管理委员会】 由5名独立董事组成,主要负责提议股份公司外部审计机构的聘请、更换;股份公司内部审计制度的监督;股份公司内外部审计的沟通、监督和核查;财务信息及其披露的审阅;内控制度的审查;股份公司风险管理策略和解决方案的制定,重大决策、重大事件、重要业务流程的风险控制、管理、监督和评估等工作。（章　曦）

【中国铁建股份有限公司第二届董事会第22次审计与风险管理委员会会议】 2014年3月4日召开。审议安永华明会计师事务所关于公司2013年度年审情况。会议肯定安永华明会计师事务所2013年度年审工作;建议在下一次沟通汇报里面加大对财报审计方面的分析深度,增加抽样后的审计结论需要进一步明晰,并增加差异分析和趋势分析内容;在内控方面,需要改进材料里的图标描述,并对2013年新发生的内控缺陷与2012年的重大(要)缺陷进行比较分析,同时加强信息安全风险管控工作。（章　曦）

【中国铁建股份有限公司第二届董事会第23次审计与风险管理委员会会议】 2014年3月26日召开。会议审议通过关于公司会计政策变更议案,听取安永华明会计师事务所关于公司2013年度年报审计及内控审计情况的汇报(第三次沟通),审议通过公司2013年度财务报告。（章　曦）

【中国铁建股份有限公司第二届董事会第24次审计与风险管理委员会会议】 2014年3月26日召开。会议审议通过公司2013年度财务报告;通过公司2013年度内部控制评价情况报告,其中关于中国铁建是否存在面上重要缺陷,还请安永华明会计师事务所作了进一步补充说明;审议通过审计监事局2013年审计工作总结及2014年审计工作计划。会议原则同意聘请安永华明会计师事务所为公司2014年度内控审计中介机构及2014年度年审会计师事务所。（章　曦）

【中国铁建股份有限公司第二届董事会第25次审计与风险管理委员会会议】 2014年4月28日召开。会议原则同意公司2014年第一季度财务报告,建议管理层在提高海外市场盈利水平的同时,也要高度关注国内工程承包板块毛利率下降问题,要把工作会上提出治理亏损项目的各项措施落到实处。会议同意公司2013年风险内控工作情况汇报,并审议通过2014年度全面风险管理报告。（章　曦）

【中国铁建股份有限公司第二届董事会第26次审计与风险管理委员会会议】 2014年8月28日召开。会议同意公司2014年上半年财务报告,审议通过公司2014年度内部控制评价工作方案,同意安永华明会计师事务所关于公司2014年度上半年财务报告审阅结果。（章　曦）

【中国铁建股份有限公司第三届董事会第1次审计与风险管理委员会会议】 2014年10月29日召开。会议审议通过公司2014年第一季度财务报告,同意公司2013年风险内控工作情况汇报,并审议通过2014年度全面风险管理报告。 (章 曦)

【中国铁建股份有限公司第三届董事会第2次审计与风险管理委员会会议】 2014年12月8日召开。会议听取安永华明会计师事务所关于公司2014年度年度报告审计方案的汇报,并形成专项意见。 (章 曦)

经 济 管 理

【经济管理部】 2014年7月2日,股份公司下发《关于成立中国铁建股份有限公司整治亏损项目办公室的通知》(中国铁建发展〔2014〕108号),成立整治亏损项目办公室。主要职责:负责制定亏损项目整治工作方案和目标;负责对重大亏损项目进行监控,指导、督办或直接参与重大亏损项目的整治;负责组织召开整治亏损项目工作分析汇报会议;通报整治亏损项目相关情况;负责对整治亏损项目工作进行检查、监督和考评工作;参与制定亏损项目责任人员处理的建议方案;负责落实股份公司亏损项目督办联系点机制;负责全系统责任成本管理及降本增效相关工作;负责工程项目清收中债权确权及考核管理;负责股份公司(总公司)直管项目(项目公司)、各二级子公司绩效考核的组织实施;负责直管项目收尾管理及后评价工作;负责规范工程项目经济管理流程;负责本级工程项目中标签订合同以后的合同管理;指导、督促所属单位加强工程项目合同管理;负责全系统二次经营管理;负责工程项目专业分包、劳务分包的选择及管理;负责建立健全系统内经济管控与运行体系,制定相关经济管理制度,理顺内部经济关系,确立科学合理经济管理模式;负责经济运行分析。整治亏损项目办公室设主任1人、由股份公司总会计师兼任;兼职副主任2人,分别由总裁助理赵晋华、财务部部长兼任,专职副主任2人,其中常务副主任1人。

2015年1月16日,股份公司下发《关于设立经济管理部的通知》(中国铁建发展〔2015〕2号),在股份公司整治亏损项目办公室的基础上设立经济管理部。主要职责:贯彻落实国家经济政策法规;负责建立健全系统内经济管控与运行体系,制定相关经济管理制度;理顺内部经济关系,确立科学合理的经济管理模式;负责全系统成本管理及降本增效相关工作;负责全系统业绩考核相关制度的制定和组织实施;负责国资委对总公司业绩考核及股份公司对二级子公司、直管项目(项目公司)业绩考核工作;负责全系统二次经营工作;牵头负责亏损企业、亏损项目的整治工作;负责工程项目清收中债权确权管理;指导、督促所属单位加强工程项目合同管理;负责工程项目专业分包、劳务分包的选择及管理;负责本级工程项目中标签订合同以后的合同管理;负责直管项目收尾管理及后评价工作;负责经济运行分析;参与公司总体发展战略及中长期规划的研究制定;参与公司社会责任报告的编撰并提供相关资料;参与全面风险管理和内控相关工作;参与经济对标工作;参与投资收购论证工作;参与投资项目后评价工作;参与信息化建设工作。经济管理部定员12人,设部长1人、副部长1人。内设经济管理与考评处,定员4人,设处长1人、职员3人;成本管理处,定员3人,设处长1人、职员2人;经济合同管理处,定员3人,设处长1人、职员2人。 (王旭永)

【降本增效】 3月,中国铁建制定印发《关于加强降本增效工作的决定》,在全系统开展降本增效工作,把降本增效作为企业战略性、基础性、长期性的任务,明确重要意义、指导思想、工作原则,提出"两升、两降、两高于"降本增效管理目标,持续打造完善降本增效管控体系,着力强化十个方面主攻方向,积极构建降本增效长效机制,坚持走自我约束、内部挖潜、增收节支、提升效益之路,把降本增效作为推动管理升级的重要引擎。 (郭双来 城 云 张超群)

【整治亏损项目专项活动】 6月,中国铁建制定《整治亏损项目活动方案》,建立"统一领导、明确目标、分级整治、责任到人、跟踪督办、专项检查、定期通报、考核奖罚"的整治工作体系,以提高工程项目经济效益为根本,全面开展整治亏损项目工作。7月,召开中国铁建整治亏损项目动员部署(视频)会议,所属二级单位主管领导、分管领导等270余人参加主会场会议。成立整治亏损项目工作领导小组,设立整治亏损项目工作办公室。 (郭双来 张超群)

【整治亏损项目督导】 根据整治亏损项目工作统一部署,8月建立股份公司领导督导联系点制度,组织成立13个督导组,由股份公司领导带队,对15家工程承包单位进行督导,明确1个亏损问题比较突出的工程公司作为重点抽查单位,指定1个亏损金额较大、扭亏工作艰巨、有代表性的亏损项目作为现场指导项目,充分发挥股份公司领导在整治亏损项目中的重要推动作用，帮助被督导单位解决实际问题。第一轮亏损项目督导工作于10月底之前全部结束。

（郭双来　张超群）

【责任成本管理现场调研】 为深入推进工程项目责任成本管理，准确掌握施工项目成本管理实际情况，8月组织对宝兰铁路项目进行现场调研，股份公司办公室、发展规划部、人力资源部、科技设计部、工程管理部、设备物资部、财务部、治亏办负责人及相关人员对参建的11个局集团公司、14个指挥部（项目部）进行现场调研，形成系统、完整、翔实的调研分析报告。股份公司总裁张宗言在调研会作题为《明确责任，强化管理，全力打造项目的创誉创效能力》的讲话。这次调研为筹备责任成本管理工作会议、指导项目责任成本管理工作起到重要作用。（郭双来　城　云）

【变更索赔工作】 2014年，股份公司全方位强化中国铁建系统变更索赔工作的管理，通过强化二次经营管理体系、制度建设，狠抓培训、督导协调、指导工作，牵头组织向莆铁路等重、难点铁路项目结算及投资梳理工作，积极向国家铁路局、中国铁路总公司及相关地方政府进行汇报和沟通，推动铁路难点项目和重、难点工程项目费用问题的解决。全系统的变更索赔工作取得显著成绩。2014年，全系统实现变更索赔总额738.13亿元，变更索赔率14.4%，其中，年度批复Ⅰ类变更97.38亿元。（王青志　刘延华）

【改善工程造价及合同管理宏观外部环境】 2014年，组织所属单位参与中国铁路总公司关于《铁路工程概预算定额》的研究和测定，参与住房和城乡建设部《建设工程施工劳务分包合同（示范文本）》《建设工程施工专业分包合同（示范文本）》（征求意见稿）及《建筑工程施工转包违法分包等违法行为认定查处管理办法（试行）》的修订与审定，推动建筑业工程造价环境和合同管理的不断改善。（王青志　刘延华）

【铁路重大课题研究及有关规定制定】 2014年，组织《铁路工程检验试验费用》课题研究及审查会议；组织完成《铁路工程既有线施工降效课题》研究，形成研究成果，顺利通过铁路工程定额所组织的专家审查会议；参与中国铁路总公司组织的《铁路高地热隧道定额课题评审》《铁路工程独头掘进隧道定额和轨道道板课题研究》审查会议；组织所属集团公司对《铁路工程工程量计算原则统一规定》（征求意见稿）进行讨论和评审，并向中国铁路总公司提交相关修改建议。

（刘延华）

【中国铁建二次经营工作座谈会议】 12月在中国铁建大桥工程局集团公司天津铁建大厦召开。会议主要进行了4项内容：研讨《合同管理与索赔专家管理办法》；系统内5个先进单位和项目进行交流发言；股份公司总会计师王秀明总结股份公司系统二次经营工作的开展情况，分析企业面临的形势，安排和部署下一步的工作，并对各单位的二次经营工作提出具体要求；股份公司机关相关部门分别从各自工作的角度对中国铁建二次经营工作提出建议。（王青志　刘延华）

【中国铁建二次经营高级培训班】 股份公司分别于3月29日—4月2日、11月23—30日举办2期全系统二次经营高级管理人员培训班。各集团公司、工程公司、各级项目部的分管领导、业务部门领导及业务骨干455人参加培训。通过研讨培训、相互学习，达到交流提高的目的，取得良好的效果。

（王旭永　王青志　刘延华）

【中国铁建责任成本管理高级培训班】 股份公司于5月举办2期、每期5天的责任成本管理高级培训班。22家工程承包单位的工程公司总经理、分管成本副经理、项目经理及经管（成本）部门负责人等参加培训，培训500余人。股份公司总会计师王秀明出席开班仪式并讲话，指出要倡导精细化责任成本管理理念，培育精细化管理文化，推广精细化管理方法，持续打造符合企业自身实际的成本管理模式，强化内部管理，实现降本增效。（城　云　张超群）

2014年9月5—10日，合肥轨道交通公司主办，中铁十一局集团城市轨道公司承办的首届“合肥轨道杯”职业技能竞赛获得圆满成功。中国铁建十一局、十二局、大桥工程局集团等22家系统内外单位参加“大练兵”。图为电焊工正在进行技能比武。

（何少亭 摄）

综合管理

本栏责任编辑　杨启燕

机关政务　行政事务

【办公室】 主要职责:综合协调中国铁建股份有限公司(以下简称"公司")对上、对下、对外和机关职能部门之间的工作;传达、督查督办公司领导有关决定、指示;负责公司政策研究,起草综合性文件、报告、领导讲话及其他综合性文字材料;负责文秘、政务信息、信访、会议记录及纪要整理、文书、档案管理,年鉴和各类史、志图书编写;负责公司对外联系接待和综合性会议会务安排;负责公司门户网站管理和全系统网站群建设;负责公司机关行政管理和安全保卫;负责全系统行政办公室人员培训、业务指导;负责本部门风险、内控工作,参与公司全面风险管理和内控相关工作;参与公司总体发展战略及中长期规划的研究制定;参与公司社会责任报告的编撰并提供相关资料,承办国资委办公厅组织办理的相关工作;承办总公司办公厅相关工作。定员30人,设主任1人,副主任2人;下设秘书处、文书处、网站管理处、行政保卫处、信访处、档案馆。

(冯　伟)

【中国铁建一届五次职工代表大会暨2014年工作会议】 2014年1月17—18日在北京中国铁建大厦召开。国务院监事会主席吕黄生出席会议并讲话,监事会第8办事处主任陶永山出席会议。中国铁建董事长、党委书记作题为《谋篇布局,改革创新,为实现中国铁建梦而努力奋斗》的讲话。总裁张宗言作题为《深化改革,强化管理,全力开创企业升级发展新局面》的行政工作报告。副总裁、总会计师、总法律顾问庄尚标作《关于财务收支及经济运行情况的报告》,执行董事、副总裁、总经济师扈振衣作提案工作报告,并经与会代表表决通过。大会公布中国铁建首届模范劳动关系和谐企业,2013年工程公司20强、专业工程公司10强,第三届十佳道德模范、第六届十大杰出青年、十佳青年技术能手的名单,并为获奖的单位、个人颁发奖牌、奖杯和证书;中国铁建所属二级单位行政主管领导签订"年度绩效合约""安全包保责任书";中铁二十三局集团公司董事长、总经理徐明新宣读《杜绝亏损项目提升经济效益》倡议书。副董事长、党委副书记、工会主席彭树贵,党委副书记、纪委书记、监事会主席齐晓飞,副总裁夏国斌、刘汝臣,独立非执行董事吴太石,工会副主席、职工代表大会秘书长白晶出席会议。

(冯　伟)

【秘书工作】 2014年起草和整理总裁年度工作报告、专题会议讲话、各类通知等文字材料近80篇,共计40余万字;编印企业基本情况宣传资料,并制作完成行政工作报告、有关会议和培训班材料的幻灯片及演示。围绕企业发展中的重点、难点、热点问题和领导交办事项,随同股份公司领导或组织有关人员开展调研活动,先后赴系统内50余家单位进行调研,并将调研成果及有关单位所提建议,适时向股份公司领导反映,为领导决策和工作部署提供第一手资料和参考依据。坚持每月收集、汇总、整理机关各部门工作计划、月例会会议纪要以及工作计划和会议纪要,定期收集、整理各部门重点工作进展情况。根据《中国铁建股份有限公司督查督办工作管理办法》,结合有关会议精神及各部门职责,建立分级负责、相互协作的督办工作机制,编发《督查督办情况通报》3期,明确105项重点督办事项,其中,完成34项督办工作。组织筹办总裁(总经理)办公会10次,收集总裁办公会议题86项,整理总裁办公会议纪要10份、总经理办公会议纪要4份。领导秘书积极做好服务领导工作,较好地完成了陪同领导出差或现场办公以及有关日程安排、商务接待、文件呈转、文稿撰写等工作。服务领导、参政辅政能力进一步提高。严格按照相关规定,做好会议室和贵宾室的协调、服务工作,全年安排、协调会议室3800余次,满足机关部门的工作需要。

(冯　伟)

【公文管理】 严格按照《中国铁建股份有限公司公文处理办法》的规定,以精简、规范、高效为原则,以及时、准确、优质为目标,努力提高工作效率和质量。2014年,收文3600份。其中,接收、分发上级单位来文1292份;接收、分发下级单位来文2308份。发文1995份。其中,公文655份;公函669份;网络通知671份。审核文件1324份。加强涉密文件管理,做到"出入一个口,拆封一只手",按规定及时清退、回收和销毁,全年退回国资委省军级文件32份,收回机关部门和在北京二级单位涉密文件6942份。全年整理归档文件300余件。

(郝慧晶)

【印章管理】 严格遵守印章管理规定,服从工作需要,规范总公司、股份公司印章和领导名章管理。2014年,接待盖章人员1649人次,加盖印章3万余次,到投标现场盖章2次。按照有关规定为机关部门和直管项目部刻制印章9枚。全年印章管理无差错。

(郝慧晶)

【机要文件交换】 认真遵守机要文件交换规定,2014年交换文件134次1100余份,节假日期间处理国资委

急件和特提文件38(件)次。全年未出现错发、漏发、失密和泄密现象。（郝慧晶）

【文件印制】　2014年,打印文件1324件;文件、会议材料排版746件;彩色打印文件109件,复印、胶印文件9574件,制版3320张;扫描文件988件。(郭庆华)

【中国铁建第三期公文处理暨公文写作业务培训】　10月20—24日在股份公司北京培训中心举办,所属单位办公室人员210人参加培训。培训内容包括公文管理和审核、《中国铁建股份有限公司公文处理办法》解读、如何提高公文材料写作能力和政务信息写作能力等,对各级办公室做好相关业务工作具有很强的指导性。（郝慧晶）

【政务信息】　2014年,中国铁建向国资委报送政务信息37条(篇),采用信息9条(篇);向国资委网站报送信息131(条)篇,采用93(条)篇。编印《铁建信息》41期。（杜　鹃）

【网站建设】　2014年,中国铁建门户网站发布新闻7750(条)篇,文字719万余字,选用图片4891幅。网站浏览量560万人次。开辟“走进央企——中国铁建承建土耳其安伊高铁二期主体完工”“十集大型文献纪录片《永远的铁道兵》”“中国铁建第二批党的群众路线教育实践活动专题”“中国梦·劳动美·幸福路——微电影”“中国铁建员工悦读会”“反腐倡廉宣传月”等专题栏目。（杜　鹃）

【行政管理】　(1)会议接待服务。2014年,股份公司机关安排会议服务3879次,接待参会人员70112人次。其中,接待省部级以上重要会议52次;接待外宾71次;全国“两会”期间接待来访6批65人次,接待党的十八大代表5人。全年安排贵宾接待用车378次。(2)办公类固定资产实物管理。为进一步加强和规范股份公司机关办公类固定资产的实物管理,制定印发《中国铁建股份有限公司机关办公类固定资产实物管理办法》,明确机关办公类固定资产实物管理流程。(3)办公保障。及时清理股份公司机关办公房源,根据人事变动情况及时调整办公用房,改造、装修办公用房13间。为机关各部门集中采购办公设备148台,办公家具251件(套),办理电话业务108次。(4)配合内控审计工作。根据内控审计发现的内部控制缺陷提出整改措施,与财务部盘查股份公司机关固定资产,及时清理报废办公设备,残值清缴财务部。(5)机关服务单位的监督管理。按照股份公司领导意见,为改进和完善中铁建(北京)商务公司的服务工作,进一步提高服务质量,成立由办公室牵头、机关有关部门参加的测评领导小组,就服务质量、安全满意度开展测评,促进中铁建(北京)商务公司相关单位服务质量及服务水平的提升。(6)安全保卫管理。重大活动期间,配合安全保卫出警6次,完成重要会议保卫386次。配合信访、公安部门处置上访事件163起931人次。(7)消防、防汛工作。组织中国铁建大厦安全大检查18次,年检灭火器1519具,疏导车辆3640辆次。组织消防演练、防汛演练各1次。股份公司机关全年无刑事治安案件、无火警事故、无治安灾害事故。（戴　红）

【受理来信来访】　2014年,中国铁建系统受理来信来访7005件次。其中,各类申诉122件次;集体经济217件次;揭发检举66件次;工资福利511件次;离退休待遇894件次;劳动就业329件次;医疗改革142件次;伤病残亡待遇165件次;工程款拖欠1784件次;征地拆迁138件次;职工生活958件次;工程质量60件次;精简下放549件次;遗留问题346件次;各种建议118件次;环境保护44件次;其他562件次。（邵长亮）

【信访立案】　2014年,中国铁建系统信访立案1140件次。其中,上级交办90件次;本级立案1050件次。结案1080件次,结案率94.7%。（邵长亮）

【领导重视信访工作情况】　2014年,中国铁建系统各级领导阅批职工群众来信376件次,接待职工群众来访1838人次,占来访总数的31.7%。各级领导接待集体来访190批1941人次。（邵长亮）

【做好“两会”期间的信访工作】　第十二届全国人民代表大会第二次会议和全国政协十二届二次会议(以下简称“两会”)分别于3月5日和3月3日在北京开幕。为做好“两会”期间的信访工作,中国铁建下发通知要求所属单位:一要提高认识,加强工作,大力增强防范意识和大局意识;二要密切关注重点不稳定群体,防止发生群体性上访事件以及缠访、闹访老户借机进京上访;三要高度重视对农民工的管理和稳定工作,力争在源头上化解矛盾;四要对群体性上访事件,在向上级报告的同时,及时向当地政府有关部门汇报沟通;五要切实认真做好来访接待工作。（邵长亮）

【贯彻落实国资委加强中央企业信访干部队伍建设的指导意见】　5月,中国铁建转发《国务院国资委关于加强中央企业信访干部队伍建设的指导意见》(国资发〔2014〕60号文件),提出具体要求:一要把握形势,深刻领会,充分认识进一步加强信访干部队伍建设的极端重要性;二要强化责任,务必落实,进一步加强信访工作力量;三要统一思想,凝聚共识,切实推动信访工作的深入开展。 (邵长亮)

【通报接待职工群众来访情况】 2014 年,中国铁建为了更加切实、有效地推动解决职工群众的诉求问题,积极引导职工群众依法逐级走访,进一步落实涉事单位解决信访问题的责任,根据来访人员反映的问题与内容,坚持按季度予以通报,以此压实责任,引起各级领导和有关部门对信访工作的重视。在通报来访情况的同时,对下一步的信访工作的开展提出具体要求。

(邵长亮)

【完善档案管理体系】 2014 年,根据国家档案局和国资委关于档案管理的规定,结合中国铁建体制改革具体情况,在原中国铁建办〔2011〕49 号文的基础上,重新编制"中国铁建股份有限公司系统档案全宗编号及档案单位名称代号";根据国家档案局《企业文件材料归档范围和档案保管期限规定》(第 10 号令)精神,结合中国铁建系统档案管理实际,修订《中国铁道建筑总公司管理类文件材料归档范围和档案保管期限规定》,上报国家档案局批示。 (晋爱萍)

【档案馆整体搬迁】 中国铁建档案馆新馆位于中国铁建大厦 B 座 8 层,2013 年 12 月 10 日开始搬迁,2014 年 1 月 17 日搬迁工作顺利完成,历时 26 个工作日。档案打包 2300 余箱,装卸车 100 余车,其中档案上架 2000 余箱 10 万余卷/册、图书上架 300 余箱 5 万余册。新馆建筑面积 1200 平方米,内设档案馆库房、档案业务和技术用房、办公用房及辅助用房,是一个具有企业特色馆藏、功能齐全、设施设备先进的国家二级档案馆,为全面有效地发挥档案馆"五位一体"(安全保管基地、企业教育基地、档案利用服务中心、企业信息查阅中心、电子文件管理中心)的功能作用,更好地服务于企业中心工作奠定良好的基础,创造良好的环境。

(晋爱萍)

【档案工作评价】 2014 年,中国铁建在贯彻中央办公厅、国务院办公厅《关于加强和改进新形势下档案工作的意见》的实施工作中,以档案工作评价为契机,积极推进所属企业档案工作科学发展。各单位按照标准和要求,建立健全档案管理机构、档案管理规章制度,加强档案队伍建设,加大档案基础设施建设力度。年内,先后评价股份公司北京培训中心、中铁第五勘察设计院集团公司、中国铁建大桥工程局集团公司、中铁十八局集团公司等 8 家单位。 (晋爱萍)

【档案信息化建设】 8 月 14 日,为进一步提高档案信息化管理水平,股份公司办公室与信息中心联合召开中国铁建综合档案管理系统研讨会,会议邀请机关相关监管部门和 12 家二级单位的档案与信息化管理负责人参加会议。会议就软件公司合作单位、软件费用支付方式、规划与建设档案管理系统达成一致意见。由股份公司牵头,统一规划、统一组织、统一建设"中国铁建综合档案管理系统",旨在可降低软件实施风险,规避软件隐性投资漏洞,大大降低软件使用成本。各集团公司急切要求启动"中国铁建综合档案管理系统 V8"项目,以提高中国铁建档案标准化、规范化、信息化管理水平。升级改版的档案管理 V8 系统,将实现贯通中国铁建组织体系、覆盖各业务板块、整合全系统档案信息资源,达到集中统一、分级管理、随需利用的效果。通过局域网或互联网,实现档案信息资源网络管理和远程利用,实现把工程档案管理从末端管理移至前端全生命周期管理,将事后监控变为事前全过程监控。档案信息化已在企业资质就位、服务企业生产经营、推动企业管理提升工作中产生极其重要的影响。 (晋爱萍)

【重点工程竣工项目文件归档】 2014 年,股份公司档案馆接收进馆南京长江隧道、上海地铁等重点工程项目档案,共整理档案 3100 卷 38365 件、图纸 15432 张,实物档案 15 件,编制档案案卷目录、卷内目录 47 册,档案移交目录 17 册。 (晋爱萍)

【总部机关档案归档】 2014 年,收集股份公司总部机关的进馆档案 843 卷 5487 件,归档资料 60 册。其中,2013 年度文书档案整理上架 173 卷 2024 件、2014 年度文书档案收集整理 141 卷 1673 件;房地产档案整理上架 129 卷 1790 件;会计档案收集整理 399 卷。编制档案检索目录 12 册。 (晋爱萍)

【档案业务指导】 2014 年,先后业务指导中铁十六、二十一、二十三局集团公司和中铁建设集团公司的档案工作,并在各单位举办的培训班上进行文书、基建、房地产档案的业务培训,解读《中国铁建档案工作评价评分标准》。现场指导兰新铁路中国铁建参建单位的竣工文件编制,指导中国铁建财务公司、诚合经纪保险公司的档案管理办法的制定,指导中国铁建国际集团公司及其阿尔及利亚项目档案的鉴定、整理,并提出该项目竣工文件的分类方案和整理意见。 (晋爱萍)

【档案利用】 2014 年,股份公司总部机关利用档案 532 卷,利用人员 120 人次,复印档案资料 434 张,为机关整章建制、审查审计、工作查考、宣传教育、编史、解决历史遗留问题等工作发挥极其重要的作用。 (晋爱萍)

【“国际档案日”宣传活动】 按照国家档案局关于做好“国际档案日”宣传活动的通知要求,结合中国铁建系统档案工作实际,制作宣传展板,从五方面展示中国铁建系统的档案工作情况:一是介绍“国际档案日”由来和档案工作的重要性;二是介绍总部机关档案馆的发展历程、档案馆库房建设和近 3 年来档案馆在国资委领导下所取得的成绩;三是介绍全系统档案工作整体概况;四是介绍档案信息化建设的发展情况;五是介绍档案编研与利用工作情况。 (晋爱萍)

【中国铁建档案工作连续 3 年获国资委表彰】 6 月,国资委通报表彰 2013 年中央企业档案工作评价情况,有 113 家中央企业参加档案工作评价,中国铁建等 54 家中央企业被评定为 A 级企业。 (晋爱萍)

【档案统计】 截至 2014 年底,中国铁建系统有立档单位 253 个,有专职档案人员 347 人,其中女性 301 人;兼职档案人员 5041 人。专职档案人员中,研究馆员 7 人,副研究馆员 21 人,馆员 15 人,其他高级技术职务 28 人、中级技术职务 68 人;研究生 6 人,大学本科 193 人,大专 125 人,中专 15 人,高中 6 人;50 岁以上 25 人,35 ~ 50 岁 174 人,35 岁以下 148 人。全系统馆存档案及资料 1684192 卷,其中馆存科技档案 705686 卷;录音录像 2540 盘,照片 117884 张,光盘 9894 张,底图 4138875 张。 (张 红)

【图书管理】 2014 年,图书馆积极为机关、离退休人员服务,借阅图书、刊物、音像 78 册(张),办理借书证 46 人次,借阅人员 965 人次。 (曹 军)

·志鉴工作·

【2013 年卷《中国铁建年鉴》出版】 2014 年 8 月,第 21 卷《中国铁建年鉴(2013)》由中国铁道出版社出版发行。全书收集资料 380 余万字,图片 560 余幅;编辑成书 165 万字,刊用图片 200 余幅。年鉴设类目 16 个、分目 88 个、次分目 37 个,条目 1488 条、表格 85 份、文章 16 篇。全面、详实地记述了中国铁建 2012 年度企业改革发展、经营管理、施工生产、科技文化、党群工作等方面的主要成果、经验和重要活动信息,较好地反映了中国铁建的企业概况和整体实力。 (杨启燕)

【2014 年卷《中国铁建年鉴》编辑】 2014 年卷《中国铁建年鉴》编辑工作于 9 月启动,先后制定下发了框架设计及编写分工、图片、人物等条目资料征集的通知。 (杨启燕)

【向国家有关部委提供年鉴资料】 2014 年,向《中国国有资产监督管理年鉴》《中国建设年鉴》《中国建筑业年鉴》提供中国铁建 2013 年度企业发展概况资料 2.5 万字,内容包括:企业基本情况、主要财务指标完成情况、生产经营、改革发展、企业管理、技术创新、工程创优、国内工程、海外工程、房地产开发、党建工作、信息化建设、履行社会责任等 13 个条目的内容。 (杨启燕)

【国资年鉴征订】 按照国资委办公厅有关《中国国有资产监督管理年鉴》征订通知的要求,2014 年在中国铁建系统征订国资年鉴 175 册。 (杨启燕)

【参加国资年鉴编辑部举办的志鉴培训班】 8 月13—15 日,国资年鉴编辑部在辽宁省大连市国资委直属中国大连高级经理学院,举办 2014 年中央企业、地方国资委及其监管企业第一期年鉴、志书专题培训班,中国铁建所属单位 44 人参加培训。股份公司档案馆杨启燕受邀就“大型国有企业如何编纂企业年鉴”课题在培训班上交流。 (杨启燕)

【参与全国第五届年鉴编纂出版质量评比】 12 月 10—13 日,中国铁建作为全国企业年鉴工作部主任单位,在北京顺义参加全国第五届年鉴编纂出版质量评比——中央级年鉴与中央企业年鉴的评比工作。 (杨启燕)

人力资源

【人力资源部】 主要职责:负责制定中国铁建股份有限公司(以下简称“公司”)人力资源发展战略和规划并组织实施;负责制定公司人力资源各项管理制度和办法;负责公司领导人员、所属企业和单位领导班子成员、总部机关人员管理;负责全系统专业人才队伍管理和建设;负责公司高级管理人员、所属企业和单位领导班子成员、总部机关人员薪酬管理;负责全系统绩效挂钩、工资总额计划(预算)和工资收入分配管理、指导、监督、检查工作;负责劳动关系管理、指导;负责总部机关工作人员劳动合同、考核、招聘、任免及薪酬管理;负责人才开发、员工培训、考核和职业技能鉴定;负责社会保险和企业年金管理;负责卫生保障、职业病防治和员工健康保健;负责公司人才资源、劳动工资、离退休职工统计。定员21人,设部长1人、副部长2人,下设领导干部处、人事处(人才中心)、劳资处、社会保险管理处、培训与技能鉴定处(职业技能鉴定中心),现员17人。 (鲁 斌)

【总公司暨股份公司领导班子建设】 3月8日,国务院国资委党委决定,王秀明任中国铁道建筑总公司党委常委,试用期1年(国资党任字〔2014〕11号)。4月9日,国务院国资委党委同意王秀明为中国铁建股份有限公司总会计师、党委常委人选(国资党委干二〔2014〕75号)。4月17日,国务院国资委党委同意庄尚标不再担任中国铁建股份有限公司总会计师职务(国资党委干二〔2014〕78号)。7月29日,国务院国资委党委决定,免去扈振衣的中国铁道建筑总公司党委常委职务,退休(国资党任字〔2014〕80号)。8月12日,国务院国资委党委同意提名孟凤朝为中国铁建股份有限公司第三届董事会董事长人选,彭树贵为副董事长人选,张宗言、庄尚标为执行董事人选,葛付兴为非执行董事人选,王化成、辛定华、承文、路小蔷(女)为独立非执行董事人选(按姓氏笔画排序);同意提名黄少军为中国铁建股份有限公司第三届监事会主席人选;同意扈振衣不再担任中国铁建股份有限公司执行董事、副总裁、党委常委职务(国资党委干二〔2014〕178号)。10月28日,中国铁建股份有限公司2014年第一次临时股东大会,选举孟凤朝、彭树贵、张宗言、庄尚标为公司执行董事;选举葛付兴为公司非执行董事,王化成、辛定华、承文、路小蔷(女)为公司独立非执行董事;朱明暹不再担任公司非执行董事,李克成、赵广杰、吴太石、魏伟峰不再担任公司独立非执行董事;选举黄少军为公司监事会主席,李学甫为公司股东代表监事,齐晓飞不再担任监事会主席、监事职务。10月29日,中国铁建股份有限公司第三届董事会第一次会议,选举孟凤朝为公司董事长,彭树贵为公司副董事长;决定张宗言任公司总裁,夏国斌、庄尚标、刘汝臣任公司副总裁,王秀明任公司总会计师,余兴喜任公司董事会秘书。12月16日,国务院国资委任命齐晓飞为中国铁道建筑总公司副董事长;免去彭树贵的中国铁道建筑总公司的副董事长、董事职务,退休(国资任字〔2014〕197号)。12月16日,国务院国资委党委决定,李春德任中国铁道建筑总公司党委常委、纪委书记,试用期1年(2014年12月—2015年11月);提名齐晓飞为中国铁道建筑总公司工会主席人选,免去其中国铁道建筑总公司纪委书记职务;免去彭树贵的中国铁道建筑总公司党委副书记、党委常委职务,不再担任中国铁道建筑总公司工会主席职务(国资党任字〔2014〕125号)。调整后,总公司、股份公司有领导班子成员8人。 (徐沛江)

【所属单位领导班子建设】 2014年,股份公司、股份公司党委严格按照《中央企业领导人员管理暂行规定》《中国铁建股份有限公司企业领导人员管理暂行办法》,明确的程序和企业干部队伍建设实际,进一步加强所属二级单位领导班子建设。二级单位的领导班子能力进一步增加,管理水平进一步提高,在生产经营和企业发展中的作用进一步增加。截至2014年底,股份公司所属二级单位领导班子46个(含上海代表处及北京指挥部、广州指挥部、广西指挥部、山西指挥部、青岛分公司、武汉轨道交通8号线工程指挥部、海南工程指挥部、厦门轨道交通1号线工程指挥部,兰州轨道1号线一期TJ1、2项目部),领导班子成员387人,平均年龄49.37岁,其中,45岁以下的60人、40岁以下的18人;具有高级技术职务的364人(其中,教授级高级工程师158人),大学本科以上学历377人。

所属单位领导班子建设特点:一是调整人数比较多。2014年提拔、调整领导人员涉及40个单位146人,其中,考察提拔70人,正职9人、副职61人。二是主管调整力度大。坚决调整群众有反映或有问题的单位领导班子先后调整18个单位的27名主管。三是加强问责。严肃处理出现问题的单位和个人,其中,1人被免职、1人被降职。四是坚持领导人员退出制度。年内,19人改任顾问,17人办理退休手续。五是坚持干部选任工作过程公开、程序公开、标准公开,集体研究,透明度不断增强。六是结合领导班子调整,年度考评33个单位,较为全面地掌握所属单位领导班子及成员状况。七是加强领导人员的作风建设和教育培养。对所有提拔人员进行任前及廉政谈话。 (康福祥)

【所属单位领导人员调整】 中国土木工程集团有限公司:7月17日,张文锦、吴宏晋任党委委员、副总经理。8月29日,吴万良任副董事长、党委副书记,主持董事会、党委工作;周天想任董事、党委副书记,主持经理层工作;免去刘志明董事,党委书记、党委委员职务,不再担任总经理职务,另有任用;免去袁立党委副书记、党委委员职务;免去初厚才董事职务,不再担任副总经理、党委委员职务,另有任用;免去薛立智董事职务,不再担任副总经理、总会计师、党委委员职务,另有任用；曹保刚、张文锦、吕晶不再担任副总经理、党委委员职务，另有任用。11 月 24 日，陈志杰任副巡视员，不再担任副总经理、党委委员职务。

中铁十一局集团有限公司：3 月 25 日，何义斌任董事长、党委书记；张树海任董事、总经理、党委副书记；免去王桂林董事长、董事，党委书记、党委常委、党委委员职务、退休；免去赵晋华副董事长、董事，党委副书记、党委常委、党委委员职务，不再担任总经理职务，另有任用；免去雷佳民党委副书记、党委常委、党委委员、纪委书记，监事会主席职务，另有任用。7 月 17 日，免去吕岗董事职务，不再担任副总经理、党委委员职务，另有任用。

中铁十二局集团有限公司：3 月 25 日，宋津喜任董事长；王锦友任董事、党委书记，不再担任副总经理、总会计师职务；方永利任党委委员、总会计师；雷军、支卫清任党委委员、副总经理；免去史道泉董事长、董事，党委书记、党委常委、党委委员职务，另有任用；张凤华任党委副书记、工会主席，不再担任副总经理职务；李国强任党委委员、纪委书记；乔志东不再担任副总经理、党委委员职务，另有任用。7 月 17 日，原军任副巡视员。11 月 24 日，和万春任副巡视员，免去董事职务，不再担任副总经理、党委常委、党委委员职务。

中国铁建大桥工程局集团有限公司：3 月 28 日，姜永军任董事长、总经理、党委副书记；梁君任党委书记、副董事长；吴焕通任党委常委、董事、副总经理；井耀明任董事、党委副书记、工会主席；刘敏任党委常委、纪委书记、监事会主席；臧守杰、任汉波、李素清、纪尊众、刘树山、刘俊民、韩再明、周明星任党委委员、副总经理；宋伟俊任党委委员。7 月 31 日，翁行炎免职退休。

中铁十四局集团有限公司：2 月 10 日，刘庆民任党委副书记；孟繁亚、薛峰任党委委员、副总经理。3 月 25 日，李景元免职退休。8 月 29 日，张海舟、曹希彬任副巡视员，免去董事职务，不再担任副总经理、党委委员职务。9 月 30 日，刘运平、于立中免职退休。11 月 24 日，郑修杰任副巡视员，不再担任副总经理、党委委员职务。

中铁十五局集团有限公司：2 月 19 日，许东坤任副巡视员，免去高级顾问职务。3 月 25 日，张海庆、东光宝任副巡视员，不再担任副总经理、党委委员职务。7 月 17 日，习仲伟不再担任副总经理、党委委员职务。10 月 31 日，王令振任副巡视员，不再担任副总经理、党委委员职务。

中铁十六局集团有限公司：3 月 25 日，薛瑞林任副巡视员，免去党委常委职务，不再担任工会主席职务。

中铁十七局集团有限公司：9 月 4 日，免去吴万良董事职务，不再担任副总经理、党委委员职务，另有任用。

中铁十八局集团有限公司：3 月 7 日，余柏华任党委委员、副总经理；免去陆晓辉党委常委、委员职务。3 月 25 日，孟文林任党委委员、副总经理。6 月 10 日，邓中才免职退休。7 月 17 日，彭仕国任董事长；宋占波任副董事长、党委书记；免去郝趁义董事长、董事，党委书记、党委常委、党委委员职务，另有任用。9 月 4 日，崔连友、童顺军、闫广天任党委委员、副总经理；邓勇不再担任副总经理、党委委员职务，另有任用。

中铁十九局集团有限公司：3 月 25 日，王学忠任董事、总经理、党委副书记；金学锋任党委副书记、工会主席；朱元生任党委委员、副总经理，免去党委副书记职务，不再担任工会主席职务；免去孙公新副董事长、董事，党委副书记、党委常委、党委委员职务，不再担任总经理职务，另有任用。7 月 17 日，刘明杰任党委委员、副总经理。

中铁二十局集团有限公司：3 月 1 日，马登峰免职退休。7 月 4 日，尤敦同任副巡视员，不再担任副总经理、总会计师、党委委员职务。9 月 4 日，邓勇任董事、总经理、党委副书记；免去赵国旗董事、党委副书记、党委常委、党委委员职务，不再担任总经理职务，另有任用。

中铁二十一局集团有限公司：3 月 1 日，张克勤免职退休。7 月 17 日，免去吴建顺董事，党委副书记、党委常委、党委委员职务，不再担任工会主席职务，另有任用。12 月 25 日，邹兰明任副巡视员，不再担任副总经理、党委常委、党委委员职务；王耀华任副巡视员，免去董事职务，不再担任副总经理、总会计师、党委常委、党委委员职务。

中铁二十二局集团有限公司：7 月 4 日，周生文任副巡视员，不再担任副总经理、党委委员职务。7 月 17 日，侯希承任董事长；免去刘国志董事长、董事，党委副书记、党委常委、党委委员职务。7 月 28 日，韩传荣任职工代表董事，王怀尧不再担任职工代表董事。10 月 31 日，王庆国免职退休。11 月 24 日，李晓莹免职退休。

中铁二十三局集团有限公司：4 月 22 日，高峰免职退休。7 月 17，陈涛任副董事长。9 月 30 日，干天成免职退休。

中铁二十四局集团有限公司：7 月 17 日，刘明杰不再担任副总经理、党委委员职务，另有任用。8 月 29 日，沈济业任副巡视员，不再担任副总经理、总会计师、党委委员职务。

中铁二十五局集团有限公司：3 月 25 日，黄卫民免职退休。5 月 26 日，李茂松不再担任副总经理、党委委员职务,另有任用。7 月 17 日,张建国任副董事长、党委书记。

中铁建设集团有限公司:2 月 13 日,吴笛任党委委员、副总经理。7 月 4 日,孙金城任副巡视员,不再担任副总经理、党委委员职务。9 月 30 日,庄初最任副巡视员,不再担任副总经理、党委常委、党委委员职务。

中国铁建电气化局集团有限公司:1 月 28 日,罗世昌任党委委员、副总经理。3 月 25 日,程庆海任党委委员、副总经理。11 月 24 日,李章锁免职退休。

中国铁建港航局集团有限公司:2 月 11 日,段长江任顾问,不再担任副总经理、党委委员职务。12 月 25 日,赵峰任副巡视员,免去董事职务,不再担任副总经理、党委委员职务。

中国铁建房地产集团有限公司:1 月 28 日,申伟不再担任副总经理、党委委员职务;免去赵福明总法律顾问、党委委员职务。3 月 25 日,赵红鹰任总经理、党委副书记;免去吴仕岩副董事长、董事,党委副书记、党委委员职务,不再担任总经理职务,另有任用;免去安康副董事长、董事,党委副书记、党委委员职务。

中铁第一勘察设计院集团有限公司:4 月 21 日,郑群棣任副巡视员。12 月 25 日,魏州泉任副巡视员,不再担任副院长、党委委员职务。

中铁第四勘察设计院集团有限公司:3 月 25 日,蒋再秋任院长;雷佳民任党委副书记(主持党委工作)、董事;免去何义斌董事,党委书记、党委常委、党委委员职务,不再担任院长职务。9 月 30 日,雷佳民任党委书记;蒋兴锟任党委委员、副院长;朱丹任党委委员、总工程师;王玉泽不再担任总工程师职务。

中铁第五勘察设计院集团有限公司:1 月 28 日,王从贵、沙文杰、刘长勇任党委委员、副院长;朱霖任工会主席;免去王从贵工会主席职务。

中铁上海设计院集团有限公司:1 月 28 日,张国峰任党委委员、副院长。3 月 25 日,李永利任党委书记;免去徐增堂副董事长、董事,党委书记、党委常委、党委委员职务。

中铁物资集团有限公司:3 月 25 日,李锦云任副董事长,不再担任副总经理、总会计师职务;王青任党委委员、副总经理、总会计师;王辉、吴利红(女)、周庆国任党委委员、副总经理;董佃俭任党委委员、工会主席;孔庆林任巡视员,不再担任工会主席职务;那学明任副巡视员。7 月 31 日,张长根任副巡视员,不再担任副总经理、党委委员职务。

中国铁建重工集团有限公司:7 月 17 日,免去宋占波党委书记、党委委员、董事职务,另有任用。

中国铁建投资有限公司:1 月 28 日,申伟任党委委员、副总经理。9 月 4 日,刘青林、李卫华、范永芳任党委委员、副总经理;王泽泉任党委委员、纪委书记。

中国铁建财务有限公司:9 月 30 日,王秀明任董事长;免去庄尚标董事长职务。

中国铁建国际集团有限公司: 7 月 17 日,孙勇任副董事长(正职待遇)。9 月 4 日,免去孙勇副董事长职务,另有任用。

中铁建中非建设有限公司:1 月 28 日,免去张国峰董事职务,不再担任副总经理、总工程师、党委委员职务,另有任用。7 月 17 日,因公司划转,陈晓星、孙勇、原军、张文锦、曹锡锐、池长贵任职免除。8 月 29 日,曹保刚任副董事长、党委副书记,主持董事会、党委工作;孙勇任董事、总经理、党委副书记;初厚才任党委委员、董事、副总经理;薛立智任党委委员、董事、副总会计师;张文锦、池长贵、吕晶任党委委员、副总经理。

中铁城建集团有限公司:9 月 30 日,申景涛、王忠良、张晓峰任党委委员、副总经理。

中铁建(北京)商务管理有限公司:7 月 17 日,吕岗任董事长、总经理、党委副书记;周步科任副董事长、党委书记,免去董事长职务,不再担任总经理职务。

中国铁建股份有限公司北京培训中心(党校):7 月 17 日,吴建顺任主任(校长)、党委副书记;免去顾传智主任(校长)、党委副书记、党委委员职务,另有任用。11 月 24 日,免去陈继柏党委书记、党委委员职务。 (张瑞全 徐沛江 邹光剑)

【领导人员培训】 2014 年,中国铁建董事长孟凤朝参加国家行政学院举办的学习习近平系列重要讲话精神研讨班。选送 9 名所属单位领导人员参加中央党校培训班学习。 (张瑞全)

【总部机关及直属机构人员管理】 截至 2014 年底,中国铁建总部机关(含报社)有职能部门 27 个,正式人员 297 人,其中,报社 14 人。学历结构:博士研究生 5 人,硕士研究生 26 人,大学本科 189 人,大学专科 17 人。专业技术职务:正高级技术职务 45 人,高级技术职务 193 人,中级技术职务 47 人,初级技术职务 9 人,未聘任专业职务的 3 人。年龄结构:40 岁及以下 70 人,41 ~45 岁 60 人,46 ~50 岁 56 人,51 ~54 岁 62 人,55 岁以上 49 人,平均年龄 46.4 岁。

2014 年,完成股份公司纪委编制调整后有关人选的考察聘任、总部机关助勤 1 年以上的 13 名人员的考察工作;推荐总公司兼职监事(职工代表)人选 2 名;办理王北京、彭江鸿续聘,许顺生延迟退休手续;办理纪委助勤人员 3 名,办公室续聘人员 2 名。全年任免中层管理人员 45 人次(包括 4 名总裁特别助理)。对重庆铁发遂渝高速公路公司、北京通达京承高速公路公司3名领导班子副职人选进行考察、选拔、任免。所属指挥部、分公司、项目部主要领导及副职人员全年任免19人次。（王 谐）

【总部机关工作人员年度绩效综合考核评价】 根据2014年1月14日总裁办公会议讨论通过的《股份公司总部机关员工2013年度绩效综合考核评价工作实施方案》，考核评价部门27个，其中，股份公司部门24个、总公司部门3个；考核评价员工269名，其中，部门以上人员9人、部门正职22人、部门副职31人、部门副职以下207人。27个部门中，评定优秀5个、良好22个；269名员工个人中，评定优秀57人、良好207人、称职4人、基本称职1人。（王 谐）

【所属单位职工总量调控】 2014年，所属单位按要求自查员工招收计划执行情况，提出2015年度员工调控计划。绝大多数单位严格遵守有关规定，从严控制职工总量，在充分考虑年度经济指标完成情况的基础上，认真编制人力资源需求计划，大力开发现有人力资源，合理调控职工总量。全年接收大学毕业生10254人，与2013年同比减少1566人。工人总量继续减少，职工总量增长势头进一步减弱，职工总量增长比例仅为1.17%。股份公司通报2014年度职工总量调控情况，根据各单位提出的2015年职工总量调控计划，认真分析，严格审核，在消减不符合条件人员的基础上，下达2015年度员工招收计划。（王 谐）

【在京单位从京外调配人员和高校毕业生接收】 2014年，就在京单位从京外调配人员和高校毕业生接收与人力资源和社会保障部人力资源市场司进行多次沟通协调，两次组织召开所属在京单位从京外调配人员工作专题会议和业务工作沟通会议，通报中铁十四局集团北京中铁房山桥梁有限公司违规办理进京落户事宜和中铁十六局集团有限公司人力资源部工作人员涉嫌违法倒卖高校毕业生指标问题的处理决定。完成在京单位2014年高校毕业生岗位计划对接方案的审核、汇总、上报、信息录入、核对和落户审批工作。（王 谐）

【专业技术职务任职资格评审】 根据人力资源和社会保障部、国资委有关政策和股份公司专业技术职务评审工作的总体安排，2014年4月股份公司下发通知，布置专业技术职务评审工作。授权中铁城建集团公司组建工程系列中级专业技术职务评审委员会。通过评审，有258人取得教授级高级工程师任职资格，2099人取得高级工程师任职资格，146人通过高级经济师任职资格，4人取得企业二级法律顾问任职资格，123人取得高级会计师任职资格，177人取得高级政工师任职资格。（杨永睿）

【高层次专家技术人才队伍建设】 2014年，股份公司积极加强与国资委、人力资源和社会保障部、中国科学技术协会、中国铁道学会等上级专家管理单位的沟通联系，积极拓宽专家推荐渠道。通过评审推荐，1个单位被评为国家级先进单位，1人被评为全国“讲理想、比贡献”活动优秀组织者；73人获得省部级以上专家称号。其中，1人获得中国青年科技奖；3人被评为国家有突出贡献中青年专家、百千万人才工程国家级人选；24人享受国务院政府特殊津贴；29人被评为詹天佑铁道科技奖和詹天佑中铁建专项奖；7人被评为中国铁道学会环保科技奖；9人被评为茅以升铁道工程师奖。通过组织开展高层次专家选拔推荐工作，中国铁建专家队伍建设得到加强，企业技术创新能力有所提高。

全国“讲理想、比贡献”活动先进集体

中国铁建重工集团公司

全国“讲理想、比贡献”活动优秀组织者

王争鸣　中铁第一勘察设计院集团公司董事长、党委书记

中国青年科技奖获得者

程永亮　中国铁建重工集团公司副总经理

国家有突出贡献中青年专家、百千万人才工程国家级人选

肖明清　中铁第四勘察设计院集团公司副总工程师

纪尊众　中国铁建大桥工程局集团公司副总经理

李国良　中铁第一勘察设计院集团公司副总工程师

国务院政府特殊津贴获得者

专业技术人才

谢新民　中国土木工程集团阿尔及利亚公司总工程师

王立新　中铁第五勘察设计院集团公司院长、董事

高治双　中铁十二局集团公司副总经理、总工程师

潘建立　中铁十八局集团公司副总工程师

尚尔海　中铁十九局集团公司副总经理、总工程师

孟祥连　中铁第一勘察设计院集团公司副总工程师

肖明清　中铁第四勘察设计院集团公司副总工程师

潘寿东　中铁十六局集团三公司副总经理、总工程师

许伟书　中铁二十四局集团三公司副总经理、总工程师

钱增志　中铁建设集团公司副总工程师

盛　晖　中铁第四勘察设计院集团公司副总工程师

孙修德　中铁十七局集团三公司总工程师

郑大桥　中国铁建重工集团技术总监兼经营三部总经理

祝景寰　中铁十四局集团公司副总工程师

王祖华　中铁十一局集团二公司副总经理、总工程师

蔡文胜　中铁二十五局集团公司科技部部长

张汉波　中国铁建电气化局集团公司客运专线四电系统集成事业部主任

许四发　中国铁建港航局集团公司董事长、党委书记

周玉兵　中铁二十局集团四公司总工程师

王继红　中铁二十一局集团公司总经理

技能人才

陈永胜　中铁十一局集团公司高级技师

田国锐　中铁十二局集团二公司技术副队长

罗叶合　中国铁建电气化局集团公司高级技师

李朝宏　中铁二十一局集团公司高级技师

詹天佑铁道科技奖和中铁建专项奖获得者

詹天佑铁道科技奖

成就奖

王玉泽　中铁第四勘察设计院集团公司副院长

王华伟　中铁十四局集团公司技术开发部副部长

青年奖

靳宝成　中铁第一勘察设计院集团公司桥隧处副总工程师

方健康　昆明中铁大型养路机械集团研究院副院长

曹成度　中铁第四勘察设计院集团工勘院副总工程师

汪梨园　中铁十七局集团公司科技开发部工程师

詹天佑中铁建专项奖

成就奖

杨岳勤　中铁第五勘察设计院集团公司副院长、总工程师

彭文盛　中铁第一勘察设计院集团公司副院长

万昌海　中国土木工程集团福州院副总经理、总工程师

张传安　中铁十六局集团二公司副总经理、总工程师

洪　武　中铁十八局集团公司勘察设计院院长

青年奖

史鹏飞　中铁十八局集团一公司总工程师

周冠南　中国铁建大桥局集团三公司总工程师

邵云帆　中铁十九局集团一公司副总工程师

唐双林　中铁十一局集团五公司安全总监

刘海荣　中铁十六局集团一公司副总经理

孙文昊　中铁第四勘察设计院集团地铁院地下工程所所长

郑　强　中铁上海设计院集团线站处轨道所所长

李　兵　中国土木工程集团尼日利亚西南区经理部总经理

人才管理奖

王　焕　中铁十四局集团公司副总经理、总工程师

陈　建　中铁十六局集团地铁公司副总经理、总工程师

盖青山　中国铁建大桥工程局集团四公司总工程师

许超英　中铁十二局集团一公司董事长、总经理

武宪功　中铁十五局集团公司董事长、党委书记

张斌梁　中铁十八局集团公司副总工程师

李　涛　中铁上海设计院集团公司副总工程师

赵永明　中铁二十三局集团公司副总工程师

黄　超　中铁第一勘察设计院集团公司线运处处长

陈　虎　中铁第一勘察设计院集团兰州院董事长、党委书记

铁道环保科技奖

唐双林　中铁十一局集团五公司安全总监、副总工程师

齐梦学　中铁十八局集团隧道公司副总经理

李　嘉　中铁第五勘察设计院集团公司环境工程院院长

赖文宏　中铁第一勘察设计院集团公司环境设备处副处长

秦志军　中铁十九局集团六公司董事长、总经理

雷　彬　中铁第四勘察设计院集团公司环境工程处副总工程师

陈宏伟　中铁二十二局集团公司副总经理

茅以升铁道工程师奖

陈　勇　中铁第四勘察设计院集团公司桥梁处副总工程师

陈宏伟　中铁二十二局集团公司副总经理

贺显林　中铁二十局集团公司高级工程师

王华伟　中铁十四局集团公司技术开发部副部长

王　俊　中铁第一勘察设计院集团公司所长、高级工程师

饶雪平　中铁上海设计院集团公司副总工程师

李光耀　中铁十二局集团二公司副总工程师

潘建立　中铁十八局集团副总工程师兼港珠澳大桥项目经理

郭衍敬　中铁二十四局集团有限公司董事长、总经理

（杨永睿）

【挂职交流、援疆援藏干部选派和军转干部安置】 2014 年，股份公司安排国家审计署挂职干部 2 名、国资委西藏挂职干部 1 名、武汉市委组织部挂职干部 2 名；选派第 8 批援疆干部人选 1 名；按国资委要求，股份公司落实安置新疆马兰 21 基地家属及子女就业工作；贯彻国务院军转工作会议精神，股份公司在京单位接收军转干部 3 名。（王　谐）

【领导干部报告个人事项】 按照中央要求，股份公司组织总部机关部门副职及以上人员、所属二级单位和直属项目公司领导班子成员 498 人填报个人事项报告表。8 月，按照中央组织部要求，开展人员信息的抽查和核实工作，抽查核实 19 名报告人的个人事项。

（王　谐）

【人力资源信息统计】 （1）人才资源。股份公司根据国资委关于中央企业人才资源统计工作的总体要求，按时完成统计工作。截至 2014 年底，中国铁建在岗人员 249624 人。其中，管理人才 51145 人，占总人数的 20.49%；专业技术人才（不含在管理岗位的）104750 人，占总人数的 41.96%；技能人才 93729，占总人数的 37.55%。（2）军转干部。股份公司有军转干部 10695 人。（3）离退休人员。向国资委上报 2014 年度股份公司离退休干部情况。总公司暨股份公司离退休领导人员有 11 人兼职，按要求报备。

2014 年中国铁建系统人员按年龄分布人数及所占比例

年龄	35 岁及以下	36～40 岁	41～45 岁	46～50 岁	51～54 岁	55～59 岁	60 岁及以上
人数（人）	131591	31942	29781	18652	23287	14275	96
比例（%）	52.72	12.8	11.93	7.47	9.33	5.72	0.04

2014 年中国铁建系统专业技术职务分布

技术职务级别	高级专业技术职务	中级专业技术职务	初级专业技术职务	未聘任专业技术职务
人数（人）	20811	40144	72535	13691
所占比例（%）	14.14	27.28	49.28	9.3

2014 年中国铁建系统人员学历分布情况

学历	研究生	大学本科	大学专科	中专	高中及以下
人数（人）	6134	99965	60264	26629	56632
占比（%）	2.46	40.05	24.14	10.67	22.69

2014 年中国铁建系统专业技术人员分类

专业类别	人数（人）	所占比例（%）
工程技术人员	110829	75.3
卫生技术人员	1779	1.21
经济人员	10593	7.2
会计人员	14771	10.04
统计人员	196	0.13
翻译人员	317	0.22
政工人员	7741	5.26
其他类别人员	955	0.65
总　计	147181	100.00

（杨永睿）

【因私出国（境）审批】 认真做好总部机关及所属在京单位领导班子人员因私出国的备案工作，严格遵守因私出国各项规章制度，坚持按程序办理。完成因私出国人员备案、更新、撤销以及出国手续 110 人次。（杨永睿）

【干部档案管理】 2014 年，转发中组部《关于从严管理干部档案工作的通知》等文件，严格干部档案管理工作。先后参加中组部、国资委组织的干部档案业务培训会和全国干部档案专项审核培训会议。1 月，在 113 家中央企业培训大会上作交流发言，在中组部组织的结业考试中进入前 10 名。按中央要求，开展干部档案专项审核的前期准备工作。全年接收、转出和查借阅干部档案 50 余卷，整理归档材料 600 余份，复印整理社会保险工作所需军转干部档案 330 余卷。

（杨永睿）

【工资总额预算管理】 根据国资委要求，为认真贯彻落实党的十八届三中全会全面深化改革的决定，在全面总结现行工资预算管理工作成效和经验的基础上，

创新收入分配调控机制,推进收入分配的市场化改革,探索解决收入分配领域存在的突出问题。经总公司申请,国资委批准,2014年起,中国铁道建筑总公司纳入工资总额预算备案制管理。

2014年完成总公司2013年工效挂钩清算方案的报告和2014年度工资总额预算方案申报报告;下发关于所属单位2013年工资总额清算工作的通知。国资委批复总公司2013年度职工工资总额预算清算额为2012455万元。（邹　磊）

【股份公司领导薪酬管理】 根据国资委分配局《关于做好2013年度高级管理人员薪酬备案工作的通知》,2014年11月15日,股份公司董事会审议通过《关于2013年度高管人员薪酬方案的议案》,股份公司领导正职2013年度薪酬总额99.5万元,其中,基薪31.2万元、绩效薪68.3万元;年度考核为A级的副职领导年薪87.99万元,其中,基薪26.52万元、绩效薪61.47万元;年度考核为B级的副职领导年薪84.58万元,其中,基薪26.52万元、绩效薪58.06万元。股份公司领导年度绩效薪的30%延期兑现。（张介鹏）

【股份公司负责人履职待遇、业务支出管理】 股份公司负责人履职待遇、业务支出管理工作认真贯彻落实中央"八项规定",认真执行《中共中央办公厅、国务院办公厅印发〈关于合理确定并严格规范中央企业负责人履职待遇、业务支出的意见〉的通知》(中办发〔2014〕51号文)等相关规定,坚持厉行节约,反对铺张浪费,取得明显实效:一是2014年股份公司负责人履职待遇、业务支出开支大幅度减少,开支合计212.62万元,比2014年度预算327万元减少35%,与上年实际支出334.92万元减少36.52%;二是按照国资委要求,组织开展股份公司负责人用公款办理各种消费卡、领导干部参加高收费培训班等问题专项治理工作,没有发现违规问题。（张介鹏）

【子公司负责人薪酬管理】 2014年8月5日,股份公司印发《关于子公司负责人2013年度薪酬结算有关事项的通知》,并根据所属单位2013年度绩效考核结果,结算各子公司主要负责人2013年度薪酬。实行年薪制的34家二级子公司主要负责人(正职领导)2013年度年薪平均值87.704万元,年薪最高149.972万元、最低48.86万元,其中,基薪24万元、平均绩效薪酬63.704万元,子公司领导年度绩效薪酬的30%延期兑现。截至2014年底,审核批准33家子公司负责人2013年度薪酬结算方案。

根据2013年第2次总经理办公会议精神,总公司所属重庆铁发遂渝高速公路有限公司(简称"铁发公司")和北京通达京承高速公路有限责任公司(简称"通达公司"),自2013年纳入总公司二级子公司考核,参照执行股份公司子公司负责人绩效考核与薪酬管理的有关规定。根据铁发公司2013年度绩效考核得分219.13分计算,2013年度铁发公司总经理年薪86.12万元,其中,基薪24万元、绩效薪酬62.12万元(绩效薪酬中的43.48万元当期兑现,18.64万元延期支付)。根据通达公司2013年度绩效考核得分113.63分计算,2013年度通达公司总经理年薪52.36万元,其中,基薪24万元、绩效薪酬28.36万元(绩效薪酬中的19.85万元当期兑现,8.51万元延期支付)。（张介鹏）

【农民工工资清欠】 在2014年元旦春节期间和2015年元旦之前,针对岁末年终拖欠工资等纠纷矛盾凸显的特点,股份公司组织所属各单位开展工资支付清欠专项检查。2014年12月18日股份公司印发《关于做好企业职工和农民工工资支付清欠工作的通知》,督促各单位妥善解决企业职工和农民工工资拖欠,建立工资支付清欠周报制度,及时掌握工资清欠情况,对拖欠严重的二级单位在股份公司工作会议上进行点名通报,督促各单位切实解决工资拖欠。（张介鹏）

【劳动用工管理】 为认真学习贯彻落实人力资源和社会保障部新颁布的《劳务派遣暂行规定》,2014年4月18日,股份公司召开视频培训会议,邀人力资源和社会保障部劳动关系司副司长赵国君做专题培训讲座。股份公司总部机关,所属二、三级单位主管人力资源工作的领导和人力资源、劳资、社保、法律事务、工会职工权益保障等部门领导及相关工作人员参加视频培训会议。除主会场外,设分会场356个,参会人员3175人。（张介鹏）

【"五险一金"及统筹外费用缴纳】 2014年,中国铁建系统五项社会保险上缴地方社保64.77亿元,住房公积金上缴28.73亿元,企业补充养老保险资金收入6.13亿元,补充医疗保险计提资金3.52亿元。其中,基本养老保险301767人参保,参保率100%;失业保险243017人参保,参保率83.34%;基本医疗保险298365人参保,参保率100%;工伤保险290483人参保,参保率99.62%;生育保险258237人参保,参保率88.56%;住房公积金248570人参保,参保率85.24%;补充养老保险183589人参保,参保率62.96%。企业支付各项费用6.03亿元,支付13.19万人次。其中,统筹外费用2.83亿元,补充医疗保险0.84亿元,补充养老保险2.36亿元。全系统有工伤人员5037人。其中,一级伤残46人、二级伤残92人、三级伤残139人、四级伤残473人、五级伤残253人、六级伤残460人、七级伤残420人、八级伤残529人、九级伤残806人、十级伤残814人、十级以下伤残953人。 (李 倩)

【保险缴费基数核定及最低工资】 北京市2014年1—6月社会保险缴费基数上限为15669元,下限为2089.2元;2014年7—12月社会保险缴费基数上限为17379元,下限为2317.2元;农民工社会保缴费基数按照本人上一年月平均工作确定。上限按照本市上年职工月平均工资300%确定,下限按照本市上年职工月平均工资40%确定。 (李 倩)

【健康体检】 员工健康体检是预防疾病、提高员工身体素质的重要工作。2014年,总部机关与北京铁建医院联系协调,组织在职员工和离退休人员790人进行健康体检。其中,在职员工255人(男性191人、女性64人);离退休及内退人员535人(男性367人、女性168人)。 (张雪琴)

【企业年金实施工作政策讲解会】 按照股份公司会议计划安排,10月30—31日,股份公司企业年金实施工作政策讲解会在股份公司北京培训中心召开。股份公司及所属单位88名企业年金工作负责人和业务人员参加讲解会。会议邀请国资委领导讲解企业年金发展的历程及面临的问题和挑战、中央企业实施企业年金现状和政策把握,并介绍下一步中央企业实施企业年金的工作思路;邀请企业年金专家就企业年金方案设计与精算和企业年金税收政策做详细解读。会上社会保险管理处详细讲解中国铁建企业年金管理办法、企业年金方案和年金管委会工作规则,并就股份公司企业年金实施工作进行具体部署。 (程相辉)

【卫生防疫】 2014年3月,几内亚发生埃博拉疫情,鉴于股份公司相关单位在非洲埃博拉疫情重灾区及周边国家开展业务,为防止驻上述国家及其周边国家和地区人员感染埃博拉出血热,保护员工的健康安全,8月初下发通知要求所属单位做好应对工作。股份公司每天对疫区工作人员进行情况统计,及时了解和向有关部门上报回国人员情况。截至2014年底,股份公司无人员感染埃博拉出血热情况。 (李 倩)

【离休干部病故一次性抚恤金】 根据中共中央组织部、财政部、人力资源和社会保障部《关于企业和事业单位离休干部病故一次性抚恤金有关问题的通知》(组通字〔2014〕33号文)精神,自2011年8月1日起,企业离休干部病故一次性抚恤金计发标准,按照上一年度全国城镇居民人均可支配收入的2倍加本人生前40个月基本离休费确定。参加城镇企业基本养老保险的企业离休干部病故一次性抚恤金所需资金由基本养老保险金支付,未参加城镇企业基本养老保险的,按现行渠道解决。 (李 倩)

【社保自管资金集中管理】 截至2014年12月31日,中国铁建系统社保自管资金在财务公司开立账户137户,集中资金16.85亿元,资金集中度30%。自2013年8月以来,累计实现收益9414.9万元。其中,存款利息收入2476.34万元;计提未支付利息5083.62万元;超额收益1854.94万元。累计办理业务3345笔。 (李 倩)

【教育培训】 2014年,股份公司实施"企业领导人员、经营管理人员、专业技术人员、党群管理人员和技能人员"五大类培训,培训员工181535人次。其中,企业领导人员培训4113人次;经营管理人员培训16193人次;专业技术人员106547人次;党群管理人员19734人次;技能人员培训34948人次。 (刘爱波)

【领导干部培训】 2014年在股份公司北京培训中心举办领导干部培训班2期、后备干部岗位培训班2期、中央党校国资委分校春季学期中国铁建处级干部进修班1期。5期培训330人参加。8月中下旬连续举办3期所属单位领导班子成员培训班,429人参加。通过培训,不断提升各级领导战略决策、组织协调、经营管理、变革创新、市场应变等方面的能力,提高各级领导干部的执政能力,确保股份公司政令畅通,管理有序。 (刘爱波)

【海外培训】 2014年,股份公司在北京外国语大学举办为期1年的葡萄牙语培训班和为期半年的法语培训班,共52人参加。在天津大学举办为期半年的国际工程管理高级研修班,参加人数72人。在石家庄铁道大学举办国际项目经理培训班,42人取得IPMP资格证书。通过培训,一批复合型管理人才将成为中国铁建海外事业未来的中坚力量和领军人物,为全面进军海外市场做了较好的人才支撑。 (刘爱波)

【各种注册工程师的考前培训和继续教育】 4月,股份公司在石家庄铁道大学举办一级注册建筑师考前培训班;7月,举办一级注册建造师、一级注册结构、岩土工程师培训班。4期培训478人。2014年,根据国家规定,在北京交通大学、西南交通大学、石家庄铁道大

学、中国建设教育培训中心举办建造师继续教育培训班12期,培训1000余人。(刘爱波)

【高技能人才培训】 为进一步加强高技能人才队伍建设,建立和推进中国铁建高技能人才继续教育研修制。12月,股份公司在石家庄铁道大学、中铁十二局集团湘潭铁路工程学校分别举办工程测量、建筑材料试验高技能人才研修班,189人参加培训。其中,工程测量103人;建筑材料试验86人。培训对象为各集团公司从事工程测量、建筑材料试验工作的现职技师、高级技师和相关业务技术人员。(刘爱波)

【职业技能鉴定计划】 2014年,股份公司按照职工个人自愿申请、所在企业推荐、职业技能鉴定主管部门批准的原则,根据人力资源和社会保障部职业能力建设司的授权,下达职业技能鉴定计划9758人。其中,初级工1128人、中级工2529人、高级工4003人、技师1557人、高级技师541人。(苗振林)

【职业技能鉴定】 2014年,股份公司组织283人参加高级技师考核,涉及建筑材料试验工、工程测量工等46个职业,其中,232人通过考核;43人参加四电技师考核,涉及接触网工、铁路通信工等5个职业,其中,38人通过考核。(苗振林)

【聘任职业技能鉴定考评员】 黎岚等193人经所在单位审核、推荐,参加2014年人力资源和社会保障部职业技能鉴定考评员、高级考评员和管理人员资格考核,并通过人力资源和社会保障部职业技能鉴定中心资格认证。根据国家和中国铁建职业技能鉴定实施办法,聘任黎岚等125人为中国铁建企业职工职业技能鉴定高级考评员;聘任尚奈伟等68人为中国铁建企业职工职业技能鉴定考评员;聘期3年(2014年4月—2017年4月)。(苗振林)

【高级技师职业资格认定】 2014年,283人(含9名重新评审人员)参加股份公司高级技师职业技能鉴定,其中232人鉴定成绩合格。依据股份公司高级技师评审委员会评审意见,许尔忠等225人获得高级技师任职资格。(苗振林)

【四电技师职业资格认定】 2014年,43人参加股份公司四电专业技师职业技能鉴定,其中,38名鉴定成绩合格。依据股份公司技师评审委员会评审意见,付家畅等38人获得技师任职资格。(苗振林)

【专项技能人才培训】 10月27日—11月9日,股份公司分别在中铁十二、十五、二十局集团培训中心举办电工(48人)、盾构机操作工(46人)、架桥机操作工(32人)、土石方机械操作工(22人)培训班。(苗振林)

【职业技能鉴定管理办法】 11月26日,股份公司下发《关于印发〈中国铁建股份有限公司职业技能鉴定管理办法(试行)〉的通知》。办法分总则、职业技能鉴定管理机构及职责、职业技能鉴定考核站的设立、职业技能鉴定工种范围及对象、职业技能鉴定申报条件、职业技能鉴定内容和工作程序、职业技能鉴定考评人员、证书核发、附则等9个部分。(苗振林)

【获第十二届中华技能大奖】 人力资源和社会保障部《关于表彰第十二届中华技能大奖和全国技术能手的决定》:中铁十二局集团二公司工程测量工高级技师田国锐获得中华技能大奖,中铁十二局集团二公司建筑材料试验工高级工郝民强、中铁二十四局集团南昌铁路公司建筑材料试验工高级工郑腰华获得全国技术能手称号,中铁十二局集团公司获得国家技能人才培育突出贡献奖,中铁二十局集团技工学校校长杨建国获得国家技能人才培育突出贡献奖。(苗振林)

【技术能手评选表彰管理办法】 为表彰和宣传股份公司优秀技能员工,促进技能员工提高技能水平,根据《中华人民共和国劳动法》《中央企业职工技能竞赛管理办法》《中国铁建股份有限公司高技能人才管理办法(试行)》和股份公司相关规定,12月10日,下发《关于印发〈中国铁建股份有限公司技术能手评选表彰管理办法(试行)〉的通知》。(苗振林)

【技能人才评价】 2014年,中国铁建下达职业技能鉴定计划为9758人。其中,初级工1128人、中级工2529人、高级工4003人、技师1557人、高级技师541人。全年实际完成7928人鉴定。其中,初级工443人、中级工2570人、高级工3366人、技师1276人、高级技师273人,完成年度计划的81.2%,比上年减少12.4%。7016人取得职业资格证书。其中,初级工415人、中级工2338人、高级工2971人、技师1069人、高级技师223人,通过率88.4%。(苗振林)

信息化建设

【信息中心】 主要职责:组织制定股份公司整体信息化

规划和年度计划;组织股份公司机关各业务部门和所属单位完成相关信息系统的建设、运行、技术支持和维修、维护任务;指导、监督所属单位的信息化工作;整体推进中国铁建信息化的运用与管理,并保持持续改进与完善,实现信息化对主营业务的支持;承担国家有关部委、股份公司下达的信息系统科技攻关任务;承担股份公司系统信息化专业人员的技术培训;完成股份公司领导和信息化领导小组交办的其他工作。定员7人,设主任、副主任各1人;下设规划需求处和建设运维处。 (张一鸣)

【重点信息项目建设】 (1)项目管理系统实现项目管理实际发生数据的办理与共享,为精细化项目管理、法人管项目打下初步基础。有16家单位、1991个项目、28230人使用,办理业务单据110万笔。其中,中铁十二、十六、十九、二十三局集团公司实现项目全覆盖。在实施中探索总结的“屏幕当纸、键盘作笔”“业务培训与操作培训并举”做法得到认同。(2)财务共享中心进一步推广应用。完成中铁十五、十七、十八、二十、二十五局集团公司层面的应用,进行中国铁建大桥工程局集团公司和中铁十六、二十一、二十四局集团公司及中铁建设集团工程公司层面的试点工作。通过财务共享中心的推广应用,会计核算质量得到明显的加强,控制“三超两无”效果突出,资金集中作用明显。(3)提出企业信息化总体架构设计方案,有待进一步工作细化和进行咨询设计。 (张一鸣)

【信息系统建设】 (1)统建系统建设。战略规划管理系统实现组织管理模块的全系统应用。规划管理、资质管理模块的试用,登记全系统组织机构8649个、资质1280项;科技设计管理系统实现成果、工法、论文、奖励管理模块和学会网站、科技人员通讯录全系统应用。审计管理系统完成开发测试,将在2015年全面推广应用。施工调度管理信息系统实现项目初验,完成项目终验准备工作,在22个单位3210个项目上得到应用。共青团管理系统实现项目初验,在全系统得到应用。固定资产建设管理系统和生产经营统计管理系统完成合同签署和项目初验准备工作。产权管理系统正常推进应用。财务分析系统基本完成开发测试工作。责任成本管理系统通过补充系统需求,基本完成系统设计工作。初步完成档案管理系统的升级开发与商业模式的创新探索。

(2)非施工板块主营业务系统和工具软件建设。中国铁建房地产集团公司重点建设规划设计、供应商、合同管理系统和成本数据分析系统实现试运行或正式应用。中铁第一勘察设计院集团公司新开发软件项目36项,中铁第四勘察设计院集团公司新开软件项目74项、续研软件项目139项。昆明中铁大型养路机械集团公司开展产品生命周期管理(PLM)系统二期建设。中国铁建重工集团公司展开ERP和研发平台的建设。设计院和部分施工单位开展BIM技术的研发与试点应用。中铁城建集团公司、中国铁建国际集团公司、中铁建中非公司等新建单位快速搭建信息化基础及应用。2014年,股份公司有21项软件获国家软件著作权。 (张一鸣)

【信息安全和风险管理】 2014年,与股份公司党委办公室共同组织召开保密与信息安全工作会议。会上演示信息系统受攻击时的情景,提升信息安全意识,整改检查、审计中发现的隐患问题。继续开展信息系统等级保护工作,10家单位新增二级等保系统备案36个,其中通过测评27个、通过三级等保系统复评2个。截至年底,备案系统75个、测评通过41个。2014年,全系统未发生信息安全事故。 (张一鸣)

【信息化基础建设】 截至2014年底,18家单位设立一级专职信息化管理部门,3家单位设立专职管理部门。2014年,股份公司发布1项管理制度、37项信息标准,举办信息化管理培训班、正版化软件研讨班,信息系统推广应用培训超过30000万人次。 (张一鸣)

法律事务

【法律合规部】 主要职责:负责中国铁建股份有限公司(以下简称“公司”)法律事务工作;贯彻执行国家法律、法规,参与公司重大经济活动规划,提出减少、避免法律风险的措施和法律意见;审核、修改经济合同、协议和重要规章制度;代表公司处理诉讼、仲裁、行政复议案件;参与处理公司债权债务的清理和追收工作;参与企业的重组、分立、并购、兼并、注销、撤销、合并、破产、解散、投融资、担保、租赁、产权转让、投招标等重大经济活动,处理有关法律事务;负责选聘律师,并对其工作进行监督和评价;开展法律咨询;指导公司本级境外公司、项目部的法律工作;负责公司合规风险管理,组织拟订、制定公司合规政策,主动识别、评估、检测和报告公司合规风险,并提出有效的风险处置方案;负责组织提供上市公司规范运作的法律服务。参与公司总体发展战略及中长期规划的研究制定、社会责任报告的编撰并提供相关资料;参与全面风险管理和内控相关工作;参与绩效考核及投资收购、并购重组、投资后评价相关工作;参与概预算梳理、设计变更、经济索赔工作；参与信息化建设工作。承办总公司相关法律事务。定员 8 人，设部长、副部长各 1 人，下设法律处、合规处。现员 6 人，助勤、学习及帮助工作 4 人。

（文荣周）

【法制工作第三个三年目标检查验收】 2014 年是贯彻落实法制工作第三个三年目标(2012—2014 年)的总结验收年。股份公司印发《关于开展中国铁建落实法制工作第三个三年目标检查验收工作的通知》。检查验收内容主要包括所属二级单位及其子企业法律风险防范机制、总法律顾问制度、法律管理工作体系“三个完善”和法律顾问队伍素质、依法治企能力“两个提高”的详细情况。9 月 29 日，向国资委报送《中国铁道建筑总公司关于报送 2012—2014 年法制工作总结及有关报表的报告》。通过检查验收，不断健全企业法律风险防范体制机制，为中国铁建改革发展提供坚实的法律保障。 （文荣周）

【法律合规工作会议】 12 月 25 日，股份公司通过在总部机关现场会议与各二、三级单位视频会议的方式召开法律合规工作会议。国务院国资委政策法规局局长周渝波、副局长张华和股份公司领导出席会议，会议由党委副书记、纪委书记齐晓飞主持，周渝波局长、股份公司总裁张宗言作重要讲话，副总裁、总法律顾问庄尚标作工作报告，副总裁夏国斌宣读表彰文件，总会计师王秀明宣读情况通报。 （文荣周）

【发布审批事项清单】 为明晰中国铁建股份公司与所属单位的权力界限和运行规则，2 月 14 日印发《关于开展中国铁建股份有限公司审批制度清理工作的通知》。所属单位提交审批事项 2144 项、机关各部门提交审批事项 222 项。经梳理分析，确定 308 项审批事项。其中，审批 125 项；审核 71 项；核准 27 项；备案 108 项。4 月 1 日下发《关于印发〈中国铁建股份有限公司审批事项清单(2014 年版)〉的通知》。（文荣周）

【法制工作组织建设】 2014 年，中国铁建所属 22 家二级单位成立由主管领导担任组长的推进法制工作领导小组。27 家二级单位将依法治企纳入其所属单位负责人绩效考核中。大部分二级单位将总法律顾问制度写入公司章程并建立考试奖励和资格津贴制度。32 家二级单位总法律顾问直接对主管领导负责并汇报工作。33 家二级单位总法律顾问、法律合规机构负责人参加总经理(院长)办公会议实现常态化。 （文荣周）

【完善企业法律顾问制度】 总法律顾问实现专职化。中国铁建所属 35 家二级单位建立总法律顾问制度，并设立总法律顾问，其中 20 家为专职总法律顾问(含专职副总法律顾问 11 家)。285 家三级单位设立总法律顾问，设立率 74%。

法律机构实现专门化。32 家二级单位设立法律机构，其中 26 家为一级部门、4 家为合署办公、2 家为二级机构，另有 3 家二级单位配备专职法律人员。210 家三级单位设立法律机构为一级部门。

法律队伍实现专业化。全系统通过公开选聘、内部培训、资格认证等途径引进法律人才。截至 2014 年底，有法律人员 1019 人，其中专职法律人员 614 人。在建设项目设立兼职法律联络员 4160 名，其中项目兼职总法律顾问 1010 人，设立率占全部建设项目的 58%。 （文荣周）

【法律业务培训】 6 月 4—6 日，在股份公司北京培训中心举办中国铁建 2014 年第一期法律合规工作人员培训班，全系统 260 余名法律合规工作人员及相关管理人员参加培训。6 月 17—20 日，在股份公司北京培训中心举办企业法律顾问执业资格考试考前培训班，中国铁建系统内未取得企业法律顾问资格的部分二、三级单位的领导班子成员、法律工作人员 254 人参加培训。8 月 12 日—9 月 5 日，在中国政法大学继续教育学院举办中国铁建 2014 年法律联络员履职能力提升培训班，88 人参加培训。11 月 1—3 日，为进一步提高股份公司所属三级单位总法律顾问的履职能力，在北京培训中心举办总法律顾问培训班，三级单位 240 余名总法律顾问参加培训。2014 年，全系统累计培训法律业务人员 11000 人次。 （文荣周）

【四项法律合规审核制度严格执行】 中国铁建建立规章制度、经济合同、重要决策、授权委托书四项法律合规审核制度，坚持“没有法律意见，领导不签字，议题不上会，单位不用印，上级不受理”的“四不”理念。2014 年，在全系统推进落实办公会议案法律合规审核前置程序，对拟申请列入办公会议属于规章制度、重大项目、重大决策、大额资金使用以及政策性比较强的议案，要求一般须在会议召开前提交法律合规审核，做到没有法律审核意见，议题不上会。2014 年，全系统审核规章制度 4314 部、合同 89396 份、重要决策 1471 项、授权委托书 17226 件。其中，股份公司机关审核规章制度 37 部、合同 233 份、重要决策 70 项、授权委托书 126 件。 （文荣周）

【参与重大经营活动】 2014 年，股份公司法律合规部参与股份公司审批、协调、处理的所有资本运营、境外项目、证券融资、改制重组等重大项目。所属 25 家二级单位在投资、采购、并购重组、劳动关系、安全生产等重大经营管理领域制定法律风险管理指引或业务操作

指南。　　（文荣周）

【工程项目法律风险防范】 工程承包是中国铁建的主营业务，工程项目既是经济效益的来源点，也是法律风险的易发地。全系统将工程项目作为法律合规工作重点领域，加强基层项目法律风险管理，将法律风险防范关口前移到现场一线。一是参与亏损项目整治。股份公司法律合规部协助分管领导对口督导一家二级单位亏损项目治理，并选派10名法律专职人员分别参加公司亏损项目整治专项审计工作不同小组，对全系统40余个重大亏损项目开展审计工作。通过为亏损项目提供合同、法律支持保障整治活动措施合法合规，协调亏损项目重大法律纠纷案件处理，降低债务风险及减少诉讼损失。二是推动建立项目部法律联络员制度，开展上传下达、提示督促、参与决策等基础性涉法工作。2014年，全系统有法律联络员4160人，其中项目兼职总法律顾问1010人。三是开展项目检查。各级单位将项目法律风险防范检查作为重点工作内容常抓不懈，对发现的问题发出风险告知，情形严重的进行通报。四是组织项目法律维权。组织开展在建项目依法维权活动，通过诉讼途径清理一批恶意分供商；对发案频率较高的项目，现场召开分析处理会议，对类似纠纷提出防控措施，有效遏制发案上升趋势。（文荣周）

【法律纠纷案件处理】 加大法律纠纷案件管控力度，推进中国铁建系统案件统计分析工作信息化进程，强调案件上报、统计、分析、警示工作的严肃性、真实性；促进法律文件立卷归档标准化管理，法律纠纷案件管理基础工作得到进一步加强。直接处理或协调参与处理一批在国内、国外有重大影响或标的额巨大的案件，控制企业经营风险，为企业避免或挽回经济损失。2014年协调处理内部纠纷案件25起，涉及金额21292万元。

（文荣周）

【合同管理体系建设】 （1）建立健全合同管理体系。合同管理是促进法律合规管理与经营管理深度融合的一项重要基础性工作。股份公司制定合同管理制度3项、下发专项管理通知6份，初步形成中国铁建合同管理制度框架，明确合同管理机构、人员职责，设计合同管理流程，归纳合同评审要点，努力构建横向法律合规部综合管理、各业务部门分类专项管理、纵向各级子公司分级法人管理的合同管理体系。

（2）加强股份公司本级合同管理。大力宣传贯彻合同管理制度，严格落实合同签订流程，建立合同台账。梳理明确股份公司直管项目、托管项目合同管理责任，在法律合规部内部划片分工、指定专人负责监督指导直管单位合同管理工作，并组织直管项目合同检查。统计清理各单位以股份公司名义签订的在建项目合同，加强监督指导。

（3）组织更新警示名录。2014年，继续更新发布各单位定期统计上报的“中国铁建选择合作方风险警示名录”，按“灰、黄、黑”3个等级公布不诚信合同相对人名单，为各级单位选择合同相对人提供借鉴指导，发挥风险警示和惩戒威慑的作用。

（4）制作合同签订流程挂图。股份公司明确总部机关、直管单位、所属单位以股份公司名义制定合同签订流程，并制作挂图。2014年，股份公司8个在建项目、27家二级单位所属的370个在建项目、三级单位所属的3284个在建项目制作合同签订流程挂图，

（5）合同管理信息化建设启动。会同股份公司信息中心与3家供应商分别进行深入商谈，初步明确需求内容和建设方案。

（6）规范海外产权代持合同管理。股份公司下发专项通知，指导、规范海外经营管理中涉及的公民个人及外部单位代公司持有股份、土地，以及车辆等产权的合同管理工作。　　（文荣周）

【境外项目法律风险管理】 2014年，制定《中国铁建境外法律事务管理办法》，推动各级境外机构比照国内单位建立健全法律风险管理体制。全系统132个境外机构或在建项目配备专职法律人员71人、设立法律联络员122人，48家境外机构聘用外部律师事务所。组织境外国别法律研究，整理发布涉及187个国家和地区的12000余部法律法规和国际条约的目录清单。制定《中国铁建海外项目代理协议法律风险防范指引》，统计海外项目中介服务协议。下发通知，规范境外企业股权、物业土地和车辆等产权的代持行为，重点要求完善产权保全相关法律手续。组织撰写58个国家或地区的境外法律环境调查。推动建立按地区、专业分类的涉外律师库，为涉外业务律师选聘提供指导参考。　　（文荣周）

【合规工作基础管理】 2014年，中国铁建系统通过信息化系统录入与企业相关的外部法律法规2580部、内部规章制度452部，建立按单位、时间、业务查询、统计的信息平台。开展股份公司机关合规自查，针对发现的问题，制订计划完善。推进企业合规文化建设，结合“六五”普法，举办企业领导人员法制培训班，讲解法律合规工作制度、宣传法律知识；每月更新发布与企业相关的新法律法规，2014年更新发布2290部；每周定期在机关多媒体发布法律小常识，全年发布法律小常识242条；在《中国铁道建筑报》开设法制专栏，宣传法律合规工作；开展“12·4”全国普法宣传日活动，制

作宣传展板开展法制宣传教育活动。（文荣周）

【2014 年度法制工作先进单位和个人】 12 月 18 日，中国铁建印发《关于表彰优秀总法律顾问、法制工作先进单位先进个人和优秀项目法律联络员的通知》，表彰优秀总法律顾问 10 名、法制工作先进个人 61 名、优秀项目法律联络员 54 名及法律工作先进单位 29 家。

十佳优秀总法律顾问

袁红艳　中铁十二局集团二公司总法律顾问、总经理助理、法律合规部部长

高云鹏　中国铁建大桥工程局集团五公司总法律顾问

马秀之　中铁十八局集团公司副总经理、总会计师、总法律顾问

丁　薇　中铁二十局集团公司副总法律顾问、法律事务部部长

张　宏　中铁二十二局集团公司副总法律顾问、法律合规部部长

于久龙　中铁建设集团公司副总经理、总经济师、总法律顾问

汪友顺　中国铁建电气化局集团公司副总法律顾问、董事会秘书、法律事务部部长

王雪峰　中国铁建房地产集团（贵州）有限公司总法律顾问

王维朝　中铁第四勘察设计院集团公司总法律顾问

陆　凯　中国铁建投资公司总法律顾问、法律合规部部长

法制工作先进单位名单

中国铁建大桥工程局集团公司
中铁十六局集团公司
中铁十八局集团公司
中铁十九局集团公司
中铁二十局集团公司
中铁建设集团公司
中国铁建电气化局集团公司
中国铁建港航局集团公司
中国铁建房地产集团公司
中铁第四勘察设计院集团公司
中国铁建股份有限公司土耳其分公司
中国土木工程集团埃塞俄比亚公司
中铁十一局集团二公司
中铁十二局集团四公司
中铁十四局集团隧道公司
中铁十五局集团一公司
中铁十七局集团三公司
中铁二十一局集团三公司
中铁二十二局集团三公司
中铁二十三局集团轨道交通公司
中铁二十四局集团南昌铁路公司
中铁二十五局集团一公司
中铁第一勘察设计院集团陕西铁道工程勘察公司
中铁上海院设计院集团上海先行建设监理公司
中铁物资集团中南公司
昆明中铁大型养路机械集团昆明奥通达铁路机械公司
中国铁建重工集团中铁隆昌铁路器材公司
中国铁建国际集团阿尔及利亚公司
中铁城建集团北京公司

法制工作先进个人

刘　林　姚　远　孙红波　王　婷
晏　陵　许钦凯　雷　霆　李明秋
赵晓民　冯雅聪　侯洪波　邓宗勇
樊　超　张晓莉　刘全乐　范利鹏
张艳军　陈水军　卢　骁　高希龙
栾晓辉　李秦鸣　陈智武　马登峰
韩　樱　苏　楠　赵　宇　宋　楠
朱　柳　李　斐　陈　勇　万金龙
陈俊茂　刘石顺　秦　玥　王　强
秦振英　常慧杰　苏顺正　黄海斌
黄炳蔚　张召媛　熊致伟　余　林
王丽洁　范　娟　郑广雄　杨学清
周艳梅　刘冰倩　王云虎　毕正红
李　馨　王　婵　张　帆　彭根方
李海群　赵晓旭　韩　明　马　勇
孙逸文

优秀项目法律联络员

许　亮　冯业军　张金涛　李慧娟
黄　丽　郑延磊　董建龙　李巍峰
英　罗　王　颖　陈永强　孔德芒
左雷谔　曹振华　谢雨良　黎后继
车园园　李　严　王恰恰　崔建峰
曲晓斌　李　峰　卢小刚　郭新月
殷长军　张新颖　吴上坤　王增强
程向明　郭祝威　王　怡　甘向卫
刘　繁　吴仲斌　朱亚飞　谢贞洪
潘春华　李银涛　郭成龙　李吉政
吴思楠　张　科　邓　攀　彭玲艳
彭　丹　幺慧丽　李金池　张庆闯
李仁斌　唐虎平　刘炳松　杜立顺
张慧娜　马锋先

（文荣周）

机关房地产管理

【总公司机关房地产管理中心】 代表总公司行使业主权利的职能部门和办事机构。主要职责:负责总公司机关房地产管理、建筑物维修、更新改造和新增项目的建设管理;负责制定总公司机关基本建设计划,提出基建方案,办理基建和房屋翻建、改造项目审批手续;负责机关基建项目的规划,参与论证、分析,及时向总公司领导提供有价值的情况和数据,并在工程立项后组织实施工作;负责总公司机关调整配售住房工作委员会及其办公室有关住房调整配售决议案的组织实施和房屋日常管理具体工作;负责总公司机关房地产的租赁使用及管理;负责对职工住房上市交易相关事项的审批及办理;负责机关院内地下车库销售的组织实施和有关手续的办理;负责办理房产证及职工住宅变更过户手续;负责总公司机关与地方政府部门及周边单位相关事务的协调处理;代表总公司人民防空委员会负责总公司机关及中铁十六局集团公司等10家总公司驻京单位人防工程的日常管理,并负责总公司机关人防工程的维护。定员8人,现员8人,设主任1人(兼任总公司人防委员会副主任)、副主任1人;下设基建处(总公司人防办公室)、房地产管理处。

(杜学文)

【铁建大厦B座燃气系统施工】 根据总公司领导的指示,重新设计中国铁建大厦B座2、3、4层的燃气系统。6月,燃气系统完成施工并交付使用。(童联合)

【机关职工住宅安全保卫系统更新改造】 (1)高层楼南侧增加摄像监控设备。安装定焦摄像机48台,变焦摄像机12台,存储服务器、数值矩阵、管理平台各1套,存储3TB×26块,液晶拼接屏8块,投资43.3万元。(2)住宅楼增加红外对射报警系统。在78、18、10号楼南侧及大院南围墙,安装三光束太阳能全无线对射64对,无线信号转发器2个、无线报警主机1台,投资10.7万元。(3)住宅楼增设光纤振动报警系统。针对58、68号楼南侧植物茂密、红外线无法通视的情况,采用光纤振动报警系统防止攀爬。安装双防区振动光纤报警设备3套,终端盒、中继盒、数字信号采集器及报警软件,投资3.8万元。(4)社区南围墙铁艺围栏。经过实地考察,确认采用耐腐蚀的热镀锌钢管脱脂磷化静电粉末喷涂工艺护栏结构,无焊接安装,由铁建物业管理公司实施,从铁建医院东头至西院6号楼西头,安装总长600米、高1.8米,支座220个的铁艺围栏,投资26.98万元。(童联合)

【大修计划实施】 2014年,完成83号楼室内供水管更换、78号楼水泵房屋面及墙面更新等6项维修计划,投资59.2万元。完成"更新改造计划"中创建首都花园式社区项目,完成投资42万元。北京市复兴路40号院获"首都花园式社区"称号。(童联合)

【装修铁建大厦A座6层办公室】 按照股份公司办公室安排,新装饰办公室7间222平方米。包括:拆除原有地面、吊顶、走廊墙面,增加门洞,增设轻钢龙骨隔墙(防火、隔音),铺设实木复合地板,墙面粉刷装饰,更换动力、照明线路,改造电力系统线槽、空调系统管线及消防喷洒、温感、烟感系统,消防系统增加消防报警点、网络、电话系统施工,窗帘装饰、外窗更换五金件等。3月开工,4月完工。(童联合)

【A座车库出入口及旗杆座地面下沉维修】 责成原施工项目部对原有路面基础进行重新施工,同时在广场北侧东西停车场,增加2条约30米的排水沟,解决排水不畅、路面下沉问题。(童联合)

【机关文化活动中心更换空调】 (1)拆除2、3、4层老干部活动场地旧空调40台,新装格力空调49台,投资19.44万元。(2)为改善机关活动中心办公人员饮水质量,更换热水开水器7台,增加软水、净水装置,并为离退休人员安装热水洗手设备6个,投资7.9万元。(3)为增加保温效果,使用砌体材料封堵遗留不用的空调小室14处,投资1.56万元。(童联合)

【10号住宅楼北侧外连廊增加保温层】 该楼北外墙连廊陆续多次出现抹灰坠落现象,严重影响居民出行安全。根据机关建设会议的要求,对抹灰坠落部分进行清除,并对公共部分增加保温层,总投资124万元,10月底完成施工。(童联合)

【游泳馆改造装修】 新增VIP区,大厅精装修,翻新更衣室、淋浴室地面、墙面、吊顶,更新照明灯具、通风、消防、广播、监控设施。11月施工,工期70天,工程总投资120万元。(童联合)

【新建羽毛球场及改造消防管线】 完成西高层西侧羽毛球场、消防管线改造2个项目的设计、招标工作。10月,获股份公司经营计划部立项审批;11月,2项工程完工。(童联合)

【铁建大厦 B 座地下人防工程验收】 2013 年 1 月,通过国家机关人防办公室的初步验收,但由于多种原因,较长时间没有通过最终竣工验收。经过积极协调,改进工作,2014 年 2 月取得中央国家机关人民防空办公室人防竣工验收备案表,为人防工程的合法使用画上圆满句号。 (童联合)

【调整机关大院整体建设规划】 2003—2008 年期间,机关大院先后建设 78、68、58 号职工住宅楼,改扩建 18 号职工住宅楼,新建 1200 个地下车位,改善部分职工的住房条件,缓解停车难和交通拥挤状况。但是,按照北京市规划委员会 2003 年对机关大院规划批复的要求,各项建设指标已达到临界状态,没有足够的建设空间。

4 月 1 日—7 月 15 日,股份公司副总裁刘汝臣召集办公室、经营计划部、工程管理部、安全质量监督部、财务部、纪委、工会等相关部门参与研究,机关房地产管理中心和中铁第五勘察设计院具体操作,形成机关建设规划调整会议的例会制度;每周一次例会,先后召开 11 次会议,最终形成机关大院建设规划要点统一方案。

该方案集思广益,从基层群众的诉求入手,充分考虑机关各类人员结构、住房现状,充分听取设计单位意见,合理运用规划政策,对容积率、绿化率等关键指标进行多方案测算。积极协调与相邻单位总政玉泉路老干部管理局在西院合作规划建设的方案,使双方在建设退距、日照遮挡等方面达成共识。已按照程序向北京市规划委员会申请规划调整。 (童联合)

【机关住宅区建设项目结算】 包括拆除幼儿园、礼堂、服务楼及 10 栋原有住宅建筑,建设 78、68、58 号职工住宅楼,以及地下车库、改造 18 号职工住宅楼、院内道路、绿化工程等,从 2003 年立项至 2008 年,历时 5 年。建设面积约 9.04 万平方米,新建职工住宅 402 套,地下车位 1058 个;改造 204 套,增加面积 5237 平方米;建设院区花园 6 处 2.1 万平方米,更新路面 1.6 万平方米;项目审定金额 2.93 亿元。机关住宅区建设项目严格按照国家建设法律法规,符合国家建设规范,遵守国家建设程序,经历立项报批、施工建设、竣工备案、工程结算、竣工财务决算、固定资产组资等环节。2014 年 2 月,获得股份公司经营计划部的竣工批复。 (童联合)

【督促法院执行腾退住房】 (1)经总公司领导反复做工作和执行法官的调解,其原住户于 6 月 21 日交回复兴路 40 号院 18 号楼 215 号住房。(2)通过律师与执行法官多次交涉,催促法官抓紧执行孙某和李某的原住房腾退。然而对此,委托律师向执行法官转达总公司的诉求,于 12 月 12 日向海淀区法院执行局去函说明有关情况,明确表示,如果再不执行,将向他们的上级主管部门提出申诉。 (杜学文)

【房产证办理】 (1) 10 月,78 号职工住宅楼 132 户住户取得房产证。(2)18 号楼职工住宅楼 173 户住户资料上报北京市海淀区房屋管理局,等待制证。(3)231 户散户资料上报国家机关事务管理局,等待审批。(4)75 号办公楼取得大产权证。 (杜学文)

【职工住宅上市交易办理】 2014 年,为 21 户办理职工住宅上市交易和抵押贷款。 (杜学文)

【清理摸底住房情况】 (1)24 号楼住房情况摸底登记。协调北京市海淀区永定路派出所、铁建物业公司和大院综合治理办公室,6 月上旬入户摸底登记,8 月底完成。登记情况分类整理后,上报总公司分管领导。(2)整理机关住房管理情况。9 月下旬至 10 月中旬,根据总公司领导指示,专门召集会议,就"机关职工"反映的"机关住房管理混乱"有关问题逐项核查,对城内住房、玉泉路 65 号院及小屯路东里 2 号院空置房、24 号楼和西院 1、2 号楼空置房以及 18、28、29、78 号楼地下室等使用管理情况,进行认真分析梳理,汇总情况上报总公司分管领导。 (杜学文)

【铁建大厦 B 座房屋及车位租赁管理】 (1)商务用房租赁。委托中铁建(北京)商务管理有限公司与中国铁建国际集团有限公司签订铁建大厦 B 座 1 ~ 4 层房屋租赁合同,租期 5 年,年租金 1751.41 万元。收回房中国铁建房地产集团有限公司欠交的 2013 年使用科研大厦房屋租赁费 1315.78 万元。(2)地下车位租赁。与中国铁建房地产集团、国际集团和投资公司签订 2014 年地下车位租赁合同,租赁车位 109 个,年租金 343350 元。 (杜学文)

【物业管理】 (1)与铁建物业管理公司签订物业服务合同。支付 2014 年度办公区和住宅区(含股份公司档案馆、铁道兵纪念馆)的物业服务费用 686.4 万元。(2)审核并报销 2013—2014 年采暖季取暖费。包括总公司(股份公司)办公区、档案馆、铁道兵纪念馆和机关职工住宅等,总计支付 371.46 万元。(3)审核并报销 2014 年 1—9 月水电费。包括股份公司机关办公区、档案馆和总公司办公区及公共场所、铁道兵纪念馆等,总计支付 259.46 万元。 (杜学文)

离退休职工管理

【总公司机关离退休职工管理部】 负责总公司机关离退休人员、内部退养职工的日常管理和服务工作。定员15人,现员16人。设部长、党总支书记1人,副部长2人。下设事务管理处、生活服务处、健康服务处和组织宣传处。

截至2014年12月31日,总公司机关有离退休人员、内部退养职工610人,其中离休干部15人、退休人员545人、内部退养人员50人。党员496人。2014年,971人参加活动(含直属单位360人、遗属1人)。

(赵兰芳)

【离退休职工管理与服务】 落实离退休职工政治待遇。2014年,认真落实总公司机关党委关于深入贯彻党的十八届三中、四中全会精神的指示,发放学习资料3632份;抓好"两室"、办好"两报",阅览室为离退休、内部退养人员订阅报刊54种,为每位离退休、内部退养人员赠订全年《中国铁道建筑报》1份;阅文室更换文件500余份;全年出黑板报24期,更换墙报39块。开展创先争优活动,表彰先进党支部4个、优秀共产党员53名,和谐家庭18户;组织离退休党员开展纪念建党93周年暨铁道兵改工30周年知识竞答活动,501人参加活动。

落实离退休职工生活待遇。年内走访慰问原铁道兵老首长、总公司老领导及遗属40人,困难及重病职工家庭109户,慰问年满70、80整岁离退休人员54名,慰问住院病人42人;发放节日慰问补助金119.07万元,苹果1216箱;补发、预发老领导2012—2015年汽车千米票76人次;组织50人到北京市退休职工之家疗养,129名支委组长及协会会长参观航空博物馆;协助股份公司人力资源部填报366名离退休人员落实北京市退休企业军转干部生活补贴资料;组织离退休人员体检,为其建立健康基本信息电子档案;开展健康讲座12次,制作健康板报2期,帮助联系专家会诊60余次;协助变更定点合同医院37次、协助办理"三特"病人年度申请8人次;为17人次离休干部借住院支票并报销医疗费用100余万元;完成646人次14901张医疗报销单据的初审、粘贴等工作;协助8名逝世离退休人员家属办理丧事,并向直系亲属发放病故丧葬补助金。组织离退休职工开展文体活动,全年参加桥牌、歌舞、游园、钓鱼等室内外文体活动人数约6.2万人次,组织比赛21次。

(赵兰芳)

公　安

【铁道建筑公安局移交善后工作组】 2009年12月25日,铁道部公安局、北京市公安局、中国铁路工程总公司、中国铁道建筑总公司联合下发《关于成立铁路工程、铁道建筑公安局移交善后工作组的通知》(公组教〔2009〕52号)。2010年1月1日,铁道建筑公安局移交善后工作组(以下简称"善后工作组")成立,朱德全任组长,尚进任副组长。2010年11月,朱德全退休后,尚进任组长,常金光任副组长,同时借调关开健、尚京良到移交善后工作组。2013年12月、2014年8月,关开健、尚进先后退休,常金光任组长。 (常金光)

【分离移交】 2014年完成2个公安处、1个公安分处291名民警的移交工作。驻山西省太原市的十二公安处142名民警成建制移交到山西省公安厅,组建山西省公安厅直属第二公安局,(其代管的驻山西侯马市十五公安处四分处13名民警,随之成建制移交,组建山西省公安厅直属第二公安局第七分局);驻山西省太原市的十七公安处136名民警成建制移交到山西省公安厅,组建山西省公安厅直属第三公安局。截至2014年底,2个公安分处、4个派出所,共50名民警尚未完成移交,这些单位均驻河北省保定市,涉及中铁十六、十八、二十二局集团公司以及中国铁建电气化集团公司、中铁建设集团公司。

(常金光)

【安全检查】 按照"监督是服务,检查是堵漏"的工作模式,加强安全监督管理,对辖区办公楼、内部招待所、食堂、物业、工地、工棚等开展安全检查,整改安全隐患43处;采取电话询查、出差随查、节前详查等方式,不定期检查工地危爆物品安全保管情况,全年组织爆炸物品安全检查109次,整改安全隐患31处。

(常金光)

【安全技术防范设施建设】 为提高防范能力,积极协调企业增加安全技术防范设施的投入,十八公安处一分处增设探头85个,机关及住宅小区实现无死角全面监控。十八公安处三分处发挥安全技术防范设施的作用,依托院区安全防范系统,及时调取监控资料,成功破获盗窃案件。

(常金光)

【治安维护】 广大民警在移交过程中,继续发挥职能作用,及时处理阻工、阻路等影响施工生产的事件82

次，有效地保障企业施工生产的治安秩序，为企业避免重大经济损失；妥善处置内部纠纷165次，有效化解内部矛盾，确保企业的和谐稳定。（常金光）

【便民服务】 改进工作作风，以方便职工为原则，简化办事程序，为职工群众开具各类证明1200份、办理户籍身份证810件次，代办出国签证10件。（常金光）

【案件办理】 4月22日，收到中国铁建股份有限公司纪委、中铁物资集团有限公司关于"对林某某职务侵占案中未追缴的公款继续追缴"的协助函，认真了解案情，开会研究措施，并及时向铁路公安局分管领导和法制部门汇报，争取支持和指导。根据总公司领导的指示，在铁路公安局的指导协调下，派员三赴武汉全力以赴开展工作。经与当地检察院、法院、公安局经侦总队协调，为企业追回公款140余万元，避免经济损失300余万元，有效地维护了企业的合法权益。（常金光）

【警衔申报与授予】 2014年，13名警察申报晋升人民警察警衔；46名警察纠正、补办警衔材料；21名警察被授予警衔。（常金光）

【来信来访】 2014年，民警内部信访人员增多，全年处理上访信件26件，接待来访人员19人次，接听上访电话40余次。（常金光）

【北京市公安局轨道建设安全保卫分局成立】 2010年1月1日，移交到北京市公安局的铁路工程公安局和铁道建筑公安局，分别成立北京市公安局铁路工程公安局和北京市公安局铁道建筑公安局。2013年9月13日，北京市公安局决定将2个局合并重组为1个分局，成立中共北京市公安局轨道建设安全保卫分局筹备组委员会，由原北京市公安局铁路工程公安局局长亢军任书记、北京市公安局铁道建筑公安局局长沈仲岳任副书记。经过3年多的筹备，2014年4月29日，北京市公安局轨道建设安全保卫分局成立（揭牌）及领导干部任命大会召开，公安部副部长、北京市副市长、北京市公安局局长傅政华出席成立大会。亢军任局长，沈仲岳任政委。（常金光）

铁道建筑公安机关北京地区分离移交机构人员变动简表

内　　容	铁路工程公安局	铁道建筑公安局	合　计
2010年1月1日，移交后成立公安局时人数	154	143	297
2010年1月1日—2013年9月13日，3年过渡期间调入人数	49	32	81
2个局于2013年合并前分流安排在北京市公安局所辖16个分（县）局人数	71	58	129
2010—2013年，退休和调出人数	40	34	74
2013年9月，2个局合并成立北京市公安局轨道建设安全保卫分局筹备组委员会后总人数	92	83	175
2014年4月29日，北京市公安局轨道建设安全保卫安全保卫分局正式成立后人数	92	83	175

（制表：常金光）

2014年5月28日，中铁第一勘察设计院集团公司组建的陕西省铁道及地下工程重点实验室通过陕西省科技厅验收。图为验收会现场。（高 俊 摄）

科技管理

本栏责任编辑 杨启燕

【科技设计部(技术中心办公室)】 主要职责:贯彻国家科学技术、勘察、设计发展的方针、政策、法规;执行国家规范和标准;组织制定和修订股份公司科技、设计发展战略规划,以及技术中心、科研、技术、勘察设计、学术组织和科技激励的有关规章制度和办法;负责科技创新体系的建设;参与企业科技人才队伍的建设;负责技术中心办公室日常工作;负责年度科技发展项目计划、科研项目资助经费计划并组织实施;负责科技成果鉴定、技术方案审查;负责成果、工法、专利、标准、勘察设计"四优"成果、优秀工程咨询成果项目、中国土木工程詹天佑奖、中国建设工程施工技术创新成果奖、优秀科技论文等科技奖项的归口管理,以及奖励和推荐工作;组织科技攻关、新技术的推广应用和成果转化及国内外技术合作、交流、研讨工作;归口铁路产品生产技术条件管理;负责勘察设计单位咨询资质的申报、认定、升级和管理工作;负责北京轨道建筑学会日常管理并协助各类科技社团的相关工作;负责科技管理信息化建设的协调和技术中心网站的管理;组织企业内各种科技成果汇编、出版和发行;负责科技设计宣传管理;编写年度科技设计工作总结;指导集团公司科技工作建设。设创新建设处、科研处、技术处、设计咨询管理处、学会处。定员17人,现职人员14人,其中部长(兼技术中心办公室主任)1人、副部长1人、技术中心办公室副主任1人、处长4人、职员5人、助勤2人。教授级高级工程师8人,高级工程师5人,研究馆员1人。 (王清明)

【科技工作综述】 2014年,认真贯彻"科技兴企,科技强企"战略,紧紧围绕"十二五"科技发展规划目标,明确年度科技工作重点,持续狠抓科技创新平台建设,加强专利导航和科技成果转化,努力夯实科技管理基础工作,取得显著的成绩,科技工作比较优势日渐突出,在技术领域为中国铁建做大做强做优做实起到服务、支撑和引领作用。中国铁建系统全年投入科技经费839185万元。其中,外部资助6269万元;股份公司投入科技经费780746万元。4家企业通过国家级技术中心的认定,股份公司国家级创新平台增至13家;新设院士专家站1处。306项科技成果通过省部级鉴定、验收和股份公司评审;主持项目获国家科技进步二等奖1项,获得省部级科技进步奖119项。新增授权专利995项,其中发明专利132项;获得国家级工法50项,省部级工法183项;获得中国土木工程詹天佑奖7项;获得省部级以上勘察设计咨询奖107项,其中4项工程获得国际咨询工程师联合会授予的FIDIC全球杰出工程。 (王清明)

【科技创新平台建设】 2014年,中铁十四、十九、二十局集团公司和中铁第四勘察设计院集团公司被确定为国家认定企业技术中心,新增省级企业技术中心6家。截至2014年底,中国铁建拥有国家级科技创新平台13个、省级技术中心46家。中铁第一勘察设计院集团公司陕西省铁道及地下交通工程重点实验室、中铁第四勘察设计院集团公司湖北省水下工程实验室分别通过陕西省科技厅、中国铁建认定,并向国家科学技术部申请"轨道交通工程信息化实验室""水下隧道技术与安全实验室"企业国家重点实验室建设。(张育红)

【院士专家工作站成立】 12月31日,中国铁建院士专家工作站在中国铁建重工集团公司挂牌成立。该工作站为目前中国掘进机械行业组建的唯一一家院士专家工作站。 (张育红)

【高新技术企业认定】 截至2014年底,中国铁建拥有高新技术企业62家,其中集团公司13家、工程公司49家。2014年,高新技术企业享受减免税共计24882.5万元。 (张育红)

【科技投入】 2014年,中国铁建科技投入共计839185万元。其中,外部资助6269万元;股份公司投入科技经费780746万元。以股份公司为引导、集团公司为主体、社会资金为补充的科技投入机制不断稳固,为研发项目的顺利实施提供有力保障,也为股份公司科技创新能力的提高提供便利条件。 (张育红)

【专利导航高级研修班】 8月18日,中国铁建专利培训班开班典礼在清华大学举行。国家知识产权局专利管理司雷筱云副司长、国资委发展规划局方磊副调研员、中国铁建副总裁夏国斌、科技设计部部长王清明、人力资源部培训和技术鉴定处处长刘爱波,清华大学继续教育学院院长高策理、国际教育培训中心常务副主任肖立娣等出席开学典礼。雷筱云副司长介绍专利导航对于提升产业创新驱动发展的重要意义、目标及任务,并对中国铁建作为全国35家专利导航试点工程的唯一建筑企业提出要求:希望加强专利人才队伍的建设,通过此次培训培养一批高层次的专利人才队伍。夏国斌副总裁介绍中国铁建的快速发展和专利战略的实施,特别强调"专利人才"在股份公司发展进程中的重要作用,对参训学员提出要求和希望。高策理院长向学员介绍清华优秀的历史和辉煌的业绩,并表示学院将全力以赴确保培训工作取得实效,达到既定培训目标。此次培训历时3个月,有44人参加,邀请国家知识产权局、清华大学法学院、人民大学知识产权中心、中国社科院和知识产权服务机构等业内资深专家、学者授课,课程内容包括专利基础、专利分析、专利法务、专利运营、专利战略和专利布局等。旨在加强和提高中国铁建的专利分析能力,挖掘专利信息中蕴含的科技、法律和市场方向并合理运用;充分发挥专利在技术创新中的促进作用,提高中国铁建在技术研发中的创新能力,以技术创新带动企业和产业整体能力提升;充分发挥专利在市场竞争中的资源配置作用,以专利运营带动企业和产业的国际化水平,增强市场竞争力,最终实现可持续发展。 (张育红)

【中国高速铁路海外专利战略推进项目】 根据国家知识产权局公布的《关于申报2015年度软科学研究项目和专利战略推进工程项目的通知》,中国铁建召开海外高速铁路专利战略课题研讨会;运用专利检索工具开展专利检索、数据分析工作,找出高速铁路走向海外的专利壁垒风险点;分产业板块、技术领域,确定课题研究方向;编制中国高速铁路海外专利战略推进研究(轨道技术)申报书,为中国铁建"走出去"超前进行专利布局。 (张育红)

【有效专利数量与质量】 截至2014年底,中国铁建累计拥有专利3662项,其中发明专利417项,占专利总量的11.4%。2014年,申请专利1045项。其中,发明专利334项,占总量的32%;《专利合作条约》(简称PCT)国际专利申请2项。995项专利获得授权,其中发明专利132项。授权专利主要集中在桥梁工程、隧道及地下工程、机械设备及线路路基工程专业,其中桥梁工程专利253项、隧道及地下工程专利228项、机械设备专利187项、线路路基工程专利106项。

(张育红)

【2项专利获中国优秀专利奖】 中铁二十三局集团公司开发的"轨道板生产方法"和中国铁建重工集团公司开发的"一种AT钢轨跟端的锻压方法"2项发明专利获得第16届中国专利优秀奖。 (张育红)

【中国铁建优秀专利奖评选】 2014年,股份公司评出中国铁建优秀发明专利10项、实用新型专利19项、外观设计1项。 (张育红)

【专利管理】 中铁第四勘察设计院集团公司持续开展《知识产权管理规范》贯标认证工作,按照管理规范的要求进一步规范各项工作,知识产权管理制度不断健全,政策更加完善,管理更加到位,被授予湖北省第一批知识产权示范企业。昆明中铁大型养路机械集团公司《企业知识产权管理规范》贯标工作通过云南省知识产权局验收。中国铁建重工集团公司导入《企业知识产权管理规范》(GB/T29490-2013),PCT国际专利申请2项,被评为湖南省知识产权运用示范企业、长沙市知识产权管理规范化试点企业。 (张育红)

【专利转化】 中铁十七局集团公司"自动钢筋弯弧机"专利产品出售给中国中铁五局、七局,中国铁建二十一局集团公司等铁路项目部使用,获得经济收入9万元,首次实现专利技术产品出售。推广应用的"梯竹格构植草防护技术",实现经济效益346.4万元。中铁第四勘察设计院集团公司"珍珠岩尖劈吸声砖"专利与生产厂家签订合同,专利实施许可收入20万元;完成6项共计20套软件的转让,转让合同额162万元。 (张育红)

【绩效考核】 2014年,中国铁建加大科技指标在绩效考核体系中的比重,重新制定绩校考核办法,其中科技创新指标考核范围包括股份公司所有具备科技创新指标的单位。根据所属单位研发实力和综合技术水平,将股份公司下属子公司分为四类:第一类为铁一院、铁四院;第二类为昆明中铁、铁建重工;第三类为十一局、十二局,大桥局、十四至二十五局、中铁建设、电气化局、港航局、城建集团、铁五院和中铁上海院;第四类中土、中非建设、国际集团、房地产集团、铁城监理公司、物资集团和投资公司。 (张育红)

【中国铁建技术中心网站】 2014年,发布科技动态、科技咨询和最新成果208篇。继续与万方数据库合作,新增通信、信号方面数字化期刊100种、学术会议数据库29540篇、学位论文数据库55839篇。截至2014年底,网站拥有学术期刊823种,文章263万余篇;学位论文310288篇,会议论文366293篇,中外标准2301篇,科技成果781921篇,政策法规437746篇。数据定期更新,均免费提供用户全文下载。全年新增标准规范39本。其中,交通行业标准规范6本;铁路行业标准规范5本;建筑行业标准规范28本。汇编中国铁建2012年工程建设工法121篇,汇编2009、2010年度铁道部级工法119篇,汇编2007—2008年、2009—2010年度国家级工法,其中一级工法240篇、二级工法616篇、升级工法150篇。 (彭京渝)

【《科技信息》编辑发行】 2014年编辑《科技信息》杂志6期,共发行3000余册。该杂志为双月刊,设置"中国铁建科技动态""信息园地""科技创新案例""理论学习"等栏目。 (彭京渝)

【国家、省部级科研项目】 2014 年,中国铁建分别主持国家“863”和科技支撑计划项目 4 个、课题 6 个,获国家资助 2070.3 万元。其中,盾构施工煤矿斜井项目课题获得资助 440 万元;大直径 TBM 项目获得资助 1419.3 万元;预切槽项目获得资助 104 万元;绿色高性能混凝土项目获得资助 107 万元。截至 2014 年底,中国铁建累计获得国家资助 4642.3 万元。所属单位承担国家、省部级在研项目 87 项(含新立项 21 项),获得资助 2280 万元。其中承担中国铁路总公司 2014 年度科研项目 10 项,获得资助 390 万元。股份公司组织所属京内企业申报北京市科学技术委员会“2015 年度轨道交通技术创新和产业发展专项课题”8 个,其中“大埋深高压水环境下地铁盾构用环保型高性能盾尾密封油脂的研发”“磁悬浮导电轨系统装备制造及系统集成”2 个课题被选为支持项目,分别获得资助 200 万元和 220 万元。9 月,北京市科学技术委员会支持的北京中铁房山桥梁公司“高速铁路无砟轨道岔枕长线法生产线研制”项目顺利结题。 (丁正全)

【科研项目】 2014 年,股份公司新立项课题 81 项,其中 A 类 2 项、B 类 3 项、C 类 76 项,计划资助经费 2250 万元。 (丁正全)

【科技成果鉴定与评审】 2014 年,全系统有 306 项科技成果通过省部级鉴定和中国铁建评审,其中中国铁建评审 163 项。有 36 项成果达到国际领先水平,116 项成果达到国际先进水平,107 项成果达到国内领先水平,42 项成果达到国内先进水平。 (丁正全)

【1 项技术获国家科学技术进步奖】 中国铁建股份公司主持、中铁十四局集团公司和中铁第四勘察设计院集团公司参与的“高水压浅覆土复杂地形地质超大直径长江盾构隧道成套工程技术”获得国家科学技术进步二等奖。 (丁正全)

【199 项技术荣获省部级科学技术进步奖】 2014 年,中国铁建系统获得中国铁道学会科学技术奖 80 项,其中特等奖 1 项、一等奖 12 项、二等奖 31 项、三等奖 36 项;获得中国公路学会科学技术奖 4 项,其中特等奖 1 项、二等奖 1 项、三等奖 2 项;获得中国建设工程施工技术创新成果奖 5 项,其中一等奖 1 项、二等奖 1 项、三等奖 3 项。获得中国施工企业管理协会科学技术奖 110 项,其中特等奖 2 项、一等奖 30 项、二等奖 78 项;21 家单位被评为科技创新先进企业,21 名个人被评为科技创新先进个人。 (丁正全)

【168 项技术获总公司科学技术奖】 2014 年,168 项技术获得中国铁道建筑总公司科学技术奖,其中一等奖 34 项、二等奖 59 项、三等奖 75 项,颁发奖金 88.5 万元。 (丁正全)

【国家科研项目课题管理】 2014 年,股份公司印发《关于规范国家科技支撑计划“盾构施工煤矿长距离斜井关键技术研究与示范”项目(课题)实施及经费管理的意见》(中国铁建科设函〔2014〕380 号)。 (丁正全)

【桥梁建造技术】 中国铁建大桥局集团公司承建的石首长江公路大桥为主桥跨度 820 米的斜拉桥;重庆新鹅公岩长江大桥为主跨 600 米的自锚式悬索桥,是目前世界上同类型跨度最大的桥梁。中铁十八局集团公司承建的大瑞铁路怒江特大桥主跨 490 米,是目前世界上跨度最大的四线铁路钢桁拱桥。中铁第四勘察设计院集团公司设计的 50 米 +2×800 米 +50 米三塔公铁两用悬索桥,是目前中国铁建设计的最大跨度桥梁。中铁第四勘察设计院集团公司设计的世界最大跨度钢箱混合梁铁路斜拉桥——宁波铁路枢纽北环线甬江特大桥主跨 468 米,为目前国内铁路工程首次采用大跨度钢混结合梁斜拉桥结构,8 月 6 日主桥合龙。中铁十八局集团公司施工的云桂铁路丘北南盘江特大桥,是目前世界上最大跨度铁路劲性骨架混凝土拱桥,施工难度位居世界同类桥梁前列,主跨钢管劲性骨架顺利合龙。中铁二十二局集团公司承建的哈齐铁路客运专线松花江特大桥是世界首例四线系杆拱连续梁结构,于 7 月 17 日通车。这些桥梁的承建和关键技术的攻克,促进中国铁建桥梁施工技术水平的提升。 (李庆民)

【隧道及地下工程建设技术】 中铁十一局集团公司和中国铁建大桥局集团公司承建的神华新街台格庙矿区 TBM 工法长距离斜井实验工程,填补中国煤矿领域盾构法建设斜井的技术空白,将为煤矿高效集约化生产提供技术支撑,开创煤炭矿井建设新模式。中铁二十二局集团公司承建的国内在建最长单线铁路隧道——太兴铁路二青山隧道,全长 15.85 千米,7 月 16 日全线贯通。中铁十八局集团公司承建的国内在建最长铁路隧道——兰渝铁路西秦岭隧道,7 月 19 日全线贯通。中铁第四勘察设计院集团公司设计、中铁十四局集团公司施工的扬州瘦西湖隧道,盾构直径 14.93 米,攻克泥水环流系统改造、超大直径盾构机盾尾一次性调圆、在小半径大曲率曲线上精准接收、刀盘吊耳自行设计制作吊装等多项世界级技术难题,9 月 19 日顺利通车,进一步巩固中国铁建在大直径盾构施工领域的领先优势。中铁十五局集团公司承建的广深港铁路客运专线深圳益田路隧道为单孔双线设计,采用直径13.17米的盾构施工,最大开挖宽度14.18米,高12.13米,基坑最大埋深70米,是目前国内最大直径的高速铁路盾构隧道,12月29日顺利贯通。中铁十六局集团公司施工的西格二线关角隧道全长32.69千米,是中国最长的高海拔铁路隧道,12月28日顺利开通运营。中铁十八局集团公司承建的中央大道海河隧道是国内首条高震区沉管隧道,2014年全面建成。这些隧道工程的成功实施,标志着中国铁建在隧道设计施工技术的领先优势不断巩固。　(李庆民)

【高层建筑施工技术】　中铁建设集团公司依托承揽的南宁九州国际、江西省总商会企业总部、吉隆坡四季酒店、昆明南站等超高层、大跨度、超深基础等建筑工程实践,在特殊地基处理、超深基础、大跨度钢结构、高烈度条件下大跨度钢结构施工仿真技术、超高层建筑施工等方面,逐步形成具有自主知识产权的核心技术。新研发的大型建筑节能减排技术、沿海软土地区多紧邻超深基坑同步施工技术、三亚机场贵宾楼ETFE膜结构施工技术、机电工程计算机三维深化设计等技术,在相关工程中得到成功应用。中国铁建房地产集团公司完成的“基于中国铁建地产品牌的住宅开发产品线研究”课题,成果整体达到国内领先水平,在国家政策、社会民生、住宅产品开发的相关性研究上达到国际先进水平。中铁二十局集团公司承建的西咸空港综合保税区事务服务办理中心工程,主体结构建立BIM模型,并成功应用于工程施工。　(李庆民)

【“四电”技术】　加强高速铁路和城市轨道交通“四电”专业相关技术研究,接触网成套技术研究项目取得新突破,部分关键技术在施工和产品研发过程中得到试验和验证。解决客运专线有砟轨道接触网链形悬挂整体不可调吊弦、客运专线防灾系统、客运专线接触网腕臂分体式预配、城市轨道交通牵引供电系统和单承双导小半径曲线段接触网、防腐钢铝复合导电轨、电气化铁道特殊环境(强风强沙)用高强高导铜锡合金接触线等高速铁路、城市轨道交通“四电”工程和产品制造关键技术难题,从接触网导线和零部件产品制造、工厂化预配、不同速度下接触网精确计算和安装及静态检测等接触网成套技术研究取得新突破,形成电气化铁道接触网综合技术优势。同时,接触导线相关技术标准纳入电气化铁道用铜合金接触线的铁道行业标准体系,铜合金接触线获得“采用国际标准产品证书”。　(张立青)

【工业制造技术】　中国铁建重工集团公司依托国家863计划“大直径硬岩隧道掘进装备(TBM)关键技术研究及应用”重点项目支持,突破大直径TBM多系统协调技术、大功率、变载荷、高精度电液控制系统设计与集成技术、关键部件状态监测与诊断技术以及振动分析及减振技术等核心技术,国内首台大直径TBM掘进机下线,解决了目标工程“长距离、大埋深、高应力、高水压、高地温、大涌水、易岩爆”等地质特点和技术难点的适应性问题;承担的国家科技支撑计划“预切槽隧道施工成套设备关键技术研究”“盾构施工煤矿长距离斜井关键技术研究与示范”进入工程应用阶段,产品达到国际先进水平,顺利通过中期评估;自主研制的ZTS6250泥水平衡盾构机应用于沈阳地铁、兰州地铁,整体技术达到国际先进水平,部分技术达到国际领先水平;改进升级的“LSJ60链刀式连续墙”设备,集两代机技术优势于一体,整机技术达到国际先进水平;自主研制的国内首台“护盾式掘锚机”突破掘锚完全同步技术,解决煤矿掘锚失衡难题,已通过安标国家矿用产品新产品工业性试验,符合煤安标准要求。通过弹性夹的国产化研究、客运专线伸缩调节器研制、尖轨跟端锻压段加长压型工艺研究、重载弹条自动化生产线升级等技术突破,不断完善轨道系列产品规格,提高产品性能,扩大市场份额。昆明中铁大型养路机械集团公司生产的TX-65轨道吸污车、QJ-280桥梁检查车通过现场检测;生产的GZC-120高精度轨道作业测量车及HFX恒张力放线车批量生产,开发生产的具有自主知识产权的铁路大型养路机械DC-32N窄轨捣固车和SPZ-200N、DPZ-440N窄轨配碴整形车出口莫桑比克、安哥拉等国家。　(张立青)

【技术重难工程项目管理】　加强技术重难点工程的管控力度,根据工程项目所采用的技术、材料、设备、工艺情况及安全风险等情况,确定“宝兰客专渭河隧道”等24项工程为股份公司2014年技术重难点工程,其中新立项目9项、延续项目15项。组织审查港珠澳大桥珠海连接线、达州金南特大桥、阿尔及利亚铁路甘塔斯隧道、阿尔及利亚贝佳亚至阿尼夫高速公路连接线等项目施工技术方案,进一步建立健全施工技术方案管理体系,以施工技术方案的安全性、可靠性、适用性与经济性,为工程项目的安全、质量、进度、环保和效益提供技术支撑。　(李庆民)

【中国铁建优秀工法评选】　2014年12月,召开2014年度中国铁建股份有限公司优秀工法评审会议。此次申报和评审采用科技设计管理(TDMS)系统进行网上申报和评审,评审分初评和终评两步进行。全系统申

报工法265项,评出优秀工法146项,其中一等工法68项、二等工法78项。(李庆民)

【省部级工法认定】 2014年,中国铁建系统获省部级工法273项。其中,铁路建设工程部级工法88项,占全部铁路建设工程部级工法的58.3%。(张立青)

【技术标准工作】 2014年,中国铁建积极参加国际、国家、行业和地方工程建设标准的制定和修订工作,主持或参与编制《钢管混凝土结构技术规范》(GB 50936-2014)、《地铁设计规范》(GB50157-2013)、《建筑工程裂缝防治技术规程》(JGJ/T317-2014)和《地下工程地质环境保护技术规范》(DBJ50/T-189-2014)等5项国家、行业和地方技术标准;同时,各单位积极加强企业技术标准的制定,全系统制定《黄土隧道设计规范》(Q/CR9511-2014)等企业标准43项。根据《中国铁建股份有限公司技术标准管理办法》,对2012—2013年度各单位主持制定和修订的国家、行业和地方工程建设标准给予资金奖励,对国际标准《轨道交通地面装置电力牵引架空接触网》(IEC 60913:2013)等19项技术标准共奖励资金47万元,以进一步鼓励所属单位积极申报各级技术标准的制定和修订,增强技术标准制定的发言权。(张立青)

【中国铁建优秀科技论文评选】 根据《中国铁建股份有限公司优秀科技论文管理办法》,评出2014年度中国铁建优秀科技论文145篇,其中一等奖56篇、二等奖89篇。汇编出版《2013年度中国铁建优秀科技论文汇编》,全书收录2013年度股份公司优秀科技论文143篇,免费发放各单位供工程技术和管理人员学习和参考,落实科技成果转化和技术积累,加快宣传和进入基层。(张立青)

【7项工程获中国土木工程詹天佑奖】 12月4日,第12届中国土木工程詹天佑奖颁奖典礼在北京新疆大厦举行,中国铁建副总裁夏国斌应邀参加颁奖典礼。中国铁建参建的京沪高速铁路、南京南站站房工程、沪蓉西高速公路支井河特大桥、秦岭终南山公路隧道、青岛胶州湾海底隧道、北京地铁大兴线、北京地铁10号线国贸站7项工程获得第12届中国土木工程詹天佑奖。系统内有16家单位获奖。(李庆民)

【36项工程被评为全国建筑业绿色施工示范工程】 2014年,中国铁建加大全国建筑业绿色施工示范工程的申报力度,全系统有44项工程申报中国建筑业协会第4批全国建筑业绿色施工示范工程,经评定,成昆铁路米易至攀枝花段攀枝花南站等36项工程被评为第四批全国建筑业绿色施工示范工程。(李庆民)

【中国铁建BIM技术交流培训会】 7月1—3日,由中国铁建和北京轨道建筑学会组织、中铁二十局集团公司承办的中国铁建BIM技术交流培训会在陕西省西安市召开。中国铁建所属单位技术负责人、负责BIM业务的部门负责人和专业技术人员130余人参加会议。中国铁建副总裁夏国斌出席会议并讲话。会议由股份公司科技设计部王清明部长主持。培训会邀请中铁第一勘察设计院集团公司、欧特克公司、上海现代建筑设计集团、奔特力公司、北京华创汇翔公司、希盟泰克公司、鲁班软件公司、广联达软件股份有限公司以及中铁二十局集团公司13位专家进行BIM技术授课,并组织观摩中铁二十局集团公司西咸空港综合保税区事务服务办理中心施工现场。通过技术交流培训及现场观摩,与会人员进一步掌握了BIM技术的相关知识,将推动BIM技术在全系统内的实践与应用。(李庆民)

【获省部级以上勘察设计奖107项】 2014年,全系统获得各类省部级以上勘察设计咨询奖107项。其中,国际咨询奖励4项;全国勘察设计奖励12项;省部级91项。(徐惠纯)

【中国铁建勘察设计咨询奖评选】 根据中国铁道建筑总公司《优秀工程勘察设计评选奖励办法》《优秀工程标准设计评选奖励办法》《优秀工程勘察设计软件评选奖励办法》和《优秀工程咨询成果奖评选奖励办法(试行)》的有关规定,评出2014年度中国铁建优秀工程勘察成果25项、优秀工程设计成果112项、优秀工程标准设计成果12项、优秀工程勘察设计软件16项、优秀工程咨询成果48项。(黄宁)

【北京轨道建筑学会一届三次理事会】 5月14日在陕西省西安市召开。学会理事长、中国铁建副总裁夏国斌,常务副理事长、中国铁建总工程师韩风险等44位理事及理事代表出席会议。会议肯定学会2013年度的工作;增补中铁城建集团公司为理事单位;增补调整学会理事和副理事长、监事和监事长、专业委员会负责人。会议审议通过修订学会章程、补充修改学会会员和专业委员会两个管理办法、调整学会组织机构、增设三维信息暨BIM技术专业委员会等事项。(李小和)

【北京轨道建筑学会专业委员会活动】 9月15—17

日，北京轨道建筑学会高原及寒区铁路专业委员会在青海省西宁市召开高原高寒地区交通工程设计与施工新技术交流会，同时举行北京轨道建筑学会高原及寒区铁路专业委员会成立仪式。11月，桥梁专业委员会结合重庆鹅公岩轨道专用桥在建工程，组织召开桥梁基础施工技术交流会。（李小和）

【北京轨道建筑学会科技社团活动】 5月14—15日，北京轨道建筑学会在陕西省西安市召开简支箱梁节段预制胶接拼装技术交流暨桥梁施工技术培训会，为保证中国铁建在铁路大规模推广应用该项新技术时占领先机，保持领先地位起到较好的推动作用。根据中国铁建承建的贵阳轨道交通1号线工程建设需要，在贵州省贵阳市召开城市地铁隧道节能环保水压爆破技术交流会，推动水压爆破技术在城市地铁隧道，特别是在贵阳轨道交通1号线暗挖施工中的应用。针对中铁第五勘察设计院集团公司及学会所属轨道战备专业委员会课题研发需要，召开第二代铁路舟桥器材关键技术研讨会，对舟桥后续研发工作提出建设性意见。学会与锚固与注浆分会联合举办锚固注浆与高风险隧道施工技术研讨班，对中国铁建所属集团公司高风险隧道锚固注浆、高瓦斯隧道施工起到积极的促进作用。（李小和）

中国铁建荣获第12届中国土木工程詹天佑奖情况

序号	获奖工程名称	获 奖 单 位
1	南京南站站房工程	中铁第四勘察设计院集团公司
2	沪蓉西高速公路支井河特大桥	中国铁建大桥工程局集团公司
3	京沪高速铁路	中铁第四勘察设计院集团公司、中铁十七局集团公司、中铁十八局集团五公司、中铁十九局集团公司、中铁十六局集团五公司、中铁十二局集团公司、中铁十四局集团五公司、中铁十五局集团六公司、中铁十一局集团公司、中铁建设集团公司、中铁二十四局集团公司、甘肃铁一院工程监理公司、北京铁城建设监理公司、北京铁研建设监理公司
4	秦岭终南山公路隧道	中铁十二局集团公司、中铁第一勘察设计院集团公司、中铁十八局集团公司、中铁二十一局集团三公司
5	青岛胶州湾海底隧道	中铁十六局集团公司、中铁十八局集团公司、中铁十九局集团公司、甘肃铁一院工程监理公司
6	北京地铁大兴线	中铁十八局集团公司
7	北京地铁10号线国贸站	中铁十六局集团公司

（制表：李庆民）

2014年度中国铁建荣获第4批全国建筑业绿色施工示范工程情况

序号	工 程 名 称	承 建 单 位
1	成昆铁路米易至攀枝花段攀枝花南站	中铁十一局集团公司
2	成昆铁路米易至攀枝花段总发隧道	中铁十一局集团公司
3	北京地铁16号线工程土建施工02合同段	中铁十一局集团公司
4	神华神东补连塔煤矿2号辅运平硐工程	中铁十一局集团公司
5	福平铁路FPZQ－4标段北东口水道特大桥	中国铁建大桥工程局集团公司
6	杭州市紫之隧道（紫金港路—之江路）工程第Ⅱ标段	中铁十六局集团公司
7	乌鲁木齐轨道交通1号线工程07标段	中铁十六局集团公司
8	兰州轨道1号线一期TJI－5标段	中铁十六局集团公司

续表

序号	工　程　名　称	承　建　单　位
9	呼和浩特市2014年北线及西线快速路工程	中铁十六局集团公司
10	新建京沈铁路客运专线辽宁段站前工程TJ－8标段	中铁十七局集团公司
11	武汉轨道交通6号线一期土建工程第12标段	中铁十七局集团公司
12	新建张家口至呼和浩特铁路站前工程ZHZQ－2标段怀安站特大桥	中铁十七局集团公司
13	西藏贡嘎机场至泽当专用公路嘎拉山隧道雅江特大桥扩建工程B标段	中铁十七局集团四公司
14	新建九景衢铁路江西段JQJXZQ－3标段东河特大桥	中铁十七局集团公司
15	福州绕城公路东南段A1合同段	中铁十七局集团六公司
16	北京市房山区圣水嘉苑居住、公建混合项目四期	中铁十八局集团公司、中铁十八局集团六公司
17	天津地铁1号线东延至国家会展中心项目土建施工第1合同段工程	中铁十八局集团公司、中铁十八局集团五公司
18	新建北京至沈阳铁路客运专线河北段(不含先期开工段)站前工程JSJJSG－8标段	中铁十九局集团公司
19	中铁十九局集团京沈铁路客运专线辽宁段TJ－3标段	中铁十九局集团公司
20	1号办公、商业楼(长城金融工程项目)	中铁建设集团公司
21	A座商业办公楼等5项(奥体南区2号地项目)	中铁建设集团公司
22	百度科技园(二期)	中铁建设集团公司
23	五里坨规模学校建设工程	中铁建设集团公司
24	中国人寿研发中心二期I01地块研发中心E座	中铁建设集团公司
25	东航技术应用研发中心项目	中铁建设集团公司
26	东海县人民医院迁建工程	中铁建设集团公司
27	海口日月广场	中铁建设集团公司
28	海棠湾红树林七星级度假酒店	中铁建设集团公司
29	南宁龙光国际工程	中铁建设集团公司
30	新建云桂铁路引入昆明枢纽昆明南站站房工程	中铁建设集团公司
31	新建九江至南昌城际铁路工程南昌站改造工程	中铁建设集团公司
32	黄山北站站房及相关工程	中铁建设集团公司
33	长春市首地·首城E区	中铁建设集团公司
34	蔚蓝家园	中铁建设集团公司第十建设公司
35	包商银行商务大厦	中铁建设集团公司第十建设公司
36	燕翔饭店改扩建项目(酒店、写字楼及商业设施)	中铁十六局集团公司

(制表:李庆民)

中国铁建荣获2014年度省部级以上科学技术奖情况

序号	获奖项目名称	奖励等级	授奖机关	获奖单位及排名
1	高水压浅覆土复杂地形地质超大直径长江盾构隧道成套工程技术	二等奖	国务院	中国铁建、十四局、铁四院
2	跨龙门山活动断裂带大规模高速公路隧道群建设及营运安全控制技术	特等奖	中国公路学会	十五局
3	高速铁路接触网系统技术及其工程应用	特等奖	中国铁道学会	铁四院、电气化局
4	复杂地质特长公路隧道建设与运营节能关键技术	一等奖	陕西省	十二局
5	带状深风化富水陡倾软弱构造隧道修建技术	一等奖	中国铁道学会	十二局
6	软弱围岩隧道变形特征与稳定性控制技术	一等奖	中国铁道学会	十二局、铁一院
7	紧临既有线承压富水砂土互层地铁暗挖关键技术研究	一等奖	吉林省	大桥局
8	地铁大直径泥水盾构长距离穿越长江建造技术	一等奖	山东省	十四局
9	浅埋软土大直径泥水盾构下穿海河隧道施工技术研究	一等奖	中国铁道学会	十六局
10	高寒地区高速铁路路基防冻胀结构与冻胀监测技术研究及应用	一等奖	中国铁道学会	十六局
11	京石武高速铁路高可靠性接触网成套装备与集成关键技术	一等奖	北京市	电气化局
12	客运专线接触网防(融)冰技术及运行试验	一等奖	中国铁道学会	铁一院
13	哈大客运专线大跨度钢箱叠拱桥关键技术研究	一等奖	中国铁道学会	铁一院
14	新丰镇编组站综合自动化系统(SAM)	一等奖	中国铁道学会	铁一院
15	9600千瓦大功率机车整车动态试验装备	一等奖	湖北省	铁四院
16	主跨248米单线铁路连续刚构与三肢衍式拱组合结构桥创新技术	一等奖	中国铁道学会	铁四院
17	沪宁城际铁路施工安全与沉降监测技术研究	一等奖	中国铁道学会	铁四院
18	京沪高速铁路刚性桩复合地基处理综合技术	一等奖	中国铁道学会	铁四院、十七局、十二局
19	高速铁路大跨度钢桥无砟轨道应用基础研究	一等奖	中国铁道学会	铁四院
20	无砟轨道组合式轨排法施工技术及装备	一等奖	北京市	铁五院
21	高速铁路扣件系统	一等奖	中国铁道学会	铁建重工
22	深长岩溶隧道群突水突泥地质灾害控制关键技术及工程应用	二等奖	中国公路学会	十一局
23	复杂地质条件特长公路隧道施工技术	二等奖	山西省	十二局
24	鹰鹞山特长复杂地质隧道施工关键技术	二等奖	山西省	十二局
25	大相岭泥巴山深埋特长隧道关键技术研究	二等奖	四川省	十二局
26	狮子洋隧道复合地层盾构掘进姿态控制与对接技术	二等奖	中国铁道学会	十二局、铁四院
27	西南地区滇中红层软弱围岩隧道变形控制技术	二等奖	中国铁道学会	十二局
28	京沪高速铁路 CRTS Ⅱ型板式无砟轨道综合施工技术	二等奖	中国铁道学会	十二局、铁四院
29	京沪高速铁路岩石边坡精准控制爆破技术的研究	二等奖	中国铁道学会	十二局、铁四院

续表

序号	获奖项目名称	奖励等级	授奖机关	获奖单位及排名
30	西部复杂富水地层大断面铁路隧道施工关键技术研究	二等奖	吉林省	大桥局
31	复杂环境条件深大基坑施工技术研究与工程应用	二等奖	天津市	大桥局
32	乌蒙山 2 号四线车站隧道修建技术研究	二等奖	中国铁道学会	大桥局
33	膨胀性上覆湿陷性黄土隧道大变形演化机理及施工关键技术	二等奖	山东省	十四局
34	310 米跨双索面钢混梁全漂浮体系独塔斜拉桥建造技术研究	二等奖	河南省	十五局
35	不停航机场跑道下大断面隧道修建技术	二等奖	北京市	十六局、中铁城建
36	城际铁路多梁型梁场建设及箱梁预制关键技术深化研究	二等奖	中国铁道学会	十六局
37	新线建设关键技术研究——复杂地质地下工程施工安全控制技术研究	二等奖	中国铁道学会	十六局
38	高速铁路大跨度道岔连续梁桥综合施工技术研究	二等奖	中国铁道学会	十九局
39	新生地震带长大隧道综合施工技术	二等奖	中国铁道学会	十九局
40	新疆高温差地区连续箱梁转体施工技术研究及应用	二等奖	新疆维吾尔自治区	二十一局
41	M5－10 车载式布枕机研制与应用	二等奖	中国铁道学会	二十二局
42	岩溶地质倾斜岩面钻孔桩施工技术	二等奖	中国铁道学会	二十二局
43	上海轨道交通 2 号线东延伸工程关键技术	二等奖	上海市	二十四局
44	特复杂条件下特长隧道安全施工关键技术及应用	二等奖	中国铁道学会	二十五局
45	宁波站船型预应力拉索张弦钢结构施工技术研究	二等奖	中国铁道学会	中铁建设
46	大型站房深基坑灾变模式研究与实时监测系统	二等奖	中国铁道学会	中铁建设
47	青藏线西格段盐湖地区电气化接触网基础防腐及稳定性研究	二等奖	中国铁道学会	电气化局
48	新丰镇铁路编组站修建关键技术研究	二等奖	陕西省	铁一院
49	电气化铁路装卸作业区智能移动接触网技术研究	二等奖	中国铁道学会	铁一院
50	基于真实感场景的线路协同设计平台研究	二等奖	中国铁道学会	铁一院
51	关中城市群综合交通规划研究	二等奖	中国铁道学会	铁一院
52	列车运行控制系统工程设计、仿真与优化平台	二等奖	中国铁道学会	铁一院
53	珍珠岩尖劈共振吸声砖	二等奖	湖北省	铁四院
54	扁板侧胀试验测定水平固结系数的技术与应用	二等奖	中国铁道学会	铁四院
55	特长铁路隧道救援站防灾关键技术研究	二等奖	中国铁道学会	铁四院
56	上海动车段检修关键技术研究	二等奖	中国铁道学会	铁四院
57	超浅埋偏压暗挖隧道设计及施工技术	二等奖	中国铁道学会	铁四院
58	高速铁路路基现场动力试验系统研究	二等奖	中国铁道学会	铁四院
59	铁路工程测量控制网技术体系及标准研究	二等奖	中国铁道学会	铁四院

续表

序号	获奖项目名称	奖励等级	授奖机关	获奖单位及排名
60	铁路主要大型临时工程设计技术研究	二等奖	中国铁道学会	铁五院
61	铁路双线32/64米跨度箱形简支梁节段拼装关键技术研究	二等奖	中国铁道学会	铁五院、铁一院
62	无砟轨道组合式轨排法施工技术及装备研究	二等奖	中国铁道学会	铁五院
63	高烈度区单线铁路大跨预应力混凝土连续梁桥抗震设计关键技术	二等奖	中国铁道学会	上海院
64	新建铁路合蚌客专主跨160米无砟轨道连续梁拱组合桥设计研究	二等奖	中国铁道学会	上海院
65	军用顶端站台优化设计与应用	二等奖	中国铁道学会	上海院
66	轨道交通隧道内整体道床的施工方法	三等奖	湖北省	十一局
67	连续梁上跨时速350千米高速铁路转体施工技术	三等奖	中国铁道学会	十一局
68	西南地区“滇中红层”软弱围岩隧道变形开裂控制技术	三等奖	云南省	十二局
69	铁路大型客站复杂钢结构施工结构行为与风载特征试验研究	三等奖	山西省	十二局
70	特殊地质复杂环境地铁区间隧道施工关键技术	三等奖	山西省	十二局
71	干燥粉细砂地层超大断面隧道施工关键技术研究	三等奖	山西省	十二局
72	京沪高铁济南西站综合施工关键技术研究与应用	三等奖	山西省	十二局、中铁城建
73	挤压性高地应力破碎围岩施工关键技术	三等奖	中国铁道学会	十二局
74	节理化板岩地层高速公路隧道光面爆破施工关键技术研究与应用	三等奖	中国公路学会	十二局
75	寒区浅埋软塑粘土地层地铁隧道综合施工技术	三等奖	天津市	大桥局
76	西部山区超大渗压涌水隧洞及滑坡泥石流频发区域双洞隧道施工技术	三等奖	四川省	大桥局
77	时速350千米客运专线CRTSⅠ型板式无砟轨道施工及精密测量远程监控技术	三等奖	中国铁道学会	十四局
78	波形钢腹板箱梁独斜塔双索面无背索斜拉桥关键技术研究	三等奖	河南省	十五局
79	客运专线低高度运梁车研制	三等奖	中国铁道学会	十五局
80	复杂环境高含水砂粘土复合地层土压平衡盾构掘进机施工关键技术研究	三等奖	山西省	十七局
81	大跨度波形钢腹板桥梁施工关键技术研究	三等奖	天津市	十八局
82	CRTSⅢ型板式无砟轨道施工工艺及关键技术研究	三等奖	天津市	十八局
83	复杂地质小直径开敞式TBM设计施工关键技术	三等奖	河北省	十九局
84	杭长客专艰险困难山区高铁箱梁架设技术	三等奖	中国铁道学会	二十局
85	综合项目管理信息系统开发及应用	三等奖	中国铁道学会	二十局
86	兰新第二双线强风段戈壁路基填料特性、施工技术研究及应用	三等奖	新疆维吾尔自治区	二十一局
87	跨既有线及湟水河高速铁路128米连续梁综合施工技术	三等奖	青海省	二十一局
88	铁路钢桁梁大桥跨高速公路大跨度双门洞高位拼装落梁法施工技术	三等奖	中国铁道学会	二十一局
89	SVM1000型铺轨机组升级改造及应用	三等奖	中国铁道学会	二十二局

续表

序号	获奖项目名称	奖励等级	授奖机关	获奖单位及排名
90	穿隧式运架一体机研制及应用	三等奖	中国铁道学会	二十二局
91	冲击钻机自动控制施工技术应用研究	三等奖	贵州省	二十三局
92	高速铁路 CRTSⅡ型板式无砟轨道 42 号道岔桥上铺设技术	三等奖	中国铁道学会	二十四局
93	铁路 128 米双线简支下承式钢桁梁浮托架设技术研究	三等奖	中国铁道学会	二十四局
94	隧道围岩失稳控制理论及施工关键技术	三等奖	湖南省	二十五局
95	特殊地质条件下地下连续墙成槽技术	三等奖	中国铁道学会	二十五局
96	软弱覆盖层下伏中等强度基岩大直径钻孔桩旋挖施工技术	三等奖	中国铁道学会	二十五局
97	简易吊架安拆 D 型便梁施工技术	三等奖	中国铁道学会	二十五局
98	高速铁路客运专线既有线施工安全技术研究	三等奖	中国铁道学会	中铁城建、二十五局
99	石武铁路客运专线信号系统接入既有郑西客专技术研究	三等奖	中国铁道学会	电气化局
100	隧道接触网滑轮补偿装置防偏磨防卡滞施工技术	三等奖	中国铁道学会	电气化局
101	WorldView 卫星立体像对数据数字测图方法及精度研究	三等奖	中国铁道学会	铁一院
102	无砟轨道“三网合一”测量体系在 CPⅢ控制网复测与养护中的应用	三等奖	中国铁道学会	铁一院
103	设计信息模型（BIM）技术研究	三等奖	中国铁道学会	铁一院
104	城轨线路三维快速设计理论与技术研究	三等奖	中国铁道学会	铁一院
105	客运专线、城际铁路通过能力计算方法及天窗设置方式研究	三等奖	中国铁道学会	铁一院
106	接触网开关站与无线遥控隔离开关的研究	三等奖	中国铁道学会	铁一院
107	铁路枢纽总图规划评价体系研究报告	三等奖	中国铁道学会	铁四院
108	新型阻尼材料及阻尼控制技术在桥梁工程中的应用研究	三等奖	中国铁道学会	铁四院
109	工程地震勘探高压气体冲击震源系统的开发应用	三等奖	中国铁道学会	铁四院
110	铁路 GSM－R 系统无线覆盖工程设计关键技术	三等奖	中国铁道学会	铁四院
111	高速铁路建设节能减排重点技术研究	三等奖	中国铁道学会	铁四院
112	新型动车组检查库热环境分析	三等奖	中国铁道学会	铁四院
113	三角洲相软土地区运营高速铁路路基变形及其应对措施	三等奖	中国铁道学会	铁四院、二十四局
114	京沪高速铁路高架车站减振降噪控制技术	三等奖	中国铁道学会	铁四院
115	铁路路基施工质量快速检测方法研究	三等奖	中国铁道学会	铁五院
116	重载铁路轻型桥墩简支梁桥动力响应分析与加固技术研究	三等奖	中国铁道学会	铁五院
117	高速铁路精密测量关键技术应用研究及相关设备开发	三等奖	中国铁道学会	上海院
118	高速铁路扣件弹条自动化生产线研制	三等奖	中国铁道学会	铁建重工
119	工程监理项目管理系统	三等奖	中国铁道学会	铁城监理

（制表：丁正全）

中国铁建荣获2014年度省部级以上工程勘察设计“四优”奖情况

序号	项目名称	完成单位	评选单位	奖励类别	获奖等级
1	西安地铁2号线	铁一院	国际咨询工程师联合会	FIDIC全球杰出工程奖	国际
2	兰新铁路乌鞘岭隧道	铁一院	国际咨询工程师联合会	FIDIC优秀工程提名奖	国际
3	重庆万州长江二桥	铁一院	国际咨询工程师联合会	FIDIC优秀工程提名奖	国际
4	武汉至广州高速铁路	铁四院	国际咨询工程师联合会	FIDIC优秀工程提名奖	国际
5	京沪高速铁路DK950+039－DK1148+522段工程	铁四院	中国施工企业管理协会	全国工程建设项目优秀设计成果	一等奖
6	汉宜铁路汉江沉湖特大桥	铁四院	中国施工企业管理协会	全国工程建设项目优秀设计成果	二等奖
7	哈大铁路客运专线长春西站及站台雨棚工程	铁一院	中国施工企业管理协会	全国工程建设项目优秀设计成果	三等奖
8	新建石家庄至武汉铁路客运专线驻马店特大桥工程	铁四院	中国施工企业管理协会	全国工程建设项目优秀设计成果	三等奖
9	向莆铁路精密测量控制工程	铁四院	中国测绘地理信息学会	全国优秀测绘工程奖	金奖
10	新建连云港至盐城铁路精密控制测量	铁五院	中国测绘地理信息学会	全国优秀测绘工程奖	银奖
11	厦深铁路(广东段)精密测量控制工程	铁四院	中国测绘地理信息学会	全国优秀测绘工程奖	铜奖
12	京沪高速铁路南京南站房空调系统设计	铁四院	中国建筑学会	优秀暖通空调设计奖	一等奖
13	南京南站主站房	铁四院	中国建筑学会	优秀给水排水设计奖	一等奖
14	武汉地铁2号线一期工程集成冷站及其节能控制系统设计	铁四院	中国建筑学会	优秀暖通空调设计奖	二等奖
15	深圳福田综合交通枢纽大型地铁换乘车站通风空调系统设计	铁四院	中国建筑学会	优秀暖通空调设计奖	二等奖
16	深圳北站	铁四院	中国建筑学会	优秀暖通空调设计奖	二等奖
17	兰渝铁路兰州枢纽长寿山特长隧道工程地质勘察	铁一院	甘肃省勘察设计协会	甘肃省优秀工程勘察设计奖	二等奖
18	兰渝线兰州枢纽电气化工程设计	铁一院	甘肃省勘察设计协会	甘肃省优秀工程勘察设计奖	二等奖
19	兰州北编组站机务设备设计	铁一院	甘肃省勘察设计协会	甘肃省优秀工程勘察设计奖	三等奖
20	兰州枢纽大砂坪特大桥施工图设计	铁一院	甘肃省勘察设计协会	甘肃省优秀工程勘察设计奖	三等奖
21	新建铁路兰渝线兰州枢纽长寿山隧道设计	铁一院	甘肃省勘察设计协会	甘肃省优秀工程勘察设计奖	三等奖
22	兰渝线兰州北编组站综合自动化系统设计	铁一院	甘肃省勘察设计协会	甘肃省优秀工程勘察设计奖	三等奖
23	汉口站房改扩建工程项目	铁四院	湖北省住房和城乡建设厅	湖北省优秀工程勘察设计奖	一等奖
24	武汉轨道交通2号线一期工程总体设计项目	铁四院	湖北省住房和城乡建设厅	湖北省优秀工程勘察设计奖	一等奖
25	向莆铁路越岭隧道群工程地质勘察	铁四院	湖北省住房和城乡建设厅	湖北省优秀工程勘察设计奖	一等奖
26	石家庄至武汉铁路客运专线郑州至武汉段工程地质勘察	铁四院	湖北省住房和城乡建设厅	湖北省优秀工程勘察设计奖	一等奖
27	宜昌至万州铁路工程项目	铁四院	湖北省住房和城乡建设厅	湖北省优秀工程勘察设计奖	一等奖
28	南京至杭州铁路客运专线采空区工程地质勘察及选线项目	铁四院	湖北省住房和城乡建设厅	湖北省优秀工程勘察设计奖	二等奖
29	宁德至武夷山高速公路S4合同段工程地质勘察项目	铁四院	湖北省住房和城乡建设厅	湖北省优秀工程勘察设计奖	二等奖

续表

序号	项目名称	完成单位	评选单位	奖励类别	获奖等级
30	宁德至武夷山高速公路工程项目	铁四院	湖北省住房和城乡建设厅	湖北省优秀工程勘察设计奖	二等奖
31	武汉客运专线基础设施综合维修基地工程项目	铁四院	湖北省住房和城乡建设厅	湖北省优秀工程勘察设计奖	二等奖
32	武汉至宜昌铁路项目	铁四院	湖北省住房和城乡建设厅	湖北省优秀工程勘察设计奖	三等奖
33	昆明轨道交通1号线高架桥项目	铁四院	湖北省住房和城乡建设厅	湖北省优秀工程勘察设计奖	三等奖
34	杭州至宁波铁路客运专线精密控制测量项目	铁四院	湖北省住房和城乡建设厅	湖北省优秀工程勘察设计奖	三等奖
35	昆明机场轨道交通示范线(6号线)一期工程	铁四院	云南省住房和城乡建设厅	云南省优秀工程勘察设计奖	一等奖
36	武汉火车站设计	铁四院	湖北省住房和城乡建设厅	湖北“荆楚派”建筑风格设计奖	优秀奖
37	恩施火车站设计	铁四院	湖北省住房和城乡建设厅	湖北“荆楚派”建筑风格设计奖	入围奖
38	武昌火车站设计	铁四院	湖北省住房和城乡建设厅	湖北“荆楚派”建筑风格设计奖	入围奖
39	哈前公路(齿轮路至王岗段)铁路立交桥工程	铁五院	黑龙江省住房和城乡建设厅	黑龙江省市政公用工程设计奖	二等奖
40	苏州市轨道交通1号线区间工程	铁四院	苏州市住房和城乡建设局	苏州市城乡建设系统优秀勘察设计轨道交通工程设计奖	一等奖
41	苏州市轨道交通1号线星港街站	铁四院	苏州市住房和城乡建设局	苏州市城乡建设系统优秀勘察设计轨道交通工程设计奖	一等奖
42	苏州市轨道交通1号线工程通信(含综合监控系统)、信号、自动售检票系统设计	铁四院	苏州市住房和城乡建设局	苏州市城乡建设系统优秀勘察设计轨道交通工程设计奖	一等奖
43	苏州市轨道交通1号线通风空调、给排水及消防、气体灭火工程	铁四院	苏州市住房和城乡建设局	苏州市城乡建设系统优秀勘察设计轨道交通工程设计奖	二等奖
44	苏州轨道交通1号线供电系统、环境与设备监控系统(BAS)、火灾自动报警(FAS)	铁四院	苏州市住房和城乡建设局	苏州市城乡建设系统优秀勘察设计轨道交通工程设计奖	二等奖
45	苏州轨道交通1号线滨河路站~三元村站区间工程	铁四院	苏州市住房和城乡建设局	苏州市城乡建设系统优秀勘察设计轨道交通工程设计奖	三等奖
46	苏州市轨道交通1号线会展中心站	铁四院	苏州市住房和城乡建设局	苏州市城乡建设系统优秀勘察设计轨道交通工程设计奖	三等奖
47	关中城市群城际铁路网规划研究报告	铁一院	陕西省工程咨询协会	陕西省优秀工程咨询成果奖	一等奖
48	新建铁路大同—西安客运专线无砟轨道铺设测量咨询评估报告	铁一院	陕西省工程咨询协会	陕西省优秀工程咨询成果奖	一等奖
49	西安市城市快速轨道交通建设规划(2012—2018)	铁一院	陕西省工程咨询协会	陕西省优秀工程咨询成果奖	一等奖
50	银西线何寨至乾县段渭河盆地北缘断裂及地裂缝专题研究	铁一院	陕西省工程咨询协会	陕西省优秀工程咨询成果奖	一等奖
51	铁岭市莲花湖城市湿地公园对哈大铁路客运专线辽河1号特大桥的安全评估报告	铁一院	陕西省工程咨询协会	陕西省优秀工程咨询成果奖	二等奖
52	新建太原枢纽(北六堡)物流中心工程可行性研究	铁一院	陕西省工程咨询协会	陕西省优秀工程咨询成果奖	二等奖
53	乌鲁木齐轨道交通1号线(三屯碑至机场)工程可行性研究	铁一院	陕西省工程咨询协会	陕西省优秀工程咨询成果奖	二等奖
54	兰州市城市轨道交通1号线一期工程(陈官营—东岗段)节能评估报告	铁一院	陕西省工程咨询协会	陕西省优秀工程咨询成果奖	二等奖
55	新建铁路宝兰客专初步设计黄土陷穴特性专题研究报告	铁一院	陕西省工程咨询协会	陕西省优秀工程咨询成果奖	二等奖

续表

序号	项目名称	完成单位	评选单位	奖励类别	获奖等级
56	新建铁路黔江至张家界至常德线（湖南段）建设场地地质灾害危险性评估报告	铁一院	陕西省工程咨询协会	陕西省优秀工程咨询成果奖	二等奖
57	关中城市群城际铁路网规划环境影响报告书	铁一院	陕西省工程咨询协会	陕西省优秀工程咨询成果奖	二等奖
58	南宁市轨道交通2号线工程（玉洞—西津）环境影响报告书	铁一院	陕西省工程咨询协会	陕西省优秀工程咨询成果奖	二等奖
59	关中城市群综合交通网规划方案研究报告	铁一院	陕西省工程咨询协会	陕西省优秀工程咨询成果奖	三等奖
60	松平输水管线穿越哈大高速铁路何家沟特大桥安全性评估报告	铁一院	陕西省工程咨询协会	陕西省优秀工程咨询成果奖	三等奖
61	新建铁路黄大线项目核准申请报告	铁一院	陕西省工程咨询协会	陕西省优秀工程咨询成果奖	三等奖
62	新疆红柳河—淖毛湖铁路节能评估报告	铁一院	陕西省工程咨询协会	陕西省优秀工程咨询成果奖	三等奖
63	新建铁路宝兰客运专线初步设计渭河隧道水文地质专题研究报告	铁一院	陕西省工程咨询协会	陕西省优秀工程咨询成果奖	三等奖
64	重庆市拟建小区建设项目对黄泥包滑坡治理工程安全影响论证报告	铁一院	陕西省工程咨询协会	陕西省优秀工程咨询成果奖	三等奖
65	兰州市城市轨道交通1号线一期工程（陈官营—东岗段）环境影响报告书	铁一院	陕西省工程咨询协会	陕西省优秀工程咨询成果奖	三等奖
66	西安铁路枢纽西安站改扩建工程环境影响报告书	铁一院	陕西省工程咨询协会	陕西省优秀工程咨询成果奖	三等奖
67	新建铁路新疆红柳河—淖毛湖铁路环境影响报告书	铁一院	陕西省工程咨询协会	陕西省优秀工程咨询成果奖	三等奖
68	新建铁路大同至西安铁路（运城—西安段）环境影响报告书	铁一院	陕西省工程咨询协会	陕西省优秀工程咨询成果奖	三等奖
69	武汉轨道交通7号线一期工程可行性研究报告	铁四院	湖北省工程咨询协会	湖北省优秀工程咨询成果奖	一等奖
70	锦州港至白音华铁路扩能工程项目申报报告评估报告	铁四院	湖北省工程咨询协会	湖北省优秀工程咨询成果奖	一等奖
71	新建铁路哈尔滨—大连客运专线工程项目管理报告	铁四院	湖北省工程咨询协会	湖北省优秀工程咨询成果奖	二等奖
72	珠江三角洲地区轨道交通一体化规划	铁四院	湖北省工程咨询协会	湖北省优秀工程咨询成果奖	二等奖
73	怀化—邵阳—衡阳铁路可行性研究报告	铁四院	湖北省工程咨询协会	湖北省优秀工程咨询成果奖	三等奖
74	宁杭铁路客运专线铁路南京（爱景山）锶矿段安全论证报告	铁四院	湖北省工程咨询协会	湖北省优秀工程咨询成果奖	优秀奖
75	新建铁路锦州至赤峰线调整投资评估报告	铁四院	湖北省工程咨询协会	湖北省优秀工程咨询成果奖	优秀奖
76	滨北线松花江公铁两用桥改建工程可行性研究报告	铁五院	北京市工程咨询协会	北京市优秀工程咨询成果奖	一等奖
77	北京市房山区良乡体育中心二期建设工程可行性研究报告	铁五院	北京市工程咨询协会	北京市优秀工程咨询成果奖	一等奖
78	锦州港—白音华铁路扩能工程项目建议书	铁五院	北京市工程咨询协会	北京市优秀工程咨询成果奖	二等奖
79	新建地方铁路鱼卡（红柳）至一里坪可行性研究评审报告	铁五院	北京市工程咨询协会	北京市优秀工程咨询成果奖	二等奖
80	北京市中心区排水管网改造一期工程项目建议书（代可行性研究报告）评估报告	铁五院	北京市工程咨询协会	北京市优秀工程咨询成果奖	二等奖
81	北京电影学院图书馆综合教学楼建设工程项目建议书（代可行性研究报告）评估报告	铁五院	北京市工程咨询协会	北京市优秀工程咨询成果奖	二等奖
82	北京市自来水集团孙河供水站工程项目建议书（代可行性研究报告）评估报告	铁五院	北京市工程咨询协会	北京市优秀工程咨询成果奖	二等奖

续表

序号	项目名称	完成单位	评选单位	奖励类别	获奖等级
83	国家质检中心贵阳基地工程建设项目可行性研究报告	铁五院	北京市工程咨询协会	北京市优秀工程咨询成果奖	二等奖
84	顺义区府前街道路改造工程项目建议书(代可行性研究报告)	铁五院	北京市工程咨询协会	北京市优秀工程咨询成果奖	三等奖
85	昌平区秦北路(顺沙路—怀昌路)市政管线建设工程项目建议书(代可行性研究报告)	铁五院	北京市工程咨询协会	北京市优秀工程咨询成果奖	三等奖
86	北京市轨道交通安全风险监控中心、安全生产教育基地项目申请报告评估报告	铁五院	北京市工程咨询协会	北京市优秀工程咨询成果奖	三等奖
87	新建连云港—镇江铁路预可行性研究	上海院	上海市工程咨询协会	上海市优秀工程咨询成果奖	一等奖
88	铜陵市现代有轨电车线网规划研究	上海院	上海市工程咨询协会	上海市优秀工程咨询成果奖	一等奖
89	南京—和县城际轨道南京南站至黄里段工程可行性研究报告	上海院	上海市工程咨询协会	上海市优秀工程咨询成果奖	二等奖
90	宁和城际轨道交通一期工程可行性研究—桥林车辆段	上海院	上海市工程咨询协会	上海市优秀工程咨询成果奖	二等奖
91	铜陵市北斗星城观光车跨铁路、道路及两侧接线高架桥工程可行性研究	上海院	上海市工程咨询协会	上海市优秀工程咨询成果奖	二等奖
92	国电黄金埠发电厂二期扩建2×1000兆瓦机组铁路专用线工程可行性研究报告	上海院	上海市工程咨询协会	上海市优秀工程咨询成果奖	三等奖
93	扬州市文昌路西延上跨宁启铁路立交桥工程可行性研究报告	上海院	上海市工程咨询协会	上海市优秀工程咨询成果奖	三等奖
94	禹亳宿地方铁路亳州段工程节能评估报告书	上海院	上海市工程咨询协会	上海市优秀工程咨询成果奖	三等奖
95	醴陵市高新技术产业发展有限公司铁路专用线可行性研究	上海院	上海市工程咨询协会	上海市优秀工程咨询成果奖	三等奖
96	上海市轨道交通3号线宝钢车辆段改扩建工程可行性研究报告	上海院	上海市工程咨询协会	上海市优秀工程咨询成果奖	三等奖
97	220千伏南施至跨塘线路跨越沪宁城际铁路可行性第三方安全性评估咨询报告	上海院	上海市工程咨询协会	上海市优秀工程咨询成果奖	三等奖
98	杭平申线(浙江段)航道改造工程配套项目沪昆铁路马王塘至海宁段改建工程可行性研究	上海院	上海市工程咨询协会	上海市优秀工程咨询成果奖	三等奖
99	王塘至海宁段改建工程可行性研究	上海院	上海市工程咨询协会	上海市优秀工程咨询成果奖	三等奖
100	改建铁路海安县站货场改扩建工程设计规划	上海院	上海市工程咨询协会	上海市优秀工程咨询成果奖	三等奖
101	吉安港总体规划	港航局	广东省工程咨询协会	广东省优秀工程咨询成果奖	一等奖
102	崇左港扶绥港区扶绥新宁海螺水泥有限责任公司专用码头工程可行性研究报告	港航局	广东省工程咨询协会	广东省优秀工程咨询成果奖	一等奖
103	江门港新会港区古井第三作业区预留岸控制性详细规划	港航局	广东省工程咨询协会	广东省优秀工程咨询成果奖	二等奖
104	贵港港中心港区苏湾作业区一期工程可行性研究报告	港航局	广东省工程咨询协会	广东省优秀工程咨询成果奖	二等奖
105	贵港港中心港区苏湾作业区一期工程可行性研究报告	港航局	中国水运建设行业协会	水运工程优秀咨询成果奖	三等奖
106	新建埃塞俄比亚铁路Mieso—Dewele可行性研究报告	中土	福建省工程咨询协会	福建省优秀工程咨询成果奖	一等奖
107	新建铁路福州江阴港铁路支线可行性研究报告	中土	福建省工程咨询协会	福建省优秀工程咨询成果奖	三等奖

(制表:徐惠纯)

2014 年度中国铁建系统获得省部级工法目录

序号	工 法 名 称	开 发 单 位	认 定 机 构
1	钢支撑 贝雷梁现浇拱桥施工工法	十一局、十一局二公司	中国公路协会
2	三吊机协同拆除上跨既有线简支梁施工工法	十一局建安公司	湖北省建设厅
3	深基坑桩锚支护拉力分散型预应力锚索施工工法	十一局建安公司	湖北省建设厅
4	混凝土密肋梁空腔楼盖施工工法	十一局建安公司	湖北省建设厅
5	富水隧道综合防排水系统施工工法	十一局五公司	重庆市城乡建设委员会
6	城市超浅埋条件下超大断面隧道开挖施工工法	十一局五公司	重庆市城乡建设委员会
7	城市复杂构造条件下的小断面大坡度电力隧道二次衬砌施工工法	十一局五公司	重庆市城乡建设委员会
8	城市轨道交通现浇连续盆式梁施工工法	十一局五公司	重庆市城乡建设委员会
9	城市轨道交通预制盖梁施工工法	十一局五公司	重庆市城乡建设委员会
10	公路隧道通风道垂直挑顶施工工法	十二局	中国公路建设行业协会
11	公路隧道聚合物改性水泥混凝土路面施工工法	十二局	中国公路建设行业协会
12	PC 梁预应力管道“三维一体”精确定位施工工法	十二局	中国公路建设行业协会
13	PC 梁智能测控及反馈施工工法	十二局	中国公路建设行业协会
14	水泥混凝土桥面全幅浇筑摊铺施工工法	十二局	中国公路建设行业协会
15	大坡度斜井有轨运输施工工法	十二局	中国公路建设行业协会
16	破碎围岩隧道快速支护施工工法	十二局	中国公路建设行业协会
17	隧道沉砂池施工工法	十二局	中国公路建设行业协会
18	污染土地层泥水盾构施工工法	十二局	山西省住房和城乡建设厅
19	大跨度不平衡重连续梁临时固结施工工法	十二局	山西省住房和城乡建设厅
20	计轴设备的安装及调试施工工法	十二局	山西省住房和城乡建设厅
21	双预应力钢管斜抛撑系统施工工法	十二局	山西省住房和城乡建设厅
22	盾构检修井玻璃纤维筋施工工法	十二局	山西省住房和城乡建设厅
23	单竖井暗挖法盾构整机始发施工工法	十二局司	山西省住房和城乡建设厅
24	临近高铁营业线大吨位钢盖梁吊装施工工法	十二局司	山西省住房和城乡建设厅
25	高渗透乳化沥青施工工法	十二局	山西省住房和城乡建设厅
26	下穿营业线大跨度框架桥线路防护及顶进施工工法	十二局	山西省住房和城乡建设厅
27	风机底座承载力检测施工工法	十二局	山西省住房和城乡建设厅
28	单台吊车滑吊地下连续墙钢筋笼施工工法	十二局	山西省住房和城乡建设厅
29	分流装置快速浇筑隧道二衬混凝土施工工法	十二局	山西省住房和城乡建设厅
30	利用全站仪进行 CPⅡ高程上桥快速测设施工工法	十二局	山西省住房和城乡建设厅
31	大流量河道钻孔咬合桩土石围堰施工工法	十二局	山西省住房和城乡建设厅

续表

序号	工　法　名　称	开发单位	认定机构
32	CPS 反应黏结型高分子湿铺防水卷材施工工法	十二局	山西省住房和城乡建设厅
33	气压焊焊接 qu120 起重机轨施工工法	十二局	山西省住房和城乡建设厅
34	瓦斯隧道穿越煤层施工工法	十二局	山西省住房和城乡建设厅
35	盾构下穿时速 350 千米高速铁路施工工法	十二局	山西省住房和城乡建设厅
36	高墩大跨桥梁 C60 高性能混凝土泵送施工工法	十二局	山西省住房和城乡建设厅
37	隧道内连续配筋混凝土成套施工工法	十二局	山西省住房和城乡建设厅
38	西北地区路基挡风板预制与安装施工工法	十二局	山西省住房和城乡建设厅
39	富水砂卵石地层盾构施工地表沉降控制工法	十二局	山西省住房和城乡建设厅
40	隧道机电设备安装标线施工工法	十二局	山西省住房和城乡建设厅
41	枕式无砟道岔原位法施工工法	十二局司	山西省住房和城乡建设厅
42	大跨度连续梁 CPIII 夜间测设施工工法	十二局	山西省住房和城乡建设厅
43	换铺法 P50 钢轨与 P60 扣配件配套组装轨排施工工法	十二局	山西省住房和城乡建设厅
44	110 米装配式箱形拱桥缆索吊施工工法	十二局	山西省住房和城乡建设厅
45	大跨度钢管混凝土拱桥拱肋安装线性控制的施工工法	大桥局一公司	吉林省建筑业协会
46	高寒地区铁路多年冻土路基施工工法	大桥局四公司	黑龙江省住房和城乡建设厅
47	沈阳地区砂(卵)土层加泥式土压平衡顶进大直径钢筋混凝土预制管施工工法	大桥局三公司、二十四局上海铁建公司	辽宁省住房和城乡建设厅
48	360 度全回转套管机桩基拔除工法	大桥局三公司	吉林省建筑业协会
49	填砂路基施工工法	大桥局三公司	吉林省建筑业协会
50	盾构机分体始发施工工法	大桥局六公司	吉林省建筑业协会
51	隐框玻璃－干挂石材组合幕墙施工工法	大桥局六公司	吉林省建筑业协会
52	地铁装配式车站施工工法	大桥局六公司	吉林省建筑业协会
53	南水北调通水渠道快速施工工法	大桥局六公司	吉林省建筑业协会
54	既有铁路桥梁原桥增线加固施工工法	大桥局六公司	吉林省建筑业协会
55	框架结构中 GBF 模壳技术施工工法	大桥局六公司	吉林省建筑业协会
56	斜拉桥主梁前支点挂篮施工工法	大桥局六公司	吉林省建筑业协会
57	30 米长无支撑“V”型斜柱施工工法	大桥局六公司	吉林省建筑业协会
58	下接触式接触轨施工工法	大桥局电气化公司	天津市建委节能科技处
59	钢结构独塔斜拉桥桥塔竖转施工工法	大桥局一公司	辽宁省住房和城乡建设厅
60	地铁暗挖车站扣大拱脚分层 CRD 快速开挖施工工法	大桥局第一公司	辽宁省住房和城乡建设厅
61	小角度斜交上跨既有铁路挂篮退回及拆卸工法	大桥局一公司	辽宁省住房和城乡建设厅
62	高耐久性 L 型混凝土路缘石预制与施工工法	大桥局一公司	辽宁省住房和城乡建设厅
63	寒冷地区大直径钢筋混凝土顶管管节预制施工工法	大桥局三公司、二十四局上海铁建公司	辽宁省住房和城乡建设厅

续表

序号	工 法 名 称	开发单位	认定机构
64	高精度、大体量房建工程快速测量施工工法	大桥局三公司	辽宁省住房和城乡建设厅
65	寒冷地区大直径钢筋混凝土顶管管节预制施工工法	大桥局三公司	辽宁省住房和城乡建设厅
66	无机硅酸盐A级防火保温板施工工法	大桥局三公司	辽宁省住房和城乡建设厅
67	明挖法施工下覆薄、强透水湖底隧道综合降水工法	大桥局三公司	辽宁省住房和城乡建设厅
68	大面积、大跨度平屋面虹吸排水施工工法	大桥局三公司	辽宁省住房和城乡建设厅
69	高海拔严寒富水区大断面公路隧道防寒保温工法	大桥局三公司	辽宁省住房和城乡建设厅
70	异形基坑混凝土 鱼腹梁组合支撑体系施工工法	大桥局三公司	辽宁省住房和城乡建设厅
71	炮泥水袋填塞炮眼节能环保水压爆破施工工法	大桥局	天津市建委节能科技处
72	跨海联岛大桥连续梁上行式移动模架快速施工工法	十四局	山东省建筑工程管理局、山东土木建筑学会
73	强风浪频发海域跨海联岛大桥新型钢板桩围堰施工工法	十四局	山东省建筑工程管理局、山东土木建筑学会
74	分段前进式高压注浆施工工法	十四局	中国公路工程 协会
75	双肢式大跨度高墩悬灌梁0号块施工工法	十四局	山东省建筑工程管理局、山东土木建筑学会
76	大跨度跨河带封闭罩连续槽形梁施工工法	十四局	中国铁道工程建设协会
77	跨长江隧道止水帷幕防护施工工法	十四局	山东省建筑工程管理局、山东土木建筑学会
78	一次性扣拱暗挖逆作施工工法	十四局	山东省建筑工程管理局、山东土木建筑学会
79	隧道防水板自动铺挂施工工法	十四局	中国铁道工程建设协会
80	盾构法上下重叠隧道液压轮式移动钢拱台车施工工法	十四局	山东省建筑工程管理局、山东土木建筑学会
81	地铁车站综合支吊架施工工法	十四局	山东省建筑工程管理局、山东土木建筑学会
82	明挖隧道衬砌跨步自行式台车施工工法	十四局	中国铁道工程建设协会
83	T型刚构大型悬臂箱梁转体桥施工工法	十四局	中国公路工程协会
84	立转式大跨度开启桥施工工法	十四局	中国公路工程协会
85	超高小截面墩身脚手架倒三角桁架卸荷施工工法	十五局一公司	河南省住房和城乡建设厅
86	双侧加宽高速公路简支梁桥预制梁架设拼接施工工法	十五局七公司	河南省住房和城乡建设厅
87	长距离三维双曲线钢顶管施工工法	十六局、二十五局	中华人民共和国住房和城乡建设部
88	复杂地质钻孔桩超前预钻孔辅助成孔施工工法	十六局	中国公路建设行业协会
89	立体交叉凹凸支点法施工工法	十六局	中国公路建设行业协会
90	单侧高边墙新型移动模架施工工法	十六局	中国公路建设行业协会
91	大面积深埋锚索地下狭小空间拔除施工工法	十六局	中国公路建设行业协会
92	淤泥质软土地层超深地下连续墙施工工法	十六局	中国公路建设行业协会
93	泥水盾构细微颗粒泥水分离施工工法	十六局	中国公路建设行业协会
94	地下连续墙穿越既有管线施工工法	十六局	中国公路建设行业协会
95	沿海地区大体积钢筋混凝土沉井基础排水法施工工法	十六局五公司	中国公路建设行业协会

续表

序号	工 法 名 称	开 发 单 位	认 定 机 构
96	带副拱中承式菱形变截面钢管混凝土系杆拱桥主拱肋安装施工工法	十六局三公司	中国公路建设行业协会
97	SK－II 型混凝土双块式轨枕预制施工工法	十七局物资公司、十七局三公司	山西省住房和城乡建设厅
98	大直径富水通风竖井施工工法	十七局五公司	山西省住房和城乡建设厅
99	隧道地下风机房小间距洞室群开挖施工工法	十七局五公司	山西省住房和城乡建设厅
100	风积沙用于路基填筑施工工法	十七局五公司	山西省住房和城乡建设厅
101	仰拱及仰拱填充端头定型模板施工工法	十七局五公司	山西省住房和城乡建设厅
102	崩坡积体富水地层超大断面抗滑桩施工工法	十七局四公司	山西省住房和城乡建设厅
103	盾构进洞接收水平冻结法加固施工工法	十七局上海轨道公司	山西省住房和城乡建设厅
104	富水粉砂地层盾构端头井加固施工工法	十七局上海轨道公司	山西省住房和城乡建设厅
105	钢格构柱现浇梁板式铁路便桥施工工法	十七局上海轨道公司	山西省住房和城乡建设厅
106	高速铁路板式无砟轨道42#道岔精调工法	十七局铺架分公司	山西省住房和城乡建设厅
107	深水桥梁裸露基岩大型双壁钢围堰施工工法	十七局二公司	山西省住房和城乡建设厅
108	挂檐式防撞护栏移动模架施工工法	十七局二公司	山西省住房和城乡建设厅
109	大距离索鞍横移缆索吊架设拱桥工法	十七局二公司	山西省住房和城乡建设厅
110	高地应力大变形隧道支护施工工法	十七局二公司	山西省住房和城乡建设厅
111	接触网上下行双线路拨接开通施工工法	十七局电气化公司	山西省住房和城乡建设厅
112	山区铁路通信无线列调改造区间中继台施工工法	十七局电气化公司	山西省住房和城乡建设厅
113	营业线通信机械室电源在线倒接施工工法	十七局电气化公司	山西省住房和城乡建设厅
114	跨越营业线导线拆除施工工法	十七局电气化公司	山西省住房和城乡建设厅
115	大跨度拱桥劲性骨架吊装扣锚系统施工及索力控制工法	十八局	天津市城乡建设和交通委员会
116	复杂环境下盾构近距离穿越既有地铁车站施工工法	十八局	天津市城乡建设和交通委员会
117	大跨浅埋不良地质地铁车站多层双侧壁导坑施工工法	十八局一公司	天津市城乡建设和交通委员会
118	软弱地基沉管隧道基础注浆施工工法	十八局五公司、十八局	中国公路建设行业协会
119	软基条件沉管隧道岸壁保护结构施工工法	十八局五公司、十八局	中国公路建设行业协会
120	软弱地基沉管隧道轴线干坞施工工法	十八局五、十八局	中国公路建设行业协会
121	整体式大型沉管管段预制施工工法	十八局五、十八局	中国公路建设行业协会
122	内河沉管隧道管段浮运沉放施工工法	十八局五公司、十八局	中国公路建设行业协会
123	整体式大型沉管管段预制施工工法	十八局五公司	天津市城乡建设和交通委员会
124	内河沉管隧道管段浮运沉放施工工法	十八局五公司	天津市城乡建设和交通委员会
125	新轨道交通工程嵌入式导向轨施工工法	十八局四公司、十八局	中国公路建设行业协会
126	大坡度并小半径曲线盾构穿越建筑群沉降控制施工工法	十八局四公司	天津市城乡建设和交通委员会
127	非开挖铺管一次成孔长大管棚施工工法	十八局三公司	河北省土木建筑协会

续表

序号	工法名称	开发单位	认定机构
128	高速铁路416米跨钢管劲性拱桥拱座混凝土施工工法	十八局二公司	河北省住房和城乡建设厅
129	钢管拱肋现场先卧拼再立拼加工制作施工工法	十八局二公司	天津市城乡建设和交通委员会
130	大跨度重载荷缆索吊架设施工工法	十八局二公司	河北省住房和城乡建设厅
131	大跨度钢筋混凝土劲性骨架钢管拱加工制作施工工法	十八局二公司	河北省住房和城乡建设厅
132	高瓦斯隧道施工通风与检测施工工法	十八局二公司	河北省住房和城乡建设厅
133	深水基础新型锁口钢管桩围堰施工工法	十八局二公司	河北省住房和城乡建设厅
134	高位宽跨轮胎式搬运机跨高铁桥梁搬提一体施工工法	十九局	辽宁省住房和城乡建设厅
135	大循环智能压浆施工工法	十九局	辽宁省住房和城乡建设厅
136	整体移动式模架浇筑电缆沟槽施工工法	十九局	辽宁省住房和城乡建设厅
137	电流控制CFG桩长及后插钢筋笼加固软土路基施工工法	十九局	辽宁省住房和城乡建设厅
138	高速铁路长大隧道内CRTSI型双块式无砟道床快速施工工法	十九局	辽宁省住房和城乡建设厅
139	大循环智能压浆施工工法	十九局	辽宁省住房和城乡建设厅
140	复合地层盾构带压换刀工法	十九局轨道交通公司	辽宁住房和城乡建设厅
141	分级放坡、中心岛式开挖高层建筑超大基坑复合土钉墙施工工法	十九局一公司、十九局五公司	辽宁省住房和城乡建设厅
142	分级放坡、中心岛式开挖高层建筑超大基坑复合土钉墙施工工法	十九局一公司、十九局五公司	辽宁省住房和城乡建设厅
143	电动葫芦自动控制大型槽体倒装安装施工工法	十九局一公司	辽宁省住房和城乡建设厅
144	整体移动式模架浇筑电缆沟槽施工工法	十九局一公司	辽宁省住房和城乡建设厅
145	电动葫芦自动控制大型槽体倒装安装施工工法	十九局一公司	辽宁省住房和城乡建设厅
146	恶劣海况条件下钢吊箱围堰施工工法	十九局五公司,十九局二公司	辽宁省住房和城乡建设厅
147	海上高墩装配式钢筋作业台架快速施工工法	十九局五公司	辽宁省住房和城乡建设厅
148	恶劣海况条件下钢吊箱围堰施工工法	十九局五公司	辽宁省住房和城乡建设厅
149	海上高墩装配式钢筋作业台架快速施工工法	十九局五公司	辽宁省住房和城乡建设厅
150	浅埋粉质黏土层公路框架隧道下穿既有铁路施工工法	十九局三公司	辽宁省住房和城乡建设厅
151	轨道悬挂式整平机桥面铺装施工工法	十九局三公司	辽宁省住房和城乡建设厅
152	全断面免棱镜超欠挖隧道洞内监控量测施工工法	十九局七公司	辽宁省住房和城乡建设厅
153	全断面免棱镜超欠挖隧道洞内监控量测施工工法	十九局七公司	辽宁省住房和城乡建设厅
154	铁路GSM－R数字移动通信施工工法	二十局	陕西省城乡与建设厅
155	复杂环境下浅孔控制爆破桥梁基坑开挖工法	二十局一公司	陕西省城乡与建设厅
156	通航河道大跨度无支架钢管拱桥施工工法	二十局一公司	中国公路行业协会
157	曲线段大跨度框架桥工便梁架空施工工法	二十局四公司、二十局六有限公司	陕西省城乡与建设厅

续表

序号	工 法 名 称	开 发 单 位	认 定 机 构
158	曲线新型柱板式空心超高墩施工工法	二十局三公司	陕西省城乡与建设厅
159	长距离隧道集中送风式通风系统自适应控制系统施工工法	二十局二公司	中国公路行业协会
160	隧道初级支护三维数字安全预警施工工法	二十一局、港航局	住房和城乡建设部
161	深水钢板桩围堰内大管井降水无封底砼承台施工工法	二十二局哈尔滨铁路建设集团公司	黑龙江省住房和城乡建设厅
162	先张法预应力混凝土简支薄壁结构“U”形梁施工工法	二十三局、二十三局轨道交通公司	四川省住房和城乡建设厅
163	液压破碎锤开挖软弱围岩隧道施工工法	二十三局、二十三局三公司	四川省住房和城乡建设厅
164	先张法预应力 CRTSⅢ型轨道板生产工法	二十三局、二十三局二公司	四川省住房和城乡建设厅
165	主桥箱梁 0 号块支架预压施工工法	二十三局、二十三局三公司	四川省住房和城乡建设厅
166	现浇 BOAO 箱体空心无梁楼板施工工法	二十三局、二十三局二公司	四川省住房和城乡建设厅
167	高速公路箱梁工厂化预制施工工法	二十三局、二十三局八公司	四川省住房和城乡建设厅
168	超长桩拉—锚法荷载试验施工工法	二十三局	中国公路协会
169	大跨度钢箱梁步履式顶推施工工法	二十四局浙江公司	浙江省住房和城乡建设厅
170	浅埋地段隧道开挖护拱施工工法	二十四局浙江公司	浙江省住房和城乡建设厅
171	桥梁拉索防腐耐磨层施工工法	二十四局安徽公司	安徽省住房和城乡建设厅
172	下承式钢管－混凝土桁架组合梁桥施工工法	二十四局安徽公司	安徽省住房和城乡建设厅
173	带剪力钉分丝管鞍座锚固斜拉索施工工法	二十四局安徽公司	安徽省住房和城乡建设厅
174	预制 U 型马凳筋与 GZ 组合芯模施工工法	中铁建设集团长沙分公司	湖南省住房和城乡建设厅
175	既有线水平拉杆式腕臂更换为平腕臂施工工法	电气化局二公司	山西省住房和城乡建设厅
176	煤炭集运站移动接触网安装调试施工工法	电气化局二公司	山西省住房和城乡建设厅
177	连续多跨钢管硬横梁接触网施工工法	电气化局二公司	山西省住房和城乡建设厅
178	并网光伏发电站设备安装工法	电气化局二公司	山西省住房和城乡建设厅
179	高速铁路接触网关节式电分相改造施工工法	电气化局北方公司	山西省住房和城乡建设厅
180	地下管线非开挖定向穿越铁路施工工法	电气化局北方公司	山西省住房和城乡建设厅
181	电气化铁路改造线路换边接触网工程施工工法	电气化局北方公司	山西省住房和城乡建设厅
182	高速电气化接触网区间成锚段线索更换施工工法	电气化局北方公司	山西省住房和城乡建设厅
183	软基路堤薄层轮加填筑施工工法	港航局	中国公路建设行业协会
184	限高路段袋装砂井接管施工工法	港航局	中国公路建设行业协会
185	邻近既有建筑物溶洞桩基旋挖钻施工工法	港航局	中国公路建设行业协会
186	CRTSⅢ型板式无砟轨道恒压灌注施工工法	十一局	中国铁道工程建设协会
187	CRTSⅡ型板式无砟轨道滑动层自平整施工工法	十二局、十二局二公司	中国铁道工程建设协会

续表

序号	工 法 名 称	开发单位	认定机构
188	CRTSⅡ型板式无砟轨道低塑性混凝土支撑层快速成型施工工法	十二局、十二局二公司	中国铁道工程建设协会
189	反锚全液压往复新型轨排生产施工工法	十二局、十二局三公司	中国铁道工程建设协会
190	单线隧道 CRTSⅠ型减振板式无砟轨道施工工法	十四局、十四局五公司	中国铁道工程建设协会
191	客运专线铁路长枕埋入式无砟道岔铺设施工工法	十四局、十四局五公司	中国铁道工程建设协会
192	CRTSⅠ型双块式无砟轨道道床板机械轨排法施工工法	十六局、十六局一公司	中国铁道工程建设协会
193	三维排水柔性生态边坡防护施工工法	十七局	中国铁道工程建设协会
194	高温高寒干燥多风地区双块式轨枕养护技术施工工法	十九局、十九局五公司	中国铁道工程建设协会
195	加筋布袋注浆桩施工工法	二十局一公司	中国铁道工程建设协会
196	重型轨道环氧胶泥填充修复施工工法	二十局五公司	中国铁道工程建设协会
197	黄土路堑高边坡桩板墙施工工法	二十一局五公司	中国铁道工程建设协会
198	升级改造后的 SVM1000 型铺轨机组应用施工工法	二十二局二公司	中国铁道工程建设协会
199	先张法预应力 CRTS III 型轨道板生产工法	二十三局、二十三局二公司	中国铁道工程建设协会
200	困难条件下既有铁路上架设 D 型施工便梁施工工法	二十五局、二十五局二公司	中国铁道工程建设协会
201	压力分散型锚索框架施工工法	十四局、十九局	中国铁道工程建设协会
202	旋挖钻孔回填钢板桩围堰工法	十一局	中国铁道工程建设协会
203	浮吊法吊装大节段拱肋施工工法	十一局二	中国铁道工程建设协会
204	钢支撑 + 贝雷梁现浇拱桥施工工法	十一局、十一局二公司	中国铁道工程建设协会
205	大跨度大悬臂 T 型刚构转体施工工法	十一局、十一局三公司	中国铁道工程建设协会
206	900 吨运梁车配合 600 吨架桥机转场架梁施工工法	十一局、十一局六公司	中国铁道工程建设协会
207	SLJ900 型流动式架桥机提运架一体化施工工法	十一局、十一局六公司	中国铁道工程建设协会
208	三吊机协同拆除上跨既有线简支梁施工工法	十一局、十一局建安公司	中国铁道工程建设协会
209	高速铁路双线变单线异型箱梁架设施工工法	十一局、十一局六公司	中国铁道工程建设协会
210	混凝土预制构件工厂化生产工法	十二局、十二局一公司	中国铁道工程建设协会
211	TJ165 架桥机快速调头施工工法	十二局、十二山国三公司	中国铁道工程建设协会
212	钢管拱非原位拼装、整体顶推纵移就位施工工法	十二局、十二局四公司	中国铁道工程建设协会
213	96 米先拱后梁钢管混凝土系杆拱桥吊索挂篮施工工法	大桥局	中国铁道工程建设协会
214	TLJ900 吨架桥机架设城际铁路预制箱梁施工工法	十四局、十四局五公司	中国铁道工程建设协会
215	大跨度跨河带封闭罩连续槽形梁施工工法	十四局、十四局二公司	中国铁道工程建设协会
216	复杂多样截面、无缝道岔现浇梁支架结构施工工法	十六局、十六局四公司	中国铁道工程建设协会
217	30 吨轴重重载铁路 96 米钢桁梁无导梁拖拉施工工法	十六局、十六局五公司	中国铁道工程建设协会

续表

序号	工　法　名　称	开 发 单 位	认 定 机 构
218	多跨40米现浇梁软土地基支架连续搭设施工工法	十七局	中国铁道工程建设协会
219	单壁锁口钢围堰施工工法	十七局	中国铁道工程建设协会
220	高速铁路大跨钢管劲性拱桥拱座混凝土施工工法	十八局、十八局二公司	中国铁道工程建设协会
221	大跨度拱桥劲性骨架吊装扣锚系统施工及索力控制工法	十八局	中国铁道工程建设协会
222	大型铁路箱梁补偿收缩砼封端施工工法	十九局、十九局五公司	中国铁道工程建设协会
223	高速铁路箱梁预制“精细化”施工工法	十九局、十九局五公司	中国铁道工程建设协会
224	高速铁路CRTSII型板式无砟轨道箱梁梁面平整度控制施工工法	十九局、十九局五公司	中国铁道工程建设协会
225	复杂环境下浅孔控制爆破桥梁基坑开挖工法	二十局一公司	中国铁道工程建设协会
226	曲线新型柱板式空心超高墩施工工法	二十局三公司	中国铁道工程建设协会
227	曲线段大跨度框架桥工便梁架空施工工法	二十局四公司	中国铁道工程建设协会
228	大跨度钢箱梁可升降自行式连续顶推施工工法	二十一局	中国铁道工程建设协会
229	双线铁路连续刚构拱卧拼及竖转施工工法	二十二局哈尔滨铁路建设集团公司、二十二局	中国铁道工程建设协会
230	深水钢板桩围堰内大管井降水无封底混凝土承台施工工法	二十二局哈尔滨铁路建设集团公司、二十二局	中国铁道工程建设协会
231	超大球型钢支座安装施工工法	二十二局哈尔滨铁路建设集团公司、二十二局	中国铁道工程建设协会
232	铁路T型梁整体钢筋笼制安及整体模板立拆系统施工工法	二十二局四公司、二十二局	中国铁道工程建设协会
233	跨海大桥滨海滩涂深淤泥钻孔桩成桩施工工法	二十二局、二十二局三公司	中国铁道工程建设协会
234	改造趸船打桩船施工大直径钢管斜桩施工工法	二十四局、二十四局上海铁建公司	中国铁道工程建设协会
235	高速铁路岩溶地区桥梁超长桩桩基施工工法	二十五局一公司、二十五局	中国铁道工程建设协会
236	软弱覆盖层下伏中等强度基岩大直径钻孔桩旋挖施工工法	二十五局三公司、二十五局	中国铁道工程建设协会
237	单线铁路隧道中桥梁施工工法	二十五局四公司、二十五局	中国铁道工程建设协会
238	铁路多种非标T梁集中预制施工工法	中铁城建、中铁城建集团二公司	中国铁道工程建设协会
239	高原多年冻土区隧道二次加强衬砌施工工法	十一局二公司	中国铁道工程建设协会
240	土压平衡盾构机穿越密集建筑物下富水砂卵石地层施工工法	十一局、十一局城市轨道公司	中国铁道工程建设协会
241	多台阶预留核心土顺次开挖施工工法	十二局、十二局三公司	中国铁道工程建设协会
242	旋喷咬合桩处理隧道干燥粉细砂地层初支变形施工工法	十二局、十二局三公司	中国铁道工程建设协会
243	隧道二次衬砌钢筋精确控制施工工法	十二局、十二局三公司	中国铁道工程建设协会
244	隧道断层突水涌泥溃口封堵及清淤施工工法	十二局、十二局四公司	中国铁道工程建设协会
245	小净距空间交叉隧道爆破施工工法	大桥局五公司	中国铁道工程建设协会
246	明挖隧道下穿动载桥梁桩基托换施工工法	十四局、十四局隧道公司	中国铁道工程建设协会

续表

序号	工法名称	开发单位	认定机构
247	大断面土压平衡盾构浅覆土、小间距平行始发施工工法	十六局、十六局北京轨道交通公司	中国铁道工程建设协会
248	软土地层浅埋隧道横穿多股运营铁路明盖挖结合施工工法	十六局、十六局地铁公司	中国铁道工程建设协会
249	淤泥质软土地层超深地下连续墙施工工法	十六局、十六局地铁公司	中国铁道工程建设协会
250	盾构隧道内深孔注浆加固地层施工工法	十六局、十六局地铁公司	中国铁道工程建设协会
251	条带状岩溶裂隙富水区全断面径向注浆施工工法	十六局	中国铁道工程建设协会
252	糜棱岩大断面隧道大拱脚超短四台阶施工工法	十六局	中国铁道工程建设协会
253	高海拔高地应力高速铁路特长板岩隧道大变形控制施工工法	十八局、十八局三公司	中国铁道工程建设协会
254	整体移动式模架浇筑电缆沟槽施工工法	十九局、十九局一公司	中国铁道工程建设协会
255	富水Ⅵ级围岩浅埋暗挖隧道上 CD 下台阶施工工法	二十局六公司	中国铁道工程建设协会
256	城市建筑密集区域城际隧道近距离下穿高层建筑及构筑物施工工法	二十一局二公司	中国铁道工程建设协会
257	隧道衬砌台车快速定位系统施工工法	二十二局、二十二局一公司	中国铁道工程建设协会
258	临近铁路深基坑双预应力钢管斜抛撑施工工法	十二局、十二局建安公司、中铁城建	中国铁道工程建设协会
259	站场混凝土铺面传力杆支架后置施工工法	十二局、十二局建安公司、中铁城建	中国铁道工程建设协会
260	既有电气化铁路增建雨棚施工工法	二十五局三公司、二十五局	中国铁道工程建设协会
261	大跨度弧形钢桁架屋盖累计滑移施工工法	中铁建设	中国铁道工程建设协会
262	铁路站房雨棚钢结构船形张拉索施工工法	中铁建设	中国铁道工程建设协会
263	隐框式索膜结构(ETFE 膜)安装施工工法	中铁建设	中国铁道工程建设协会
264	拱桁架与空间多曲面单层方管网壳组合屋盖施工工法	中铁建设	中国铁道工程建设协会
265	隐藏支架桥架制作安装工法	中铁建设、中铁建设集团设备安装公司	中国铁道工程建设协会
266	大跨度人字形弧形网架安装施工工法	中铁城建、中铁城建集团二公司	中国铁道工程建设协会
267	混凝土叠合箱网梁楼盖施工工法	中铁城建、中铁城建集团三公司	中国铁道工程建设协会
268	GSM－R 核心网设备安装调试工法	电气化局、电气化局二公司	中国铁道工程建设协会
269	煤炭集运站移动接触网安装调试施工工法	电气化局、电气化局二公司	中国铁道工程建设协会
270	客运专线接触网腕臂分体式预配工法	电气化局、电气化局三公司	中国铁道工程建设协会
271	新建客专有砟轨道接触网链形悬挂整体不可调吊弦施工工法	电气化局、电气化局南方公司	中国铁道工程建设协会
272	地下管线非开挖定向穿越铁路施工工法	电气化局北方公司	中国铁道工程建设协会
273	高速电气化接触网区间成锚段线索更换施工工法	电气化局北方公司	中国铁道工程建设协会

（制表：张立青）

2014年度中国铁建科技成果通过省部级鉴定、评审项目目录

序号	项　目　名　称	完成单位	鉴定评审机构	成果评价	类别
1	超大型中庭式地铁车站快速建造关键技术	十二局	山西省科学技术厅	国际领先	鉴定
2	虹梯关特长硬岩公路隧道施工及通风关键技术	十二局	山西省科学技术厅	国际领先	鉴定
3	重载铁路连续刚构施工控制关键技术	十二局	山西省科学技术厅	国际领先	鉴定
4	高速铁路双线特长隧道富水复杂地质与环境综合施工技术	十六局	云南省科学技术厅	国际领先	鉴定
5	正线运营铁路下国铁、地铁交通枢纽软土深基坑明挖施工综合技术研究	十七局	山西省科学技术厅	国际领先	鉴定
6	地铁工程穿越黄土地区地裂缝与全国重点文物保护单位的关键技术	铁一院	陕西省科学技术厅	国际领先	鉴定
7	高速铁路无缝线路500米长焊轨基地成套技术与装备	铁四院	湖北省科学技术厅	国际领先	鉴定
8	沉降观测数据管理与评估系统	铁四院	湖北省科学技术厅	国际领先	鉴定
9	无砟轨道80米钢管混凝土推力拱桥设计研究鉴定证书	铁四院	湖北省科学技术厅	国际领先	鉴定
10	9600千瓦大功率机车整车动态试验装备研究	铁四院	湖北省科学技术厅	国际领先	鉴定
11	湖北城际铁路轨道结构关键技术及系统集成研究	铁四院	湖北省科学技术厅	国际领先	鉴定
12	高速接触网悬挂安装智能模拟工艺设计系统	铁四院	湖北省科学技术厅	国际领先	鉴定
13	铁路设计院应用及信息集成门户平台	铁四院	湖北省科学技术厅	国际领先	鉴定
14	基于多源网络地理信息的铁路选线设计关键技术及其应用	铁四院	湖北省科学技术厅	国际领先	鉴定
15	铁路与结构密封防水橡胶伸缩(TQJS)装置	铁四院	湖北省科学技术厅	国际领先	鉴定
16	城市轨道交通、公路合建越江隧道通风防排烟关键技术	铁四院	湖北省科学技术厅	国际领先	鉴定
17	CFGZ磁浮钢支座	铁四院	湖北省科学技术厅	国际领先	鉴定
18	薄涂型耐候性甲基丙烯酸甲酯(MMA)树脂防水层	铁四院	湖北省科学技术厅	国际领先	鉴定
19	电化区段信号横向连接施工图设计辅助设计软件	铁四院	湖北省科学技术厅	国际领先	鉴定
20	GSM－R系统施工图CAD辅助设计软件	铁四院	湖北省科学技术厅	国际领先	鉴定
21	ZTS6250泥水平衡盾构机研制及应用	铁建重工	湖南省科学技术厅	国际领先	鉴定
22	CRTSⅢ型板式无砟轨道施工技术	十一局	湖北省科学技术厅	国际先进	鉴定
23	岩溶区大跨大吨位T型刚构桥转体法成桥关键技术	十一局	湖北省科学技术厅	国际先进	鉴定
24	天平山隧道大断面软弱围岩施工关键技术	十二局	山西省科学技术厅	国际先进	鉴定
25	污染地层泥水平衡盾构施工关键技术	十二局	山西省科学技术厅	国际先进	鉴定
26	高原高地热隧道热害防治安全施工技术研究	十二局	山西省科学技术厅	国际先进	鉴定
27	明挖地铁车站异型深基坑围护结构施工关键技术	十二局	山西省科学技术厅	国际先进	鉴定
28	小半径曲线20米轨距火箭垂直转运轨道铺设关键技术研究	十二局	山西省科学技术厅	国际先进	鉴定
29	高温区狭小场地城际铁路大吨位箱梁预制生产关键技术的研究和应用	十二局	山西省科学技术厅	国际先进	鉴定

续表

序号	项　目　名　称	完成单位	鉴定评审机构	成果评价	类别
30	高速铁路大型客站密排菱形钢管桁架空中累积滑移多次合拢成套技术研究	十二局	山西省科学技术厅	国际先进	鉴定
31	地铁供电系统再生制动能量吸收装置(逆变+电阻型)系统技术研究	十二局	山西省科学技术厅	国际先进	鉴定
32	复杂环境条件深大基坑施工技术研究与工程应用	大桥局	天津市科学技术委员会	国际先进	鉴定
33	西部山区滑坡泥石流频发区域高陡边坡双洞隧道快速施工技术	大桥局	四川省科学技术厅	国际先进	鉴定
34	寒区浅埋软塑黏土地层地铁隧道综合施工技术	大桥局	天津市科学技术委员会	国际先进	鉴定
35	钢－砼组合结构异形独塔双索面宽体箱梁斜拉桥建造技术	十四局	济南市科学技术局	国际先进	鉴定
36	复杂地质条件下超大型城市地下枢纽工程建造技术研究	十五局	河南省科学技术厅	国际先进	鉴定
37	钢箱梁桥步履式顶推施工关键技术研究与应用	十五局	河南省科学技术厅	国际先进	鉴定
38	裸露基岩中矩形大断面无内支撑双壁钢围堰施工技术	十五局	河南省科学技术厅	国际先进	鉴定
39	DPG25 型铺轨机研制技术	十五局	河南省科学技术厅	国际先进	鉴定
40	渭河特大桥钢－混凝土梁结合段力学特性与关键技术研究	十五局	河南省科学技术厅	国际先进	鉴定
41	岩溶地质中深水桩基和高桩承台吊箱围堰施工关键技术	十五局	河南省科学技术厅	国际先进	鉴定
42	复杂环境条件下浅埋富水大跨度地铁车站综合施工技术研究	十五局	河南省科学技术厅	国际先进	鉴定
43	高速铁路无缝线路焊接施工技术	十五局	河南省科学技术厅	国际先进	鉴定
44	小角度近距离立体交叉地铁盾构下穿昆明火车站的关键技术	十六局	云南省科学技术厅	国际先进	鉴定
45	三趾马红土特性变异及其隧道设计施工关键技术	十七局	山西省科学技术厅	国际先进	鉴定
46	新中梁山隧道大断面渐变段及近接既有隧道综合施工技术	十七局	山西省科学技术厅	国际先进	鉴定
47	单拱大跨地铁车站浅埋暗挖半逆作施工技术	十七局	山西省科学技术厅	国际先进	鉴定
48	混凝土高墩应力场与裂缝控制技术	十七局	山西省科学技术厅	国际先进	鉴定
49	干旱风沙地区无砟轨道综合施工技术	十七局	山西省科学技术厅	国际先进	鉴定
50	高地应力大变形隧道软弱围岩综合施工技术	十七局	山西省科学技术厅	国际先进	鉴定
51	沪昆客专沅江大跨度刚构连续梁桥综合施工技术研究	十七局	山西省科学技术厅	国际先进	鉴定
52	客运专线站场湿陷性黄土地基变形特性及沉降控制深化研究	十七局	山西省科学技术厅	国际先进	鉴定
53	高速公路深嵌峡谷百米高墩、宽幅连续刚构桥施工关键技术	十七局	福建省科学技术厅	国际先进	鉴定
54	穿越起伏基岩的盾构隧道修建关键技术研究	十七局	山西省科学技术厅	国际先进	鉴定
55	地铁深基坑爆破开挖控制关键技术	十七局	山西省科学技术厅	国际先进	鉴定
56	盾构穿越清水库区微扰动控制理论及关键技术研究	十七局	山西省科学技术厅	国际先进	鉴定
57	改进 TJ165 型铁路架桥机架设重载铁路 2103 型 T 梁施工技术研究	十七局	山西省科学技术厅	国际先进	鉴定
58	岩溶隧道水防护利用与安全施工技术研究	十七局	河北省科学技术厅	国际先进	鉴定

续表

序号	项 目 名 称	完成单位	鉴定评审机构	成果评价	类 别
59	隧道内42号高速道岔施工技术	十七局	河北省科学技术厅	国际先进	鉴定
60	复杂地质环境下浅埋暗挖大跨地铁车站的施工力学行为及变形控制研究	十八局	天津市科学技术委员会	国际先进	鉴定
61	CRTSⅢ型板式无砟轨道施工工艺及关键技术研究	十八局	天津市科学技术委员会	国际先进	鉴定
62	复杂地下洞室群高强度运输系统仿真优化与运行管理研究	十八局	天津市科学技术委员会	国际先进	鉴定
63	基于单护盾的复合式TBM在城市轨道交通施工中应用与研究	十八局	天津市科学技术委员会	国际先进	鉴定
64	大跨度钢箱梁可升降自行式连续顶推施工技术研究	二十一局	甘肃省科学技术厅	国际先进	鉴定
65	隧道岩爆多通道微震监测预警技术研究	二十四局	福建省科学技术厅	国际先进	鉴定
66	跨大型电气化铁路站场整体纵移1－168 m系杆拱桥施工技术研究	二十五局	广州市科学技术局	国际先进	鉴定
67	盾构连续下穿铁路与市政立交桥综合施工技术	二十五局	广州市科学技术局	国际先进	鉴定
68	电气化铁道用铜接触线	电气化局	江苏省科学技术厅	国际先进	鉴定
69	电气化铁道用铜锡合金接触线	电气化局	江苏省科学技术厅	国际先进	鉴定
70	电气化铁道用铜绞线	电气化局	江苏省科学技术厅	国际先进	鉴定
71	电气化铁道用铜银合金接触线	电气化局	江苏省科学技术厅	国际先进	鉴定
72	LSJ60链刀式地下连续墙设备研制及应用	铁建重工	湖南省科学技术厅	国际先进	鉴定
73	富水软土地层地铁车站深基坑施工技术	十二局	山西省科学技术厅	国内领先	鉴定
74	长段落全风化花岗岩富水浅埋隧道变形控制技术研究	十二局	山西省科学技术厅	国内领先	鉴定
75	高寒山区穿越复杂地质条件大断面公路隧道修建关键技术研究	大桥局	新疆维吾尔自治区科学技术厅	国内领先	鉴定
76	西部复杂富水地层大断面铁路隧道施工关键技术研究	大桥局	吉林省科学技术厅	国内领先	鉴定
77	运营铁路隧道病害快速治理技术与一体化装备	十四局	济南市科学技术局	国内领先	鉴定
78	新建铁路巴准线预制T梁预应力自动张拉系统技术研究	十四局	济南市科学技术局	国内领先	鉴定
79	跨车站大坡度悬臂现浇箱梁施工技术研究	十五局	河南省科学技术厅	国内领先	鉴定
80	全风化富水花岗岩地质隧道进洞关键技术	十五局	河南省科学技术厅	国内领先	鉴定
81	重荷载无落地支架设计与施工技术	十七局	山西省科学技术厅	国内领先	鉴定
82	岩溶地区全防渗尾矿库施工技术	十七局	山西省科学技术厅	国内领先	鉴定
83	高速铁路复杂地质地区地基处理及沉降控制	十七局	山西省科学技术厅	国内领先	鉴定
84	城市轨道交通机电工程管线施工技术研究及应用	十七局	山西省科学技术厅	国内领先	鉴定
85	客运专线单跨128米提篮拱桥施工技术	十七局	河北省科学技术厅	国内领先	鉴定
86	繁忙运营正线安全快速插入交叉渡线施工技术	十七局	河北省科学技术厅	国内领先	鉴定
87	城市建筑密集区及富水岩层环境条件下的城轨交通隧道施工关键技术研究	二十一局	甘肃省科学技术厅	国内领先	鉴定

续表

序号	项 目 名 称	完成单位	鉴定评审机构	成果评价	类 别
88	桥隧相连地段客运专线双线箱梁架设技术研究	二十一局	甘肃省科学技术厅	国内领先	鉴定
89	新疆高温差地区连续箱梁转体施工技术研究及应用	二十一局	新疆维吾尔自治区科学技术厅	国内领先	鉴定
90	冲击钻机自动控制施工技术应用研究	二十三局	贵州省科学技术厅	国内领先	鉴定
91	38.5 米大跨双向八车道穿湖隧道设计与施工关键技术	二十四局	安徽省科学技术厅	国内领先	鉴定
92	大跨度体外预应力钢——混凝土组合变截面连续箱梁桥施工技术研究	二十五局	广州市科学技术局	国内领先	鉴定
93	跨既有铁路大吨位连续箱梁单点顶推过轨施工技术	二十五局	广州市科学技术局	国内领先	鉴定
94	厦深铁路钢桁梁桥原位单节顶拼逐段拖拉联结技术研究及应用	二十五局	广州市科学技术局	国内领先	鉴定
95	地铁盾构隧道穿越铁路大型站场施工技术	二十五局	广州市科学技术局	国内领先	鉴定
96	电气化铁道接触网用非限位定位装置、G 型限位定位装置	电气化局	江苏省科学技术厅	国内领先	鉴定
97	高速电气化接触网区间成锚段线索更换施工关键技术	电气化局	山西省科学技术厅	国内领先	鉴定
98	地下管线非开挖定向穿越铁路施工关键技术	电气化局	山西省科学技术厅	国内领先	鉴定
99	并网光伏发电站设备安装关键技术	电气化局	山西省科学技术厅	国内领先	鉴定
100	煤炭集运站移动接触网安装调试关键技术	电气化局	山西省科学技术厅	国内领先	鉴定
101	连续多跨钢管硬横梁接触网施工关键技术	电气化局	山西省科学技术厅	国内领先	鉴定
102	水下基底土质及回淤沉积物厚度快速检测关键技术	港航局	中国水运建设行业协会	国内领先	鉴定
103	深厚软基超长防波堤筑岛法施工关键技术	港航局	中国水运建设行业协会	国内领先	鉴定
104	地铁铺轨系统软件	铁四院	湖北省科学技术厅	国内领先	鉴定
105	噪声敏感区域的城市轨道交通活塞风亭声环境研究	铁四院	湖北省科学技术厅	国内领先	鉴定
106	轨道交通车辆检修库三维设计软件	铁四院	湖北省科学技术厅	国内领先	鉴定
107	激光靶式盾构导向系统研制	铁建重工	湖南省科学技术厅	国内领先	鉴定
108	杨家湾临近危岩体及既有线复杂岩溶地质隧道施工技术研究	十二局	山西省科学技术厅	国内先进	鉴定
109	强风浪频发海域跨海联岛大桥新型钢板桩围堰施工技术	十四局	中国公路建设行业协会	国内先进	鉴定
110	沪昆客专蒿吉坪隧道施工及监控技术	十七局	山西省科学技术厅	国内先进	鉴定
111	复杂交通环境下城轨隧道下穿立交桥基础施工技术研究	二十一局	甘肃省科学技术厅	国内先进	鉴定
112	铁路工程黄土路堑高边坡桩板墙支护研究	二十一局	甘肃省科学技术厅	国内先进	鉴定
113	大风地区低温环境下墩身施工控制技术	二十二局	新疆维吾尔自治区科学技术厅	国内先进	鉴定
114	电气化铁道接触网用下锚补偿装置	电气化局	江苏省科学技术厅	国内先进	鉴定
115	电气化铁道接触网用整体吊弦	电气化局	江苏省科学技术厅	国内先进	鉴定
116	电气化铁道接触网用棘轮和滑轮下锚补偿装置	电气化局	江苏省科学技术厅	国内先进	鉴定

续表

序号	项　目　名　称	完成单位	鉴定评审机构	成果评价	类 别
117	既有线水平拉杆式腕臂更换为平腕臂施工关键技术	电气化局	山西省科学技术厅	国内先进	鉴定
118	高速铁路接触网关节式电分相改造施工关键技术	电气化局	山西省科学技术厅	国内先进	鉴定
119	电气化铁路改造线路换边接触网工程施工关键技术	电气化局	山西省科学技术厅	国内先进	鉴定
120	CTCS 列控系统下信号布点仿真系统	铁四院	湖北省科学技术厅	行业领先	鉴定
121	超小净距隧道控制爆破技术研究	二十局	中国工程爆破协会	国际领先	评审
122	SLJ900 型架桥机提运架一体化施工技术	十一局	湖北省科学技术厅	国际先进	评审
123	宿淮线京杭运河特大桥大跨连续梁拱组合结构设计研究	上海院	中国铁路总公司	国际先进	评审
124	高速铁路隧道无线通信信道建模研究	上海院	上海市科学技术委员会	国际先进	评审
125	膨胀土路基填料改良及施工工法研究	上海院	上海市科学技术委员会	国际先进	评审
126	钢支撑 + 贝雷梁现浇拱桥施工技术	十一局	湖北省科学技术厅	国内领先	评审
127	吹填砂堆载预压处理深厚淤泥地基施工技术	十一局	湖北省科学技术厅	国内领先	评审
128	土压平衡盾构机切割素混凝土过暗挖隧道施工工法	十一局	湖北省科学技术厅	国内领先	评审
129	旋挖钻引孔回填打入钢板桩围堰施工关键技术	十一局	湖北省科学技术厅	国内领先	评审
130	高原冻土公路隧道洞口工程保温开挖施工关键技术	十一局	湖北省科学技术厅	国内领先	评审
131	时速 120 ~ 160 千米/小时城市轨道交通减振降噪技术研究	上海院	上海市科学技术委员会	国内领先	评审
132	高墩简易自升式爬架配合翻模施工技术	十一局	湖北省科学技术厅	国内先进	评审
133	地铁隧道变形缝渗漏水治理施工技术	十一局	湖北省科学技术厅	国内先进	评审
134	轨道交通车站控制室一体化操作台研究	上海院	上海市科学技术委员会	国内先进	评审
135	XM - 1800 钢轨铣磨车	昆明中铁	中国铁路总公司	同意试用	评审
136	HFX 恒张力接触网放线车	昆明中铁	中国铁路总公司	国际先进	技术审查
137	大跨浅埋复杂环境深港隧道施工综合技术研究	十五局	中国铁路总公司	合格	验收
138	城市轨道交通数字选线系统	铁一院	陕西省科学技术厅	国内领先	验收
139	接触网腕臂结构设计软件	铁一院	陕西省科学技术厅	国内领先	验收
140	铁路建设项目地理信息系统	铁一院	陕西省科学技术厅	国内先进	验收
141	经营项目投标报价计算与分析系统	铁一院	陕西省科学技术厅	国内先进	验收
142	建设项目综合进度编制软件	铁一院	陕西省科学技术厅	国内先进	验收
143	高速铁路钢轨及道岔关键技术研究——客运专线道岔用辊轮的国产化技术研究	铁建重工	中国铁路总公司	国际先进	结题

（制表：丁正全）

2014年度中国铁建获得发明专利授权目录

序号	权属单位	专 利 名 称	专 利 号
1	中土集团	一种轨枕胶套拉拔试验用传力套件及试验方法	ZL201210566604.3
2	十一局	隧腔分隔式巷道通风方法	ZL201210186157.9
3	十一局	采用井点降水法治理营运隧道水患的方法	ZL201210186519.8
4	十一局	隧道防冻害排水系统	ZL201210132263.9
5	十一局	板式无砟轨道Ⅰ型板扣件的定位装置及快速定位方法	ZL201110031178.9
6	十一局	利用钢筋混凝土薄壁作永久模板的巨型盖梁施工方法	ZL201210264508.3
7	十一局	适用于极小曲线半径桥梁架设的阶段拼装架桥机	ZL201210591697.5
8	十二局	微型钢管混凝土桩穿透路基层加固软弱地基施工工法	ZL201210455251.X
9	十二局	栈桥配合顶模整体浇筑仰拱混凝土施工方法	ZL201210073486.2
10	十二局	一种盾构偏角始发技术	ZL201210042654.1
11	十二局	一种偏压浅埋或单压倾斜砂质黄土隧道快速进洞施工方法	ZL201110417723.8
12	十二局	一种溶沟地层盾构进洞施工方法	ZL201110417720.4
13	十二局	一种盾构掘进溶沟地段孤石群的处理方法	ZL201110417722.3
14	十二局	一种软弱破碎岩层斜交斜井上弧导挑顶施工方法	ZL201210043696.7
15	十二局	地铁暗挖隧道二次衬砌拼装式挡头装置	ZL201110367828.7
16	十二局	架桥机机组调头台车	ZL201210278384.4
17	十二局	下半断面为干燥粉细砂层隧道的施工方法	ZL201210144534.2
18	十二局	一种隧道断层大规模突水涌泥溃口的封堵方法	ZL201110221022.7
19	十二局	一种混凝土铺面接缝传力杆定位支架	ZL201210144653.8
20	十二局	地下连续墙的施工方法	ZL201210338267.2
21	大桥局	一种车站出入口基坑开挖分层控制的施工方法	ZL201210315169.7
22	十四局	8字筋构件加工机	ZL201210284264.5
23	十四局	客运专线Ⅰ型轨道板Ⅰ-PMS精调测量与远程监控系统及方法	ZL201210322990.1
24	十四局	一种掺矿渣微粉混凝土及其制备方法	ZL201210293988.6
25	十四局	道砟铺设车	ZL201110310091.5
26	十五局	一种高铁桥梁的梁体内探伤小车	ZL201110366303.1
27	十五局	一种自动锁紧放松的自锁螺栓	ZL201110365622.0
28	十五局	一种桥梁护栏自动喷漆机	ZL201110365617.X
29	十五局	一种桥基钢筋混凝土孔桩钢筋笼的导入方法	ZL201110365621.6
30	十五局	一种加快拱桥拱肋合拢的装置与方法	ZL201210372810.0
31	十五局	一种在冻土上的施工方法	ZL201210311956.4
32	十六局	一种双薄壁墩连续刚构桥0号块施工方法	ZL201110334000.1
33	十六局	复合牙支顶过矿山法隧道施工技术	ZL201010199069.3
34	十六局	人工挖孔桩与钢管混凝土柱一体化的施工方法	ZL201110452047.8
35	十六局	正在开挖基坑支护锚索切断的安全施工方法	ZL201110452612.0

续表

序号	权属单位	专 利 名 称	专 利 号
36	十六局	重载铁路预制 T 梁整体钢筋绑扎胎具及施工方法	ZL201210242556.2
37	十六局	重载铁路 T 梁橡胶棒穿束机	ZL201210242526.1
38	十六局	一种 CRD 仰拱施工方法	ZL201210249973.X
39	十七局	隧道通风竖井节能快速施工方法	ZL201210106819.7
40	十七局	隧道施工通风管道风量分配控制器	ZL201210107048.3
41	十七局	环状钢筋混凝土结构内模自稳支撑体系	ZL201210107278.X
42	十七局	双块式无碴轨道横向伸缩缝的模板装置及施工方法	ZL201210232228.4
43	十七局	高速铁路路基段路肩混凝土浇注机及施工方法	ZL201210257686.3
44	十七局	桩基水下灌注导管重新插管防护器	ZL201210290025.0
45	十八局	一种用前卡式千斤顶移动挂蓝的行走机构及其施工方法	ZL201210254064.5
46	十八局	高速铁路用轨道板预制工艺	ZL201110237150.0
47	十八局	水工隧洞开敞式 TBM 全断面同步衬砌台车	ZL201110249843.1
48	十九局	后张法预应力梁纵向移梁系统及纵向移梁方法	ZL201210187721.9
49	十九局	海塘区客运专线膺架法现浇道岔连续梁施工方法	ZL201210300589.8
50	十九局	一种混凝土构件的修补剂、制备方法及施工方法	ZL201210367336.2
51	十九局	斜井横向贯通正洞单喇叭挑高施工方法	ZL201210423152.3
52	十九局	板式无砟轨道板施工车	ZL201210391623.7
53	二十局	严寒地区铁路施工用超低温高性能混凝土的施工工艺	ZL201210319814.2
54	二十局	C50 机制砂超高泵送混凝土施工工法	ZL201010232402.6
55	二十局	跨越既有线路桥梁施工用钢桁梁平面转体施工工艺	ZL201210254579.5
56	二十局	一种成槽机卷管系统随动装置	ZL201210532349.0
57	二十一局	在桥梁体浇筑前穿入超长钢绞线的施工方法	ZL201210059925.4
58	二十一局	电气化铁路接触网支柱杯型基础浇注模具	ZL201110118431.4
59	二十一局	制作铁路接触网直、斜拉线回头环工具 与制作倒环的工艺	ZL201110118427.8
60	二十一局	路基沉降远程智能检测方法与设施	ZL201210316145.3
61	二十一局	隧道喷锚支护钢架锁脚锚管的施工方法	ZL201310175868.0
62	二十二局	一种门式弧型钢架加固体系	ZL201110212900.9
63	二十三局	一种通过富水断层影响带的隧道的帷幕注浆施工方法	ZL201110451009.0
64	二十三局	一种单元板式无砟轨道定位智能监控器	ZL201210127266.3
65	二十三局	一种板式无砟轨道混凝土轨道板制造方法及其张拉装置	ZL201210131219.6
66	二十三局	黄土隧道双排小导管快速进洞施工方法	ZL201210067822.2
67	二十三局	桁架梁整体顶推架设方法	ZL201210272947.9
68	二十三局	一种桁架梁的拖拉架设方法	ZL201210296754.7
69	二十三局	一种导梁的安装和拆卸方法	ZL201210223156.7
70	二十三局	一种桁架梁精确就位检测方法	ZL201210278274.8
71	二十三局	桥面板的铺设方法及其模板支撑装置	ZL201210300657.0

续表

序号	权属单位	专 利 名 称	专 利 号
72	二十三局	适用于软弱围岩隧道斜井与正洞交汇处的施工方法	ZL201210224818.2
73	二十三局	无砟轨道维修用复合水泥基快凝干料和砂浆及其制作方法	ZL201210425036.5
74	二十三局	一种先张法预应力U型梁用穿心牵引式台座及其施工方法	ZL201110129997.7
75	二十四局	球体测角法测量三维坐标的方法	ZL201210087135.7
76	二十四局	线锤法非接触测量三维坐标的方法	ZL201210058004.3
77	二十四局	一种用于钻孔灌注桩施工的套管接连装置	ZL201210242666.9
78	二十四局	同程油顶控制系统及其应用方法	ZL201210573591.2
79	二十四局	一种气体监测报警装置的应用方法	ZL201210582059.7
80	二十五局	一种在既有线路上架设施工便梁的工艺	ZL201210329141.9
81	中铁建设	一种悬浮质量调谐减振器	ZL201010513809.6
82	中铁建设	冷源机房用强化对流换热型分集水装置	ZL201110396082.2
83	中铁建设	换气加湿装置	ZL200910180516.8
84	中铁建设	一种钢筋混凝土凸缘扩孔型灌注桩的施工方法	ZL201010120547.7
85	电气化局	隧道打孔机	ZL201210151763.7
86	电气化局	高柱信号机引线管安装方法	ZL201210184672.3
87	电气化局	人工架设承力索的施工方法	ZL201210324277.0
88	铁一院	基于道岔表示模块和编码电路的道岔状态监测方法	ZL201110442824.0
89	铁一院	高速铁路接触网风致响应风洞的试验方法	ZL201210285928.X
90	铁一院	强风环境下的铁路电气化接触网及其参数确定方法	ZL201210285913.3
91	铁一院	利用碳化硅纤维索消除过分相过电压的设备	ZL201210184319.5
92	铁一院	深孔地应力测试高压封隔器胶套筒的制作方法	ZL201210033683.1
93	铁四院	自动调节动车组制动力使用系数的列车安全防护方法	ZL201210056758.8
94	铁四院	一种防止隧道衬砌背后水纵向串流的结构	ZL201010265477.4
95	铁四院	盾构隧道中对接段衬砌结构	ZL201210198886.6
96	铁四院	桥梁钢箱主梁双挑式索梁锚固结构	ZL201210473797.8
97	铁四院	通长走行旋转过墩梁底检查车系统	ZL201210365944.X
98	铁四院	一种含油污水、污泥处理装置及其处理方法	ZL201310285888.3
99	铁四院	道路小半径弯道内侧加宽区域安全警示方法	ZL201210173401.8
100	铁四院	微扰动既有高速铁路路基变形病害整治方法及结构	ZL201210392641.7
101	铁四院	盾构试验机支撑及反力推进装置	ZL201310010257.0
102	铁四院	一种用于加固高液限土质边坡的防护结构	ZL201210087525.4
103	铁四院	隧道侧壁检测装置	ZL201210245631.0
104	铁四院	隧道拱顶检测装置	ZL201210245314.9
105	铁四院	隧道内探测无水和有水溶腔的组合超前钻探方法	ZL201210322548.9
106	铁五院	管内预应力钢管桁架组合简支梁结构	ZL201210030394.6
107	铁五院	无斜腹杆装配式双壁钢围堰结构	ZL201210030392.7

续表

序号	权属单位	专　利　名　称	专 利 号
108	铁五院	路基边坡压实质量检测仪	ZL201210063679. X
109	铁五院	杠杆式承载比自动测试仪	ZL201210137996. 1
110	铁五院	道床动态监测仪及方法	ZL201210151324. 6
111	铁五院	一种设置桩承台基础及其施工方法	ZL201210270552. 5
112	铁五院	环保型盾尾密封油脂及其制备方法与应用	ZL201210472649. 4
113	上海院	轨道交通中列车阻塞后的系统联动方法	ZL201010271958. 6
114	上海院	轨道交通中出现灾害后的系统联动方法	ZL201010273235. X
115	上海院	一种连续梁拱组合桥主梁吊杆的锚固方法	ZL201210415788. 3
116	上海院	基于海伦公式的轨道维护基点横向偏差测量方法	ZL201310049541. 9
117	昆明中铁	一种测量含尘气流风压的装置	ZL201110368179. 2
118	昆明中铁	铁路道床吸污车	ZL201110368180. 5
119	昆明中铁	拉轨对正装置	ZL201110413741. 9
120	昆明中铁	轨道捣固车	ZL201210141203. 3
121	昆明中铁	一种铁路配砟整形养护装置	ZL201210449633. 1
122	昆明中铁	一种集成重力和袋式除尘的集污装置	ZL201210445732. 2
123	昆明中铁	一种分流干涉消声的排风降噪装置及铁路道床吹吸清扫作业装置	ZL201210445474. 8
124	铁建重工	一种道岔接头铁偏心值测量尺	ZL201210069003. 1
125	铁建重工	一种铰接式盾体防扭装置	ZL201210240975. 2
126	铁建重工	一种掘锚钻一体化的掘锚机	ZL201210223037. 1
127	铁建重工	一种长距离大坡度斜井全断面岩石掘进机	ZL201210220628. 3
128	铁建重工	一种用于道岔转辙器的滑动装置	ZL201310090064. 0
129	铁建重工	三点定圆弧测量仪及测量方法	ZL201210075219. 9
130	铁建重工	柔性推料装置	ZL201210367850. 6
131	铁建重工	移动式扣件扣压力测试平台及测试方法	ZL201210533557. 2
132	中铁城建	钢结构厂房横排版大波纹彩钢板外围护墙及施工方法	ZL201210015570. 9

（制表:张育红）

2014年度中国铁建科技成果评审项目目录

序号	项 目 名 称	主持单位	成果评价
1	京沪高速铁路(徐沪段)无砟轨道设计技术研究与应用	铁四院	国际先进
2	合福铁路铜陵长江大桥钢桁斜拉桥轨道设计技术研究	铁四院	国内先进
3	广深港铁路客运专线狮子洋隧道轨道减振综合技术研究应用	铁四院	国际先进
4	上海动车段检修关键技术研究	铁四院	国际领先
5	高速铁路接触网系统技术及其工程应用	铁四院	国际领先
6	新丰镇铁路编组站修建关键技术研究	铁一院	国内领先
7	地应力测试系统研制	铁一院	国内先进
8	铁路各设计阶段数字选线平台数据源扩展	铁一院	国内领先
9	大型客站电气照明关键技术研究	铁一院	国内领先
10	智能低压配电系统在城市轨道交通中的应用研究	铁一院	国内领先
11	既有路基密实状态检测仪	铁五院	国内领先
12	既有路基快速检测及评估技术研究	铁五院	国际先进
13	采空区注浆效果检测与评价方法研究	铁五院	国内领先
14	铁路低高度平战结合多用途钢便梁研究	铁五院	国际先进
15	环保型盾构用盾尾密封油脂的研发	铁五院	国际先进
16	土耳其安伊高速铁路电气化设计成套技术研究	铁五院	国际先进
17	新建巴准线桥梁适应新活载标准体系的技术研究	铁五院	国际先进
18	60AT2－60千克/米钢轨跟端锻压段加长工艺研究	铁建重工	国际先进
19	公路上跨高速铁路防灾技术研究	二十四局	国际领先
20	城市轨道短板式道岔施工技术研究	二十四局	国内领先
21	客运专线140米下承式钢管混凝土提篮系杆拱桥施工技术	二十四局	国内领先
22	跨车站电气化铁路连续梁挂篮法施工技术	二十四局	国内先进
23	超长度混凝土连续梁等比例调坡整体顶升技术研究	二十四局	国际先进
24	可调支腿龙门吊大坡率高位架梁施工技术	二十四局	国际先进
25	特大断面水工隧洞综合施工技术研究	二十四局	国内领先
26	异型独塔自锚式悬索桥施工关键技术研究	中铁建设	国际先进
27	混凝土模板侧压力实验研究	中铁建设	国际先进
28	滑动式天窗屋盖施工关键技术及安全应用性能研究	中铁建设	国际先进
29	大跨度变截面公路大桥连续钢箱梁施工技术	中铁建设	国内领先
30	空间结构整体式现浇施工综合技术研究	中铁建设	国内领先
31	基于SMW工法的基坑支护新技术研究与应用	中铁建设	国内领先
32	软土地区深基坑内支撑支护体系及与主体结构施工的协同设计研究	中铁建设	国内领先
33	塔机运行安全监控及现场工程管理系统集成产品的研发	中铁建设	国际先进

续表

序号	项　目　名　称	主持单位	成果评价
34	信息化工具在预拌混凝土企业中应用的研究	中铁建设	国内领先
35	地铁暗挖隧道下穿建筑物安全施工关键技术研究	二十局司	国际先进
36	青荣城际铁路建设区断裂活动性研究及其工程影响	二十局四公司	国内领先
37	复杂条件下单孔 156 米简支钢桁梁拖拉架设综合施工技术	二十局一公司	国际先进
38	紧临既有线深水基础大跨度连续梁综合施工技术	二十局一公司	国内领先
39	空间曲面肋梁钢结构施工技术	二十局六公司	国内领先
40	城区富水软土隧道浅埋暗挖施工关键技术	二十局六公司	国内领先
41	预制波形钢腹板预应力混凝土组合箱梁桥施工技术	二十局五公司	国内领先
42	临近既有线铁路桥梁施工技术研究	二十局三公司	国内领先
43	重载铁路冲击压实黄土路基的机理与质量控制研究	十九局六公司	国内领先
44	新生地震带高墩大跨钢桁梁安全快速施工关键技术研究	十九局	国内领先
45	高速公路路面施工低碳环保研究	十九局三公司	国内领先
46	露天采矿 GPS 卡车智能调度系统研究	十九局	国内领先
47	移动式激光扫描系统研究与应用系统	十九局	国际先进
48	单拱大跨暗挖地铁车站变形与爆震控制技术研究	十九局五公司	国际先进
49	饱和含水流塑地铁车站深基坑的施工技术研究	十九局轨道交通公司	国内领先
50	软硬不均复合地层地铁区间盾构施工技术研究	十九局轨道交通公司	国内领先
51	软土地层复杂环境下地铁车站深基坑变形控制技术研究	十九局轨道交通公司	国内先进
52	地铁工程建设虚拟集成动态优化控制技术研究	十九局轨道交通公司	国际领先
53	城际快速轨道 U 型预制梁运输及架设施工技术研究	十六局	国内领先
54	复杂施工条件下大跨度连续梁－拱桥及道岔变宽连续梁综合施工技术	十六局	国际先进
55	高速铁路 CRTSⅡ型板式无砟轨道离缝预防及控制技术研究	十六局	国际先进
56	高速铁路站房大面积大跨度预应力混凝土框架结构施工关键技术	十六局	国内领先
57	重载铁路铺架综合施工技术	十六局	国内领先
58	大直径土压平衡盾构机综合施工技术研究	十六局	国际先进
59	板岩地层客运专线大断面隧道施工安全控制关键技术研究	十六局	国内领先
60	近海松散沉积层 LNG 项目取海水工程综合施工技术	十六局	国际先进
61	高寒盐湖地区铁路路基填筑施工技术	十六局	国内领先
62	拱结构与空间网壳组合屋盖施工技术研究	中铁建设	国际先进
63	装配式减隔震结构体系及其抗震性能研究	中铁建设	国际先进
64	机电系统功能提升及装配化施工技术研究	中铁建设	国内领先
65	RL500 长轨铺轨机组研制	十一局	国际先进
66	基于 BIM 的机电设备安装管线碰撞智能化监测系统开发及其应用技术研究	十一局	国内领先
67	胡麻岭隧道第三系富水低渗透性粉细砂地层水害治理技术研究	十九局三公司	国际领先

续表

序号	项　目　名　称	主持单位	成果评价
68	胡麻岭富水粉细砂地层极高风险隧道管理技术研究	十九局三公司	国内先进
69	第三系富水粉细砂特殊围岩企业定额测定	十九局三公司	国内领先
70	130 米小曲线无砟轨道施工技术与装备研究	铁五院	国际先进
71	可移动式车辆低位回转设备研制与应用	铁五院	国内领先
72	隧道重型构件全断面对位安装技术与装备研究	铁五院	国际先进
73	重载铁路无砟轨道施工技术与装备研究	铁五院	国际先进
74	接触网定位装置预配平台的研制与应用	电气化局	国内先进
75	接触网整体吊弦恒张力预制平台的研制与应用	电气化局	国内先进
76	电气化铁道用户内 27.5 千伏 GIS 开关柜设计技术研究	电气化局	国际先进
77	多芯控制电缆校线仪器的研制与应用	电气化局	国内领先
78	400 千米/小时高速铁路用接触线	电气化局	国际先进
79	盐湖地区钢支柱防腐工艺	电气化局	国内领先
80	高速铁路接触网 CuNi2Si 合金零部件制备技术研究	电气化局	国际先进
81	高速铁路接触网腕臂计算参数测量新技术	电气化局	国内先进
82	编组站综合集成自动化系统(CIPS)调试方案研究	电气化局	国内领先
83	梁溪大桥站综合管线施工中 BIM 技术应用研究	电气化局	国内先进
84	基于 GPS 的接触网支柱基础施工测量技术研究	电气化局	国内先进
85	盘营客专接触网悬挂系统精确施工技术	电气化局	国内先进
86	高速铁路 CTCS－3 级列控信号系统测调优化新技术	电气化局	国内领先
87	兰新铁路大风区段牵引供电系统关键技术研究	电气化局	国内领先
88	基于中国铁建地产品牌园林景观标准化研究	房地产集团	国内领先
89	轴重 30 吨以上重载铁路有砟轨道主要设计参数研究	铁一院	国内领先
90	轨道系统的可靠度设计方法研究	铁一院	国内领先
91	高海拔地热地区选线关键影响因素研究	铁一院	国内领先
92	CRTSⅢ型板式无砟轨道布板设计与定位测量系统研究	铁一院	国内领先
93	拉日铁路雅鲁藏布江峡谷高烈度区高陡边坡稳定性评价及工程对策研究	铁一院	国内领先
94	客运专线梁桁组合结构设计研究	铁一院	国际先进
95	复杂环境下盖挖及大跨度暗挖车站设计施工关键技术	铁一院	国际先进
96	复杂环境下交叠地铁车站综合技术研究	铁一院	国际先进
97	北方铁路旅客站房通风降温系统节能与适应性研究	铁一院	国内领先
98	桥—建组合式高架车站型钢混凝土转换结构及型钢—韧性混凝土节点实验研究	铁一院	国际先进
99	大风区高标准铁路接触网设计技术研究	铁一院	国际先进
100	山区铁路贯通接地线地系统研究与应用	铁一院	国际先进
101	密集隧道群高速铁路信号系统智能维护技术研究	铁一院	国内领先

续表

序号	项　目　名　称	主持单位	成果评价
102	严寒地区道岔融雪系统试验研究	铁一院	国内领先
103	基岩三重管取芯钻具开发应用	铁一院	行业领先
104	GDT3 高分辨地质探测仪	铁一院	国内先进
105	GPS 高程拟合应用研究	铁一院	行业先进
106	兰渝线超宽空心桥墩温度效应及稳定性试验研究	铁一院	国内领先
107	铁路车站无动力组合式生物滤池污水处理技术	铁一院	国内先进
108	区域铁路网规划理论、方法与实务	铁四院	国际先进
109	货车静载重专题	铁四院	国内领先
110	高速铁路延续进路技术研究	铁四院	国际先进
111	铁路轨道结构极限状态法设计方法研究	铁四院	国际先进
112	武广铁路客运专线雷大桥特大桥道岔区板式无砟轨道试验研究	铁四院	国际先进
113	铁路工程典型工点施工期水土流失监测及水土保持措施研究	铁四院	国内先进
114	高速铁路桥梁工程关键技术总结	铁四院	国际先进
115	城际轨道交通桥梁设计标准研究	铁四院	国际先进
116	城际轨道交通简支箱梁研究及试验	铁四院	国内领先
117	城际轨道交通大跨度预应力混凝土桥梁试验研究	铁四院	国际先进
118	大跨桥梁修剪关键技术研究——昌九城际轨道交通工程 128 米刚架系杆拱桥关键技术研究	铁四院	国际先进
119	框架桥整体快速横移施工工法	铁四院	国内领先
120	高速铁路路基工程关键技术总结	铁四院	国际领先
121	向莆铁路长大隧道勘察技术研究	铁四院	国际领先
122	铁路工程地基处理极限状态法设计研究	铁四院	国际先进
123	高速铁路无砟轨道黏性土地基沉降控制技术研究	铁四院	国际领先
124	有效应力铲测试技术开发研究	铁四院	国际领先
125	三维遥感可视化技术在铁路工程地质勘查中的应用研究	铁四院	国际先进
126	向莆铁路泥岩、千枚岩风化岩块填筑技术研究	铁四院	国内先进
127	运营高速铁路无砟轨道软土路基沉降处理施工工法	铁四院	国际先进
128	运营高铁无砟轨道软土路基横向变形纠偏处理施工关键技术	铁四院	国际先进
129	高速铁路路桥隧工程技术总结	铁四院	国际领先
130	舟山沈家门港海底隧道关键技术研究	铁四院	国际先进
131	绿色铁路旅客站规划及建筑设计策略研究	铁四院	国内领先
132	桥式铁路客站的客流组织动态仿真及通道通过能力的研究	铁四院	国内先进
133	人行天桥在高速列车通过时的振动影响研究	铁四院	国际先进
134	无锡地铁控制中心超高层结构抗震性能分析	铁四院	国际先进
135	动车组走行部安全检测系统研究	铁四院	国内领先

续表

序号	项　目　名　称	主持单位	成果评价
136	武汉地铁线网车辆检修布局关键技术研究	铁四院	国际先进
137	高速铁路无缝线路500米长钢轨焊轨基地成套技术与装备	铁四院	国际先进
138	重载铁路快速装卸工艺关键技术研究	铁四院	国内先进
139	城市轨道交通接地关键技术研究	铁四院	国内领先
140	跨海大桥超高压电力电缆对通信信号设施影响研究	铁四院	国际先进
141	铁路站房照明美学系统及评价体系研究	铁四院	国内领先
142	城市轨道交通系统对外界的电磁辐射研究	铁四院	国际领先
143	高速铁路牵引供电系统接地深化研究及其与大型接地系统的匹配规律分析	铁四院	国际领先
144	泄漏同轴电缆安装可靠性和夹具研究	铁四院	国际先进
145	铁路通信漏泄同轴电缆直流隔断器设置标准的研究	铁四院	国际先进
146	城市轨道交通信号CBTC系统人机界面研究	铁四院	国际领先
147	高速铁路牵引回流对轨道电路的影响及对策研究	铁四院	国际领先
148	城市轨道交通线网控制中心指挥系统(TCC)构建及接口方案的研究	铁四院	国内领先
149	客运广播声场分布与计算研究	铁四院	国际先进
150	高速铁路动车段试车线信号系统设计方案研究	铁四院	国际先进
151	高速铁路风屏障工程技术研究	铁四院	国内领先
152	高速铁路过江隧道水淹灾害防治技术研究	铁四院	国内领先
153	高速公路钢波纹管涵施工技术研究	二十三局一公司	国内领先
154	严寒地区CRTSI型板式无砟轨道施工技术研究	二十三局二公司	国内领先
155	应用尼龙定位装置固定铁路岔枕III型套管新技术研究	二十三局二公司	国内先进
156	铁路站场内线间保温涵管埋设施工技术	二十三局二公司	国内先进
157	滇西红层填料高填路基施工成套技术研究	二十三局一公司	国内先进
158	TJK型减速器安装工艺	二十三局电务公司	国内先进
159	编组场内组合式龙门吊使用技术	二十三局电务公司	国内先进
160	高铁路基连续压实控制技术研究与应用	二十三局三公司	国内先进
161	现代城市有轨电车轨道板施工技术研究	二十三局八公司	国内先进
162	无砟铺轨机组应用于有碴轨道施工技术研究	二十二局二公司	国际先进
163	全断面触变可液化砂层盾构施工综合技术研究	二十二局一公司	国内领先

（制表：丁正全）

2014年度中国铁道建筑总公司科学技术奖项目目录

序号	项目名称	完成单位	获奖等级
1	高速铁路大型客站密排菱形钢管桁架空中累积滑移多次合拢成套技术研究	中铁十二局集团有限公司、中铁十二局集团建筑安装工程有限公司、上海宝冶集团有限公司	一等奖
2	超大型中庭式地铁车站建造关键技术	中铁十二局集团有限公司、中铁十二局集团第二工程有限公司、北京工业大学、北京市市政工程设计研究总院有限公司	一等奖
3	高原高地热隧道热害防治安全施工技术研究	中铁十二局集团有限公司、中铁十二局集团第一工程有限公司、石家庄铁道大学	一等奖
4	西部山区超大渗压涌水反坡特长隧洞独头掘进成套施工技术研究	中铁建大桥工程局集团第五工程有限公司、中国铁建大桥工程局集团有限公司、西南交通大学	一等奖
5	钢箱梁桥步履式顶推施工关键技术研究与应用	中铁十五局集团有限公司、中铁十五局集团第五工程有限公司、沈阳工业大学	一等奖
6	小角度近距离立体交叉地铁盾构下穿昆明火车站的关键技术	中铁十六局集团有限公司、中铁十六局集团北京轨道交通工程建设有限公司、西南交通大学	一等奖
7	富水复杂地质与环境双线特长隧道施工关键技术	中铁十六局集团有限公司、中铁十六局集团第三工程有限公司、中铁十六局集团路桥工程有限公司、北京交通大学	一等奖
8	正线运营铁路下国铁、地铁交通枢纽软土深基坑明挖施工综合技术研究	中铁十七局集团有限公司、同济大学建筑设计研究院(集团)有限公司、中南大学、中铁第四勘察设计院集团有限公司宁波铁路枢纽建设指挥部	一等奖
9	三趾马红土特性变异及其隧道设计施工关键技术	中铁十七局集团有限公司、西北大学、铁道第三勘察设计研究院集团有限公司	一等奖
10	沪昆客专沅江大跨刚构连续梁桥综合施工技术研究	中铁十七局集团有限公司、中铁十七局集团第二工程有限公司	一等奖
11	客运专线站场湿陷性黄土地基变形特性及沉降控制深化研究	中铁十七局集团有限公司、中铁十七局集团第四工程有限公司、长安大学	一等奖
12	复杂条件下单孔156米简支钢桁梁拖拉架设综合施工技术	中铁二十局集团第一工程有限公司、中铁第五勘察设计院集团有限公司	一等奖
13	跨大型电气化铁路站场整体纵移1-168米系杆拱桥技术研究	中铁二十五局集团第二工程有限公司、中铁二十五局集团有限公司	一等奖
14	装配式减隔震结构体系及其抗震性能研究	中铁建设集团有限公司	一等奖
15	兰新铁路大风区段接触网系统关键技术研究	中国铁建电气化局集团有限公司、中国铁建电气化局集团第一工程有限公司	一等奖
16	水下基底土质及回淤沉积物厚度快速检测关键技术研究	中国铁建港航局集团有限公司、中国铁建港航局集团有限公司一分公司	一等奖
17	高纬度严寒地区高速铁路修建关键技术	中铁第一勘察设计院集团有限公司、哈大铁路客运专线有限公司、中国铁道科学研究院、中国科学院寒区旱区环境与工程研究所、哈尔滨工业大学、中南大学	一等奖
18	大跨度铁路梁桁组合结构关键技术试验研究	中铁第一勘察设计院集团有限公司	一等奖
19	跨层重载异形桁架力学性能研究	中铁第一勘察设计院集团有限公司	一等奖
20	桥—建组合式高架车站型钢混凝土转换结构及型钢-韧性混凝土节点试验研究	中铁第一勘察设计院集团有限公司	一等奖
21	20千米及以上特长隧道贯通误差研究	中铁第一勘察设计院集团有限公司、武汉大学测绘学院	一等奖
22	客运专线接触网防(融)冰技术研究及装置运行试验	中铁第一勘察设计院集团有限公司	一等奖
23	广深港客运专线狮子洋隧道轨道减振综合技术研究与应用	中铁第四勘察设计院集团有限公司	一等奖
24	铁路轨道结构极限状态法设计方法研究	中铁第四勘察设计院集团有限公司	一等奖
25	铁路漏泄电缆安装可靠性和夹具研究	中铁第四勘察设计院集团有限公司	一等奖
26	城市轨道交通线网控制中心指挥系统(TCC)构建及接口方案的研究	中铁第四勘察设计院集团有限公司	一等奖

续表

序号	项 目 名 称	完成单位	获奖等级
27	向莆铁路长大隧道勘察技术研究	中铁第四勘察设计院集团有限公司	一等奖
28	城际桥梁技术标准及无砟大跨桥与组合桥式创新技术	中铁第四勘察设计院集团有限公司、西南交通大学、中南大学、北京交通大学、东南大学	一等奖
29	既有路基快速检测及评估技术研究	中铁第五勘察设计院集团有限公司	一等奖
30	土耳其安伊高速铁路电气化设计成套技术研究	中铁第五勘察设计院集团有限公司、中国土木工程集团有限公司、中国铁建电气化局集团有限公司	一等奖
31	重载铁路无砟轨道施工技术与装备研究	中铁第五勘察设计院集团有限公司、北京铁五院工程机械有限公司	一等奖
32	高速铁路隧道无线通信信道建模研究	中铁上海设计院集团有限公司	一等奖
33	单线铁路桥梁大跨度连续梁—拱组合结构设计研究	中铁上海设计院集团有限公司、同济大学、宿淮铁路有限责任公司、中铁十一局集团有限公司	一等奖
34	HFX 恒张力接触网放线车自主化研制	昆明中铁大型养路机械集团有限公司	一等奖
35	RL500 长轨铺轨机组研制	中铁十一局集团第六工程有限公司	二等奖
36	基于 BIM 的设备安装管线碰撞智能化监测系统开发及技术应用研究	中铁十一局集团电务工程有限公司	二等奖
37	污染地层泥水平衡盾构施工关键技术	中铁十二局集团有限公司、中铁十二局集团第二工程公司、中国矿业大学(北京)	二等奖
38	天平山隧道大断面软弱围岩施工关键技术	中铁十二局集团有限公司、中铁十二局集团第二工程有限公司、北京工业大学、石家庄铁道大学、山东大学、贵广铁路有限责任公司	二等奖
39	重载铁路连续刚构施工控制关键技术	中铁十二局集团有限公司、中铁十二局集团第二工程有限公司、山东大学、铁道第三勘察设计院集团有限公司	二等奖
40	虹梯关特长硬岩公路隧道施工及通风关键技术	中铁十二局集团有限公司、中铁十二局集团第二工程有限公司、西南交通大学	二等奖
41	20 米轨距小半径曲线火箭垂直转运特重型轨道施工关键技术研究	中铁十二局集团有限公司、中铁十二局集团第三工程有限公司、北京特种工程设计研究院、襄阳航生石化环保设备有限公司	二等奖
42	地铁供电系统再生制动能量吸收装置(逆变电阻型)系统技术研究	中铁十二局集团有限公司、中铁十二局集团电气化工程有限公司	二等奖
43	复杂环境条件深大基坑施工技术研究与工程应用	中国铁建大桥工程局集团有限公司、同济大学、中铁建大桥工程局集团第三工程有限公司	二等奖
44	钢—混凝土组合结构异形独塔双索面宽体箱梁斜拉桥建造技术	中铁十四局集团有限公司、中铁十四局集团建筑工程有限公司	二等奖
45	运营铁路隧道病害快速治理技术与一体化装备	中铁十四局集团有限公司、山东大学、庆云汉诚隧道工程机械有限公司	二等奖
46	DPG25 型铺轨机研制技术	中铁十五局集团有限公司、中铁十五局集团第六工程有限公司	二等奖
47	渭河特大桥钢—混凝土梁结合段力学特性与关键技术研究	中铁十五局集团有限公司、中铁十五局集团第五工程有限公司、河南科技大学	二等奖
48	高速铁路 CRTSⅡ型板式无砟轨道离缝预防及控制技术研究	中铁十六局集团有限公司	二等奖
49	大直径土压平衡盾构机综合施工技术研究	中铁十六局集团有限公司、中铁十六局集团北京轨道交通工程建设有限公司、石家庄铁道大学	二等奖
50	近海松散沉积层 LNG 项目取海水工程综合施工技术	中铁十六局集团有限公司、中铁十六局集团第五工程有限公司	二等奖
51	高速铁路站房大面积大跨度预应力混凝土框架结构施工关键技术研究	中铁十六局集团有限公司、中铁十六局集团电务工程有限公司	二等奖
52	重荷载无落地支架设计与施工技术	中铁十七局集团第二工程有限公司	二等奖
53	高速公路深嵌峡谷百米高墩、宽幅连续刚构桥施工关键技术	中铁十七局集团第六工程有限公司	二等奖
52	重荷载无落地支架设计与施工技术	中铁十七局集团第二工程有限公司	二等奖

续表

序号	项　目　名　称	完成单位	获奖等级
53	高速公路深嵌峡谷百米高墩、宽幅连续刚构桥施工关键技术	中铁十七局集团第六工程有限公司	二等奖
54	客运专线隧道内42号高速道岔施工技术	中铁十七局集团第三工程有限公司	二等奖
55	盾构穿越清水库区微扰动控制理论及关键技术研究	中铁十七局集团有限公司、中铁十七局集团上海轨道交通工程有限公司、同济大学、中铁十七局集团第六工程有限公司	二等奖
56	CRTSⅢ型板式无砟轨道施工工艺及关键技术研究	中铁十八局集团有限公司、中铁十八局集团第三工程有限公司	二等奖
57	大型复杂地下洞室群高强度交通运输系统仿真优化与运行管理	中铁十八局集团有限公司、中铁十八局集团隧道工程有限公司	二等奖
58	移动式激光扫描系统研究与应用系统	中铁十九局集团有限公司、中铁十九局集团矿业投资有限公司、中国矿业大学(北京)	二等奖
59	空间曲面肋梁钢结构施工技术	中铁二十局集团第六工程有限公司、中铁二十局集团有限公司	二等奖
60	超长度混凝土连续梁等比例调坡整体顶升技术研究	中铁二十四局集团有限公司、中铁二十四局集团路桥分公司	二等奖
61	公路上跨高速铁路防灾技术研究	中铁二十四局集团有限公司、中铁二十四局集团上海电务电化有限公司	二等奖
62	软土地区深基坑内支撑支护体系及与主体结构施工的协同设计研究	中铁建设集团有限公司	二等奖
63	塔机运行安全监控及现场工程管理系统集成产品的研发	中铁建设集团有限公司	二等奖
64	异型独塔自锚式悬索桥施工关键技术研究	中铁建设集团有限公司、北京工业大学	二等奖
65	混凝土模板侧压力实验研究	中铁建设集团有限公司、北京工业大学	二等奖
66	滑动式天窗屋盖施工关键技术及安全应用性能研究	中铁建设集团有限公司、四川大学	二等奖
67	拱结构与空间网壳组合屋盖施工技术研究	中铁建设集团有限公司、浙江东南网架股份有限公司	二等奖
68	整体节点式铁路钢桁梁精度控制技术	中铁建设集团有限公司、中铁建钢结构有限公司	二等奖
69	机电系统功能提升及装配化施工技术研究	中铁建设集团有限公司、中铁建设集团设备安装有限公司	二等奖
70	高速铁路接触网CuNi2Si合金零部件制备技术研究	中国铁建电气化局集团有限公司、中铁建电气化局集团轨道交通器材有限公司	二等奖
71	盐湖地区钢支柱防腐新技术及应用研究	中国铁建电气化局集团有限公司、中铁建电气化局集团科技有限公司	二等奖
72	时速400千米高速铁路用接触线	中国铁建电气化局集团有限公司、中铁建电气化局集团康远新材料有限公司	二等奖
73	CRTSⅢ型板式无砟轨道布板设计与定位测量系统研究	中铁第一勘察设计院集团有限公司	二等奖
74	复杂环境下交叠地铁车站综合技术研究	中铁第一勘察设计院集团有限公司	二等奖
75	轴重30吨以上重载铁路有砟轨道主要设计参数研究	中铁第一勘察设计院集团有限公司、西南交通大学	二等奖
76	城轨线路三维快速设计理论与技术研究	中铁第一勘察设计院集团有限公司、石家庄铁道大学	二等奖
77	高速铁路无砟轨道黏性土地基沉降控制技术研究	中铁第四勘察设计院集团有限公司	二等奖
78	铁路工程地基处理极限状态法设计研究	中铁第四勘察设计院集团有限公司	二等奖
79	高速铁路牵引回流对轨道电路的影响及对策研究	中铁第四勘察设计院集团有限公司	二等奖
80	铁路通信漏泄同轴电缆直流隔断器设计标准的研究	中铁第四勘察设计院集团有限公司	二等奖
81	城市轨道交通信号CBTC系统人机界面研究	中铁第四勘察设计院集团有限公司	二等奖

续表

序号	项 目 名 称	完成单位	获奖等级
82	舟山沈家门港海底隧道关键技术研究	中铁第四勘察设计院集团有限公司	二等奖
83	武汉地铁2号线越江隧道工程关键技术研究	中铁第四勘察设计院集团有限公司	二等奖
84	有效应力铲测试技术开发研究	中铁第四勘察设计院集团有限公司	二等奖
85	人行天桥在高速列车通过时的振动影响研究	中铁第四勘察设计院集团有限公司	二等奖
86	武汉地铁线网车辆检修布局关键技术研究	中铁第四勘察设计院集团有限公司	二等奖
87	铁路站房照明美学系统及评价体系研究	中铁第四勘察设计院集团有限公司、北京清华城市规划设计研究院	二等奖
88	动车组走行部安全检测系统研究	中铁第四勘察设计院集团有限公司、成都铁安科技有限责任公司、西南交通大学无损检测研究中心	二等奖
89	高速铁路无缝线路500米长钢轨焊轨基地成套技术与装备	中铁第四勘察设计院集团有限公司、武汉利德测控技术股份有限公司	二等奖
90	昌九城际轨道交通工程128米刚架系杆拱桥关键技术研究	中铁第四勘察设计院集团有限公司、中南大学、昌九城际铁路股份有限公司、中铁二十局集团有限公司	二等奖
91	城市轨道交通130米小曲线无砟轨道施工技术与装备研究	中铁第五勘察设计院集团有限公司、北京铁五院工程机械有限公司	二等奖
92	铁路低高度平战结合多用途钢便梁研究	中铁第五勘察设计院集团有限公司、南昌铁路天河建设股份有限公司	二等奖
93	LSJ60链刀式地下连续墙设备研制及应用	中国铁建重工集团有限公司	二等奖
94	大断面浅埋隧道冻结暗挖施工技术	中铁十一局集团城市轨道工程有限公司、中铁十一局集团有限公司	三等奖
95	岩溶区大跨大吨位T型刚构桥转体法成桥关键技术	中铁十一局集团第三工程有限公司、中铁十一局集团有限公司	三等奖
96	复杂地质条件下公路双连拱隧道施工与运营关键技术	中铁十一局集团第五工程有限公司、重庆大学、中铁十一局集团有限公司	三等奖
97	深基坑桩锚支护拉力分散型预应力锚索施工技术	中铁十一局集团建筑安装工程有限公司	三等奖
98	CRTSⅢ型板式无砟轨道施工技术	中铁十一局集团有限公司、中铁十一局集团第一工程有限公司	三等奖
99	超低净空既有线跨线桥接触网施工技术	中铁十一局集团有限公司、中铁十一局集团电务工程有限公司	三等奖
100	杨家湾临近危岩体及既有线复杂岩溶地质隧道施工技术研究	中铁十二局集团有限公司、中铁十二局集团第一工程有限公司	三等奖
101	地铁车站综合布线系统开发与应用	中铁建大桥工程局集团电气化工程有限公司	三等奖
102	小净距空间交叉隧道施工技术及安全性研究	中铁建大桥工程局集团第五工程有限公司、中国铁建大桥工程局集团有限公司、中铁建大桥工程局集团第四工程有限公司	三等奖
103	复杂地质条件下超大型城市地下枢纽工程建造技术研究	中铁十五局集团有限公司、中铁十五局集团第四工程有限公司	三等奖
104	岩溶地质中深水桩基和高桩承台吊箱围堰施工关键技术	中铁十五局集团有限公司、中铁十五局集团第五工程有限公司、河南科技大学	三等奖
105	城际快速轨道U型预制梁运输及架设施工技术研究	中铁十六局集团有限公司、中铁十六局集团第三工程有限公司	三等奖
106	干旱风沙地区无砟轨道综合施工技术	中铁十七局集团第二工程有限公司	三等奖
107	高速铁路复杂地质地区地基处理及沉降控制	中铁十七局集团第二工程有限公司	三等奖
108	高地应力大变形隧道软弱围岩综合施工技术	中铁十七局集团第二工程有限公司	三等奖
109	岩溶地区全防渗尾矿库施工技术	中铁十七局集团第二工程有限公司	三等奖

续表

序号	项　目　名　称	完成单位	获奖等级
110	繁忙运营正线安全快速插入交叉渡线施工技术	中铁十七局集团第三工程有限公司	三等奖
111	严寒地区跨多条繁忙高铁超宽幅转体施工关键技术	中铁十七局集团第四工程有限公司	三等奖
112	改进TJ165型铁路架桥机架设重载铁路2103型T梁施工技术研究	中铁十七局集团有限公司铺架分公司	三等奖
113	软硬不均复合地层地铁区间盾构施工技术研究	中铁十九局集团轨道工程交通有限公司	三等奖
114	地铁工程建设虚拟动态优化控制技术研究	中铁十九局集团轨道工程交通有限公司、中铁十九局集团有限公司、石家庄铁道大学	三等奖
115	新生地震带高墩大跨钢桁梁安全快速施工关键技术	中铁十九局集团有限公司	三等奖
116	基于GPS卡车生产数据采集及管理系统研究	中铁十九局集团有限公司、中铁十九局集团矿业投资有限公司、北京速力科技有限公司	三等奖
117	临近既有线铁路桥梁施工技术研究	中铁二十局集团第三工程有限公司、中铁二十局集团有限公司	三等奖
118	青荣城际铁路建设区断裂活动性研究及其工程影响	中铁二十局集团第四工程有限公司	三等奖
119	地铁暗挖隧道下穿建筑物安全施工关键技术研究	中铁二十局集团第四工程有限公司	三等奖
120	紧临既有线深水基础大跨度连续梁综合施工技术	中铁二十局集团第一工程有限公司、中铁二十局集团有限公司	三等奖
121	大跨度钢箱梁可升降自行式连续顶推施工技术研究	中铁二十一局集团有限公司	三等奖
122	无砟铺轨机组应用于有砟轨道施工技术	中铁二十二局集团第二工程有限公司、中铁二十二局集团有限公司	三等奖
123	全断面触变可液化砂层盾构及冻结法施工综合技术研究	中铁二十二局集团第一工程有限公司、中铁二十二局集团有限公司	三等奖
124	38.5米大跨双向八车道穿湖隧道设计与施工关键技术	中铁二十四局集团安徽工程有限公司、中铁二十四局集团有限公司	三等奖
125	可调支腿龙门吊大坡道架梁综合施工技术	中铁二十四局集团上海铁建工程有限公司、中铁二十四局集团有限公司、铜陵学院	三等奖
126	跨既有铁路大吨位连续箱梁单点顶推过轨施工技术研究	中铁二十五局集团第二工程有限公司、中铁二十五局集团有限公司	三等奖
127	大跨度体外预应力钢—混凝土组合变截面连续箱梁桥施工技术研究	中铁二十五局集团第一工程有限公司、中铁二十五局集团有限公司	三等奖
128	空间结构整体式现浇施工综合技术研究	中铁建设集团有限公司	三等奖
129	三维多曲面造型装饰石材施工技术	中铁建设集团有限公司、北京中铁装饰工程有限公司	三等奖
130	高大空间吊顶转换层自延式施工技术	中铁建设集团有限公司、北京中铁装饰工程有限公司	三等奖
131	基于SMW工法的基坑支护新技术研究与应用	中铁建设集团有限公司、中国地质大学	三等奖
132	高速铁路接触网腕臂计算参数测量新技术	中国铁建电气化局集团有限公司、中国铁建电气化局集团北方工程有限公司	三等奖
133	接触网定位装置预配平台的研制与应用	中国铁建电气化局集团有限公司、中国铁建电气化局集团第二工程有限公司	三等奖
134	梁溪大桥站采用BIM技术在综合管线施工中运用的技术研究	中国铁建电气化局集团有限公司、中国铁建电气化局集团第一工程有限公司	三等奖
135	盘营客专接触网悬挂系统精确施工技术	中国铁建电气化局集团有限公司、中铁建电气化局集团第三工程有限公司	三等奖
136	多芯控制电缆校线仪器的研制及应用	中国铁建电气化局集团有限公司、中铁建电气化局集团南方工程有限公司	三等奖
137	恶劣海况条件下超长大直径组合管桩海上沉桩技术	中国铁建港航局集团有限公司、中国铁建港航局集团有限公司二分公司	三等奖

续表

序号	项　目　名　称	完成单位	获奖等级
138	SMW工法桩施工技术在基坑支护中的应用施工技术研究	中铁城建集团有限公司、中铁城建集团第二工程有限公司	三等奖
139	大跨度人字形弧形网架安装施工技术研究	中铁城建集团有限公司、中铁城建集团第二工程有限公司	三等奖
140	基于中国铁建地产品牌园林景观标准化研究	中国铁建房地产集团有限公司	三等奖
141	高速铁路沉降变形观测评估研究与软件实现	中铁第一勘察设计院集团有限公司	三等奖
142	高海拔地热地区选线关键影响因素研究	中铁第一勘察设计院集团有限公司	三等奖
143	轨道系统的可靠度设计方法研究	中铁第一勘察设计院集团有限公司	三等奖
144	信号系统RAMS的深入研究与应用	中铁第一勘察设计院集团有限公司	三等奖
145	严寒地区道岔融雪系统试验研究	中铁第一勘察设计院集团有限公司	三等奖
146	客专、城际铁路通过能力计算方法及天窗设置方式研究	中铁第一勘察设计院集团有限公司	三等奖
147	拉日铁路雅鲁藏布江峡谷高烈度区高陡边坡稳定性评价及工程对策研究	中铁第一勘察设计院集团有限公司	三等奖
148	超宽空心桥墩温度效应及稳定性试验研究	中铁第一勘察设计院集团有限公司兰州铁道设计院有限公司	三等奖
149	西北地区人工湿地污水处理技术研究	中铁第一勘察设计院集团有限公司兰州铁道设计院有限公司	三等奖
150	高原铁路隧道内燃牵引运营通风技术研究	中铁第一勘察设计院集团有限公司	三等奖
151	高铁动车段试车线信号系统设计方案研究	中铁第四勘察设计院集团有限公司	三等奖
152	噪声敏感区域的城市轨道交通活塞风亭声环境研究	中铁第四勘察设计院集团有限公司	三等奖
153	绿色铁路旅客站规划及建筑设计策略研究	中铁第四勘察设计院集团有限公司	三等奖
154	桥式铁路客站的客流组织动态仿真及通道通过能力的研究	中铁第四勘察设计院集团有限公司	三等奖
155	无锡地铁控制中心超高层结构抗震性能分析	中铁第四勘察设计院集团有限公司	三等奖
156	高速铁路过江隧道水淹灾害防治技术研究	中铁第四勘察设计院集团有限公司	三等奖
157	客运广播声场分布与计算研究	中铁第四勘察设计院集团有限公司	三等奖
158	城市轨道交通接地关键技术研究	中铁第四勘察设计院集团有限公司、武汉大学	三等奖
159	区域铁路网规划理论、方法与实务	中铁第四勘察设计院集团有限公司、西南交通大学	三等奖
160	城市轨道交通系统对外界的电磁辐射研究	中铁第四勘察设计院集团有限公司、中国铁道科学研究院通信信号研究所	三等奖
161	环保型盾构用盾尾密封油脂的研发	中铁第五勘察设计院集团有限公司	三等奖
162	隧道重型构件全断面对位安装技术与装备研究	中铁第五勘察设计院集团有限公司、北京铁五院工程机械有限公司	三等奖
163	可移动式车辆低位回转设备研制与应用	中铁第五勘察设计院集团有限公司、北京铁五院工程机械有限公司	三等奖
164	时速120千米~160千米城市轨道交通减振降噪技术研究	中铁上海设计院集团有限公司	三等奖
165	膨胀土路基填料改良及施工工法研究	中铁上海设计院集团有限公司	三等奖
166	后锚固技术在时速350千米客运专线隧道内接触网上应用的研究	中铁上海设计院集团有限公司	三等奖
167	激光靶式盾构导向系统研发	中国铁建重工集团有限公司	三等奖
168	ZTS6250泥水平衡盾构设备研制及应用	中国铁建重工集团有限公司、中铁十二局集团有限公司	三等奖

（制表：丁正全）

2014年度中国铁道建筑总公司"四优"、优秀工程咨询成果项目目录

序号	项　目　名　称	完成单位	获奖等级
一	**优秀工程勘察**		
1	南疆铁路吐库段增建二线中天山隧道工程勘察	铁一院	一等奖
2	西康二线秦岭翠华山特长隧道工程地质勘察	铁一院	一等奖
3	向莆铁路青云山隧道工程地质勘察	铁四院	一等奖
4	向莆铁路精密测量工程	铁四院	一等奖
5	成渝高速公路复线(重庆境)详细工程地质勘察	铁五院	一等奖
6	引汉济渭工程秦岭隧洞精密平面控制网测量	铁一院	二等奖
7	拉日铁路雅鲁藏布江峡谷区地热地质勘察	铁一院	二等奖
8	新建铁路哈罗线罗布泊岩盐勘察	铁一院新疆院	二等奖
9	杭甬铁路客运专线余姚特大桥工程地质勘察	铁四院	二等奖
10	南京—杭州铁路客运专线采空区工程地质勘察及选线	铁四院	二等奖
11	向莆铁路越岭隧道群工程地质选线	铁四院	二等奖
12	广珠铁路虎跳门特大桥工程地质勘察	铁四院	二等奖
13	萧甬铁路宁波北站及货场搬迁工程	上海院	二等奖
14	西安局郑西高速铁路精密测量控制网复测及构筑物沉降变形监测	铁一院	三等奖
15	兰渝铁路兰州枢纽长寿山特长隧道工程地质勘察	铁一院兰州院	三等奖
16	拉日铁路盆因拉特长隧道地质勘察	铁一院	三等奖
17	新建西安—平凉铁路永寿梁隧道工程地质勘察	铁一院	三等奖
18	包西铁路通道大保当—张桥段煤矿(窑)采空区地质勘察	铁一院	三等奖
19	神木—米脂高速公路1:2000航测数字测图	铁一院	三等奖
20	哈大铁路客运专线运粮河特大桥工程地质勘察	铁一院	三等奖
21	向莆铁路高盖山隧道工程地质勘察	铁四院	三等奖
22	九景衢铁路工程勘测	铁四院	三等奖
23	厦深铁路精密测量工程	铁四院	三等奖
24	杭申线航道整治工程——沪昆线94号圆泄泾铁路特大桥工程勘察	上海院	三等奖
25	海安港航道测量工程	港航局	三等奖
二	**优秀工程设计**		
26	重庆市轨道交通1号线(朝天门~沙坪坝)工程马家岩停车场与综合维修基地高边坡支档结构设计	铁一院	一等奖
27	哈尔滨至大连铁路客运专线沈阳至哈尔滨段工程设计	铁一院	一等奖
28	重庆地铁6号线一期工程设计	铁一院	一等奖
29	哈大铁路客运专线新开河特大桥1孔138米钢箱叠拱设计	铁一院	一等奖
30	集包第二双线古城湾特大桥1孔132米下承式简支钢桁梁设计	铁一院	一等奖
31	哈大铁路客专沈阳至哈尔滨段通信、信息系统设计	铁一院	一等奖
32	哈大铁路客专沈阳至哈尔滨段电力电气化工程	铁一院	一等奖
33	哈大铁路客运专线沈阳站房及站台雨棚设计	铁一院	一等奖
34	哈大铁路客运专线长春西站站房及站台雨棚设计	铁一院	一等奖

续表

序号	项　目　名　称	完成单位	获奖等级
35	新建兰州北编组站工程设计	铁一院 铁一院兰州院	一等奖
36	南京—杭州铁路客运专线路基工程设计	铁四院	一等奖
37	宁杭铁路客运专线总体设计	铁四院	一等奖
38	新建铁路石家庄至武汉客运专线郑州至武汉段总体设计	铁四院	一等奖
39	武汉轨道交通 2 号线一期工程	铁四院	一等奖
40	宁杭铁路客运专线京杭运河特大桥	铁四院	一等奖
41	宁波市福明路工程跨宁波东站主桥	铁四院	一等奖
42	钱江通道及接线工程钱江隧道	铁四院	一等奖
43	向莆铁路青云山隧道	铁四院	一等奖
44	郑武铁路客运专线通信信号信息防灾系统	铁四院	一等奖
45	广深港铁路客运专线牵引供电及电力供电系统	铁四院	一等奖
46	汉口站站房改造工程	铁四院	一等奖
47	苏州站改造工程	铁四院	一等奖
48	上海和谐型大功率机车检修基地	铁四院	一等奖
49	锦赤铁路努鲁尔虎山隧道工程	铁五院	一等奖
50	哈大铁路客运专线框架型桩板式深路堑挡土墙设计	铁一院	二等奖
51	哈大铁路客运专线沈阳—哈尔滨段路基防冻胀设计	铁一院	二等奖
52	哈密枢纽货车南环线及哈密东编组站工程	铁一院	二等奖
53	嘉闵高架路(春申铁路段)工程设计	铁一院	二等奖
54	西康铁路增建二线铁路关庙大桥设计	铁一院	二等奖
55	新建铁路兰渝线兰州枢纽长寿山隧道设计	铁一院兰州院	二等奖
56	哈大铁路客运专线沈哈段信号系统工程设计	铁一院	二等奖
57	兰渝线兰州北编组站综合自动化系统设计	铁一院兰州院	二等奖
58	重庆市轨道交通 1 号线(朝天门—沙坪坝)工程马家岩停车场与综合基地设计	铁一院	二等奖
59	重庆市轨道交通 6 号线(上新街—礼嘉段)工程大竹林车辆段与综合基地综合楼	铁一院	二等奖
60	天津地铁 2 号线红旗路换乘站(含商业开发)工程综合设计	铁一院	二等奖
61	重庆地铁 6 号线大龙山、冉家坝同台平行换乘车站设计	铁一院	二等奖
62	重庆轨道交通 6 号线一期工程通风空调、给排水及消防、气体灭火系统	铁一院	二等奖
63	向莆线复杂山区铁路路基设计	铁四院	二等奖
64	杭州东站扩建工程地下通道基坑支护工程	铁四院	二等奖
65	杭州枢纽杭州东站扩建工程	铁四院	二等奖
66	广珠铁路西江特大桥	铁四院	二等奖
67	湖南省衡阳市衡酃路 A 合同段高架桥	铁四院	二等奖
68	杭州钱江铁路新桥	铁四院	二等奖
69	厦深铁路榕江特大桥	铁四院	二等奖
70	苏州市轨道交通 2 号线盾构区间隧道设计	铁四院	二等奖

续表

序号	项　目　名　称	完成单位	获奖等级
71	珠海横琴澳门大学新校区海底隧道	铁四院	二等奖
72	宁杭铁路客运专线通信、信号、信息及防灾系统设计	铁四院	二等奖
73	杭州—宁波客运专线牵引供电及电力供电系统	铁四院	二等奖
74	广州—珠海城际铁路珠海站工程	铁四院	二等奖
75	霍尔果斯铁路口岸站站房工程	铁四院	二等奖
76	苏州轨道交通 2 号线苏州火车站站	铁四院	二等奖
77	苏州轨道交通 2 号线太平车辆段与综合基地工程	铁四院	二等奖
78	武汉轨道交通 2 号线常青花园车辆段工程	铁四院	二等奖
79	武汉轨道交通 2 号线一期工程隧道通风系统	铁四院	二等奖
80	新建德保—靖西铁路选线设计	铁五院	二等奖
81	新建锦州—赤峰铁路信号设计	铁五院	二等奖
82	石武铁路客运专线高邑西站站房和雨棚设计	铁五院	二等奖
83	宿淮线徐洪河特大桥	上海院	二等奖
84	德安县共安大桥上跨京九、昌九立交工程施工设计	上海院南昌院	二等奖
85	合蚌铁路客运专线公共移动通信网络覆盖工程优秀设计	上海院	二等奖
86	京包线集宁—包头增建第二双线路基设计	铁一院	三等奖
87	新建铁路柴达尔—木里线高温极不稳定岛状多年冻土区斜坡路基设计	铁一院兰州院	三等奖
88	南疆线轮台—库车段增建第二线综合工程设计	铁一院	三等奖
89	哈大铁路客运专线沈阳—哈尔滨段无砟轨道设计	铁一院	三等奖
90	新建铁路京包线集宁—包头段增建第二双线工程综合设计	铁一院	三等奖
91	西康铁路增建二线老龙沟特大桥设计	铁一院	三等奖
92	哈大铁路客运专线运粮河特大桥设计	铁一院	三等奖
93	兰渝铁路兰州枢纽大砂坪特大桥施工图设计	铁一院兰州院	三等奖
94	新建铁路哈罗线桥涵防腐工程设计	铁一院新疆院	三等奖
95	重庆轨道交通 6 号线一期工程花卉园站—大龙山站区间隧道设计	铁一院	三等奖
96	重庆轨道交通 6 号线一期工程通信、信息系统设计	铁一院	三等奖
97	兰渝线兰州枢纽电气化工程设计	铁一院	三等奖
98	京包铁路集宁—包头段增建第二双线电力、电气化工程	铁一院	三等奖
99	西安地铁 1 号线供电系统工程设计	铁一院	三等奖
100	重庆轨道交通 6 号线一期工程高架车站设计	铁一院	三等奖
101	玉树地震灾后重建玉树藏族自治州民族中学建设项目	铁一院兰州院	三等奖
102	兰州北编组站机务设备设计	铁一院	三等奖
103	兰州北编组站车辆段工程设计	铁一院	三等奖
104	湘桂铁路祁东南站高边坡设计	铁四院	三等奖
105	新建铁路南京—杭州客运专线线路设计	铁四院	三等奖
106	杭甬铁路客运专线线路设计	铁四院	三等奖
107	宁杭高铁无砟轨道工程设计	铁四院	三等奖

续表

序号	项　目　名　称	完成单位	获奖等级
108	武汉—咸宁城际铁路轨道工程设计	铁四院	三等奖
109	昆明轨道交通首期工程桥梁设计	铁四院	三等奖
110	向莆铁路闽江特大桥	铁四院	三等奖
111	宁杭铁路客运专线引入南京南站 L3 上行联络线特大桥	铁四院	三等奖
112	广珠铁路江门水道特大桥	铁四院	三等奖
113	武汉地铁 4 号线一期工程仁和路—工业四路站区间	铁四院	三等奖
114	郑州市轨道交通 1 号线一期工程试验段区间隧道工程	铁四院	三等奖
115	宁德—武夷山高速公路分水关隧道工程设计	铁四院	三等奖
116	广珠铁路江门隧道	铁四院	三等奖
117	厦深铁路通信信号信息及防灾系统工程设计	铁四院	三等奖
118	武汉地铁 4 号线一期工程供电系统	铁四院	三等奖
119	京沪高速南京南站房空调系统设计	铁四院	三等奖
120	武汉和谐型大功率机车检修基地联检库	铁四院	三等奖
121	沪昆铁路湘潭站房	铁四院	三等奖
122	上海和谐型大功率机车检修基地二年检库	铁四院	三等奖
123	郑州市轨道交通 1 号线一期工程紫荆山站	铁四院	三等奖
124	武汉轨道交通 4 号线一期工程武昌火车站站	铁四院	三等奖
125	武汉轨道交通 2 号线一期工程节能控制系统	铁四院	三等奖
126	柳州市精神病医院	铁四院南宁院	三等奖
127	昆明轨道交通首期工程大梨园车辆段与综合基地	铁四院	三等奖
128	前抚铁路总体设计	铁五院	三等奖
129	中缅油气管道穿越铁路防护工程	铁五院	三等奖
130	前抚铁路抚远站站房和雨棚设计	铁五院	三等奖
131	萧甬铁路绍兴东站及货场迁建工程薄壁筒桩地基处理设计	上海院	三等奖
132	萧甬线绍兴城区改造工程长短桩软土地基处理	上海院	三等奖
133	滁州市清流高架跨清流河桥工程	上海院南京院	三等奖
134	上海轨道交通 16 号线一期工程通信系统	上海院	三等奖
135	上海铁路局南星桥站信号设备大修工程施工设计	上海院	三等奖
136	中国南车戚墅堰电力机车项目供电系统改造工程设计	上海院	三等奖
137	劳龙虎水道航道整治工程	港航局	三等奖
三	**优秀工程标准设计**		
138	铁路线路防护栅栏	铁一院	一等奖
139	时速 350 千米客运专线铁路双线隧道斜切式洞门	铁四院	一等奖
140	时速 250 千米客运专线铁路双线隧道斜切式洞门	铁四院	一等奖
141	时速 350 千米高速铁路无砟轨道预制后张法预应力混凝土简支箱梁(单线)	上海院	一等奖
142	时速 200 千米客货共线铁路单线明洞(双层集装箱运输)	铁四院	二等奖
143	时速 200 千米客货共线铁路地震区双线明洞(普通货物运输)	铁四院	二等奖

续表

序号	项　目　名　称	完成单位	获奖等级
144	时速 200 千米客货共线铁路双线明洞(双层集装箱运输)	铁四院	二等奖
145	时速 350 千米高速铁路单线隧道复合式衬砌	铁四院	二等奖
146	铁路电力箱式变电所	铁五院	二等奖
147	接触网软横跨安装图	铁五院	二等奖
148	混凝土拌和站	铁五院	二等奖
149	时速 350 千米高速铁路单线圆端形实体桥墩	上海院	二等奖
四	**优秀工程勘察设计软件**		
150	铁路桥梁辅助设计系统	铁一院	一等奖
151	铁路隧道智能辅助设计系统	铁一院	一等奖
152	高速接触网悬挂安装智能模拟工艺设计系统	铁四院	一等奖
153	沉降观测数据管理与评估系统	铁四院	一等奖
154	基于多源网络地理信息的铁路选线设计关键技术及其应用	铁四院	一等奖
155	牵引供电系统全相量计算软件	铁一院	二等奖
156	工程监理综合信息管理系统	铁一院	二等奖
157	高速铁路路基沉降计算软件	铁一院	二等奖
158	轨道交通检修库三维设计软件	铁四院	二等奖
159	城市轨道交通限界设计软件	铁四院	二等奖
160	CTCS 列控系统下信号布点仿真系统	铁四院	二等奖
161	混凝土箱梁辅助设计及绘图管理系统	铁四院	二等奖
162	GSM－R 系统施工图 CAD 辅助设计	铁四院	二等奖
163	电化区段信号横向连接施工图辅助设计软件	铁四院	二等奖
164	计算机辅助站场设计(欧盟标准版)	铁四院	二等奖
165	地铁铺轨系统 V1.0	铁四院	二等奖
166	新建铁路银川至西安线预可行性研究	铁一院	一等奖
167	西安市城市快速轨道交通建设规划(2012—2018)	铁一院	一等奖
168	关中城市群城际铁路网规划环境影响报告书	铁一院	一等奖
五	**优秀工程咨询成果**		
169	西安地铁 3 号线一期工程(鱼化寨—国际港务区)节能评估报告	铁一院	一等奖
170	铁岭市莲花湖城市湿地公园对哈大铁路客运专线辽河 1 号特大桥的安全评估报告	铁一院	一等奖
171	蒙西—华中地区铁路煤运通道工程岳阳至吉安段可行性研究报告	铁四院	一等奖
172	新建铁路商丘—合肥至杭州铁路预可行性研究	铁四院	一等奖
173	新建铁路杭州—黄山铁路工程变更环境影响报告书	铁四院	一等奖
174	新建深圳—茂名铁路江门至茂名段水土保持报告	铁四院	一等奖
175	李粮店煤矿开采可能引发的地质灾害对石武铁路客运专线影响评估报告	铁四院	一等奖
176	国家大剧院舞美基地工程项目建议书评估报告	铁五院	一等奖
177	杭平申线配套项目沪昆铁路改建工程可行性研究	上海院	一等奖
178	新建连云港—镇江铁路预可行性研究	上海院、铁五院	一等奖

续表

序号	项　目　名　称	完成单位	获奖等级
179	新建铁路大同—西安客运专线无砟轨道测量咨询评估报告	铁一院	二等奖
180	乌鲁木齐轨道交通1号线工程可行性研究报告	铁一院	二等奖
181	新建太原铁路枢纽(北六堡)物流中心工程可行性研究	铁一院	二等奖
182	新建铁路查干德日斯—吉兰泰线可行性研究	铁一院兰州院	二等奖
183	新建铁路新疆红柳河—淖毛湖铁路水土保持方案报告书	铁一院	二等奖
184	新建铁路新疆红柳河—淖毛湖铁路环境影响报告书	铁一院	二等奖
185	新建太原地区铁路货运中心水土保持方案报告书	铁一院	二等奖
186	新疆维吾尔自治区铁路“十二五”发展规划环境影响报告书	铁一院	二等奖
187	乌鲁木齐市城市轨道交通建设规划(2011—2016)环境影响报告书	铁一院	二等奖
188	南宁市轨道交通2号线工程(玉洞—西津)环境影响报告书	铁一院	二等奖
189	黔江—张家界—常德铁路(湖南段)建设场地地质灾害危险性评估报告	铁一院	二等奖
190	怀化—邵阳至衡阳铁路可行性研究报告	铁四院	二等奖
191	海峡西岸城市群综合交通网规划方案	铁四院	二等奖
192	长江三角洲城市群综合交通规划	铁四院	二等奖
193	珠江三角洲城市群综合交通规划	铁四院	二等奖
194	武汉市轨道交通7号线一期工程可行性研究报告	铁四院	二等奖
195	苏州市轨道交通3号线工程可行性研究报告	铁四院	二等奖
196	徐州市城市快速轨道交通建设规划(2012—2020年)	铁四院	二等奖
197	海南国际旅游岛先行试验区——黎安风情小镇可行性研究报告	铁四院	二等奖
198	新建哈尔滨—大连铁路客运专线新大连站站房工程施工图设计咨询报告	铁四院	二等奖
199	常州市轨道交通1号一期工程环境影响报告书	铁四院	二等奖
200	哈尔滨市轨道交通3号线一期工程(哈尔滨西客站地铁联络线工程项目)节能评估报告书	铁四院	二等奖
201	重庆市东水门长江大桥与千厮门嘉陵江大桥工程设计咨询	铁四院	二等奖
202	向塘至莆田(福州)铁路线下基础工程沉降变形评估	铁四院	二等奖
203	苏州虎丘婚纱城基坑及主体工程对沪宁城际铁路的影响评估报告	铁四院	二等奖
204	锦州港至白音华铁路扩能工程可行性研究报告	铁五院	二等奖
205	顺义区新顺街道路改造工程项目建议书	铁五院	二等奖
206	改建铁路干塘至武威南铁路增建二线工程项目节能评估报告书	铁五院	二等奖
207	北京市西山试验林场北岭大梁防火道路项目建议书(代可研)评估报告	铁五院	二等奖
208	北京首钢400吨/小时餐厨垃圾收运处一体化项目水土保持方案报告书	铁五院	二等奖
209	南京至和县城际轨道南京南站至黄里段工程可行性研究报告	上海院	二等奖
210	沙淀一支路南段、沙淀北环路等4条道路新建工程环境影响报告书	上海院	二等奖
211	海门市第二污水处理有限公司三期工程可行性研究	上海院	二等奖
212	上海铁路局普速铁路牵引供电视频、客站视频接入路局综合视频平台改造工程可行性研究报告	上海院	二等奖
213	贵港港中心港区苏湾作业区一期工程可行性研究报告	港航局	二等奖

（制表：黄　宁）

2014年度中国铁建优秀工法目录

序号	工 法 名 称	完 成 单 位	获奖等级
1	CRTSⅢ型板式无砟轨道自密实混凝土恒压灌注工法	十一局一公司	一等奖
2	地铁梯形轨枕预制工法	北京中铁房山桥梁公司	一等奖
3	客运专线隧道内42号板式高速道岔施工工法	十七局三公司	一等奖
4	CRTSⅢ型板式无砟轨道施工工法	十八局三公司	一等奖
5	现代城市有轨电车轨道板施工工法	二十三局	一等奖
6	限高条件下复合地基灌注桩地质钻机施工工法	港航局勘察设计院	一等奖
7	刚性桩复合地基联合排水固结加固公路软土地基施工工法	港航局岩土公司	一等奖
8	运营高速铁路无砟轨道软土路基沉降处理施工工法	铁四院	一等奖
9	运营高铁无砟轨道软土路基横向变形纠偏处理施工工法	铁四院	一等奖
10	重载铁路弹性支承块式无砟轨道施工工法	铁五院	一等奖
11	城市轨道交通130米小曲线无砟轨道施工工法	铁五院	一等奖
12	SLJ900型流动式架桥机提运架一体化施工工法	十一局六公司	一等奖
13	城市轨道交通装配式预制盖梁施工工法	十一局五公司	一等奖
14	高速铁路双线变单线异型箱梁架设施工工法	十一局六公司	一等奖
15	旋挖钻孔回填钢板桩围堰施工工法	十一局	一等奖
16	高墩大跨桥梁C60高性能混凝土泵送施工工法	十二局一公司	一等奖
17	梁柱式支架配合滑移式侧模现浇多榀并排简支梁施工工法	十六局四公司	一等奖
18	黄河流凌河段桥梁深水基础施工工法	十七局二公司	一等奖
19	大吨位小半径曲线双幅连续梁跨多线电气化铁路平转施工工法	十七局二公司	一等奖
20	大跨度、大高差钢管内高标号混凝土抽真空辅助一次连续压注施工工法	十八局	一等奖
21	切削式全护筒跟进施工工法	十九局五公司	一等奖
22	复杂条件下单孔156米简支钢桁梁拖拉架设施工工法	二十局、二十局一公司	一等奖
23	大跨度钢箱梁可升降自行式连续顶推施工工法	二十一局大西铁路客运专线工程指挥部	一等奖
24	曲线变截面钢箱梁的整体胎架拟桥位组装施工工法	二十二局哈尔滨铁路建设集团公司	一等奖
25	可调支腿龙门吊大坡道架梁施工工法	二十四局	一等奖
26	单跨60米下承式钢管-混凝土桁架组合梁桥施工工法	二十四局	一等奖
27	跨大型铁路电气化站场纵移1米~168米系杆拱桥技术研究	二十五局二公司	一等奖
28	厦深铁路钢桁梁单节顶拼逐段拖拉联结施工工法	二十五局三公司	一等奖
29	恶劣海况下超长大直径组合管桩海上沉桩施工工法	港航局二分公司	一等奖

续表

序号	工　法　名　称	完 成 单 位	获奖等级
30	高地应力软弱围岩大变形隧道超长扩大头锚索施工工法	十一局、十一局五公司	一等奖
31	高速公路岩溶地质大断面隧道双侧壁导坑三台阶施工工法	十一局一公司	一等奖
32	高原冻土公路隧道洞口工程控温进洞施工工法	十一局	一等奖
33	污染土地层泥水盾构施工工法	十二局二公司	一等奖
34	盾构下穿时速350千米高速铁路施工工法	十二局二公司	一等奖
35	寒区浅埋软塑黏土地层四联拱地铁隧道施工工法	大桥局四公司	一等奖
36	一次性扣拱暗挖逆作施工工法	十四局隧道公司	一等奖
37	地铁隧道下穿异型板桥梁桩基自动化控制托换施工工法	十六局地铁公司	一等奖
38	内张拉预应力施工工法	十六局	一等奖
39	全套管拔除柱排式钻孔灌注桩施工工法	十六局北京轨道公司	一等奖
40	下穿大型车站旅客地道拆除及新建施工工法	十七局三公司	一等奖
41	超大断面渐变段隧道导坑超前施工工法	十七局一公司	一等奖
42	大直径曲线管幕钢管节制作施工工法	十八局一公司	一等奖
43	一次扣拱暗挖逆作法施工工法	十八局三公司	一等奖
44	盾构管片自动化流水线施工工法	十八局四公司	一等奖
45	超小净距隧道控制爆破施工工法	二十局、二十局四公司	一等奖
46	地铁暗挖隧道下穿建筑物施工工法	二十局、二十局四公司	一等奖
47	青藏高原单线特长铁路隧道快速施工工法	二十一局	一等奖
48	薄层破碎硬质岩石地层中大倾角扶梯通道反向暗挖施工工法	二十一局三公司	一等奖
49	富水厚砂层地质条件下大跨度浅埋隧道下穿京广铁路综合施工工法	二十五局轨道公司	一等奖
50	地下管线非开挖定向穿越铁路施工工法	电气化局北方公司	一等奖
51	隧道重型构件全断面对位安装施工工法	铁五院	一等奖
52	双预应力钢管斜抛撑系统施工工法	十二局建安公司	一等奖
53	空间曲面肋梁钢结构施工工法	二十局、二十局六公司	一等奖
54	巨型悬挑“水滴”状双曲面玻璃幕墙施工技术工法	中铁建设	一等奖
55	高层钢结构自承式可拆卸楼承板施工工法	中铁城建	一等奖
56	高大空间吊顶转换层自延式施工工法	中铁建设集团装饰分公司	一等奖
57	新型铝合金模板应用施工工法	中铁建设集团南宁分公司	一等奖
58	高负压气力管道钨极气体保护焊施工工法	中铁建设集团市政分公司	一等奖
59	超大尺度（柔性）单向单索式玻璃幕墙施工工法	中铁建设	一等奖

续表

序号	工　法　名　称	完成单位	获奖等级
60	SMW 工法桩施工技术在基坑支护中的应用施工工法	中铁城建集团二公司	一等奖
61	钢、混组合结构大截面混凝土梁与钢柱连接施工工法	中铁城建	一等奖
62	四线制自动闭塞 64D 半自闭过渡施工工法	十六局电务公司	一等奖
63	营业线站场软横跨精确计算恒力预制安装施工工法	电气化局一公司	一等奖
64	地铁疏散平台自动红光测量施工工法	电气化局南方公司	一等奖
65	连续多跨钢管硬横梁接触网施工工法	电气化局二公司	一等奖
66	并网光伏发电站设备安装工法	电气化局二公司	一等奖
67	电气化铁路改造线路换边接触网工程施工工法	电气化局北方公司	一等奖
68	接触网接地极测算施工工法	电气化局一公司	一等奖
69	邻近高铁营业线高路堑石方非爆破施工及防护工法	十一局建安公司	二等奖
70	风机底座承载力检测施工工法	十二局电气化公司	二等奖
71	气压焊焊接 qu120 起重机轨施工工法	十二局三公司	二等奖
72	高渗透乳化沥青施工工法	十二局一公司	二等奖
73	SK－2 型双块式轨枕预制施工工法	十四局五公司	二等奖
74	膨胀土地区桩板墙施工工法	十四局四公司	二等奖
75	30 吨轴重重载铁路 U 型槽施工工法	十六局五公司	二等奖
76	客运专线隧道内 42 号枕式高速道岔施工工法	十七局三公司	二等奖
77	湿陷性黄土地区客运专线站场路基智能沉降观测系统埋设安装工法	十七局四公司	二等奖
78	应用尼龙定位装置固定铁路岔枕Ⅲ型套管工法	二十三局	二等奖
79	高速铁路路基连续压实控制技术施工工法	二十三局	二等奖
80	加强型袋装砂井联合堆载处理公路可液化地基施工工法	港航局集团岩土公司	二等奖
81	城际铁路连续超大下坡运架梁施工工法	十一局六公司	二等奖
82	跨营业线钢混结构门式墩钢横梁分体安装施工工法	十一局四公司	二等奖
83	钢支撑＋贝雷梁现浇拱桥施工工法	十一局二公司	二等奖
84	大跨度连续梁 CPIII 夜间测设施工工法	十二局一公司	二等奖
85	跨长江隧道止水帷幕防护施工工法	十四局二公司	二等奖
86	平衡力系高空横梁托架施工工法	十六局一公司	二等奖
87	超宽钢箱梁斜拉桥拱塔安装施工工法	十七局五公司	二等奖
88	硬岩地层无振动组合取芯桩基成孔施工工法	十七局三公司	二等奖
89	大截面薄壁空心高墩砼布料机施工工法	十七局六公司	二等奖

续表

序号	工 法 名 称	完 成 单 位	获奖等级
90	大横坡宽幅梁异形三角挂篮施工工法	十七局六公司	二等奖
91	拱结构支撑钢结构景观桥“飘带”施工工法	十八局五公司	二等奖
92	托架式内模支撑系统施工工法	十九局五公司	二等奖
93	紧临既有线18米水下裸露基岩机械冲击破碎开挖桥梁基坑工法	二十局、二十局一公司	二等奖
94	四线客运专线单箱四室连续梁6片主桁架挂篮设计施工工法	二十二局哈尔滨铁路建设集团公司	二等奖
95	高速公路钢波纹管涵施工工法	二十三局	二等奖
96	带剪力钉分丝管鞍座锚固斜拉索施工工法	二十四局	二等奖
97	桥梁拉索防腐耐磨层施工工法	二十四局	二等奖
98	系杆拱桥面吊装拱肋节点空间定位施工工法	二十四局	二等奖
99	跨既有铁路大吨位连续箱梁单点顶推过轨施工技术	二十五局二公司	二等奖
100	铁路下承式钢混凝土结合桥面钢桁梁	二十五局一公司	二等奖
101	城市浅埋隧道超大直径水平预钻孔静态爆破开挖施工工法	十一局五公司	二等奖
102	地铁车站侧墙自行式整体液压模板台车施工工法	十一局城市轨道公司	二等奖
103	复杂地层盾构空推段隧道施工工法	十一局城市轨道公司	二等奖
104	单竖井暗挖法盾构整机始发施工工法	十二局二公司	二等奖
105	单台吊车滑吊地下连续墙钢筋笼施工工法	十二局二公司	二等奖
106	隧道机电设备安装标线施工工法	十二局电气化公司	二等奖
107	异形基坑砼+鱼腹梁组合支撑体系施工工法	大桥局集团三公司	二等奖
108	区间隧道零距离下穿既有线车站施工工法	大桥局二公司	二等奖
109	PBA法修建复杂环境条件下浅埋富水大跨度暗挖地铁车站工法	十五局七公司	二等奖
110	上软下硬岩溶地层中地下连续墙成槽施工工法	十六局北京轨道公司	二等奖
111	隧道掘进扇形转体法施工工法	十六局地铁公司	二等奖
112	隧道渐变段施工工法	十六局五公司	二等奖
113	一种燕尾形顶纵梁衬砌模架施工工法	十六局地铁公司	二等奖
114	软弱围岩辅助坑道小导洞横穿正洞挑顶施工工法	十六局项目兰渝铁路2标段指挥部	二等奖
115	桩筏结构穿越隧道隐伏串珠型溶洞施工工法	十七局三公司	二等奖
116	新建铁路小净距上跨运营铁路隧道加固施工工法	十七局一公司	二等奖
117	水工隧洞矮边墙移动模架施工工法	十七局二公司	二等奖
118	隧道水沟电缆槽自动液压成型模施工工法	十七局二公司	二等奖
119	基于单护盾的复合式TBM施工工法	十八局隧道公司	二等奖

续表

序号	工 法 名 称	完 成 单 位	获奖等级
120	可熔岩中隧道初支局部堵水注浆施工工法	十九局七公司	二等奖
121	盾构机穿越大范围孤石群及基岩突起施工工法	十九局轨道公司	二等奖
122	超近距离盾构隧道施工工法	十九局轨道公司	二等奖
123	大跨浅埋隧道极软岩富水界面段施工工法	十九局一公司	二等奖
124	城市建筑密集区域城轨隧道近距离下穿高层建筑物基础施工工法	二十一局二公司	二等奖
125	复杂交通环境下城轨隧道下穿立交桥基础施工工法	二十一局二公司	二等奖
126	钢管桩加固隧道仰拱软土地基施工工法	二十一局三公司	二等奖
127	薄层破碎硬质岩石地层中道岔区大跨暗挖隧道扩挖施工工法	二十一局三公司	二等奖
128	泥水平衡顶管在既有线车站给水管顶进施工中的应用	中铁城建	二等奖
129	吹填砂堆载预压处理深厚淤泥地基施工工法	十一局六公司	二等奖
130	大跨度异型钢管桁架梁整体吊装施工工法	十七局建筑公司	二等奖
131	房建隧道式模板施工工法	十七局二公司	二等奖
132	大型分叉柱与复杂曲面网架逆作法安装施工工法	十八局建安公司	二等奖
133	既有电气化铁路增建雨棚施工工法	二十五局三公司	二等奖
134	钢花管分段注浆施工工法	中铁建设集团市政分公司	二等奖
135	石材幕墙组拼式角钢格构龙骨支撑体系施工工法	中铁建设集团北京分公司	二等奖
136	浮筑式两级隔振设备基础施工工法	中铁建设设备安装分公司	二等奖
137	热镀锌钢管紧钉套管快速连接施工工法	中铁建设集团南宁分公司	二等奖
138	滑动式天窗屋盖施工工法	中铁建设集团长沙分公司	二等奖
139	导轨点振式混凝土斜屋面施工工法	中铁城建	二等奖
140	既有地铁双承双导柔性接触网割接施工工法	十一局电务公司	二等奖
141	隧道接触网槽道组装预埋施工工法	十二局七公司	二等奖
142	煤炭集运站移动接触网安装调试施工工法	电气化局二公司	二等奖
143	铁路电力牵引式10千伏架空导线更换施工工法	电气化局南方公司	二等奖
144	客运专线电力贯通线路移动式放线架电缆敷设施工工法	电气化局三公司	二等奖
145	高速电气化接触网区间成锚段线索更换施工工法	电气化局北方公司	二等奖
146	地铁刚性绝缘悬挂弹性组件安装工法	电气化局五公司	二等奖

（制表：李庆民）

2014 年 6 月 30 日，中铁十四局集团隧道公司机关开展庆“七一”活动。图为公司机关党员参观孔繁森纪念馆合影留念。

（伟　伟 摄）

党的工作

特载 | 大事记 | 概况 | 董事会工作 | 工程施工 | 海外经营 境外工程 | 经营管理 | 综合管理 | 科技管理 | 党的工作 | 工会 共青团 | 所属单位 | 人物 | 统计资料 | 文献辑要 | 附录

本栏责任编辑　杨启燕

综合工作

【总公司党委】 中国共产党中国铁道建筑总公司委员会(以下简称"总公司党委")是在国务院国有资产监督管理委员会党委领导下的对下属单位党组织实行统一领导的党组织。总公司党委在企业中处于政治核心地位,发挥政治核心作用。主要负责统一领导并组织实施总公司党的建设和思想政治工作。总公司党委常委由孟凤朝、张宗言、彭树贵、齐晓飞、扈振衣(7月免)、夏国斌、庄尚标、刘汝臣、王秀明(3月任)9人组成。张宗言任党委书记,孟凤朝、彭树贵、齐晓飞任党委副书记。总公司党委职能机构设党委办公室、组织部、宣传部、干部(人事)部。总公司纪委是总公司党委和国务院国有资产监督管理委员会纪委领导下的纪检监察机关,履行党的纪律检查和行政监察职能,党委副书记齐晓飞任纪委书记。总公司工会接受总公司党委和中华全国铁路总工会的领导,党委副书记彭树贵任工会主席。 (赵登善)

【股份公司党委】 中国共产党中国铁建股份有限公司委员会(以下简称"股份公司党委")是在中国铁道建筑总公司党委领导下的对下属单位党组织实行统一领导的党组织。股份公司党委在企业中处于政治核心地位,发挥政治核心作用。主要负责统一领导并组织实施股份公司党的建设和思想政治工作。股份公司党委常委由孟凤朝、张宗言、彭树贵、齐晓飞、扈振衣(7月免)、夏国斌、庄尚标、刘汝臣、王秀明(3月任)9人组成,孟凤朝任党委书记,张宗言、彭树贵、齐晓飞任党委副书记。股份公司党委职能机构设党委办公室(直属机关党委)、组织部、宣传部(企业文化部)、党委干部部(人力资源部)。党委副书记彭树贵任工会主席,党委副书记齐晓飞任纪委书记。根据《总公司、总公司党委关于中国铁建股份有限公司成立后需明确的有关问题的通知》(中铁建劳〔2007〕207号)和总公司党委《关于成立中国铁建股份有限公司党委、纪委和工会、共青团组织的通知》(中铁建党组〔2007〕75号)文件精神,总公司党委委员、纪委委员、工会委员、团委委员同为股份公司党委委员、纪委委员、工会委员、团委委员。

根据中央组织部和原中央企业工委及国资委党委批复和指示精神,基于总公司主营业务整体上市和局集团公司均为股份公司全资控股子公司,股份公司分布在全国各地的下属单位,党的领导关系由股份公司党委和所在省、自治区、直辖市党委双重领导,以股份公司党委垂直领导为主。按照中共中央有关文件规定,在36家下属单位中,18个单位的领导班子成员实行以股份公司党委管理为主,地方党委协助管理,其余单位由股份公司党委实行全面管理。 (赵登善)

【工作综述】 2014年,股份公司党委认真贯彻落实党中央、国务院的决策部署,坚持深化改革,着力推进企业经营"五个转变";坚持战略引领,着力拓展国内国际两个市场;坚持创新驱动,着力推动企业转型发展;坚持从严治党,认真开展党的群众路线教育实践活动,着力加强作风建设和基层党组织建设;各级党组织政治核心作用充分发挥,企业在激烈市场竞争中,全面超额完成年度目标任务。

(1)坚持以求真务实的作风,开展党的群众路线教育实践活动。一是持续推进第一批群众路线教育实践活动整改落实工作。建立整改项目责任制,加强组织协调和跟踪督促检查,27个整改项目完成24个。二是精心组织开展第二批党的群众教育实践活动。36家二级单位党委贯彻整风精神,突出问题导向,认真开展教育实践活动,股份公司党委成立6个督导组加强督促检查,一大批"四风"问题和涉及职工群众切身利益的突出问题得到有效整改。三是持之以恒抓好巡视整改落实工作。按照国资委第三巡视组巡视反馈意见和建议,认真研究制定整改工作方案,组建巡视工作领导小组和办公室,开展中铁十七局、十八局集团公司巡视工作,切实抓好巡视整改落实。

(2)坚持以时不我待的责任,加强干部人才队伍建设。一是从严管理监督领导人员。通过全面实施年度考核综合评价,开展领导人员个人有关事项报告抽查核实工作,建立领导人员报告个人有关事项信息库,强化基层党委、纪委监督作用,实施全过程监管,完善对领导人员监督手段。开展所属领导人员集中轮训和选训,加强领导人员履职能力培养,配齐配强二级单位领导班子。二是建立健全科学的选人用人机制。研究制定领导人员管理、轮岗交流、设置非领导职务等规范性文件制度,优化全系统领导人员资源配置。积极探索本级党委提名考察和提名差额考察等选人用人新途径、新方法,落实纪委双重领导体制。三是全面优化人才发展环境。落实高端人才培训计划,加强与高校合作,实施海外"百千万人才工程",大规模开展多层次、多类别专业培训和职业资格培训,提升员工素质和从业能力。

(3)坚持以改革创新的精神,抓好党的基层组织建设。一是扎实推进基层党建工作创新实践。积极探索党组织的设置方式和管理模式,加强区域指挥部、工程项目部和海外公司项目的党建工作，推动党建工作全覆盖。进一步完善基层党建工作制度，加强基层党建工作考核评价，推动基层党建工作落实。二是政治核心作用得到有效发挥。健全党组织发挥政治核心作用的工作体制机制，明确党组织发挥政治核心作用的重点内容，党组织的政治优势有效转化为发展优势 。

（4）坚持以主动有为的担当，做好宣传思想文化工作。一是加强思想舆论建设，凝聚企业发展共识。围绕学习贯彻党的十八届三中、四中全会精神和国资委重大决策部署、国家高层外交活动主题等，广泛宣传中国铁建发展的新思路、新进展、新成效，夯实企业发展的思想基础，形成发展共识，增强发展自信。着力构建舆情工作机制，有效疏导社会情绪，维护企业社会形象。二是注重典型引路，促进文明创建。积极探索文明创建的丰富内容和实现形式，结合实际抓常态、攻难点、创特色、树典型，文明创建凸显企业特色。三是强化对外宣传，推进企业文化建设。以兵改工30周年为契机，开展“企业形象宣传年”活动。服务企业“大海外”战略和国家“高铁外交”战略，加强海外铁路项目深度报道宣传。铁道兵纪念馆正式开馆，大型文献纪录片《永远的铁道兵》在中央电视台播出。

（5）坚持以弛而不息的恒心，深化党风廉政建设。一是落实“两个责任”，推进纪检监察体制机制创新。制定落实党风廉政建设“两个责任”指导意见和9项配套措施。完善党风廉政建设责任制考核办法，加强企业惩治和预防腐败体系工作规划的实施，源头预防腐败的制度体系进一步完善。二是严肃党纪政纪，加强案件查办和执法监察力度。开展“坚持依法合规，打造阳光央企”为主题的反腐倡廉宣传教育月活动。加大案件查办力度，组织开展内审自查自纠和亏损项目内部审计工作，全年受理信访举报750件次，相关人员受到相应惩处。三是认真落实中央“八项规定”，持之以恒反对“四风”。研究制定和完善业务招待费、职务消费、公务用车、公务接待、差旅费等规章制度，企业“三公经费”和领导人员职务消费等明显下降。大力开展节约型机关建设，切实转变机关作风，机关效能建设成效明显。

（6）坚持以特色活动为载体，推进工会共青团工作。一是服务企业改革发展大局。深入开展“在学习中成长——中国铁建员工悦读会”系列活动，努力培育先进职工文化。加强职工专业技术技能培训，开展劳动竞赛、技术创新和争先创模活动。二是着力构建服务职工工作体系。进一步推进集体合同和工资集体协商，注重特殊群体的心理疏导和人文关怀，解决好职工家庭生活、权益保护等现实问题。重视新上项目和海外项目的建家建线，加强劳动法律服务监督和劳动争议调解组织建设，保证企业职工队伍稳定，企业民主管理不断深化。三是共青团和青年工作充满活力。深入开展“导师带徒”“我为重点工程作贡献”“团组织就在我身边”等主题实践活动以及“青年文明号”创建活动，提升青年能力素质，增强青年认同感、归属感。

2014年，股份公司党委进一步强化安全生产责任制，未发生重大以上安全生产责任事故；进一步完善维稳工作机制，企业发展内和外顺；进一步履行社会责任，股东利益得到维护，定点扶贫和援疆援藏援青工作成效突出，为企业健康科学发展奠定了良好基础。

（耿仁胜）

【党委办公室】 总公司和股份公司党委的综合职能部门，协助党委领导处理日常工作的机构。主要职责：负责党委会和党委召开的全局性会议的筹备工作和会务工作，协助领导组织会议决定事项的实施；协助党委领导组织制定和起草工作计划、总结、报告和有关会议文件、材料等；审核以党委或党委办公室名义发布的公文；督促检查党委各部门和下属单位党委对中央和上级重要指示、决议和重要会议精神以及党委领导有关指示的执行落实情况，并跟踪调研，及时反馈信息；协调党群各部门之间的工作关系；协助党委领导组织处理需由党委直接处理的突发事件和重大政治事故；组织政治工作专题调查研究；了解掌握下属单位党委的工作情况和政治工作动态，做好政工信息的收集、整理、上报、通报，编发《政工情况》。负责股份公司维护稳定领导小组、党委保密委员会、扶贫开发的日常工作；负责党委和党委领导的文电收发运转、党委印鉴和信件管理等工作；办理党委领导交办的其他事项。定员7人，设主任1人、副主任1人（为保密办公室专职主任，同时肩负党委办公室有关工作），下设秘书处、调研处和保密办公室。现有人员5人。

（1）加强制度建设。编辑下发60余万字的《政治工作文件选编》；印发《加强机关效能建设暂行规定》《关于加强调研工作的意见》《关于成立股份公司区域指挥部、项目部党组织的通知》；起草《机关作风建设满意度测评》征求意见稿，协同纪委办公室起草《落实“两个责任”指导意见》征求意见稿。

（2）参加第二批党的群众路线教育实践活动和巡视回访工作。在配合总部机关第一批教育实践活动整改落实工作的同时，积极参加第二批教育实践活动的督导工作，组织召开2次第三督导组片区会议，参加11家二级单位和3家三级单位的专题民主生活会。抓好国资委巡视组巡视整改意见落实，配合国资委第三巡视组巡视回访，圆满完成巡视回访工作。

（3）统筹安排保密工作。转发部署六部委联合下发的《关于加强全党保密教育培训工作》等3份文件；参加国资委保密工作会议，完成国资委保密工作对标评价；根据风险内控工作要求，在总部机关进行商业秘密核理工作，并首次建档；建立失泄密通知整改制度；按照国资委保密文书传递要求，牵头开展密码网建设工作；起草股份公司保密工作的“七个一”工作计划；与信息中心联合举办保密与信息安全工作会，邀请国家保密局、国资委、北京市公安局等到会讲课，进行计算机攻防演练，与各单位签订保密协议书。

(4)强化维稳安全工作。会同有关部门妥善处理张唐铁路民工非访事件，积极配合国家安全部门调查处理海外项目安全问题。赵登善被北京市国家安全局评2013年度国家安全人民防线建设工作先进个人。

(5)提升调研工作质量。召开部分单位党委书记座谈会，进行年度工作调研；陪同孟凤朝董事长到中铁二十三局集团公司哈尔滨西站项目检查调研整治亏损工作情况；陪同国务院监事会到股份公司贵阳BT项目、中国铁建房地产集团公司及中铁二十二局集团公司茅台改扩建项目调研；率队到股份公司青岛地铁2号线调研项目党建工作，并召开10个工区党支部书记座谈会，就项目党建存在的问题和难点进行交流，形成供领导参阅的出差报告，并对即将出台的《工程项目部党建工作手册》《项目党建有形化建设规范实务手册》征求意见。

(6)积极履行社会责任。做好定点扶贫与援疆援藏援青工作；协助人力资源和社会保障部选派2名干部到新疆挂职，安排1名西藏干部到中铁十一局集团公司挂职，并定期与挂职人员沟通联系。

(7)提高服务水平。承办或协办国资委巡视组巡视工作情况反馈会及股份公司二届九次全委会、一届五次职代会暨工作会、党委常委会、机关党员学习报告会等会议60余次；审核股份公司党委公文、公函77件。 (耿仁胜)

【保密工作】 认真执行党的保密工作方针和国家保密法规，深入贯彻国资委《关于加强中央企业保密工作的指导意见》，努力研究解决企业保密工作面临的新情况新问题，有重点有针对地开展“七个一”活动，在思想上筑牢保密意识防线，在组织上筑牢保密制度防线，在业务上筑牢保密关口防线，在投入上筑牢保密技术防线，在监督上筑牢保密考核防线，全系统的保密工作得到整体加强，在中央企业保密工作评价中被评为A级企业，连续4年被评为保密工作先进单位。

(梁树枫)

【扶贫工作】 中国铁建坚持以《中国农村扶贫开发纲要(2011—2020年)》为指导，遵循“政府主导、量力而行、发挥优势、注重实效”的工作方针，成立中国铁建扶贫开发领导小组，制定《定点扶贫与援疆援藏工作管理办法》，在协调落实重大项目、发展特色支柱产业、帮助农民脱贫致富、改善生产生活条件等方面，开展富有实效的帮扶和援助工作。2014年，中国铁建在定点扶贫地区推进援助项目10余个，投入资金100余万元，帮助培训技术人员80余人，设立助学公益基金2个，帮建铁建希望小学、铁建文化广场、铁建乡村公路、铁建农贸市场等基础设施，改善当地群众的生产生活条件。 (梁树枫)

【援青援疆工作】 2014年，中国铁建按照党中央、国务院关于扶贫工作的战略部署和国资委扶贫领导小组的要求，在青海甘德开展定点帮扶工作。(1)在青海承建工程项目54个，合同投资238亿元，担负西宁站改造工程、青海省牙什尕至同仁段公路等项目的施工任务。(2)为改善公共卫生条件，联络成都大型医院对相关县医院医疗设备操作人员进行培训，促进县医院的闲置设备尽快投入使用。为甘德县培训医生、干部90余人，培训工程技术人员40余人。(3)成立“铁建爱心助学基金”，每年帮扶20名家庭困难的优秀学生，每名学生给予500元的资助；每年救助10名贫困大学生，给予1000元帮助。(4)在甘德县下藏科乡协调修建幼儿园1个。 (梁树枫)

【政工信息】 党委信息工作是科学决策的基础和依据，坚持“实事求是、服务大局、要情必报”的原则，注重信息时效与信息质量。2014年编发《政工情况》64期，刊发信息283条，全面地反映所属各级党委工作的动态情况。 (韩秀珍)

【文印管理】 按照股份公司党委对文件、公章的管理规定，2014年审核股份公司、总公司公文、公函130件，保密委员会文件5件；收发上级、本级、下级文件494件，其中机密文件95件、秘密文件68件。通过OA协同办公系统传阅文件626件。2014年文件归档5卷108件。其中，永久卷2卷25件；30年卷1卷68件；10年卷2卷15件。全年使用股份公司、总公司党委、保密委员会印章5612枚次。 (韩秀珍)

·机关党务·

【直属机关党委】 是股份公司党委领导下的对直属机关和直属项目部实行统一领导的党组织，由赵登善、余兴喜、郭品云、白晶、张良才、鲁斌、戴开扬、马吉财8

名委员组成，赵登善任党委书记。主要职责：组织机关和直属项目部党员学习和宣传党的路线、方针、政策，按照国资委党委、股份公司党委的部署及指示精神，结合股份公司机关和直属项目部实际情况，及时提出贯彻落实意见；深入开展创先争优活动；对党员进行教育、培训、考评、管理和监督；负责表彰党内先进；培养入党积极分子和发展新党员；指导所属党总支、党支部的换届选举；负责党费的收缴、管理和使用；负责党内统计和党员组织关系的接转；负责直属机关计划生育、社会救助和募捐工作；做好股份公司党委民主生活会的服务工作；指导监督直属机关各支部和项目党工委开好民主生活会；做好思想政治工作，努力转变工作作风，充分发挥党组织的战斗堡垒作用和党员的先锋模范作用，努力建设学习型、服务型、责任型、效能型、廉洁型机关。（赵登善）

【成立党支部】 5月8日，经股份公司直属机关党委研究，同意由琚建明、姜子良、王同炎、冯卫东、孔祥平5人组成中国铁建股份有限公司贵阳轨道交通1号线工程指挥部党支部，姜子良任党支部书记；同意由田敬军、马万里、张茂治3人组成中国铁建股份有限公司联合体云南麻昭高速公路C标段项目办公室党支部委员会，田敬军任党支部书记；同意由乔志东、王旭永、吴文钊、王青志、户苏予5人组成经营计划部党支部委员会，乔志东任党支部书记。9月3日，经股份公司直属机关党委研究，同意由仲维玲、李文波、李占先3人组成中国铁建专利导航培训班临时支部委员会，仲维玲为临时党支部书记。（王子利）

【直属项目党建工作调研】 9月19日，调研股份公司青岛地铁2号线工程指挥部（青岛分公司）的党建工作情况，实地考察中铁十二局集团公司7工区、中铁二十五局集团公司5工区，召开10个工区党支部书记座谈会，对下一步直属项目党建工作提出具体要求，征求《工程项目部党建工作手册》《项目党建有形化建设规范实务手册》修改意见。（耿仁胜）

【有关问题专项治理】 根据国资委党委纪检下发的《国资委党委关于在中央企业开展有关问题专项治理的通知》（国资党委纪检〔2014〕216号）和股份公司党委领导在中国铁建专项治理视频会议上的讲话精神，直属机关党委就公款办理各种消费卡、奢侈浪费购买图书等、领导人员未如实报告个人有关事项等问题开展专项治理。（耿仁胜）

【作风建设专题会议】 10月27日，直属机关党委召集党支部书记会议，布置总部机关作风建设有关工作。一是集体学习中央及股份公司主管领导关于作风建设的论述；二是征求各党支部对《关于对股份公司总部机关作风建设满意度测评的通知》的意见建议；三是对机关部门在岗情况进行抽查。会议要求，机关各部门要认真学习中央和股份公司主管领导有关作风建设的论述，切实提高对加强机关作风建设重要性的认识，加强对本部门经常性的教育，进一步加强和改进总部机关建设，提高机关服务工作的质量和水平，树立良好的机关形象，带动全系统转变作风。（耿仁胜）

【学习报告会】 3月3日，邀请北京邮电大学管理学博士赵玉平教授为总部机关干部职工和党校“十二五”第七期领导（后备）干部培训班作题为《传统文化与现代领导艺术》的学习报告会。报告会融合了中国古代典籍中耳熟能详的故事和人物，以敏锐的眼光、深邃的观察、独到的见解，妙语解读历史背后的领导智慧，提出现代管理的1个模式和8个要点，指出提高领导艺术的3个管理理念。总部机关和领导（后备）干部培训班220余人参加报告会。（耿仁胜）

【“七一”表彰】 为纪念中国共产党成立93周年，按照股份公司党委有关表彰要求，“七一”前夕，经机关各支部推荐，直属机关党委研究决定，董事会秘书局、办公室、发展规划部、人力资源部、经营计划部、财务部、党委办公室（团委）、党委组织部、纪委、报社等10个支部被评为先进基层党组织；靖菁、戴红、冯伟、李吉锋、康福祥、程博华、孙国富、江炳堃、荆彩萍、刘辉、郭宏、刘建光、刘宝庆、鞠小华、王薇、王宗刚、张超群、王铁兵、岳向文、杨贺、张一鸣、胡勇、刘立新、汪元章、杜军、于斌、李忠林、黄科山、吕航、杨晓志、殷建伟等31人被评选为优秀共产党员；赵登善、张良才被评选为优秀党务工作者。（王子利）

【机关党组织和党员队伍状况】 直属机关党委下设1个党总支、45个党支部。其中，机关支部24个、项目部支部5个、离退休支部16个。党员800名，其中，在岗职工党员292人、离退休人员（含内退）504人、其他人员4名。在岗职工党员中，管理人员、专业技术人员288人，工人4人。党员中，35岁以下45人，36～45岁93人，46～55岁127人，56～60岁77人，61岁以上458人；研究生52人，大学本科359人，大学专科139人，中专101人，高中44人，初中及以下105人。（刘立新）

组 织

【**党委组织部**】 股份公司党委主管党的建设工作的职能部门。主要职责：认真贯彻执行党中央、国资委党委和股份公司党委关于加强党的建设的指示精神，研究制定中国铁建系统党建工作规划、制度、规定和措施；负责领导班子思想政治建设、民主集中制建设，指导所属单位召开领导班子民主生活会和“四好领导班子”创建活动；负责党的委员会建设，指导所属单位按期召开党员代表大会，进行党委换届选举；指导所属单位抓好工程项目部党组织建设、党支部建设、党员教育管理和发展党员工作，开展创建“五好党支部”“六好共产党员”等党内创先争优活动；负责全系统党内表彰奖励和先进典型选树工作；负责党内统计、党费收缴和管理、党员组织关系接转、党内教育培训、党群系统组织机构设置和编制定员等工作。定员7人，现员7人；设部长1人、副部长1人、组织员1人；下设组织处、党员教育管理处。 （高学存）

【**党组织和党员队伍状况**】 截至2014年12月31日，全系统有党委740个、党总支216个、党支部7238个、党组2个。党员134574名。其中，在岗职工党员102630名，占在岗职工总数的38.4%；离退休党员（含内退人员）31874名；预备党员3410名；女党员18755名。党员队伍专业结构：在岗职工党员中，企业管理人员和专业技术人员党员82760名，工人党员19870名。年龄结构：35岁以下的44321名，占党员总数的32.9%；36～45岁27751名，占党员总数的20.6%；46～55岁24404名，占党员总数的18.1%；56～60岁16920名，占党员总数的12.6%；61岁以上21178人，占党员总数的15.7%。文化结构：研究生学历4344名，大学本科学历47382名，大学专科学历30509名，中专学历10735名，高中学历20053名，初中及以下21551名。大专以上学历党员占在岗职工党员总数的61.1%。 （刘立新）

【**第二批党的群众路线教育实践活动开展综述**】

（一）部署与实施

中国铁建第二批教育实践活动参加的党组织和党员、干部范围：36个二级集团公司、公司党委、党工委，380个三级公司党委，局集团公司直管工程（项目）指挥部党工委252个，党总支部281个，党支部7246个，工程公司管理的工程项目党工委1472个；党员129325名，其中，在岗职工党员99499名、离退休党员29826名。

中央对开展第二批教育实践活动的基本精神是：以党的十八大和十八届三中全会精神为指导，按照中共中央〔2013〕4号文件确定的指导思想、目标要求和方法步骤，认真贯彻习近平总书记系列讲话精神，坚持一项总要求，即照镜子、正衣冠、洗洗澡、治治病；围绕一个主题，即为民务实清廉；坚持三个原则，即坚持正面教育为主，坚持批评与自我批评，坚持讲求实效；明确三项任务，即着力解决“四风”突出问题，着力解决关系群众切身利益的问题，着力解决联系服务群众“最后一千米”问题；抓好三个环节，即学习教育和听取意见、查摆问题和开展批评、整改落实和建章立制。

第二批教育实践活动坚持主题不变、镜头不换，发扬认真精神，更加注重领导带头、层层示范，更加注重聚焦“四风”、解决问题，更加注重敞开大门、群众参与，更加注重分类指导、有序推进，更加注重上下协力、衔接带动，更加注重严格要求、真督实导，切实把学习教育贯彻始终，把整改落实贯彻始终，使教育实践活动不虚不空不偏、不走过场。

学习教育、听取意见环节，重点是树立宗旨意识、增强群众观点，关键是直接到群众中广泛听取意见。查摆问题、开展批评环节，重点是围绕为民务实清廉要求，认真查摆形式主义、官僚主义、享乐主义和奢靡之风方面的问题，进行党性分析和自我批评，关键是开一个高质量的专题民主生活会和组织生活会。整改落实、建章立制环节，重点是从具体事抓起、从身边事做起、从职工群众最不满意的事改起，确保整改成效让职工群众看得见、感受得到、大多数人满意，关键是建立长效机制。三个环节是相互联系、相互促进的整体，各有侧重，可以交叉进行，但不能互相代替。

所属单位认真落实中央部署，坚持基本环节不能少、不变通，把“规定动作”做到位。同时，结合单位实际探索创新，把“自选动作”做精彩，努力在思想立场上解决好“为民”的问题，在工作作风上解决好“务实”的问题，在纪律道德上解决好“清廉”的问题。

1.健全组织领导和工作机构。按照中共中央办公厅印发的《关于开展第二批党的群众路线教育实践活动的指导意见》精神和国资委党委党的群众路线教育实践活动领导小组的要求，股份公司党委调整中国铁建股份有限公司党的群众路线教育实践活动领导小组及工作机构：（1）中国铁建股份有限公司深入开展党的群众路线教育实践活动领导小组，组长：党委书记、董事长孟凤朝，总裁张宗言；副组长：党委副书记、副董事长、工会主席彭树贵，党委副书记、纪委书记齐晓飞；领导小组成员：张良才、鲁斌、赵登善、钱桂林、郭品云、王兆刚、白晶。(2)股份公司党的群众路线教育实践活动领导小组办公室,下设综合组、材料组、宣传组。(3)股份公司党的群众路线教育实践活动领导小组派出6个督导组,负责所属36个二级单位、工程项目分公司督促指导工作。

2. 制定第二批党的群众路线教育实践活动实施方案。2月14日,下发《中国铁建股份有限公司党委第二批党的群众路线教育实践活动实施意见》,对全系统教育实践活动进行全面部署,提出具体要求。

3. 召开第二批党的群众路线教育实践活动动员部署大会。2月21日,中国铁建党委召开党的群众路线教育实践活动第一批总结暨第二批部署大会。会议采取视频形式,主会场设在股份公司办公楼三层办公厅,各集团公司、公司设分会场。国资委督导组全体成员出席会议。会上,党委书记、董事长孟凤朝作中国铁建第一批教育实践活动总结暨第二批教育实践活动动员部署,国资委督导组组长解思忠作重要讲话,国资委督导组副组长孟凡良主持对中国铁建领导班子和机关第一批教育实践活动进行民主测评。

4. 举办中国铁建第二批党的群众路线教育实践活动培训会议。2月21日,党委副书记、副董事长、工会主席、中国铁建党委党的群众路线教育实践活动领导小组副组长彭树贵对第二批教育实践活动的总体安排、推进方法、督导检查和职责要求作进一步的详细说明。所属36个集团公司、公司、项目分公司党委书记(副书记)、教育实践活动办公室主任、股份公司督导组成员参加专题培训。

5. 领导班子成员建立联系点。8名股份公司领导班子成员,按照上级文件精神要求,分别选择1个二级单位作为党的群众路线教育实践活动联系点,并在每个环节深入联系点单位进行调研指导,参加联系点单位领导班子专题民主生活会。

6. 国资委督导组重点跟踪督导。国资委党的群众路线教育实践活动领导小组派出第一巡回督导组,对中铁建设集团公司、中国铁建电气化局集团公司进行全程巡回监督指导。

7. 各环节进展及情况上报工作。股份公司教育实践活动领导小组办公室,在活动中及时传递上级新精神,发现问题及时指导,各单位的好经验、好做法及时宣传交流。中铁建设集团公司党委《紧扣主题转变作风,重塑形象务实为民》的经验,在国资委党委第二批党的群众路线教育实践活动总结大会上进行交流。

8. 教育实践活动过程检查指导。国资委教育实践活动领导小组办公室派出检查组,对中铁十八局集团公司及其五公司海河隧道工程项目部进行重点检查,国资委检查组给予高度评价。股份公司教育实践活动领导小组派出2个检查组,分别检查中铁十一、十二局集团公司及中国铁建电气化局集团公司、中铁第四勘察设计院集团公司的活动开展情况,所检查单位均能严格按照中央和上级精神,做到规定动作不走样,自选动作有创新,成效明显。

(二)具体做法与成效

1. 第二批开展教育实践活动的单位行动迅速。所属各级党委高度重视教育实践活动,迅速传达有关会议精神,切实采取措施,精心组织实施,普遍建立由党政主管任组长、分管领导任副组长的领导小组和精干工作机构,负责活动的具体组织实施。精心制订工作方案和活动推进计划,明确工作职责,规范工作流程,细化时间节点。36个二级单位动员大会在3月20日前完成、三级单位动员大会在4月15日前完成,各级党组织和全体党员明确活动目标任务、总体要求、方法步骤,自觉把思想和行动统一到中央和上级的精神和要求上来。

2. 强化学习,提高认识。各单位坚持学习先行,把抓好学习作为教育实践活动的首要任务抓实抓好,筑牢活动的思想基础。组织全体党员通读中央规定的必读书目和相关文件,系统学习关于党的群众路线的经典论述,学习中央和上级关于开展教育实践活动的有关要求;并结合实际,邀请中央、地方党委党校以及有关专家学者举行专题辅导讲座。各单位组织党员对照正反典型深入学习。通过观看《苏联亡党亡国二十年祭》,从苏联共产党严重脱离人民群众最终导致亡党亡国的历史教训中,深刻理解坚持群众路线的重大意义。通过观看《周恩来的四个昼夜》《焦裕禄》《郭明义》,从先辈先进身上找到自身差距和不足。两级单位党员领导干部普遍按要求,至少为基层党员、干部讲1次党课。

3. 广开言路,听取意见。各单位坚持开门搞活动,采取多种形式,广泛深入征求意见建议,力求把“四风”方面存在的突出问题找准找全。普遍采取领导班子成员面对面听、背靠背提、“走出去”征询等方式听取意见,充分利用调查问卷、设立意见箱、开通电子邮箱、热线电话等方式广泛征求意见。全系统各级领导班子征集意见建议31486条。

4. 谈心交心,消除隔阂。各单位领导班子严格按照中央精神和股份公司党委要求,班子成员真正坐下来,相互之间把心敞开,把话说透,增进了解,消除隔阂。普遍做到“四必谈”,即主要负责人与班子每位成员必谈,班子成员相互之间必谈,班子成员与分管部门主要负责人之间必谈,督导组与班子成员必谈。此外,普遍做到上级党委主要负责人与所属单位主管必谈,联系点领导与联系点单位主要负责人之间必谈。各级领导班子成员互相谈心谈话有41359人次。

5. 自我剖析,查摆问题。各级领导班子成员在广泛听取意见、深入开展谈心和上级党委督导组点明问题的基础上,认真撰写对照检查材料,查摆"四风"方面存在的突出问题。自觉做到"对号入座",主动认领领导班子集体及班子成员个人存在的问题,特别是每个班子成员对自身的经营业务招待费、公务用车、办公用房和个人的住房、家属子女从业、是否拥有私人会所会员卡等情况逐一作出说明,自觉深挖"思想病根",重点从理想信念、宗旨意识、党性修养、政治纪律、"三严三实"要求等方面分析原因,找准产生问题的"病根"。针对查找出的问题,每位领导班子和班子成员均认真提出整改措施,确定整改路线图。

6. 开展批评,揭短亮丑。各单位领导班子先后召开专题民主生活会。生活会上,党委书记首先代表班子作对照检查。班子成员逐一开展批评和自我批评。自我批评抛开面子、抓住要害,直指问题实质;相互批评真刀真枪、见筋见骨。各单位基层党支部都召开了专题组织生活会,认真进行批评和自我批评,开展民主评议党员工作。各级领导班子成员都以普通党员身份参加所在支部的专题组织生活会。全系统参加评议的102629名在岗党员中,评为"好"的67684名,占65.95%;"一般"的34763名,占33.87%;"差"的182名,占0.18%。

7. 制订方案,整改落实。各级领导班子和班子成员,针对查找出来的问题,在立行立改的基础上,认真制定"两方案一计划",即领导班子整改方案、专项整治方案和建立规章制度计划。各单位领导班子整改方案紧紧围绕企业改革发展的焦点问题、生产经营中的难点问题,职工群众反映强烈的热点问题,制定整改工作方案。针对职工群众反映强烈,在企业影响面大,各单位制定专项整治方案,抓住要害、集中发力、持续用劲,集中开展专项整治。所属36个二级集团公司、公司和工程项目分公司领导班子整改方案中共涉及785个问题,专项整治方案涉及175个问题。各单位领导班子对整改工作,严格落实,责任到分管领导、责任部门、整改目标、整改完成时限,确保整改效果。

8. 建章立制,标本兼治。各单位本着管用、务实、长效的原则,认真建立、修订和完善推进企业改革发展和密切联系群众的相关工作制度。普遍建立党委中心组学习制度、领导班子成员工作联系点暂行办法、会议费管理办法等制度。36个二级单位共建立规章制度514个。

9. 督促指导,从严从实。国资委第一巡回督导组除了对全系统第二批教育实践活动进行指导外,还对中铁建设、电气化局教育实践活动进行全过程跟踪督导。股份公司派出的6个督导组,按照教育实践活动领导小组办公室工作部署,对每个环节的工作及时作出安排,对活动中出现的问题研究提出解决方案。各督导组紧紧依靠联系单位党委,围绕重点对象、重点环节、重点要求,切实做到规定动作不到位不放过、结合实际不紧密不放过、对群众期盼不回应不放过,确保教育实践活动不走过场。

10. 加大宣传,营造氛围。各级党委高度重视教育实践活动的宣传引导工作,充分利用自办报刊、内部网络等媒体平台,大力宣传中央和上级有关精神,宣传教育实践活动的好经验好做法好典型,营造良好的舆论氛围。股份公司教育实践活动办公室在股份公司网站开辟活动专栏,编发工作动态216条、简报12期。《中国铁道建筑报》精心策划系列报道,发表消息、通讯类等作品286篇,策划专版4版,配发评论32篇。

11. 群众路线教育实践活动取得明显成效。股份公司系统第二批教育实践活动聚焦解决"四风"突出问题,积极回应职工群众强烈期盼,取得阶段性成果。一是党员干部践行群众路线的自觉性进一步增强。通过深入学习党的十八大和十八届二中、三中全会和习近平总书记系列讲话精神,广大党员干部思想上补了课,精神上补了"钙",领导干部党性修养进一步提升,群众观点进一步增强,为民务实清廉成为各级领导干部的共同价值追求。二是党内正常生活得到进一步恢复和弘扬。各级党员领导干部在专题民主生活会和专题组织生活会上,本着对党、对班子、对员工和对自己高度负责的精神,拿起批评和自我批评的有力武器,化解矛盾、消除隔阂,促进民主集中制的贯彻执行,增强党内生活的严格规范,增进党性原则基础上的团结,切实提高领导班子整体功能和战斗力。三是党群干群关系进一步密切。活动中,各级党组织、领导干部和党员主动听取广大职工群众的意见建议,问计于民、问需于民,主动服务基层、服务群众的意识显著增强,切实解决职工关心五险一金拖欠、挪用、拆借的问题、收入不高且拖欠的问题,赢得职工群众的普遍赞誉。四是企业科学发展得到有力推动。各级党委和领导班子把教育实践活动与企业提质增效升级紧密结合,一手抓活动,一手抓生产经营,面对项目管理粗放、效益流失严重等老大难,各单位不观望、不回避,按照股份公司统一要求,采取切实措施,确定扭亏目标,倒排扭亏时限,努力打好治理亏损的翻身仗。针对项目成本居高不下的问题,一些领导班子成员分片负责,逐个项目蹲点整治,较好地整治工程项目管理薄弱的问题。2014年,中国铁建再次进入中央企业负责人经营业绩考核A级范围。五是基层党组织建设进一步加强。各单位认真落实中央《关于在第二批党的群众路线教育实践活动中整顿软弱涣散基层党组织的通知》《关于在第二批党的群众路线教育实践活动中进一步加强基层党组织建设的通知》要求，把加强基层党组织建设作为整改落实的重要任务，在增强针对性和解决实际问题上下功夫，切实加强基层服务型党组织建设，着力解决联系服务群众"最后一千米"问题。

12. 群众路线教育实践活动的基本经验。股份公司系统第二批党的群众路线教育实践活动从2月下旬开始到10月下旬结束，历时9个月。活动的主要经验：一是坚持领导带头、率先垂范，这是顺利推进教育实践活动的重要保证；二是坚持开门整风、群众参与，这是搞好教育实践活动的基本前提；三是坚持学用并举、知行合一，这是确保教育实践活动取得实效的关键所在；四是坚持围绕中心、服务大局，这是检验教育实践活动成效的重要标准；五是坚持严字当头、及时指导，这是教育实践活动保持正确方向的必要条件。

（高学存　张良才）

【股份公司党委教育实践活动理论成果】　6月20日，国务院国资委党委教育实践活动领导小组召开中央企业教育实践活动理论研讨会。中国铁建党委书记、董事长孟凤朝等8家中央企业党委（党组）书记在会上作交流发言。中国铁建党委开展群众路线教育实践活动的经验和做法、理论成果受到与会人员的好评。

（杨　赳）

【股份公司第一批教育实践活动整改工作】　按照中央和国务院国资委党委的要求，继续抓好股份公司领导班子及总部机关党的群众路线教育实践活动整改落实工作。一是做好长效机制的公布实施工作。按照股份公司党委向国务院国资委党的群众路线教育实践活动领导小组和督导组上报的建立长效机制工作计划，做好制定的长效机制文件的贯彻落实工作。二是继续做好中、长期整改项目的整改落实工作。按照股份公司党委制定公布的群众路线教育实践活动整改方案中明确的整改时限和目标，采取定期收集整改情况、组织召开专门会议、形成阶段总结报告等形式，抓好中、长期整改项目的整改落实工作。（刘　留）

【国资委第一巡回督导组检查股份公司教育实践活动整改落实情况】　5月，国资委第一巡回督导组对股份公司领导班子和机关第一批教育实践活动整改落实工作进行为期3天全面深入细致的检查。第一巡回督导组在充分听取股份公司党委全面汇报领导班子和班子成员整改落实工作的基础上，详细查阅各种台账和资料，对领导班子成员、机关中层和党员、职工代表、所属部分二级单位负责人进行深入谈话了解，听取工程项目亏损专项整治问题汇报。通过检查，第一巡回督导组给予股份公司领导班子和机关，坚持求真务实、扎扎实实整改、取得明显成效的工作姿态和作风的高度评价。

（高学存）

【表彰"四好领导班子"】　10月14日，股份公司党委、股份公司作出决定，批准中铁十二、二十二、二十四局集团公司，中国铁建电气化局、房地产集团公司，中铁第四、第五勘察设计院集团公司，昆明中铁大型养路机械集团公司、中国铁建投资公司等9个单位领导班子为股份公司2013年度"四好领导班子"。（杨　赳）

【部分单位增补党委委员】　股份公司党委研究决定，同意增补王志国、宋景奇（按姓氏笔画为序）为中国共产党中国铁建电气化局集团有限公司第一届委员会委员；同意增补王跃飞、唐建勇（按姓氏笔画为序）为中国共产党中铁物资集团有限公司第一届委员会委员。

（杨　赳）

【召开党员领导干部民主生活会】　股份公司党委和所属单位党委根据中央、国资委党委部署和要求，分别召开2014年党员领导干部民主生活会。股份公司党委领导班子民主生活会按照中央和国资委党委要求，深入学习贯彻习近平总书记系列重要讲话精神，以"严格党内生活，严守党的纪律，深化作风建设"为主题，以认真贯彻中央八项规定精神、坚决反对"四风"、持续抓好整改落实为重点，着力解决党内生活不经常、不认真、不严肃，一些党员干部组织观念淡薄、组织纪律涣散，以及作风漂浮、不干事、不担责等问题，自觉维护党的团结统一，确保全党在思想上政治上行动上同党中央保持高度一致，奋发有为推进改革发展各项事业。为开好民主生活会，领导班子成员主持召开17个单位党员干部、党代会代表、职工代表、党外群众代表等参加的11个座谈会，广泛征求基层单位和党员干部、职工群众的意见建议。

所属单位按照中央和国资委党委关于第二批党的群众路线教育实践活动的统一部署，严肃认真地召开群众路线教育实践活动专题民主生活会。各基层党组织按照要求以党支部或党小组为单位，组织全体党员召开群众路线教育实践活动专题组织生活会。通过召开专题民主生活会和组织生活会，广大党员特别是各级领导班子、领导干部进一步找准作风建设特别是"四风"方面存在的问题，明确了整改方向，增强切实改进作风、密切联系群众的自觉性。（杨　赳）

【**重庆铁发遂渝公司成立工会**】 6月9日,股份公司党委下发批复,同意重庆铁发遂渝高速公路有限公司成立工会委员会。 (杨 赳)

【**城建集团成立党委、纪委**】 股份公司党委下发通知,对中铁城建集团有限公司成立党委、纪委和工会、共青团组织提出明确要求,并决定由罗海滨、倪真、周晓兵、邱卫(女)、陈培荣、张宇川6人组成中国共产党中铁城建集团有限公司委员会,罗海滨为党委书记,倪真、周晓兵、邱卫(女)为副书记,陈培荣、张宇川为党委委员;决定由周晓兵等5人组成中国共产党中铁城建集团有限公司纪律检查委员会,周晓兵为纪委书记。 (杨 赳)

【**制定发展党员工作计划**】 2014年,按照中央"控制总量、优化结构、提高质量、发挥作用"的总体要求和国资委党委组织部下达的2014年发展党员指标,审批所属单位发展党员工作计划,全年批复发展党员2984名。同时,要求各级党组织切实加强对发展党员工作的领导,做到有组织、有计划地进行,在工作实践中,努力把企业各条战线上的优秀分子吸收到党内来,把党员队伍建设成为企业发展的中坚力量,保持党员队伍的先进性和纯洁性。 (高学存)

【**发展党员工作**】 2014年,全系统各级党组织按照中办发〔2013〕4号文件和《中国共产党发展党员工作细则》,坚持把发展党员工作重点放在优秀专业技术人才、管理人才和高技能人才,突出发展在生产、工作一线艰苦环境、关键岗位上的优秀人才。按照"严格标准、严格培养、严格程序、严格调控"的目标,全系统发展新党员2869名,其中女性党员398名。发展新党员中,年龄结构:35岁以下的2311名,占发展总数的80.6%;36岁以上的558名,占发展总数的19.4%。文化程度:大学本科以上学历1776名,占发展总数的61.9%;大专学历794名,占发展总数的27.7%;中专、高中及以下学历299名,占发展总数的10.4%。在生产工作一线发展党员2629名,占发展总数的91.6%;在专业技术人员、管理人员中发展党员2685名,占发展总数的93.6%。 (高学存)

【**学习贯彻发展党员工作细则**】 5月28日,中央办公厅印发《中国共产党发展党员工作细则》(中办发〔2014〕33号),按照国资委党委组织部的部署,各级党组织认真传达学习,重点抓好党委书记、组织部门人员和基层党支部书记的学习培训,全系统举办培训823期,培训人员12919名。各级党组织和广大党务工作者通过学习培训,认真领会中央关于发展党员工作的精神,严格遵循中央提出的"控制总量、优化结构、提高质量、发挥作用"总体要求,把发展党员作为党建的一项重要工作,摆在重要位置,切实抓好总量控制和质量提升工作。 (高学存)

【**入党积极分子队伍建设**】 培养一支数量充足、质量较高的入党积极分子队伍是保证发展新党员质量的重要基础。所属各级党组织认真落实中办发〔2013〕4号文件和《中国共产党发展党员工作细则》,做好在企业生产经营一线担当重任的优秀管理人才、优秀专业技术人才和优秀高技能人才的教育培养工作,对思想要求进步迫切、工作表现突出、踊跃向党组织靠拢、愿为党的事业和企业改革发展不懈奋斗的人员,党组织吸收到入党积极分子队伍中,不断壮大积极分子队伍。被列为入党积极分子的重点培养教育,并指定2名党员具体帮助指导。2014年,全系统有申请入党人员17908名,经上级党组织批准,10709人被列为入党积极分子。 (高学存)

【**项目书记培训班**】 为深入学习贯彻党的十八大和十八届三中、四中全会精神,落实股份公司党委、股份公司《关于加强和改进工程项目部党的建设的决定》和股份公司2014年工作会议精神,推进基层党组织建设,提高项目创誉创效能力,培养一支政治坚定、作风过硬、业务精通、担当胜任,具有凝聚力的党的基层组织工作带头人。股份公司党委分别于4月8—16日、6月26日—7月4日、10月9—17日,在股份公司党校举办第九、第十、第十一期工程项目书记培训班,培训项目党组织书记570余名。 (刘 留)

【**制定股份公司2014—2018年党员教育培训工作规划**】 贯彻落实中共中央办公厅《2014—2018年全国党员教育培训工作规划》,按照国资委要求切实加强党员教育管理,制定下发中国铁建《2014—2018年党员教育培训工作规划》,明确培训时间、内容、方式和目标,规范各级党组织和组织部门工作职责、制度建立和检查指导,确保党员教育培训工作落到实处。 (王子利)

【**慰问生活困难党员和老党员**】 按照中央和国资委党委统一部署,股份公司党委决定,在2014年春节前,重点慰问新中国成立前(1949年前)入党的生活困难党员、下岗职工中生活困难的党员和获中国铁建及以上各种荣誉称号的生活困难的党员。国资委下拨慰问款329200元,股份公司党委从本级留存的党费中拨出

495800 元，共计 825000 元，慰问系统内生活困难党员 812 名。（王子利）

【先进组织、先进个人】 在中国共产党成立 93 周年之际，股份公司党委表彰先进基层党组织 43 个、优秀共产党员 80 名、优秀党务工作者 62 名。

中国铁建先进基层党组织

中国土木工程集团公司财务部党支部

中铁十一局集团五公司党委

中铁十一局集团建筑安装公司武汉高铁训练段党支部

中铁十二局集团二公司云南麻昭高速公路 B3 工区项目部党委

中铁十二局集团国际公司贝佳亚项目部党支部

中国铁建大桥工程局集团四公司党委

中国铁建大桥工程局集团三公司南昌象湖隧道项目部党支部

中铁十四局集团隧道公司党委

中铁十四局集团四公司寿平项目部党支部

中铁十五局集团七公司党委

中铁十五局集团四公司渝黔铁路项目部党委

中铁十六局集团铁运公司党委

中铁十六局集团北京轨道交通昌平线二期 6 标段党支部

中铁十七局集团建筑公司党委

中铁十七局集团二公司机运四公司党支部

中铁十八局集团一公司党委

中铁十八局集团三公司长春工程项目管理部党工委

中铁十九局集团七公司党委

中铁十九局集团三公司公路路面第三项目管理部三队党支部

中铁二十局集团一公司党委

中铁二十局集团三公司第 22 工程队党支部

中铁二十一局集团德盛和置业公司党委

中铁二十一局集团四公司青藏花园项目部党支部

中铁二十二局集团四公司党委

中铁二十二局集团哈尔滨铁路建设集团公司茅台酒扩建工程项目部党支部

中铁二十三局集团轨道交通公司党委

中铁二十三局集团一公司山西中南铁路通道项目部党工委

中铁二十四局集团上海铁建公司党委

中铁二十四局集团新余公司贵安新区项目联合党支部

中铁二十五局集团电务公司党委

中铁二十五局集团轨道公司云桂铁路三分部党支部

中铁建设集团设备安装分公司党委

中国铁建电气化局集团北方公司党委

中国铁建港航局集团路桥公司莞惠项目联合党支部

中国铁建房地产集团贵州中泓房地产开发公司党支部

中铁第一勘察设计院集团公司航测遥感设计处党总支

中铁第四勘察设计院集团城市轨道与地下工程设计研究院党委

中铁第五勘察设计院集团地质路基勘察设计院党总支

中铁上海设计院集团天津分院党总支

中铁物资集团公司党委

昆明中铁集团昆明奥通达铁路机械公司党委

中国铁建重工集团公司党委

中国铁建国际集团公司党委

中国铁建优秀共产党员

马天罡　唐晓冬　吕国栋　孔凡华　王卓华
许超英　贾优秀　沈悍明　林吉兴　宋　屹
成　俊　张挺军　刘卫民　戴洪伟　任化庆
王占军　刘小锋　钟　灵　杨志文　古春生
李宗海　刘　岩　廖日才　闫广天　翟　岩
崔连友　曲久彬　王必军　艾国文　侯龙江
刘锡波　王红伟　杨启维　钟　俊　段江伟
裴　晔　徐广衍　张双智　李　琳　申瑞灿
苏红玮　汪天龙　郑腰华　李　锋　文满红
古国贞　张东清　谭文勇　郝长江　赵先忠
枉大金　王　勇　梁兆雄　刘　厂　贺　江
冯　威　王　杰　郭志勇　王效文　崔志强
杨孝忠　黄玉强　戴筱流　郭　佳　韩元军
蔡昌胜　周慧鹏　梅勇兵　黄　啸　李东生
周　磊　李志锋　刘燕华　林　毅　王　丽
钱生校　单永新　张　力　蔚东绪　康福祥

中国铁建优秀党务工作者

底建平　宋长庆　贺先华　张　平　冯小才
王　跃　方世明　张幸六　李红星　陈明荣
刘小果　王炳鸿　曲云虎　张军权　王利文
岳昌茂　谢　挺　刘小亮　黄建光　李建斌
张永强　宋正义　张师岸　陈善富　段振令
李　鸿　张振宇　李文芳　白小波　燕聪斌
陈多硕　魏建民　王怀斌　谢　典　孙振平
张金勇　肖玉华　王恩和　潘永学　赵玉君
纪　超　叶修水　李德志　曾雁辉　谌　勍

张　浩　姚雅娟　曾兴荣　周家祥　吕德强
张　兵　王　彪　员海林　谢维銮　岳　琦
徐　刚　卫红丽　马云昆　李　滨　董立巍
唐国荣　杨　赳

（王子利）

宣　传

【党委宣传部（企业文化部）】 股份公司党委宣传部，又称企业文化部，既属公司党委工作部门，又属行政工作部门。主要职责：负责股份公司党委和所属各级党委的思想理论建设和职工的政治理论教育；负责总部本级党委中心组学习，指导检查所属单位党委中心组学习；负责全系统施工生产中的思想政治工作和对职工经常性思想教育的宏观指导；负责企业改革的宣传教育和时事政策教育；组织指导股份公司系统精神文明建设；负责党建思想政治工作研究；负责反邪教工作；负责企业文化建设；负责本级重大活动的宣传报道和向全国性报刊、电台、电视台及网络媒体提供新闻报道线索和稿件等；负责突发事件中的新闻处置；负责企业电视宣传片、专题片的摄制；负责中国铁建书法家协会日常管理；协同有关部门进行普法教育和综合治理方面的宣传教育；代管铁道兵纪念馆暨中国铁建展览馆的管理、运营、社会教育工作。定员12人，设部长兼党建政研会秘书长1人、副部长1人、副秘书长1人，现有人员10人；下设宣传教育处、企业文化处、新闻舆情处、铁道兵纪念馆。

2014年，党委宣传部（企业文化部）以邓小平理论、“三个代表”重要思想、科学发展观为指导，认真学习贯彻党的十八大和十八届三中、四中全会精神，认真学习贯彻习近平总书记系列重要讲话精神，认真落实股份公司“四会”工作部署，凝心聚力，开拓创新，大力加强思想政治工作和精神文明建设，深化企业文化建设，创新对外宣传方式，加大先进典型宣传力度，不断增强舆论引导力，为促进企业和谐稳定、推动企业科学发展营造良好的舆论环境，提供强大的精神文化力量。

（刘　渝）

【学习贯彻党的十八大和十八届三中、四中全会精神】 1月3日，股份公司党委转发《中共中央宣传部关于印发〈党的十八届三中全会精神宣讲提纲〉的通知》，在全系统部署开展宣讲十八届三中全会精神的活动。各单位结合群众路线教育实践活动，把十八届三中、四中全会精神作为学习的重要内容、查摆问题的重要依据和整改落实的行动指南，精心组织、认真落实，普遍采取集中学习、专题研讨和自学相结合等方式，着力在全面准确把握三中、四中全会精神实质上下功夫，自觉在政治、思想上与中央保持一致。

（汪元章）

【学习习近平总书记系列重要讲话精神】 1月3日，股份公司党委转发中宣部、中组部《关于组织党委（党组）中心组深入学习习近平总书记系列讲话精神的通知》，各单位党委高度重视，把习近平总书记系列讲话作为党委中心组学习的重中之重，引导广大党员干部和职工紧密联系企业实际，自觉运用总书记讲话精神指导新的实践，使学习贯彻习近平总书记系列讲话精神成为企业完善发展思路、破解发展难题、推动各项工作的过程，成为提升理论素养、增强工作能力的过程，推动学习贯彻不断深入。

（汪元章）

【开展党委中心组学习】 1月28日，股份公司党委印发《关于进一步加强和改进中心组学习的实施办法》，明确中心学习的目的、任务、必须坚持的原则和进一步加强党委中心组学习的管理措施，对切实加强对党委中心组学习的组织领导提出明确要求。围绕思想作风建设、群众路线教育和反腐倡廉工作等，股份公司党委中心组通过邀请外部专家举行辅导报告、观看录像资料和专题研讨等方式，举行集中学习9次。同时，通过视频系统，将有关集中学习连线到各集团公司，扩大中心组学习的覆盖面和影响力。各级党组织坚持问题导向，注重突出主题，把党委中心组学习纳入党委年度工作计划。在部署组织过程中，精心选题，强化研讨，自觉把深入学习贯彻中央精神和研究解决企业实际问题结合起来，提升理论素养，强化能力建设。

（汪元章）

【强化精神文明创建活动】 一是广泛开展文明单位创建活动。全系统13家集团公司、工程公司被评为全国文明单位，23家集团公司、工程公司被评为省级文明单位标兵，79家集团公司、工程公司被评为省级文明单位，文明单位创建取得新成绩。二是广泛开展“道德讲堂”活动。4月3日，印发《关于开展“道德讲堂”活动的通知》，对全系统开展“道德讲堂”进行新的部署。各二级单位在机关、项目及企业基地社区举办道德讲堂100多场次，报送道德讲堂现场录像21份，编辑整理后在股份公司OA系统上公开展播4场。三是大力开展先进典型选树和宣传工作。4月3日，下发《关于开展选树先进典型活动的通知》，各单位积极组织、广泛发动，大力推选工作中涌现出的先进集体和个人。截至7月，收到所属31家单位推荐的先进典型个人（集体）事迹材料110份，其中先进集体事迹材料42份、先进个人事迹材料68份。《铁建政工》和股份公司网站、报纸对其中的突出典型进行宣传。同时，总结的近3年有关典型宣传的材料和案例，在国资委宣传工作局长沙召开的研讨会上进行交流。四是开展文明旅游"十大提醒语"宣传活动。对全系统员工出境情况，包括出境前的教育培训情况、管理情况、制度建设情况等进行全覆盖式的自查。在收集情况的基础上，向国资委宣传工作局进行专题汇报，并在中央企业员工出境情况研讨会上进行交流。五是积极推进中国铁建道德传播志愿者的工作。中铁十四局、十七局集团公司及中国铁建国际集团公司、中铁物资集团公司等单位的志愿服务团队、项目及个人具有较高的知名度和美誉度，受到当地政府和民众的欢迎与肯定。其中，中国铁建国际集团沙特公司"青年志愿服务队"连续3年对中国海军亚丁湾护航编队开展志愿服务活动，先后参与服务中国海军11艘军舰的12次补给休整任务，深受护航编队将士好评，其"志愿服务中国海军亚丁湾打击海盗护航编队"项目，被国资委评为中央企业"优秀志愿服务项目"。六是积极开展推先选优工作。组织开展"2014北京榜样"的推选工作、2012—2014年度首都精神文明创建工作先进单位的申报工作，3个先进单位（标兵）经国资委文明办公室推荐获奖，报送的歌曲《母亲之歌》获国资委精神文明建设"五个一"工程奖。（汪元章）

【群众路线教育实践活动宣传工作】 在第二批党的群众路线教育实践活动中，股份公司群众路线教育实践活动领导小组办公室下设宣传组，主要由党委宣传部（企业文化部）具体负责。在股份公司网站首页开设"第二批党的群众路线教育实践活动专题"，做到"三突出"：突出政治性、原则性，及时宣传贯彻中央精神，宣传教育实际活动的指导思想、目标要求和方法步骤；突出实践性、特色性，及时反映全系统教育实践活动的工作动态；突出理论性、指导性，根据不同环节及时上传学习资料，为开展好教育实践活动提供精神食粮。股份公司教育实践活动信息4次被国资委网站转发。在股份公司网站上传中央精神类信息15条；编辑刊发工作动态216条20余万字，平均每工作日1条动态；编辑《工作简报》12期；上传学习资料26篇。做到周周有"动态"、月月有"精神"。（汪元章）

【开展思想政治工作】 4月22日，印发《认清形势明思路、统一思想谋发展》形势任务教育活动宣传提纲。提纲分"广泛宣传企业成就、增强持续健康发展的信心""正确认识企业发展面临的形势、进一步增强党员、职工的责任意识""明确2014年主要任务、着力提升企业发展规模和质量""加强党建思想政治工作、为企业持续健康发展提供保证"4个专题13000余字。全系统按提纲开展形势任务宣传教育活动。各单位以此为蓝本，开展学习和宣讲活动。各级党组织通过座谈会、专题工作部署会、领导调研、"一对一"交流、政工研究、制作宣传片等方式，以及微信、QQ群及网站、报刊等平台，大力开展价值观引导、思想引领和教育工作，铸魂育人，不断传播正能量，夯实企业发展的思想基础。（汪元章）

【开展党建思想政治工作研究】 分党的建设、宣传思想工作、企业文化建设和综合4个组，研讨、交流各单位报送的、股份公司政研会立项的103个政研课题，并进行初评与终评，评出政研成果一等奖9个、二等奖17个、三等奖33个。6家单位获得组织奖。作为中央企业政研会会员单位，参与国资委宣传工作局承担的中国职工思想政治工作研究会课题研究；作为牵头单位，按照中央企业政研会的要求，2次组织中央企业第八政研课题组成员单位进行政研成果交流研讨和评审，牵头工作受到国资委宣传工作局和中央企业政研会领导的充分肯定，中国铁建被评为优秀组织单位。承担的中央企业政研会政研课题《海外队伍思想政治工作的实践与思考》顺利结题，并获得中央企业政研成果一等奖、中国思想政治工作研究会二等奖；中铁十七局、二十三局集团公司的政研成果获得中央企业政研成果三等奖。中国铁建党建思想政治工作研究会获得中央企业2013—2014年度政研课题研究优秀组织奖，中铁十九局集团公司被评为中央企业党建思想政治工作研究先进集体，股份公司党委宣传部（企业文化部）汪元章、中铁十六局集团公司党委宣传部向际华获评"中央企业党建思想政治工作研究先进个人"。（汪元章）

【编辑《铁建政工》】 2014年出版《铁建政工》6期。审核文字材料超过60万字。认真做好封面到封底的组稿和政工信息的编审工作。（汪元章）

【反邪教维稳工作】 召开2次会议，传达贯彻国资委党委和北京市公安局的会议精神，部署反邪教工作，要求驻京单位以自查方式进行排查，摸清情况。有关转化人员顺利移交地方街道管理。全年没有发生邪教在驻京企业活动的情况。（汪元章）

【中国铁建大厦A座大堂国画更换】 1月，组织设计安装公司将中国铁建大厦A座大堂中的国画《天路》

拆除、装裱,并安装至大厦 B 座。1 月 11 日,由原国家新闻出版总署副署长李东东撰写、著名书法家卢中南书写的巨幅书法作品——《铁道兵赋》在中国铁建大厦 A 座大厅完成悬挂安装。1 月 7 日,铁道兵纪念馆铜字馆名在中国铁建大厦 B 座北外立面的安装工作完成并通过验收。 (刘志强 毕中喜)

【企业文化建设问卷调查】 为加强和改进企业文化建设,面向总部机关在职员工设置调查问卷,共设置 24 个单选题、13 个不定项选择题和 1 个开放式简答题。发放 245 份,收回 206 份。3 月 4 日,在对调查问卷进行统计、分析的基础上,形成调查报告,摸清企业文化建设存在的问题和未来努力的方向。 (刘志强)

【起草《中国铁建企业文化建设考评办法》】 加强企业文化制度建设,起草《中国铁建企业文化建设考评办法》,将企业文化建设纳入量化考核范畴,规定考评内容、考评程序。3 月 26 日,下发专题通知,向各单位征求考评办法的意见,并进行修改完善。 (刘志强)

【视觉识别系统手册修订完善】 5 月 29 日,确定专业设计公司,对股份公司现行的 2004 年版企业视觉识别系统规范手册进行修订完善。9 月 2 日,在中铁十六局集团公司昌平地铁项目部召开座谈会,征求驻京部分单位党委宣传部长及基层项目部的意见和建议。9 月,征求所属各单位和机关各部门意见和建议。根据征集的意见和建议,修改完善 7 次。10 月 22 日,经股份公司全体常委审阅后,印制 5000 册,发放总部机关及所属各单位。 (刘志强)

【规范境外项目品牌文化建设】 8 月 26 日,下发《关于在境外打造"中国铁建"和"中土"两个品牌的通知》,要求中国铁建系统的境外项目要致力于打造"中国铁建""中土"两个品牌。凡以中国铁建股份有限公司名义或中国铁建下属单位(中土集团除外)名义承揽的境外项目,要规范展示中国铁建企业标志,凡以中国土木工程集团有限公司名义承揽的境外项目,要同时展示中国铁建和中土的企业标志。 (刘志强)

【邀请专家作企业文化讲座】 9 月 11 日,邀请中国人民大学教授、博导,华夏基石管理咨询集团董事长彭剑锋,为总部机关员工作题为《企业文化价值观整合与落地》的讲座。讲授国企改革新形势对企业文化变革提出的新要求、企业文化的六种力量、企业文化落地的基本思路与途径、企业人力资源机制与制度建设等。 (刘志强)

【表彰企业文化建设先进单位和个人】 12 月,下发 2014 年度中国铁建企业文化建设表彰文件,授予 23 个单位为企业文化建设先进单位、68 个项目部为企业文化建设优秀项目部、119 人为企业文化建设先进个人。 (刘志强)

【撰写学习习近平总书记系列重要讲话精神理论文章】 9 月,撰写学习习近平总书记系列重要讲话精神的理论文章《强化责任 勇于担当 努力把中国铁建建设成世界一流企业》《求真务实 真抓实干 全面深化竞争类国有企业改革发展》,分别以中国铁道建筑总公司董事长、总经理孟凤朝和党委书记、董事张宗言的名义发表,并入选由国务院国资委党委宣传部编写的中央企业学习贯彻习近平总书记系列重要讲话精神成果选编《学习与践行》。 (汪元章 钱东锋)

【参加丝绸之路经济带交通文化之旅活动】 8 月 14 日,丝绸之路经济带交通文化之旅活动在新亚欧大陆桥东方桥头堡、"陆上丝绸之路""海上丝绸之路"的交汇点江苏连云港启动。中国铁建所属部分单位借助活动平台,展示沿线中国铁建参与的国家重点工程建设情况,推动企业"走出去"。总裁特别助理赵晋华和党委宣传部(企业文化部)企业文化处处长钱东锋参加启动仪式。 (钱东锋)

【撰写依法治企署名文章和社论】 为深入贯彻落实党的十八届四中全会精神,打造法治铁建,12 月 8 日,在《企业观察报》撰写署名文章,分别以董事长孟凤朝和总裁张宗言名义发表《中国铁建:依法治企,内外受益》《决策先问法 违法不决策》。12 月 11 日,在《中国铁道建筑报》发表社论《决策先问法 违法不决策》。 (钱东锋)

【土耳其国家广播电视总台摄制组到访中国铁建】 9 月 22—23 日,应国家新闻出版广电总局邀请,土耳其国家广播电视总台摄制组一行 4 人到中国铁建采访拍摄,了解中国高铁建设情况,展示中国铁建实力,促进中土两国人民友谊。9 月 22 日,中国铁建执行董事、副总裁、总经济师扈振衣,接受摄制组的采访。摄制组先后到北京地铁昌平线中铁十四局集团隧道公司盾构施工现场和中铁十七局集团郑徐铁路客运专线跨连霍高速公路连续梁作业工地采访,特意乘坐从北京到郑州的高铁,感受中国高铁的魅力。国家新闻出版广电总局国际合作司原司长、中华广播影视交流协会常务副理事长周桂珍陪同采访。 (钱东锋)

【营造纪念兵改工30周年浓厚氛围】 2014年是铁道兵改工30周年，为大力弘扬铁道兵精神，激励斗志，增强信心，凝聚力量，营造浓厚的文化氛围，3月17日，下发《关于营造纪念兵改工30周年浓厚氛围的通知》，要求全系统各大项目部，尤其是地处城市中心区的项目部，统一在项目部外墙或施工区、生活区的显著位置，悬挂、张贴反映企业历史与现状的醒目标语、图片和文字；各单位在各大城市的项目部，要确保有1个项目部悬挂、张贴反映第四届全国道德模范孔凡成的海报。 （刘志强）

【土耳其安伊高速铁路宣传报道】 中国铁建承建的中国首条海外高速铁路——土耳其安卡拉至伊斯坦布尔高速铁路二期工程通车试运营后，与媒体记者组成前方采访小组和后方协调小组，采访报道安伊高铁建设。1月17—22日，安伊高铁主体完工的新闻，相继在《人民日报》《经济日报》、新华社、中央电视台等中央主流媒体播发，凤凰、新浪、搜狐、网易、腾讯等近800家媒体、网站转发，引发全社会和国家有关部门的强烈反响。国家发展和改革委员会基础产业司专门听取工程建设情况汇报；国资委宣传局将电视新闻集锦在办公大楼的大屏幕上滚动播放，并把中国铁建网站的新闻专题链接到各中央企业网站；中国铁路总公司将中国铁建对外报道的文字和图片全部收集。 （尤家民）

【配合领导人出行的海外铁路报道】 4~5月，在务院总理李克强访问非洲之际，组织中央主流媒体报道中国铁建承担的埃塞吉布提铁路、尼日利亚现代化铁路工程建设和尼日利亚沿海铁路签约仪式，在非洲各国获得极大关注和好评。总理办公室专门致电中央电视台，对此次海外铁路报道有力配合总理出访提出表扬。 （尤家民）

【“深化改革 转型活力”的典型宣传】 6月，中国铁建重工集团公司被中共中央宣传部选为“深化改革 转型活力”典型单位。新华社、中央电视台等中央主流媒体在主要版面突出报道重工集团深化改革的成功历程和涌现出的先进人物。此次报道，是对中国铁建转变经营观念、勇于开拓新市场的全新展示，在社会上引发强烈反响。 （尤家民）

【安哥拉本哥拉铁路竣工报道】 7月，历经8年修建的安哥拉本格拉铁路全线完工。在中铁二十局集团公司的配合下，新华社、中央电视台、《工人日报》的媒体记者前往安哥拉采访报道。在20天时间内，冒着地雷、传染病等危险，沿着1400千米铁路线，采访40余名中外员工、政府官员。新华社、中央电视台等中央主流媒体分别从不同角度展示中国铁建海外筑路职工在异国他乡攻坚克难、勇于奉献，甚至牺牲生命的先进事迹和典型人物。 （尤家民）

【参加策划《走出国门的中国铁路》报道】 国庆期间，中央电视台新闻频道播出5集系列专题报道《走出国门的中国铁路》。其中，4集分别展示中国铁建承建的坦赞铁路、安伊高铁、麦加轻轨、尼日利亚现代化铁路等海外工程项目，集中表现了中国铁建海外工作者几十年来勇闯海外、攻坚克难并成功输出中国铁路标准、造福当地的历程，获得社会一致好评和赞誉。 （尤家民）

【大型文献纪录片《永远的铁道兵》在中央电视台播出】 经过2年的精心拍摄、制作，10集大型文献纪录片《永远的铁道兵》制作完成。12月1日在北京举行首映式暨新闻发布会，原铁道兵老首长、代表，中国铁建领导和剧组人员，以及社会各界人士100余人共聚新影制片厂，参加首映式。该纪录片是一部融合军事和历史重大题材的口述历史纪录片，叙述铁道兵35年波澜壮阔的历史和兵改工后的艰难历程。先后采访600余人，70%超过七八十岁，最年长者是百岁开国将军、原铁道兵副政治委员王贵德。12月5—15日，纪录片在中央电视台10频道《探索·发现》栏目首播，次日6时和14时23分重播。该纪录片播出后引发强烈反响，最高收视率为央视指标的120%。 （孔祥文）

【纪念铁道兵改工30周年暨铁道兵纪念馆开馆视频大会】 1月16日，中国铁建在北京召开纪念铁道兵改工30周年暨铁道兵纪念馆开馆视频大会。董事长、党委书记孟凤朝和总裁张宗言为纪念馆揭牌。孟凤朝作题为《大力弘扬铁道兵精神 再创中国铁建新辉煌》的重要讲话，张宗言致辞。国务院国资委宣传局副局长毛一翔到会讲话，中国铁建党委副书记、纪委书记、监事会主席齐晓飞主持大会。国有重点大型企业监事会主席石大华，文化部办公厅副厅长都海江，原铁道兵指挥部副指挥王功、刘毓珊，军事科学院、军事博物馆、总政玉泉路老干局、总政铁道兵史料编审办、北京市文物局、中国铁道博物馆、石家庄铁道大学等单位领导，捐赠物品人员代表，总公司老领导、中国铁建领导、中国铁建机关和所属各单位主管领导300余人参加大会并参观纪念馆。所属各单位领导班子其他成员和机关有关人员在各分会场参加视频会议。 （毕中喜）

【铁道兵纪念馆参观人数突破2万人】 作为企业对外宣传的窗口,企业文化展示的平台和员工教育的基地,铁道兵纪念馆2014年接待来自40多个国家及国内33个省(自治区、直辖市、特别行政区)的参观者2万余人。其中,接待国内外商务活动参观175次1800余人;接待所属单位开展的党团活动、青年教育、新入职员工教育等187次9800余人;接待企事业单位、学校学生、老兵团体等参观71次近5000人;接待社会各界知名人士、普通散客参观4000余人。 (毕中喜)

【铁道兵纪念馆场馆管理规范化】 为规范管理,参照国家和北京市文物局相关规定及博物馆管理条例,纪念馆制定工作人员管理、藏品管理、场馆管理、安防管理条例,并建立规范管理台账;利用以会代训、请进来、走出去等方式,加强礼仪训练,提升讲解技巧,学习场馆管理方法;加强对铁道兵历史、中国铁建业绩的了解与总结,规范讲解内容,提高讲解吸引力;增强藏品的收集、整理、登记和研究,学习设备操作、维护知识,强化安全意识和责任意识。 (毕中喜)

【藏品管理体系建设】 铁道兵纪念馆先后收集物品近400件,根据国家文物局藏品管理相关规定和文物鉴定相关要求,制定《藏品管理办法》,安排专人管理,建立台账10余种系统整理,做到建账达标、保护达标、利用规范。初步完成藏品资料电子化处理工作,基本完成藏品管理软件调试,着手建立藏品档案,为文物鉴定奠定基础。 (毕中喜)

【场馆展览展陈调整】 铁道兵纪念馆为完善展陈,收集各方面意见,对展览展陈进行集中调整:调整铁道兵军队全面建设展板布局、增加铁道兵后勤保障和中国铁建勘察设计咨询两个展区的展柜,安装临时展览展板。 (毕中喜)

【铁道兵纪念馆和中国铁建展览馆网站建设】 为扩大受众范围,更加全面地反映铁道兵和中国铁建历史、文化与业绩,筹建铁道兵纪念馆和中国铁建展览馆两个网站,统计、收集并整理文字资料1200余万字、图片2000余张,并对网站架构建设进行监督、审核、指导。 (毕中喜)

【配合"三线建设"课题研究】 铁道兵纪念馆与中国社会科学院国史学会"三线建设"研究分会建立联系。7月16日,邀请军事科学院原副院长、"三线建设"研究分会会长钱海皓中将率专家组到中国铁建,调研铁道兵参加"三线建设"相关情况。中国铁建党委副书记、纪委书记、监事会主席齐晓飞参加调研座谈会。当代中国研究所副所长、研究分会副会长武力高度评价中国铁建:中国铁建的两个发展阶段,都对我们中华民族的文化发展作出非常大的贡献,这种艰苦奋斗、发展壮大、走向世界的民族脊梁的精神值得深入挖掘、总结并且在国史上写上一笔。铁道兵在"三线建设"中的巨大贡献为"三线建设"研究分会的研究提供了鲜活的素材。座谈会后,专家多次到铁道兵纪念馆调研交流。纪念馆为"三线建设"研究分会提供大量相关史料。 (毕中喜)

【积极参加社会活动】 为提高铁道兵纪念馆的知名度,扩大社会影响力,申请加入中国博物馆协会、中国自然科学博物馆协会、中国铁道文博委员会、北京市校外教育协会等博物馆行业权威团体组织。参加由北京市教育委员会发起、北京校外教育协会主办的"阳光少年"活动。承接北京市十一学校学生为期40天的暑期社会实践活动,协助股份公司机关工会开展职工子女夏令营活动。参加中国自然博物馆协会、中国博物馆协会、中国铁道学会铁路文博工作委员会等2014年年会暨学术研讨会和中国博物馆博览会,并在有关会议上进行学术发言。加强与地方政府、学术团体的交流合作,先后接待各类调研、访谈、交流10余次。铁道兵纪念馆先后被列为总政玉泉路老干部管理局军史教育基地、北京市十一学校学生校外实践基地。

(毕中喜)

【香港特区第二十届全国人大代表霍震寰、胡晓明、李引泉参观铁道兵纪念馆并题词】 3月9日,全国人大代表、霍英东集团行政总裁霍震寰,全国人大代表、香港城市大学校董会主席、香港菱电发展有限公司主席胡晓明和全国人大代表、香港招商局集团副总裁李引泉在中国铁建副总裁、总会计师、总法律顾问庄尚标陪同下参观铁道兵纪念馆。3位全国人大代表为中国铁建题词——"辉煌历史,为国争光。" (毕中喜)

【非洲联盟前主席让·平参观铁道兵纪念馆】 2月24日,非洲联盟前主席让·平参观铁道兵纪念馆,高度评价中国铁建:"世界需要中国铁建参与。" (毕中喜)

【协助老铁道兵举办文艺演出】 4月28日,铁道兵纪念馆协助老铁道兵表演队举办文艺演出。演出节目内容均以铁道兵生活为题材,形式多样。中国铁建纪委副书记郭品云,退休老领导霍金贵、吕连亭、李廷柱,总政玉泉路老干部管理局铁道兵史料办公室主任樊鸿锡等50余人观看演出。 (毕中喜)

纪 检 监 察

【中国铁建股份有限公司纪律检查委员会与监察局】 为合署办公机构，是中国铁建股份有限公司执纪、监督、问责组织，履行党的纪律检查和行政监察两项职能，对股份公司党委和行政全面负责。股份公司纪委在党委和上级纪委的双重领导下开展工作，纪检业务以上级纪委领导为主。主要职责和任务：维护党的章程和党内其他法规，检查党的路线、方针、政策、决议和国家法律法规以及企业规章制度的执行情况，协助党委和行政领导加强党风建设和组织协调反腐败工作；监督党员领导人员行使权力，检查和处理管理权限内的领导人员违纪案件；受理党员的控告申诉，保障党员的权利；组织开展效能监察和专项执法检查，为企业的改革发展和稳定提供纪律保证。

2014 年，股份公司纪委、监察局领导任职及组织机构设置情况：纪委书记先后由齐晓飞、李春德担任，纪委副书记郭品云、王兆刚。内设机构由两室四处调整为三室六处：纪委办公室下设综合处、审理处；执法和效能监察室（巡视办）下设监察一处、监察二处；案件检查室下设案检一处、案检二处。编制由 12 人增加到 18 人。 （公相鹏）

【落实党委主体责任、纪委监督责任与纪委转职能、转方式、转作风】 股份公司党委、纪委先后 2 次召开落实“两个责任”、深化“三转”工作视频会议，传达学习中央纪委、国资委纪委领导人的讲话精神，开展落实“两个责任”、深化“三转”工作专题调研。股份公司纪委先后到 4 家二级单位实地调研，召集 8 家二级单位党委书记、纪委书记到股份公司机关集中座谈。各二级单位党委、纪委分头开展专题调研，提交调研报告 34 份。组织起草《关于落实党风廉政建设主体责任和监督责任的意见》，以及《关于加强二级单位纪检监察组织建设的决定》《归口派驻纪检组工作方案》等 9 项配套措施。11 月 27 日，股份公司党委召开落实党风廉政建设“两个责任”工作促进会议，讨论修改《关于落实党风廉政建设主体责任和监督责任的意见》及配套措施，并对落实“两个责任”进行再动员、再部署。

进一步聚焦主业、明确职责，认真梳理业务流程，制定《纪委领导工作分工和各部门职责》《巡视工作暂行办法》《信访举报管理工作办法》《案件检查工作办法》等 20 余项规章制度，促进纪检监察工作制度化、流程化、规范化。按照党的十八届三中全会《中共中央关于全面深化改革若干重大问题的决定》精神，会同党委干部部，提名考察所属 6 家二级单位的纪委书记、副书记。为落实“三转”要求，股份公司纪委书记自 2014 年 5 月 1 日起不再兼任监事会主席职务，不再分管宣传、共青团等党群部门工作。各级纪检监察机构退出与监督主业关联度不大的议事协调机构 189 个。 （公相鹏）

【贯彻落实中央“八项规定”精神】 在股份公司制定出台《业务招待费管理办法》之后，股份公司纪委又协调和督促相关业务部门起草差旅费、公务接待和公务用车等管理办法草案，制定违反中央八项规定精神案件上报和通报制度，进一步扎紧制度的“笼子”。结合国资委第三巡视组反馈意见整改，组织部分单位开展公务用车专项检查；针对公款为领导人员办理各种消费卡、公款为领导人员购买图书、领导人员未如实报告个人有关事项、自建培训疗养机构和“会所中的歪风”等突出问题，在全系统开展专项治理活动。对违反中央八项规定精神的问题进行问责，查处 43 起，责任追究 39 人，并在全系统视频会上点名道姓通报典型案例。

全系统通过持之以恒地贯彻落实中央“八项规定"精神，作风建设取得显著成效。会议费开支比 2013 年减少 6005 万元，同比下降 40.3%；业务招待费减少 2.1 亿元，同比下降 50.2%；差旅费减少 2.5 亿元，同比下降 27.6%；出国（境）考察费减少 939 万元，同比下降 37.9%；办公费减少 3.4 亿元，同比下降 53.6%。 （公相鹏）

【巡视工作】 2014 年，巡视组巡视中铁十八局、十七局集团公司，发现问题和案件线索 195 件，涉及领导人员违规安排包工队、违反组织人事纪律、违反中央“八项规定”精神、带病提拔干部，以及导致工程项目亏损的腐败问题等。根据管理权限，巡视组将发现的问题和案件线索移交股份公司纪委和被巡视单位处置。股份公司纪委初步核实巡视中发现的 2 名集团公司领导班子成员违纪违规问题。中铁十八局集团公司根据巡视组移交的案件线索，立案 8 件，结案 8 件，移交司法机关 2 件，党政纪处分 14 人，诫勉谈话 22 人次。中铁十七局集团公司对巡视组移交的 30 件案件线索进行分类处置，并对发现的问题进行整改。11 月 27 日，巡视组在落实“两个责任”工作促进会议上通报巡视工作情况，引起全系统强烈反响，有效地发挥警示震慑作用。

（公相鹏）

【查处违纪违规案件】 2014 年，全系统受理信访举报 750 件次，初核线索 509 件，立案 411 件，结案 422 件，给予党政纪处分 860 人次，同比分别增长 121.9%、73.6%、41.2%、45.5% 和 78.1%。此外，移送司法机关14人,刑事处理18人。其中,股份公司本级受理信访举报559件次,转所属单位办理410件次,本级办理66件,对举报反映涉及9家二级单位的有关问题进行初核,立案调查7人、给予党政纪处分5人,向14名二级单位的领导人员发出“函询通知书”。同时,对国资委纪委转办的涉及3家二级单位的案件线索,以及国资委第三巡视组移交的73件线索,全部按照要求逐一进行认真核查并上报结果。

股份公司纪委联合昆明铁路检察院查办中铁十五局集团沙特分公司亏损案取得阶段性成果,6人涉嫌行贿、受贿、贪污、挪用公款等职务犯罪被立案调查,挽回直接经济损失上千万元;加强与西安碑林区检察院和公安分局配合协作,推进中铁十五局集团坦桑尼亚公路改造项目亏损案的查处,涉案合作方负责人及中铁十五局集团原西北公司董事长等6人被判刑,有效地遏制合作方索要近亿元退场费的无理要求,避免巨大经济损失。（公相鹏）

【企检共建】 股份公司纪委与最高人民检察院铁路运输检察厅联合下发《关于加强铁检机关与铁路建设单位工作联系配合的通知》,中国铁建系统和各级铁路检察机关分层建立联系配合机制;与最高人民检察院预防职务犯罪厅联合开展海外人员风险防控体系课题研究,加强海外机构和项目的监督;与司法部司法协助与外事司加强联系,创建境外案件取证工作平台。（公相鹏）

【党风建设和反腐倡廉工作会议】 1月18日,中国铁建2014年党风建设和反腐倡廉工作会议在北京召开。股份公司所属二级单位、直管项目部党委书记、董事长、总经理、院(校)长、纪委书记、监察处长和股份公司纪委委员以及总部机关部门正职以上(含)领导194人参加会议。会议由股份公司党委副书记、总裁张宗言主持,党委书记、董事长孟凤朝作重要讲话,党委副书记、纪委书记、监事会主席齐晓飞作题为《聚焦中心任务 强化监督制约 为企业改革发展提供有力保障》的工作报告,党委副书记、副董事长、工会主席彭树贵宣读《关于发布2012—2013年度效能监察示范项目的决定》,纪委副书记郭品云宣读处分决定,所属单位递交党风廉政建设责任书。（公相鹏）

新闻工作

【中国铁道建筑报社】 《中国铁道建筑报》于1948年10月15日创刊,是中国铁道建筑总公司主管,中国铁道建筑报社主办的行业性报纸。报社定员23人,现有员员14人。

2014年,中国铁道建筑报社围绕中心,服务大局,认真把握企业“深化改革,强化管理”的发展主题,积极践行马克思主义新闻观,为企业开展党的群众路线教育实践活动、落实“两个责任”,以及“亏损项目整治年”活动、推进区域经营、企业文化建设等工作的开展营造良好的舆论氛围,圆满完成全年的宣传报道任务,开创新闻宣传工作的新局面,为企业可持续发展提供强大的舆论支持和精神动力。（何大成）

【先进典型宣传】 2014年,《中国铁道建筑报》推出探伤技工关改玉、安哥拉工程指挥长刘峰、歹徒刀下英勇救人的欧阳继军和中铁十二局集团公司京沪高速铁路项目部总工程师赵常煜4位典型人物,在一版头条先后刊发长篇通讯《在那钢轨延伸的地方……》《诚信的力量》《英雄自有后来人》《与中国高铁一起成长》宣传其先进事迹,传递企业正能量。长篇通讯《一路格桑花开》宣传中铁十七局集团二公司甲玛项目建设者,把幸福与项目建设紧紧相连,坚守责任,专注岗位,在奉献中实现自我价值。“美丽铁建人”栏目刊发100余篇基层先进职工的故事,用身边的榜样引领社会主义核心价值观。（何大成）

【重要工作宣传】 2014年,积极开展对党的十八大和十八届四中全会精神的宣传报道。在一版转发党的十八届四中全会消息,并组织策划和编发中国铁建系统各单位学习贯彻会议精神的稿件,在三版开辟“学习贯彻十八届四中全会精神”专栏,发挥积极的舆论引导作用。为巩固和扩大股份公司第一批党的群众路线教育实践活动成果,继续为转“四风”活动营造良好的舆论氛围,安排专人负责相关活动的跟踪报道第二批党的群众路线教育实践活动。刊发评论员文章《再接再厉精心组织确保实效》《作风建设永远在路上》,通过专版和专题形式,组织100多篇报道。在三版开辟“群众路线在基层”栏目,策划2期群众路线专版,发表多篇学习体会,形成强势引导,有力促进基层“四风”的转变。

2014年,刊发“四会”专刊24版、海外专刊16版,全方位、多角度地报道企业的发展成果;及时报道“四会”、审计工作会、整治项目亏损暨债务风险管理会议、海外工作会、区域经营管理工作推进会、共青团中国铁建第二次代表大会等重要会议,增强时效性,并在二版、三版用专题形式对会议的重点内容进行全面解读和报道,收到较好的宣传效果;在一版开辟贯彻落实“四会”精神访谈录,刊发各集团公司负责人推动企业持续健康快速发展的举措,为各集团公司搭建交流平台,取得很好的宣传效果;报道项目亏损整治工作,开辟"向亏损项目说不""创效光荣,亏损可耻'大讨论'"2个栏目,发表《治亏降债提高项目管理水平》系列评论5篇,策划"创效光荣,亏损可耻'大讨论'"专题,大力营造"创效光荣,亏损可耻"的文化氛围。为贯彻区域经营管理工作推进会精神,策划4个区域经营的专版,解码区域经营管理模式;全程跟进落实党风廉政建设"两个责任"工作促进会议,配发3篇系列评论,并在三版策划党风廉政建设专题,为打造阳光企业提供舆论支撑。继续以"标准化案例"为载体,刊发报道12篇,传授经验,强化标准;在兵改工30周年之际,刊发"从铁道兵到世界百强·纪念兵改工30周年特刊"40版;10月1日,以"我和国旗合个影"为主题,用图片展现铁建人心系祖国,坚守岗位的矫健身影;开辟"走小路,修大路,铁建人在路上"栏目,以组图形式刊发《中国铁建人雪域高原献赤城》《雪域天路的守护者》《勇士奋战喀喇昆仑山脉 为国争光深化中巴友谊》等40余篇反映中国铁建为共和国建设和发展作出的卓越贡献,以及广大员工在各种恶劣自然环境下拼搏奉献的感人故事,具有极强的视觉冲击力,有力地宣传和弘扬了中国铁建人的功勋与业绩,为企业在改革发展的新征程上凝聚力量。 (何大成)

【党和国家领导人以及省部级领导视察中国铁建宣传】 2014年,国家领导人多次到中国铁建建设工地考察。7月24日,刊发文章《习近平视察十七局集团委内瑞拉社会住房工地》。5月13日,刊发文章《李克强总理参观安哥拉凯兰巴·凯亚西新城》;7月3日,报道国务院总理李克强视察沪昆高铁长沙施工现场,称赞高铁建设者:"你们干的这番事业很了不起,正在创造中国新的速度。"8月26日,报道《李克强考察铁路投资和项目进展——中国铁建总裁张宗言参加座谈会》,总理勉励全体员工发挥更大创造力,让铁路发展潜力转变为现实生产力,不断创造新的经济增长点,为民生改善创造条件。4月28日,国务院副总理马凯就加快铁路建设特别是中西部铁路的建设,在西安主持召开部分地区铁路建设工作会议。5月,马凯副总理考察大西铁路客运专线,并主持召开部分地区铁路建设工作会议,强调加快铁路建设特别是中西部铁路建设,与中国铁建等企业员工代表交流。刊发消息《习近平普京见证中国铁建与莫斯科合作备忘录签署》。根据协议,中国铁建将参与莫斯科交通基础设施建设,主要包括城市地铁综合开发和房建项目。

(何大成)

【外国领导人、代表访问中国铁建宣传】 2月13日,刊发文章《埃塞俄比亚总统穆拉图视察埃塞铁路项目感谢中国企业贡献》;8月28日,刊发消息《基奎特总统出席十五局集团基隆贝罗桥项目奠基仪式》。先后刊发中国铁建与特立尼达和多巴哥总理比塞萨尔、柬埔寨国王诺罗敦·西哈莫尼、巴西众议院代表团、巴西交通部长凯撒·博尔热斯、巴西卡玛古集团董事会主席利伽多一行、塔吉克斯坦总统拉赫蒙座谈会等活动方面的报道,加强与友国的沟通交往,坚定"走出去"的步伐,有力地提升中国铁建的社会形象。(何大成)

【企业安全生产宣传】 面对中国铁路新一轮的建设高潮,报社紧抓安全质量管理报道,开辟"豆腐渣工程警示录"专栏,刊发4期16幅豆腐渣工程照片,通过"前车之鉴"重敲警示钟。报道中国铁建召开安全工作专题会情况,强调任何安全事故都可预防,坚决杜绝各类人员伤亡。先后策划3期安全生产专题,让读者重视安全工作。12月20日,在报纸第三版专题刊发基层项目安全员如何守护安全的文章。在报纸第二版开辟"美丽铁建安全为天"专栏,长期报道企业安全生产,刊发文章300余篇,从不同角度,不同侧面强调安全生产的重要性,宣传安全管理经验,传授安全管理有效措施。

(何大成)

【企业社会责任宣传】 中国铁建作为共和国长子,在谋求企业发展的同时,勇担中央企业"经济、政治、社会"三大责任,不断深化资源节约型和环境友好型企业建设,积极履行社会责任,热心参与公益事业,投身灾后重建,实现企业与社会、企业与环境的协调发展。报纸新开辟"美丽铁建,大爱无疆"专栏,通过讲述铁建员工一段段无疆大爱的事迹,宣传和展现企业良好的社会形象和勇担社会责任的精神风貌。刊发玉树灾后重建的系列报道,大力宣传玉树地震发生后,中国铁建通过科技抢险创造"玉树速度",广大职工情注玉树,在建精品玉树的感人故事。开设"美丽铁建 与绿色同行"专栏,专对绿色环保、文明施工进行正确的舆论引导,全年刊发200余篇幅低碳生活、绿色环保、文明施工的新闻报道。 (何大成)

【广告经营】 2014年,签订广告宣传合同180份,发布率100%。 (杨晓志)

【表彰2014年度中国铁建新闻报道先进】

2014年中国铁建十佳记者

边均安 王秉良 邓昆伦 伍 振 陈树青

刘德联 文 雄 杨广臣 刘新红 赵守民

2014 年中国铁建新闻报道先进单位

中铁十七局集团公司
中铁十六局集团公司
中铁十八局集团公司
中铁十四局集团公司
中铁二十二局集团公司
中铁十二局集团公司
中铁十五局集团公司
中铁十九局集团公司
中铁二十局集团公司
中铁二十四局集团公司
中国铁建大桥工程局集团公司
中铁建设集团公司
中国铁建电气化局集团公司
中铁第四勘察设计院集团公司
中铁城建集团公司
中铁十七局集团四公司
中铁十六局集团三公司
中铁十八局集团一公司
中铁十八局集团二公司
中铁十七局集团一公司
中铁十二局集团一公司
中铁十七局集团三公司
中铁十七局集团建筑公司
中铁十七局集团二公司
中铁十二局集团二公司
中铁十六局集团四公司
中铁十七局集团六公司
中铁十七局集团五公司
中铁十四局集团隧道公司
中铁十二局集团三公司
中铁十六局集团五公司
中铁十五局集团二公司
中铁十八局集团三公司
中铁十六局集团路桥公司
中铁十五局集团五公司
中铁十四局集团四公司
中铁二十二局集团二公司
中铁十八局集团五公司
中铁二十二局集团一公司
中铁十四局集团三公司
中铁二十一局集团三公司
中铁十五局集团六公司
中铁十二局集团电气化公司
中铁十一局集团四公司
中铁二十二局集团电气化公司
中铁十二局集团四公司
中铁二十局集团三公司
中铁二十局集团二公司
中铁十九局集团轨道公司
中铁二十一局集团一公司
中铁十一局集团二公司
中铁二十四局集团安徽公司
中铁二十二局集团天瑞机械设备公司
中铁十一局集团城市轨道公司
中铁二十局集团五公司
中铁十四局集团二公司
中铁十六局集团二公司
中铁二十二局集团五公司
中铁十六局集团一公司
中铁二十二局集团哈尔滨铁路建设集团公司
中铁十五局集团七公司
中铁十六局集团铁运公司
中铁二十二局集团四公司
中铁二十二局集团三公司
中铁十八局集团轨道公司

百佳通讯员

张天国　蔡庆荣　韩晓锁　冯学亮　周广宽
向奇志　杨卧龙　刘文杰　敖　渝　张洪柱
倪作霖　陈明星　翁伟民　罗平政　董吉祥
李永旺　龙　艳　李美华　杨茂森　谌启程
吴晓炜　孙利民　王强强　刘慧云　史　鹏
杨少琦　朱京燕　张　鹏　王本贵　郭　红
赵飞鹏　李锦龙　李　波　刘凤翥　王成锋
徐天兵　丰保坤　白　琳　周　鹏　徐　春
付润梅　刘　波　周　娟　戴军武　张记力
王运亮　肖　帆　高文军　袁青顺　苏　莉
张衍海　周金龙　肖玉华　疏王炀　张莉媛
张伟伟　何　赟　魏绵峰　汪　洋　赵纯杰
许家安　王博成　曹国英　武新才　许海霞
李文芳　刘国清　朱志华　刘福昌　陈　聪
刘成斌　孙璞玉　卫学昌　赵志强　李　堃
郭　刚　杨晓英　杨德政　王重琦　王智海
刘　静　刘院明　陈仁文　庄民群　王　凯
丛书明　窦雪艳　蒋晓芬　杨发明　刘月诗
廖高山　张振宇　吴　蔚　侯晓文　苏　辉
赵　林　祝　君　赵晓莉　张　翀　覃良生
苏　杭　赵　平　黄北平　王浩然　何树盛
晏红云　张　航　谢裕增　杜卓波　刘连生

（何大成）

2014 年 4 月 22 日，中华全国总工会党组书记、副主席、书记处第一书记陈豪（中）到中国铁建调研时，看望中铁十四局集团北京地铁 14 号线的建设者。

（刘建国 摄）

工会 共青团

本栏责任编辑 杨启燕

工 会

【股份公司工会】 股份公司工会同时履行公司总部机关工会职能,在股份公司党委领导下,依据《工会法》《中国工会章程》《中国铁建股份有限公司章程》独立自主地开展工作。动员和组织职工参加企业的改革和生产经营管理活动,代表和组织职工参与企业民主管理;民主监督企业领导人员和经营管理人员履行职责情况;教育职工不断提高道德修养和科学文化素质,建设"四有"职工队伍;维护职工合法权益;负责全国和省(部、市)劳动模范和各类先进的评选、推荐、审核和公司劳动模范的评比、表彰工作;负责公司总部机关工会日常工作。下辖中国土木工程集团公司,中铁十一至二十五局集团公司,中铁建设集团公司,中国铁建电气化局集团公司,中国铁建房地产集团公司,中铁第一、第四、第五勘察设计院集团公司,中铁上海设计院集团公司,中铁物资集团公司,昆明中铁大型养路机械集团公司,中国铁建重工集团公司,中国铁建国际集团公司、中铁城建集团公司、北京铁城建设监理公司,中铁建(北京)商务管理公司,北京培训中心及直属机关工会。股份公司副董事长、党委副书记彭树贵兼任股份公司工会主席,白晶、刘志明任工会副主席。下设生产综合部、组织权益和女工部。股份公司工会另设体协理事会、工会经费审查委员会、女职工委员会。

(于 斌)

·生产综合·

【生产综合部】 负责股份公司工会的综合协调和文秘工作,负责工会系统的宣传教育、劳动竞赛、"创争"活动、合理化建议和技术改进评审、评先树模、工地文化建设工作,负责统战和侨联工作。定员5人,下设综合处、生产宣教处。 (于 斌)

【信息工作】 加强股份公司工会内部网站建设,设立"5·1劳动最光荣"活动专题,宣传劳模表彰重要活动和劳模先进事迹,并推荐23部所属单位上报的"共筑铁建梦——我身边的劳模故事"专题片,在中国铁建网站展播;设立"在学习中成长——中国铁建员工悦读会"系列活动网络专题,同步展播各级组织读书学习活动的好经验、好做法、好成果。在《中国铁道建筑报》开设悦读会专题,宣传推介活动重要动态、推荐书目和实施计划,刊登优秀图书及文章,展示优秀摄影作品。2014年发表活动信息663篇,其中在《工人日报》《工会信息》《中工网》《人民铁道》报等省部级以上报刊刊载信息43篇。(于 斌)

【中国铁建员工悦读会活动】 为响应党的十八大提出的"开展全民阅读活动""弘扬中华优秀传统文化"、推广和规范使用国家通用语言文字等要求,以及习近平总书记关于加强读书学习的系列重要讲话精神,3月17日,中国铁建工会下发《关于开展"在学习中成长——中国铁建员工悦读会"主题活动的实施意见》;4月23日,在中华全国总工会启动"争当学习型职工读书行动"的次日,即第19个"世界读书日",在总部机关举行"在学习中成长——中国铁建员工悦读会"系列活动启动仪式。活动面向中国铁建系统30万干部职工,历时7个月,是目前中国铁建史上最大规模的读书学习活动。中国铁建工会征集并优选出100本优秀图书书目,供职工列入读书学习计划和读书心得范围;第二届女职工读书征文活动从近3000篇作品中选出150篇列入评奖范围,并编印优秀作品集《书雅》;"走进中国铁建夏令营"由2013年的试点探索向全系统展开,共组织暑期夏令营128次,累计3052人次参加,收到征文478篇。汉字听写比赛、"悦读－视界"主题摄影比赛、经典诵读、专家讲座等活动等吸引上万名员工参加,全系统举办专家讲座59场、汉字听写比赛165场,征集"悦读－视界"主题摄影比赛作品2446件,收到所属单位选送的经典诵读参赛作品107件。各单位在有序推进实施计划中的"三大系列""十个子项"活动的基础上,积极发挥活动主体作用,创新推出自选动作,组织开展读书沙龙、主题演讲、网络学院、赠书助学、"交换藏书角""员工之声"企业文化征文、"职工大讲堂"等一系列符合企业发展和员工需求的特色活动,受到基层职工的普遍欢迎。

10月17日,在学习中成长——中国铁建员工悦读会总结表彰暨经典诵读展演视频大会在北京召开。中国铁建党委书记、董事长孟凤朝对悦读会活动的经验和成果给予高度评价。中国铁建党委副书记、副董事长、工会主席彭树贵主持会议。中国铁建党委副书记、纪委书记齐晓飞,副总裁、总经济师扈振衣,副总裁、总法律顾问庄尚标,副总裁刘汝臣,总会计师王秀明分别宣读悦读会系列活动表彰通报。中国铁建工会副主席、女工委主任白晶作活动总结报告。总结表彰大会后,围绕读书主题进行经典诵读展演。全系统近3300名员工在主会场和30个分会场观看现场盛况。

(于 斌)

【体协工作】 2014年,中国铁建体协先后组织参加中央企业第七届"国家电网杯"乒乓球赛、第七届全国行业体协职工乒乓球比赛、全国铁路职工乒乓球比赛暨“谁是球王”乒乓球争霸赛、全国铁路职工桥牌比赛。11月14—15日，第七届“中国铁建杯”智力体育比赛在湖北武汉举行，中铁二十三局集团公司、中铁第四勘察设计院集团公司和中国铁建股份公司机关代表队分获桥牌团体冠军、亚军和季军，中铁十四局、二十五局、第一勘察设计院、二十四局、第五勘察设计院集团公司代表队分获桥牌团体第四至第八名；中铁二十、十五、十一局集团公司代表队分获中国象棋团体冠军、亚军和季军，中铁二十一局、二十三局、十八局、城建、物资集团公司代表队分获中国象棋团体比赛第4－8名。中铁十二局等12支代表队获得体育道德风尚奖，比赛承办单位中铁第四勘察设计院集团公司工会和体协被赛会组委会授予特别贡献奖。12月2日，第八届“中国铁建杯”（北京）羽毛球赛结束，中国铁建驻京单位的16家代表队参赛，中铁十六局、中国铁建房地产、中铁第五勘察设计院集团公司代表队分获冠军、亚军和季军，承办单位中国铁建房地产集团公司获特别贡献奖。（于 斌）

【劳动竞赛】 中国铁建所属单位认真贯彻党的十八大、十八届三中全会精神，落实国务院国资委、中华全国铁路总工会和中国铁建股份公司指示精神，广泛开展劳动竞赛，调动广大职工的积极性和创造性，全面完成企业生产经营任务，促进企业又好又快发展。

2014年4月12日，股份公司下发文件，对在2013年重点工程和勘察设计劳动竞赛中取得突出成绩的先进集体和先进个人予以表彰，授予中铁十二局集团公司宁安铁路1标段工程指挥部等10个单位“重点工程劳动竞赛综合优胜单位”称号，同时授予中国铁建“工人先锋号”称号各奖励30000元；授予中铁十一局集团公司湖北城际铁路武黄1标段项目部等7个单位“重点工程劳动竞赛单项优胜单位”称号，各奖励10000元；授予中国土木工程集团公司土耳其安伊高速铁路项目部等28个项目部“重点工程劳动竞赛先进单位”称号；授予中铁十八局集团公司“劳动竞赛优秀组织单位”称号，奖励30000元。授予滕军康等20人中国铁建“工人先锋号标兵”称号，各奖励2000元；授予王毅松等63人“劳动竞赛优秀组织者”称号，各奖励1000元。

重点工程劳动竞赛综合优胜单位、工人先锋号获得单位

中铁十二局集团公司宁安铁路1标段工程指挥部

中铁十二局集团公司沪昆铁路客运专线（云南段）项目部

中铁十四局集团公司长株潭城际铁路项目部

中铁十六局集团公司沪昆铁路客运专线江西段5标段项目部

中铁十八局集团一公司港珠澳大桥项目部

中铁十八局集团二公司云桂铁路6标段一分部

中铁十八局集团三公司长春工程项目管理部

中铁十九局集团公司宝兰铁路客运专线甘肃段BLTJ－7标段项目部

中铁二十一局集团公司拉日铁路指挥部

中国铁建电气化局集团公司大西铁路客运专线四电集成工程指挥部

重点工程劳动竞赛单项优胜单位

工程质量单项第一

中铁十一局集团公司湖北城际铁路武黄1标段项目部

安全生产单项第一

中铁十七局集团公司宝兰铁路客运专线甘肃段站前BLTJ－6标段项目部

工程进度单项第一

中铁十七局集团公司青荣城际铁路Ⅵ标段项目部

科技创新单项第一

中铁十三局集团公司锦屏工程指挥部

文明施工和节支降耗单项第一

中铁十四局集团公司北京地铁8号线项目部

竞赛管理单项第一

中铁二十五局集团公司衡州大道光明街—蒸阳南路段A合同段

共建共享单项第一

中国土木工程集团埃塞米埃索—达瓦利铁路项目部

重点工程劳动竞赛先进单位

中国土木工程集团公司土耳其安伊高速铁路项目部

中铁十二局集团公司大西铁路客运专线8标段指挥部

中铁十三局集团公司恩来恩黔高速公路项目部

中铁十三局集团公司贵广铁路指挥部

中铁十四局集团公司郑徐铁路客运专线指挥部

中铁十五局集团公司郑开城际铁路指挥部

中铁十五局集团四公司青奥轴线地下工程项目部

中铁十五局集团城市交通公司东莞轨道R2线2303A标段项目部

中铁十七局集团中南铁路通道20标段项目部

中铁十九局集团公司西成铁路客运专线陕西段项目部

中铁十九局集团公司京福铁路客运专线闽赣3标段项目部

中铁十九局集团公司西成铁路客运专线四川段指挥部

中铁二十局集团公司吕临支线ZNTJ－3标段项目部

中铁二十局集团公司郑徐铁路客运专线指挥部

中铁二十局集团公司麻竹高速公路随州西段项目部

中铁二十一局集团公司山西中南部铁路通道ZNTJ-13标段项目部

中铁二十一局集团公司兰州枢纽项目部

中铁二十二局集团公司贵州茅台酒扩建项目部

中铁二十二局集团公司沪昆铁路客运专线贵州段项目部

中铁二十三局集团公司沪昆铁路客运专线指挥部

中铁二十三局集团公司贵广铁路指挥部

中铁二十三局集团八公司渝利铁路铺架项目部

中铁二十四局集团上海铁建公司

中铁二十五局集团公司贵广南广铁路广州枢纽工程项目部GTGG-1标段

中铁二十五局集团公司沪昆铁路客运专线长昆湖南段项目部CKTJ-1标段二单元工程

中国铁建国际集团公司几内亚西芒杜铁路地勘项目部

中国铁建港航局集团公司重庆港万州港区新田作业区神华码头工程项目部

中国铁建港航局集团公司湛江市东海岛石化产业园区围堰工程项目部

重点工程劳动竞赛工人先锋号标兵

滕军康　中铁十二局集团公司宁安铁路1标段指挥部副总工程师兼工程部长

李少祥　中铁十二局集团公司宁安铁路1标段指挥部计财部副部长

王启胜　中铁十二局集团公司沪昆铁路客运专线(云南段)五分部项目分部经理

黎建华　中铁十二局集团公司沪昆铁路客运专线(云南段)项目部

戴尊勇　中铁十四局集团公司长株潭城际项目部经理

宋　军　中铁十四局集团公司长株潭城际项目部总工程师

竹俊杰　中铁十六局集团公司沪昆铁路客运专线江西段5标段二工区经理

朱利鑫　中铁十六局集团公司沪昆铁路客运专线江西段5标段三工区总工程师

秦文艳　中铁十八局集团公司港珠澳大桥珠海连接线项目部西区工区长

冀大禹　中铁十八局集团公司港珠澳大桥珠海连接线项目部东区工区长

李卫星　中铁十八局集团二公司云桂铁路一分部副经理

沙学斌　中铁十八局集团二公司云桂铁路一分部技术员

李春奎　中铁十八局集团三公司长春工程项目管理部总工程师

柴桂明　中铁十八局集团三公司长春地铁1号线07标段项目部经理

丁礼建　中铁十九局集团公司宝兰铁路客运专线甘肃段BLTJ-7标段项目部经理

黄德富　中铁十九局集团公司宝兰铁路客运专线甘肃段BLTJ-7标段项目部书记

尹建勋　中铁二十一局集团公司拉日铁路指挥部指挥长

蒲荣宇　中铁二十一局集团公司拉日铁路指挥部总工程师

赵小乐　中国铁建电气化局集团公司大西铁路客运专线四电工程指挥部项目副经理

钟　麒　中国铁建电气化局集团公司大西铁路客运专线四电工程指挥部第三项目技术主管

重点工程劳动竞赛优秀组织者

王毅松　哈斯白音　杨希文　刘成木　邱国红
于景信　赵　永　郝孟广　潘建立　高海东
于长彬　赵克欣　胡恒千　王奎军　刘红专
顾玉新　王天亮　祁　涛　葛　兴　曹英德

年度劳动竞赛优秀组织单位

中铁十八局集团公司

年度劳动竞赛优秀组织者

丁维利　吕　锋　王政松　余　霖　霍玉华
唐征武　刘俊民　刘绍石　韩栋梁　徐英霞
胡红岩　阮加稳　任灿伟　张传安　马春风
冯广利　闫广天　宋永杰　姜长清　崔科星
魏军红　赵红喜　薄志军　朱昌岳　孙振平
张国华　赵永明　冉　毓　刘建东　赵　毅
孙基国　钟正辉　蒋云生　王春林　龚　健
丁　艺　李贵东　王　彪　张诗彬　黄正华
杨朝凯　董立巍　安　宁

(李青颖)

【劳动保护】　2014年,中国铁建各级工会独立组织和参与行政安全大检查1039次2213人次,参与处理工伤事故49起,发现事故隐患并提出建议2469条,被行政采纳2262条。举办专兼职劳动保护监察员培训班168个,培训人员3829名;外送培训劳动保护人员516名。2014年,中国铁建在中华全国总工会和国家安全总局组织的安康杯竞赛中,有11个单位获得全国安康杯竞赛优胜企业称号、6个单位被评为全国安康杯竞赛优胜班组,1个单位被评为全国安康杯优秀组织单位,32个集体被评为省安康杯竞赛优胜单位。中铁十

五局集团六公司在2013年度全国安康杯竞赛表彰大会上被授予全国五一劳动奖状。（李青颖）

【多个单位在省市和全路劳动竞赛中受到表彰】

2014年，中国铁建在省市组织的劳动竞赛中，56个单位获得综合竞赛第一名、42个单位获得第二名、68个单位获得第三名，42个单位获得省市单项竞赛第一名、33个单位获得第二名、54个单位获得第三名；在铁路局开展的客运专线、高速铁路劳动竞赛表彰中，93个单位获得综合竞赛第一名、79个单位获得第二名、79个单位获得第三名，124个单位获得劳动竞赛单项第一名、95个单位获得第二名、119个单位获得第三名。全系统416人受到表彰、168人被评为劳动竞赛优秀组织者、125个单位被评为劳动竞赛优秀组织单位，全年获劳动竞赛奖金12536.18万元。中国铁建在中华全国铁路总工会2014年度铁路建设先进集体和先进个人的专项表彰中，14个先进集体获得火车头奖、77人获得火车头奖章。（李青颖）

【56个单位、3名个人荣获全国安康杯竞赛表彰】

全国安康杯竞赛优胜企业

中铁十一局集团公司
中铁十一局集团一公司
中铁十一局集团四公司
中铁十一局集团五公司
中铁十一局集团电务公司
中铁十一局集团桥梁公司
中铁十一局集团建筑安装公司
中铁十一局集团城市轨道公司
中铁十二局集团建筑安装公司
中铁十四局集团隧道公司
中铁十四局集团公司
中铁十五局集团公司
中铁十五局集团一公司
中铁十五局集团二公司
中铁十五局集团四公司
中铁十五局集团五公司
中铁十五局集团六公司
中铁十五局集团七公司
中铁十五局集团物资公司
中铁十五局集团都匀桥梁公司
中铁十六局集团三公司
中铁十六局集团铁运公司
中铁十七局集团公司
中铁十八局集团二公司
中铁十八局集团四公司
中铁十八局集团建筑安装公司
中铁十九局集团七公司
中铁二十局集团二公司
中铁二十局集团五公司
中铁二十局集团公司兰新铁路甘青段项目部
中铁二十一局集团四公司
中铁二十一局集团一公司
中铁二十二局集团公司
中铁二十三局集团六公司
中铁二十三局集团公司
中铁二十三局集团三公司
中铁二十四局集团设备安装公司
中铁二十五局集团三公司
中铁二十五局集团电务公司
中国铁建电气化局集团北方公司
中铁第四勘察设计院集团公司

全国安康杯竞赛优胜班组

中铁十四局集团北京房山桥梁公司轨枕车间
中铁十八局集团二公司成贵铁路项目部
中铁十八局集团三公司西安地铁盾构队
中铁十八局集团三公司西安地铁3号线盾构队
中铁十八局集团五公司延安项目经理部
中铁十八局集团引汉济渭工程岭北TBM标段整备班
中铁十九局集团五公司大连滨海大道箱梁2标段项目部
中铁二十局集团四公司第二铁路运输分公司运用车间
中铁二十一局集团四公司乐都碧水园项目部
中铁二十二局集团赣龙铁路GL3标段工程指挥部
中铁二十三局集团一公司第二隧道公司第二隧道队
中铁二十四局集团安徽公司路桥设备分公司架梁班组
中铁二十五局集团一公司深圳南坪快速路二期9标段项目部
中铁第四勘察设计院集团公司图文中心

全国安康杯竞赛示范企业

中铁十一局集团一公司

全国安康杯竞赛组织工作优秀个人

吕忠华　中铁十九局集团五公司
李　瑛　中铁二十一局集团一公司党群部

全国安康杯竞赛安康企业家

宋永杰　中铁十八局集团轨道交通公司（李青颖）

【6个单位荣获全国五一劳动奖状】

中铁十一局集团五公司

中铁十二局集团四公司

中铁十五局集团六公司

中铁十八局集团一公司

中铁二十局集团一公司

中铁二十三局集团三公司

（李青颖）

【5人荣获全国五一劳动奖章】

曾恕辉　中铁十一局集团城市轨道公司项目经理

饶胜斌　中铁十三局集团锦屏工程指挥部高级工程师

胡立春　中铁十六局集团地铁公司电工

叶　明　中铁十七局集团三公司宁安铁路项目技术员

杜　越　中铁二十局集团一公司总工程师

（李青颖）

【9个集体荣获全国工人先锋号称号】

中国土木工程集团尼日利亚公司总部机关

中铁十五局集团公司南京青奥轴线地下工程项目部

中铁十八局集团公司港珠澳大桥珠海连接线第1合同段项目部东工作井区

中铁十八局集团有限公司、中国水利水电第七工程局有限公司联合体项目经理部中铁十八局工程组

中铁二十一局集团宝兰铁路客运专线兰州枢纽项目部

中铁二十一局集团兰新铁路第二双线项目部二工区

中铁第一勘察设计院集团公司线运处线路一所

中铁第一勘察设计院集团兰州院城市轨道与建筑设计所

中铁第四勘察设计院集团公司线路站场设计研究处轨道工程设计研究所

（李青颖）

【16个集体荣获2013年度铁路重点工程劳动竞赛火车头奖杯】

中铁十一局集团公司京福铁路客运专线闽赣Ⅰ标段项目部

中铁十一局集团公司成渝铁路客运专线项目部第一分部

中铁十二局集团公司大西铁路客运专线工程指挥部

中铁十二局集团公司沪昆铁路客运专线长昆湖南段项目部

中铁十三局集团公司牡绥铁路工程2标段项目部

中铁十四局集团公司莞惠城际GZH－1标段项目部

中铁十六局集团公司兰渝铁路2标段项目部

中铁十六局集团公司成渝铁路客运专线项目部第二分部

中铁十九局集团公司成兰铁路建设指挥部

中铁十九局集团公司兰渝铁路1标段项目部三工区

中铁二十局集团公司宝兰铁路客运专线甘肃段8标段项目部

中铁二十局集团公司沪昆铁路客运专线杭长湖南段项目部

中铁二十一局集团公司拉日铁路指挥部

中铁二十一局集团公司兰新铁路第二双线项目部

中铁二十三局集团二公司阿扎铁路新建工程施Ⅱ标段项目部

中国铁建电气化局集团公司兰新铁路第二双线项目部三工区

（李青颖）

【82人荣获2013年度铁路重点工程劳动竞赛火车头奖章】

徐洪均　中铁十一局集团公司成渝铁路客运专线项目部工程部部长

王碧军　中铁十一局集团公司渝万铁路站前6标段项目部副总工程师兼工程部部长

李生华　中铁十一局集团公司合福铁路7标段项目部安全总监

王晓军　中铁十一局集团公司京福铁路客运专线闽赣Ⅰ标段项目部副经理

文　平　中铁十一局集团公司山西中南部铁路通道ZNTJ－7标段项目部党工委副书记

刘旭东　中铁十一局集团公司长昆湖南段项目部铺架分部经理、工程师

陈　柯　中铁十一局集团公司杭长铁路客运专线浙江段项目部安全总监

安道尧　中铁十二局集团公司大西铁路客运专线房建指挥部副指挥长

贾少山　中铁十二局集团公司山西中南部铁路通道ZNTJ－1标段项目部副经理

尹玉平　中铁十二局集团公司西宁站改工程指挥部第一项目部经理

王建会　中铁十二局集团公司兰新铁路第二双线甘青段站房2标段项目部高级工程师

杨希文　中铁十二局集团公司沪昆铁路客运专线云南段项目部总工程师

李　俊　中铁十二局集团公司渝万铁路站前1标段项目部经理

程　宏　中铁十三局集团公司沈丹铁路客运专线

2 标段三工区经理

王　勇　中铁十三局集团公司沈丹铁路客运专线 2 标段项目部总工程师

孟新利　中铁十三局集团公司沪昆铁路客运专线贵州段工程指挥部第二项目部经理

林凤国　中铁十三局集团公司合福铁路 2 标段一分部经理

孟凡辉　中铁十四局集团公司云桂铁路项目部副总工程师

池　现　中铁十四局集团公司长昆湖南段项目部计划部部长、高级工程师

段恩新　中铁十四局集团公司向莆铁路 FJ－3A 标段指挥部高级工程师

乔水旺　中铁十五局集团城市轨道交通公司广深港项目部经理

于天赐　中铁十六局集团公司成兰铁路工程指挥部副指挥长

韩清臻　中铁十六局集团公司兰新铁路第二双线项目部工程师

李德荣　中铁十六局集团公司成渝铁路客运专线项目部总工程师

唐波涛　中铁十七局集团公司成兰铁路工程指挥部指挥长

李仁元　中铁十七局集团铺架分公司山西中南部铁路通道 ZNTJ－20 标段项目部分部经理

屈家奎　中铁十七局集团五公司成渝铁路客运专线沙坪坝综合枢纽项目部经理

程新宇　中铁十七局集团公司杭长铁路客运专线浙江段项目四分部项目经理

苗福启　中铁十八局集团公司武咸城际 1 标段项目部经理

杨继明　中铁十八局集团公司云桂铁路云南段项目部副总工程师

袁顺利　中铁十八局集团公司渝黔铁路站前 7 标项目部工程部长

王中会　中铁十八局集团公司兰渝铁路 9 标段项目部工程师

宋德勇　中铁十九局集团公司杭长铁路客运专线浙江段项目部总工程师

张洪林　中铁十九局集团公司沪昆铁路客运专线江西段 HKJX－8 标段项目部高级工程师

赵胤辉　中铁十九局集团公司京福铁路闽赣段Ⅲ标段项目部总经济师

胡维江　中铁十九局集团公司云桂铁路项目部工区经理

刘庆军　中铁十九局集团公司东北指挥部副指挥长

徐　春　中铁十九局集团公司西康二线项目部工程部部长

徐大岩　中铁十九局集团公司大西铁路客运专线指挥部第三项目部总工程师

张　玉　中铁十九局集团公司西成铁路客运专线（四川段）指挥部常务副指挥长

丁礼建　中铁十九局集团公司宝兰铁路客运专线甘肃段 7 标段项目部高级工程师

罗振平　中铁十九局集团公司拉日铁路指挥部总工程师

高雷州　中铁二十局集团公司山西中南部铁路通道 ZNTJ－19 标段项目部常务副经理

郭育红　中铁二十局集团公司兰新铁路第二双线甘青段 7 标段项目部工程师

张　林　中铁二十局集团公司郑徐铁路客运专线指挥部常务副指挥长

白建伟　中铁二十局集团公司沪昆铁路客运专线云南段项目部高级工程师

朱昌岳　中铁二十一局集团公司兰新铁路第二双线项目部高级工程师

吕　剑　中铁二十一局集团公司山西中南部铁路通道 ZNTJ－13 标段项目部总工程师

张柳春　中铁二十一局集团公司兰渝铁路 7 标段项目部高级工程师

姚　璐　中铁二十一局集团公司兰新铁路第二双线引入工程项目部经理

胡志愿　中铁二十二局集团公司沪昆铁路客运专线贵州段工程指挥部财务部部长

杨树民　中铁二十二局集团一公司津秦铁路客运专线项目部经理

祁云生　中铁二十二局集团公司牡绥工程 1 标段项目部书记

任　平　中铁二十三局集团公司南广铁路项目部常务副经理

唐廷辉　中铁二十三局集团二公司大庆西站改建工程项目部Ⅰ标段工程师

温裕洪　中铁二十四局集团公司向莆铁路 JX－4A 标段指挥部项目副总工程师

严　航　中铁二十五局集团公司南广铁路项目部副经理

宾奇标　中铁二十五局集团公司长昆湖南段项目部高级工程师

宿春亮　中铁二十五局集团公司成兰铁路工程指挥部总工程师

郭　刚　中国铁建电气化局集团公司兰新铁路第二双线项目部二工区通信专业工程师

王　纬　中国铁建电气化局集团公司兰新铁路第二双线项目部信号专业工程师

周治华　中国铁建电气化局集团公司大西铁路客运专线指挥部第三项目部经理

康　军　中铁第一勘察设计院集团公司新疆铁路建设总指挥部工程师

谢琦维　中铁第一勘察设计院集团工程监理公司郑徐铁路客运专线监理站副总监理工程师

许红春　中铁第一勘察设计院集团公司线路所所长

张　岷　中铁第一勘察设计院集团公司兰新铁路新疆段指挥部工程师

朱新余　中铁第一勘察设计院集团公司欧博迈亚长昆湖南段监理站站长、高级工程师

欧建中　中铁第一勘察设计院集团公司大西铁路客运专线指挥部指挥长

蒋　超　中铁第四勘察设计院集团公司穗莞深项目隧道专业负责人

刘铁军　中铁第四勘察设计院集团铁四院（湖北）工程监理公司京福铁路客运专线闽赣监理Ⅱ标段中方副总监

何文春　中铁第四勘察设计院集团公司京福铁路客运专线建设指挥部高级工程师

张超永　中铁第四勘察设计院集团公司郑徐铁路客运专线指挥部副指挥长

武晓光　中铁第四勘察设计院集团铁四院（湖北）工程监理咨询公司宝兰铁路客运专线甘肃段项目部高级工程师

彭卫国　中铁第四勘察设计院集团公司兰渝铁路项目部技术负责人

陈应鹏　中铁第四勘察设计院集团公司杭长铁路客运专线浙江段指挥部副指挥长、设计副总体

谢建岳　中铁第四勘察设计院集团公司杭甬铁路客运专线指挥部指挥长兼党工委书记

陈泽建　中铁第四勘察设计院集团公司副总工程师、杭长建设指挥部技术主管

李其龙　中铁第四勘察设计院集团公司贵广铁路总体、高级工程师

赵红星　中铁第四勘察设计院集团公司向莆铁路指挥部工经专业负责人

路跃军　北京铁城监理公司贵广铁路项目部总监理工程师

吴建平　北京铁城—德国欧博迈亚联合体杭长铁路客运专线浙江段第五监理组监理组长

王有鹏　北京铁城—德国欧搏迈亚联合体成渝铁路客运专线监理项目部常务副总监理

（李青颖）

【13部作品荣获“中国梦·劳动美·幸福路”微电影大赛奖】　12月18日，中华全国总工会、国务院国资委在全总职工之家举行“中国梦·劳动美·幸福路”微电影大赛颁奖仪式，中国铁建参赛的20部作品有13部获奖，中国铁建股份公司工会获组委会优秀组织奖。

中国铁建获奖影片

故事片最佳制作银奖

《血脉相连的你》　中铁十七局集团公司

组委会特别奖

《有梦就有路》　中国铁建电气化局集团公司

故事片最佳制作铜奖

《我的铁兵父亲》　中国铁建电气化局集团公司

纪实片最佳制作铜奖

《太行山两端的守候》　中铁十八局集团公司

优秀作品奖

《承诺》　中铁十七局集团公司

《青春无悔》　中铁十七局集团公司

《老兵新传》　中铁十六局集团公司

《从农民工到副经理》　中铁十八局集团公司

《一名女结构师的设计人生》　中铁十八局集团公司

《我们的爱》　中铁二十四局集团公司

《逐梦》　中铁物资集团公司

《坚守》　中铁物资集团公司

（李青颖）

【2部作品荣获全国铁路职工主题演讲比赛奖】　9月1—4日，“中国梦·铁路情·劳动美——我与改革创新”全国铁路职工主题演讲比赛在湖北省武汉市举行。中国铁建国际集团公司王纪玮的演讲作品《劳动创造价值，梦想绽放海外》获得特等奖、中国铁建电气化局集团公司周彪的演讲作品《用青春承载梦想，用奋进谱写辉煌》获得银奖。中国铁建获得优秀组织奖。（李青颖）

【2部作品荣获全路职工小品、情景剧大赛奖】　12月1—5日，中华全国铁路总工会在陕西省西安市举办“中国梦·铁路情·劳动美”全国铁路职工原创小品情景剧大赛，中铁十七局集团公司原创情景剧《三代铁嫂中国梦》获得银奖，中国铁建电气化局集团公司原创小品《爱要大声说出来》获得铜奖。（李青颖）

【劳模赴欧洲考察休养】　11月5—15日，股份公司工会第7次组织中国铁建以上劳动模范12人赴欧洲7国进行为期11天的考察休养。（李青颖）

【合理化建议和技术改进评奖】 2014 年,中国铁建合理化建议和技术改进评审委员会对 178 项合理化建议和技术改进项目进行评审,51 个项目分别被评为中国铁建合理化建议和技术改进二、三等奖。

2014 年度中国铁建股份有限公司合理化建议和技术改进获奖项目

序号	项 目 名 称	单 位	主要作者	获奖等级
1	CRTSⅢ型无砟轨道底座板施工可调高、分段调坡收面、找坡平板振捣器	中铁十一局集团四公司汉孝 3 标段项目部	刘志中	二等奖
2	软基地段支架现浇梁施工方案优化	中铁十二局集团一公司铜陵长江公路接线项目部	卢兆瑞	二等奖
3	粉质黏土地层泥水盾构掘进渣土分离优化方案	中铁十二局集团二公司沈阳地铁 9 号线土建第 7 合同段项目部	郭 波	二等奖
4	新型的客运专线接触网专用小吊车及先进可行的立杆工艺	中铁十二局集团电化公司宁安四电集成工程项目部	何展文	二等奖
5	绝缘电阻测试	中国铁建大桥工程局集团六公司京沈铁路客运专线项目	张 玮	二等奖
6	高墩液压自爬模自动喷淋养生系统设计及应用	中铁十四局集团二公司	朱兴礼 王振元 李志鹏	二等奖
7	全自动凿毛机	中铁十四局集团五公司	陈景涛 马俊尧 刘 振	二等奖
8	连续皮带机出碴条件下敞开式 TBM 掘进与二次衬砌同步施工技术研究及应用	中铁十八局集团隧道公司	赵战欣 齐建锋	二等奖
9	富水软弱围岩浅埋暗挖隧道施工工法改进方案	中铁二十局集团六公司	朱建峰 等	二等奖
10	城市轨道交通信号系统改造工程的倒切技术优化设计	中铁第四勘察设计院集团通号处	杨安玉	二等奖
11	二衬复合推拉式堵头钢模板	中铁十一局集团四公司渝黔铁路项目部	郑 哲	三等奖
12	盾构机采用回填土法通过区间中间风井施工技术	中铁十二局集团二公司沈阳地铁 9 号线土建施工第 7 合同段项目部	王 剑	三等奖
13	隧道防水层作业台车改进技术	中铁十二局集团三公司固西高速 6 标段项目部	周建勇	三等奖
14	竖井垂直投料系统	中铁十二局集团三公司宝兰铁路客运专线项目部	宋振军	三等奖
15	仰拱整体弧形模板施工工艺	中铁十二局集团三公司西成铁路客运专线项目部	徐 锋	三等奖
16	运架一体机提梁施工技术改进	中铁十二局集团四公司渝北制梁厂	崔衍刚	三等奖
17	简易外墙砖倒角器	中国铁建大桥局集团三公司沈阳指挥部	黄明明	三等奖
18	二等水准测量在隧道内的测量照明解决方案	中铁十四局集团四公司	郝庆民	三等奖
19	格栅钢架钢筋加工机械的制作与使用	中铁十四局集团隧道公司	杜贻蛟	三等奖
20	一种重力式吊钩防脱安全保险装置	中铁十四局集团隧道公司	苗春刚	三等奖
21	预制 T 梁自动张拉系统研究	中铁十四局集团北京中铁房山桥梁公司	曹凤洁 张志广	三等奖
22	自制简易 CFG 桩截桩机	中铁十五局集团六公司	汪锡铭	三等奖
23	一种钢混叠合梁翼缘板混凝土浇注装置	中铁十六局集团路桥公司	付常新 刘迎军 张 进 降金琦 郝德亮	三等奖
24	铁路隧道水沟电缆槽自动液压一次成型模板	中铁十七局集团二公司	屈庆文	三等奖
25	大直径钢围堰的运输及拼装改进	中铁十七局集团二公司	苗永平 黄树彬	三等奖
26	预制箱梁孔道压浆帽的改进	中铁十七局集团三公司	王 彬	三等奖

续表

序号	项 目 名 称	单 位	主要作者	获奖等级
27	大截面薄壁空心高墩砼布料机的改进	中铁十七局集团六公司	甄志锋 林美辉 李善斌 卢新宇 吴剑飞	三等奖
28	大跨度拱桥钢筋混凝土拱圈斜拉扣挂加分环分段组合法施工技术	中铁十八局集团公司云桂铁路云南段项目经理部	杨继明	三等奖
29	隧道保温措施用纤维毯保温棉代替硬质聚氨酯保温板	中铁十九局集团七公司	张 伟	三等奖
30	隧道内小边墙预埋中埋式钢边止水带夹具	中铁十九局集团二公司	初 瑞	三等奖
31	提高自动式硫磺搅拌炉工作效率	中铁十九局集团六公司	王兆彬 马艳龙 山 岗	三等奖
32	砼枕吊装工具的创新	中铁十九局集团六公司	王兆彬 山 岗 马艳龙	三等奖
33	一种植筋用冲击钻的可调节固定支架	中铁十九局集团七公司	蔡天成 刘 鑫 曾 闯	三等奖
34	卧式镗床镗刀夹具的创新与应用	中铁二十局集团西安工程机械公司	徐文明	三等奖
35	拌和站信息化系统超标预防与改进措施	中铁二十一局集团公司宝兰铁路客运专线甘肃段项目经理部 5 工区	李宝建	三等奖
36	隧道仰拱施工伸缩式自走栈道	中铁二十一局集团三公司安科部	冯 钰	三等奖
37	深水双壁钢围堰斜岩水下爆破施工技术	中铁二十二局集团三公司	刘四德	三等奖
38	长沙磁浮轨道梁型优化方案	中铁二十三局集团轨道交通公司长沙磁浮工程 TJVI 标段项目部	张长春 黄 静 谭 斌 李良才 周勤礼	三等奖
39	CRTSIII 型先张法预应力轨道板张拉系统改进建议	中铁二十三局集团轨道交通公司	李其恒 刘中义	三等奖
40	更换总降主变压器优化方案	中铁二十三局集团川东水泥公司	杨志伟 杨绍军	三等奖
41	CRTSI 型无砟轨道底座板简易连续浇筑改进建议	中铁二十三局集团六公司哈齐铁路客运专线项目部	何彦甫	三等奖
42	T 梁横隔梁优化	中铁二十四局集团上海公司	方秋林 朱明辉 陆佳飞	三等奖
43	厦深铁路钢桁梁桥原位单节顶拼逐段拖拉联结技术研究及应用	中铁二十五局集团三公司	李红斌 梁光凡 姚晓虹	三等奖
44	隧道下穿铁路的施工方法	中铁二十五局集团五公司	张 梁 洪兆庆	三等奖
45	内爬式动臂塔吊的爬升流程优化	中铁建设集团南宁分公司	王 智	三等奖
46	隧道接触网滑轮补偿装置防偏磨防卡滞施工技术	中国铁建电气化局集团四公司	廖军华	三等奖
47	两种定位器安装设计思路的差异分析	中铁第四勘察设计院集团公司电化处	刘大勇	三等奖
48	桥梁钢箱主梁双挑式索梁锚固结构	中铁第四勘察设计院集团公司桥梁处	刘振标	三等奖
49	硬化混凝土抗冻性评估——气泡参数法试验方案改进	中铁第四勘察设计院集团公司地路处	高 峰	三等奖
50	模板用小型钢挂架	中铁城建集团公司	于 潇	三等奖
51	发票数字识别系统	中铁城建集团公司	崔普晓	三等奖

（制表：李青颖）

·组织权益·

【组织权益和女工部】 主要职责:(1)负责股份公司各级工会组织建设工作,制定基层工会组织建设规划和制度,指导和推进基层工会组建工作;负责监督检查《中华人民共和国工会法》《中国工会章程》的贯彻执行;负责工会代表大会、全委会、常委会有关人事问题的组织工作及换届选举;负责工会干部教育培训,承办协助党委管理工会干部的具体工作。(2)负责指导基层工会开展建设职工之家活动和评选表彰活动;负责本级和指导各级工会开展以职工代表大会为基本制度的民主参与、民主管理、民主监督工作,推动企务公开;负责组织民主推荐职工董事、职工监事。(3)负责职工保障机制的建立和完善,实施职工帮扶救助工作的开展,参与涉及职工利益的各项企业规章制度的制定,指导和组织实施送温暖工程,维护特困职工和困难职工群体的合法权益。(4)负责推动各级工会组织建立平等协商、集体合同制度和监督保证机制,指导各级工会参与工资集体协商,推动企业构建和谐劳动关系;负责工会劳动争议和劳动法律监督工作,指导和承担工会法律援助与法律服务工作,配合有关部门开展普法宣传教育。(5)负责工会经费的预、决算管理和资产管理。(6)负责全系统女职工工作,参与有关女职工合法权益,特别是特殊权益的企业规章制度的制定;指导维护女职工合法权益和各级女职工组织建设工作;参与侵害女职工合法权益重大事件的调查处理。定员5人,下设组织处、保障财务处。 (翟国堂 李 红)

【工会组织建设】 截至2014年底,全系统职工会员290968人,其中女职工会员61677人。全系统建立工会组织4538个。其中,股份公司工会1个;集团公司(公司)工会32个;党校工会1个;工会筹委会3个;子公司、分公司、分院(处级)工会485个;项目部、工程队、车间工会4016个。工会小组8527个。

(翟国堂 李 红)

【工会干部队伍状况与培训】 截至2014年底,全系统专职工会干部1019人,其中女干部499人;兼职工会主席3802人。2014年各级培训工会干部4021人次。其中,6月30日—7月5日,组织25名副处级以上工会干部,参加铁路总工会在铁道党校举办的2014年第三期工会主席任职培训班;11月18—22日,159名工会干部参加股份公司工会在北京培训中心举办的2014年基层工会干部培训班。2014年,按照中华全国总工会《关于全国工会系统推荐定向培养公共管理硕士(双证)专业学位研究生的通知》要求,中国铁建10名工会干部报名学习。其中,中铁十一局集团公司5人;中铁十七局集团公司1人;中铁十九局集团公司2人;中铁二十一局集团公司2人。 (翟国堂 李 红)

【白晶出席中德工会论坛】 9月1—5日,中国铁建工会副主席白晶应邀作为中华全国总工会代表团10人专家组成员赴德国柏林出席第二届中德工会论坛,并在论坛上发言,介绍交流中国铁建工人权益维护基本情况。

(翟国堂 李 红)

【指导基层工会组织建设】 2014年,指导中铁十一局、十九局、二十局集团公司和昆明中铁大型养路机械集团公司、中国铁建重工集团公司按规定完成换届选举;指导中铁城建集团公司召开工会第一次代表大会;指导重庆铁发遂渝高速公路有限公司、青岛分公司成立工会筹委会。 (翟国堂 李 红)

【职代会制度建设】 2014年,473个集团公司和子公司建立职工(代表)大会制度,471个单位召开职工代表大会,471个单位评议领导干部,468个单位实行投票表决制。全年评议集团公司领导干部302人。其中,优良率100%的17人,占评议总数的5.63%;优良率在90%~100%(不含100%)之间的240人,占79.47%;优良率在80%~90%(不含90%)之间的40人,占13.25%;优良率在70%~80%(不含80%)之间的5人,占1.65%。中国铁建一届五次职工代表大会收集整理职工代表提案157条,提案答复率100%,代表满意率100%。 (翟国堂 李 红)

【中国铁建一届五次职工代表大会】 1月16—18日在中国铁建大厦召开。职工代表269名。其中,企业领导人员72人,占代表总数的26.76%;技术管理人员135人,占代表总数的50.19%;生产一线人员55人,占代表总数的20.45%;青年职工7人,占代表总数的2.6%;男性职工231人,占代表总数的85.87%,女性职工38人,占代表总数的14.13%;少数民族6人,占代表总数的2.23%。职工代表组成19个代表团。会议主要听取、审议中国铁建股份有限公司年度《行政工作报告》《财务收支及经济运行情况的报告》《业务招待费使用情况的报告》,审议通过《提案工作报告》,调整职代会专门委员会成员。

(翟国堂 李 红)

【中国铁建工会一届六次全委(扩大)会议】 2月18日在北京京燕饭店召开。47人参加会议。其中,全委会委员33人,经审委员4人,列席人员10人。中国铁建党委副书记、副董事长、工会主席彭树贵作题为《改革创新,奋发有为,团结动员广大职工为实现中国铁建梦再立新功》的工会工作报告。会议同意柴顺林、罗海滨、富德春、王怀尧、王从贵5人不再担任中国铁建工会第一届委员会委员,柴顺林、王怀尧不再担任常务委员。同意朱元生、韩传荣、张庆军、任保义、朱霖、赵佃龙6人替补为中国铁建工会第一届委员会委员,选举赵心昭为常务委员。 (翟国堂 李 红)

【全国厂务公开协调小组到中铁十八局调研】 12月30日,全国厂务公开协调小组办公室主任、全国总工会民主管理部部长杨汉平一行到中铁十八局集团公司调研职工董事、监事履职情况,天津市总工会、全国铁路总工会、中国铁建工会、中铁十八局集团公司相关领导陪同调研。 (翟国堂 李 红)

【参加全国厂务公开民主管理理论征文活动】 6月5日—8月5日,组织中国铁建系统参加中华全国总工会开展的全国厂务公开民主管理理论征文活动,全系统上报征文106篇6篇文章获奖。中国铁道建筑总公司工会彭树贵撰写的《全面深化企务公开 构建和谐发展环境》获得二等奖;中国铁建港航局集团岩土公司党群部苏黎明撰写的《从控制论角度谈加强职代会制度的五个问题》获得三等奖;昆明中铁大型养路机械集团公司物流中心李昆撰写的《新时期国企民主监督工作重"实"更需落实》、中铁建(北京)商务管理公司北京铁建医院靖争撰写的《浅谈对厂务公开民主管理重要性的认识》、中铁第一勘察设计院集团兰州铁道设计院有限公司席新林撰写的《新形势下如何加强企业民主管理》、中铁十八局集团四公司工会曹建忠撰写的《更新观念,创新形式,充实内容,让厂务公开民主管理汇聚企业发展正能量——中铁十八局集团四公司厂务公开民主管理工作促进企业发展的思考》获得优秀奖。 (翟国堂 李 红)

【女职工队伍状况】 截至2014年底,中国铁建系统有女职工61677人,占职工总数的20.2%。女职工年龄结构:35岁以下33878人,36~45岁17987人,46岁以上9812人;文化程度:高中、中专及以下18054人,大专、本科38257人,研究生以上1663人;专业技术职务:高级职务3490人,中级职务9974人,技师777人,高级技师253人。女干部28956人,其中,局级干部16人、处级干部854人。 (翟国堂 李 红)

【女职工组织建设】 截至2014年底,中国铁建系统建立女职工委员会926个,配备女工委主任884人,其中,专职114人。各级职代会代表中,女代表2440人,占代表总数的14.5%。建立特重困女职工家庭档案1423户,发放救助金278万元。 (翟国堂 李 红)

【中国铁建女工委一届三次全委(扩大)会】 2月18日在北京召开。会议履行女工委委员增替补程序,中国铁建女工委主任白晶作题为《坚持开拓创新,凝聚巾帼力量,为实现铁建梦建功立业》的工作报告。

(翟国堂 李 红)

【中国铁建"幸福家庭"评选】 3—9月,中国铁建系统开展"幸福家庭"评选活动,在全系统倡导弘扬"夫妻和睦、尊老爱幼、科学教子、勤俭持家、邻里互助"的家庭美德,80个家庭获得"幸福家庭"称号。"幸福家庭"家长名单如下:

国 测 姜美英 赵甫莉 傅义铁 张爱兰
龚天珍 刘 婷 缪江梅 闫梅芳 金含玉
于志秋 于修建 刘慧云 张红梅 安亚静
程翠丽 范井琢 杨 丽 黄如祥 李伟华
李晓文 郭慧芳 陈劲松 李水泉 高 峰
葛先毛 张国辉 陈守昭 王全义 李玉洁
种庆泉 王 峰 刘 红 周 斌 佟艳娟
赵丽娜 周新立 荀彦国 毛 燕 王 琴
黄 涛 吴 耘 陈 华 姚立楠 酯新斌
任德贵 孟 啸 鲁爱民 张 君 郑 斌
姜晋南 谢 晶 毛爱芳 黄 啸 徐金珏
张淑霞 果秀芳 方 金 崔爱华 席亚丽
徐雪花 郭玉霞 黄慧玲 李昌柱 张 华
郑立友 游绍泉 张云霞 王 策 刘丹凤
尤丁剑 王俊河 孔令旗 蔡梅群 冯利芳
高慧蔷 彭长林 熊志新 陈登玉 王兆刚

(翟国堂 李 红)

【中国铁建第二届女职工读书征文活动】 中国铁建工会在全系统开展"在学习中成长——中国铁建员工悦读会"系列活动,以"阳光女性、幸福家庭、和谐企业、幸福中国"为主题的第二届女职工读书征文活动为系列活动之一。征文经中国铁建工会女工委复评、活动评审委员会终评,评选出一等奖10名、二等奖30名、三等奖50名、优秀奖60名。 (翟国堂 李 红)

【川渝、京津地区"未婚青年联谊会"活动】 6月29日,由中国铁建工会与四川省总工会主办,中国铁建团委与四川省总工会女职工委员会协办,中铁二十三局集团公司承办的"相约天府之国,缘定中国铁建"青年联谊会在成都举行。中国铁建川渝地区的148位单身男青年和成都市教育、卫生、金融、保险系统的177位未婚女性参加活动。有30对现场牵手。

9月28日,在天津滨海新区,中国铁建工会与天津市总工会主办、中国铁建团委与天津市市总工会女职工委员会协办,中铁十八局集团公司承办的“爱在渤海之滨,缘定中国铁建”大型青年联谊活动在天津举行。中国铁建京津地区的154名单身男青年和149名天津市未婚女青年参加活动。青年男女在“爱之初印象”“互动游戏”“缘来是你——马上行动”、才艺展示等活动环节中相识相知,有41对青年男女在现场牵手。 (翟国堂 李 红)

【“三不让”帮扶】 2014年,中国铁建各级工会继续开展“三不让”帮扶工作,不断完善和修订有关困难职工帮扶救助管理办法和细则,在特重困职工生活、就医、子女上学等方面给予积极帮扶。全年筹集专项资金7268万元,救助困难职工家庭10769户次,资助困难职工子女入学2783人次,救助患病职工33613人次。 (吕向东 张晓川)

【送温暖活动】 2014年元旦、春节期间,中国铁建系统共筹资金6564万元,慰问困难职工家庭10769户,慰问劳动模范、离退人员、一线职工、农民工39558人。 (吕向东 张晓川)

【金秋助学】 2014年,中国铁建系统金秋助学活动资助职工子女3270人,发放助学金364万元。其中,困难职工子女2827人,发放助学金326.3万元;资助受灾职工子女345人,发放助学金23.4万元;资助困难农民工子女98人,发放助学金14.3万元。 (吕向东 张晓川)

【集体合同工资集体协商】 2014年,中国铁建所属集团公司、工程公司均建立工资集体协商制度,集体合同签订率100%,兑现率和职工满意度达到98%以上。 (吕向东 张晓川)

【中国铁建工会财务工作考核评比】 2014年,中国铁建工会对所属单位2013年工会财务工作进行考核评比,通报表彰一等奖5个、二等奖19个、三等奖9个。

一等奖获得单位

中铁建设集团公司工会
中铁二十一局集团公司工会
中铁建(北京)商务管理公司工会
中国铁建重工集团公司工会
中铁第五勘察设计院集团公司工会

二等奖获得单位

中铁十六局集团公司工会
中国铁建房地产集团公司工会
中铁上海设计院集团公司工会
中铁物资集团公司工会
中铁十二局集团公司工会
中铁二十三局集团公司工会
中铁二十局集团公司工会
中铁第一勘察设计院集团公司工会
中国铁建电气化局集团公司工会
中铁十八局集团公司工会
中铁第四勘察设计院集团公司工会
昆明中铁大型养路机械集团公司工会
北京铁城建设监理公司工会
中铁十五局集团公司工会
中铁十一局集团公司工会
中国铁建大桥工程局集团公司工会
中铁十九局集团公司工会
中国土木工程集团公司工会
中铁二十五局集团公司工会

三等奖获得单位

中铁二十四局集团公司工会
中铁十四局集团公司工会
中铁十七局集团公司工会
中铁二十二局集团公司工会

(吕向东 张晓川)

【工会经费收缴】 针对部分单位拖欠工会经费的问题,4月18日,中国铁建股份公司、中国铁建股份公司工会再次联文下发《关于2013年度工会经费收缴情况的通报》,总结2013年各单位清欠工会经费和经费收缴情况,对拖欠经费最多的3个集团公司的5个工程公司进行严厉批评,对清欠收缴经费突出的单位给予表扬和奖励;并就强化依法拨缴工会经费的法律意识,创新工会经费收缴方式,继续加大工会经费清欠工作力度等方面提出要求,限期清欠,确保工会经费应收尽收,为工会开展活动提供有力的物质保障。 (吕向东 张晓川)

【工会经费收支和离任审计】 2014年,中国铁建工会经费审计委员会办公室组成14个审计组,开展对中铁十一局、十四局、十八局、二十五局集团公司,中国铁建大桥工程局集团公司、中铁建设集团公司、中国铁建房地产集团公司,中铁第一、第四勘察设计院集团公司、昆明中铁大型养路机械集团公司工会的经费收支审计;开展对中铁十二局、十九局集团公司,中铁第五勘察设计院集团公司、中铁物资集团公司离任工会主席的任期经济责任审计;依据审计制度,延伸审查5个工程公司工会。审计组向股份公司工会经费审计委员会提交审计报告14份,下发审计意见书14份,被审计单位工会在规定时间上报整改报告。

(吕向东　张晓川)

【工会经费工作规范化考核和优秀审计项目评选】 2014年,中国铁建工会继续开展经费审计工作规范化建设考核,评出经审工作规范化建设达标单位25个、优秀审计项目4个。

中国铁建工会经审工作规范化建设A级标准单位

中铁建设集团公司工会

中铁二十四局集团公司工会

中铁第一勘察设计院集团公司工会

中铁第四勘察设计院集团公司工会

中国铁建工会经审工作规范化建设B级标准单位

中铁十二局集团公司工会

中国铁建大桥工程局集团公司工会

中铁十六局集团公司工会

中铁十七局集团公司工会

中铁十八局集团公司工会

中铁十九局集团公司工会

中铁二十局集团公司工会

中铁二十一局集团公司工会

中铁二十二局集团公司工会

中铁二十五局集团公司工会

中国土木工程集团公司工会

中国铁建电气化局集团公司工会

中国铁建房地产集团公司工会

昆明中铁大型养路机械集团公司工会

北京铁城建设监理公司工会

中国铁建工会经审工作规范化建设C级标准单位

中铁十一局集团公司工会

中铁十四局集团公司工会

中铁十五局集团公司工会

中铁二十三局集团公司工会

中国铁建重工集团公司工会

中铁建(北京)商务管理公司工会

2013年度优秀工会审计项目

中铁二十局集团二公司原工会主席王高鹏任期经济责任审计

中铁二十四局集团安徽公司原工会主席秦忠勋任期经济责任审计

中铁二十四局集团南昌公司工会本级2011—2012年经费收支审计

中铁二十五局集团一公司工会2011—2013年6月30日经费收支审计

(吕向东　张晓川)

【中国铁建工会财务、经费审计工作受表彰】 2014年,中国铁建股份公司工会、中铁建设集团公司工会被中华全国总工会授予工会财务工作先进单位,中国铁建股份公司工会经费审计委员会报送的“中铁二十局集团公司工会张志军主席离任审计项目”被中华全国总工会评为优秀审计项目,中国铁建股份公司工会吕向东被中华全国总工会授予“优秀审计干部”称号。中国铁建股份公司工会在全国铁路总工会经费审计工作规范化考核和财务工作竞赛评比中分别获得特等奖和一等奖,中铁十一局、二十三局、二十四局集团公司和中铁第五勘察设计院集团公司工会获评全国铁路总工会财务工作先进单位。(吕向东　张晓川)

【设立股份公司机关工会】 根据《中华人民共和国工会法》和上级有关规定,为加强中国铁建总部机关工会工作,10月14日,中国铁建党委下发《关于单独设立股份公司机关工会的通知》,决定设立中国铁建股份公司机关工会,并明确机关工会作为机关正式编制机构单独设立,股份公司工会增加编制定员1名;机关工会配备专职主席1名;机关工会其他工作人员从股份公司工会现有人员中调剂。(吕向东　刘永胜)

【机关职工健步行走】 5月14日,为贯彻落实《全民健身计划纲要》,增强职工身体素质,倡导“每天锻炼一小时、健康工作五十年、幸福生活一辈子”的理念,股份公司机关工会在北京西山国家森林公园开展健步走及摄影采风活动。150余名机关干部参加健步走活动。

(吕向东　刘永胜)

【机关职工子女夏令营】 7月24日,股份公司机关工会组织30余名总部机关职工子女,开展“工地夏令营”活动,安排参观中铁十四局集团公司北京地铁16号线苏州街站项目部地铁施工作业现场、项目部办公区和宿舍区,体验项目职工工作午餐;参观铁道兵纪念馆暨中国铁建展览馆;学习朗读中华经典《弟子规》等内容。活动内容丰富,参观学生体验中国铁建的工作环境和企业文化,感受父母工作的幸福和艰辛。

(吕向东　刘永胜)

【机关职工汉字听写比赛】 8月18日,根据中国铁建工会“在学习中成长——中国铁建员工悦读会”系列活动实施计划,股份公司机关工会组织总部机关23个

代表队举行规范汉字听写比赛，并选拔优秀选手，代表总部机关，参加9月22日全系统规范汉字听写大赛决赛。（吕向东 刘永胜）

【有线电视管理】 股份公司机关工会负责复兴路40号院10余个单位和1400余户居民的有线电视维护管理。2014年，调试有线电视系统2次，维修有线电视终端146次。（刘永胜）

团委工作

【股份公司团委】 中国铁建股份有限公司2007年11月成立后，成立共青团中国铁建股份有限公司委员会（简称"股份公司团委"），同时行使中国铁道建筑总公司团委职能。2014年9月召开共青团中国铁建股份有限公司第二次代表大会，选举产生共青团中国铁建股份有限公司第二届委员会。股份公司团委在股份公司党委和中央企业团工委的领导下开展共青团和青年工作，对下实施垂直管理，主要负责中国铁建系统团组织建设、干部队伍建设、团的生产活动及团员青年的思想政治工作。股份公司团委下辖35个集团公司、公司团委（团工委）。全系统有1018个基层团委，114个团总支，3696个团支部；专职团干部312人，兼职团干部5755人，团员54199人，35岁以下青年职工126001人。股份公司团委定员3人，在编2人，其中，团委书记1人。

2014年，在股份公司党委和中央企业团工委的正确领导下，中国铁建各级团组织以科学发展观为统领，深入贯彻落实党的十八届三中、四中全会精神，认真履行组织根本职责，以"我的青春梦想在铁建落地开花"为思想引领，以推进"导师带徒"活动为工作重点，以"我为重点工程作贡献"为活动主题，以开展"团组织就在我身边"活动为关爱载体，以"配齐配强团干队伍"为组织建设抓手，以"创建青年文明号"为对外展示平台，凝聚青年迎挑战，服务企业促发展，扎实推进共青团和青年工作，团结带领团员青年为中国铁建的改革发展作出积极贡献。全系统有3个先进青年集体和1名先进青年获得团中央表彰，18个先进青年集体和21名先进青年获得中央企业团工委表彰。

（沈玉泉）

【基层团组织组建与调整】 2014年，股份公司团委指导中铁二十、二十一局集团公司，中铁第一、第五勘察设计院集团公司，中国铁建港航局集团公司、中铁物资集团公司、中国铁建国际集团公司召开团代会并完成换届选举工作，批准中国铁建房地产集团公司和诚合保险经纪公司成立团委，调整中铁十五局集团公司、中铁第四勘察设计院集团公司、中国铁建重工集团公司、中国铁建国际集团公司的团组织负责人。（沈玉泉）

【共青团中国铁建一届六次全委（扩大）会议】 3月6—7日在北京召开。中央企业团工委副书记赵玉坤，中国铁建党委副书记、纪委书记、监事会主席齐晓飞书记出席会议并讲话，中国铁建所属近40名集团公司级团组织负责人参加会议。会议回顾总结2013年度中国铁建共青团工作，传达上级有关会议精神和中央企业团工委工作要点，部署2014年中国铁建共青团重点工作，各集团公司级团组织负责人用PPT方式汇报了2013年度本单位最具特色的共青团工作。（沈玉泉）

【共青团中国铁道建筑总公司第三次（中国铁建股份有限公司第二次）代表大会】 9月4—5日在北京召开。中央企业团工委书记李伟出席大会。会上，李伟书记，中国铁建董事长孟凤朝、总裁张宗言、党委副书记彭树贵分别发表重要讲话；股份公司工会生产综合部部长李睿代表股份公司工会向大会致贺词；原总公司团工委书记房光辉、陈涛、王参军，原股份公司团委书记钱桂林、赵佃龙应邀出席大会。大会总结股份公司第一次团代会以来的共青团工作，部署今后5年共青团工作任务，股份公司团委书记沈玉泉代表团委作工作报告。大会选举丁志宏、丁晓毅、王炎、王绍义、王树峰、王喜波、孔好兵、尹艳玲、叶明、刘静、闫国良、孙久明、李俊、李志远、李建平、汪菲娜、沈玉泉、宋大勇、张金君、陈明贵、武斌、范佳新、赵飞、姜群、姚远、徐志、徐衍、曹新辉、常祥、韩明、颜猛等31人为共青团中国铁道建筑总公司第三届（中国铁建股份有限公司第二届）委员会委员。9月5日上午召开共青团中国铁建股份有限公司第二届委员会第一次全体会议，选举尹艳玲、闫国良、李志远、沈玉泉、宋大勇、陈明贵、范佳新、姚远、徐衍等9人为共青团中国铁道建筑总公司第三届（中国铁建股份有限公司第二届）常务委员会委员，选举沈玉泉为共青团中国铁道建筑总公司第三届（中国铁建股份有限公司第二届）委员会书记。大会期间，股份公司团委举办以"奋斗的青春最美丽"为主题的文艺晚会，充分展示铁建青年崭新的精神面貌，得到股份公司领导和大家的一致好评。（沈玉泉）

【推优入党】 2014年，中国铁建系统有956名团员在团组织推荐下光荣加入中国共产党。（沈玉泉）

【学习党的十八届四中全会精神】 党的十八届四中全会开幕后，股份公司团委要求广大团员青年通过报刊、电视、手机、网络等渠道，及时了解、关注会议的进展并学习领悟会议精神。各级团组织带领广大团员青年通过举办专题讲座和座谈会、撰写学习心得等形式认真学习宣传贯彻落实党的十八届四中全会精神，提高团员青年的思想政治觉悟。 （闫国良）

【学习孟凤朝董事长“五四”寄语】 “五四”期间，中国铁建董事长孟凤朝撰文《让青春的梦想在铁建落地开花》寄语青年。寄语发出后，股份公司团委组织全系统各级团组织和广大团员青年认真学习领会精神，并在广大团员青年中征集读后感，优秀文章在铁建青年网上刊载。 （闫国良）

【“我的青春梦想在铁建落地开花”演讲比赛】 为深入贯彻落实中国铁建董事长孟凤朝在“五四”青年节对铁建广大团员青年的希望和要求，股份公司团委开展以“我的青春梦想在铁建落地开花”为主题的演讲比赛。经各单位团组织推荐，有34组选手参加比赛，选手紧密结合铁建工作实际以及个人成长经历，用身边的典型、生动的事例、真切的情感、优美的语言，感染评委和观众，充分展现铁建青年立足岗位建功、为实现“铁建梦”而奋斗进取的精神面貌和朝气蓬勃的青春形象。比赛评选出一等奖1个、二等奖2个、三等奖3个、优秀奖28个。

一等奖

郭迎霞　中铁十七局集团公司

二等奖

吕　煌　中国铁建国际集团公司

陈　镇　中国铁建港航局集团公司

三等奖

尚　蔚　中铁建设集团公司

向梦婕　昆明中铁集团公司

马可为　中国土木集团公司

（闫国良）

【“导师带徒”活动】 为更好地服务企业发展和人力资源开发，股份公司团委在中国铁建系统深入开展“导师带徒”活动，新入职员工导师带徒签约率100%。为掌握基层信息，总结好做法、好经验，促进“导师带徒”活动在全系统内的广泛开展，股份公司团委参加中铁十七局集团公司郑徐铁路客运专线项目和青岛分公司的“导师带徒”活动现场推进会。 （沈玉泉）

【“青年突击队”活动】 股份公司团委进一步推进“我为重点工程作贡献”活动，引导青年岗位建功，发挥在“急难险重”任务中的生力军和突击队作用。各级团组织组建青年突击队，带领突击队队员在重难点工程中勇挑重担、奋勇拼搏。2014年，中铁十七局集团公司委内瑞拉项目青年突击队队员受到习近平总书记的亲切接见和勉励；股份公司团委参加中铁十八局集团公司团委举行的“保安全、保质量、保增长”青年突击队授旗仪式。 （沈玉泉）

【“团组织就在我身边”关爱行动】 2014年春节前，股份公司团委从“中国铁建青年爱心金”中划拨28万元关爱500名平时工作表现突出且生活相对困难的团员青年。根据各困难青年的实际状况，有区别的给予一定数额的一次性现金资助，帮助他们解决实际生活困难，让他们度过一个欢乐祥和的新春佳节。

（闫国良）

【持续关注“中国铁建·爱心食堂”项目】 6月19日，中国铁建党委副书记、纪委书记齐晓飞在共青团贵州省委副书记涂妍等陪同下，深入中国铁建团员青年捐建的“中国铁建·爱心食堂”——贵州省开阳县南江乡龙广小学食堂实地考察，为该校师生送去中国铁建捐赠的电脑、电视等物资，与地方政府相关负责人座谈，表示将一如既往地关注和支持贵州教育事业的发展。 （沈玉泉）

【安排香港大学生实习】 根据团中央和中央企业团工委的部署，2014年有5名香港大学生到中国铁建实习。实习期间，中铁二十二局集团公司团委为香港大学生安排了丰富多彩的活动，得到中央企业团工委领导的肯定。股份公司团委书记沈玉泉作为唯一代表，在国资委欢送香港大学生仪式上做典型发言。

（闫国良）

【青年联谊活动】 6月和9月，股份公司团委联合股份公司工会先后在成都、天津开展“相约天府之国，缘定中国铁建”“爱在渤海之滨，缘定中国铁建”青年联谊会，分别有325名和303名青年参加活动，并有30对和41对青年现场成功牵手。 （闫国良）

【共青团专题调研】 为贯彻落实习近平总书记提出的关于“提高团的吸引力和凝聚力”的重要指示精神，根据团中央和中央企业团工委的要求，股份公司团委于8月在中国铁建系统广泛开展专题调研活动。8月16日，股份公司团委到中铁十七局集团公司郑徐铁路客运专线项目调研。中铁十一、十八、二十、二十二局集团公司，中铁第一、第四勘察设计院集团公司，中铁物资集团公司和诚合经纪保险公司等团组织负责人带队，深入一线开展调研活动。通过调研，实地了解青年员工工作生活的真实情况，增进与基层青年的感情，并加深对基层共青团工作的了解。（沈玉泉）

【参加全国青年文明号20周年交流活动】 9月16日，共青团中央、全国创建"青年文明号"活动组委会在北京举办"岗位建功创一流 文明点亮中国梦"青年文明号20周年交流展示活动。中共中央政治局委员、国家副主席李源潮出席并讲话，共青团中央书记处第一书记秦宜智代表全国创建"青年文明号"活动组委会即席发言。经股份公司团委推荐，中国土木工程集团尼日利亚拉各斯轻轨项目作为唯一一家海外工程基层青年文明号集体参加交流活动，中国土木工程集团青年王笑代表海外工程行业在会上作出庄严承诺：展示铁建青年的良好形象，得到团中央的充分认可，为此团中央专门发来表扬信。（闫国良）

【中央企业团工委表彰2014年度"两优两红"】

中央企业"五四"红旗团委

中铁二十局集团公司团委
中铁二十五局集团三公司团委
中国铁建电气化局集团公司团委
中铁第四勘察设计院集团公司团委

中央企业"五四"红旗团支部

中国铁建大桥工程局集团四公司福平铁路项目团支部
中铁十四局集团二公司成兰铁路工程指挥部团支部
中铁二十一局集团路桥公司兰州制梁场团支部
中铁二十二局集团一公司北京地铁6号线二期16标段项目经理部团支部
中铁建设集团房地产公司团支部
中铁第五勘察设计院集团线路运输设计院团支部

中央企业优秀共青团干部

王喜波 中铁十二局集团有限公司团委副书记
姚 远 中铁十六局集团有限公司团委书记
孙久明 中铁二十一局集团有限公司团委书记
刘 静 中铁二十二局集团有限公司团委书记
张金君 中铁二十三局集团有限公司团委书记
王 炎 中铁二十四局集团有限公司团委书记
丁志宏 中铁物资集团有限公司团委书记

中央企业优秀共青团员

王 涛 张 瑾 刘金武 王东亮 周正永
唐国权 李长胜 丁 一 彭 帅

（闫国良）

【中国铁建团委表彰"两优两红"】 2014年"五四"期间，股份公司团委表彰优秀共青团员63名、优秀团干部69名、"五四"红旗团委40个、"五四"红旗团支部42个。

中国铁建优秀共青团员（2013—2014年度）

祝小辉 刘 伟 张成平 王 涛 易 晋
瓦正强 吴柏松 刘玉磊 赵伟宁 白 玉
杨统领 孙世钰 崔光利 张 瑾 李宏伟
朱 超 张兴华 彭思婷 刘金海 崔 阳
唐 梅 贾 濛 刘汉鹏 潘 蕾 王东亮
杨泽楠 许丽丽 娄千峰 董金刚 王 飞
孙 静 张成龙 杜海涛 张 超 范士亮
盛芬宾 周 莉 宋国永 黄元诗 纪方臣
吕 壮 李厚荣 唐闻宇 冯文阳 高 波
洪 亮 李杨霖 唐国权 张慰龙 丁 一
谢 森 娄雅楠 王跃东 刘国华 唐伟杰
万 卫 易文波 王 琨 张 杰 刘 佳
达姗姗 沈科元 姚 红

中国铁建优秀共青团干部（2013—2014年度）

陈莉莉 王超柱 张浩楠 刘 金 尹 婧
周 彪 李 楠 李方洁 倪丽利 刘 凯
陈继德 种丽娜 段伟伟 张 婷 游钱军
杨双健 王延彬 刘少飞 翟 聪 范宏翔
梁 涛 高 磊 杨 涛 朱 珂 刘晓云
吴晓莉 张世丹 高 雪 门栩卉 李长城
王小禾 张 涛 李 琳 王 棋 柴振亚
石文静 邓 艳 方源彬 王宏艳 张 鑫
李曼莉 相双峰 石振洲 韩佩利 聂 磊
李谞昪 李 娟 黄远中 刘德萍 王 征
贾 芳 朱容辰 曹忠强 杨玉伟 朱淮东
刘 瑒 郝智杰 闫增友 陈意瑋 涂红薇
吴定州 辛月阳 刘海艳 马燕妮 王绍义
乐 华 王文斌 马文杰 张凤翔

中国铁建五四红旗团委（2013—2014年度）

中铁十一局集团电务公司团委
中铁十一局集团三公司上海地铁项目部团工委
中铁十二局集团一公司团委
中铁十二局集团建筑安装公司团委
中国铁建大桥工程局集团园林环境工程公司团委
中国铁建大桥工程局集团中铁现代勘察设计院团委
中铁十四局集团水利水电分公司团委
中铁十四局集团长株潭项目部团工委
中铁十五局集团五公司团委
中铁十五局集团六公司团委
中铁十六局集团四公司团委
中铁十六局集团五公司团委
中铁十七局集团一公司团委

中铁十七局集团电气化公司团委
中铁十八局集团五公司团委
中铁十八局集团建筑安装公司团委
中铁十九局集团三公司公路路桥第九项管部团委
中铁十九局集团七公司第七项管部团委
中铁十九局集团矿业投资公司团委
中铁二十局集团电气化公司团委
中铁二十局集团沪昆铁路客运专线贵州段团工委
中铁二十一局集团一公司团委
中铁二十一局集团路桥公司团委
中铁二十二局集团一公司团委
中铁二十二局集团四公司团委
中铁二十三局集团二公司团委
中铁二十三局集团电务公司团委
中铁二十四局集团安徽公司团委
中铁二十四局集团福建公司团委
中铁二十五局集团二公司团委
中铁二十五局集团三公司团委
中铁建设集团北京分公司团委
中国铁建电气化局集团二公司团委
中铁第一勘察设计院集团新疆铁道勘察设计院团委
中铁第四勘察设计院集团公司公路处团委
中铁物资集团北京中铁工业公司团委
昆明中铁大型养路机械集团公司机关团委
中国铁建重工集团公司团委
中铁城建集团二公司团委
重庆铁发遂渝高速公路公司团委

中国铁建五四红旗团支部(2013—2014 年度)

中国土木集团尼日利亚公司阿卡铁路项目团支部
中铁十一局集团六公司武汉高铁训练段项目部团支部
中铁十一局集团建筑安装公司房建三部团支部
中铁十二局集团电气化公司津滨枢纽项目部团支部
中铁十二局集团振海公司神华国华寿光电厂补给水管线工程团支部
中国铁建大桥工程局集团一公司铜南宣高速公路路基工程第 12 合同段项目部团支部
中国铁建大桥工程局集团四公司锡多铁路复线工程项目部团支部
中铁十四局集团一公司滁马项目部团支部
中铁十四局集团云桂铁路项目部一工区团支部
中铁十五局集团三公司哈齐铁路客运专线项目部团支部
中铁十五局集团四公司邯长项目部团支部
中铁十六局集团二公司成渝项目团支部
中铁十六局集团轨道公司杭州地铁项目团支部
中铁十七局集团大广高速(粤境段)S04 项目团支部
中铁十七局集团建筑公司太原宝佳万科紫台项目团支部
中铁十八局集团二公司威信电厂项目部团支部
中铁十八局集团北京地铁指挥部机关团支部
中铁十九局集团一公司第十三项管部北京云计算项目团支部
中铁十九局集团五公司大连南部滨海大道工程第 3 标段项目部团支部
中铁二十局集团莞惠 6 标段项目部一分部团总支
中铁二十局集团六公司沪昆项目团支部
中铁二十一局集团二公司集通复线工程项目部团支部
中铁二十一局集团四公司机关团支部
中铁二十二局集团一公司北京地铁 6 号线二期 16 标段项目团支部
中铁二十二局集团四公司遵小铁路铺架项目部团支部
中铁二十三局集团六公司贵广四项目部团支部
中铁二十四局集团宁启复线Ⅱ标段二分部团支部
中铁二十四局集团南昌公司杭州项目团支部
中铁二十五局集团电务公司广州信号公司团总支
中铁二十五局集团四公司房建分公司团支部
中铁建设集团房产膳食中心团支部
中国铁建电气化局集团北方公司西宝项目部团支部
中铁第一勘察设计院集团城市轨道与建筑设计院团总支
中铁第四勘察设计院集团公司通号处团总支
中铁五勘察设计院集团线路运输设计院团支部
中铁上海设计院集团工程经济处团支部
中铁物资集团兰州公司第一团支部
昆明中铁大型养路机械集团制造总厂物流团支部
中国铁建重工集团制造总厂盾构车间团支部
中铁建(北京)商务公司北京铁建宾馆团支部
中铁城建集团南昌建设公司合福项目部团支部
重庆润君房地产开发有限公司团支部

(闫国良)

【争创“青年文明号”、争当“青年岗位能手”活动】 2014 年,股份公司团委在中国铁建系统广泛开展争创“青年文明号”、争当“青年岗位能手”活动,有 3 个青年集体被评为全国“青年文明号”、8 个集体被评为中央企业“青年文明号”、5 名青年被评为中央企业“青年岗位能手”;股份公司团委评选“青年文明号”98、“青年岗位能手”125 名。

全国"青年文明号"(2013—2014 年度)

中铁十二局集团铁路养护公司拉萨车间

中铁十四局集团贵广工程指挥部第一项目部

中铁十七局集团公司委内瑞拉项目经理部

中央企业"青年文明号"(2014 年度)

中铁十一局集团城轨公司广州轨道交通6号线项目部

中铁十二局集团西安地铁 3 号线 TJSG－22 标段项目经理部

中铁十六局集团轨道公司云贵琼指挥部

中铁十七局集团公司中心医院骨科

中铁十八局集团贵阳龙洞堡国际机场扩容改造工程项目部

中铁十九局集团公司乌努格吐山铜钼矿项目部

中铁二十五局集团四公司成兰铁路第一项目部

中国铁建国际集团阿尔及利亚公司合同计划部

中央企业"青年岗位能手"(2014 年度)

耿道锦　中国土木工程集团公司吉布提办事处商务负责人

葛照国　中铁十四局集团隧道公司南京宁高城际项目部经理

赵振平　中铁第四勘察设计院集团公司办公室秘书室主任

杨治能　昆明中铁大型养路机械集团制造总厂总装分厂工程师

葛　斌　中国铁建财务公司业务经理

中国铁建"青年文明号"(2014—2015 年度)

中国土木工程集团公司埃塞米达铁路线下施工三部

中铁十一局集团一公司西成铁路客运专线 12 标段项目部

中铁十一局集团汉江重工技术中心

中铁十一局集团电务公司东莞供电项目部

中铁十一局集团建筑安装公司中海寰宇天下花园项目部

中铁十一局集团桥梁公司新加坡项目部

中铁十二局集团一公司林拉公路改造路面项目经理部

中铁十二局集团山西中部引黄工程 14 标段项目部

中铁十二局集团三公司西成铁路客运专线项目部

中铁十二局集团佛肇城际 GZZH－11 标段项目部

中铁十二局集团七公司潮惠高速第 9 合同段项目部

中国铁建大桥工程集团宝兰铁路客运专线甘肃段项目经理部二工区

中国铁建大桥工程局集团二公司广州工程指挥部

中国铁建大桥工程局集团四公司沈丹铺轨项目部

中国铁建大桥工程局集团福平铁路项目工程管理部

中国铁建大桥工程局集团京沈铁路客运专线辽宁段 TJ－10 标段项目部

中铁十四局集团新建海南西环铁路 XHZA－5 标段项目经理部二分部

中铁十四局集团隧道公司长株潭铁路第一项目部

中铁十四局集团建筑公司安哥拉 K. K. 5000 项目部

中铁十四局集团公司沪昆铁路客运专线贵州段工程指挥部

中铁十四局集团公司津保铁路项目部五分部 DJ168 公铁两用架桥机宋体文架桥队

中铁十五局集团一公司青海花久项目部

中铁十五局集团五公司宝汉项目第二拌合站

中铁十五局集团都匀桥梁公司中牟九龙制梁场

中铁十五局集团置业公司都匀项目公司

中铁十五局集团济阳黄河大桥公司收费部

中铁十六局集团四公司南昌工程指挥部

中铁十六局集团电务公司神朔四电工程项目部

中铁十六局集团铁运公司神朔铁路第一运营指挥部

中铁十六局集团置业公司南昌中国铁建·青秀城项目公司

中铁十六局集团城市建设发展公司二分公司

中铁十七局集团二公司秦岭 0－1 号项目

中铁十七局集团三公司织毕铁路工程项目

中铁十七局集团公司广大铁路工程项目

中铁十七局集团勘察设计院

中铁十七局集团电气化公司赞比亚项目

中铁十八局集团三公司长春地铁 1 号线 07 标段项目部

中铁十八局集团五公司天津地铁 5 号线项目部

中铁十八局集团建筑安装公司贵阳机场项目部

中铁十八局集团物业管理公司保洁组

中铁十八局集团大瑞铁路项目部

中铁十九局集团一公司京沈铁路项目部

中铁十九局集团五公司孟门煤炭铁路专用线工程Ⅱ标段项目部

中铁十九局集团七公司机关

中铁十九局集团矿业公司新疆磁海铁矿项目部

中铁十九局集团电务公司机关

中铁二十局集团集通扩能改造工程

中铁二十局集团西成铁路客运专线工程

中铁二十局集团成贵铁路客运专线项目部

中铁二十局集团一公司架子七队苏州南环项目部

中铁二十局集团四公司铺架一公司

中铁二十一局集团一公司宁西铁路二线第一项目部

中铁二十一局集团二公司毅德城项目部

中铁二十一局集团三公司西咸北环线项目部

中铁二十一局集团路桥公司澄迈福山制梁场项目部

中铁二十一局集团轨道公司兰州地铁7工区项目部

中铁二十二局集团一公司北京地铁14号线03合同段项目部

中铁二十二局集团哈尔滨铁路建设集团公司贵州茅台酒扩建工程项目部

中铁二十二局集团五公司沪昆项目部

中铁二十二局集团吉图珲铁路客运专线工程指挥部

中铁二十二局集团贵州茅台酒扩建工程总承包指挥部

中铁二十三局集团一公司青岛轻轨项目部

中铁二十三局集团三公司米攀铁路项目部

中铁二十三局集团四公司青春塔煤矿铁路专用线2标段工程项目部

中铁二十四局集团连云港输水工程项目部

中铁二十四局集团上海公司九景衢铁路浙江段站前I标一分部

中铁二十四局集团福建公司厦门轨道1号线2标段四工区

中铁二十四局集团渝黔引入贵阳枢纽二分部

中铁二十四局集团上海电务电化公司城市交通轨道事业部

中铁二十五局集团一公司贵广南广项目部

中铁二十五局集团二公司成兰铁路工程指挥部第二项目部

中铁二十五局集团五公司左黎高速项目部

中铁二十五局集团六公司湘桂Ⅶ标段第一项目部

中铁二十五局集团电务公司沪昆项目部

中铁建设集团装饰分公司合肥南站项目部

中铁建设集团物资公司

中国铁建电气化局集团康远新材料公司技术研发中心

中国铁建港航局集团勘察设计院勘察测绘所

中国铁建房地产集团北京正达置业公司成本合约部

中铁第一勘察设计院集团环境与设备处兰州市轨道交通1号线东岗车辆基地工程项目组

中铁第一勘察设计院集团通信信号处青岛地铁项目部

中铁第四勘察设计院集团桥梁处武汉至十堰城际铁路项目组

中铁第四勘察设计院集团杭州地铁设计项目部

中铁第五勘察设计院集团东北勘察设计院工经所

中铁上海设计院集团工勘院上海轨道交通调线调坡测量项目部

中铁物资集团华南公司钢铁事业部

昆明中铁大型养路机械集团制造总厂总装分厂总组装工段

昆明中铁大型养路机械集团奥通达公司修理项目部组装工段

中国铁建重工集团轨道设备事业总部道岔分公司组装班

中国铁建重工集团掘进机事业总部掘进机技术研究院

中国铁建国际集团沙特麦加轻轨铁路项目公司维保部

中铁城建集团一公司第十五项目部

中铁建中非建设纳米比亚奥沙卡蒂市内政部与移民局办公室项目

中国铁建投资公司北京丰台区东铁营棚户区改造项目部

中国铁建财务公司计划财务部

诚合保险经纪公司云南分公司

中铁建(北京)商务公司大厦服务中心礼仪部

重庆铁发遂渝高速公路公司潼南收费站

中国铁建"青年岗位能手"(2014年度)

阳　松　王雪峰　韩卫能　陈红杰　余金江
彭代平　梅雄鑫　李　伦　席亚滨　王同元
范星亮　安　斐　付宏亮　范志坤　张俊英
于　飞　陈继德　赵冬岩　李树敬　于明升
毕经鹏　石　柱　戴　芳　贺东伟　胡军阁
魏红国　李海峰　范先知　韩立军　于海滨
张红金　邓　康　尹　亮　张　凯　沈得发
谢洞洞　王建峰　韩　冰　金　银　徐德富
万晓伟　彭　磊　王　军　王广波　王海森
吕家栋　高　志　高　辉　赵大明　刘龙伟
邹符良　徐　磊　孙　静　庞曙光　郭晓军
李　震　张　磊　宗　江　郑忠峰　陶传谦
汪　宇　李少磊　郑冠男　方　佳　李　斌
李　超　张诣宇　张　强　袁　斌　王　琦
李令昊　周　福　余小勇　钟远飞　胡小忠
孙仲云　申志明　杨　炜　章品杨　方　义
朱　疆　赵志宾　彭玲艳　杨　朝　吴保德
张　硕　郭忠海　刘　飞　赵　科　蒋　晔
魏　光　王　飞　张志远　王谷丰　姚洪锡
董振锋　叶　斌　刘明辉　周小兵　詹刚毅
白　皓　赵　杰　郭　凯　方群华　潘少林
罗碧波　欧阳新池　王　敏　刘海艳　王世一
杨　帆　王立异　张德志　耿诗雨　严　浩
汪寒雁　黄兴华　杨　威　谢　萌　朱　敏
文元元　陈廷坚　高海波　王传亮　苏建锋

(闫国良)

2014 年 4 月 29 日，湖南省卫生厅、人力资源社会保障厅、安全生产监督管理局、总工会在中国铁建重工集团举办 2014 年《职业病防治法》宣传周活动。（王　策　摄）

所属单位

特载　大事记　概况　董事会工作　工程施工　海外经营 境外工程　经营管理　综合管理　科技管理　党的工作　工会 共青团　所属单位　人物　统计资料　文献辑要　附录

本栏责任编辑　**杨启燕**

中国土木工程集团有限公司

【简况】 中国土木工程集团有限公司(以下简称中土集团)是铁路工程施工总承包特级,房屋建筑、市政工程施工总承包一级,土石方、城市轨道交通和建筑装修装饰工程专业承包一级资质企业;同时拥有香港地区房建、道路及渠道、地盘平整、海港和桩基础工程最高级别资质,坦桑尼亚建筑一级资质,阿拉伯联合酋长国桥梁、隧道工程施工特级及房建、钢结构一级资质,埃塞俄比亚一级总承包商资质。公司集团总部驻北京市海淀区北蜂窝4号。前身为铁道部援外办公室。1979年6月1日,经国务院批准,在铁道部援外办公室的基础上成立中国土木工程公司;1996年12月更名为中国土木工程集团公司;2000年9月与铁道部脱钩,先后划归中央企业工委、国资委管理;2003年9月并入中国铁道建筑总公司,2007年12月企业改制改称为现名。

下辖中土国际贸易有限公司、中土集团福州勘察设计研究院有限公司、中土集团南方建设有限公司、海南基冠房地产开发(香港)有限公司、中土海外(北京)人力资源管理有限公司、中土东非有限公司、中国土木阿尔及利亚有限公司、中土埃塞俄比亚工程有限公司、中国土木工程集团(香港)有限公司、中国土木工程集团(澳门)有限公司、中铁(澳门)有限公司、中国土木工程集团南太平洋有限公司、中国土木新加坡有限公司、中国土木工程集团(巴布新几内亚)有限公司、中国土木工程集团(肯尼亚)有限公司、中国土木工程集团(布隆迪)有限公司,中国土木工程集团有限公司沙特阿拉伯分公司、阿联酋分公司、利比亚分公司、伊拉克分公司、以色列股份公司,中国铁建土耳其安卡拉分公司,中国土木工程集团有限公司驻卢旺达办事处、吉布提办事处、乌干达办事处、卡塔尔办事处、泰国办事处、巴西办事处,中国土木工程集团有限公司驻日本代表处、印度尼西亚代表处、俄罗斯联邦代表处、波兰代表处、罗马尼亚代表处、德国代表处、塞尔维亚代表处等34个境内外法人公司和办事机构。

截至2014年底,从业人员2144人。其中,正式职工881人、专业技术干部793人。境外从业人员7815人。资产总值154.01亿元。其中,固定资产原值14.06亿元、净值5.16亿元;流动资产141.2亿元。机械设备2046台(套),设备原值97939.17万元、净值41374.09万元。设备资产利润率-3.25%,资产增长率-70.58%,成新率42.24%,技术装备率46.18万元/人。2014年拆分划转前新签合同额849.6亿元,完成营业额203.14亿元,实现营业收入151.95亿元,实现净利润3.62亿元;拆分划转后新签合同额74.64亿元,完成营业额112.93亿元,实现营业收入72.5亿元,净利润-0.64亿元。职工年人均收入14.73万元。国有资产保值增值率70.67%,净资产收益率-2.42%,资产负债率86.32%。年内通过对外承包工程与劳务合作企业信用等级AAA级评价和境外成套工程企业信用等级AAA级复审,再次入选250家最大国际承包商和全球承包商,排名第71位和142位。

中土集团先后获中国最大500家服务企业、中国国有企业500强、中国行业百强、中国建筑业功勋企业等荣誉;在世界最大250家国际承包商评选中,连续17年位居世界百强之内;是中国对外承包工程商会、中国铁道学会、中国铁道工程建设协会、中国国际贸易促进委员会、中国国际经济合作协会理事,中国施工企业管理协会、中国国际工程咨询协会常务理事,中国机电产品进出口商会、中国招标投标协会、中国土木工程学会会员;被评为对外承包工程、对外劳务合作AAA级信用等级企业,境外成套工程企业信用等级评价AAA级企业,拥有中国商务部对外援助物资项目A级企业资格。

(张跃伟　张维玮　孙忠森　姜　华　高　翔　郭子岩)

【领导人员】

董事会

董事长　刘志明(8月调离)
副董事长　吴万良(8月任,主持工作)
董　事　袁　立(8月调离)
郝毅忠
初厚才(8月调离)
薛立智(8月调离)

监事会

监事会主席　吴　江
监　事　许云彪
职工监事　王庆忠

经理层

总经理　袁　立(8月调离)
副总经理　周天想(8月任,主持工作)
郝毅忠
初厚才(8月调离)
丁维利
赵仲宁
胡社忠

陈志杰(11 月免)
曹保刚(8 月调离)
严学斌
薛立智(8 月调离)
吕　晶(2 月任,8 月调离)
张文锦(7 月任,8 月调离)
吴宏晋(7 月任)

总工程师　胡社忠(兼)
总会计师　薛立智(兼,8 月调离)
总法律顾问　薛立智(兼,8 月调离)

党群领导

党委书记　刘志明(8 月调离)
党委副书记　袁　立(8 月调离)
　吴　江
纪委书记　吴　江(兼)
工会主席　吴　江(兼)
团委书记　李志远(兼)

(张维玮)

【职工队伍】　截至 2014 年底,中土集团有正式职工 881 人。其中,干部 844 人;工人 37 人。专业技术干部 793 人,占职工总数的 90%。其中,高级职务 294 人;中级职务 264 人;初级职务 235 人。大学本科以上学历 773 人,占职工总数的 87.7%;大专学历 59 人,占职工总数的 6.7%。干部中,30 岁以下 513 人,31 ~40 岁 74 人,41 ~50 岁 145 人,51 ~59 岁 112 人。(张维玮)

【境外工程施工】　阿尔及利亚 55 千米铁路新线工程　阿福龙至黑密斯 55 千米铁路新线工程是阿尔及利亚北方铁路干线的组成部分,跨阿尔及利亚布利达和艾因迪夫拉两省。采用欧洲标准,轨距 1435 毫米,设计时速客车 160 千米、货车 100 千米。2009 年 6 月 8 日签约,7 月 18 日开工,合同工期 30 个月。合同投资 4.3 亿欧元。截至 5 号补充协议生效,合同投资增至 7.23 亿欧元,工期增加 28 个月,延长至 2014 年 5 月 17 日。主要工程量:土石方 607 万立方米;路基 44.6 千米;隧道 2 座 10210 延长米;铁路桥梁 10 座 960.4 延长米,公路桥梁 12 座 996 延长米;涵洞 70 座 1558.3 横延米,框架通道 22 座 550 横延米;站场 6 处;有砟道床 56.7 千米;正线铺轨 113.4 千米,站线铺轨 31.6 千米;制梁 150 榀,架梁 150 榀;车站 6 座。项目由 CCECC—OZGUN 组成项目联合体,中土集团占 89.76% 的份额。工程由中国土木阿尔及利亚公司组织实施,中铁十二局集团公司、中国土木阿尔及利亚公司承担工程施工,中土集团福州勘察设计研究院和法国 SETEC 公司承担工程设计。截至 2014 年底,开工累计完成投资 16795.06 万欧元。

阿尔及利亚 175 千米铁路电气化新线工程　该工程是阿尔及利亚北方铁路干线的组成部分,跨越布迈戴斯、布依哈和布拉里季堡三省。采用欧洲标准,轨距 1435 毫米,设计时速客车 160 千米、货车 100 千米。主要工程量:土石方 3280 万立方米,铁路高架桥 76 座 22810 延长米,单洞双线隧道 22 座 16540 延长米,车站改建和新建 9 座 2.2 万平方米,电气化轨道 351 千米。2009 年 4 月 15 日签署框架合同,合同投资 17.28 亿欧元,合同工期 48 个月,以 6 个应用合同(设计 + 临建、隧道、土建、轨道、电气化、通信信号)分期实施;5 月 27 日,一期应用合同签约,7 月 18 日开工。合同投资 1.24 亿欧元。工程由 CCECC—OZGUN 组成项目联合体,中土集团占 84% 的份额。工程由中国土木阿尔及利亚公司组织实施,中铁十二、十四、十九局集团公司及中国土木阿尔及利亚公司承担工程施工,中国铁建第四勘察设计院集团公司和中国中铁二院工程集团公司承担工程设计。2013 年 7 月 15 日,业主下达停工令,双方开始二、三期应用合同谈判。截至 2014 年底,完成一期应用合同的 37.4%。

阿尔及利亚 67 千米铁路复线工程　位于黑密斯至乌德福达路段,是阿尔及利亚北方干线铁路的一部分。2006 年 11 月 4 日签约,12 月 5 日开工,合同工期 18 个月。合同投资 6103 万美元。采用欧洲标准。由中国土木阿尔及利亚公司组织实施。主要工程量:土石方 62.6 万立方米;路基 56.4 千米;桥梁 2 座 39 延长米,涵洞 80 座 120 横延米;站场 10 处;有砟道床 56.4 千米;正线铺轨 51 千米,站线铺轨 5.4 千米;制、架梁 84 片;车站 5 座,连锁道岔 35 组。2012 年 9 月 15 日完成施工,10 月 23 日签署临时验收纪要。截至 2014 年底,项目处于最终验收阶段,等待业主关门协议批复。

阿尔及利亚东西高速公路 M6 标段工程　位于阿尔及利亚谢里夫省境内,标段长 24.213 千米。采用欧洲标准,设计时速 120 千米,双向 6 车道。2006 年 9 月 2 日签约,2007 年 5 月 19 日开工,合同工期 32 个月。合同投资 2.31 亿美元。主要工程量:土石方 400 万立方米;桥梁 10 座 1028 延长米,涵洞 58 座,架梁 340 片;路面 75.7 万平方米。2013 年 3 月 17 日签订补充合同,投资金额 4514.53 万美元,合同工期 12 个月,主要工程:多管网、重建道路、2 座互通桥。截至 2014 年底,开工累计完成投资 14192.64 万美元。中国铁建第一勘察设计院集团公司、中交集团第一公路勘察设计研究院有限公司承担工程设计,中国土木阿尔及利亚公司组织实施。

阿尔及利亚奥兰房建工程　位于阿尔及利亚东部

奥兰和艾因泰穆尚特两省，为360套、228套、324套和684套安居房建设。2012年签约，合同总投资5518万美元。当年内变更合同内容，增加258套安居房建设工程，合同额增加至6034万美元。中国土木阿尔及利亚公司组织实施。截至2014年底，开工累计完成投资4061.1万美元。

土耳其安卡拉至伊斯坦布尔高速铁路二期工程　该工程为买方信贷项目，是中国铁路行业首次获得的海外高速铁路电气化工程。合同总投资12.7亿美元，资金来源为中国进出口银行提供的7.2亿美元贷款和欧洲投资银行(EIB)提供的5.5亿美元贷款。项目由中国铁建土耳其安卡拉分公司、中国机械进出口集团公司和两家土耳其公司组成合包集团中标。工程线路长158千米，变更后为147千米。采用欧洲标准。中土集团组织实施，中国铁建土耳其安卡拉分公司负责项目管理。工程由两个标段组成，工期均为730天。1标段2008年10月21日开工，2012年6月13日竣工，延期604天；2标段2008年9月22日开工，2012年5月26日竣工，延期730天。2013年9月全线铺轨贯通，2014年12月31日竣工。

埃塞俄比亚米埃索至迪雷达瓦至达瓦利铁路工程　从埃塞俄比亚米埃索开始，途经迪雷达瓦至达瓦利(与吉布提接壤的边境城市)，全长339.1千米。2011年12月16日签约，合同投资86亿元，合同工期42个月。采用中国标准，由中土埃塞俄比亚公司组织实施。主要工程量：路基土石方2320万立方米，桥梁57座7250延长米，涵洞498座，道砟110万立方米，铺轨360千米。2012年11月签订埃塞铁路的补充协议，工程量、铁路等级修改，合同投资增加到100.71亿元，增加14.71亿元。截至2014年底，开工累计完成投资总额61亿元，完成合同工程量的70%。未发生任何质量安全事故。

吉布提铁路项目　起自吉布提首都吉布提市，终点至吉布提与埃塞俄比亚的边境处，与埃塞俄比亚新建铁路相接。线路长82千米。2012年1月19日签约，为EPC工程总承包项目，合同投资5.05亿美元，合同工期60个月；11月7日签订补充协议，增加合同投资7358万美元，合同投资增加到5.78亿美元。2013年9月16日开工。主要工程量：土石方1178万立方米，桥梁4237延长米，涵洞6965横延米，正线铺轨95.805千米，站线铺轨43.73千米。由中土埃塞俄比亚公司组织实施。截至2014年底，开工累计完成投资17.9亿元，完成合同工程量的65%。

沙特北南线铁路工程　业主为沙特财政部下属的沙特铁路公司。全长2400千米，分4个标段。2009年9月12日，中土集团与当地两家公司组成联合体中标第4标段，合同投资45.71亿元，合同工期3年，中土集团占20%的份额。第4标段从沙特首都利雅得国际机场出发，向西北到AlMakhram附近与第1标段相交，线路长509千米，设计时速250千米，采用1435毫米标准轨距。沿线多为戈壁滩。由中土沙特分公司组织实施。主要工程量：铺轨509千米。截至2014年底，开工累计完成投资26361万元。

沙特麦麦高速铁路一期线下桥梁工程　沙特麦麦高速铁路连接沙特麦加—吉达—麦地那，主要为全世界穆斯林朝觐期间往返麦加和麦地那两大穆斯林圣城服务，分线下一期工程和线上二期工程两部分，设计时速250千米。业主是沙特铁路总局，由沙特财政部提供资金。沙特麦麦高速铁路一期项目合同额110.5亿元。麦麦高速铁路一期线下工程桥梁项目位于沙特吉达市中心，合同投资9.19亿元，2013年2月3日签约。由15个结构单体组成，包括6个地下通道、8座公路桥及1座铁路高架桥，项目在5千米范围内进行施工，具有施工区域有限、地区人流量大、交通导流压力大等特点。截至2014年底，开工累计完成投资1.69亿元。

沙特麦麦机修库和小机库建造工程　是属于麦麦高速铁路机修库项目的2个建造工程。分别于2014年1月、8月签订实施合同，合同投资11559万元。主要工程量：混凝土方46688立方米，钢筋4772.51吨，模板20231平方米。

沙特吉达阿齐兹地下道工程　位于吉达市交通枢纽路段，毗邻美国驻吉达领事馆及沙特王室行宫，线路全长1.4千米，是沙特分公司第1个总承包市政工程。2013年11月22日中标，2014年1月9日签约。合同投资51978万元，合同工期3年。2014年4月3日开工，5月12日收到预付款。由于业主对地下道部分走向进行设计变更，7月20日部分路段停工。截至2014年底，项目部基本完成电力、上下水、通信、交通设施的改移等复工准备工作。

沙特利雅得阿哈立交桥工程　全长1.2千米，为15跨现浇混凝土多室箱桥梁。2014年8月27日签订工程合同，合同投资31561万元，合同工期18个月，预付款已经支付。由于业主将对项目实施地址进行变更，2014年12月9日下全面停工令。截至2014年底，项目部完成市政协调、开工令申请、交通导流设计方案、安全质量计划、施工组织计划、现场测量、土壤测试分包商资格预审和价格谈判等复工前的各项准备工作。

阿联酋在建、新签工程　总计3个。在建工程分别是阿联酋新Reem岛桥梁工程、阿联酋阿尔法拉城市立交桥工程，合同投资2868万元。截至2014年底，开工累计完成投资2912万元。新签工程阿布扎比至迪拜新路项目A标段工程,合同投资2.1亿元,合同工期24个月。主要工程量:立交桥8座1700米、保护箱涵6座750米、骆驼通道3座260米,混凝土10万立方米、钢筋1.5万吨。截至2014年底,开工累计完成投资1752万元。

坦桑尼亚塔博拉51.98千米公路工程　2010年7月31日签约,合同投资34354.18万元,2011年1月5日开工,合同工期24个月。由中土东非公司组织实施。主要工程量:清除表土23万立方米,开挖土石方17.5万立方米、回填102.2万立方米,路面56.2万立方米。截至2014年底,开工累计完成投资20000万元。

坦桑尼亚莫勒哥勒48.6千米公路工程　2009年6月17日签约,合同投资26735万元。合同工期27个月,含3个月动员期,工期延长7.5个月,维修期12个月。2010年3月1日开工,业主为坦桑尼亚国家公路局,基金来源于坦桑尼亚政府。主要工程量:双表公路48.6千米,钢筋混凝土简支梁桥4座216.6米,钢筋混凝土过水箱涵18座,钢筋混凝土管涵150座,石笼防护工程3900立方米,浆砌片石防护1300平方米。2014年5月,提出变更申请,变更额为11314.62万元,占原合同额的53.12%,等待业主批复。截至2014年底,开工累计完成投资21300万元。

坦桑尼亚玛特芒噶—屯都鲁58.7千米公路工程　2014年2月17日签约,合同投资21797.37万元(不含增值税),合同工期26个月,维修期12个月。2014年3月26日开工。业主为坦桑尼亚国家公路局,资金来源于非洲发展银行和日本国际协力机构。工程东起坦桑尼亚南部屯都鲁,西至玛特芒噶,线路全长58.7千米。主要工程量:20米混凝土桥1座,104米钢混桥1座,管箱涵57座,双表施工595000平方米。截至2014年底,开工累计计完成投资5001.4万元。

坦桑尼亚中央线铁路89千米换轨工程　位于坦桑尼亚塔博拉地区,距离塔博拉城区约170千米。合同投资13777.6万元,2012年9月1日开工,合同工期12个月。由中土东非公司组织实施。主要工程量:正线换铺77千米,更换新钢轨、木枕道岔8组,机械化养路89千米。截至2014年底,开工累计完成投资10700万元。

坦桑尼亚达累斯萨拉姆姆哈斯医疗中心大楼工程　2014年5月1日签约,合同投资11502.65万元,合同工期21个月,2014年5月10日开工。资金来源于坦桑尼亚和韩国政府。中土东非公司负责实施。主要工程量:医疗中心的主体结构和装修工程,室外停车场工程和绿化工程,工程建筑占地面积5700平方米,地下1层,地面以上10层。截至2014年底,开工累计完成投资3150.01万元。

坦桑尼亚姆万扎森格拉玛镇供水工程　2014年10月7日签约,合同投资7364.43万元,合同工期450天。业主为姆万扎水利局,资金来源于非洲发展银行。主要工程量:新建引水口、水处理厂、5座蓄水池及3座增压泵站,供水管线铺设71.3千米,3座蓄水池改造,1座污水处理厂,1座垃圾掩埋坑,4栋学生厕所及暴雨排泄沟等。截至2014年底,完成主营地、监理营地、取水口营地、铺设临时道路及基础开挖。

坦桑尼亚达累斯萨达姆市奥斯特贝公寓工程　中土东非公司在坦桑尼亚市场开发的第一个房地产项目。2013年12月开工,总建筑面积约1万平方米。

坦桑尼亚水利部大楼工程　2014年11月10日签约,合同投资13942.51万元,合同工期24个月。业主为坦桑尼亚水利部,资金来源于世界银行和坦桑尼亚水利部。主要工程量:新建1座15层的办公大楼,建筑面积18000平方米,包括水电及配套设施安装,装修以及室外附属工程等。

乌干达54千米公路修复改造工程　2014年6月19日签约,合同投资6945万元,合同工期12个月。乌干达政府提供资金。主要工程量:对54千米既有道路路面、排水及附属工程的维护维修和改造。由中土东非公司负责组织实施,是中土集团成功重返乌干达市场的标志性工程。

布隆迪科贝勒边关设施建造工程　2014年6月20日签约,合同投资3720.91万元,合同工期12个月。业主为布隆迪国家税务局。由中土东非公司负责组织实施。主要工程量:承建布隆迪与坦桑尼亚边境科贝勒边关设施,包括边检站及配套停车场、道路等分项工程。工程为布隆迪政府年内发包的最大房建项目,是中土集团公司进入布隆迪市场的标志性工程。

以色列吉隆铁路隧道工程　为以色列阿卡至卡米埃勒新建双线铁路工程的第3标段,标段长6.75千米,设计时速160千米,采用欧洲和以色列标准。业主为以色列国家交通基础设施公司,是设计施工总承包工程,由中土集团和以色列DanyaCebus公司组成土建联营体共同实施。2011年10月23日签约,合同投资1.92亿美元,合同工期39个月。主要工程量:隧道单洞双线长9556延长米;西口明挖段1165延长米,东口明挖段960延长米。西段2012年3月29日开工,东段4月23日开工。2014年9月23日,项目提前4个月竣工,并取得业主颁发的竣工证书。

(安海涛　周群立　杨源源　宁　波　周志华　张　擎　刘斯聪　杨　曦)

【优惠贷款和援外工程】　安提瓜和巴布达V.C.伯德国际机场新航站楼工程　2011年4月签约,合同投资

3 亿元,建筑面积 16447 平方米。由中土集团援外部组织实施。截至 2014 年底,开工累计完成投资 22643 万元。

安提瓜和巴布达 V. C. 伯德国际机场新航站楼二期扩建工程　2012 年 9 月签约,合同投资 2.8 亿元。由中土集团援外部组织实施。截至 2014 年底,开工累计完成投资 19686 万元。

库克拉罗汤加供水管网升级改造工程　补充合同于 2012 年 11 月签约,合同投资 1.17 亿元。由中土集团援外部组织实施。截至 2014 年底,开工累计完成投资 1799 万元。

坦赞铁路第 15 期技术合作项目　2012 年 12 月签约,合同投资 9950 万元。由中土集团援外部组织实施。截至 2014 年底,开工累计完成投资 3509 万元。

援安提瓜和巴布达板球场三期技术合作项目　2012 年 11 月签约,合同投资 540 万元。援多米尼克板球场技术合作三期项目 2011 年 12 月签约,合同投资 659 万元。由中土集团援外部组织实施。截至 2014 年底,开工累计完成投资 160 万元。

援科摩罗机场技术合作二期项目　2011 年 12 月签约,合同投资 637 万元。由中土集团援外部组织实施。截至 2014 年底,开工累计完成投资 318 万元。

坦赞铁路第 14 期技术合作项目　2009 年 12 月签约,合同投资 2.7 亿元。由中土集团援外部组织实施。截至 2014 年底,开工累计完成投资 25927 万元。

汤加警察局改造工程　2013 年 10 月 3 日签约,合同投资 308 万元,计划 2014 年 10 月 2 日竣工。截至 2014 年底,开工累计完成投资 291 万元。

汤加机场消防楼工程　2013 年 5 月 16 日签约,合同投资 361.07 万元,2014 年 3 月 30 日竣工。截至 2014 年底,开工累计完成投资 199 万元。

援喀麦隆职业技术中学工程　2013 年 8 月 22 日签约,建筑面积 8000 平方米,合同投资 7110 万元,计划 2015 年 5 月 31 日竣工。截至 2014 年底,开工累计完成投资 1920 万元。

援安提瓜和巴布达中学工程　2013 年 10 月 20 日签约,建筑面积 6832.63 平方米,合同投资 7496 万元,计划 2014 年 11 月 29 日竣工。截至 2014 年底,开工累计完成投资 3351 万元。

援马里医疗队住房工程　2013 年 2 月 16 日签约,建筑面积 3400 平方米,合同投资 2898 万元。2014 年 3 月 20 日竣工。

援土库曼斯坦客运机车及零配件项目　2013 年 8 月 2 日签约,供应两辆功率为 3680 千瓦的 CKD9A 型客运机车和机车配件,合同投资 4829 万元,计划 2014 年 3 月 20 日完成。截至 2014 年底,开工累计完成投资 2897 万元。

瓦努阿图公路升级改造项目一期工程　2013 年 7 月 12 日签约,合同投资 3.5 亿元,计划 2019 年 4 月 30 日竣工。

古巴供水管道防漏水工程设备项目　2013 年 6 月 19 日签约,合同投资 2697 万元。截至 2014 年底,开工累计完成投资 2677 万元。

援科摩罗莫罗尼机场第三期技术合作项目　2013 年 12 月 13 日签约,合同投资 438 万元。截至 2014 年底,开工累计完成投资 131 万元。

援多米尼克体育场第四期技术合作项目　2013 年 12 月 13 日签约,合同投资 446 万元。截至 2014 年底,开工累计完成投资 272 万元。

古巴城市环保设备项目　2014 年 1 月 26 日签约,合同投资 3819 万元。截至 2014 年底,开工累计完成投资 3819 万元。

援厄立特里亚科技学院项目一期工程　2014 年 6 月 24 日签约,合同投资 14896 万元,工期 720 天。主要工程量:新建科学学院图书馆、行政楼、实验室、教学楼、设备用房等,并提供部分教学家具和设备,总建筑面积 1.8 万平方米。由中土集团公司援外部组织实施。

中国驻瓦努阿图大使馆馆舍新建工程　2014 年 10 月 18 日签约,合同投资 5637 万元,工期 540 天。主要工程量:为中国驻瓦努阿图大使馆新建馆舍,建筑面积 4595 平方米。由中土集团公司援外部组织实施。

汤加退休基金委员会新办公楼工程　2014 年 11 月 26 日签约,合同投资 2662 万元,工期 210 天。主要工程量:新建 1800 平方米的 3 层钢筋混凝土框架结构办公楼(包括土建、装修、中央空调、大型发电机、奥的斯电梯、监控、消防预警、给排水等专业工程)、530 平方米的场内混凝土地面停车位及路面、400 平方米的砌块砖路面以及水塔、化粪池、场地围墙、大门。由中土集团公司援外部组织实施。

其他新签经济援助工程　总计 8 个项目:摩洛哥建筑工程技术学校技术合作项目可行性考察任务,汤加监狱食堂工程、道路全标志、私人超市地下基础、私人超市、改造和重新铺设 NIULOA 道路工程,援坦赞铁路第 15 期技术合作项目下公务配件,援库克群岛工程机械设备项目等。合同总投资 4999 万元。2014 年完成投资 95 万元。由中土集团援外部组织实施。

其他援外及在建工程　总计 9 个项目:援科摩罗机场技术合作二期项目补充,援安提瓜和巴布达板球场三期技术合作项目补充,援多米尼克体育场第三期技术合作项目补充(保值),援坦赞铁路第 15 期技术合作项目下提供 2 台起重机、装卸设备、3 万根枕木、5

台轨道车和专家协调组、技术人员培训、轨枕厂项目，汤加度假村项目等。合同总投资 13693 万元。截至 2014 年底，开工累计完成总投资 4327 万元。

（郑 浩）

【港澳工程】 澳门台山中街公共房屋建造工程　位于澳门青洲大马路、花地玛教会路。业主为澳门特别行政区政府建设发展办公室。合同投资 5775. 3 万美元，合同工期 2011 年 8 月 29 日—2013 年 9 月 21 日。工程由 1 栋 32 层塔楼、3 层裙楼及 3 层地库组成，建筑面积 49481. 51 平方米。中国土木工程（澳门）公司承建。房屋建造由于紧邻 3 栋约 50 年楼龄的旧楼，且在施工前发现并检测到 3 栋楼均有墙面裂缝、钢筋锈蚀、外墙抹灰空鼓、混凝土剥落等结构老化缺陷，充分暴露出地基稳定性差的风险，及时向业主提交检测报告。随着项目基础工程的逐步开展，3 栋旧楼出现局部不均匀沉降，虽经项目业主、设计公司、顾问公司等各方对施工方法、施工顺序及钻孔桩对周边土体的影响进行详细的分析及监测，并调整施工方法及施工节奏，仍不能完全控制旧楼的轻微沉降和局部墙体裂缝，澳门政府建设发展办公室于 2012 年 5 月底决定中止项目建设。2013 年就项目停工向业主形成中期结算报告。

驻澳门部队 2012 工程第 2 标段工程　位于澳门氹仔望德圣母湾大马路 708 号。建设单位是中国人民解放军驻澳门部队。合同投资 6557 万港元，合同工期 400 天。公寓高 10 层 36. 15 米，建筑面积 7352 平方米。2012 年 11 月 1 日开工。由中国土木工程（澳门）公司组织实施。2014 年 10 月，通过竣工验收移交。

驻澳门部队 2012 工程第 5 标段工程　位于澳门氹仔望德圣母湾大马路 708 号。建设单位是中国人民解放军驻澳门部队。合同投资 4550 万港元，合同工期 120 天，2014 年 3 月开工。主要工程量：前 4 个标段的配套工程，包括道路、管道、检查井、围墙、室外停车场等。由中国土木工程（澳门）公司组织实施。2014 年 7 月，通过竣工验收移交。

澳门新竹苑酒店 2 号楼装修工程　位于澳门竹室正街 2 号。建设单位是中央人民政府驻澳门联络办行政财务部。合同投资 2000 万港元，合同工期 180 天，2014 年 3 月开工。由中国土木工程（澳门）公司组织实施。2014 年 10 月 16 日，通过竣工验收移交。

澳门氹仔松树尾社区中心建造工程松树尾基础钻孔灌注桩分包项目　合同投资 2520 万澳门元，合同工期 7 个月，2014 年 6 月开工。建设单位是澳门年土地工务运输局，由中国土木工程（澳门）有限公司分包组织实施。主要工程量：为 RCD 反循环钻孔灌注桩，建造 24 支直径 1. 5 米、36 支直径 1 米基础钻孔灌注桩，单桩钻孔深度约 42 米，有效桩长约 20 米。是中土澳门公司调整经营思路和业务结构承揽的第 1 个分包项目。截至 2014 年底，开工累计完成投资 1150 万澳门元。

（尚书仁）

【境内工程】 深圳横岗车辆段上盖保障性住房及相关配套一期工程　业主为深圳市地铁 3 号线投资有限公司。占地面积 8. 55 万平方米，建筑面积 17 万平方米，保障性住房 15 栋、商品房 3 栋，为 18 栋联体 12 层小高层，是深圳横岗双层车辆段 3105 标段的楼面施工工程。合同投资 63121 万元，2010 年 10 月 12 日开工，合同工期 456 天。中土集团珠海分公司承建。2014 年 3 月 26 日通过竣工验收。

莞惠城际轨道交通项目 GZH－13 标段工程　位于广东省惠州市惠城区。正线长 3845 双线延长米，全部为单线双洞隧道工程。采用矿山法、明挖法施工，其中，暗挖隧道 3561 双线延长米、明挖隧道 284 双线延长米。合同投资 65248 万元，第三版分标概算投资 8. 3 亿元，合同工期 2013 年 10 月，2009 年 9 月 18 日开工。中土集团珠海分公司承建。2014 年 4 月 2 日，暗挖隧道全线贯通。截至 2014 年底，开工累计完成投资 8. 773 亿元。

乐清新农村建设旧城改造“二区五路”工程安置房工程　位于浙江省乐清市，开发市中心 G－a12、G－a13 号地块，建设 26 栋高层住宅、2481 套安置房，总建筑面积 46. 61 万平方米，为 BT（建设—转让）项目。2011 年 12 月 21 日签约，合同投资 14. 71 亿元。合同工期自 2012 年 4 月 17 日起算，其中 G－a13 号地块工期 911 天，G－a12 号地块 1276 天。中土集团开发建设。截至 2014 年底，开工累计完成投资 106133. 86 万元。

山东临沂御山河项目一期工程　由临沂假日星瀚置业有限公司投资开发，建筑面积 33 万平方米，总投资约 8 亿元。中土集团南方公司中标一、二期工程。其中，一期合同投资 6500 万元，2012 年 7 月 7 日签约，合同工期 365 天；二期合同投资 6500 万元，2013 年 9 月 20 日签约，合同工期 330 天。2014 年通过竣工验收。

珠海市西部中心城区首期开发区域（B 片区）基础设施工程 ZHSG－1 标段工程　位于广东省珠海市西部地区。包括道路、桥梁、交通、安监等工程及道路管线、照明、公共设施、填土整平等施工。建设单位是中铁建珠海投资开发有限公司和珠海市西部城区开发建设局。合同投资 12 亿元，合同工期 33 个月，2013 年 9 月 20 日开工。截至 2014 年底，开工累计完成投资 13914 万元。

广州增城国际花园建造工程　位于广东省广州市增城朱村街凤岗村。建设单位是广州增城中铁房地产置业有限公司。合同投资30358万元，合同工期530天。建造7栋塔楼及北区地下室，建筑面积12.68万平方米。截至2014年底，开工累计完成投资8000万元。

湛江港散货铁路工程　位于广东省湛江市霞山区宝满工业城东侧，为散货装车场。主要包括路基、线路、道口、通信、信号及信息、房建、室内照明、暖通、给排水施工、装车楼基础、装车楼牵车系统基础、火车装车区辅助生产用房以及轨道衡采购安装、相关行车安全设施等项目的土建、采购、安装等工程。建设单位是湛江港（集团）股份有限公司。合同投资7607.9万元，合同工期210天。截至2014年底，开工累计完成投资6260万元。（林　徽　罗小青）

【生产经营】　(1)经营指标完成情况。2014年，中土集团拆分划转前新签合同额849.60亿元，为年度计划的194.9%；完成营业额203.14亿元，为年度计划的101%；实现营业收入151.95亿元，为年度计划的105.26%；实现净利润3.62亿元，为年度计划的109.94%。拆分划转后中土集团新签合同额74.64亿元。其中，国际工程承包业务板块50.48亿元；经济援助业务板块4.66亿元；设计咨询业务板块2亿元；国内工程承包业务板块3.40亿元；商贸地产及其他业务板块14.1亿元。完成营业额112.93亿元。其中，国际工程承包业务板块84.45亿元；经济援助业务板块5.04亿元，设计咨询业务板块0.39亿元，国内工程承包业务板块5.95亿元，商贸地产及其他业务板块17.1亿元。实现营业收入72.5亿元，净利润-0.64亿元。(2)项目承揽。2014年，中土集团新签项目54个。其中，吉布提多功能港口项目，合同额25.7亿元；沙特利雅得阿吉立交桥项目，合同额3.1亿元。（郭子岩）

【市场开发】　中土集团强力推进市场全球化布局，在新加坡、塞尔维亚、罗马尼亚、阿联酋迪拜等注册成立4家常驻机构，在布隆迪、乌干达、索马里、厄立特里亚、肯尼亚、巴基斯坦等6个新市场获得项目。截至2014年底，在境外45个国家和地区拥有常驻机构并开展实质性业务。年内签署了埃塞米埃索至德雷达瓦公路、吉布提北线铁路、肯尼亚北部交通走廊、埃及铁路改造、伊朗德黑兰郊区轻轨、孟加拉复线铁路、亚美尼亚铁路等大型项目备忘录。（郭子岩）

【市场建设】　国际工程承包业务板块。(1)非洲区域市场贯彻“深度开发既有市场，大力开拓新市场”的思路，不断扩大经营规模。埃塞俄比亚市场加大对铁路、公路等领域的开发力度，铁路研究院等重点项目有序推进。吉布提市场签约多功能港口、新机场等大型项目，经营成果显著。先后签订索马里博萨索机场扩建项目、布隆迪边境检查站项目、肯尼亚旁城公路等项目合同，实现进入市场目标。签约乌干达2个公路修复项目，中土集团重返乌干达市场。(2)中东区域市场抓住海湾国家基础设施建设高潮契机，拓展新市场和新领域。阿尔及利亚公司积极参与铁路、有轨电车、房建等项目的投标，努力扩大经营规模。签约阿联酋公路桥梁项目，经营规模取得历史性突破。沙特市场狠抓铁路和市政工程领域，经营方式实现由工程分包向总包的转变。伊拉克、伊朗、卡塔尔、科威特、约旦等市场经营工作得到推进。(3)亚大区域市场经营取得一定成效。新加坡市场签约万礼车辆段打桩和预制构件项目，实现初步发展。巴基斯坦2条公路项目授标，合同额10.6亿元。印度尼西亚尼轨料供货项目中标，合同额13.6亿元。孟加拉、蒙古、泰国、马来西亚、老挝、柬埔寨、巴新等市场开发力度加大。欧洲区域市场在拓展既有市场的同时，加大区域开发力度。土耳其公司把握安伊高速铁路项目正式投入运营的有利影响，全力追踪东西高速铁路项目。以色列市场积极参与铁路、隧道及市政项目投标。波兰市场抓好别墅出租工作。欧代处发挥欧洲经营中心的作用，开发匈牙利、塞尔维亚、罗马尼亚、波黑、马其顿等市场。(4)美洲区域市场确定重点开发市场和追踪项目。阿根廷、委内瑞拉、智利等市场常驻机构注册工作有序推进。两洋铁路、厄瓜多尔基多地铁、玻利维亚穆通铁路等重点项目跟踪力度不断加大。巴西市场催收欠款，追踪高铁项目。(5)欧亚区域市场重点关注“一带一路”战略和地区互联互通交通规划，市场布局逐步到位。俄罗斯市场参与勒拿河公路桥PPP项目的竞标，积累经验。塔吉克斯坦亚旺铁路项目的银行贷款协议签署。

港澳板块。港澳区域市场整合资源，经营态势总体保持稳定。中土澳门公司克服不利因素，积极参与澳门政府和私人投资的项目投标，全面完成各项经营指标。中铁澳门公司年内新签项目3个，经营规模保持平稳。中土集团采取优贷、优买、商贷等多种融资方式，为项目的承揽和实施创造条件，全年收到金融机构放款5.3亿美元，收到各类金融机构开具的融资兴趣函8份，“以融资促承包”能力显著提升。

经济援助业务板块。全年新签合同21个，其中援厄立特里亚科技学院是中土集团在厄第一个项目。签署巴巴多斯游艇码头项目备忘录，法属波利尼西亚、密克罗尼西亚等新市场的开拓力度加大，坦赞铁路振兴项目积极推进。截至2014年底，中土集团公司经济援助业务遍布亚洲、非洲、南太、加勒比地区的14个国家，签订项目合同额37.1亿元，成为中土集团业务板块中的重要组成部分。

国内工程承包业务板块。年内新签广州增城国际花园、珠海市技工学校等项目。浙江乐清旧城改造BT项目有16栋楼完成封顶，1标段完成验收，开工累计完成总投资的69.7%，为顺利回购奠定基础。莞惠城际轨道交通项目、珠海西部中心城区基础设施项目施工稳步推进。成立东莞分公司和南京区域经营指挥部，重点追踪“珠三角”“长三角”地区的工程项目，完善区域布局。

设计咨询业务板块。阿尔及利亚55千米铁路、埃塞俄比亚—吉布提铁路等重点项目的设计工作有序推进，肯尼亚、乌干达、卢旺达3国铁路项目完成贯通方案考察合计约3600千米，非洲铁路网现状及初步规划研究工作积极推进。境内市场成功实施勘测设计咨询、监理以及承包项目55个，市场业务实现稳定增长。

地产商贸及其他业务板块。2014年，坦桑尼亚奥斯特贝住宅项目累计完成投资5370万元，开工累计完成1.08万平方米；四川成都成华区商业项目累计完成投资2.36亿元；海南华发大厦、广州凯源酒店物业租赁业务总体平稳。中土国贸参与中国铁路总公司利用外资贷款投标业务，全年新签合同额3.84亿元。埃塞俄比亚—吉布提铁路运营项目取得进展，埃塞方正式提出与中方合作实施运营的建议。在投资方面，吉布提铁路10%股权投资得到股份公司批复。（郭子岩）

【在建项目管理】 强化项目管控。中土集团调整项目管理机构，采取“项目分级管理，合作单位分类管理”方式，加大集中管控力度。定期召开生产调度会，及时、有效传递项目信息，加强对“三重项目”的管控。落实安全包保责任状，开展安全、质量检查和QC小组活动。推进节能减排和“质量、环境和职业健康安全”管理体系贯标工作。加强重点项目成本核算，开展亏损项目整治，坦桑尼亚中央铁路桥等4个项目实现扭亏为盈。加强二次经营工作，年内实现变更索赔11亿元。全年完成铺轨425千米，轨道铺架专业化施工水平进一步提高。全年采购供应设备物资12.7亿元，向境外派出各类人员500余人。

重点项目实施。土耳其安伊高速铁路二期项目于7月27日正式投入运营，是中国企业在海外成功实施的第一个高速铁路项目，对推动中国高速铁路“走出去”具有重要战略意义，极大地提升了集团公司的影响力。埃塞—吉布提铁路项目埃塞段5月8日开始铺轨，12月8日启动接触网施工，吉布提段路基、涵洞、桥梁施工和铺轨施工进行顺利。吉布提多功能港口项目内部联营体协议签署，施工工作积极推进。阿尔及利亚55千米铁路项目5号补充协议获得批复，正在解决征地、设计、隧道施工等主要问题；175千米铁路项目已与业主就框架合同补充协议及二、三期应用合同主要原则达成共识，正在筹备签约和复工。沙特南北铁路CTW400项目施工质量良好，累计完成正线铺轨430.8千米；麦麦高速铁路桥涵项目开工。以色列吉隆隧道项目于4月23日提前贯通，安全、质量、进度均获得到业主好评。澳门轻轨C350项目施工步入正轨，工期滞后的局面得到改善。截至2014年底，中土集团责任成本管控项目113个，中标合同额795亿元。

（郭子岩）

【重组划转和机构整合工作】 2014年，中土集团经历两次重组划转。根据股份公司《关于重组恢复设立中铁建中非建设有限公司的决定》，为配合划转和复核审计工作，集团公司成立重组划转领导小组，组织召开专题会11次，向股份公司作专题汇报10次，完成部分机构、人员、资产等划转工作。10月13日，集团公司召开干部职工大会，发布《中土集团公司改革发展、机构整合的实施意见》，对集团公司管理模式、业务结构、发展目标、组织机构等进行调整。一是将集团公司归集为企业管理、党群管理、经营开发、工程管理、财务管理五大管理系统；二是将公司经营业务划分为国际工程承包、经援、设计咨询、国内工程承包、商贸地产及其他五大业务板块；三是调整制定集团公司2015—2017年3年滚动发展目标，确保完成股份公司下达的年度任务指标，尽快恢复集团公司原有规模；四是调整组织机构和区域市场布局，成立经营开发中心和工程管理中心，设立7个海外区域事业部和3家直属公司。

（郭子岩）

【管理工作】 人力资源管理。中土集团完成大量的部门调整和人员调配工作，保证了职工队伍的稳定。加大人才引进力度，推进职称评审和执业资格注册工作，优化员工结构。完善待遇管理制度，职工薪酬实现增长。编印“中土人自己讲”资料汇编，做好各项培训工作。财务管理。加强资金集中管理，严格用款审批，确保企业资金链的安全。强化财务支持和保障功能，全年办理集团公司综合授信额度261.94亿元，新开和展期各类保函、信用证69份，有效支持生产经营。加强内部审计监督，完成自审自查工作。推进财务制度和人才队伍建设。信息化建设和科技工作。落实“以信息化为手段，全面提升基础管理水平”的要求，启动内网门户与工作流建设项目，稳步推进综合项目管理系统。参加中国工程院重大咨询项目——《中国铁路“走出去”发展战略》的研究，获得北京市科学技术三等奖 1 项、国家级工法 2 项、发明专利 1 项。

其他管理工作。内控及风险防控工作不断加强,海外风险管控取得实效。全年因公派出长期和临时团组 836 批 2965 人次。法律事务工作扎实,各类诉讼和仲裁案件发案率维持较低水平。效能监察工作有效促进公司资产保值增值和健康发展。行政管理和综合治理工作取得新成绩,集团公司再次被评为海淀区交通安全先进单位。 (郭子岩)

【党的工作】 中土集团党委下辖二级党委 6 个、党总支 2 个、党支部 40 个,有党员 869 名。其中,职工党员 596 名,离退休党员 134 名;国内在职党员 462 名,境外在职党员 134 名。发展新党员 26 人。(1)领导班子建设。集团公司党委全年组织中心组集中学习 6 次,进一步明确企业发展思路,提高班子成员科学决策能力。严格执行"三重一大"决策制度,重大事项坚持上会集体决策。在管理提升活动的带动下,集团公司所属基层党组织多数制定议事规则,出台"三重一大"决策制度具体实施办法,增强基层单位决策的规范性。(2)组织建设。规范干部人事工作,完善集团公司人事管理制度,组织修订、出台有关管理制度性文件 10 项。规范干部选拔聘用,集体讨论研究 88 人的岗位变动事宜,其中提职、提级 49 人,进一步将"想干事、会干事、干成事"的干部选拔到各级领导岗位上,充实完善各二级单位领导班子。加强党务人员队伍建设,组织 30 余名专兼职党务工作者参加股份公司党委举办的业务培训,举办集团公司职工干部培训班和入党积极分子培训班。配齐专职党务人员,专职党组织书记数量不断增加,部分二级单位在其所属的部分地区经理部配备专职支部书记。严格党员发展标准,集团公司党委根据中央和股份公司党委"保证质量、慎重发展"的要求,严格执行发展党员程序,从源头上保证党员队伍的纯洁性,全年发展党员 26 名。强化党员队伍管理,开展党员承诺践诺、党员示范岗、先锋号等活动,广大党员立足岗位创先争优,有力地促进各项工作任务的完成。积极开展基层党支部活动,基层党建的活力和氛围进一步提升。(3)宣传工作。学习先进典型。年内,中土尼日利亚公司张坚东获中国铁建十佳道德模范。集团公司党委组织学习张坚东"扎根海外、奉献海外"的先进事迹活动,为集团公司海外事业发展凝聚正能量。围绕重大项目施工,开展阿卡铁路"旱季大干二百天"、埃塞铁路"大干二百天"、土耳其高铁"大干六个月"等活动,重大项目实现突破。推进企业文化建设。推广"中国土木"品牌。出台《中国土木 VI 手册》,所属各单位结合实际情况认真使用新版标志,"中国土木"品牌形象得到全面推广。建设企业文化载体。荣誉室各项筹备工作顺利推进,布展方案基本成型。《中国土木》杂志社坚持用心办刊,紧扣热点组稿,办刊质量不断提升。做好新闻宣传工作。抓重大项目宣传。年内,集团公司组织人民日报社、新华社、中央电视台等中央主流媒体对土耳其安伊高速铁路进行宣传报道,引起各界强烈反响,提升了集团公司的品牌影响力。加强属地化宣传。根据海外经营的实际需要,各驻外机构因地制宜开展企业外宣工作,利用项目开竣工、当地政要视察等时机,在当地主流电视台、报刊等媒体进行宣传报道,为集团公司海外长远发展营造良好的舆论环境。 (郭子岩)

【纪检监察】 中土集团公司纪委下设纪委办公室和纪检监察室(监察部)。2014 年,集团公司纪委组织召开年度党风建设和反腐倡廉工作会议,中层以上干部 163 人参加会议。会议邀请专家作关于制度反腐的专题报告。结合党的群众路线教育实践活动及贯彻落实中央"八项规定"精神,组织开展第二个"反腐倡廉宣传教育月"活动。充分利用集团公司内部局域网平台,加大反腐倡廉宣传力度,全年更新 10 期《廉洁教育》栏目内容。签订"党风廉政建设责任书"47 份。继续落实特派监察专员制度,年内集团公司向沙特分公司、土耳其分公司派驻监察专员;根据 3 年多的工作实践,组织撰写《关于海外特派监察专员制度的探索与实践》,并上报股份公司纪委,该制度对海外资产的保值增值和海外市场的健康发展发挥了积极作用。加强集团公司治理和内部控制,防治舞弊,降低企业风险,规范经营行为,维护公司合法权益,确保集团公司经营目标的实现和持续、稳定、健康发展,研究制订《中土集团公司反舞弊与举报管理办法(试行)》。下发中土集团《关于开展 2014 年效能监察工作的通知》,重点安排对亏损市场的效能监察,开展贯彻落实中央"八项规定"情况及厉行节约的专项检查。2014 年,两级公司组成 16 个工作组,派出 52 人,对 20 个项目开展效能监察。根据举报,集团公司纪委派出 3 个案件核查组,对 3 个市场国举报进行认真调查,形成报告并向上级纪委进行汇报。在股份公司纪委主要领导带领下,数次向国资委纪委就有关举报事项作出回复、整改和报告。配合国家有关部委进行案件调查和取证工作。充分发挥群众的监督作用,在集团公司网站增设"网络举报"邮箱,进一步畅通投诉举报渠道。2014 年,集团公司纪委收到案件线索 5 个,了结处理 2 个,正在调查核实 3 个。参与股份公司纪委与最高检察院职务犯罪预防厅联合成立的课题组,针对企业自身廉政风险及国际商业贿赂风险开展调研,建立长期检企合作。年内,集团公司召开 4 次纪委(扩大)会议,学习传达习近平、王岐山在十八届中央纪委第三次全会上的讲话、中央企业反腐倡廉建设工作会议精神，股份公司2014年党风建设和反腐倡廉工作要点及股份公司2014年效能监察指导意见；研究讨论股份公司《落实两个责任深化“三转”工作专题调研活动方案》。

（王筱洁）

【工会工作】 中土集团工会下辖6个基层组织，9家境外职工之家，12家境外职工小家，工会会员881人。(1)加强职工思想引领。针对集团公司重组划转过程中职工思想情绪的波动，努力做好职工队伍稳定和思想教育工作，先后组织开展“统一思想、凝心聚力，全面迎接新挑战”的知识问答活动，以及劳动竞赛、技能比拼等活动，团结带领广大职工为公司发展建功立业。(2)推进“三项工程”建设。加大境外职工之家建设力度，畅通一线沟通渠道，开设基层工会、境外职工之家QQ群；重视境外“职工书屋”建设，开展“送书下基层”活动；充分发挥职代会职能，召开公司二届二次职工代表大会，认真做好干部民主测评和职工代表提案落实等重点工作；积极开展工资集体协商，2014年职工工资在原有基础上增长10%。(3)为职工办实事。保持与“明天十幼”铁路园的牵手共建关系，与集团公司周边中小学联系，沟通、磋商共建事宜；下发《中土集团职工申请医疗困难补助（暂行）管理办法》，建立疾病帮扶长效机制；在集团公司OA办公平台开设“真我风采”单身青年职工交友平台；针对安全生产、埃博拉病毒、疾病预防、雾霾天气和普法教育等，开展知识答题、发布温馨小贴士、下发疾病防范通知等。开展创先争优，选树典型，做好集团公司先进集体、先进个人和优秀工作者评比，参与股份公司各类评先表彰。开展文体活动。组织演讲朗诵比赛、情景剧排演、微电影拍摄等活动；发挥职工体协作用，开展新老员工乒乓球和足球友谊赛、在京职工2014年度职工乒乓球比赛等体育活动，丰富职工文化生活。开展“送温暖”活动。为出国职工家属寄送春节大礼包，组织“慰问出国职工家属”新春团拜会，关心离退休老同志、生病职工。(4)女工工作。认真做好女工“四期保护”和计划生育工作，组织女工参加“书香三八”读书征文、“幸福家庭”评比和“三八”女工游园活动等。(5)规范工会财务管理。加大对基层工会经费审计监督力度，对所属各单位工会经费的收缴和上缴情况进行清理和催缴。做好工会财务自查工作，对中土大厦、北方公司、南方公司工会财务账目自查情况进行检查。（陈莉莉）

【共青团工作】 中土集团团委下辖团委2个、团总支4个、直属团支部13个，团员357人。2014年，中土集团团委以共青团十七届二中全会精神和铁建团委一届六次（全委）扩大会精神为指引，以服务企业、融入中心，发挥企业团组织作用为主旨，以教育青年、服务青年，提升青年整体素质为出发点开展工作。充分发挥“中土青年视界讲堂”在拓宽青年视野、提升青年能力中的积极作用，通过开展“书香伴我行助力青年梦”送书下基层活动和在公司OA办公平台开设“悦读书”专栏等形式打造“中土青年视界讲堂”课余版。在集团公司办公平台设立“真我风采”单身青年职工交友平台，帮助青年职工尤其是境外一线职工解决交友、婚恋问题。经股份公司团委推荐，中土尼日利亚拉各斯轻轨项目作为唯一一家海外工程基层青年文明号集体参加由共青团中央、全国创建“青年文明号”活动组委会举办的“岗位建功创一流文明点亮中国梦”青年文明号20周年交流展示活动并进行示范承诺。与中联部机关团委联合举办以“学习、交流、合作”为主题的中国企业“走出去”国际交流青年座谈会，为团员青年分享和交流中国企业“走出去”的做法和经验提供机会。在“五四”期间，组织在京团员青年参观铁道兵纪念馆暨中国铁建展览馆，境内外团组织相继开展各具特色的“五四”主题活动。在新员工入职培训期间，配合人力部门组织开展新老员工篮球赛和主题素质拓展训练。开展集团公司第二届“十大杰出青年”评选、公司PPT展示模板征集和“安全生产、青年当先”团员青年安全生产月特色活动等。年内成立埃塞俄比亚工程有限公司团总支。（陈莉莉）

【中土国际贸易有限公司】 驻北京市宣武门西大街28号大成广场7门1101—1108室。前身是中国土木工程集团公司贸易部，1998年5月14日注册成立具有独立法人资格的有限责任公司，注册资本2100万元。

（国际贸易公司）

【中土集团南方建设有限公司】 2011年8月30日，上海中土实业有限公司与中国土木工程集团有限公司珠海分公司合并；2012年2月7日正式成立。公司驻广东省珠海市香洲区香工路18号金地门道B2区43栋。下辖浙江乐清旧城改造安置房BT工程、莞惠城际轨道GZH－13标段工程、横岗车辆段上盖保障性住房工程、山东临沂御山河工程、湛江港散货铁路工程、广州增城国际花园工程、珠海市技工学校新校址施工工程、珠海市西部中心城区首期开发区域（B片区）基础设施工程ZHSG－1标段工程8个项目部。董事总经理朱小刚，党委书记李继江。资产总额209110万元。其中，流动资产206453万元，固定资产原值3881万元。员工120人，其中工程技术人员45人。

2014 年新签合同额 4.9 亿元，完成营业额 72955 万元。（罗小青）

【中土集团福州勘察设计研究院有限公司】 驻福建省福州市晋安区火车站沁园支路 41 号。原为上海铁路局福州勘测设计院，1958 年 8 月成立；2004 年 2 月划归铁道第四勘察设计院管理，更名为铁道第四勘察设计院福州勘察设计院；2007 年 10 月改制为福建铁四院勘察设计研究院有限公司，2009 年 10 月 12 日划归中国土木工程集团有限公司管理，2010 年 6 月 22 日改为现名。系铁道行业甲（Ⅱ）级勘测设计单位，拥有市政行业（轨道交通工程）专业甲级、建筑行业（建筑工程）甲级、工程勘察专业类岩土工程甲级、测量工程甲级、工程监理提到行业甲级资质和铁路、水文地质、工程测量和岩土工程甲级工程咨询资质。下设线路站场设计所（含信号设计室）、桥梁隧道设计所、地路设计所、工程经济所、建筑设计所（下设房建设计室、给排水设备设计室、电气设计室、通信设计室）、四电设计所、测量队 7 个生产部门，下辖岩土工程公司、监理分公司、工程总承包部 3 个非法人子公司。董事总经理高嵩（中土集团总经理助理兼任），党委书记沈铁锋。职工 237 人（社聘 16 人）。其中，干部 184 人（含技术干部）；工人 37 人（含离、待岗人员和技术工人 31 人）。资产总额 8220 万元。

2014 年新签合同额 10026.05 万元，完成营业收入 10003 万元，实现利润 260 万元。职工年人均收入 16.74 万元。年内，公司关于埃塞俄比亚铁路 Mieso－Dewele 可行性研究报告、福州江阴港铁路支线可行性研究报告分别获福建省 2013 年度优秀工程咨询成果一等奖、优秀工程咨询成果三等奖，公司获评福建省直机关 2012—2014 年度文明单位，被评为福建省高新技术企业。（郑礼福）

【中土东非有限公司】 驻坦桑尼亚首都达累斯萨拉姆市。2007 年 1 月 1 日成立。拥有坦桑尼亚房建工程承包一级、土木工程一级资质，乌干达、卢旺达工程承包资质。下辖坦桑尼亚摩洛哥罗公路项目经理部，坦桑尼亚达累斯萨拉姆市地区、多多马地区、塔博拉地区、乌干达地区、卢旺达地区、布隆迪地区、肯尼亚地区 7 个地区经理部和 58 千米公路工程项目经理部。总经理王磊（12 月免），总经理姜义高（12 月任）。职工 386 人。资产总额 73472.64 万元。其中，固定资产原值 18628.66 万元、净值 5183.15 万元；流动资产 62473.96 万元。机械运输设备 951 台（套），现值 2817.54 万元，总功率 73890.8 千瓦，动力装备率 11.4 千瓦/人，设备完好率 90%，利用率 90%。机械化施工程度 83%，年施工能力 35300 万元。

2014 年新签合同额 79315.71 万元，完成营业额 57696.25 万元，实现利润 397.06 万元，人均创利 1.17 万元。全员劳动生产率 37.29 万元/人年，职工年人均收入 7.66 万元。国有资产保值增值率 133.9%，净资产收益率 0.54%，产值利润率 0.8%，投资回报率 2.13%，资产负债率 97.53%。（刘斯聪）

【中土埃塞俄比亚工程有限公司】 驻埃塞俄比亚亚的斯市。2012 年 3 月 9 日注册成立埃塞俄比亚米埃索—达瓦利铁路项目经理部；6 月 19 日，注册成立中土埃塞俄比亚工程有限公司。拥有埃塞俄比亚一级总承包商资质。主要业务：实施米埃索—达瓦利铁路项目，开拓埃塞俄比亚、吉布提、索马里、南苏丹、厄尔特利亚等 5 国建筑市场。下辖埃塞—吉布提铁路、吉布提 N1 公路修复、吉布提多哈雷多功能港口、索马里博萨索机场升级改造及埃塞保利协鑫油气田进场道路工程等 6 个项目经理部。总经理李吾良。员工 10682 人。其中，公司员工 53 人；社聘人员 51 人；中方人员 1288 人；当地员工 9290 人。资产总额 47.15 亿元。

2014 年完成营业收入 30.28 亿元，实现利润 9718 万元。（杨源源）

【中国土木阿尔及利亚有限公司】 驻阿尔及利亚首都阿尔及尔。前身为中土阿尔及利亚办事处，2003 年设立；2007 年 9 月改制为现名。主要经营铁路、水利、房建和大型公共工程及土木工程的承包施工及设计，工程设备租赁，相关领域技术建立和咨询等。下辖 67 千米铁路复线、55 千米铁路复线、175 千米铁路电气化新线、东西高速公路 M6 标段、西部区域房建项目等 5 个项目经理部。总经理初厚才（中土集团副总经理兼任，10 月调离），总经理陈振河（10 月任）。职工 1649 人，其中外籍员工 808 人。资产总额 9.74 亿元。其中，固定资产原值 1.76 亿元、净值 1272.34 万元；流动资产 9.62 亿元。机械设备 300 台（套），净值 896 万元，总功率 41736.06 千瓦，动力装备率 732.21 千瓦/人，技术装备率 15.71 万元/人，设备完好率 60%、利用率 42%。

2014 年新签合同额 24582.13 万元，完成营业收入 54822.19 万元。人均创利－73.6 万元，全员劳动生产率－34.7 万元/人年。职工年人均收入 29.47 万元。国有资产保值增值率－1985.19%，净资产收益率 164.15%，产值利润率－17.33%，投资回报率－40.53%，资产负债率 116.96%。（安海涛）

【中土集团公司沙特阿拉伯分公司】 驻沙特阿拉伯

首都利雅得市。1999 年 2 月设立沙特代表处,2008 年 8 月 16 日注册成立中土集团公司沙特阿拉伯分公司。下辖南北铁路 CTW400、机修库、吉达阿齐兹地下道、利雅得阿哈立交桥、吉达麦麦高速铁路桥梁 5 个项目经理部。总经理文武。职工 830 人。其中,中方员工 413 人;沙籍及第三国劳务人员 382 人。资产总额 47678.14 万元。其中,固定资产原值 19416.82 万元、净值 5873.91 万元;流动资产 41804.17 万元。机械设备 339 台(套),总值 19785 万元,总功率 27000 千瓦,设备完好率 100%、利用率 100%。

2014 年新签合同额 42144 万元,完成营业收入 35437 万元。职工年人均收入 25.56 万元。 (宁 波)

【**中土集团公司阿拉伯联合酋长国分公司**】 驻阿拉伯联合酋长国阿布扎比市。1985 年经外经部批准组建,1986 年 6 月对外注册为中土公司阿布扎比分公司。拥有桥梁、隧道和地下道等混凝土结构工程特级资质和房建、钢结构工程一级资质。下辖新 Reem 岛桥梁、阿尔法拉城市立交桥和阿布扎比至迪拜新路 A 标段工程等 3 个项目经理部。总经理亓世军。员工 451 人。其中,中方社聘员工 45 人;外籍员工 392 人。资产总额 8044.14 万元。其中,固定资产原值 424.05 万元;流动资产 8032.58 万元。机械设备 5 台(套),设备完好率 60%、利用率 80%。2014 年新签合同额 20982 万元,完成营业收入 2925 万元。实现利润 102 万元。 (周志华 张 擎)

【**中国土木工程(香港)有限公司**】 驻香港九龙尖沙咀漆咸道南 39 号铁路大厦 23 楼。1986 年设立。主要经营工程承包、房地产及贸易等业务。总经理郁葱(兼)。 (亚大部)

【**中国土木工程(澳门)有限公司**】 驻澳门宋玉生广场 263 号中土大厦 22 楼 C-H 座。为中土集团全资子公司,1989 年 6 月以中土香港公司名义在澳门登记注册,2001 年 11 月 26 日正式成立。拥有澳门土木工程建筑牌照。主要经营建筑工程、设计咨询、房地产开发等业务。下辖中土物业管理公司、中土台山中街公共房屋建造工程和驻澳门部队 2012 工程第 2 标段、驻澳门部队 2012 工程第 5 标段、新竹苑酒店 2 号楼装修工程、澳博地练枪技术合作工程、松树尾基础钻孔灌注桩分包工程等 6 个项目经理部。总经理郁葱。员工 39 人,其中当地雇员 9 人。资产总额 11669 万元。其中,固定资产原值 13259 万元、净值 11730 万元;流动资产 9609 万元。

2014 年新签合同额 29500 万元,完成营业收入 1089.83 万元,实现利润 1089 万元。人均创利 30 万元,全员劳动生产率 30 万元/人年,职工年人均收入 20 万元。国有资产保值增值率 112.2%,净资产收益率 -27.86%,产值利润率 1.05%,资产负债率 129.27%。 (尚书仁)

【**中铁(澳门)有限公司**】 驻澳门友谊大马路南方大厦 1 楼。1989 年 6 月成立,1993 年经国家批准正式注册。先后隶属铁道部工程指挥部、中国铁道建筑总公司海外公司、中国土木工程集团公司。下辖中铁(澳门)职业介绍所有限公司、珠海中铁实业发展有限公司等 2 个全资子公司及 C350-轻轨一期氹仔市中心段建造工程、驻澳部队 2012 工程、成都街地下停车场后加工程等 3 个项目部。总经理马天罡(2 月任)。职工 74 人。资产总额 12900 万元。其中,固定资产 1116 万元;流动资产 11784 万元。

2014 年新签合同额 10000 万元,完成营业收入 14512 万元,实现利润 -8775 万元。 (于玉兰)

【**中国铁建土耳其安卡拉分公司**】 驻土耳其安卡拉市。2006 年 6 月注册成立。下辖土铁中土项目部、合包集团项目部(中方人员)、安卡拉办事处。总经理郑建兵。员工 74 人,其中当地雇员 45 人。固定资产原值 2689 万元、净值 603 万元;流动资产 46112 万元。机械运输设备 29 台(套),设备净值 195.342 万元,总功率 1587.5 千瓦,动力装备率 49.61 千瓦/人,技术装备率 6.1 万元/人,设备完好率 100%。

2014 年完成营业收入 26404.5 万元,实现利润 -33 万元。职工年人均收入 14.63 万元。国有资产保值增值率 25.51%,净资产收益率 3.36%,产值利润率 0.0012%,资产负债率 102%。 (李 白)

【**中土日本代表处**】 驻日本东京市。1984 年设立。代表蔡宇。 (蔡 宇)

【**中土集团公司欧洲代表处**】 驻德国法兰克福市。1984 年注册设立;2005 年 11 月划归土耳其安卡拉至伊斯坦布尔高速铁路Ⅱ期项目经理部,更名为土铁项目驻欧洲代表处;2013 年划归中土集团管理,更为现名。法人代表田丰。职工 3 人。 (田 丰)

【**中土以色列分公司**】 驻以色列特拉维夫市。前身是 1996 年设立的中土以色列代表处,2007 年 1 月 29 日改制注册现名。下辖吉隆隧道项目经理部。总经理姜爱民。职工 7 人。

2014 年完成营业收入 31095 万元,实现利润

624.5 万元。全员劳动生产率 128 万元/人年。净资产收益率 451.16%，产值利润率 3.35%，资产负债率 93.77%，应上缴款完成率 100%。（杨 曦）

【中国土木工程集团（俄罗斯）有限责任公司】 驻俄罗斯莫斯科市。2004 年 9 月注册，是中土集团的全资子公司。法人代表彭明宽。职工 2 人，其中当地雇员 1 人。（彭明宽）

【中国土木工程集团（波兰）有限公司】 驻波兰首都华沙。1993 年注册成立波兰代表处，1995 年 8 月成立中土波兰有限公司，1997 年 1 月更名为波兰华锐发展有限公司，2007 年 9 月更为现名。法人代表刘晓平。职工 7 人，其中当地雇员 5 人。在华沙拥有 30 套别墅，建筑面积 8316 平方米，土地面积 9565 平方米。资产总额 2373.43 万元。其中，固定资产原值 2381 万元、净值 917 万元；流动资产 652 万元。

2014 年新签出租、续租别墅合同 23 份，合同额 367 万元，完成营业收入 512 万元。国有资产保值增值率 86%。（刘晓平）

【中土巴西国际商业有限公司】 驻巴西圣保罗市。1994 年设立巴西代表处，1997 年 7 月注册成立中土（巴西）国际商业有限公司，是中土集团在巴西的全权代表机构，主要负责中土集团在巴西及南美地区工程、贸易项目的追踪和承揽，并代表中土集团向巴西小门德斯工程公司催收欠款。代表李宪翔。（李宪翔）

【重要记载】

▲1 月 17 日　中国土木工程南非有限公司与南非国家黑人建筑企业联合会在约翰内斯堡签署《战略合作谅解备忘录》。

▲同日　集团公司获得中国铁建首届“模范劳动关系和谐企业”称号。

▲1 月 22 日　集团公司获得纳米比亚大使馆颁发的“中纳友谊奖状”。

▲1 月 24 日　集团公司总经理袁立在总部会见土库曼斯坦铁道部代表团并签署援土客车机车项目对外合同。

▲2 月 11 日　集团公司 2014 年党风建设和反腐倡廉工作会议在北京召开。

▲2 月 12—13 日　中土集团公司二届二次职工代表大会暨 2014 年工作会议在北京召开。

▲同日　集团公司董事长刘志明在北京会见巴基斯坦计划部部长伊克巴尔一行。

▲2 月 18 日　集团公司董事长刘志明在总部会见罗马尼亚交通部运输局总裁兼“四线一港”项目罗方代表团团长阿德里安娜·卡拉匹斯一行。

▲2 月 26 日　集团公司工会二届四次全委（扩大）会议和 2014 年工会财务工作会议在北京召开。

▲3 月 8 日　集团公司总经理袁立会见来华访问的埃塞俄比亚财政部和铁路公司代表团。

▲3 月 16—18 日　集团公司总经理袁立陪同商务部高燕副部长率领的代表团，与土耳其相关部委会谈，共同推动东西高铁项目。

▲3 月 24 日　集团公司总经理袁立在总部会见罗马尼亚第一副总理利维乌·德拉格内亚率领的政府代表团。

▲3 月 25 日　集团公司董事长刘志明在中阿友协第三届理事会成立大会上被选举为副会长。

▲3 月 25 日　集团公司牵头完成的“电气化铁路营业线不停运增建明洞安全快速施工技术”获 2013 年度北京市科学技术奖三等奖。

▲3 月 29—4 月 2 日　集团公司总经理袁立赴匈牙利，参加中国进出口银行与匈牙利金融机构关于推动落实匈塞铁路等项目金融领域合作的会谈。

▲3 月　集团公司获评 2013 年度海淀区社会管理综合治理工作先进单位。

▲4 月 17 日　集团公司党委在总部召开党的群众路线教育实践活动交流研讨会。中国铁建副总裁扈振衣、中国铁建第二督导组组长冯中海等到会指导。集团公司党委书记、董事长刘志明主持会议。

▲4 月 18 日　集团公司总经理袁立在总部会见南苏丹议会外事工作委员会主席詹姆斯·登·库尔勒。

▲4 月 21 日　集团公司董事长刘志明在总部会见中国德瑞国际集团有限公司董事局主席姚天平一行。

▲4 月 21 日　集团公司总经理袁立在总部会见利比亚铁路机构快速铁路公司董事长穆罕默德·阿卜杜拉哈曼·萨耶里为一行，并与该公司董事长签署《中国土木工程集团有限公司和利比亚快速铁路公司合作框架协议》。

▲同日　集团公司董事长刘志明与尼日利亚联邦交通部部长伊瑞士·乌斯曼代表双方签订尼日利亚沿海铁路项目框架合同。

▲5 月 8—9 日　集团公司参加在澳门举办的第五届国际基础设施投资与建设高峰论坛展览展示活动。

▲同日　集团公司董事长刘志明在总部会见尼日利亚交通部长伊瑞士·乌斯曼一行。

▲6 月 5—6 日　集团公司总经理袁立赴苏州实

地考察苏州工业园,并会晤新加坡裕廊国际集团总裁邓达光。

▲6月7日　集团公司总经理袁立会见来华访问的埃塞俄比亚政府和埃塞俄比亚铁路公司代表团。

▲6月14日　集团公司总经理袁立在总部会见中国南车四方机车车辆股份公司总经理马云双一行。

▲6月16—18日　集团公司董事长刘志明出席中国对外友好协会在福建泉州举办的首届“中国阿拉伯城市论坛”。

▲6月22日　中国铁建总裁助理赵晋华、集团公司董事长刘志明一行赴坦桑尼亚,参加中坦建交50周年庆典并指导东非公司工作。

▲6月25日　中国国家副主席李源潮视察坦赞铁路,并出席第15期中、坦、赞3国议定书下向坦赞铁路局提供的装卸设备的移交仪式。集团公司董事长刘志明出席仪式,并将装卸设备钥匙呈交给李金早副部长,由李金早副部长正式交接给坦交通部长。

▲7月2—5日　集团公司董事长刘志明一行赴赞比亚对中土赞比亚有限公司检查工作,会晤坦赞铁路局高级官员,并配合新影厂“向远方”摄制组在赞比亚拍摄坦赞铁路纪录片。

▲7月14日　集团公司董事长刘志明在总部会见太平洋岛国政治家联合考察团。

▲7月28—8月2日　集团公司总经理袁立参加中国对外承包工程商会代表团,访问乌兹别克斯坦和吉尔吉斯斯坦。

▲7月29—8月2日　集团公司董事长刘志明赴安巴检查工作,期间拜会中国驻安巴使馆大使任共平、安巴新任总理加斯顿·布朗等。

▲8月8日　集团公司董事长刘志明出席在外交部举行的南南合作促进会第一届会员大会暨成立大会。

▲8月9日　集团公司董事长刘志明赴尼日利亚驻华使馆拜会尼外交部长阿米努·巴希尔·瓦利一行。

▲8月12日　集团公司总经理袁立在总部会见俄罗斯彼得世界公司创始人米里拉什维奇率领的代表团,并与其签署合作备忘录。

▲8月27日　集团公司入选2014年度ENR最大250家国际承包商排名榜,名列第71名,入选2014年度ENR最大250家全球承包商排名榜,名列第142名。

▲9月12日　中铁澳门公司中标澳门土地工务运输局的“澳门治安警察局交通厅扩建工程”项目。

▲10月3日　中国土木(新加坡)公司与项目业主新加坡裕廊工程公司签署新加坡汤申线地铁车辆段预制构件分项工程的设计施工合同。

▲10月17日　集团公司与外交部签署中国驻瓦努阿图大使馆馆舍新建项目的施工合同。

▲10月23日　中国铁建总裁张宗言、集团公司副董事长吴万良出席由国资委和坦桑尼亚驻华使馆联合举办的欢迎基奎特总统访华午宴。

▲11月3日　集团公司在中土大厦召开党的群众路线教育实践活动总结大会。

▲11月7日　集团公司副董事长吴万良陪同中国铁建总裁张宗言、总裁特别助理赵晋华,在钓鱼台国宾馆拜会塔吉克斯坦总统拉赫蒙。

▲11月10—13日　集团公司参加商务部在沙特阿拉伯首都利雅得举行的第十三届中国工程技术展。

▲11月24日　集团公司被评为2014年股份公司财务工作先进单位。　（郭子岩）

中铁十一局集团有限公司

【简况】　中铁十一局集团有限公司具有铁路工程施工总承包特级资质;房屋建筑工程、公路工程、市政公用工程、水利水电工程、通信工程、机电安装工程总承包一级等各类资质123项,劳务分包资质36项,试验资质4类31项。拥有国家专利授权254项,其中发明专利26项。国家认定企业技术中心1个,国家级工程实践教育中心1个,博士后科研工作站1个,省级认定企业技术中心4个,省级高新技术企业4家。集团公司总部驻湖北省武汉市武昌区中山路277号。前身是中国人民解放军铁道兵第一师,1984年1月1日集体转业并入铁道部,改编为铁道部第十一工程局,1999年12月更名为中铁第十一工程局,2001年8月1日改制改称现名。公司下辖第一、二、三、四、五、六、电务、建筑安装、桥梁、城市轨道、房地产公司、物贸公司、汉江重工、物业公司、黄石建设管理有限公司等15个子公司,勘测设计研究院、新加坡2个分公司,机关设立22个职能部门,下设襄阳管理部和北京办事处(京津冀指挥部)及武汉、东北、内蒙古、西北、新疆、川渝藏、云贵、华南、东南、华东、鲁豫国内区域经营机构,东南亚、中东、非洲、美洲等国际区域经营机构。在建工程项目600余个,施工队伍分布在全国近30个省(自治区、直辖市)及利比亚、肯尼亚、马来西亚、新加坡等海外地区。职工18013人。其中,高级职务1054人(教授级高级工程师74人)、中级职务2729人;一级注册建造师480人、一级注册建筑师4人、一级注册结构工程师4人、注册土木工程师(岩土)4人、注册电气工程师4人、注册暖通工程师2人、注册公用设备工程师3人;享受国务院特殊津贴9人。拥有先进机械设备4576台(套)。其中,软土隧道掘进机26套;岩石隧道掘进机1套;30台900吨级架桥机、提梁机和运梁车;12台各种型号混凝土输送泵车;14台沥青混凝土拌和机和沥青混凝土摊铺机;53台铁路铺轨机、大型养路设备和“四电”施工设备;9台450吨门式起重机。设备原值39.5亿元、净值22.27亿元,总功率689562千瓦,动力装备率37.88千瓦/人,技术装备率12.24万元/人,大型设备完好率95.77%、利用率71.34%。综合机械化施工程度85%,年施工能力500亿元以上。

2014年新签合同额557.78亿元,实现营业收入474.4亿元,实现净利润5.97亿元,职工年人均收入65729元。净资产收益率12.21%,总资产报酬率3.29%,资产负债率83.62%。完成主要实物工程量:土石方11713万立方米,桥梁192889延长米,隧道157427延长米,涵洞27443横延米,无砟轨道226.1单线千米,铁路铺轨1814千米,铺设道岔578组,铁路制梁4045片,铁路架梁4564片,公路制梁24566片,公路架梁26269片,房建313.4万平方米,路面3136万平方米,地铁46426米。综合单位合格率100%。年内,集团公司先后获全国优秀施工企业、全国守合同重信用企业、中国施工企业管理协会科学技术奖科技创新先进企业、中国公路建设行业协会公路建设百家诚信企业、全国“安康杯”竞赛优胜企业、湖北省长江质量奖、湖北省先进建筑企业、湖北省百强企业第9名、湖北省守合同重信用企业、湖北省军队转业干部安置工作先进单位、湖北省企业文化建设杰出贡献单位等荣誉。

(郭　琳)

【领导人员】

董事会

董事长	王桂林(3月免)
	何义斌(3月任)
副董事长	赵晋华(3月免)
	张树海(3月任)
董　事	吕　岗(7月免)
	付　裕
职工代表董事	彭新文
秘　书	贺　林(8月免)
	王政松(8月任)

监事会

监事会主席	雷佳民(3月免)
监　事	阮祥杰
职工代表监事	李　俊

经理层

总经理	赵晋华(3月免)
	张树海(3月任)
副总经理	谢敬平
	荆　山
	宫建岗
	张树海(3月免)
	龙信桥
	吕　岗(7月免)
	雷位冰
	张　成
	李小红
	张丕界
	付　裕
	刘华军
总工程师	张丕界(兼)
总会计师	付　裕(兼)
总法律顾问	付　裕(兼)

党群领导

党委书记	王桂林(3月免)
	何义斌(3月任)
党委副书记	赵晋华(3月免)
	张树海(3月任)
	雷佳民(3月免)
纪委书记	雷佳民(兼,3月免)
工会主席	彭新文

(高　鹏)

【工程项目指挥机构】　湖北城际铁路工程指挥部　驻湖北省武汉市东湖高新区。指挥长兼党工委书记杨明亮。

津保铁路工程项目部　驻河北省容城县。项目经理王金柱,党工委书记郑平良。

昆明枢纽工程指挥部　驻云南省昆明市国家经济技术开发区。指挥长包晓东,党工委书记周和平(10月免)、胡士华(10月任)。

沪昆铁路客运专线湖南段工程项目部　驻湖南省娄底市。项目经理兼党工委书记宫建岗,常务副经理熊安祥。

杭长铁路客运专线工程项目部　驻浙江省义乌市。项目经理雷位冰,党工委书记段邦顺,常务副经理甘胜银。

京福铁路客运专线闽赣Ⅰ标工程项目部　驻江西省婺源县。项目经理郝生德,党工委书记朱明春。

合福铁路安徽段站前7标段工程项目部　驻安徽省绩溪县。项目经理李文俊,党工委书记赵良奎。

宿淮铁路工程指挥部 驻江苏省宿迁市。指挥长兼党工委书记胡昌虎。

山西中南部铁路通道工程项目部 驻山西省洪洞县。项目经理、党工委书记李小红,常务副经理肖海涛,党工委副书记文平。

吉图珲铁路客运专线项目经理部 驻吉林省蛟河市。项目经理龙信桥,党工委书记方楚晶,常务副经理曾国升。

成渝铁路客运专线工程项目部 驻重庆市荣昌县。项目经理荆山,党工委书记方克文。

珠三角城际轨道交通工程项目部 驻广东省东莞市。项目经理兼党工委书记彭新文。

兰新铁路甘青段工程项目部 驻甘肃省瓜州县。项目经理余霖,党工委书记陈建荣。

麻竹高速公路项目经理部 驻湖北省南漳县。项目经理赵天元,党工委书记韩锡燕。

渝黔铁路土建11标段项目经理部 驻贵州省息烽县。项目经理兼党工委书记谢敬平,常务副经理汪满建,党工委副书记袁路敬。

成贵铁路项目经理部 驻贵州省贵阳市。项目经理荆山,常务副经理周礼文,党工委书记刘珊。

连盐铁路项目经理部 驻江苏省连云港市。项目经理封明君,党工委书记胡昌虎。

石济铁路客运专线项目经理部 驻河北省藁城市。项目经理王金柱,党工委书记郑平良。

兰渝铁路工程指挥部 驻甘肃省宕昌县。指挥长汪伟,党工委书记贺先华。

湘桂铁路工程指挥部 驻广西壮族自治区柳州市鹿寨县。指挥长杜明国,党工委书记郑天真。

厦深铁路工程指挥部 驻广东省饶平县。指挥长聂亚军,党工委书记管灯息。

喀伊公路项目经理部 驻新疆维吾尔自治区喀什市。项目经理兼党工委书记任继红。

武汉高铁铁路职业技能训练段工程项目经理部 驻湖北省武汉市。项目经理王能宇,党工委书记任刚,常务副经理余杏添。

惠安西站工程项目经理部 驻福建省惠安县。项目经理殷树华,党工委书记兼常务副经理潘吉友。

呼准铁路黄河特大桥项目经理部 驻内蒙古自治区托克托县。项目经理兼党工委书记田红星,常务副经理梁国华。

渝万铁路土建6标项目经理部 驻重庆市。项目经理谢敬平,党工委书记林世求,常务副经理翁长根。

织纳铁路工程指挥部 驻贵州省纳雍县。项目经理兼党工委书记刘治国。

西成铁路客运专线项目部 驻陕西省西安市。项目经理魏加志,党工委书记李继福。

敦格铁路甘肃段项目经理部 驻甘肃省阿克塞县。项目经理陈林生,党工委书记姚向阳。

大连铁路枢纽项目经理部 驻辽宁省大连市。项目经理兼党工委书记陈永平,常务副经理罗建军。

南龙铁路 NLZQ-5 标段项目经理部 驻福建省永安市。项目经理兼党工委书记王强,常务副经理汪勇。

成昆铁路永广段项目经理部 驻云南省楚雄市。项目经理刘祖彬,党工委书记朱品成。

成昆铁路米攀段项目经理部 驻四川省攀枝花市。项目经理余斌,党工委书记李彪。

天仙及潜江 JHSG-1 标段项目部 驻湖北省天门市。项目经理杨明亮,党工委书记段邦顺。

武汉市轨道交通机场线土建 BT 项目经理部 驻湖北省武汉市。项目经理兼党工委谢敬平。

(穆飞军)

【职工队伍】 2014年职工总数18013人,其中干部11467人,占职工总数的63.66%。干部中,专业技术干部9215人,占干部总数的80.36%;研究生以上学历140人,本科学历8227人,专科学历1857人,中专学历300人,高中及以下学历943人;30岁及以下6467人,31~35岁1655人,36~40岁991人,41~45岁684人,46~50岁343人,51~54岁566人,55岁及以上761人。专业技术干部中,教授级高级工程师74人,高级职务980人,中级职务2729人,初级职务5432人。年内,接收应届大学毕业生1532名。

工人总数6546人,占职工总数的39.08%,其中技术工人5691人,占工人总数的86.81%。本科学历70人,专科学历425人,中专学历741人,高中、技校学历2376人,初中及以下学历2934人;30岁以下人员575人,31~35岁670人,36~40岁971人,41~45岁595人,46~50岁288人,51~54岁1478人,55岁及以上1969人。技术工人中,初级工155人,中级工1191人,高级工3933人,技师319人,高级技师93人。

(张红月)

【工程施工】 成渝铁路客运专线 CYSG-4 标段工程 位于重庆市荣昌县、大足区、永川区,全长54.318千米,合同投资49亿元,合同工期2010年11月1日—2015年4月15日。主要实物工程量:路基土石方738万立方米,桥梁56座29100延长米,隧道10座6500延长米,箱梁制架789孔,双块式无砟轨道107.65铺轨千米,铺轨642.3千米,道岔201组。2014年完成投资13.5亿元。

合福铁路客运专线安徽段 HFZQ－7 标段工程 位于安徽省绩溪县、歙县，全长 39.37 千米，合同投资 36 亿元，合同工期 2010 年 4 月 18 日—2014 年 3 月 31 日。主要实物工程量：桥梁 44 座 14552 延长米，隧道 8 座 14713 延长米，路基 9 千米，箱梁制架 393 孔，铺轨 443.19 千米，道岔 77 组。2014 年完成投资 13.9 亿元。

云桂线引入昆明枢纽工程 位于云南省昆明市，全长 34.2 千米，合同投资 34.8 亿元，合同工期 2010 年 6 月 1 日—2014 年 5 月 31 日。主要实物工程量：桥梁 33 座 12490 延长米，涵洞 53 座 1887 横延米，隧道 7 座 8912 延长米，路基土石方 1069.7 万立方米，铺轨 122.43 千米，T 梁制架 489 孔，道岔 158 组，道砟 33.5 万立方米。2014 年完成投资 11.6 亿元。

渝万铁路 YWZQ－6 标段工程 位于重庆市万州区，全长 35.3 千米，合同投资 25.4 亿元，合同工期 2013 年 1 月 18 日—2015 年 12 月 17 日。主要实物工程量：路基 3.1 千米，桥梁 32 座 9074 延长米，涵洞 6 座 310 横延米，隧道 18.5 座 23151 延长米，无砟道床 8.87 千米，箱梁制架 393 孔。2014 年完成投资 10.4 亿元。

织纳铁路站前 2 标段工程 位于贵州省纳雍县，全长 34.79 千米，合同投资 10.7 亿元，合同工期 2012 年 12 月 25 日—2015 年 2 月 10 日。主要实物工程量：路基土石方 559 万立方米，桥梁 21 座 6069 延长米，涵洞 1365 横延米，隧道 15 座 16722 延长米，无砟轨道 12.5 千米。2014 年完成投资 5.6 亿元。

渝黔铁路土建 11 标段工程 位于贵州省贵阳市息烽县及白云区，全长 39.9 千米，合同投资 33.75 亿元，合同工期 2013 年 5 月 1 日—2017 年 6 月 30 日。主要实物工程量：桥梁 32 座 11879 延长米，隧道 15 座 11969 延长米，路基 16 千米，路基土石方 420 万立方米，涵洞 57 座，T 梁制架 2984 孔，铺轨 454 千米，道岔 92 组。2014 年完成投资 5.6 亿元。

成贵铁路 CGZQSG－16 标段工程 位于贵州省贵阳市白云区，全长 31.66 千米，合同投资 25.57 亿元，合同工期 2014 年 1 月 1 日—2018 年 12 月 31 日。主要实物工程量：路基土石方 253 万立方米，桥梁 24 座 12790 延长米，涵洞 14 座 524 横延米，隧道 16 座 15370 延长米，箱梁制架 341 孔，铺轨 510 千米，双块式无砟道床 65.3 千米，道岔 19 组。2014 年完成投资 2.7 亿元。

石济铁路 SJZ－1 标段工程 位于河北省藁城市，全长 31.3 千米，合同投资 16.94 亿元，合同工期 2014 年 1 月 1 日—2017 年 9 月 30 日。主要实物工程量：路基 8.4 千米，桥梁 2 座 22800 延长米，涵洞 4 座 118 横延米，箱梁制架 702 孔，正线铺轨 368 千米，道砟 15 万立方米，道岔 61 组。2014 年完成投资 4.5 亿元。

连盐铁路 LYZQ－Ⅱ标段工程 位于江苏省连云港市，全长 40.79 千米，合同投资 23.3 亿元，合同工期 2013 年 12 月 1 日—2016 年 12 月 31 日。主要实物工程量：路基土石方 144 万立方米；桥梁 15700 延长米，涵洞 1655 横延米，隧道 1 座 4615 延长米，T 梁预制 3020 孔，架设 5864 孔，铺轨 378 千米，无砟道床 4.62 千米，道岔 205 组，拆除道岔 42 组。2014 年完成投资 4.4 亿元。

南龙铁路 NLZQ－Ⅴ标段工程 位于福建省永安市，全长 38.14 千米，合同投资 17.88 亿元，合同工期 2013 年 5 月 1 日—2017 年 6 月 30 日。主要实物工程量：路基 5.7 千米，桥梁 14 座 5650 延长米，隧道 8 座 26470 延长米，涵洞 32 座 1436 横延米，无砟道床 24.26 千米。2014 年完成投资 4.2 亿元。

成昆铁路米攀段 MPZQ－4 标段工程 位于四川省攀枝花市，全长 21.14 千米，合同投资 14.98 亿元，合同工期 2013 年 12 月 20 日—2019 年 6 月 20 日。主要实物工程量：路基土石方 511 万立方米，桥梁 9 座 3100 延长米，涵洞 12 座 856.92 横延米，隧道 6 座 15500 延长米，T 梁制架 186 孔，双块式无砟道床 23.8 千米。2014 年完成投资 2.1 亿元。

大连铁路枢纽改造工程 位于辽宁省大连市，全长 50.771 千米，合同投资 16.17 亿元，合同工期 2013 年 4 月 1 日—2015 年 9 月 30 日。主要实物工程量：路基土石方 1286 万立方米，桥梁 19 座 9067.4 延长米，T 梁制架 918 孔，涵洞 35 座 1336 横延米，铺轨 137 千米，道岔 88 组，无砟道床 15.17 千米。2014 年完成投资 4 亿元。

西成铁路客运专线 XCZQ－12 标段工程 位于陕西省西安市西咸新区，全长 15.541 千米，合同投资 17.961 亿元，合同工期 2013 年 3 月 1 日—2016 年 11 月 30 日。主要实物工程量：桥梁 4 座 20881 延长米，涵洞 10 座 375 横延米，路基 5.4 千米，无砟道床 31.47 千米，T 梁制架 221 孔，铺轨 25 千米，道岔 58 组。2014 年完成投资 5.5 亿元。

新加坡大士西延长线 合同投资 25 亿元，合同工期 2011 年 11 月 21 日—2016 年 7 月 29 日。主要实物工程量：C1686 项目主要包含 EW32 和 EW33 高架车站以及单层铁路高架桥 1.8 千米，C1687 项目主要包含 1 座高架车站，单层公路高架桥 1200 延长米，公铁两用双层高架桥 2200 延长米，5 座公路匝道 2900 米，双孔涵洞 660 横延米。2014 年完成投资 5 亿元。

武汉机场线 BT 项目 位于湖北省东西湖区、黄陂区，合同投资 24.9 亿元，合同工期 2014 年 10 月 1

日—2016年3月31日。主要实物工程量:机场线正线高架桥4座5509延长米,盾构段4段6722双延长米,明挖暗埋段5段1357米,路基439米,车站5座;天河停车场及出入线明挖暗埋段51米,高架桥1座963延长米,U型槽396米,停车场1座;常青车辆段东咽喉段路基及出入线高架桥1座195延长米。2014年完成投资2亿元。

麻竹高速公路MZTJ-3标段工程　位于湖北省南漳县,全长63.48千米,合同投资35亿元,合同工期2013年4月28日—2015年10月30日。主要实物工程量:路基挖方710万立方米,填方1021万立方米,桥梁42座12778延长米,涵洞187座,隧道8座13567延长米,沥青混凝土路面60.2千米,水泥混凝土路面3.344千米。2014年完成投资15亿元。

麻武高速公路3标段工程　位于湖北省蕲春县至武穴市,全长45.843千米,合同投资15.5亿元,合同工期2013年3月1日—2015年10月30日。主要实物工程量:路基挖方659万立方米,填方716万立方米。主线桥梁22座4344延长米,匝道桥7座684延长米,分离式立交桥3座278延长米,天桥20座,级配碎石底基层114万平方米。2014年完成投资5.5亿元。

江门至罗定高速公路第12标段工程　位于广东省云浮市云安县,全长9.09千米,南盛连接线长6.602千米,合同投资10.7亿元,合同工期2013年11月23日—2016年5月23日。主要实物工程量:路基土石方304万立方米,隧道2座4335延长米,桥梁11座3877延长米,涵洞35座597横延米,箱梁、T梁制架1260孔。2014年完成投资4亿元。

青岛蓝色硅谷城际轨道交通工程13标段工程　位于山东省青岛市,承建中国海洋大学停车场和大田路车辆段与综合基地土建施工、设备安装以及全线轨道铺设,合同投资14.67亿元,合同工期2013年11月23日—2016年5月23日。主要实物工程量:减振道床117千米,道岔53组,高架线路44325米,地下线路(含U型槽地段)5110米,山岭隧道5816延长米,路基2.2千米,接触轨139千米。2014年完成投资7112万元。

福建利嘉中心项目　位于福建省福清市,合同投资20亿元,合同工期2013年11月23日—2015年11月13日。主要实物工程量:12栋主楼和5座裙楼,总建筑面积102万平方米,其中地上建筑面积64万平方米、地下建筑面积38万平方米。2014年完成投资2.1亿元。

佛山中海寰宇天下花园项目　位于广东省佛山市,合同总额20亿元,合同工期2014年3月18日—2015年9月18日。主要实物工程量:3栋塔楼、1座裙楼、1栋商业楼,建筑面积216313平方米,其中地上建筑面积168950平方米、地下建筑面积47363平方米。3座超高层塔楼均为60层,建筑总高度186.1米。2014年完成投资15878万元。　(何　超)

【经营管理】　(1)工程承揽。2014年,集团公司参投项目579项1023个标段。其中,国家铁路158项281个标段;地方铁路29项56个标段;公路78项175个标段;房建67项86个标段;城市轨道177项304个标段;水利10项31个标段;市政41项60个标段;其他19项30个标段。

全年新签合同额557.78亿元(未含补充合同66.68亿元)。其中,铁路184.21亿元;公路37.88亿元;城市轨道145.50亿元;房建82.14亿元;水利电力1.30亿元;工业制造9.39亿元;市政9.81亿元;房地产4.17亿元;物流80.18亿元;其他3.19亿元。

(2)项目管理。集团公司上下始终坚持以重难点工程为主线,优化方案、配足资源、强化管控、攻坚克难,重难点工程取得较大突破,施工生产平稳有序。大西、杭长、长昆、兰新、武黄城际、山西中南部通道铁路工程,以及贵广站房、合福南站等站后项目按期安全开通;成渝、吉图珲、佛肇铁路箱梁运架顺利完成,杭黄、石济、渝万铁路按期运架;合福铁路闽赣段、合福铁路安徽段、成渝铁路完成无砟轨道铺设;长昆、杭长、哈齐铁路,合福铁路安徽段完成无砟道岔铺设,成渝铁路基本完成,全年完成无砟道岔221组;共玉公路雁口山高寒冻土隧道右幅、张唐铁路永福山隧道安全贯通,六六公路高峰高瓦斯隧道顺利完成;新加坡大士西线逐步适应新加坡建筑市场要求,施工生产稳步上升;盾构施工日掘进速度由28环提升到37环,创下单月完成659环合计790米的新纪录;全年有15座铁路站房主体结构封顶,114栋高层主体结构封顶,佛山中海寰宇天下超高层项目3栋60层建筑进入主体结构施工阶段,预计2015年4月封顶,福建福清利嘉中心超高层项目有8栋开工建设。

(3)安全质量。2014年,集团公司未发生重大设备损坏和重大经济损失事故;未发生火工品爆炸、丢失事故;未发生火灾事故;员工因工责任伤亡事故率控制在年度安全生产目标之内,实现年度安全工作目标。集团公司被评为湖北省2014年度安全生产红旗单位,五公司被评为重庆市安全生产达标单位,五公司十白高速公路项目部被交通运输部、国家安全生产监督管理总局评为公路水运建设平安工地,新加坡项目部获新加坡交通部陆交局颁发的安全和健康管理最佳进步奖和安全和健康管理优胜奖,4个项目部的工地获评股份公司2014年度安全质量标准工地。年内，集团公司获国家优质工程银质奖2项、国家市政工程金杯奖2项、省部级优质工程17项、铁建杯优质工程17项；获全国工程建设优秀质量管理小组奖9项，省部级优秀质量管理小组奖45项，中国铁建优秀质量管理小组奖5项。集团公司获全国工程建设质量管理小组活动优秀企业称号。2014年，集团公司在建工程分项工程、单位工程检查评定合格率均达100%，未发生质量等级事故。集团公司在中国铁路总公司铁路施工企业信用评价中，上半年名列第4位，下半年名列第3位，连续10次进入A类施工企业行列，水利水电行业信誉评价继续保持水利建设市场主体信用评价AAA级单位，公路施工企业信用评价获得A级；贯标工作顺利通过外部审核，继续保持"三标"认证资格；环境保护工作形势平稳，未发生环保事件及事故。

(4)财务管理。集团公司以科学发展观为指导，以开展项目管理年活动为契机，以债务风险管控和亏损项目治理为抓手，强化财务管控，全面提质增效，经济管理取得显著成效。2014年实现营业收入474.4亿元，实现净利润5.97亿元，净资产收益率12.21%。主要采取如下措施：一是强化资金收支管理，资金管控能力稳步提升。二是狠抓增收节支工作，成本管控水平稳步提升。全年实现变更索赔额59.63亿元，占完成产值的12.27%。三是监督协调同步发力，风险管控能力稳步提升。四是深化企业基础管理，依法合规治企能力稳步提升。 （郭　琳）

【科技工作】 2014年，集团公司被中国施工企业协会被评为科技创新先进企业，获中国土木工程詹天佑奖1项、铁道学会科技进步奖1项、中国施工企业协会科技进步奖3项、中国质量评价协会科技创新成果优秀奖1项、湖北省科学技术发明奖三等奖1项、湖北省优秀专利奖1项，获国家级工法5项、省部级工法33项、中国铁建工法17项、公路工法3项；获授权发明专利6项、实用新型专利65项、软件著作权1项。截至2014年，集团公司共拥有国家专利授权254项，其中发明专利26项。年内取得省部级科研课题3项，分别是住房和城乡建设部"城市地铁施工期地下水环境损伤评价与修复技术研究""基于BIM的地铁管线智能化安装监控设计及应用"和中国铁路总公司"新建铁路桥隧设计施工关键技术研究"；股份公司课题4项，并获得武汉市科技创新人才、武昌英才资金支持。截至2014年底，在研各级科研课题20余项，其中省部级及以上6项。电务公司首次承担武汉市轨道交通4号线二期通信、信号安装工程质量监督等技术服务外包合同。 （郭　琳）

【党群工作】 党的工作。各级党群组织围绕中心、融入中心、服务中心，创造性地开展工作，为企业发展提供了坚强的思想组织保证。(1)党组织建设。教育实践活动深入扎实。坚持把开展党的群众路线教育实践活动作为落实中央八项规定、转变党员干部作风、推动企业科学发展的重要契机，加强组织领导，周密安排部署，通过认真研读学习、班子研讨交流、广泛征求意见、深刻对照检查、深入基层讲党课、相互交心谈心、召开专题民主生活会、制定和落实整改方案，确保教育实践活动扎实开展，圆满完成教育实践活动各项工作任务。干部人才队伍建设得到加强。深入开展创建"四好领导班子"活动，严格标准和程序，调整提拔领导人员68人；制定人力资源5年发展规划，引进应届本科毕业生和硕士研究生1532人；举办各类培训班73期，培训5836人次；调整集团公司机关、区域指挥部机构编制，开展企业自主用工续签二次劳动合同工作，增强干部活力，提升人才队伍素质，提高企业凝聚力和向心力。基层党建工作稳步推进。各级党组织贯彻执行民主集中制，积极参与"三重一大"事项决策，发挥党组织的政治核心作用。组织开展创建"示范基层党组织"、工程项目部交心谈心、民主评议党员等工作，激发各级党组织发挥战斗堡垒作用和先锋模范作用的内在动力。加强党员教育管理，建立完善党员信息库，从生产经营骨干中发展党员196名，为党员队伍注入新鲜力量。(2)宣传思想文化工作。全年在股份公司级以上主流媒体刊稿2159篇，其中中央级459篇、省部级1526篇、股份公司级174篇。集团公司上报第四届全国文明单位复查验收申报材料，通过国资委文明委考核验收。年内，集团公司被湖北省大型企业精神文明建设研究会评为湖北省企业文化建设杰出贡献单位。(3)党风廉政建设。两级党委认真落实党风廉政建设主体责任。坚持把党风廉政建设与企业改革发展、生产经营同部署、同检查、同考核，切实担负起党风廉政建设工作领导者、执行者、推动者的责任，做到守土有责、守土负责、守土尽责，形成一级抓一级的责任网络，集团公司各级各单位共签订党风廉政建设责任书429份。集团公司党委将纪委监察处内设机构由原来的1个纪检监察部调整为纪委办公室（案件审理室）、执法和效能监察室（巡视办）、案件检查室3个职能部门。所属各单位纪委按照纪检监察组织"只能加强、不能削弱"的原则，进一步充实纪检监察力量。全年集团公司开展反腐倡廉教育活动523场次，接受教育16324人次；为300余名副处级以上干部、1388名科级以上干部建立"廉政档案"；坚持每月下发480盘警示光碟、定期发送廉洁短信、每季度收集"企业领导人员廉洁自律情况自查表"。两级纪检监察组织进一步聚焦主业主责,纪检监察人员自觉适应以"三转"(转职能、转方式、转作风)为改革创新导向的纪检监察工作新常态。围绕重点项目、关键环节深入开展效能监察,全年对173个项目实施效能监察,提出监察意见519条,完善管理制度48个;集团公司两级审计部门和纪检监察组织对26个亏损项目实施审计监察,取得明显成效。切实加大查办案件力度,2014年受理信访举报98件次,新立案18件,结案18件,给予党纪、政纪处分55人次,移送司法机关2人,刑事处理2人。严格责任追究,集团公司两级纪委对42名亏损项目管理人员进行责任追究;对4名落实主体责任不力的工程公司项目部党政主管给予党纪、政纪处分。

工会工作。集团公司工会下辖综合工程公司工会5个、专业工程公司工会6个、襄阳管理部及机关工会各1个。项目工会275个,基层工会小组1260个。专职工会干部42人,兼职工会干部420人。工会会员16629人。2014年,坚持"依靠"方针,落实职代会制度,完成工代会换届选举。深入开展劳动竞赛、"堵漏增效"、文明工地创建等活动,调动职工的生产积极性;开展寻找"最美工人""送文化、送健康"到基层、扶贫帮困救助等活动,凝聚人心,促进和谐。京福铁路客运专线闽赣段项目部、成渝铁路客运专线一分部获铁路重点工程劳动竞赛火车头奖杯,五公司获评重庆市重点工程劳动竞赛先进单位,湖北城际铁路汉孝项目部获评中国铁建重点工程劳动竞赛工程质量优胜单位。一公司、三公司、城轨公司分别获得集团公司工程公司"五比五创"劳动竞赛优胜单位第一、第二、第三名,西成铁路客运专线、湘黔铁路土建11标段、麻竹高速公路项目部分别获得集团公司重点工程项目部"五比五"创劳动竞赛优胜单位第一、第二、第三名。年内,1个单位获全国五一劳动奖状,1个单位获湖北省五一劳动奖状,2个项目部获火车头奖杯,2个单位获省级工人先锋号称号;1人获全国五一劳动奖章,8人获火车头奖章,3人获湖北省五一劳动奖章。集团公司工会获湖北省工会工作创先争优先进单位称号。

共青团工作。集团公司团委下辖二级团委11个,团工委250个,团总支2个,团支部155个。35周岁以下青年9185人,团员3972人。3—9月,结合党的群众路线教育实践活动,开展"真为企业、真能干事、真想成才、真做真成"的"四真"主题实践活动,积极引导广大青年知形识势,坚定信心,立足岗位展作为。以青年突击队、青年文明号为载体,在渝黔、连盐、石济、麻竹、麻昭、米攀、华岩、云贵等重难点工程组建青年突击队,争创青年文明号,在急、难、险、重的突击任务中充分发挥生力军和突击队作用。5月,修订《集团公司"导师带徒"活动实施办法》。对1500对入职型师徒进行统一规范,新增成长型师徒结对制,年底签订成长型师徒167对,增强青年人才的培养功能。8—11月,集团公司各级团组织大力开展"企业人才观、青年作为观"思想大讨论以及"选择十一局、奉献十一局"主题巡回演讲89场;9月,组织青年员工参加股份公司"让青年梦想在铁建落地开花"演讲比赛及国资委举办的"英语口语大赛"。10—12月,围绕青年工作现状在施工一线项目部开展为期2个月的课题调研,完成《解读青年思想把握企业未来》调研报告。完成"中国铁建共青团信息化办公软件"基础数据、基础信息统计工作。在铁建青年网、铁建工人报及集团公司网站发表各类青年活动宣传报道文稿316篇。2014年,集团公司有24个团组织、21个团员青年获得股份公司及以上表彰。

(郭 琳)

【第一工程有限公司】 拥有公路、市政公用工程施工总承包一级,铁路工程施工总承包二级,地基与基础、桥梁、隧道、公路路面、公路路基工程专业承包一级资质。公司驻湖北省襄阳市航空路73号。前身为中国人民解放军铁道兵第一师第一团,1984年1月1日集体转业,改称为铁道部第十一工程局第一工程处,1999年12月1日更名为中铁第十一工程局第一工程处,2001年9月企业改制改称现名。执行董事、总经理陈志明,党委书记周晗。下辖2个机运队、1个架梁专业队、1个桩基专业队、2个制梁专业队、6个隧道专业队,物业管理中心、混凝土管理中心、周转材料管理中心、房建管理中心,派出工程项目部50个。职工2395人。其中,干部1495人;工人900人。资产总额398225.4万元。其中,固定资产原值111322.3万元、净值33367.7万元;流动资产363651.3万元;其他资产1206.4万元。机械运输设备522台(套),设备原值25167万元、净值11594万元,成新率46.07%,总功率64767千瓦,技术装备率4.84万元/人,动力装备率27.04千瓦/人。年施工能力50亿元以上。

2014年新签合同额705081万元,完成企业总产值650615万元,实现利润6297.9万元。国有资产保值增值率103.01%,净资产收益率10.72%,产值利润率0.97%,资产负债率85.03%。全员劳动生产率2716555.3元/人年,人均创利26296.03元,职工年人均收入60002元。完成主要实物工程量:土石方1959万立方米,隧道6491延长米,桥梁47508延长米,房建23650平方米,公路71千米,其中高速公路66.2千米。年内,公司获全国守合同重信用企业、全国"安康杯"竞赛优胜单位、中国公路建设行业协会公路建设百家诚信企业、湖北省守合同重信用企业等。

(陈小刚 戴 燕)

【第二工程有限公司】 拥有公路、市政公用工程施工总承包一级,铁路、房屋建筑工程施工总承包二级,公路路基、公路路面、桥梁、隧道、水工隧洞工程专业承包一级资质。公司驻湖北省十堰市白浪中路99号。前身为中国人民解放军铁道兵第一师第二团,1984年1月1日集体转业,改称为铁道部第十一工程局第二工程处,2001年9月企业改制改称现名。执行董事、总经理王胜祖,党委书记谭发刚。下辖5个工程队和路面分公司、机械化分公司、造桥分公司、设备管理中心、周转器材管理中心、混凝土拌和站管理中心、西宁物资设备配送中心、物资集中采购供应中心、铁源公司、铁建医院、生活服务中心,派出工程项目部67个。职工2138人。其中,干部1192人;工人946人。资产总额360418万元。其中,固定资产原值79366万元、净值31364万元;流动资产326738万元;其他资产2316万元。机械运输设备356台(套),其中机械设备264台(套)。固定资产原值28080万元、净值15279万元,总功率52102千瓦,动力装备率24.18千瓦/人,技术装备率7.09万元/人,设备完好率91%、利用率89%。年施工能力73亿元。

2014年新签合同额600529万元,完成施工产值66.56亿元。全员劳动生产率40.62万元/人年,人均创利36758元,职工年人均收入61959元。国有资产保值增值率100.43%,净资产收益率15.23%,产值收益率1.22%,资产负债率87.86%,投资收益上缴率90%,上缴款完成率100%。完成主要实物工程量:路基土石方2613万立方米,隧道29086延长米,桥梁57119延长米,涵渠6536横延米,房建182858平方米,铺轨21千米,铺道岔26组,公路制梁5173片,公路架梁5662片,路面2126万平方米。实现连续安全生产2971天。年内,公司获全国守合同重信用企业、全国优秀施工企业、湖北省守合同重信用企业、全国职工教育培训示范点等荣誉。 (范 莉)

【第三工程有限公司】 拥有铁路、市政公用、公路工程施工总承包一级,房屋建筑、矿山工程施工总承包二级,铁路铺轨架梁、公路路基、桥梁、隧道工程专业承包一级,混凝土预制构件工程专业承包二级资质及爆破施工作业许可三级资质。驻湖北省十堰市武当路15号。前身为中国人民解放军铁道兵第一师第三团,1984年1月1日集体转业,改编为铁道部第十一工程局第三工程处,2001年9月企业改制改称现名。执行董事兼总经理崔幼飞,党委书记王荃荃。下辖新疆、黄石区域经营事业部,铺架2个队,运输3个队,轨排3个队,铺轨运输2个队,桥涵、机修、机械、黄石综合运输等15个队,大机养、运架梁、焊轨、道岔、混凝土、电务等6个专业化分公司,老河口设备物资基地、鹰潭、十堰房产管理部,派出工程项目部53个,在武汉、新疆、山西、内蒙古设有经营网点。职工2807人,其中技术工人1294人。资产总额37.84亿元。其中,固定资产原值11.04亿元、净值3.68亿元;流动资产33.39亿元。主要机械运输设备880台(套),铁道车辆141辆,机车41台,总功率15.61万千瓦,动力装备率54千瓦/人,技术装备率9.9万元/人,设备完好率84%,设备新度系数32%,设备利用率73%。年施工能力60亿元以上。

2014年新签合同额60.3亿元,完成企业总产值65.4亿元,其中施工产值65亿元,附营收入3567万元,实现利润7044万元。国有资产保值增值率115.13%,净资产收益率15.06%,营业利润率1.12%,资产负债率89.84%,应上缴款完成率100%。人均完成产值263.1万元,职工年人均收入5.7万元。完成主要实物工程量:土石方2009.3万立方米,桥梁22826延长米,涵洞5340.7横延米,隧道22835延长米,铁路铺轨1793.1千米(含轨线、地铁铺轨),铁路制梁2397孔,铁路架梁3861孔(其中900吨运架155孔),铺设道岔543组,公路制梁1436片,公路架梁1412片,无砟铺轨1008.55千米,有砟铺轨628.85千米,无砟道床26.4千米。 (于文兵)

【第四工程有限公司】 拥有公路、市政工用工程施工总承包一级,铁路、房屋建筑、矿山工程施工总承包二级,土石方、桥梁、公路、隧道工程专业承包一级,营业性爆破作业单位许可四级。驻湖北省武汉市东湖开发区佳园路21号,是武汉市高新技术企业。前身为中国人民解放军铁道兵第一师第四团,1984年1月集体转业,改称铁道部第十一工程局第四工程处,2001年9月企业改制改称现名。下辖12个工程队,1个基地管理部,派出工程项目部59个(含收尾项目)。职工2797人。其中,管理人员、专业技术人员1346人,工人1451人。资产总额为37.74亿元。其中,固定资产净值23998万元,流动资产350699万元。机械设备510台(套),总功率69162.5千瓦,动力装备率24.67千瓦/人,技术装备率3万元/人。年施工能力49亿元。

2014年新签合同额60.02亿元,完成企业总产值64.97亿元,实现净利润5804万元。国有资产保值增值率108.53%,净资产收益率15.99%,资产负债率89.99%。完成主要实物工程量:土石方2583万立方米,桥梁41637延长米,涵洞7728横延米,隧道39549延长米,无砟轨道道床29.5千米,公路架梁2338片,公路制梁2552片,房建1272平方米。连续安全生产3820天。年内,公司参建的福建浦城(闽浙界)至南平高速公路获国家优质工程奖。 (邢海军)

【第五工程有限公司】 拥有公路、市政公用、房屋建筑工程施工总承包一级,铁路、水利水电工程施工总承包二级,公路路基、桥梁、隧道、水工隧洞、土石方工程专业承包一级,钢结构工程专业承包三级资质。驻重庆市沙坪坝区新桥新村71号。前身为中国人民解放军铁道兵第二十九团。1984年1月1日集体转业,改编为铁道部第十一工程局第五工程处,2001年9月企业改制改称现名。执行董事、总经理蒋国云,党委书记王政松(2014年9月免)。下辖6个专业施工队伍、4个子分公司、63个派出机构。职工2228人。其中,干部1407人,工人821人。资产总额409583万元。其中,固定资产原值94010万元、净值36576万元,流动资产383217万元。机械运输设备713台(套),技术装备率16.11万元/人,动力装备率19.98千瓦/人,设备利用率87.38%、完好率96.35%。

2014年新签合同额60.52亿元,完成营业收入69.12亿元,实现净利润6263万元。国有资产保值增值率101.89%,利润增长率3.54%,权益净利率10.61%,资产负债率85.45%,营业总收入增长率19.55%。年内,公司获全国五一劳动奖状、全国优秀施工企业、全国守合同重信用企业、全国安康杯竞赛优胜单位、全国公路建设行业诚信百佳企业、重庆市建筑业先进企业、重庆市AAA诚信建筑企业、重庆企业100强、重庆市安全生产达标单位、重庆市优秀技术中心、重庆市工人先锋号等荣誉。参建的重庆轨道交通3号线二期工程获中国市政工程金杯奖。 (张明江)

【第六工程有限公司】 拥有机电安装工程施工总承包一级,房建、矿山、市政工程施工总承包二级,铁路工程施工总承包三级,环境保护工程专业承包一级,管道、起重、钢结构专业承包一级,消防专业承包三级资质。驻湖北省襄阳市七里河路2号。前身为中国人民解放军铁道兵第一师修理营,1984年1月1日集体转业,改编为铁道部第十一工程局修理厂,1999年10月更名为基建安装工程处,2001年8月1日更名为基建安装工程分公司,2007年2月企业改制改称现名。执行董事、总经理韩阁,党委书记余振东。下辖8个区域项目部和9个区域经营部,新上和在建工程项目22个,收尾项目24个。职工1076人。其中,干部747人,工人329人。资产额117365.2万元。其中,固定资产原值44954.5万元、净值22020.5万元,流动资产92692.2万元。机械运输设备353台(套),原值2.77亿元、净值1.59亿元,总功率20216.8千瓦,设备完好率98%、利用率83%、成新率57.4%。

2014年新签合同额17.46亿元,完成企业总产值13.93亿元,其中施工产值11亿元、工业产值2.9亿元。实现利润2502万元。国有资产保值增值率101.55%,净资产收益率9.86%,产值利润率2.6%,资产负债率78.22%,应上缴款完成率100%。完成主要实物工程量:土石方314万立方米,房建462233平方米,铁路架梁953孔,分项工程合格率100%。年内,公司获全国优秀施工企业、湖北省优秀建筑业企业、湖北省五一劳动奖状等荣誉。 (刘 革)

【电务工程有限公司】 拥有通信、机电安装工程施工总承包一级,房屋建筑、电力工程施工总承包二级,铁路电务、铁路电气化、送变电、建筑智能化、建筑装修装饰工程专业承包一级,通信信息网络系统集成甲级,电力设施承装(修、试)二级,安防工程一级资质。驻湖北省武汉市东湖新技术开发区佳园路19号。前身为铁道兵直属通信信号第三工程营,组建于1969年,1984年1月1日集体转业,改编为铁道部第十一工程局电务工程段,1986年4月改为电务工程处,2001年9月企业改制改称现名。2009年7月22日公司重组,主体划转到中国铁建电气化局集团南方工程有限公司,保留资质。执行董事、总经理吴刚,党委书记严新金。下辖项目管理中心、通信信号事业部、电力电化事业部、上海项目部,广州、成都、上海、武汉、重庆、西安、内蒙古和北京8个区域项目部,南京、长沙、宁波、苏州、无锡、郑州6个城市项目部,派出工程项目部30个。职工576人。其中,干部487人,工人89人。资产总额12.39亿元。其中,固定资产原值1.46亿元、净值9821万元,流动资产11.31亿元,其他资产1029万元。机械运输设备102台(套),原值4918万元、净值2328万元,总功率13478千瓦。

2014年完成企业总产值15.2亿元,实现净利润6671万元,人均创效12.04万元,全员劳动生产率34.49万元/人,职工年人均收入8.04万元。国有资产保值增值率113.61%,净资产收益率39.17%,产值利润率5.17%,资产负债率85.38%,应上缴款完成率100%。完成主要实物工程量:通信专业通信线路394千米,通信设备82站;信号专业连锁道岔173组,自动闭塞89千米;电力专业电力线路606千米,变配电所8座;电气化专业接触网410.2条千米,牵引变电所9座;通信迁改449处,电力迁改280处,城市轨道交通机电安装14站13区间等。年内,公司获评湖北省守合同重信用企业。(杨 靖 刘慧琼 喻 鑫 黄 琴)

【城市轨道工程有限公司】 拥有地基与基础工程专业承包一级,混凝土预制构件、建筑防水、隧道工程专业承包二级,城市轨道交通工程专业承包和爆破作业四级承包资质。前身为中铁十一局集团广州地铁工程指挥部、广州分公司、城市轨道工程公司，2007 年 8 月，经集团公司批准改制为城市轨道工程有限公司。公司驻湖北省武汉市东湖开发区佳园路 23 号。执行董事、总经理徐加兵，党委书记张平。下辖二级公司 2 个，派出工程项目部 41 个。职工 1361 人。其中，干部 1278 人，工人 83 人。资产总额 374989 万元。其中，固定资产原值 145315 万元、净值 99285 万元，流动资产 272453 万元，净资产 38599 万元。机械运输设备 370 台(套)，总功率 73759.37 千瓦，动力装备率 61.61 千瓦/人，技术装备率 73.44 万元/人。

2014 年新签合同额 59.25 亿元(含补充合同 0.37 亿元)，完成企业总产值 35.4 亿元，施工产值 35.4 亿元，实现利润 7016 万元。人均创利 5.57 万元，全员劳动生产率 38 万元/人年。职工年人均收入 70951 元。国有资产保值增值率 118.76%，净资产收益率 18.29%，产值利润率 1.98%，资产负债率 89.71%，投资收益上缴率 100%。完成主要实物工程量：土石方 304.9 万立方米，盾构 33394 延长米。实现连续安全生产 2599 天。年内，公司获全国五一劳动奖章、全国“安康杯”竞赛优胜单位、湖北省“安康杯”竞赛组织工作优秀单位、湖北省守合同重信用企业、湖北省国资委先进基层党组织等荣誉。 (邓光明　涂明红)

【建筑安装工程有限公司】　拥有房屋建筑、市政公用工程施工总承包一级，铁路、机电设备安装工程施工总承包二级，地基与基础、钢结构、建筑装修装饰、机电设备工程专业承包一级，环保工程、建筑幕墙工程设计与施工、消防设施工程设计与施工二级，营业性爆破作业设计施工四级资质。公司驻湖北省襄阳市长虹北路 3 号。前身为铁道兵一师设计科，1984 年兵改工后分设为勘测设计研究院，1996 年 6 月更名为建筑安装工程处，2001 年 9 月企业改制为现名。执行董事、总经理王发明，党委书记李书兵(9 月免)。下辖机械设备租赁公司、武汉物业管理服务中心、襄阳物业管理服务中心及若干个工程项目部。职工 1512 人。其中，干部 1280 人，工人 232 人。资产总额 475801 万元。其中，固定资产原值 22237 万元、净值 10039 万元，流动资产 463503 万元。机械运输设备 220 台(辆)，总功率 20368.8 千瓦，动力装备率 13.16 千瓦/人，技术装备率 2.67 万元/人。

2014 年新签合同额 623650 万元。完成企业总产值 556156 万元，其中施工产值 556139 元。全员劳动生产率 314220.96 元/人年，人均创利 58314 元，职工年人均收入 56488 元。国有资产保值增值率 105.9%，净资产收益率 22.61%，产值利润率 5.1%，资产负债率 94.21%，实现利润 6055 万元，应上缴款完成率 100%。完成主要实物工程量：土石方 134.8 万立方米，房屋建筑 2485809 平方米。分项工程合格率 100%。年内，公司获全国守合同重信用企业、全国“安康杯”竞赛优胜单位称号。 (王晓颖)

【桥梁工程有限公司】　拥有桥梁工程专业承包一级，混凝土预制构件专业承包二级，钢结构工程专业承包三级资质。公司是以高速铁路箱梁、高速铁路大板、博格板、城市轻轨 PC 梁制造、U 型梁制造、铁路轨下产品生产为主，集工业、贸易、物流、房地产开发、战备器材租赁于一体的国有独资企业。驻江西省鹰潭市月湖区南站路 24 号。前身为中国人民解放军铁道兵鹰潭仓库，组建于 1954 年 6 月；1984 年 1 月 1 日集体转业，改编为铁道部工程指挥部鹰潭材料总厂，1989 年更名为鹰潭战备材料总厂；2001 年 11 月 28 日划转中铁十一局集团有限公司所属；2003 年 7 月 1 日改制改称为中国铁道建筑总公司鹰潭战备材料总厂有限公司；经国家工商总局核准，于 2007 年 8 月 10 日企业改称现名。执行董事、总经理廖宏斌，党委书记王荃荃。下辖铁路制品分公司、物业管理分公司、器材租赁分公司、多种经营分公司、抚州工业分公司及 29 个项目部。职工 461 人。其中，干部 338 人，工人 123 人。资产总额 127777 万元。其中，固定资产原值 45766 万元、净值 26959 万元，流动资产 944670 万元。机械运输、生产设备 456 台(套)，拥有铁路专用线 5 条 3.747 千米，料场、库房 10 万余平方米，年最大吞吐能力 40 万吨。

2014 年实现营业收入 12.72 亿元，其中桥梁产值 11.55 亿元、轨枕产值 1.16 亿元、其他业务产值 98 万元。年内，公司获全国“安康杯”竞赛优胜单位、江西省文明单位称号。 (杨汉思)

【物资贸易有限公司】　2012 年 7 月成立，是主营工业与民用建筑、商业设施及公共基础设施建设的物资综合配套供应和国际进出口贸易业务的国有独资企业。公司驻江西省鹰潭市月湖区南站路 24 号。执行董事、总经理廖宏斌，党委书记王荃荃。下辖华东、华中、北方、东北、西北、昆明、川渝贵、华南、进出口贸易等 9 个分公司。职工 113 人。其中，干部 99 人，工人 24 人。 (杨汉思　彭冰清)

【房地产开发有限公司】　主要经营房地产开发建设、商品房销售、物业管理，兼营房地产项目策划、信息咨询、技术开发等业务。公司驻湖北省武汉市武昌区中山路 277 号中铁大厦。2010 年 3 月 10 日，由中铁十一局集团有限公司出资成立、总经理代峪。职工 38 人。资产总额 214436 万元，其中净资产 4771 万元。 (程　希)

【汉江重工有限公司】 具有A/B级门式起重机械、C级桥式起重机械、900吨架桥机、450吨提梁机超大吨位起重设备制造、A级起重机械制造/安装/维修、CA砂浆车生产许可证、货物及技术进出口及贸易、中国钢结构制造企业一级资质。公司是经中铁十一局集团有限公司上报,中国铁建股份有限公司批复成立的专业从事机械装备研发、设计、制造、服务于一体的专业化企业。2013年9月4日在湖北省襄阳市注册成立,与第六工程有限公司实行"一套机构,两块牌子"的管理模式。公司驻湖北省襄阳市樊城区航空航天工业园中航大道22号。拥有地处樊城区航空航天工业园区、襄州区龙佑机械厂、老河口机械厂和新疆钢结构生产基地4个制造基地,占地面积32万平方米,生产场地12万平方米。执行董事、总经理韩阁,党委书记余振东。下设一、二、三分厂及新疆分公司4个生产制造基地和1个安装公司,组建合作事业部、矿卡事业部、钢结构事业部3个事业部,西南项目部和沙特阿拉伯工厂正在建设中。职工288人。其中,干部175人,工人113人。固定资产原值14838万元、净值12846万元,流动资产37076万元。机械设备453台(套),设备原值2801.66万元、净值1986.03万元,设备成新率72.2%。总功率8588.38千瓦,完好率98.8%,利用率95.4%,成新率72%。

2014年承揽工业产品制造任务32029万元,完成企业总产值29150万元。其中,起重设备生产91台,产值5174.4万元;模板模具产值7541.82万元;钢结构产值8610.8万元;提运架设备产值4110.4万元;其他3712.58万元。实现利润1045万元。净资产收益率9.76%,产值利润率5.2%,资产负债率80.7%,应上缴款完成率100%。年内,公司获湖北省襄阳市工业经济先进单位、市政府重点扶持的"龙腾企业"等荣誉。

(宋 亚)

【物业管理有限公司】 具有二级物业管理资质。公司驻湖北省武汉市武昌区中山路277号中铁大厦。2012年9月10日成立。总经理代峪。下属项目部有中铁大厦项目、棕盛广场项目、中国铁建·梧桐苑项目。职工400人。资产总额324.99万元,其中净资产309.66万元。

2014年,公司自管物业项目面积77.3万平方米。

(程 希)

【襄阳管理部】 2003年12月成立。2006年9月,根据集团公司《关于合并襄樊基地资产管理开发中心和襄樊管理部的通知》,襄樊基地资产管理开发中心和原襄樊管理部合并组建新的中铁十一局集团有限公司襄樊管理部。2009年12月30日,根据集团公司《关于襄樊管理部主体划转并入第六工程有限公司的决定》,襄樊管理部主体划转并入第六工程有限公司,继续保留和使用中铁十一局集团有限公司襄樊管理部名称,下辖襄阳管理分部。根据2010年12月2日国务院批复襄樊市更名为襄阳市,原襄阳区更名为襄州区,集团公司于2011年1月4日研究决定,襄樊管理部更名为襄阳管理部,所属襄阳管理分部更名为襄州管理分部。公司驻湖北省襄阳市七里河路2号。党委书记、主任黄仕典。职工165人。资产总额902万元。其中,固定资产原值103万元、净值21万元,流动资产881万元。

(陈 莉)

【黄石建设管理有限公司】 2013年6月8日成立。公司驻湖北省黄石市大泉路39号预备役高炮三团院内。执行董事、总经理李占楹(2014年9月任)。职工4人,其中干部4人。公司经营范围为工程建设管理、咨询,对建筑业、运输业、旅游业开发投资等。

2013—2014年,公司以BT模式承揽黄石市政工程任务108990万元,向银行融资4亿元。完成的主要实物工程量:路基土石方2万立方米,隧道1950延长米。实现连续安全生产695天。

(吴志明)

【重要记载】

▲1月14日 中国铁路总公司副总经理卢春房到山西中南部铁路通道项目现场办公。

▲2月17—19日 集团公司在武汉召开2014年工作会、二届十次党委全委(扩大)会、三届六次职代会、党风建设和反腐倡廉工作会。

▲2月 集团公司网站被评为湖北省十佳企业网站。

▲3月25日 一公司承建的乌鲁木齐市东环外扩容改建工程获全国市政金杯示范工程奖。

▲3月31日 集团公司召开领导干部大会,中国铁建调整集团公司领导班子。中国铁建董事长、党委书记孟凤朝出席会议并讲话,湖北省国资委主任、党委书记文振富出席会议,中国铁建总裁助理兼人力资源部长鲁斌主持会议并宣布领导班子调整任免决定。中国铁建、中国铁建党委决定:何义斌任集团公司董事长、党委书记;张树海任董事、党委副书记,为总经理人选;免去王桂林董事长、董事、党委书记、党委常委、党委委员职务,退休;免去赵晋华总经理、副董事长、董事、党委副书记、党委常委、党委委员职务,另有任用;免去雷佳民监事会主席、监事、党委副书记、党委常委、党委委员、纪委书记职务,另有任用。

▲同日 集团公司党委召开党的群众路线教育实

践活动动员大会。

▲3 月　集团公司获 2013 年度湖北省档案工作绩效考核优胜单位称号。

▲4 月　二公司获评 2013 年度全国优秀施工企业。

▲6 月 10 日　湖北省国资委企业文化调研组到集团公司调研企业文化建设工作。

▲6 月 16 日　中央政治局委员、广东省委书记胡春华到集团公司承建的大广高速公路施工工地调研。

▲6 月 20 日　电务公司和中土集团在北京签署埃塞俄比亚至吉布提铁路(埃吉铁路)“四电”项目合同。

▲7 月 9 日　哈佳铁路开工动员大会在哈尔滨施工现场举行。黑龙江省省委书记王宪魁宣布哈佳铁路正式开工,中国铁路总公司副总经理卢春房出席会议并讲话。

▲7 月 25 日　中共广东省委副书记、广东省省长朱小丹一行到广(州)清(远)城际铁路工地调研。

▲8 月 4 日　中国铁建副董事长、党委副书记、工会主席彭树贵到三公司长沙磁浮项目施工现场指导工作。

▲8 月 20 日　中国铁建副董事长、党委副书记、工会主席彭树贵,工会副主席白晶慰问集团公司内蒙古片区重点工程广大参建员工。

▲9 月 5 日　集团公司在中国铁路总公司 2014 年上半年铁路建设工程施工企业信用评价中,第九次进入铁路信用评价 A 类行列。

▲9 月 28 日　集团公司被评为 2014 年度湖北省企业百强企业,位列第 9 位。

▲9 月　中国铁建总裁张宗言到三公司长沙磁浮项目工地检查指导工作。

▲9 月　中国铁建副总裁、总法律顾问庄尚标到集团公司检查法制工作建设情况。

▲10 月 21 日　集团公司党委召开党的群众路线教育实践活动总结大会。

▲10 月 31 日　中国铁路总公司副总经理卢春房到四公司汉孝城际铁路天河机场站现场办公。

▲11 月 6 日　集团公司党委书记、董事长何义斌增补为十一届湖北省政协委员。

▲11 月 22 日　集团公司获湖北省企业文化建设杰出贡献单位称号。集团公司董事长、党委书记何义斌被授予湖北省企业文化建设杰出贡献人物称号。

▲11 月 25 日　汉江重工参展在上海新国际博览中心举行的第七届中国国际工程机械、建材机械、工程车辆及设备博览会。　(郭　琳)

中铁十二局集团有限公司

【简况】　中铁十二局集团有限公司是具有铁路、房屋建筑工程施工总承包特级,公路、水利水电、市政公用、通信工程施工总承包一级,隧道、桥梁、路基、路面、地基与基础、机场场道、铺轨架梁、轨道交通、机电设备安装、地质灾害治理等专业承包一级,铁道行业和建筑行业设计甲级资质,并享有对外承包工程资格和对外劳务合作经营权。集团公司机关驻山西省太原市万柏林区西矿街 130 号。下辖第一、第二、第三、第四工程有限公司,建筑安装工程有限公司、电气化工程有限公司、第七工程有限公司、海南振海工程有限公司、市政工程有限公司、铁路养护工程有限公司、国际工程有限公司、物资有限公司、房地产开发有限公司、投资管理有限公司、山西铁道大厦有限公司,华南、华东、西北、川渝、云贵、北京、东北、华中工程指挥部,湘潭铁路工程学校、中心医院、兴城疗养院、物业管理中心、资金调度中心、北京办事处等单位。职工 16344 人。其中,干部 9670 人;工人 6674 人;专业技术干部 9287 人,占干部总数的 96.03%;技术工人 4435 人,占工人总数的 66.4%。资产总额 388.89 亿元。其中,固定资产 31.54 亿元,流动资产 349 亿元,货币资金 60.96 亿元。机械运输设备 7015 台(套),总功率 815574 千瓦,固定资产原值 392530 万元、净值 137714.8 万元,技术装备率 8.1 万元/人,动力装备率 48.1 千瓦/人,大型设备完好率 95.1%、利用率 70.5%,综合机械化施工水平 92.4%。年施工能力 500 亿元以上。

2014 年承揽工程任务 201 项,合同总额 581.4 亿元。完成企业总产值 547.2 亿元,其中施工产值 516.7 亿元。实现利润 11.02 亿元,净利润 9.65 亿元。职工年人均收入 80034 元。完成主要实物工程量:土石方 11593 万立方米,桥梁 179634 延长米,隧道 202969 延长米,房屋建筑 107 万平方米,铁路铺轨 1300 千米,开通交付铁路工程 24 项,电气化接触网 1085 千米。工程质量合格率 100%,全年无施工安全责任伤亡事故。资本金收益率 90.86%,净资产收益率 19.8%,产值利润率 2.02%,资产负债率 86.16%。　(张　诚)

【领导人员】

董事会

董事长	史道泉(3 月调离)
	宋津喜(3 月任)
董　事	史道泉(3 月调离)

宋津喜
霍玉华
和万春
王锦友(3 月任)
职工董事 张凤华(6 月任)
监　事 窦光武(3 月退休)
张乐卿(6 月任)
张金才

经理层

总经理 宋津喜
副总经理 霍玉华
和万春(11 月免)
薛如明
高治双
王锦友(3 月免)
乔志东(3 月调离)
祁玺剑
向远华
张凤华(3 月免)
谭雷平
孙圣杰
雷　军(3 月任)
支卫清(3 月任)
总工程师 高治双(兼)
总会计师 王锦友(兼,3 月免)
方永利(3 月任)
副巡视员 原　军(7 月任)
和万春(11 月任)

党群领导

党委书记 史道泉(3 月免)
王锦友(3 月任)
党委副书记 宋津喜
张凤华(3 月任)
纪委书记 李国强(3 月任)
工会主席 张凤华(3 月任)

(唐运尚)

【工程项目指挥机构】 大西铁路客运专线工程指挥部　驻山西省临汾市尧都区育红路 9 号。指挥长霍玉华,党工委书记王桂元。

贵广铁路工程指挥部　驻广西壮族自治区桂林市北辰路 438 号。指挥长和万春,常务副指挥长王光勇,党工委书记王守英。

山西中南部铁路通道项目经理部　驻山西省吕梁市临县 218 省道郝家坡收费站院内。项目经理兼党工委书记祁玺剑。

兰新铁路二线(新疆段)项目经理部　驻新疆维吾尔自治区乌鲁木齐市达坂城区新冠酒店。项目经理兼党工委书记祁玺剑,常务副经理邸建玄。

兰新铁路二线(甘青段)项目经理部　驻甘肃省玉门市玉门镇玉关路 17 号。项目经理薛如明,常务副经理王家男。

宁安铁路 1 标段工程指挥部　驻安徽省铜陵市长江西路 1729 号天井湖宾馆 1 号楼。指挥长窦光武,党工委书记牛守信。

宁安铁路 6 标段工程指挥部　驻安徽省池州市贵池区秋浦西路 20 号。指挥长向远华,常务副指挥李跃林,党工委书记朱双成。

沪昆铁路客运专线云南段项目经理部　驻云南省曲靖市马龙县环城西路延长线乐熙酒店。项目经理和万春,党工委书记兼常务副经理刘建佳。

沪昆铁路客运专线长昆湖南段项目经理部　驻湖南省邵阳市隆回县金石镇双鑫大道。项目经理和万春,党工委书记兼常务副经理赵西民。

吉图珲铁路工程指挥部　驻吉林省图们市图们大路 3 号。指挥长和万春,常务副指挥长张瑞森,党工委书记张仲理。

张唐铁路项目经理部　驻河北省承德市鹰手营子矿区鹰城大街 12 号。项目经理胡建国。　(张　诚)

【职工队伍】 职工 16344 人,其中干部 9670 人。专业技术干部 9287 人,占干部总数的 96.03%。学历结构:研究生及以上学历 143 人,大学本科学历 7374 人,大学专科学历 1153 人,中专学历 386 人,高中以下学历 300 人。年龄结构:25 岁以下 2119 人,26～30 岁 2728 人,31～35 岁 1414 人,36～40 岁 922 人,41～45 岁 798 人,46～50 岁 517 人,51～54 岁 441 人,55 岁以上 417 人。

工人 6674 人,其中技术工人 4435 人,占工人总数的 66.4%。学历结构:初中及以下学历 2637 人,占工人总数的 40%;高中学历 2199 人,占工人总数的 33%;中专、技校、大专以上学历 1838 人。年龄结构:30 岁以下 322 人,31～40 岁 1561 人,41～50 岁 1262 人,51～60 岁 3529 人。　(浦晋东)

【工程施工】 2014 年,集团公司在建工程项目 292 项。其中,铁路工程 80 项;公路工程 91 项;地铁工程 27 项;海外工程 11 项;市政工程 9 项;房建工程 38 项;水利工程 10 项;其他工程 15 项。

宁西铁路增建二线西安至合肥段增建第二线工程 NXZQ－3 标段工程　正线长 42.024 千米。合同投资 92830 万元,合同工期 2012 年 7 月 1 日—2015 年 12 月

31日。主要实物工程量:特大桥4座4835.05延长米,大桥10座2952.44延长米,中桥5座415.86延长米;涵洞87座1269.26横延米,隧道6座15774横延米;路基土石方174.98万立方米;无砟道床铺轨14.85千米,站线铺轨4.91千米;4座车站。2014年完成施工产值43916万元,开工累计完成产值73988万元。

新建重庆至万州铁路YWZQ-1标段工程　位于重庆市长寿区境内,全长42.4千米。合同投资263080万元,合同工期2012年12月31日—2015年10月2日。主要实物工程量:区间路基土石方198.52万立方米,站场路基土石方38.22万立方米;特大桥10座10745.637延长米,大桥15座4459.085延长米,中桥4座283.62延长米;隧道8座13807延长米,涵洞19座416.69横延米;制架梁及桥面系施工806孔。2014年完成施工产值105137万元,开工累计完成产值226331万元。

新建宝鸡至兰州铁路客运专线甘肃段站前工程BLTJ-4标段工程　位于甘肃省天水市麦积区境内,线路长14.66千米。合同投资16.6亿元,合同工期2013年2月1日—2017年12月31日。主要实物工程量:路基土石方36296立方米,桥梁2座2606.3米,隧道3座11703.653延长米,涵洞2座42.18横延米。2014年完成施工产值63387万元,开工累计完成产值99395万元。

新建西安至成都铁路西安至江油段XCZQ-4标段工程　位于陕西省佛坪县、宁陕县境内,全长31.176千米。合同投资22亿元,合同工期2012年12月1日—2016年11月30日。主要实物工程量:隧道5座29982.8延长米,桥梁4座1266.91延长米,车站1座。2014年完成施工产值84359万元,开工累计完成产值135633万元。

新建郑州至徐州铁路客运专线ZXZQ09标段工程　位于江苏省徐州市境内,全长22.274千米。合同投资21.74亿元,合同工期2012年12月10日—2016年12月9日。主要实物工程量:特大桥1座22274延长米,联络线单线特大桥2座4682延长米,钢轨铺设321.32千米,制梁750孔。2014年完成施工产值94432万元,开工累计完成产值137340万元。

重庆至贵阳铁路扩能改造工程五标段工程　全长32.48千米。合同投资20.22亿元,合同工期2013年5月1日—2016年12月27日。主要实物工程量:路基土石方225万立方米,桥梁9座4123延长米,隧道8座25696延长米,车站2座。2014年完成施工产值51661万元,开工累计完成产值69664万元。

新建铁路成都至贵阳线乐山至贵阳段CGZQSG-11标段工程　位于云南省境内,全长26.633千米。合同投资22亿元,合同工期2014年1月1日—2018年4月30日。主要实物工程量:土石方93.9万立方米,桥梁8座1159.89延长米,涵洞9座344.19横延米,隧道8座23412延长米。2014年完成施工产值27544万元。

广通至大理铁路扩能改造工程站前4标段工程　全长21.086千米。合同投资127892万元,合同工期2012年12月1日—2017年6月30日。主要实物工程量:桥梁6座2066延长米,隧道6座17074延长米,涵洞9座273.26横延米。2014年完成产值20936万元,开工累计完成施工产值47704万元。

新建成都至蒲江铁路CPZQ-3标段工程　全长40.983千米。合同投资141272万元,合同工期2013年9月1日—2016年2月29日。主要实物工程量:土石方834万立方米,桥梁22座13918.87延长米,涵洞117座2499.85横延米,制架梁357孔。2014年完成施工产值75651万元,开工累计完成产值89515万元。

新建海南西环铁路站前工程XHZQ-2标段工程　全长61.681千米。合同投资108000万元,合同工期2013年9月30日—2015年12月30日。主要实物工程量:区间及站场路基土石方720.46万立方米,桥梁45座28253延长米,隧道3座3095延长米,框架涵79座1649.14横延米,预制、架设T梁3220片。2014年完成施工产值79961万元,开工累计完成产值81021万元。

成兰铁路客运专线CLZQ-8标段工程　全长18.19千米。合同投资158755万元,合同工期2012年12月1日—2017年6月30日。主要实物工程量:茂县隧道出口段3803段长米(茂县隧道全长9913米),榴桐寨隧道进口段14214延长米(榴桐寨隧道全长16262米),核桃沟大桥171.209延长米。2014年完成施工产值27150万元,开工累计完成产值38436万元。

新建北京至沈阳铁路客运专线JSLNTJ-2标段工程　全长28.35千米。合同投资201700万元,合同工期2014年7月1日—2019年2月28日。主要实物工程量:路基3.047千米,桥梁11座5516延长米,隧道9座19.764延长米,无砟道床铺轨56.29千米。2014年完成施工产值38684万元。

天津铁路枢纽西南环线扩能改造工程NHSG-1标段工程　既有线长3.55千米,正线长12.238千米。合同投资75924万元,合同工期2013年3月7日—2015年9月6日。主要实物工程量:土石方94.7万立方米,车站两座,特大桥2座5664.39延长米,涵洞41座1219.81横延米,预制T梁932片、架设522片。2014年完成施工产值7507万元,开工累计完成产值16083万元。

改建铁路南平至龙岩线扩能改造工程 NLZQ－Ⅰ标段工程　线路长 24.826 千米。合同投资 196540 万元，合同工期 2013 年 12 月 1 日—2017 年 11 月 30 日。主要实物工程量：路基及站场土石方 176.7 万立方米，桥梁 13 座 6856.24 延长米，隧道 9 座 36002 延长米，框架涵 12 座 353.59 横延米，涵洞 3 座 121.87 横延米。2014 年完成施工产值 46131 万元，开工累计完成产值 46231 万元。

雅安至康定高速公路二郎山隧道土建 C2 标段工程　线路长 9.116 千米。合同投资 129500 万元，合同工期 2012 年 6 月 1 日—2017 年 11 月 30 日。主要实物工程量：大桥 22 座 3582.69 延长米，圆管涵 13 座 250 横延米，隧道 4 座 14935 延长米，隧道 3 座 5052.78 延长米。2014 年完成施工产值 23496 万元，开工累计完成产值 53248 万元。

国道 214 线香德二级公路路基第 5 合同段工程　全长 5.7 千米，合同投资 59400 万元，合同工期 2013 年 9 月 1 日—2016 年 2 月 29 日。主要实物工程量：路基土石方 19 万立方米，隧道 3 座 8164 延长米，大桥 1 座 231.4 米。2014 年完成施工产值 24586 万元，开工累计完成产值 25236 万元。

北京地铁 16 号线 17 标段工程　玉渊潭东门站及甘家口站至玉渊潭东门站区间，全长 962.2 米。合同投资 52661 万元，合同工期 2013 年 6 月 1 日—2016 年 12 月 28 日。2014 年完成施工产值 10412 万元，开工累计完成产值 10412 万元。

厦门市轨道交通 1 号线一期土建 1 标段工程二工区　合同投资 59.65 万元，合同工期 2013 年 11 月 1 日—2016 年 10 月 31 日。主要工程量：湖滨东路站、文灶站、将军祠站，湖滨东路站至文灶站区间、文灶站至将军祠站区间。2014 年完成施工产值 5491 万元，开工累计完成产值 5491 万元。

厦门市轨道交通 1 号线 2 标段工程二工区　线路长 2.484 千米。合同投资 34532 万元，合同工期 2013 年 10 月 20 日—2016 年 11 月 30 日。主要工程量：软件园站、集美大道站，诚毅广场站至软件园站区间、软件园站至集美大道站区间。2014 年完成施工产值 10320 万元，开工累计完成产值 10320 万元。

广州至佛山环城城际轨道 GFHFG－1 标段工程　线路长 17.261 千米。合同投资 207353 万元，合同工期 2013 年 10 月 1 日—2016 年 11 月 30 日。主要实物工程量：南北大涌特大桥 1257.35 延长米，张槎车站大桥 229.33 延长米，东平水道特大桥 4868.88 延长米，张槎车站高架站房 24208 平方米，东平 1 号隧道 3492 延长米。2014 年完成施工产值 31361 万元，开工累计完成产值 33168 万元。

成昆铁路米易至攀枝花段第 5 标段工程　线路长 23.325 千米。合同投资 141135 万元，合同工期 2013 年 12 月 20 日—2019 年 6 月 20 日。主要实物工程量：土石方 129.38 万立方米，桥梁 4 座 601.9 延长米，涵洞 6 座 211.42 横延米，隧道 3 座 38757 延长米。2014 年完成施工产值 16259 万元。（张林祥）

【经营管理】　(1)任务承揽。在市场景气度不高、新项目不多的情况下，通过不断优化经营布局，持续加大路外经营力度，全面调动经营人员的主动性和积极性，各省市经营平台竞相发力：铁路市场紧抓机遇，盯住核心业主，积极为业主和上级分忧解难，巩固了路内市场优势，占取了铁路市场较大份额；路外市场全面发力，结构进一步优化，房建、路面、城市轨道等市场份额均创历史新高；海外市场实现滚动发展，成功进入尼日利亚市场，海外任务比重大幅提升。全年承揽工程任务 201 项，合同总额 581.4 亿元。其中，铁路 25 项，合同额 178 亿元，占总额的 30.6%；公路 35 项，合同额 107 亿元，占总额的 18.4%；地方铁路及专用线 12 项，合同额 21.9 亿元，占总额的 3.8%；房建 25 项，合同额 57 亿元，占总额的 9.8%；市政 12 项，合同额 16.9 亿元，占总额的 2.9%；轨道交通 14 项，合同额 47.7 亿元，占总额的 8.2%；水利水电 10 项，合同额 1.7 亿元，占总额的 0.3%；机场 4 项，合同额 1.1 亿元，占总额的 0.2%；其他工程 56 项，合同额 51.2 亿元，占总额的 8.8%；海外工程 8 项，合同额 99.2 亿元，占总额的 17.1%。

(2)项目管理。面对巨大的施工压力，通过狠抓预控管理、工期管理、问题管理，合理调配资源要素，紧盯重难点项目，努力把握施工生产主动权，有效应对又一轮大规模施工生产的挑战；持续推进标准化管理，着重培育专项施工能力，进一步落实施工生产主体责任，不断提升项目自我解决问题的能力和管理水平；强化安全风险和质量控制，积极开展安全质量大排查大整治，在全面加强整改的同时保证项目管理总体受控并稳步推进。大西、贵广、中南通道、兰新、拉日等重点铁路项目如期开通，一批安全风险高、施工难度大的重难点工程相继实现突破：以色列吉隆隧道、原神高速公路野马梁隧道等重难点高风险隧道顺利贯通，渝万铁路寸滩双线特大桥等高墩大跨连续梁先后合龙，宝兰南河川渭河特大桥、昭会公路牛栏江特大桥等顺利推进；张唐、吉图珲、西成、成兰、宝兰、渝黔、郑徐等在建重难点项目有序推进，进展态势良好。2014 年，集团公司完成施工产值 500 亿元，实现历史性突破。

(3)安全质量。认真贯彻落实各级法律法规、标准要求及安全质量电视电话会议精神，深入开展“安全质量大检查”“施工安全质量大反思、大排查、大整治”“铁路隧道、路基工程质量专项整治”“安全月”“质量月”“质量创优”活动，坚持“全覆盖、零容忍、严执法、重实效”原则，狠抓施工方案预控、交底培训、带班作业及监控预警等制度落实，全面排查治理安全质量隐患，重点加强隧道及地下工程、高墩大跨连续梁及制运架梁、铁路既有线、高空作业、危爆物品安全管理，扎实开展危爆物品、防洪防汛、预防施工起重机械、脚手架、隧道坍塌等专项检查活动，增强项目自控能力，遏制较大事故发生。年内，电气化公司承建的天津西站交通枢纽配套市政机电设备安装工程、北京地铁9号线供电系统设备安装工程获国家优质工程奖。全年获省部级优质工程奖2项，5个QC小组获“全国工程建设优秀质量管理小组”称号。铁路信用评价上半年排名第6位，列A级行列；下半年排名第17位，列B级行列。

(4)财务管理。围绕“抓效益、促管理、防风险、提水平”的财务管理目标，通过一系列有效举措，实现集团公司经济的稳健增长。全年实现营业收入547.19亿元、净利润9.65亿元。采取的主要措施：一是强化资金管控。强化资金预算，实现集团公司资金的全面受控，确保内部资金的高效运转；狠抓资金集中度，发挥自有资金的最大潜能，全集团资金集中度达到84%；加强工程垫资的集中控制，规范垫资贷款的审批程序，杜绝盲目垫资；加强代扣代缴和上缴款管理，严格考核兑现，确保资金上缴；狠抓清欠工作，建立清欠工作常态化机制，实施动态管理，最大限度地盘活资金，全年集团公司清收外部拖欠款91.25亿元，完成应收客户合同工程款确权39.87亿元，平均清收率88%。二是坚持依法合规管理，规避财务风险。先后成立26个自审自查小组，对全集团所有财务单位的财务账目和经济业务全面开展自审自查自纠工作；先后出台《规范财务管理的若干规定》《债务风险管控方案》等制度防范财务风险；深入开展整改和追责工作，进一步规范企业管理。三是积极推进亏损项目治理。牵头并同多个部门成立联合审计小组，历时3个月，对亏损项目进行集中审计，建立“三级四定”扭亏责任制，实行亏损项目分级治理，启动最终亏损项目追责程序和过程亏损项目治亏程序，取得较好效果。四是强力推进财务共享中心和“营改增”工作。一方面加快财务信息化建设，重点在网上报账系统、资金管理系统、财务决策支持系统方面进行开发和试点，将费用控制、预警机制等功能融为一体，实现财务管理的集成化、高效化和规范化；另一方面积极开展模拟运行，为“营改增”的实施做好技术上的准备，并制定《营改增模拟运行方案》，为税制改革的实施奠定基础。

(5)经济管理。一是重点狠抓二次经营工作。进一步理顺工作机构，将二次经营工作职能由原来的经营计划部调整到新成立的工程经济部，并强化管理职能；明确全年二次经营工作的目标和方向，加大帮扶指导，细化工作交底，强化基础管理工作；注重业务培训，全年在湘潭技校开展变更索赔补差培训2批140人次，进一步提升有关人员的操作技能和业务水平；重视后期收益，加强对26个收尾项目管理，全年完成二次经营批复额54.5亿元，占完成投资的10.85%。二是强化成本管理基础工作。下发《2014年度工程项目责任成本管理考评实施方案》，审核工程公司上报的责任成本管理工作达标验收结果，并组织5个小组对66个在建项目的责任成本管理情况进行检查、考核。三是积极开展责任成本管理考评。2013年度责任成本管理考评工作按“两阶段七大类”考核，分别评选出2013年度责任成本管理先进单位3个，优秀项目经理和优胜项目经理各5人，责任成本管理先进个人23人，共兑现奖金98万元。（张　诚）

【科技管理】 2014年审定科技开发项目71项，各子公司科技开发项目196项，计划投入开发经费23亿元。年内有14项科技成果通过省级鉴定；京沪高速铁路和秦岭终南山公路隧道工程获2014年度中国土木工程詹天佑奖。

全年61项专利获专利授权，其中发明专利15项。5项工法被评为2011—2012年度国家级工法，64项工法被评为省部级工法。9项科技成果获省部级科学技术进步奖。（张　诚）

【党群工作】 (1)党的工作。一是积极开展党的群众路线教育实践活动。认真贯彻党的十八届三中、四中全会及习近平总书记讲话精神，全面开展群众路线教育活动，党员干部积极进行批评与自我批评，自我约束和自我控制能力进一步增强，干部作风形象得到明显改进，对职工群众提出的12300多条意见建议进行逐一分析和答复，确定34个重点整改项目和建立25项制度的长效工作计划，活动取得显著成效。二是强化领导班子和人才队伍建设。分2次对17个单位的领导班子进行考察，在充分考察和审慎决策基础上，调整、提拔领导干部210人次；持续开展创建“四好领导班子”活动，集团公司党委连续3年被股份公司表彰为“四好领导班子”；注重各类人才的培养选拔，全年举办和组织参加各类培训班40多个，累计培训7100多人次。三是不断提升企业文化的宣传引导作用。结合内外部形势，开展“管理就要敢于较真”“践行党的群众路线”等主题教育活动；持续弘扬实干文化，深入开展“倡导四实作风，推动企业升级”专题活动；紧贴生产经营，发表新闻稿件1500余篇，妥善处理舆情8件。四是深入推进反腐倡廉惩防体系。通过开展“反腐倡廉宣传教育月”、组织观看警示教育片、举办廉政风险专题讲座等形式，增强全员拒腐防变意识；制发《项目廉政管理“五不准三公开”规定》《深化作风“十条禁令”》等文件，强化惩防体系建设；开展三项效能监察，整治亏损项目34个，处理项目经理9人，避免和挽回经济损失2061万元；加大案件查处力度，全年立案23件，对37人给予党纪政纪处分。

(2)工会工作。一是开展劳动竞赛服务现场。广泛开展建功立业活动，在西成、渝万、太原建设路改造等重难点工程项目开展“七比一争”劳动竞赛，激发职工的主动性和创造性，促进施工生产。年内，1个单位获全国五一劳动奖状，1人获全国道德模范称号并被授予全国五一劳动奖章；2个项目获火车头奖杯，6人获火车头奖章；1人被评为山西省特级劳模。二是坚持以人为本突出维护职能。通过签订工资集体协商协议、召开职代会、组织民主测评、落实劳动保护责任制等方式，保证职工合法权益。三是不断提升职工文化素质。以“中国铁建员工悦读会”系列活动为载体，通过推荐发放书籍、开展汉字听写比赛、经典诵读等活动，增强职工的文化素质。四是加强困难帮扶工作。讨论并通过《集团公司职工互助合作保险实施办法》；年内发放慰问金130.51万元，慰问困难职工家庭956户，为79名困难学子发放金秋助学金14.2万元。五是广泛开展“合建技改”活动，整理上报群众性合理化建议和技术改进成果56项，创造经济价值5000多万元。六是持续抓好建家建线，为职工创造良好的生产生活环境。七是举办纪念铁道兵转工30周年消夏文艺晚会、职工摄影比赛及第八届职工门球比赛等群众性文体活动，丰富职工的业余文化生活。

(3)共青团工作。一是加强思想教育。通过“改革管理，全员参与”建言献策活动、青年读书活动、青年思想座谈会、兵转工30周年座谈会等活动形式，做好青年思想引导教育工作。二是开展“双争”、重难点项目“青年突击竞赛”等活动，提高广大团员青年的积极性，有效推动施工生产。三是设立青年项目经理“金鹰奖”，在集团公司首次评选并表彰8名业绩突出、表现优秀的青年项目经理。四是继续开展“导师带徒”活动，创新开展工程公司领导“集中带徒”活动，评出20对年度优秀师徒。五是加强团的自身建设，强化组织、宣传、基础管理等方面的工作。年内，3名青年获全国青年岗位能手称号，23个青年集体和13名青年获省部级表彰。 (张　诚)

【第一工程有限公司】 拥有铁路、公路、市政公用工程施工总承包一级，桥梁、隧道、公路路基、水工隧洞、公路路面工程专业承包一级资质，具有冷轧带肋钢筋、钢构件、电线电缆加工资质。公司机关驻陕西省西安市灞桥区柳雪路368号。董事长、总经理许超英，党委书记崔耀华。下辖架桥一、二、三公司，机械设备分公司，周转材料管理分公司及泰丰公司、临汾基地管理中心、职工医院、南充基地、宜昌基地、广州基地等附属单位，派出工程项目部84个。职工2572人。其中，干部1498人；工人1074人。资产总额84.75亿元。其中，固定资产净值5.57亿元；流动资产78.84亿元。主要施工机械设备992台(套)，原值72327.8万元、净值23887.6万元，总功率124182千瓦，技术装备率8.39万元/人，动力装备率43.63千瓦/人。年施工生产能力100亿元以上。

2014年承揽工程任务18项，合同总额82.09亿元，完成施工产值113亿元，实现利润2.45亿元，职工年人均收入67899元。完成主要实物工程量：土石方2879.3万立方米，桥梁47752延长米，铁路制梁1498孔，铁路架梁653孔，公路架梁6626片，隧道及引水隧洞27004横延米，公路96千米，公路路面650.8万平方米。公司获2014年全国工程建设质量管理优秀企业称号，被陕西省授予社会信用承诺单位，获铁建杯优质工程奖2项，获全国工程建设优秀QC小组活动成果二等奖1项。 (邓东英)

【第二工程有限公司】 拥有铁路、公路、房屋建筑、市政公用工程施工总承包一级，矿山工程施工总承包二级，隧道、桥梁、公路路基、水工隧洞、铁路铺轨架梁、钢结构工程专业承包二级资质。公司机关驻山西省太原市小店区人民南路19号。董事长、总经理武明静，党委书记王耀常。下辖物业管理公司、建筑安装工程公司、混凝土施工分公司、地质钻探施工分公司、机械化施工分公司、钢结构工程分公司，派出工程项目部78个。职工3020人。其中，干部1646人；工人1374人。资产总额74.54亿元。其中，固定资产原值15.83亿元、净值2.89亿元；流动资产71.39亿元。主要施工机械1074台(套)，动力装备率41.05千瓦/人，技术装备率12.05万元/人，机械化施工程度87%以上。年施工生产能力80亿元以上。

2014年承揽工程任务15项，合同总额62.26亿元，完成产值77.87亿元，实现利润5006万元，职工年人均收入58965元。完成主要实物工程量：土石方2039.3万立方米，桥梁22185延长米，隧道81833延长米(含地铁)，铁路架梁110孔，公路架梁1468片，房建8498平方米。公司参建的秦岭终南山公路隧道工程获中国土木工程詹天佑奖,2 个地铁项目获市政基础设施结构长城杯金质奖,1 个地铁项目获市政基础设施结构长城杯银质奖,西成铁路客运专线项目部 QC 小组被评为全国铁道行业优秀质量管理小组。

(洪晓强)

【第三工程有限公司】 拥有公路、市政公用工程施工总承包一级,铁路工程施工总承包二级,桥梁、隧道、公路路基、铁路铺轨架梁工程专业承包一级,城市轨道交通工程专业承包资质。公司机关驻山西省太原市万柏林区西线街 39 号。董事长、党委书记梁彬彬,总经理陈志高。下辖机械化工程公司、混凝土工程公司、铺架工程公司、设备租赁公司、修理制造厂、物业管理中心、劳动力管理配置中心、招待所、机关门诊部,派出工程项目部 66 个。职工 2985 人。其中,干部 1534 人;工人 1451 人。资产总额 76. 47 亿元。其中,固定资产 6. 13 亿元;流动资产 70. 23 亿元;净资产 7. 79 亿元。工程机械设备 1604 台(套),总功率 172943 千瓦,动力装备率 57. 8 千瓦/人,技术装备率 12. 1 万元/人。年施工生产能力 100 亿元以上。

2014 年承揽工程任务 12 项,合同总额 52. 2 亿元,完成施工产值 111. 6 亿元,实现利润 8093 万元,职工年人均收入 72324 元。完成主要实物工程量:土石方 2436 万立方米,桥梁 47500 延长米,隧道 48000 延长米,公路制梁 8911 片、架梁 7384 孔,铁路制梁 3100 片、架梁 2489 孔,铺轨 1300 千米,铺设道岔 444 组。2 个 QC 小组获全国工程建设优秀 QC 小组称号,公司获 2014 年度全国优秀施工企业、年度公路建设行业诚信百佳企业等荣誉。

(刘玮钰)

【第四工程有限公司】 拥有公路、市政公用工程施工总承包一级,铁路、房屋建筑、矿山工程、港口与航道工程施工总承包二级,隧道、桥梁、土石方、公路路基、机场场道工程专业承包一级资质。公司机关驻陕西省西安市未央区徐家湾红旗东路 3 号。董事长、总经理李天胜,党委书记梁健。下辖机械化公司、架桥公司、预应力公司、混凝土公司、盾构公司、山西介休基地、劳务中心,派出工程项目部 57 个。职工 2843 人。其中,干部 1480 人;工人 1363 人。资产总额 71. 15 亿元。其中,固定资产原值 12. 43 亿元、净值 4. 01 亿元;流动资产 66. 67 亿元。工程机械设备 584 台(套),总功率 89593 千瓦,技术装备率 9. 1 万元/人,动力装备率 31. 5 千瓦/人。年施工生产能力 75 亿元以上。

2014 年承揽工程任务 16 项,合同总额 59. 7 亿元,完成施工产值 75 亿元,实现综合收益 8500 万元,职工年人均收入 59195 元。完成主要实物工程量:土石方 2356 万立方米,桥梁 34240 延长米,隧道 38560 延长米,涵洞 12570 横延米,铁路架梁 618 孔,公路架梁 6852 片。公司获全国五一劳动奖状,2 项科技成果获中国施工企业管理协会技术创新成果一等奖,1 项工程获中国铁道工程建设协会铁路优质工程奖。

(肖邦伟)

【建筑安装工程有限公司】 具有房屋建筑、市政公用、机电安装工程施工总承包一级,铁路工程施工总承包二级,地基与基础、钢结构、机电设备安装、建筑装饰装修工程专业承包一级,建筑幕墙工程设计与施工二级资质。公司机关驻山西省太原市西矿街 130 - 1 号。董事长、总经理何国民,党委书记时诒敬。下辖工程指挥部、项目经理部及专业分公司 37 个。职工 1467 人。其中,干部 975 人;工人 492 人。资产总额 47. 88 亿元。其中,资产净值 0. 83 亿元;流动资产 46. 95 亿元。设备车辆 330 台(套),原值 3750 万元、净值 1660. 35 万元,总功率 12497. 7 千瓦,技术装备率 1. 03 万元/人,动力装备率 8. 84 千瓦/人。年施工生产能力 50 亿元以上。

2014 年承揽工程任务 36 项,合同总额 105. 1 亿元,完成施工产值 48. 3 亿元,实现利润 1. 51 亿元,职工年人均收入 102230 元。完成主要实物工程量:土石方 241 万立方米,桥梁 906 延长米,房建 147 万平方米,房建竣工面积 6. 6 万平方米。公司被评为山西省工程建设质量管理优秀单位,获国家优秀 QC 小组成果奖 2 项。

(王宜凝)

【电气化工程有限公司】 拥有通信、房屋建筑、机电安装工程施工总承包一级,铁路电气化、铁路电务、送变电工程专业承包一级资质,并具有公路交通工程专业承包通信、监控、收费综合系统工程资质和承装(修)一级电力许可证和电力系统设备试验测试资格。公司机关驻天津市空港经济区环河北路与中心大道交口空港商务园西区 12 号楼。董事长、党委书记李保国,总经理辛东红。派出工程项目部 32 个。职工 727 人。其中,干部 552 人;工人 175 人。资产总额 40. 8 亿元。其中,货币资金 14. 5 亿元;固定资产净值 4. 6 亿元。机械设备 137 台(套),原值 8927 万元、净值 5121 万元,总功率 19134 千瓦,设备利用率 97%。年施工生产能力 35 亿元以上。

2014 年承揽工程任务 33 项,合同总额 42. 5 亿元,完成施工产值 35. 2 亿元,实现净利润 3 亿元,职工年人均收入 87746 元。完成主要实物工程量:铁路接触网 883 条千米,电力电缆 1700 千米,通信光电缆 1797 千米,信号光电缆 1359 千米,道岔 288 组,风机基础 54

基,箱变 49 基,送变电铁塔 429 基,电杆 11460 根,导线 977 千米,电缆 8 千米,地铁变电所供电设备安装 25 座。获国家优质工程奖 1 项、中国安装工程优质奖 1 项、省部级优质工程奖 2 项。（王 盼 胡 彬）

【第七工程有限公司】 拥有铁路、公路、市政公用工程施工总承包一级,房屋建筑工程施工总承包二级,桥梁、隧道工程专业承包一级,公路路基、公路路面工程专业承包三级资质;并具有爆破设计施工资质,桥梁预制、对外承包工程经营资格。公司机关驻湖南省长沙市天心区友谊路 202 号。董事长、总经理杜湘豪,党委书记崔红琴。下辖 5 个分(子)公司,派出工程项目部 30 个。职工 1044 人。其中,专业技术人员 536 人;技能人员 116 人。资产总额 25.59 亿元。其中,流动资产 24.48 亿元;固定资产净值 1.07 亿元。机械设备 254 台(套),总功率 27243 千瓦,技术装备率2 万元/人,动力装备率 26 千瓦/人。年施工生产能力 30 亿元以上。

2014 年承揽工程任务 14 项,合同总额 36.8 亿元,完成施工产值 31.53 亿元,实现利润 2003.98 万元,职工年人均收入 86588 元。完成主要实物工程量:桥梁 23328 延长米,隧道 5747 延长米,土石方 1430 万立方米,公路架梁 3598 片。公司获国家守合同重信用企业称号。（彭清平 卢大伟）

【振海工程有限公司】 拥有铁路、房屋建筑、公路、市政公用工程施工总承包三级,公路路面、公路路基、港口与海岸工程专业承包三级资质。公司机关驻海南省海口市面前坡东村 1 号。董事长、党委书记欧邦云,总经理徐德才。派出工程项目部 12 个。职工 147 人。其中,干部 119 人;工人 28 人。资产总额 42381 万元。其中,固定资产原值 4091 万元、净值 881 万元;流动资产 41416 万元。机械运输设备 55 台(辆),原值 983.80 万元、净值 327.94 万元。年施工生产能力 3 亿元以上。

2014 年承揽工程任务 7 项,合同总额 9.6 亿元,完成施工产值 3.5 亿元,实现净利润 885.73 万元,职工年人均收入 6.6 万元。完成主要实物工程量:填方 38 万立方米、挖方 49.5 万立方米,涵洞 413.57 横延米,隧道 775 延长米,桥梁 3251 延长米,管线开挖安装 47480 延长米。（帅 琦）

【市政工程有限公司】 拥有市政公用工程施工总承包一级,桥梁工程专业承包二级,房屋建筑、土石方、公路、路面、路基工程总承包三级资质。公司机关驻广东省珠海市香洲区吉大情侣南路 158 号。董事长、总经理徐峰,党委书记邓胜兵。派出工程项目部 9 个。管理和工程技术人员 90 人。资产总额 46605 万元。其中,固定资产 2064 万元;流动资产 45826 万元。年施工生产能力 3 亿元以上。

2014 年承揽工程任务 2.8 亿元,营业收入 1.8 亿元,实现利润 32 万元,职工年人均收入 62233 元。完成主要实物工程量:土石方 51 万立方米,桥梁 1037.74 延长米,房屋建筑 4253.6 平方米。工程质量合格率 100%,优良率 90% 以上。（邓晓红）

【铁路养护工程有限公司】 拥有市政公用、房屋建筑工程施工总承包三级,公路路基工程专业承包三级资质。公司机关驻西藏自治区拉萨市经济技术开发区林琼岗路 13-1 号。董事长、总经理左志明,党委书记张从凯。下辖安多车间、那曲车间、当雄车间、拉萨车间、曲水车间、日喀则车间,机械化项目部、仁布桥隧车间、检测车间,青藏铁路公司职工保障性住房工程项目经理部和青藏铁路公司拉萨工务段项目部。职工 617 人。资产总额 6.87 亿元,主要机械设备 480 台(套),总功率 13707 千瓦。年施工生产能力 3.5 亿元以上。

2014 年实现营业收入 35229.94 万元,实现利润 1014.58 万元,职工年人均收入 154450 元。（罗 维）

【重要记载】

▲1 月 8 日 集团公司中标云南省富宁至滇桂界(龙留)高速公路 2 标段,合同投资 11.23 亿元。

▲1 月 电气化公司获全国工程建设质量管理优秀企业称号。

▲2 月 17—18 日 集团公司三届五次党委(扩大)会议、四届二次职工代表大会、2014 年工作会议、党风建设和反腐倡廉工作会在太原铁道大厦召开。

▲3 月 12 日 集团公司党的群众路线教育实践活动动员大会在太原铁道大厦召开,股份公司第三督导组成员,集团公司及所属各单位有关领导及职工代表 180 人参加会议。

▲3 月 21 日 三公司、电气化公司被中国施工企业管理协会评为 2013 年度全国优秀施工企业,集团公司副总经理、西北指挥部指挥长薛如明,三公司董事长、党委书记梁彬彬被评为 2013 年度中国工程建设优秀职业经理人(高级),范廉明、宋志荣、陈卫雄被评为 2013 年度全国工程建设优秀项目经理。

▲3 月 25 日 经中国铁建研究决定:宋津喜任集团公司董事长;王锦友任集团公司董事,不再担任副总经理、总会计师职务;方永利为集团公司总会计师人选;雷军、支卫清为集团公司副总经理人选;免去史道泉的董事长、董事职务,另有任用;张凤华不再担任副总经理职务;乔志东不再担任副总经理职务,另有任用。

▲同日 经中国铁建党委研究决定:王锦友任集

团公司党委书记；张凤华任集团公司党委副书记，为工会主席人选；李国强任集团公司党委委员、纪委书记；方永利、雷军、支卫青任集团公司党委委员；免去史道泉的党委书记、党委常委、党委委员职务；免去乔志东的党委委员职务，另有任用。

▲4月2日　集团公司在太原召开领导干部大会，中国铁建副总裁刘汝臣，总裁助理、人力资源部部长鲁斌等出席，宣布集团公司新任董事长、党委书记和其他领导的任免情况。

▲4月21日　二公司陈玉达、三公司曹国强、四公司彭东获全国青年岗位能手称号。

▲4月28日　中共中央政治局委员、国务院副总理马凯，在中国铁路总公司副总经理卢春房，中国铁建总裁张宗言等陪同下，视察集团公司参建的大西铁路客运专线临汾西站，对即将通车运营的大西铁路客运专线建设给予高度评价。

▲5月13日　中国铁路总公司副总经理卢春房到集团公司天津铁路西南环项目现场视察。

▲5月16日　集团公司参建的中国首条拥有完全自主知识产权的中低速磁浮铁路——长沙磁浮铁路工程正式开工。

▲6月5日　集团公司中标通辽至四平铁路电气化改造1标段工程，合同投资10.64亿元。

▲6月24日　集团公司中标新建怀化至邵阳至衡阳铁路先期开工段（隧道工程）2标段工程，合同投资12.82亿元。

▲6月26日　集团公司中标新建北京至沈阳铁路客运专线辽宁段站前2标段工程，全长28.39千米，合同投资20.17亿元。

▲6月28日　交通运输部部长、国务院第六督查组组长杨传堂一行到集团公司承建的沈阳地铁9号线7标段视察，对十二局克服重重困难、又好又快建沈阳地铁给予高度评价。

▲7月1日　集团公司参建的新建大同至西安铁路客运专线太原南站至西安北站段正式通车运营。

▲7月15日　集团公司中标新建大同至西安铁路原平西至北同蒲联络线LLXTJ标段工程，合同投资11.43亿元。

▲7月29日　全国人大常委会副委员长沈跃跃一行到集团公司承建的太原理工大学图书馆项目工地进行大气污染防治法执法检查，称赞十二局的施工现场是样板。

▲8月15日　集团公司参建的新建拉萨至日喀则铁路开通运营，是集团参建的第二条高原铁路。

▲9月5日　集团公司取得住房和城乡建设部颁发的房屋建筑工程施工总承包特级资质证书和建筑行业甲级工程设计资质证书。

▲9月26日　云南省省长李纪恒出席集团公司参建的蒙河电气化铁路开工仪式。

▲10月14日　集团公司中标青岛至连云港胶南（不含）至赣榆北（不含）段站前3标段工程，合同投资16.44亿元。

▲10月27日　集团公司领导班子被股份公司党委评为2013年度“四好领导班子”。

▲10月29日　集团公司中标佛山西站及相关工程3标段，合同投资13.11亿元。

▲11月3日　集团公司董事长、总经理宋津喜被中国建筑业协会评为2013年度全国建筑业优秀企业家，集团公司副总经理、总工程师高治双被中国建筑业协会评为2013年度全国建筑业企业优秀总工程师。

▲11月4日　集团公司党的群众路线教育实践活动总结大会在太原铁道大厦召开。

▲11月10日　集团公司中标重庆至贵阳铁路扩能改造工程重庆西站站房及相关工程，合同投资23.2亿元。

▲12月1日　二公司田国锐获中华技能大奖，二公司郝民强获全国技术能手称号，集团公司被评为国家技能人才培育突出贡献单位。

▲12月25日　集团公司中标国道318线林芝至拉萨段公路改造第2标段工程，合同投资10.19亿元。

▲12月　电气化公司承建的天津西站交通枢纽配套市政机电设备安装工程获2014年度国家优质工程奖，北京地铁9号线供电系统设备安装工程获2014年度中国安装工程优质奖（中国安装之星）。（张　诚）

中国铁建大桥工程局集团有限公司

【简况】　中国铁建大桥工程局集团有限公司具有铁路工程施工总承包特级，公路、市政、房建、水利电力等工程施工总承包一级，桥梁、隧道、公路路基、公路路面等工程专业承包一级，城市轨道交通工程专业承包，对外工程、地质灾害防治工程甲级，对外援助成套项目施工A级及铁道行业甲（II）级设计等资质。集团公司驻天津市空港经济区中环西路32号。前身是中国人民解放军铁道兵第三师，1984年1月1日集体转业，改编为铁道部第十三工程局；1999年12月1日更名为中铁第十三工程局；2001年6月改制改称中铁十三局集团有限公司;2013 年 12 月 26 日更名为中国铁建十三局集团有限公司;2014 年 3 月 27 日更为现名。注册资本 20 亿元。下辖第一至六、电气化、园林环境、钢结构工程有限公司,中铁株洲桥梁、中铁津桥工程检测、房地产开发、中铁现代勘察设计院、物资贸易、天津工程科技有限公司及赣州市铁龙工程实业有限公司、安哥拉分公司、技师学院、物业管理分公司,华东、北京、南方、华北、川渝、东南、东北、西北、天津、云贵、新疆区域指挥部和海外指挥部。职工 15011 人,其中在岗职工 11484 人。在岗职工中,干部 7428 人,工人 4056 人。专业技术干部 6798 人,占在岗干部总数的 91.5%;技术工人 2704 人,占在岗工人总数的 66.7%。资产总额 278 亿元。其中,固定资产原值 51 亿元、净值 25 亿元;流动资产 236 亿元;其他资产 17 亿元。大中型机械施工设备 3856 台(套),原值 26.3 亿元、净值 11.3 亿元,总功率 381583.5 千瓦,动力装备率 25.4 千瓦/人,技术装备率 7.52 万元/人,综合机械化施工程度 85% 以上,设备完好率 92%、利用率 65%。

2014 年新签合同额 345.15 亿元,完成企业总产值 269 亿元。其中,施工产值 263.84 亿元;附营产值 5.16 亿元。实现利润 4.39 亿元,人均创利 3.3 万元。全员劳动生产率 24 万元/人年,职工年人均收入 53812 元。国有资产保值增值率 114.81%,净资产收益率 12.19%,产值利润率 1.55%,资产负债率 86.90%,应上缴款完成率 100%。全年在建项目总数 285 项,合同兑现率 100%。完成主要实物工程量:土石方 4348.8 万立方米,隧道 113605.4 延长米,桥梁 68804.5 延长米,涵渠 15613.6 横延米,房建 121.9 万平方米。工程质量合格率 100%,未发生重大安全生产事故。年内,获中国土木工程詹天佑奖 1 项;国家优质工程奖 2 项,中国市政金杯示范工程奖 1 项,省部级优质工程奖 9 项;国家级优秀 QC 小组 8 个,省部级优秀 QC 小组 14 个;省级科技进步奖一等奖 1 项、二等奖 4 项;中国施工企业管理协会科技进步奖一等奖 1 项、二等奖 2 项;通过科技成果鉴定 7 项,其中国际领先 1 项、国际先进 4 项、国内领先 2 项;省部级工法 27 项;获批授权专利 53 项,其中发明专利 1 项;股份公司科技立项 4 项。集团公司获全国守合同重信用企业、全国公路建设百家诚信企业、全国“安康杯”竞赛优胜单位等荣誉。 (康　勇　徐俊刚　王彦军　夏树君　游祖群　陈　琦　孙鹏飞)

【领导人员】

董事会

董事长　　姜永军
副董事长　　梁　君
董　事　　井耀明
　　　　吴焕通

监事会

监事会主席　　刘　敏
监　事　　王家福
　　　　谢小成

经理层

总经理　　姜永军(兼)
副总经理　　吴焕通
　　　　臧守杰
　　　　任汉波
　　　　李素清
　　　　纪尊众
　　　　刘树山
　　　　刘俊民
　　　　韩再明
　　　　周明星
总工程师　　宋伟俊
总经济师　　(空缺)
总会计师　　(空缺)

党群领导

党委书记　　梁　君
党委副书记　　姜永军
　　　　井耀明
纪委书记　　刘　敏
工会主席　　井耀明(兼)

(康　勇　孙立伟　王彦军)

【区域经营机构】 华东区域指挥部　驻上海市青浦区新府中路 1331 号 19 号 101－401 室。指挥长吴焕通。

北京区域指挥部　驻北京市石景山区远洋山水 31 号楼。指挥长井耀明。

南方区域指挥部　驻广东省广州市天河区金穗路 18 号星汇国际大厦西塔 1002 室。指挥长臧守杰。

华北区域指挥部　驻山东省济南市历下区旅游路与浆水泉路交汇处东行 800 米路北 555 国际 12 层 1201 室。指挥长李素清。

川渝区域指挥部　驻四川省成都市武侯区世界城路 418 号龙湖世纪峰景 2 栋 2 单元 2802 室。指挥长韩再明。

东南区域指挥部　驻湖北省武汉市洪山区秦园中路水岸星城 B 区 G11－2－1602。指挥长迟荣益。

东北区域指挥部　驻吉林省长春市二道区岭东路 2138 号。指挥长苏宝伶。

西北区域指挥部　驻甘肃省兰州市城关区张掖路 1 号保利大厦 B 座 5 楼。指挥长张子清。

天津区域指挥部　驻天津市空港经济区中环西路32号铁建大厦。指挥长侯玉伟。

云贵区域指挥部　驻云南省昆明市西山区广福路229号。指挥长王占宇。

新疆区域指挥部　驻新疆维吾尔自治区乌鲁木齐市西环北路989号昊元上品小区14号楼1单元2101室。指挥长陈伟。（康　勇　孙立伟　王彦军）

【工程项目指挥机构】　锦屏项目部　驻四川省西昌市航天大道3段46号。项目经理吴焕通，常务副经理马天昌，党工委常务副书记韩文起。

京石铁路客运专线工程指挥部　驻河北省石家庄市正定县达诺现代城1号楼3单元2401室。指挥长吴焕通，常务副指挥于占彪。

贵广铁路工程指挥部　驻广西壮族自治区贺州市钟山县北门桥小区。指挥长臧守杰，常务副指挥张福国。

兰渝铁路工程指挥部　驻甘肃省陇南市宕昌县旧城坝27号。指挥长李素清，常务副指挥刘绍石。

哈齐铁路客运专线项目经理部　驻黑龙江省大庆市杜尔伯特蒙古族自治县塔拉斯街地税局院内。项目经理兼党工委书记吴焕通，常务副经理谢伟东。

兰新铁路甘青段项目经理部　驻青海省海比藏族自治州门源县浩门镇北大街。项目经理王保国。

合福铁路项目经理部　驻安徽省巢湖市居巢区碧桂园。项目经理兼党工委书记吴焕通，常务副经理王涛，常务副书记曹菊泉。

沪昆铁路客运专线工程指挥部　驻贵州省黔西南州晴隆县莲城镇东街。指挥长兼党工委书记臧守杰，常务副指挥赵国祝，常务副书记苏如成。

金温扩能改造工程指挥部　驻浙江省温州市瞿溪镇三溪路16号。指挥长兼党工委书记吴焕通，常务副指挥綦彦波，常务副书记罗秋生。

神华新街TBM斜井试验工程项目经理部　驻内蒙古自治区鄂尔多斯市伊金霍洛旗新街台格庙。项目经理兼党工委书记刘树山。

宝兰铁路客运专线甘肃段项目经理部　驻甘肃省天水市麦积区马跑泉东路6号黄河啤酒厂。项目经理王保国。

宁西铁路工程指挥部　驻河南省信阳市罗山县府邸商务宾馆三楼。项目经理张德伟。

兰州中川铁路项目经理部　驻甘肃省兰州市安宁区沙井驿东兴铝厂对面。项目经理张子清，党工委书记莫春义。

福平铁路项目经理部　驻福建省平潭县翠园北路滨海中学科技楼二楼。项目经理兼党工委书记纪尊众，党工委常务副书记罗俊。

京沈铁路客运专线项目经理部　驻辽宁省锦州市黑山县小东镇。项目经理张德伟，党工委书记李敬。

怀邵衡铁路项目经理部　驻湖南省怀化市中方县光荣福利院。项目经理李庆丰，党工委书记王宝明。

（康　勇　孙立伟　王彦军）

【职工队伍】　职工15011人，其中在岗职工11484人。在岗职工中，干部7428人、工人4056人。专业技术干部6798人，其中高级职务1149人（含教授级82人）、中级职务1865人、初级职务2903人。工程系列4971人，其中高级职称844人、中级职称1485人；会计系列755人；经济系列588人；政工系列356人；卫生系列75人；教育系列29人；统计系列6人；其他系列18人。专业技术干部学历构成：全日制博士学历3人、研究生学历78人、本科学历4463人、大专学历1819人、中专学历280人、高中及以下学历158人。

技术工人2704人，占在岗工人总数的66.7%，其中高级技师160人、技师596人、高级工970人、中级工762人、初级工216人。有各类工种67个，其中技术工种56个、业务工种10个。

（康　勇　孙立伟　王彦军）

【铁路工程施工】　2014年，在建铁路工程49项，完成施工产值101.6亿元；完成主要实物工程量：土石方921万立方米，桥梁22775延长米，隧道62352延长米，涵渠3386横延米，房建2.3万平方米。

贵广铁路站前工程GGTJ－8标段工程　位于广西壮族自治区贺州市钟山县，线路长70.55千米，合同投资433313万元。合同工期2008年12月19日—2014年12月30日，实际开工日期为2008年12月19日。主要实物工程量：路基22.787千米，土石方608万立方米，桥梁24座23524延长米，涵洞105座，隧道9座24240延长米，无砟道床70.55双线千米。开工累计完成投资432455万元，占合同投资的99.8%。贵广铁路于12月26日正式开通运营。

新建兰州至重庆铁路夏官营（不含）至广元（不含）段土建工程LYS－4标段工程　位于甘肃省宕昌县，线路长66.948千米，合同投资385969万元。合同工期2009年2月28日—2016年12月31日，实际开工日期为2009年4月18日。主要实物工程量：路基土石方75万立方米，隧道12座39797延长米，桥梁15座21233延长米，涵洞23座465横延米。开工累计完成投资360976万元，占合同投资的94%。

沪昆铁路客运专线贵州段11标段工程　位于贵州省黔西南布依族苗族自治州晴隆县，线路全长

41.89 千米,合同投资 314253 万元。合同工期 2010 年 10 月—2015 年 4 月,实际开工日期为 2010 年 10 月。主要实物工程量:土石方 13.2 万立方米,桥梁 5 座 972.85 延长米,隧道 6 座 40809 延长米,无砟轨道铺轨 83.78 千米。开工累计完成投资 287691 万元,占合同投资的 92%。

金华至温州铁路扩能改造工程 JWSG - V 标段工程　位于浙江省丽水市山口镇及温州市境内,线路正线全长 32.756 千米,疏解线长 8.1 千米,合同投资 210937 万元。合同工期 2010 年 9 月 12 日—2013 年 1 月 16 日,实际开工日期 2010 年 10 月 16 日。主要实物工程量:土石方 42.6 万立方米,桥梁 27 座 8740 延长米,隧道 10 座 27106 延长米。开工累计完成投资 172397 万元,占合同投资的 81.7%。

合肥福州铁路 HFZQ - 2 标段工程　位于安徽省巢湖市,线路全长 90.031 千米,合同投资 658630 万元。合同工期 2010 年 4 月 18 日—2014 年 3 月 31 日,实际开工日期为 2010 年 4 月 18 日。主要实物工程量:土石方 241.5 万立方米,桥梁 13.5 座 80611 延长米,涵洞 28 座 1049.2 横延米,隧道 4 座 2355.23 米。开工累计完成投资 633618 万元,占合同投资的 96%。

新建宝鸡至兰州铁路客运专线甘肃段站前工程 BLTJ - 2 标段工程　位于甘肃省天水市麦积区境内,线路全长 32.415 千米,合同投资 168246.9 万元。合同工期 2013 年 2 月—2017 年 12 月,实际开工日期为 2013 年 2 月 15 日。主要实物工程量:路基 1714 米,路基土石方 31.8 万立方米,桥梁 2 座 140.4 延长米,隧道 3 座 30576 延长米,涵洞 6 座 159.6 横延米,无砟道床铺设 64.83 千米。开工累计完成投资 95568 万元,占合同投资的 56.8%。

兰州中川铁路 ZCTL - SG2 标段工程　位于甘肃省兰州市安宁区沙井驿,线路全长 15.892 千米,合同投资 113101 万元。合同工期 2013 年 5 月—2017 年 1 月,实际开工日期为 2013 年 7 月 20 日。主要实物工程量:桥梁 2 座 286.95 延长米,隧道 9 座 17222.7 延长米。开工累计完成投资 97762 万元,占合同投资的 86.4%。

新建九景衢铁路江西段 JQJXZQ - 6 标段工程　位于江西省上饶市婺源县中云镇,线路全长 42.77 千米,合同投资 201844 万元。合同工期 2014 年 6 月—2016 年 6 月,实际开工日期为 2014 年 8 月 10 日。主要实物工程量:路基土石方 234 万立方米,站场土石方 312 万立方米,桥梁 35 座 12318 延长米,隧道 29 座 21218 延长米,涵洞 36 座 1655 横延米。开工累计完成投资 51763 万元,占合同投资的 25.6%。

新建福州至平潭铁路站前工程 FPZQ - 4 标段工程　位于福建省平潭县,线路途径平潭县大练乡、苏澳镇等乡镇,全长 6.34 千米,其中公铁合建长度为 5.287 千米。合同投资 369288 万元。合同工期 2013 年 11 月 1 日—2019 年 4 月 30 日,实际开工日期为 2013 年 11 月 1 日。主要实物工程量:路基土石方 312 万立方米,桥梁 24 座 9567.52 延长米,隧道 1 座 1861 延长米,涵洞 11 座 265.93 横延米。开工累计完成投资 93389 万元,占合同投资的 25.3%。

新建北京至沈阳铁路客运专线辽宁段站前工程 JSLNTJ - 10 标段工程　位于辽宁省阜新市黑山县,线路全长 30.907 千米,合同投资 169845 万元。合同工期 2014 年 7 月—2019 年 3 月,实际开工日期为 2014 年 8 月 13 日。主要实物工程量:路基 14.259 千米,土石方 298 万立方米,桥梁 10 座 16208 延长米,隧道 1 座 440 延长米,涵洞 27 座 682 横延米。开工累计完成投资 27022 万元,占合同投资的 15.9%。

（朱伟华　侯晓文）

【铁路外工程施工】　2014 年,在建路外工程 236 项,年累完成施工产值 162.2 亿元,占施工总产值的 61.5%。完成路基土石方 3427.7 万立方米、桥梁 46029.4 延长米、隧道 51253.1 延长米、涵渠 12227.2 横延米、房建 119.6 万平方米。

北京地铁 7 号线 6 标段工程　位于北京市朝阳区,线路全长 2.111 千米,合同投资 63501 万元。合同工期 2010 年 5 月 1 日—2014 年 12 月 30 日,实际开工日期为 2010 年 12 月 27 日。主要实物工程量:1 站 2 区间,区间左右线总长 3.873 千米,车站总面积 22203 平方米。开工累计完成投资 63501 万元,占合同投资的 100%。

南京地铁 4 号线一期工程土建施工 D4 - TA10 标段工程　位于江苏省南京市,合同投资 28993 万元,线路全长 3.699 千米。合同工期 2012 年 11 月 1 日—2014 年 12 月 31 日,实际开工日期为 2012 年 12 月 7 日。主要实物工程量:1 站 1 区间,其中盾构区间长 3699 米、车站面积 17035 平方米。开工累计完成投资 22796 万元,占合同投资的 78.6%。

宁波市轨道交通 1 号线一期工程 TJ - Ⅲ标段工程　位于浙江省宁波市海曙区,线路长 1.114 千米,合同投资 102989 万元。合同工期 2009 年 6 月—2015 年 6 月,实际开工日期为 2009 年 6 月 26 日。主要实物工程量:2 站 1 区间,其中车站面积 31739 平方米、明挖区间全长 473 米。开工累计完成投资 100728 万元,占合同投资的 97.8%。

长春地铁 1 号线一期工程北环路站至庆丰路站至匡街站车站及区间工程　位于吉林省长春市,线路全长6.333千米，合同投资53443万元。合同工期2011年6月4日—2015年10月30日，实际开工日期为2011年6月4日。主要实物工程量：3站3区间，区间左右线总长6.333千米，车站总面积45743平方米。开工累计完成投资50878万元，占合同投资的95.2%。

苏州市轨道交通4号线及支线工程土建施工项目（第三批）Ⅳ-TS-10标段工程　位于江苏省苏州市，线路全长3.362千米，合同投资58548万元。合同工期2013年1月2日—2015年10月30日，实际开工日期为2013年4月6日。主要实物工程量：2站2区间，区间左右线总长5.439千米，车站面积27651平方米。开工累计完成投资36023万元，占合同投资的61.5%。

锦屏二级水电站C5标段工程　位于四川省凉山彝族自治州木里、盐源、冕宁三县交界处的雅砻江干流锦屏大河湾，与北京振冲工程股份有限公司组成联合体承建。合同工期2007年8月—2014年12月，实际开工日期为2007年8月18日。合同投资211356万元。开工累计完成投资207694万元，占合同投资的98.3%。

北京市南水北调配套东干渠工程施工第11标段工程　位于北京市，线路全长3.166千米，合同投资24525万元。合同工期2012年5月30日—2014年6月30日，实际开工日期为2012年8月22日。主要实物工程量：土方开挖11.6万立方米，盾构掘进3118.8米，二衬混凝土1.9万立方米。开工累计完成投资24525万元，占合同投资的100%。

湖北恩施至来凤公路1标段工程　位于湖北省恩施市和宣恩县，线路全长27.5千米，合同投资153198万元。合同工期2011年6月—2014年3月，实际开工日期为2011年8月22日。主要实物工程量：路基土石方1450万立方米，桥梁40座10358延长米，隧道3座5184延长米，涵洞64座2396横延米。开工累计完成投资153198万元，占合同投资的100%。

重庆黔江至湖北恩施段高速公路项目　位于重庆市黔江区，线路全长3.758千米，合同投资51365万元。合同工期2012年1月1日—2015年12月31日，实际开工日期为2012年4月1日。主要实物工程量：土石方182.74万立方米，桥梁6座2440.1延长米，隧道1座2702延长米，涵洞9座277.42横延米，路面186.13万平方米。开工累计完成投资27918万元，占合同投资的54.4%。

京秦高速公路天津段3标段工程　位于天津市蓟县邦均镇，线路全长1.344千米，合同投资13850万元。合同工期2013年2月15日—2014年6月30日，实际开工日期为2013年7月27日。主要实物工程量：桥梁1座1344延长米，制（架）梁330片，转体T构2个。开工累计完成投资11926万元，占合同投资的86.1%。

南昌市象湖隧道工程　位于江西省南昌市西郊象湖景区中部，线路全长2.5千米，合同投资90086万元。合同工期2013年3月31日—2014年9月30日，实际开工日期为2013年3月31日。主要实物工程量：土石方227万立方米，隧道1座1725延长米，桥梁1座25.1延长米。开工累计完成投资80807万元，占合同投资的89.7%。

天津市滨海新区中塘示范小城镇总承包工程　位于天津市大港区，建筑面积101670平方米，合同投资29146万元。合同工期2012年11月—2014年9月，实际开工日期为2012年11月5日。开工累计完成投资27400万元，占合同投资的94%。

中国第一汽车集团公司2012年公共租赁住房（大学生公寓）项目　位于吉林省长春市，建筑面积139018平方米，合同投资29585万元。合同工期2013年9月1日—2014年10月31日，实际开工日期为2013年9月1日。开工累计完成投资26826万元，占合同投资的90.6%。　（朱伟华　侯晓文）

【海外工程施工】　安哥拉卡赞卡2号地一期基础工程　位于安哥拉罗安达市，合同投资66900万元。合同工期2011年1月27日—2013年1月27日，实际开工日期为2011年3月28日。主要实物工程量：基础设施道路及地下各种管网等配套工程，土方工程27.2万立方米，道路142740平方米，相应配套给排水、电气管网工程约40000米，办公大楼、学校、医院、图书馆、市场等公用房建工程。开工累计完成投资40203万元，占合同投资的60.1%。

埃塞俄比亚铁路工程　位于埃塞俄比亚市内，全长42.6千米，合同投资29991万元。合同工期2013年3月1日—2015年3月1日，实际开工日期为2013年3月8日。主要实物工程量：路基土石方359万立方米，桥梁9座1609.76延长米，框架桥5座791.6顶平方米，涵洞127座2801.13横延米，区间防护工程混凝土4835立方米，M7.5浆砌片石33407立方米。开工累计完成投资24230万元，占合同投资的80.8%。

（朱伟华　侯晓文）

【经营管理】　（1）任务承揽。牢固确立经营承揽的龙头地位，坚持路内、路外、海外3个市场并重，工程经营和资本经营2种方式并举，通过采取完善经营制度办法、调整经营策略、整合经营资源、优化区域经营布局、厘清上下经营责任、加大高端桥梁等措施，新的经营格局效果显现，多元发展初见成效，承揽额同比显著提高。2014 年承揽工程 163 项，合同额 345.15 亿元。其中，境内项目 277.43 亿元，占 80.4%；境外项目 67.72 亿元，占 19.6%。境内项目中，工程承包 267.73 亿元，占 96.5%；勘察设计 0.56 亿元，占 0.2%；工业制造新签合同额 5.84 亿元，占 2.1%；房地产新签合同额 3.3 亿元，占 1.2%。

(2)桥梁主业建设。制定集团公司《桥梁业务发展规划》《第一个五年发展战略规划》，谋定企业桥梁专业化发展战略；组建成立桥梁设计事业部，作为桥梁业务发展的基础和技术咨询研发、人才培养输送的基地；推进大型桥梁工程标前施组研制工作，为投标工作做好服务；举办首届桥梁基础施工技术交流会，提升桥梁施工从业者业务素质；谋划桥梁产业发展基地建设，基地选址基本确定并得到股份公司批准；积极承揽高、大、难、精、尖特殊桥梁工程，依托项目深入开展施工方案和装备研究，努力搭建桥梁业绩提升及桥梁人才培养的平台；集中精力、聚焦资源，高标准、严要求干好桥梁工程，实现干则必优、开工必优的目标，创造桥梁品牌。

(3)综合管理。一是强化企业制度建设，强力规范企业管理行为。全方位、系统性梳理完善企业管理制度，并开展制度宣贯培训。5—6 月，举办项目管理综合培训班，对工程公司机关、各级项目部中层以上管理人员进行以规章制度宣贯为主要内容的培训，共举办两轮 12 期 2177 人参训。二是完善区域经营布局，区域承揽不断放量。2014 年为集团公司区域经营建设年，进一步加强领导，扩大区域市场覆盖面，加大区域经营工作推进力度，完善机制，着力构建集团公司重点经营、区域指挥部主体经营、工程公司辅助经营、项目经理部配合经营的四级管理模式。大力开拓国外市场，成立海外指挥部，组建安哥拉分公司，确立市场目标，坚持自主承揽和借船出海并重，海外经营效果初显。三是积极构筑专业优势，加快推进企业专业化发展步伐。积极谋划并确定所属单位专业化布局及定位。同时，以专业化发展为基本要求，强力推行工程(架子)队建设，明确 2014 年为工程(架子)队建设起步年，集团上下就工程(架子)队建设形成高度共识，年内共建成专业化的工程(架子)队 146 个。四是加强人才队伍建设，培育人才优势。根据专业化发展要求，对集团公司人才现状进行摸底、分析，积极探索人才引进和培养途径，重点加强桥梁及其相关专业的人才引进。

(4)安全质量管理。树立“先要命(安全)、再要脸(信誉)、后要钱(效益)”的理念，按照“党政同责、一岗双责、齐抓共管”的要求，确保安全管理责任层层落实，全年未发生重大及以上生产安全事故；坚持质量为本的理念和质量品牌战略，健全质量保证体系，严格施工过程监控，落实质量信息月报制度，提升企业质量信誉，在建工程项目施工质量总体水平优良。参建的哈尔滨铁路枢纽新建哈尔滨西客运站工程、天津地铁 3 号线工程获 2013—2014 年度国家优质工程奖，天津地铁 3 号线还获得天津市建设工程金奖海河杯；各有 1 项工程获四川省建设工程天府杯银奖、黑龙江省建设工程质量甲级优质工程奖、天津市建设工程海河杯奖、辽宁省世纪杯奖。133 个集团公司创优计划工程项目，有 21 项被评定为集团公司优质工程。

(5)财务管理。通过建立区域资金池、曲线集中等方式，强化资金集中管理，资金集中度、上存度稳步增长，年内资金集中度、上存度分别为 82.35%、26.24%，利用归集资金对下调剂资金 26 亿元；广开融资渠道，保障施工生产，通过办理银行授信、银行承兑汇票、低息贷款等形式节约利息支出；严控有息负债，制定《债务风险管控方案》，出台 6 项风险控制措施；全力推进清收清欠工作，资金回流效果明显，全集团回收陈欠 7.3 亿元，完成比例为 38.9%；召开“营改增”研讨会，开展业务培训和模拟运行，充分做好“营改增”实施前的准备工作；启动财务共享中心，试点运行取得成功，并开展首批业务培训，完成前期筹备工作；成立 53 个自查工作组，聘请会计师事务所开展自审自查工作，对集团公司本级、14 个子公司、14 个直属项目、7 个区域指挥部进行审计。

(6)资本运营。转变思路，积极创新资本经营工作，着力构建资本经营优势。建立和完善相关制度办法，规范和理顺资本运营管理工作。完成天津、西安、成都、合肥、长春等地 2 轮 10 期企业投资项目管理办法和资本运营相关知识培训任务。实地考察嘉鱼、石首、宜昌白洋、武穴、黄石棋盘洲 5 座长江公路大桥投资项目，其中石首、武穴两项工程于当年获股份公司批准实施。投资大桥项目：一方面实现小投资撬动大项目，通过资本运作拉动工程经营；另一方面努力刷新和创造桥梁业绩，填补中国铁建系统此类业绩空白，提升高端市场竞争力和影响力。投资的南昌市绕城高速公路南外环工程 BT 项目，工期 2014 年 4 月至 2017 年 4 月，经测算，具有较好的投资收益。

(7)经济管理。年内全面开展亏损项目整治，成立整治工作专家组，建立扭亏督导责任制，对亏损及潜亏风险项目逐个、分阶段确定扭亏目标，并逐一与亏损项目及其所属工程公司的主管领导签订责任书。对梳理出的亏损项目实行分级整治，推进联合清查，两级共成立 13 个亏损项目审计小组，对纳入整治范围的亏损项目进行彻底清查，查清亏损原因，分清管理责任。全力加强二次经营工作，跟踪年度销号铁路项目，对上与有关单位积极沟通，对下深入项目指导帮扶，二次经营工作成效卓著，年内实现二次经营额42.6亿元，二次经营率为16.2%，高出股份公司计划考核指标6.2个百分点。

（康 勇 崔鹏霞 郭永斌 陈 琦 李洪全 赵立超 侯晓文）

【科技成果】 高度重视科技创新，致力于企业核心竞争力的提升。承建的沪蓉西高速公路支井河特大桥工程获2014年度中国土木工程詹天佑奖；7项科技成果通过鉴定，其中国际领先1项、国际先进4项、国内领先2项；获中国施工企业科学技术奖3项，其中一等奖1项、二等奖2项；获省级科技进步奖5项，其中一等奖1项、二等奖4项；市级科技进步奖3项；获批省级工法27项；申报专利72项，其中发明专利33项；授权专利51项，其中发明专利1项；股份公司科技立项4项，其中A类1项、C类3项。集团公司组织科技立项评审2次，全年科技立项33项，共资助607万元；评出年度科技进步奖13项，企业三级工法27项，专利21项，优秀论文95篇，优秀施工组织设计项13项，施工作业指导书24项，优质工程21项，“五小”成果59项，奖励金额近150万元。全年完成施工组织设计、施工方案审批41项。（张 庆 侯晓文）

【党群工作】 （1）党的工作。围绕“三个一年”（规章制度建设宣贯年、工程架子队建设起步年、区域经营建设年）和“五化”建设（突出专业化、提升精益化、夯实区域化、推进标准化、加强规范化）主题，加强各级领导班子建设、基层党组织建设、党员队伍建设，为企业发展提供组织保证。①领导班子建设。以开展“四好领导班子”创建活动为载体，积极推进民主集中制建设，强化党委议事规则、“三重一大”决策制度的执行和落实；加强基层党组织书记队伍建设，重点从大学生中培养选拔书记，书记队伍的“三率一化”进一步提高；考核调整所属7个单位的领导班子，全年提拔处级干部42人，交流使用44人。②党组织建设。截至2014年底，集团公司有党组织344个，集团公司党委1个，子分公司独立法人单位党委（党工委）14个，工程项目部党委（党工委）25个，党支部304个。党员6194人，其中在岗党员4537人、离退休党员1657人、干部党员3953名、工人党员584名。年内发展新党员125名。③思想宣传教育工作。年内开展党的群众路线教育实践活动，共有33个基层党委、423个党支部、4052名党员、243名中层干部参与，通过民主评议党员干部、与职工谈话、发放书籍光盘、集中教育、撰写对照检查材料、召开研讨会、座谈会等形式充实活动内容，保证效果。④企业文化建设。完成企业更名系列工作，编制下发《项目文化建设规范手册》；开展文明工地、文明营区、文明食堂、文明职工队伍“四个文明”建设，深入现场帮扶文化建设工作；编制关于先进事迹、财务共享中心、成都地铁施工难点、支井河特大桥科技含量等9部中、英文专题片；评选表彰企业文化建设先进单位和先进个人；在各大报刊、电视台、网站刊用稿件1680篇（幅），年内出版《铁道前锋》35期、发行7万余份，集团网站发布稿件480余篇。⑤党风廉政建设。落实“两个责任、三个转变”为主题的党风廉政建设责任制，强化惩处，针对56个项目开展效能监察。

（2）工会工作。下辖处级工会组织33个，职工入会率100%。各级工会组织切实落实民主管理，坚持职代会制度，企务公开工作不断深化，公开范围和形式更加广泛。四公司职代会民主评议项目经理制度的先进经验在天津市总工会创新成果展示中获得优秀成果奖；心系职工利益，协商职工工资增幅、提高独生子女费、职工休息休假等内容，使职工合法权益得到有效保障；开展冬季“送温暖”和夏季“送清凉”活动；开展劳动竞赛，参加股份公司重点工程劳动竞赛和全国交通基础设施重点工程劳动竞赛评比并获奖，在天津市2014年劳动竞赛“十大示范单位”评选中获评典型单位；开展建家建线活动，向各单位配发图书，组织“员工悦读会”演讲比赛、规范汉字听写大赛选拔赛、“员工悦读会”经典诵读等活动；致力于技术创新，首次开展“劳模创新工作室”创建活动，年内创建劳模创新工作室5个，其中四公司“秦国刚劳模创新工作室”参加2014年天津市“十大劳模创新工作室”的评选。

（3）共青团工作。下辖团委17个、团总支（团工委）20个、团支部223个；有专兼职团干部385人，35周岁以下青年5836人，其中团员2814人。开展2014年毕业生“导师带徒”活动，毕业生参与率100%，各子公司建立“导师库”，对2013年活动中的优秀师徒进行推荐、表彰；完成青工“五小”科技成果的评比，评出获奖成果59项；指导并参加一、五公司的三届团代会，完成各子公司的团委换届选举工作；积极开展共青团2013—2014年度“五四”评选表彰活动，有多个单位和个人在股份公司受奖。

（刘海国 郭冬雪 尹希慧 王晓刚 侯晓文）

【第一工程有限公司】 拥有公路、房屋建筑、市政公用工程施工总承包一级，港口与航道工程施工总承包二级，铁路、水利水电工程施工总承包三级，钢结构、桥梁、隧道、公路路面、公路路基工程专业承包一级资质。公司驻辽宁省大连市沙河口区沙跃街9号。执行董事兼总经理迟荣益（11月免），执行董事兼党委书记张幸六（12月任），总经理骆学良（12月任）。下辖4个工程指挥部、2个分公司、12个项目部、1个工程队和3个中心。职工2256人,其中干部1136人、工人1120人。资产总额349724万元。其中,固定资产原值65302万元、净值32191万元;流动资产302735万元;其他资产46989万元。机械运输设备283台(套),原值4.76亿元、净值2.51亿元,总功率45790.7千瓦,动力装备率18.78千瓦/人,技术装备率10.29万元/人,完好率92%,利用率63%。综合机械化施工程度85%。

2014年新签合同额87.83亿元,完成企业总产值60.20亿元,施工产值60.02亿元,多经产值1838万元。利润总额2173万元,人均创利14092元。国有资产保值增值率104.56%。年内,各有1项工程获中国铁建杯、辽宁省市政金杯示范工程、辽宁省优质主体结构工程奖;各有1项成果获吉林省科学技术二等奖和中国施工企业管理协会科学技术创新成果二等奖;各有3项工法获国家级工法和辽宁省工程建设工法,4项工法获吉林省工法,1项工法同时获辽宁省工法和吉林省工法;7项专利获得实用新型专利授权。公司获中国建筑业500强企业、全国AAA级信用企业、全国优秀施工企业、国家守合同重信用企业、中国建筑业领先企业、全国公路建设百家诚信企业等荣誉,2014年进入中国铁建总产值20强。 (白宏业)

【**第二工程有限公司**】 拥有公路、市政公用工程施工总承包一级,桥梁、隧道、公路路基工程专业承包一级,城市轨道交通工程专业承包资质。公司驻广东省深圳市盐田区九号小区中铁大厦。执行董事兼党委书记胡发林(9月免),执行董事(9月任)兼总经理徐润泽,党委书记曹晓东(9月任)。下辖2个专业公司、14个工程指挥部、3个盾构事业部和38个直属项目。职工2024人,在职职工1554人,其中干部952人、工人602人。资产总额361208万元。其中,固定资产原值102165万元、净值40930万元;流动资产319023万元;其他资产42185万元。机械运输设备622台(套),原值84507.44万元、净值31217.78万元,功率69024.2千瓦,动力装备率34.12千瓦/人,技术装备率15.43万元/人,完好率91.3%,利用率88%。机械化施工程度91.6%。

2014年新签合同额20.69亿元,完成企业总产值361148万元,实现利润2224万元、净利润1960万元,人均创利1.43万元。年内,开发的"紧临既有线承压富水砂土互层地铁暗挖关键技术研究""富水地层PBA工法车站中板施工用模板装置"分获2014年吉林省科技进步一等奖和国家新型专利。 (赵晓莉)

【**第三工程有限公司**】 拥有铁路、房屋建筑、公路、矿山、市政公用工程施工总承包一级,土石方、桥梁、隧道、公路路基、铁路铺轨架梁工程专业承包一级资质。公司驻辽宁省沈阳市沈河区方家栏路60号。执行董事兼总经理王德志(12月离任)、郭宏伟(12月任),党委书记崔永军(12离任)、张立青(12月任)。12月4日,钢结构工程有限公司整体划入三公司。下辖7个工程指挥部(分公司)和1个直属项目部。职工2181人,其中,干部1006人、工人1175人。资产总额575500万元。其中,固定资产原值47148万元、净值16091万元;流动资产515460万元;其他资产60040万元。机械运输设备564台(套),原值27193万元、净值10181万元,总功率68788千瓦,动力装备率34.39千瓦/人,技术装备率5.09万元/人,设备完好率90%、利用率68%。机械化施工程度89%。

2014年新签合同额36.9亿元,完成施工产值39亿元,实现利润105万元,人均创利568元。年内,1项科技成果获中国施工企业管理协会科技创新成果一等奖,2项科技成果获天津市科技进步二等奖,1项科技成果获新疆维吾尔自治区科技进步二等奖;获国家级工法1项,辽宁省省级工法8项,吉林省省级工法2项;授权专利6项,其中发明专利1项。公司获省市两级守合同重信用企业、辽宁省优秀建筑业企业、沈阳市诚信示范企业等荣誉,通过企业信用AAA级评审。

(李德英)

【**第四工程有限公司**】 拥有公路、水利水电、市政公用工程施工总承包一级,桥梁、隧道、公路路面、公路路基、机场场道工程专业承包一级,房屋建筑、铁路工程总承包三级资质。公司驻黑龙江省哈尔滨市道外区先锋路459号。执行董事兼总经理廖福兴,党委书记曹晓东(9月免)、佟显涛(9月任)。下辖2个分公司、5个工程指挥部、3个办事处和17个内部施工队伍。职工1786人,其中干部1064人、工人722人。资产总额488177万元。其中,固定资产原值58495.04万元、净值30273.11万元;流动资产417082.98万元;其他资产71094万元。机械运输设备263台(套),原值1.86亿元、净值0.55亿元,总功率38558.3千瓦,动力装备率21.55千瓦/人,技术装备率3.07万元/人,完好率86%,利用率80.2%。综合机械化施工程度85%。

2014年新签合同额57.37亿元,完成企业总产值42.02亿元,实现利润4715万元,年人均创利28284元。年内获全国优秀施工企业、全国守合同重信用企业、公路建设行业诚信百佳企业、黑龙江省优秀市政施工企业等荣誉。 (张小明)

【**第五工程有限公司**】 拥有公路、房建、市政公用工程施工总承包一级,铁路、水利水电工程总承包二级,桥梁、隧道、公路路基、钢结构、机电安装专业承包一级资质。公司驻四川省成都市新都区学院路东段289号。执行董事兼总经理王占宇(12月免),执行董事兼党委书记陈明荣(12月任),总经理张新柳(12月任)。下设6个指挥部和14个直属项目部。职工1609人,其中干部902人、工人707人。资产总额352388万元。其中,固定资产原值42882万元、净值20368万元;流动资产330802万元;其他资产21586万元。机械运输设备503台(套),原值22795万元、现值9609万元,总功率88987千瓦,动力装备率55.07千瓦/人,技术装备率5.95万元/人,完好率86%,利用率86%,成新率42%。综合机械化施工程度85%。

2014年新签合同额28.61亿元,完成企业总产值330332万元,实现利润1342万元,人均创利9092元。国有资产保值增值率100.64%,净资产收益率2.73%,产值利润率0.50%,资产负债率85.04%。全员劳动生产率414469元/人年,职工年人均收入51788元。 (周四梅)

【第六工程有限公司】 具有铁路、公路、桥梁、隧道、房屋建筑、市政、水利电力等工程施工能力。公司驻吉林省长春市二道区岭东路2138号。执行董事兼党委书记刘玉清,总经理未丙岩。下辖3个工程指挥部、17个直属项目、1个周转材料管理中心和1个卫星路基地。职工984人,其中干部653人、工人236人。资产总额213857万元。其中,固定资产原值36920万元、净值15785万元;流动资产197942万元;其他资产15915万元。机械运输设备454台(套),原值21651万元、净值10674万元,总功率56261千瓦。

2014年新签合同额15.9亿元,完成企业总产值211722万元,实现利润6369万元,人均创利68854元。国有资产保值增值率206.39%,净资产收益率22.41%,产值利润率3.05%,资产负债率82.16%。 (宁纪雅)

【电气化工程有限公司】 拥有通信、机电安装、市政公用工程施工总承包一级,铁路电务、铁路电气化、送变电、建筑装修装饰工程专业承包一级,房屋建筑工程施工总承包二级,电力工程施工总承包三级,公路通信、监控、收费综合系统工程、承装(修、试)承包四级,公路交通工程专业承包资质。公司驻天津市空港经济区中环西路32号。执行董事兼党委书记康仕恒,总经理王长军。下辖网络信息公司、租赁公司及25个项目部。职工484人,其中干部285人、工人199人。资产总额100230万元。其中,固定资产原值3978万元、净值1498万元;流动资产97324万元;其他资产2906万元。机械运输设备106台(套),原值1807万元、净值464万元,总功率8728.7千瓦,动力装备率16.44千瓦/人,技术装备率0.87万元/人,完好率25.69%,利用率94.34%。综合机械化施工程度85%以上。

2014年新签合同额18.3亿元,完成施工产值90256万元,实现利润2733万元,人均创利5.3万元。全员劳动生产率248849.63元/人年,职工年人均收入6.3万元。国有资产保值增值率115.14%,净资产收益率9.02%,产值利润率3.00%,资产负债率63.47%。年内获国家优质工程奖1项、天津市金奖海河杯1项。 (武登春)

【中铁株洲桥梁有限公司】 具有桥梁工程、混凝土预制构件专业承包二级资质。公司驻湖南省株洲市建设北路487号。执行董事兼党委书记刘勇,总经理李源。下设9个项目部(分公司)。职工1712人。资产总额66812万元。其中,固定资产原值22439万元、净值8122万元;流动资产48130万元;其他资产18682万元。机械运输设备312台(套),原值6150万元、净值1644.56万元。

2014年新签合同额4.98亿元,完成工业产值4.05亿元,实现利润955万元,人均创利8190元。全员劳动生产率114463.49元/人年。在岗职工年人均收入28497元。国有资产保值增值率103.15%,净资产收益率3.14%,产值利润率22.7%,投资回报率2.75%,资产负债率61.93%。 (谢群飞)

【安哥拉分公司】 2014年4月18日成立,由原六公司第三工程指挥部、安哥拉卡赞卡项目部及轮岗出国人员组成。公司驻天津市空港经济区中环西路32号天津铁建大厦。总经理王全良(4月任),党委书记刘俊民(4月兼任)。下辖5个项目,其中国内项目4个、国外项目1个。职工165人,其中干部151人、工人14人。

2014年新签合同额40035万元,实现利润1300万元。 (刘 凯)

【钢结构工程有限公司】 拥有房屋建筑、机电安装、市政公用工程施工总承包二级(暂定),土石方、桥梁、隧道、钢结构工程(限安装)专业承包二级(暂定)资质。公司驻天津市空港经济区中环西路32号。12月4日整体划入三公司。执行董事兼总经理郭宏伟(12月免),党委书记张立青(12月免)。下辖大连区域指挥部及多个项目部。职工279人,其中干部174人、工人105人。资产总额54074万元。其中,固定资产原值3977万元、净值2690万元;流动资产51384万元;

其他资产2690万元。机械运输设备206台(套),原值1406.77万元、净值1216.49万元,总功率3551千瓦,动力装备率15.81千瓦/人,技术装备率2.95万元/人,完好率68.4%,利用率80%。

2014年新签合同额8.77亿元,完成施工产值34416万元,实现收益896万元,利润总额53万元,人均创利2409元。全员劳动生产率127万元/人,人均收入11.08万元,国有资产保值增值率99.97%,净资产收益率0.14%,产值利润率0.15%,资产负债率62.96%。全年未发生安全事故,质量合格率100%。

(孙　哲)

【园林环境工程有限公司】 拥有园林绿化一级,市政公用工程施工总承包二级,房屋建筑工程施工总承包三级,园林古建筑、环保工程专业承包二级资质。11月5日,与一公司宁夏工程指挥部重组,重组后公司驻宁夏回族自治区银川市中山北街571号。执行董事兼党委书记宋彦君(9月免),总经理许健(4月任);执行董事、总经理、党委书记许健(9月任、11月免),王学民(11月任)。职工268人,其中干部201人。资产总额43188万元。其中,固定资产原值2915万元、净值2717万元;流动资产40471万元;其他资产2717万元。机械运输设备250台(套),机械化施工程度85%以上。年施工能力20亿元。

2014年新签合同额9457万元,完成施工产值28284万元。

(赵　培)

【中铁现代勘察设计院有限公司】 拥有市政行业(轨道交通工程)专业甲级,建筑行业(建筑工程)、工程勘察(工程勘察专业类岩土工程、水文地质甲级、劳务类)甲级,市政行业设计、工程测量、风景园林工程设计专项、城乡规划编制乙级,工程咨询(铁路)丙级资质。公司驻天津市空港经济区中环西路32号。执行董事兼院长王学哲,党委书记梁越。下辖东北分院、咨询所、轨道设计所、检测所。职工72人。资产总额8787万元。其中,固定资产原值509万元、净值129万元;流动资产8639万元;其他资产148万元。

2014年新签合同额3800万元,完成产值2892万元。国有资产保值增值率100.02%,产值利润率0.07%,资产负债率41.95%。

(幕　群)

【房地产开发有限公司】 为房地产开发二级资质企业。公司驻天津市空港经济区中环西路32号。执行董事兼总经理尹传金,党委书记宋春英。职工26人,其中技术干部23人。资产总额92669万元。其中,固定资产原值200万元、净值77万元;流动资产92592万元;其他资产77万元。

2014年新签合同额22623万元,完成企业总产值2891万元,实现销售收入21478万元,净利润632万元,人均创利95758元。

(唐振忠)

【中铁津桥工程检测有限公司】 为国家计量认证检测(含铁路),吉林省测绘工程乙级、地基基础工程检测,吉林省建筑、市政工程见证取样检测,吉林省公路水运工程试验检测机构综合乙级,吉林省建设厅爆破与拆除工程专业承包(暂定)三级、吉林省公安厅爆破作业单位许可证一级资质企业。公司驻吉林省长春市二道区岭东路2138号。执行董事兼经理惠中华,党委书记兼纪委书记、工会主席王玉向。下辖4个分公司和12个在建项目中心试验室。职工77人,其中干部69人、工人8人。

2014年实现营业收入1686万元。公司被评为吉林省建设工程质量检测行业先进单位。

(司红亮)

【物资贸易有限公司】 2014年9月成立,注册资本1亿元,公司驻广东省深圳市盐田区深盐路1012号。执行董事兼总经理戴文革(9月任),党委书记董建平(9月任)。职工24人,其中干部13人、工人11人。资产总额11865万元。其中,固定资产原值1188万元、净值753万元;流动资产8448万元。

2014年完成企业总产值576万元,实现利润52万元。

(张　健)

【技师学院】 拥有3个国家级示范专业、4个省级示范专业和6个市级品牌示范专业,是国家级示范校、国家级重点学校、国家级汽车维修、测量与试验专业高技能人才培养基地,全国最佳就业率学校、全国德育管理先进单位。学院驻吉林省长春市经济技术开发区兴隆山镇,院长安锦春,党委书记杨立新。在职职工184人,在校学生3597人。

2014年,学院增加校内实训基地面积4120平方米,增加教学设备总值947万元,建成省级精品课9门、精品课程网站9个,开发多媒体课件324个,出版专著6部、教材18部,开办和晟汽修等3家校办企业,开设桥梁施工与养护专业,与吉林工程职业技术师范学院联合招收“中职—本科‘3+4’衔接班”。全年招生1629人,安置就业1100人。3项教学成果分别在2014年吉林省首届职业教育教学成果奖评选中获得一、二、三等奖。

(张　影)

【重要记载】

▲1月13—15日　集团公司三届三次职代会、党

委扩大会、工作会暨党风廉政建设会在天津铁建大厦召开。会议确定2014年主题为“制度建设和宣贯年、工程(架子)队建设起步年、区域经营建设年”。

▲2月26日 四公司参建的中俄同江—下列宁斯阔耶铁路界河大桥开工典礼在黑龙江省同江市举行。中共黑龙江省委书记、省人大常委会主任王宪魁,中国铁路总公司党组成员、副总经理卢春房,中国驻俄罗斯大使李辉出席奠基仪式。

▲3月11日 集团公司加快非主业板块发展会议在天津铁建大厦召开。

▲3月27日 经国家工商行政管理总局审批并报天津市滨海新区工商行政管理局核准,企业名称由“中国铁建十三局集团有限公司”变更为“中国铁建大桥工程局集团有限公司”。

▲3月 集团公司通过高新技术企业认定,被天津市科学技术委员会、财政厅、国家税务局、地方税务局联合认定为2013年高新技术企业。

▲3月 集团公司及所属一、四、五公司入选2011—2012年度全国公路建设行业诚信百佳企业。

▲4月17日 中国铁建大桥工程局集团有限公司成立典礼隆重举行。中国铁建股份有限公司董事长、党委书记孟凤朝,全国政协委员、中国公路建设行业协会理事长周纪昌,中共天津市委城乡规划建设交通工作委员会巡视员、副书记任树梅等250余人参加成立典礼。

▲4月22日 五公司锦屏项目部项目经理、高级工程师饶胜斌获全国五一劳动奖章。

▲4月28日 集团公司组建成立安哥拉分公司。

▲4月 集团公司战备器材储备库被评为国家红旗仓库。

▲4月 集团公司在建哈尔滨绕城公路天恒山隧道获得1项国家级工法、2项国家发明及实用新型专利、5项科技成果奖。该隧道是目前中国首座严寒地区大跨度浅埋高含水量黏土隧道。

▲6月20日 福建省委书记尤权率省委、省政府、省人大、省政协及全省各区市和省直有关部门领导一行,到集团公司参建的福平铁路项目进行检查指导。

▲6月23日 集团公司中标尼日利亚奥融—卡拉巴跨海桥项目,合同额10.66亿美元。

▲7月8日 由北京轨道建筑学会桥梁专业委员会主办、五公司承办的桥梁施工技术交流会在黔中水利枢纽总干渠渡槽项目召开,中国首创水利工程叠箱钢构渡槽结构获得成功。

▲7月17—18日 以“中国铁建与五洲筑梦”为主题的中国铁建股份有限公司第十七届大路画展重点作品创作会议在天津铁建大厦举办。

▲7月23—24日 集团公司2014年半年经营管理工作会暨审计、二次经营、治亏、降债专题会在天津铁建大厦召开。

▲8月12日 集团公司中标天津地铁5号线工程土建施工第R6合同段,合同额16.26亿元。

▲9月15日 中国铁建总裁张宗言一行到集团公司宝兰项目部调研。

▲10月 集团公司再次被评为全国水利建设市场主体信用评价AAA级施工单位。

▲11月25日 集团公司桥梁基础施工技术交流会暨2014年度技术评审会在重庆鹅公岩项目部召开。

▲11月 四公司连续第三次被评为全国建筑业先进企业,公司执行董事兼总经理廖福兴获全国建筑业优秀企业家称号。

▲12月8日 物资贸易公司完成增资、更名等登记、备案工作,具备独立开展国内贸易的条件。

▲12月17日 中国铁建董事长、党委书记孟凤朝到五公司承建的成都地铁10号线土建6标段项目检查,对项目建设提出“保安全、控质量、树形象、创品牌”的要求。

▲12月20日 集团公司工程(架子)队建设专题工作会在长春召开。 (刘晓冬 康勇)

中铁十四局集团有限公司

【简况】 中铁十四局集团有限公司是铁路工程施工总承包特级,房屋建筑、公路、水利水电、市政公用工程施工总承包一级,机电安装、矿山工程施工总承包二级,桥梁、隧道、公路路基、公路路面工程专业承包一级,铁道行业甲(Ⅱ)级工程设计,城市轨道交通工程专业承包等增项资质和地质灾害防治工程施工甲级、爆破作业单位许可证(营业性)一级资质企业,并享有对外经营权。集团公司总部驻山东省济南市和平路1号。下辖11个全资子公司、3个分公司、12个区域经营指挥部及成绵乐铁路、宁启复线、云桂铁路、沪昆铁路客运专线贵州段、长株潭城际铁路、青荣城际铁路、津保铁路、张唐铁路、中国铁建·国际城、贵广铁路、云桂铁路、石济铁路客运专线、武汉轨道交通8号线、黔张常铁路等17个在建直属工程指挥部。职工15571人。资产总额283.47亿元。其中,流动资产234.46亿元;固定资产净值28.37亿元;无形资产5.18亿元;应收款项153.59亿元。机械动力设备3638台(套),原值39.52亿元、净值22.52亿元,总功率527934千瓦,动力装备率35.43千瓦/人,技术装备率12.93万元/人,设备新度系数0.57,资产增长率19.7%,设备资产利润率13.2%。

2014年新签合同229项,合同总额558.67亿元。其中,一次经营新签合同507.2137亿元;二次经营补充合同51.4563亿元。完成产值360.79亿元,实现利润5.22亿元、净利润4.21亿元。有息负债53.32亿元,资产负债率88.42%。完成主要实物工程量:路基441.96千米,路基土石方10111.42万立方米,路面782.02千米,桥梁176460延长米,隧道89177延长米(折合单洞长度),有砟道床铺轨271.35千米,无砟道床铺设156.67千米,正线铺轨681.81千米,站线50.37铺轨千米,房屋建筑面积99.41万平方米。年内,获国家优质工程银质奖1项、改革开放35年百项经典暨精品工程5项、山东省"泰山杯"优质工程奖3项、山东省市政金杯示范工程奖1项、北京市竣工长城杯金质奖1项、北京市安装工程优质奖1项、公路交通优质工程奖1项,铁路优质工程奖2项、中国铁建杯优质工程奖6项,获全国优秀QC小组3项、省部级优秀QC小组9项、中国铁建优秀QC小组6项,获国家科技进步奖1项、中国土木工程詹天佑奖1项、省部级科技进步奖11项,获国家授权专利28项。 (刘德君)

【领导人员】

董事会

董事长 杨有诗
董　事 张挺军
张海舟(8月免)
曹希彬(8月免)
王子贵

经理层

总经理 张挺军
副总经理 张海舟(8月免)
曹希彬(8月免)
郑修杰(11月免)
许兰民
王红卫
周长进
姜　伟
孟繁亚(2月任)
薛　峰(2月任)
副总经理、总工程师 王　焕
副总经理、总会计师 郭洪伟

党群领导

党委书记 杨有诗
党委副书记 张挺军
刘庆民(2月任)
工会主席 王子贵

非领导职务

顾　问 李景元(3月退休)
刘运平(9月退休)
于立中(9月退休)
陈保京
副巡视员 张海舟(8月任)
曹希彬(8月任)
郑修杰(11月任)

(李兴刚)

【工程项目指挥机构】 太仓BT项目管理指挥部 驻江苏省太仓市。指挥长张化磊(9月免)、公绪论(9月任),党工委书记孙成新。

石济铁路客运专线工程指挥部 驻河北省武邑县。指挥长王焕,党工委书记王波馨。

成绵乐铁路工程指挥部 驻四川省成都市。指挥长、党工委书记许兰民(3月免),指挥长李孝南(3月任),党工委书记袁绪宏(3月任)。

云桂铁路项目经理部 驻广西壮族自治区百色市田东县。项目经理程相华,党工委书记沈银贵。

长株潭城际铁路项目经理部 驻湖南省长沙市。项目经理戴尊勇,党工委书记邱国红(10月免)、史佩光(10月任)。

津保铁路JBSG-2标段工程指挥部 驻天津市北辰区。指挥长岳耀群,党工委书记闫绳健。

张唐铁路ZTSG-7标段项目经理部 驻河北省唐山市。项目经理张广宪,党工委书记石宗峰。

青荣城际铁路项目部 驻山东省青岛市。指挥长王维民,党工委书记曾庆超。

西安建设投资有限公司 驻陕西省西安市沣东新城三桥街办启航时代广场A座10层11001-11004室。执行董事兼总经理、法人代表丁玉忠。职工44人。主要经营为公路、桥梁、市政、水电和房地产开发工程项目的投资、建设与管理。2014年新签合同总额2亿元,完成产值3亿元,实现利润3400万元。

扬州瘦西湖隧道工程指挥部 驻江苏省南京市。指挥长戴洪伟,党工委书记张公社。

中国铁建国际城工程指挥部 驻山东省济南市。指挥长冯国森,党工委主任彭树君。

神华工程指挥部 驻内蒙古自治区呼和浩特市。指挥长陈祥龙,党工委书记张兆忠(7月免)。

武汉轨道交通8号线一期土建3标段工程指挥部 驻湖北省武汉市。指挥长张哲,党工委书记陈健。

成兰铁路CLZQ-11标段项目经理部 项目经理

张伟,党工委书记张敬义。

海南西环铁路5标段项目经理部　项目经理田文凯,党工委书记曹晶。

宝兰铁路客运专线13标段项目经理部　项目经理邱智勇,党工委书记董林劭。

新建额济纳至哈密铁路EHSG－1标段项目经理部　项目经理刘时光,党工委书记李玉德。

郑徐铁路客运专线ZXZQ05标段项目经理部　项目经理翟继虎,党工委书记张新勇。

呼准鄂铁路项目经理部　项目经理刘立新,党工委书记轩云志。

龙烟铁路项目经理部　项目经理张万国,党委书记兼工委主任王元。

穗莞深城际铁路SZH－5标段项目经理部　项目经理张立岩,党工委书记帅德安。

青岛蓝色硅谷项目部　属市政公司代局指项目。驻山东省青岛市崂山区,项目经理王建新,党工委书记徐延祥。（刘德君）

【职工队伍】　职工15571人。其中,男11652人、女3919人;在岗职工13741人、不在岗职工1830人。文化程度:研究生及以上学历115人,本科学历6126人,大专(高职)学历3877人,中专学历958人,中专以下学历4495人。年龄结构:25岁以下1460人,26～30岁3482人,31～35岁2319人,36～40岁2561人,41～45岁1847人,46～50岁939人,51～55岁1776人,55岁以上1187人。专业技术人才8851人,其中高级职务1306人、中级职务2754人、初级职务4791人。技能人才2425人,其中高级技师137人、技师375人、高级工1390人、中级工489人、初级工34人。（李兴刚）

【工程施工】　2014年,集团公司完成施工产值360.79亿元,其中铁路工程完成产值139.69亿元。35项工程完成施工或竣工验收工作,43项重难点工程年累完成产值170.56亿元。

成绵乐铁路客运专线CMLZQ－4标段工程　驻四川省成都市。标段长35.8千米,2009年7月开工。主要实物工程量:桥梁17座27050延长米。截至2014年底,开工累计完成产值50.20亿元,占合同投资的96.99%。12月20日开通运营。

宁启铁路复线电化工程Ⅰ标段工程　驻江苏省南京市。标段长99.56千米,合同工期2009年1月—2012年12月31日。截至2014年底,开工累计完成产值30.02亿元,占合同投资的85.78%。

青荣城际铁路QRZH－Ⅰ标段工程　驻山东省青岛市。标段长41.449千米,合同工期2010年10月—2013年9月30日。截至2014年底,开工累计完成产值24.36亿元,占合同投资的98.49%。12月28日,济南方向开通运营。

贵广铁路GGTJ－9标段工程　驻广西壮族自治区贺州市。标段长60.866千米,合同投资420950万元,合同工期2008年12月19日—2013年3月3日。桥梁、隧道总长度占线路全长的76.5%。截至2014年底,开工累计完成产值44.31亿元,占合同投资的101.80%。12月26日开通运营。

长株潭城际铁路CZTZH－2标段工程　驻湖南省长沙市。正线长23.31千米,合同工期2010年9月—2014年3月31日。主要实物工程量:桥梁3座8150.48延长米,隧道3座12274延长米,地下车站4座。截至2014年底,开工累计完成产值28.54亿元,占合同投资的69.67%。

沪昆铁路客运专线贵州段CKGZTJ－7标段工程　驻贵州省平坝县。标段长50.945千米,合同投资295896万元,合同工期2010年10月1日—2016年3月31日。主要控制性工程:大猫坡特大桥、看牛坪特大桥、马场隧道。截至2014年底,开工累计完成产值27.34亿元。

津保铁路JBSG－2标段工程　驻天津市北辰区。标段长36.978千米,合同工期2010年9月—2013年2月。截至2014年底,开工累计完成产值99078万元,占合同投资的43.25%。

云桂铁路(广西段)YGZQ－3标段工程　驻广西壮族自治区田东县。合同投资182372.7万元,合同工期2010年5月—2013年12月。主要实物工程量:区间及站场土石方464.9万立方米,桥梁21座11860延长米,隧道14座5810延长米,涵洞94座2065横延米,铺轨108.33千米,箱梁预制架设337孔。截至2014年底,开工累计完成产值17.86亿元,占合同投资的64.80%。

张唐铁路ZTSG－7标段工程　驻河北省唐山市。标段长57.088千米,合同工期2010年9月—2014年8月31日。截至2014年底,开工累计完成产值15.01亿元,占合同投资的56%。

新建郑徐铁路客运专线ZXZQ5标段工程　驻河南省商丘市梁园区和谐路与新兴路路口。合同工期2012年12月25日—2016年12月9日。主要承担商丘特大桥82号墩至918号墩间的桥梁施工任务。截至2014年底,开工累计完成产值14.62亿元。

新建成兰铁路CLZQ－11标段工程　驻四川省阿坝藏族羌族自治州松潘县镇江关乡。标段长24.19千米,合同工期2013年1月4日—2017年9月3日。截至2014年底,开工累计完成产值41465万元。

新建宝兰铁路客运专线 BLTJ－2 标段工程　驻甘肃省天水市麦积区三岔乡闫西村。标段长 14.588 千米，合同工期 2013 年 2 月 1 日—2017 年 12 月 31 日。参建单位：四公司。该标段自 DK709＋412 至 DK724＋000，线路自笔架山隧道内（DK709＋412）引出，在渭河南侧向西跨秦岭沟、穿小墁坪隧道。年完成产值 27723 万元，占年度计划的 120.54％，开工累计完成产值 38669 万元，占合同额的 55％。

新建宝鸡至兰州铁路客运专线 BLTJ－13 标段工程　驻甘肃省兰州市榆中县三角城乡。标段长 16.70 千米，合同工期 2013 年 8 月 20 日—2017 年 12 月 31 日。主要实物工程量：路基 2.27 千米，桥梁 65000 延长米，隧道 57000 延长米，榆中车站。截至 2014 年底，开工累计完成产值 76369 万元，占合同投资的 49.39％。

新建准格尔至鄂尔多斯铁路站前工程 ZESG－1 标段工程　驻内蒙古自治区鄂尔多斯市准格尔旗布尔陶亥苏木。合同工期 2013 年 9 月 1 日—2016 年 9 月 30 日。全线设 4 个车站，分别为大院东站、布尔陶亥南站、点石沟站、东胜东站。截至 2014 年底，开工累计完成产值 40942 万元，占合同投资的 20.21％。

新建海南西环铁路 XHZQ－5 标段工程　驻海南省乐东县尖峰镇岭头村六队。标段长 53 千米，合同工期 2013 年 9 月 29 日—2015 年 12 月 30 日。截至 2014 年底，开工累计完成合同投资的 71.46％。线下工程基本完工，T 梁架设 1260 片，占设计的 78.95％。

新建龙口至烟台铁路站前 I 标段工程　驻山东省烟台市龙口市黄城文莱街 408 号。标段长 29.976 千米，合同工期 2013 年 11 月 16 日—2016 年 11 月 15 日。截至 2014 年底，开工累计完成产值 37541 万元，占合同投资的 29.22％。

新建石家庄至济南铁路客运专线站前工程 SJZ－4 标段工程　驻河北省衡水市武邑县建设东路 71 号。标段长 45.406 千米，合同工期 2014 年 1 月 1 日—2017 年 12 月 31 日。截至 2014 年底，开工累计完成产值 80028 万元，占合同投资的 30.61％。

扬州瘦西湖隧道工程　驻江苏省扬州市。全长 3.6 千米，合同工期 2011 年 8 月—2014 年 3 月。截至 2014 年底，开工累计完成产值 12.91 亿元，占合同投资的 100％。年内顺利通车。

北京市南水北调配套工程东干渠工程第 4 标段工程　驻北京市朝阳区崔各庄乡东辛店村。中心导线全长 1945 米，合同工期 2012 年 5 月 31 日—2014 年 9 月 30 日。截至 2014 年底，开工累计完成产值 13716 万元，占合同投资的 65.57％。

北京地铁 14 号线土建施工 17 合同段工程　驻北京市朝阳区。线路长 2.545 千米，合同工期 2010 年 11 月 20 日—2014 年 12 月 28 日。主要工程：两站两区间，分别是大望路站、红庙站及九龙山站至大望路站至红庙站区间，截至 2014 年底，开工累计完成产值 74341 万元，占合同投资的 98.81％。　（苗孔杰）

【境外工程】　多哥共和国国道 5 号线公路修复工程　为西非共同体高速公路网的一部分，长约 12 千米，合同工期 8 个月，合同投资 1.04 亿元，西非发展银行贷款。2013 年 6 月开工，2014 年 12 月竣工。

援多哥道关中学　为中国政府援建，位于多哥共和国首都洛美市，建筑面积 8000 余平方米，合同投资 7566 万元。2013 年 6 月开工，2014 年 12 月竣工。

厄瓜多尔洋洒洒医院　位于厄瓜多尔萨莫拉省洋洒洒市。合同投资 1679 万美元。截至 2014 年底，开工累计完成产值 7425.9 万元，占合同投资的 47.5％。

厄瓜多尔米拉多铜矿 1 号上山公路　为厄瓜多尔米拉多铜矿项目的交通先导工程，全长 5436.3 米，合同投资 919 万美元，合同工期 180 天。2014 年 9 月开工。截至 2014 年底，开工累计完成产值 744.3 万元，占合同投资的 13.1％。

贝宁阿博公路 1 标段工程　该公路是贝宁共和国科托努港口向贝宁北部及尼日尔、布基纳法索、马里等内陆国运送货物的必经之路，是贝宁甚至西非的经济发展的生命线。合同投资 1.06 亿元，合同工期 15 个月。截至 2014 年底，开工累计完成产值 11997.4 万元，占合同投资的 88.4％。

贝宁阿博公路 2 标段工程　位于贝宁共和国格鲁吉贝机场，全长 19.26 千米，合同投资 2.82 亿元，合同工期 36 个月。2013 年 12 月开工。截至 2014 年底，开工累计完成产值 8665.7 万元，占合同投资的 30.7％。

贝宁飞法基大桥工程　位于贝宁共和国科托努市区，全长 600 米，合同投资 4229.7 万元，合同工期 16 个月，2014 年 2 月开工。截至 2014 年底，开工累计完成产值 1578.9 万元，占合同投资的 37.3％。

贝宁科托努立交桥河道整治及绿化工程　包括土方工程、河道整治、景观绿化、照明工程、桩基础 5 个部分。合同投资 3369.3 万元，合同工期 12 个月，2014 年 6 月开工。截至 2014 年底，开工累计完成产值 1075.4 万元，占合同投资的 31.9％。

援佛得角体育场道路工程　全长 1.52 千米，合同投资 2180 万元。2014 年 12 月开工。

阿尔及利亚 175 千米铁路项目工程　为阿尔及利亚北方铁路干线布拉里季堡至特尼亚间电气化铁路复线设计与施工总承包项目，全长 158.575 千米。中土集团阿尔及利亚有限公司和土耳其奥兹贡公司组成联合体负责项目工程的具体实施，联合体下设四个施工分部，中铁十四局集团公司为第一分部，负责58千米范围内的铁路线下工程。

阿尔及利亚贝佳亚100千米连接线工程　由CRCC－SAPTA联合体中标，全长100千米。中铁十四局集团公司承担25千米的路基、桥涵工程。其中，布维拉省内14千米；贝佳亚省内11千米，及PK50－PK100区间50千米沥青路面施工任务。合同工期2013年12月18日—2016年12月18日。合同投资174661万元，截至2014年底，开工累计完成产值29143万元。

阿尔及利亚44千米东西高速公路路面改造工程　中铁十四局集团公司承担MN1、MN2标段44千米的施工任务。其中，MN1标段18千米，位于BBA省；MN2标段26千米，位于BOUIRA省。

阿尔及利亚比斯卡拉省2000套公租房项目　承担84栋楼的施工任务，总建筑面积20万平方米，合同工期28个月。

阿尔及利亚行政学院项目　位于阿尔及尔城南，建设面积13万平方米，建筑面积5.9万平方米，合同投资94000万元，合同工期3年。　（段中玲　李霖）

【经营管理】　（1）经营承揽。2014年，集团公司新签合同229项，合同投资558.67亿元。其中，一次经营新签合同额507.21亿元；二次经营补充合同额51.46亿元。

（2）安全质量。年内，集团公司获国家优质工程银质奖1项、改革开放35年百项经典暨精品工程5项、山东省泰山杯优质工程奖3项、山东省市政金杯示范工程奖1项、北京市竣工长城杯金质奖1项、北京市安装工程优质奖1项、公路交通优质工程奖1项，铁路优质工程奖2项、中国铁建杯优质工程奖6项；获全国优秀QC小组3项、省部级优秀QC小组9项、中国铁建优秀QC小组6项。　（邹佳光　杨战勇　文家珍）

【科技成果】　集团公司开发的南京长江隧道工程“高水压浅覆土复杂地形地质超大直径长江盾构隧道成套工程技术”成果获国家科技进步二等奖，参建的京沪高速铁路工程获中国土木工程詹天佑奖。全年获省部级科技进步奖11项，其中一等奖3项。授权专利28项，其中发明专利4项。电气化公司获中国施工企业管理协会技术创新先进企业称号，1人被评为中国施工企业管理协会技术创新先进个人，1人被中国建筑业协会评为全国建筑业优秀总工程师。评出集团公司科技进步奖7项、优秀工法11项、优秀论文133篇。评出第四批集团公司科技专家19人、科技拔尖人才31人，其中技术开发部专家4人、拔尖人才3人。集团公司通过国家级企业技术中心认定，集团公司技术中心通过山东省复审。

2014年科技经费投入36688万元，其中研发经费2211万元。33项课题被列入山东省技术创新项目，获研发经费26950万元；10项课题被列入中国铁道建筑总公司科技发展项目；49项课题被列入集团公司技术开发项目。　（廖大恳）

【党群工作】　（1）党的工作。截至2014年底，集团公司有基层党组织809个，其中集团公司党委1个、子公司党委11个、分公司党委3个、集团公司机关党委1个、其他党委116个、党总支部22个、党支部636个、集团公司项目部党工委19个。党员7871人，其中正式党员7654人、预备党员217人。党员中，在岗职工党员6337人，离退休党员1534人，女党员911人，汉族党员7713人，少数民族党员158人，台湾省籍党员2人。年内，1人被评为中央企业优秀共产党员，2个党组织被评为中国铁建党委先进基层党组织，3人被评为中国铁建优秀共产党员，3人被评为中国铁建优秀党务工作者。①党的群众路线教育实践活动。3月14日起，集团公司开展党的群众路线教育实践活动，历时近8个月。派出工作组5个，分片指导、监督所属37个单位开好群众路线教育活动领导班子专题民主生活会。集团公司参加教育实践活动的党组织、党员包括15个子分公司党委，6个直属单位党（工）委，17个局管项目部党工委和20个机关党支部，11个区域经营指挥部党支部，677个工程项目部基层党组织；7586名党员参加活动。②党员队伍建设。7月1日，集团公司党委召开追授刘新来“敬业奉献的模范共产党员”称号大会。春节前夕，开展送温暖活动，走访慰问建国前老党员和生活困难党员173名，发放慰问金86500元。③宣传工作。全年在中央和省部级新闻媒体刊发稿件2300余篇。其中，头条、报眼、配评论、加编者按的重要稿件150余篇；全国性媒体260余篇。中央主流媒体重点播报了集团公司瘦西湖隧道建成通车、成绵乐城际铁路通车等工程建设消息。编辑出版局刊《管理与服务》12期（总发行237期），约300万字，刊发图片500余幅。重点报道了纪念兵改工30周年各项活动、党的群众路线教育活动、刘新来事迹、扭亏创效、经营典型、技术创新等内容，出版“营改增”专辑一期。④精神文明建设。集团公司机关、隧道公司、电气化公司、建筑公司通过省级文明单位复查；海外公司、四公司、铁正公司、房地产公司通过省直文明单位复查，其中房地产公司晋升为省级文明单位。⑤思想政治工作。召开集团公司党委理论中心组学习会4次。

全年征集党建思想政治研究成果130篇，评出优秀政研成果75篇，其中6篇政研成果获省部级优秀政研成果奖。集团公司政研会分别被山东省、中国铁建评为政研工作先进单位。⑥企业文化。集团公司张衍海、张泉滨、朱继福等8人分别创作的18幅版画、国画、油画作品入选第十六届大路画展，其中14幅作品在中国美术馆展出，张衍海入选首届十大中国铁建名家。四公司、电气化公司分别被中国企业文化促进会评为企业文化建设模范单位和先进单位，集团公司总经理张挺军被评为企业文化建设模范管理者，集团公司董事长、党委书记杨有诗撰写的《学习弘扬焦裕禄精神重在实干》被评为企业文化建设优秀成果。⑦纪检监察。集团公司设纪委12个、监察机构12个；专职纪检监察人员35人，其中集团公司纪委7人、工程公司纪委28人。全年受理案件线索28件，初核22件，立案22件，结案24件。党政纪处分53人，其中党纪处分18人、政纪处分53人、党政纪双重处分18人、行政降职(降级)以上处分16人。效能监察立项33个，发出监察建议书162份，指出问题193个，提出监察建议217条，协助督促建章立制45项，挽回和避免经济损失1607万元，直接增加经济效益1024万元，节约资金1828万元，清除劳务队伍3家。查处违规违纪问题3个，查处违规违纪金额69万元，党政纪处分13人，通报批评11人，经济赔偿184.23万元。任前廉洁谈话126人，谈话提醒281人，诫勉谈话90人，函询28人。组织反腐倡廉教育412场(次)，领导人员讲党课48人(次)。全年编辑出版《反腐倡廉宣传教育网络简报》76期。

(2)工会工作。集团公司下辖11个子公司工会、3个专业分公司工会、2个区域工程指挥部工会、5个直属单位工会；专职工会干部85人，工会会员15210人。全年各单位组织劳动竞赛400余场次，8个单位、19名个人获中国铁建表彰奖励。征集职工合理化建议和技术改进、"金点子"等成果3000余项，其中2项成果获中国铁建职工合理化建议和技术改进成果二等奖、5项成果获三等奖。年内，集团公司工会保持山东省职代会优秀星单位称号，并获山东省推进厂务公开民主管理先进单位称号，获得山东省总工会首届"中国梦·劳动美·幸福路"职工摄影展览优秀组织奖。举办第四届"玫瑰之约"未婚青年交友联谊活动、"在学习中成长——中国铁建员工悦读会"系列活动。全年出版集团公司《工会信息》13期。年内筹集送温暖资金397.3万元，走访慰问困难职工家庭699户，慰问劳模102人、离退休人员981人。办理职工互助合作保险405人次，发放补偿款76万元。金秋助学活动资助职工子女55名，发放助学金8万元。

(3)共青团工作。集团公司下辖二级团委13个、基层团总支2个、团支部247个、团工委15个，专职团干部27人。35岁以下青年6167人，共青团员2740人。年内，四公司寿平铁路项目部被评为全国青年安全生产示范岗，集团公司团委被评为山东省青年文明号20年突出贡献组织单位，铁正公司获山东省青年文明号示范集体称号，石济铁路客运专线项目部、职业教育培训中心获山东省青年文明号称号，北京中铁房山桥梁公司肇庆项目部等3个集体获山东省青年安全生产示范岗称号，隧道公司北京地铁9号线项目部海涛青年突击队被评为北京市优秀青年突击队。春节前夕，慰问22名生活困难团员青年，发放困难补助金18700元。"我为企业扭亏治乱献计策"活动共收集"金点子"529条，累计为企业节约成本981.15万元。

(刘瑞江　郑大伟　张　勇　胡青山　白晓亮)

【第一工程发展有限公司】 拥有市政公用、公路工程施工总承包一级，公路路面、桥梁工程专业承包一级，公路路基工程专业承包三级资质。公司驻山东省日照市海曲东路66号。执行董事、党委书记吴昭，总经理杨俊泉。下辖项目部32个、专业路面公司1个。职工859人。机械运输设备156台(套)，原值10493.06万元、净值6453.01万元，总功率21682千瓦，设备成新率61.5%、利用率80%、完好率85%。

2014年新签合同额25.6亿元。公司继续保持日照市、山东省守合同重信用企业称号。(公司综合办)

【第二工程有限公司】 拥有公路、市政公用、房屋建筑工程施工总承包一级，铁路工程施工总承包二级，公路路基、公路路面、桥梁、隧道、机场场道工程专业承包一级资质。公司驻山东省泰安市东岳大道西首。执行董事兼总经理孙亮，党委书记刘小果。职工2460人。资产总额343872万元。其中，固定资产原值60094万元、净值28090万元；流动资产309912万元。机械运输设备347台(套)，总功率为41698.2千瓦，技术装备率6.07万元/人，动力装备率16.4千瓦/人。

2014年新签合同额51.3亿元。公司保持山东省文明单位、AAA信誉企业和全国守合同重信用企业称号。

(袁　博)

【第三工程有限公司】 拥有铁路、公路、市政公用工程施工总承包一级，水利水电、房屋建筑工程施工总承包二级，公路路基、公路路面、桥梁、隧道、机场场道工程专业承包一级资质。公司驻山东省兖州市北护城河路51号。执行董事、党委书记冯复兴，总经理李方东(3月免)、刘美良(3月任)。职工2150人，其中专业技术人员1120人。机械运输设备513台(套)。年施工能力40亿元以上。

2014年新签合同额45.43亿元。公司多次获得山东省文明企业、全国施工企业管理优秀单位、AAA特级信用企业等荣誉。（公司办公室）

【第四工程有限公司】 拥有市政公用、公路、矿山工程施工总承包一级,铁路工程施工总承包二级,房屋建筑工程施工总承包三级,桥梁、隧道、公路路面、公路路基工程专业承包一级,爆破作业三级,城市轨道交通工程专业承包资质。公司驻山东省济南市市中区英雄山路267号。执行董事兼总经理李旭,党委书记徐宝廷。下辖48个项目部、2个物业中心、1个设备租赁中心、1个爆破技术中心、1所职工门诊。职工2249人,其中专业技术人才1288名。资产总额442752.72万元。其中,固定资产原值64650.52万元;流动资产416569.85万元。机械运输设备403台(套),原值23043.71万元、净值7535.33万元,设备完好率96%、使用率84%。年施工能力53亿元以上。

2014年新签合同额57亿元,完成施工产值53.6亿元。公司被评为全国优秀施工企业、山东省企业管理先进单位。（葛文超）

【第五工程有限公司】 拥有公路、市政公用工程施工总承包一级,铁路、水利水电工程施工总承包二级,房屋建筑、矿山工程施工总承包三级,桥梁、隧道、铁路铺轨架梁、公路路基、路面工程专业承包一级资质。公司驻山东省济宁市兖州区北站。执行董事、党委书记薛峰(3月免)、侯景德(3月任),总经理侯景德(3月免)、李方东(9月任)。下辖项目部40余个。职工1768人。资产总额24.8亿元,其中净资产2.92亿元,机械设备原值7.35亿元、净值2.8亿元。年施工能力30亿元以上。

2014年新签合同额36.65亿元,完成施工产值55.21亿元。公司获全国守合同重信用企业、全国用户满意企业,山东省质量管理先进称号。（李冬梅）

【电气化工程有限公司】 拥有机电安装施工总承包一级,房屋建筑、电力、通信工程施工总承包三级,铁路电气化、铁路电务、消防设施工程专业承包一级,送变电工程专业承包二级,公路交通工程通信、监控、收费综合系统专业承包资质。公司驻山东省济南市和平路16号。执行董事、党委书记郑洪星,总经理陈凤国。下辖人才管理中心、财务管理中心、通信中心、物业管理中心、电气化分公司。职工730人,其中干部412人、工人318人。资产总额86646万元,其中固定资产原值7138万元、净值1500万元。机械设备88台(套),原值3648万元、净值461万元,总功率3500千瓦,动力装备率4.75千瓦/人,技术装备率0.63万元/人,机械化程度70%。

2014年完成企业总产值10.24亿元,实现利润2128万元,职工年人均收入64993元。国有资产保值增值率102.4%,总资产报酬率2.78%,应上缴款完成率100%。公司继续保持山东省高新技术企业、山东省守合同重信用企业、省级文明单位等称号。（刘红梅）

【隧道工程有限公司】 拥有市政公用工程施工总承包一级,隧道、地基与基础、机场场道工程专业承包一级,装修装饰工程专业承包三级,城市轨道交通工程专业承包资质。公司驻山东省济南市市中区二环东路12856号中铁十四局兴隆山庄。执行董事马军,党委书记徐磊,总经理王寿强。职工1834人。资产总额353813万元。其中,固定资产原值168018万元、净值72569万元;流动资产260177万元;长期资产93636万元。

2014年新签合同额70.8亿元,完成施工产值43.09亿元,实现利润8035万元,在岗职工年人均收入65674元。国有资产保值增值率104.56%,净资产收益率21.21%,产值利润率2.17%,资产负债率89.00%。公司被评为全国优秀施工企业、山东省安全生产基层基础工作先进企业、山东省省守合同重信用施工企业、山东省“安康杯”竞赛优胜单位。（何 康）

【北京中铁房山桥梁有限公司】 拥有市政公用工程施工总承包一级,桥梁工程专业承包一级,混凝土预制构件专业承包二级,预应力工程专业承包二级,钢结构工程专业承包三级,金属门窗工程专业承包三级资质。公司驻北京市房山区阎村镇房山科技工业园区燕房园8号。执行董事、总经理鄂宝生(9月免)、赵誉(9月任),党委书记王光祥(9月任)。下设车间3个、分公司2个、项目部15个。职工841人。固定资产原值37560万元、净值16596万元,流动资产113273万元。机械运输设备1673台(套),总功率42743千瓦,设备完好率96.1%、利用率74.6%,技术装备率16.24万元/人,动力装备率55.22千瓦/人。

2014年新签合同额12.37亿元,完成工业总产值13.08亿元,实现利润2541万元。职工年人均收入80194元。国有资产保值增值率103.21%,净资产收益率3.74%,产值利润率1.8%,资产负债率68.44%。公司被评为山东省企务公开示范单位。（黄梅英）

【房地产开发有限公司】 房地产开发资质二级企业。前身为凯华置业有限公司,2001 年 3 月成立,2014 年 10 月更为现名。公司驻山东省济南市历下区经十路 13777 号中润世纪广场 A3 座。执行董事、总经理马建平(9 月免)、张清仙(9 月任),党委书记李斌。下辖 9 个子(分)公司。

2014 年完成营业收入 109916 万元,实现利润 4286 万元、净利润 2000 万元。公司获省级文明单位、山东省青年文明号称号。 (顾亚楠)

【山东铁正工程试验检测中心有限公司】 具有公路工程综合甲级试验检测、公路工程桥梁隧道专项试验检测、建设工程质量检测、水利工程检测、测绘等资质认证。公司驻山东省济南市和平路 16 号。执行董事、总经理鲁爱民,党委书记吴新萍。职工 195 人。仪器设备 4300 余台(套),原值 5276 万元。

2014 年完成企业总产值 12263 万元,实现净利润 1809 万元。 (付 睿)

【建筑工程有限公司】 2014 年 8 月,由水利水电工程分公司与建筑安装工程分公司合并组建。公司驻山东省济南市历下区解放路 30 号东源大厦 14 层。执行董事、总经理李清泰,党委书记代显奇。职工 1098 人。资产总额 2 亿元,机械运输设备 109 台(套),原值 3924.93 万元、净值 1566.10 万元,设备总功率 3964.1 千瓦,动力装备率 3.10 千瓦/人,技术装备率 1.11 万元/人,设备完好率 63.08、利用率 92.7%。

2014 年新签合同额 50.4 亿元,完成施工产值 284277 万元。 (丁 雪)

【海外工程分公司】 代表集团公司行使对外经济合作,境外工程承揽、建设与管理,进出口贸易,劳务输出等业务,归口管理集团公司外事工作和境外机构。公司驻山东省济南市历下区和平路 16 号。总经理杜瑞海,党委书记苏伟洪。职工 272 人。下辖 4 个办事处、10 个项目部。

2014 年新签合同额 80 亿元,完成营业收入 3 亿元,实现利润 1200 多万元。公司获山东省富民兴鲁劳动奖状。 (李 霖)

【北非建设分公司】 负责集团公司在北非建筑市场的经营投标、施工管理、设备物资进出口及派遣劳务管理等业务。公司驻阿尔及利亚 BBA 省毕邦镇。总经理郑茂旺,党委书记刘正航。职工 43 人。机械运输设备 586 台(套),原值 3.52 亿元。

2014 年新签合同额 14 亿元人民币,实现施工产值 1252.31 万美元。 (段中玲)

【市政工程分公司】 前身为青岛工程公司,2014 年 6 月 16 日变更注册为中铁十四局集团有限公司市政工程分公司。公司驻山东省青岛市崂山区香港东路 254 号。总经理吴云杰,党委书记葛庆福。下设 10 个项目部。职工 231 人。资产总额 4.98 亿元。其中,固定资产原值 3500 万元、净值 1107 万元;流动资产 4.85 亿元。

2014 年新签合同额 53.26 亿元,完成施工产值 5.5 亿元,实现利润 1000 万元,在岗职工年人均收入 6.77 万元。产值利润率 1.81%,资产负债率 97.5%。 (张军磊)

【重要记载】

▲1 月 9 日 集团公司开发的南京长江隧道工程“高水压浅覆土复杂地形地质超大直径长江盾构隧道成套工程技术”成果获国家科技进步奖二等奖。

▲1 月 21 日 集团公司党委(扩大)会召开。会议听取行政、纪委、工会和团委工作报告,签订 2014 年政治工作目标管理责任书。集团公司党委书记、董事长杨有诗代表集团公司党委作题为《解放思想,深化改革,凝心聚力,稳中求进,为打造企业发展升级版提供坚强政治保证》的党委工作报告。

▲1 月 22 日 集团公司四届二次职代会暨 2014 年工作会召开。集团公司董事长、党委书记杨有诗作题为《稳中求进保增长,改革创新增活力,打造集团公司持续健康快速发展升级版》的工作报告。总经理张挺军作题为《强管理,调结构,提质量,增效益,为打造集团公司发展升级版而努力奋斗》的工作报告。审议通过《集团公司 2014 年度职工工资专项集体协议》等制度办法。签订 2014 年经营效绩考核责任书和安全包保责任状。

▲1 月 23 日 集团公司工会一届十一次全委(扩大)会议、2014 年党风建设和反腐倡廉工作会议召开。

▲3 月 14 日 集团公司党的群众路线教育实践活动动员大会在济南召开。

▲3 月 二公司开发的“超长连续溶蚀断层破碎带及软岩大变形隧道施工工法”被评为国家级工法。

▲5 月 15 日 集团公司与交通银行山东省分行在济南举行全面战略合作协议签约仪式。集团公司董事长杨有诗,副总经理兼总会计师郭洪伟出席签约仪式。

▲6 月 18 日 集团公司连续 7 年获全国“安康杯”竞赛优胜单位称号。

▲6 月 24—25 日 集团公司党委领导班子召开

党的群众路线教育实践活动专题民主生活会。

▲6月　集团公司及所属二公司、三公司、五公司连续2年获全国守合同重信用企业称号。

▲7月1日　集团公司在召开追授刘新来“敬业奉献的模范共产党员”称号大会。

▲7月　四公司获矿山工程施工总承包一级、城市轨道交通专业承包资质。

▲8月1日　山东省委常委、青岛市委书记李群一行到市政分公司承建的青岛市新疆路高架快速路项目察看工程建设情况。

▲8月2日　集团公司承建的长株潭城际铁路树木岭隧道首段贯通。盾构施工中,先后克服超浅埋,连续十次下穿既有铁路、居民房屋、城市立交等八大技术难题,标志着采用土压平衡大直径盾构机作业的施工与科研取得重大突破。

▲9月19日　集团公司承建的大直径单管双层隧道——扬州瘦西湖隧道建成通车。该隧道攻克刀盘冲刷系统改造、泥水环流系统改造、刀盘吊耳自行设计制作等多项世界级技术难题,成功突破22项新技术。创造了超大直径盾构机在全段面黏土地层平均日掘进8米、最快日掘进12米的世界纪录。

▲9月27日　贝宁总统亚伊到海外分公司飞法基桥项目部慰问参建员工,对工程质量、进度表示满意。

▲11月6日　集团公司党的群众路线教育实践活动总结大会在济南召开。

▲12月10日　中国铁建副总裁夏国斌一行到集团公司武汉轨道交通8号线3标段第一项目部就物资采购管理等问题进行调研。

▲12月28日　江苏省省长李学勇、中国铁路总公司副总经理黄民视察集团公司宁启铁路复线工程。

（刘德君）

中铁十五局集团有限公司

【简况】　中铁十五局集团有限公司是房屋建筑工程施工总承包一级,公路工程施工总承包一级,水利水电工程施工总承包一级,市政公用工程施工总承包一级,桥梁工程专业承包一级,隧道工程专业承包一级,公路路面工程专业承包一级,铁路铺轨架梁工程专业承包一级,城市轨道交通工程专业承包,地质灾害治理施工甲级资质企业。驻上海市闸北区共和新路666号。前身系中国人民解放军铁道兵第五师,1984年1月1日集体转业并入铁道部,改编为铁道部第十五工程局;1999年12月更名为中铁第十五工程局,2001年10月12日企业改制为现名。下辖第一至第七工程有限公司、都匀桥梁工程有限公司、城市轨道交通工程有限公司、电气化工程有限公司、物资工程有限公司、四川勘察设计有限公司、河南置业有限公司、济阳迎宾黄河大桥有限公司等14个子公司和海外、京津、华北、东北、华东、华中、中南、华南、西南、西北、新疆等10个区域指挥部和1个海外工程指挥部;大西客运专线指挥部、郑开城际铁路工程指挥部、广深港客运专线项目部、阜六铁路项目部、太原西南环项目部、沪昆客运专线项目部、哈齐客专项目部、郑机城际铁路工程指挥部、石长铁路指挥部、成贵铁路项目部、杭黄铁路项目部、澳门公司、湖州投资开发公司、福州投资开发公司等直管项目部以及河南四通检测有限公司、资产管理中心、职工培训中心等。职工总数21104人。其中,干部8916人,工人9650人,内退2538人;在职干部(专业技术人才)8916人,其中,专业技术干部8563人,占在职干部的96.04%;技术工人6823人,占工人总数的70.7%。资产总额2299176.75万元,其中,固定资产净值25.67亿元。现有实力机械设备、车辆5435台,技术装备率9.04万元/人,动力装备率36.09千瓦/人。新度系数49.13%,设备完好率93%,利用率75%。年施工能力400亿元以上。

2014年承揽工程任务282.02亿元,完成企业总产值261.98亿元,其中,施工产值240.15亿元。实现利润4.69亿元。职工年人均收入45799元。产值利润率0.27%,投资回报率19.78%,资产负债率90.99%,国有资产保值增值率100.23%,净资产收益率2.26%。完成主要实物工程量:土石方10858.05万立方米,隧道60663.3延长米,桥梁53839.6延长米,公路3856.07千米。

企业改制以来,先后获中国建设工程鲁班奖7项,中国土木工程詹天佑奖6项,国家优质工程奖26项,省部级优质工程奖125项,股份公司优质工程奖141项。相继创造铁路日铺轨10.688千米和公路隧道掘进318.33米等全国纪录7项。先后获得国家AAA级信用企业、全国重合同守信用企业、全国优秀施工企业、全国质量效益型先进企业、全国精神文明建设先进单位、全国五一劳动奖状等荣誉,连续13年蝉联全国“安康杯”竞赛优胜企业,并荣获全国工程建设质量管理优秀企业、全国水利建设市场主体信用评价AAA级荣誉称号,河南省建筑业技术创新先进企业、河南省优秀施工企业等荣誉。

（郑凤华）

【领导人员】

董事会

董事长　武宪功

董　事　张喜胜

史保魁

张海亮

陈　戈

监事会

监事会主席　丁　力

监　事　张国修

经理层

总经理　张喜胜

副总经理　张海亮

习仲伟(7月17日调离)

王令振(10月30日改副巡视员)

陈文秀

金国海

王文举

黄明玉

许建付

刘正昶

总工程师　许建付

总会计师　刘正昶

党群领导

党委书记　武宪功

党委副书记　张喜胜

史保魁

陈　戈

纪委书记　丁　力

工会主席　陈　戈

(祝新芝)

【工程项目指挥机构】　海外工程指挥部　驻北京市石景山区政达路2号CRD银座A座8楼。指挥长兼党委书记王文举。职工22人。2014年新签合同额13.54万元。

京津指挥部　驻北京市石景山区政达路2号CRD银座A8层。指挥长王建军(3月任),党委书记邹刚波(11月任)。职工28人。2014年新签合同额4.38亿元。

华北指挥部　驻山西省太原市南中环街461号中创国际大厦4楼。指挥长宫元生,党委书记苏举。职工24人。2014年新签合同额15.23亿元。

东北指挥部　驻辽宁省沈阳市大东区东北大马路337号B座5层。指挥长贾会刚。职工31人。2014年新签合同额8.16亿元。

华东指挥部　驻上海市闵行区莘沥路232号。指挥长王小川,党委书记田璐郅。职工58人。2014年新签合同额38.24亿元。

华中指挥部　驻江苏省南京市江宁区将军大道129号。指挥长贾贯乾,党委书记程金泉。职工47人。2014年新签合同额26.57亿元。

中南指挥部　驻江西省南昌市红谷滩新区凤凰中大道1000号万达中心写字楼B1栋1801室。指挥长罗斌(12月任),党委书记胡克明(12月任)。职工33人。2014年新签合同额45.71亿元。

华南指挥部　驻广东省广州市天河区龙口东路354号天诚广场315室。指挥长张晓宏,党委书记张志刚。职工24人。2014年新签合同额11.33亿元。

西南指挥部　驻云南省昆明市西山区福景路38号。指挥长、党委副书记胡海清,党委书记王建林。职工36人。2014年新签合同额14.25亿元。

西北指挥部　驻陕西省西安市友谊东路6号。指挥长赵中华,党委书记高德全。职工23人。2014年新签合同额21.95亿元。

新青藏指挥部　驻新疆维吾尔自治区乌鲁木齐市青海路123号。指挥长王占军。职工33人。2014年新签合同额15.47亿元。

大西铁路客运专线工程指挥部　驻山西省介休市新建西路283号院内。指挥长兼党委书记田兴柏。职工19人。

郑开城际铁路工程指挥部　驻河南省开封市金明区金池名郡83号-1-302,指挥长齐春峰,党委书记曾井琴。职工22人。

广深港铁路客运专线项目部　驻广东省深圳市福田区中康北路73号中康创业园三楼。项目经理、党委书记张海亮。职工38人。

太原西南环项目部　驻山西省太原市晋源新区龙山大街。项目经理胡志广。职工26人。

沪昆高速铁路项目　驻江西省上饶市上饶县工业园区一舟大道西人武部民兵基地。项目经理、党委书记王令振。职工36人。

哈齐铁路客运专线项目部　驻黑龙江省大庆市让胡区喇嘛甸镇新华二道街爱舍空间宾馆。项目经理黄明玉,常务副经理张启亮,党委书记张骎。职工28人。

郑机城际铁路工程指挥部　驻河南省郑州市航空港区鑫港花园,指挥长李红星,党委书记马振民。职工32人。

石长铁路指挥部　驻湖南省益阳市金山南路249号,指挥长胡良贵(11月任),党委书记陈永祥。职工30人。

成贵铁路项目经理部　驻贵州省毕节市大方县大

海坝。项目经理金国海(7月任),常务副经理田兴柏(2月任)、张玉军(10月免)、彭跃立(11月任),党委书记杨俊(7月任)。职工31人。

杭黄铁路项目部　驻安徽省宣城市绩溪县绩溪宾馆。项目经理王令振,党委书记任贵成。职工28人。

澳门公司　驻澳门特别行政区冼星海大马路81-121号金龙中心。总经理别永红。职工23人。

湖州投资开发公司　驻浙江省湖州市吴兴区太湖旅游度假区通湖路524号。总经理、党委书记杨磊。职工9人。

福州投资开发公司　驻福建省福州市台江区海润滨江花园B区23号楼2201室。法人代表、董事长陈戈,总经理、党委书记李为民。职工5人。　(郑凤华)

【职工队伍】　截至2014年底,职工21104人(含内退2538人)。其中,干部11454人;工人9650人。干部中,在职干部8916人。各类专业技术人才8563人。其中,工程专业6402人,占74.76%;经济专业569人,占6.64%;会计专业915人,占10.69%;政工专业574人,占6.7%;其他专业103人,占1.21%。专业技术职务:高级职务911人,中级职务2252人,初级职务5400人。工人中,技术工人6823人,占工人总数的70.7%。其中,初级工1610人;中级工1904人;高级工2523人;技师666人;高级技师120人。　(祝新芝)

【工程施工】　2014年,在建项目214个,合同总额715.82亿元。其中,铁路工程40个294.98亿元;公路工程84个253.54亿元;市政工程39个45.74亿元;城市轨道工程19个76.80亿元;房建工程21个39.26亿元;水利水电工程10个5.08亿元;其他工程1个0.42亿元。全年完成施工产值261.98万元。完成主要实物工程量:土石方10858.05万立方米,隧道60663.3延长米,桥梁53839.6延长米,公路3856.07千米。　(杨凯荣　王赞霞)

【铁路工程】　新建杭州至长沙铁路客运专线(江西段)站前工程HKJX-1标段　线路全长65.79千米,合同投资570415万元,合同工期2010年4月—2013年6月,调整后工期2010年4月—2014年6月。主要实物工程量:路基14.012千米(含涵洞15座),土石方486.9万立方米,桥梁54座41991延长米,隧道15座9787延长米。2014年完成投资126186万元,开工累计完成投资586376万元,占合同投资的102.8%。

广深港铁路客运专线福田站及相关工程ZH-4标段　线路长11.429千米,合同投资471001万元,合同工期2008年10月10日—2012年8月31日,调整后工期2008年12月—2015年9月。主要实物工程量:福田车站1023米,益田路隧道6236延长米,皇岗隧道3942延长米。2014年完成投资54941万元,开工累计完成投资512373万元,占合同投资的108.78%。

新建铁路成都至贵阳线乐山至贵阳段站前13标段　线路长33.068千米,合同工期2014年1月1日—2018年3月31日。主要实物工程量:路基8.179千米,无砟道床67.02千米,隧道8座16992延长米,桥梁26座7896.85延长米,涵洞16座378延长米。2014年完成投资27650万元,开工累计完成投资27650万元,占合同投资的14.64%。

新建哈尔滨至齐齐哈尔铁路客运专线土建工程(站前)4标段　线路长44.4千米,合同投资218420万元,合同工期2009年10月—2014年12月。主要实物工程量:路基24.73千米,路基土石方320万立方米,桥梁7座19670千米,涵洞39座971横延米,站线铺轨4.19千米,铺设道岔5组。2014年完成投资34002万元,开工累计完成投资231480万元,占合同投资的105.98%。

太原铁路枢纽新建西南环线工程XNHS-2标段　线路长33.57千米,合同投资265000万元,合同工期2009年10月—2014年12月。主要实物工程量:土方392万立方米,隧道8840延长米,桥梁5503延长米,涵洞1690.7横延米,T梁架设1088片,正线铺轨84.16千米,站线铺轨14.35千米。2014年完成投资21998万元,开工累计完成投资189686万元,占合同投资的80.74%。

石门至长沙铁路增建第二线工程站前工程　线路长262.842千米,合同投资235000万元,合同工期2010年4月—2015年3月。主要实物工程量:路基73.6千米,土石方843万立方米,桥梁6座8996延长米,涵洞403座6614横延米,隧道18座5184延长米。2014年完成投资27938.64万元,开工累计完成投资159761.44万元,占合同投资的68.13%。

新建郑州至新郑机场城际铁路站前工程ZJZQ-Ⅱ标段　线路长34.237千米,合同工期2012年8月—2016年1月。主要实物工程量:路基1.8千米,桥梁6座18640延长米,铺设无缝线路50.531千米。2014年完成投资32262万元,开工累计完成投资92283万元,占合同投资的89.47%。

渝黔铁路土建5标段三工区　线路长9.753千米,合同工期2013年5月—2016年12月。主要实物工程量:隧道2座6802延长米,桥梁4座1638.72延长米,涵洞2座105.4横延米,站场及区间路基1251.88米。2014年完成投资15872万元,开工累计完成投资22884万元,占合同投资的38.1%。

宁西铁路西安至合肥段增建第二线工程 NX4 标段　线路长 17.7 千米，合同投资 8.106 亿元，合同工期 2012 年 9 月—2016 年 3 月。2014 年完成投资 20605.25 万元，开工累计完成投资 35439.37 万元，占合同投资的 43.72%。

福平铁路站前工程 FPZQ－4 标段　集团公司与中国铁建大桥工程局集团联合中标，线路长 17.535 千米。其中，集团公司承建标段岛内线下工程，线路长 11.2 千米，合同工期 2013 年 11 月—2019 年 4 月。2014 年完成投资 9089.46 万元，占合同投资的 16.23%。

新建九景衢铁路浙江段站前工程 JQZJZQ－1 标段　线路长 10.689 千米，合同工期 2014 年 1 月—2017 年 6 月。主要实物工程量：隧道 7 座 8682.57 延长米，桥梁 4 座 903 延长米，路基 8 段 1103.26 延长米。2014 年完成投资 22726.6 万元，占合同投资的 37.88%。

改建铁路成都至昆明线永仁至广通段扩能工程站前 4 标段民太隧道进口工区　线路长 17.819 千米。集团公司承建进口工区和 1 号斜井工区共 5.638 千米的施工任务，合同工期 2014 年 3 月—2017 年 3 月。2014 年完成投资 6434 万元，开工累计完成投资 6434 万元，占合同投资的 23.4%。

连盐铁路　集团公司承担连盐铁路部分 T 型简支梁预制任务，合同投资 5.45 亿元，合同工期 2013 年 12 月—2017 年 5 月。主要实物工程量：桥梁 20 座 49920 延长米，预制 T 型梁 2106 孔。2014 年完成投资 1517 万元，开工累计完成投资 1517 万元，占合同投资的 2.77%。

郑徐铁路客运专线 ZXSD 标段　施工里程段为商丘特大桥及商杭下行联络线兼折返线特大桥工程，合同工期 2013 年 10 月—2015 年 4 月。2014 年完成投资 7847 万元，开工累计完成投资 7847 万元，占合同投资的 49.19%。（王赞霞）

【铁路外工程】　厦门至成都高速公路贵州境织金至纳雍段高速公路 8 标段　线路长 5.075 千米，合同投资 5.28 亿元。合同工期 2012 年 7 月—2015 年 1 月。主要实物工程量：路基土石方 16.5 万立方米，防护工程 47193.94 立方米，桥梁 3 座 1606 延长米，隧道 1 座 2844 延长米。2014 年完成投资 20665.3 万元，开工累计完成投资 40071.1 万元，占合同投资的 75.86%。

广中江高速公路第 TJ10 标段　线路长 5.331 千米，合同工期 2013 年 11 月—2016 年 2 月。2014 年完成投资 4049.74 万元，开工累计完成投资 4838 万元，占合同投资的 9.09%。

三门峡至淅川高速公路卢氏至西坪段土建工程 LXTJ－12 标段线路长 6.052 千米，合同投资 4.57 亿元，合同工期 2012 年 8 月—2014 年 7 月。主要实物工程量：桥梁 6 座 3345.2 延长米，隧道 1.5 座 1467 延长米，涵洞 1 座，路基土石方 130.1 万立方米，互通式立交 1 座。2014 年完成投资 21581.64 万元，开工累计完成投资 44149.31 万元，占合同投资的 96.43%。

国道 318 线林芝至拉萨段公路改造工程林芝至工布江达段第 4 标段　线路长 28.403 千米，合同工期 2013 年 9—2015 年 7 月。主要实物工程量：路基土方 272.22 万立方米，防护砌体 36.53 万立方米，桥梁 15 座 6163 延长米，涵洞 13 座。2014 年完成投资 82110.42 万元，开工累计完成投资 87900 万元，占合同投资的 70.02%。

涡河三桥建设工程　线路长 1234.58 米，其中桥梁 848 米，合同投资 14570 万元，合同工期 2011 年 7 月 1 日—2013 年 3 月 22 日，调整后合同工期 2011 年 7 月 1 日—2016 年 3 月 31 日。2014 年完成投资 925.8 万元，开工累计完成投资 10876 万元，占合同投资的 74.65%。

滨海新区西外环高速公路（津汉高速—海景大道）工程 11 标段　线路长 1640 米，合同工期 2011 年 6 月—2014 年 9 月。主要工程量：小箱梁预制，主体及附属施工。2014 年完成投资 10244 万元，开工累计完成投资 25373.29 万元，占合同投资的 70.65%。

北京地铁 16 号线 19 标段　合同工期 2013 年 6 月—2016 年 12 月。主要工程量：达官营站，木达区间盾构接收井（含）—达官营站区间。2014 年完成投资 877.8 万元，开工累计完成投资 1426.21 万元，占合同投资的 3.43%。

北京地铁 14 号线土建工程 12 合同段　合同工期 2010 年 5 月—2014 年 12 月。主要工程量：十里河站，十里河站—南八里庄站区间。2014 年完成投资 10345 万元，开工累计完成投资 17830 万元，占合同投资的 71.02%。

贵阳轨道交通 1 号线第 7 工作段　线路长 1.624 千米，合同工期 2014 年 2 月—2015 年 12 月。主要工程量：火车站站，火车站站—沙冲路区间，朝阳影剧院—火车站站区间。2014 年完成投资 5733.94 万元，开工累计完成投资 6245.32 万元，占合同投资的 17.72%。

东莞城市快速轨道交通 R2 线工程 2303A 标段　合同工期 2012 年 12 月—2013 年 4 月 28 日。主要实物工程量：一个区间、一个站、两条出入段线盾构段。其中，区间茶山站左线长 2997.435 米，右线长 2993.969 米；出段线长 548.049 米，入段线长 738.609

米；车站建筑面积 11611.63 平方米。2014 年完成投资 12584.55 万元，开工累计完成投资 60727.16 万元，占合同投资的 98.95%。

武汉轨道交通 3 号线第 17 标段　合同工期 2013 年 5 月—2015 年 9 月。主要实物工程量：车站 12352 平方米，二七路站—兴业路站盾构区间右线长 1099.679 米、左线长 1082.691 米，兴业路—后湖大道盾构区间右线长 714.488 米、左线长 722.051 米，出入口 4 座，风亭 2 个。2014 年完成投资 11339 万元，开工累计完成投资 15741 万元，占合同投资的 48.72%。

昆明轨道交通 3 号线东标段三工区　合同工期 2012 年 1 月—2012 年 12 月。主要实物工程量：3 个盾构区间，区间线路全长 4334.8 延长米。2014 年完成投资 5850.64 万元，开工累计完成投资 5850.64 万元，占合同投资的 29.63%。

成都轨道交通 10 号线第 3 标段　合同工期 2014 年 8 月—2016 年 12 月。主要工程量：沈家桥站—中间风井盾构区间、中间风井、控制中心，华兴站—金花站中间风井盾构区间。2014 年完成投资 2187.82 万元，开工累计完成投资 2187.82 万元，占合同投资的 9.19%。

广州轨道交通 14 号线 17 标段　合同工期 2013 年 12 月—2016 年 8 月。主要实物工程量：街口站，街口站—中间风井盾构区间，其中盾构区间隧道左线长 2110.999 米、右线长 2109.994 米。2014 年完成投资 2468.6 万元，开工累计完成投资 2468.6 万元，占合同投资的 5.01%。

广州轨道交通 21 号线 22 标段　合同工期 2013 年 11 月—2015 年 12 月。主要实物工程量：增城广场站土建工程，站长 665 米，车站为地下两层；广汕路道路改造工程，道路全长 844 米。2014 年完成投资 3841 万元，开工累计完成投资 3841 万元，占合同投资的 10.82%。

乌鲁木齐市地铁 1 号线 17 标段　线路长 1222.8 米，合同投资 37500 万元，合同工期 2014 年 3 月—2017 年 12 月。主要实物工程量：大地窝堡—国际机场暗挖区间长 753.95 米；国际机场站长 179.1 米，建筑面积 22683.2 平方米；国际机场站站后折返线长 289.75 米。2014 年完成投资 578 万元，开工累计完成投资 578 万元，占合同投资的 1.54%。　（王赞霞）

【境外工程】　松巴万加—马太—卡桑加港口道路改造工程　位于坦桑尼亚西南部鲁夸省松巴万加市，全长 112 千米。合同工期 2010 年 1 月—2013 年 1 月。2014 年完成投资 12762 万元，开工累计完成投资 33659.2 万元，占合同投资的 54.3%。　（王赞霞）

【港澳工程】　香港高速铁路 826 标段皇岗—米铺隧道工程　隧道 2950 延长米，合同投资 115793 万元，合同工期 2010 年 3 月 15 日—2015 年 5 月 10 日。2014 年完成投资 22898 万元，开工累计完成投资 85050 万元，占合同投资的 73.45%。

澳门轻轨 C350 轻轨一期凼仔市中心段建造工程　合同投资 18582 万元（按照 50% 计），合同工期 2012 年 2 月—2015 年 4 月。主要工程量：4 座车站，1 座高架桥，4 座人行天桥。2014 年完成投资 4520 万元，开工累计完成投资 5337 万元，占合同投资的 28.72%。

澳门轻轨 C370 轻轨一期凼仔市中心段建造工程　合同投资 26000 万元（按照 50% 计），合同工期 2012 年 6 月—2015 年 4 月。主要工程量：1 站 1 区间，站长 60 米，高架桥 1167 米。2014 年完成投资 8146 万元，开工累计完成投资 8880 万元，占合同投资的 34.15%。　（王赞霞）

【经营管理】　（1）工程经营。2014 年完成经营承揽任务 282.02 亿元。其中，铁路工程 53.24 亿元，占承揽任务总额的 18.88%；公路工程 67.71 亿元，占承揽任务总额的 24.01%；水利水电工程 0.34 亿元，占承揽任务总额的 0.12%；房建工程 27.97 亿元，占承揽任务总额的 9.92%；市政工程 18.26 亿元，占承揽任务总额的 6.47%；轨道交通工程 23.18 亿元，占承揽任务总额的 8.22%；海外工程 13.54 亿元，占承揽任务总额的 4.8%；其他工程 2.4 亿元，占承揽任务总额的 0.85%；物流 23.29 亿元，占承揽任务总额的 8.26%，房地产销售 3.05 亿元，占承揽任务总额的 1.08%；勘察设计 0.3 亿元，占承揽任务总额的 0.11%；二次经营完成 35.38 亿元，占承揽任务总额的 12.55%。

（2）企业管理。推行法人管项目模式，工程公司形成“内部专业架子队”和“外部专业劳务队”组织架构；规范劳务用工管理，推行外部专业劳务队准入制度、工资发放保证金制度、信用评价等级制度、黑名单制度。推广“财务共享服务系统”与“施工项目综合管理（PM）系统”建设，为后期全面升级责任预算管理体系打下基础。

（3）安全质量。安全质量状况总体稳定。集团公司连续 13 年获得全国“安康杯”竞赛优胜企业称号。全年获中国土木工程詹天佑奖 1 项、国家优质工程 2 项、省部级优质工程 6 项、中国铁建杯优质工程 10 项。

（4）财务管理。截至 2014 年，集团公司资产总额 2299176.75 万元，负债总额 2091942.87 万元，完成营业收入 2631085.14 万元，实现利润 4.69 亿元。产值利润率 0.27%，投资回报率 19.78%，资产负债率

90.99%，国有资产保值增值率100.23%，净资产收益率2.26%。全年缴纳税款83632万元。

(5)人才队伍建设。接收应届大学毕业生138人，其中硕士研究生5人。工程、经济、财会专业毕业生占95%以上；引进优秀专业人才24人。制定《关于做好企业职工子女劳务用工管理工作的通知》，按照劳务派遣招收职工子女400余人。

(6)审计工作。完成审计项目157项，投入审计工作日2539天。发现问题金额117730.3万元。其中，违规违纪91812.1万元；损失浪费18396.2万元；不良资产934万元；账目差错6606.3万元。纠正违规金额31492.2万元，促进增收节支133.2万元。提出审计建议770条，被采纳720条。通过内部审计提升4人、交流10人、免职2人、撤职2人、移送纪检监察部门处理7人。 (郑凤华)

【科技教育】 2014年累计投入科技资金46516万元，11项重点项目通过科技成果鉴定、评审或验收，其中10项通过河南省科技厅组织的成果鉴定。年内获中国土木工程詹天佑奖1项、中国公路学会科学技术特等奖1项、中国铁道学会科学技术奖三等奖1项、河南省科学技术进步奖2项、洛阳市科技进步奖3项、中国铁道建筑总公司科学技术奖5项。7项专利获发明专利授权。

教育培训。全年举办项目经理、工班长、试验员等培训班23期，8200余人参训。推进专业人才资源库建设，任命项目经理21人。 (宋晓蓉　郑凤华)

【党群工作】 (1)党的工作。集团公司有基层党组织429个，其中党委48个、党支部381个，党员7854名。①党委政治核心作用。支持董事会、经理层工作，在“双向进入、交叉任职”的领导框架下，集团公司党委对重大问题提出意见和建议，以书面形式反馈董事会、经理班子，或由进入董事会、监事会、经理班子的党委成员，通过多种方式分别反映党组织的意见，使党组织的主张在企业决策中得到重视和体现。全年召开党委常委(扩大)会6次，召开党委全委(扩大)会1次。②群众路线教育实践活动。在中国铁建系统率先启动第二批党的群众路线教育实践活动。集团公司党委及所属48个基层党委、381个基层党支部和7854名党员和领导干部参加为期7个多月的群众路线教育实践活动。经过认真扎实的推进，全集团党员领导干部的党性观念进一步增强、作风进一步转变，党群干群关系进一步密切，得到股份公司党委和督导组的充分肯定。③领导班子建设。集团公司出台《关于加强工程公司领导班子建设的决定》，对领导班子超配的工程公司，通过综合考核民主测评和职代会民主评议，8名领导班子成员改任非领导职务，3名处级领导降职处理，2名处级领导暂停工作，要求所属单位撤职处理1人，暂停职务1人；2名免职处级干部被重新聘用。落实《创建“四好领导班子”活动实施细则》，提拔37人，内部调剂87人，6个领导班子被集团公司评为2013年度“四好领导班子”。④基层党组织建设。7个单位建立党组织，增补、配置党委班子成员47名；运用基层组织晋位升级成果，整顿软弱涣散基层党组织33个，增补基层党(总)支部委员31人、选配基层党组织书记21人、调整5人；开展创建“五好党支部”、争当“六好共产党员”活动，年内表彰先进基层党组织25个、优秀共产党员标兵45名、优秀党务工作者标兵25名。⑤企业文化建设和对外宣传。开展以“九种文化”“十荣十不”为主题的企业文化建设，4个单位、5名个人分别被股份公司评为企业文化建设先进单位和先进个人。全年在中央级媒体刊发稿件950余篇，其中中央电视台报道5次，《中国铁道建筑报》头版重点报道6次，集团公司连续9年被评为《中国铁道建筑报》新闻报道工作先进单位。⑥党风建设和反腐倡廉工作。开展“落实两个责任、深化三转工作”专题调研活动，调研报告在股份公司落实党风廉政责任“两个责任”工作促进会上作典型交流。加大反腐力度，着重查处企业管理、项目管理、设备物资采购、资金管理等违纪违规案件，全年立案33件、结案38件，给予党纪处分22人次、政纪处分37人次，其中处级以上干部16次，受到司法机关处理7人。

(2)工会工作。集团公司工会下辖40个子公司、直属单位工会，383个项目工会(工委)，725个工会小组。工会会员21104人，专职工会干部61人。①劳动竞赛。结合法人管项目、加强架子队、劳务队建设、扭亏降债等重点工作，修订劳动竞赛方案，以工程公司板块、其他子公司板块、重点工程项目部和工程队(含架子队、劳务队)4个模块为重点，组织各单位开展多层次、有创新、差异化的“建功杯”劳动竞赛，指导哈齐、郑机、太原西南环、成贵、金鸡山隧道、杭黄等重点项目竞赛活动。全年发放劳动竞赛奖金1543万元，累计获得甲方劳动竞赛奖金1869万元。②评先树模。年内，六公司获得全国五一劳动奖状，四公司南京青奥轴线项目部获全国工人先锋号称号，1人被评为河南省劳动模范，6人获得省部级五一劳动奖章，2个集体获得省级五一劳动奖状。成立第15个劳模创新工作室。1名劳模参加中国铁建组织的劳模赴欧洲观光休养活动。③“安康杯”竞赛。2014年，集团公司连续13年被评为全国“安康杯”竞赛优胜单位，一至六公司、都匀桥梁公司、济阳黄河桥公司获全国“安康杯”竞赛优胜单位称号。④民主管理。年内,集团公司、各子公司按时按程序召开职代会;继续开展职代会达标升级工作,全集团35个单位验收达标。对21个单位就集体合同签订、职(民)工工资发放、"五险两金"缴纳、劳动保护、休息休假、健康体检等情况进行检查。⑤建线建家。指导成贵、杭黄项目建线建家工作,拨发经费24万元;帮助项目工会完善工作制度,规范台账记录,受到股份公司工会领导的好评。继续开展模范职工之家建设达标活动,20个单位被集团公司评为模范职工之家。⑥帮扶救助和送温暖工作。筹集助学资金20余万元,帮扶258户困难家庭子女及202户困难劳务工子女;拨发救助资金36万元,救助181户特困职工家庭;拨放大病救助专项资金44.9万元,慰问165名患病职工。筹集送温暖资金199.46万元,走访慰问困难职工家庭849户、劳模及离退休人员393人。⑦职工素质工程建设。开展"悦读会"系列活动,举办优秀读书心得评比、规范汉字听写大赛,23篇优秀作品获股份公司表彰。承办河南省职工技能竞赛暨集团公司第八届职工技能竞赛工程试验和挖掘机司机决赛,熊伟华获得河南省五一劳动奖章,李长福获河南省百名职工技术英杰称号,二公司"板式无砟轨道底座板混凝土施工质量控制"成果被评为河南省百项职工优秀创新成果。⑧女职工工作。集团公司举行第三届"十佳女职工标兵"评选活动。年内,1个单位获河南省五一巾帼标兵岗称号,1人获河南省五一巾帼标兵称号;开展巾帼建功竞赛活动,郑春梅获集团公司试验竞赛第一名。开展读书征文活动,征集文章109篇,评选优秀征文38篇,其中7篇获股份公司表彰,集团公司工会女工委获得股份公司优秀组织奖。

(3)共青团工作。集团公司团委下设59个基层团委,19个团总支部、158个团支部。团员6173名,专职团干部12名。结合青年特点,开展爱岗敬业活动和五四红旗团委(支部)创建工作。2014年,1名青年获中央企业青年岗位能手称号,6名团员青年获省市级青年岗位能手称号,6名团干部(团员)分别获得河南省、中国铁建优秀团干部(团员)称号;1个青年集体获省级青年安全生产示范岗称号,5个集体获省部级青年文明号称号,4个集体被确定为中国铁建青年文明号(工程)创建示范点,4个集体分别获河南省、中国铁建五四红旗团委(支部)称号。

(包明明　张　辉　李建平)

【第一工程有限公司】 拥有公路、市政、水利水电工程施工总承包一级资质,铁路工程施工总承包二级资质,土石方、桥梁、公路路基、公路路面、隧道工程施工专业承包一级资质。公司驻陕西省西安市经济技术开发区凤城二路13号。前身为中国人民解放军铁道兵第五师第二十一团,1984年1月集体转业,改称铁道部第十五工程局第一工程处;2001年企业改制改称现名。执行董事、党委书记廖由联,总经理、党委副书记杨锋。下辖10个区域经营部、13个直管单位、48个在建项目部。职工2029人,其中干部1209人、工人820人。资产总额187277.9万元,其中固定资产净值5899万元。机械运输设备638台,运输设备689台,动力装备率19.3千瓦/人,技术装备率1.74万元/人,设备完好率90%、利用率80%。

2014年新签合同额16.47亿元,完成施工产值31.7亿元,实现净利润108.82万元。国有资产保值增值率101.61%,净资产收益率0.22%,产值利润率0.14%,投资回报率0.22%,资产负债率72.88%。在岗职工年人均收入52914元。完成主要实物工程量:公路56.9千米,路基土石方1187万立方米,桥梁11547延长米,隧道4971延长米,架梁2939片。

(李　刚)

【第二工程有限公司】 拥有公路、市政、房屋建筑工程施工总承包一级,铁路、水利水电工程施工总承包二级,桥梁、隧道、公路路基、公路路面、建筑幕墙工程专业承包一级,公路工程试验综合检测乙级,水利工程试验检测乙级资质。公司驻河南省焦作市工业路518号。前身为中国人民解放军铁道兵五师二十二团,1984年1月集体转业,改称铁道部第十五工程局第二工程处;2001年7月企业改制改称现名。执行董事、总经理王雨晴,党委书记张仁群。下辖44个工程项目部,12个专业架子队,3个基地建设办公室,3个物业管理中心,1个宾馆。职工2968人,其中干部1201人、工人1767人。资产总额27.79亿元,其中,固定资产净值14038万元。机械运输设备644台,动力装备率25千瓦/人,技术装备率3.47万元/人,设备完好率95%、利用率75%。

2014年新签合同额21.13亿元,完成施工产值35.05亿元,实现净利润104.32万元。在岗职工年人均收入66143元。国有资产保值增值率100.2%,净资产收益率0.2%,产值利润率0.14%,资产负债率80.91%。完成主要实物工程量:路基土石方958万立方米,桥梁11804延长米,涵渠5226横延米,隧道17399延长米,房屋建筑面积66262平方米,梁片预制2344片,梁片架设1547片。

(王宏博)

【第三工程有限公司】 2013年12月18日,中铁十五局集团西北工程有限公司、中铁十五局集团成都建设工程有限公司、原中铁十五局集团第三工程公司施工板块合并重组为新的中铁十五局集团第三工程有限公司。公司驻四川省成都市郫县犀浦镇珠江东街16号。执行董事、总经理贺修军,党委书记古尊勇。下辖45个项目部、1个机械化工程公司。职工1606人,其中在岗职工1400人。在岗职工中,干部930人,技术工人470人。资产总额23.05亿元,其中固定资产净值10884万元。机械运输及检测仪器704台(套),设备总功率62732千瓦,动力装备率35.87千瓦/人,技术装备率21.43万元/人,设备完好率74.66%、利用率75%。

2014年新签合同额19.77亿元,完成施工产值16.03亿元,实现净利润38.22万元。国有资产保值增值率100.2%,资产负债率96.38%。完成主要实物工程量:路基土石方407.86万立方米,桥梁2032.79延长米,隧道5456.6延长米,涵洞1217横延米,制梁1318孔,架梁780孔,房屋建筑面积26112平方米。

(张 昕)

【第四工程有限公司】 拥有公路、市政公用工程施工总承包一级,铁路、房屋建筑工程施工总承包二级,土石方、桥梁、隧道、公路路基、水土隧洞工程专业承包一级资质。公司驻河南省郑州市二七区新圃东街117号。前身为中国人民解放军铁道兵第五师二十四团,1984年1月1日集体转业,改称铁道部第十五工程局第四工程处;2001年7月企业改制改称现名;2007年1月28日,与集团科技工贸公司合并重组。执行董事兼总经理高明星,党委书记李章国。下辖2个分公司,侯马办事处,42个直管项目。职工2380人,其中干部948人、工人1433人。资产总额187906.42万元,其中固定资产净值6727.08万元。机械运输设备435台(套),技术装备率2.04万元/人,动力装备率23.1千瓦/人,设备完好率100%、利用率100%。

2014年新签合同额19.719亿元,完成施工产值299267万元,实现利润137万元,国有资产保值增值率101.39%,净资产收益率0.38%,产值利润率0.14%,资产负债率80.91%。完成主要实物工程量:路基土石方361.51万立方米,桥梁7700.1延长米,隧道14893.4延长米,房屋建筑面积1767平方米。公司被评为河南省信用建设示范单位、全国“安康杯”竞赛优胜单位、和谐河南先进单位。 (路翼西)

【第五工程有限公司】 拥有公路、市政公用工程施工总承包一级,铁路工程施工总承包二级资质。公司驻河南省洛阳市瀍河区买家街123号院。前身为中国人民解放军铁道兵第五师第二十五团,1984年1月集体转业,改称铁道部第十五工程局第五工程处;2001年11月企业改制改称现名。执行董事、总经理彭跃立(11月免)、李俊(11月任),党委书记岳昌茂。下辖机械设备管理中心、51个在建项目部。在岗职工3330人,其中干部1457人、工人1873人。资产总额294613万元,其中固定资产净值17891万元。机械运输设备614台(套),动力装备率14.94千瓦/人,技术装备率4.27万元/人,设备完好率90%、利用率86%。

2014年新签合同额51.43亿元,完成施工产值39.66亿元,实现利润174.3万元。国有资产保值增值率100.09%,净资产收益率0.18%,产值利润率0.04%,资产负债率80.74%。完成实物工程量:土石方672.66万立方米,隧道10068.45延长米,桥梁13643.88延长米,房屋建筑面积311842平方米,公路77.951千米。

(郑良凡)

【第六工程有限公司】 拥有铁路、公路、市政公用工程施工总承包一级,房屋建筑、水利水电工程施工总承包二级,公路路基、路面工程和隧道、桥梁工程专业承包一级,铁路铺架工程专业承包二级,铁路电务、电气化工程专业承包三级,公路水运实验检测乙级资质;兼营新建铁路临管运输业务。公司驻河南省洛阳市邙山路4号院。前身为中国人民解放军铁道兵南疆铁路新线运输管理处,1984年1月集体转业,改称铁道部第十五工程局新线铁路运输处;2001年12月企业改制改称为现名。执行董事兼总经理薛学勇,党委书记许献德。在岗职工2063人,其中干部736人、工人1327名。下设5个铁路运输处,1个架子队,47个项目(指挥)部,1个管理中心,1个中心实验室。资产总额222415万元,其中固定资产净值42957万元。机械运输设备309台(套),动力装备率77.5千瓦/人,技术装备率10.3万元/人,设备完好率96%、利用率76%。

2014年新签合同额25.37亿元,完成企业总产值25.5亿元,实现利润165万元。全员劳动生产率5.85万元/人,在岗职工年人均收入47030元。国有资产保值增值率100.7%,产值利润率0.08%,资产负债率83.4%,净资产收益率0.4%,投资回报率0.45%。完成主要实物量:路基土石方57万立方米,桥梁285.75延长米,隧道18061050延长米,正线铺轨501千米,站线铺轨55千米,架梁560孔,铺道岔116组,房屋建筑面积25330平方米。年内,公司第10次蝉联全国“安康杯”竞赛优胜单位,同时获得全国五一劳动奖状。

(孙雪坤)

【第七工程有限公司】 拥有公路、房屋建筑、市政公用工程施工总承包一级资质,铁路工程施工总承包二级,桥梁、隧道、公路路面、公路路基、水工隧洞工程专业施工承包一级资质。公司驻河南省洛阳市洛常路6号院。2001年8月16日，由原中铁第十五工程局实业总公司、中铁第十五工程局机械化工程公司、中铁第十五工程局建筑工程公司改制重组而成。执行董事兼总经理马中卫，党委书记孙彬。下辖14个架子公司，1个物资设备公司，23个项目部。职工2011人，其中干部790人、工人1221人。机械运输设备584台(套)，动力装备率25.91千瓦/人，技术装备率2.3487万元/人，设备完好率78%、利用率80%。

2014年新签合同额48.08亿元，完成施工产值376700万元，实现利润1541.03万元。国有资产保值增值率103.17%，净资产收益率2.69%，产值利润率0.46%，投资回报率3.49%，资产负债率67.24%。完成实物工程量：土石方981万立方米，隧道11775延长米，桥梁11997延长米，涵洞6235横延长，房屋建筑面积817868平方米。（常万陶）

【都匀桥梁工程有限公司】 主要从事钢筋混凝土桥梁、轨枕及其他混凝土制品和钢结构构件的生产与销售。公司驻贵州省都匀市北工区。前身为铁二局都匀混凝土预制厂，始建于1958年；2001年12月划归中铁十五局集团公司管理，2003年3月改称贵州中铁路桥工程有限公司，2013年11月改称现名。执行董事、党委书记韦建平，总经理任化庆。下属4个直属单位，14个派出机构。职工815人，其中干部277人、工人538人。资产总额105932.6万元，其中固定资产净值18029万元。机械运输设备172台(套)，动力装备率17.15千瓦/人，技术装备率8.72万元/人，设备完好率92%、利用率50%。

2014年新签合同额5.65亿元，实现营业收入3.97亿元，完成企业总产值3.96亿元，实现净利润0.88万元。全年生产桥梁648孔，节段梁242片，轨枕33万根，商品混凝土10万立方米；自揽各型轨枕83万根、岔枕4组。国有资产保值增值率101.51%，净资产收益率0.01%，产值利润率-0.9%，资产负债率86.08%。（郑海滨）

【城市轨道交通工程有限公司】 2013年10月，由中铁十五局集团城市交通工程公司(分公司)更为现名。公司驻广东省深圳市宝安区西乡街道宝源路泰华阳光海花园3C222室。执行董事、总经理黄艳阳，党委书记黄汉涛(12月任)。下辖10个在建项目。职工762名，其中干部450人、工人312人。机械运输设备603台(套)，设备总功率55832千瓦，技术装备率85.23万元/人，动力装备率73.85千瓦/人，设备完好率85%、利用率80%。

2014年新签合同额16.2亿元，完成施工产值12亿元。国有资产保值增值率45.65%，净资产收益率0.11%，产值利润率-0.03%，资产负债率99.95%。（李声深）

【河南置业有限公司】 2010年3月注册，可承担建筑面积25万平方米以下房地产开发项目。公司驻河南省郑州市二七区航海路197号索克世纪大厦。董事长武宪功，总经理兼党委副书记李文兵，党委书记李广军。下辖3个项目公司。职工101人。

2014年完成销售收入3.05亿元、营业收入4.45亿元，实现利润2887万元。国有资产保值增值率159%，净资产收益率45.53%，产值利润率8.85%，资产负债率94.8%。（刘 刚）

【四川建筑勘察设计有限公司】 具有建筑工程甲级，市政、勘察、测量、工程咨询、风景园林乙级，城市规划丙级资质。公司驻四川省宜宾市翠屏区岳武里14号。前身为宜宾市建筑勘察设计院，2011年3月由集团公司全资收购后更为现名。党委书记、执行董事杨光，总经理杨澜。在岗职工96人，其中干部89人、工人7人。

2014年新签合同额2919.6万元，完成企业总产值1659.9万元。国有资产保值增值率100.8%，净资产收益率0.80%，产值利润率1.03%，资产负债率9.64%。（刘 卓）

【济阳迎宾黄河大桥有限公司】 2006年1月19日成立，注册资本金2000万元。经营范围包括大桥的建设、管理、经营及维护。董事长、党委书记、总经理白天贵(11月免)、刘家寅(11月任)。职工88人，其中集团公司本级24人。

2014年安全通行车辆245.9万台次，征收通行费7012万元。国有资产保值增值率99.2%，净资产收益率1.93%，产值利润率7.45%，资产负债率53.22%。年内，公司获全国“安康杯”劳动竞赛优胜单位、济南市工人先锋号等称号。（陈 鹏）

【电气化工程有限公司】 2013年12月18日注册，注册资本金6000万元，为集团公司全资子公司。具有铁路电气化、铁路电务、机电设备安装、送变电工程专业承包三级资质。执行董事、总经理温海军。职工28人，其中干部22人、工人6人。资产总额9867.65万元，其中固定资产净值45.58万元。拥有仪器仪表11台、汽车15台，设备总功率1953千瓦，动力装备率48.82千瓦/人。年施工能力2亿元以上。

2014年新签合同额10181万元,实现利润0.06万元。职工年人均收入59024元。总产值报酬率0.09%,净资产收益率0.12%,成本费用利润率0.003%,资产负债率3.9%。（杜 毅）

【重要记载】

▲1月8日　中国工程院院士钱七虎到二公司吉莲高速公路永莲隧道调研指导。

▲1月26—27日　集团公司2014年工作会、三届四次职代会,二届十七次党委全体(扩大)会在洛阳召开。

▲1月　二公司承建的昆明市环湖东路(云南城投段)路基1标段工程获云南省2013年度优质工程一等奖。

▲1月　二公司职工许敬银获中国铁建第三届十佳道德模范称号。

▲2月6日　中国铁路总公司副总经理卢春房到宁西铁路项目检查指导。

▲3月3日　中国铁建党委副书记、纪委书记、监事会主席齐晓飞出席集团公司2014年党风建设和反腐倡廉工作会议并讲话。

▲同日　集团公司党委在洛阳召开第二批党的群众路线教育实践活动。

▲4月4日　集团公司参建的沪昆铁路客运专线江西段贯通。

▲4月8日　一公司被中国公路建设协会评为“诚信百佳企业”。

▲4月10日　集团公司董事长、党委书记武宪功增补为第十一届河南省政协委员。

▲5月7日　集团公司团委召开纪念“五四”运动95周年表彰会暨先进事迹报告会。

▲5月8日　中国铁建总裁张宗言到集团公司澳门轻轨项目检查指导。

▲5月9日　四公司南京青奥项目获江苏省工人先锋号称号。

▲5月　集团公司副总工程师、华中指挥部指挥长贾贯乾,城市轨道交通公司副经理、南京地铁项目经理李晓升被评为2013年度全国工程建设优秀项目经理。

▲6月4日　中国铁路建设投资公司副总经理、广深港铁路客运专线有限公司监事会主席王永平一行到广深港项目调研。

▲6月16日　中国铁建党委第五督导组在集团公司机关召开教育实践活动意见建议和提醒材料反馈会议。集团公司党委书记、董事长武宪功等7名集团公司领导班子成员参加会议。

▲7月25日　中国工程院院士卢耀如、顾金才到二公司吉莲项目永莲隧道指导工作并召开地质灾害处治研讨会。

▲8月5日　中国铁建总会计师王秀明到集团公司调研,集团公司董事长、党委书记武宪功,总经理张喜胜,副总经理、总会计师刘正昶参加调研会议。

▲8月13日　福建省委常委、福州市委书记杨岳到集团公司投资承建的福州市二环路金鸡山隧道BT项目工地检查指导。

▲8月18日　坦桑尼亚基戈马省公路局局长乔玛出席三公司坦桑尼亚50千米道路升级项目开工仪式。

▲8月21日　坦桑尼亚总统基奎特出席三公司承建的基隆贝罗桥项目奠基仪式。

▲8月31日　中国铁建董事长、党委书记孟凤朝到七公司承建的乌鲁木齐市轨道交通1号线工程17标段项目检查指导并看望一线职工。集团公司董事长、党委书记武宪功陪同。

▲9月4—5日　集团公司召开贯彻股份公司系列会议精神暨2014年下半年工作会议。

▲9月6日　中国铁建副总裁庄尚标一行到福州金鸡山BT项目视察工作。

▲9月22日　集团公司被评为全国水利建设市场主体信用评价AAA级。

▲10月23日　集团公司召开党的群众路线教育实践活动总结大会。

▲11月13日　四公司承建的邯郸东环立交桥工程工地被评为全国AAA级安全文明标准化工地。

▲12月4日　集团公司参建的京沪高速铁路获中国土木工程詹天佑奖。

▲12月15日　中国铁建党委副书记、副董事长、工会主席彭树贵一行到集团公司成贵铁路项目开展“两节”送温暖活动。

▲12月17日　中国铁建董事长、党委书记孟凤朝,副总裁庄尚标一行到集团公司成都地铁10号线3标段项目工地检查指导。

▲12月26日　四公司承建的邯郸市人民路—东环路全互通立交桥获2013—2014年度国家优质工程奖。（郑凤华）

中铁十六局集团有限公司

【简况】　中铁十六局集团有限公司系铁路、房屋建筑工程施工总承包特级,公路、市政公用、水利水电工程施工总承包一级,公路路面、建筑装修装饰、隧道工程施工专业承包一级,城市轨道交通工程专业承包和地质灾害防治工程施工甲级资质企业;同时拥有对外承包工程、劳务合作经营资质。集团公司驻北京市朝阳区红松园北里2号。前身为中国人民解放军铁道兵第十一、十三师合编后的铁道兵第十一师,1984年1月集体转业,改编为铁道部第十六工程局;2000年1月更名为中铁第十六工程局,2002年5月10日企业改制改称为现名。下辖14个子公司、10个分支机构。职工19132人,其中干部10937人、工人8195人。专业技术干部10038人,占干部总数的91.3%;技术工人7580人,占工人总数的92.5%。资产总额2656270万元。其中,固定资产259816万元;流动资产2277530万元;长期投资17321万元;其他资产101603万元。机械运输设备3323台(套),原值342886万元、净值185391万元,总功率583489千瓦,技术装备率8.92万元/人,动力装备率27.9千瓦/人。

2014年新签合同总额5120327万元,完成企业总产值4001019万元,其中施工产值3857987元、工业产值5295万元;完成营业收入3538793万元,实现利润49678万元。净资产收益率16.99%,产值利润率7.82%,资产负债率90.23%,成本费用占营业总收入比率98.69%,应上缴款完成率100%。完成主要实物工程量:土石方6324.7万立方米,隧道104366延长米,桥梁101160延长米,无砟轨道246.9千米,铺轨268千米,公路120千米,地铁29.66千米,房屋建筑面积122.84万平方米,铺设通信线路21千米、光缆208.1千米、供电线路32.1千米、自动闭塞77区间千米,铁路架梁233孔、公路架梁8554片。年内,集团公司承建的青岛海底隧道工程获中国建设工程鲁班奖,二公司、轨道公司参建的天津地铁3号线工程获国家优质工程奖。全年获省部级优质工程7项、中国铁建杯优质工程6项,全国优秀QC小组2个、省部级优秀QC小组16个;13项科技成果通过省部级鉴定和中国铁建评审,其中7项成果达到国际领先或先进水平、5项成果达到国内领先水平。北京地铁10号线国贸站、京沪高速铁路、青岛胶州湾海底隧道获第十二届(2014年度)中国土木工程詹天佑奖,17项成果获中国铁建科技进步奖;获国家级工法5项、省部级工法11项;获授权专利36项,其中发明专利7项;参加《城市轨道交通桥梁工程施工及验收规范》等5个国家、行业标准的制(修)订工作。 (刘承宝)

【领导人员】

董事会

董事长　　孔令键
副董事长　　周　富
董　事　　江拔其
　　　　程红彬
职工董事　　薛瑞林(3月免)

经理层

总经理　　孔令键
副总经理　　江拔其
　　　　程红彬
　　　　马　栋
　　　　杨哲峰
　　　　黄昌富
　　　　张夕和
　　　　卢永堂
总工程师　　马　栋
总会计师　　张夕和

党群领导

党委书记　　周　富
党委副书记　　孔令健
工会主席　　薛瑞林(3月免)
顾　问　　刘安金
　　　　吴秀义
副巡视员　　薛瑞林(3月任)

(刘承宝)

【工程项目指挥机构】 沪昆铁路客运专线江西段站前工程HKJX-5标段项目经理部　项目经理兼党工委书记程红彬,常务副经理赵永,常务副书记郝孟广。驻江西省新建县望城镇320国道西侧省公安厅交警总队培训中心。

沪昆铁路客运专线湖南段项目经理部　项目经理兼党工委书记李志荣,常务副经理丁善晔。驻湖南省娄底市娄星区贤童街92号星源酒店3楼。

兰新铁路第二双线项目经理部　项目经理兼党工委书记程红彬,常务副经理张传安。驻新疆维吾尔自治区吐鲁番市老城路1069号地委党校至真楼。

贵广铁路工程指挥部　指挥长兼党工委书记张国辉。驻广东省广宁县南街镇东乡银湖山庄。

兰渝铁路LYS-2标段项目经理部　项目经理兼党工委书记薛瑞林,常务副经理李庚许。驻甘肃省陇西县巩昌镇永业大酒店。

成渝铁路客运专线项目经理部　项目经理卢永堂,党工委书记兼常务副经理吴红波。驻四川省资阳市大千路鑫阳商务酒店。

哈齐铁路客运专线项目经理部　项目经理马栋,党工委书记兼常务副经理任灿伟。驻黑龙江省大庆市开发区公安分局后侧。

赣龙铁路指挥部　指挥长降金琦,党工委书记黎时明。驻福建省连城县朋口镇工业集中区(官厅背)。

武冈城际铁路项目经理部　项目经理兼党工委书记方水保。驻湖北省鄂州市华容区丁桥街3号。

广昆铁路工程指挥部　指挥长常志军,党工委书记兼常务副指挥长朱卫东。驻云南省安宁市禄裱镇大哨农场。

青藏铁路西格二线工程指挥部　指挥长兼党工委书记孙胜臣。驻青海省天峻县新源镇。

山西中南部铁路通道ZNTJ－18标段项目经理部　项目经理樊志高,党工委书记朱发。驻山东省泰安市高新区长城路世纪温泉大酒店。

钦防铁路工程指挥部　指挥长王红伟,党工委书记卜锡权。驻广西壮族自治区防城港市港口区鱼峰路鱼峰大厦12楼。

成贵铁路项目经理部　项目经理卢永堂,常务副经理王景斌,常务副书记罗拥军。驻四川省兴文县太平镇工业园区九天物流园。

呼市西北线快速路工程指挥部　指挥长邱军,党工委书记郭亚杰。驻内蒙古自治区呼和浩特市回民区金海国际五金机电城1号楼九层。

南龙铁路工程指挥部　指挥长王义水。驻福建省三明市三元区长安路23号。　(刘承宝)

【职工队伍】　职工19132人,其中干部10937人。干部中,女性2350人,占干部总数的21.49%;少数民族413人,占干部总数的3.78%。干部学历结构:研究生256人,大学本科6346人,大专3601人,中专426人,高中及以下308人。年龄结构:35岁以下7784人,36~40岁977人,41~45岁646人,46~50岁407人,51~54岁605人,55岁以上518人。具有专业技术职务的10038人,占干部总数的92.78%。其中高级职务1205人、中级职务2983人、初级职务5850人。专业结构:工程系列8415人,经济系列582人,会计系列1075人,卫生技术系列115人,统计系列29人,政工系列713人,其他系列8人。

工人8195人。其中,固定期限合同工人3156人,占38.51%;无固定期限合同工人5039人,占61.49%;女工831人,占10.14%。学历构成:本科及以上33人,大专、高职496人,中专、技校、职高2369人,高中3811人,初中及以下1486人。年龄构成:30岁以下1941人,31~40岁1933人,41~50岁1699人,51~55岁1812人,56~60岁810人。1983年以前参加工作的3696人,占工人总数的45.1%;1984—2000年参加工作的2641人,占32.23%;2001年以后参加工作1858人,占22.67%。技术工人7580人,占工人总数92.5%。获得国家职业资格证书的技术工人5839人,其中高级技师125人、技师783人、高级工3648人、中级工788人、初级工495人,持证人数占技术工人总数77.03%。　(杨俊祥　危跃荣)

【机械设备及管理人员】　截至2014年底,集团公司拥有机械动力设备3001台(套),原值339081万元、净值183224万元。年内新购机械设备239台,原值35348万元;报废机械设备132台,原值14600万元;设备大修30台,支出大修费199万元。拥有大型施工机械设备928台(套),其中铁路电力机车27台、内燃机车32台、盾构机30台、架桥机12台、运梁车9台、轮轨式提梁机13台、混凝土拌和站137套,设备成新率53%。

设备专业人员4151人,其中管理人员1509人、设备操作技术工人1595人。　(李彦辉)

【工程施工】　2014年,集团公司竣工项目44个,完成施工产值386亿元。其中,铁路工程139亿元,占36%;公路工程89.6亿元,占23.2%;房屋建筑工程38.4亿元,占10%;地铁工程42.7亿元,占11.1%;市政工程65.5亿元,占17%;水利工程9.2亿元,占2.4%;其他工程1.4亿元,占0.4%。

新建成都至贵阳铁路乐山至贵阳段站前工程8标段工程　标段长34.367千米,合同投资238058.67万元,合同工期2014年1月1日—2020年1月1日。主要工程量:桥梁19座10966延长米,隧道11.5座19889延长米,正线路基长3.512千米,涵洞11座405.83横延米,车站1座,梁场1处。截至2014年底,土石方完成46.29%,桥梁完成23.27%,隧道完成39.22%,涵洞完成5.92%。

成渝铁路客运专线CYSG－2标段工程　标段长52.105千米,合同投资366052万元,合同工期2010年9月1日—2014年1月31日。主要工程量:路基19.557千米,桥梁74座27592.17延长米,隧道11座4968延长米,车站2座,梁场2处,简支箱梁728孔,箱梁29孔。截至2014年底,所有工程量全部完成。

福建南平至龙岩铁路扩能工程NLZQ－Ⅳ标段工程　标段长36.75千米,合同投资200979万元,合同工期2013年12月1日—2017年11月30日。主要工程量:区间及站场路基土石方206.79万立方米,桥梁10座3070延长米,涵洞10座331.21横延米,隧道15座31164延长米,无砟道床10.5千米,车站1座。截至2014年底,土石方完成13.53%,桥梁完成26.82%,隧道完成33.82%,涵洞完成64.16%。

京沈铁路客运专线辽宁段TJ－7标段工程　标段长36.4千米,合同投资243142万元,合同工期2014年7月1日—2019年3月4日。主要工程量:路基土石方420万立方米,隧道4座3297延长米,桥梁20座18877.75延长米,涵洞21座654.76横延米,制架梁565孔,无砟道床72.82千米,正线铺轨72.82千米。截至2014年底,土石方完成80.15%,桥梁完成31.12%,隧道完成12.36%,涵洞完成40.63%。

兰渝铁路LYS-2标段工程　标段长69.96千米(含中国中铁十局15.90千米),合同投资354706万元,合同工期2009年2月18日—2014年7月16日。主要工程量:路基及站场土石方434.94万立方米,桥梁15座10300延长米,隧道13座49200延长米,涵洞28座1360横延米,车站2座。截至2014年底,土石方完成97.92%,桥梁完成102.19%,隧道完成99.82%,涵洞完成100%。

哈齐铁路客运专线3标段工程　标段长64.599千米,合同投资433234万元,合同工期2009年10月10日—2013年10月10日。主要工程量:路基土石方203万立方米,桥梁6座47010延长米,涵洞32座994.93横延米,站场2处,制架梁1667孔,无砟道床123.837千米,正线铺轨308.67千米。截至2014年底,所有工程量全部完成。

赣龙铁路扩能改造工程GL-4标段工程　标段长28.7千米,合同投资138342万元,合同工期2010年9月1日—2014年2月28日。主要工程量:区间路基及站场土石方239.24万立方米,桥梁28座6225延长米,隧道16座17196延长,车站1座。截至2014年底,所有工程全部完成。

新建巴中至达州铁路站前2标段工程　标段长53.03千米,合同投资131335.4万元,合同工期2010年12月1日—2015年11月30日。主要工程量:桥梁31座18340延长米,隧道15座11530延长米,车站5座。截至2014年底,土石方完成95.96%,桥梁完成65.74%,隧道完成96.12%,涵洞完成90.79%。

沪昆铁路客运专线江西段站前工程HKJX-5标段工程　标段长68.630千米,合同投资465994万元,合同工期2010年4月18日—2014年12月31日。主要工程量:路基土石方622.29万立方米,车站2座;桥梁30座45625延长米,涵洞70座1871横延米;梁场2处,制架箱梁1366孔;轨道板预制场1座,Ⅰ型板预制14520块,Ⅱ型板预制20730块;无砟道床233.382千米。截至2014年底,所有工程全部完成。　(田　宇)

【经营管理】　(1)主要技术指标完成情况。2014年承揽工程项目226个,新签合同额512亿元。完成企业总产值400.1亿元,同比增长78.96亿元;实现净利润5.2亿元。资产总额265.6亿元,货币资金存量25.99亿元。

(2)经营转型升级成果显著。施工主业结构更趋合理,海外经营取得突破。年内,取得对外援助成套项目A级施工企业证书;并购友发国际工程公司工作启动;中标中石油土库曼斯坦铁路工程,开辟新的行业领域。与有关设计单位联合承揽中石油设计、施工总承包工程,开辟军事工程新领域。投资项目总体运转良好,在建投资项目24个,新增资本运营项目9个,合同投资53.15亿元,净投入资金4.94亿元,实现投资收益2.32亿元、施工收益1.87亿元,形成新的效益支柱。

(3)在建项目进展顺利。在建工程项目215个,其中重点控制工程24个。年内集团公司承建的关角隧道实现全线贯通并开通运营,施工生产总体平稳可控;参建的地铁项目,安全、质量、信誉、文明施工管理在全线名列前茅。安全质量保持平稳发展,坚持上场评审制度、工程分析例会制度、安全日报制度,开展安全大检查,全年未发生一般以上安全质量事故。铁运公司实现安全生产30周年。企业的科技含量和综合技术实力大幅提高,2014年取得高新技术企业1项,国家级工法5项,授权专利35项,软件著作权1项。参建的北京地铁10号线国贸站、京沪高速铁路获中国土木工程詹天佑奖,青岛胶州湾海底隧道工程同时获中国建设工程鲁班奖和詹天佑奖,天津地铁3号线工程获国家优质工程奖,诺金饭店工程被评为全国AAA级文明标准化诚信工地,全集团获省部级优质工程4项、全国优秀QC小组6个。

(4)经济财务运行有序。各单位深入落实"法人管项目、三赢、四精"等管理理念,狠抓理清关系、落实责任、经济效益评估、经济管理综合交底、内部合同签订、二次经营、经济财务督察等关键环节,财务管理走上制度化、规范化、流程化、科学化的轨道。启动企业内部定额制定工作,开展税收筹划,加强资金集中管理,全年减免企业所得税1932万元。"十二五"期间,通过财政返还、营业税非主体分包工程款抵减政策等,实现价值创收16626万元。利用6大银行8大资金池,合理调配沉淀资金,全年节约利息2300余万元。加大银企合作,利用金融机构低息资金,降低融资费用2000余万元。

(5)基础管理全面推进。制度流程全面升级,出台集团公司《管理和行为规范》。实施内部资质整合、调整,重新启动房屋建筑特级资质申报,公路、市政特级资质申报工作。加强风险内控管理,提升企业风险管控水平。企业信誉品质不断提升,有82个项目获得业主、政府各类表彰奖励和贺电、感谢信235次。铁路信用评价进入A类。

(6)职工队伍建设进一步加强。集团公司理顺两级五层管理架构,建立五总师制度。加强工程公司建设,明确子公司专业化发展定位和方向。加强专业队伍建设,建成45种类型的专业队501支。加强专业技术队伍和专家队伍建设,聘请外部专家11人,评聘职业项目经理14人、内部专家56人,接收大中专毕业生810人。全年实施内部培训1892人次,委外培训2226人次。实施薪酬改革,在岗职工年平均工资增长19.04%。 (刘承宝)

【党群工作】 (1)党的工作。2014年,集团公司深入开展群众路线教育实践活动;及时升级、优化企业文化,统一"战略引领"形象识别系统;开展"责任重于能力、意志创造奇迹""加强责任心、提高执行力""四忠诚、五敬畏"教育活动;制作"强企梦、我的梦"宣传教育片;开展"永不褪色的铁道兵""央企脊梁·员工榜样"评选活动,四公司吕兆起当选"国企楷模·北京榜样"十大名人;印发《责任重于能力、意志创造奇迹》心得体会汇编,编印《企业战略引领》口袋书。加强领导班子建设,制定出台子公司领导班子管理办法,调整充实领导班子成员。加强干部人才队伍建设,坚持以"六支队伍"建设为重心,大力疏通各类人才晋升晋级渠道。制定出台职业项目经理和技术专家管理办法,启动外部专家、企业专家和职业项目经理评聘。建立二次经营专家库、轨道交通技术专家组。突出安全队伍建设,明确各级安全总监职级待遇,建立安全工作人员岗位津贴制度。继续做强区域经营,区域指挥部统筹经营的能力显著增强。研究制定《加强和规范专业队建设实施意见》,突出加强专业队的建设和管理。年内,各级党组织表彰"创先争优"先进基层党组织129个,优秀共产党员781名,优秀党务工作者85名。

(2)纪检监察。调整充实党风廉政建设责任制领导小组,逐级对下签订党风廉政建设责任书496份,对自查自审发现问题较多、发生安全质量事故的工程公司、直管项目部主管领导进行责任追究。开展以"坚持依法合规,打造阳光央企"为主题的第十四个反腐倡廉宣传教育月活动,举办"国有企业反腐倡廉教育展",14个单位170名领导班子成员向职工作出廉洁从业公开承诺,副处职以上人员填报"领导干部个人有关事项报告表"316份,两级纪委建立领导人员廉洁档案1309份。开展"廉洁风险排查周"活动,排查廉洁风险2635条、制订防控措施2586条,10个单位更新廉洁风险防范管理手册。完善反腐倡廉制度,制定《关于在工程项目部成立纪律检查工作委员会的实施意见》《关于建立和完善领导人员廉洁档案的实施办法》等制度,修订《党风廉政建设责任制实施办法》《纪检监察案件线索排查制度》《管理人员"三项招标"工作违纪违规行为处分规定实施细则》等规章制度。全集团共受理案件线索75件,初核线索71件,立案44件,结案44件,处分85人。全年配合地方纪委、检察院办案12件,化解经营风险17起。效能监察工作分步实施、整改到位,对14个直管项目部、11家工程公司进行薪酬管理专项检查,下发整改建议书10份,责成整改问题13个。8个公司立项开展整治亏损项目效能监察,10个公司根据单位实际开展安全生产管理、物资管理、合同管理等自立项效能监察和专项治理。两级纪委监督外部劳务队伍选用招标141次、物资设备采购招标182次,全过程监督,并及时处理5起举报事件。根据企业发展实际和有关规定,3个公司成立纪委、批复55个项目部成立纪工委,调整6名纪委书记、纪委副书记。开展以"落实'两个责任'、深化'三转'工作"为主题的专题调研活动,206名领导人员、54个职能部门参与并积极建言献策,调研效果良好。

(3)工会工作。启动幸福工程,引领和谐劳动关系创建。8个子公司被评为"创建和谐劳动关系模范企业"、6个子公司和10个项目部被评为"履行集体合同先进单位"。集团公司连续获北京市创建和谐劳动关系先进企业称号。开展建家建线活动,修订《项目部建家建线工作达标管理办法》。及时主动化解劳动争议,实现员工劳动争议"零起诉"和"零集体上访"。增加福利待遇,提升职工幸福指数。全年筹集送温暖和"三不让"资金1676万元,其中集团公司拨付600万元,年内扶贫帮困3652人次,发放资金1077万元。"金秋助学"资助困难职工子女326名。

(4)共青团工作。集团公司下设12个团委、13个团工委、3个团总支、160个团支部。团员4131人,专兼职团干部464人。以"青年突击队授旗"活动为引领,推动基层一线施工生产。以"导师带徒"活动为平台,带领团员青年融入企业发展。以"合理化建议"征集活动为载体,鼓励团员青年为企业发展建言献策。以"团组织就在我身边"活动为抓手,解决困难团员青年的实际生活。以学雷锋志愿服务活动为统领,用实际行动传承雷锋精神。参与团市委"筑梦青春,甲子相承"青年突击队成立60周年主题教育活动。以"缘定十六局"QQ交友群为媒介,促进单身青年的沟通交流。建立集团公司团委微信公众平台,以新媒体为工具搭建面向基层团员青年的联系渠道和服务平台。以选树青年典型为主线,引领团员青年创先争优,5支青年突击队获北京市青年突击队协会表彰,4个青年集体获北京市青年安全生产示范岗称号,二公司团委获中央企业团工委"五四红旗团委"称号;四公司天津项目部团员邵双龙获北京市优秀共青团员称号、团干部姚远获北京市优秀团干部称号。

（曹 春　周夷琴　陈晓林　苏 燕）

【第一工程有限公司】 拥有公路、市政公用工程施工总承包一级，房屋建筑、铁路工程施工总承包二级，土石方、桥梁、隧道、公路路基、水工隧洞工程专业承包一级资质。公司驻北京市顺义区南法信镇顺畅大道1号B－013室。执行董事兼总经理王红伟，党委书记陈宏铭。下辖16个分公司及北京分公司，福州办事处、铁道大厦。职工1951人，其中干部1086人、工人865人。资产总额344178.36万元。其中，固定资产净值27418.23万元；流动资产314738.89万元；其他资产2021.24万元。机械运输设备533台（套），原值50201.50万元、净值11253.55万元，总功率76426千瓦，动力装备率34.36千瓦/人，技术装备率22.57万元/人，设备完好率97%、利用率90.5%，机械化施工程度98%。

2014年新签合同额38.44亿元，完成企业总产值41.2亿元，实现利润1812.22万元。国有资产保值增长率100.42%，净资产收益率4.93%，产值利润率0.44%，资产负债率90.95%，上缴款完成率102%。完成主要实物工程量：土石方939.62万立方米，桥梁16066.3延长米，隧道16970.9延长米，房屋建筑面积109287平方米。

（李红叶）

【第二工程有限公司】 拥有市政公用、房屋建筑、公路、铁路工程施工总承包一级，土石方、钢结构、桥梁、隧道、公路路基工程专业承包一级资质。公司驻天津市河东区万新村三区。执行董事长、党委书记任海顺，总经理郭瑞。下辖9个分公司及秦皇岛办事处、沧州办事处和6个直属单位。职工2926人，其中干部1910人、工人1016人。资产总额313779万元。其中，固定资产20948万元；流动资产289815万元；其他资产3.8万元。机械运输设备404台（套），原值16810.71万元、净值3398.56万元，成新率20%。

2014年完成施工产值50.89亿元。完成主要实物工程量：土石方765万立方米，桥梁19136延长米，隧道12472延长米，涵洞1710横延米，房屋建筑面积223774平方米。

（季 颖）

【第三工程有限公司】 拥有公路、市政公用工程施工总承包一级，房屋建筑、铁路工程施工总承包二级，桥梁、隧道、机场场道、土石方、公路路基工程专业承包一级，公路水运工程试验检测综合乙级，爆破作业四级资质。公司驻浙江省湖州市湖东路288号。执行董事、总经理王勤荣，党委书记古春生。下设9个建筑安装工程分公司和1个物业分公司。职工2023人，其中专业技术干部983人、非专业技术干部170人、工人870人。资产总额20.65亿元，其中固定资产净值9979万元。机械运输设备305台（套），总功率41250千瓦，动力装备率20.58千瓦/人，技术装备率2.64万元/人。年施工能力40亿元左右。

（邱丽琴）

【第四工程有限公司】 拥有公路、市政工程施工总承包一级，铁路工程施工总承包二级，建筑装饰装修、钢结构、桥梁、隧道、公路路基工程专业承包一级资质。公司驻北京市怀柔区迎宾中路2号。执行董事、党委书记胡振潮，总经理向大强。职工2430人，其中干部1478人、工人952人。资产总额28.70亿元。其中，流动资产26.59亿元；固定资产原值5.29亿元、净值1.98亿元；无形资产381万元；递延所得税资产890万元。机械运输设备387台（套），原值26823万元、净值5384万元，总功率为53753千瓦，动力装备率19.5千瓦/人，技术装备率为1.95万元/人，设备成新率20.5%、完好率90%、利用率65%。年施工能力40亿元以上。

2014年新签合同额44.39亿元，完成施工产值563815万元。完成主要实物工程量：土石方1956万立方米，桥梁14717延长米，隧道12931延长米，涵渠3540横延米，高速公路3.1千米，房屋建筑面积457108平方米。年内，公司被评为北京市建筑行业AAA诚信企业，被怀柔区评为2014年度建筑业先进企业。

（蔡友兰）

【第五工程有限公司】 拥有铁路、公路、市政公用、水利水电工程施工总承包一级，房屋建筑工程施工总承包二级，桥梁、隧道、公路路基、铁路铺轨架梁工程专业承包一级资质。公司驻河北省唐山市丰润区光华道2号。执行董事、总经理李平，党委书记闫晓禾。下辖物业管理中心、医院。职工2972人。资产总额262094万元。其中，固定资产原值54904万元、净值21786万元；流动资产240040万元；其他资产268万元。机械运输设备276台（套），原值20743.82万元、净值6824.83万元，动力装备率13.56千瓦/人，技术装备率8.76万元/人，综合机械化施工水平90%。

2014年新签合同额30.05亿元，完成企业总产值42.13亿元，实现利润4844万元，企业人均创利1.74万元，职工年人均收入59752元。国有资产增值保值率108.74%，净资产收益率8.55%，产值利润率1.08%，资产负债率83.57%，应上缴款完成率100%。完成主要实物工作量：土石方917万立方米，桥梁14910延长米，涵洞1550横延米，隧道16821延长米，铺轨25千米,架梁1435片,房屋建筑面积144574平方米。单位工程合格率100%。年内,公司被评为河北省诚信企业、唐山市一级诚信企业。 (冯 爽)

【轨道交通建设有限公司】 拥有市政公用工程施工总承包一级,房屋建筑工程施工总承包二级,隧道、地基与基础、起重设备安装工程专业承包一级,建筑防水工程专业承包二级,城市轨道交通工程专业承包资质。公司驻北京市通州区新华西街26号。执行董事、总经理高宪民,党委书记黄建光。职工1499人,其中干部1276人、工人223人。资产总额26.7亿元,其中固定资产原值13.5亿元、净值7.9亿元。机械运输设备421台(套),原值10.57亿元、净值8.79亿元,总功率62326.6千瓦,技术装备率55.81万元/人,动力装备率39.57千瓦/人,机械设备利用率75.34%。

2014年新签合同额71.2715亿元,完成企业总产值35.48亿元,实现利润4719万元,人均创利30386元。完成主要实物工程量:土石方534.72万立方米,隧道14744.2延长米,地铁24567米。国有资产保值增值率114.03%,净资产收益率13.6%,营业利润率1.42%,资产负债率87.05%,投资收益上缴率100%,应上缴款完成率100%。年内,公司获国家级优质工程奖2项、全国优秀项目管理成果奖5项,国家级QC成果奖3项,省部级QC成果奖7项。 (陶晓红)

【路桥工程有限公司】 拥有市政公用工程施工总承包一级,公路路面、桥梁、隧道、土石方工程专业承包一级,预应力工程专业承包二级资质。公司驻北京市密云县新北路29号。执行董事兼总经理董梁、党委书记成和鹏。职工1145人,其中干部762人、工人383人。资产总额175432万元。其中,固定资产原值21699万元、净值8031万元;流动资产167133万元。机械运输设备82台(套),原值12144万元、净值2887万元,总功率12925千瓦,动力装备率9.84千瓦/人、技术装备率2.21万元/人。

2014年新签合同额40.7亿元,完成企业总产值383890万元,实现利润2889万元、净利润2160万元。国有资产保值增值率106.52%,净利润率0.81%,资产负债率81.11%。完成主要实物工程量:土石方268.62万立方米,隧道2484.5延长米,桥梁12904延长米。 (杨 颖)

【铁运工程有限公司】 是集铁路运输、工程施工、多种经营为一体的铁路工程施工总承包二级资质企业。公司驻河北省高碑店市兴华北路117号。执行董事、总经理赵雨章,党委书记王宜柱。职工2308人,其中干部758人、工人1550人。资产总额92507.43万元。其中,流动资产65906.57万元;固定资产原值59616.1万元、净值26354.81万元;无形资产99.29万元。截至2014年5月8日,公司实现连续安全生产30年。 (王 震)

【电务工程有限公司】 拥有铁路电务、机电设备安装、建筑智能化、铁路电气化工程专业承包一级,土石方工程专业承包三级资质。公司驻北京市朝阳区金盏乡皮村北街十六号院3号楼。执行董事、总经理郑昌宝,党委书记高栋。下辖7个分公司和通信服务中心。职工717人,其中干部455人、工人262人。资产总额57862万元。其中,流动资产55971万元;固定资产原值738万元、净值215万元。年施工能力8亿元以上。

2014年新签合同额9.81亿元,完成施工产值10亿元,实现净利润1362万元。 (刘 娜)

【地铁工程有限公司】 2011年成立。公司驻北京市朝阳区惠河南街1008-A四惠大厦。执行董事、总经理丛恩伟,党委书记李杰。职工1062人,其中干部944人、工人118人。资产总额142710万元。其中,固定资产净值30757万元;流动资产111458万元。机械运输设备468台(套),原值66967.71万元、净值26579.77万元,总功率40733千瓦,动力装备率38.35千瓦/人,技术装备率25.03万元/人,设备完好率92%、利用率90%。

2014年新签合同额251339万元,完成施工产值21亿元。全员劳动生产率200.12万元/人年,职工年人均收入8.99万元。国有资产保值增值率99.55%,资产负债率89.47%,净资产收益率1.29%,成本费用占营业收入比重99.75%。完成主要实物工程量:土石方276.27万立方米,隧道5466.97延长米,地铁3231米。 (杜 松)

【置业投资有限公司】 2011年6月13日成立,由中铁十六局集团所属海南京博房地产有限公司、福建顺昌远宏地产有限公司(包括顺昌工程指挥部和光泽战备仓库)、北京地产投资有限公司整合而成。业务涵盖项目投资、房地产开发、土地一级开发、项目咨询、销售自行开发的商品房、物业管理、装饰装修、设备材料租赁、工程施工、仓储服务等。公司驻北京市朝阳区皮村北巷甲2号。执行董事、总经理徐昌旭,党委书记章竹富。下设京博、远宏(具有房地产开发二级资质)、北京地产、海南椰竺、广西梧州和通辽首通6个项目公司及海南雅豪、顺昌华兴两个物业公司。职工208人。 (袁梦杰)

【城市建设发展有限公司】 2014年4月28日在北京成立。前身为中铁十六局集团北京工程有限公司，2013年10月，公司部分资产划转中铁城建集团有限公司，更名为中铁城建集团北京工程有限公司；2014年3月，经中国铁建股份有限公司批准，原公司保留部分资产与集团公司内部资源重新整合，组建中铁十六局集团城市建设发展有限公司。公司驻北京市朝阳区红松园北里2号院19号楼5—8层。执行董事、总经理王强周，党委书记梁志科。下设3个分公司及设计公司、装饰装修公司、物业管理中心。职工444人，其中干部416人、工人28人。资产总额95722.4万元，其中固定资产净值284.37万元。

2014年新签合同额24.27亿元，完成施工产值60060万元。（孙钦宏）

【物资贸易有限公司】 2014年4月成立，前身为中铁十六局集团北京铁龙物资贸易有限公司。公司驻北京市朝阳区红松园北里2号。执行董事、总经理刘进波，党委书记肖桂平。下辖华东、华南、中南、西南、西北、华北、东北、京津冀区域分公司。主要经营范围包括物资招标代理、物资贸易、工程物流、物资仓储租赁、物资加工以及物资进出口等业务。职工46人，其中干部42人、工人4人。资产总额33695.3万元。其中，固定资产21.3万元；流动性资产33658.88万元；长期投资60.7万元；其他资产15.09万元。

2014年新签合同额209938万元，完成企业总产值70833.72万元，营业收入45722.75万元，实现利润366.55万元。净资产收益率6.8%，资产负债率84%，成本费用占营业总收入的96.6%。（单海燕）

【建工机械有限公司】 为中铁十六局集团所属工业制造企业。主要从事施工机械设备制造、维修与租赁，钢结构加工、安装，盾构机配套设备维修保养、租赁，废旧机械、机具、钢结构回收等业务。公司驻北京市密云县新北路29号西门，占地面积39500平方米。执行董事宋彦彬，党委书记唐嘉，总经理张永全。职工302名。其中，具有中级职务以上的专业技术人员56名；中高级技术工人占公司总数的70%。资产总额20.16亿元，其中固定资产净值1亿元。拥有起重机械设备152台（套）。其中，MESSER数控切割机等金属切割设备48台（套）；千吨压力机等液压冲剪设备5台。年生产能力30亿元。

2014年承揽任务22项，新签合同额3792.4万元。其中，起重设备13项1838.4万元；模板类6项1786.6万元；其他3项167.4万元。（闫 超）

【重要记载】

▲1月21日　福建省常务副省长张志南到集团公司南龙铁路4标段柳城隧道工地调研。

▲2月6日　河南省副省长赵建才视察轨道公司郑州机场二期扩建工程旅客捷运通道及行李隧道9标段施工工地，并慰问春节期间坚持施工的全体员工。

▲4月8日　物资贸易有限公司举行成立揭牌仪式，集团公司董事长、总经理孔令键等出席。

▲4月15日　集团公司参建（近7年）的世界最长高原铁路隧道——青藏铁路新关角隧道贯通。

▲4月28日　城市建设发展有限公司成立。

▲5月13日　集团公司董事长、总经理孔令键在中国铁建大厦拜会青海省委常委、常务副省长骆玉林，双方就地方铁路、高速公路及城市基础设施建设、大型设备制造合作等进行会谈。

▲5月20日　中国铁路总公司副总经理卢春房在集团公司党委书记周富等陪同下，到集团公司承建的成兰铁路CLZQ－4标段工程调研。

▲7月3日　国务院总理李克强视察长沙高铁南站枢纽工程，与集团公司参建职工亲切握手。

▲7月10日　广东省人大常委会副主任肖志恒，惠州市委书记、市人大常委会主任陈奕威等部分省人大代表，到集团公司承建的莞惠城际轨道交通项目进行专题调研。

▲8月19日　国务院监事会第十六办事处主任王战军，中国铁建副总裁、总法律顾问庄尚标调研集团公司BOT项目宁夏永宁黄河公路大桥建设情况。永宁黄河公路大桥是中国铁建和宁夏回族自治区战略合作的第一个投资项目，也是集团公司第一个BOT项目。

▲9月5日　河南省委常委、常务副省长李克，省委常委、郑州市委书记吴天君等视察轨道公司郑州机场城铁项目。

▲11月8日　集团公司召开“责任重于能力、意志创造奇迹”核心精神座谈会。（刘承宝）

中铁十七局集团有限公司

【简况】 中铁十七局集团有限公司系铁路工程施工总承包特级，公路、市政公用、水利水电、房屋建筑工程施工总承包一级，矿山工程施工总承包三级，桥梁、隧道、机场场道（不含道面）、公路路基工程专业承包一级，地质灾害治理工程施工、建筑行业（建筑工程）设计甲级、铁道行业设计甲（Ⅱ）级，城市轨道交通工程专业承包资质企业；拥有国家援外成套项目施工任务A级实施企业、对外援助物资项目B级实施企业和山西省营业性二级爆破作业单位、对外承包工程资格。集团公司驻山西省太原市平阳路84号。前身是中国人民解放军铁道兵第七师，1984年1月1日集体转业，改编为铁道部第十七工程局；1999年12月改称中铁第十七工程局，2001年9月企业改制改称为现名。下辖第一、二、三、四、五、六工程有限公司，建筑工程有限公司、电气化工程有限公司、上海轨道交通工程有限公司、物资有限公司、房地产开发有限公司、铺架分公司、勘察设计院、山西铧兴工程检测有限公司、物业管理中心、中心医院、北京办事处。职工19130人。其中，在岗职工16405人；非在岗职工2725人。资产总额2943896万元。其中，固定资产原值857967万元、净值293210万元；流动资产2504982万元。机械动力设备6065台(套)，原值345395万元、净值169625万元，总功率650135千瓦，动力装备率34千瓦/人，技术装备率9万元/人，设备成新率49%。年施工能力400亿元以上。

2014年新签合同额218.46亿元，完成企业总产值3736857万元。其中，施工产值3605906万元；物资贸易112251万元；其他产值18700万元。实现利润4.85亿元。在岗职工年人均收入62425元。完成主要实物工程量：土石方2295万立方米，桥梁108390延长米，隧道66680延长米，正线铺轨398.69千米，站线铺轨105.66千米。工程合格率100%。净资产收益率14.32%，资产负债率87.79%。年内，获国家优质工程奖4项，省部级优质工程奖2项，中国铁建杯优质工程奖6项；22项科技成果获中国铁建及以上科技进步奖；获省部级工法18项、中国铁建优秀工法17项；申报受理专利48项，其中发明专利5项；获授权专利65项，其中发明专利9项。兵改工以来获中国建设工程鲁班奖15项、国家优质工程奖17项、省部级优质工程奖126项，获中国土木工程詹天佑奖6项。集团公司先后获全国优秀施工企业、全国守合同重信用企业、全国五一劳动奖状、全国建筑业科技进步与技术创新先进企业、全国精神文明建设工作先进单位、中国和谐社会建设最具责任感企业、全国“安康杯”竞赛优胜单位等荣誉，连续27年保持全国思想政治工作优秀企业称号。

(赵　炜　孟庆财)

【领导人员】

董事会

董事长　段东明

董　事　段东明
卢　朋
孙中林
吴万良

监事会

监事会主席　张学安

监　事　张清江
张文田

经理层

总经理　卢　朋

副总经理　孙中林
吴万良
韩贤文
文　珂
王月幸
成志宏
杜水波
罗玉华
杜嘉俊
宋志宏
周建富

总工程师　杜嘉俊

总会计师　宋志宏

党群领导

党委书记　段东明

党委副书记　卢　朋

纪委书记　张学安

(赵　炜)

【职工队伍】　职工19130人，其中干部9187人。干部中，女干部1852人，技术干部8502名。技术干部中，高级职务869人，中级职务2242人，初级职务4672人。技术干部专业结构：工程技术人员5958人，其中教授级高级工程师44人、高级工程师552人、工程师1786人；经济管理人员717人，其中高级经济师75人、经济师70人；卫生技术人员310人，其中正副主任医师43人、主治医师73人；会计人员831人，其中高级会计师72人、会计师102人；统计人员14人，其中高级统计师1人、统计师7人；政工人员661人，其中高级政工师126人、政工师203人；教师9人。干部学历结构：研究生学历119人，大学本科学历6924人，专科学历1663人。干部年龄结构：25岁以下2012人，26～30岁3527人，31～35岁1320人，36～40岁709人，41～45岁538人，46～50岁291人，51～54岁334人，55～59岁414人。

工人8857人，其中女工1863人、少数民族75人、技术工人6851人。技术工人中，初级工249人，中级工1385人，高级工2868人；技师987人，高级技师220

人。主要工种:铁道行业1210人,社会通用工种4259人。工人学历结构:初中以下2149人,高中2170人,中专(含中技)2141人,大专(含高技)以上2119人,本科及以上278人。工人年龄结构:30岁以下2663人,31~40岁1851人,41~50岁1060人,51~55岁2086人,56~60岁1197人。 (白希胜 梁 涛)

【铁路工程】 2014年在建铁路工程67项,完成投资1722840万元。完成主要实物工程量:土石方2295万立方米,桥梁108386延长米,隧道66684延长米,正线铺轨398.69千米,站线铺轨105.66千米。

成都至绵阳至乐山客运专线C米LZQ-1标段 位于四川省江油市。标段长35.332千米,合同投资217139万元,变更调差至222143万元,合同工期2009年7月—2011年12月,后延至2013年底。主要实物工程量:路基14.439千米,土方203.21万立方米,石方228.88万立方米,桥梁14座19877延长米,隧道2座1016延长米,无砟轨道35.332千米,改建江油站1座,制梁546片。截至2014年底,开工累计完成投资222846万元。主体工程全部完工。

南京至安庆铁路工程NASZ-3标段 位于江苏省南京市境内。标段长39.569千米,合同投资229134万元,合同工期2009年12月—2012年12月。主要实物工程量:路基土石方212.6万立方米,桥梁27座20762.7延长米,隧道1座375延长米,涵洞77座1941.1横延米,站场1处,轨道板32200块,正线铺轨156.55千米,站线铺轨9.69千米,“三电”迁改10千伏~500千伏96处、220伏及380伏240处,变压器、配电房14座。截至2014年底,开工累计完成投资222335万元。因拆迁问题导致工期一再延误。

杭州至长沙铁路客运专线(浙江段)工程HCZJ-2标段 标段长52.019千米,合同投资420099万元,合同工期2010年4月—2013年6月。主要实物工程量:桥梁36座35980延长米,隧道19座14090延长米,路基8.19千米,预制CRTSⅠ型减振轨道板0.96单线千米,预制CRTSⅡ型轨道板190.461单线千米,铺设CRTSⅡ型轨道板(含现浇混凝土支撑层)104.941单线千米。截至2014年底,开工累计完成投资435764万元。主体工程全部完工。

合肥至福州铁路客运专线(闽赣段)工程HFMG-7标段 位于福建省南平市、古田县境内。标段长59.322千米,合同投资429241万元,合同工期2010年4月—2013年7月。主要实物工程量:路基土石方416.5万立方米,圬工17.3万立方米,桥梁34座11121.77延长米,隧道17座44576延长米,涵洞9座260.62横延米,站场2处,预制CRTSⅠ型双块式轨枕46万根,铺设CRTSⅠ型轨道板(含现浇混凝土支撑层)117.678单线千米,制梁136孔,现浇简支箱梁122孔,道岔连续梁5联16孔,悬灌连续梁10联36孔。截至2014年底,开工累计完成投资433891万元。主体工程全部完工。

山西中南部铁路通道瓦塘至汤阴东(含)工程ZNTJ-5标段 位于山西省吕梁和临汾境内。标段长57.7千米,合同投资308518万元,合同工期2010年4月—2014年9月。主要实物工程量:路基土石方1169.7万立方米,桥梁29座12900延长米,隧道18座25200延长米,涵洞116座8536.84横延米,无砟轨道25.5千米。截至2014年底,开工累计完成投资321512万元。主体工程结束,开通运营。

云桂铁路(云南段)站前工程5标段 位于云南省文山州、红河州境内。标段长59.219千米,合同投资314832万元,合同工期2010年5月—2014年11月。主要实物工程量:路基区间及站场土石方415.3万立方米,桥梁13座4352.523延长米,隧道9座36813延长米,涵洞52座1469.27横延米,无砟道床49.115千米,变电站2座,电力线路105.1千米,给水管路71千米。截至2014年底,开工累计完成投资269578万元。

邯郸至黄骅港铁路工程1标段 位于河北省邯郸市与邢台市境内。标段长50.633千米,合同投资247458万元,合同工期2010年9月—2013年2月。主要实物工程量:路基土石方1049.27万立方米,桥梁31座31400延长米,框架桥27座4814顶平方米,涵洞267座5696.63横延米,T梁制架1463孔,正线铺轨220.24千米,站线铺轨59.57千米,车站8座,房屋建筑面积10079平方米。截至2014年底,开工累计完成投资261542万元。项目全部完工,开通运营。

山西中南部铁路通道汤阴东至日照南工程ZNTJ-20标段 位于山东省临沂市沂水县境内。标段长32.49千米,其中中铁十七局集团20.92千米、中铁二十四局集团11.57千米。合同投资240348万元,合同工期2010年9月—2013年12月。主要实物工程量:路基20.538千米,桥梁6座8570延长米,隧道3座3840延长米,T梁制架3423孔,单线铺轨460.436千米。截至2014年底,开工累计完成投资157846万元。

成都至重庆铁路客运专线工程施工总价承包CYSG-6标段 标段长17.202千米,合同投资134824万元,增加值193276万元。合同工期2010年9月—2014年2月。主要实物工程量:路基及站场土石方77.57万立方米,桥梁13.5座4669.86延长米,隧道7座15327.4延长米,涵洞22座681.02横延米。

截至2014年底,开工累计完成投资65481万元。项目开工后,征地拆迁、施工干扰等问题造成工期滞后。

沪昆铁路客运专线长沙至昆明(湖南段)工程CKTJ-7标段　位于湖南省娄底市新化县、邵阳市隆回县和怀化市溆浦县境内。标段长34.538千米,合同投资270543万元,合同工期2010年9月—2014年2月。主要实物工程量:路基土石方84.3万立方米,桥梁19座5670.9延长米,隧道12座27363延长米,双块式无砟轨道69.088千米。截至2014年底,开工累计完成投资288029万元,主体工程全部完工。

青岛至荣成城际铁路工程6标段　位于山东省威海市境内。标段长55.2千米,合同投资386920万元,合同工期2010年10月—2013年9月。主要实物工程量:车站4座,桥梁26座21402延长米,隧道13座15370延长米,路基18.42千米,管段"三电"及迁改工程。截至2014年底,开工累计完成投资380338万元。工程完工,年底开通运营。

沪昆铁路客运专线长沙至昆明(贵州段)工程CK-GZTJ-5标段　标段长43.089千米。其中,中铁十七局集团施工里程30.448千米,合同投资231870万元;中铁二十四局集团施工里程12.641千米。合同工期2010年10月—2013年10月。主要实物工程量:路基区间土石方151.33万立方米,桥梁37座6081.16延长米,隧道11座16750延长米,涵洞6座156.76横延米,铺无砟道床51.87千米,预制无砟道床169.95千米,站线预制无砟道床2.14千米。截至2014年底,开工累计完成投资244844万元。主体工程基本结束,剩余部分无砟道床铺设。

厦门前场铁路大型货场工程QCSG标段　位于福建省厦门市。设计基线范围全长6100米,左联络线长3537.87米,右联络线长1637.87米。合同投资43320万元,合同工期2012年8月—2014年8月。主要实物工程量:路基土石方552.32万立方米,路基加固及附属工程6.21万立方米,站线桥梁3座204.98延长米,涵洞21座1237.71横延米,站线铺轨24.12千米,房屋建筑面积81576平方米,电力及电力牵引供电24.12千米。截至2014年底,开工累计完成投资30619万元。

宁西铁路西合段增二线(郑州局管段)NX2标段　位于陕西省境内商南站至河南省南阳市西峡县屈原岗之间。标段长78.55千米。国家Ⅰ级铁路,合同投资134930万元,合同工期2012年9月20日—2016年3月20日。主要实物工程量:区间路基及站场土石方482.47万立方米,桥梁61座18173.57延长米,涵洞48座898.72横延米,改建涵洞206座2121.93横延米,隧道12座6385延长米,铺轨7.45千米。截至2014年底,开工累计完成投资123386万元。

西成铁路(陕西段)站前工程XCZQ-3标段　位于陕西省西安市户县和安康市宁陕县境内。标段长30.295千米,合同投资231160万元,合同工期2012年12月—2016年11月。主要实物工程量:站场土石方1.95万立方米,桥梁4座1453.13延长米,隧道5座28877.19延长米。截至2014年底,开工累计完成投资111663万元。

新建织金至毕节铁路站前工程1标段　位于贵州省毕节市响水、大方县境内。标段长39.329千米,合同投资113753万元,合同工期2012年12月—2015年2月。主要实物工程量:区间路基及站场土石方574.8万立方米,桥梁17座4040.78延长米,涵洞34座1604.15横延米,隧道11座24006延长米。截至2014年底,开工累计完成投资82286万元。

广通至大理铁路扩能改造工程站前7标段　位于云南省大理市。标段长25.48千米,合同投资115450万元,合同工期2012年12月—2016年7月。主要实物工程量:路基11.075千米,隧道3座12917延长米,桥梁7座1490延长米,车站2座。截至2014年底,开工累计完成投资46534万元。

新建郑州至徐州铁路客运专线站前工程ZXZQ03标段　位于河南省开封市。标段长52.679千米,合同投资356289万元,其中中铁十七局集团252028万元、中铁十八局集团104261万元。合同工期2012年12月—2016年12月。主要实物工程量:站场路基土石方48.9万立方米,特大桥1座51144延长米,框架中、小桥1856.42延长米,涵洞3座266.41横延米,无砟道床52.679千米。截至2014年底,开工累计完成投资211832万元。

新建成兰铁路成都至川主寺段站前工程CLZQ-7标段　位于四川省阿坝藏族羌族自治州茂县。标段长7.317千米,合同投资108314万元,合同工期2012年12月—2017年8月。主要实物工程量:路基土石方105万立方米,桥梁3座1213.8延长米,隧道1座6110延长米,双块式无砟轨道铺设129.8千米。截至2014年底,开工累计完成投资31867万元。

新建铁路成都至兰州线成都枢纽相关站前工程　位于四川省成都市。合同投资32280万元,合同工期2012年12月—2017年8月。主要实物工程量:区间及站场路基土石方231.95万立方米,桥梁9座309.7延长米,涵洞37座611.11横延米,铺轨28.66千米。截至2014年底,开工累计完成投资13238万元。

沙坪坝铁路综合交通枢纽工程　位于重庆市沙坪坝区。合同投资23亿元,合同工期2013年1月—2015年6月。截至2014年底,开工累计完成投资

17113 万元。

新建铁路宝鸡至兰州客运专线 6 标段　位于甘肃省天水、秦安境内。标段长 32.641 千米，合同投资 26.805 亿元，合同工期 2013 年 2 月—2017 年 12 月。主要实物工程量：路基 2.8 千米，桥梁 9 座 15683 延长米/9 座，涵洞 4 座 114.5 横延米，隧道 2 座 12996 延长米，制架箱梁 451 孔，双块式无砟轨道铺设 64.729 千米，车站 1 座。截至 2014 年底，开工累计完成投资 129481 万元。

西成铁路（四川段）站前工程 XCZQ－2 标段　位于四川省广元市。标段长 15.744 千米，合同投资 194487 万元，合同工期 2013 年 3 月—2017 年 11 月。主要实物工程量：路基土石方 186.06 万立方米，桥梁 14 座 5188.75 延长米，涵洞 9 座 352.4 横延米，隧道 9 座 6996 延长米。截至 2014 年底，开工累计完成投资 76275 万元。

敦格新建铁路（甘肃段）站前工程 3 标段　位于甘肃省酒泉市阿克塞哈沙克自治县境内。标段长 23.25 千米。合同工期 2013 年 4 月—2018 年 9 月，合同投资 12.648 亿元。主要实物工程量：路基土石方 40.12 万立方米，涵洞 7 座 118.93 横延米，当金山隧道 20140 延长米，无砟轨道铺设 19.67 千米，车站 1 座。截至 2014 年底，开工累计完成投资 31572 万元。

重庆至贵阳铁路扩能改造引入重庆枢纽工程 CQSN－1 标段　标段长 40.774 千米，合同投资 16.16 亿元，合同工期 2013 年 5 月—2016 年 5 月 31 日。主要实物工程量：路基及站场土石方 277.65 万立方米，桥梁 35 座 8541 延长米，涵洞 17 座 308.47 横延米，隧道 11 座 16167 延长米，铺轨 15.71 千米。截至 2014 年底，开工累计完成投资 68127 万元。

新建张唐铁路 ZTSG－3 标段　位于河北省张家口市。标段长 55.901 千米，合同投资 30.5 亿元，合同工期 2010 年 9 月—2014 年 8 月。主要实物工程量：区间路基及站场土石方 365 万立方米，隧道 14 座 39546.5 延长米，桥梁 15 座 7319.21 延长米，涵洞 39 座 2070.36 横延米，正线铺轨 311.9 千米，站线铺轨 29.5 千米，梁场两处，预制架设 T 梁 1161 孔。截至 2014 年底，开工累计完成投资 159579 万元。

新建张家口至呼和浩特铁路站前工程 ZHZQ－2 标段　位于河北省张家口市。合同投资 270595 万元，合同工期 2014 年 4 月—2018 年 3 月。主要实物工程量：路基 16.048 千米，区间及站场土石方 2837 万立方米，桥梁 35 座 22705 延长米，涵洞 45 座 1017.9 横延米，隧道 4 座 5404 延长米。截至 2014 年底，开工累计完成投资 44520 万元。

新建九景衢铁路江西 JQJXZQ－3 标段　位于江西省上饶市鄱阳县、景德镇市浮梁县。标段长 51.9 千米，合同投资 171496 万元。主要实物工程量：路基及站场土石方 899.97 万立方米，桥梁 35 座 22802.44 延长米，隧道 12 座 3367.5 延长米。截至 2014 年底，开工累计完成投资 28043 万元。

新建北京至沈阳铁路客运专线站前工程 TJ－8 标段　位于辽宁省阜新市。标段长 35.545 千米，合同投资 220760 万元，合同工期 2014 年 7 月—2019 年 3 月。主要实物工程量：路基土石方 329.72 万立方米，桥梁 12 座 21717 延长米，涵洞 30 座 956 横延米，隧道 2 座 1645 延长米，无砟道床 68.47 千米。截至 2014 年底，开工累计完成投资 45985 万元。

新建石家庄至济南铁路客运专线站前工程 6 标段　位于山东省德州市。标段长 19.75 千米，合同投资 117957 万元，合同工期 2014 年 7 月—2017 年 2 月。主要实物工程量：桥梁 4 座 27022 延长米，架设箱梁 580 片、T 梁 422 片。截至 2014 年底，开工累计完成投资 20093 万元。

新建成都至贵阳铁路乐山至贵阳段站前工程 CGZQSG－14 标段　位于贵州省毕节市大方县。标段长 7.782 千米，合同投资 53245 万元，合同工期 2014 年 1 月—2017 年 6 月。主要实物工程量：挖填土石方 6 万立方米，桥梁 2 座 864.66 延长米，涵洞 2 座 37.67 横延米，隧道 4 座 6326 延长米。截至 2014 年底，开工累计完成投资 45985 万元。（付建军）

【铁路外工程】　2014 年在建路外工程 257 项，完成投资 1883566 万元。完成主要实物工程量：土石方 6989.9 万立方米，隧道 67255.7 延长米，桥梁 69446.8 延长米。

十堰至房县高速公路 SFTJ－10 标段　位于湖北省十堰市房县境内。标段 4.06 千米，合同投资 34646 万元，合同工期 2010 年 1 月—2012 年 6 月。主要实物工程量：隧道 2 座 6888 延长米。截至 2014 年底，开工累计完成投资 31381 万元。

武汉轨道交通 4 号线二期工程 6 标段　位于湖北省武汉市汉阳区。合同投资 23277 万元，合同工期 2010 年 10 月—2013 年 3 月。主要工程量：十里铺站，王家湾站至十里铺站区间，十里铺站至七里庙站区间。截至 2014 年底，开工累计完成投资 21542 万元。主体工程基本结束。

和榆高速公路（二期）LJ3 合同段　位于山西省晋中市左权县境内。标段长 6.04 千米，合同投资 51899 万元，合同工期 2011 年 1 月—2013 年 12 月。主要实物工程量：路基 300 米，隧道左线 5730 延长米、右线 5710 延长米。截至 2014 年底，开工累计完成投资

430472 万元。

青岛地铁 3 号线一期工程 2 标段　位于山东省青岛市。标段长 1.83 千米，合同投资 26455 万元，合同工期 2011 年 1 月—2013 年 12 月。主要工程量：汇泉广场站，中山公园站，汇泉广场站至中山公园站区间左线 608.519 延长米、右线 588.093 延长米，中山公园至太平角公园站区间左线 817.198 延长米、右线 836.704 延长米。截至 2014 年底，开工累计完成投资 23983 万元。

长深高速公路连接线（城市快速通道）一期工程路基土建工程 A3 合同段　位于福建省三明市梅列区洋溪镇。标段长 4.4 千米，合同投资 53890 万元，合同工期 2011 年 1 月—2013 年 12 月。主要实物工程量：路基挖方 39 万立方米、填方 63 万立方米，桥梁 5 座 2702 延长米，涵洞 7 座，隧道 1.5 座 4773 延长米。截至 2014 年底，开工累计完成投资 50681 万元。主体工程基本结束。

恩黔高速公路四工区工程　位于重庆市黔江区。标段长 6.439 千米，合同投资 34106 万元，合同工期 2012 年 1 月—2014 年 12 月。主要实物工程量：路基挖方 107 万立方米、填方 123 万立方米，桥梁 7 座 2417.16 延长米，涵洞 12 座 644.33 横延米，隧道 1 座 2705 延长米。截至 2014 年末，开工累计完成投资 31253 万元。

内江市玉王庙互通立交（BT）项目　位于四川省内江市。全长 7022 米，合同投资 28500 万元，合同工期，2012 年 12 月—2013 年 3 月。主要实物工程量：路基挖方 52.43 万立方米、填方 27.54 万立方米。桥梁 11 座 3881.39 延长米，涵洞 8 座 271.5 横延米。截至 2014 年底，开工累计完成投资 36500 万元。

渝昆高速公路麻柳湾至昭通段 C 标段　位于云南省昭通市靖安县。标段长 7.7 千米，合同投资 46924 万元，合同工期 2013 年 3 月—2015 年 3 月。主要实物工程量：路基挖方 2540772 立方米、填方 716110 立方米，桥梁 10 座 2877.28 延长米，涵洞 23 座 666.77 横延米，隧道 0.5 座 2636 延长米，架设 T 梁 440 片，连续箱梁 11 联。截至 2014 年底，开工累计完成投资 40695 万元。

渝昆高速公路麻柳湾至昭通段第 13 合同段 C4 工区　位于云南省昭通市。标段长 9.8 千米。合同投资 40645 万元，合同工期 2013 年 3 月—2015 年 3 月。主要实物工程量：路基挖方 242.68 万立方米、填方 53.03 万立方米，桥梁 15 座 2987.61 延长米，涵洞 22 座 695.94 横延米。截至 2014 年底，开工累计完成投资 34014 万元。

闽台（福州）蓝色经济产业园道路（BT）工程　位于福建省福清市江镜镇。线路长 17.415 千米，合同投资 131337 万元，合同工期 2013 年 4 月—2014 年 4 月。截至 2014 年底，开工累计完成投资 59919 万元。

广中江高速公路 TJ14 标段　位于广东省江门市江海区。标段长 3.32 千米，合同投资 49515 万元，合同工期 2013 年 11 月—2016 年 2 月。主要实物工程量：路基土石方 73.8 万立方米，桥梁 12 座，隧道 1 座 341 延长米。截至 2014 年底，开工累计完成投资 16595 万元。

广西贵港市西南大桥　位于广西壮族自治区贵港市。合同投资 28429 万元，合同工期 2013 年 5 月—2015 年 6 月。截至 2014 年底，开工累计完成投资 3800 万元。

石家庄城市轨道交通 3 号线工程　位于河北省石家庄市。合同投资 265000 万元，合同工期 2013 年 4 月—2017 年 9 月。主要工程量：车站 6 座，区间 8 条。截至 2014 年底，开工累计完成投资 83138 万元。

引汉济渭秦岭隧道 7 号主洞　位于陕西省西安市周至县。全长 8.122 千米，合同投资 33597 万元，合同工期 2013 年 10 月—2017 年 5 月。截至 2014 年底，开工累计完成投资 8658 万元。（付建军）

【海外工程】　委内瑞拉社会住房项目　位于委内瑞拉首都加拉加斯迪乌纳。合同投资 157963 万元，合同工期 2012 年 3 月—2014 年 4 月。主要工程量：TIUNA 地块社会住房项目 34 栋住宅，总建筑面积 33 万平方米；ARSENAL 地块 34 栋楼房土建装饰工程，总建筑面积 43860 平方米，包括幼儿园 2 座、中学 1 座。截至 2014 年底，开工累计完成投资 81483 万元。ARSENAL 地块工程完工。

安哥拉 KK5000 套住房项目　工程分为 R1、R2 地块各 15 栋公寓楼及小区配套小市政工程，总建筑面积 40565 平方米，合同投资 21514 万元，合同工期 2012 年 4 月—2014 年 1 月。截至 2014 年底，开工累计完成投资 21362 万元。工程竣工，验收交付使用。

安哥拉 RED－卢班戈项目　设计总量 4185 套，总建筑面积 43 万平方米，合同投资 155422 万元，合同工期 2012 年 7 月—2014 年 8 月。截至 2014 年底，开工累计完成投资 81818 万元。（付建军）

【经营管理】　（1）工程经营。2014 年，集团公司承揽工程 151 项，新签合同总额 218 亿元。其中，铁路工程 19 项 957188 万元；公路工程 12 项 366670 万元；市政工程 23 项 163860 万元；城市轨道交通工程 4 项 98377 万元；水利、电力工程 11 项 21679 万元；房屋建筑工程 21 项 369941 万元；其他工程 61 项 206917 万元。二次经营536416万元。其中，铁路工程变更调差348981万元；公路工程变更调差114449万元；工民建等其他行业工程变更调差72986万元。

(2)安全质量。坚持“安全第一，预防为主，综合治理”方针，深入学习《安全生产法》《建设工程安全生产管理条例》《生产安全事故报告和调查处理条例》《安全生产许可证条例》，开展安全生产专项整治、隐患排查治理、“安全生产年”“全国安全生产月”等安全大检查活动，严格落实各级安全生产责任制，强化施工现场检查监控，增强职工的安全意识，消除事故隐患。集团公司安全生产稳定发展，基本可控，杜绝因工死亡、重伤事故和重大设备事故的发生。年内组织3期公路、水利、建筑工程施工安全管理人员培训班，365人参加培训。其中，20人取得建筑施工企业企业负责人安全生产考核合格证书；203人取得建筑施工企业项目负责人安全生产考核合格证书；142人取得建筑施工企业专职安全管理人员安全生产考核合格证书。2014年，集团公司获改革开放35周年金典工程4项、中国建设工程鲁班奖1项、国家优质工程1项、省部级优质工程6项、中国铁建杯优质工程14项；集团公司评出优质工程26项。

(3)财务与资金管理。截至2014年底，企业资产总额从2013年的279.5亿元增加到294.4亿元，其中货币资金30.3亿元，占资产总额的10.3%。应收账款64.6亿元，固定资产净值29.3亿元，负债总额258.4亿元，其中贷款总额(长短期借款加应付债券)72.4亿元，占负债总额的28%。贷款中，用于房地产项目2亿元、BT项目17.2亿元。应付款项(包括应付账款、应付客户合同工程款、其他应付款和长期应付款)153.5亿元。资产负债率87.79%。实现净利润4.85亿元。在岗职工年人均收入61000元。

(4)审计监督。2014年，全集团两级审计机构共完成审计项目129项。其中，经济责任审计11项；工程项目审计84项；财务收支审计6项；基建审计12项；内控制度审计2项；其他审计14项。披露各类问题714条，提出审计建议509条。年内，配合完成阳太、灵山、能源学院、甘泉、武汉地铁、石武铁路客运专线等10余个工程项目的外部审计工作，配合股份公司完成成绵乐、杭长、杭甬、沪昆、宁杭等5个工程项目的审计工作。 (丁晓东 李煜 陈昱 卢安全)

【科技开发】 2014年，集团公司有科技研究开发项目171项，其中新立项目72项、延续99项。按照专业分类：线路及路基31项，桥梁工程44项，隧道及地下工程62项，矿山工程1项，市政工程1项，房建工程15项，四电、信息工程8项，试验检测3项，综合管理及信息化6项。集团公司申请承担省部级、中国铁建科研项目15项，其中新立项6项，获得资助资金145万元。年内有23项科技成果通过鉴定，其中1项科技成果达到国际领先水平、15项科技成果达到国际先进水平、6项科技成果达到国内领先水平、1项科技成果达到国内先进水平。全年有22项科技成果获中国铁建及以上科技进步奖，获省部级工法18项、中国铁建优秀工法17项。集团公司参建的京沪高速铁路工程获第十二届中国土木工程詹天佑奖。年内获授权专利65项，其中发明专利9项，获软件著作权1项。 (王青蕊)

【党的工作】 集团公司党委下辖党委16个，其中子公司党委11个、分公司党委2个、其他单位党委2个、集团公司机关党委1个。集团公司辖项目党工委16个，子公司下辖党委8个、党总支17个、项目党工委279个。全集团党支部440个，党员8715名。其中，正式党员8453名、预备党员262名；在岗党员7568名，离退休职工党员1147名；女党员1124名，少数民族党员69名。2014年，集团公司以进一步推进党的群众路线教育实践活动为重点，重点开展理想信念、宗旨意识、群众观点、党纪法规、社会主义核心价值观学习教育，引导广大党员干部模范践行社会主义核心价值观。在股份公司第三督导组的指导帮助下，集团公司本级、所属16个子(分)公司、532个基层党组织，8411名党员干部严格遵循“照镜子、正衣冠、洗洗澡、治治病”的总要求，聚焦“四风”问题，以务实清廉为民为目标正思想，以整风精神开展批评与自我批评正作风，以“钉钉子”精神建立长效机制正行为，将领导带头、理论武装、敞开大门、整风精神、整改落实、建章立制贯穿到活动始终，将“四个深度结合”贯穿始终，形成领导带头、班子示范、上行下效良好局面。将教育实践活动学习教育、听取意见，查摆问题、开展批评，整改落实、建章立制中的特色工作、亮点工作进行总结。教育实践活动中确定整改问题22项，专项整治问题4项，建立健全规章制度15项。把2014年定为“作风效能提升年”，以“务实、高效、创新、争优”为要求，以作风转变为主线，以“四改四比”(即：改进干部工作作风、比作风深入，改进群众工作方法、比工作实效，改进清廉保障措施、比清正廉洁，改善党群干群关系、比职工满意)为抓手，进一步将教育实践活动引向深入。贯彻落实《中国共产党党员廉洁从政若干准则》《国有企业领导人员廉洁从业若干规定》，深入实施《惩防体系2013—2017工作规划》，推进党风廉政建设。建立“六个一”工作制度(每年签订一次责任书、每年初进行一次责任分工、每年5月开展一次教育月活动、每半年召开一次联席会议、每年书面报告一次责任落实情况、每年进行一次考核并通报结果),落实巡视制度,抓好廉洁风险防控工作。严格落实“八项规定”,年内查处超标准购车、擅自购车、公车私用、公款购香烟、违规报销酒、违规报销业务招待费等11起,19人受到党纪政纪处分。全年受理信访、电话举报26件,初核线索48件,立案42件,查结35件。其中,失职渎职类18件;违反廉洁自律规定类7件;贪污贿赂类5件;违反财经纪律类2件;严重违反社会主义道德类2件;其他违纪1件。党纪政纪处分84人(处级11人)。党纪处分17人,其中警告10人、严重警告4人、留党察看3人。政纪处分77人,其中警告26人、记过32人、记大过7人、降级4人、撤职7人、开除1人。党纪、政纪双重处分10人,组织处理2人,移送司法机关2人,刑事处理2人。通过办案,为企业挽回直接经济损失213.35万元。各单位严格问责安全质量问题,55人受到党纪政纪处分,并处经济赔偿94.8万元。 (温梅 苗淼)

【工会共青团】 (1)工会工作。截至2014年底,集团公司工会下辖16个处级单位工会、510个基层工会和1015个工会小组。工会会员20032人,其中女会员3987人;专兼职工会干部864人,其中工会女干部205人;工会积极分子1205人。2014年,组织开展“五比五杯”劳动竞赛兑现奖金88万元。集团公司第五次获全国“安康杯”竞赛优胜企业荣誉。年内,各单位向集团公司推荐合理化建议和技术改进参评项目97项,评出优秀合理化建议和技术改进项目26项,其中一等奖4项、二等奖5项、三等奖17项。集团公司二届七次职代会征集提案47条,立案26条。其中,企业管理方面的提案10条,占总数的38%;经营承揽方面的提案3条,占总数的12%;项目管控方面的提案4条,占提案总数的15%;队伍建设方面的提案5条,占提案总数的19%;社保福利方面的提案4条,占提案总数的15%。年内,全集团16个子公司单位有15个完成换届工作,选举产生新一届会员代表、工会组织和工会主席。积极参加中国铁建员工“悦读会”系列活动,全集团规范完善固定“职工书屋”39个,流动“职工书屋”520个,征集读书心得110篇、女工征文498篇、摄影作品53幅,举办专家讲座8场,举办汉字听写大赛38次,收集经典诵读作品15件,起到凝聚职工正能量和激发职工悦读兴趣的作用。在中华全国总工会与国务院国资委新闻中心联合举办的“中国梦·劳动美·幸福路”微电影大赛活动中,集团公司制作的微电影《血脉相连的你》《承诺》《青春无悔》3部作品在690余部影片中评选中,《血脉相连的你》获得银奖,《承诺》《青春无悔》获得优秀奖。年内,1人获得全国五一劳动奖章,26名个人和5个集体分别获得省部级表彰。持续开展帮扶救助活动,两级工会共筹集送温暖资金466万元,慰问特困、重困、一般困难职工、困难遗属810户,慰问一线职工、海外职工、临时工、农民工3800余人,慰问退休退职退养职工362人,慰问各级劳模155人。

(2)共青团工作。截至2014年底,集团公司团委下辖11个子公司、2个分公司、中心医院、物业管理中心15个团委,建立基层团组织(团总支、团支部)245个,有专兼职团干部447人(其中专职团干部9人),注册团员4629人,35岁以下青工9346人。年内,结合群众路线教育实践活动的总体部署和要求,“五四”期间开展“展示青年新作为、立足岗位做贡献”群众路线教育为主题的青年读书、青年思想调查、学习焦裕禄精神、学雷锋志愿者、团内表彰、党史团史教育、青春展示、保护环境关爱自然等系列活动。参加中国铁建“我的青春梦想在铁建落地开花”演讲比赛活动并夺得演讲个人冠军。年内,2个单位分别获全国青年安全示范岗集体称号,29个集体获省级表彰,19个集体获中国铁建表彰。 (张利平 王莉莉)

【第一工程有限公司】 拥有铁路、公路、市政公用工程施工总承包一级,房屋建筑、港口与航道、水利水电、矿山工程施工总承包二级,桥梁、隧道、公路路基、铁路铺轨架梁工程专业承包一级,公路路面工程专业承包二级,地质灾害治理丙级,公路工程综合检测乙级和测绘乙级资质。公司驻山西省太原市小店区人民北路18号。执行董事、党委书记严勇智,总经理张耀军。下辖53个项目经理部、9个路桥公司、6个隧桥公司、3个机械运输公司、3个桥梁运架公司、2个制梁厂和青岛公司、大同公司、物业服务公司、商品混凝土公司、桥梁悬灌公司、非标加工公司、房建公司、仓储公司。职工3126人,其中干部1610人、工人1516人。资产总额588687万元。其中,固定资产原值103773万元、净值28765万元;流动资产557485万元。机械运输设备1296台(套),价值45448万元,总功率90330千瓦,成新率60%,动力装备率27千瓦/人,技术装备率86200元/人,机械化施工程度85%。

2014年新签合同额324634万元,完成企业总产值633085万元,其中施工产值632681万元、附营产值404万元。实现利润5385万元。职工年人均收入65330元。国有资产保值增值率105.12%,产值利润率0.7%,净资产收益率7.77%,资产负债率89.66%,投资收益上缴率100%,应上缴款完成率100%。完成主要实物工程量:土石方2534.38万立方米,桥梁21243延长米,隧道28175延长米,涵洞9591横延米,铺轨120千米,公路127千米,房屋建筑85237平方米。工程质量合格率 100%。实现连续安全生产 7200 天。年内,公司参建的京沪高速铁路天津特大桥工程获国家优质工程奖,参建的青藏铁路、京沪高速铁路、大秦铁路被中国建筑业协会评为改革开放 35 年经典工程;公司继续保持全国守合同重信用企业、山西省文明和谐单位称号。（胡巧芬）

【第二工程有限公司】 拥有铁路、公路、房屋建筑、市政公用、矿山工程施工总承包一级,水利水电工程施工总承包二级,土石方、桥梁、隧道、公路路基、公路路面工程专业承包一级,地质灾害治理工程丙级资质。公司驻陕西省西安市咸宁中路 55 号。执行董事、党委书记毕永清,总经理陈自明。下辖 7 个路桥工程公司、4 个机运工程公司、4 个隧道工程公司、2 个桥梁运架工程公司、2 个矿山工程公司及西宁铁建宾馆、忻州物业管理中心、西安物业管理中心,72 个工程项目经理部。职工 3458 人,其中干部 1571 人、工人 1887 人。资产总额 498922 万元。其中,固定资产原值 154388 万元、净值 53746 万元;流动资产 443499 万元。机械运输设备 1206 台(套),价值 57926 万元,总功率 114245 千瓦,成新率 49%,动力装备率 33 千瓦/人,技术装备率 8.14 万元/人,综合机械化施工程度 85%。

2014 年新签合同额 540362 万元,完成企业总产值 561433 万元,其中施工产值 560745 万元、附营产值 679 万元。实现利润 7406 万元。职工年人均收入 53942 元。国有资产保值增值率 109.74%,产值利润率 1.32%,净资产收益率 9.46%,资产负债率 84.91%,投资收益上缴率 100%,应上缴款完成率 100%。完成主要实物工程量:土石方 1708.6 万立方米,桥梁 39234 延长米,隧道 31574 延长米,铺轨 80.445 千米,房屋建筑面积 151623 平方米。工程质量合格率 100%。实现连续安全生产 7458 天。1 项工法被认定为国家级工法,获授权发明专利 2 项、实用新型专利 17 项、软件著作权 1 项;公司继续保持全国守合同重信用企业、全国文明单位称号。（王世平）

【第三工程有限公司】 拥有铁路、公路、市政公用工程施工总承包一级,房屋建筑、水利水电工程施工总承包三级,土石方、桥梁、隧道、公路路基、公路路面工程专业承包一级资质。公司驻河北省石家庄市中山西路。执行董事、总经理刘新福,党委书记李建斌。下辖制梁队 4 个、机运队 5 个、隧道工程队 2 个、隧道机械队、预制构件厂、混凝土公司、桥梁运架工程公司、道路工程公司、物资设备租赁公司、无砟轨道工程公司、阿尔及利亚代表处、平遥物业公司、石家庄物业公司、太原基地,45 个工程项目经理部。职工 3047 人,其中干部 1686 人、工人 1361 人。资产总额 540825 万元。其中,固定资产原值 53988 万元、净值 23352 万元;流动资产 493917 万元。机械运输设备 728 台(套),价值 45497.8 万元,总功率 59795 千瓦,成新率 43%,动力装备率 19.6 千瓦/人,技术装备率 6.4 万元/人。综合机械化施工程度 82.5%。

2014 年新签合同额 384648 万元,完成企业总产值 569662 万元,其中施工产值 568219 万元、附营产值 1443 万元。实现利润 7027 万元。职工年人均收入 61076 元。国有资产保值增值率 105%,产值利润率 1.28%,净资产收益率 9.32%,资产负债率 87.2%,应上缴款完成率 100%。完成主要实物工程量:土石方 1657.4 万立方米,桥梁 31738 延长米,隧道 25471 延长米,铺轨 100.3 千米,公路 32.27 千米,房屋建筑面积 16246 平方米。工程质量合格率 100%。实现连续安全生产 7633 天。公司参建的京沪高速铁路天津特大桥工程获国家优质工程奖,承建的沿海公路乐亭至冀津界段高速公路获 2014 年度河北省建设工程安济杯优质工程奖;10 项工法被认定为 2014 年度河北省省级工法;获授权专利 12 项,其中发明专利 3 项。公司被中国施工企业管理协会评为 AAA 信用企业,被评为河北省重点扶持骨干建筑业优秀企业。（岳蕾）

【第四工程有限公司】 拥有公路、市政公用工程施工总承包一级,水利水电、房屋建筑工程施工总承包二级,铁路、矿山工程施工总承包三级,桥梁、隧道、公路路基工程专业承包一级,地质灾害治理工程乙级资质和拥有对外承包工程资格。公司驻重庆市北部高新区洪湖西路 18 号上丁企业公园 25 栋。执行董事、总经理王应权,党委书记黄平。公司外派机构 51 个,多种经营单位 3 个。职工 2950 人,其中干部 1481 人、工人 1469 人。资产总额 495206 万元。其中,固定资产原值 39950 万元、净值 15303 万元;流动资产 466026 万元。机械运输设备 554 台(套),价值 30065 万元,总功率 78105 千瓦,成新率 30.7%,动力装备率 25.85 千瓦/人,技术装备率 9.41 万元/人。综合机械化施工程度 74%。

2014 年新签合同额 198914 万元,完成企业总产值 533749 万元,其中施工产值 531568 万元、附营产值 2181 万元。实现利润 7159 万元。职工年人均收入 45455.46 元。国有资产保值增值率 112%,产值利润率 1.3%,净资产收益率 11.89%,资产负债率 88.85%,应上缴款完成率 100%。完成主要实物工程量:土石方 2177 万立方米,桥梁 21976 延长米,隧道 31437 延长米,涵洞 4260 横延米,房屋建筑面积 25550 平方米。工程质量合格率 100%。年内,公司参建的京沪天津特大桥工程获国家优质工程奖,承建的重庆市两江新区水土高新技术产业园大兴路东段工程龙门大桥获重庆市市政工程金杯奖;获山西省省级工法1项;获授权专利8项。公司获全国优秀施工企业、重庆市AAA诚信建筑企业、重庆市守合同重信用单位、渝北区建筑业十强单位称号。 (闫志浩)

【第五工程有限公司】 拥有公路、市政公用工程施工总承包一级,铁路、水利水电、房屋建筑、矿山工程施工总承包二级,土石方、隧道、桥梁、公路路基工程专业承包一级和特种专业工程专业承包资质。公司驻山西省太原市小店区人民北路20号。执行董事、党委书记杨永宏,总经理聂武丁,常务副总经理刘朝辉。下辖33个工程项目经理部、2个物业公司。职工2314人,其中干部1067人、工人1247人。资产总额268552万元。其中,固定资产原值43955万元、净值16463万元;流动资产249511万元。机械运输设备613台(套),价值21105.31万元,总功率69570千瓦,成新率45%,动力装备率29.52千瓦/人,技术装备率40300元/人。

2014年新签合同额44476万元,完成企业总产值271538万元,实现利润4432万元。职工年人均收入53140.41元。国有资产保值增值率112.98%,产值利润率1.76%,净资产收益率12.5%,资产负债率85.69%,应上缴款完成率100%。完成主要实物工程量:土石方275.8万立方米,桥梁42378.54延长米,隧道13180.5延长米,涵洞669.28横延米,公路6.32千米,房屋建筑面积12144平方米。工程质量合格率100%。实现连续安全生产7300天。年内,公司参建的京沪高速铁路天津特大桥工程获国家优质工程奖,4项工法被认定为山西省省级工法,获授权发明专利1项、实用新型专利1项。公司被中国建筑业协会评为全国建筑业先进企业,被评为山西省骨干建筑业企业、山西省高新技术企业、山西省安全明星企业,获得山西省五一劳动奖状、山西省AAA级信用等级荣誉。

(赵毅敏)

【第六工程有限公司】 拥有公路、市政公用工程施工总承包一级,铁路工程施工总承包二级,房屋建筑工程施工总承包三级,土石方、桥梁、隧道、公路路基工程专业承包一级资质。公司驻福建省福州市连江中路181号中铁大厦。执行董事、总经理李永珑,党委书记叶智锋。下辖31个工程项目经理部及唐城大厦、桥梁公司、隧道公司、机运公司、混凝土公司、盾构公司、房地产公司。职工986人,其中干部622人、工人364人。资产总额332318万元。其中,固定资产原值72643万元、净值36854万元;流动资产290378万元。机械运输设备558台(套),价值49200.6万元,总功率60378.4千瓦,成新率57.2%,动力装备率43.31千瓦/人,技术装备率20.19万元/人。综合机械化施工程度80%。

2014年新签合同额133769万元,完成企业总产值380176万元,其中施工产值379410万元、附营产值766万元。实现利润4185万元。职工年人均收入78065元。国有资产保值增值率110.36%,产值利润率1.01%,资产负债率87.90%,投资收益上交率45%,应上缴款完成率100%。完成主要实物工程量:土石方699万立方米,桥梁20865延长米,隧道18574延长米,涵洞1894横延米,铺轨51千米,公路32千米,房屋建筑面积59877平方米。工程质量合格率100%。实现安全生产连续2499天。年内,公司参建的宁德至武夷山高速公路宁德段A3合同段工程获福建省闽江杯优质工程奖,获中国施工企业管理协会科技进步二等奖2项,获国家级工法1项,获授权实用新型专利9项。公司获“全国文明单位、全国企业文化顶层设计与基层践行优秀单位、福建省建筑业企业信用评价AAA级信用企业、2013年度科技创新先进企业、厦门市施工总承包AAA企业”荣誉。 (张巍巍)

【建筑工程有限公司】 拥有房屋建筑、市政公用工程施工总承包一级,机电安装工程施工总承包二级,建筑装修装饰、钢结构、地基与基础工程专业承包一级,建筑智能化、起重设备安装工程专业承包二级,土石方工程专业承包三级资质。公司驻山西省太原市学府街121号。执行董事、党委书记杨琼东,总经理王学斌。下辖36个工程项目经理部、1个物业管理中心。职工1096人,其中干部719人、工人377人。资产总额224060万元。其中,固定资产原值34366万元、净值18639万元;流动资产203494万元。机械运输设备574台(套),价值19970万元,总功率58208千瓦,成新率65%,动力装备率60千瓦/人,技术装备率8万元/人。

2014年新签合同额255400万元,完成企业总产值204795万元,其中施工产值204768万元、附营产值27万元。实现利润5747万元。职工年人均收入51200元。国有资产保值增值率107.8%,产值利润率2.81%,净资产收益率6.99%,资产负债率80.78%,投资收益上缴率100%,应上缴款完成率100%。完成房屋建筑面积66.9万平方米。工程质量合格率100%。实现连续安全生产10148天。年内,公司承建的北京华电工程获北京市建筑结构长城杯银质奖。公司获全国建筑业先进企业、全国工程建设QC小组活动优秀企业及山西省优秀建筑业企业、工程建设质量管理优秀单位、用户满意建筑施工企业、建筑施工安全生产标准化单位等荣誉。（韩风云）

【电气化工程有限公司】 拥有机电设备安装工程施工总承包一级，市政公用、房屋建筑、通信、电力工程施工总承包二级，铁路电气化、铁路电务、送变电、电信工程专业承包一级，公路交通工程通信系统分项、监控系统分项、收费系统分项、承装（修、试）电力设施许可承装类二级、承修类二级资质。公司驻山西省太原高新区高新街32号。执行董事、党委书记王军（5月免），总经理尹建军（5月主持工作）。下辖37个工程项目经理部。职工402人，其中干部356人、工人46人。资产总额107008万元。其中，固定资产原值9091万元、净值3446万元；流动资产103555万元。机械运输设备431台（套），价值7603万元，总功率68424千瓦，成新率24.52%，动力装备率62.55千瓦，技术装备率48100元。机械化施工程度75%。

2014年新签合同额64662万元，完成企业总产值90137万元，实现利润3036万元。职工年人均收入79331元。产值利润率3.5%，净资产收益率16.15%，资产负债率83.11%，投资收益上交率100%，应上缴款完成率100%。完成主要实物工程量：电力476处、通信893处，管线迁改103处，综合接地168千米，房屋建筑面积1589平方米，公路19千米。工程质量合格率100%。实现连续安全生产3291天。年内，公司参建的京沪高速铁路天津特大桥工程获国家优质工程奖，获省级工法4项，获授权发明专利1项、实用新型专利2项。（边利霞）

【重要记载】

▲1月5日 中国铁建国际集团举行阿尔及利亚贝贾亚连接线项目签约仪式，集团公司代表出席仪式并签署施工合同。

▲1月14日 集团公司第二届“十佳道德模范”“道德模范提名奖”揭晓。秦志斌、白雪峰、范三庆、刘义、王建强、任帅、陈宜俊、石建明、丁元秀、关改玉等获“十佳道德模范”称号；曹树喜、杜权、曹华勇、艾代国、杨永福等获“道德模范提名奖”。

▲1月20日 集团公司技术中心被命名为国家级技术中心，并在机关举行揭牌仪式。

▲1月23日 集团公司第四届首席技师评选工作揭晓，13名高级技师获评第四届“首席技师”。集团公司为探索高技能人才激励模式，于2007年建立首席技师制度。集团公司首席技师1～4年评选1届，每届管理期3年。

▲2月11—12日 集团公司党委二届五次全会二届七次职代会暨2014年工作会在太原市召开，279人参加会议。会议听取党委工作报告、行政工作报告和财务工作报告及经营工作报告，听取工会工作讲话和提案工作报告，与会代表对集团公司领导班子成员进行民主评议。会上，集团公司与所属单位签订2014年工程经营责任书、在建工程管理及安全生产责任书、技术管理责任书、经济效益责任书、变更调差责任书，区域经营责任（合同）书、党委工作目标管理责任书、经营管理责任书、区域经营责任书、项目管理责任书和项目公司绩效责任书。

▲2月13日 集团公司2014年党风建设和反腐倡廉工作会议在机关召开，176人参加会议。会议听取以《扎实履职，守土尽责，为企业改革发展提供坚强保证》为题的工作报告，传达学习股份公司2014年党风建设和反腐倡廉工作会议精神以及习近平总书记在十八届中纪委三次全会上的讲话；与15个子分公司、10个区域总部和15个局管项目签订2014年党风廉政建设责任书；表彰2012—2013年度纪检监察工作先进集体和先进个人。

▲3月14日 集团公司党的群众路线教育实践活动动员部署大会在太原召开。

▲4月2日 建设中的吉图珲铁路客运专线小盘岭1号隧道发生坍塌事故，导致12名施工人员被困。集团公司接到救援命令后，迅速启动应急救援预案，以最快速度组织精干人员和精良设备，跨越2200千米于4日到达洞口，利用液压顶管机实施救援，5日15时被困12人全部获救。集团公司救援队现名为国家应急救援中国铁建十七局太原队，现有人员46人，拥有各类多功能集成抢险救援装备22台（套）。

▲4月29日 建筑公司承建的山西省图书馆工程获2013年度山西省建设工程汾水杯奖。

▲4月30日 集团公司与陕西城际铁路有限公司就西安北客站至机场轨道交通项目建设施工举行签约仪式。线路全长25.355千米，建设工期48个月，合同投资107.45亿元。

▲5月8日 正在安哥拉国访问的国务院总理李克强参观建筑公司参建的安哥拉社会住房项目——凯兰巴·凯亚西新城（简称KK新城），了解民生工程情况，并召开海外民生工程座谈会。

▲5月10日 在河南省郑州市考察的中共中央总书记、国家主席、中央军委主席习近平考察建筑公司参建的郑州铁路集装箱中心站工程。

▲7月24日 集团公司第二届“十佳师徒”评审会在太原举行。15位评委对21对候选师徒进行综合评定，评选产生出第二届“十佳”师徒。

▲7 月 31 日　集团公司举行“传播正能量、共圆企业梦”暨兵改工 30 周年职工文体展示活动。集团公司领导和太原区域约 400 名职工及家属观看文体节目展示。

▲8 月 9 日　五公司承建的太原市长风街高架桥主线工程正式通车。

▲9 月 5 日　二公司承建的委内瑞拉蒂乌娜社会住房项目举行交房仪式。委内瑞拉总统马杜罗、副总统豪亚、住房部部长莫尔等参加交房仪式。委内瑞拉国家电视台对活动进行全程现场直播。

▲9 月 19 日　集团公司承建的阿尔及利亚嘎兹瓦特港口至特莱姆森连接线一期工程正式开工。嘎兹瓦特港口至特莱姆森连接线公路,全长 42 千米,合同投资 50 亿元。

▲9 月 22 日　集团公司总承包的阿尔及利亚马斯卡拉省 3048 套保障房项目举行奠基仪式。马斯卡拉省省长兹图尼、住房局局长、不动产经营管理局(OPGI)总经理等政府官员和集团公司北非区总部、参建项目员工参加奠基仪式。

▲同日　集团公司参建的新建青藏铁路格尔木至拉萨段、京沪高速铁路、大秦铁路、兰武二线乌鞘岭特长隧道、武广铁路客运专线武汉站 5 项工程被评为改革开放 35 年百项经典暨精品工程。

▲9 月 23 日　土耳其国家广播电视总台摄制组一行 4 人到集团公司郑徐铁路客运专线项目参观采访,国家新闻出版广电总局国际司原副司长周桂珍等陪同。

▲11 月 5 日　集团公司党的群众路线教育实践活动总结大会在太原召开。

▲11 月 15 日　集团公司及六公司、上海轨道交通公司被中国企业文化研究会评为企业文化顶层设计与基层践行优秀单位。

▲11 月 28 日　建筑公司、五公司被中国建筑业协会评为全国建筑业先进企业。

▲12 月 7 日　马来西亚国家广播电视台、国家新闻社、《星报》《南洋商报》《新海峡时报》5 家新闻媒体组成采访团到集团公司郑徐铁路客运专线建设工地采访。

▲12 月 13 日　全国人大常委会设立“南京大屠杀死难者国家公祭日”的第一个国家公祭日,全集团组织收看“南京大屠杀死难者国家公祭仪式”现场直播,举行默哀仪式,沉痛悼念南京大屠杀死难者和所有在日本帝国主义侵华战争期间惨遭日本侵略者杀戮的死难同胞,观看《南京、南京》等纪录片,牢记侵华日军惨无人道的滔天罪行和侵略者犯下的反人类暴行。

▲12 月 17 日　集团公司总经理卢朋在南宁出席南昆铁路南宁至百色段增建二线合同签字仪式,并代表集团公司与业主签订“南昆铁路南宁至百色段增建二线工程 NBSG－2 标段施工合同书”。

▲12 月 18 日　中华全国总工会与国务院国资委新闻中心联合举办的“中国梦 · 劳动美 · 幸福路”微电影大赛颁奖仪式在北京举行。对荣获金奖的 16 部影片、荣获银奖的 24 部影片进行表彰。经山西省总工会推荐、由集团公司工会组织制作的微电影《血脉相连的你》获得银奖,《承诺》《青春无悔》获得优秀奖。本次活动共有 690 余部微影片参与评选。

▲12 月 26 日　2013—2014 年度国家优质工程颁奖大会在北京隆重召开。集团公司承建,一公司、三公司、四公司、五公司、铺架分公司参建的京沪高速铁路天津特大桥获 2013—2014 年度国家优质工程奖。天津特大桥全长 113.7 千米。

▲同日　建筑公司承建的山西省图书馆工程获 2014 年度中国建设工程鲁班奖。　(孟庆财)

中铁十八局集团有限公司

【简况】　中铁十八局集团有限公司系铁路、房屋建筑工程施工总承包特级,公路、水利水电、市政公用工程施工总承包一级,隧道、桥梁、城市轨道交通、机场场道、公路路面工程专业承包一级,铁道行业设计甲 II 级,房建甲级设计、地质灾害治理施工和建筑专业甲级,测绘乙级资质企业,同时拥有对外承包工程资质和对外经营权。2010 年被认定为天津市高新技术企业。集团公司驻天津市河西区大沽南路 1519 号。前身是中国人民解放军铁道兵第八师,1984 年 1 月 1 日集体转业,改编为铁道部第十八工程局;2001 年 4 月 18 日企业改制改称现名。下辖 11 个子公司、3 个分公司、12 个区域指挥部及 24 个工程指挥(项目)部。职工 16969 人,其中干部 11164 人、工人 5805 人。资产总额 2879596 万元。其中,固定资产原值 660705 万元、净值 327382 万元;流动资产 2428854 万元。机械运输设备 6617 台(辆),原值 462886.92 万元、净值 216127.85 万元,总功率 726445.27 千瓦,动力装备率 42.81 千瓦/人,技术装备率 12.74 万元/人,新度系数 0.47。

2014 年承揽工程任务 3736310 万元,完成企业总产值 3202042 万元,其中施工产值 3131288 万元;实现利润 47079 万元。全员劳动生产率 42.53 万元/人年,人均创利 3.43 万元,职工年人均收入 6.52 万元。国有资产保值增值率 113.62%,净资产收益率 14.3%,

应上缴款完成率93.11%，资产负债率86.89%。完成主要实物工程量：土石方7646万立方米，隧道84656延长米，桥梁82455延长米，铁路正线铺轨55千米，站线铺轨12.7千米，铺道岔27组，铁路架梁486孔，公路架梁530片，地铁17.63千米，公路286.1千米，路面180.4万平方米，房屋建筑226万平方米。单位工程合格率100%，分项工程合格率100%。年内，集团公司获中国建设工程鲁班奖1项、中国土木工程詹天佑奖4项、国家优质工程奖3项、全国市政金杯示范工程奖2项、省市级及行业优质工程奖10项、省市级优质结构工程奖11项，获得国家级优秀QC成果奖8项、省部市级优秀QC成果奖23项，国家级优秀项目管理成果奖1项、天津市优秀项目管理成果奖3项。集团公司获2013年度天津市优秀诚信建筑业企业称号，四公司、五公司、六公司获天津市百家诚信企业称号，集团公司被评为天津市劳动竞赛十大示范单位。1人获得中华全国铁路总工会火车头奖章，1人被评为全国劳动模范，12人获得天津市五一劳动奖章，6人被评为中国铁建劳动模范。孔凡成劳模创新工作室被中华全国总工会命名为首批“全国示范性劳模创新工作室”。

（韩　雪）

【领导人员】

董事会

董事长	彭仕国（7月任）
副董事	宋占波（7月任）
	彭道富
	赵心昭
	马秀之

监事会

监事会主席	马培卿
监　事	熊　晖
	徐锡国

经理层

总经理	彭仕国
副总经理	彭道富
	陆晓辉（3月免）
	韩利民
	李铁翔
	马秀之
	邓　勇（9月免）
	陈建民
	薛新广
	余柏华（3月任）
	孟文林（3月任）
	崔连友（9月任）
	童顺军（9月任）
	闫广天（9月任）
总工程师	韩利民（兼）
总会计师	马秀之（兼）

党群领导

党委书记	宋占波（7月任）
党委副书记	彭仕国
	王兴周
	马培卿
纪委书记	马培卿（兼）
工会主席	赵心昭

（杨　勇）

【工程项目指挥机构】 华南区域指挥部　驻广东省深圳市南山区丽山路西湖林语3栋106号。指挥长彭道富兼任（10月任），常务副指挥长宋鹤庆（10月改任）。

华中区域指挥部　驻湖北省武汉市武昌区民主路三巷743号。指挥长李铁翔兼任（10月任），常务副指挥长温法玺（10月改任）。

西北区域指挥部　驻陕西省西安市高新区唐延路群贤庄4号楼1门501室。指挥长余柏华兼任（10月任），常务副指挥长刘术臣（10月改任）。

新疆区域指挥部　驻新疆维吾尔自治区乌鲁木齐市沙依巴克区友好北路146号新疆昆仑宾馆北楼9层。指挥长余柏华兼任（10月任），常务副指挥长杜万英（10月改任）。

华东区域指挥部　驻上海市闸北区芷园路417号。指挥长崔连友兼任（10月任），代常务副指挥长李英武（3月任）。

东南区域指挥部　驻江西省南昌市青云谱区井冈山大道383号。指挥长崔连友兼任（10月任），常务副指挥长刘瑞永（10月任）。

北京区域指挥部　驻北京市海淀区首体南路33号。指挥长童顺军兼任（10月任）。

神华区域指挥部　驻天津市河西区柳林。指挥长童顺军兼任（10月任），常务副指挥长郎珉（10月任），党工委书记唐海涛（10月任）。

东北区域指挥部　驻辽宁省沈阳市皇姑区鸭绿江街17号。指挥长刘洪德兼任（10月任）。

西南区域指挥部　驻四川省成都市机场路土桥段14号。指挥长闫广天兼任（10月任），常务副指挥长祝天祥（10月改任）。

云南区域指挥部　驻云南省昆明市官渡区巫家坝机场民航电信大楼4楼。指挥长闫广天兼任（10月任），常务副指挥长龚清（10月任）。

天津区域指挥部　驻天津市塘沽区临港路1396号。指挥长范成国兼任(10月任),常务副指挥长冯希民(10月任)。

南疆吐库二线铁路工程项目指挥部　驻新疆维吾尔自治区吐鲁番市托克逊县阿乐惠镇。指挥长杜万英,党工委书记陈华东(10月免)。

北京地铁工程指挥部　驻北京市海淀区西翠路17号院。指挥长陈典华(10月任),党工委书记梅江涛。

兰渝铁路工程指挥部　驻甘肃省陇南市武都区汉王镇。常务副指挥长苏睿,党工委书记江顺。

贵广铁路工程指挥部　驻贵州省凯里市从江县。常务副指挥长李正士,党工委书记宋玉毛。

京津城际铁路延伸线工程项目部　驻天津市东丽区津塘公路396号天管宾馆。项目经理钟兴兵,党工委书记李瑞显(7月免)。

武黄城际铁路3标段项目经理部　驻湖北省黄石市团城山开发区大泉路。项目经理孟祥义,党工委书记高纯根(10月免)。

武咸城际铁路1标段项目经理部　驻湖北省武汉市江夏区武昌大道特8号和平农庄内。项目经理苗福启,党工委书记杨廷玺。

湘桂铁路扩改工程柳南段Ⅳ标段指挥部　驻广西壮族自治区南宁市民族大道98号审计厅生活区东单元D05房。指挥长苏在林。

兰新铁路甘青段(西宁)项目经理部　驻青海省海东市民和回族土族自治县新区。项目经理兼党工委书记杨春明(未下文)。

大西铁路工程指挥部　驻山西省晋中市灵石县静升镇龙泉宾馆。常务副指挥长武守恩,党工委书记郑艳。

中南部铁路通道ZNTJ-12标段项目经理部　驻山西省长治市平顺县迎宾大道。常务副经理张晓华,党工委书记黄振歧。

云桂铁路云南段项目经理部　驻云南省弥勒市温泉路中段。常务副经理杨继明,党工委书记矣成辉。

厦深铁路(广东段)工程指挥部　驻广东省汕尾市城区新湖工业区。常务副指挥长宋庚银。

渝利铁路工程项目经理部　驻重庆市万盛区万盛宾馆。常务副经理张海龙。

三南铁路工程指挥部　驻重庆市万盛区万东北路42号万盛宾馆二楼。指挥长张海龙,党工委书记刘文友。

田桓铁路TH-2标段工程项目经理部　驻辽宁省本溪市桓仁县清华路西关新屯5号办公楼。项目经理兼党工委书记张馨。

渝黔铁路土建2标段项目经理部　驻重庆市九龙坡区华福大道九龙工业园区B2区。项目经理吴忠良,党工委书记李铁军(1月任)。

石济铁路客运专线项目经理部　驻山东省德州市平原县平安东大街桃园宾馆A2楼。项目经理王志杰(1月任),党工委书记刘丛勇(1月任)。

福平铁路FPZQ-1标段项目经理部　驻福建省福州市仓山区螺洲镇洲尾61号快科工业园。项目经理杜卫军(10月任),党工委书记成贵宾(10月任)。

成贵铁路CGZQSG-14标段项目经理部　驻贵州省毕节市大方县羊场镇穿岩村。常务副经理付彦生(8月任)。

大瑞铁路怒江至龙陵段项目经理部　驻云南省保山市施甸县。常务副经理阎树欣(7月任),党工委书记李瑞显(10月任)。

中铁建贵州安紫高速公路施工总承包指挥部　驻贵州省安顺市西秀区中华东路与塔山东路交口建设银行4楼。项目经理杨国良(10月任)。

武九铁路客运专线(湖北段)2标段项目经理部　驻湖北省黄石市阳新县荻田村。项目经理赵建宇(10月任),党工委书记高纯根(10月任)。

黔张常铁路1标段项目经理部　驻湖南省张家界市桑植县文明东路计生局院内。代项目经理侯守江(未下文),代党工委书记杨廷玺(未下文)。（杨　勇）

【职工队伍】　职工16969人。研究生以上学历185人,本科6115人,大专4360人,中专以下6309人。干部11164人,专业技术干部9860人,占干部总数的88%,其中初级职务6157人、中级职务2426人、高级职务1277人。

工人5805人,技术工人3002人,占工人总数的51.7%,其中初级工158人、中级工677人、高级工1403人、技师562人、高级技师202人。（杨　勇）

【铁路工程施工】　2014年,集团公司在建铁路工程75项,合同投资7362831万元,完成施工产值765438万元,占施工总产值的24.4%。

新建铁路云桂线(云南段)站前6标段工程　位于云南省红河州弥勒县。线路长52.4千米,合同投资357996万元,合同工期2010年9月20日—2015年2月28日。主要实物工程量:隧道9座31978延长米,桥梁16座8108.22延长米,涵洞35座1674.94横延米,无砟轨道33.28千米,有砟轨道19.12千米。线路重难点工程为南盘江特大桥及新哨隧道。截至2014年底,开工累计完成投资291679万元,占合同投资的81.4%。

莞惠城际轨道交通项目施工总承包 GZH－2 标段工程　位于广东省惠州市。线路长 5.78 千米，合同投资 110000 万元，合同工期 2009 年 10 月 25 日—2012 年 12 月 31 日。主要实物工程量：路基段 93.1 米，隧道 1 段，无砟道床铺轨 11.4 千米，车站 1 座。截至 2014 年底，开工累计完成投资 113601 万元，占合同投资的 94.6％。

新建福州至平潭铁路 FPZQ－1 标段工程　位于福建省福州市仓山区。线路长 25.475 千米，合同投资 188495 万元，合同工期 2013 年 11 月 1 日—2019 年 4 月 30 日。主要实物工程量：路基土石方 49.93 万立方米，桥梁 21 座 10558.2 延长米，隧道 10 座 16055.8 延长米，涵洞 7 座。截至 2014 年底，开工累计完成投资 25554 万元，占合同投资的 13.5％。

新建石家庄至济南铁路客运专线站前 SJZ－6 标段工程　位于山东省德州市平原县境内。线路长 33.087 千米，合同投资 243400 万元，合同工期 2014 年 1 月 1 日—2017 年 9 月 30 日。主要实物工程量：区间路基 1374 米，站场路基 1204 米，桥梁 9 座，密排框架 1 座，涵洞 3 座，预制箱梁 947 孔，架设箱梁 1162 孔。截至 2014 年底，开工累计完成投资 25490 万元，占合同投资的 22.6％。

新建成贵铁路乐山至贵阳段站前 CGZQSG14 标段工程　位于贵州省毕节市大方县境内。线路长 33.931 千米，合同投资 240454 万元，合同工期 2014 年 1 月 1 日—2018 年 2 月 28 日。主要实物工程量：路基土石方 183 万立方米，路基 7293 米，隧道 16 座 14094 延长米，桥梁 28 座 12544 延长米，涵洞 20 座 378.72 横延米，制架箱梁 555 孔，铺设无砟道床 53.88 千米。截至 2014 年底，开工累计完成投资 21386 万元，占合同投资的 11.5％。　（李立辉）

【铁路外工程施工】　2014 年，集团公司在建路外工程 478 项，合同投资 9154107 万元，完成施工产值 2365850 万元，占施工总产值的 75.6％。其中，公路工程 95 项，合同投资 2385169 万元，完成施工产值 583026 万元；其他工程 383 项，合同投资 6768938 万元，完成施工产值 1782824 万元。

贵阳龙洞堡国际机场改扩建工程　位于贵州省贵阳市南明区。合同投资 17950 万元，合同工期 2013 年 11 月 25 日—2014 年 7 月 22 日。主要工程量：A 区屋盖长 224.6 米×81.4 米，网架最高点标高 33.578 米；B 区网架面积 161.6 米×45 米，网架最高点标高 16.150 米；C 区面积 79.9 米×137.9 米，网架最高点标高 33.680 米，钢结构部分用钢量 8400 吨。截至 2014 年底，开工累计完成投资 18261 万元，占合同投资的 91.3％。

北京地铁 16 号线 8 标段工程　位于北京市东城区。线路长 2.424 千米，合同投资 56132 万元，合同工期 2013 年 6 月 1 日—2016 年 12 月 28 日。主要工程量：1 站 1 区间。截至 2014 年底，开工累计完成投资 16140 万元，占合同投资的 32.7％。

北京地铁 16 号线 16 标段工程　位于北京市海淀区。线路长 1.06 千米，合同投资 46877.36 万元，合同工期 2013 年 6 月 1 日—2016 年 12 月 28 日。截至 2014 年底，开工累计完成投资 5711 万元，占合同投资的 14.1％。

天津地铁 5 号线工程土建施工第 15 合同段　位于天津市河东区。线路长 2.071 千米，合同投资 36987 万元，合同工期 2012 年 8 月 11 日—2015 年 12 月 31 日。主要工程量：1 站 2 区间。截至 2014 年底，开工累计完成投资 15666 万元，占合同投资的 48.4％。

长春地铁 2 号线一期工程 5 标段工程　位于吉林省长春市南关区。线路长 3.1 千米，合同投资 89878 万元，合同工期 2013 年 4 月—2016 年 12 月。主要工程量：2 站 3 区间。截至 2014 年底，开工累计完成投资 5438 万元，占合同投资的 6.1％。

辽西北引水隧洞二段 4 标段　位于辽宁省抚顺市清原县境内。线路长 22.294 千米，合同投资 64832 万元，合同工期 2012 年 9 月—2016 年 5 月。主要工程量：输水洞长 29365 延长米，5 条施工支洞。截至 2014 年底，开工累计完成投资 35139 万元，占合同投资的 54.2％。

引汉济渭工程秦岭隧洞 TBM 施工段岭北工程　位于陕西省西安市周至县境内。线路长 16.690 千米，合同投资 116493 万元，合同工期 2014 年 6 月—2017 年 6 月。主要工程量：TBM 掘进施工段 16096 延长米。截至 2014 年底，开工累计完成投资 35139 万元，占合同投资的 54.2％。

吉林省中部城市引松供水工程总干线 TBM2 标段工程　位于吉林省吉林市永吉县境内。线路长 22.6 千米，合同投资 84502 万元，合同工期 2014 年 2 月—2019 年 8 月。主要工程量：引水隧洞长 22600 延长米。截至 2014 年底，开工累计完成投资 7277 万元，占合同投资的 8.6％。　（李立辉）

【经营管理】　（1）工程承揽。2014 年承揽工程项目 241 项，新签合同额 3736310 万元。其中，铁路工程 718131 万元，占合同总额的 19.2％；公路工程 755230 万元，占合同总额的 20.2％；水利电力工程 80222 万元，占合同总额的 2.1％；房屋建筑工程 1056146 万元，占合同总额的 28.2％；市政工程 588088 万元，占合同总额的15.7%；城市轨道工程314554万元，占合同总额的8.4%；其他工程223939万元，占合同总额的6%；海外工程397130万元。

（2）企业管理。10月24日，集团公司启动房屋建筑特级资质申报工作。建筑安装公司取得铁路电务和铁路电气化三级资质。云贵铁路弥勒轨枕场、石济铁路梁场完成局级鉴定和国家许可认证工作。配合股份公司开展年度内控审计工作，现场测试5家单位。集团公司面临13项重大、重要风险，编制风险全面解决方案。机关各部门按要求制定专项风险管控实施方案、所属各单位制定本单位的2014年度风险管控方案，有效降低了风险系数。按照股份公司部署，完成战略规划信息系统和股份公司战略规划系统资质管理模块的录入和审核提交等工作。集团公司被评为2014年天津市水利市场信用AA等级，获2013年度天津市优秀诚信建筑业企业称号；四公司、五公司、六公司被评为天津市百家诚信企业。

（3）安全质量管理。年初，集团公司董事长、党委书记和总经理与各子公司执行董事、党委书记、总经理，分公司总经理、党委书记，指挥部党政主要领导分别签订"2013年安全质量工作包保责任状"。经年终考核，兑现奖励金额420.1万元，其中奖励单位316.9万元、奖励主管领导103.2万元，有28个单位、51名个人获得奖励。推进施工现场安全质量标准化管理，加强安全质量基础工作，强化施工现场安全监控，4个项目被评为中国铁建安全质量标准工地。全年获得国家级优秀QC成果奖8项、国家级优秀项目管理成果奖1项、省部市级优秀QC成果奖23项、天津市优秀项目管理成果奖3项、中国铁建优秀QC成果奖5项；获国家级优质工程奖10项，其中中国建设工程鲁班奖1项、中国土木工程詹天佑奖4项、国家优质工程奖3项、全国市政金杯示范工程奖2项；获省市及行业优质工程奖10项、省市级优质结构工程11项、中国铁建杯优质工程奖4项；7人获国家优质工程突出贡献者称号。

（4）财务资产管理。①财务制度建设。修订《中铁十八局集团有限公司区域经营财务管理办法》《中铁十八局集团有限公司全面预算管理暂行办法》《中铁十八局集团有限公司财务报告分析暂行办法》《子分公司、区域及工程指挥（项目）部负责人2014年度绩效考核财务综合指标考核实施细则》等管理办法与细则，进一步强化企业基础工作的标准化制度建设，规范企业财经行为。②财经状况核查。5月13—25日，检查各子公司财经状况，从亏损项目、责任成本核算、清欠工作、资金使用情况、财务指标预报、建造合同表、完工项目、经济数据等方面实施检查。③资金管理。各单位按时间节点完成上缴款任务，提高集团资金储备与供应的能力；按月上报资金收支余缺计划情况，做好统筹安排，确保集团资金链条的正常运转；严格执行投标过程过高现金保证金的一票否决制，避免企业陷入资金困局；加大与各大银企的沟通力度，维护企业良好信誉，利用倒贷方式偿还贷款；积极对下进行资金调剂，保持企业整体稳定，协同发展。④产权管理。按时完成日常产权登记工作，全面掌握集团内部法人单位组织架构和分布情况，保护国有资产的安全与完整。⑤财务决算。按时完成2014年度财务报告的编报工作，配合安永会计师事务所做好2014年的审计报告工作。⑥财务预算。修订《集团公司全面预算管理暂行办法》，开展2014年全面预算深入审核工作，及时调整经济指标以适应企业发展要求。修订《子分公司领导2014年度绩效考核财务指标考核实施细则》，增加规模、效益、清欠等指标的考核力度，新增经济增加值考核指标，强调预算目标实现的刚性要求，推动预算管理工作进一步深入开展。⑦财务监察工作。组织全集团公司56个整改工作小组336人，按照审计署对中央企业审计的标准和内容，在集团公司范围内开展财务收支自审自查整改工作。⑧财税筹划。组织28家核算单位进行增值税模拟运行试点工作；完成2013年度企业年度所得税汇算清缴工作，申请减免企业所得税2600余万元。⑨财务信息化建设。集团公司分批对所属7家子公司进行财务共享中心服务平台操作培训。10月10日，财务共享中心进驻新址办公，开始正常运营。⑩经费开支与管理。加大指挥部经费控制力度，每季度通报各单位管理费开支情况；加大招待费、差旅费、会议费、办公费等费用控制力度，各项非生产性支出明显下降。

（5）成本管理。责任预算管理，坚持标前测算，降低一次经营风险；加强项目过程管理，从方案优化、工程数量、材料成本、劳务队伍、机械设备五个环节实施控制；强化过程控制，合同审批程序逐步走向常态化管理态势；编制劳务指导单价，为现场定价、项目标前测算、责任预算的编制服务。

（6）审计监督。全年完成审计项目169项，其中经济责任审计36项、工程项目审计35项、财务收支审计21项、经济效益审计17项、绩效复核审计5项、后续审计2项、专项审计调查40项、其他审计22项；促进企业增收节支和挽回经济损失1115万元。

（赵丹华　李毅　段志国　刘纬　畅里爱　刘振武）

【科技教育】（1）科技创新。2014年，4项科研课题通过省部级鉴定达到国际先进水平；18项科研课题通过中国铁建技术评审，其中1项达到国际先进水平、10

项达到国内领先水平。3项科研课题被立项为中国铁建科研课题，获科研经费75万元。全年获得省部级以上科技进步奖6项，1人获全国施工企业科技精英称号；受理专利57项，其中发明专利13项；授权专利26项；获省部级工法21、中国铁建工法8项；参编地方标准1项；2项工程被评为国家级绿色施工示范工程，1项工程被住房和城乡建设部评为科技示范工程，1项工程被评为天津市新技术应用示范工程1项；8篇论文被评为中国铁建优秀论文。

(2)教育培训。年内，67人参加中国铁建领导干部培训班，554人参加股份公司组织的一级注册建筑、结构、建造师和注册岩土、安全工程师考前培训，项目经理、国际工程管理、经营管理、责任成本管理、法律法规、中央企业班组长岗位管理能力资格认证，关键工种基层作业人员培训。1727人参加铁路桥梁生产许可证发证细则宣贯，交通运输部、住房和城乡建设部"三类人员"(建筑施工企业主要负责人、项目负责人和专职安全生产管理人员)，一级建造师考前培训，住房和城乡建设部"十一大员"(资料员、材料员、预算员、试验员、质检员、安全员、施工员、机械员、劳资员、计划员、统计员)，博士后科研工作站管理、国家优质工程申报等培训。5031人参加项目书记、党员发展对象及入党积极分子、财务共享服务中心报账系统上线、物资设备管理、经营管理、责任成本管理、PM系统实施推广、劳务派遣用工管理等培训。创建农民工业余学校125所，共完成各类培训2.15万人次，3所天津在建项目农民工业余学校被评为天津市年度优秀农民工业余学校，获天津市信用评价指标体系加2分的奖励。集团公司全年举办(送培)各类规范化岗位培训班569期，培训2.03万人次；举办农民工技能、法律法规等培训班715期，培训2.15万人次。 (刘玉飞　隋丽春)

【公安与综合治理】 2014年，集团公司查处治安、行政案件50起，行政拘留26人，治安罚款12人，社区戒毒5人。排查化解各类纠纷600余起，及时调处60余起因劳资纠纷、施工扰民等原因引发的矛盾纠纷及事件，妥善处置群体性阻挡施工110起和群体性上访事件150起，制止施工现场群体性械斗苗头5起，保证了职工群众的合法权益和集团公司的正常工作生产。在集团公司天津地区的13个重点工程施工现场设置警务室，其中第三派出所海河隧道警务室积极开展治安防范、打击犯罪、矛盾调处、提供便捷服务等工作，为海河隧道工程提供"零"距离服务，先后被《天津日报》、天津人民广播电台等媒体报道，并被20余家新闻媒体转载。 (王宏达)

【党群工作】 (1)党的工作。集团公司有各级各类党组织727个，其中党委47个、党工委170个、党总支3个、党支部507个。党员8621人，其中正式党员8388人、预备党员233人，少数民族党员277人。①党建工作。按照中央和中国铁建党委的部署，集团公司党委深入开展以为民务实清廉为主要内容的党的群众路线教育实践活动。制定《中铁十八局集团有限公司党委深入开展党的群众路线教育实践活动实施方案》，成立活动领导小组及工作机构，分别到所联系单位为基层党员干部集体讲党课，使党员干部认清"四风"的严重危害，增强贯彻执行党的群众路线的自觉性和坚定性。8月26—27日，集团公司接受国资委检查组对中国铁建二级单位教育实践活动专项抽查，获得国资委检查组的高度评价。②宣传思想工作。结合党的群众路线教育实践活动建立长效机制的要求，修订完善加强和改进党(工)委中心组学习实施办法和评选先进党(工)委中心组实施办法；调整党委中心组成员，将党委中心组成员扩大到机关各部处室负责人。加强对外宣传报道工作，年内在新华社通稿、中央电视台《新闻联播》《朝闻天下》《中国新闻》等主流媒体，宣传报道大坂山隧道、中天山隧道、太行山隧道、兰渝铁路西秦岭隧道、云桂铁路南盘江特大桥、成都金融城等重点工程施工情况，宣传效果明显，影响广泛。完善舆情管控机制和突发事件媒体应对预案，起草企业舆情处置实施办法，修订突发事件新闻处置应对预案。加强预控与防范，实行分级负责、及时应对，避免出现负面报道。③党风廉政建设。开展"坚持依法合规，打造阳光企业"主题廉政教育月活动，编辑网络简报13期，开展集中学习287场，观看警示教育片312场，纪委书记上廉政党课18场，设立廉政专栏216个。两级纪委拓宽教育渠道，采取邀请检察官授课、剖析典型案例等形式，开展廉政教育，筑牢思想防线。集团公司各单位派出执法效能监察组24个121人，对145个项目进行监督检查。通过效能监察，进一步规范项目管理行为，堵塞管理漏洞，提升项目管理效能和经济效益。6月16日—7月23日，股份公司巡视组在集团公司开展巡视检查工作，巡视组指出的六个方面26个具体问题和33条问题线索，通过调查核实和追责处理，形成案件线索调查报告和整改落实情况书面报告上报股份公司，整改工作取得阶段性成效。深入贯彻落实党风廉政建设责任制，两级纪委组织签订党风廉政建设目标责任书，并把党风廉政建设作为所属单位党政主管领导业绩的一项硬性指标考核，对执行不力的进行责任追究。建立健全领导干部廉政档案，有效发挥监督约束作用。制定集团公司廉政谈话实施办法，两级纪委全年任前廉政谈话领导干部168名，诫勉谈话41人。

全年受理信访举报案件 54 件，初核案件线索 26 件。立案 20 件，结案 20 件；处分 50 人，其中政纪处分 46 人、党纪处分 16 人、党政纪双重处分 12 人、刑事处理 2 人，多人受到组织处理和责任追究。通过办案，直接挽回经济损失 566 万元，处罚赔偿 143 万元。

（2）工会工作。集团公司有工会组织 36 个，其中集团公司机关工会 1 个、子公司工会 11 个、分公司工会 3 个、集团公司工程指挥部工会（工委）21 个。会员 16969 人。2014 年，集团公司召开平等协商会议，签订集体合同、女职工权益保护专项集体合同、工资集体协商协议书；召开工会二届六次、七次全委（扩大）会，推行工会工作责任目标管理，现场续签 2014 年目标管理责任书，评比表彰 2013 年度工会好班子和先进单位。全年完成职工技术创新 55 项，提出合理化建议与技术改进 66 项，采纳并实施 23 项；孔凡成劳模创新工作室被中华全国总工会命名为首批“全国示范性劳模创新工作室”。落实“三不让”救助制度，资助特困、重困和困难职工家庭 969 户，发放补助金和慰问金 117.81 万元；资助职工及农民工子女 213 人，发放助学（奖学）金 18.714 万元。开展“安康杯”劳动竞赛，二公司、四公司和建筑安装公司被评为全国“安康杯”竞赛优秀组织单位，二公司成贵项目部、三公司西安地铁盾构队、五公司延安项目部被评为全国“安康杯”竞赛优胜班组，轨道公司执行董事、总经理宋永杰获全国“安康杯”竞赛优秀企业家称号，房地产公司获天津市“安康杯”竞赛优胜单位称号，六公司、隧道公司被评为天津市“安康杯”竞赛优秀组织单位，石济项目部、三公司西安地铁盾构队、轨道公司深圳地铁项目部被评为天津市“安康杯”竞赛优胜班组，投资公司总经理赵继生被评为天津市“安康杯”竞赛组织工作优秀个人。年内，表彰集团公司劳动模范和建设功臣各 10 名、工人先锋号 10 个，先进集体 22 个、先进工作者 188 名，获股份公司先进集体 2 个、劳动模范 6 名、工人先锋号标兵 2 名，1 人获得中华全国铁路总工会火车头奖章，获天津市模范集体 1 个、五一劳动奖状获得单位 1 个、工人先锋号 2 个、劳动模范 6 名、五一劳动奖章获得者 12 名，获全国工人先锋号 2 个、劳动模范 1 名。

（3）共青团工作。年内出台《加强和改进共青团工作的决定》《导师带徒活动实施方案》等制度，进一步规范团的工作。刊印的《天津企业共青团——中铁十八局集团专刊》，首次在天津市共青团系统以专刊形式集中展示企业改革发展业绩和团建工作成效。深化“导师带徒”活动，全年各单位共结对师徒 876 队。开展“青年文明号”自查考核活动，国际公司科威特项目部、二公司王滩电厂项目部、建筑安装公司锅炉房分公司通过天津市青年文明号中期考核，开展活动的做法与成效获得天津市团委的充分肯定。组织“奋斗的青春最美丽——对话铁建青年”走基层分享活动，分享第二届中央企业青年五四奖章获得者代敬辉、团的十七大代表刘玥的奋斗感悟和心路历程，促进团员青年学习典型创先争优。年内，集团公司有 20 个集体、16 名个人获得天津团市委、中国铁建团委表彰，集团公司团委被评为 2013 年度天津市五四红旗团委、企业共青团工作先进单位和组织工作先进单位。“五四”前夕，集团公司团委表彰五四红旗团（工）委 10 个、五四红旗团支部 20 个、优秀共青团员 51 名、优秀共青团干部 30 名。

（角远岗　崔　凯　张建友　彭　婧　李鸿钧　李国臣　赵玉环　齐彦飞）

【国际工程有限公司】 前身为海外工程公司，系集团公司的分公司，2004 年 7 月改称国际工程公司；2005 年 3 月解散，各境外单位归集团公司直接管理；2006 年 11 月重组国际工程公司，按分公司模式管理；2008 年 11 月，企业改制改称现名，成为具有独立法人资格的子公司。公司驻天津市河西区柳林。执行董事、总经理席居法，党委书记张师岸。下辖马斯喀特公司、中国铁道建筑（泰国）有限公司、迪拜工程公司、尼日利亚有限公司、马达加斯加公司、沙特工程公司、科威特公司、沙特麦麦高铁项目部、沙特南北铁路项目部、苏丹项目部、越南项目部、海外隧道工程项目部 12 个境外单位，11 月与北京中铁大都工程有限公司整合重组。经营领域涵盖房屋建筑、普通铁路、城市轻轨、市政工程、高速公路、高速铁路、石油管道、水利电力等领域。职工 958 人，其中干部 766 人、工人 192 人。境外资产 275472.39 万元，其中固定资产 30667.74 万元、净值 15254.81 万元。机械运输设备 814 台（套），总功率 119983.74 千瓦，动力装备率 211.61 千瓦/人，技术装备率 26.9 万元/人。年施工能力 36 亿元以上。

2014 年新签合同额 491930 万元，完成施工产值 289309 万元，实现利润 6880.2 万元、净利润 4383 万元。全员劳动生产率 455.7 万元/人年，职工年人均收入 16.39 万元。国有资产保值增值率 92.96%，净资产收益率 11.16%，产值利润率 2.95%，资产负债率 82.9%，应上缴款完成率 100%。年内，沙特南北铁路项目部的“干热高温沙漠地区高填深挖铁路路基及无缝线路施工技术”获中国施工企业协会科技创新成果二等奖；1 人获得天津市五一劳动奖章。（马剑平）

【第一工程有限公司】 拥有公路、市政公用工程施工总承包一级，铁路工程施工总承包二级，土石方、桥梁、隧道、水工隧洞、公路路基工程专业承包一级资质。公司驻河北省涿州市冠云西路128号。前身是中国人民解放军铁道兵第八师第三十六团,1984年1月1日集体转业,改编为铁道部第十八工程局第一工程处,2001年8月28日企业改制改称现名,2011年3月与集团公司下属分公司中原公司整合重组。执行董事、总经理李兰勤,党委书记卫海宏。下辖29个项目(指挥)部及机械化工程公司、铁建社区医院、物业管理中心。职工2470人,其中干部1509人、工人961人。资产总额275589.37万元。其中,固定资产原值77046.14万元、净值36555.91万元;流动资产236675.75万元;其他资产2357.71万元。机械运输设备1074台(套),总功率129411.15千瓦,动力装备率52.39千瓦/人,技术装备率13.77万元/人。年施工能力30亿元以上。

2014年新签合同额220342万元,完成企业总产值280604.08万元,其中施工产值278757.70万元;实现利润2625.48万元。全员劳动生产率9.45万元/人年,职工年人均收入5.86万元。国有资产保值增值率105.84%,净资产收益率5.56%,应上缴款完成率100%,资产负债率83.05%。年内,公司参建的青岛胶州湾海底隧道获第十二届中国土木工程詹天佑奖、中国建设工程鲁班奖;石武铁路客运专线驻马店特大桥、京沪铁路天津特大桥获2013—2014年度国家优质工程奖;2个QC小组获2014年度全国工程建设优秀质量管理小组成果二等奖,3个QC小组获2014年度河北省工程建设优秀质量管理小组称号;1项工法被评为国家二级工法;3项工法获天津市优秀工法;10项专利获实用新型专利授权。公司获得全国五一劳动奖状,被评为全国"安康杯"竞赛活动优胜单位、全国交通基础设施重点工程劳动竞赛先进单位、天津市文明建设先进单位;1个集体获得四川省五一劳动奖状,1人被评为2013—2014年度国家优质工程奖突出贡献者,1人获得广东省五一劳动奖章,2人获得天津市五一劳动奖章。

(王大章)

【第二工程有限公司】 拥有铁路、公路、市政公用、房屋建筑工程施工总承包一级,电力工程施工总承包二级,地基与基础、土石方、桥梁、隧道、铁路铺轨架梁工程专业承包一级资质。公司驻河北省唐山市丰润区光华道28号。前身是中国人民解放军铁道兵第八师第三十七团,1984年1月1日集体转业,改编为铁道部第十八工程局第二工程处,2001年10月企业改制改称现名。执行董事、总经理张文卷,党委书记陈善富。下辖公司医院、裕圆大酒店、物业管理中心及54个项目部。职工1835人,其中干部1038人、工人797人。资产总额233029万元。其中,固定资产原值32363万元、净值15202万元;流动资产215663万元。机械运输设备264台(套),总功率36135千瓦,动力装备率14.87千瓦/人,技术装备率2.8万元/人。年施工能力38亿元以上。

2014年新签合同额412099.02万元,完成企业总产值323166万元,其中施工产值321302万元;实现利润3135万元。全员劳动生产率144.62万元/人年,职工年人均收入5.366万元。国有资产保值增值率106.81%,净资产收益率6.07%,产值利润率1.08%,资产负债率79.86%,应上缴款完成率100%。年内,获得省部级优秀工法3项,5项专利获实用新型专利授权;公司被认定为省企业技术中心;1人被评为河北省劳动模范,1人获得天津市五一劳动奖章。

(丁潇洒)

【第三工程有限公司】 拥有公路、铁路、市政公用、房屋建筑工程施工总承包一级,隧道、桥梁、公路路基、水工隧洞工程专业承包一级,送变电、公路路面工程专业承包二级资质。公司驻河北省涿州市冠云路。前身是中国人民解放军铁道兵第八师三十八团,1984年1月1日集体转业,改编为铁道部第十八工程局第三工程处,2001年10月企业改制改称现名。执行董事、总经理杨利全,党委书记马伟峰。下辖9个工程项目管理部、21个项目经理部及物业管理中心、机修厂、水泵厂。职工2877人,其中干部1857人、工人1020人。资产总额459363万元。其中,固定资产原值102762万元、净值55422万元;流动资产395454万元;无形资产2668万元;其他资产5819万元。机械运输设备923台(套),总功率105653千瓦,动力装备率36.20千瓦/人,技术装备率为10.23万元/人。年施工能力50亿元以上。

2014年新签合同额564436万元,完成企业总产值407345万元,其中施工产值401537万元;实现利润2628万元。全员劳动生产率138.93万元/人年,职工年人均收入4.36万元。国有资产保值增值率105.19%,净资产收益率7.58%,资产负债率92.72%,投资收益上缴率100%,上缴款完成率100%。年内,公司承建的天津市滨海新区中央大道轻纺经济区段工程获天津市市政公路工程金奖,1个QC小组被评为天津市优秀质量管理小组;公司获得青海省五一劳动奖状。

(梁淑芳)

【第四工程有限公司】 拥有市政公用、房屋建筑工程施工总承包一级,钢结构、建筑装饰装修工程专业承包一级,混凝土预制构件、土石方工程专业承包二级,矿山工程施工总承包三级,房地产开发、爆破四级资质。2005年3月,公司由集团公司津滨轻轨工程指挥部、技工学校、子弟学校、幼儿园和建筑工程公司合并成立。公司驻天津市津南区双港高科技产业园丽港园33号。执行董事、总经理闫广天(10月免)、钟兴兵(10月任),党委书记李继业。下辖60个单位。职工1439人,其中干部1253人、工人186人。资产总额411123万元。其中,固定资产原值51292.90万元、净值28449.2万元;流动资产376507.4万元;其他资产6166.4万元。机械运输设备499台(套),总功率57453千瓦,动力装备率39.93千瓦/人,技术装备率11.73万元/人。年施工能力30亿元以上。

2014年新签合同额959200万元,完成企业总产值335294万元,其中施工产值334619万元;实现利润5999.1万元。全员劳动生产率16.62万元/人年,职工年人均收入6.4万元。国有资产保值增值率108.8%,净资产收益率10.36%,产值利润率2.10%,资产负债率85.07%,应上缴款完成率100%。年内,获国家优质工程奖2项,3项QC成果获得国家优秀QC成果奖;公司被评为天津市优秀诚信施工企业,获全国优秀施工企业称号。 (李秀云)

【第五工程有限公司】 拥有市政公用、公路、房建工程施工总承包一级,铁路工程施工总承包二级,桥梁、隧道、公路路面、公路路基专业承包一级,预拌商品混凝土专业承包二级资质。公司驻天津市滨海新区塘沽新北路3199号。前身是中国人民解放军铁道兵第八师四十团,1984年1月1日集体转业,改编为铁道部第十八工程局第五工程处,2001年6月企业改制改称现名。执行董事、总经理程志强(8月任),党委书记刘富华(1月任)。下辖37个核算单位及浙赣办事处、新疆办事处。职工2975人,其中干部1735人、工人1240人。资产总额549800万元。其中,固定资产原值97434万元、净值34885万元;流动资产49478万元。机械运输设备675台(套),总功率76929千瓦,动力装备率25.9千瓦/人,技术装备率7.2万元/人。年施工能力60亿元以上。

2014年新签合同额459608万元,完成企业总产值492276万元,其中施工产值492276万元;实现利润8373万元。全员劳动生产率49.96万元/人年,职工年人均收入4.94万元。国有资产保值增值率106.33%,净资产收益率13.46%,产值利润率1.61%,资产负债率85.39%,应上缴款完成率100%。年内,公司被评为全国优秀施工企业、天津市优秀诚信企业,获2012—2013年度守合同重信用企业、公路建设行业诚信百佳企业称号;1项工程被评为国家AAA级安全文明标准化工地;获中国土木工程詹天佑奖1项、国家优质工程奖2项、中国市政金杯工程奖1项、天津市金奖海河杯3项、天津市结构海河杯1项、北京市政基础设施结构长城杯金质奖1项;1人获全国优秀施工企业家称号,2人被评为国家优质工程奖突出贡献者。 (宋清宇)

【第六工程有限公司】 拥有房屋建筑、市政公用工程施工总承包一级,土石方工程专业承包二级资质。公司驻天津市河西区柳林。公司于2005年4月由原建筑工程公司、土木工程公司重组而成。执行董事、党委书记周会军,总经理彭亚飞。下辖6个工程项目管理部、1个工程项目经理部、7个工程项目部、1个客运专线项目部和4个多种经营单位。职工830人,其中干部683人、工人147人。资产总额154358.5万元。其中,固定资产原值21939.71万元、净值7614.85万元;流动资产146508万元;其他资产7850万元。机械运输设备90台(辆),总功率10956千瓦,动力装备率35千瓦/人,技术装备率1.68万元/人。年施工能力12亿元以上。

2014年新签合同额163934.67万元,完成企业总产值121277.4万元,其中施工产值120753万元、多种经营产值524.4万元;实现利润718.9万元。全员劳动生产率146.12万元/人年,职工年人均收入5.19万元。国有资产保值增值率102.73%,净资产收益率4.37%,产值利润率0.60%,资产负债率89.20%,应上缴款完成率100%。年内,石家庄管理部QC小组成果分别获得全国项目管理成果二等奖和天津市优秀质量管理小组奖。 (褚燕岚)

【建筑安装工程有限公司】 拥有市政公用、房屋建筑、机电安装工程施工总承包一级,钢结构、火电设备安装、管道工程专业承包一级,铁路电务、铁路电气化工程专业承包三级,锅炉安装维修A级,起重机械安装A级,压力管道安装GA1级、GB类、GC1级,电梯安装C级特种设备施工许可资质。公司驻天津市空港经济区商务园。执行董事、总经理任金岭,党委书记张正雪。下辖7个分公司、7个项目部。职工996人,其中干部422人、工人574人。资产总额111027万元。其中,固定资产原值10620万元、净值6021万元;流动资产86829万元;其他资产24198万元。机械运输设备342台(套),总功率16758.63千瓦,动力装备率20.28千瓦/人,技术装备率1.25万元/人。年施工能力30亿元。

2014年新签合同额130521.49万元,完成企业总产值165284万元,其中施工产值83711万元;实现利润3096万元。全员劳动生产率16.7万元/人年,职工年人均收入4.8万元。国有资产保值增值率

109.28%,净资产收益率9.01%,产值利润率1.7%,资产负债率77.02%,应上缴款完成率100%。年内,1人获得贵州省五一劳动奖章、1人获得天津市五一劳动奖章。 (侯延波)

【房地产开发有限公司】 房地产开发二级资质企业。2010年3月成立。公司驻天津市滨海新区国际企业大道。执行董事、总经理杨勇,党委书记兼常务副总经理翟岩。下辖6个单位。职工82人,其中干部8人、工人74人。资产总额175442.5万元。其中,固定资产原值469.2万元、净值195万元;流动资产171792.3万元;非流动资产3650.1万元。

2014年,公司开发建设中房地产项目4个,完成投资91370万元,销售额16000万元,营业收入65190万元。其中,中国铁建·1818中心项目总投资206261万元,完成投资66570万元,累计完成投资162585万元。应上缴款完成率100%。年内,公司被天津市评为"安康杯"劳动竞赛优胜单位。 (杨勤华)

【隧道工程有限公司】 2011年3月,由集团公司隧道工程公司与上海工程公司合并重组而成。公司驻重庆市北碚区蔡家岗镇凤栖路6号。执行董事、总经理黄明普,党委书记刘冬生,常务副总经理王森昌。下辖23个单位。职工1071人,其中干部886人、工人185人。资产总额371795.84万元,其中固定资产原值105970.93万元、净值60741.65万元。机械运输设备611台(套),总功率97809千瓦,动力装备率95.14千瓦/人,技术装备率102.22万元/人。年施工能力30亿元以上。

2014年新签合同额211100万元,完成企业总产值376274.6万元,其中施工产值330369万元;实现利润3506.3万元。全员劳动生产率259.6万元/人年,职工年人均收入9.79万元。国有资产保值增值率104.7%,净资产收益率7.14%,资产负债率89.88%,应上缴款完成率100%。年内,公司"特高地应力大型水工隧道洞群爆破开挖关键技术"获2014年中国工程爆破协会一等奖。 (马明明)

【轨道交通工程有限公司】 市政公用工程施工总承包二级企业,2011年3月,由集团公司华南工程公司与福建工程公司合并重组而成。公司驻广西壮族自治区南宁市。执行董事、总经理宋永杰,党委书记伍吉勇。下辖32个单位。职工653人,其中干部516人、工人137人。资产总额185642.02万元。其中,固定资产原值54944.37万元、净值29942.35万元;流动资产155618.27万元;其他资产81.39万元。机械运输设备517台(套),总功率49061千瓦,动力装备率61.55千瓦/人,技术装备率32.32万元/人。年施工能力20亿元以上。

2014年新签合同额135691万元,完成企业总产值172180.03万元,其中施工产值171941.57万元;实现利润772.72万元。全员劳动生产率165万/人年,职工年人均收入5.65万元。净资产收益率2.9%,产值利润率0.45%,资产负债率85.64%,应上缴款完成率100%。年内,1项工程被评为广西壮族自治区安全文明标准化工地,2项QC成果获自治区优秀QC成果奖;公司获得2014年天津市五一劳动奖状。

(席典宁)

【重要记载】

▲2月12日 集团公司获天津市优秀诚信施工企业称号。

▲2月13日 三公司承建的高海拔地区高速铁路隧道兰新铁路二线大坂山隧道贯通。

▲2月19—20日 集团公司三届三次职代会暨2014年工作会在天津市召开。

▲2月28日 集团公司承建的新疆第一长大铁路隧道——南疆铁路吐鲁番至库尔勒二线中天山隧道贯通。

▲3月5日 隧道公司承建的重庆地铁交通6号线二期铜锣山隧道右线贯通。

▲3月8日 二公司工会女职工委员会被评为天津市女职工建功立业优秀组织单位。

▲3月10日 集团公司党委在天津召开党的群众路线教育实践活动动员大会。

▲4月4日 贵州省委书记赵克志视察集团公司承建的贵阳机场1号航站楼施工现场,对工程建设给予充分肯定。

▲5月6日 中国西南地区最长双向城市地下立交隧道——成都红星南延伸线路金融城下穿隧道建成通车。

▲5月 一公司获全国五一劳动奖状。

▲5月 中国铁建·1818中心项目获得湖北省建筑结构优质工程奖。

▲6月3日 沙特劳工部人力资源发展基金协会奖励集团沙特公司808729.30里亚尔。

▲6月8日 昆明绕城高速东南段项目开工建设。云南省省长李纪恒、常务副省长李江,中国铁建总裁张宗言,集团公司总经理彭仕国参加开工仪式。

▲6月18日 一公司被评为全国"安康杯"竞赛示范优胜单位。

▲6月19日 集团公司承建的中国首条万吨重

载铁路——晋豫鲁铁路通道太行山隧道全线贯通。

▲7月20日　集团公司中标新建大理至瑞丽铁路怒江至龙陵段站前工程土建1标段，合同投资158151万元。

▲7月24日　集团公司召开领导干部大会。中国铁建董事长、党委书记孟凤朝，中国铁建副董事长、党委副书记、工会主席彭树贵，天津市建委副主任、党委副书记王忠武等到大会指导。中国铁建总裁助理兼人力资源部（党委干部部）部长鲁斌主持会议。集团公司原董事长、党委书记郝趁义发表离职讲话。集团公司新任董事长、总经理彭仕国，集团公司新任党委书记宋占波分别发表任职讲话。

▲8月10日　中国铁路总公司副总经理卢春房在总工程师何华武，工管中心主任李志义，济南铁路局局长张军邦，晋豫鲁通道公司董事长、总经理汤晓光，集团公司党委书记宋占波，副总经理彭道富等陪同下，视察集团公司承建的中南部铁路通道重载综合试验段。

▲9月10～12日　中国铁建总会计师王秀明一行到集团公司对亏损项目整治工作进行督导检查。

▲9月12日　集团公司召开施工项目综合管理（简称PM）系统启动会。

▲9月24日　集团公司中标郑州轨道交通5号线05标段，合同投资6.2亿元。

▲10月8日　集团公司召开机关干部职工大会，宣布机构重组决定和区域经营管理机构调整的决定，明确领导班子成员分工，部署深化改革有关工作。

▲10月16日　集团公司承建的津汉高速公路上跨津山铁路立交桥左右两幅预应力混凝土T型钢构桥梁，成功跨越津山铁路和津汉快速路，实现国内首座双跨转体桥梁成功转体。

▲10月23日　二公司通过河北省省级企业技术中心认定。

▲11月3日　集团公司获全国建筑业先进企业称号，集团公司董事长、总经理彭仕国被评为全国建筑业优秀企业家。

▲11月8日　集团公司在天津市滨海新区北塘经济区举行财务共享服务中心揭牌仪式。

▲11月13日　集团公司党委书记宋占波在南京市政府拜会南京市长缪瑞林。双方就进一步加大合作力度、深化合作项目、拓宽合作领域、创新合作模式进行卓有成效的交谈，并达成广泛共识。

▲11月24日　集团公司中标新建天津机场线工程JCXS－1标段，合同投资85125万元。

▲11月29日　集团公司承建的雅砻江锦屏水电站投产发电，集团公司获锦屏水电站建设功勋单位称号。

▲12月4日　集团公司参加建设的青岛胶州湾海底隧道、京沪高速铁路、秦岭终南山公路隧道、北京地铁大兴线4项工程获第十二届中国土木工程詹天佑奖。

▲12月16日　湖南省委书记、省人大常委会主任徐守盛一行亲切慰问集团公司黔常张铁路项目参建员工。

（韩　雪）

中铁十九局集团有限公司

【简况】　具有铁路工程施工总承包特级，铁道行业工程设计甲Ⅱ级，公路、市政公用、水利水电、矿山、房屋建筑工程施工总承包一级，公路路基、桥梁、隧道、铁路铺轨架梁工程专业承包一级，城市轨道交通工程专业承包资质；具有承装（修、试）电力设施和爆破作业A级资质，拥有境外工程承包资质和对外经营权。前身是中国人民解放军铁道兵第九师，1984年1月1日集体转业，改编为铁道部第十九工程局；1999年12月改称中铁第十九工程局；2000年9月划归中央企业工委管理；2001年12月企业改制改称现名。集团公司驻北京市经济技术开发区荣华南路19号。下辖第一、二、三、五、六、七工程有限公司，电务工程有限公司、轨道交通工程有限公司、矿业投资有限公司、房地产开发有限公司、国际建设分公司、物资总公司、计量测试中心、职工中心医院、辽阳基地，东北、西北、东南、西南、华南、华东、华北、北京、新疆、中原10个区域指挥部。职工17770人。其中，干部8444人、工人9326人；技术干部8372人、技术工人7445人。资产总额2878748.91万元。其中，固定资产原值625573.96万元、净值300179.3万元；流动资产2256901.61万元。机械运输设备5042台（套），原值42.3亿元、净值19.3亿元，总功率684678千瓦，动力装备率37.5千瓦/人，技术装备率10.6万元/人。

2014年新签合同额488.7亿元，完成施工产值323亿元，实现利润5.1亿元。职工年人均收入63296元。净资产收益率14.76%，产值利润率1.57%，资产负债率88.44%。完成主要实物工程量：土石方5.7亿立方米，桥梁114300延长米，隧道176300延长米，涵洞9828横延米，公路路面1802.2万平方米，房屋建筑165.1万平方米，铁路正线铺轨625.9千米，制梁12415片，架梁4118孔。工程质量分项工程一次检查合格率100%，单位工程合格率100%。获国家优质工程奖2项、中国土木工程詹天佑奖3项、中国建设工程鲁班奖1项、省部级优质工程4项、北京市结构长城杯优质工程奖6项，获全国优秀QC小组5个、铁道行业优秀QC小组(优秀班组)2个、省级优秀QC小组31个，获湖北、广西、江苏等省部级安全质量标准工地、文明工地9个，获国家级工法2项、省部级工法16项；获省部级科学技术奖10项、国家级专利58项。集团公司技术中心通过国家认定。企业先后获得全国优秀施工企业、全国先进建筑企业、全国工程建设管理先进单位、全国守合同重信用企业、全国建设施工企业设备管理优秀单位、全国思想政治工作优秀企业、全国精神文明建设工作先进单位、全国企业文化建设优秀单位、全国文明单位、全国质量管理先进单位、科技创新优秀企业、国家高新企业等荣誉。 (张 莹)

【领导人员】

董事会

董事长　　葛永利

副董事长　　孙公新(2014年3月免)

董　事　　葛永利

孙公新(2014年3月免)

王学忠(2014年3月任)

栾显国

职工代表董事　　金学峰(2014年4月任)

监事会

监事会主席　　亓　超

监　事　　张文忠(2013年7月任)

职工代表监事　　王　军(2014年3月任)

经理层

总经理　　孙公新(2014年3月免)

王学忠(2014年3月任)

副总经理　　栾显国

王跃进

王学忠(2014年3月免)

解方亮

柏林成

尚尔海

吴言坤

丰兴桥

曲桂有

李华伟

朱元生(2014年3月任)

刘明杰(2014年7月任)

副总经理　　张夕和(2015年1月任)

总工程师　　尚尔海(兼)

总会计师　　张夕和(兼)

党群领导

党委书记　　葛永利

党委副书记　　孙公新(2014年3月免)

王学忠(2014年3月任)

亓　超

金学锋(2014年3月任)

纪委书记　　亓　超(兼)

工会主席　　金学锋(2014年3月任)

集团公司顾问　　王景华(2014年3月退休)

施化祥

(王 跃　王玉清)

【工程项目指挥机构】 北京指挥部　驻北京市丰台区岳各庄北桥中堂紫熙台8号楼1801室。常务副指挥长姜海涛。

华北指挥部　驻河北省石家庄市桥西区吉恒街吉恒园42－4。指挥长朱元生。

西北指挥部　驻陕西省西安市交大科技园区华尔兹花园1号楼2单元2003室。指挥长丰兴桥。

东北指挥部　驻辽宁省沈阳市浑南新区临波路18号浦江苑御品小区7号楼1单元17楼1号。指挥长刘明杰。

华东指挥部　驻江苏省南京市栖霞区万兴路89号兴卫山庄10栋。指挥长柏林成。

东南指挥部　驻福建省福州市晋安区福马路168号大名城7号楼1006室。指挥长王跃进。

中原指挥部　驻河南省郑州市郑东新区正光路49号晖达新领地A12楼一单元9楼东户。指挥长李华伟。

华南指挥部　驻广东省广州市萝岗区科学城科学大道119号科城大厦二期401室。指挥长李华伟。

西南指挥部　驻重庆市渝中区莱袁路209号新东福花园紫烟阁10－1。指挥长曲桂有。

新疆指挥部　驻新疆维吾尔自治区乌鲁木齐市新市区西环北路989号昊元上品。指挥长金学峰。

吉图珲铁路客运专线JHSⅦ标段项目经理部　驻吉林省珲春市龙源西街2367号。项目经理解佳飞。

西成铁路客运专线陕西段XCZQ－7标段项目经理部　驻陕西省汉中市汉台区七里办事处七里村二组陕西电信汉中分公司新桥支局院内。项目经理李华伟。

兰渝铁路项目经理部　驻甘肃省定西市安定区内官营镇。项目经理曲桂有。

厦深铁路4标段(广东段)项目经理部　驻广东省潮州市潮安县浮阳镇广城路3号。项目经理陈广柏。

杭长铁路客运专线7标段(浙江段)项目经理

部　驻浙江省江山市中山路122号人民武装部。项目经理邢桥生。

杭长铁路客运专线8标段(江西段)项目经理部　驻江西省萍乡市经济开发区郑和路9号。项目经理张明杰。

云桂铁路4标段(广西段)项目经理部　驻广西壮族自治区百色市城东路中段扶贫办。项目经理杜日鹏。

云桂铁路8标段(云南段)项目经理部　驻云南省昆明市宜良县匡远镇土桥村村委会。项目经理赵永军。

兰新铁路项目指挥部　驻甘肃省玉门市农垦局裕盛山庄3号楼。项目经理陈金荣。

大西铁路客运专线项目经理部　驻山西省运城市临猗县南环西路王村。项目经理刘智。

盘营铁路客运专线项目经理部　驻辽宁省海城市浪潮金东方高科技发展有限公司。项目经理于涛。

天平铁路TJ-2标段项目经理部　驻甘肃省平凉市华亭县原武装部。项目经理安文杰。

西康二线铁路项目经理部　驻陕西省安康市旬阳县甘溪镇显神庙山庄。项目经理宋延波。

京福铁路客运专线闽赣Ⅲ标段项目经理部　驻江西省上饶市信州区朝阳乡福海老年公寓。项目经理马南飞。

昆明枢纽扩能改造工程项目经理部　驻云南省昆明安宁市温泉镇杨柳庄北桥村。项目经理李庆双。

重庆火车北站综合交通枢纽项目经理部　驻重庆市渝北区太湖西路8号。项目经理孙吉东。

新建新街至恩格阿娄铺架项目经理部　驻内蒙古自治区鄂尔多斯市伊金霍洛旗成吉思汗陵。项目经理崔玉彬。

(王玉青　刘剑)

【职工队伍】　职工17770人。其中干部8444人。技术干部8372人,占干部总数的99%。技术干部中,硕士研究生56人,本科学历4567人,大专学历3350人,中专学历324人,高中及以下学历75人;35岁以下的5746人,36~40岁的883人,41~45岁的933人。专业技术干部中,高级职务1034人,中级职务2144人,初级职务4610人。

工人9326人,其中技术工人7445人,占工人总数的79.57%。本科以上学历634人,大专以上学历1363人,中专技校学历2184人,高中学历2415人,初中及以下学历2730人。30岁以下869人,31~40岁2911人,41~50岁2247人。技术工人中,高级技师277人,技师1190人,高级工2654人,中级工1440人。

(王玉青　刘剑)

【工程施工】　2014年,集团公司完成施工产值323.1亿元。在建工程385项,其中竣工153项。完成主要实物工程量:土石方5.7亿立方米;桥梁114300延长米,其中特大桥84300延长米;隧道176300延长米,其中铁路隧道79000延长米、公路隧道20000延长米、地铁35500延长米、引水隧洞1400延长米;涵洞9828横延米;公路路面1802.2万平方米;房屋建筑面积165.1万平方米;铁路正线铺轨625.9千米,站线铺轨40.6千米,铺设无砟道床113.1千米、道岔167组;制梁12415片,其中铁路制梁3977片、公路制梁8438片;架梁4118孔,其中铁路架梁3025孔、公路架梁1093孔。

新建西安至成都铁路西安至江油段(陕西境内)站前工程XCZQ-7标段工程　标段长34.739千米,位于陕西省汉中市境内。合同投资260994万元,合同工期2013年3月1日—2016年11月30日。主要实物工程量:路基土石方231万立方米,桥梁4座26692延长米,涵洞29座547.09横延米。截至2014年底,开工累计完成投资168247万元,占合同投资的64.5%。

新建西成铁路客运专线四川段XCZQ-1标段工程　标段长38.925千米。位于四川省广元市境内。主要实物工程量:区间路基及站场土石方85.91万立方米,桥梁10座7016延长米,涵洞5座71.49延长米,隧道9座31936.83延长米。截至2014年底,开工累计完成投资154579万元,占合同投资的52.6%。

新建石家庄至济南铁路客运专线站前工程3标段工程　标段长38.458千米,位于河北省衡水市境内。合同投资235982万元,合同工期2014年1月1日—2017年12月31日。主要实物工程量:路基土石方231万立方米,桥梁4座26692延长米,涵洞29座547.09横延米。截至2014年底,开工累计完成投资59906万元,占合同投资的25.4%。

新建吉林至珲春铁路站前其他工程JHSⅦ标段工程　标段长39.353千米,主要实物工程量:桥梁10座6335延长米,隧道9座28196延长米,区间路基土石方174.92万立方米,桥梁14座6790.98延长米,涵洞18座588.01横延米,隧道9座28196延长米。截至2014年底,开工累计完成投资309083万元,占合同投资的93.6%。

兰州至重庆铁路LYS-1标段工程　标段长39.276千米,合同投资302495万元,合同工期2009年4月18日—2016年3月31日。主要实物工程量:路基土石方102.34万立方米,桥梁4座640延长米,隧道4.5座35053延长米。截至2014年底,开工累计完成投资230716万元,占合同投资的76.27%。

新建铁路天水至平凉铁路TJ-2标段工程　标段

长69.045千米,位于甘肃省东部天水和平凉两市境内。合同投资136469万元,合同工期2009年3月15日—2012年9月15日。主要实物工程量:路基土石方521万立方米,桥梁15座5112.94延长米,涵洞69座2034.26横延米,隧道13座28267延长米。截至2014年底,开工累计完成投资150388万元,占合同投资的103.3%。

新建杭州至长沙铁路客运专线浙江段站前HCZJ-7标段工程　标段长46.422千米,合同投资331235万元。主要实物工程量:路基土石方403.8万立方米,桥梁29座32726.75延长米,隧道4座2158延长米,箱梁预制1087片。截至2014年底,开工累计完成投资328431万元,占合同投资的99.2%。

新建杭州至长沙铁路客运专线江西段站前HKJX-8标段工程　标段长68.116千米,合同投资475234.7万元,合同工期2010年4月18日—2012年4月30日。主要实物工程量:路基土石方516万立方米,桥梁51座45734延长米,隧道7座7395延长米。截至2014年底,开工累计完成投资506825万元,占投资总额106.65%。

京福铁路客运专线合肥至福州(段)HFMG3标段工程　标段长54.387千米,合同投资458484.5万元,开工日期2010年6月1日。主要实物工程量:路基土石方305.7万立方米,桥梁47座25075.96延长米,隧道13.5座22120延长米。截至2014年底,开工累计完成投资443046万元,占合同投资的96.63%。

新建云桂铁路(广西段)站前YGZQ-4标段工程　标段长103.34千米,合同投资602749万元。主要实物工程量:路基土石方701万立方米,桥梁55座20830.483延长米,涵洞118座3208.52横延米,隧道51座69997延长米。截至2014年底,开工累计完成投资572494万元,占合同投资的95%。

新建铁路云桂线(云南段)YNZQ-8标段工程　标段长46.295千米,合同投资314263万元,合同工期2010年9月2日—2014年12月31日。主要实物工程量:路基土石方137.84万立方米,桥梁16座5633.042延长米,涵洞28座1215.78横延米,隧道8座34844延长米。截至2014年底,开工累计完成投资255940万元,占合同投资的80.3%。

东北东部铁路通道前阳至庄河段DT1标段工程　标段长63.798千米,合同工期2009年11月1日—2013年9月30日,合同投资300000万元。主要实物工程量:土石方896.2万立方米,桥梁34座31295.22延长米,涵洞99座2262.2延长米,正线铺轨129.38千米,站线铺轨21.61千米,铺道砟43.29万立方米。截至2014年底,开工累计完成投资269206万元,占合同投资的90.9%。

新建成都至兰州铁路CLZQ-5标段工程　标段长18.129千米,合同投资133078万元,合同工期2012年12月17日—2017年7月16日。主要实物工程量:桥梁1座235.4延长米,隧道2座17890延长米。截至2014年底,开工累计完成投资41529万元,占合同投资的31.2%。

新建宝鸡至兰州铁路客运专线甘肃段站前BLTJ-7标段工程　标段长24.268千米,位于甘肃省秦安县和通渭县境内。合同投资194563万元。主要工程量:桥梁3座448.58延长米,隧道3座23686.156米,无砟道床铺设48.536千米。截至2014年底,开工累计完成投资105966万元。

丹大铁路大连铁路枢纽改造SN2标段工程　标段长7.645千米。主要实物工程量:隧道1座7645延长米。截至2014年底,开工累计完成投资45360万元,占合同投资85.7%。

东北东部铁路通道登沙河至庄河段改造DZ1标段工程　标段长43.12千米。主要实物工程量:路基土石方568.91万立方米,桥梁9座19656.88延长米,涵洞55座1482.85横延米,隧道2座160延长米,T梁预制、架设2316片。截至2014年底,开工累计完成投资100267万元,占合同投资的60%。

成昆铁路永仁至广通段扩能工程站前4标段工程　标段长17.819千米。主要实物工程量:路基土石方23.1975万立方米,隧道2座17171延长米,桥梁2座299.62延长米,涵洞2座111.56横延米。截至2014年底,开工累计完成投资14067万元,占合同投资的12.7%。

新建铁路准格尔至鄂尔多斯铁路ZESG-2标段工程　标段长30.265千米,位于内蒙古自治区鄂尔多斯市境内。主要实物工程量:路基土石方203万立方米,隧道4座15334延长米,桥梁18座7361.65延长米,涵洞30座1215.22横延米,铺设无砟道床28.056千米。截至2014年底,开工累计完成投资49863万元,占合同投资的30.2%。

成都至贵阳铁路乐山至贵阳段站前12标段工程　标段长29.791千米。主要实物工程量:路基土石方330.08万立方米,桥梁19座9148.02延长米,涵洞9座349.09延长米。截至2014年年底,开工累计完成投资35330万元,占合同投资的13.9%。

重庆火车北站综合交通枢纽工程　主要实物工程量:土石方101.74万立方米,涵洞1座170.65横延米,建筑面积25.5万平方米。截至2014年底,开工累计完成投资61535万元,占合同投资的32.4%。

滨绥线牡丹江至绥芬河段扩能改造工程　线路长

27.416千米，合同投资117958万元，合同工期2010年7月1日～2015年5月30日。主要实物工程量：路基土石方85.12万立方米，桥梁7座3019.22延长米，涵洞4座169.9横延米，隧道3座19844延长米。截至2014年底，开工累计完成投资135756万元，占合同投资的94.4%。（陈天明）

【经营管理】 （1）经营承揽。2014年新签合同159项，合同总额488.7亿元。大力推进区域经营落地和各专业板块协调发展。一是抢占铁路市场。针对市场复杂变化，分工负责，确保呼张、京沈辽宁段、京冀段、哈佳、沪通、南百等铁路重点项目中标，承揽总额138.63亿元。二是狠抓路外市场。矿山市场承揽180.96亿元，继续保持系统内绝对优势；轨道交通市场承揽33.07亿元，开辟乌鲁木齐、郑州、常州、长沙4个新市场，在建项目涉及23个城市；公路和中央企业板块重点推进，新签合同额分别达到56.76亿元、76.1亿元，同比增幅明显；海外市场快速成长，与外经单位紧密合作成效显现，自主经营闯入中亚铁路市场，承揽总额20.61亿元，同比增长41.26%。三是坚定不移推进区域经营。大力宣贯“集团公司主体经营、工程公司辅助经营”，奠定区域经营思想基础，明确集团公司、工程公司和区域经营机构的权责定位；修订出台《区域经营管理细则》等16个文件，健全区域经营有效运行的保障机制，经营基础工作逐步强化，区域经营环境逐步优化，强化区域经营财务管理控制风险，《对标先进找差距，完善机制求实效》经验被股份公司转发。

（2）工程管理。全年完成施工产值323亿元。重点工程相继突破，大西、沪昆、杭长、南京站、拉日、兰新按期开通，辽宁BT项目通车运营，云桂、牡绥、吉图珲等铁路项目正常推进，张呼、京沈河北段、哈佳、沪通等年内新上项目开局良好。路外重点项目京台公路、长春地铁、福州地铁、重庆北站施工形势转好。履约能力进一步提升，年内新增独立项目93个，86个兑现承诺如期开工，计划竣工项目153个，全部如期交工；235个在建项目226个处于受控状态，17个项目受到业主通电表彰，10个项目被评为标准化管理先进单位。信评创誉稳中有升。重新修订《铁路项目信用评价考核办法》，信用评价保持A级，公路信用评价5个资质取得3个AA级、22个A级。4个工程获国家级优质工程奖。

（3）财务管理。集团公司面对宏观经济下行等不利因素，多措并举力保企业正常运行。一是保证资金不断链。全年催收上缴款57080万元，集中调剂资金12亿元；创新融资渠道，通过股权融资和定向债筹资25亿元，有效保证BT项目资金投入、铁路项目资金注入和各项生产经营活动资金需求。二是定期开展经济活动分析。按季度进行统计分析测算，通报主要经济指标完成情况，约谈预算执行不到位的单位，重点监控其经济运行情况。三是严控债务规模。制定《债务风险管控实施方案》，落实清收责任，全年实现清收债款31亿元，清收率78%；积极推进债务折扣支付节约3070万元；加大BT项目回购力度回笼资金15.2亿元；加大周转材料和设备调剂力度，降低新购资金；做好税务筹划享受税收优惠6456万元。四是改革绩效考核体系。出台《子分公司负责人2013—2015年任期考核实施方案》，修订《子分公司负责人年度绩效考核办法》，调整指标权重，实施延期支付，引导各单位做实企业。

（4）项目管理。从治亏入手，着力规范项目管理体制机制和管理行为。一是把治亏工作落到实处。制定《整治亏损项目活动方案实施细则》，按照“清、诊、治、惩、防”方针深入开展整治、跟踪和督办；狠抓亏损项目审计、强化二次经营和严肃追责三个重点，配合股份公司审计5个大额过程亏损项目，督导帮扶23个亏损项目，行政处罚91名亏损责任人，51个项目实现过程减亏。二是明确铁路项目管理体制和机制。出台《托管铁路项目指导意见》，明确工程公司主体责任，并在呼张项目召开铁路项目管理现场推进会，对体制机制、责任、经济关系等问题进行全面解读，理顺集团公司、工程公司和项目部之间经济关系。三是劳务队伍管理进一步完善。出台《劳务队伍信用评价办法》，建立劳务队伍选用和工资保证金上缴比例及信用等级挂钩机制，实施劳务队承接任务总量封顶政策。四是加强项目物资设备管理。集采率大幅提升，管理制度不断完善，对于项目上出现的物资计划性不强、设备核算不到位等突出问题，两级机关研究解决措施。五是成本管控常抓不懈。修订《工程项目成本控制办法》，强化“双预控”，集团公司成立总工办牵头方案审查工作，成本、二次经营部门与新上项目对接并展开工作，落实总经理亲自抓项目策划制度；全年完成13个直管铁路项目内部投资分劈和结算工作，集中清理12个直管项目挂账成本。

（5）基础管理。一是加强制度建设。下发制度修订清单，清理集团公司本级审批95项、审核97项、核准28项、备案90项，廓清权力界限，遏制基层单位违规决策行为，荣获股份公司法制工作先进单位称号。二是做好审计整改。对自审发现的308个问题认真分析原因，制定整改方案，通报并追踪整改落实情况。三是两级机关基本业务在信息完整性上、业务规范留痕上以及电子化程度上夯实。四是进一步规范人力资源管理。完善工资考核发放办法、审批制度和流程；撤销17个三级公司，规范区域经营机构编制、岗位、人员设置，严格内部人员调动审批和管理，严控无序流动；全年组织各类培训班75期，参训3860人次，重点组织建造师考前培训和项目经理实战培训；规范“五险二金”管理，初步形成催缴机制。

（6）全面建设。集团公司技术中心通过国家级认定，校企共建实验室落地，承担省部级以上在研项目13项；全年获省部级科学技术进步奖10项、国家级工法2项、专利58项，有效专利总数达206项，获北京市专利示范单位称号。外聘专业咨询公司规范风险管理工作，管控内容与企业基础管理紧密结合，对完善规章制度、加强横向信息交流、规范管理思想和行为形成倒逼机制，全面展开业务流程梳理。PM一期三阶段培训和实施全部完成，通过股份公司验收，初步实现10项业务单证对接。七公司、矿业公司取得房屋建筑和矿山施工总承包一级资质，轨道公司实现资质零突破，集团公司启动房屋建筑特级资质申报工作。进一步完善审计制度和流程，全年审计亏损项目36个，提出追责意见。（张 莹）

【党群工作】 （1）党的工作。2014年，集团公司党委下辖党（工）委129个、党总支1个、党支部428个，党员8093名。年内发展党员180名。集团公司党委扎实开展党的群众路线教育实践活动，局处两级党委结合自身实际制定和实施涉及规范公务接待、公务用车、亏损项目治理、机关效能建设等制度并督促实施。召开集团公司组建65周年、兵改工30周年暨迁址5周年纪念大会，继承和发扬铁道兵优良传统。着力推进基层项目党建工作开展、敦促项目三重一大决策制度落实。大力开展“增强主人翁意识主题教育”和“道德讲堂”活动，并把开展“道德讲堂”活动情况纳入企业文明建设“十星”达标考核。认真开展形势任务教育，结合企业中心工作和重难点工作定期编印宣传教育提纲，分析企业面临的形势和任务，坚定信心，激发斗志，充分调动职工队伍积极性。同时结合中央、国资委、股份公司政策形势任务，针对集团公司发展实际，充分发挥宣传思想阵地作用，利用报刊、板报、墙报等传统媒体的同时，尝试利用各种新型媒体，加大形势任务教育工作力度，保持职工队伍积极向上精神状态，保持职工队伍稳定，维护企业良好的生产经营秩序。集团公司编发《积极行动，务求实效，深入开展工程项目亏损治理活动》宣传教育提纲，并通过集团公司《铁道工人》报和网络办公平台及时下发到基层所属单位进行宣传教育。充分发挥项目部党组织作用，修订《项目部思想政治工作实施细则》，下发基层所属各单位党（工）委，进一步加强项目部思想政治工作。修订《集团公司企业文明建设考核评比办法》，为推进企业文明建设工作进一步向基层延伸，抽查工程公司所属项目部工作开展情况，同时实行安全质量和稳定工作“一票否决”。推荐矿业公司“首都文明单位标兵”、轨道交通公司“首都文明单位”评选。广泛开展企地共建活动，积极履行社会责任。五公司工会主席李军、七公司机关、七公司第八项管部书记王勇，长期坚持为贫困地区学生捐资助学，受到社会各界一致好评，融洽了企地关系，为施工现场创造了良好外部施工环境。修订完善新闻报道目标考核办法，集团公司全年刊发稿件969篇，其中国家级111篇、省部级109篇、《中国铁道建筑报》357篇、地市级报刊132篇、其他网站260篇。7篇稿件被评为《中国铁道建筑报》2013年好新闻，2篇稿件获中国产业新闻好新闻三等奖。集团公司《铁道工人》报全年出刊23期，重点宣传集团公司生产经营动态、企业发展成果、先进典型，弘扬企业正能量。纪检监督工作坚强有力，严格执行作风建设“八项规定”，持续抓作风建设，教育各级领导干部和重要岗位工作人员，守纪律守规矩，提高自我约束能力，不踩“红线”，不闯“雷区”。加大查办违纪违规案件力度，保持高压态势，严肃责任追究。初步核实案件线索15件，立案15件，结案15件，处分86人，党纪处分1人，政纪处分86人。

（2）工会工作。集团公司工会下辖处级单位工会13个、直管项目部工会21个、基层工会279个、工会小组463个，工会会员17770人。不断深化建功立业劳动竞赛，2个单位被评为全国“安康杯”竞赛先进单位，3个单位被评为省劳动竞赛先进单位；2人获得省五一劳动奖章；获省工人先锋号1个、火车头奖杯2个，11人获得火车头奖章。坚持各项会议制度的落实。集团工会先后召开职工代表大会联席会议2次、全委会4次、常委会6次、主席办公会11次、工作会2次。积极推广技术创新成果，产生具有推广价值的技术创新成果55项，实现直接和间接经济效益8000余万元。选树先进典型，完成孙吉东、王素华先进事迹电视专题片和杨仿林先进事迹演讲录像片的摄制。建立健全困难职工帮扶档案，实施“两节”送温暖活动，组织走访慰问。两节期间，全集团走访204户，发放慰问金218.6万元。实施“三不让”、互助补充保险救助，救助职工290人，发放救助金66.75万元。为大龄青年职工办实事、解忧愁，举办北京区域未婚青年联谊会，各单位共举办联谊会11次。在女工中开展“减亏增效、我在行动”主题活动，开展幸福家庭、贤内助评选表彰活动。开展年度工作综合检查考核，全年考核10个工程公司工会、20个工程项目工会，全面掌握基层工会工作开展情况和队伍建设情况。

（3）共青团工作。集团公司团委下辖基层团委79

个、团支部160个,团员2322人。利用“青年大讲堂”,开展以“为民务实清廉”为主题的党的群众路线教育、企业“减亏增盈”专项教育活动。开展“青年忠诚十九局,青春奉献在岗位”主题演讲活动,强化青年主人翁意识。开展“导师带徒”活动,辅助企业人力资源开发。制定《集团公司青年安全生产示范岗管理办法》,开展青年安全生产示范岗及青年安全生产志愿者活动,促进项目平稳和谐发展。六公司制梁公司一项安全管理工艺创新进入北京市安全管理实践大师赛前10名。3个项目获北京市优秀青年安全生产示范岗称号。4个集体获北京市优秀青年突击队称号。一公司、六公司、矿业公司项目获北京市青年文明号称号。一公司团委获中央企业五四红旗团委称号。二公司机关团支部获北京市五四红旗团支部称号。七公司成兰铁路项目部获四川省五四红旗团委称号。轨道公司青年李刚获北京市青年岗位能手称号。电务公司青年房浩被推荐申报北京市第二批“最美青工”。开展第二届青年文化艺术节暨奋斗的青春最美丽分享活动,活跃基层生活。举办网上施工绘图(CAD)大赛,提升青工技能,为施工生产服务。 (张　莹)

【第一工程有限公司】 拥有公路、房屋建筑、市政公用、机电安装工程施工总承包一级,铁路工程施工总承包二级,公路路基、钢结构、隧道、地基与基础工程、水工隧洞专业承包一级资质。公司驻辽宁省辽阳市白塔区卫国路138号。前身是中国人民解放军铁道兵第九师四十一团,1984年集体转业,改编为铁道部第十九工程局第一工程处,1999年12月改称中铁第十九工程局第一工程处,2001年12月企业改制改称现名。执行董事、总经理李程,党委书记曲久彬。下辖13个项目管理部、13个项目经理部及辽阳、日照基地。职工2957人。其中,干部1067名、工人1890人;技术干部981人,技术工人722人。资产总额255358万元。其中,固定资产原值29431万元、净值10432万元;流动资产235496万元。拥有机械运输设备743台(套),原值27656.6万元、净值9620.51万元,总功率66686千瓦,动力装备率23.25千瓦/人,技术装备率3.3万元/人。

2014年新签合同额23.4亿元,完成产值50亿元,实现利润5008万元。全员劳动生产率328965元/人年,职工年人均收入61734元。净资产收益率9.68%,产值利润率1.06%,资产负债率77.75%,应上缴款完成率100.16%。完成主要实物工程量:土石方6959万立方米,桥梁2640延长米,隧道(隧洞)31430延长米,房屋建筑面积35.82万平方米。全年未发生安全质量事故,工程验收合格率100%。承建的山东华电莱州电厂“上大压小”新建工程获国家优质工程金质奖和中国电力优质工程奖,参建的新建京沪高速铁路天津特大桥工程获第十二届中国土木工程詹天佑奖、国家优质工程奖,承建的内蒙古蒙西鄂尔多斯铝业有限公司利用粉煤灰年产40万吨氧化铝项目一期工程获建材行业优质工程奖。年内,公司被评为辽宁省建筑业优秀企业、辽宁省守合同重信用企业、辽宁省用户满意企业和高新技术企业。 (李爱民)

【第二工程有限公司】 拥有公路、房屋建筑、市政公用、水利水电工程施工总承包一级,铁路工程施工总承包二级,机场场道、公路路基、公路路面、桥梁、隧道工程专业承包一级资质。公司驻辽宁省辽阳市白塔区和平路17号。前身是铁道兵第九师第四十二团,1984年1月集体转业,改编为铁道部第十九工程局第二工程处,1999年12月改称中铁第十九工程局第二工程处,2001年12月企业改制改称为现名。执行董事、总经理解佳飞,党委书记廖爱生。下辖34个工程项目部、14个分公司及铁赢工程检测有限公司、物业管理公司。职工2722人。其中,干部1130人、工人1592人;技术干部790人,技术工人857人。资产总额332178.4万元。其中,固定资产原值55153.1万元、净值32772.7万元;流动资产294515.4万元。机械运输设备658台(套),原值24.173.9万元、净值9267.89万元,总功率65707.5千瓦,动力装备率24.14千瓦/人,技术装备率3.14万元/人。

2014年新签合同额8.3亿元,完成产值43.7亿元,实现利润2811万元。全员劳动生产率305976元/人年,职工年人均收入57391元。净资产收益率10.77%,产值利润率0.62%,资产负债率92.21%,应上缴款完成率14.95%。完成主要实物工程量:土石方491万立方米,隧道35369延长米,桥梁9884延长米,涵洞1978横延米,房屋建筑面积24、61万平方米,铁路梁预制架设16孔,公路梁预制214孔、架设328孔。公司被评为全国守合同重信用企业、辽宁省AA级信用企业、全国公路建设行业诚信百家企业,参建的京沪高速铁路天津大桥工程获第十二届中国土木工程詹天佑奖、国家优质工程奖,获国家优秀QC成果奖1个、辽宁省优秀QC成果奖5个。

(刘英华)

【第三工程有限公司】 拥有公路、市政公用工程施工总承包一级,铁路、水利水电工程施工总承包二级,房屋建筑、矿山工程施工总承包三级,隧道、桥梁、公路路面、公路路基工程专业承包一级资质。公司驻辽宁省沈阳市沈北新区沈北路36号。前身是铁道兵第九师四十三团,1984年集体转业,改编为铁道部第十九工程局第三工程处，2001 年 12 月企业改制改称现名。执行董事、总经理陈宝军，党委书记刘志军。下辖 9 个项目管理部、9 个铁路工区、3 个代局指项目（经理）指挥部、1 个直属项目部及辽阳基地、四川金堂基地。职工 2803 人。其中，干部 1106 人、工人 1697；技术干部 1011 人，技术工人 1644 人。资产总额 336883 万元。其中，固定资产原值 62884 万元、净值 28140 万元；流动资产 300039 万元。机械运输设备 775 台（套），原值 41600 万元、净值 11300 万元，总功率 86935 千瓦，动力装备率 30.46 千瓦/人，技术装备率 3.98 万元/人。

2014 年新签合同额 11.6 亿元，完成产值 49 亿元，实现利润 5017 万元。全员劳动生产率 45 万元/人年，职工年人均收入 5.98 万元。净资产收益率 8.32%，产值利润率 1.18%，资产负债率 79.31%，应上缴款完成率 100%。完成主要实物工程量：路基土石方 1095.88 万立方米，隧道 16892.1 延长米，桥梁 12870.2 延长米，涵洞 2339.08 横延米，路面 1044.92 万平方米，房屋建筑面积 27.98 万平方米，无砟轨道 22.539 千米。年内，承建的沿海高速公路秦皇岛至乐亭段高速公路工程被评为河北省建设工程安济杯优质工程，昆河公路弥勒城区段拓宽改造工程获云南省优质工程一等奖，中铁十九局集团第三工程有限公司调度楼工程获 2014 年度“哈长沈”三市优质工程银杯奖项；获国家级 QC 成果奖 1 项、省级 QC 成果奖 4 项，授权专利 5 项、辽宁省工法 3 项，中国施工企业协会科学技术奖 1 项、中国公路学会科学技术奖 1 项。公司被评为 2012～2013 年度公路建设行业诚信百佳企业、全国优秀施工企业；辽宁省建筑业优秀企业、辽宁省信用 AAA 企业。

（刘永华）

【第五工程有限公司】 拥有房屋建筑、公路、市政公用工程施工总承包一级，铁路工程施工总承包二级，公路路基、桥梁、隧道工程专业承包一级，装饰装修、钢结构工程专业承包三级资质。公司驻辽宁省大连市金州区拥政街 586 号。前身是铁道兵第九师给水营与修理营，1984 年集体转业，改编为铁道部第十九工程局建筑工程公司和机械修造厂；1993 年 3 月，两单位合并组建建筑安装工程处，1997 年改称第五工程处；2000 年 8 月，将直属工程处、大连技工学校并入五处；2001 年 12 月企业改制改称现名。执行董事、党委书记王必军，总经理张忠明。下辖 3 个预制梁专业分公司、13 个直属项目管理部、1 个机械厂。职工 1767 人。其中，干部 1021 人、工人 746 人；专业技术人员 998 人，技术工人 499 人。资产总额 172873 万元。其中，固定资产原值 39539 万元，净值 13708 万元；流动资产 156508 万元。机械运输设备 559 台（套），原值 33758.14 万元、净值 11908.33 万元，总功率 57425 千瓦，动力装备率 39.1 千瓦/人，技术装备率 8.11 万元/人。

2014 年新签合同额 15 亿元，完成施工产值 36.5 亿元，实现利润 4140 万元。职工年人均收入 76858 元。净资产收益率 10.02%，产值利润率 1.09%，资产负债率 84.86%，应上缴款完成率 102.9%。完成主要实物工程量：土石方 580 万立方米，桥梁 17000 延长米，涵洞 2100 横延米，隧道 7700 延长米，房屋建筑面积 66000 平方米，预制梁 921 榀，轨枕生产 9 万根，地铁车站 16.37 万平方米，地铁区间隧道 1144 延长米。年内，参建的青岛胶州湾海底隧道工程获中国土木工程詹天佑奖和中国建设工程鲁班奖，参建的新建京沪高速铁路天津特大桥工程获中国土木工程詹天佑奖、国家优质工程奖，承建的北京东北热电中心京能燃气热电厂生产行政综合楼工程被评为北京市结构长城杯优质工程，2 个 QC 小组获全国优秀 QC 小组奖。公司获 2014 年度辽宁省守合同重信用企业称号。

（赵艳萍）

【第六工程有限公司】 拥有铁路、公路、市政公用工程施工总承包一级，房屋建筑工程施工总承包二级，桥梁、隧道、公路路基、水工隧洞、铁路铺轨架梁工程专业承包一级资质。公司驻江苏省无锡市新区香山路 7 号。前身是中国人民解放军铁道兵第九师四十四团，1984 年 1 月集体转业，改编为铁道部第十九工程局第四工程处；1999 年 12 月改称中铁第十九工程局第四工程处，2001 年 12 月企业改制改称中铁十九局集团第四工程有限公司，2010 年 9 月 25 日由内蒙古自治区通辽市迁址江苏无锡，更名为中铁十九局集团第六工程有限公司。执行董事、总经理秦志军，党委书记王纯玉。下辖 8 个专业公司、20 个项目经理部及通辽、辽阳基地。职工 2587 人。其中，干部 1120 人、工人 1467 人；技术干部 999 人，技术工人 349 人。资产总额 246562 万元。其中，固定资产 84317 万元、净值 34500 万元；流动资产 205652 万元。机械运输设备 494 台（套），原值 73885 万元、净值 27759 万元，总功率 684678.25 千瓦，动力装备率 37.5 千瓦/人，技术装备率 10.56 万元/人。

2014 年新签合同额 1.2 亿元，完成施工产值 38 亿元，实现利润 982 万元。全员劳动生产率 33651 元/人年，职工年人均收入 54593 元。净资产收益率 2.33%，产值利润率 0.26%，资产负债率 91.30%，应上缴款完成率 1.65%。完成主要实物工程量：路基土石方 272.98 万立方米，桥梁 40686.05 延长米，隧道 8215.12 延长米，涵洞 967.71 横延米，预制梁片 2037 片，架梁 1991 孔，铺轨 901.18 千米。年内，参建的京沪铁路天津特大桥工程获中国土木工程詹天佑奖、国家优质工程奖,沿海公路秦皇岛至乐亭段高速公路工程获河北省建设工程安济杯奖;获省部级工法3个、授权专利7项,其中发明专利1项;获全国优秀QC小组一等奖1个、省级优秀QC小组4个。公司获江苏省建筑行业协会竞争力百强企业、全国优秀施工企业、全国信用AAA企业等荣誉。 (王林丽)

【第七工程有限公司】 拥有房屋建筑、公路工程施工总承包一级,铁路、港口与航道、公路路基工程施工总承包二级资质。公司驻广东省珠海市拱北港昌路111号中铁大厦。成立于1985年6月,先后称珠海办事处、珠海工程公司、珠海工程总公司,2002年12月企业改制后称华南工程有限公司,2010年11月21日整合成立第七工程有限公司。执行董事、总经理姜长清,党委书记顾建朋。下辖14个项目管理部。职工832人。其中,干部484人、工人348人;技术干部495人,技术工人174人。资产总额88345万元。其中,固定资产原值12331万元、净值10307万元;流动资产72274万元。机械运输设备218台(套),原值9228.42万元、净值2107.66万元,总功率21617.5千瓦,动力装备率25.68千瓦/人,技术装备率5.34万元/人。

2014年新签合同额5.1亿元,完成施工产值22.3亿元,实现利润2581万元。全员劳动生产率293337元/人年,职工年人均收入72070元。净资产收率8.64%,产值利润率1.18%,资产负债率84.47%,应上缴款完成率100%。完成主要实物工程量:土石方260.15万立方米,桥梁4641延长米,隧道9820延长米,涵洞500横延米,房屋建筑面积23.27万平方米,正线铺轨1.82千米。全年未发生安全质量事故,工程验收合格率100%。年内,获辽宁省QC成果奖3项,公司连续27年获全国守合同重信用企业称号。

(钟妮蓉)

【矿业投资有限公司】 拥有矿山工程施工总承包一级,土石方、钢结构、爆破与拆除工程专业承包三级资质。2005年3月15日,由原机械化工程公司和建筑工程公司整合重组而成,2010年5月12日,在原矿业公司基础上成立矿业投资有限公司,公司机关从辽宁省辽阳市徐往子大街3号迁址注册在北京市丰台区莲怡园东路风荷曲苑3号楼。执行董事、总经理姜建辉,党委书记王照华。下辖1个分公司、28个直管项目部,其中矿山项目22个、铁路工区3个、轨道板厂2个、南水北调项目1个。职工1268人。其中,干部614人、工人654人;技术干部526人,技术工人247人。资产总额262118万元。其中,固定资产原值171115万元、净值94813万元;流动资产126397万元。机械运输设备972台(套),原值134073万元、净值62963.5万元,总功率227588.3千瓦,动力装备率179.77千瓦/人,技术装备率49.73万元/人。

2014年新签合同额115亿元,完成施工产值36.5亿元,实现利润20488万元。全员劳动生产率49.9万元/人年,职工年人均收入71877元。产值利润率5.59%,资产负债率83.2%,应上缴款完成率100%。完成主要实物工程量:土石方剥离14263.48万立方米,井下掘进31964.23延长米,井工开采95.62万吨。年内,公司获全国优秀施工企业称号。 (李广威)

【轨道交通工程有限公司】 拥有市政公用、房屋建筑、机电设备安装工程施工总承包三级资质。公司于2008年2月22日成立,12月8日在辽宁省沈阳市浑南经济技术开发区注册;2010年12月23日在北京市顺义区林河经济技术开发区转注册,2011年8月迁至北京办公。执行董事、总经理陈友建,党委书记梅洪斌。职工1515人,其中干部1156人、工人359人。下设1个分公司、10个项目管理部、2个直属项目部。资产总额195027.2万元。其中,固定资产原值67073.6万元、净值43818.4万元;流动资产144024.6万元。机械运输设备309台(套)、盾构机16台,原值65544.85万元、净值42787.81万元,技术装备率29.98万元/人,动力装备率23.48千瓦/人。

2014年新签合同额20.19亿元,完成施工产值27.5亿元,实现利润9019万元。职工年人均收入57185元。净资产收益率33.96%,产值利润率3.57%,资产负债率86.17%,应上缴款完成率100%。年内,获北京市政基础设施结构长城杯工程金质奖3项、武汉市政工程金奖1项;公司获首都文明单位称号。 (王茂旭)

【电务工程有限公司】 拥有机电安装工程施工总承包一级,铁路电务、铁路电气化工程专业承包一级,消防设施、送变电工程专业承包二级资质。公司驻北京市大兴区西红门新建开发区金服大街13号。前身是中国人民解放军铁道兵第九师通信科,1984年1月集体转业,改编为铁道部第十九工程局通信处,1995年改称铁道部第十九工程局电务工程公司,1997年改称铁道部第十九工程局电务工程处,1999年12月改称中铁第十九工程局电务工程处。2002年2月企业改制改称现名。执行董事长、总经理崔吉林,党委书记耿庆宇。下辖通信、信号、电气化、设备安装、建筑装潢5个专业分公司和辽阳、青岛、北京、成都、兰州分公司,辽阳基地。职工366人。其中,干部223人、工人151

人;技术干部 223 人,技术工人 151 人。资产总额 55138 万元。其中,固定资产原值 3186 万元、净值 1986 万元;流动资产 52262 万元。机械运输设备 158 台(套),原值 962.8 万元、净值 111.65 万元,总功率 2631 千瓦,动力装备率 7.29 千瓦/人,技术装备率 0.25 万元/人。

2014 年新签合同额 6.86 万元,完成产值 54206 万元,实现利润 2508 万元。全员劳动生产率 148 万元/人年,职工年人均收入 71797 元。净资产收益率 13.23%,产值利润率 4.63%,资产负债率 73.06%,应上缴款完成率 100%。完成主要实物工程量:通信线路 860 千米,信号线路 108.45 千米,48 套信号连锁装置安装,6 个站内信息调度集中系统;电力供电线路 485 千米,电源设备安装 182 套;电力牵引接触网 99.1 千米,其他设备安装 386 套。年内,公司获评全国 AAA 级信用企业、重合同守信用企业、辽宁省投标信用 AAA 级企业。 (李长城)

【房地产开发公司】 拥有房地产开发、商品房销售、物业管理三级资质。公司驻辽宁省辽阳市白塔区和平路 17 号。2008 年 5 月 19 日成立。董事长尚尔海,总经理李联营,党委书记林占武。下辖铁兵新苑经济适用房、站前文化宫项目、沈阳阳光梧桐苑二期三个开发项目。职工 18 人,其中干部 15 人、工人 3 人。资产总额 25715 万元,其中流动资产 23715 万元。

2014 年完成产值 13231 万元。 (杨慧敏)

【国际建设分公司】 公司驻北京市经济技术开发区路东区经海 3 路 109 号天骥·智谷科技园区 19 号楼。2012 年 3 月成立,前身是集团公司海外工程指挥部。总经理张永军,党委书记李尊忠。下辖 3 个区域公司、1 个项目管理部、9 个项目经理部。职工 241 人。其中,干部 186 人、工人 55 人;技术干部 122 人,技术工人 32 人。资产总额 122417 万元。其中,固定资产原值 35438 万元、净值 9390 万元;流动资产 113027 万元。机械运输设备 780 台(套),原值 23843 万元、净值 13066 万元,总功率 110479 千瓦,动力装备率 485 千瓦/人,技术装备率 542162 万元/人。

2014 年新签合同额 226214.75 万元,完成施工产值 8.38 亿元,实现利润 2068 万元。全员劳动生产率 347.57 万元/人年,职工年人均收入 77259 元。净资产收益率 5774.76%,产值利润率 2.47%,资产负债率 98.84%,应上缴款完成率 100%。完成主要实物工程量:土石方 56.5 万立方米,路面 8.07 万平方米,房屋建筑面积 12.26 万平方米。全年未发生安全质量事故,工程合格率 100%。 (解红妹)

【物资总公司】 物资流通、贸易代理企业。公司驻辽宁省辽阳市白塔区和平路 17 号。1999 年 6 月,由局物资公司与机关物资处合并组建,2001 年改制为集团公司直属分公司。副总经理刘乃鲁主持工作。

2014 年新签合同额 3500 万元,完成销售额 4175 万元。 (姜雅文)

【辽阳基地】 驻辽宁省辽阳市白塔区和平路 17 号。总经理助理兼基地主任郑云义,党委书记李文伯。下辖中铁十九局集团宾馆、维修队、职工餐厅、铁兵新苑。职工 914 人,其中在职职工 270 人。

2014 年,宾馆营业收入 135 万元,房屋出租收入 83 万元。 (曳 雅)

【重要记载】

▲2 月 21—22 日 集团公司三届一次职代会、党委二届十一次全委(扩大)会、2014 年工作会暨党风建设工作会在北京总部机关召开。

▲2 月 22 日 集团公司在京召开工程项目亏损治理动员专题会。

▲2 月 23 日 集团公司在京召开经营工作专题会和社保工作专题会。

▲2 月 电务公司北京地铁 9 号线工程获北京市机电安装工程优质奖。

▲3 月 10 日 集团公司“高铁底座板模板快速转运装置”等 16 项新型专利通过国家知识产权局认证。

▲同日 集团公司党的群众路线教育实践活动动员大会在北京召开。

▲5 月 1 日 三公司副总经济师兼路面一项目管理部经理全厚发获得辽宁省五一劳动奖章。

▲5 月 8 日 集团公司在北京召开铁路销号项目清概工作推进会议。

▲5 月 13 日 董事长、党委书记葛永利到七公司开展党的群众路线教育实践活动调研。

▲5 月 15 日 一公司团委被授予中央企业五四红旗团委称号。

▲5 月 20 日 中国铁路总公司副总经理卢春房到集团公司成兰铁路施工现场检查指导工作。

▲6 月 26 日 集团公司中标新建哈尔滨至佳木斯铁路站前工程 HJZQ-6 标段施工任务,中标价 239257 万元;中标北京至沈阳铁路客运专线河北段站前工程施工 JSJJSG-8 标段施工任务,中标价 172016 万元;中标北京至沈阳铁路客运专线辽宁段站前工程施工 JSLNTJ-3s 标段施工任务,中标价 211856 万元。

▲7 月 1 日 集团公司参建的大西高铁正式开通运营。

▲7 月 22—23 日　集团公司在北京召开自审专题工作会和亏损项目整治暨债务风险、责任成本管控工作会。

▲7 月 31 日　集团公司组建 65 周年、兵改工 30 周年、迁址北京 5 周年纪念大会暨年中工作会议在京召开。

▲9 月 1—6 日　集团公司应邀代表中国铁建参加第四届中国亚欧博览会。

▲10 月 20—23 日　矿业公司参加 2014 年中国国际矿业大会。

▲10 月 24 日　一公司通过国家高新技术企业复审。

▲11 月 7 日　集团公司总经理王学忠陪同中国铁建总裁张宗言在北京钓鱼台国宾馆会见塔吉克斯坦宗同埃莫马利·拉赫蒙。

▲11 月　集团公司董事长葛永利出席沪通铁路站前工程施工合同签约仪式。

▲12 月 7 日　集团公司通过国家企业技术中心认定。

▲2014 年　一公司参建的山东华电莱州电厂“上大压小”新建工程获国家优质工程金质奖，三公司参建的云南新街至河口高速公路工程获中国土木工程詹天佑奖，五公司参建的青岛胶州湾海底隧道工程获中国建设工程鲁班奖、中国土木工程詹天佑奖，集团公司参建的京沪高速铁路天津特大桥工程获国家优质工程银质奖、中国土木工程詹天佑奖。荣省部级优质工程 4 项、北京市结构长城杯优质工程奖 6 项。　（张　莹）

中铁二十局集团有限公司

【简况】　中铁二十局集团有限公司为铁路工程施工总承包特级，公路、市政公用、房屋建筑、水利水电工程施工总承包一级，公路路基、地基与基础、隧道、桥梁工程专业承包一级资质企业，同时具有铁道行业甲（Ⅱ）级设计、爆破作业一级、房地产开发二级、城市轨道交通工程专业承包、境外工程承包资质。集团公司驻陕西省西安市未央区太华路 89 号。前身是中国人民解放军铁道兵第十师，1984 年 1 月 1 日集体转业，改编为铁道部第二十工程局；1999 年 12 月 1 日改称中铁第二十工程局，2002 年 6 月 28 日企业改制改称中铁二十局集团有限公司。下辖第一、二、三、四、五、六、七工程有限公司和电气化工程有限公司、房地产开发有限公司、西安工程机械有限公司、安哥拉国际有限公司、陕西物资有限公司（海外工程保障中心）、中铁建设工程质量检测公司、阿达驻车投资建设管理有限公司、物业管理有限公司、莫桑比克有限公司、塞拉利昂有限公司、中铁建环保生态产业开发有限公司、技工学校，西安、咸阳基地管理处，乐山基地、北京办事处以及 15 个区域指挥部、2 个合资公司。职工 18501 人。资产总额 263.51 亿元。其中，固定资产原值 55.90 亿元、净值 21.64 亿元；流动资产 230.16 亿元；长期股权投资 0.566 亿元；无形资产 1.90 亿元。负债总额 237.14 亿元，股东权益 26.37 亿元。机械运输设备 3041 台（套），原值 19.98 亿元、净值 9.51 亿元，设备资产利润率 16.83%、资产增长率 8.88%、成新率 47.57%，设备总功率 513636.9 千瓦，技术装备率 5.11 万元/人，动力装备率 27.62 千瓦/人。其中，大型设备 102 台（套），原值 8.09 亿元、净值 4.16 亿元，大型设备成新率 51.46%、闲置率 28.68%、完好率 96.80%、利用率 85.37%。年施工能力 300 亿元。

2014 年新签合同额 401.1 亿元，完成企业总产值 270.8 亿元，其中施工产值 250.2 亿元、附营产值 20.6 亿元。实现利润 38806 万元，职工人均创利 2.14 万元。全员劳动生产率 48.11 万元/人年，职工年平均收入 54234 元。国有资产保值增值率 114.07%，净资产收益率 13.46%，营业利润率 1.34%，资产负债率 89.99%，应上缴款完成率 100%。完成主要实物工程量：土石方 7446.7 万立方米，隧道 70975.53 延长米，桥梁 91436.99 延长米；铁路正线铺轨 253 千米、站线铺轨 42.1 千米，铺设道岔 61 组，铁路无砟轨道 49.6 千米，铁路架梁 2457.5 孔，公路架梁 5835 孔；地铁 4801 米，公路 127.8 千米（其中高速公路 113 千米），路面 193 万平方米，通信线路 132 千米，供电线路 191.2 千米。房屋建筑施工面积 1683326 平方米。年内，集团公司被评为全国优秀施工企业、全国用户满意企业、全国重合同守信用企业、陕西省 AAA 级企业、陕西省劳动关系和谐企业；一公司获得全国五一劳动奖状，二公司被评为全国重合同守信用企业，六公司连续 21 年获陕西省重合同守信用企业称号；杜越获得全国五一劳动奖章，2 人被评为全国优秀项目经理，3 人被评为陕西省优秀项目经理。　（孟繁荣　刘文君）

【领导人员】

董事会

董事长、法定代表人	雷升祥
董　事	赵国旗（9 月免）
	邓　勇（9 月任）
	王玉松
	李令选

　　　　　　　　　　赵　斌

监事会

监事会主席	黄锦波
监　事	王启录
	朱宝林

经理层

总经理	赵国旗(9月免)
	邓　勇(9月任)
副总经理	王玉松
	郭祥君
	赵崇科
	李令选
	王广建
	任少强
	尤敦同(7月免)
	张文峰
	刘　峰
	苗文怀
总工程师	任少强(兼)
总会计师	尤敦同(兼,7月免)
总法律顾问	尤敦同(兼,7月免)

党群领导

党委书记	雷升祥
党委副书记	赵国旗(9月免)
	邓　勇(9月任)
	黄锦波
	李胜义
纪委书记	黄锦波
工会主席	赵　斌
顾　问	马登峰(3月退休)
	尤敦同(7月任)

(孟繁荣　刘文君)

【工程项目指挥机构】 兰新铁路二线甘青段LXS－7标段项目经理部　驻青海省海北藏族自治州门源回族自治县浩门镇育林路104号。项目经理任少强,党工委书记郭育红。

哈齐铁路客运专线项目经理部　驻黑龙江省肇东市正阳一道街凯帝宾馆七楼。项目经理王广建,常务副经理兼党工委书记张利民。

沪昆铁路客运专线贵州段CKGZTJ－9标段项目经理部　驻贵州省安顺市黄果树风景区。项目经理冯军武,党工委书记王志军。

莞惠城际铁路项目经理部　驻广东省东莞市大朗镇银朗南路399号东正商务大厦。项目经理孙长江,党工委书记高忠杰。

集通铁路扩建改造工程JTZQ－1标段项目经理部　驻内蒙古自治区锡林郭勒盟正镶白旗火车站南1500米。项目经理梁月胜,党工委书记李俊。

新建中南部铁路通道吕临支线ZNTJ－3标段项目经理部　驻山西省吕梁市临县林家坪镇南圪垛村。项目经理王广建,党工委书记王高鹏。

宁西铁路增建第二线工程NX3标段项目经理部　驻河南省南阳市内乡县城郦都大道鹏翔科技5楼。项目经理赵崇科,常务副经理韩建红。

麻竹高速公路随州西段MZTJ－1标段项目经理部　驻湖北省随州市随县洪山镇。项目经理苗文怀,常务副经理李善明,党工委书记何学义。

新建郑徐铁路客运专线ZXZQ04标段项目经理部　驻河南省商丘市民权县冰熊大道1号冰熊集团。项目经理苗文怀,常务副经理张林,党工委书记段伟。

宝兰铁路客运专线甘肃段BLTJ－8标段项目经理部　驻甘肃省定西市通渭县委党校。项目经理刘文武,党工委书记曹永恒。

西成铁路客运专线站前XCZQ－8标段项目经理部　驻陕西省汉中市南郑县。项目经理雷卫东,党工委书记薛建武。

新建怀邵衡铁路站前工程HSHZQ－4标段项目经理部　驻湖南省邵阳市洞口县洞口宾馆3楼。项目经理刘庭联,党工委书记林海。

深茂铁路JMZQ4标段项目经理部　驻广东省开平市长沙区侨园三江东盛路5号。项目经理邓宏法,党工委书记欧仕平。

新建成贵铁路乐山至贵阳段站前工程CGZQSG7标段项目经理部　驻四川省宜宾市长宁县竹海路二段146号教育宾馆。项目经理赵崇科,常务副经理王国良,党工委书记陈选生。　(孟繁荣　刘文君)

【职工队伍】 职工18501人。干部9071人,其中女性2395人,占干部总数的26.4%。干部文化程度:本科以上5210人,占干部总数的57.4%;大专2886人,占干部总数的31.8%;中专及以下文化程度973人,占干部总数的10.7%。专业技术干部8550人,占干部总数的94.3%。其中,高级职务846人,含教授级高级工程师51人;中级职务2236人;初级职务4637人;未聘技术职务,但从事技术工作的831人。2014年,接收大学毕业生309名,其中研究生21名、本科生288名。

工人9430人,其中女工2309人。工人文化程度:初高中4749人,中专2751人,大专以上1930人。技术工人7614人,其中初级工450人、中级工2530人、高级工2377人、技师604人、高级技师135人。年内,新增工人101人,接收安置复转军人33人,调入1人,其他33人；减少工人446人，其中调出1人、退休149人、因工死亡1人、非因工死亡10人、解除劳动合同90人、其他195人。 （孟繁荣 刘文君）

【铁路工程施工】 兰新铁路二线甘青段LXS－7标段工程 位于青海省海北藏族自治州门源回族自治县硫磺沟至甘肃省张掖市民乐县小平羌沟之间。标段长16.336千米，合同投资150900万元，合同工期2010年2月—2013年11月。主要实物工程量：大梁隧道6550延长米，祁连山隧道9490延长米，硫磺沟大桥274延长米。2014年12月26日开通运营。

沪昆铁路客运专线贵州段CKGZTJ－9标段工程 位于贵州省安顺市黄果树风景区。标段长63.745千米，合同投资497298万元，合同工期2010年10月1日—2015年2月26日。主要实物工程量：隧道19座43587延长米，桥梁22座11769延长米，车站1座，路基7961米，正线铺轨53.04千米，站线铺轨1.51千米，CRTSⅡ型无砟轨道铺设75.904千米。截至2014年底，开工累计完成投资449695万元。

沪昆铁路客运专线云南段TJ－2标段工程 位于云南省曲靖市麒麟区。标段长54.6千米，合同投资305720万元，合同工期2010年10月1日—2015年9月20日。主要实物工程量：路基18.834千米，桥梁41座22696.4延长米，隧道8座15353延长米，涵洞44座1151.34横延米，桥梁7座338延长米。截至2014年底，开工累计完成投资296885万元。

青荣城际铁路QRZH－IV标段工程 位于山东省烟台市栖霞区。标段长22.2千米，合同投资367522万元，合同工期2010年10月1日—2013年9月30日。主要实物工程量：区间路基及站场土石方579.14万立方米，桥梁44座35282.96延长米，涵洞55座1661.26横延米，隧道10座11040延长米。截至2014年底，开工累计完成投资294464万元。

集通铁路扩建改选工程JTZQ－1标段工程 位于内蒙古自治区锡林郭勒盟正镶白旗。标段长98.537千米，合同投资139536.316万元，合同工期2012年10月—2014年9月。主要实物工程量：区间路基及站场土石方388.94万立方，桥梁4座494.59延长米，涵洞92座743.31横延米，正线铺轨97.993千米，改建铺轨35.358千米，站线铺轨8.976千米。截至2014年底，开工累计完成投资45153万元。

新建中南部铁路通道吕临支线ZNTJ－3标段工程 位于山西省吕梁市临县林家坪镇。标段长23.792千米，合同投资151686万元，合同工期2012年8月—2014年9月。主要实物工程量：土石方531.6万立方米，桥梁27座2256.53延长米，涵洞42座2769.41横延米，隧道10座9441延长米，架制梁882片，铺道砟15.14万立方米。2014年12月30日开通运营。

宁西铁路增建第二线工程NX3标段工程 位于河南省南阳市。标段长60.808千米，合同投资89634万元，合同工期2012年9月—2016年3月。主要实物工程量：土石方312.8万立方，路基52.2千米，隧道1座173延长米，桥梁32座14434.7延长米，涵洞261座3216.8横延米，站场7处，有砟道床12.8千米，站线铺轨12.8千米，车站站改4座，迁改电力线路60.8千米，通信线路333.8千米。截至2014年底，开工累计完成投资79126万元。

新建郑徐铁路客运专线ZXZQ04标段工程 位于河南省商丘市民权县。标段长37.675千米，合同投资245066.6万元，合同工期2012年12月—2016年12月。主要实物工程量：站场土石方3.43万立方米，桥梁4座31656.95延长米，涵洞3座115.38横延米，无砟道床73.46千米。截至2014年底，开工累计完成投资181737万元。

宝兰铁路客运专线甘肃段BLTJ－8标段工程 位于甘肃省定西市通渭县。标段长23.715千米，合同投资19.748亿元，合同工期2013年2月—2017年12月。主要实物工程量：隧道5座9176延长米，桥梁9座11557.9延长米，区间路基及站场土石方75.74万立方，无砟道床46.879千米，站线无砟道床1.52千米，简支箱梁制架266孔。截至2014年底，开工累计完成投资158427万元。

西成铁路客运专线站前XCZQ－8标段工程 位于陕西省汉中市南郑县。标段长33.527千米，合同投资25.504亿元，合同工期2013年3月至2016年11月。主要实物工程量：站场土石方4.2万立方米，隧道7座17080.66延长米，桥梁2座16455.67延长米，正线无砟道床66.5千米，站线无砟道床1.65千米。截至2014年底，开工累计完成投资142979万元。

莞惠城际铁路GZH－6标段工程 位于广东省东莞市大朗镇。标段长5.86千米，合同投资96125万元，合同工期2009年10月—2011年12月。主要实物工程量：隧道5425.7双延米。截至2014年底，开工累计完成投资122143万元。

新建怀邵衡铁路站前工程HSHZQ－4标段工程 位于湖南省邵阳市洞口县。标段长39.714千米，合同投资212995万元，合同工期2014年10月—2018年12月。主要实物工程量：路基土石方4.5万立方米，桥梁14座7042延长米，隧道5座16538延长米，制梁764片，架梁764片，无砟轨道道床26.788千米。截至2014年底，开工累计完成投资12598万元。

西安大机段工程　位于陕西省西安市内。合同投资61587万元，合同工期2014年3月—2016年7月。主要实物工程量：路基土石方259万立方米，涵洞11座958横延米，铺轨20.3千米，房屋建筑面积47447平方米。

新建成贵铁路乐山至贵阳段站前工程CGZQSG7标段工程　位于四川省宜宾市长宁县、江安县、兴文县境内。标段长41.37千米，合同投资243306万元，合同工期2014年1月—2018年1月。主要实物工程量：路基土石方366万立方米，桥梁43座11981延长米，隧道11座18552延长米，梁场1处，制架梁203片。截至2014年底，开工累计完成投资30563万元。

（刘王平　孟繁荣　刘文君）

【铁路运输】　第一铁路运输分公司　驻陕西省榆林市神木县神木北站。经理叶长松，党委书记郭竞剑，总工程师王炎鑫。2014年完成产值4500万元，累计完成产值34088万元。实现安全运营4097天。

第二铁路运输分公司　驻陕西省渭南市蒲城县西头乡。经理潘旭明，党委书记吴培力，总工程师彭晓忠。2014年完成产值9484万元，累计完成产值54806万元。实现安全运营4781天。

电力运输分公司　驻陕西省榆林市神木县神木北站。经理陈献合，党委书记许青平。2014年完成产值8500万元，累计完成产值56937万元。实现安全运营5112天。　（贺春奎　孟繁荣　刘文君）

【铁路外工程施工】　运宝高速公路LJ3合同段工程　位于山西省运城市芮城县。线路长5.24千米，合同投资43105万元，合同工期2009年10月—2012年10月。主要实物工程量：隧道左线5016延长米、右线4990延长米。截至2014年底，开工累计完成投资40412.4万元。

麻竹高速公路随州西段MZTJ－1标段工程　位于湖北省随州市。线路长55.228千米，合同投资21.02亿元，合同工期2013年4月—2014年9月。主要实物工程量：路基土石方1738万立方米，桥梁35座，天桥33座，隧道1座，通道45座，互通立交4处，服务区1处。2014年12月31日通车。

江北高速公路监利至江陵段　位于四川省江陵县沙岗镇。线路长16.61千米，合同投资76991万元，合同工期2014年6月—2016年4月。主要实物工程量：路基土石方243万立方米，桥梁7座7280延长米，涵洞41座1471横延米，制梁2082片。截至2014年底，开工累计完成投资27875万元。

简蒲高速公路JPTJ－3标段工程　位于四川省简阳市江源镇。线路长12.80千米，合同投资41139万元，合同工期2014年10月—2016年4月。主要实物工程量：路基土石方工程517万立方米，桥梁21座1264延长米，涵洞64座5063横延米。截至2014年底，开工累计完成投资11524万元。

简蒲高速公路JPTJ－12标段工程　位于四川省眉山市东坡区。线路长12.64千米，合同投资43061万元，合同工期2014年10月—2016年4月。主要实物工程量：路基土石方397万立方，桥梁18座1500延长米，涵洞57座2245横延米。截至2014年底，开工累计完成投资4449万元。

汶马高速公路工程　位于四川省阿坝藏族羌族自治州。线路长8.3千米，合同投资62220万元，合同工期2014年10月—2019年3月。主要实物工程量：桥梁4座3196延长米，隧道2座4236延长米。

北京地铁14号线9标段工程　位于北京市。标段长1262.5米，合同投资23658万元，合同工期2010年5月—2014年12月。主要实物工程量：土石方34.6万立方米，明挖隧道587.5延长米，暗挖隧道675延长米。截至2014年底，开工累计完成投资34534万元。

青岛地铁2号线工程　位于山东省青岛市。线路长1114米，合同投资34130.51万元，合同工期2012年11月—2015年7月。主要实物工程量：李村站至李村公园站区间长647米，李村公园站，李村公园站后折返线206米。截至2014年底，开工累计完成投资16373万元。

西安地铁4号线工程　位于陕西省西安市。合同投资47636万元，合同工期2013年12月—2016年3月。主要实物工程量：元路站至大明宫站区间长762米，大明宫站长207米，大明宫站至玄武路站区间长1017米，玄武路站长202米，玄武路站至曹家庙站区间长808米。截至2014年底，开工累计完成投资2601万元。

乌鲁木齐轨道交通1号线工程　位于新疆维吾尔自治区乌鲁木齐市。线路长1272米，合同投资35757万元，合同工期2014年4月—2016年10月。主要实物工程量：育中心站建筑面积16784平方米，体育中心站至植物园站区间长1046.5米。截至2014年底，开工累计完成投资2478万元。

兰州轨道交通1号线工程　位于甘肃省兰州市。标段长1153米，合同投资61312万元，合同工期2014年3月~2016年10月。主要实物工程量：东方红广场站长683米，总建筑面积66114.74平方米；区间为2号线的明挖段，长470米。截至2014年底，开工累计完成投资4185万元。　（刘王平　孟繁荣　刘文君）

【海外工程】 莫桑比克铁路工程 (1)1 标段合同投资 824.13 万美元。主要实物工程量:路基土石方 1.1 万立方米,桥梁 1 座 18 延长米,铺轨 15.52 千米。截至 2014 年底,开工累计完成投资 824 万美元。(2)6&7 标段合同投资 19411 万美元。主要实物工程量:路基土石方 522 万立方米,涵洞 180 座 7685 横延米,正线铺轨 124.3 千米,站线铺轨 53.9 千米。截至 2014 年底,开工累计完成投资 4893 万美元。(3)8&9 标段合同投资 2305.58 万美元。主要实物工程量:正线铺轨 54.435 千米。截至 2014 年底,开工累计完成投资 1853.41 万美元。 (刘王平 孟繁荣 刘文君)

【经营管理】 (1)工程承揽。2014 年,集团公司结合市场变化和自身实际,立足路内、路外市场,狠抓海外、非工程板块,聚焦主业,多元发展,新签合同涵盖多个专业领域,板块结构更为均衡。全年新签合同额 401.1 亿元,其中铁路工程 104.9 亿元、铁路外工程 237.3 亿元、非工程板块 23.9 亿元、变更索赔 35 亿元。铁路外工程中,公路 76.9 亿元,房屋建筑 62.4 亿元,市政工程 35.2 亿元,城市轨道工程 12 亿元,水利电力工程 18.2 亿元,其他工程 18.9 亿元。非工程板块中,工业制造 1.34 亿元,物资物流 15 亿元,房地产销售 2.74 亿元,勘察设计 0.3 亿元。

(2)企业管理。在集团公司"十二五"发展规划的基础上,制定《中铁二十局集团有限公司 2014—2016 年滚动发展规划》,明确"建筑为本,同心多元,建设国内一流大型建筑企业"的总体发展战略,调整集团公司中期规划目标,进一步明确企业的发展重点和实施计划。集团公司资质管理工作以"保级升特"为重点,申报市政公用工程施工总承包特级资质。所属单位中,七公司取得市政、水利水电工程总承包一级资质;二公司取得市政、矿山工程施工总承包一级资质;设计公司取得市政桥梁、建筑工程设计专业甲级资质;环保公司申报环保工程专业三级资质、城市园林绿化企业三级资质。年内,集团公司被评为全国重合同守信用企业、陕西省 AAA 级信用企业,二公司被评为全国重合同守信用企业,六公司被评为全国重合同守信用企业、全国优秀施工企业、陕西省重合同守信用企业、陕西省 AAA 级信用企业。2 人被评为 2014 年度全国优秀项目经理,3 人被评为陕西省优秀项目经理。

(3)经济管理。2014 年完成小型基本建设项目投资 8086 万元。加大责任成本督导力度,与集团公司 14 个直管项目部签订"项目管理目标责任书",整治督导 8 个重大亏损项目,对 27 个铁路项目、5 个公路项目进行二次经营督导。全面实行全员岗位责任目标合同管理,根据职责分工,逐级签订岗位责任目标合同;与各部门、直属单位签订"机关费用预算管理目标责任书",对预算执行情况进行考核兑现。深入探讨设备管理新思路和现代化管理新手段,搭建集团公司设备物资集中采购平台,专业化组织采购业务;通过归口采购、建立 CD 类物资网络超市、供应商评价、发布主要设备物资市场价格信息等手段,从源头控制项目成本;通过开发 PM 系统设备物资模块、网络招标采购平台,加强设备物资管理信息化建设,提升集中管理水平。年内集采设备 96 台(套),预算金额 2908.1 万元,合同价 2891.25 万元,在股份公司框架采购限价的基础上节约资金 16.85 万元。2014 年企业总设备资产增长率 8.88%,企业设备资产成新率 47.57%;设备报废 139 台(套),原值 7852.05 万元、净值 887.7 万元。设备更新保持良好态势,设备资产的实力不断增强。结合集团公司亏损项目整治、审计检查活动,先后检查 90 余个在建工程的物资设备管理工作,发现原始资料、周转材料、自有设备、租赁设备、小型机具管理等七大方面问题 137 个,及时进行整改纠正。全年各类原材料及能源收入 910954.02 万元、消耗 923237.03 万元、期末库存 17780.39 万元。其中,钢材收入 797206.86 吨、消耗 814139.13 吨、库存 9579.72 吨;水泥收入 3399112.23 吨、消耗 3408334.79 吨、库存 2162.00 吨;炸药收入 5144.51 吨、消耗 5078.48 吨、库存 428.15 吨;油料收入 67465.15 吨、消耗 67743.99 吨、库存 493.29 吨;木材收入 19251.79 立方米、消耗 20217.79 立方米、库存 9489.00 立方米。年内集采物资 386074.56 万元,市场总价 397181.65 万元,节约资金 11107.09 万元,资金节约率 2.80%。四项法律审核工作开展有序,法律审核质量和水平进一步提高,建立完善集团公司 OA 办公平台和 PM 系统的法律审核体系,规范授权委托书的审核程序。全年新发案件 78 起,结案 68 起,其中调解结案 51 起,和解结案率 70%。在非诉事务中,接待外部来访 55 人次,处理律师函件 60 件,有效化解非诉讼法律纠纷 13 起,避免经济损失 1000 万元。建立财务共享平台、小鑫鑫电子商务平台、企业邮箱、远程可视化指挥调度系统(试点),改造机房,实施服务器虚拟化,制定信息化建设考评机制,为全面推行信息化管理提供基础保障。开展"携手节能低碳,共建碧水蓝天"主题活动,积极倡导节能降耗、绿色低碳的理念,推广应用节能减排降碳新技术、新工艺,建设"资源节约型、环境友好型"企业,实现节能减排和发展双赢目标。开展安全生产大检查、安全生产月、质量月、工程质量治理两年行动等活动,建设质量文化,提高质量意识。年内,2 个单位被评为省级安全生产先进单位,10 项工程获省级安全文明标准工地称号;3 项工程获得国家优质工程奖;3 个 QC 小组被评为国家优秀质量管理小组,2 个单位被评为全国质量信得过班组;大秦铁路、青藏铁路工程入选改革开放以来百项经典工程。

(4)财务审计。2014 年,集团公司调剂内部资金 31.2 亿元,清欠收回资金 45.67 亿元,通过外资债务融资筹集资金 32 亿元,加大上交款清收力度,收回资金 2.22 亿元。取得授信总额 256 亿元,其中融资授信额度 139 亿元、非融资授信额度 117 亿元。完成招商银行、西安银行、工行银行等 8 个金融机构的 167 亿元续授信业务。发布经济数据通报 19 期,及时公布各单位财务风险预警警示。灵活运用银行信贷、票据、保理、融资租赁等融资方式,畅通融资渠道,优化融资结构,缓解成本压力。开展"营改增"模拟运行,聘请中诚盈禾税务师事务所(北京)有限公司进行业务指导,保证模拟运行质量。更换浪潮 GS 财务软件为 SSC 久其财务共享平台,17 家法人单位和 385 个独立核算项目上线,343 个银行账户统一管理。集团公司全年开展审计项目 279 项,投入工天 5938 天,提出审计报告 228 份,提出审计建议 1087 条,采纳 993 条;发现问题金额 18505 万元,其中违规违纪金额 13155 万元、损失浪费金额 4056 万元、不良资产 231 万元、其他问题金额 1064 万元;纠正违纪问题金额 12146 万元,促进增收节支 481 万元。开展自审自查整改督导工作,组建督导小组 48 个,参与督导人员 539 人;聘请外部监督机构(会计师事务所)1 个。参与自审的财务、审计、计划、物资人员 1020 人,累计发现问题 86 个,涉及金额 195956 万元。其中,整改 72 个,涉及金额 142643 万元;无法整改 12 个,涉及金额 53313 万元;追究个人责任 10 人。 (孟繁荣　刘文君)

【科技教育】 (1)科技工作。集团公司 9 项科研成果分别通过中国铁建和中国工程爆破协会的鉴定评审。研发的"杭长铁路客运专线艰险困难山区高铁箱梁架设技术""综合项目管理信息系统开发及应用"成果获中国铁道学会科学技术三等奖,"超小净距隧道控制爆破施工技术研究"成果获中国工程爆破协会科学技术三等奖,"曲线新型柱板式空心超高墩快速施工技术"等 5 项成果获中国施工企业管理协会科学技术奖。4 项工法被评定为陕西省省级工法,2 项工法被评定为中国公路行业协会工法。获国家授权专利 56 项,其中发明专利 6 项、实用新型专利 49 项、软件著作权 1 项。

(2)教育培训。全年集团公司举办领导干部能力提升(商业模式创新)、建造师考前培训,项目经理、党支部书记,国际工程英语、葡语、法语培训,内审员、统计人员、环境保护、宣传文化、隧道施工管理、电子商务与物流管理、出国人员培训,安全、质量、测量、试验、专业技术人员继续教育等各类培训班 22 期,培训 2360 人次;组织参加股份公司及地方培训 520 人次;所属各单位、项目部根据企业发展和施工生产需要组织职工培训 5500 余人次,外部劳务培训 28000 余人次。组织高技能人才培训考核鉴定 442 人次。参加股份公司高级技师及"四电"技师培训考核鉴定 21 人;组织技师培训考核鉴定 65 人次;组织测量、试验、工程机械操作、钢筋工、电焊工、机车司机等主要技术工种技能培训鉴定 356 人次,其中高级工 150 人、中级工 180 人、初级工 26 人。 (孟繁荣　刘文君)

【党群工作】 (1)党的工作。集团下辖党组织 425 个,其中党委 25 个、党工委 16 个、党总支 2 个、党支部 382 个;党员 7917 人。①领导班子建设。集团公司党委以深入开展党的群众路线教育实践活动为载体,对照"三严三实"要求,将处级及以上领导班子成员纳入接受教育的重点对象,着重从加强理论武装、执行民主集中制、强化作风纪律建设等方面入手,努力推进领导班子思想政治建设向纵深发展。党委中心组全年组织学习 10 次,集团公司领导班子成员在教育实践活动期间集中学习 5 天,334 个党支部召开专题组织生活会并对党员进行民主评议。坚持"集体领导、民主集中、个别酝酿、会议决定"的原则,重大问题集体研究。2014 年召开董事会 11 次、党委常委(扩大)会 6 次。所属 6 个单位领导班子被评为集团公司"四好领导班子"。②党组织建设。坚持"三会一课"等组织生活制度,严格按照"坚持标准,保证质量,改善结构,慎重发展"的方针发展党员,严把党员入口关。全年发展党员 165 名,培养入党积极分子 460 名,接收发展对象 158 名。按照"四同步"要求,2014 年成立基层党组织 14 个。③党的群众路线教育实践活动。集团公司党的群众路线教育实践活动从 2014 年 3 月 21 日正式启动,2014 年 11 月 4 日结束,历时 7 个多月,48 家单位、420 个基层党组织、4888 名在岗党员参加活动。成立群众路线教育实践活动领导小组及办公室、8 个督导组,建立领导班子成员联系点 30 个。到基层讲党课 320 余次,组织观看专题教育片 391 场。各级党组织征集意见建议 1830 条,其中涉及集团公司本级的意见建议 702 条,经梳理汇总为 98 条,其中 82 个问题得到解决。④宣传思想工作。党委中心组组织学习党的十八届三中、四中全会精神,习近平总书记系列讲话、反腐倡廉形势及作风建设相关规定,党委中心组组成员撰写《同心同力、共赢共荣》《坚定不移地推进铁路项目管理新变革》《持续整改永远在路上》等 31 篇学习成果。集团公司全年在各级媒体刊登稿件 3200 余篇,其中中央级媒体 1100 余篇、省部级媒体 1500 余篇。

拍摄制作的《西成高铁八标段建设纪实》专题片获西安铁路局评比二等奖,反映郑徐铁路客运专线建设的专题片《风雨兼程写华章》获郑州铁路局评比优秀奖。刊发政研成果72篇。开路先锋报社被评为陕西省新闻工作者协会企业报分会优秀办报单位,1篇作品获得中国企业报协会好稿件一等奖,2篇作品获得二等奖。⑤党风廉政建设。深入开展"每月一课"廉洁从业教育活动,全年组织反腐倡廉教育活动千余次,累计受教育人数2万余人次;实行任前谈话207人,警示训诫62人;领导人员述廉议廉487人次;实行对拟提拔人员廉洁鉴定43人次;8人次上缴礼品礼金。受理举报线索72件,初核85件,立案47件,结案47件,给予党纪政纪处分126人次,挽回经济损失251万元,经济赔偿29.9万元。两级纪委监督设备招标96台(套),节约资金16.85万元;监督物资招标38.61亿元,节约资金1.11亿元。全年签订党风廉政建设责任合同329份。

(2)工会工作。集团公司有工会会员18501人,有法人资格的两级工会委员会17个,项目部(工班)工会(含工会小组)233个。2月15日,召开集团公司四届一次职工代表大会暨工会三届一次会员代表大会,选举产生新一届工会委员会、工会经费审查委员会、工会女职工委员会及其领导班子和新一届职工董事、职工监事。不断强化企务公开民主管理工作,通过开展企务公开职代会星级创建活动,健全以企务公开职代会为基本形式的民主参与、民主管理和民主监督机制。年内,三公司、电气化公司被评为陕西省企务公开职代会五星级单位,电气化公司玉铁项目部被评为全国模范职工小家,六公司被评为陕西省模范职工之家。开展"安康杯"劳动竞赛活动、"一法三卡"推进工作,一公司获得全国五一劳动奖状,二公司、物资公司获全国"安康杯"竞赛优胜单位称号,五公司获陕西省"安康杯"竞赛优胜单位称号,6个单位获陕西省工人先锋号称号;1人获得全国五一劳动奖章,6人被评为陕西省劳动竞赛标兵,6人获陕西省重点工程建设劳动竞赛先进个人称号,2人获陕西省杰出能工巧匠称号。履行"三不让"承诺,实施困难补助1054户345.76万元;实施医疗救助168人次245.97万元;实施入学资助279人59.43万元。开展送温暖活动,加大帮扶救助力度,筹集送温暖资金417.21万元,慰问困难职工家庭1202户。开展"阳光女性、幸福家庭、和谐企业、幸福中国"为主题的第二届女职工读书征文活动,收集征文156篇,其中推荐8篇征文参加股份公司评比。开展女职工两癌专项帮扶工作,筹集资金30000元(含陕西省总工会拨款5000元),救助10名患癌女职工。"三八"期间,集团公司表彰巾帼标兵岗12个、巾帼标兵18名、先进女职工工作者16名,"五好"文明家庭16户。

(3)共青团工作。集团公司团委下设基层团委14个、团工委42个、团总支1个、团支部250个,其中直属团工委12个、直属团支部3个;共青团员3280名;专职团干部11名,兼职团干部330名;35岁以下青年9643名。年内,集团开展"团课下基层""学习型团组织"创建活动;以"弘扬五四精神,展现青春风采"为主题,持续推进共青团"四大工程",即团歌嘹亮工程、团旗飘扬工程、团课精彩工程、团青登高工程;开展"学习雷锋、岗位建功"和社会志愿服务活动;在重难点工程项目,持续开展以个人名字命名的"青年突击队"授旗活动;"一号多岗"成为青年建功立业的平台,促进青年成长成才。年内,三公司第二工程队获陕西省青年文明号称号,吕临铁路3标段项目部获陕西省第六届青年安全生产示范岗称号,宝兰铁路客运专线甘肃段项目部被陕西省国资委授予青年文明号称号,二公司团委、六公司沪昆项目团支部分别获陕西省国资委系统五四红旗团委、五四红旗团支部;1人获中央企业青年岗位能手称号,3人分别被陕西省国资委评为青年突击手、优秀团干部、优秀共青团员。

(孟繁荣　刘文君)

【第一工程有限公司】 公路、市政公用工程施工总承包一级,铁路工程施工总承包二级,房屋建筑工程施工总承包三级,桥梁、隧道、公路路面、公路路基工程专业承包一级,航道工程专业承包三级,预拌商品混凝土专业承包二级资质企业。公司驻江苏省苏州市大同路10号。前身是中国人民解放军铁道兵第十师第四十六团,1984年集体转业,改编为铁道部第二十工程局第一工程处;2000年12月更名为中铁第二十工程局第一工程处,2002年7月企业改制改称中铁二十局集团第一工程有限公司。董事长、总经理、法定代表人白建伟(8月免),党委书记张广耀(8月免),董事长、党委书记严进喜(8月任),总经理石鸿江(8月任)。下辖物资公司1个、工程公司1个、基地2个、专业工程队19个、架子队12个、工班92个。职工3320人,其中干部1197人、工人2123人。资产总额349056万元。其中,固定资产原值95278万元、净值26751万元;流动资产316784万元。机械运输设备419台(套),原值31747.3万元、净值13355.3万元,设备总功率54917千瓦,技术装备率4.02万元/人,动力装备率16.53千瓦/人,设备资产利润率25.20%,资产增长率0.52%,成新率42.07%。年施工能力40亿元以上。

2014年新签合同额19.01亿元,完成企业总产值

45.59 亿元,其中施工产值 45.59 亿元;实现利润 3071 万元。全员劳动生产率 150.3201 万元/人年,职工年人均收入 42443 元。国有资产保值增值率 112.42%,资产负债率 88.81%,产值利润率 0.62%,净资产收益率 6.02%。完成主要实物工程量:土石方 977 万立方米,桥梁 19464 延长米,隧道 12075 延长米,架梁(铁路 459 孔、公路 1557 片),公路 34 千米(其中高速公路 31 千米)。单位工程合格率 100%。2014 年,公司获得全国五一劳动奖状、苏州重合同守信用企业、陕西省劳动竞赛优胜单位、陕西省质量管理小组活动优秀企业;参建的昌九城际铁路永修特大桥工程获国家优质工程奖;获国家发明专利 3 项、实用新型专利 6 项。

(王 婷 孟繁荣 刘文君)

【第二工程有限公司】 拥有公路、铁路、市政公用、矿山工程施工总承包一级,水利水电工程施工总承包三级,公路路面、公路路基、隧道、桥梁工程专业承包一级,混凝土预制构件专业承包二级资质。公司驻北京市海淀区西四环北路 158 号慧科大厦东区 12 层。前身是中国人民解放军铁道兵十师第四十七团,1951 年赴朝参加抗美援朝战争的铁路运输抢险,1984 年 1 月集体转业,改编为铁道部第二十工程局第二工程处;2000 年 12 月更名为中铁第二十工程局第二工程处,2002 年 7 月企业改制改称中铁二十局集团第二工程有限公司。董事长、总经理、法定代表人邵怀全(7 月免),刘文武(7 月任),党委书记万承茂。下辖 32 个专业工程队(公司)。职工 2683 人,其中管理人员 1294 人、工人 1389 人。资产总额 274928 万元。其中,固定资产原值 65541.47 万元、净值 16605.91 万元;流动资产 252888.04 万元。机械运输设备 346 台(套),原值 19100.8 万元、净值 8426.7 万元,设备总功率 51322 千瓦,技术装备率 3.14 万元/人,动力装备率 19.13 千瓦/人,设备资产利润率 1.50%,资产增长率 3.67%,成新率 44.12%。

2014 年新签合同额 40.7 亿元,完成企业总产值 368542 万元。全员劳动生产率 137.36 万元/人年,职工年人均收入 53087.72 元。国有资产保值增值率 100.72%,资产负债率 86.19%,产值利润率 0.05%,净资产收益率 0.93%。完成主要实物工程量:路基土石方 919.26 万立方米,隧道 11032.53 延长米,桥梁 14413.47 延长米,正线铺轨 17 千米,铁路架梁 335 孔,公路架梁 324 片,铺设无砟轨道 4.452 千米。单位工程合格率 100%,优良率 90%,年内,公司获全国"安康杯"优胜单位、全国重合同守信用企业称号,获国家发明专利 1 项、实用新型专利 6 项、软件著作权 1 项,获中国施工企业管理协会科技进步奖 1 项、陕西省优秀工法 1 项、陕西省优秀 QC 成果 4 项、陕西省质量信得过班组 2 个。 (瞿敬超 孟繁荣 刘文君)

【第三工程有限公司】 为市政公用工程施工总承包一级,公路工程施工总承包二级,桥梁、隧道、土石方工程专业承包二级,地基与基础工程专业承包三级资质企业。2006 年 2 月,由集团公司下辖的房地产开发公司、北京分公司、西安分公司、上海兴甬建筑市政工程公司合并组成;2007 年 5 月,川渝分公司并入第三工程有限公司,房地产公司划出;2008 年 12 月,上海兴甬公司从第三工程有限公司划出。公司驻重庆市南岸区黄桷垭镇崇文路 28 号附 7 号。董事长、总经理、法定代表人任霄,党委书记秦文(7 月免)、王宏伟(7 月任)。下辖 11 个工程队。职工 1446 人,其中干部 1006 人、工人 440 人。资产总额 207580 万元。其中,固定资产原值 43604 万元、净值 25889 万元;流动资产 181056 万元。机械运输设备 433 台(套),原值 21796.5 万元、净值 9849.9 万元,设备总功率 53600 千瓦,技术装备率 5.97 万元/人,动力装备率 32.48 千瓦/人,设备资产利润率 9.17%,成新率 45.19%。年施工能力 25 亿元以上。

2014 年新签合同额 19.34 亿元,完成企业总产值 26.83 亿元。职工年人均收入 48163 元。国有资产保值增值率 130.3%,资产负债率 97.59%,产值利润率 3.26%,净资产收益率 26.99%。完成主要实物工程量:土石方 574.63 万立方米,桥梁 18826.54 延长米,隧道隧洞 7374.64 延长米,铁路制梁 793 片、架梁 845 片,公路架梁 744 片,房屋建筑面积 3148 平方米。单位工程合格率 100%。年内,公司获全国职工书屋示范点、陕西省重点工程建设劳动竞赛先进集体、陕西省厂务公开职代会五星级单位称号,获国家优秀 QC 成果奖 1 项、省部级 QC 成果奖 6 项,1 项工法被评为省部级工法,1 项科研成果获得中国施工企业协会科技成果奖。

(吕 娜 孟繁荣 刘文君)

【第四工程有限公司】 为铁路、公路、市政工程施工总承包一级,桥梁、隧道、公路路基、铁路铺轨架梁工程专业承包一级,钢结构专业承包二级资质企业,具有对外承包工程经营资质和对外援助成套项目实施企业资格。公司驻山东省青岛市东海东路 89 号。董事长、党委书记、法定代表人黄小军,总经理秦浩贤。下辖 76 个专业工程队、3 个铁路运输分公司。职工 5202 人,其中干部 1679 人、工人 2610 人。资产总额 407818 万元。其中,固定资产原值 107955 万元、净值 29671 万元;流动资产 377090 万元。机械运输设备 561 台(套),原值 51674.28 万元、净值 18366.6 万元,设备总功率 214681 千瓦,技术装备率 4.28 万元/人,动力装备率

50.05 千瓦/人。设备资产利润率 12.50%,资产增长率 16.6%,成新率 35.54%。年施工能力 50 亿元以上。

2014 年新签合同额 49.83 亿元,完成企业总产值 58.2854 亿元,其中施工产值 50.06 亿元、附营产值 1.55 亿元;实现利润 8116 万元。全员劳动生产率 19.208 万元/人年,职工年人均收入 53863 元。国有资产保值增值率 102.30%,资产负债率 87.79%,产值利润率 1.37%,净资产收益率 15.38%。完成主要实物工程量:土石方 2422 万立方米,桥梁 13532 延长米,隧道 13546 延长米,正线铺轨 147 千米,架梁(铁路、公路)2623 片(孔),公路 10 千米。单位工程合格率 100%,年内,公司被国家工商总局评为守合同重信用企业;获中国施工企业协会科技成果奖 1 项、省部级优秀工法 1 项、全国质量信得过班组 1 个,省级优秀质量管理小组 6 个、省级质量信得过班组 2 个,参建的新建哈尔滨西站工程被评为国家优质工程奖。

(贺春奎　孟繁荣　刘文君)

【**第五工程有限公司**】　为市政公用工程施工总承包一级资质企业。2008 年 7 月,由第二工程有限公司更名为第五工程有限公司。公司驻云南省昆明市官渡区国贸路星河明居 A 幢附属楼。董事长、总经理、法定代表人张云飞,党委书记郑润怀(7 月任)。下设 7 个工程队、昆明雅都商务酒店、南宁构件公司。职工 1446 人,其中干部 871 人、工人 575 人。资产总额 242501 万元。其中,固定资产原值 65998.4 万元、净值 43007.96 万元;流动资产 196128 万元。机械运输设备 274 台(套),原值 35332.7 万元、净值 25469.97 万元,设备总功率 42431.3 千瓦,技术装备率 16.55 万元/人,动力装备率 27.57 千瓦/人,设备资产利润率 7.3%,资产增长率 0.04%,成新率 72.09%。年施工能力 30 亿元以上。

2014 年新签合同额 72.73 亿元,完成企业总产值 17.46 亿元,其中完成施工产值 17.27 亿元、完成附营 0.19 亿元;实现利润 2372 万元。全员劳动生产率 1.52 万元/人年,职工年人均收入 41862 元。国有资产保值增值率 121.82%,资产负债率 94.35%,产值利润率 2.93%,净资产收益率 17.42%。完成主要实物工程量:土石方 244.19 万立方米,桥梁 1589.52 延长米,隧道 6383.93 延长米,正线铺轨 1.148 千米,公路架梁 166 片,房屋建筑面积 1196 平方米,公路 6.595 千米。单位工程合格率 100%。年内,公司获全国优秀质量管理小组称号;5 项 QC 成果被评为陕西省优秀 QC 成果。

(汪军利　孟繁荣　刘文君)

【**第六工程有限公司**】　为房屋建筑、公路工程、市政公用工程施工总承包一级,铁路工程施工总承包二级,桥梁、隧道、公路路基、土石方、装修装饰、钢结构工程专业承包一级资质企业。公司驻陕西省西安市未央区辛家庙 4 号。董事长、总经理、法定代表人苗禾(7 月免)、周海军(7 月任),党委书记董增强。前身是中国人民解放军铁道兵十师所属部队,1984 年集体转业,先后改称铁道部第二十工程局新建铁路运输处、建筑公司、建筑工程处;1999 年 12 月改称中铁第二十工程局建筑工程处,2001 年 1 月改称中铁第二十工程局第六工程处,2002 年 7 月企业改制改称现名。下辖 1 个分公司、4 个区域指挥部、3 个市场开发部、38 个在建工程项目部(工程队)。职工 2808 人,其中干部 1470 人员、工人 1338 人。资产总额 340781.4 亿元,其中固定资产原值 78717.1 万元、净值 29991.7 万元。机械运输设备 605 台(套),原值 27802.3 万元、净值 13071.5 万元,设备总功率 59365 千瓦,技术装备率 4.6 万元/人,动力装备率 20.9 千瓦/人,设备资产利润率 19%,资产增长率 2.9%,成新率 47.02%。企业年施工能力 50 亿元以上。

2014 年新签合同额 57.12 亿元,完成企业总产值 52.5 亿元,实现利润 5858.7 万元。全员劳动生产率 46.89 万元/人年,职工年人均收入 45771 元。国有资产保值增值率 111.52%,资产负债率 85.88%,产值利润率 1.32%,净资产收益率 10.9%。完成主要实物工程量:路基土石方 1515.59 万立方米,桥梁 13271 延长米,隧道 22625 延长米,预制梁 3334 片,架梁 1958 片,房屋建筑面积 50.1 万平方米。单位工程合格率为 100%。年内,公司获全国公路百佳诚信企业、全国优秀施工企业、陕西省建筑业百强企业、陕西建筑施工 AAA 级信用企业称号,连续 21 年被评为陕西省守合同重信用企业;获国家优质工程 2 项、陕西省优秀 QC 成果 10 项、国家实用新型专利 2 项、国家级工法 2 项、中国施工企业管理协会科学技术奖科技创新成果奖1 项。

(王　静　孟繁荣　刘文君)

【**第七工程有限公司**】　是水利水电、市政公用工程施工总承包一级,房屋建筑工程施工总承包二级,土石方、地基与基础、钢结构、管道工程专业承包二级,特种工程专业承包资质企业。2012 年 12 月,由集团公司所属兰州商贸有限公司与路桥公司合并成立。下辖 13 个专业工程队和兰州星锐轨道交通建筑材料有限公司。公司驻甘肃省兰州市城关区北龙口永新化工园区。董事长、法定代表人陈向鸿,总经理陈向鸿(7 月免)、秦文(7 月任),党委书记张斌(7 月免)、陈向鸿(7 月任)。职工 358 人,其中干部 266 人、工人 92 人。资产总额 76595 万元。其中,固定资产原值 5447 万元、净值4205万元;流动资产70659万元;其他资产1731万元。机械运输设备67台(套),原值3836.3万元、净值3151.9万元,设备总功率11452.5千瓦,技术装备率8.32万元/人,动力装备率30.22千瓦/人,设备资产利润率32.28%,资产增长率77.38%,成新率82.16%。年施工能力30亿元。

2014年新签合同额10.086亿元,完成企业总产值7.33亿元,其中施工产值6.7亿元、附营产值0.63亿元;实现利润2087万元,人均创利7.37万元。全员劳动生产率222万元/人年,职工年人均收入57334元。国有资产保值率114.75%,产值利润率3.31%,资产负债率84.07%,净资产收益率14.03%,上缴款完成率100%。完成主要实物工程量:土石方905万立方米,桥梁4700延长米,涵洞1250横延米,架梁铁路130孔、公路60片,房屋建筑面积28740平方米,公路8.7千米。单位工程合格率100%,优良率85%。

(张学龙　孟繁荣　刘文君)

【电气化工程有限公司】　是铁路电务、建筑智能化、铁路电气化、送变电、机电设备安装工程专业承包一级,电信工程专业承包二级资质企业。公司驻陕西省西安市高新区新型工业园企业壹号公园6号。董事长、总经理、法定代表人王志义,党委书记李鲁杰。前身系中国人民解放军铁道兵第十师通信科,1984年1月1日集体转业,改编为铁道部第二十工程局通信处;1999年9月,更名为铁道部第二十工程局电务工程处;2002年6月企业改制改称中铁二十局集团电务工程有限公司;2006年2月,电务工程有限公司和路桥工程公司重组合并,成立中铁二十局集团第五工程有限公司,保留电务工程有限公司机构,第五工程有限公司和电务工程有限公司为一套机构、两块牌子;2007年10月,第五工程有限公司和电务工程有限公司重组整合,成立中铁二十局集团电气化工程有限公司。下辖11个专业工程队。职工685人,其中专业技术干部365人。资产总额83114万元。其中,固定资产原值8394.45万元、净值3387.89万元;流动资产79578万元。机械运输设备57台(套),原值2674万元、净值926.9万元,设备总功率6805.6千瓦,技术装备率1.31万元/人,动力装备率9.6千瓦/人,设备资产利润率1.11%,成新率34.66%。年施工能力8亿元以上。

2014年新签合同额67778.37万元,完成企业总产值65941万元,实现利润2052.86万元。全员劳动生产率92.744万元/人年,在岗职工年人均收入63652元。国有资产保值增值率104.64%,资产负债率53.32%,产值利润率2.96%,净资产收益率4.6%。完成主要实物工程量:土石方169.65万立方米,铁路站线铺轨6.713千米,敷设通信线路132千米,其中光缆52.15千米;安装变配电所17处,通信设备7站,敷设供电线路191.163千米,接触网260条千米。单位工程合格率100%。年内,公司获陕西省厂务公开职代会五星级单位、劳动竞赛优胜单位称号。

(田　华　孟繁荣　刘文君)

【房地产开发有限公司】　房地产开发二级资质企业。成立于2002年1月,2006年2月由房地产开发公司、上海兴甬建筑市政工程公司、北京工程公司、西安工程公司合并组建第三工程有限公司,2007年5月,房地产开发公司从第三工程有限公司划出,成为中铁二十局集团有限公司全资子公司。公司驻重庆市南岸区茶园新区同景路8号山水之星。董事长、总经理周玉山,党委书记简军。在岗职工57人,其中干部49人、工人8人。机械设备10台(套),原值230.8万元、净值30.5万元,设备总功率1130千瓦,技术装备率0.52万元/人,动力装备率19.15千瓦/人,设备资产利润率1408%,资产增长率10%,成新率13.19%。

2014年完成销售额2.74亿元,实现营业收入1.92亿元。年内,公司被中国房地产产业协会、中国房地产研究会评为AA级信用企业。

(姬长征　孟繁荣　刘文君)

【西安工程机械有限公司】　具有大吨位振动压路机生产许可证,桥式起重机(电动单梁悬挂起重机DPK32)制造、安装改造维修B级资质,钢结构工程专业承包一级资质,管道专业承包二级资质。前身是中国人民解放军铁道兵第十师修理厂,1987年12月改称铁道部第二十工程局机械厂,1999年12月改称中铁第二十工程局工程机械厂,2007年12月企业改制改称现名。公司驻陕西省西安市辛家庙广安路3619号。董事长、总经理王必强,党委书记何学义(7月任)。下设14个单位。职工592人,其中干部287人、工人305人。资产总额49760万元。其中,固定资产原值4596万元、净值2152万元;流动资产21236万元。机械运输设备167台(套),原值1161万元、净值409.5万元,设备总功率3630千瓦,技术装备率0.72万元/人,动力装备率6.35千瓦/人,设备资产利润率0.02%,资产增长率44.7%,成新率35.27%。

2014年完成营业收入15950万元,其中国内完成营业收入11606万元、安哥拉完成4344万元。

(郭佳靖　孟繁荣　刘文君)

【陕西物资有限公司】　前身是中国人民解放军铁道兵第十师材料厂,1984年1月1日集体转业,改编为铁道部第二十工程局材料厂,1993 年 2 月改称铁道部第二十工程局物资总公司;2002 年 2 月,物资公司划归中铁二十局集团第一工程公司管理;2005 年 5 月,物资公司划归西北工程公司管理;2007 年 5 月,西北工程公司与第二工程有限公司改制重组成立新第二工程有限公司,物资公司划归新第二工程有限公司管理;2008 年 7 月,新第二工程有限公司更名为第五工程有限公司,物资公司划归第五工程有限公司管理;2009 年 11 月,物资公司从五公司分离分立,划归中铁二十局直接管理;2011 年 10 月 13 日,物资公司与海外工程保障中心合并为陕西物资有限公司。公司驻陕西省西安市华清东路 125 号。董事长、法定代表人吴雪松,总经理吴雪松(12 月免)、马永强(12 月任),党委书记杨晓山(12 月免)、吴雪松(12 月任)。下设 2 个直属机构、15 个分公司。主要从事机械设备及配件、金属材料、建筑材料、橡胶、纯碱、轮胎、装饰材料、化工原料(危险品除外)、电信器材等销售,以及仓储(危险品除外)、装卸、普通货物运输、物流服务、机械加工及修理、铁路运输业务代理、管架租赁等业务。职工 410 人,其中在职干部 191 人、在职工人 93 人。资产总额 42632.98 万元,其中固定资产原值 2357.19 万元、净值 1354.09 万元。机械设备 9 台(套),原值 315.97 万元、净值 85.9 万元,设备总功率 1093.5 千瓦,技术装备率 0.3 万元/人,动力装备率 3.85 千瓦/人,设备资产利润率 10%,成新率 27.19%。

2014 年新签合同额 15 亿元,完成销售收入 9.53 亿元,实现利润 1065 万元;小鑫鑫电子商城营业收入 1316 万元。在职职工年人均收入 52509 元。年内,公司获全国“安康杯”竞赛优胜单位、陕西省信用企业称号。 (张媛媛　孟繁荣　刘文君)

【技工学校】 前身是中国人民解放军铁道兵第十师教导队,1984 年 1 月 1 日集体转业,改编为铁道部第二十工程局技工学校;2002 年更名为中铁二十局集团公司技工学校。学校位于陕西省渭南市向阳北街 245 号。校长杨建国,党工委书记赵小健。职工 87 人。学校占地面积 20 万平方米,其中校本部占地面积 5.33 万平方米、眉县基地占地面积 14.27 万平方米。固定资产 5282 万元。

2014 年招收学生 485 人,与合作单位定向委托培训 99 人;毕业学生 422 人(含路桥班 24 人)全部安置工作。承办培训会议 12 期 915 人次,实现营业收入 144 万元。全年编写授课计划 99 分,完成理论教学 10728 课时、实习教学 20512 课时,完成技能鉴定 2048 人次。年内 2 人入选陕西省技工学校专家库。

(鱼　娜　孟繁荣　刘文君)

【重要记载】

▲1 月 10 日　集团公司董事长、党委书记雷升祥在莫桑比克首都马普托拜会中国驻莫桑比克大使李春华。

▲1 月 18 日　中国铁路总公司副总经理卢春房到集团公司承建的杭长铁路客运专线工程检查指导工作。

▲1 月 23 日　中国铁建副董事长、党委副书记、工会主席彭树贵一行,在集团公司工会主席赵斌等陪同下,到五公司机关看望慰问困难职工和劳动模范。

▲1 月 28 日　集团公司承建的兰新铁路祁连山 2 号隧道贯通。

▲2 月 16—17 日　中铁二十局四届一次职代会、三届一次工代会、2014 年工作会、党委二届六次全委(扩大)会、纪检监察工作会在陕西西安召开。

▲3 月 27 日　陕西省省委书记、人大常委会主任赵正永一行到六公司西咸空港综合保税区项目部调研,了解施工进展情况。

▲3 月 30 日　一公司承建的中国最大断面黄土隧道——陕西西宝高速公路改扩建工程唐家塬隧道贯通,新华社、中央电视台等媒体报道引起社会广泛关注。

▲4 月 10 日　中国铁路总公司副总经理卢春房一行到哈齐铁路客运专线工程调研,赞扬集团公司建设的两线防护附属工程形象很好。

▲4 月 29 日　集团公司祁连山隧道掘进队获得全国五一劳动奖状。一公司副总经理、总工程师杜越获得全国五一劳动奖章。

▲5 月 5 日　中国铁建总裁张宗言到一公司北京地铁 14 号线项目部,召开党的群众路线教育实践活动座谈会,听取一线职工对搞好活动的意见和建议。

▲5 月 7 日　集团公司召开铁路经营工作专题视频会,传达李克强总理、马凯副总理相关批示以及中国铁路总公司铁路建设工作视频会议精神。

▲5 月 21 日　集团公司被评为中国铁建海外经营工作先进单位。

▲5 月 29 日　集团公司 2014 年工会工作会议在陕西西安召开。

▲6 月 18 日　二公司第 9 次获全国“安康杯”竞赛优胜单位荣誉。

▲6 月 19 日　中国铁建总会计师王秀明一行到集团公司调研指导工作。

▲6 月 24 日　中铁二十局承建的山东高速铁路第一长隧——蓁山隧道贯通。

▲6 月　六公司获评全国优秀施工企业。

▲7 月 1—3 日　中国铁建、北京轨道建筑学会组织,集团公司承办的中国铁建 BIM 技术交流培训会在

陕西西安举办。

▲7月7日　集团公司董事长、党委书记雷升祥一行拜会天津空港经济区管委会主任冯志江，双方就阿达驻车公司在天津空港经济区的注册及停车场项目建设的相关合作进行沟通和洽谈。

▲7月14日　房地产公司获评中国房地产行业信用A级企业。

▲7月28日　几内亚共和国住房、城市及区域规划部部长易卜拉希马·邦古拉一行到集团公司访问。

▲8月13日　六公司获2013年度陕西省建筑业百强企业称号。

▲同日　集团公司采用中国标准在海外建成的安哥拉本格拉铁路竣工。

▲8月20日　甘肃省委书记王三运率省委调研组一行，到集团公司承建的兰州轨道交通1号线一期项目东方红广场站施工现场调研，对进一步做好安全和进度管理等提出要求。

▲9月17日　集团公司董事长、党委书记雷升祥在中国驻安哥拉大使馆拜会大使高克祥，双方就企业在安健康发展、风险防范等展开会谈。

▲9月28日　集团公司中标新建怀化至邵阳至衡阳铁路站前工程第4标段，合同投资21.3亿元。

▲10月9日　国务院副总理张高丽在陕西省委书记赵正永和省长娄勤俭陪同下到集团公司承建的西咸空港工程项目调研。

▲10月17日　集团公司总经理邓勇在西安会见天津泰达投资控股有限公司董事长张秉军一行，双方就合作领域展开会谈。

▲10月20日　南非SSCP顾问公司副总裁艾瑞克·斯特恩一行到集团公司考察。

▲10月21日　集团公司与蒙古国北方铁路公司签订铁路EPC项目框架合同。

▲10月24日　集团公司区域指挥部经营人员竞聘会议在西安举行，来自全集团各单位共44名干部角逐34个岗位。

▲10月30日　集团公司第一个大型施工总承包项目合同——中铁建四川简蒲高速公路施工总承包合同签字仪式在川渝工程指挥部举行，标志着集团公司迈入高速公路大型施工总承包领域。

▲10月31日　阿联酋海湾集团董事长赛义德·艾哈曼德、海湾集团首席协调官何晓印一行到访集团公司，双方就有关合作意向进行深入协商。

▲11月16日　集团公司承建的兰新高速铁路新疆段通车运营。

▲11月26日　集团公司董事长、党委书记雷升祥在陕西西安会见湖北交投紫云铁路有限责任公司董事长郭有清，就共同关心的话题进行深入交流和研讨。

▲12月16日　集团公司参建的沪昆铁路客运专线湖南境内管段开通运营。湖南省委书记徐守盛等看望慰问沪昆铁路客运专线建设者。

▲12月20日　集团公司中标深茂铁路JMZQ－4标段，合同投资14.26亿元，工期36个月。

▲12月22日　集团公司在西安签订马来西亚4000万吨/年炼油厂石化基地生活区工程项目合同暨东西连贯铁路项目建造协议。　（孟繁荣　刘文君）

中铁二十一局集团有限公司

【简况】　中铁二十一局集团有限公司具有铁路工程施工总承包特级，铁道行业工程设计甲级，公路、房屋建筑、水利水电、矿山、市政公用、通信工程施工总承包一级，桥梁、隧道、公路路基、铁路铺轨架梁工程专业承包一级，城市轨道交通工程专业承包，地质灾害治理工程甲级资质，并具有对外承包工程经营、对外援助成套项目A级实施企业资格。集团公司驻甘肃省兰州市北滨河西路921号。2004年3月，由兰州铁路建设集团有限公司、乌鲁木齐铁路工程（集团）有限责任公司、中铁二十局集团第三工程有限公司整合重组而成。下辖13个全资公司、1个分公司。职工12714人，其中干部5881人、工人6833人。资产总额1953694.65万元。其中，流动资产1679633.30万元，占资产总额的85.97%；固定资产235077.57万元，占资产总额的12.03%。机械运输设备3599台（套），原值130382.47万元、净值68025.61万元，主要设备新度系数0.52，总功率269615千瓦，技术装备率5.28万元/人，动力装备率20.94千瓦/人。

2014年新签合同额260亿元，完成产值210.18亿元，实现净利润2.87亿元。　（高秋凤　陈　丽）

【领导人员】

董事会

董事长	孟广顺
董　事	王继红
	王耀华（12月任副巡视员）
	黄庆华
	吴建顺（7月免）

监事会

监事会主席　　张超民
监　事　　董文德
职工监事　　周生贵

经理层

总经理　　王继红
副总经理　　邹兰明(12月任副巡视员)
王耀华(12月任副巡视员)
黄庆华
渠巨华
赵彦旭
高玉峰
庄纪栋
张天舒
凌洪涛
赵春锋
总会计师　　王耀华(12月免)
朱　建(12月任)
总工程师　　赵彦旭(兼)
总法律顾问　　王耀华(12月免)
朱　建(12月任)

党群领导

党委书记　　孟广顺
党委副书记　　王继红
吴建顺(7月免)
张超民
纪委书记　　张超民
工会主席　　吴建顺(7月免)

(齐宇旗　于梅芝)

【机构变动情况】　华北工程指挥部(海外事业部)　集团公司派出机构,代表集团公司行使职权。驻北京市。

中原工程指挥部　辖区为河南、湖南、湖北、陕西,可在西安、长沙、武汉设立地区经营部。驻河南省郑州市。

(齐宇旗　闫国峰)

【工程项目指挥机构】　济鱼高速公路 LQSG－4 标段项目经理部　由三公司代集团公司管理。驻山东省济宁市。

61785 部队 2 号地下车库工程项目经理部　由六公司代集团公司管理。驻北京市。

兰州市城关黄河大桥河堤应急抢险加固工程Ⅱ标段项目经理部　由三公司代集团公司管理。驻甘肃省兰州市。

新疆伊犁北岸干渠 5 标段工程项目经理部　由三公司代集团公司管理。驻新疆维吾尔自治区伊利市。

新疆顺天五彩湾铁路专用线工程项目经理部　由一公司代集团公司管理。驻新疆维吾尔自治区昌吉州。

中川铁路站后工程项目经理部　由电务电化公司代集团公司管理。驻甘肃省兰州市。

柳敦铁路电气化改造工程项目部　由电务电化公司代集团公司管理,二公司参与建设。驻甘肃省酒泉市。

朱宏路—凤城四路立交工程项目经理部　由路桥工程公司代集团公司管理。驻陕西省西安市。

深圳市坪盐通道工程锦龙立交一标段项目经理部　由路桥工程公司代集团公司管理。驻广东省深圳市。

兰州轨道 1 号线一期 TJII－10 标段项目经理部　由轨道工程公司代集团公司管理。驻甘肃省兰州市。

改建铁路兰新线夏普吐勒站扩能改造工程项目经理部　由一公司代集团公司管理。驻新疆维吾尔自治区吐鲁番市。

沈阳地铁第二项目经理部　由轨道工程公司代集团公司管理。驻辽宁省沈阳市。

宝成线病害整治工程项目部　由路桥公司代集团公司管理。驻甘肃省陇南市。

阿尔及利亚卜利达省 2000 套租售房项目经理部　由国际公司代集团公司管理。驻阿尔及利亚。

东北特钢大连基地宗地改造 B 区项目经理部　由六公司代集团公司管理。驻辽宁省大连市。

甘泉堡神信铁路专用线 S3 标段项目经理部　由电务电化公司代集团公司管理。驻新疆维吾尔自治区乌鲁木齐市。

兰州轨道 1 号线一期 TJI－7 标段项目经理部　由轨道公司代集团公司管理。驻甘肃省兰州市。

朔黄铁路大中修及更新改造工程项目部　由六公司代集团公司管理。驻河北省石家庄市。

平西白音华矿剥离工程项目经理部　由五公司代集团公司管理。驻内蒙古自治区锡林浩特市。

省道 304 线乌丹至灯笼河子段公路工程 WDSG－3 标段项目经理部　由路桥公司代集团公司管理。驻内蒙古自治区赤峰市。

干武二线工程指挥部　局直管指挥部,由集团公司副总工程师李鸿云任指挥长兼党工委书记。驻甘肃省武威市。

兰州地区地铁工程指挥部　由集团公司副总经理黄庆华兼任指挥长。驻甘肃省兰州市。

集通扩能改造工程项目经理部　由五公司代集团公司管理。驻内蒙古自治区赤峰市。

珠珠线电气化改造工程项目经理部　由电务电化公司代集团公司管理。驻内蒙古自治区霍林郭勒市。

保定市南水北调配套一单元土建3标段项目经理部　由路桥公司代集团公司管理。驻河北省保定市。

黄大铁路3标段项目经理部　由六公司代集团公司管理。驻山东省滨州市。

郑州综合交通枢纽地下交通工程(东广场)项目经理部　由路桥公司代集团公司管理。驻河南省郑州市。

新建乌兰浩特至扎赉特旗铁路项目经理部　由路桥公司代集团公司管理。驻内蒙古自治区乌兰浩特市。

丽香铁路项目经理部　由三公司代集团公司管理。驻云南省丽江市。

兰渝铁路抢险和搜救指挥部　代表集团公司负责兰渝铁路桃树坪隧道涌泥涌沙的工程抢险与救援工作,由集团公司副总经理黄庆华担任指挥长。驻甘肃省兰州市。

武汉新港江北铁路项目经理部　由一公司代集团公司管理。驻湖北省武汉市。

大古水电站导流洞Ⅱ标段项目经理部　由六公司代集团公司管理。驻西藏自治区山南地区桑日县达古村。

西咸新区新河堤防交通桥工程项目经理部　由路桥公司代集团公司管理。驻陕西省西安市。

郑州综合交通枢纽地下交通工程(东广场)指挥部　由集团公司副总经理凌洪涛任指挥长。驻河南省郑州市。

新建陶鄂铁路工程指挥部　局直管工程指挥部,指挥长姚荣。驻陕西省西安市。

省道304线6标段开鲁项目经理部　由三公司代集团公司管理。驻内蒙古自治区通辽市。

(齐宇旗　于梅芝)

【职工队伍】　职工12714人,其中干部5873人。干部中,在岗干部5389人,其中工程系列专业技术干部4304人。

工人6833人,其中女工1620人。文化程度:大专及以上1319人,中专461人,技校621人,高中2067人,初中及以下2365人。取得国家职业资格证书的技术工人3177名,其中高级技师72名、技师562名、高级工1921名、中级工536名、初级工86名。

(齐宇旗　于梅芝)

【工程施工】　2014年,集团公司完成产值210.18亿元,其中铁路138.8亿元、公路17.5亿元、房屋建筑22.2亿元、城市轨道交通6.8亿元、市政9.6亿元、水利及其他22.1亿元。完成主要实物工程量:路基土石方6687万立方米,桥梁87985延长米,涵洞23807横延米,隧道23797延长米,房屋建筑面积104万平方米,无砟轨道80.82千米,正线铺轨721.03千米,站线铺轨222.41千米,架梁1554孔,通信线路623千米,接触网799条千米,连锁道岔388组,自动闭塞193区间千米,电力线路710千米。主要工程进展情况:

新建兰新铁路第二双线哈密至乌鲁木齐段站前工程LXTJ7标段工程　截至2014年底,开工累计完成投资175885万元,占合同投资171420万元的102.6%。11月16日开通试运行。

新建铁路兰新第二双线平安至西宁段工程LXSQZ－1标段工程　截至2014年底,开工累计完成投资193900万元,占合同投资的100%。12月26日全线正式通车。

新建铁路兰新第二双线兰州枢纽引入工程LX－LZSN－1标段工程　截至2014年底,开工累计完成投资16.1亿元,占合同投资的79%。

新建山西中南部铁路通道瓦塘至汤阴东(含)段站前工程ZNTJ－13标段工程　截至2014年底,开工累计完成投资402876万元,占合同投资402876万元的100%。

山西中南部铁路通道ZNTJ－18标段工程　截至2014年底,开工累计完成投资87053万元,占合同投资89379万元的97%。

新建兰州至重庆铁路兰州东至夏官营、广元至重庆段土建工程及兰州东至重庆段铺架工程LYS－7标段工程　截至2014年底,开工累计完成投资219269万元,占合同投资239632万元的92%。

新建拉萨至日喀则铁路TJ5标段工程　截至2014年底,开工累计完成投资154741万元,占合同投资154741万元的100%。8月15日试运营。

新建贵阳至广州铁路(贵州境)站前工程GGTJ－(3－4)标段工程　截至2014年底,开工累计完成投资200140万元,占合同投资192002万元的104.24%。12月26日开通运营。

新建郑州至徐州铁路客运专线站前工程施工总承包ZXZQ04标段工程　截至2014年底,开工累计完成投资35610万元,占合同投资的85.69%。

南水北调中线一期工程总干渠陶岔渠首至沙河南(中线建管局代建项目)叶县段工程施工1标段工程　截至2014年底,开工累计完成投资47597万元。12月12日,渠道通水。

敦格铁路青海段DGQHZHQ2标段工程　截至2014年底,开工累计完成投资125929万元。

新建铁路宝鸡至兰州铁路客运专线引入兰州枢纽　截至2014年底，开工累计完成投资149899万元，占合同投资的76.45%。

新建铁路宝鸡至兰州铁路客运专线甘肃段3标段工程　截至2014年底，开工累计完成投资165419万元。

邯济铁路扩能改造工程ZH－2标段工程　截至2014年底，开工累计完成投资204944万元，占合同投资204058万元的100%。12月23日完工。

邯长铁路扩能改造工程　截至2014年底，开工累计完成投资9.54亿元。（高秋凤　陈　丽）

【经营管理】　(1)经营承揽。2014年新签合同额260亿元，其中国内工程256.15亿元、海外工程4.04亿元。

(2)企业管理。全年申请各类资质17项，获批10项。1个单位获全国优秀施工企业称号，1人获全国优秀施工企业家称号，2人获全国工程建设优秀项目经理称号。

(3)安全质量管理。开展23个项目、67个工点安全质量工作专项检查，发现安全质量问题121项。开展甘肃片区工程项目安全质量隐患排查，检查工程项目20个。年内，3个工地被评为省级安全质量标准化示范工地，4个工地被评为中国铁建安全质量标准化工地，4人获中国铁建安全生产先进个人称号。

(4)房地产开发。2014年，集团公司完成房地产开发投资8.61亿元，完成销售面积12.59万平方米，实现销售收入10.1亿元；竣工面积20.06万平方米，实现营业收入9.6亿元，实现净利润1.107亿元。截至2014年底，集团公司房地产业务累计开发面积94.46万平方米，完成开发投资56.67亿元，完成销售面积45.94万平方米，实现销售收入36.82亿元；交付房屋面积45.69万平方米，实现营业收入23.51亿元，实现净利润3.24亿元。

(5)经济管理。2014年，集团公司实现变更索赔额31.53亿元，其中合同外增加金额28.44亿元、铁路项目12.5亿元。工程承包完成施工产值197.74亿元，变更索赔率15.9%。

(6)审计工作。全年完成审计项目131个，提出审计建议830条，采纳829条；审计纠正各类问题金额1.85亿元，促进增收节支967.31万元。通过审计，促进集团公司各级修订完善管理制度57项、新建管理制度办法31项。（高秋凤　陈　丽）

【科技教育】　集团公司参建的秦岭隧道获中国土木工程詹天佑奖。开发的“新疆高温差地区连续箱梁转体施工技术研究及应用”成果获新疆维吾尔自治区科技进步二等奖，“兰新第二双线强风段戈壁路基填料特性、施工技术研究及应用”成果获三等奖；“跨既有线及湟水河高速铁路128米连续梁综合施工技术”成果获青海省科技进步三等奖；“铁路钢桁梁大桥跨高速公路大跨度双门洞高位拼装落梁法施工技术”成果获铁道学会科技进步三等奖；“无砟轨道测控技术研究”获甘肃省测绘科技进步二等奖；8项成果获中国施工企业管理协会科学技术奖技术创新成果奖，其中“大风戈壁地区高性能混凝土配制、养护、耐风蚀技术研究及应用”成果获一等奖；1项成果获中国铁建科技进步三等奖。3项工法被评为铁道部部级工法，7项工法被评为中国铁建优秀工法；获国家授权专利19项，其中发明专利5项。

教育培训。全年14157人次参加各级各类培训。其中，参加股份公司及外部机构组织的培训1735人次；集团公司和各公司组织的培训12422人次；岗位业务培训11478人次；执业资格培训240人次；继续教育培训374人次；项目经理培训115人次；执业注册人员培训266人次；特种作业人员及“十一大员”关键岗位人员培训470人次。278人分别参加29个工种的职业技能鉴定，245人取得相应等级的职业资格，其中技师76人、高级工150人、中级工10人、初级工9人；10人通过股份公司高级技师鉴定，3人通过“四电”技师鉴定。截至年底，3983人分别具有33个工种的国家职业资格等级证书，其中高级技师98人、技师725名，高级工2395名，中级工645名，初级工120名。（高秋凤　陈　丽）

【党群工作】　(1)党的工作。集团公司下设党委13个、总支部59个、支部258个；党员6166名，其中在职党员4489名、发展党员146名。宣传思想工作。2014年在中央媒体刊稿320篇、省级媒体刊稿910篇、地市级媒体刊稿240篇、《中国铁道建筑报》刊稿135篇。3月，在集团公司成立10周年之际，制作企业宣传片《风劲正是扬帆时》，在《中国铁道建筑报》刊载企业10年新里程专版，编印《企业文化建设手册》，制作10周年精美宣传画册。纪检监察工作。全年立案19件，结案18件，结案率95%。处理违纪人员56人，挽回经济损失41.95万元，其中查处副处级以上领导人员和关键岗位管理人员违纪违规案件7件16人。开展警示教育活动，先后组织260余场3600余人次观看反腐倡廉警示教育片。年内通报6起违纪违规案件。

(2)工会工作。2014年，集团公司设立工会委员会13个、工会工作委员会161个、工会小组394个；有工会会员12702人，其中女会员2891人。配备专职工会干部35人。全年筹集“三不让”专项资金1234万元，帮助困难职工715人次，发放困难补助资金218.6

万元;资助困难职工子女158人次,发放助学金29.74万元;救助患病职工845人次,发放医疗救助金242.48万元。筹集送温暖资金214.7万元,慰问困难职工家庭223户、劳动模范34名、困难遗属84名、离退休困难职工224名。全年征集合理化建议21条,采纳实施5条,创造直接和间接经济效益300余万元。

(3)共青团工作。集团公司下设团总支12个、团支部169个、基层团工委5个,专兼职团干部256名,团员1959名。35岁以下青年5535名。11月召开集团公司第二次团代会,101名团员青年代表全局5700余名青年参加大会。 (高秋凤 陈 丽)

【第一工程有限公司】 拥有铁路、房屋建筑、市政公用工程施工总承包一级,通信、公路工程施工总承包二级,装修装饰、土石方工程专业承包一级,铁路电务工程专业承包二级,建筑幕墙、铁路电气化工程专业承包三级资质。公司驻新疆维吾尔自治区乌鲁木齐市经济技术开发区河南西路275号。董事长、党委书记石龙海(9月免)、李启成(9月任),总经理李启成(9月免)、吕鑫明(9月任)。公司前身是乌鲁木齐铁路工程(集团)有限责任公司,2004年3月16日划归中铁二十一局集团有限公司,重组改制改称现名。下辖采石爆破有限责任公司、乌鲁木齐诚而信工程检测有限公司、克拉玛依维管段、房地产物业管理中心、物资设备管理中心、房建工程队、南疆项目部、北疆项目部。职工1573人,其中干部771人、工人802人。资产总额257865.6万元。其中,固定资产原值25229.3万元、净值8318.7万元;流动资产189478.5万元。年施工生产能力20亿元。

2014年新签合同额4.12亿元,完成产值21.8亿元,实现利润1889.1万元。职工年人均收入54703.7元。 (高秋凤 陈 丽)

【第二工程有限公司】 拥有房屋建筑、市政公用、机电安装工程施工总承包一级,铁路、公路工程施工总承包二级,水利水电工程施工总承包三级,钢结构、装修装饰、地基与基础、消防设施专业承包一级,送变电工程专业承包二级,建筑施工企业试验甲级、测量丙级资质。公司驻甘肃省兰州市城关区和平路63号。2004年3月成立,由原兰州铁路建设集团第一工程公司、实业有限公司、金轮建材公司、金诚混凝土搅拌站重组而成。董事长、党委书记张发祥,总经理卢长德。下辖兰州金诚铁路混凝土有限公司、兰州铁润物业有限公司、甘肃恒瑞工程检测有限公司、水电安装公司、工程机械基础公司。职工1950人,其中干部846人、工人1104人。资产总额21.86亿元。其中,固定资产5455.15万元;流动资产21.18亿元;无形资产137.99万元。

2014年公司新签合同额26.1631亿元,完成产值25.41亿元,实现利润1945万元、净利润1615万元。在岗职工年人均收入6.3449万元。

(高秋凤 陈 丽)

【第三工程有限公司】 拥有公路、市政公用工程施工总承包一级,铁路工程施工总承包二级,房屋建筑工程施工总承包三级,公路路基、桥梁、隧道、机场场道工程专业承包一级,城市轨道交通工程专业承包,营业性爆破作业四级资质。公司驻陕西省咸阳市迎宾大道。前身是中国人民解放军铁道兵第十师四十八团;1984年1月集体转业,改编为铁道部第二十工程局第三工程处;1999年12月更名为中铁第二十工程局第三工程处,2002年3月改制改称中铁二十局集团第三工程有限公司,2004年3月整合重组为中铁二十一局集团第三工程有限公司公司。董事长、党委书记曾继光(9月免)、庄乾理(9月任),总经理庄乾理(9月免)、李光军(9月任)。下辖物业公司、医疗保健中心,第二至第五综合队,第一至第二十工程队、第二十二工程队。职工2732人,其中干部1076人、工人1656人。资产总额37亿元。其中,固定资产原值6.00亿元、净值2.55亿元;流动资产34.20亿元;其他资产0.25亿元。机械运输设备671台(套),原值23295.92万元、净值10775.19万元,设备总功率89884千瓦,成新率46.00%,完好率91.70%,利用率96.27%,技术装备率3.93万元/人,动力装备率32.78千瓦/人。年施工能力28.75亿元。 (高秋凤 陈 丽)

【第四工程有限公司】 拥有房屋建筑、市政公用工程施工总承包一级,铁路、公路工程施工总承包二级,土石方、钢结构、桥梁工程专业承包一级,机电安装、路面、路基、隧道、起重设备安装工程施工专业承包二级,园林古建筑工程专业承包三级,建筑施工企业实验室一级资质。公司驻陕西省西安市高新区唐延路中段37号洛克大厦7、8、9楼。前身是兰州铁路局第四工程公司,2002年4月改制更名为兰州建设集团第四工程有限责任公司,2004年3月企业整合重组改称现名。董事长、党委书记朱昌岳,总经理朱建军。职工1553人,其中干部711人、工人842人。资产总额189611万元。其中,固定资产原值18098万元、净值5072万元;流动资产181621万元。(高秋凤 陈 丽)

【第五工程有限公司】 拥有铁路、房屋建筑、市政公用工程施工总承包一级,矿山、公路、水利水电工程施工总承包三级,桥梁、隧道工程专业承包一级,机械与人工拆除工程专业承包三级资质。公司驻重庆市江北区港城工业园D区港安二路28号。前身是兰州铁路局第三工程段,2001年11月企业改制更名为兰州铁路局建设集团第三工程公司,2004年3月与兰州铁路局建设集团工程材料厂整合重组改称现名。董事长、党委书记吴国安(8月免),董事长何颉(8月任),党委书记王怀斌(8月任),总经理张同猛(8月免)、卫永毅(8月任)。下辖21个专业工程项目部。职工1885人,其中干部688人、工人1127人。资产总额24.96亿元。其中,固定资产净值1.27亿元;流动资产23.57亿元;无形资产0.07亿元。机械运输设备358台(套),原值7178.46万元、净值3242.82万元,设备总功率20390.73千瓦,动力装备率12.19千瓦/人,技术装备率1.94万元/人,设备成新率45.1%。年施工能力30亿元以上。 (高秋凤 陈 丽)

【**第六工程有限公司**】 拥有房屋建筑、市政公用工程施工总承包一级,桥梁、隧道工程专业承包一级,钢结构、建筑装饰工程专业承包三级,机电设备安装工程专业承包三级资质。公司驻北京市经济技术开发区科创十四街99号33幢A座。2011年7月,在北京分公司基础上重组而成。董事长、党委书记杨君财,总经理柴生虎。职工263人,其中干部201人、工人62人。资产总额129263.77万元,其中固定资产净值10070.48万元。机械运输设备168台(套),原值1963万元、净值1214.52万元,技术装备率9.09万元/人,动力装备率142千瓦/人,设备利用率92.1%,成新率83.4%。

2014年新签合同额9.4亿元。(高秋凤 陈 丽)

【**电务电化工程有限公司**】 拥有房屋建筑工程施工总承包二级,铁路工程施工总承包三级,通信、电力工程施工总承包一级,铁路电务、电气化工程专业承包一级,机电设备安装、建筑智能化工程专业承包一级,送变电工程专业承包资质。公司驻甘肃省兰州市城关区红山根西村148号。2004年由原兰州铁路局建设集团电务工程公司、电气化工程公司重组整合为中铁二十一局集团电务电化工程公司,2008年改称现名。董事长、党委书记程永和,总经理何颉(8月免)、张才(8月任)。职工1354人,其中干部588人、工人766人。资产总额86262万元,其中固定资产原值8337万元、净值3236万元。机械运输设备209台(套),总功率12910千瓦,技术装备率0.89万元/人,动力装备率9千瓦/人,设备成新率30%。 (高秋凤 陈 丽)

【**路桥工程有限公司**】 拥有市政公用工程施工总承包一级,房屋建筑、公路、机电安装工程施工总承包二级,铁路工程施工总承包三级,桥梁工程专业承包一级,钢结构工程专业承包三级,预拌商品混凝土、混凝土预制构件专业三级资质。公司驻陕西省西安市高新区唐延路37乙号中国铁建洛克大厦。前身是中铁二十一局集团晋江制梁场,2009年8月整合重组成立中铁二十一局集团铺架工程公司,2011年8月改称现名。董事长、党委书记王亮,总经理王朝阳。下辖工程检测中心、物资设备租赁中心、6个片区指挥部。职工835人,其中干部460人、工人375人。资产总额21.64亿元。其中,固定资产原值5.73亿元、净值2.55亿元;流动资产18.92亿元。机械运输设备799台(套),原值47896.5万元,总功率47074千瓦,技术装备率28.49万元/人,动力装备率56.38千瓦/人,设备成新率49.7%,完好率90%,利用率70%。年施工能力20亿元以上。 (高秋凤 陈 丽)

【**德盛和置业有限公司**】 房地产开发一级资质企业。2008年9月成立。公司驻陕西省西安市雁南五路曲江文化商务会所6层。董事长、党委书记李让平,总经理吴玉林。职工51人,其中干部48人、工人3人。资产总额39.75亿元。

2014年完成营业收入7.15亿元,实现净利润1.19亿元。 (高秋凤 陈 丽)

【**甘肃房地产开发有限公司**】 房地产开发二级资质企业。2011年10月成立。公司驻甘肃省兰州市安宁区北滨河西路921号。董事长吴建顺(8月免)、李让平(8月任),党委书记刘建平,总经理杨君财(4月免)、张化民(4月任)。下辖铁建馨苑项目部、银滩雅苑项目部、兰州综合基地项目部。职工38人,其中干部37人、工人1人。资产总额106229.71万元,其中流动资产61250.13万元。 (高秋凤 陈 丽)

【**国际工程有限公司**】 2012年9月成立。公司驻北京市海淀区万丰路18号院5号楼。董事长、总经理魏延坤,党委书记张军。职工29人。资产总额1亿元。机械运输设备42台(套),原值1220.78万元、净值1076.16万元,设备成新率88.15%,完好率100%。

(高秋凤 陈 丽)

【**轨道交通工程有限公司**】 2013年10月成立。公司驻山东省济南市槐荫区顺安路与烟台路十字西元大厦东楼18-21层。董事长、党委书记尹建勋,总经理赵德刚。职工287人,其中干部207人,工人80人。资产总额45852.97万元,其中固定资产原值9044.35万元、净值7091.93万元。机械运输设备134台(套),原值 10503.95 万元、净值 9069.8 万元。

2014 年新签合同额 15.74 亿元。

（高秋凤　陈　丽）

【勘察设计院】 铁道行业设计甲二级、建筑乙级资质企业。2013 年 12 月成立。公司驻甘肃省兰州市城关区和平路 63 号。院长、党委书记冯建军。职工 16 人。资产总额 613.96 万元。其中，固定资产原值 54.92 万元、净值 21.84 万元；流动资产 567.04 万元。

（高秋凤　陈　丽）

【重要记载】

▲1 月 20—21 日　集团公司党委二届二次全委（扩大）会议暨党风建设和反腐倡廉工作会议、一届五次职工代表大会暨 2014 年工作会议在兰州召开。

▲2 月 13 日　甘肃省省长刘伟平到集团公司中川铁路项目检查调研。

▲3 月 15 日　集团公司举行成立 10 周年职工文艺汇演。

▲3 月 16 日　集团公司成立 10 周年座谈会在兰州综合基地召开。中国铁建董事长、党委书记孟凤朝出席座谈会。

▲4 月 7 日　辽宁省省长陈政高到大连铁路枢纽改造工程 SN2 标段阿尔滨跨登沙河特大桥工地，看望施工一线人员。

▲4 月 17 日　集团公司工会一届十次全委（扩大）会议暨女职工委员会一届五次会议在兰州召开。

▲5 月 12 日　印度 IL&FS 建筑工程有限公司总裁卡特先生到集团公司兰新铁路第二双线、宝兰铁路客运专线兰州枢纽建设工地进行商务实地考察，洽谈合作事宜。

▲6 月 18 日　集团公司在兰州召开团委一届七次全委（扩大）会议。

▲6 月 23 日　国务院国资委监事会第八办事处主任陶永山、专职监事朱文山、注册会计师谢妍姹在中国铁建总会计师王秀明等陪同下，到集团公司监督检查。

▲7 月 10 日　中国铁建党委副书记、副董事长、工会主席彭树贵一行出席集团公司干部大会。

▲7 月 22 日　集团公司参建的拉日铁路正式通车。

▲8 月 20 日　中国铁路总公司副总经理卢春房到集团公司承建的兰渝铁路桃树坪隧道检查调研。

▲9 月 1 日　中国铁建副总裁刘汝臣在西宁组织召开玉树灾后重建专题工作会议。

▲9 月 16 日　中国铁建总裁张宗言，总会计师王秀明到集团公司宝兰铁路客运专线甘肃段项目开展责任成本及二次经营调研。

▲9 月 17 日　集团公司与浙江建工集团签订战略联盟合作协议。

▲9 月 18 日　集团公司董事长、党委书记孟广顺被授予全国优秀施工企业家称号。

▲10 月 12 日　纳米比亚体育文化部副部长胡维特·卡威特娜、副司长艾斯特·姆姆博娜到集团公司兰州综合基地考察。

▲12 月 5 日　集团公司开发的中国铁建曲江梧桐苑项目获 2013—2014 年度广厦奖。

▲12 月 26 日　集团公司参建的兰新第二双线、贵广铁路通车运营。

▲12 月 27 日　泰国皇家空军上将、泰国交通部国家大众快捷交通运输项目总顾问萨努克先生率领泰国轨道交通考察团一行到五公司考察。

▲12 月 31 日　集团公司参建的西康高速公路秦岭终南山公路隧道工程获 2014 年度中国土木工程詹天佑奖。

（高秋凤）

中铁二十二局集团有限公司

【简况】 中铁二十二局集团有限公司是铁路工程施工总承包特级，公路、市政公用、水利水电、房屋建筑工程施工总承包一级，公路路基、桥梁、隧道、钢结构工程专业承包一级，城市轨道交通工程专业承包，地质灾害治理工程甲级及铁道行业甲（II）级设计资质企业；同时具有对外工程、境内国际招标工程的经营资质和对外派遣境外工程所需劳务特许经营权。2004 年 3 月 16 日成立。集团公司驻北京市石景山区石景山路 35 号。下辖第一、二、三、四、五工程有限公司，哈尔滨铁路建设集团有限责任公司、电气化工程有限公司，北京中铁天瑞机械设备有限公司、房地产开发有限公司，铁路运营指挥部，北京、东北、华北、华东、华南、东南、中南、西南、西北 9 个子公司，晋蒙宁、厦门等 12 个特办指挥部。职工 10668 名，其中干部 7282 人、工人 3386 人。资产总额 169.74 亿元。其中，固定资产原值 24.89 亿元、净值 11.68 亿元；流动资产 152.79 亿元。机械运输设备 8253 台（套），原值 14.81 亿元、净值 6.53 亿元，成新率 44.07%。

2014 年新签合同额 181.08 亿元，完成营业收入 190.85 亿元，实现利润 4.51 亿元、净利润 3.17 亿元。国有资产保值增值率 111.86%，净资产收益率

14.23%，产值利润率2.35%，投资回报率30%，资产负债率为85.87%。完成主要实物工程量：路基土石方3566万立方米，桥梁42700延长米，隧道45900延长米，房屋建筑面积88.4万平方米，铁路制梁2740孔，公路制梁6414片，铁路架梁2168孔，公路架梁5084片，铺轨1188千米，无砟轨道45千米，通信线路724千米，电力线路369千米。年内，集团公司获国家优质工程银质奖1项、省部级优质工程奖7项，获铁道部科学技术奖4项、中国施工企业管理协会科学技术进步奖4项。（罗小慧）

【领导人员】

董事会

董事长	刘国志(7月免，退休)
	侯希承(7月任)
董　事	司家海
	王参军
	柴　纹
	韩传荣

监事会

主　席	程文才
监　事	左建生
	蔡晓斌

经理层

总经理	侯希承
副总经理	王参军
	王在仁
	柴　纹
	李国华
	陈宏伟
	秦培文
	王爱国
	柴春明
总工程师	王爱国(兼)
总会计师	柴　纹(兼)

党群领导

党委书记	司家海
党委副书记	侯希承
	王怀尧
	程文才
纪委书记	程文才(兼)
工会主席	韩传荣

（贾建国）

【工程项目指挥机构】 茅台酒“十二五”扩建技改工程指挥部　驻贵州省仁怀市茅台镇中华村沙子田组。指挥长孙锡寿。

铜玉铁路工程指挥部　驻贵州省铜仁市万山区。指挥长司尚荣。

哈佳铁路工程指挥部　驻黑龙江省哈尔滨市宾县。指挥长卢胜坤。

京沈铁路客运专线工程指挥部　驻辽宁省沈阳市皇姑区。指挥长施德旭。

吉图珲铁路客运专线工程指挥部　驻吉林省延吉市军民路金瑞宾馆。项目负责人熊钦武。

哈齐铁路客运专线工程指挥部　驻黑龙江省哈尔滨市松北区松北大道225号。指挥长张国华。

松陶铁路工程指挥部　驻吉林省松原市宁江区善友镇善友林场。指挥长汪益斌。

昆玉铁路工程指挥部　驻云南省昆明市晋宁县宝峰镇工业园区。指挥长张金龙。

赣龙铁路工程指挥部　驻福建省龙岩市长汀县策武乡。指挥长胡文涛。

沪昆铁路工程指挥部　驻贵州省六盘水市盘县红果镇干沟桥沙坡1组。指挥长司尚荣。

邯黄铁路工程指挥部　驻河北省沧州市盐山县南环路工业园区红润重工业集团有限公司。指挥长郭建东。

茂湛铁路工程指挥部　驻广东省茂名市茂南区高水路鲤鱼岭5号交通执法局4楼。指挥长李海峰。

黄韩侯铁路工程指挥部　驻陕西省渭南市合阳县西环路盛和园。指挥长杨树民。

津秦铁路客运专线工程指挥部　驻天津市滨塘沽区厦门路万通上北新新家园15－1802。指挥长郭建东。

东海岛铁路站前工程指挥部　驻广东省湛江市麻章区金康中路果园菜场11号。指挥长李海峰。

可门港铁路工程指挥部　驻福建省福州市连江县官坂镇部队农场。指挥长程勇军。

金温铁路扩能改造工程指挥部　驻浙江省丽水市莲都区紫金街道东升南区28栋1单元。指挥长孙俭峰。

长株潭铁路工程指挥部　驻湖南省湘潭市岳塘区易家湾镇镇政府旁。指挥长章东。

牡绥铁路工程指挥部　驻黑龙江省牡丹江市东安区卧龙街11号5楼。指挥长李宝成。

宁西铁路工程指挥部　驻河南省信阳市商城县河凤桥工业园区。指挥长张前军。

锦阜高速铁路工程指挥部　驻辽宁省阜新市阜蒙县大巴镇粮库。指挥长杨旭书。

长春地铁1号线工程指挥部　驻吉林省长春市市府北路。指挥长麻国臣。

长春地铁2号线工程指挥部　驻吉林省长春市吉林大路与临河街交汇处。指挥长麻国臣。

成峨铁路工程指挥部　驻四川省成都市新津县普兴镇养正村养正苑。指挥长贾汝银。

滨洲铁路电气化改造工程指挥部　驻黑龙江省扎兰屯市吊桥路明月街1-3号。指挥长朱继宝。

(李　坛)

【职工队伍】 职工10668名。其中,干部7282人、工人3386人;男职工8464人、女职工2204人。学历结构:大学本科及以上的3880人,大学专科2971人。专业技术结构:专业技术人员6050人,技能人才824人。专业技术职务构成:高级职务662人,中级职务1609人,高级技师16人,技师159人。　(贾建国)

【工程施工】 2014年,集团公司在建项目150个,合同总投资863亿元,剩余投资208亿元。全年累计完成施工产值182.7亿元。主要工程进展情况:

沪昆铁路客运专线贵州段CKGZTJ-12标段工程　位于贵州省黔西南市依苗族自治州普安县、六盘水市盘县境内。标段长48.32千米,合同投资394183万元,合同工期2010年10月—2015年12月。主要实物工程量:区间及站场路基土石方421.4万立方米,桥梁19座9785.91延长米,涵洞16座535.13横延米,隧道13座32653延长米,无砟道床96.6千米,双块式轨枕预制151千米。截至2014年底,开工累计完成投资344750万元。

昆明至玉溪铁路扩能改造工程站前1标段工程　位于云南省昆明市晋宁县境内。标段长18.429千米,合同投资186179万元,合同工期2010年8月—2015年12月。主要实物工程量:区间路基及站场土石方136.26万立方米,桥梁6座6607.46延长米,涵渠45座909.76横延米,隧道3座9287延长米,预制T梁855孔,正线铺轨102.75千米,站线铺轨10.31千米。截至2014年底,开工累计完成投资123979万元。

黄韩候铁路2标段工程　位于陕西省渭南市境内。标段长38.61千米,合同投资257291万元,合同工期2010年9月—2015年10月。主要实物工程量:路基土石方581万立方米,桥梁13座5790.15延长米,隧道5座19182延长米,涵洞31座1050.13横延米,预制架T梁535孔、箱梁22孔,正线铺轨213.5千米,站线铺轨8.62千米,站场3处。截至2014年底,开工累计完成投资200166万元。

赣龙铁路扩能改造工程GL-3标段工程　位于福建省龙岩市长汀县境内。标段长40.12千米,合同投资364426万元,合同工期2010年10月—2015年10月。主要实物工程量:路基区间及站场土石方495.28万立方米,桥梁25座12175.32延长米,隧道16座18753延长米。截至2014年底,开工累计完成投资196317万元。

高台山至阜新至锦州铁路高台山至新邱段扩能改造工程　位于辽宁省阜新市。标段长96.8千米,合同投资134138万元,合同工期2012年8月—2016年7月。主要实物工程量:区间及站场路基土石方743.71立方米,桥梁35座14860.99延长米,涵洞54座1345.5横延米,制架T梁792孔,正线铺轨204.46千米,站线铺轨9.27千米。截至2014年底,开工累计完成投资53186万元。

成昆铁路成都至峨眉段扩能改造工程Ⅰ标段工程　位于四川省成都市。标段长45.72千米,合同投资91541万元,合同工期2014年6月—2016年12月。主要实物工程量:路基土石方184万立方米,隧道1座310延长米,桥梁8座3085.22延长米,涵洞8座79.67横延米,架梁84孔,有砟道床57.66千米,正线铺轨44.34千米,站线铺轨13.32千米,车站5座,站场5处,接触网116.35千米,电力线路118.08千米,通信线路49.02千米,自动闭塞45.74千米。截至2014年底,开工累计完成投资16311万元。

湛江东海岛铁路站前工程DHZQ-1标段工程　位于广东省湛江市境内。标段长17.56千米,合同投资128313万元,合同工期2014年6月—2016年12月。主要实物工程量:路基土石方358.17万立方米,桥梁5座8709延长米,涵洞54座1787横延米,制架T梁921孔、箱梁6孔,有砟道床82.31千米,正线铺轨82.31千米,站线铺轨26.4千米。

铜仁至玉屏铁路站前工程施工TYTJ-2工程　位于贵州省铜仁市。标段长25.76千米,合同投资121000万元,合同工期2013年12月—2016年12月。主要实物工程量:区间及站场土石方125万立方米,隧道14座16572延长米,桥梁17座5165延长米,涵洞14座410横延长米,车站1座。截至2014年底,开工累计完成投资57063万元。

哈尔滨至佳木斯铁路工程的HJZQ-2标段工程　位于黑龙江省哈尔滨市。标段长28.64千米,合同投资181489万元,合同工期2014年6月—2018年12月。主要实物工程量:区间及站场土石方459万立方米,桥梁11座7502延长米,涵洞38座1147.46横延米,站场1处,制架梁1520孔,正线铺轨346.88千米,站线铺轨36.5千米。截至2014年底,开工累计完成投资3828万元。

敦煌至格尔木线(青海段)站后工程　位于青海省海西蒙古族藏族自治州。标段长387.95千米,合同投资50829万元,合同工期2014年3月—2017年3月。主要实物工程量:通信、信号、信息、电力、牵引变电及相关房屋、站房、站场工程。截至2014年底,开工累计完成投资21495万元。

牡绥铁路牡丹江至绥芬河段扩能改造工程1标段工程　位于黑龙江省牡丹江市。标段长65.58千米,合同投资312000万元,合同工期2010年5月—2015年12月。主要实物工程量:路基土石方777万立方米,隧道6座7442延长米,桥梁21座16550.3延长米,涵洞47座1132.31横延米,制架梁1784孔,无砟道床13.24千米,正线铺轨128.5千米,站线铺轨10.47千米,车站3座,接触网66.86千米,电力线路66.86千米,通信线路66.86千米,自动闭塞66.86千米。截至2014年底,开工累计完成投资226182万元。

金温扩能改造工程JWSG－Ⅲ标段工程　位于浙江省丽水市境内。标段长43.78千米,合同投资224356万元,合同工期2010年12月—2015年12月。主要实物工程量:路基土石方29.99万立方米,隧道10座33452延长米,桥梁13座6263延长米,涵洞14座394.6横延米,无砟道床66.21千米。截至2014年底,开工累计完成投资219073万元。

北京至沈阳铁路客运专线JSLNTJ－13标段工程　位于辽宁省沈阳市境内。标段长25.74千米,合同投资211618.47万元,合同工期2014年07月—2019年03月。主要实物工程量:路基土石方96.52万立方米,桥梁3座23845.6延长米,涵洞3座175.26横延米,站场1处,制架梁704孔,无砟道床51.48千米,正线铺轨50.12千米。截至2014年底,开工累计完成产值37614.6万元。

茅台酒厂扩建技改工程　位于贵州省仁怀市茅台镇。合同投资1260000万元,合同工期2012年11月—2014年12月。主要实物工程量:制酒生产厂房67栋9500平方米,制曲生产房5栋3718平方米,酒库97栋6375平方米,其他配套房屋建筑59栋,厂区道路面积15.39万平方米。截至2014年底,开工累计完成投资466850万元。

北京地铁6号线西延工程05标段工程　位于北京市石景山区。线路长2.351千米,合同投资33000万元,合同工期2014年6月—2016年12月。主要实物工程量:苹果园南路站,苹果园站至苹果园南路站区间,苹果园南路站至西黄村站区间。截至2014年底,开工累计完成投资8172万元。

青岛市地铁2号线一期工程　位于山东省青岛市崂山区。线路长1614.1米,合同投资30648万元,合同工期2012年11月—2015年8月。主要实物工程量:车站1座,隧道左线长1400米、右线长1394米。截至2014年底,开工累计完成投资12215万元。

长春地铁2号线一期工程6标段工程　位于吉林省长春市二道区。线路长1468.9米,合同投资21782万元,合同工期2014年4月—2017年3月。截至2014年底,开工累计完成投资1194万元。

贵州茅台王子酒制酒技改工程及配套设施(第二批建设工程)第3标段工程　位于贵州省遵义市习水县。合同投资55157万元,合同工期2014年2月—2015年10月。主要实物工程量:制酒、制曲生产厂房及酒库、谷壳库维修房、办公楼等房屋建筑34座139930平方米。截至2014年底,开工累计完成投资34117万元。

佛山西站枢纽地下空间项目　位于广东省佛山市南海区。合同投资27822万元,合同工期2013年11月—2015年10月。主要实物工程量:主体结构建筑面积2.56万平方米。截至2014年底,开工累计完成投资7784万元。

(李　坛)

【经营管理】　(1)工程承揽。2014年新签合同项目129项,合同总额181.08亿元。其中,工程承包板块123项,合同金额174.2亿元;房地产板块6项,合同金额(销售)6.9亿元。工程承包板块中,铁路工程68项82.9亿元,公路工程3项5.8亿元,水利电力工程1项0.5亿元,房屋建筑工程17项25.6亿元,城市轨道工程5项16.2亿元,市政工程12项6.5亿元,其他工程17项36.6亿元。海外经营坚持"走出去"战略,年内重点跟踪中国至老挝铁路磨憨至万象段铁路项目,成立中老铁路项目筹备领导小组及筹备组。

(2)资本经营。2014年,集团公司有资本运营项目13项,其中房地产开发项目7项、土地一级开发项目2项、BT项目2项、固定资产建设项目2项。计划总投资169亿元,开工累计完成投资59亿元。年内续建项目计划总投资30亿元,实际完成投资9亿元。房地产开发完成投资6.5亿元,实现销售收入6.9亿元,回款6.3亿元;完成营业收入7.7亿元,实现净利润9003万元。年内,晋江BT项目和哈尔滨BT项目交付使用,进入回购末期,实际完成回款2.5亿元;北京密云刘林池棚户区改造项目启动。

(3)工程管理。年内,组织成峨扩能改造工程1标段工程、铜玉铁路2标段工程、湛江东海岛DHZQ－1标段工程、北京地铁昌平线二期轨道专业安装工程、北京地铁6号线西延工程以及哈佳、京沈项目施工组织设计评审,督导检查20个工程项目,专项审计7个亏损项目,检查7个工程公司、8个项目部的劳务管理情况。下发集团公司节能减排管理和考核办法、环境保护管理和考核办法,开展工程项目环境评测工作。

组织开展全国节能宣传周、全国低碳日活动，加强节能环保的管控力度。

(4)经济责任管理。集团公司与各工程公司签订2014年生产经营责任状及年度中标铁路项目内部承包合同。编发《变更索赔文件汇编》及变更索赔案例，为项目变更索赔工作提供政策指引和参考依据。下发《整治亏损项目工作方案》《整治亏损项目考核奖惩办法》及《亏损项目岗位责任界定参照表》，为整治活动提供制度支持。开展集团公司亏损项目整治年活动，成立以主管领导为组长的整治工作领导小组，确定整治亏损项目61个，年度总体减亏84079万元。

(5)企业管理。年内，完成集团公司地质灾害治理工程施工甲级资质的延续；协助房地产公司取得房地产开发二级资质，五公司取得水利水电工程施工总承包三级和房屋建筑工程施工总承包二级资质，三公司取得建筑装饰装修工程设计与施工二级、地基与基础工程专业承包、机电设备安装工程专业承包一级资质；协助四公司完成迁址后的资质就位；集团公司申请矿山施工总承包三级资质。3月，注销重庆北碚商场。2014年，集团公司任免领导干部37人，其中提拔13人、调整14人。根据股份公司生产经营战略，集团公司六公司整体划转中铁城建集团公司。

(6)财务审计工作。持续强化资金管理，加快资金回笼，发挥自有资金优势，为生产经营提供资金保障。利用财务公司的金融平台功能，提高资金集中工作效率，2014年资金集中度88.02%，资金上存度64.57%，获取银行同业存款利息，节约了财务费用，有效地规避了资金风险。利用自有及资金池的资金，控制有息负债增加，为集团公司规模扩张提供资金支持。推行财务集中管理模式，降低经营风险，提升效益水平。加强“营改增”试点工作，规范工作流程，为降低税负风险奠定基础。树立“效益货币化”观念，加大清收降债工作力度，增加资金积累，优化资产负债结构，提高资产质量。全年完成8个项目的亏损审计、2个项目的亏损复核审计工作。（罗小慧）

【科技管理】 2014年，集团公司新立科研课题23项，资助研发经费104万元。研发的“大风地区低温环境下墩身施工控制技术”成果通过新疆科技成果鉴定，达到国内先进水平。9项科技成果通过中国铁建科技成果评审，其中达到国际先进水平2项、国内领先水平5项、国内先进水平3项。4项科技成果获中国施工企业管理协会科技进步奖，8项工法被评为省部级工法，获国家授权专利12项，其中发明专利1项、实用新型专利11项。4月，召开茅台集团生态环境与工程建设调研会，邀请11名国内建筑界资深专家参与研讨茅台酒厂扩建工程的建设方案；5月，承办股份公司组织的黄韩侯简支箱梁节段预制胶接拼装技术交流暨桥梁施工技术培训会；8月，集团公司召开松花江特大桥大跨度四线桥梁三拱肋钢管拱施工观摩会。（应爱武）

【党群工作】 (1)党的工作。①党组织建设。集团公司党委下辖基层党委38个、党总支8个、党支部270个，管理党员4170人，年内发展党员92人。开展党的群众路线教育实践活动，以为民务实清廉为主题，贯彻整风精神，突出问题导向，注重教育与实践并重，一大批“四风”问题和涉及职工群众切身利益的突出问题得到有效整改。落实“三重一大”决策制度，健全党组织发挥政治核心作用的工作体制机制，明确“掌方向、抓班子、议大事、带队伍、促和谐”作为各级党组织发挥政治核心作用的重点内容，各级党组织的政治优势有效转化为发展优势。基层党建创新工作持续推进，召开第五次党建创新研讨会，总结推广基层党组织在维护稳定、人才培养、党建标准化等方面的先进经验。加强党建基础工作，提升基层党务干部综合能力，坚持“三会一课”、民主评议党员等制度，增强党员队伍的生机与活力。②宣传工作。开展第二批党的群众路线教育实践活动；组织集团公司成立10周年、兵改工30周年大型纪念活动，以电视纪录片、宣传片、幻灯片、大型图片回顾展、集邮册等形式，全方位反映企业发展水平。新闻宣传工作服务于企业经营生产，释放、传递正能量，集团公司连续4年被中国铁道建筑报社评为先进单位，13人被评为百佳通讯员。③纪委工作。与所属单位签订“党风廉政建设责任书”204份，507人签订廉洁从业承诺书，322人次述职述廉，诫勉谈话6次，责任追究4人。全年受理信访举报28件，立案调查15件，结案15件。给予党纪政纪处分38人，刑事判决3人，组织处理14人。其中，党内警告6人，开除党籍1人；行政警告15人，行政记过2人，行政记大过3人，行政撤职7人，解除劳动合同2人，党纪、政纪双重处分1人；通报批评13人，调离岗位2人。开展“企检共建”活动，集团公司分别与黑龙江省人民检察院哈尔滨铁路运输分院、北京市石景山区人民检察院、上海市人民检察院铁路运输分院、云南省人民检察院昆明铁路运输分院、贵州省仁怀市人民检察院、贵州省人民检察院贵阳铁路运输检察院、吉林省敦化市人民检察院、厦门市思明区人民检察院、河北省高碑店市人民检察院、重庆市北碚区人民检察院等签订“预防职务犯罪工作企检共建实施方案、协议书”10份。

(2)工会工作。开展职工工资发放及“五险一金”缴纳拖欠问题联合大检查、“十佳贤内助”评选活动，维护了职工队伍的稳定和家庭的和谐。开展“国酒杯”“决胜杯”“建功杯”及创建“工人先锋号”竞赛活动,促进工程项目安全施工生产。开展“在学习中成长——中国铁建员工悦读会”系列活动,20余篇作品在中国铁建评选活动中获奖。3月举办以“辉煌十年”为主题的职工大型文艺演出,回顾企业10年发展成就。4月,在贵州茅台酒扩建工程指挥部召开首届职工之家建设现场观摩推进会,会上表彰13个职工小家、37个职工之家,有效提升所属基层单位的建家水平。年内,集团公司连续4年获得全国“安康杯”竞赛优胜单位称号,集团公司沪昆铁路客运专线指挥部被评为全国“安康杯”竞赛优胜班组。全年补助、慰问困难职工699名、模范先进29名、农民工80名及一线职工1765名,发放困难补助及慰问金268.63万元。救助困难职工子女99名,发放助学金8.25万元。

(3)共青团工作。4月,集团公司召开共青团二届二次全委(扩大)会议,大会选举产生新一届委员会。组建“爱心志愿者团队”,参加社会公益、文明创建、敬老助残等活动10次,116人次参与,受到北京团市委、石景山区团工委和石景山社会福利院的一致肯定,取得了良好的社会效应。5月,举办“结赤水情缘、谱国酒恋曲”茅台青年联谊会,为单身青年搭建了沟通友谊和情感的桥梁。

(刘达　李晓晖　刘世春　刘静)

【第一工程有限公司】　市政公用工程施工总承包一级,房屋建筑工程施工总承包三级,矿山工程施工总承包三级,隧道、桥梁、土石方工程专业承包一级资质企业。公司驻北京市石景山区鲁谷路86号。董事长、党委书记徐冬青,总经理刘继鹏。下辖24个工程项目部。职工885人,其中干部804人、工人81人。专业技术干部776人、技术工人81人。资产总额130932.97万元。其中,固定资产原值38884.73万元,净值19546.68万元;流动资产111195.57万元。机械运输设备342台(套),原值25353万元、净值14298万元,总功率46608千瓦,动力装备率52.66千瓦/人,技术装备率16.16万元/人,设备完好率85%、利用率78%,机械化施工程度86%。

2014年新签合同额243332万元,完成企业总产值183083万元,实现利润1168.31万元。全员劳动生产率14.03万元/人年,人均创利1.32万元。职工年平均收入8.5万元。国有资产保值增值率103.53%,产值利润率0.64%,应上缴款完成率122.2%,净资产收益率7.90%,资产负债率88.5%。完成主要实物工程量:土石方67.73万立方米,桥梁7119延长米,涵洞466横延米,隧道9499延长米,盾构区间2898延长米,车站房建2338平方米,挡护工程13.6万立方米。工程质量合格率100%。年内,公司获省部级优质工程奖2项。

(亓哲)

【第二工程有限公司】　铁路铺轨架梁工程专业承包一级,土石方工程专业承包二级资质企业。公司驻北京市石景山区西山汇中关村石景山科技园区实兴大街30号院6号楼12、15层。2004年3月,由中铁工程集团公司线路工程处、机械化工程处呼准铁路工程指挥部和原中铁十八局集团四公司铺架分公司整合重组而成。董事长、总经理杜以军,党委书记吴延江。下辖机械分公司、整道分公司和14个项目部。职工884人,其中干部613人、工人271人。技术干部536人,技术工人168人。资产总额156663.33万元。其中,固定资产净值15252.80万元;流动资产141369.53万元;其他资产41万元。机械运输设备605台(套),原值30040万元、净值11640万元,总功率57280.6千瓦,动力装备率64.97千瓦/人,技术装备率13.17万元/人,设备完好率95%、利用率85%,机械化施工程度86%。年施工能力30亿元以上。

2014年新签合同额31108万元,完成企业总产值278572.95万元,实现利润1697.64万元、净利润1363.66万元。全员劳动生产率78万元/人年,人均创利1.54万元。职工年人均收入8万元。国有资产保值增值率106.82%,净资产收益率13.45%,产值利润率0.49%,资产负债率92.20%,应上缴款完成率100%。年内,公司获全国优秀施工企业、首都文明单位称号;获国家优质工程奖1项、部级优质工程奖1项;获中国施工企业管理协会科学技术奖1项、中国铁道学会科学技术奖3项;获国家授权专利5项。

(李冰)

【第三工程有限公司】　市政公用、房屋建筑施工总承包一级,公路、铁路、水利水电工程施工总承包二级,桥梁、隧道、地基与基础、机电设备安装工程专业承包一级,建筑装饰装修工程设计与施工二级,房地产开发资质企业。2004年4月并入中铁二十二局集团公司,2005年7月由厦门中铁建设公司变更为厦门中铁建设有限公司,2008年7月由厦门中铁建设有限公司变更为中铁二十二局集团第三工程有限公司。公司驻福建省厦门市观音山国际商务运营中心11号楼22层。董事长兼党委书记孙桐林,总经理邹德松。下辖高速公路事业部、房地产事业部、房建事业部、市政事业部,海南、南昌、成都、浙江经营办事处,福州区域指挥部、四川区域指挥部以及各直属项目部。职工1044人。资产总额1.31亿元。其中,固定资产原值13136.32万元、净值7631.915万元;流动资产174204万元。机械运输设备902台(套),总功率37108千瓦,动力装备率35.54千瓦/人,技术装备率6.35万元/人,设备完好率97%、利用率87%。年施工能力307784万元。

2014年新签合同额25.36亿元,完成施工产值30.1亿元,实现利润10891万元。全员劳动生产率295万元/人年,人均创利10.43万元。职工年人均收入7万元。产值利润率3.75%,净资产收益率34.25%,资产负债率86.79%,应上缴款完成率100%。完成主要实物工程量:土石方592.07万立方米,桥梁6688.11延长米,隧道9386.46延长米,涵洞2781.78横延米,制梁928片,架梁882片,房屋建筑面积34.34万平方米。年内,公司获省部级优质工程奖2项,获国家实用新型专利1项。（汪爱凤）

【第四工程有限公司】 公路、房屋建筑、水利水电、市政公用工程施工总承包一级,铁路工程施工总承包二级,隧道、公路路基、铁路铺轨架梁、桥梁工程专业承包一级,预应力工程专业承包二级资质企业。前身是中国人民解放军铁道兵第三十九团,组建于1958年,1984年集体转业,改编为铁道部第十八工程局第四工程处,1999年11月更名为中铁第十八工程局第四工程处,2001年10月企业改制改称中铁十八局集团第四工程有限公司,2004年3月重组合并为中铁二十二局集团第四工程有限公司。公司驻天津市武清开发区创业总部基地B16。董事长、党委书记杨忠孝,总经理文路林。下辖第一至第六指挥部、桥梁指挥部、16个项目部、生活服务中心、医院。职工3103人,其中干部1637人、工人1466人。技术干部1276人,技术工人589人。资产总额25.49亿元。其中,固定资产净值2.36亿元;流动资产22.11亿元;其他资产1.02亿元。机械运输设备4030台(套),原值47141万元、净值14258万元,总功率66340.21千瓦,动力装备率21.37千瓦/人,技术装备率4.45万元/人,设备完好率76.03%、利用率73%、成新率35.11%。

2014年新签合同额31.33亿元,完成施工产值39.18亿元,实现营业收入36.85亿元,实现利润3541万元、净利润2614万元。职工年人均收入46176元。国有资产保值增值率111.57%,净资产收益率9.25%,资产负债率86.69%,应上缴款完成率100%。完成主要实物工程量:土石方1346.03万立方米,桥梁14033.95延长米,隧道14152.05延长米,涵洞3767.88横延米,房屋建筑面积30.95万平方米,公路预制梁4238片、架梁3430片,铁路制梁203孔,铺轨38.32千米,路面铺设22.18千米。年内,公司获国家优质工程奖1项、重庆市巴渝杯优质工程奖2项,获中国施工企业管理协会科学技术奖2项、中国铁道学会科学技术奖1项,获国家授权专利3项。（马晓辉）

【第五工程有限公司】 市政工程施工总承包一级,公路、房屋建筑工程施工总承包二级,水利水电工程施工总承包三级,隧道、土石方工程专业承包一级,公路路基、地基与基础工程专业承包三级资质企业。公司机关驻重庆市北碚区文长路2号。2006年3月2日成立,由中铁二十二局集团第四工程有限公司第三分公司和中铁二十二局集团重庆分公司组建,董事长兼党委书记张双智,总经理陈延军。职工757人。下辖12个直属项目经理部,兼营北碚商场。资产总额100580.43万元。其中,固定资产原值16928万元、净值5731万元;流动资产92976万元。机械运输设备405台(套),原值8631.71万元,设备净值3828万元,总功率32735千瓦,动力装备率43.64千瓦/人,技术装备率11.50万元/人,设备完好率73.25%,利用率87.35%。年施工能力20亿元。

2014年新签合同额135000万元,完成施工总产值206659万元,实现利润1781.3万元、净利润1501.55万元。全员劳动生产率277万元/人年,人均创利润2.35万元。职工年人均收入7.8万元。国有资产保值增值率107.40%,资产负债率91.87%,应上缴款完成率100%。完成主要实物工程量:土石方1138.3万立方米,桥梁6379.8延长米,隧道7215.2延长米,涵洞2449.2横延米,制梁302孔,架梁228孔,房屋建筑面积12.37万平方米。工程质量合格率100%。年内,2项工程获省级优质工程奖,1项QC成果获全国建设工程优秀质量管理小组活动成果奖,1项科技成果获中国铁道协会科技进步奖,1项专利获国家实用新型专利授权。（陈灵玲）

【哈尔滨铁路建设集团有限责任公司】 铁路、房屋建筑、市政公用、公路工程施工总承包一级,桥梁、钢结构工程专业承包一级,机电设备安装、铁路铺轨架梁工程专业承包二级资质企业。公司驻黑龙江省哈尔滨市南岗区西大直街113号。董事长、总经理周振兴,党委书记刘滨。下辖绥化第三工程分公司、佳木斯第五工程分公司、机械化工程分公司、混凝土分公司、物资设备租赁中心、第一项目部、第二项目部、检测中心、钢结构工程分公司。职工3699人,其中全民职工2737人、集体职工962人。全民职工中,干部1245人,工人1352人。资产总额303648万元。其中,固定资产原值31419万元、净值18795万元;流动资产281547万元。机械运输设备1754台(套),原值17859万元、净值9002万元,总功率75860千瓦,动力装备率20.17千瓦/人,技术装备率2.39万元/人,设备成新率48%、利用率85%。

2014年新签合同额28.43亿元。完成施工产值

314307万元,实现利润1037万元。全员劳动生产率10520元/人年,职工年人均收入43100元。国有资产保值增值率105.16%,净资产收益率5.04%,产值利润率0.55%,资产负债率93.06%,应上缴款完成率100%。完成主要实物工程量:土石方333万立方米,桥梁8815延长米,隧道2536延长米,涵洞572横延米,预制梁1339孔,架梁725孔,房屋建筑面积11.69万平方米,铺轨119千米。年内,1项QC成果获全国工程建设优秀质量管理小组奖,3项QC成果获黑龙江省工程建设优秀质量管理小组奖。 （齐 锐）

【电气化工程有限公司】 铁路电气化、铁路电务、建筑智能化、机电设备安装工程专业承包一级,送变电工程专业承包三级,通信工程施工总承包暂三级资质企业。公司驻北京市石景山区京原路2号桥三角地1号院2号楼北楼。前身是中铁工程集团有限公司电务工程处,2004年4月与哈尔滨铁路局电务工程段合并整合重组为中铁二十二局集团电气化工程有限公司,2005年11月更为现名。董事长兼党委书记杨金有,总经理程治平。下辖哈尔滨电务分公司、北京分公司、试验室、通信中心。职工669人,其中干部455人、工人214人。资产总额66913.78万元。其中,固定资产净值1708.43万元;流动资产57886.35万元;其他资产478.2万元。机械运输设备207台(套),原值3828.24万元、净值1632.13万元,总功率8694千瓦,动力装备力14.02千瓦/人,技术装备率2.77万元/人,设备完好率90.34%、利用率87.92%、成新率45%。

2014年新签合同额28485万元,完成企业总产值81993.25万元,实现利润1201.53万元。全员劳动生产率23.76万元/人年,人均创利2.47万元。国有资产保值增值率117.16%,净资产收益率17.14%,产值利润率2.02%,投资回报率2.05%,资产负债率89.13%,应上缴款完成率100%。完成主要实物工程量:房屋建筑面积25941.44平方米,通信线路724.32千米,电气化接触网225.94千米,信号线路253.4千米,电力线路368.51千米。 （韩 宇）

【北京中铁天瑞机械设备有限公司】 主要经营业务:机械设备、建筑材料,建设工程项目管理,经济贸易咨询,企业管理咨询,基础软件、应用软件服务,技术咨询、开发、服务、转让,机械设备维修,建筑工程机械租赁,货物进出口、技术进出口、代理进出口,仓储服务。公司驻北京市复兴路40号92号楼。董事长兼总经理吴烨,党委书记刘福强(4~12月任)。下设招标部、信息部、物资部、国际贸易与物流部、销售一部、销售二部、销售三部、配件部等。职工126人,其中干部119人、工人7人。资产总额24257万元,其中固定资产原值1056万元、净值409万元。

2014年完成营业收入34400万元,实现净利润810万元。产值净利率2.35%,毛利率16.3%。

（张 艳）

【房地产开发有限公司】 房地产开发二级资质企业。公司驻北京市石景山区实兴大街30号院6号楼11层。董事长兼总经理熊乾,党委书记赵成堂。职工234人。资产总额186784万元。其中,固定资产1936万元;流动资产184838万元。下辖黄石天方科技置业有限公司、中铁房地产开发(保定)有限公司、中铁二十二局集团重庆房地产有限公司、中铁二十二局集团太原房地产开发有限公司、中铁二十二局集团兰州房地产开发有限公司、北京铁建天瑞物业管理有限公司。

2014年完成投资60670万元,实现营业收入63996万元,实现利润5468万元、净利润4154万元。全员劳动生产率43.60万元/人年,人均创利16.04万元。职工年人均收入10.74万元。国有资产保值增值率4.9%,净资产收益率4.81%,投资回报率6.84%,资产负债率52.29%,上缴款应完成率131.29%。

（赵 璨）

【铁路运营指挥部】 1998年10月组建,2004年划归集团公司管理。指挥长杨继彤。职工4人。办公地点分别设在北京总公司机关和神朔铁路神木北车站。

（杨继彤）

【重要记载】

▲2月16—18日 集团公司召开党委二届五次全委(扩大)会议、二届五次职代会暨2014年工作会议、党风建设与反腐倡廉工作会议。

▲3月14日 集团公司召开党的群众路线教育实践活动动员大会。

▲3月16日 集团公司举行建局10周年庆祝大会暨职工文艺汇演,中国铁建副总裁刘汝臣出席并作重要讲话。

▲6月27日 国内首例整体四线刚性系杆拱桥哈齐铁路客运专线松花江特大桥主桥合龙。黑龙江省政府党组成员、省铁路建设领导小组副组长张秋阳,中国铁建副总裁夏国斌,哈尔滨铁路局负责人出席表彰会。

▲7月8日 集团公司召开党的群众路线教育实践活动专题民主生活会。集团公司联系点领导、中国铁建党委常委、总会计师王秀明,中国铁建党委"党的群众路线教育实践活动"第六督导组组长白晶等出席

会议。

▲7月9日　新建哈尔滨至佳木斯快速铁路开工建设。黑龙江省委书记王宪魁、省长陆昊,中国铁路总公司副总经理卢春房,哈尔滨市委书记林铎、市长宋希斌、哈尔滨铁路局党委书记单立军、局长何元,集团公司总经理侯希承等出席开工动员大会。

▲7月16日　四公司承建的、国内目前在建最长单线铁路隧道——太兴铁路二青山隧道全线贯通。

▲7月28日　集团公司召开领导干部大会,侯希承担任集团公司董事长、总经理,刘国志不再担任集团公司领导职务。集团公司党委书记司家海主持会议。中国铁建总裁张宗言出席会议并作重要讲话。

▲8月1日　中国铁路总公司副总经理卢春房在集团公司董事长、总经理侯希承陪同下,到集团公司京沈铁路客运专线项目部视察指导。

▲8月15日　五公司迁址重庆市北碚区文长路2号。

▲9月15日　中国铁建董事长、党委书记孟凤朝到集团哈建公司和哈齐铁路客运专线松花江特大桥项目部调研。

▲9月22日　集团公司召开2014年上半年信用评价总结及经营工作专题视频会。

▲10月30日　集团公司召开党的群众路线教育实践活动总结大会。

▲11月18日　集团公司海南文昌书香小镇房地产项目开盘。

▲11月19日　四公司从河北省高碑店迁至天津市武清区。

▲同日　集团公司与贵州仁怀茗樽汇酒文化旅游产业发展有限公司签订合作协议,承建总投资30亿元的中国酒金融文化产业城工程项目。

▲11月28日　中国铁建副董事长、党委副书记、工会主席彭树贵率考察组到集团公司考察领导班子。

▲12月25日　集团公司召开第五次党建创新研讨会暨落实"两个责任"促进会。　(罗小慧)

中铁二十三局集团有限公司

【简况】　中铁二十三局集团有限公司具有铁路工程施工总承包特级(特一级),公路、市政公用、水利水电、房屋建筑、机电安装、矿山工程施工总承包一级,工程勘察设计和城乡规划设计乙级,援外工程A级,桥梁、隧道、公路路面、公路路基、钢结构、爆破与拆除、城市轨道交通工程专业承包一级,混凝土预制构件、铁路电务工程承包二级资质;具有建筑行业(建筑工程)甲级,城乡规划编制、工程勘察乙级,劳务类、市政设计丙级资质,同时具有对外经营权。集团公司驻四川省成都市二环路西二段10－1号。2004年3月由原中铁路桥集团有限公司、齐齐哈尔铁路建设集团有限公司、中铁十四局集团第一工程有限公司、中铁十五局集团第三工程有限公司整合重组而成。下辖9个工程公司,1个研究设计院和1个海外工程分公司,11个区域经营指挥部。职工12093人。资产总额167.21亿元。其中,固定资产原值32.53亿元、净值13.91亿元;流动资产147.30亿元;非流动资产资产19.91亿元。机械运输设备13078台(套),原值188994万元、净值77459万元,总功率29.4万千瓦,动力装备率24.32千瓦/人,大型设备完好率94.31%、利用率69%。年施工能力200亿元以上。

2014年新签合同额248.69亿元,完成企业总产值159.66亿元,实现净利润8515万元。国有资产保值增值率104.64%,净资产收益率4.87%,产值利润率0.73%,资产负债率88.74%。全员劳动生产率32.03万元/人,人均创利1.062万元。职工年人均收入34943元。完成主要实物工程量:土石方4794万立方米,隧道29120延长米,桥梁45738延长米,正线铺轨110千米,站线铺轨92千米,铁路梁预制431片,高速铁路制梁219片,铁路架梁920孔,铁路轨枕预制92万根,公路39千米,公路梁预制6995片,公路架梁6442片。年内,集团公司获国家优质工程银质奖1项、省部优质工程奖4项、全国工程建设优秀质量管理小组奖3个、省部级优秀QC小组奖6个;集团公司被评为全国"安康杯"优胜单位,3人被评为全国优秀项目经理,2人分别获得四川省五一劳动奖章和五一巾帼标兵荣誉。　(孙　帆)

【领导人员】

董事会

董事长　徐明新

董　事　徐明新

陈　涛

田宝华

张庆军

孙秀安

监事会

监事会主席　李洪安

监　事　李洪安

夏福兵
吴东儒

经理层

总经理	徐明新
副总经理	田宝华
	袁全祥
	孙秀安
	杨　鑫
	师文有
	刘衍堂
	王　武
	肖红武
	王明波
总工程师	田宝华(兼)
总会计师	孙秀安(兼)

党群领导

党委书记	陈　涛
党委副书记	徐明新
	李洪安
纪委书记	李洪安(兼)
工会主席	张庆军

(古　艳)

【区域经营指挥机构】 华南区域指挥部　驻广东省广州市番禺区桥兴大道737号。指挥长师文有。

华东区域指挥部　驻上海市普陀区中山北路2438号中瑞商务大厦5A座。指挥长金鑫。

东南区域指挥部　驻江西省南昌市红谷滩新区江报路69号唐宁街写字楼B座。指挥长袁全祥。

西南区域指挥部　驻四川省成都市金牛区茶店子路1号顶峰水岸汇景2栋2单元。指挥长刘衍堂。

中原区域指挥部　驻河南省郑州市农业南路与福禄东路东瑞园社区10号。指挥长李志鼎。

西北区域指挥部　驻陕西省西安市新城区金花北路301号。指挥长杨鑫。

新疆区域指挥部　驻新疆维吾尔自治区乌鲁木齐市新市区长沙路1006号。常务副指挥长范庆乐。

北京区域指挥部　驻北京市丰台区大瓦窑北路假日风景小区2号。指挥长王明波。

华北区域指挥部　驻北京市石景山区八大处西山枫林四期6号。指挥长刘地阔。

东北区域指挥部　驻辽宁省沈阳市南新区朗月街6号。指挥长王武。(娄　华)

【主要工程项目指挥机构】 贵广铁路工程指挥部　驻广西壮族自治区桂林市阳朔县田园路1号。常务副指挥长袁勇,党委书记李晏春。

厦深铁路工程指挥部　驻广东省惠洲市惠东县太阳坳工业园A栋14号。指挥长文中秋,党委书记李富春。

沪昆铁路客运专线指挥部　驻贵州省贵阳市乌当区新添大道南方汇通公司生活园区。指挥长赵永明,党委书记王恩和。

哈齐铁路客运专线指挥部　驻黑龙江省齐齐哈尔市站前大街180号。指挥长周才华,党工委书记曹雪良。

哈佳铁路工程指挥部部　驻黑龙江省佳木斯市向阳区杏林路372号。指挥长任平,党工委书记许生伟。

深茂铁路JMZQ－7标段工程指挥部　驻广东省阳江市阳西县永光路中铁二十三局集团深茂铁路指挥部。指挥长孙国臣,党工委书记冷清安。

格鲁吉亚现代化铁路项目经理部　项目经理陈文萍,项目书记樊建国。(郭书军)

【职工队伍】 职工12093人,其中管理人员6961人、工人5132人。管理人员中,工程技术人员4462人,占64.1%。专业技术人员中,高级职务690人,中级职务1754人。大专及以上文化程度的占57.4%,职工平均年龄37.6岁。工人中,技术工人4482人,占工人总数的87.3%,取得国家职业资格证书的技术工人2357人,其中高级技师96人、技师336人、高级工1208人。(郭书军)

【铁路工程施工】 2014年在建铁路工程57项。重点工程进展情况如下:

新建贵州至广州铁路站前工程GGTJ－7标段工程　位于广西壮族自治区桂林市境内。标段长94.05千米,合同投资629494万元,合同工期2008年12月—2014年6月。主要实物工程量:路基土石方884万立方米,桥梁58座29785.79延长米,涵洞108座2972.5横延米,隧道23座43652延长米,预制架设箱梁679孔。2014年12月26日开通运营。

新建南宁至广州铁路站前NGZQ－7标段工程　位于广东省肇庆市德庆县境内。标段长71.49千米,合同投资401721万元,合同工期2009年3月—2014年5月。主要实物工程量:路基土石方911万立方米,桥梁43座10364延长米,涵洞78座,隧道45座43815延长米,现浇箱梁292片。2014年12月26日开通运营。

新建沪昆铁路客运专线贵州段站前CKGZTJ－6标段工程　位于贵州省黔南布依苗族自治州贵定县境内。标段长56.55千米,合同投资435372万元,合同工期2010年10月—2014年3月。主要实物工程量:

隧道23座34275延长米，桥梁33座16728延长米，涵洞17座421.72横延米，制架梁424孔，无砟轨道114.016千米。主体工程、附属工程全部完工。截至2014年底，开工累计完成投资435372万元，占合同投资的100%。

哈齐铁路客运专线HQTJ5标段工程　位于黑龙江省齐齐哈尔市境内。标段长26.5千米，合同投资205462万元，合同工期2009年10月—2014年12月。主要实物工程量：特大桥2座19673延长米，站场及路基土石方293.55万立方米，框架涵20座，公路桥2座，轨道板铺设136千米。主体工程、附属工程全部完工。截至2014年底，开工累计完成投资202162万元，占合同投资的98.39%。

新建山西中南部铁路通道汤阴东至日照南段ZNTJ-21标段工程　位于山东省日照市境内。标段长29.65千米，合同投资98819万元，合同工期2010年9月—2013年12月。主要实物工程量：土石方473万立方米，桥梁6座10900延长米。2014年12月30日开通至巨峰站，利用既有兖石线至日照，巨峰站到日照南站段暂未开通。截至2014年底，开工累计完成投资87819万元，占合同投资的88.87%。

新建兰渝铁路引入重庆枢纽工程　位于重庆市北碚区，标段长48.52千米，合同投资275000万元，合同工期2009年7月—2013年1月。主要实物工程量：区间路基及站场土石方2528万立方米，桥梁12座4520延长米，涵洞124座8984横延米，改建既有隧道3座2312延长米，新建隧道4座6209延长米，正线铺轨51.66千米，站线铺轨178.49千米，房屋建筑面积96068平方米。2013年12月28日开通运营，2014年主要是兴隆场编组站房建工程和轨道工程施工。截至2014年底，开工累计完成投资270567万元，占合同投资的98.38%。

新建铁路大瑞线大理至保山段站前2标段工程　位于云南省大理白族自治州境内。标段长32千米，合同投资90129万元，合同工期2008年6月—2013年5月。主要实物工程量：路基土石方303万立方米，桥梁12座2890延长米，涵洞6座103横延米，隧道6座25232延长米。截至2014年底，开工累计完成投资58668万元，占合同投资的65.09%。

改建铁路滨绥线牡丹江至绥芬河段扩能改造Ⅱ标段工程　位于黑龙江省大庆市境内。标段长44.55千米，合同投资203179万元，合同工期2010年5月—2013年10月。主要实物工程量：路基土石方257万立方米，桥梁15座6585延长米，涵洞50座1342横延米，隧道6座9396延长米，铺道砟12万立方米，铺轨13.6千米，房屋建筑面积2.14万平方米。截至2014年底，开工累计完成投资157471万元，占合同投资的77.5%。

成昆铁路米易至攀枝花段扩能改造工程站前MPZQ-3标段工程　位于四川省攀枝花市境内。标段长30.25千米，合同投资159253万元，合同工期2013年12月—2019年6月。主要实物工程量：路基土石方158.76万立方米，桥梁1346.95延长米，隧道27652延长米。截至2014年底，开工累计完成投资31637万元，占合同投资的19.87%。　（张　熹）

【铁路外工程施工】　2014年，在建铁路外工程132项。重点工程进展情况如下：

新疆S215线三岔口至莎车高速公路第SS-1标段工程　位于新疆维吾尔自治区喀什地区莎车县境内。标段长53.668千米，合同投资159079万元，合同工期2011年6月—2013年11月。主要实物工程量：路基土方400万立方米，桥梁9座，涵洞99座、巴楚互通1座，分离式立交5座，通道桥19座，收费站1处，停车区1处。2014年11月6日开通试运营。

岳阳至宜昌高速公路石首至松滋段一期土建JNTJ-1标段工程　位于湖北省荆洲市公安县境内。标段长42.9千米，合同投资171000万元，合同工期2011年8月—2013年12月。主要实物工程量：预制梁5617片，现浇梁162孔，路基土石方451万立方米，涵洞、通道109座，主线收费站1处，匝道收费站2处，服务区1处。2014年12月18日正式通车。（张　熹）

【海外工程】　格鲁吉亚第比利斯绕城铁路项目　位于格鲁吉亚第比利斯。全长38.69千米，合同投资215500万元，合同工期2010年8月—2013年8月。主要实物工程量：路基土石方1035万立方米，桥梁26座1524.8延长米，隧道4座3606米，通道及涵洞30座1825.2横延米，铺轨101.3千米，房屋建筑面积35600平方米。2013年6月停工，截至2014底尚未复工。

格鲁吉亚现代化铁路改造项目　位于格鲁吉亚第比利斯。全长61.3千米，合同投资219228万元，合同工期2011年9月—2015年4月。主要实物工程量：路基土石方495.6万立方米，桥梁21座2511.3延长米，隧道12座15300延长米，通道及涵洞70座1779.52横延米。截至2014年底，开工累计完成投资53885万元，占合同投资的29.25%。　（张　熹）

【经营管理】　（1）工程承揽。2014年，集团公司承揽工程116项，新签合同额248.69亿元。其中，铁路工程85.91亿元；公路工程80.02亿元；房建工程34.56亿元；市政工程19.17亿元；城市轨道工程7.19亿元；水利水电工程0.78亿元；制品与销售17.61亿元；勘察设计0.64亿元。年内,集团公司狠抓铁路市场,发挥区域经营主体和经营质量,完善区域经营基础制度和体制建设。一是明确区域经营指挥部的主体责任,提升区域经营能力,区域经营指挥部由原来的6个增加到11个,切实发挥经营承揽龙头地位。其中,西南指挥部、东北指挥部和华南指挥部承揽均突破40亿元,西南区域指挥部首次进入股份公司区域经营20强。二是加大重点铁路项目的跟踪力度,实现铁路项目新突破。以"集团公司重在市场经营,工程公司重在施工管理"的区域经营战略,构建多层次经营网络,通过大项目经营、借力经营、代融资经营、多元化经营,开辟新的经营市场和领域。三是以科技创新成果带动市场经营战略成效初显。集团公司依靠上海磁悬浮轨道梁技术专业和业绩,承揽到长沙中低速磁浮梁项目及郑徐、沈丹等铁路客运专线轨道梁市场。四是树立"现场保市场,现场换市场,现场拓市场"的属地经营,坚定不移地抓好既有在建项目,更好地促进经营属地化,规模化。东北区域经营指挥部和二公司,深耕哈尔滨铁路局、沈阳铁路局市场,承揽任务超过60亿元。五是实施"走出去"战略稳步推进,集团公司先后在格鲁吉亚、孟加拉国各中标1个项目,共计54.8亿元。

(2)工程项目管理。一是统一认识,树立"创效是第一要务"的管理理念,狠抓施工生产现场管控和组织领导,保工期、保履约、保稳定,完成股份公司和集团公司年度施工生产任务指标。2014年,集团公司完成施工产值159.66亿元,完成股份公司年度计划130亿元的122.8%,完成集团公司年度计划138亿元的15.6%。二是重难点工程稳步推进,切实提升项目管理水平。以突出抓好重难点工程施工为突破口,加大协调力度,重点工程重点保障,严格履行合同承诺,重难点工程稳步推进。贵广铁路、南广铁路、中南通道铁路、三莎高速公路和江南高速公路等项目按期开通运营;沪昆铁路客运专线管段长轨全部铺通,哈齐铁路客运专线无砟轨道铺设完成;米攀铁路、白阿铁路、哈佳铁路和深茂铁路工程以高度负责的精神,抓好开场布局和项目临建,全面实现业主各项年度目标。三是加强项目基础建设、做好项目策划、管控和专家督导帮扶制度,落实"法人管项目"的措施到位。实行新项目上场及过程控制督导制,完善督导工作流程和规范标准,确保新上项目督导及回访覆盖率100%,实现项目管理有依据,成本管理有线索。四是在建项目安全生产形势稳定,工程质量水平不断提高。集团公司坚持以人为本,强化责任,注重预防,夯实基础,强化安全质量主体责任,开展隐患排查治理,推进标准化管理,狠抓企业信用评价工作,全年单位工程交验合格率100%,产品认证100%一次通过,获国家优质工程奖1项、省优质工程奖4项、四川省建筑业新技术应用示范工程1项。

(3)安全质量管理。2014年,集团公司坚持"以人为本、强化责任、注重预防、夯实基础,强化安全质量主体责任"的指导思想,抓重点、抓基础、抓基层,开展隐患排查治理,推进标准化管理,狠抓企业信用评价工作,有力地促进了全局安全质量管理水平的整体提升,确保了安全质量工作稳步推进。一是全年安全生产形势总体稳定,安全生产目标基本实现,工程质量水平不断提高,创优目标顺利完成。全年无职工因工死亡事故、无重伤事故。单位工程交验合格率100%。获国家优质工程奖1项、省优质工程奖4项、四川省建筑业新技术应用示范工程1项、"中国铁建杯"优质工程奖10项、集团公司优质工程奖15项。二是全员质量意识持续增强,QC小组成果丰硕。集团公司获全国工程建设优秀质量管理小组奖3个、省部级优秀QC小组奖4个、中国铁建优秀质量管理小组奖6个。三是产品质量稳中有升,产品认证100%一次成功,产品出厂合格率100%。全年取得铁路桥梁产品生产许可证3项、铁路轨枕产品生产许可证9项、Ⅲ型轨道板生产许可证1项。四是隐患排查治理工作稳步推进。全年排查安全隐患3513项,整改完成率100%。五是不断完善安全质量工作制度,完善"三标一体"综合管理体系,强化安全质量责任和企业信用评价工作。年内,集团公司被交通运输部评为公路信用评价A级单位。

(4)财务成本管理。一是不断推进融资渠道创新,增强资金保障能力。面对铁路项目进入收尾期、资金短缺的情况下,集团公司以加强资金集中管理,确保有息负债规模可控,积极拓宽融资渠道,严格加强对子公司贷款的审批,监督贷款用途,实时监控信贷规模变动,按季通报各子公司账户集中、直接上存情况,保证资金集中管理工作的常态化和有效开展,2014年资金集中度74%。二是加大清收清欠力度,以降本增效为目的,实施开源节流,降低非生产性费用开支。全年收回外欠款66.92亿元。其中,股份公司督办的2000万元以上应收款项完成率97.5%,其他应收款完成率100%;管理费、招待费同比下降。三是以迎审自查整改活动为契机,深入推进亏损项目整治工作,年内审计32个亏损项目,集团公司亏损项目整治工作初见成效。四是以"营改增"为支点,推动各项税收筹划工作。集团公司开展为期三个月的"营改增"模拟运行初见成效;加强与税务部门沟通协调,为企业争取最大化的税收优惠。抓住西部大开发所得税15%优惠政策,通过完成研发费用、投资收益的专项备案工作享受税收优惠合计1000多万元。五是充分利用信息化管理手段,实施财务集中管控和"法人管项目"制度,做好财务各项基础工作。集团公司按照推进"法人一套账”工作的指导精神，选择四公司内蒙古片区作为试点地区，启动财务核算（内蒙古）分中心，依托信息化管理平台，建立间接、直接费用审批流程，使项目远程报账及支付成为可能，进一步提升公司对项目的管控力，同时节约了人工成本。全年实现净利润8515万元，产值利润率0.73%，国有资产保值增值率104.64%，净资产收益率4.87%，资产负债率88.74%，利润分红完成率100%。

（娄 华 徐定汝 张升奇 乔 宏）

【科技开发】 2014年，集团公司坚持“科技引领企业创新创誉”发展战略，大力开展科技创新、科技研发，切实提升以科学技术带动市场战略。一是不断完善集团公司科技创新体系自身建设，修订下发《技术中心管理办法》《科技研发资金管理办法》《科学技术奖奖励管理办法》《技术标准编制管理办法》《创新技术成果推广应用及转化管理办法》等7个管理办法，提升科技管理工作水平。二是以科技专利技术开拓市场战略成效初显。集团公司依靠拥有自主科技专利的磁悬浮轨道梁技术和业绩，承揽长沙中低速磁悬浮梁项目；完成哈齐铁路客运专线3.1千米试验段用CRTSI型先张板轨道和沈丹铁路客运专线5.68千米试验段用CRTSIII型先张轨道板的上道试用评审，并启动郑徐线民权板厂的建厂工作。三是稳步推进科技创新课题研究和科研项目立项工作。米攀铁路“新建铁路桥隧设计施工关键技术研究——铁路隧道宽幅防水板施工技术及工艺研究”、郑徐铁路“高速铁路无砟轨道关键技术深化研究——高速铁路CRTSⅢ型板式无砟轨道成套施工技术及运营监测技术深化研究”2项科研项目列入中国铁路总公司科研项目，并获科研费资助25万元；完成原铁道部科研项目“新型轨道结构关键技术研究——先张法预应力体系无砟轨道结构系统试验研究”“高速铁路无砟轨道耐久性提升综合技术研究”“无砟轨道CRTSIII型后张轨道板定额测定与分析”的结题工作。四是科技专利申报和科技研发项目成果突出。2014年申请专利23件，其中发明专利15项、实用新型专利8项；获授权专利21项，并获四川省专利补贴9.596万元。“曲线钢管混凝土桁架组合连续梁桥关键技术研究及应用”成果获天津市科学技术一等奖、“冲击钻机自动控制施工技术应用研究”成果获贵州省科学技术三等奖、“高烈度地震区铁路高陡边坡支挡结构抗震设计理论及工程应用”成果获中国铁道学会科学技术三等奖、“260米大跨宽幅连续刚构桥综合施工技术研究”成果获成都市科学技术进步奖；获省部级及以上工法68项，其中国家级工法9项、省级工法43项、部级工法16项。 （霍 莉）

【党群工作】 （1）党的工作。集团公司党委认真贯彻党的十八大和十八届三中、四中全会精神，深入学习习近平系列讲话，以党的群众路线教育实践活动为契机，以作风建设为突破口，紧紧围绕“治亏创效”任务，强化机遇，苦练内功，逆境突围，有力地促进了改革稳步推进，经济运行质量好转。①强化示范引领，科学治企。一是集团公司领导班子以争创“四好领导班子”为目标，坚持科学决策和积极拓展传统市场，强攻铁路市场、扩大海外、培育建筑设计市场的三个“坚定不移”的正确方向，各板块业务首次出现共同发力的良好态势。二是扎扎实实打基础，真抓实干促发展。集团公司领导班子成员面对制约企业发展瓶颈问题，坚持以“创效”为中心，脚踏实地，抓基层，打基础，使亏损治理、项目管控、资金管理、区域经营、工程公司专业化、PM信息化系统、二次经营等工作逐步好转，进一步促使“法人管项目”落到实处，为集团公司更好更快更实发展奠定了基础；坚持“以绩效论英雄”作为价值导向，形成“领导带头创绩效，考核班子重绩效，使用人才看绩效，表彰先进凭绩效”良好的干事创业之风，营造了“创效光荣”的浓厚氛围。②以党的群众路线教育实践活动为契机，狠抓八项管理规定和“四风”建设，全面提升企业管理水平。一是按照集团公司党委提出的“三比三看三提高”活动目标，以开展党的群众路线教育实践活动为契机，把活动开展与治亏创效、开拓市场、管理提升、帮扶基层、群众实事、基层党组织建设紧密结合，建机制、求实效，前后历时8个月，涉及4200余名党员，351个党组织。二是认真执行“八项规定”，全年各业务费、差旅费、办公费普遍比上年降低20%～40%。局处两级机关开展“庸懒散浮拖”专项整治工作成效显著。③强基固本，机制创新，基层党建和干部人才工作取得新效果。一是局处两级领导班子坚持“三重一大”集体决策制度，严格决策程序，确保民主决策、依法决策、科学决策，集团公司连续7年开展的“党员承诺”贴近实际，呈现新常态，品牌效益日益明显。二是局处两级党组织、基层党支部突出活动创新，围绕企业生产经营举办主题演讲，开展党员接待日、周末道德大讲堂、农民工夜校等接地气的评先进、树典型创先争优活动。三是坚持“党管干部”的原则和正确的用人导向，加强领导人员的交流，严格干部的问责力度，继续推进“三项制度”落到实处增强企业的软实力。④展示企业形象，宣传思想文化工作取得新业绩。宣传文化工作紧紧围绕中心，传播“好声音”，树立好形象。一是充分利用集团公司网站、内刊、教育提纲等平台，多渠道传递集团公司信息动态和发展形势，举办建局10周年职工摄影、书法展览。二是加强内外宣传和舆情处置工作。制作企业形象宣传片《搏浪奋进》,编印《队伍形象宣传画册》,在省市以上报刊刊登宣传稿件7110篇,有1项政研课题被国务院国资委评为二等奖,有8项政研课题被股份公司列为重点课题;处理舆情危机13起,避免了负面信息的干扰,树立了企业的良好形象。⑤落实“两个责任”,强化审计监督,党风廉政建设取得新成效。一是从源头治理,坚持“从业廉为荣”主题教育,通过组织领导干部观看教育片、开展预防职务犯罪教育、参观警示教育基地等活动强化教育,增强领导干部廉洁自律意识。二是完善反腐倡廉制度建设,下发《领导人问责暂行办法》《党风廉政建设责任制考核评分办法》《工程项目部与外部劳务队廉洁承诺制》等制度办法,强化廉洁风险监督制约机制和廉洁风险预警机制。三是抓好整治亏损项目审计和效能监察工作。按照股份公司“清、诊、治、惩、防”五字方针,建立亏损项目管理台账,持续跟踪治亏措施落实情况,确保治亏工作取得实效。全年完成亏损项目审计46项,发现问题138条,提出整改意见及建议124条,被审计单位采纳83条,建议采纳率67%。核查10个项目的材料定价、验工计价和责任成本核算管理等情况,其中,对石武项目效能监察中核查问题100多个,挽回经济损失570.7万元。四是以群众关注的热点为核心做好办信办案工作,全年受理群众信访举报18件,初核14件,立案5件,结案5件,给予党纪处分13人,政纪处分23人,经济处罚12.17万元。

(2)工会工作。集团公司工会下辖工程公司工会10个(不含机关工会),工会会员12093人,专(兼)职工会干部261人。围绕急难险任务,开展“我为经营做贡献”活动。持续推进合理化建议和技术革新,拍摄劳模事迹专题片,弘扬劳模精神。解决拖欠职工工资问题,年内,3个子公司、5个项目部拖欠工资1100余万元得到解决,协助处理拖欠农民工工资1.7亿元。集团公司拨付20万元解决下岗息工困难职工生活;以股份制盘活服装厂,解决20名职工再就业。开展系列“悦读会”活动,举办第二届女职工征文活动和集团公司成立10周年职工书画摄影展。

(3)共青团工作。开展“号、手、岗、队”评先表彰活动,2个单位被中国铁建授予青年文明号称号,5人被授予青年岗位能手称号,5个单位被确定为青年文明号创建示范点,3人被评为优秀共青团员,3人被评为优秀共青团干部,2个单位被评为五四红旗团委,1个单位被评为五四红旗团支部,3个单位被确定为五四红旗团委创建单位,3个单位被确定为五四红旗团支部创建单位。开展“导师带徒”活动,提高员工的主人翁意识和操作技能,帮助青年快速成长成才。

(林礼明　周裕君　廖　兰　王立衡　晏　萍　张金君)

【第一工程有限公司】 公路、市政公用工程施工总承包一级,铁路、水利水电、房屋建筑工程施工总承包二级,桥梁、隧道、机场场道、公路路基及路面工程专业承包一级资质企业。前身是中国人民解放军铁道兵四师第十六团,1984年1月1日集体转业,改编为铁道部第十四工程局第一工程处,2001年11月16日改称中铁十四局集团第一工程有限公司,2004年2月3日整合重组为中铁二十三局集团第一工程有限公司。执行董事、党委书记曹德岗,总经理惠希文。公司驻山东省日照市黄海二路65号。下辖30个项目经理部、2个机械化施工公司及隧道公司、工程队、桥梁公司、混凝土设备管理公司、路面设备管理公司、铁鑫商品混凝土公司、物资租赁公司、物业中心。职工2471人,其中干部957人、工人1314人。资产总额257980.13万元,其中固定资产净值11573.07万元、流动资产240374.21万元、其他资产6032.85万元。机械运输设备2047台(套),净值9394.74万元,总功率54488.72千瓦,动力装备率22.36千瓦/人,设备完好率70%、利用率75%。年施工能力40亿元以上。

2014年新签合同额33.285亿元,完成企业总产值25.91亿元,实现净利润544.58万元、净利润402.3万元。人均创利2204元,职工年人均收入20372元。国有资产保值增值率111.8%,产值利润率0.21%,应上缴款完成率67%。年内,公司被山东省评为重合同守信用企业,参建的荣成至乌海线新河(青潍界)至新庄子段高速公路工程获中国公路优质工程奖,参建的福银高速公路九江长江公路大桥工程获得江西省优质工程杜鹃花杯,1个QC小组被评为全国工程建设优秀QC小组。

(杨　群)

【第二工程有限公司】 铁路、房屋建筑工程施工总承包一级,市政公用工程施工总承包二级,桥梁、钢结构、铁路铺轨架梁工程专业承包一级,公路路基、铁路电务工程专业承包二级资质企业。前身是齐齐哈尔铁路局工程大队,1986年更名为哈尔滨铁路局齐齐哈尔第一工程处,1995年更名为哈尔滨铁路局齐齐哈尔铁路工程总公司,2002年更名为齐齐哈尔铁路建设集团有限责任公司;2003年10月29日划归中国铁道建筑总公司,2004年3月19日企业整合重组更名为中铁二十三局集团第二工程有限公司。执行董事曹鹏程,总经理倪修泉,党委书记赵玉俭。公司驻黑龙江省齐齐哈尔市铁锋区站前大街256号。下辖9个分公司、4个子公司,2个工程队。职工2919人,其中干部1378人、工人1541人。资产总额263666.1万元,其中固定资产原值40899.64万元、净值16776.06万元。机械运输设备1271台(套),原值21733万元、净值9377万元，总功率45792千瓦，动力装备率15.72千瓦/人，技术装备率3.23万元/人，设备成新率42.75%、完好率94%、利用率63%，机械化施工程度76%。年施工能力30亿元以上。

2014年新签合同额62亿元，完成企业总产值212064万元，其中施工产值303698万元、工业产值10104万元；实现净利润2501万元。全员劳动生产率105.14万元/人年，人均创利8254元，职工年人均收入21152元。国有资产保值增值率106.1%，净资产收益率9.12%，产值利润率4.55%，资产负债率89.29%，应上缴款完成率100%。年内，2个QC小组获全国工程建设优秀质量管理小组奖；公司被认定国家高新技术企业，获全国工程建设质量小组活动优秀企业称号。 （赵珊珊）

【第三工程有限公司】 市政公用、房屋建筑、水利水电工程施工总承包一级，铁路、公路工程施工总承包二级，桥梁、隧道、公路工程路面专业承包一级，公路工程路基专业承包二级及房地产开发三级资质企业。前身是铁道兵第五师第二十三团，1984年1月集体转业，改编为铁道部第十五工程局第三工程处；2004年2月整合重组为中铁二十三局集团第三工程有限公司。执行董事、总经理刘牛生（10月免），执行董事、党委书记李治强（10月任），总经理梅人俊（10月任）。公司驻四川省成都市温江区天府街中段336号。下辖32个项目部及机械化公司、租赁站、混凝土公司、成都分公司、基地管理员会等单位。职工2381人，其中干部1397人。资产总额37.26亿元，其中固定资产净值1.67亿元、流动资产35.27亿元、其他资产0.32亿元。机械运输设备706台（套），原值15760.3万元、净值4592.09万元，总功率37016.85千瓦，动力装备率13.3千瓦/人，设备完好率28.62%、利用率73.13%，机械化施工程度80.77%。年施工能力35亿元。

2014年新签合同额62.19亿元，完成企业总产值34.86亿元，实现利润3363万元。人均创利14533元/人，全员劳动生产率175.76万元/人年，职工年人均收入25324元/人。国有资产保值增值率124.84%，净资产收益率12.47%，产值利润率0.98%，应上缴款完成率102.47%。年内，获国家授权17项、国家级工法2项、省级工法1项，获省市级科技进步奖2项，1项QC成果获得省部级优秀QC成果奖；公司获全国五一劳动奖状、全国“安康杯”竞赛优胜单位、四川省劳动竞赛优胜单位等荣誉。 （姚　章）

【第四工程有限公司】 市政公用、房屋建筑、水利水电工程施工总承包一级，公路工程施工总承包二级，钢结构、桥梁、隧道、建筑装修装饰、地基与基础、土石方工程专业承包一级，公路路基、预应力、混凝土预制构件专业承包二级资质企业。2014年11月，公司由原中铁二十三局集团第四工程有限公司、原中铁二十三局集团第八工程有限公司整合重组而成。执行董事党委书记周宏，总经理张教才。公司驻四川省成都市青羊区工业园区G区8栋A/B座。职工1626人，其中管理人员1116人、技能人员510人。资产总额28.09亿元，其中净资产4.08亿元。机械运输设备3112台（套），原值3.57亿元、净值1.55亿元，总功率250741.64千瓦，动力装备率154.2千瓦/人，利用率90%。年施工能力30亿元以上。

2014年新签合同额42.06亿元，完成营业收入34.2亿元，实现利润3023万元。人均创利1.86万元，全员劳动生产率210.3万元/人年，职工年人均收入37967元。国有资产保值增值率107.7%，净资产收益率7.65%，产值利润率1.06%，资产负债率85.55%，应上缴款完成率100%。年内，公司被授予全国守合同重信用企业；获省级工法1项、省部级优秀QC成果奖1项，获国家授权专利7项，其中发明专利2项、实用新型专利5项。 （贺晓东）

【轨道交通工程公司】 市政公用、房屋建筑工程施工总承包一级，公路工程施工总承包二级，建筑装修装饰、钢结构、环保、桥梁工程专业承包一级，混凝土预制构件施工承包二级资质企业。前身是中铁路桥集团上海分公司，2004年3月整合重组为中铁二十三局集团第五工程有限公司，2010年9月更名为中铁二十三局集团轨道交通工程有限公司。执行董事兼总经理喻丕金，党委书记高炳荣。公司驻上海市浦东新区惠南镇城南路335号。下设9个分公司、20个工程项目部。职工494人，其中管理和技术人员327人、工人127人。资产总额137634万元。其中，固定资产原值39332.54万元、净值21438.44万元；流动资产112517.17万元；其他资产3677.90万元。机械运输设备1129台（套），净值15079万元，总功率20994千瓦，动力装备率52.49千瓦/人，技术装备率37.7万元/人，设备成新率60.62%、完好率92%、利用率89%。机械化施工程度95%。施工能力25亿元以上。

2014年新签合同额15.16亿元，完成企业总产值9.79亿元。人均创利20.25万元/人，全员劳动生产率98.18万元/人年，职工年人均收入61496元。国有资产保值增值率121.5%，净资产收益率25.98%，资产负债率74.09%，应上缴款完成率241.14%。年内，公司获中国施工企业管理协会科技创新先进企业称号;获国家授权发明专利 3 项、外观设计专利 1 项。

（张蜀秦）

【第六工程有限公司】 市政公用、房屋建筑工程施工总承包一级,公路工程施工总承包二级,桥梁、隧道、建筑装修装饰、土石方工程专业承包一级,混凝土预制构件专业承包二级,环境污染治理甲级,公路养护工程施工二类甲级资质企业。2014 年 11 月,公司由原中铁二十三局集团第六工程有限公司、原中铁二十三局集团第七工程有限公司合并组建而成。执行董事兼总经理王义春,党委书记郭正伟。公司驻重庆市渝中区嘉滨路 118 号。下辖 5 个分公司、15 个工程项目部。职工 838 人,其中干部 738 人、工人 100 人。资产总额 102377 万元。其中,固定资产原值 19581 万元、净值 10436 万元;流动资产 90328 万元;其他资产 12049 万元。机械运输设备 649 台(套),原值 14735 万元、净值 5824 万元,机械运输设备 76 台(套),原值 2395 万元、净值 425 万元,总功率 3040 千瓦,动力装备率 3.6 千瓦/人,设备完好率 90%、利用率 85%。年施工能力 18 亿元以上。

2014 年新签合同额 413198 万元,完成企业总产值 115407 万元,实现利润 1915.68 万元。职工年人均收入 6.12 万元。国有资产保值增值率 114.45%,净资产收益率 13.61%,产值利润率 1.64%,资产负债率 85.45%,上缴款完成率 100%。年内,1 项科技成果分别获中国施工企业管理协会科技进步奖、成都市科学技术进步奖、山西省科技进步奖,2 项工程分别获四川省建设工程天府杯金奖、重庆市市政金杯奖;公司获全国“安康杯”竞赛优胜单位称号。（徐子雯　徐晓阳）

【川东水泥有限公司】 前身是中国人民解放军第 6015 工厂,组建于 1968 年 9 月;1984 年 1 月集体转业,改编为铁道部工程指挥部川东水泥厂;1990 年 11 月更名为中国铁道建筑总公司川东水泥厂;2001 年并入中铁路桥集团有限公司;2004 年 3 月整合重组为中铁二十三局集团川东水泥有限公司。公司主要研制、生产、销售“华蓥山”牌水泥,主要产品有“华蓥山”牌复合硅酸盐 32.5 等级、42.5 等级和普通硅酸盐 32.5R 等级、42.5R 等级水泥四大类 10 个品种,以及水电站大坝专用的中热水泥。执行董事、总经理吕保华,党委书记辛一平。公司驻四川省达州市渠县三汇镇。职工 623 人,其中技术干部 89 人、技术工人 273 人。公司占地面积 68 万平方米,厂房建筑面积 12.58 万平方米。资产总额 48785 万元,其中固定资产 27706 万元、流动资产 7467 万元、其他资产 9967 万元。机械运输设备 844 台(辆),原值 42819 万元,净资产 -7443 万元,总功率 14692 千瓦,动力装备率 23.58 千瓦/人,技术装备率 20.62 万元/人,设备完好率 95%、利用率 46%。年生产水泥能力 120 万吨。

2014 年生产水泥 83.5 万吨,销售水泥 82.15 万吨,完成工业总产值 21088 万元,国有资产保值增值率 112.77%,资产负债率 116.49%,净资产收益率 196.64%。

（罗尚超）

【电务工程有限公司】 机电安装工程施工总承包一级,房屋建筑工程施工总承包二级,铁路电务、铁路电气化、消防设施、建筑智能化工程专业承包一级,送变电工程专业承包三级,承装(修、试)电力设施四级,特种设备安装改造维修压力管道 GC3 级、压力容器安装一级资质企业。前身是齐齐哈尔铁路管理局电务工程队,1983 年齐齐哈尔铁路局和哈尔滨铁路局两局合并,齐齐哈尔铁路局齐齐哈尔电务工程段改称哈尔滨铁路局齐齐哈尔工程处电务工程段;1995 年齐齐哈尔铁路电务工程段改称齐齐哈尔铁路电务工程分公司;2002 年更名为齐齐哈尔铁路建设集团有限责任公司电务工程分公司;2004 年 3 月 29 日,公司组建成中铁二十三局集团电务工程有限公司。执行董事兼总经理杨佩宏,党委书记池洪旗。公司驻天津市南开区密云一支路燕宇小区 45 号楼。下辖 15 个工程项目部、4 个通号工程项目部和电力、机电综合专业工程队。职工 497 人,其中专业技术干部 217 人。资产总额 31642 万元,其中净资产 9081 万元。

2014 年新签合同额 45446.39 万元,完成产值 23261 万元,实现净利润 1011 万元。年内,1 项工法被评为省级工法;公司获四川省“安康杯”竞赛优胜单位称号。

（李　晶）

【中铁建生态环境设计研究有限公司】 建筑设计、地质灾害勘察、地质灾害处理设计、地质灾害施工甲级,城乡规划、风景园林、环境工程、市政公用设计乙级,环境污染处理设施运营资质企业。2013 年 1 月注册成立。执行董事、党委书记苏红玮,总经理张明革。公司驻北京市大兴工业区金苑路 20 号。下辖 5 个工程项目部。职工 113 人。资产总额 37360 万元,其中固定资产净值 118 万元、流动资产 37224 万元、无形资产 12.5 万元

2014 年新签合同额 4.21 亿元,完成企业产值 18532 万元,实现净利润 72 万元。人均创利 6372 元/人,全员劳动生产率 73 万元/人年。职工年人均收入 11.67 万元,净资产收益率 0.63%,产值利润率 0.38%,资产负债率 69.26%,应上缴款完成率 126%。

（吴　优）

【**达州建筑设计研究院**】 前身是组建于1979年的四川省达州市建筑设计研究院,2000年由达州市四家国有企业、事业单位整合为达州市建筑设计研究院;2013年11月7日,由中铁二十三局集团有限公司全资收购,更名为中铁二十三局集团建筑设计研究院有限公司。院长兼党委书记魏运鸿。设计院驻四川省达州市通川区张家湾路2号。下设房屋建筑设计所、规划设计所、地质勘察所、室内装饰设计所、造价咨询所、成都分公司、达州金开区分公司。职工129人,其中干部119人、工人10人。资产总额4413万元。其中,固定资产原值1765万元、净值1361万元;流动资产2984万元;其他资产68万元。

2014年新签合同额6393万元,完成企业总产值3956万元,实现净利润56万元。人均创利5835.16元。国有资产保值增值率102.39%,净资产收益率2.36%,资产负债率43.32%,应上缴款完成率100%。

(孙翠英)

【**重要记载**】

▲1月16日 中国铁路总公司副总经理卢春房在集团公司董事长兼总经理徐明新陪同下,视察集团公司承建的山西中南部铁路通道21标段邹家庄右线特大桥。

▲2月8—10日 集团公司召开工会第二届委员会第七次全委(扩大)会、二届五次职代会暨2014年工作会和一届十次党委全委(扩大)会暨党风建设和反腐倡廉工作会。

▲2月11日 中国重点建设工程项目质量万里行走进集团公司承建的牡丹江至绥芬河铁路扩能改造工程2标段,对该工程进展情况和取得的阶段性成果进行重点报道。

▲3月19日 集团公司获国家级工法5项。

▲3月21日 集团公司党的群众路线教育实践活动动员大会在成都机关召开。

▲4月2日 集团公司沪昆铁路客运专线贵州段工程指挥部获得贵州省五一劳动奖状。

▲4月23日 二公司参建的哈尔滨铁路枢纽新建哈尔滨西站客运工程获黑龙江省建设工程质量龙江杯奖。

▲5月26日 集团公司渝利铁路铺架项目部获得重庆市五一劳动奖状,长寿梁场起移梁班被评为重庆市重点工程建设先进班组。

▲6月24日 集团公司董事长、总经理徐明新会见四川省阿坝藏族羌族自治州副州长孙永红、商务局局长巴黎一行,双方就企业如何更加有效地促进少数民族地区经济建设、加快企业和地方共促发展进行深入交流和探讨。

▲7月18日 集团公司召开亏损项目治理实施动员大会,传达贯彻中国铁建亏损项目整治暨债务风险管控工作布置会议精神,全面部署和启动整治亏损项目治理工作。

▲7月22日 集团公司中标总投资22.15亿元的白阿铁路白城至镇西段及葛根庙至乌兰浩特段扩能改造工程。

▲7月30日 澳洲麦德建筑公司制造主管经理Jerald先生一行到集团轨道交通工程公司上海梁场和上海分公司,对U形梁、地铁管片、地铁轨道板、道岔板等一系列产品进行查看,希望通过与中国的工程公司进行合作,将中国混凝土制品技术和混凝土预制构件产品引进入澳洲。

▲9月4日 集团公司董事长、总经理徐明新获全国安康企业家称号;集团公司、三公司及六公司被评为全国“安康杯”竞赛优胜单位,轨道交通公司南京地铁10号线5标段盾构班组被评为全国“安康杯”优胜班组。

▲9月19日 湖北省省长王国生视察集团公司承建的湖北江南高速公路一期土建第1合同段工程。王国生对工程质量给予高度赞扬:“你们给我们湖北人民奉献了一条优质路。你们辛苦了!湖北人民感谢你们!”

▲9月27日 中央电视台大型文献纪录片《永远的铁道兵》在集团公司机关试映。

▲10月17日 中共中央政治局委员、国务院副总理马凯在山东省济南市调研公路交通工作时,到集团公司承建的济乐高速路面6标段崔寨互通处视察工地现场,详细询问有关公路建设进度与安全质量方面的情况。

▲10月23日 集团公司召开党的群众路线教育实践活动总结大会。

▲10月24日 格鲁吉亚铁路股份公司总裁玛穆卡·巴赫塔泽一行到集团公司访问交流。双方就集团公司在格项目推进工作和下一步加强沟通联系,优化合作等事宜进行了积极良好的磋商。

▲10月31日 中国铁建总裁张宗言,党委副书记、纪委书记齐晓飞率工作组到集团公司就制约企业发展的扭亏增盈、转型升级、压缩编制、强化区域经营,进一步开拓市场等问题展开研判和顶层支持。

▲11月25日 集团公司被评为四川企业100强,名列第24位。

▲12月15日 黑龙江省委书记王宪魁到集团公司参建的牡绥铁路扩能改造工程绥芬河口岸站工程考察调研,慰问严冬坚守施工生产一线的铁路建设者。

▲12月24日 集团公司中标格鲁吉亚E60高速

公路4标段,全长9.57千米。其中,路基9.46千米,路基土方230万立方米,涵洞41座1723横延米,立交桥2座105.28延长米。合同投资11320万格鲁吉亚拉里,合同工期24个月。

中铁二十四局集团有限公司

【简况】 中铁二十四局集团有限公司是铁路工程施工总承包特级(含铁道行业设计甲Ⅱ级),公路、房屋建筑、市政公用工程施工总承包一级,水利水电工程施工总承包三级,桥梁、公路路基、隧道、铁路铺轨架梁工程专业承包一级,城市轨道交通工程专业承包和测绘乙级,机电安装工程施工总承包二级,电力工程施工总承包三级,矿山工程施工总承包三级资质企业;同时拥有对外承包工程和对外援助成套项目A级实施资格。集团公司驻上海市会文路2号。2004年3月16日,由原上海铁路局上海铁路建设(集团)有限公司、福建铁路建设(集团)有限公司和南昌铁路局南昌铁路工程集团有限责任公司整合重组而成。下辖安徽工程有限公司、江苏工程有限公司、上海铁建工程有限公司、浙江工程有限公司、福建铁路建设有限公司、南昌铁路工程有限公司、新余工程有限公司、上海电务电化有限公司、贵溪桥梁厂有限公司、鹰潭设备安装工程有限公司、上海房地产开发有限公司、路桥分公司、轨道交通分公司、北京办事处、华北指挥部、华东指挥部、西南指挥部、西北指挥部、云桂湘指挥部、新疆指挥部、内蒙古指挥部、京津冀指挥部、山东指挥部、东北指挥部、广东指挥部、苏皖指挥部、陕西指挥部、甘肃指挥部、山西指挥部、厦门办事处。职工10737人。资产总额1423882.48万元。其中,固定资产原值191907.51万元、净值80328.94万元;流动资产1224288.08万元。机械运输设备5063台(套),总功率15.00万千瓦,动力装备率13.90千瓦/人,技术装备率4.09万元/人。

2014年新签合同额4488000万元,完成企业总产值1885058万元,其中施工产值1839385万元;实现利润38517万元。全员劳动生产率175万元/人年,职工年人均收入60980元。完成主要实物工程量:土石方2860.68万立方米,隧道20827.13延长米,桥梁43909.68延长米,正线铺轨285.887千米,站线铺轨17.716千米,铺道岔48组,铁路架梁2134孔,公路架梁1289片,通信线路118千米,自动闭塞112千米,供电线路119千米,电气集中联锁道岔516组,接触网47.5千米,变电所11站,公路8.026千米,房屋建筑面积2650911平方米。工程质量合格率100%。国有资产保值增值率117.69%,净资产收益率16.59%,产值利润率2.16%,资产负债率86.53%,投资收益上缴率100%,应上缴款完成率100%。年内,集团公司获国家优质工程奖2项、中国土木工程詹天佑奖1项、省部级优质工程奖5项;获省部级优秀质量管理小组奖17项、省部级科技奖6项、省部级工法9项,国家授权发明专利8项、实用新型专利29项。 (冯德兴)

【领导人员】

董事会

董事长	郭衍敬
副董事长	朱　赤
董　事	郭衍敬
	朱　赤
	韩文忠
	郭富君
	叶建国

监事会

监事会主席	李　生
监　事	李　生
	俞正云
	凌光华

经理层

总经理	郭衍敬
副总经理	韩文忠
	郭富君
	刘明杰(7月免)
	周光民
	许伟书
	王建民
	江如辉
	沈济业(8月免)
	李金亭
总工程师	许伟书
总会计师	沈济业(8月免)
副巡视员	沈济业(8月任)

党群领导

党委书记	朱　赤
党委副书记	郭衍敬
	李　生
纪委书记	李　生
工会主席	叶建国

(严人杰)

【工程项目指挥机构】 华北指挥部 驻北京市海淀区吴家场路1号院盛今佳园1号楼3单元201。指挥长李金亭。

华东指挥部 驻上海市闸北区虬江路1000号聚源大厦16楼。副指挥长崔纯纯。

西南指挥部 驻四川省成都市成华区龙潭工业园区华盛路58号8栋。指挥长周光民。

西北指挥部 驻陕西省西安市高新区沣惠南路18号唐沣国际广场B座1401室。指挥长王建民。

云桂湘指挥部 驻湖南省长沙市雨花区劳动西路兴威新嘉园2006室。指挥长吴为爱。

合福铁路安徽段站前4标段项目经理部 驻安徽省芜湖市南陵县藉山镇其林村。常务副经理宋文胜。

京福铁路HFMG－Ⅳ标段项目经理部 驻福建省武夷山市站前大道88号。项目经理江如辉。

上饶车站改扩建工程项目经理部 驻江西省上饶市滨江西路76号。项目经理王谦。

白云至龙里北铁路工程指挥部 驻贵州省贵阳市龙洞堡小碧乡政府旁。常务副指挥长钟栋材。

金温扩能改造工程指挥部 驻浙江省永康市下园朱193号。常务副指挥长赵喜科。

宁启复线电化工程指挥部 驻江苏省泰州市南通路4号旁边。项目经理储著友。

成都天府新区正公路工程指挥部 驻四川省成都市双流县华阳镇伏路二段111号。指挥长王肖文。

宁西铁路二线工程指挥部 驻安徽省六安市经济开发区经二路。指挥长许世旺。

新疆指挥部 驻新疆维吾尔自治区乌鲁木齐市新市区阿勒泰路2626号德海大厦606室。指挥长张敏。

广东指挥部 驻广东省广州市天河区林和中路158号天誉花园一期悠雅阁3002室。指挥长楼红波。

京津冀指挥部 驻北京市海淀区吴家场路1号院盛今佳园1号楼3单元201。指挥长苏亚军。

东北指挥部 驻黑龙江省哈尔滨市香坊区华山路10号万达商务3号楼105室。指挥长方源。

内蒙古指挥部 驻内蒙古自治区呼和浩特市赛罕区大学东街巨海商厦1104室。副指挥长黄建军。

山东指挥部 驻山东省青岛市市南区燕儿岛路10号凯悦中心3806室。副指挥长田信文。

皖赣铁路项目经理部 驻安徽省芜湖市芜湖县芜湖南路文教园区(县委党校内)。项目经理陆喜钢。

贵州民族大学新校区项目工程总承包部 驻贵州省贵阳市花溪区甲秀南路大寨村马路关。经理张年胜。

苏皖指挥部 驻江苏省南京市鼓楼区建宁路178号。指挥长李小林。

陕西指挥部 驻陕西省西安市沣惠南路18号唐沣国际广场B座1401室。指挥长魏春龙。

甘肃指挥部 驻甘肃省兰州市安宁区银安路通达街雁京罗马大厦8楼。指挥长王彦启。

山西指挥部 驻山西省太原市万柏林区长风西街丽华苑小区8号楼1单元2102室。指挥长武晓东。

九景衢铁路浙江段站前Ⅰ标段项目经理部 驻浙江省衢州市开化县华埠镇金三角大酒店。项目经理阙宏明。

九景衢铁路JQJXZQ－1标段项目经理部 驻江西省九江市湖口县三里大道26号。项目经理江政杰。

杭黄铁路站前Ⅲ标段项目经理部 驻浙江省杭州市萧山区闻堰镇三江路100号。项目经理陈爱民。

(严人杰)

【职工队伍】 职工10737人,其中干部5264人。干部中,女干部808人;专业技术干部5101人,占干部总数的96.9%。专业技术职务:高级职务625人,中级职务1720人,初级职务2756人。干部学历结构:大学本科以上3323人,大专1471人,中专303人,高中及以下167人;年龄结构:35岁以下3247人,36～45岁903人,46岁以上1114人;专业结构:工程系列3909人,经济系列391人,会计系列524人,统计系列6人,教育系列3人,档案、新闻、艺术、体育、翻译系列2人,政工系列261人。全年接收高校毕业生564人,其中研究生7人、大学本科557人。

工人5473人,其中技术工人3829人,占工人总数的69.96%。技术工人中,初级工180人,中级工1495人,高级工739人,技师160人,高级技师105人。工人学历结构:大专以上357人,中专438人,高中1366人,初中及以下3312人;年龄结构:30岁以下269人,31～40岁717人,41～50岁2800人,51岁以上1687人。

(严人杰)

【铁路工程施工】 宁启铁路复线电气化Ⅱ标段工程 位于江苏省扬州、南通市境内。线下长95.35千米,线上长129.3千米。合同投资384107万元,合同工期2009年3月—2015年12月。主要实物工程量:路基土石方600万立方米,桥梁68座20957延长米,正线铺新轨195.84千米,站线铺旧轨37.63千米,预制梁1325孔。截至2014年底,开工累计完成投资333910万元,占合同投资的86.9%。

合肥至福州铁路客运专线(安徽段)第4标段工程 位于安徽省铜陵市铜陵县、芜湖市南陵县境内。正线长37.592千米,铜陵联络线长8.726千米。合同投资326389万元,合同工期2010年4月18日—2015

年3月31日。主要实物工程量:桥梁20座26064延长米,隧道4座7347延长米,现浇箱梁7孔,制架简支箱梁1006孔、T梁159孔,框架涵32座808横延米。截至2014年底,开工累计完成投资135175万元,占合同投资的100.2%。

京福铁路客运专线(闽赣段)第4标段工程　位于福建省武夷山市境内。标段长49.577。合同投资302676万元,合同工期2010年4月18日—2014年12月31日。主要实物工程量:路基土石方256.6万立方米,桥梁15座6768延长米,隧道13.5座39895延长米。截至2014年底,开工累计完成投资317163万元,占合同投资的104.8%。

上饶车站改扩建工程　位于江西省上饶市境内。合同投资232709万元,合同工期2010年9月—2014年12月。主要实物工程量:路基土石方266万立方米,桥梁14座19974延长米,正线铺轨2.9千米,站线铺轨7.4千米。截至2014年底,开工累计完成投资233964万元,占合同投资的100.5%。

新建贵阳铁路枢纽站前2标段工程　位于贵州省贵阳市境内。标段长21.68千米,合同投资226332万元,合同工期2010年10月—2016年5月。主要实物工程量:路基土石方289.43万方,隧道10座15056延长米,桥梁16座5150延长米,涵洞39座811.13横延米,站场1处,制架梁513孔,无砟道床126.23千米,正线铺轨126.23铺轨千米。截至2014年底,开工累计完成投资181331万元,占合同投资的80.1%。

金温铁路扩能改造Ⅱ标段工程　位于浙江省金华、丽水两市境内。标段长40.142千米,合同投资23.45亿元,合同工期2010年9月—2015年12月。主要实物工程量:路基土石方114.36万立方米,桥梁8座19800延长米,隧道10座124延长米。截至2014年底,开工累计完成投资209692万元,占合同投资的89.4%。

宁西铁路增建二线1标段工程　位于安徽省六安市。标段长41.74千米,合同投资9.84亿元,合同工期2012年11月28日—2015年5月20日。主要实物工程量:桥梁22座9116.46延长米,涵渠245座3345.37横延米。截至2014年底,开工累计完成投资78816万元,占合同投资的80.1%。

改建铁路重庆至贵阳扩能改造工程引入贵阳枢纽站前1标段工程　位于贵州省贵阳市南明区境内。标段长27.4千米,合同投资9.6753亿元,合同工期2013年3月—2016年12月。主要实物工程量:路基土石方96.2098万立方米,隧道10座11861延长米,桥梁19座5779延长米,涵洞31座655.13横延米,站场3处,有砟道床17.4千米,正线铺轨60.08千米,站线铺轨8.78千米。截至2014年底,开工累计完成投资29099万元,占合同投资的30.1%。

宁波北站及货场搬迁工程　位于宁波市洪塘、庄桥镇境内。合同投资54719万元,合同工期2011年4月1日—2014年6月30日。主要实物工程量:萧甬铁路下行正线改建3.36千米,新建货场两端疏解线5.3千米,正线铺轨8.66千米,站线铺轨21.24千米,特大桥2座3950延长米,路基土石方142万立方米。截至2014年底,开工累计完成投资55342万元,占合同投资的102.5%。

沪昆铁路客运专线贵州5标段工程　位于贵州省福泉市贵定县境内。标段长12.641千米,由中铁二十四局集团有限公司与中铁十七局集团有限公司联合承建。合同投资97900元,合同工期2010年10月—2014年10月。主要实物工程量:隧道4.5座10534延长米,桥梁6座1458延长米,涵洞2座39.99横延米。截至2014年底,开工累计完成投资92618万元,占合同投资的94.6%。

新建福州至平潭铁路站前FPZQ－2标段工程　位于福州长乐市境内。标段长33.94千米,合同投资253125.51万元,合同工期2013年11月1日—2019年4月30日。主要实物工程量:站前路基土石方182.96万立方米,隧道6座16837延长米,桥梁18座10741延长米,涵洞15座365横延米,站场3处,制架梁241孔。截至2014年底,开工累计完成投资16376万立方米,占合同投资的6.5%。

成昆铁路成都至峨眉段扩能改造CEZX－2标段工程　位于四川省成都市与乐山市所辖峨眉山市之间。标段长45.61千米,合同投资109639.48万元,合同工期2014年3月18日—2016年12月10日。主要实物工程量:路基土石方395.95万立方米,桥梁19座4505.8延长米,涵洞142座,站场4处,制梁284孔,有砟道床45.611千米,正线铺轨45.611千米,车站4座,接触网117.06千米,牵引变电所3处,电力线路9千米,变配电所8处,通信线路59.488千米。截至2014年底,开工累计完成投资41590万元,占合同投资的37.9%。

新建连云港至盐城铁路站前LYZQ－Ⅱ标段工程　位于江苏省连云港市境内。标段长15.931千米,合同投资44000万元,合同工期2014年3月—2017年6月。主要实物工程量:桥梁7座4242.74延长米,公铁立交1座459.34顶平方米,旅客地道1座2653.3顶平方米,行包地道1座3098顶平方米,焦庄隧道1座,站场路基及区间土石方66万立方米,无砟道床4.62千米。截至2014年底,开工累计完成投资9215万元,占合同投资的20.9%。

皖赣铁路芜湖至宣城段扩能改造站前及相关工程WGZQ－1标段工程　位于安徽省芜湖市至宣城市境内。标段长29.84千米,合同投资187426万元,合同工期2013年12月—2017年11月。主要实物工程量:桥梁6座特大桥193734延长米,无砟道床14.743千米。截至2014年底,开工累计完成投资30469万元,占合同投资的16.3%。

新建九景衢铁路浙江段站前JQZJZQ－1标段工程　位于浙江省衢州市开化县境内。标段长38.378千米,合同投资195888万元,合同工期2014年1月—2017年6月。主要实物工程量:桥梁21座6080.48延长米,涵洞36座1441横延米,隧道23座26922延长米。截至2014年底,开工累计完成投资68087万元,占合同投资的34.8%。

新建九景衢铁路江西段站前JQZJZQ－1标段工程　位于江西省九江市湖口县境内。标段长45.47千米,合同投资164060万元,合同工期2014年7月—2017年6月。主要实物工程量:涵洞1491.91横延米,桥梁20座8982.12延长米,制架梁1596孔,隧道1座284延长米,正线铺轨155.85千米,站线铺轨13.7千米。截至2014年底,开工累计完成投资44248万元,占合同投资的26.9%。

新建杭州至黄山铁路站前及相关工程HHZQ－3标段工程　位于浙江省杭州市萧山区境内。标段长30.647千米,合同投资203849万元,合同工期2014年10月—2017年4月。主要实物工程量:路基土石方6.14万立方米,隧道5座18109.74延长米,桥梁8座13166.49延长米,涵洞1座20横延长米,制梁342孔,架梁319孔,无砟道床50千米。截至2014年底,开工累计完成投资4524万元,占合同投资的2.2%。

（瞿罗生）

【铁路外工程施工】　合肥轨道交通1号线土建施工1、2期一标段　位于安徽省合肥市瑶海区。合同投资31533万元。开竣工日期:2012年8月—2015年5月。主要工程量:建车站一座及对应的道路、排水、路灯、绿化等工程。车站为岛式车站,地下三层双柱三跨结构,车站外包宽度为23.1米～27.6米,车站外包总长147.3米,车站基坑深度为24.9米～25.9米,有效站台中心处覆土约3.42米。车站共包含四个出入口及人行通道、五个风亭。年内完成施工产值9001万元,为年计划7000万元的128.6%,开工累计完成23790万元,占合同投资的75.4%。

合肥轨道交通1号线土建9标段工程　位于安徽省合肥市包河区。合同投资33040万元,合同工期2013年3月—2015年9月。主要实物工程量:云谷路站、南宁路站、贵阳路站3座车站,试验段终点至云谷路站区间、云谷路站至南宁路站区间、南宁路站至贵阳路站区间。截至2014年底,开工累计完成投资24689万元,占合同投资的74.7%。

新沂市北京路沭河景观大桥工程　位于江苏省徐州新沂市境内。大桥西连北京东路,东接无锡工业园区黄山路,道路设计等级为城市主干道,宽45米,双向6车道。合同投资20781万元,合同工期2012年12月—2015年8月。截至2014年底,开工累计完成投资17310万元,占合同投资的83.3%。

新疆涝坝湾煤矿副平硐工程　位于新疆维吾尔自治区乌鲁木齐玛纳斯县境内。合同投资2.5811亿元,合同工期2011年10月15日—2015年12月。主要实物工程量:隧道1座6282延长米,管片预制4064环,浇筑混凝土29050立方米,洞内回填土方28287立方米,浇筑混凝土9700立方米。截至2014年底,开工累计完成投资21850万元,占合同投资的84.7%。

云南麻昭高速公路C1工区　位于云南省昭通市大关县境内。线路长4.16千米,合同投资40346万元,合同工期2013年1月—2015年11月。主要实物工程量:路基土石方29.86万立方米,桥梁4座421延长米,涵洞3座,隧道3座3688延长米。截至2014年底,开工累计完成投资37041万元,占合同投资的91.8%。

重庆轨交环线西湖路站洪湖东路站及区间隧道工程　位于重庆市北部新区。线路长2664.158米,合同投资5.751亿元,合同工期2014年1月—2016年12月。主要实物工程量:地下车站2座,地下区间3座1817.049延长米。截至2014年底,开工累计完成投资12000万元,占合同投资的20.9%。

昆明绕城高速公路A5工区工程　位于云南省昆明市宜良县境内。线路长18千米,合同投资95337万元,合同工期2014年4月—2016年4月。主要实物工程量:路基土石方331.7万立方米,桥梁17座6928.24延长米,涵洞和通道50座2019.65横延米,制架梁2006孔。截至2014年底,开工累计完成投资2952万元,占合同投资的3.1%。

贵阳轨道交通1号线5工作段工程　位于贵州省贵阳市中心城区。线路长1.7千米,合同投资47777万元,合同工期2013年11月—2016年1月。主要实物工程量:北京路站、延安路站2座车站,北京路站至延安路站区间1269.8延长米、延安路站至中山路站区间1178.292延长米。截至2014年底,开工累计完成投资4459万元,占合同投资的9.3%。

重庆市轨道交通环线二期工程土建4标段工程　位于重庆市谢家湾车站。合同投资45436万元,合同工期2014年4月—2016年4月。主要实物工程量:谢家湾站、奥体中心站2座车站,谢家湾站至奥体中心区间、奥体中心站至陈家坪站区间。截至2014年底,开工累计完成投资4917万元,占合同投资的10.8%。

贵州民族大学花溪校区工程　位于贵州省贵阳市花溪区大学城,为设计—采购—施工总承包工程。合同投资10亿元,合同工期2013年10月—2014年12月。主要实物工程量:房屋建筑17栋30万平方米,校区道路8千米。截至2014年底,开工累计完成投资58000万元,占合同投资的58%。

广西资源至兴安高速公路ZXTJ-07标段工程　位于广西壮族自治区柳州市柳州县、梧州市苍梧县境内。标段长12.877千米,合同投资75299万元,合同工期2014年5月—2017年11月。主要实物工程量:路基土石方578万立方米,隧道1座845延长米,桥梁18座9444.2延长米,涵洞26座1354.88横延米,制架梁1606孔。截至2014年底,开工累计完成投资13835万元,占合同投资的18.4%。

邳州市撤渡建桥工程——滩上京杭运河大桥工程PZTSDQ-SG标段工程　位于江苏省邳州市邳城镇与赵墩镇之间邳苍分洪道上游侧。合同投资10762万元,合同工期2014年7月—2015年12月。主要实物工程量:桥梁1745延长米,站场4处,预制箱梁196片。截至2014年底,开工累计完成投资4550万元,占合同投资的42.3%。　(瞿罗生)

【海外工程施工】　赞比亚卢萨卡城市道路建设项目　位于赞比亚首都卢莎卡市境内。线路长50千米,合同投资23835万元,合同工期2012年8月—2014年12月。主要实物工程量:土石方11.16万立方米,路基基层5.22万立方米,路基面层32万立方米,过路管涵441横延米,排水边沟49500米。截至2014年底,开工累计完成投资25019万元。

尼日利亚哈尔科特航站楼工程　位于尼日利亚哈尔科特市境内。建筑面积25163平方米,合同投资33381万元,合同工期2014年3月—2016年2月。截至2014年底,开工累计完成投资30590万元,占合同投资的91.6%。

尼日利亚钢结构加工厂工程　位于尼日利亚首都阿布贾伊都工业园区内,中铁二十四局集团设备安装公司承担钢结构加工任务。合同投资27981万元,合同工期2008年—2016年。截至2014年底,开工累计完成投资49779万元。　(瞿罗生)

【经营管理】　(1)工程承揽。2014年,集团公司新签合同261项,新签合同总额448.8亿元。其中,铁路工程51项87亿元,占新签合同总额的21%;公路工程34项81.9亿元,占20%;市政工程62项86.9亿元,占21%;城市轨道20项20.2亿元,占5%;房屋建筑40项129.5亿元,占31%;工业制造28项10.2亿元,占2%;其他项目26项4.5亿元,占1%。新签合同额超过1亿元的项目有83项。

(2)企业管理。①推动工程公司专业化发展。编制《推进工程公司专业化建设实施方案》和《关于加强企业基础建设的实施意见》,引导工程公司向差异化、专业化方向发展,力争用二三年时间逐步形成专业突出、差异明显、特色鲜明、具有核心竞争力的专业化工程公司。②清理整合四级公司。调查四级公司人员、资产及经营状况,分别提出实施意见和实施方案,3家工程公司的4家四级子分公司决定注销。③实施大集体企业改革。印发《关于积极推进大集体改革工作的通知》,指导各工程公司启动大集体企业改革,制定大集体改革实施方案、人员安置方案、资产处置方案,加强与当地政府沟通,依法履行法定程序,妥善稳健有序实施。④优化风险内控体系建设。印发《集团公司内部控制与风险管理体系建设实施方案》,编制形成集团公司本部、局指挥(项目)部、工程公司、工程公司项目部4个层面的内部控制与风险管理体系手册,共449个业务流程,于12月下旬正式发布试行。⑤做好企业资质管理。年内,集团公司获批资质8项。

(3)安全质量。建立企业内部安全质量激励和约束机制,集团公司与所属单位签订安全质量包保责任书。质量、环境和职业健康安全管理体系通过监督审核。年内有4项工程被评为中国铁建安全质量标准工地,4项工程被评为省级文明工地;获国家优质工程奖2项、中国土木工程詹天佑奖1项、省部级优质工程奖5项、中国铁建杯优质工程2项,获省部级及以上优秀质量管理小组奖17项、中国铁建优秀质量管理小组奖5项。

(4)财务管理。加强财务管理,集团公司印发《应收款项管理办法》《银行票据管理办法》《预付款管理办法》,进一步健全和完善财务管理制度。资金集中管理平稳有序推进,归集资金余额21.42亿元,吸收成员单位上存资金1.65亿元,资金中心集中各成员单位资金余额23.07亿元,约占年末全集团银行存款总额的87.42%。全年办理内部资金调剂业务17笔,累计调剂资金9496万元,调剂资金余额6.27亿元,全年实现资金集中净收益2383.55万元。2014年集团公司被评为中国铁建预算工作先进单位。

(5)审计监督。2014年,审计工作以突出工程项目审计、亏损项目专项整治审计、经济责任审计、经营绩效审计、配合外部审检及上级单位专项检查等为重点，不断规范审计基础建设，提升审计工作质量，充分发挥内部审计在企业风险管理和内部控制体系中的监督、预警、咨询、鉴证作用。全年审计项目102项，发现违纪违规及损失浪费、不良资产金额9276万元，纠正违纪违规问题金额8024万元，发现问题线索123个，提出审计建议572条，被采纳542条，采纳率94.76%。

（魏　磊　饶晓燕　张　奇　王吉莉　沈　斌）

【科技教育】　（1）科技开发。2014年投入科研经费500万元，资助科研项目10项。与高校及科研院开展科学研究与产品开发，6项科技成果达到国际领先、先进水平，1人获全国施工企业科技精英称号。集团公司通过高新技术企业认定；获省部级进步奖7项；获国家级工法2项、省部级工法9项，发明专利5项，实用新型专利26项。获中国铁道学会科学技术奖3项，中国铁建科学技术奖4项。全年编辑出版《工程科技》2期，收录论文93篇。

（2）教育培训。全年有7333人次参加各类培训。其中，集团公司举办培训班29期，培训人数3083人次；所属单位组织培训班161期，培训人数3816人次；参加股份公司或社会培训机构培训434人次；管理人员培训5314人次；“十一大员”培训678人次；特种作业人员培训326人次；农民工培训5402人次。

（王剑明　严人杰）

【党群工作】　（1）党的工作。集团公司党委下辖基层党委22个、党总支部11个、党支部（党工委）319个，有党员5323名。2014年，集团公司党委坚决贯彻党的十八大以来中央一系列决策部署和习近平总书记系列重要讲话精神，围绕“抓改革、强管理、重执行、提效益”的工作思路，深入开展党的群众路线教育实践活动，狠抓领导干部作风建设，夯实党建基础，充分激发工作活力，有力推进了企业各方面工作，集团公司领导班子获中国铁建2013年度“四好领导班子”称号。①开展党的群众路线教育实践活动。围绕“为民务实清廉”主题，以“照镜子、正衣冠、洗洗澡、治治病”为总要求，以反对“四风”、改进作风为重点内容，以局处两级领导班子成员和机关党员领导干部为重点对象，深入开展党的群众路线教育实践活动。自3月17日启动，历时7个多月，全面完成三个环节各项任务，在中国铁建党委督导组组织的群众测评中，获得职工群众96.7%的综合评好率，并在中国铁建教育实践活动总结大会上作经验交流。②改进和创新基层党建。加强组织建设，贯彻“四同步”原则，及时组建集团公司九景衢浙江段、江西段和皖赣、成昆线成峨段、贵州民族大学、杭黄等新上场局管项目（指挥）部党工委、纪工委，加强工作指导，帮助规范工作流程，增强工作实效。严格党员发展和教育管理，督导各单位、各层级党组织严格执行“三会一课”制度，凸显针对性和实效性；1名优秀共产党员获国资委党委表彰，3个先进基层党组织、4名优秀共产党员、3名优秀党务工作者获中国铁建党委和上海市建设交通工作党委表彰。③推进领导班子和干部人才队伍建设，深化“四好领导班子”创建活动，以党的群众路线教育实践活动为契机，修订企业领导人员管理办法，研究制定区域指挥部、直管项目部领导人员综合考评办法，完善企业各级领导人员管理体系；完成对安徽、上海、浙江、桥梁厂等公司9名领导班子成员的试用期考核，1人延长试用期；调整安徽、上海、江苏、浙江公司领导班子成员，5人改任调研员，4人岗位交流，4人新进领导班子。加大干部人才培养引进力度。制定《青年员工职业生涯导航工作指导意见》，加大青年人才培养使用力度，年轻项目管理骨干快速成长；培养和储备隧道与地下工程、经济核算、测量、检测与试验、安全质量管理、物资设备管理、电气化施工技术管理、水利水电和港口与航道、海外经营与施工管理等专业人员。强化人力资源基础管理。印发《专业化项目管理团队建设指导意见》，拟写《职业项目经理管理办法和项目经理竞聘管理指导意见》，为进一步推进项目管理提供制度保障。④加强宣传思想工作和企业文化建设。开办道德讲堂，弘扬社会主义核心价值观和企业价值理念。开展企业形象宣传年活动，宣传中国铁建“九种文化”和集团公司“责任、诚信、创新、包容”的价值取向。开展建局10周年系列活动，展示企业发展成果和专业强项。指导项目做好文化建设和形象宣传，促进项目文化建设的规范化和标准化。加大宣传力度，集团公司全年完成对外通讯报道稿件1400余篇，其中省部级媒体300余篇；集团报获2014年上海市建筑施工行业协会报纸类优秀奖，门户网站被中国施工企业管理协会评为十佳网站。选树典型。集团公司评选表彰“十大功臣”，宣传“全国技术能手”郑腰华及集团公司比武优秀技术能手，大力弘扬学技练功、争创一流的职业追求。⑤党风建设和反腐倡廉工作。规范从业行为，开展廉政文化宣传教育活动，组织集中学习123场次，向家属发出“清廉保平安”公开信196封和反腐倡廉短信237条，营造崇尚廉洁的文化氛围。进一步贯彻落实“八项规定”，组织公务用车、职务消费、薪酬管理、业务招待费等专项检查，纠正违规行为9项。落实个人事项报告制度，968名干部申报个人有关事项，上缴礼金7.8万元。强化风险管控，开展审计监察和廉洁风险点排查，查出风险点348个，整改312处，发现并纠正违规资金1960万元。重点整治潜亏项目，发出监察建议31份，提出整改措施923条,拟对46个责任性事项实施问责。推进外部劳务使用管理效能监察,发现问题617个,提出监察建议185条,清退不合格队伍7家,挽回经济损失654.6万元。严肃执纪追责,全年受理信访举报30件,查结26件,给予10人党纪政纪处分;落实责任追究18件,对62名管理干部进行责任追究,追缴经济赔偿15000元。

(2)工会工作。集团公司下辖基层工会24个,有工会专职干部51人,工会会员10737人。建立健全项目部工会组织,先后在杭黄、九景衢(江西段)等项目部建立工会组织,确保工会工作的有序开展。深化民主管理,全局职代会召开率100%,集体合同签订率100%;制定集团公司《模范劳动关系和谐企业评选表彰办法》,进一步规范和通畅民主管理渠道,强化民主监督。建立工地大学、职工书屋,推进职工素质工程建设,1个职工书屋被评为国家级示范点。制定《劳模创新工作室管理办法》,建立劳模创新工作室11个,发挥劳模的孵化和带动作用。加强人文关怀,加大职工之家建设力度,深化服务基层服务职工活动,全年走访慰问项目部60余个,投入资金20余万元,解决关系职工切身利益的实事170余件。下拨特困职工"三不让"资金100万元,保证困难职工生活和子女就学。开展劳动竞赛活动,金温指挥部被评为中国铁建劳动竞赛先进单位,上海公司被评为上海市重点工程实事立功竞赛优秀公司。开展评选表彰活动。集团公司开展2014年度先进单位、先进集体、劳动模范、先进员工的评选表彰活动,浙江、路桥、桥梁公司被评为先进单位,25个项目部被评为先进集体,57名个人被评为先进员工。年内,浙江公司项目经理章小华获得火车头奖章,上海公司江小进被评为上海市劳动模范,浙江、路桥公司被评为中国铁建先进单位,江苏公司项目经理邱继红、南昌公司项目经理谭鹰、福建试验工林宝定被评为中国铁建劳动模范。开展创建工人先锋号活动。年内,4个项目部被中国铁建授予工人先锋号集体称号,2人被授予工人先锋号标兵称号。

(3)共青团工作。集团公司团委下辖团委14个、团工委2个、团总支3个、团支部174个,有团员1863人。2014年,集团公司团委开展创新主题团日、岗位建功、安全创优、"导师带徒"等活动,23个集体、16名个人受到上级团委的表彰,集团公司团委获2013年度上海市五四红旗团委称号。

(华彩红　马峻岭　白　雪)

【安徽工程有限公司】 市政公用、房屋建筑、桥梁、钢结构、隧道工程施工总承包一级,铁路、公路、机电安装工程施工总承包二级,城市轨道交通、路面、路基工程专业承包二级资质企业;具有对外承包工程资格证书、CMA计量资质及交通丙级资质,测绘丁级资质。公司驻安徽省合肥市瑶海工业园区新海大道15号。前身是上海铁路局工程总公司第一工程公司,2002年6月企业改制改称上海铁路建设集团安徽第一工程有限公司,2005年1月更名为中铁二十四局集团安徽工程有限公司。执行董事、总经理张百芹、党委书记房明州。下辖5个分公司。职工1181人,其中干部567人、工人614人。资产总额160460.8万元。其中,固定资产原值33887.4万元,净值22089.4万元;流动资产135020.6万元;货币资金15253.9万元。机械运输设备795台(套),总功率14431.1千瓦,动力装备率12.22千瓦/人,技术装备率8.45万元/人。

2014年新签合同额210331.38万元,完成企业总产值230736.4万元,其中施工产值230736.4万元;实现利润2308万元。全员劳动生产率195万元/人年,职工年人均收入59664元。完成主要实物工程量:土石方413.2万立方米,桥梁5124.6延长米,隧道224.4延长米,涵渠2215横延米,双块式轨枕22.1万根,盾构管片5256环,地铁区间开挖183.3延长米,地铁区间盾构掘进587米。工程质量合格率100%。年内,获上海市优秀质量管理小组奖1项,获全国铁道行业优秀质量管理小组奖1项,获安徽省优秀质量管理小组奖2项;2项工程获安徽省建设工程黄山杯奖。

(巩国军)

【江苏工程有限公司】 市政公用工程施工总承包一级,铁路、公路工程施工总承包二级,房屋建筑工程施工总承包三级,桥梁工程专业承包一级,钢结构、预应力工程专业承包二级,港口与海岸、堤防工程专业承包三级资质企业。公司驻江苏省南京市栖霞区幕府东路339号。前身是上海铁路局工程总公司第二工程公司,2003年8月企业改制改称上海铁路建设集团江苏工程有限公司,2005年1月更名为中铁二十四局集团江苏工程有限公司。执行董事、总经理何卫东,党委书记陈江涛。下辖3个分公司。职工702人,其中干部365人、工人337人。资产总额127624万元。其中,固定资产原值5289万元、净值1034万元;流动资产123929万元;其他资产2661万元。机械运输设备406台(套),原值4944万元、净值971万元,总功率7948千瓦,动力装备率11.32千瓦/人,技术装备率6.19万元/人。

2014年新签合同额46756万元,完成企业总产值100112万元,其中施工产值100112万元;实现利润411万元,人均创利0.59万元。全员劳动生产率143万元/人年,职工年人均收入50539元。国有资产保值增值率 100.25%,净资产收益率 3.41%,产值利润率 0.42%,资产负债率 93.05%。完成主要实物工程量:土石方 729.21 万立方米,桥梁 5934.98 延长米,涵洞 1236.3 横延米,正线铺轨 4.9 千米,站线铺轨 5.4 千米,公路架梁 90 片,房屋建筑面积 2 万平方米。工程质量合格率 98%。年内,1 项工程获江苏省建筑施工标准化文明示范工地称号,1 项工程被评为江苏省公路水运工程“平安工地”建设活动省级示范工地,1 项 QC 成果获江苏省 QC 小组成果一等奖。 (李良启)

【上海铁建工程有限公司】 市政公用、房屋建筑工程施工总承包一级,公路、铁路、机电安装工程施工总承包二级,水利水电工程施工总承包三级,桥梁工程专业承包一级,铁路铺轨架梁、地基与基础、钢结构工程专业承包三级资质企业。公司驻上海市闸北区共和新路 911 号。前身是上海铁路局工程总公司第三工程公司,2005 年 1 月企业改制改称中铁二十四局集团上海铁建工程有限公司。执行董事、总经理陈克望,党委书记刘建东。下辖 2 个子公司、4 个分公司。职工 731 人,其中干部 443 人、工人 288 人。资产总额 124321.04 万元。其中,固定资产原值 24125 万元、净值 8673 万元;流动资产 113760 万元;其他资产 10561 万元。机械运输设备总功率 19864.65 千瓦,动力装备率 27.17 千瓦/人,技术装备率 10.61 万元/人。

2014 年新签合同额 200631 万元,完成企业总产值 170681 万元,其中施工产值 169097 万元;实现利润 1956 万元。全员劳动生产率 233 万元/人年,职工年人均收入 79614 元。国有资产保值增值率 115.76%,净资产收益率 15.74%,产值利润率 1.53%,资产负债率 89.99%,投资收益上缴率 90%,应上缴款完成率 100%。完成主要实物工程量:隧道 11 座 3574 延长米,桥梁 55 座 5276 延长米,站线铺轨 35.690 千米,铁路制梁 10 片,房屋建筑面积 397160 平方米,公路 4.388 千米,公路架梁 361 片。工程质量合格率 100%。年内,公司获上海市文明单位、上海市重点工程实事立功竞赛优秀公司,上海市五星级诚信创建企业、上海市建筑业诚信企业、上海市合同信用等级 AAA 级企业、上海市守合同重信用企业称号;2 项工程分别被评为上海市重大工程文明工地、上海市文明工地。 (陈华芳 朱建民)

【浙江工程有限公司】 市政公用、房屋建筑工程总承包一级,铁路工程总承包二级,公路工程总承包三级,桥梁工程专业承包一级,隧道、建筑装修装饰、预应力、钢结构工程专业承包二级资质企业。公司驻浙江省杭州市上城区江城路 692 号。前身是上海铁路局工程总公司第四工程公司,2003 年 7 月企业改制改称上海铁路建设集团浙江工程有限公司,2005 年 1 月更名为中铁二十四局集团浙江工程有限公司。执行董事、总经理钱建忠,党委书记陈明(6 月任)。下辖 2 个子公司、3 个分公司。职工 755 人,其中干部 412 人、工人 343 人。资产总额 130573 万元。其中,固定资产原值 5819 万元、净值 1390 万元;流动资产 128418 万元。机械运输设备 262 台(套),总功率 10358 千瓦,动力装备率 13.3 千瓦/人,技术装备率 1.6 万元/人。

2014 年新签合同额 228900 万元,完成企业总产值 182200 万元,其中施工产值 182200 亿元;实现利润 1878 万元。全员劳动生产率 241 万元/人年,职工年人均收入 66785 元。国有资产保值增值率 116.24%,净资产收益率 17.79%,产值利润率 1.77%,资产负债率 91.84%,应上缴款完成率 100%。完成主要实物工程量:土石方 290.2 万立方米,隧道 16 座 2951 延长米,桥梁 44 座 13780 延长米,正线铺轨 1 千米,站线铺轨 10.2 千米,铁路架梁 5 孔,铁路制梁 32 片,公路架梁 676 片,房屋建筑面积 25.81 万平方米。年内,公司被评为浙江省建筑业诚信企业、浙江省文明单位、浙江省合同守重信用单位;获国家实用新型专利 3 项,1 项工程获浙江省建设工程钱江杯优质工程奖,2 项工法被评为浙江省级工法。 (付 正)

【福建铁路建设有限公司】 铁路、公路、市政公用、房屋建筑工程施工总承包一级,桥梁、隧道、地基与基础工程专业承包一级,铁路铺轨架梁工程专业承包二级,城市轨道交通工程专业承包资质企业;具有对外承包工程资格。公司驻福建省福州市晋安区沁园路 77 号。公司前身为上海铁路局福州工程总公司,2001 年 1 月企业改制改称福建铁路建设(集团)有限公司,2005 年 2 月更名为中铁二十四局集团福建铁路建设有限公司。下辖 5 个分公司、3 个子公司、4 个办事处。执行董事、总经理林志勇,党委书记刘钦曙。职工 1847 人,其中干部 905 人、工人 942 人。资产总额 155841 万元。其中,固定资产原值 35759 万元、净值 15969 万元;流动资产 134784 万元。机械运输设备 786 台(套),总功率 17717.8 千瓦,动力装备率 9.59 千瓦/人,技术装备率 4.55 万元/人。

2014 年新签合同额 374100 万元,完成企业总产值 265900 万元,实现利润 355.95 万元。全员劳动生产率 143 万元/人年,职工年人均收入 53700 元。国有资产保值增值率 113.51%,净资产收益率 13.32%,产值利润率 1.36%,资产负债率 87.85%,应上缴款完成率 100%。完成主要实物工程量:路基土石方 543.35 万立方米,隧道 5428.7 延长米,桥梁 6227.5 延长米,正线铺轨 3.775 千米,铁路架梁 90 孔,公路架梁 542 片,房屋建筑面积 511972 万平方米。年内,公司获全国守合同重信用企业、福建省建筑业先进企业称号。

(邓颖烜)

【南昌铁路工程有限公司】 铁路、市政公用、公路工程施工总承包一级,桥梁、隧道工程专业承包一级,铁路铺轨架梁、混凝土预制构件专业承包二级资质企业。公司驻江西省南昌市二七南路 109 号。前身是南昌铁路局南昌总公司,2002 年 1 月企业改制改称南昌铁路工程集团有限责任公司,2005 年 2 月更名为中铁二十四局集团南昌铁路工程有限公司。执行董事、党委书记李开明,总经理王平。下辖 4 个子公司。职工 1848 人,其中干部 754 人、工人 1093 人。资产总额 162249 万元。其中,固定资产原值 9182 万元,净值 923 万元;流动资产 157127 万元;其他资产 5122 万元。机械运输设备 744 台(套),总功率 11605 千瓦,动力装备率 5.25 千瓦/人,技术装备率 0.79 万元/人。

2014 年新签合同额 305424 万元,完成企业总产值 230403 万元,其中施工产值 227156 万元;实现利润 3367 万元。全员劳动生产率 125 万元/人年,职工年人均收入 44900 元。国有资产保值增值率 133.55%,净资产收益率 30.88%,产值利润率 1.64%,资产负债率 93.52%,投资收益上缴率 100%,应上缴款完成率 100%。完成主要实物工程量:路基土石方 312 万立方米,桥梁 7501 延长米,涵渠 2462 横延米,隧道 6925 延长米,预制梁片 1193 片,架梁 917 片,正线铺轨 12 千米,站线铺轨 5 千米。工程质量合格率 100%。年内,公司被评为江西省优秀企业、江西企业 100 强;1 项工法被评为江西省级工法,2 项 QC 成果获江西省质量管理奖,1 项科技成果获中国施工企业管理协会科学技术创新成果奖。

(潘丽艳)

【新余工程有限公司】 市政公用工程施工总承包一级,铁路、公路、房屋建筑工程施工总承包二级,水利水电工程总承包三级,隧道、桥梁、土石方、装饰装修工程专业承包一级资质企业。公司驻江西省新余市铁兴路 216 号。前身是南昌铁路工程集团有限公司第一、第三工程公司,2005 年 2 月重组为南昌铁路新余工程有限责任公司,2007 年 1 月更名为中铁二十四局集团新余工程有限公司。执行董事、总经理吴义良,党委书记吴明华。下辖 7 个分公司、1 个管理中心和 1 个指挥部。职工 1500 人,其中干部 548 人、工人 952 人。资产总额 143699 万元。其中,固定资产原值 6552 万元、净值 2227 万元;流动资产 139969 万元。机械运输设备 357 台(套),总功率 8746 千瓦,动力装备率 5.83 千瓦/人,技术装备率 1 万/人。

2014 年新签合同额 166800 万元,完成企业总产值 166900 万元,实现利润 400 万元。全员劳动生产率 111 万元/人年,职工年人均收入 42870 元。国有资产保值增值率 104.66%,净资产收益率 4.63%,产值利润率 4.08%,资产负债率 93.95%,实现连续安全生产 7301 天。完成主要实物工程量:土石方 655 万立方米,隧道 1945 延长米,桥梁 6448 延长米,铁路站线铺轨 12 千米。工程质量合格率 100%。 (胡蓉 肖萍)

【上海电务电化有限公司】 铁路电务、电气化工程专业承包一级,铁路电信工程专业承包二级,送变电、机电设备安装工程专业承包三级资企业;具有承装(修、试)电力设施四级资质。公司驻上海市闸北区王家宅路 40 号。2004 年 12 月由原上海铁路局工程总公司电务工程公司、福建铁路建设(集团)有限公司电务分公司、南昌铁路工程建设(集团)有限责任公司电务工程公司整合重组,成立中铁二十四局集团电务电化有限公司。执行董事、总经理吴耘,党委书记云柏。下辖 4 个分公司。职工 869 人,其中干部 389 人、工人 480 人。资产总额 85458 万元。其中,固定资产原值 3737 万元、净值 1151 万元;流动资产 81740 万元;其他资产 2568 万元。机械运输设备 159 台(套),总功率 6380 千瓦,动力装备率 7.64 千瓦/人,技术装备率 0.74 万元/人。

2014 年新签合同额 33619 万元,完成企业总产值 60200 万元,其中施工产值 60200 万元;实现利润 1061 万元。全员劳动生产率 12 万元/人年,职工年人均收入 63696 元。国有资产保值增值率 106.84%,净资产收益率 6.80%,产值利润率 2.04%,资产负债率 86.42%,投资收益上缴率 100%,应上缴款完成率 100%。完成主要实物工程量:通信线路 118 条千米,自动闭塞区间 112 千米,电气集中联锁道岔 516 组,供电线路 117 千米,配变电所 11 座,接触网 47.5 千米。工程质量合格率 100%。

(张笑松)

【贵溪桥梁厂有限公司】 混凝土预制构件专业承包二级资质,混凝土桥梁、轨枕,铁路、公路等工业与民用建筑混凝土构件许可生产企业。公司驻江西省贵溪市柏里路 7 号。前身是南昌铁路局贵溪桥梁厂,2005 年 2 月更名中铁二十四局集团贵溪桥梁厂有限公司。执行董事、党委书记胡浩,总经理龚志辉。下辖 4 个分公司、8 个制梁场。职工 397 人,其中干部 174 人、工人 223 人。资产总额 59275 万元,其中固定资产净值 10204 万元、流动资产 46322 万元。机械运输设备 894 台(套),原值 20745 万元、净值 6308 万元,设备完好率

93.61%、利用率81.55%，总功率28616.75千瓦，动力装备率72.08千瓦/人，技术装备率15.89万元/人。

2014年新签合同额53500万元，完成企业总产值108243万元，其中施工产值84747万元；实现净利润1151.41万元。全员劳动生产率273万元/人年，职工年人均收入57000元。国有资产保值增长率117.54%，净资产收益率17.39%，产值利润率1.72%，资产负债率88.73%，应上缴款完成率100%。完成主要实物工程量：生产箱梁786孔、T梁1115孔、轨枕336000根。（洪国莉　徐培琦）

【鹰潭设备安装工程有限公司】 机电安装工程施工总承包一级，机电设备安装、钢结构工程专业承包一级，起重设备安装工程专业承包二级资质企业。公司驻江西省鹰潭市环城东路105号。前身是南昌铁路工程总公司设备安装工程公司，2001年12月企业改制改称南昌铁路设备安装工程有限责任公司，2005年2月更名为中铁二十四局集团鹰潭设备安装工程有限公司。执行董事、党委书记叶光灿，总经理文永兵。职工271人，其中干部135人、工人136人。资产总额43150万元。其中，固定资产原值20628万元、净值883万元；流动资产36006万元。机械运输设备67台（套），总功率10243千瓦，动力装备率37.8千瓦/人，技术装备率19.10万元/人。

2014年新签合同额51278万元，完成施工产值60712万元，实现利润686万元。全员劳动生产率224万元/人年，职工年人均收入64034元。国有资产保值增值率109.34%，净资产收益率9.29%，资产负债率87.18%，投资收益上缴率100%，应上缴款完成率100%。完成主要实物工程量：900吨双线箱梁运架567榀箱梁，普速铁路架桥机T梁架设1051孔，车站雨棚钢结构制造、安装11152平方米，500吨单线箱梁运架218榀。工程质量合格率100%。年内，公司获全国“安康杯”竞赛优胜单位称号。（李明芬）

【上海房地产开发有限公司】 房地产开发三级资质企业。公司驻上海市民德路20号。前身为上海铁路局房地产开发经营公司，2001年7月企业改制改称上海铁路建设集团房地产有限公司，2004年7月整体划归中铁二十四局集团公司管理。执行董事、总经理白圻业，党委书记顾德云。下辖4个子公司。职工83人，其中干部58人、工人25人。资产总额27235万元。其中，固定资产原值661万元、净值322万元；流动资产26160万元。

2014年新签合同额361.38万元，完成企业总产值2530万元，其中施工产值1791万元；实现利润16.49万元。全员劳动生产率30万元/人年，职工年人均收入73784元。国有资产保值增值率100.48%，净资产收益率0.48%，产值利润率15.28%，资产负债率90.63%，投资收益上缴率100%，应上缴款完成率100%。（张欢欢）

【路桥分公司】 2006年1月，由原集团公司路桥分公司和集团公司道桥分公司合并成立。公司驻上海市秣陵路80号华象大楼15F。总经理刘宝剑，党委书记奚跃忠。下辖13个项目经理部。职工111人，其中干部100人、工人11人。资产总额69880万元。其中，固定资产原值1469万元、净值599万元；流动资产69277万元。

2014年新签合同额91707万元，完成施工产值105503万元。全员劳动生产率950万元/人年，职工年人均收入14.81万元。完成主要实物工程量：土石方38万立方米，桥梁9836延长米，铁路架梁78片，公路架梁132联。工程质量合格率100%。年内，公司参建的南通江海大道西段快速化改造工程A标段工程获国家优质工程奖。（朱桂芳）

【轨道交通分公司】 公司驻上海市闸北区虬江路1000号聚源大厦10F－11F。2005年5月，以原集团公司上海开发办公室为基础成立。总经理钱大怀，党委书记朱亮来。职工143人，其中干部109人、工人5人。资产总额54753万元。其中，固定资产原值1309万元、净值472万元；流动资产54267万元。机械运输设备67台（套），总功率2458千瓦，动力装备率17.2千瓦/人，技术装备率2.68万元/人。

2014年新签合同额90941万元，完成施工产值62527万元，实现利润0.08万元。全员劳动生产率437万元/人年，职工年人均收入96300元。资产负债率100%，应上缴款完成率50%。完成主要实物工程量：土石方20万立方米，地下车库2万平方米，地下站6000平方米，高架桥6000延长米。（祁思颖）

【重要记载】

▲1月3日　集团公司中标济南至祁门高速公路淮南至合肥段路基工程LJ－02标段，合同投资20526.76万元。

▲1月10日　集团公司中标花溪大学城思雅路南段道路工程1标段，合同投资18489.04万元。

▲同日　中国铁路总公司副总经理卢春房到集团公司承建的上饶车站改扩建工程，察看跨上饶车站信江特大桥施工情况。

▲同日　集团公司成立厦门办事处。

▲1 月 15 日　福建公司中标江西大唐抚州电厂新建工程铁路专用线工程Ⅰ标段,合同投资 10370.45 万元。

▲1 月 20 日　集团公司中标贵州贵安新区大学城翁岗安置点文慧雅舍建设项目,合同投资 55154.45 万元。

▲1 月 28 日　集团公司中标新建九景衢铁路江西段 JQJXZQ－1 标段,合同投资 164060.46 万元。

▲2 月 9 日　埃塞俄比亚总统穆拉图·特肖梅在迪雷达瓦市市长陪同下,到中铁二十四局集团桥梁厂公司迪雷达瓦梁枕厂视察。

▲2 月 11 日　集团公司党委一届四次全体会议在上海召开。

▲2 月 13—14 日　集团公司二届四次职代会暨 2014 年工作会议在上海召开。

▲2 月 14 日　集团公司 2014 年党风建设和反腐倡廉工作会议召开。

▲2 月 25 日　集团公司工会在上海召开二届七次全委(扩大)会议。

▲3 月 2 日　新余公司中标内蒙古大唐国际锡林浩特矿业有限公司土石方剥离工程,合同投资 12504.37 万元。

▲3 月 3 日　集团公司中标苏州市轨道交通 2 号线延伸线工程Ⅱ－Y－TS－07 标段,合同投资 14104.04 万元。

▲3 月 4—5 日　集团公司 2014 年党委组织工作会议暨 2013 年度基层党建创特色成果发布会在安徽公司合肥地铁 1 号线 9 标段项目经理部召开。

▲3 月 5 日　集团公司中标长沙磁浮工程 TJⅢ标段,合同投资 40000 万元。

▲3 月 9 日　集团公司中标京沪铁路无锡北至无锡段改造工程施工标段,合同投资 51050 万元。

▲3 月 17 日　集团公司在上海举行建局 10 周年“十大功臣”表彰大会。会上授予刘宝剑、王文善、白耀良、罗汉林、洪淮斌、谭鹰、徐建华、来国祥、杨卫平、徐建平建局 10 周年“十大功臣”称号。

▲同日　集团公司党委在上海召开党的群众路线教育实践活动动员大会。

▲3 月 27 日　集团公司团委一届七次全委(扩大)会在上海召开。

▲3 月 24 日　集团公司将西南指挥部所属项目中心整体移交轨道公司管理。

▲3 月 31 日　集团公司成立甘肃、陕西、山西指挥部,并归西北指挥部统一管理。

▲4 月 15 日　集团公司党委召开工程公司领导人员和机关部门负责人征求意见座谈会。国资委第一巡回督导组组员、国资委监事会第 14 办事处副处级专职监事陈毓晖,中国铁建第三督导组到会督导。

▲5 月 4 日　集团公司中标重庆市轨道交通环线二期工程土建 4 标段,合同投资 45436.35 万元。

▲5 月 6 日　中国铁建党委副书记、副董事长、工会主席彭树贵到集团公司,参加集团公司领导班子党的群众路线教育实践活动学习交流暨集体查摆问题研讨会,并调研指导集团公司党的群众路线教育实践活动。

▲5 月 19 日　集团公司成立轨道交通事业部、新能源事业部、房建与房地产事业部。

▲同日　集团公司中标福建省厦门至沙县高速公路三明段路基土建 A6 合同段,合同投资 49973.75 万元。

▲6 月 6 日　集团公司甘肃指挥部在兰州成立。

▲6 月 8 日　云南省东南绕高速公路开工仪式在集团公司施工区段举行。云南省省长李纪恒出席仪式并宣布项目开工,常务副省长李江出席仪式并讲话,中国铁建总裁张宗言,集团公司董事长、总经理郭衍敬等出席开工仪式。

▲6 月 28—29 日　集团公司董事长、总经理郭衍敬,副总经理王建民在哈尔滨会见出席首届中俄博览会(第 2 届哈洽会)的俄罗斯哈林州副主席伊瓦绍娃率领的经贸代表团和俄罗斯哈巴罗夫斯克市长索科骆夫·亚历山大·尼古拉耶维奇,并就合作项目进行深入交谈并初步达成共识。

▲6 月 30 日　中国铁建党委副书记、副董事长、工会主席彭树贵参加集团公司在上海召开的领导班子党的群众路线教育实践活动专题民主生活会并讲话,上海市建设交通工作党委副书记田赛男、纪工委副书记刘平出席会议。

▲7 月 1 日　集团公司党委在上海举行庆祝中国共产党成立 93 周年暨党的群众路线教育实践活动专题党课报告会。

▲同日　集团公司党委表彰上海公司党委等 23 个先进基层党组织,表彰南昌公司郑腰华等 28 人优秀共产党员、安徽公司党委书记房明州等 22 人优秀党务工作者。

▲7 月 3 日　《中铁二十四局集团》报、《工程科技》分别被上海市建筑施工行业协会评为报纸类优秀奖和杂志类优秀奖。

▲7 月 25 日　集团公司中标杭州萧山机场公路改建工程市心路互通段项目,合同投资 57683.46 万元。

▲7 月 27 日　集团公司中标青岛蓝色硅谷核心区市政设施和公共服务设施 EPC 项目,合同投资

185000 万元。

▲同日　集团公司中标北京协和医院青岛分院EPC 项目,合同投资 115000 万元。

▲7 月 29 日　集团公司中标贵州盘县蛾螂铺棚户区改造 EPC 项目,合同投资 248000 万元。

▲8 月 13 日　福建省省长苏树林到福建公司承建的福建省南平第一中学、实验小学武夷新区分校建设工地视察。

▲8 月 14 日　集团公司工会二届八次全委(扩大)会议暨 2014 年半年工作会在上海召开。

▲8 月 15 日　集团公司参股中国铁建投资公司青岛市市北区滨海新区总部大道土地一级开发项目,出资资本金 4000 万元,受让中国铁建投资公司名下的中国铁建青岛投资公司 40% 股权。

▲8 月 17 日　集团公司在上海召开 2014 年中工作会议。

▲8 月　集团公司中标俄罗斯哈巴洛夫斯克共青城伐木厂项目,合同投资 12000 万元。

▲9 月 11 日　集团公司海外事业部在北京市海淀区莲花苑华宝大厦揭牌成立。

▲9 月 16 日　集团公司出资 1000 万元参股搏达墨华国际控股有限公司,以增资扩股方式持有搏达墨华国际控股有限公司 0. 99% 股份。

▲同日　集团公司在俄罗斯远东联邦管区犹太自治州首府比鲁比詹市独资设立中铁二十四局集团远东建筑有限公司,注册资本金 1000 万卢布,约合 160 万元。

▲9 月 30 日　集团公司中标新建杭州至黄山铁路站前及相关工程 3 标段,合同投资 203849. 88 万元。

▲10 月 2 日　中国驻尼日利亚大使顾小杰一行,到中铁二十四局集团设备安装公司尼日利亚阿布贾钢结构加工厂,看望正在紧张施工的全体员工。

▲同日　中国铁建党委副书记、纪委书记、监事会主席齐晓飞到集团公司贵州民族大学新校区总承包部检查指导工作。

▲10 月 12 日　俄罗斯 BM 公司代表团到集团公司进行访问。

▲10 月 20 日　集团公司中标俄罗斯哈巴市阿克鲁日那亚大街 7 号花园洋房项目,合同投资 35000 万元。

▲10 月 21 日　集团公司出资 1000 万元(占 20% 股权)联合黑龙江省哈尔滨市香坊区共同设立黑龙江中铁龙兴投资开发有限公司。

▲同日　集团公司以不超过 5. 5 亿元的价格参加上海钢铁交易大厦司法拍卖,以整体获得该项目作为经营性物业长期持有。

▲10 月 25 日　集团公司中标蒙能集团满伊铁路项目,合同投资 152157. 83 万元。

▲11 月 5 日　集团公司中标中俄桥超前经济发展综合园区项目,合同投资 106000 万元。

▲11 月 28 日　集团公司出资 975 万元参股深圳中融资产管理有限公司,以增资扩股方式持有深圳中融资产管理有限公司 32. 5% 股权。

▲11 月　集团公司施工总承包的南通市江海大道西段快速化改造工程和参建的昌九城际铁路永修特大桥获 2013—2014 年度国家优质工程奖,参建的京沪高速铁路工程获第十二届中国土木工程詹天佑奖,参建的京沪高速铁路、上海崇明越江通道(长江隧桥)工程获改革开放 35 周年百项经典暨精品工程称号。

▲12 月 8 日　集团公司中标俄罗斯哈巴罗夫斯克市多功能酒店大楼工程,合同投资 79000 万元。

▲同日　集团公司中标中墨文化国际交流中心暨中华大酒店项目,合同投资 251256. 20 万元。

▲12 月 20 日　集团公司中标阿尔及利亚塞提夫 2000 套租售房建项目,合同投资 48908. 94 万元。

▲12 月 24 日　集团公司在山东青岛即墨市独资设立青岛蓝色硅谷市政建设有限公司,注册资本金 1000 万元。

▲同日　集团公司在墨西哥城成立中铁二十四局集团有限公司墨西哥分公司。

▲12 月　集团公司中标湖南安乡至慈利高速公路施工总承包项目,合同投资 152000 万元。

▲12 月　集团公司中标贵州盘县蛾螂铺棚户区改造 EPC 项目,合同投资 248000 万元。

(冯德兴　魏　磊)

中铁二十五局集团有限公司

【简况】　中铁二十五局集团有限公司具有铁路工程施工总承包特级,房屋建筑、市政公用、公路工程施工总承包一级,水利水电、机电安装工程施工总承包二级,电力、矿山工程施工总承包三级,桥梁、隧道、公路路基、铁路铺轨架梁工程专业承包一级,城市轨道交通专业承包,铁路综合甲Ⅱ设计资质;同时具有对外承包工程、援外成套项目施工 A 级、地质灾害治理施工丙级资质。集团公司驻广东省广州市越秀区中山一路 55 号。董事长、总经理梁毅,党委书记张建国。下辖第一至第六工程有限公司、轨道交通工程有限公司(9月与五公司合并)、电务工程有限公司、房地产开发有限公司、南方实业开发有限公司(物业管理有限公司)、广州铁诚工程质量检测有限公司和西北分公司。职工8439人,其中干部5403人、工人3036人。资产总额118.61亿元,其中流动资产105.40亿元、投资性房地产1.12亿元、固定资产净值6.90亿元、无形资产4.68亿元。拥有机械设备5726台(套),其中,200万元以上大型施工设备51台(套)。机械设备原值90417万元、净值43670万元,总功率139935千瓦,技术装备率5.17万元/人,动力装备率16.57千瓦/人,成新率48.30%,主要施工机械设备完好率90.21%、利用率85.91%。主要设备配备情况:700~900吨级架桥机3台、运梁车3台、提移梁机6台;900t运架一体机1台、常规铁路T梁架桥机4台;移动模架造桥机4台,500米长轨铺设及焊接设备6台套,盾构机2台。年综合施工能力200亿元以上。

2014年新签合同额161.75亿元,完成营业收入170.53亿元,其中施工产值166亿元;实现利润10390.27万元、净利润7088.89万元。人均创利1.23万元,职工年人均收入73202元。国有资产保值增值率96.54%,净资产收益率5.55%,产值利润率0.43%,资产利润率4.10%,资产负债率89.42%。

(马允韬　莫劲　王慧贞　林林)

【领导人员】

董事会

董事长　梁毅
副董事长　张建国(7月任)
董　事　王小青
　　　　冼海燕
职工董事　李飞前

监事会

监事会主席　任国华
监　事　陈乐新
职工监事　凌勋伟

经理层

总经理　梁毅
副总经理　王小青
　　　　况成明
　　　　臧丹
　　　　葛斌
　　　　冼海燕
　　　　李茂松(5月免)
　　　　苏建斌
　　　　明思义
总工程师　王小青(兼)
总会计师　冼海燕(兼)

党群领导

党委书记　张建国
党委副书记　梁毅
　　　　任国华
纪委书记　任国华(兼)
工会主席　李飞前

(夏早进)

【工程项目指挥机构】 中铁二十五局云桂铁路(云南段)YGZQ-2标段指挥部　驻云南省文山州富宁县迎宾路交警大队路口(新华派出所对面)。指挥长王小青。

中铁二十五局长株潭城际铁路综合Ⅲ标段指挥部　驻湖南省湘潭市板塘铺板马路。指挥长袁振洪。

中铁二十五局湘桂铁路永州至柳州段扩能改造工程站前工程XG-7标段指挥部　驻广西壮族自治区柳州市柳南区鹅山路菜市区23号。指挥长曾水长。

中铁二十五局南宁枢纽站前及部分站后SN-3标段指挥部　驻广西壮族自治区南宁市青秀区仙葫经济开发区同兴路西二里57号。指挥长陈树登。

中铁二十五局赣州至龙岩铁路扩能工程GL-1标段指挥部　驻江西省赣州市于都县楂林工业园怡信大道。项目经理朱广兵。

中铁二十五局贵广南广铁路广州枢纽工程GTGG-1标段指挥部　驻广东省佛山市南海区大沥钟边村沙泥工业区。指挥长王海杰。

中铁二十五局娄邵铁路扩能改造工程LSZQZH-1标段指挥部　驻湖南省娄底市双峰县甘棠镇镇政府旁。项目经理朱小鹏。

中铁二十五局九景衢铁路站前2标段指挥部　驻江西省九江市都昌县蔡岭镇。指挥长张建平。

中铁二十五局成都至兰州铁路CLZQ-13标段指挥部　驻四川省阿坝藏族羌族自治州松潘县县委党校。指挥长庞尔林。

中铁二十五局贵阳火车北站功能区路网工程指挥部　驻贵州省贵阳市云岩区黔灵山路大关隧道出口右侧。指挥长王化有。　(朱必礼)

【职工队伍】 职工8439人,其中干部5403人、工人3036人。女性职工1612人。专业技术干部5153人,占干部总数的95%;技术工人2156人,占工人总数的71%。年龄结构:29岁及以下3011人,30~39岁1808人,40~49岁2254人,50~54岁846人,55岁以上520人。专业技术干部中,工程技术人员2130人,经济人员247人,会计人员366人,政工人员132人,其他专业人员2278人;高级职务497人,中级职务1202人,初级职务2882人。技术工人中:高技技师18人,技师87人,高级工1335人,中级工135人,初级工48人。职工中,研究生以上学历45人,本科学历3410人,大专、高技学历1820人,中专、技校、职高学历622人,高中学历1043人,初中及以下学历1499人。年内接收应届高等学校毕业生403人。 (赖跃璇)

【铁路工程施工】 2014年,集团公司在建铁路工程项目47个,其中竣工项目22个,完成施工产值100.2亿元。

云桂铁路(云南段)YGZQ-2标段工程　位于云南省文山州富宁县和广南县境内。标段长55.38千米,合同投资415000万元,2010年9月16日开工,合同工期57个月。主要实物工程量:土石方486万立方米,隧道13座46300延长米,桥梁15座5200延长米,涵洞9座888横延米,车站2座,预制、铺设轨枕240.5千米,铺设无砟道床101.8千米。截至2014年底,开工累计完成投资301000万元。

中铁二十五局南宁枢纽站前及部分站SN-3标段工程　合同投资276497万元,2010年5月开工,合同工期32个月。主要实物工程量:路基土石方1040万立方米,桥梁33座17798延长米,涵洞100座4019横延米,隧道2座626延长米,正线铺轨78.4千米,站线铺轨102.1千米,房屋建筑面积9.35万平方米。截至2014年底,开工累计完成投资356000万元。

湘桂铁路永州至柳州段扩能改造工程站前XG-7标段工程　合同投资324454万元,2009年4月10日开工,合同工期36个月。主要实物工程量:土石方1004.2万立方米,隧道1座340延长米,桥梁43座12826延长米,涵洞264座10338.6横延米,站场7处,有砟道床358.5千米,正线铺轨250.55千米,站线铺轨107.4千米,制架T梁888榀。截至2014年底,开工累计完成投资353200万元。

贵广南广铁路广州枢纽工程GTGG-1标段工程　合同投资230277万元,2009年9月30日开工,合同工期34个月。主要实物工程量:路基土石方149万立方米,桥梁9座7900延长米,既有线改造5处,站场改造4处。截至2014年底,开工累计完成投资235859万元。

大西铁路客运专线站前1标段工程　标段长44.343千米,合同投资370885万元,2010年3月10日开工,合同工期45个月。主要实物工程量:土石方300万立方米,隧道4座8796.3延长米,桥梁16座27118延长米,涵洞13座282横延米,站场2处,无砟道床正线44.3千米,正线铺轨196千米,站线铺轨8.3千米,制架箱梁731榀。截至2014年底,开工累计完成投资379563万元。

娄邵铁路扩能改造LSZQZH-I标段工程　标段长46.91千米,合同投资196000万元,2010年8月1日开工,计划2014年5月1日竣工。主要实物工程量:路基土石方859.4万立方米,隧道16座18798延长米,桥梁21座16069延长米,涵洞64座2588横延米,站场3处。截至2014年底,开工累计完成投资185000万元。

赣州至龙岩铁路扩能工程GL-1标段工程　标段长54.948千米,合同投资304800万元,2010年9月1日开工,计划2015年7月30日竣工。主要实物工程量:路基土石方451.4万立方米,涵洞73座1909横延米,桥梁53座20500延长米,隧道21座24489延长米,制架梁603孔,铺轨123千米,车站3座。截至2014年底,开工累计完成投资259000万元。

长株潭城际铁路综合Ⅲ标段工程　标段长40.975千米,合同投资366692万元,2010年9月1日开工,计划2016年12月31日竣工。主要实物工程量:路基土石方337.4万立方米,隧道11座4245.14延长米,桥梁19座28004.42延长米,涵洞34座1186.5横延米,站场8处,制架梁791孔,有砟道床88.765千米,正线铺轨188.38千米,站线铺轨48.593千米,车站8座,电力线路9.01千米,通讯线路16.06千米。截至2014年底,开工累计完成投资205000万元。 (朱必礼)

【铁路外工程施工】 2014年,集团公司在建铁路外工程52项。其中,公路工程11项;市政工程17项;城市轨道交通工程7项;房屋建筑工程12项;水利工程3项;电力工程1项;其他工程1项。

山西省左权至黎城高速公路路基、路面、桥隧工程　全长17.22千米,设计速度80千米。合同投资85794万元,2013年4月1日开工,合同工期26个月。主要实物工程量:路基土石方333万立方米,隧道2座5958延长米,桥梁11座4422延长米,服务区1处。截至2014年底,开工累计完成投资51292万元。

星悦南岸综合商业区一期A商业总承包工程　综合房地产发展项目,合同投资71786万元,2014年4月10日开工,合同工期18个月。占地面积23.93万平方米,总建造面积22.92万平方米。截至2014年底,开工累计完成投资21538万元。

贵阳火车北站功能区路网工程　由2个广场和7条道路组成,分别为西广场,景观大道,东广场,站西路,阳关大道东段,创新东路延伸段,林城东路延伸段,腾飞路道路改造，站东路。合同投资385811万元，2012年8月30日开工，合同工期36个月。主要实物工程量：路基土石方890万立方米，桥梁15座2478延长米，涵洞21座2422横延米，隧道3座3518延长米，房屋建筑面积35.98万平方米。截至2014年底，开工累计完成投资200088万元。

青岛蓝色硅谷城际轨道交通工程04标段工程　标段长5940米，合同投资47213万元，2013年6月10日开工，合同工期36.6个月。主要实物工程量：桥梁2座5000延长米，隧道1座700延长米，车站1座。截至2014年底，开工累计完成投资3011万元。

山西省中部引黄工程05标段工程　合同投资30292万元，2013年4月10日开工，合同工期32个月。主要实物工程量：总干2号隧洞一段，长19985延长米；隧洞支洞6座4343延长米。截至2014年底，开工累计完成投资9601万元。（朱必礼）

【境外工程】　科特迪瓦阿比让至大巴萨姆高速公路建设项目　位于非洲西部科特迪瓦，项目总投资4.6亿元，集团公司承担3.3亿元施工任务。2013年1月1日开工，工期26个月，设计路线全长23千米，全线设1处互通式立交，主线收费站1处，平交口2处。截至2014年底，开工累计完成投资27129万元。

白俄罗斯明斯克区医院项目　位于白俄罗斯明斯克市，合同投资7492.683万元，合同工期18个月。主要实物工程量：总建筑面积7601.75平方米。其中，地上4层，建筑面积6298.5平方米；地下一层，建筑面积1303.25平方米。

泰国中兴公司移动3G基站项目　项目分布在泰国中西区和南区，中西区位于曼谷周边。该项目为单价合同，2014年2月7日开工，合同工期12个月。该项目为交钥匙工程，工作内容为移动基站的设备安装，通过按月核发数量来进行施工量的统计。截至2014年底，完成40个基站和部分维修更换任务。累计营业额约60万元，2014年12月31日竣工。（刘莉娜）

【经营管理】　（1）工程承揽。2014年，集团公司承揽工程96项，新签合同总额161.75亿元（含二次经营185.74亿元）。其中，铁路工程77.33亿元，占新签合同总额的47.83%；房屋建筑工程39.28亿元，占新签合同总额的24.28%；市政工程22亿元，占新签合同总额的13.6%；公路工程12.95亿元，占新签合同总额的8%；水利水电工程6.3亿元，占新签合同总额的3.89%；城市轨道工程3.89万元，占新签合同总额的2.4%。

（2）经营开发。完善经营工作制度，出台《区域经营要素设置方案》《区域经营总部经费收支管理办法》《经营基础工作要点及考核办法》《资本运营项目管理暂行办法》《投标报价决策及评审工作管理办法》《经营开发部管理细则》等规定办法。加强经营领导力量，调整集团公司领导分工，调整经营绩效考核办法，改变经营费用的收缴标准、收缴方式和收支模式，健全经营工作的权益机制、保障机制和激励约束机制。优化区域经营布局，调整集团公司区域经营机构，增设中南、粤海、蒙晋3个区域经营单位，撤并华南、北方两家区域总部，并与股份公司同步将区域经营单位重新更名为区域指挥部，其中粤海、中南、西南、华东、东南区域由集团公司副总经理担任指挥长。截至2014年底，集团公司在全国30个省、市、自治区设立经营部，新增专职经营人员90余名。

（3）企业管理。加强企业战略管理，在认真研究国内外经济与建筑市场形势的基础上，制定《中铁二十五局集团有限公司滚动发展战略与规划（2014年度）》。加强企业内控风险管理，特别是加强对三级公司内控风险工作的帮扶与指导，强化风险内控管理基础工作。加大内控体系的宣贯和培训力度，重视内控队伍建设及专业人员的培养。积极开展自我评价，配合完成第三方审计，突出缺陷整改，努力提升企业管理水平。加强企业基础管理，坚持以生产经营为中心，全面开展"亏损项目整治年""作风建设年"活动，推动集团持续健康发展。加强经营业绩考核工作，完成大集体企业改革方案。加强资质管理，根据企业专业化发展方向及市场需求状况，制定集团公司及各子公司的近期、远期资质规划；同时制定集团公司资质管理办法，对全集团资质申报、证书日常管理、资源配置等做出明确规定。2014年，集团公司本级取得地质灾害治理施工丙级资质，机电安装总承包二级、电力工程总承包三级、矿山工程总承包三级资质；四公司取得隧道工程专业承包一级资质。

（4）安全质量管理。集团公司建立健全安全生产管理体系、质量管理体系、应急管理体系，安全生产管理机构完整，职责明确。工程质量处于有序可控状态，主体工程内实外美，观感质量良好。2014年全集团单位工程交验合格率100%，实现集团公司年度质量目标。年内无重大工程质量事故，无业主及顾客质量投诉。集团公司安全生产形势总体平稳，未发生较大、重大、特大生产安全事故；未发生铁路交通一般B类及以上责任事故；未发生重大及以上道路交通事故、火灾爆炸事故。实现集团公司年度安全管理目标，被评为中国铁建安全生产先进单位。年内，2项工程获铁路优质工程奖，1项工程中国铁建杯优质工程奖，3项工程获省市级优质工程奖，4项工程被评为中国铁建安全质量标准工地。

（5）资本经营管理。2014 年，集团公司融资规模 321457 万元，投融资项目（BT 项目）1 项，投资总规模 5.66 亿元。8 月 31 日，提前收回回购款 19171 万元，实现利润 0.1 亿元。

（6）财务管理。完善制度，加强清收清欠管理力度。出台《应收款项清收考核管理办法》《清收责任监管方案》，根据领导班子成员分工，对应收款项的清收工作实行分片监管，明确管理层责任，加强监管力度。制定《2014 年度债务风险管控方案》，加强债务风险管控，遏制债务规模增长。加强资金集中管理，巩固资金集中管理效果。2014 年，集团公司归集二级账户 183 户，银行账户归集比例 51%；归集资金总余额 19.26 亿元，实际资金归集率 76%；上存财务公司资金余额 2.18 亿元，资金上存度 29%；内部调剂资金 6 亿元，节约利息支出 3360 万元。推进财务共享服务中心建设，创新财务管控模式，有力提升企业基础管理水平及财务监督效率。建立健全财务监管体系，有效发挥财务监督作用。全面应对“营改增”，着力加强税务管理，努力降低税收成本。2014 年，各单位积极利用研发费用加计扣除、营业税分包抵免税收等优惠政策，在合法合规的基础上降低税收成本，合计节约税金 1500 万元。

（7）审计工作。2014 完成审计项目 94 个，其中经济责任审计 9 个、工程项目部审计 36 个、经济效益审计 5 个、专项审计调查 44 个。提出审计报告 94 份，发现问题金额 102395.69 万元，其中违规违纪金额 16081.27 万元、不良资产 170.94 万元、其他 86，143.48 万元。纠正违规金额 16081.27 元；提出审计建议 451 条，被采纳 451 条；通过纠正违纪违规增加留利 7481.73 万元。经济责任审计结果利用情况：平调 3 人，降职 1 人，调出本单位 4 人，受党政纪处分 3 人。

（8）效能监察工作。年内，集团公司共派出 51 个工作组，264 人次参与效能监察，重点检查 86 个工程项目，提出监察建议 471 条，作出监察决定 78 个，处理违纪违规 35 人，追究责任 42 人，挽回和避免经济损失 2624 万元。开展“三项招标”监督 84 次，节约资金 3716 万元；协助清收工程欠款 1109 万元。以亏损项目整治为重点，全年整治亏损项目 17 个，15 个项目实现减亏，实现扭亏金额 12265 万元。（王惠贞 周树沛 唐映 冯健 梁宏 刘文如 唐名娟）

【科技成果】 集团公司继续加大科技开发经费投入，科技创新工作取得良好的业绩和显著的经济、社会效益，获省部级以上科技进步 7 项，被中国施工企业管理协会评为科技创新先进企业。开展 QC 小组活动，获国家级优秀 QC 成果 4 项、省部级优秀 QC 成果 25 项，被评为广东省工程建设质量管理小组活动优秀企业。组织编写的《武广铁路客运专线施工技术》专著，由中国铁路出版社于 2014 年 11 月正式出版，在全国发行。

（朱亮明）

【党群工作】 （1）党的工作。①党组织建设。集团公司党委下辖二级党委 10 个、党工委 18 个，党支部（党总支）273 个，有党员 5392 人。3 月 12—11 月 14 日，开展党的群众路线教育实践活动，将活动与查摆问题、解决问题、建章立制结合起来，使广大党员、干部受到深刻教育。5 月，针对部分干部作风不实问题，深入开展作风建设年活动，与党的群众路线教育实践活动、亏损项目整治年活动同步推进，推动作风建设常态化、长效化，进一步促进工作作风转变，提升两级机关的效能，促进企业中心工作的开展。年内表彰先进基层党组织 26 个、“六好共产党员”62 名、优秀党务工作者 25 名，发展新党员 93 名。开展创建“四好领导班子”活动，在综合考核的基础上，结合各方面评价，对主管领导缺员的二公司、电务公司、房地产公司进行调整和补充，领导班子整体精神面貌明显好转。加大领导干部的考核力度，坚持党管干部原则，考核测评 5 家单位，摸清领导班子及后备干部基本情况，对部分领导干部缺员的公司进行配齐配强。全年引进、提拔、调整领导干部 165 人，对考核不胜任、不称职的领导干部进行调整，落实干部退出机制。②宣传工作。开展党的群众路线教育实践活动、作风建设年、亏损项目整治年等重大活动，活动中，各级党组织深入宣讲和践行党的群众路线，强化广大党员干部的群众观念和服务意识，倾听员工呼声，解决员工困难；深入宣讲企业面临的形势任务，强化广大员工的大局意识和责任意识，确保员工队伍的和谐稳定；深入宣讲改进作风的迫切需要、重点内容和基本方法，增强广大员工抓好作风建设的主动性和自觉性；深入宣讲亏损项目整治的重要意义、目标任务和主要内容，增强广大员工整治亏损项目的责任感和紧迫感。以唱响“我是二十五局人”为主旋律，深入推进企业文化建设。各级党组织大力弘扬社会主义核心价值观，深入推进中国铁建“九种文化”与集团公司特色文化建设。在《华南铁道建筑》上开辟“图说九种文化”专栏，以图文并茂的形式，系统宣传“九种文化”的具体内涵。开展“最美二十五局人”专题征文，集中宣传一批优秀员工。推进企业文化在项目落地，抓好新开项目的驻地选址、方案策划、形象建设等工作，塑造良好的项目形象。以抓好宣传报道和舆情处置为重点，大力传播企业的正能量。全年对外发稿 2224 篇，其中中央媒体发稿 856 篇、省部级媒体发稿 868 篇。

③纪检监察工作。保持办案高压态势,2014 年全集团收到案件线索 66 条,经核查立案 31 件,涉案人员 50 人。其中,处级干部 5 人;项目经理、副经理 20 人;其余管理人员 25 人。结案 25 件,处分 44 人。抓好“八项规定”落实情况的监督检查,开展业务招待费检查、公务用车情况检查,查处违规资金 50 万元,发现问题 19 个、纠正 17 个。建立完善领导干部电子廉洁档案,实行领导干部个人重大事项的报告登记制度。开展反腐倡廉宣传教育月活动,举办专题教育课,编发典型案例警示教育资料,加强廉洁教育,引导广大党员干部坚守党性原则防线、思想道德防线和党纪企规防线。开展“廉书荐读”活动,组织购买、学习《党员干部的 15 堂廉政课》《把权力关进制度的笼子里》等书籍,并鼓励党员干部撰写思廉心得。推进“两个责任”落实,修订《党风廉政建设责任制》和《廉政建设责任书》,明确党委的主体责任、纪委的监督责任以及领导班子成员的责任;坚持层层签订廉政建设责任书,将工作责任进行分解细化,明确各级、各项责任的负责人;向两级领导班子成员及机关部门负责人下发《“一岗双责”告知书》,签订“领导干部廉洁从业承诺书”。

(2)工会工作。集团公司设工会委员会 13 个、工会小组 448 个,工会会员 9998 人,职工入会率 100%,职代会召开率 89%,集体合同签订率 100%。坚持兑现“三不让”承诺。两级工会组织共筹集送温暖资金 156.74 万元,慰问困难职工家庭 1136 户,其中特困职工 154 户、重困职工 305 户、困难遗属 57 户;慰问劳模、先进、一线职工及离退休人员 2156 人。发放助学金 29.19 万元,资助困难职工子女 275 名和困难农民工子女 6 名,保证 144 名大学生按时入学。筹集送清凉资金 105.89 万元,为近 9000 名一线职工、农民工发放夏季防暑降温物品。坚持办好职工大病互补会,为 36 名患病职工发放大病救助款 67 万元。关注女职工成长健康,维护女职工特殊权益,签订“女职工权益保护专项合同”,举办“25 局女职工知识讲堂”,开展巾帼建功成才活动。“三八”节期间,先后有 60 余名女职工、20 多个女职工集体受到广东省、集团公司表彰。全年为多名患大病女职工申请集团公司大病互补会救助,组织近 100 名女职工参加广州市“爱心妈妈”互助计划。成功举办广东省工程测量职工技能竞赛活动,开展“安康杯”劳动竞赛活动,一批先进集体和优秀个人分别受到省市、中国铁建及集团公司表彰。建立劳动保护监督检查立体网络,三级工会成立监督检查小组 87 个,定期定点开展专项督导,提出整改意见 195 条。开展合理化建议,收到合理化建议 94 条,研究实施 67 条。开展“中国铁建员工悦读会”系列活动,组织职工汉字听写大赛,举办第六届职工篮球赛,参加中国铁建、广东省总工会举办的智力体育比赛、桥牌比赛、象棋比赛、羽毛球比赛,丰富员工的精神生活。

(3)共青团工作。集团公司团委下辖 10 个工程公司团委、2 个工程指挥部团工委、3 个团总支、138 个团支部。35 岁以下青年 3379 人,其中团员 2053 人。全年有 1 名青年获全国表彰,19 个集体、12 名个人获中国铁建表彰。深化青年形势任务教育,开展学习宣传活动。全年开展宣传教育活动 43 场次,参加活动 1032 人次,收到心得体会 391 篇。开展“我与二十五局共奋进”系列活动 12 个,累计召开学习会、座谈会、演讲比赛 63 次,参加活动 1569 人次。开展以“加强和改进基层团组织建设,提高团组织的吸引力和凝聚力”为主题的调研检查活动,集团团委深入公司团委调研 6 次,各单位团委深入基层团支部开展调研 69 次。在重点工程项目成立青年突击队 14 支,努力增强团组织生产贡献力。开展导师带徒活动,助推青年岗位成才。全年 408 名新员工签订“导师带徒”协议,活动签约率 100%。筹拍《中铁二十五局大家庭》视频宣传片,以流行元素反映集团发展历程。落实“团组织就在我身边”关爱行动,为 28 名青年帮扶对象发放慰问金 17800 元。

(贺振宇　李 娟　唐名娟　白 艳　李谞异)

【西北分公司】 2010 年 8 月 21 日成立。公司驻陕西省西安市碑林区东关正街 70 号招商局广场 12 楼。总经理李文涛,党委书记张天科。职工 368 人,其中专业技术人员 357 人。资产总额 23067.58 万元。其中,固定资产原值 1752.13 万元、净值 1007.54 万元;流动资产 22060.04 万元。机械运输设备 205 台(套),原值 593.97 万元、净值 474.28 万元,设备完好率 95%、利用率 95%。

2014 年新签合同额 30.31 亿元,完成施工产值 5.83 亿元,其中国内实现营业收入 4.74 亿元、海外实现营业收入 1.09 亿元;实现利润 841 万元。职工年人均收入 9186.9 元。资产负债率 100%,产值利润率 1.44%。

(张 婷)

【第一工程有限公司】 市政公用工程施工总承包,铁路工程施工总承包二级,房屋建筑、公路工程施工总承包三级,桥梁、隧道工程专业承包一级,地基与基础、公路路基工程专业承包三级资质企业。公司驻广东省广州市越秀区解放北路桂花岗东 2 号。前身是中铁二十五局集团广州铁路工程有限公司,于 2005 年 12 月成立,2012 年 3 月更为现名。执行董事、党委书记张建慈,总经理杨云。下辖 1 个专业项目部、6 个分公司、7 个分支机构、40 个直属项目部。职工 1216 人,其中干部755人、工人461人。资产总额225282.46万元。其中,固定资产原40992.14万元、净值16734.37万元;流动资产200780.74万元;其他资产7767.35万元。机械运输设备1444台(套),原值33998.7万元、净值15211.8万元,动力装备率18.4千瓦/人,技术装备率11.14万元/人,总功率25110千瓦,设备完好率75.1%、利用率86.96%。年施工能力47.51亿元。

2014年新签合同额32.32亿元,完成企业总产值475904.70万元,实现净利润680.61万元。完成主要实物工程量:土石方1127.7万立方米,桥梁21197.4延长米,隧道4901延长米,正线铺轨396.33千米,站线铺轨23.74千米,铁路架梁2279孔,铁路制梁1315片,公路架梁21片,公路6.09千米。年内,1人获全国青年岗位能手标兵称号,1人被评为全国建筑业企业优秀项目经理。 (秦秀娥)

【第二工程有限公司】 市政公用工程施工总承包一级,铁路工程施工总承包二级,房屋建筑、公路工程施工总承包三级,桥梁工程专业承包一级,隧道工程专业承包二级,土石方、预应力、送变电、公路路基工程专业承包三级资质企业。公司驻湖南省衡阳市珠晖区乐群里166号。执行董事、党委书记彭思甜,总经理隋瑞凌。下辖25个工程项目部、混凝土综合工程队、桥梁综合工程队、物资设备租赁中心、物业管理部、广州分公司和贵州分公司。在岗职工1013人,其中干部518人、工人495人。资产总额127743.79万元。其中,固定资产原值11576.44万元、净值3548.52万元;流动资产121367.96万元。机械运输设备810台(套),原值7286.19万元、净值2575.05万元,总功率14900千瓦,动力装备率14.71千瓦/人,技术装备率2.54万元/人,设备完好率90%、利用率85%。年施工能力20亿元以上。

2014年新签合同额189513万元,完成企业总产值128101.13万元。全员劳动生产率126.46万元/人年,职工年人均收入59144元。完成主要实物工程量:土石方198.74万立方米,隧道2703延长米,桥梁6460延长米,房屋建筑面积58947平方米,公路2.47千米。工程验交合格率100%。年内,获国家发明专利1项、实用国家新型专利3项;公司被评为湖南省重合同守信用企业。 (代 辉)

【第三工程有限公司】 铁路、市政工程施工总承包一级,公路、房屋建筑工程施工总承包三级,桥梁、隧道工程专业承包一级资质企业。前身是广州铁路工程集团公司第三工程公司,2004年3月19日企业改制改称现名。公司驻湖南省长沙市人民中路职院街129号。执行董事、党委书记、总经理李红斌。下辖4个分公司和若干项目部。职工1411人,其中干部788人、工人623人。资产总额203,801万元。其中,固定资产原值14617万元、净值7194万元;流动资产192449万元。机械运输设备333台(套),原值11336万元、现值4960万元,总功率23383千瓦,动力装备率19千瓦/人,技术装备率4万元/人,机械化施工程度80%以上。年施工能力30亿元以上。

2014年新签合同额163661.2万元,完成企业总产值263689万元,实现利润5611万元。全员劳动生产率18万元/人年,职工年人均收入60335元。净资产收益率53.09%,营业利润率2.16%,资产负债率94.81%。完成主要实物工程量:土石方590万立方米,隧道4199延长米,桥梁13591延长米,铁路制梁235孔,公路架梁164片,房屋建筑面积25857平方米。年内,获中国铁道学会科学技术奖3项、中国施工企业管理协会科学技术奖1项,获国家授权专利2项,获全国建设工程优秀质量管理小组奖2项、广东省工程建设优秀质量管理小组奖2项;公司获广东省“十项工程”劳动竞赛模范单位、广东省五一劳动奖状等荣誉。 (刘英杰)

【第四工程有限公司】 铁路、市政公用、房屋建筑工程施工总承包一级,公路工程施工总承包二级,土石方、桥梁、铁路电务、隧道工程专业承包一级,混凝土预制构件、爆破与拆除工程、隧道工程专业承包二级资质企业。前身是柳州铁路局基本建设施工总队,成立于1953年1月28日;1954—2001年,机构经过多次变革,先后称工程处、基本建设处、工程段、工程总队、工程公司、工程处,2002年1月8日企业改制改称柳州铁路工程(集团)有限责任公司;2003年11月19日划归中国铁道建筑总公司管辖,2004年5月12日更名为中铁二十五局集团柳州铁路工程有限公司,2011年12月15日更名为中铁二十五局集团第四工程有限公司。公司驻广西壮族自治区柳州市和平路138号。董事长、党委书记、总经理李少先。职工981人,其中干部642人、工人339人。资产总额233220万元;其中,固定资产原值22098万元、净值5010万元;流动资产233220万元;其他资产761万元;无形资产8017万元。机械运输设备249台(套),原值8242.45万元、净值1715.49万元,总功率25890千瓦,动力装备率24千瓦/人,技术装备率16092.8万元/人,设备完好率90%、利用率69%,机械化施工程度82%。年施工能力30亿元以上。

2014年新签合同额25.4亿元,完成企业总产值25.07亿元,其中施工产值25亿元;实现利润10万元,人均创利104元。全员劳动生产率23万元/人年，职工年人均收入62475元。国有资产保值增值率100.24%，净资产收益率0.04%，资产负债率89.25%。完成主要实物工程量：路基土石方415.37万立方米，隧道8957.4延长米，桥梁4363延长米，涵洞169横延米，铺轨27.5千米，制梁32片，公路12.7千米。年内，公司获广西先进施工企业、广西诚信企业、广西质量管理先进单位、广西百强企业等荣誉；参建的新建南广铁路右线独屋特大桥工程被评为广西优质工程。 （刘永红）

【第五工程有限公司】 市政公用工程施工总承包一级，桥梁、隧道工程专业承包一级资质企业。前身是中铁二十五局集团有限公司北方分公司，2011年9月28日更为现名。公司驻山东省青岛市崂山区科苑纬三路25号。执行董事、党委书记平国友，总经理徐波（9月任）。下辖6个专业分公司、1个租赁中心。职工768人，其中管理人员（干部）117人、专业技术干部646人、工人5人。资产总额164370万元。其中，固定资产原值37190万元、净值23431万元；流动资产139724万元；其他资产1216万元。机械运输设备712台（套），原值17221.77万元、净值11733.52万元，总功率25260千瓦，动力装备率29.96千瓦/人，技术装备率6.94万元/人，设备完好率80.22%、利用率80.22%。机械化施工程度达80%以上。年施工能力23亿元。

2014年新签合同额26.93亿元，完成施工产值232990万元，实现营业利润315万元、净利润177万元。人均创利3437.5元，职工年人均收入63874元。国有资产保值增值率100.82%，净资产收益率0.84%，产值利润率0.08%，资产负债率87.52%。完成主要实物工程量：土石方307万立方米，桥梁5170延长米，涵洞1513横延米，隧道25371延长米，房屋建筑面积59956平方米，铺轨61千米。 （杜　震）

【第六工程有限公司】 房屋建筑、市政公用工程施工总承包一级，铁道工程施工总承包二级，公路工程施工总承包三级，土石方、建筑装修装饰、钢结构、消防设施、机电设备安装工程专业承包一级，地基与基础、建筑幕墙工程专业承包二级，送变电、爆破与拆除、环保工程专业承包三级资质企业。公司驻广西壮族自治区柳州市红岩路二区75号。执行董事、总经理曾小勇，党委书记李章泽。职工956人，其中专业技术人员558人。资产总额84256万元，其中。固定资产原值82902万元、净值30443万元；流动资产75194万元；其他资产90620万元。机械运输设备588台（套），原值3978.49万元、净值1990.3万元，总功率8890千瓦，动力装备率9.16千瓦/人，技术装备率2.05万元/人，设备完好率90%、利用率78%，机械化施工程度82%。年施工能力25亿元以上。

2014年新签合同额17.2亿元，完成企业总产值15.35亿元，实现利润52940万元。人均创利7597.5元，职工年人均收入89106元。国有资产保值增值率103.71%，净资产收益率4%，产值利润率0.34%，投资回报率6.62%，资产负债率84.96%，应上缴款完成率100%。 （贯　倩）

【电务工程有限公司】 铁路电务、电气化工程专业承包一级，建筑智能化、电信、送变电工程专业承包二级，机电设备安装工程专业承包三级，承装（修、试）电力设施业务承装类四级、承修类四级资质企业。公司驻广东省广州市越秀区共和西路8号。2004年8月由原中铁二十五局集团广州电务分公司和长沙电务分公司重组而成。执行董事、总经理苏永雄，党委书记李建云。职工481人，其中干部238人、工人243人。资产总额38290万元。其中，固定资产原值1146万元、净值26.8万元；流动资产37550万元。机械运输设备及仪器仪表120台（套），原值788.9万元、净值161万元，总功率3019千瓦，动力装备率7.6千瓦/人，技术装备率0.41万元/人，设备完好率88.5%。年施工能力3.8亿元。

2014年新签合同额7.2亿元，完成企业总产值38758万元，其中铁路产值38698万元；实现利润476万元。职工年人均收入70740元。产值利润率1.24%，资产负债率86.84%。完成主要实物工程量：土石方1.3万立方米，正线铺轨3千米，站线铺轨4千米，供电线路408.6千米，接触网10条千米，通信线路652千米，光缆632.6千米，自动闭塞369区间千米，电气集中188联锁道岔，房屋建筑面积19604平方米。工程质量合格率100%。年内，获国家授权实用新型专利2项、省级QC成果奖1项；公司连续10年被评为广东省守合同重信用企业。 （陈　晟）

【房地产开发有限公司】 公司驻广东省广州市越秀区中山一路57号。董事长葛斌（8月免），党委书记彭广华，总经理周捷（8月免），董事长、总经理邴凌（8月任）。下辖2个子公司和1个项目部。职工89人，其中专业技术干部68人。资产总额35711万元，其中固定资产净值208万元、流动资产35410万元。

2014年完成营业收入35491万元，实现净利润1856万元。 （薛学成）

【南方实业开发有限公司】 主要经营：房屋场地租

赁、物业管理，铁路专用线运输、装卸搬运、运输代理、仓储；设备代理、酒品销售、物资贸易。经营网点分布于广东、广西、湖南三省。公司驻广东省广州市越秀区共和西路8号。执行董事、总经理李新黎，党委书记何政。下辖11个事业部和2个分支机构。职工465人，其中干部194人、工人270人。资产总额41555.42万元。

2014年完成经营业务收入2.63亿元，实现净利润723.29万元。应上缴款完成率100%。年内，公司获得广东省五一劳动奖状。（邹 陆）

【广州铁诚工程质量检测有限公司】 具有公路乙级综合资质和广东省建设厅见证材料检测机构资质。2007年9月13日，由原集团公司质量检测中心组建而成。公司驻广东省广州市越秀区共和西路8号。执行董事兼总经理李杰。职工59人，其中技术人员45人。资产总额1894万元，其中固定资产原值781万元、净值228万元。

2014年完成企业总产值1656万元，实现净利润349万元。人均创利5.92万元，全员劳动生产率28.07万元/人年。职工年人均收入10万元。国有资产保值增值率98.67%，净资产收益率22.54%，产值利润率39.60%，资产负债率18.72%，应上缴款完成率100%。（陈燕玲）

【重要记载】

▲2月12日　集团公司一届五次职代会暨2014年工作会议在广州召开。

▲4月22日　集团公司党委书记张建国陪同广铁集团董事长、总经理李文新检查集团公司承建的赣韶铁路丹霞山站和韶关东站，并召开现场办公会。

▲5月　集团公司中标商务部援白俄罗斯明斯克区中心医院项目，合同投资7492万元，实现援外成套项目零的突破，标志集团公司成功进入欧洲建筑市场。

▲5月16日　集团公司签约12.2亿元铁岭星悦南岸综合商业区一期项目，这是集团公司首次进入东北房建市场。

▲6月18日　电务公司被评为2013年度全国“安康杯”竞赛优胜单位，集团公司莞惠梁场被评为全国优胜班组。

▲7月20日　集团公司在广州召开审计工作会议暨亏损项目整治、债务风险管控工作会议。集团公司董事长、总经理梁毅，党委书记张建国出席会议并作重要讲话。

▲7月22日　中国铁建党委副书记、副董事长、工会主席彭树贵一行到贵广南广项目慰问一线职工，并召开调研座谈会。

▲7月25日　由广东省总工会、广东省人力资源和社会保障厅等单位主办，集团公司承办的广东省（2014年工程测量）职工职业技能大赛在集团公司南广贵广铁路广州枢纽工程项目部举办。集团公司73名选手参加。

▲9月1日　五公司与轨道公司合并重组。

▲9月24日　中国铁建总裁张宗言及整治亏损督导组一行到三公司督导整治亏损工作，集团公司董事长、总经理梁毅陪同并参加整治亏损督导会。

▲10月23日　北方区域经营总部山西经营部中标山西大同灵丘60兆瓦光伏发电项目，合同投资4.43亿元。

▲11月27日　由印尼、马来西亚、新加坡等5个国家组成的东南亚国家媒体代表团考察访问集团公司总部。该代表团受中联部邀请，考察中国经济社会发展情况。（林 林）

中铁建设集团有限公司

【简况】 中铁建设集团有限公司是房屋建筑工程施工总承包特级，市政公用、机电安装工程施工总承包一级，地基与基础、土石方、钢结构、机电设备安装工程专业承包一级，建筑工程设计甲级，建筑智能化、建筑装饰装修工程设计与施工一级，预拌商品混凝土专业承包二级资质企业。集团公司驻北京市石景山区石景山路20号中铁建设大厦。前身是中国人民解放军铁道兵独立建筑团，1984年1月集体转业，先后称铁道部工程指挥部建筑工程处、中国铁道建筑总公司北京工程公司、北京中铁建筑工程公司；2001年8月改制为北京中铁建设有限公司，2003年12月更为现名。下辖15个区域分公司、11个专业公司、4个板块公司及10个区域经营指挥部（派驻机构）。在岗职工8570人，其中，专业技术人员3836人。资产总额385.9亿元，其中流动资产3700876万元。机械运输设备790台（套），原值23573万元、净值10307万元，总功率5.3万千瓦，技术装备率1.72万元/人，动力装备率8.8千瓦/人，设备成新率43.72%，主要设备完好率100%、利用率100%。综合机械化施工程度75.3%，年施工能力5000万平方米以上。

2014年新签合同额543.24亿元，完成营业收入323亿元，实现利润8.94亿元。国有资产保值增值率115.90%，净资产收益率14.15%，产值利润率2.75%，资产负债率87.3%。年内共获优质工程奖

140 项,其中国家级 26 项、省部级 41 项;获优秀 QC 成果奖 93 项,其中国家级 16 项、省部级 65 项;获省部级科学技术奖 3 项、中国施工企业管理协会科学技术奖 9 项;获国家级工法 2 项、省部级工法 5 项;获授权专利 55 项,其中发明专利 4 项。集团公司获全国建筑业先进企业、中国建筑装饰 30 年优秀装饰施工企业、办公空间类专业化百强企业、交通场站类专业化百强企业、中国施工企业管理协会科学技术奖科技创新先进企业,北京市安全生产管理先进施工单位、北京建设行业 AAA 诚信企业、北京市市政行业诚信企业、上海市用户满意施工企业等荣誉。 (章　梅)

【领导人员】

董事会

董事长	汪文忠
董　事	赵　伟
	郭剑平
	陈有忠
	于久龙

监事会

监事会主席	张军柱
监　事	贾学斌
	王曰亮

经理层

总经理	赵　伟
副总经理	庄初最(9 月免)
	孙金城(7 月免)
	郭剑平
	吴成木
	贾　洪
	陈有忠
	于久龙
	吴永红
	沈天丽
	吴　迪(2 月任)
总工程师	贾　洪(兼)
副总会计师	田军光(主持工作,12 月免)

党群领导

党委书记	汪文忠
党委副书记	赵　伟
	张军柱
纪委书记	张军柱(兼)
工会主席	陈有忠

(章　梅)

【职工队伍】 在岗职工 8570 人,含女职工 1480 人。其中博士 7 人、硕士 232 人、本科 4365 人、大专 2379 人。专业技术人员 3836 人,其中正高级 9 人、高级 326 人、中级 750 人、初级 2751 人。高级技师 35 人,技师 68 人。项目经理 375 人。2014 年接收应届大中专毕业生 496 人,其中研究生 21 人。社会招聘专业技术人员 83 人。 (陆志阳)

【工程施工】 2014 年,集团公司承建的总承包工程 366 项,施工面积 5200 万平方米,其中新开工面积 1835 万平方米;竣工工程 70 余项,竣工面积 747 万平方米。

广西九洲国际大厦工程　办公用房,框架—钢筋土核心筒混合结构,檐高 317.6 米,建筑面积 21.4 万平方米,合同投资 84653 万元,抗震设防烈度 7 度。项目经理张学臣。2014 年完成施工产值 13346.96 万元,5 月 30 日裙楼主体结构封顶,工程处于主体结构施工阶段。

合肥南站工程　特大型铁路枢纽,钢筋混凝土结构,檐高 38 米,建筑面积 19 万平方米,合同投资 170923 万元。项目经理王伟。2014 年完成施工产值 81016 万元,11 月 12 日开通运营。

贵阳北站工程　特大型铁路枢纽,钢筋混凝土结构,檐高 38.9 米,建筑面积 23 万平方米,合同投资 216537 万元。项目执行经理李宏伟。2014 年完成施工产值 131876 万元,12 月 26 日开通运营。

昆明南站工程　特大型铁路枢纽,钢筋混凝土结构,檐高 52.2 米,建筑面积 32 万平方米,合同投资 205233 万元,项目执行经理孟啸。2014 年完成施工产值 54776 万元,工程处于主体施工阶段。

北京朝阳区广华新城居住区住宅工程　高层住宅,框架剪力墙结构,檐高 98.6 米,建筑面积 32.7 万平方米,合同投资 85701 万元。项目经理吴晋。2014 年完成施工产值 8004 万元,工程处于装饰装修施工阶段。

昆明草海北片区 45 号地安置房工程　高层住宅,框架剪力墙结构,檐高 102 米,建筑面积 145 万平方米,合同投资 311555 万元。分为 3 个地块,项目经理孟军伟、崔永乐、尹叔平。2014 年完成施工产值 44072 万元,工程处于结构施工阶段。

中节能(江西)总部基地工程　办公用房,框架剪力墙结构,檐高 203.5 米,建筑面积 22.8 万平方米,合同投资 41366.47 万元,项目经理索延勇。2014 年完成施工产值 12137 万元,工程处于主体施工阶段。

(郭清彬　章　梅)

【海外工程施工】 2014 年,海外新签合同额 5.4 亿元，在建工程8项。其中，巴布亚新几内亚莫尔兹比港SP啤酒厂、瓦咖尼二期两项工程处于完工收尾阶段。

巴布亚新几内亚莫尔兹比港海港写字楼工程　2栋写字楼，建筑面积19357平方米，合同投资36907万元，合同工期2012年2月—2015年8月。项目经理李坤。工程处于主体施工阶段。

巴布亚新几内亚莫尔兹比港海景国际花园工程　13栋住宅楼，建筑面积31683平方米，合同投资14212万元，合同工期2013年4月—2015年4月。项目经理胡金海，工程处于主体施工阶段。

巴布亚新几内亚莫尔兹比港天景苑工程　14栋单体住宅，建筑面积10296平方米，合同投资3882万元，合同工期2014年2月—2015年2月。项目经理赵志宾，工程处于主体施工阶段。

巴布亚新几内亚莫尔兹比港运动员村餐厅工程　建筑面积2900平方米，合同投资3537万元，合同工期2014年3月—2015年2月。项目经理范绍强，工程处于主体钢结构施工阶段。

巴布亚新几内亚莫尔兹比港麦克格莱格工程　4层公寓，建筑面积1730平方米，合同投资2083万元，合同工期2014年10月—2015年10月。项目经理顾宗飞。工程处于基础施工阶段。

蒙古国乌兰巴托NO.1工程　商业住宅，建筑面积171521平方米，合同投资75078万元，合同工期2014年5月—2016年12月。项目经理王海洋。工程处于主体施工阶段。　（田杰勇　章　梅）

【经营管理】　(1)经营承揽。落实股份公司“五个50%”要求，本着做实做优做强的经营理念，重质量轻规模，在经营地域、方向、方式等方面进行改革和调整；探讨新的资本运营经营模式，严控垫资额度，提升资金到位项目比例；揽干结合、以干促揽，与15家公司签订战略合作协议。推进区域经营管理模式，组建10个区域经营指挥部。开展“三个细分”（细分市场、细分客户、细分责任），下发各类配套管理制度，完善经营承揽管理办法。获中国铁建2014年度房建经营工作先进单位、各省市路外市场经营工作先进单位。

(2)物流贸易。物资公司按照“对内服务保障，对外盈利创效”的新定位，提出“内练实力、外塑品牌”的转型发展思路，以做优做强做大“现货贸易、工程服务贸易、工程物资系统集成”三大核心业务为发展目标。挖掘全国钢厂资源，直接合作的大型钢厂达16家，钢厂采购量超过150万吨，占总采购量的60%。全年承揽外部工程物资供应订单近100个，现货市场覆盖华北、华东、华南、西北区域的部分大中城市，华北区域现货贸易规模首超100万吨。与中国建筑业协会材料分会携手开发的建材类电商平台于5月正式上线运行。

(3)工程管理。以“做实、做强、做优”为主线，坚持“安全第一、预防为主、综合治理”的安全生产方针，持续推行标准化、制度化、程序化、信息化管理。进一步完善管理制度，落实住房和城乡建设部工程质量治理两年行动方案精神，大力整治亏损项目、降低非实体费用，以“用1～2年时间每平方米建造成本降低200元”为核心目标，加大业务系统考核力度并通报检查情况，突出抓好关键工序质量和重点工程履约，年内安全生产形势稳定，无亡人安全生产责任事故发生。完善自上而下的三级节能环保管理体系，确定“资源节约型”企业的建设目标，无环境污染责任事故发生。集团公司获中国铁建安全生产先进单位称号，武汉分公司获全国工程建设质量管理小组活动优秀企业称号。全年变更索赔额28.42亿元，变更索赔率17.94%。集团公司在中国铁建责任成本考评中列工程板块第一名。继续大力推进物资集采，二级单位集采增加至18个，全年两级集中采购物资453922万元，与同期市场采购价相比节约21588万元，集采节约率4.54%。通过降低材料采购供应价格和推广木塑模板、钢木龙骨体系，合计折合每建筑平方米面积降低成本21.11元。继续推进信息化管理，新开发项目综合信息系统、劳务资源管理系统，物资采购（租赁）招投标和报价管理信息系统和客商管理系统，并整合原有业务系统，实现项目、分公司、集团三级共用一个平台。

(4)企业管理。集团公司注册资本由12亿元，增资至25亿元。经协商拟采用国有资产无偿划转的形式收购宁夏设计院，已取得股份公司同意。组织各子公司进行资质申报。组建二级单位新疆分公司及派驻机构10个区域经营指挥部，将市场营销部更名为经营计划部。12月赴中建三局调研，对标学习，形成集团公司、二级单位、项目部三个层面的调研报告，并上报股份公司。调整对二级机构年度考核的总体思路和框架，将过程管控考核由1年2次现场考核，改为1次年中现场考核和1次年底非现场考核。

(5)财务管理。遵循中国铁建“十二五”战略发展规划和财务战略规划指导思想，以资金管理为中心，以会计核算和全面预算为重点，强化资金监控和成本费用控制。编制2014年全面预算报告，并对预算执行情况进行检查。全面完成除房地产公司以外所有二级单位的营改增模拟运行工作。10月，启动财务共享中心的试点和筹备工作，12月底在济南分公司上线试运行。加强融资能力，年内获得18家国内银行超过234亿元的综合授信，首次完成银行间协会10亿元的中长期融资债券额度注册。加大外部业主银行方和财务公司方的沟通协调，探索在中国铁建财务公司开户模式，逐步做到结算平移。严格控制区域分公司外部银行开户数量。下发一系列管理办法,规范筹融资管理和使用,加强应收款项管理及催收工作,规范经营承揽的费用支出及资金使用,推进资金集中管理。将财务指标纳入到绩效考核范围,使二级单位更加注重发展质量,引导生产经营向重规模、重效益、重现金流的方向发展。推进财务信息化管理,新开发投标保证金支付管理系统、非合同支付管理系统,实现所有财务审批事项全部网上审批。

(6)审计管理。年内完成经济责任审计、竣工工程审计、年度绩效审计项目 40 个,查处问题金额 1358.27 万元,提出审计建议 80 条,发现的问题金额在审计中基本得到纠正。成立 20 个检查督导组,对所属二级单位财务收支情况、执行国家宏观政策与决策的部署情况、企业重大经济决策等 7 大方面进行检查,并按规定对查出问题进行追责处理。集团总部审计部、济南分公司审计部、设备安装分公司审计部被评为中国铁建审计工作先进单位。

(7)综合管理。进一步完善内控体系,将参与重大项目、重要决策的法律论证、审核作为法律服务工作重点;通过诉讼仲裁方式解决重大合同纠纷,回收欠款 4210 万元,避免经济损失 1.1 亿元。集团公司被评为中国铁建落实法制工作第三个三年目标先进单位,于久龙被评为中国铁建十佳优秀总法律顾问。建设集团移动门户,在门户上设置“待办提醒”,使各级领导能够随时处理各项事务。完善档案、公文、印章管理信息系统,推进档案工作评价工作,公文管理实现电子发文和上级来文网上传阅,用印申请全部实现网上审批。

(章　梅)

【科技教育】 (1)科技创新。承担的“房屋阻尼减震设计和施工关键技术研究”等 4 项课题,被列入中国铁建科技研究开发计划 C 类课题。“大型铁路客运枢纽综合施工技术研究”“宁波站船型预应力拉索张玹钢结构施工技术研究”获中国铁道学会科学技术奖,10 项成果获中国铁道建筑总公司科学技术奖。参建的京沪高速铁路工程获第十二届中国土木工程詹天佑奖。5 人被评为中国铁建科技工作先进个人。

(2)教育培训。开展专业人员培训和“中铁好讲师”系列评选。全年组织培训 443 期,培训 12095 人次。培训范围涵盖工程、质量、技术、安全、造价、财务、党群等专业。　(李　蒨　陆志阳　章　梅)

【党群工作】 (1)党的工作。组织引导各级党组织和全体党员紧密围绕生产经营活动,按照坚持服务大局与提升管理并行的原则,发挥党建的政治核心、政治保障作用和群团的桥梁纽带作用。完成集团公司本级和所属 29 个二级单位党的群众路线教育实践活动任务,集团公司作为中国铁建系统唯一一家单位在国资委党委召开的党的群众路线教育实践活动总结大会进行书面交流。开展裸官的摸查及对全体党员的民主评议工作。修改完善党建考核办法,培训入党积极分子 102 名,发展新党员 85 名。开展“学先进、找差距、鼓干劲、争上游”和加强领导干部廉洁自律宣传教育。配合企业施工生产,抓好典型工程、人物的报道,发挥典型示范作用。

(2)纪检监察工作。加强党风廉政建设责任制落实和纪检监察工作的全面考核,兑现奖惩。组织反腐倡廉教育活动 774 场次,参加人员 17315 人次。廉洁谈话 1653 人,诫勉谈话 14 人次。开展效能监察 15 项,成立工作组 71 个,提出监察建议 674 条,实现减亏扭亏 1112 万元,发现主要问题 9 项,提出监察建议 5 条;统一开展材料管理专项监察,提出监察建议 648 条,节约资金 500 万元,避免和挽回经济损失 8 万元。首次向 10 个二级单位派驻监察专员,监察专员实行垂直管理,制度推行以来,监察专员共发现并核实违纪违规问题 17 项,上报重大问题 43 项,提出建议 46 个。

(3)工会工作。召开三届二次职工代表大会,审议并通过各项工作报告,签订 2014 年集体合同以及各专项合同。按期进行工会换届,职工入会率 100%。加强工会资产管理和工会经费全面预算管理,形成上下统一的财务监管机制。在中国铁建工会系统 2013 年度财务竞赛评比中获一等奖。开展形式多样的劳动竞赛,助力生产经营。通过召开生活福利小组会议、座谈会、网上论坛等形式,开展合理化建议、员工满意度调查。积极组织参加中国铁建“在学习中成长——中国铁建员工阅读会”系列活动,购书送基层,建立职工书屋。开展以“幸福女性、幸福中国”和“感恩母亲、孝行天下”为主题的中铁建设第二届女职工读书征文活动。组织开展丰富多彩的文体减压活动,为职工娱乐、健身、沟通、交流、减压搭建平台。组织单身青年参加中国铁建在川渝地区和京津地区的未婚青年联谊会;每年为职工安排一次体检,为女职工安排妇科体检,为退休职工组织两次集体活动。集团公司获中国铁建首届模范劳动关系和谐企业称号。

(4)共青团工作。继续开办道德讲堂,开展形式多样的“学雷锋”活动和“我的中国梦——奋斗的青春最美丽”主题系列活动。围绕企业施工生产,推进青年突击队竞赛和“导师带徒”活动,促进青年员工的快速成长。组织单身青年加入股份公司“铁建情缘”QQ群和参加北京市团委举办的“相逢是首歌”联谊活动。

(周京精　李泽文　朱玉全　章　梅)

【北京分公司】 2010年1月成立。公司驻北京市石景山区石景山路20号。下设53个项目部、1个城市分公司。总经理李擘,党委书记魏广铭。职工1633人。资产总额71.66亿元,其中固定资产净值0.12亿元、流动资产71.47亿元。年施工能力60亿元以上。2013年3月成立同级子公司——中铁建设集团北京工程有限公司。

2014年新签合同额118亿元,完成企业总产值61.2亿元,实现利润3.06亿元。全年获安全、技术质量等国家级奖项4项、省部级52项、股份公司级2项,其中获中国土木工程鲁班奖1项。（王洪珂　章　梅）

【西安分公司】 2002年3月成立,前身是中铁二十局集团城建总公司,2001年底划归北京中铁建设有限公司,后更名为中铁建设集团有限公司西安分公司。公司驻陕西省西安市高新区高新四路17号志诚商务C座5层。经营区域覆盖陕西、宁夏、甘肃、青海西北4省区。下设1个物资配送中心、23个项目部。总经理郝长江,党委书记辛宁海。职工599人。资产总额19.82亿元。其中,固定资产原值511.7万元、净值196.8万元;流动资产19.58亿元;其他资产2189.2万元。机械运输设备14台(套)。年施工能力200万平方米。2009年1月成立同级子公司——中铁建设集团西安工程有限公司。

2014年新签合同额36.44亿元,完成企业总产值13.56亿元,实现利润6109.7万元。全年获安全、技术质量等省部级奖项6项、股份公司级1项。

（王晓霞　章　梅）

【武汉分公司】 2009年3月成立。公司驻湖北省武汉市硚口区古田二路汇丰企业总部2号楼A座203。下设21个项目部、4个城市分公司。总经理杨再清,党委书记付结实。职工580人。资产总额14.3亿元,其中固定资产净值518.84万元、流动资产14.2亿元。年施工能力20亿元。2009年7月成立同级子公司——中铁建设集团湖北建设有限公司。

2014年新签合同额26.57亿元,完成企业总产值18.4亿元,实现利润0.42亿元。全年获全国工程建设优秀质量管理小组奖3项,公司被评为全国工程建设质量管理小组活动优秀企业。（艾梦龙　章　梅）

【华东分公司】 2009年12月成立。公司驻上海市闵行区莲花路1978号E栋101室。下设19个项目部。总经理赵先忠,党委书记方红旗。职工662人。资产总额32.07亿元。其中固定资产净值668万元、流动资产28.3亿元。年施工能力25亿元。2011年9月成立同级子公司——中铁建设集团华东工程有限公司。

2014年新签合同额31.95亿元,完成企业总产值25.3亿元,实现利润7528万元。全年获安全、技术质量等国家级奖项5项、省部级8项、股份公司级2项。其中,参建的京沪高速铁路工程获第十二届中国土木工程詹天佑奖并被评为改革开放35年百项经典暨精品工程。公司被评为上海市一星级诚信创建企业、上海工程建设QC小组活动优秀企业、江苏省重质量守信誉诚信施工单位。（窦雪艳　章　梅）

【铁路工程总指挥部】 2010年2月成立。公司驻北京市石景山区石景山路20号。以铁路工程施工为主业,同时开拓路外房建市场。下设17个项目部。总指挥长吴永红,党委书记常民。职工447人。资产总额29.62亿元,其中流动资产29.35亿元。机械运输设备18台(套)。

2014年新签合同额25.2亿元,完成企业总产值34.73亿元,实现利润3590万元。全年获安全、技术质量等国家级奖项4项、省部级6项、股份公司级2项。1个项目部获得贵州省五一劳动奖状。

（叶晓华　章　梅）

【设备安装分公司】 1990年1月成立。公司驻北京市丰台区张仪村路16号。下设19个项目部、2个区域分公司、1个加工中心。总经理贾学斌,党委书记申友勇。职工371人。资产总额14.90亿元,其中流动资产14.83亿元、固定资产净值735万元。2012年3月成立同级子公司——中铁建设集团设备安装有限公司。

2014年新签合同额17.28亿元,完成企业总产值13.52亿元,实现利润10080万元。全年获技术质量等国家级奖项7项、省部级3项、股份公司级2项。其中,2项参建工程获中国建设工程鲁班奖。

（闫　芬　章　梅）

【市政工程分公司】 前身是中国人民解放军铁道兵独立建筑团汽车连,2004年7月更为现名。公司驻北京市丰台区张仪村路16号。下设19个项目部。总经理付建中,党委书记陶信山。职工300人。资产总额10.85亿元,其中固定资产净值212.59万元、流动资产10.83亿元。2012年6月成立同级子公司——中铁建设集团市政工程有限公司。

2014年新签合同额8.83亿元,完成企业总产值8亿元,实现利润3308万元。全年获技术质量等省部级奖1项、股份公司级1项。（王　征　章　梅）

【北京中铁装饰工程有限公司】 1999年9月成立。建筑装饰装修、建筑幕墙工程设计与施工二级,金属门窗工程专业承包三级资质企业。公司驻北京市丰台区张仪村路16号。下设幕墙事业部、设计研究院、产品加工基地和39个项目部。总经理赵向东,党委书记李昌盛。职工480人。资产总额94130万元,其中流动资产93745万元、固定资产净值385万元。

2014年新签合同额11.7亿元,完成企业总产值12.02亿元,实现利润5622万元。全年获安全、技术质量等国家级奖项18项、省部级23项、股份公司级6项。公司被评为2013—2014年度十大最具创新设计机构(综合类)及中国建筑装饰30年优秀装饰施工企业、办公空间类专业化百强企业、交通场站类专业化百强企业。 (陈 盼 章 梅)

【中铁建设集团房地产有限公司】 2010年2月成立,房地产开发二级资质,注册资金5亿元,驻北京市石景山区石景山路20号。下设6个项目子公司。董事长兼党委书记庄初最,总经理孙洪军。在岗职工116人。资产总额46.45亿元(流动资产45.98亿元,固定资产净值221万元,其他资产4462万元)。

2014年完成销售额13.13亿元,营业收入70578万元,实现利润8767万元。全年开发房地产项目6个,5个在建、1个清盘,总建筑面积217.14万平方米。中国铁建耀中心一期获被评为北京写字楼热销榜五强、中国写字楼综合体发展论坛第十一届年会2014年度最具升值潜力写字楼。中国铁建·国滨苑获被评为2014年度大连性价比楼盘——大连最佳户型榜十强。 (刘 萍 章 梅)

【北京中铁建工物资有限公司】 1993年成立。公司驻北京市丰台区张仪村路16号。主要经营范围:钢材现货贸易、钢材工程服务贸易、工程物资系统集成。下设2个区域办事处、3个区域经营组。总经理张跃鹏,党委书记吕金华。职工197人。资产总额56.57亿元。其中流动资产56.56亿元。拥有运输挂车3辆、吊车2辆,原值186万元。设有同级内部供应机构——物资供应站。

2014年完成营业收入96.41亿元,实现利润4.39亿元。全年经销钢材312万吨。年内被评为北京地区钢铁营销建材类10强。 (刘 浏 章 梅)

【重要记载】

▲1月8日 云南省副省长高峰到集团公司承建的云南广电项目检查指导。

▲1月17日 贵州省委常委、常委副省长谌贻琴到集团公司承建的贵安新区电子信息产业园公共租房工程调研。

▲1月19日 中国铁路总公司副总经理卢春房到集团公司承建的沪昆铁路客运专线湖南段娄底南站项目检查指导。

▲1月27日 安徽省委副书记李锦斌慰问集团公司合肥南站建设者。

▲1月28日 贵州省副省长秦如培慰问集团公司贵阳北站建设者。

▲2月17日 集团公司召开三届二次职工代表大会暨2014年工作会议,董事长、党委书记汪文忠作题为《强化资金管理、提升盈利能力、进一步做实做强做优企业》的讲话,总经理赵伟作题为《深化改革抓落实、强化管理促发展、持续推进企业做实做强做优》的行政工作报告。

▲2月19日 集团公司召开2014年党风建设和反腐倡廉工作会议,董事长、党委书记汪文忠作题为《树立底线思维、强化作风建设、为集团持续健康发展打造坚强防线》的讲话,党委副书记、纪委书记张军柱作题为《深化监督监察、推进作风建设、为集团公司平稳健康发展提供有力保障》的工作报告。

▲3月17日 集团公司召开党的群众路线教育实践活动动员大会。

▲3月28日 中国铁路总公司副总经理卢春房到集团公司承建的京广铁路保定站改造工程检查指导。

▲4月9日 中共中央政治局委员、国务院副总理马凯在贵州省调研期间,视察集团公司承建的贵安电子信息产业园一期工程。

▲4月 集团公司承建的三亚海棠湾国际购物中心(一期)工程、连云港工业展览中心钢结构工程、长春枢纽长春站改造钢结构工程、宁波站改建钢结构工程获2013年中国钢结构金奖。

▲5月5日 全国政协副主席、全国工商联主席王钦敏到集团公司承建的江西省总商会城市综合体工程检查指导。

▲5月14日 云南省省长李纪恒到集团公司承建的昆明南站检查指导。

▲5月26日 贵州省委书记、省人大常委会主任赵克志,省委副书记、省长陈敏尔到集团公司承建的贵阳北站检查指导。

▲5月30日 中国新任驻巴新大使李瑞佑看望中铁建设巴新公司海港写字楼项目员工。

▲6月19日 贵州省委书记、省人大常委会主任赵克志,省委副书记、省长陈敏尔率贵州省第二次项目建设现场观摩会代表,观摩集团公司承建的贵安电子信息产业园一期工程。

▲7月4日 集团公司承办2014年首都建筑行

业"百场电影进工地"活动。

▲7月13日　中共中央政治局委员、国家副主席李源潮在贵州省委书记赵克志,省委副书记、省长陈敏尔陪同下视察集团公司承建的贵安电子信息产业园一期工程。

▲8月6日　中国铁建副总裁庄尚标到集团公司承建的合肥南站检查指导。

▲8月18日　蒙古国建设厅人事总经理 Ganbaatar 先生到集团公司蒙古国 NO. 1 项目考察。

▲9月11日　中共中央政治局常委、全国人大常委会委员长张德江视察集团公司承建的贵安电子信息产业园一期工程。

▲9月27日　中国铁建副总裁刘汝臣到集团公司承建的贵州茅台生态循环经济产业示范园工程检查指导。

▲10月28日　中铁建设集团天津工程研究中心基地后援服务楼正式启用,天津分公司机关迁至天津空港经济区。

▲11月12日　集团公司承建的合肥南站开通运营。

▲11月24日　云南省委副书记、代省长陈豪,副省长刘慧晏到集团公司承建的昆明南站调研。

▲11月　集团公司承建的哈大铁路客运专线长春西站站房及站台雨棚工程、哈尔滨铁路枢纽新建哈尔滨西客运站工程获2013—2014年度国家优质工程奖。

▲11月　集团公司参建(9座站房)的京沪高速铁路工程获第十二届中国土木工程詹天佑奖,并被中国建筑业协会评为改革开放35年百项经典暨精品工程。

▲12月9日　中国铁路总公司副总经理杨宇栋带领铁路总公司和部分铁路局70余人,观摩集团公司承建的贵阳北站。

▲12月10日　中国铁路总公司副总经理杨宇栋到集团公司承建的娄底南站检查指导。

▲12月11日　贵州省政协主席王富玉率主席会议检查团130余人,观摩集团公司承建的贵阳北站。

▲12月17日　中国铁建副董事长、党委副书记、工会主席彭树贵到集团公司承建的贵阳北站检查指导。

▲12月26日　集团公司承建的贵阳北站开通运营。

▲12月　集团公司注册资本金由13亿元变更为25亿元。

▲12月　集团公司承建的海军总医院内科医疗楼工程、乐成恭和苑老年公寓工程获2014—2015年度中国建设工程鲁班奖(国家优质工程)。

▲12月　装饰分公司承建的中国铁道建筑总公司工程技术研发基地科研楼、天津铁建大厦室内装修工程获2013—2014年度全国建筑工程装饰奖(公共建筑装饰类);天津铁建大厦装饰设计获2013—2014年度全国建筑工程装饰奖(公共建筑装饰设计类)。

▲12月　装饰子公司承建的中国铁道建筑总公司工程研发基地幕墙工程、天津铁建大厦幕墙工程获2013—2014年度全国建筑幕墙精品工程,并获2013—2014年度全国建筑工程装饰奖(建筑幕墙类)。

▲12月　设备安装分公司承建的北京清河华润五彩城(东区)机电安装工程、三亚美高梅酒店机电工程、清河华润五彩城西区机电工程荣获中国安装工程优质奖。

(章　梅)

中国铁建电气化局集团有限公司

【简况】　中国铁建电气化局集团有限公司具有通信工程施工总承包一级,房屋建筑工程施工总承包一级,机电安装工程施工总承包一级,电气化、电务、电信、送变电、机电设备安装工程专业承包一级资质,是中国高速铁路"四电"集成总承包企业。集团公司驻北京市石景山区石景山路29号。中铁建电气化局有限公司2005年7月19日挂牌成立,由中铁十五局集团电务工程有限公司、中铁十七局集团电务工程有限公司、中铁十八局集团电务工程有限公司、中铁二十五局集团电务工程有限公司电气化分公司和柳州铁路工程有限公司电务分公司重组而成;2005年12月12日,改称中铁建电气化局集团有限公司;2009年8月,股份公司将中铁十一局集团电务工程有限公司、中铁十二局集团电气化工程有限公司主体划转并入;2011年6月,改称中国铁建电气化局集团有限公司。集团公司主要从事铁路电气化、电务、通信、信号、电力和城市轨道交通、公路交通、机电设备安装、地方电信、送变电工程施工和高速铁路"四电集成"及接触网支柱、H型钢柱、接触线承力索、接触网零部件、钢结构的生产、研发、销售、工程设计及酒店管理、铁路新线"四电"运营维护管理等。下辖中国铁建电气化局集团第一、第二、第三、第四、第五工程有限公司,南方工程有限公司、北方工程有限公司、京燕饭店有限公司、西安电气化制品有限公司、科技发展有限公司、中铁建电气化设计研究院、城市轨道工程公司、轨道交通器材有限公司、康远新材料有限公司、新疆维管分公司15个控股子分公司。职工10222人,其中干部3881人、工人6155人。资产总额166.2亿元,其中固定资产净值8.8亿元、流动资产154.6亿元、其他资产11.7亿元。机械运输设备1455台(套),成新率39.78%,完好率90%,利用率126%,总功率85926.7千瓦,技术装备率2.83万元/人,动力装备率9.61千瓦/人。

2014年新签合同额345亿元,完成企业总产值195.2亿元,其中施工产值188.4亿元;实现利润7.5亿元。人均创利82532元,职工年人均收入79243元。国有资产保值增值率130.1%,净资产收益率26.6%,产值利润率4.3%,资产负债率81.3%,成本费用占营业收入比重的95.7%,投资回报率26.6%,应上缴款完成率100%。完成主要实物工程量:通信线路7746.52千米,自动闭塞2713.63区间千米,电气集中联锁道岔2199组,电力线路13713.97千米,变配电所114.33座,接触网6684.33千米,牵引变电所206.2座,房屋建筑面积19.83万平方米。年内,获国家优质工程2项、省部级、中国铁建优质工程15项,获全国优秀质量管理小组8个,省部级、中国铁建优秀质量管理小组17个;集团公司被评为北京市地税局、北京市国税局纳税信用A级企业和工商银行AAA级信用企业。

(邹国华)

【领导人员】

董事会

董事长　王汉林
副董事长　郑　斌
董　事　王汉林
　郑　斌
　冯学彬
　张国俊
　燕正安

监事会

监事会主席　宋旭东
监　事　何明海
　熊永军

经理层

总经理　郑　斌
副总经理　冯学彬
　张国俊
　王志国
　姜晋南
　郭志光
　寇宗乾
　万传军
　孟宪浩
　宋景奇
　罗世昌(1月任)
　程庆海(3月任)
总会计师　张国俊(兼)
总工程师　寇宗乾(兼)

党群领导

党委书记　王汉林
党委副书记　郑　斌
　燕正安
　宋旭东
纪委书记　宋旭东
工会主席　燕正安

(赵润莲)

【工程项目指挥机构】 兰新铁路第二双线新疆段“四电”集成及站后相关工程LXSD2标段　驻新疆维吾尔自治区乌鲁木齐市。项目经理冯学彬,党工委书记王清波。

新建铁路大同至西安客运专线原平西至西安北段“四电”系统集成及相关工程SDJC标段　驻山西省太原市。常务指挥长寇震,党工委书记王广恩。

广西沿海铁路南宁至钦州北段、钦州北至北海段和钦州北至防城港段扩能改造工程站后“四电”系统集成及相关工程YHZH标段　驻广西壮族自治区钦州市。指挥长兼党工委书记黄国胜。

新建吉林至珲春铁路“四电”集成及相关工程JHSⅧ标段　驻吉林省延边朝鲜族自治州敦化市。项目经理万传军,党工委书记田子亮。

新建贵阳至广州铁路“四电”系统集成、防灾安全监控及相关工程GGSD-2标段　驻广东省广州市番禺区。指挥长郭志光,常务副指挥长刘兴晨,党工委书记杜志祥。

新建成都至重庆铁路“四电”系统集成及相关工程　驻四川省成都市。指挥长冯学彬,党工委书记王杰。

新建青岛至荣成城际铁路“四电”系统集成及相关工程　驻山东省烟台市芝罘区。指挥长宋景奇,党工委书记窦业坤。

新建云桂铁路广西段“四电”系统集成工程　驻广西壮族自治区南宁市西乡塘区。指挥长兼党工委书记黄国胜。

新建铁路西安至成都客运专线西安至江油段(陕西境内)“四电”系统集成工程　驻陕西省西安市未央区。指挥长王志国,党工委书记王广恩。

新建厦门至深圳铁路(福建段)“四电”系统集成工程　驻福建省漳州市。项目经理李兵,党工委书记周祯淳。

新建武汉至孝感城际铁路“四电”集成工程　驻湖北省武汉市。项目经理陈兆庆,党工委书记冯永树。

新建兰新铁路第二双线乌鲁木齐枢纽引入站后工程　驻新疆维吾尔自治区乌鲁木齐市。项目经理马宝平,党工委书记李德才。

新建兰新铁路第二双线哈密枢纽引入站后“四电”系统集成工程第 HSN 标段　驻新疆维吾尔自治区哈密市。项目经理冯学彬,党工委书记龙浩畅。

新建沈阳南站工程 SYNS－4 标段　驻辽宁省沈阳市。项目经理焦国栋。

新建武汉至黄冈城际铁路“四电”系统集成工程　驻湖北省鄂州市。项目经理喻守军。

新建铁路沈阳至丹东客运专线“四电”系统集成及相关工程 SDSD－1 标段　驻辽宁省本溪市。项目经理王勇,党工委书记姜祖光。

新建长沙至昆明铁路客运专线湖南段“四电”系统集成、防灾安全监控、信息及相关工程　驻湖南省怀化市新晃县。项目经理廖衡湘,党工委书记唐琛。

新建贵阳枢纽白云至龙里北联络线站后“四电”系统集成及相关配套工程　驻贵州省贵阳市南明区。指挥长吕彦伟,党工委书记陈世猛。

兰新线红柳河至乌西电气化改造工程　驻新疆维吾尔自治区乌鲁木齐市头屯河区。指挥长兼党工委书记冯学彬。

改建铁路遂渝增建第二线站后工程　驻重庆市沙坪坝区。指挥长兼党工委书记罗世昌。

新建铁路兰州至重庆线渭沱合川站后代建工程　驻重庆市沙坪坝区。指挥长兼党工委书记罗世昌。

兰渝线引入重庆枢纽货运系统站后工程　驻重庆市沙坪坝区。指挥长兼党工委书记罗世昌。

新建山西中南部铁路通道(含吕梁至临县(孟门)铁路临县北至孟门段)“四电”系统集成及相关工程 ZNZH－2 标段　驻山东省泰安市岱岳区。指挥长李爱忠,党工委书记董维锋。

乌鲁木齐新客站工程站后及“四电”集成工程 ZH1 标段　驻新疆维吾尔自治区乌鲁木齐市。项目经理张华峰,党工委书记付云峰。

改建铁路南疆线吐鲁番至库尔勒段增建二线工程 DS1 标段　驻新疆维吾尔自治区吐鲁番市。指挥长侯绪永,党工委书记朱群峰。

胶新铁路电气化改造工程　驻山东省临沂市。指挥长孙克炎,党工委书记毛哲轩。

改建铁路漯河至阜阳增建二线工程 LFSG－3 标段　驻河南省漯河市、周口市。指挥长任灵旺,党工委书记陈朝东。

新建新街至恩格阿娄至陶利庙铁路工程 XTSG－2 标段　驻内蒙古自治区鄂尔多斯市。指挥长李佳,党工委书记张军军。

改建铁路西安至安康增建二线 XKS－3 标段　驻陕西省安康市。项目经理雷云珊,党工委书记黄石头。

新建铁路天水至平凉线工程 TP－ZH 标段　驻甘肃省天水市。指挥长兼党工委书记赵广平。

邯长铁路扩能改造工程　驻河北省涉县。指挥长兼党工委书记左三良。

新建赣州到韶关铁路电气化工程 ZH－4 标段　驻广东省韶关市南雄市。项目经理李卫华,党工委书记李桂得。

上海轨道交通 13 号线一期工程牵降变系统工程　驻上海市浦东新区。项目经理李磊,党工委书记谢仕清。

上海轨道交通 13 号线一期信号系统工程　驻上海市浦东新区。项目经理李磊,党工委书记谢仕清。

无锡地铁 2 号线工程　驻江苏省无锡市。项目经理周安义,党工委书记谢仕清。

西安地铁 2 号线安装及装修工程 D2AZZXSG－6 标段　驻陕西省西安市。项目经理李利军,党工委书记王存生。

北京地铁 6 号线工程通信系统设备安装工程　驻北京市朝阳区。项目经理王永刚,党工委书记刘威。

北京地铁 14 号线工程通信视频监控系统设备安装工程　驻北京市朝阳区。项目经理兼党工委书记王永刚。

长沙轨道交通 2 号线一期通信系统工程　驻湖南省长沙市。项目经理兼党工委书记刘道永。

成都地铁 2 号线二期工程接触网、环网系统工程　驻四川省成都市。项目经理兼党工委书记陈杰。

上海市轨道交通 12 号线工程接触网、干线电缆及杂散电流工程系统施工总承包项目　驻上海市闵行区。项目经理胡泽新,党工委书记吕德强。

宁波市轨道交通 1 号线一期工程车站机电安装施工项目 JD1104 标段　驻浙江省宁波市。项目经理刘实,党工委书记胡代信。

南京地铁 10 号线车站设备安装工程 CA02 标段　驻江苏省南京市。项目经理毛伟。

青岛市地铁一期工程 3 号线机电安装 07 标段工程　驻山东省青岛市。项目经理郭帆。

土耳其安卡拉—伊斯坦布尔高速铁路铁 II 期工程　驻土耳其比莱杰克省。项目经理周洪波,党工委书记黄瑞贵。

(李欣欣)

【职工队伍】 职工 10222 人,其中在岗职工 9249 人、非在岗职工 973 人。干部 3881 人(不含内退)。其中,女干部 855 人,占干部总数的 22.03%;少数民族干部 82 人,占干部总数的 2.1%;专业技术干部 3725 人,占干部总数的 96.4%。干部学历结构:本科以上学历 2763 人,大专学历 841 人,中专及以下学历 277 人;年龄结构:30 岁以下 1933 人,31 ~ 40 岁 1126 人,41 ~ 50 岁 527 人,51 岁以上 295 人。专业技术人员中,高级职务 511 人,中级职务 1067 人,初级职务 1780 人;专业结构:工程系列 2872 人,经济系列 210 人,会计系列 414 人,政工系列 209 人,其他系列 20 人。

工人 6155 人,其中女职工 1281 人、少数民族 90 人。文化程度:初中以下 1093 人,高中 992 人,中专、技校、职高 2167 人,大专 1457 人,本科及以上 446 人;年龄结构:30 岁以下 3078 人,31 ~ 40 岁 1123 人,41 ~ 50 岁 883 人,51 ~ 55 岁 705 人,56 ~ 60 岁 366 人。3229 人获得国家职业资格证书,其中初级工 521 人、中级工 817 人、高级工 1344 人、技师 440 人、高级技师 107 人。 (周丽慧)

【工程施工】 截至 2014 年底,集团公司在建工程 155 项,其中完工项目 69 项、海外项目 2 项。合同投资总额 498.64 亿元。

兰新铁路第二双线新疆段“四电”集成及站后相关工程 LXSD2 标段 线路东起甘肃新疆界,经由哈密市、鄯善县、吐鲁番市,西至新疆维吾尔自治区乌鲁木齐市,正线全长 709.923 千米,合同投资 474630.41 万元,合同工期 2013 年 1 月 1 日—2014 年 12 月 31 日。重难点工程为大风区接触网工程。2014 年 12 月 26 日,全线开通运营。

新建铁路大同至西安客运专线原平西至西安北段“四电”系统集成及相关工程 SDJC 标段 线路自原平西(含)至西安北(不含),正线全长 655.41 千米,合同投资 452773.91 万元,合同工期 2013 年 2 月 18 日—2014 年 5 月 31 日。2014 年 7 月 1 日,大西铁路客运专线太原以南区段开通运营。

广西沿海铁路南宁至钦州北段、钦州北至北海段和钦州北至防城港段扩能改造工程站后“四电”系统集成及相关工程 YHZH 标段 正线全长 260 千米,合同投资 164618 万元,合同工期 2010 年 12 月 1 日—2012 年 12 月 30 日。2014 年全线正式运营,尾工处理完毕。

新建吉林至珲春铁路“四电”集成及相关工程 JHS Ⅷ标段 位于吉林省境内,西起吉林市,东至延边朝鲜族自治州珲春市,正线全长 360 千米,合同投资 168741 万元,合同工期 2012 年 9 月 10 日—2014 年 8 月 31 日。截至 2014 年底开工累计完成投资 157996.1 万元,占合同投资的 94%。

新建贵阳至广州铁路“四电”系统集成、防灾安全监控及相关工程 GGSD – 2 标段 正线全长 527.5 千米,合同投资 302496.54 万元,合同工期 2013 年 12 月 1 日—2014 年 9 月 28 日。2014 年 12 月 26 日开通运营。

新建成都至重庆铁路“四电”系统集成及相关工程 正线全长 308.45 千米,合同投资 179573.66 万元,合同工期 2014 年 1 月 16 日—2015 年 6 月 30 日。截至 2014 年底,开工累计完成投资 111714 万元,占合同投资的 62.21%。

新建青岛至荣成城际铁路“四电”系统集成及相关工程(QRSD 标段) 正线全长 298.842 千米,合同投资 204374.17 万元,合同工期 2013 年 12 月 15 日—2014 年 8 月 15 日。截至 2014 年底,开工累计完成投资 167920 万元,占合同投资的 88.8%。

新建云桂铁路广西段“四电”系统集成工程 正线全长 710.3 千米,合同投资 143835 万元,合同工期 2014 年 7 月 1 日—2016 年 12 月 31 日。重难点工程为平果、百色既有通信站搬迁,长大隧道内“四电”施工及百色站分步开通。截至 2014 年底,开工累计完成投资 15321.464 万元,占合同投资的 24.71%。

新建铁路西安至成都客运专线西安至江油段(陕西境内)“四电”系统集成工程 正线全长 342.937 千米,合同投资 329579 万元,合同工期 2014 年 9 月 1 日—2016 年 12 月 31 日。截至 2014 年底完成整体工程的 0.2%。

新建厦门至深圳铁路(福建段)“四电”系统集成工程 正线全长 144.16 千米,合同投资 118111 万元,合同工期 2009 年 9 月 20 日—2012 年 12 月 31 日。2014 年开通运营。

新建兰新铁路第二双线乌鲁木齐枢纽引入站后工程 正线全长 4.6 千米,合同投资 31857 万元,合同工期 2013 年 5 月 11 日—2014 年 12 月 31 日。截至 2014 年底完成全部投资,安北站 12 月 22 日送电成功,已完工。

新建兰新铁路第二双线哈密枢纽引入站后“四电”系统集成工程第 HSN 标段 正线全长 9.4 千米,合同投资 20764.88 万元,合同工期 2013 年 1 月 1 日—2014 年 12 月 31 日。截至 2014 年底,开工累计完成投资 28323 万元,占合同投资的 50.7%。

新建沈阳南站工程 SYNS – 4 标段 站场全长 3.9 千米,合同投资 23704.96 万元,合同工期 2013 年 9 月 27 日—2016 年 2 月 29 日。截至 2014 年底,开工累计完成投资 19057.85 万元,占合同投资的 80.4%。

新建武汉至黄冈城际铁路“四电”系统集成工程　正线全长35.99千米，合同投资23551.87万元，合同工期2013年8月3日—2014年1月20日。2014年6月18日正式运营。

新建铁路沈阳至丹东客运专线“四电”系统集成及相关工程SDSD－1标段　正线全长205.71千米，合同投资150136.32万元，合同工期2013年12月31日—2015年8月31日。截至2014年底，开工累计完成投资117995.2万元，占合同投资的78.59%。

新建长沙至昆明铁路客运专线湖南段“四电”系统集成、防灾安全监控、信息及相关工程　正线全长39.97千米，合同投资35000万元，合同工期2013年10月1日—2014年6月30日。2014年12月16日开通运营。

新建贵阳枢纽白云至龙里北联络线站后“四电”系统集成及相关配套工程　正线全长53.559千米，合同投资87543万元，合同工期2014年1月1日—2015年3月31日。开工累计完成投资71573万元，占合同投资的81.76%。

兰新线红柳河至乌西电气化改造工程　正线全长203.567千米，包括北疆支线线路全长31.713千米。合同投资115942万元，合同工期2009年3月1日—2010年8月31日。截至2014年7月，开工累计完成投资107463万元，占合同投资的92.7%。年内，兰新正线全部开通。

改建铁路遂渝增建第二线站后工程　正线全长130.832千米，合同投资46502万元，合同工期2010年4月1日—2011年12月31日。截至2014年6月，开工累计完成投资47880万元，占合同投资的102.96%。年内，工程全部完工。

新建铁路兰州至重庆线渭沱合川站后代建工程　正线全长4.32千米，合同投资10695万元，合同工期2010年11月2日—2011年12月1日。2014年12月1日，工程进入联调联试阶段。

兰渝线引入重庆枢纽货运系统站后工程　正线全长48.516千米，合同投资21700.76万元，合同工期2013年1月1日—2013年8月31日。截至2014年7月，开工累计完成投资22557万元，占合同投资的103.95%。年内，工程全部完工。

新建山西中南部铁路通道“四电”系统集成及相关工程ZNZH－2标段　正线全长521.122千米，合同投资284424万元，合同工期2013年10月1日—2014年10月31日。截至2014年底，开工累计完成投资250069.6万元，占合同投资的93.52%。

乌鲁木齐新客站工程站后及“四电”集成工程ZH1标段　施工线路7千米，合同投资54813.66万元，合同工期2013年3月1日—2015年9月30日。截至2014年底，开工累计完成投资28323万元，占合同投资的50.7%。

改建铁路南疆线吐鲁番至库尔勒段增建二线工程DS1标段　正线全长166.6千米，合同投资45791万元，合同工期2008年6月1日—2011年3月15日。截至2014年底，开工累计完成投资39130.9元，占合同投资的90.1%。

胶新铁路电气化改造工程　正线全长303.33千米，合同投资31231.88万元，合同工期2013年3月1日—2014年8月31日。截至2014年底，开工累计完成投资29823万元，占合同投资的95.49%。

改建铁路漯河至阜阳增建二线工程LFSG－3标段　正线全长93.5千米，合同投资40910.24万元，合同工期2009年7月8日—2011年7月7日。截至2014年底，开工累计完成投资43794万元，占合同投资的99%。

新建新街至恩格阿娄至陶利庙铁路工程XTSG－2标段　正线全长179.8千米，合同投资35013.52万元，合同工期2009年8月1日—2014年12月1日。截至2014年10月，开工累计完成全部投资。

改建铁路西安至安康增建二线XKS－3标段　正线全长123.8千米，合同投资27649万元，合同工期2009年10月1日—2012年11月12日。截至2014年底，开工累计完成投资24302.57万元，占合同投资的99.77%。

新建铁路天水至平凉线工程TP－ZH标段　正线全长112.425千米，合同投资40943.7289万元，合同工期2009年3月26日—2012年9月26日。截至2014年底，开工累计完成投资17425万元，占合同投资的42.56%。

邯长铁路扩能改造工程　正线全长218.44千米，合同投资118135万元，合同工期2010年9月28日—2012年9月27日。截至2014年底，开工累计完成投资116483.6899万元，占合同投资的98.6%。12月30日，全线正式开通运营。

新建赣州到韶关铁路电气化工程ZH－4标段　正线全长179.07千米，合同投资19999万元，合同工期2010年5月28日—2012年8月17日。截至2014年10月，开工累计完成投资20621.2万元，占合同投资的131%。9月30日开通试运营。

上海轨道交通13号线一期工程牵降变系统工程　全线长16.469千米，合同投资9530.56万元，合同工期2011年10月30日—2014年11月30日。截至2014年底，开工累计完成投资6341万元，占合同投资的66.53%。

上海轨道交通 13 号线一期信号系统工程　全线长 16.5 千米，合同投资 5413 万元，合同工期 2011 年 12 月 30 日—2014 年 11 月 29 日。截至 2014 年底，开工累计完成投资 4497 万元，占合同投资的 83%。

无锡地铁 2 号线车站机电安装 02 标段　大王基站至五爱广场站全长 2.57 千米，合同投资 6550 万元，合同工期 2012 年 11 月 1 日—2014 年 12 月 1 日。截至 2014 年 12 月，完成全部投资，工程完工。

西安地铁 2 号线安装及装修工程 D2AZZXSG－6 标段　线路全长 2.6 千米，合同投资 6891.66 万元，合同工期 2012 年 6 月 1 日—2013 年 7 月 31 日。截至 2014 年 6 月完成全部投资，西安地铁 2 号线南段于 6 月 16 日正式通车试运营。

北京地铁 6 号线工程通信系统设备安装工程　线路全长 42.86 千米，合同投资 19718 万元，合同工期 2010 年 12 月 1 日—2014 年 12 月 30 日。2014 年 12 月 28 日，北京地铁 6 号线二期开通运营。

北京地铁 14 号线工程通信视频监控系统设备安装工程　线路全长 47.4 千米，合同投资 7382.28 万元，合同工期 2012 年 4 月 30 日—2014 年 12 月 31 日。截至 2014 年底，开工累计完成投资额 3591 万元，占合同投资的 48.64%。2014 年 12 月 28 日，北京地铁 14 号线东段开通试运营。

长沙轨道交通 2 号线一期通信系统工程　一期工程范围为望城坡站至光达站，线路全长 21.93 千米，合同投资 10796 万元，合同工期 2012 年 12 月 20 日—2013 年 11 月 21 日。2014 年 4 月 29 日全线试运营。

成都地铁 2 号线二期工程接触网、环网系统工程　线路全长 42.25 千米，合同投资 37918.24 万元，合同工期 2012 年 1 月 1 日—2014 年 6 月 30 日。截至 2014 年 5 月完成全部投资。

上海市轨道交通 12 号线工程接触网、干线电缆及杂散电流工程系统施工总承包项目　线路全长 40.42 千米，合同投资 38691.04 万元，合同工期 2012 年 1 月 1 日—2014 年 6 月 30 日。截至 2014 年底，开工累计完成投资 34991 万元，占合同投资的 73.91%。

宁波市轨道交通 1 号线一期工程车站机电安装施工项目 JD1104 标段　线路全长 2.47 千米，合同投资 8280 万元，合同工期 2012 年 6 月 1 日—2014 年 1 月 1 日。2014 年 3 月 10 日通车试运行，5 月 30 日正式通车运营。

南京地铁 10 号线车站设备安装工程 CA02 标段　线路全长 5.4 千米，合同投资 5686 万元，合同工期 2012 年 12 月 31 日—2014 年 2 月 28 日。2014 年 7 月 1 日开通运营。

青岛市地铁一期工程（3 号线）机电安装 07 标段　合同投资 8716 万元，合同工期 2013 年 10 月 1 日—2015 年 6 月 30 日。截至 2014 年底，开工累计完成投资 5920 万元，占合同投资的 68.7%。

土耳其安卡拉至伊斯坦布尔高速铁路铁 II 期工程　线路全长 148.3 千米，合同投资 46105 万元，合同工期 2009 年 12 月 26 日—2012 年 7 月 26 日。2014 年，全线开通运营。　（李欣欣）

【经营管理】（1）市场经营。通过调整经营思路、深耕铁路市场、开发路外市场、强化工业制造企业产品市场开发等措施，经营工作成效显著。2014 年新签合同额 345 亿元，创历史新高，超额完成股份公司年度计划的 230%。

（2）施工生产。参建大西铁路客运专线、兰新二线、中南通道、青荣城际等 69 项铁路工程开通运营，总里程 4668 千米，占全年铁路开通运营总里程的 55%。参建的轨道交通工程、公路工程按照业主要求，完成机电安装、电力电网、新兴能源等工程施工，实现施工管理目标。

（3）安全质量。通过强化全员安全质量意识教育，严格安全质量管理责任制，推行安全隐患治理平台建设，规范现场标准化管理，全员安全质量意识明显提高，连续第 9 年获中国铁建安全生产先进单位称号。年内，获国家优质工程奖 2 项，省部级、中国铁建优质工程奖 15 项；获全国优秀质量管理小组奖 8 个，省部级、中国铁建优秀质量管理小组奖 17 个。

（4）科技创新。依托在建高速铁路项目，深度应用高铁接触网成套装备与集成关键技术，“四电”系统集成技术日趋成熟完善。主持或参与编制的铁路工程建设行业标准和工程建设地方标准，以及针对不同项目开发的“四新”技术得到全面推广应用，拓宽了技术应用渠道，提升了技术创新能力。

（5）优化专业结构。专注于提高铁路“四电”及相关专业施工技能、管理效能和创利潜能，努力打造企业“四电”专业优势。将非铁路市场作为企业新的经济增长点，企业在城市轨道交通、公路机电安装、电力电网、通信电信和新兴能源等非铁路市场占有率逐步提升；设计咨询、产品制造、运营维管、海外业务和商务开发等相关多元业务均按照各自业务实际，实现稳健有序发展；积极参与股份公司资本经营项目跟踪，按照“风险可控、适度发展”的原则，拓展资本经营项目，介入资本运营领域，努力向建筑产业上游延伸，寻求新的经济增长点。

（6）规范基础管理。通过着力推动内控体系建设、着力提高风险防范能力、着力强化人才队伍建设，使企业管理机制、制度规范、流程管理、证照管理、法律合规、工程调度、设备调配、物资招标、档案管理及信息化建设、职工教育培训、机关建设等各项基础管理在改革创新中不断规范，成为推动企业管理全面上台阶的重要支撑。（邹国华）

【科技教育】 (1)科技工作。科技研发立项183项，其中新立项目120项、续研项目63项。获省部级科学技术奖2项、中国铁建科学技术奖10项，获省部级工法6项、中国铁建股份公司优秀工法12项，获授权专利29项，其中发明3项、实用新型25项、软件著作权1项。承担2014年中国铁路总公司铁路工程建设标准《铁路接触网预配及精调施工作业指南》《高速铁路电力工程施工技术规程》《高速铁路电力牵引供电工程施工技术规程》的编写；参与铁路行业标准《电气化铁路用铜及铜合金接触线》《电气化铁路用铜及铜合金绞线》的制定；参与江苏省工程建设地方标准《城市轨道交通接触网(轨)系统工程质量验收规范》的编写。发布《电气化铁路用铜及铜合金绞线》《电气化铁路用铜及铜合金接触线》2项企业标准。所属9个单位被认定为高新技术企业。

(2)教育培训。全年培训职工17661人次，其中干部7839人次、工人9822人次，有效地提高了职工队伍的整体素质。（陈洁　汪文革）

【党群工作】 (1)党的工作。集团公司党委下设二级单位党委10个、党总支3个、基层党组织260个。有党员3155名，其中在岗职工党员2606名。①2014年3月6日—10月20日，开展党的群众路线教育实践活动。活动期间，全集团为党员干部配发学习书籍9396册；组织观看《周恩来的四个昼夜》《焦裕禄》等专题教育片107场次；邀请专家辅导32场次；召开领导小组会议7次，活动办公室召开会议12次；组织党委中心组学习86次，召开座谈会16次。②领导班子建设。提拔1名领导干部进入集团公司领导班子，考察2名领导干部交流任职。按照组织程序，调整所属8个单位的领导班子，提拔处级领导干部15人，调整班子成员11人。③宣传思想文化工作。全年在各主流新闻媒体刊发稿件200余篇。围绕企业生产经营、改革发展等中心工作，深入开展形势任务教育活动；围绕新时期干部职工的新动态，积极开展理顺情绪、化解矛盾、确保职工队伍稳定活动；围绕重点开通项目，组织集中宣传报道。加强舆情控制，不断提升《铁建电气化》局报的编排水平和稿件质量。积极宣传贯彻股份公司提出的“九种文化”理念，形成推动企业加快转型发展的强大思想动力。④党风廉政建设。各级党委认真落实党风廉政建设的主体责任，班子成员认真落实“一岗双责”，坚持党风廉政建设与生产经营工作“四同步”。制定和完善《“三重一大”集体决策制度实施办法》和《党委议事规则》，实现集体决策的制度化与规范化。⑤严格执纪问责。处理违纪党员干部29人，其中2名子公司班子成员被撤职，2名党员干部受到法律制裁。通过不断加大警示谈话、诫勉谈话和任前廉洁谈话的力度和频次，让干部做到心有所畏、言有所戒、行有所止。

(2)工会工作。下辖16个子分公司工会、132个基层工会，有工会会员10810人，专兼职工会干部165人，职工入会率100%。①民主管理。坚持抓好职工代表大会制度、民主测评领导干部制度，推进集体合同民主协商制度、企务公开民主管理制度的落实。促进企业职工依法、有序、广泛参与管理企业事务、管理经济和文化事业。2014年，集团公司16个法人实体单位召开职代会；民主评议领导干部109人次，信任率95%；提案征集76条，答复率100%；集体合同协商签订率和落实兑现率均达到95%；企务公开率达97%，民主监督作用有效发挥。②劳动竞赛。以重难点工程为主战场，广泛开展“五比创五杯”活动，结合全国安全月活动，开展“安康杯”竞赛活动。全年开展劳动竞赛16次，发放劳动竞赛奖金705.2万元；开展合理化建议和技术创新活动，年内征集合理化建议112条，采纳应用73条，技术革新21项，为企业降本增效创造价值4523.2万元。③建家建线。深入开展建家建线工作，扎实推进项目标准化建设。年内，集团各级工会共计拨付建家建线专项资金271.95万元，将职工的基本需求落到实处，建设温馨和谐职工之家。④评先树模。全年有16个先进集体和23个先进个人分别受到中华全国总工会、中华全国铁路总工会、中国铁建工会及所在地方省、市总工会的表彰。集团工会选送的南方公司《有梦就有路》、一公司《我的铁兵父亲》两部作品在全总和国资委共同举办的“中国梦·劳动美·幸福路”首届全国职工微影视大赛中，分别获得组委会特别奖、故事片最佳制作铜奖；两部作品分别在铁总举办的全国铁路职工演讲和小品比赛中获得银奖和铜奖；2个先进集体、10名先进个人分别在中国铁建工会开展的“悦读会”评比活动中受到表彰。⑤“三不让”帮扶及“送温暖”活动。创新帮扶机制，抓好“三不让”帮扶工作，加大双节“送温暖”力度。筹集送温暖资金387.95万元，慰问特困职工39户，重困职工121户，一般困难职工194户，发放困难救济款112.9万元；慰问先进模范、一线职工、离退休职工4015人，发放慰问救助款215.2万元；进行大病及其他疾病救助63人，发放救助金35.6万元；筹集“金秋助学”款19.79万元，资助困难职工、困难农民工、受灾职工子女80人。

(3)共青团工作。下辖基层团委10个、团支部81个;有共青团员3023人。年内组织开展以工程项目为依托的青年主题实践活动及第七届青工"五小"成果评选表彰活动,印发集团公司第五届、第六届青工"五小"成果手册。开展专题调研工作,深入项目,座谈102人次,制定措施,改进工作,并以党委名义下发《关于开展"导师带徒"活动的指导意见》。

(王文山　丁艺　丁晓毅)

【第一工程有限公司】 铁路电务、铁路电气化、城市及道路照明、电信、送变电、机电设备安装工程专业承包一级,电力承装承修许可证三级,公路交通工程专业承包资质企业。公司驻河南省洛阳市白马寺镇18号。前身是中铁十五局集团电务工程有限公司,2005年7月整体划转中铁建电气化局集团有限公司,改称中铁建电气化局集团第一工程有限公司,2011年8月改称中国铁建电气化局集团第一工程有限公司。董事长、党委书记李长波,总经理施亚辉。下辖通信信号分公司、电力电气化分公司、机械设备管理中心、工程加工中心、通信分公司、物业管理中心、门诊部、上海分公司、济南分公司、乌鲁木齐分公司、郑州区域经营部、东北区域经营部、北京办事处。职工1682人,其中干部386人、工人1296人。资产总额126881万元。其中,流动资产120892万元;固定资产原值12111万元、净值5471万元。拥有机械设备144台(套)、仪器仪表156台、自轮运转设备48台、汽车96台,总功率18754.9千瓦,动力装备率11.37千瓦/人,技术装备率2.216万元/人,设备完好率94.34%、利用率83.56%。

2014年新签合同额150898万元,实现利润4017万元,职工年人均收入75069元。总产值报酬率3.71%,净资产收益率27.19%,费用利润率1.88%,资产负债率86.83%,应上缴款完成率100%。连续5年被评为全国"安康杯"竞赛优胜单位。(马舟丽)

【第二工程有限公司】 铁路电务、建筑智能化、铁路电气化工程专业承包一级,机电设备安装、送变电工程专业承包二级,电信工程专业承包三级,电力设施承装(修、试)施工许可证承装类三级、承修类四级资质企业。公司驻山西省太原市尖草坪区昌盛西街18号。董事长兼党委书记唐忠国,总经理钟勇。下辖物业公司、北京办事处、福州工程分公司、设备分公司、电气化分公司、电力分公司、通信分公司、信号分公司、变电分公司、房建分公司和31个工程项目部。职工1390人,其中干部639人、工人753人。资产总额161337万元。其中,固定资产原值11496万元、净值4236万元;流动资产156575万元。拥有机械设备103台(套),原值9333.5万元、净值3211.9万元,总功率16537千瓦,动力装备13.8千瓦/人,技术装备7.78万元/人,设备完好率97%、利用率75%。

2014年新签合同额16.82亿元,完成企业总产值26.22亿元,实现利润6703万元。人均创利53414.04元,全员劳动生产率19.47万元/人年。职工年人均收入72000元。国有资产保值增值率152.54%,净资产收益率41.75%,产值利润率8.37%,总资产报酬率5.21%,资产负债率89.92%,应上缴完成率100.47%。年内,公司被评为山西省优秀建筑企业、全国守合同重信用企业;获国家优质工程奖2项、铁路优质工程奖1项,获国家级优秀QC活动成果奖3项、山西省优秀QC小组成果奖2项。(赵娜)

【第三工程有限公司】 铁路电务、铁路电气化、送变电工程专业承包一级,电信工程专业承包二级,消防设施工程专业承包三级资质企业。公司驻河北省高碑店市兴华北路57号。前身是始建于1967年的中国人民解放军铁道兵第一通信信号工程营,1984年1月集体转业,改编为铁道部第十八工程局电务工程处,1999年12月改称中铁第十八工程局电务工程处,2001年10月企业改制改称中铁十八局集团电务工程有限公司,2005年7月整体划转中铁建电气化局集团公司。董事长、党委书记张海军,总经理陈宪祖。下辖通信、信号、电力、电气化4个专业分公司,3个区域办事处和30个项目部。职工1392人,其中干部493人、工人899人。资产总额167436.5万元。其中,固定资产原值12972.7万元、净值6021.8万元;流动资产160903.2万元;其他资产511.5万元。机械运输设备521台(套),原值10155.3万元、净值4319.5万元,总功率19382千瓦,动力装备率13.92千瓦/人,技术装备率3.37万元/人,设备完好率97%、利用率87%,机械化施工程度75%。年施工能力60亿元以上。

2014年新签合同额214655.7万元,完成企业总产值280600万元,其中施工产值334600万元,实现利润6831.7万元、净利润5886.8万元。人均创利4.9万元,全员劳动生产率10.9万元/人年。职工年人均收入71610元。国有资产保值增率164.43%,净资产收益率48.84%,产值利润率2.43%,投资回报率113.86%,资产负债率91.05%,应上缴款完成率100%。年内,获授权专利4项、省级科技进步奖1项;公司被评为全国优秀施工企业。(桂磊)

【第四工程有限公司】 铁路电务、铁路电气化、机电设备安装、建筑智能化工程专业承包一级,送变电工程专业承包三级,电力设施进网承装、承修类三级及承试类四级资质企业。公司驻湖南省长沙市雨花区中意一路728号。2005年7月由原中铁二十五局集团电务工程有限公司电气化分公司整体划入中铁建电气化局集团公司,11月与第一工程有限公司所属第三分公司、第五分公司、攀枝花分公司整合重组,改称现名。董事长、党委书记马金生,总经理谢文艺。下辖通信信号、电气化和重庆3个分公司。职工915人,其中干部393人、工人522人。资产总额83644万元,其中固定资产5146万元、流动资产78469万元、其他资产29万元。机械设备97台(套),设备原值6373万元、净值1461万元,总功率14839千瓦,动力装备率16.21千瓦/人,技术装备率1.6万元/人,设备完好率22.2%、利用率22.5%。年施工能力20亿元以上。

2014年新签合同额154335.88万元,完成企业总产值149077万元,其中施工产值148891万元;实现利润1205万元。人均创利13169元,全员劳动生产率162.93万元/人年。职工年人均收入74685元。国有资产保值增值率117.72%,净资产收益率16.04%,资产负债率90.29%,应上缴款完成率100%。年内,公司被评为全国优秀施工企业、长沙市守合同重信用企业;获中国施工企业管理协会科技创新成果奖1项、全国优秀质量管理小组1项,获授权实用新型专利1项、省级工法2项。 (罗 昆)

【第五工程有限公司】 铁路电务、电信工程专业承包一级,铁路电气化、送变电工程专业承包二级,机电设备安装专业承包三级资质企业。公司驻四川省成都市青阳区。2005年12月15日成立,由原中铁二十五局集团柳州电务工程公司与中铁十五局集团电务工程公司六分公司重组而成。董事长、党委书记卫明博,总经理吕彦伟。下辖通号一分公司、通号二分公司、电气化分公司、城轨分公司、电力变电分公司。职工960人(含内退人员),其中干部484人、工人476人。资产总额141738.98万元。其中,固定资产原值6526.22万元、净值3183.46万元;流动资产133903.45万元;其他资产1309.31万元。机械运输设备83台(套),原值5734.72万元、现值2795.23万元,总功率9810千瓦,动力装备率10.1千瓦/人,技术装备率3.3万元/人,设备完好率88.80%、利用率96.39%。年综合施工能力10亿元以上。

2014年新签合同额236791.63万元,完成企业总产值204151万元,实现利润3425万元。人均创利3.55万元,全员劳动生产率41.85万元/人年,职工年人均收入54555.78元。国有资产保值增值率151.10%,净资产收益率40.71%,产值利润率1.66%,投资回报率57.08%,资产负债率92.96%,投资收益上缴率100%,应上缴款完成率100%。

(刘 颖)

【南方公司】 铁路电务、电信、电气化工程专业承包一级,送变电、机电设备安装工程专业承包三级资质企业。公司驻湖北省武汉市东湖开发区佳园路17号。前身是中铁十一局集团电务工程有限公司,2009年7月由原中铁十一局集团电务工程有限公司主体并入中国铁建电气化局集团有限公司,改称现名。董事长、党委书记陈宝军,总经理万靖。下辖通信、信号、电力、电气化、接触网、城轨、供电、房建、通电9个专业分公司,中南、西北、恒通3个分公司,襄阳管理部和北京办事处。职工1478人,其中干部737人、工人741人。资产总额200484.9万元。其中,固定资产原值12080.2万元、净值4968.8万元;流动资产193792.7万元;其他资产1723.4万元。机械运输设备133台(套),原值9570万元、净值3750万元,总功率9426千瓦,动力装备率6.37千瓦/人,技术装备率2.54万元/人,设备完好率95%、利用率75%。年施工能力40亿元。

2014年新签合同额186862.66万元,完成企业总产值340739.1万元,其中施工产值340540万元;实现利润6284.2万元。人均创利58607.92元。职工年人均收入57851元。国有资产保值增值率146.88%,净资产收益率39.27%,总资产报酬率4.01%,产值利润率2.24%,资产负债率90.50%,应上缴款完成率100%。年内,公司被评为湖北省最佳文明单位;获国家优质工程奖1项、全国工程建设优秀质量管理小组奖2项,获授权实用新型专利3项。(郭 星 刘 喆)

【北方公司】 铁路电气化、铁路电务、送变电、机电设备安装工程专业承包一级,承装(修、试)电力设施承装类、承试类二级和承修类三级资质企业。前身是中铁十二局集团电气化工程有限公司,2009年主体划归中铁建电气化局集团管理,改称中铁建电气化局集团北方工程有限公司,2011年改称现名。公司驻山西省太原市万柏林区迎泽西大街369号。董事长、总经理高斌文,党委书记马功民。下设电化、通号、建安、变电安装(计量测试中心)、机电安装和新能源6个专业分公司及电化宾馆,工程项目部33个,广州、西安、成都、昆明4个区域经营办事处。职工1254人,其中干部470人、工人784人。资产总额126675.02万元。其中,固定资产原值17803.36万元、净值7797.70万元;流动资产118445.03万元;其他资产432.29万元。机械运输设备170台(套),原值10164.3万元、净值4294.8万元,总功率11280千瓦,动力装备率7.46千瓦/人,技术装备率5.44万元/人,设备完好率95.4%、利用率65.9%,机械化施工程度80%。年施工能力35亿元以上。

2014年新签合同额22.99亿元,完成营业收入21.19亿元,实现利润4473万元,人均创利3.37万元,全员劳动生产率为76.63万元/人年。职工年人均收入7.3万元。国有资产保值增值率142.91%,净资产收益率35.42%,产值利润率2.11%,投资回报率74.54%,资产负债率90.48%,应上缴款完成率100%。年内,获铁路优质工程奖1项、省部级工法7项、国家实用新型专利3项;公司被评为全国工程建设质量管理小组活动优秀企业。 (李海鹏)

【北京京燕饭店有限公司】 驻北京市石景山区石景山路29号。系三星级涉外酒店,占地面积11706.31平方米,建筑面积36000余平方米。拥有客房269间,大小会议室8个,设有首层会议餐厅,商务餐厅和顶层阳光餐厅。总经理隋立华,党委书记高砚明,职工274人。

2014年完成营业收入5871万元,实现利润619万元。职工年人均收入49743元。 (梅籽偲)

【西安电气化制品有限公司】 由中铁建电气化局集团有限公司和西安灞桥电气化电杆厂于2007年4月10日在陕西西安合资组建并注册。公司驻陕西省西安市灞桥区纺织城。2010年,公司由中铁建电气化局集团有限公司、陕西省物资产业集团总公司和西安灞桥电气化电杆厂资产重组,集团公司持股比例74.375%。党总支书记、董事长、总经理黄兵。拥有铁路专用线2股道、混凝土产品生产线7条、钢结构制品生产基地3个。职工260人,其中干部60人、工人200人。资产总额40858万元。机械设备594台(套),原值1686万元、净值1461万元;实验设备32台(套),原值112万元、净值100万元。总功率8000千瓦,动力装备率30.1千瓦/人,设备完好率100%、利用率95%。

2014年新签合同额3.96亿元,完成营业收入26917万元,实现净利润724万元。人均创利2.78万元,全员劳动生产率104万元/人年。职工年人均收入5万元。净资产收益率17.1%,总资产报酬率4.09%,营业利润率3.58%,营业收入增长率58%,营业利润增长率69%,资产增长率48%,应上缴款完成率100%。连续3年被评为西安市守合同重信用企业。 (白 雪)

【科技公司】 公司驻河北省高碑店市西大街建国胡同9号。前身是中国铁道建筑总公司高碑店材料总厂,2007年11月整体划转中铁建电气化局集团有限公司,改制后企业更名现名。董事长、党委书记孙维星,总经理白利军。下设生产车间、物资分公司、建安分公司、重庆项目部、新疆项目部、大西项目部、东北区域项目部、青岛区域项目部、中南通道项目部、东南区域项目部、西北区域项目部。职工206人,其中干部89人、工人117人。资产总额43287万元,其中固定资产净值1688万元、流动资产40082万元、无形资产净值718万元。机械设备142台(套),原值701.88万元、净值360.91万元,总功率3548.19千瓦,动力装备率16.98千瓦/人,技术装备率1.73万元/人,设备完好率84%、利用率94%。

2014年新签合同额27480万元,完成营业收入28798万元,实现利润1390万元。职工年人均收入46995元。资产保值率146.88%,净资产收益28.05%,产值利润率4.82%,资产负债率86.54%,应上缴款完成率100%。年内,获中国施工企业管理协会科学技术奖科技创新成果奖1项、授权实用新型专利5项。 (黄婷婷)

【北京中铁建电气化设计研究院】 2006年6月注册成立,具有铁道行业乙级和铁道通信信号、电气化专业甲级设计资质,铁路专业丙级咨询资质。单位驻北京市石景山区石景山路29号京燕饭店8层。下设电化分院、通号分院、站前综合院。院长、党委书记阚绍忠。职工135人。资产总额6249万元。其中,固定资产原值247万元、净值85万元;流动资产6160万元;其他资产89万元。

2014年新签合同额3389.1万元,完成企业总产值2871万元,实现利润260万元。全员劳动生产率21.26万元/人年。国有资产保值增值率120.06%,净资产收益率18.23%,产值利润率9.05%,投资回报率26%,资产负债率75.2%,应上缴款完成率29.94%。年内,获北京市科学技术奖1项、国家授权计算机软件著作权1项。 (崔 喆)

【北京城市轨道工程公司】 2012年公司注册成立并由城市轨道交通分公司变更为现名。主要从事城轨市场“四电”工程的承揽和建设。公司驻北京市石景山区石景山路29号。总经理王俊杰,党委书记郭帆。

2014年新签合同额61931.53万元。 (范秀珠)

【轨道交通器材有限公司】 2008年成立。公司驻江苏省常州市武进区高速铁路电气化产业园。厂房占地面积56667平方米。公司隶属于生产制造行业,主要设计、制造及销售电气化铁路接触网零部件、城市轨道交通器材,引进德国力倍公司整套高速铁路接触网零部件生产制造技术，接触网零部件年产能力3000条千米，H型钢柱年生产能力30000根。总经理冯晓河。职工351人。资产总额56657万元。其中，固定资产原值19712万元、净值13958万元；流动资产41170万元；其他资产15487万元。机械运输设备607台(套)，净值5406.59万元，总功率8000千瓦，设备完好率99.36%、利用率75.25%。

2014新签合同额3.53亿元，实现营业收入3.6亿元。职工年人均收入7.42万元。产值利润率为3.84%，资产负债率109.02%。年内，公司被认定为省工程技术研究中心，取得腕臂支撑装置用管帽、高速电气化铁路接触网定位线夹、刚性悬挂接触网汇流排定位线夹、城市轨道交通汇流排电连接线夹、地铁接触网汇流排定位线夹、铁路接触网用汇流排中间接头6项实用新型专利；研发的刚性接触网用汇流排及其附件，通过江苏省经济和信息化委员会的新品鉴定。

（马盛宝）

【康远新材料有限公司】 铁路运输设备生产企业，准予生产和销售18种铜及铜合金接触线、14种铜及铜合金绞线，欧洲CE认证企业，公司产品可在欧盟市场销售。公司驻江苏省江阴市靖江工业园区人民南路88号。董事长、党总支书记邱正晓，总经理刘铁伦。职工165人。资产总额60108万元，其中固定资产净值7970万元、流动资产51195万元、其他资产943万元。机械运输设备6700万元，净值4800万元，总功率6600千瓦，动力装备率37.5千瓦/人，技术装备率40.6万元/人。年生产能力2万吨，具备电气化铁路5000正线千米供货能力。

2014年新签合同额62250万元，完成企业总产值74700万元，实现利润1611万元。全员劳动生产率377万元/人年，职工年人均收入6.2万元。资产负债率77.1%，应上缴款完成率100%。年内，获国家授权专利6项，研发的“超细晶强化型铜镁合金绞线”产品获中国施工企业管理协会科技创新成果一等奖，“速美特”牌“电气化电道用铜及铜合金接触网线材”产品获江苏省名牌产品称号，4项产品通过江苏省新产品认定；公司通过江苏省高新技术企业复审。（丁宁）

【新疆维管公司】 属电气化局非独立法人分公司，机关驻新疆维吾尔自治区乌鲁木齐市。主要担负精伊霍铁路正线286千米和精阿铁路正线78千米的牵引供电、电力及精伊霍线给水设备的运营维护管理及奎屯至北屯458千米铁路通信、信号、电力设备的运营维护管理。总经理兼党委书记王春林。下辖精伊霍铁路维管段和奎北铁路维管段。职工588人，其中干部56人、工人532人。资产总额177.7万元。其中，固定资产原值27.27万元、净值130.65万元；流动资产150.43万元。机械运输设备4台，原值238.04万元、净值100.29万元，设备完好率100%、利用率100%。

2014年新签合同额7014万元，完成企业总产值7053万元，实现利润414万元。人均创利7043.88元，全员劳动生产率12万元/人年，职工年人均收入52627元。产值利润率5.87%，资产负债率100%。

（刘海安）

【重要记载】

▲1月20—21日　集团公司二届三次职代会、2014年工作会暨党委扩大会、党风廉政建设和反腐倡廉工作会在北京京燕饭店召开。

▲1月29日　集团公司中标新建张家口至唐山铁路站后和站房工程ZTZH-2标段，合同投资59109万元。

▲2月14日　三公司卫晓强获评2013年度北京市优秀共青团员。

▲2月20日　集团公司中标新建成都至重庆铁路客运专线“四电”系统集成及相关工程CYSD-1标段，合同投资179574万元。

▲2月26日　山西省省长李小鹏视察集团公司承建的运城北站施工现场。

▲3月6日　集团公司召开党的群众路线教育实践活动动员大会。

▲5月12日　南方公司武咸城际铁路“四电”集成项目部、北方公司大西铁路客运专线“四电”工程指挥部第四项目部、二公司大西铁路客运专线“四电”工程指挥部第二项目部获2013年度北京市“青年安全生产示范岗”称号。

▲5月16日　四公司参加施工的长沙磁浮工程开工建设。

▲5月19日　国资委第一巡回督导组检查指导集团公司党的群众路线教育活动第一环节工作，听取集团公司党委书记、董事长王汉林的情况汇报，并查阅有关台账资料。

▲5月20日　集团公司中标新建巴中至达州铁路站后工程，合同投资39405万元。

▲6月13日　三公司北京地铁项目、南方公司上海轨道交通12号线项目被共青团北京市委授予2013年度北京市青年文明号称号。

▲6月23日　集团公司中标新建云桂铁路广西段“四电”系统集成工程，合同投资157837万元。

▲7月23日　集团公司中标新建兰州至重庆铁路站后“四电”系统集成工程，合同投资121534万元。

▲7 月 25 日　集团公司中标兰新铁路第二双线乌鲁木齐铁路局调度所工程，合同投资 38213 万元。

▲7 月　三公司周彪演讲的《用青春承载梦想，用奋进谱写辉煌》在铁路总工会举办的“中国梦 · 铁路情 · 劳动美——我与改革创新”全国铁路职工主题演讲比赛中获得银奖。

▲8 月 7 日　集团公司常州轨道交通器材有限公司生产的电气化铁路用接触网零部件系列产品取得国家铁路局行政许可证书。

▲8 月 25 日　中国铁路总公司副总经理卢春房到集团公司承建的青荣城际工程进行添乘检查。

▲8 月 27 日　集团公司中标新建铁路西安至成都客运专线西安至江油段“四电”集成及相关工程，合同投资 472057 万元。

▲9 月 11 日　康远新材料有限公司生产的电气化铁路用铜合金承力索、接触线取得国家铁路局行政许可证书。

▲9 月 23 日　集团公司中标东北东部铁路登沙河至庄河段改造工程站后“四电”系统集成及配套房屋工程，合同投资 45438 万元。

▲9 月　集团公司开发的“高速铁路接触网系统技术及其工程应用”成果获中国铁道学会科学技术特等奖，“青藏线西格段盐湖地区电气化接触网基础防腐及稳定性研究”成果获二等奖，“石武铁路客运专线信号系统接入既有郑西客专技术研究”“隧道接触网滑轮补偿装置防偏磨防卡滞施工技术”获三等奖。

▲10 月 8 日　集团公司中标秦沈铁路客运专线防灾安全监控补强工程，合同投资 73702 万元。

▲10 月 10 日　集团公司中标金华至温州铁路扩能改造工程站后“四电”集成及相关工程，合同投资 144733 万元。

▲10 月 23 日　集团公司中标哈尔滨至满洲里铁路电气化改造工程 ZHSD – II 标段，合同投资 234153 万元。

▲10 月　集团公司开发的“超细晶强化型铜镁合金绞线”“防腐钢铝复合导电轨”成果获中国施工企业管理协会科技创新成果一等奖，“隧道接触网滑轮补偿装置防偏磨防卡滞施工技术”“地铁刚性悬挂接触网施工技术”“接触网施工系列计算平台”获二等奖。

▲11 月 13 日　康远新材料有限公司生产的铜合金接触线、承力索系列产品取得中铁检验论证中心颁发的铁路产品 CRCC 认证证书。

▲11 月 21 日　集团公司承建的新建武汉至宜昌铁路“四电”系统集成及相关工程、天津地铁 3 号线工程获国家优质工程奖。

▲11 月 28 日　山东省常务副省长孙伟、山东省副省长张超超到集团公司承建的青荣城际工程进行添乘检查。

▲11 月　集团公司工会选送的二公司原创小品《爱要大声说出来》，在铁路总工会举行的“中国梦 · 铁路情 · 劳动美”全国铁路职工原创小品情景剧大赛中获得铜奖。

▲11 月　中华全国总工会宣传教育部、国务院国资委新闻中心共同在北京举办“中国梦 · 劳动美 · 幸福路”首届全国职工微影视大赛，集团公司工会选送的南方公司《有梦就有路》作品获得组委会特别奖、一公司《我的铁兵父亲》作品获得故事片最佳制作铜奖。

（邹国华）

中国铁建港航局集团有限公司

【简况】　中国铁建港航局集团有限公司（以下简称港航局）具有港口与航道、公路、市政公用、建筑工程施工总承包一级，机电安装工程施工总承包二级，电力工程施工总承包三级，地基与基础、桥梁、公路路基、隧道、钢结构工程专业承包一级，特种专业工程（限结构补强）专业承包、混凝土预制构件专业二级资质。2011 年 7 月 11 日成立。集团公司驻广东省珠海市前山翠峰街 189 号。下辖 5 家子公司、6 家分公司及 4 家项目公司，分别是：中铁建港航局集团岩土工程有限公司、中铁建港航局集团路桥工程有限公司、中铁轨道工程研究设计有限公司、中铁建港航局集团钢结构工程有限公司、中铁建港航局集团勘察设计院有限公司、中铁建港航局隆昌基础设施投资有限公司、中铁建港航局集团黄冈基础设施投资有限公司、中铁建港航局集团江门基础设施投资有限公司、中铁建港航局集团达州基础设施投资有限公司、中国铁建港航局集团有限公司第一工程分公司、中国铁建港航局集团有限公司第二工程分公司、中国铁建港航局集团有限公司第三工程分公司、中国铁建港航局集团有限公司第四工程分公司、中国铁建港航局集团有限公司总承包分公司、中国铁建港航局集团有限公司船舶工程分公司。职工 2024 人，其中干部 1752 人、工人 272 人。资产总额 767883 万元，其中流动资产为 548333 万元、固定资产净值 30908 万元。机械运输设备 749 台（套），原值 48805. 61 万元、净值 41705. 59 万元，总功率 54848. 84 千瓦，动力装备率 27. 4 千瓦/人，技术装备率 20. 85 万元/人,设备完好率92.6%、利用率91.3%,机械化施工率100%。年施工能力70亿元以上。

2014年完成企业总产值58.56亿元。年内,港航局获全国优秀施工企业、广东省守合同重信用企业、辽宁省信用企业AAA级等荣誉;1项工程获江苏省交通建设优质工程奖,1项科技成果获国家科学技术进步奖二等奖,2项专利获国家授权。

(陈志逸　胡连城　李育华)

【领导人员】

董事会

董事长	许四发
董　事	许四发
	张小平
	赵　峰
	金国亮
	谭世霖
董事会秘书	唐二平

经理层

总经理	张小平
副总经理	赵　峰
	刘齐辉
	金国亮
	王永东
	谭世霖
	段长江(4月免)
	何秀春
总会计师	金国亮
总工程师	刘齐辉
顾　问	段长江(4月任)
总经理助理	张迎春
副总经济师	蹇　宏
	胡向东
	李世春
	党培林(11月免)
	陈卓希(1月免)
副总工程师	刘吉福

党群领导

党委书记	许四发
党委副书记	张小平
	任保义
委　员	许四发
	张小平
	任保义
	赵　峰
	刘齐辉
	金国亮
	王永东
	谭世霖
	段长江(4月免)
	何秀春
纪委书记	任保义
纪委副书记	孟凡志
工会主席	任保义

(钟参军)

【职工队伍】　截至2014年底,职工2024人,其中干部1752人、工人272人。专业技术干部1255人,占干部总数的62%;女干部260人,占干部总数的13.4%。专业技术干部中,高级技术职务211人,中级技术职务406人,初级技术职务638人。职工学历结构:大学本科及以上1428人,专科342人,大专以下254人;年龄结构:30岁以下987人,31~40岁501人,41~50岁445人,51岁以上91人。工人中,高级技师12名,技师23名。

(钟参军)

【工程施工】　截至2014年底,在建工程78项,其中新开工39项、完工29项。铁路工程6项,公路工程22项,港口与航道工程41项,其他工程6项。

湛江市东海岛石化产业园区围堰工程　位于广东省湛江市东海岛经济技术开发试验区北部。主要实物工程量:围堰总长23761.8米,其中围堤长18993.7米、分隔围堰2946.5米、临时围堰1821.60米。围堰采用充填袋斜坡堤式结构,陆域形成面积927.44万平方米,吹填顶标高7米,回填疏浚土方7316.72万立方米。截至2014年底,开工累计完成产值120331.9万元,占合同总额120331.9万元的100%。

天津南港工业区红旗路南侧公用走廊用地吹填造陆工程　位于天津市南港工业区红旗路南侧。主要实物工程量:1标段新建路基围埝长3327米,二级子埝长6654米,吹填量1339.79万立方米,吹填造陆面积187.1万平方米,地基处理面积78.3万平方米。2标段新建路基围埝长3425米,二级子埝长8284米,吹填量2115.78万立方米,吹填造陆面积245.3万平方米,地基处理面积102.8万平方米。截至2014年底,开工累计完成产值111511.27万元,占合同总额160200.5万元的69.61%。

珠海横琴新区高新技术产业区土地一级开发场地填筑工程　位于广东省珠海市横琴新区西北角。主要实物工程量:填筑总用地面积3798998平方米。依据现状或规划道路管廊带边线作为界线,将项目内填筑范围划分为12个地块,其中吹填面积2260705.5平方米、填土面积 1538292.5 平方米，Ⅰ型膜袋砂围堰总长 1690 米、Ⅱ型膜袋砂围堰总长 1027 米。截至 2014 年底，开工累计完成产值 33474.08 万元，占合同总额 70711.2 万元的 47.34%。

珠海格力海岸游艇会工程　位于珠海市唐家湾新城东部海岸、情侣北路南段的滨海岸线外侧。主要实物工程量：游艇泊位 183 个，其中 100 英尺游艇泊位 10 个、80 英尺游艇泊位 75 个、60 英尺游艇泊位 86 个、40 英尺游艇泊位 12 个。在游艇泊位外侧建设防波堤，总长 1354.4 米，挡浪墙顶高程 6.1 米，堤顶高程 5.11 米。其中，西侧防波堤为 1 号防波堤，长 462.4 米、顶宽 10 米～20 米；东侧防波堤为 2 号防波堤，长 680.6 米、顶宽 10 米；1 号防波堤拐向港内的部分为 3 号防波堤，长 211.4 米、顶宽 45 米～60 米；游艇上下岸设施布置于港池东北角，包含 1 座提升机承台和 1 座水工平台，顶高程 5.11 米，提升机承台长 20 米，水工平台面积 1686.2 平方米。

温州港状元岙港区二期工程　位于浙江省温州市状元岙西侧，东侧紧邻已建的状元岙港区一期工程。主要实物工程量：新建 3 个 5 万吨级集装箱泊位（码头结构按靠泊 10 万吨级集装箱船舶设计）及相应配套设施，码头总长 969 米，设计年通过能力 155 万 TEU。截至 2014 年底，开工累计完成产值 5574.46 万元，占合同总额 19667.9 万元的 28.34%。

武汉新港唐家渡港区临港新城综合码头工程　位于湖北省武汉市唐家渡港区的钟家湾至蔡吴廖河段中段。主要实物工程量：新建 5000 吨级件杂货泊位 2 个，年设计吞吐量 80 万吨；新建 5000 吨级货船的散货泊位 2 个，年设计吞吐量 360 万吨；建设相应的堆场、道路等设施。截至 2014 年底，开工累计完成产值 14697.23 万元，占合同总额 45871.66 万元的 32.04%。

珠海三角洲环线高速公路肇庆（黄岗）至花都（花山）段第 11 合同段工程　线路全长 5.653 千米。主要实物工程量：主线桥梁 1 座、六花岗立交 1 处。全线混凝土方量 28 万立方米，钢筋用量 3.5 万吨，路基挖方 12 万立方米，路基填筑 16 万立方米。截至 2014 年底，开工累计完成产值 51411.6 万元，占合同总额 57188.34 万元的 89.9%。

成渝铁路客运专线隆昌北站至隆昌县城快速通道工程　线路全长 11.164 千米，等级为 6 车道一级公路。主要实物工程量：桥梁 10 座 1241 延长米；预制架设箱梁 460 片，T 梁 128 片；涵洞 38 座 1603.2 横延米；路基 9923 米，路基土石方挖方 800828 立方米，填方 846973 立方米。截至 2014 年底，开工累计完成产值 49392.1 万元，占合同总额 69767 万元的 81.57%。

京台高速公路宁德市境 A5 项目　线路全长 7.6937 千米，等级为双向 4 车道高速公路，设计速度为每小时 100 千米。主要实物工程量：淮溪隧道 2976.5 延长米，黄竹山特长隧道进口段 4403.06 延长米，涵洞 3 座 98.46 横延米，出水洞 1 座 108 米，路基 309 米。截至 2014 年底，开工累计完成产值 38161.1 万元，占合同总额 41164 万元的 92.71%。

重庆港主城港区佛耳岩作业区二期工程　位于重庆市巴南区境内。主要实物工程量：新建 1 个 3000 吨级件杂泊位，1 个 5000 吨级件杂泊位，设计年吞吐量 150 万吨，设计年通过能力 174 万吨。截至 2014 年底，开工累计完成产值 1450.48 万元，占合同总额 10630 万元的 13.65%。

广西防城港核电厂一期取水明渠及护岸工程　位于广西壮族自治区防城港市港口区光坡镇。主要包括取水工程和护岸工程两部分。截至 2014 年底，开工累计完成产值 19093.03 万元，占合同总额 19420.94 万元的 98.31%。

浙江省嵊泗中心渔港扩建工程 1 标段工程　位于浙江省嵊泗县菜园镇。主要实物工程量：渔港新港区扩建防波堤 3445 米；后沿围堰长 843 米，外围堰长 1139 米，分隔围堰长 596 米，海堤围堰长 3220 米。截至 2014 年底，开工累计完成产值 37989.55 万元，占合同总额 37989.55 万元的 100%。

翔安南部莲河片区造地工程（莲河地块）A 合同段工程　位于福建省厦门市翔安区。主要实物工程量：吹填总面积 118.22 万平方米，吹填总量 881.57 万立方米。截至 2014 年底，开工累计完成产值 14132.38 万元，占合同总额 15757.27 万元的 89.69%。

丙洲岛综合整治二期工程（E 标）I 标段工程　位于福建省厦门市同安区丙洲岛中部。主要实物工程量：吹填区面积 52.14 万平方米，外围围堰和分隔围堰总长度 3866.36 米，清淤区面积 886061.62 平方米，疏浚方量 178.8 万立方米，疏浚底标高为 -4.27 米（厦零 -1 米），运距 8000 米。截至 2014 年底，开工累计完成产值 14939.71 万元，占合同总额 14939.71 万元的 100%。

港珠澳大桥珠海连接线人工岛工程　长 1.3 千米，宽 70 米，总用地面积 9.2 万平方米，由拟建北护岸、南护岸及现有海岸围封而成。截至 2014 年底，开工累计完成产值 22278.75 万元，占合同总额 25242 万元的 88.26%。

大连凌水湾总部经济基地项目填海护岸工程 1 标段工程　位于辽宁省大连市南部海岸的西段。主要实物工程量：护岸岸线总长 1744.90 米，其中标段内 AB 为斜坡式护岸结构，BC 为半直立式护岸。AB 段长

503.581 米,BC 段长 338.703 米。截至 2014 年底,开工累计完成产值 15283.23 万元,占合同总额 15283.23 万元的 100%。

日照港岚山港区北作业区堆场及护岸—通用泊位水工工程及沉箱预制工程　(1)沉箱预制工程,预制沉箱 60 个,合同投资 6700 万元。(2)通用泊位水工工程,合同投资 15770 万元。截至 2014 年底,开工累计完成产值 17874.08 万元,占合同总额 27317.09 万元的 65%。

汕湛高速公路揭西大溪至博罗石坝段第 5 标段工程　路线长 8.792 千米。主要实物工程量:桥梁 7 座,路基挖方 445 万立方米、填方 371 万立方米,涵、通道 40 座。截至 2014 年底,开工累计完成产值 27555.79 万元,占合同总额 37867.1 万元的 72.77%。

汕湛高速公路揭西大溪至博罗石坝段工程　线路长 9.275 千米。主要实物工程量:开挖土石方 385 万立方米、路基填筑 330 万立方米。桥梁 7 座 1839.5 延长米,车行天桥 1 座,涵洞 16 座、通道 4 座。截至 2014 年底,开工累计完成产值 28798.59 万元,占合同总额 36602.81 万元的 78.68%。

广东省信宜(桂粤界)至茂名公路 T11 合同段工程　线路长 122 千米。截至 2014 年底,开工累计完成产值 17184.19 万元,占合同总额 27997.83 万元的 61.38%。

广州至清远高速公路改扩建工程 A04 合同段工程　线路长 8.098 千米。主要实物工程量:新华高架特大桥、新街水大桥,路基 5.308 千米,互通式立体交叉。截至 2014 年底,开工累计完成产值 29712.53 万元,占合同总额 47636.32 万元的 62.37%。

潮州至惠州高速公路第 TJ8 标段工程　线路长 7.022 千米。主要实物工程量:路基挖方 140 万立方米、填方 126 万立方米,桥梁 6 座 2483.6 延长米,涵洞 10 座 731.9 延长米。截至 2014 年底,开工累计完成产值 11727.61 万元,占合同总额 18336.71 万元的 63.96%。

济南至广州高速平远(赣粤界)至兴宁段 7 标段工程　线路长 8.985 千米。主要实物工程量:桥梁 4 座 1154.66 延长米,分离式立交桥 2 座 613 延长米,互通立交主线跨线桥 1 座 87 延长米,通道 1 座 23.5 米,匝道桥 4 座 131.1 延长米,涵洞 34 座,南山隧道左洞 358 延长米、右洞 367 延长米。截至 2014 年底,开工累计完成产值 29267.26 万元,占合同总额 45476.99 万元的 64.36%。

新建贵阳至广州铁路站前工程 GGTJ-07 标段工程　位于广西壮族自治区桂林市恭城县境内。主要实物工程量:桥梁 9 座 5668 延长米,路基 4.3 千米,隧道 3 座 1619 延长米。截至 2014 年底,开工累计完成产值 56000 万元,占合同总额 56000 万元的 100%。

东莞至惠州城际轨道交通工程 SKZH-2 标段　主要实物工程量:仲恺大道特大桥 4008 延长米。截至 2014 年底,开工累计完成产值 36717 万元,占合同总额 36717 万元的 100%。

莞惠城际轨道交通项目工程施工总承包 GZH-11 标段　线路长 2.92 千米。主要实物工程量:路隧过渡段 U 型槽 276 米,地下区间明挖 224 延长米、暗挖区间 2420 双延长米。截至 2014 年底,开工累计完成产值 51956.6 万元,占合同总额 53642 万元的 96.86%。

珠三角城际轨道交通佛山至肇庆项目施工总承包佛肇 GZZH-9 标段工程　主要实物工程量:羚山隧道出口段 1124 延长米,桥梁 4 座 2400 延长米。截至 2014 年底,开工累计完成产值 34506.1 万元,占合同总额 36754 万元的 93.88%。

京台线建瓯至闽侯高速公路南平段 A9 标段工程　线路长 3.925 千米。主要实物工程量:桥梁 2 座 485 延长米,隧道 3 座 1308.5 延长米。截至 2014 年底,开工累计完成产值 47193 万元,占合同总额 49804 万元的 94.76%。

四川达州金南大桥工程　线路长 2050 米。截至 2014 年底,开工累计完成产值 7411 万元,占合同总额 51600 万元的 14%。

珠三角城际轨道交通佛山至肇庆项目施工总承包 GZZH-2 标段　线路长 8 千米。主要实物工程量:桥梁 8153 延长米。截至 2014 年底,开工累计完成产值 114649 万元,占合同总额 120913 万元的 94.82%。

简蒲高速公路工程　主要实物工程量:挖方 313.1 万立方米、填方 298.9 万立方米,桥梁 7 座 524 延长米,涵洞及通道 56 座,天桥 5 道。截至 2014 年底,开工累计完成产值 9000 万元,占合同总额 27600 万元的 24.59%。

(杨振虎)

【境外工程】　莫桑比克莫阿蒂泽至马库泽铁路和港口工程　位于非洲东南部莫桑比克,业主为意大利泰发展公共公司。项目拟修建从莫桑比克西北部莫阿蒂泽至东南部马库泽、全长 537 千米的一条铁路和一座位于马库泽,近期年吞吐量 2500 万吨,远期年吞吐量 1 亿吨综合大港。项目由中国铁建国际集团有限公司牵头经营,港航局负责配合港口部分的经营工作。项目于 2014 年 3 月 3 日签署勘测、设计和可研咨询服务合同,合同金额 774 万美元。2014 年 4 月 2 日,中国铁建国际集团有限公司与港航局签署该合同的分包合同,明确由港航局实施该合同的港口部分,分包合同金额240万美元,合同工期9个月。截至2014年底,开工累计完成投资175.2万美元。

泰国马他浦散货码头工程　位于泰国马他浦,业主为泰国亚洲工业和港口有限公司。主要工程内容包括铁路、码头、引桥、护岸、陆域地基处理、堆场道路,碳酸钾仓库、铝土仓库、港区生产和辅助建筑物、皮带机输送系统、堆场装卸机械系统等。项目由中国铁建国际集团有限公司牵头经营,港航局配合经营,2014年8月23日签署EPC总承包合同,合同金额4.32亿美元,其中水工部分3.42亿美元。项目从中国国家开发银行融资。

尼日利亚哈尔克特船厂改造项目一期工程　位于尼日利亚哈尔克特,业主为中国船舶与海洋工程有限公司。该工程由码头平台、架空引桥组成。该项目由中铁建中非建设有限公司和港航局合作经营并实施,2014年12月24日签署施工合同,合同金额1390万美元。该项目合同工期276天,计划2015年9月27日竣工。

(许　冶)

【勘察设计】　2014年开展生产项目176个。其中,设计项目34个;咨询(预可、可行性研究、专题论证)项目96个;勘察测绘项目46个。设计文件交付履约率100%。

(李慧妍)

【经营管理】　(1)企业管理。培养专业优势明显、施工生产能力突出的工程公司,有效避免内部同质化竞争。3月,由原中铁建港航局集团(深圳)工程有限公司吸收合并中铁建港航局集团轨道交通工程有限公司后,公司名称变更为中铁建港航局集团路桥工程有限公司,注册地从深圳变更到珠海市横琴新区。9月,港航局启动对宁波海港工程有限公司所持宁波航通预制构件工程有限公司40%股权的收购工作,并于2015年2月完成交割。10月,收购广铁投持有的中铁建港航局集团勘察设计院有限公司46.76%股权。股权收购完成后,设计院注册资本1383.59万元不变,股权结构变更为集团公司出资1352.59万元,占97.76%;中铁建港航局集团钢结构工程有限公司出资31万元,占2.24%。2015年1月16日,将所属中铁建港航局集团钢结构工程有限公司持有的设计院2.24%股权进行转让,港航局完成对设计院全资控股。

(2)战略管理。为贯彻落实股份公司有关企业发展战略规划编制工作的要求,港航局全面启动战略规划编制工作,根据工作需要,聘请中国船级社公司为集团发展战略规划提供专业的咨询服务。全面风险管理和内控工作。开展港航局2014年度内部控制自我评价工作,对港航局风险管理和内部控制情况进行全面梳理,在评价中发现的缺陷编制内部控制缺陷整改方案,并督促相关部门落实整改措施,全面推进港航局所属各单位风险管理与内部控制工作。

(3)市场经营管理。2014年,港航局共完成新签合同130.67亿元,创效索赔增加额4.80亿元。其中,国内项目合同额103.23亿元,海外项目合同额27.44亿元;工程承包板块合同额129.47亿元,勘察设计板块合同额1.2亿元;水工项目合同额84.95亿元,水利项目合同额35.33亿元,公路桥梁项目合同额6.78亿元,市政项目合同额1.07亿元,房建项目合同额0.9亿元,铁路城轨项目合同额0.43亿元,勘察设计咨询合同额1.2亿元。经营信息管理。2014年发布各类经营指引文件18份,对经营信息管理方法、经营报表编制指导、区域经营实施方案、重点业主市场管理方法、加大年前重点项目经营、严格执行经营管理办法等方面予以监督指导。信用信息评价。2014年,集团公司获全国公路信用信息管理系统A级,政府建筑行业招投标信用评价分别获浙江省AAA、辽宁省AA级。

(4)海外经营管理。2014年跟踪经营海外项目26个,跟踪经营项目分布在东南亚、东非、西非、美洲和大洋洲,涉及17个国家及地区。全年中标3项,中标金额4.48亿美元(约合人民币27.44亿元)。

(5)工程项目管理。做大做强水工板块,重点扶持具有"高精尖"特质及有较高收益的水工项目,同时不断拓宽业务范围,进军国内外的跨海大桥。开展项目管理规范年活动,按照《项目管理规范年活动实施方案》推进,采取具体措施,把"规范化管理"落到实处。确定重点项目和重点关注项目各9个,重点项目创造施工产值累计完成17.6亿元,占港航局年累计产值58.56亿元的30.1%。

(6)安全管理。加大安全监督检查力度,组织开展特种设备、防洪防汛、在建工程施工起重机械脚手架等坍塌事故专项整治"回头看""安全大检查、大反思和隐患大整改"等专项活动及特殊敏感时期的专项检查,共排查安全生产隐患827项,按时整改821项,整改率99.3%。不断加强和完善安全应急管理工作,共修订和补充安全应急预案、专项安全应急预案210余项,现场应急演练40余次,桌面演练20余次。全年保持安全管理整体受控,未发生安全生产事故,被股份公司评为安全生产先进单位。

(7)财务资金管理。2014年,港航局实现营业收入600294万元,实现利税33903万元。资金中心共集中资金4.4亿元,资金集中度75.55%,资金上存度30.04%,内部单位模拟注资使用2.89亿元,内部拆借款5.01亿元。年内获得银行及财务公司综合授信额82亿元,对外融资10.05亿元,向财务公司融资5亿元。通过向建设银行珠海市分行转让天津南港项目应收账款资产收益权融资1.5亿元;报经股份公司批复向招商银行申请发行非公开定向债务工具融资8亿元,实际发行2亿元;向交银租赁公司申请5000立方米/小时绞吸式挖泥船固定资产建设融资租赁2.07亿元。2014年,港航局申报通过17个享受企业所得税研发费加计扣除的科研项目,加计扣除额1805万元,直接减免所得税451万元。债权清收管理。全年收回应收款项14.93亿元,其中2000万元以上股份公司重点督办项目应收款项收回应收款项9.11亿元。

(8)合约法规管理。召开工程项目分包管理专题会议,要求各级管理层真择优选施工队伍,合理控制成本,降低合同风险,规范分包实施。发布"合格分包商名录",收录合格分包商275家;发布"清退场队伍黑名单",共15家单位及个人被禁止参与港航局系统内分包工程招议标及施工。坚持以前期防范、中期控制为主,后期救济为辅的原则,不断完善企业法律风险防范机制,完善企业总法律顾问制度,完善企业法律工作体系,全面提高企业法律顾问队伍素质,全面提高企业依法治企能力。对港航局审批事项清单进行梳理,明晰各层级审批权限;经济合同、重要决策、授权委托书、印章使用及规章制度"五项法律审核"率达100%。

(9)审计监事管理。2014年组织开展企业领导人员经济责任暨财务收支审计和亏损项目专项整治活动,共发现问题金额307655.16万元,其中违规违纪金额57413.40万元、纠正违规违纪金额57413.40万元。被免职3人,提出审计意见和建议214条、被采纳156条。

(陈志逸 左明星 杨振虎 巫远泉 李治鸿 叶中荣 黄爱)

【科技教育】 2014年,港航局科技立项项目16项。其中,获广东省交通运输厅立项1项,获资助资金12万元;获股份公司立项4项,获资助资金100万元。年内,2项科技成果获中国施工企业管理协会科学技术奖科技创新成果二等奖,2项科技成果分别获中国铁道建筑总公司科学技术奖一、三等奖。4项工法被评为中国铁建优秀工法;获国家授权实用新型专利12项。获广东省优秀工程咨询成果奖3项、中国水运工程优秀咨询成果奖1项。港航局被评为中国施工企业管理协会科技创新先进企业。

2014年,组织各类培训56次,培训员工1905人次。其中,委外培训42次,培训员工553人次。

(李育华 梁晓烨 钟参军)

【党群工作】 (1)党的工作。①组织建设。截至2014年底,港航局有党员996名,其中在职党员778名、离退休人员218人。年内发展党员19名。开展党的群众路线教育实践活动。2014年2—11月,港航局党的群众路线教育实践活动在港航局各级党组织和全体党员中全面展开。经过各方面的共同努力,教育实践活动圆满完成"三个环节"的各项工作任务,取得明显成效,得到股份公司第四督导组的充分肯定。继续推行项目党建工作试点,下发《关于项目部党建工作指导意见》,以试点促规范。港航局党委对分子公司党委书记、副书记进行调整和充实,推动党委工作更加融入生产经营中心工作。对在职项目书记、副书记进行造册登记,并建立项目书记后备干部队伍,先后选送14人参加股份公司举办的项目书记培训班。②宣传工作。修订企业宣传画册,编辑出版《项目部文化建设手册》。强化内外宣传报道力度,集团公司网站刊稿610篇、《中国铁道建筑报》及中国铁建网站刊稿100余篇;同时加强与地方媒体的沟通和协作,在《珠海特区报》等媒体刊发新闻稿件。先后策划"党的群众路线教育实践活动""我和国旗合个影,我为祖国点个赞"等系列专题报道,提升宣传报道的质量和品牌。拍摄水工专题宣传片《乘风破浪筑伟业》,展示港航局在水工领域的强大实力,助推企业经营发展。在《中国铁道建筑报》刊登的《"铁建拖01号"福建海域救助遇险船只》通讯稿,及后续报道2篇,产生很好的宣传效果和社会效应。坚持"内塑形象、外树品牌",年内,港航局获中国企业文化建设(山东)峰会2014年度企业文化建设先进单位称号,1人获2014年度企业文化建设先进个人称号。并被广东省企业文化协会评为2014年度广东省优秀企业文化突出贡献单位。③党风廉政建设和反腐败工作。召开2014年度港航局党风建设和反腐倡廉工作会和党政联席会议。持续做实廉洁文化建设,实行制度保廉,与所属单位签订党风廉政建设责任书,与52名机关副处职以上人员签订廉洁从业承诺书;进行案例说廉,发放教育资料4种1000余册,组织党员群众观看《四害之风》等反腐倡廉警示片及《焦裕禄》等教育片;倡导文化育廉,开展以"坚持依法合规,打造阳光央企"为主题的反腐倡廉宣传教育月活动,征集廉政文化优秀作品50余件,创办反腐倡廉信息电子报,关键节假日向中层以上干部发送廉政短信400余条;开展约谈促廉,对提拔干部按管理权限进行任前禁职谈话,先后同60余名所属公司及项目党政主管、重要岗位人员,就贯彻落实"三重一大"决策制度、党风廉政建设责任制度等进行约谈;加强企检建廉,与珠海市人民检察院签署《共同预防职务犯罪指导意见书》,通过"企检共建"平台,加大预防职务犯罪工作力度,构建职务犯罪预防机制。开展财经纪律监察,项目部检查覆盖面达到30%以上;监察内部职工设备租赁清查清退情况,全年清退违规租赁设备31

台;加强招投标监督管理,全年参与25项招标监督。查办典型案件,依法依规追究责任。年内调查原深圳公司某项目部财务人员违规挪用资金一案。历经一个多月成功追回全部挪用资金,为公司挽回经济损失135.5万元;充分利用审计结果,根据审计部门提出的问题按具体性质、涉及金额、造成的损失、隐含的风险进行合理的定性、定责,解除两名项目经理的劳动合同,给予1人警告处分;调查处理岩土公司所属连怀项目部财务人员违反财经规定问题。

(2)工会工作。中国铁路工会中国铁建港航局集团有限公司委员会于2013年3月19日成立,下辖9个工会组织。①民主管理。召开第一届二次职工代表大会,民主测评港航局领导班子成员,通过行政工作报告等5项决议,审议通过工资专项协议。②评先树模。2014年,1人获得火车头奖章;1个项目部获中国铁建工人先锋号称号,1人获工人先锋号标兵称号;1个家庭被评为中国铁建幸福家庭。③建家建线。按照要求建立"一场"(球场)、"两栏"(宣传栏、企务公开栏)、"四室"(浴室、会议室、文体活动室、图书室),尽可能做到因地制宜、厉行节约,打造具有港航局文化特色的"职工之家"。各级工会积极建设职工之家,为员工建"职工书屋""文体活动室""职工夜校"。参加股份公司"悦读会"系列活动,2篇文章作品分别获得女职工读书征文二等奖、优秀奖,3篇摄影作品分别获得"悦读—视界"主题摄影比赛一、二、三等奖;2人分别获得经典诵读活动二、三等奖,3人获得汉字听写大赛优秀奖;3篇文章作品分别获得优秀读书心得优秀奖。④劳动竞赛。港航局所属单位广泛开展主题劳动竞赛活动。3个项目部获重点工程劳动竞赛先进单位称号、2人获劳动竞赛优秀组织者称号。⑤扶危助困送温暖工作。2014年,各级工会共筹集资金52.27万元帮扶困难职工,其中"三不让"专项资金安排6.75万元、行政拨款7.7万元、工会筹集37.62万元、其他来源0.2万元。共慰问重困职工7户、一般困难职工82户。⑥"三不让"承诺落实情况。所属单位2014年筹集资金44.14万元,2013年结余49.87万元,资金总额94.02万元。全年支出资金16.61万元,慰问困难职工24户、金秋助学7人、疾病医疗救助43人次,累计结余77.41万元。

(3)共青团工作。港航局团委下辖7个基层团委、36个团支部;专职团干部4人、兼职团干部49人;团员651人,35岁以下青年员工1348人。2014年,有9个先进青年集体和12名先进青年受到中央企业团工委和中国铁建团委的表彰,其中1名先进个人受到中央企业团工委表彰。

(杨雨萌　周宏威　仝瑞广　蔡轶萍　武　斌)

【第一工程分公司】 2013年8月29日由原中国铁建港航局集团有限公司第一分公司、航务分公司整合重组而成。公司驻广东省广州市番禺区南村兴南大道118号1号楼。总经理夏安乐,党委书记林惠清。职工310人。

2014年新签合同额35.43亿元,完成企业总产值121822.53万元,实现利润543.83万元。全员劳动生产率367.16万元/人年,人均创利0.17万元,职工年人均收入6.86万元。国有资产保值增值率111.56%,净资产收益率0.2%,产值利润率0.05%,资产负债率89.5%,应上缴款完成率102%。完成主要实物工程量:码头60.2(折合)米,防波堤746(折合)米,疏浚180.89万立方米,围堰26.25万立方米,吹填2205.6万立方米,软基处理628.61万米。天津南港项目部1标段QC小组"降低水下基槽回填砂流失率"QC成果获全国工程建设优秀质量管理二等奖。 (黄胜芳)

【第二工程分公司】 2012年8月注册营运。公司驻浙江省宁波市鄞州区泰康中路558号。总经理兼党委书记熊卫根。职工108人。

2014年新签合同额11.78亿元,完成施工产值3.1亿元,实现营业收入2.3亿元,实现利润85.04万元。应收账款清收率99.42%,应收客户工程款清收率92.70%,其他应收账款清收率100%。 (刘欣欣)

【第三工程分公司】 2012年12月成立。公司驻山东省青岛市崂山区海尔路168号城投大厦17、18楼层。党委书记、总经理李世春。职工207人。

2014年新签合同额10.74亿元,完成企业总产值6.23亿元,实现利润1408.77万元。人均创利6.81万元,职工年人均收入10.86万元。净资产收益率37.72%,产值利润率2.26%,资产负债率89.53%,应上缴款完成率100%。 (董　倩)

【第四工程分公司】 驻重庆市江北区港安二路28号冠陆两江汇谷D栋10~11楼。党委书记、总经理李昆。职工159人。

2014年新签合同额12.82亿元,完成企业总产值47904万元,实现营业收入43707万元,实现净利润4984万元。人均创利31.35万元,全员劳动生产率196.33万元/人年。职工年人均收入95140.45元。国有资产保值增值率140.11%,净资产收益率32.68%,产值利润率9.89%,资产负债率63.08%,应上缴款完成率15.69%。公司被评为重庆市2014年度水运建设市场信用评价AA级企业。 (张　君)

【路桥工程有限公司】 前身是中铁建港航局集团轨道工程有限公司，与中铁二十三局集团深圳有限公司合并后更名为中铁建港航局集团路桥工程有限公司。公司驻广东省广州市番禺区兴南大道118号。总经理冯忠，党委书记宾凌涛。职工476人。资产总额122024万元，其中流动资产113057万元、固定资产净值5455万元、非流动资产8967万元。

2014年完成营业收入16.3亿元，实现利润4950万元。国有资产保值增值率101%，资产负债率87%，净资产收益率12.4%。 （潘丽媛）

【船舶工程分公司】 2012年9月4日成立。公司注册地址为广东省珠海市横琴新区海河街19号507－2室。总经理程旭东，党委书记仲维华。拥有各类船舶14艘，其中5000立方米/小时绞吸式挖泥船、108米桩架打桩船、10000顿举力半潜驳、200立方米/小时混凝土搅拌船、4000HP全回转拖轮、大型铺排船、大型插板船等装备处于国内乃至国际领先水平。 （周 强）

【岩土工程有限公司】 2013年3月，由中国铁建港航局集团有限公司所属原路桥分公司、原岩土公司、原钢结构公司整合重组而成。公司驻广东省广州市番禺区兴南大道118号。执行董事、总经理（法定代表人）张迎春，党委书记张兵。职工371人。

2014年新签合同额3.79亿元，完成企业总产值176144.56万元，实现利润3509.22万元。全员劳动生产率202.42万元/人年，人均创利4.10万元，职工年人均收入7.23万元。国有资产保值增值率178.90%，净资产收益率26.57%，产值利润率2.02%，资产负债率88.34%，应上缴款完成率50.25%。完成主要实物工程量：路基32千米，土石方2009万立方米，桥梁12435延长米，公路架梁4419孔（片），涵洞7307延长米，隧道636延长米，吹填504万立方米，护岸191（折合）米。年内，参建的连云港港疏港航道整治工程被评为江苏省交通建设优质工程，2项工法被评为中国公路建设行业协会公路工法，2项科技成果获中国施工企业管理协会科学技术奖科技创新成果奖。

（黄胜芳）

【中铁建港航局集团勘察设计院有限公司】 水运行业工程设计、工程勘察测量、港口河海工程咨询甲级，岩土工程、建筑行业（建筑工程）、测绘乙级资质公司。公司驻广东省广州市番禺区兴南大道118号2号楼。前身是广东省航道勘测科研所，创建于1984年，属广东省航道局建制管理。1999年10月政企脱钩，2001年改制成立广东省航道勘测设计研究院有限公司；2010年6月，经广东省铁路建设投资集团有限公司增资扩股，重组成立广东省综合交通勘察设计院有限公司；2012年11月，经中国铁建港航局集团有限公司增资扩股，成为中国铁建港航局集团的控股企业，更名为中铁建港航局集团勘察设计院有限公司。董事长、总经理刘吉福，党委书记杨世芳。下辖广西分公司、华东办事处、华中办事处、上海办事处、安徽办事处。职工133人。资产总额4291.88万元。其中，固定资产原值753.98万元、净值340.43万元；流动资产3944.28万元。

2014年新签合同额21000万元，完成企业总产值8441.38万元，实现利润288.38万元。全员劳动生产率24.79万元/人年，人均创利2.07万元，职工年人均收入14.19万元。国有资产保值增值率108.23%，净资产收益率8.58%，产值利润率3.18%，资产负债率29.36%，投资回报率8.58%，应上缴款完成率100%。年内，7项专利获国家实用新型专利授权，4项成果获广东省优秀工程咨询成果奖，1项成果获水运工程优秀咨询成果奖，2项科技成果获市政工程科学技术奖；公司被评为广东省诚信示范企业。 （李慧妍）

【重要记载】

▲1月8日 由中国铁建国际集团公司协调港航局、中铁第一勘察设计院集团公司、中铁二十局集团公司等单位参加施工的莫桑比克莫阿蒂泽至马库泽铁路与港口项目在北京中国铁建大厦和项目业主意大利泰发展公共有限公司签订合作备忘录。项目投资预算约45亿美元。

▲1月 港航局和浙江大学等单位联合申报的“长期循环动载下饱和软弱土地基灾变控制技术及应用”科技成果获国家科学技术进步二等奖。

▲2月19日 三公司中标日照港岚山港区北作业区通用泊位水工工程，合同投资1.58亿元，计划工期400天。

▲2月25日 港航局一届二次职代会暨2014年工作会在珠海召开，83名正式代表参加会议。

▲2月27日 港航局董事长、党委书记许四发会见中国疏浚协会秘书长唐永胜一行。双方就企业之间的合作进行友好沟通与交流。

▲3月3日 莫桑比克莫阿蒂泽至马库泽铁路港口项目勘测、设计和可研咨询服务合同在曼谷意大利泰公司总部签订。该项目由中铁第一勘察设计院集团公司与港航局勘察设计院联合实施，合同金额774万美元，合同工期9个月。

▲3月5日 港航局建造的4000HP全回转拖轮“铁建拖01”和200立方米/小时混凝土搅拌船“铁建

砼 01”在江苏泰州口岸船厂交付。

▲3 月 27 日　港航局副总经理王永东与中联重科高级总裁张建国在中联重科麓谷工业园签署战略合作协议。

▲3 月　港航局被授予全国优秀施工企业称号。

▲4 月 2 日　莫桑比克莫阿蒂泽至马库泽铁路港口项目现场调查、勘察设计和可行性研究咨询服务分包合同在北京签署。此次签订的分包合同金额 240 万美元,合同工期 9 个月。

▲4 月 11 日　中国铁建副总裁、总法律顾问庄尚标到三公司调研党的群众路线教育实践活动开展情况。庄尚标对三公司的工作及干部职工脚踏实地的工作作风给予充分肯定。

▲4 月 22 日　中国铁建副总裁夏国斌在平潭项目相关人员的陪同下到施工船舶“铁建拖 01”和“铁建砼 01”现场检查指导。夏国斌对中国铁建第一批船舶的建造结果给予高度评价。

▲5 月 5—6 日　港航局董事长、党委书记许四发,副总经理赵峰一行视察达州金南大桥项目,并与达州市市长包惠进行会谈。会上签订“达州市金南大桥工程项目投融资和施工总承包建设合同”。

▲5 月 7 日　中国铁建副总裁、总法律顾问庄尚标参加港航局党的群众路线教育实践活动专题研讨交流会。

▲5 月 14 日　港航局获得重庆水运建设市场信用评价 AA 级。

▲5 月 27 日　港航局投资建造的多功能铺排船“铁建铺 01”及多功能插板船“铁建插 01”在江苏南通海新重工船厂举行两船的交接仪式。

▲5 月　岩土工程公司承建的连云港港疏港航道整治工程 HD－05 标段、HD－11 标段工程获江苏省交通建设优质工程奖。

▲6 月 8 日　港航局投资建造的 108 米打桩船“铁建桩 01”,在青岛武昌船舶重工有限公司海西湾海洋工程装备制造基地举行交付仪式。

▲6 月 6 日　港航局江门投资建设公司及新会基础设施投资建设工程项目经理部正式揭牌。

▲6 月 21 日　港航局开发的“水下基底土质及回淤沉积物厚度快速检测关键技术”“深厚软基长防波堤筑岛法施工关键技术”通过专家鉴定,技术成果总体达到国内先进水平,部分技术达到领先水平。

▲6 月 28 日　三公司成功中标日照港岚山港区 30 万吨级矿石码头二期工程,合同投资 1.18 亿元,合同工期 548 天。

▲6 月　港航局两项实用新型专利“一种公路钻头”“一种多功能公路钻头”获得国家知识产权局授权。

▲6 月　港航局获得辽宁省 AAA 级信用评级。

▲7 月 2—3 日　中国铁建副总裁、总法律顾问庄尚标参加港航局召开的领导班子专题民主生活会,指导党的群众路线教育实践活动,推动查摆和解决“四风”方面的突出问题。

▲7 月 9 日　中央政治局委员、广东省委书记胡春华到港航局承建的包茂高速公路 11 标段大昌口互通施工现场视察,并表扬包茂高速工程干得不错。

▲7 月 29 日　一公司中标珠海横琴新区高新技术产业区土地一级开发场地填筑工程,合同投资 7.07 亿元,合同工期 360 天。

▲7 月　港航局获浙江省港口与航道工程、公路施工企业信用评价 AA 等级。

▲7 月　港航局被认定为广东省守合同重信用企业。

▲7 月　港航局获全国公路施工企业信用综合评价 A 级。

▲8 月 1 日　重庆交通大学与港航局签订“产学研合作框架协议”。

▲8 月 6 日　路桥工程公司中标成都经济区环线高速公路简阳至蒲江段项目 JPTJ－1 标段,合同投资 3.66 亿元,合同工期 18 个月。

▲8 月 7 日　中国铁建股份公司副总裁夏国斌一行到一公司湛江市东海岛石化产业园区围堰工程项目部、宝钢广东湛江钢铁基地项目自备电厂 2×350 兆瓦机组工程水工工程项目部检查指导。夏国斌充分肯定了石化产业园区围堰工程项目。

▲8 月 14 日　三公司内刊《港航人》获全国工程建设行业期刊“银页奖”。

▲8 月 23 日　泰国 Map Ta Phut 散货码头项目 EPC 合同签约仪式在中国铁建大厦举行。泰国亚洲工业和港口有限公司总裁 Premchai Karnasute 先生和中国铁建国际集团公司副总经理胡凡先生,分别代表双方签署 EPC 总承包合同。港航局副总经理王永东等出席签字仪式。

▲9 月 21 日　“铁建拖 01”接到分部和福州海事局船舶交管中心紧急通知,成功救助在平潭海坛海峡受台风袭击遇险的“国良 69”运输船舶。

▲9 月 25—27 日　港航局在 2014 年中国企业文化建设(山东)峰会上获评 2014 年度企业文化建设先进单位,刘美华获评 2014 年度企业文化建设先进个人。

▲10 月 9 日　四公司中标重庆港主城港区佛耳岩作业区二期一标段工程,合同工期 18 个月,合同投资 1.06 亿元。

▲同日　港航局被评为中国施工企业管理协会科技创新先进企业。

▲10月30日　港航局被评为广东省优秀企业文化突出贡献单位。

▲11月17日　港航局与中国土木工程集团公司签署战略合作框架协议。

▲11月19日　共青团中国铁建港航局集团有限公司第一次代表大会在珠海召开，56名青年团员参加会议。

▲11月　三公司中标东营港东营港区一港池航道防护工程，合同投资2.16亿元，合同工期11个月。

▲12月10日　华东指挥部在宁波挂牌成立。

▲同日　一公司中标珠海格力海岸游艇会工程，合同投资2.79亿元。

▲12月18日　中国铁建董事长、党委书记孟凤朝一行到港航局调研，召开征求意见座谈会。会后到珠海横琴新区高新科技产业区土地一级开发场地填筑工程和中国铁建南方总部大厦项目调研，并到5000立方米/小时绞吸式挖泥船“铁建绞01”实地了解该工程船的性能和特点，并慰问全体船员。

▲12月　港航局中标尼日利亚哈克特船厂改造项目一期工程，合同投资1390万美元。

▲12月　二公司中标镇江港高桥港区荷花池作业区一期散货码头陆域工程，合同投资6.15亿元，合同工期1年。　（李育华）

中国铁建房地产集团有限公司

【简况】　中国铁建房地产集团有限公司专门从事房地产投资与开发业务，具有房地产开发企业一级资质。主要经营房地产开发建设、商品房销售、物业管理，兼营房地产项目策划、信息咨询、技术开发以及相关建筑材料、机械电器设备等业务。集团公司驻北京市海淀区复兴路40号中国铁建大厦B座。2007年4月20日，由中国铁建股份公司、中铁十二局集团有限公司、中铁建设集团有限公司和中铁第四勘察设计院集团有限公司共同出资组建中铁房地产开发有限公司，同年11月28日变更为中铁房地产集团有限公司，12月26日获得房地产开发一级资质；2008年7月，股份公司出资受让中铁十二局集团有限公司、中铁建设集团有限公司、中铁第四勘察设计院集团有限公司所持共计60%的股权，将中铁房地产集团有限公司变为股份公司的全资子公司；2008年8月18日、2011年8月18日股份公司两次以自有资金向集团公司增资，将注册资本金由5亿元增至70亿元。2012年1月6日变更为中国铁建房地产集团有限公司。集团公司下辖北京天太金海置业有限公司、中铁房地产集团长沙置业有限公司、徐州中铁房地产开发有限公司、贵州中泓房地产开发有限公司、长春中铁房地产开发有限公司、中铁地产（成都）开发有限公司、中铁房地产集团（广西）有限公司、中铁嘉业（北京）投资有限公司、湖南中盛嘉业房地产开发有限公司、中铁房地产集团合肥置业有限公司、北京第六大洲房地产开发有限公司、中铁房地产集团北京丰基置业有限公司、中铁房地产集团浙江京城投资有限公司、中铁房地产集团四川有限公司、中铁房地产集团北京正达置业有限公司、中铁房地产集团广州有限公司、中铁房地产集团（天津）置业有限公司、中铁房地产集团（贵州）有限公司、中铁房地产集团北京丰昊置业有限公司、中铁房地产集团宁波京城投资有限公司、中铁房地产集团武汉有限公司、中铁房地产集团北京顺捷金海置业有限公司、中铁建（北京）物业管理有限公司、中铁房地产集团上海置业有限公司、中铁房地产集团杭州京发置业有限公司、中铁房地产集团杭州京顺置业有限公司、中铁房地产集团北京金达世纪房地产开发有限公司、中铁建（大连）置业有限公司、中铁房地产集团合肥蜀山置业有限公司、中铁房地产集团广西江湾置业有限公司、中铁房地产集团北京海丰置业有限公司、中铁房地产集团江苏置业有限公司、中铁房地产集团北京浩达置业有限公司、成都中铁建投资有限公司、成都中铁建锦城投资有限公司、佛山中铁房地产置业有限公司、北京金郡兴盛置业有限公司、中铁房地产集团杭州京兆置业有限公司、广州增城房地产置业有限公司、成都中铁龙泰房地产开发有限公司、北京通瑞兴盛置业有限公司41家全资或控股子公司以及海南筹备处。职工3422人。资产总额797.90亿元，其中固定资产净值0.59亿元、流动资产792.39亿元。

2014年新增计容积率建筑面积121.7万平方米，完成营业收入181.22亿元，实现利润33.36亿元、净利润24.48亿元。全员劳动生产率156.31万元/人年。国有资产保值增值率119.53%，净资产收益率18.04%，总资产报酬率4.52%。　（王重珍）

【领导人员】

董事会

董事长	李　黎
副董事长	吴仕岩（3月免）

	安　康(3月免)
外部董事	曾庆道
	吴太石
	束克欣
	王文英
	王连印
董　事	赵红鹰
职工董事	易善健
监事会	
监事会主席	陈建军
监　事	洪　梅
职工监事	王　彪
经理层	
总经理	吴仕岩(3月免)
	赵红鹰(3月任)
副总经理	易善健
	梅洪亮
	陈国芳
	宫良国
	申　伟(1月免)
总会计师	易善健(兼)
总法律顾问	赵福明(1月免)
党群领导	
党委书记	李　黎
党委副书记	赵红鹰(3月任)
	陈建军
	吴仕岩(3月免)
	安　康(3月免)
纪委书记	陈建军
工会主席	陈建军

（邓秋生）

【职工队伍】　职工3422人，其中物业公司1570人。职工中，女职工1241人，占职工总数的36.3%；大专以上学历2262人，占职工总数的66.1%；职工平均年龄32.4岁。（邓秋生）

【董事会工作】　(1)董事会组成。集团公司现任董事会为第一届董事会，2013年10月11日—2014年3月25日期间，董事会成员10人。2014年3月25日，根据中国铁建股份有限公司任〔2014〕27号文要求，董事会成员减少为8人，其中外部董事5人、职工董事1人。董事会下设战略与投资管理委员会、审计与风险管理委员会、提名委员会、薪酬与考核委员会4个专门委员会。(2)召开董事会会议。年内先后组织召开会议17次，其中正式会议2次、临时会议15次，形成7类47项董事会决议。其中，土地竞买及竞价调整决议26项；审议报告决议7项；机构设置与人选聘任决议5项；股权转让决议2项；融资担保决议3项；绩效考核方面决议3项；其他(玉龙路拆迁费用)决议1项。(3)召开专门委员会会议。年内召开专门委员会会议9次，形成10项决议提请董事会审议。其中，审计与风险管理委员会会议3次，形成4项决议提交董事会审议；提名委员会会议3次，形成3项决议提交董事会审议；薪酬与考核委员会会议3次，形成3项决议提交董事会审议。（孙丽萍）

【经营管理】　(1)企业管理。集团公司以第六大洲为试点开展核心业务流程调研，形成基于战略管控、核心运营及管理支持三个层面的流程体系框架，确立集团公司层面35个一级流程，为实现从“职能型”企业向“流程型”企业转变奠定基础。持续开展管理提升活动，大力推进信息技术与企业管理融合，建立健全标准、制度体系，固化管理提升成果。印发《城市公司发展指导意见》，调整江苏置业等10家二级子公司为城市公司主体。

(2)成本管理。集团公司制定《中国铁建房地产集团有限公司防范项目亏损活动方案》，建立防范治理长效机制。设立成本管理专项奖，开展“五比”活动，促进子公司开源节流、降本增效。建立成本月报及月度动态成本监控制度，及时掌控项目实时经营状况。实施合同评审备案管理，凡50万元以上合同须上报集团公司评审备案。

(3)产品营销。2014年，房地产市场经历了深度调整，整体发展放缓，集团公司以销售为龙头，采取灵活的销售策略，依靠良好的品牌形象，以及“老带新”等多重措施保障销售工作顺利开展，实现销售认购金额248.42亿元，销售签约金额199.21亿元，销售签约面积198.05万平方米。

(4)财务管理。坚持资金集中管控，实时掌控企业现金流，优化资金配置；多元化的融资渠道，提高了资金保障能力。切实提高预算指标的科学性，不断强化预算的刚性约束力。强化纳税筹划管理，分析“营改增”后企业面临的风险，增强应对能力。财务分析严把“数据关、质量关”，做好横向、纵向及专项分析。财务信息化方面重点进行了财务收款流程梳理和财务收款系统的开发以及财务核算软件的升级工作。

(5)审计工作。2014年完成审计项目11个，提交审计报告11份，提出审计建议41条，被采纳41条。其中，财务收支审计1项，提交审计报告1份，提出审计建议5条，被采纳5条；过程管理审计3项，提交审计报告3份，提出审计建议20条，被采纳20条；交接项目审计1项,提交审计报告1份,提出审计建议1条,被采纳1条;后续审计4项,提交报告4份,提出审计建议8条,被采纳8条;经济责任审计1项,提交审计报告1份,提出审计建议7条,被采纳7条;清算项目审计1项,提交审计报告1份。

(6)法律事务。全年审核规章制度374项、经济合同4402份、重要决策170项、授权委托书431份,累计发布合同示范文本150余份。建立集团公司重大风险防控体系,制定《中国铁建房地产集团有限公司风险管理办法》及《十三项风险管控专项指引》。

(苏高华　王巍巍　王经纬　王　奕　郑小梅　刘才义　谢　涛　于庆彦)

【土地储备】 2014年,集团公司获取项目用地情况如下:

杭州市萧政储出〔2007〕7号地　2014年3月25日,集团公司以总价22.85亿元竞得该宗地国有建设用地使用权。宗地位于浙江省杭州市萧山区北干街道荣星村。用地性质为住宅(设配套公建)用地,建设用地面积10.18万平方米,计容建筑面积26.37万平方米。要求地块内配置不少于1600平方米的社区配套用房(含养老用房),按地上总建筑面积的0.3%配建物业管理办公用房和0.4%配建物业经营用房。

北京市大兴区旧宫镇DX-07-0201-0040等地块　2014年3月26日,集团公司以总价26.45亿元、竞配自住型商品房1.9万平方米(销售限价19000元/平方米)竞得该宗地国有建设用地使用权。宗地位于北京市大兴区旧宫镇。用地性质为二类居住、托幼用地。建设用地面积11.07万平方米,其中住宅用地10.57万平方米。计容建筑面积23.66万平方米,其中住宅23.26万平方米。要求配建限价商品房2.58万平方米(销售限价11500元/平方米)、定向安置房14.63万平方米(回购价9000元/平方米),托幼用地0.4万平方米。

广州市增城区朱村街(2014)02号地块　2014年3月26日,中铁房地产集团广州有限公司以总价7.41亿元竞得该宗地国有建设用地使用权。宗地位于广东省广州市增城区朱村街凤岗村。用地性质为二类住宅用地,建设用地面积6.37万平方米,计容建筑面积15.93万平方米。

成都市成华区圣灯街道理工大学片区商业地块　2014年4月2日,集团公司与中国土木工程集团公司以楼面地价2654元/平方米(合总价4.3亿元)联合竞得该宗地国有建设用地使用权。宗地位于四川省成都市成华区十里店板块。用地性质为商业服务设施用地,建设用地面积3.24万平方米,计容建筑面积16.19万平方米。

北京市通州区永顺镇0204居住、托幼地块(配建公租房、两限房、安置房和自住型商品房)　2014年8月20日,北京第六大洲房地产开发有限公司与陕西逸博置业联合体以总价17.17亿元竞得该宗地国有建设用地使用权。宗地位于北京市通州区永顺镇。用地性质为二类居住、托幼用地,建设用地面积14万平方米,计容建筑面积38.26万平方米,其中住宅用地计容建筑面积37.92万平方米。需配建2万平方米公租房(回购价6600元/平方米)、4万平方米两限房(限价12000元/平方米)、18万平方米安置房(其中14.5万平方米回购价6600元/平方米、3.5万平方米回购价12000元/平方米),剩余居住用途建筑规模均为自住型商品房,限价16000元/平方米;托幼用地0.33万平方米。

(熊　睿)

【项目建设】 北京中国铁建·原香漫谷　由中铁嘉业(北京)投资有限公司开发,位于北京市房山区城关镇。宗地面积24.47万平方米,总建筑面积43万平方米,可售面积34万平方米。产品形式为住宅、公建。项目分四期开发:一期于2013年12月完成竣工备案;二期工程于2013年7月取得施工许可证并进行开工建设;三期工程于2014年6月取得施工许可手续;四期工程于2014年11月取得施工许可手续。

北京中国铁建·国际城(花语城、乐想汇、铁建广场)　由北京第六大洲房地产开发有限公司开发,位于北京市朝阳区来广营乡。宗地面积19.6万平方米,总建筑面积81.4万平方米,可售面积61万平方米,产品形式以高层普通住宅、花园洋房为主,配套33万平方米商业办公。项目于2009年11月开工,分四期开发:一期1-6地块、二期1-2地块、三期1-1地块均已竣工交付;四期1-10地块一、二组团2014年12月交付使用。

北京中国铁建·兴盛嘉苑(大兴项目)　由北京金郡兴盛置业有限公司开发,位于北京市大兴区旧宫镇。宗地面积11.08万平方米,总建筑面积33.8430万平方米,项目总体分为40、43、41、42四个地块。40地块为回迁安置房,建筑面积201859平方米;43地块为保障房和商品房,建筑面积132610平方米;41地块为配套幼儿园,建筑面积3961平方米;42地块为代征绿地。2014年6月4日开工建设。其中,保障房、回迁房计划2016年8月30日竣工;商品房计划2016年11月20日竣工。

北京中国铁建·通瑞嘉苑(通州项目)　由北京通瑞兴盛置业有限公司开发,位于北京市通州区潞苑东路,宗地面积17.95万平方米,总建筑面积51万平方米，产品形式以高层普通住宅为主。项目于2014年12月15日开工，计划2016年8月30日交付使用。

北京中国铁建·国际花园　由中铁房地产集团北京正达置业有限公司开发，位于北京市房山区长阳镇。宗地面积29.93万平方米，总建筑面积19.05万平方米，可售面积16.3万平方米，产品形式为住宅、金融商业、配套商业和公建。项目于2013年3月开工，2014年底交付使用。

北京中国铁建·山语城　由中铁房地产集团北京丰昊置业有限公司，位于北京市丰台区。宗地面积35万平方米，总建筑面积32.6万平方米，可售面积26.9万平方米，普通住宅25万平方米、定向安置房5.8万平方米、商业1.26万平方米、幼儿园0.26万平方米。项目分两期开发：一期工程于2012年竣工，二期工程于2014年底竣工。

北京中国铁建·梧桐苑　由中铁房地产集团北京顺捷金海置业有限公司开发，位于北京市门头沟区。宗地面积19.2万平方米，总建筑面积46.8万平方米，可售面积38万平方米，产品形式是住宅混合公建。项目分两期开发：一期于2012年竣工，二期计划2015年10月竣工交付使用。

北京中国铁建·青秀尚城　由中铁房地产集团北京金达世纪房地产开发有限公司开发，位于北京市昌平区南邵镇。宗地面积9.53万平方米，总建筑面积23.15万平方米，可售面积17.5万平方米，项目建设内容包括商品住宅、回迁房、公租房及公建。项目分为4个标段：1标段2014年5月取得施工许可手续，计划2015年竣工；2、3标段于2014年5月取得施工许可手续，计划2015年竣工交付；4标段2014年9月取得施工许可手续，计划2015年竣工交付。

北京环保嘉苑　由中铁房地产集团北京海丰置业有限公司开发，宗地面积8.12万平方米，总建筑面积14.21万平方米，以多层自住型住宅、独栋及联排企业办公楼，相关配套商业等组成。2014年10月取得施工许可证，计划2015年12月31日竣工交付。

北京中国铁建·顺新嘉苑/顺鑫汇　由中铁房地产集团北京浩达置业有限公司开发，位于北京市顺义林河开发区。宗地面积4.85万平方米，项目总建筑面积13.22万平方米，其中地上总建筑面积9.7万平方米，地下总建筑面积3.52万平方米，产品形式为限价房11600平方米、自住商品房27197平方米、办公楼50993平方米、商业5973平方米、邮电局3000平方米。2014年6月10日开工建设，计划2015年12月30日竣工交付。

北京中国铁建·原香嘉苑　由中铁嘉业（北京）投资有限公司开发，位于北京市房山城关镇。宗地面积7.8万平方米，总建筑面积23万平方米，可售面积20万平方米。产品形式为自住型商品房、商业办公。2014年进行规划设计及前期准备工作。

长沙中国铁建·山语城　由中铁房地产集团长沙置业有限公司开发，位于湖南省长沙市开福区秀峰路69号。宗地面积36.67万平方米，总建筑面积88.3万平方米，可售面积72.5万平方米，产品形式为住宅、公建。项目分三期开发：一期于2011年11月竣工；二期于2012年12月竣工；三期一组团于2013年10月取得施工许可手续，三期二、三组团于2014年8月31日取得施工许可手续。

长沙中国铁建·国际城　由湖南中盛嘉业房地产开发有限公司开发，位于湖南省长沙市经济技术开发区。集国际商业街区、休闲街区、医疗保健、学校、住宅于一体，总建筑面积67万平方米，可售面积59万平方米。项目分两期开发：一期一组团、二组团分别于2011年9月底、2012年4月完成交房；二期一组团于2013年底竣工，二期二组团2014年10月取得施工许可证。

长沙中国铁建·梅溪青秀　由中铁房地产集团长沙置业有限公司开发，位于湖南省长沙市大河西先导区。宗地面积15.82万平方米，总建筑面积72万平方米，可售面积58.3万平方米。产品形式为住宅、公建。项目分三期开发：一期2014年竣工；二期于2014年5月31日取得施工许可证；三期计划2015年5月取得施工许可手续。

徐州中国铁建·原香漫谷　由徐州中铁房地产开发有限公司开发，位于江苏省徐州市新城区A3－3、4地块。宗地面积8.73万平方米，总建筑面积18万平方米，可售面积16.5万平方米。产品形式以多层电梯洋房、高层普通住宅为主。计划2014年底全部竣工交付。

贵阳中国铁建·国际城　由中铁地产（贵州）开发有限公司开发，位于贵州省贵阳市南明区太慈桥小车河畔。宗地面积93.33万平方米，总建筑面积225万平方米，可售面积169万平方米。产品形式为住宅，以高层住宅为主，周边有商业配套、中学、小学及幼儿园。项目于2007年开工，计划2018年竣工交付。

长春中国铁建·国际花园　由长春中铁房地产开发有限公司开发，位于吉林省长春市汽车产业开发区。宗地面积27.47万平方米，总建筑面积54.1万平方米，可售面积46万平方米，产品形式以多层电梯住宅、高层普通住宅为主，周边有商业配套、幼儿园。项目于2008年9月开工，计划2015年底竣工交付。

成都中国铁建·西派国际　由中铁房地产四川有限公司开发，位于四川省成都市高新区。宗地面积

10.13万平方米，总建筑面积30.7万平方米，可售面积24万平方米，产品形式为32万平方米的高端精装修住宅、1.2万平方米的商业建筑。项目于2011年3月开工，2014年12月交付使用。

成都中国铁建·北湖国际城　由中铁房地产集团四川有限公司开发，位于四川省成都市成华区。宗地面积10.02万平方米，总建筑面积48.8万平方米，产品形态为43.3万平方米普通住宅、5.5万平方米商业建筑。项目于2013年10月开工，计划2018年6月竣工交付。

成都中国铁建·锦江国际花园　由中铁建锦城投资有限公司开发，位于四川省成都市锦江区。宗地面积4.27万平方米，总建筑面积20万平方米，可售面积14万平方米。产品形态为11.9万平方米普通住宅、2.5万平方米商业建筑。项目于2013年11月开工。

成都中国铁建·西派澜岸　由成都中铁建投资有限公司开发，位于四川省成都市高新区大源片区。宗地面积9.47万平方米，总建筑面积39万平方米，可售面积27万平方米，产品形式为7.5平方米跃层式花园洋房、18.2万平方米高端精装修住宅、1.5万平方米商业建筑。项目于2014年4月开工，计划2015年12月洋房交付使用。

成都中国铁建·成华项目　由成都中铁龙泰房地产开发有限公司开发，位于四川省成都市成华区。宗地面积32万平方米，总建筑面积23万平方米，可售面积约17万平方米。产品形态为写字楼、酒店、公寓、中小企业办公、集中商业。项目计划于2015年4月开工。

南宁中国铁建·江湾山语城　由中铁房地产集团广西江湾置业有限公司开发，位于广西壮族自治区南宁市邕宁区。宗地面积14.13万平方米，总建筑面积51.2万平方米，可售面积35.3万平方米，产品形式以高层、洋房普通住宅为主，配套商业，有农贸市场、幼儿园。项目分三期开发：一期工程计划2015年8月交付；二期工程计划2016年11月交付；三期工程计划2017年11月交付。

合肥中国铁建·国际城　由中铁房地产集团合肥置业有限公司开发，位于安徽省合肥市庐阳区。宗地面积55.87万平方米，总建筑面积164万平方米，可售面积138万平方米，产品形式以高层普通住宅为主，有少量别墅，配套商业，有星级酒店、中学、小学、幼儿园。项目于2009年5月开工，计划于2016年10月10日交付使用。

合肥中国铁建·青秀城　由中铁房地产集团合肥蜀山置业有限公司开发，位于安徽省合肥市蜀山区。宗地面积16.53万平方米，总建筑面积59.25万平方米，可售面积46.73万平方米，产品形式以高层普通住宅为主，商业为辅，有配套的办公，商业和幼儿园建筑。2014年1月开工，计划2018年9月交付使用。

杭州中国铁建·国际城　由中铁房地产集团浙江京城投资有限公司开发，位于浙江省杭州市拱墅区石祥路。项目一期为住宅项目，二期、三期为商业项目，总建筑面积36.5万平方米。一期住宅项目于2014年完成交房任务；二期2014年底竣工交付；三期进入前期报建阶段。

杭州中国铁建·青秀城　由中铁房地产集团杭州京顺置业有限公司开发，位于浙江省杭州市萧山经济开发区建设一路与明星路交叉口。项目由12栋18层住宅组成，总建筑面积约16万平方米。计划2015年11月底竣工交付。

杭州中国铁建·国际花园　由中铁房地产集团杭州京发置业有限公司开发，位于浙江省杭州市江干区。项目由8栋16层住宅组成，总建筑面积约7万平方米。2014年底竣工交付。

杭州中国铁建·江南国际城　由中铁房地产集团杭州京兆置业有限公司开发，位于浙江省杭州市萧山新城板块西单元，比邻滨江区。项目由15栋25、28、33层住宅组成，幼儿园1栋，总建筑面积约33万平方米。计划2017年底竣工交付。

广州中国铁建·增城国际花园　由中铁房地产集团广州有限公司全资子公司广州增城中铁房地产置业有限公司开发，位于广东省广州市增城区。宗地面积69.33万平方米，总建筑面积23.3万平方米，可售面积15.8万平方米。产品形式以高层精装修住宅为主，毗邻广州教育城。项目于2014年9月开工，计划2016年10月竣工交付。

广州中国铁建·佛山国际公馆　由中铁房地产集团广州有限公司全资子公司佛山中铁房地产置业有限公司开发，位于广东省佛山市南海区广东国际金融高新区。宗地面积5.93万平方米，总建筑面积23.3万平方米，可售面积20.8万平方米。项目于2014年5月开工，计划2018年竣工交付。

天津中国铁建·国际城　由中铁房地产集团（天津）置业有限公司开发，位于天津市河北区金钟河大街北侧中环线与外环线之间。宗地面积25.2万平方米，总建筑面积115万平方米，地上总建筑面积86.78万平方米，产品形式为高层住宅、多层洋房、公寓、写字楼、商业、城市综合体。一期工程2011年7月开工，2013年10月交付使用；二期工程2014年取得施工许可手续；三期工程计划2015年开工。

宁波中国铁建·山语城　由中铁房地产集团浙江京城投资有限公司开发，位于浙江省宁波市象山县大目湾新城。宗地面积13.27万平方米,总建筑面积22.16万平方米,可售面积15.16万平方米。2014年底竣工。

武汉中国铁建·国际城　由中铁房地产集团武汉有限公司开发。宗地面积16.16万平方米,总建筑面积47.23万平方米,可售面积39万平方米,产品形式为住宅、商业。项目一期工程2014年9月竣工交付;二期工程于2013年11月取得施工许可证;三期2014年开工。

武汉中国铁建·国际花园　由中铁房地产集团武汉有限公司开发。宗地面积3.29万平方米,总建筑面积15.65万平方米,可售面积12.49312万平方米,产品形式为住宅、商业。计划2015年8月竣工交付。

上海中国铁建·青秀城(1号地块)　由中铁房地产集团上海置业有限公司开发,位于上海市宝山区顾村镇。宗地面积7.67万平方米,总建筑面积15.5万平方米,可售面积11.52万平方米。产品形式为小高层住宅为主、加配套商业。项目1标段于2014年12月交房;2标段计划于2015年10月交房。

上海中国铁建·青秀城(2号地块)　由中铁房地产集团上海置业有限公司开发,位于上海市宝山区顾村镇。宗地面积7.33万平方米,总建筑面积14.6万平方米,可售面积11万平方米。产品形式以花园洋房、高层普通住宅为主,加配套商业。项目1标段花园洋房于2014年5月开工,计划2015年8月竣工;2标段高层住宅于2014年7月开工,计划2016年11月交房。

南京中国铁建·青秀城　由中铁房地产集团江苏置业有限公司开发,位于江苏省南京市栖霞区。宗地面积11万平方米,总建筑面积43万平方米,可售面积32万平方米,产品形式以小高层、普通高层住宅为主,周边有商业配套。项目一期2014年9月开工,计划2016年9月交付;二期计划2015年底开工,2017年9月交付;三期计划2016年底开工,2018年9月交付。

大连中国铁建·青秀蓝湾　由中铁建(大连)置业有限公司开发,位于辽宁省大连市梭鱼湾商务区。宗地面积12万平方米,总建筑面积32万平方米,可售面积26万平方米。产品形式以多层、小高层、普通高层住宅为主,周边有商业配套。项目一期于2013年12月开工,计划2015年底交付;二期于2014年底开工,计划2016年底交付。

贵阳兰草坝项目(暂定名)　由中铁地产(贵州)开发有限公司开发,位于贵州省贵阳市南明区甲秀南路兰草坝,宗地面积126.8万平方米,可建设用地面积81.93万平方米。2013年4月,兰草坝被列入贵阳市棚户区改造项目。

(尚中雨)

【党群工作】 (1)党的工作。2014年,集团公司有党委1个、党支部24个,党员290人。①领导班子建设。认真落实民主生活会制度、谈心谈话制度、中心组学习制度,年内组织谈心谈话733人次,集中学习131次,领导班子理论水平得到提高,工作更务实、决策更科学,综合素质能力全面提升。②基层组织建设。3个党支部换届;发展党员16名,按期转正19名,接转组织关系44名。③党的群众路线教育实践活动。2014年3月启动,通过集中学与自学、专题学和交流学、线下学与线上学三结合的方式,广开言路、从严从实征集意见,并将整改落到实处,截至10月底,集团公司12个整改项目完成9项。④对外宣传和企业文化建设。全年在《中国铁道建筑报》刊稿16篇、《政工情况》刊稿5篇、《铁建信息》刊稿11篇、股份公司网站刊稿3篇、集团外网刊稿206篇。集团公司先后成立宣讲团,开办企业文化讲座、"道德讲堂",开展"四项理念"征文活动,介绍企业发展历程,宣传铁道兵精神,征集作品53篇。⑤纪检监察工作。落实党风廉政建设责任制,对19家基层单位进行考核;制定廉洁风险防控措施,排查廉洁风险点,编制廉洁风险防控手册,为集团公司营造风清气正的良好发展环境。

(2)工会工作。2014年,集团公司工会所属工会组织23个,其中新组建基层工会组织2个,完成换届基层工会1个。召开二届二次职代会,审议通过2013年行政工作报告、财务工作报告和业务招待费使用情况报告;征集提案47条;民主评议领导干部,增强员工的民主参与意识。全年组织劳动竞赛活动60余次,参赛人员1700余人次;开展"送温暖""在学习中成长——铁建员工悦读会""员工之声"企业文化征文和"职工大讲堂"等活动,活跃了职工的精神文化生活。

(王琭璐　陆媛媛)

【中铁房地产集团(广西)有限公司】 房地产开发二级资质企业。公司驻广西壮族自治区南宁市金湖路63号金源CBD现代城17楼C座。2008年1月25日成立。执行董事、总经理林凤臣,党支部书记邓长斌。公司旗下的中铁房地产集团广西江湾置业有限公司2013年9月30日在南宁市邕宁区注册成立。职工60人。

2014年完成销售额38004万元,销售回款25170万元,实现营业收入16072万元,净利润2116万元。

(蒋颖梦)

【中铁房地产集团合肥置业有限公司】 房地产开发三级资质企业。公司驻安徽省合肥市庐阳区桃源路99号。2008年6月27日成立。执行董事、总经理铁铮,党支部书记阮宏毅。旗下中铁房地产集团合肥蜀山置业有限公司于2013年10月11日注册成立。职工97人。资产总额329174万元,其中固定资产净值310万元、流动资产326200万元。

2014年完成销售收入61418万元,实现利润10331万元。全员劳动生产率633万元/人年,人均创利80万元,职工年人均收入15万元。净资产收益率29%,产值利润率12.67%,投资回报率7.54%,资产负债率91.86%。 (王海溶 任 诚)

【中铁房地产集团浙江京城投资有限公司】 房地产开发二级资质企业。公司驻浙江省杭州市拱墅区石祥路249号。2010年3月30日成立。执行董事、总经理、党支部书记马建军。公司旗下4个子公司:中铁房地产集团宁波京城投资有限公司于2011年8月1日注册成立;中铁房地产集团杭州京发置业有限公司于2013年1月7日注册成立;中铁房地产集团杭州京顺置业有限公司于2013年1月18日注册成立;中铁房地产集团杭州京兆置业有限公司于2014年4月23日注册成立。职工139人。资产总额824101.14万元,其中固定资产净值427.51万元、流动资产822760.61万元。

2014年销售面积10.44万平方米,完成销售额158123万元,销售回款118140万元。 (高亚丹)

【中铁房地产集团(贵州)有限公司】 房地产开发暂定资质企业。公司驻贵州省贵阳市南明区太慈桥车水路11号。2010年4月19日成立。执行董事、总经理侯思军,党支部书记邬传荣。2014年9月,集团公司将贵州中泓房地产开发有限公司股权划转贵州地产。职工107人。资产总额523119.14万元,其中固定资产净值24041.36万元、流动资产522698.75万元。

2014年完成企业总产值102570万元,实现净利润7648万元。人均创利48.71万元,全员劳动生产率106.81万元/人年,职工年人均收入13.25万元。国有资产保值增值率106%,净资产收益率54.68%,产值利润率7.45%,投资回报率8.53%。

(李 雪 李 牧)

【中铁房地产集团四川有限公司】 房地产开发二级资质企业。公司驻四川省成都市成华区昭觉寺横路19号。2010年6月3日成立。执行董事、总经理李兴龙,党支部书记钟昌华。公司旗下有4家子公司:中铁地产(成都)开发有限公司、成都中铁建锦城投资有限公司、成都中铁建投资有限公司、成都中铁龙泰房地产开发有限公司。职工205人。资产总额116.43亿元。

2014年完成产值24.16亿元,实现净利润2.86亿元。人均创利139.45万元。国有资产保值增值率178.31%,净资产收益率60.8%,产值利润率为12%,资产负债率95%。 (杨 慧 李 亮)

【中铁房地产集团(天津)置业有限公司】 房地产开发四级资质企业。公司驻天津市河北区中山路与华兴大街交口东南侧鼎盛大厦1-1510。2010年7月15日成立。执行董事、总经理任望东,党支部书记张同兴。职工71人,资产总额475685万元,其中固定资产73万元、流动资产474667万元。

2014年完成企业总产值47131万元。全员劳动生产率664万元/人年,职工年人均收入21.86万元。国有资产保值增值率113%,净资产收益率17.56%,产值利润率13.27%,投资回报率1%,资产负债率96.41%。 (杨倩龙 李映湘)

【中铁房地产集团广州有限公司】 房地产开发暂定资质企业。公司驻广东省广州市荔湾区康王中路486号和业广场1703室。2010年7月28日成立。执行董事彭长城,总经理李剑,党支部书记谢东方。旗下佛山中铁房地产置业有限公司于2013年11月15日注册成立,广州增城中铁房地产置业有限公司于2014年4月25日注册成立。职工85人。资产总额39.68亿元。

2014年完成产值23.36亿元,实现营业收入18.33亿元,实现利润3.01亿元。人均创利401.92万元,职工年人均收入16.37万元。国有资产保值增值率302.88%,净资产收益率97.31%,资产负债率91.1%。 (曾 莉)

【中铁房地产集团上海置业有限公司】 房地产开发暂定资质企业。公司驻上海市宝山区宝安公路933号。2013年1月14日成立。执行董事、党支部书记倪杰,总经理阮兴。职工50人。资产总额268721万元,其中固定资产净值203万元、流动资产268518万元。

2014年完成销售收入53803万元,实现利润9701万元、净利润7398万元。人均创利19.02万元,全员劳动生产率309.48万元/人年,职工年人均收入19.2万元净。资产收益率86.32%,产值利润率18.03%,资产负债率93.71%。 (王旻敏)

【中铁建(大连)置业有限公司】 房地产开发暂定资质企业。公司驻辽宁省大连市甘井子区黄山路3A、3B号。2013年7月26日成立。执行董事、党支部书记高继红,总经理姚健。职工55人。资产总额228338万元,其中流动资产227495万元。

2014年实现签约金额30831万元,签约面积3.03万平方米,完成投资61971万元,资产负债率96.49%。

(宋诗付　李　勤)

【中铁房地产集团江苏置业有限公司】 房地产开发暂定二级资质企业。公司驻江苏省南京市玄武区中央路258-28号锦盈大厦12楼。2013年11月12日成立。执行董事、总经理刘鹏。2014年9月,集团公司将徐州中铁房地产开发有限公司股权划转江苏置业。职工70人。

2014年完成企业总产值0.15亿元,完成销售额4.58亿元,销售回款2.31亿元。职工年人均收入16万元。国有资产保值增值率85.53%,资产负债率97.32%。

(李洪岭)

【中铁房地产集团长沙置业有限公司】 房地产开发二级资质企业。公司驻湖南省长沙市开福区秀峰路69号。2007年4月9日,由中铁房地产集团开发有限公司和北京摩达斯投资有限公司联合出资成立;2009年12月28日,收购北京摩达斯投资有限公司持有公司的49%股权;2010年10月,公司由长沙市大联实业发展有限公司更为现名。执行董事、总经理、党支部书记赵力。职工75人。

2014年实现销售回款67063万元,完成营业收入77007万元。完成企业总产值102484万元,实现利润7164万元。人均创利85.28万元,职工年人均收入15.46万元。国有资产保值增值率117.07%,净资产收益率15.82%,产值利润率7%,资产负债率86.42%。

(何润滋　成亚才)

【长春中铁房地产开发有限公司】 房地产开发三级资质企业。公司驻吉林省长春市汽车经济技术开发区长沈路2488号。2007年11月,由中铁房地产集团开发有限公司和中国铁建大桥工程局集团有限公司(原中铁十三局集团有限公司)联合出资成立。董事长、总经理赵洪军。职工42人。资产总额63430万元,其中固定资产原值203万元、流动资产63401万元。

2014年完成营业收入12825万元,实现利润2306万元。人均创利292万元,职工年人均收入13万元。国有资产保值增值率34.94%,净资产收益率22.51%,产值利润率23.98%,资产负债率91.63%。

(马健楠)

【湖南中盛嘉业房地产开发有限公司】 房地产开发二级资质企业。公司驻湖南省长沙市经济技术开发区漓湘路与东六线交汇处中国铁建·国际城售楼处。前身是湖南星沙国际物流有限公司,2003年9月4日成立,是中国铁建房地产集团有限公司与长沙经济技术开发集团有限公司成立的合资子公司;2008年1月11日,集团公司通过股权受让方式获得原公司控股方湖南省星沙实业发展有限公司51%股份;2008年12月16日,由湖南星沙国际物流有限公司更为现名。董事长、总经理、党支部书记孙驿杰。职工48人。资产总额56189万元,其中固定资产净值193万元、流动资产55996万元。

2014年完成企业总产值52163万元,实现净利润10378万元。人均创利294.5万元,职工年人均收入16.24万元。国有资产保值增值率141.74%,净资产收益率44.25%,产值利润率26.54%,投资回报率20.97%,资产负债率60.77%。

(曹　炼)

【中铁房地产集团武汉有限公司】 房地产开发暂定资质企业。公司驻湖北省武汉市汉阳区墨水湖北路特5号。2011年9月15日,由中铁房地产集团有限公司与中铁第四勘察设计院集团房地产开发有限公司联合出资成立。董事长、总经理、党支部书记戴定财。职工64人。资产总额161315.75万元,其中固定资产净值139.45万元、流动资产160977.91万元。

2014年,武汉中国铁建国际城项目网签合同额39130.51万元,销售回款42901.86万元。　(刘　锋)

【中铁嘉业(北京)投资有限公司】 房地产开发三级资质企业。公司驻北京市房山区城关街道顾八路一区一号-R149。2008年1月29日成立。执行董事、总经理、党支部书记钟金东。职工54人。资产总额394160万元,其中固定资产净值223万元、流动资产393937万元。

2014年原香漫谷销售面积4.9万平方米,完成销售额66304万元,销售回款91700万元,实现营业收入46979万元;原香嘉苑销售面积8.9万平方米,完成销售额96418万元,销售回款36000万元。　(胡　颖)

【北京第六大洲房地产开发有限公司】 房地产开发二级资质企业。公司驻北京市朝阳区来广营乡清河营东路2号乐想汇3号楼。2008年8月26日成立。执行董事侯加海,总经理、党支部书记费洪伟。2014年10月8日,公司旗下北京通瑞兴盛置业有限公司在北京市通州区注册成立。职工113人。资产总额418035.79万元。

2014年完成主营业务收入360094.83万元,实现利润102096.88万元、净利润76572.66万元。

(万云霞)

【北京丰基置业有限公司】 房地产开发四级资质企业。公司驻北京丰台区西四环南路101号。2010年2月3日成立。执行董事、总经理徐茂义，党支部书记阙方明。职工45人。资产总额223741万元，其中固定资产净值139万元、流动资产223457万元、其他资产145万元。

2014年完成企业总产值633万元，实现利润1万元。人均创利0.04万元。国有资产保值增值率100%，净资产收益率0.01%，产值利润率0.16%，资产负债率59.64%。 （赵小磊）

【中铁房地产集团北京正达置业有限公司】 房地产开发四级资质企业。公司驻北京房山区长阳镇张家场村。2010年6月成立。执行董事、总经理兼党支部书记王晓飞。职工53人。资产总额163536.54万元。

2014年实现销售额102670.8万元，完成营业收入224174.8万元，实现净利润32920万元。资产负债率78.39%。 （岳增勇）

【中铁房地产集团北京丰昊置业有限公司】 房地产开发三级资质企业。公司驻北京市丰台区王佐镇西王佐村293号。2011年1月17日成立。执行董事、总经理、党支部书记代春利。职工56人。

2014年实现销售金额12.73亿元，完成营业收入9.88亿元，实现净利润1.48亿元。

（孟泓洁　李华一）

【中铁房地产集团北京顺捷金海置业有限公司】 房地产开发三级资质企业。公司驻北京市门头沟区永定镇龙兴南二路10号院1号楼。2011年10月20日成立。执行董事、总经理、党支部书记柳金平。职工54人。资产总额186870.37万元，其中流动资产182048.54万元、非流动资产4821.83万元。

2014年完成营业收入401215.85万元，实现利润59191.10万元、净利润44382.55万元。净资产收益率192.80%，资产负债率75.81%。 （刘辰燕　邢可书）

【中铁房地产集团北京金达世纪房地产开发有限公司】 房地产开发暂定资质企业。公司驻北京市昌平区南邵镇金家坟村。2013年2月1日成立。执行董事、总经理兼党支部书记郭辉。职工53人。资产总额130096万元。

2014年销售面积2.78万平方米，销售签约额60262万元，销售回款27637万元。 （余　水　刘　玉）

【北京海丰置业有限公司】 房地产开发暂定资质企业。公司驻北京市海淀区温泉镇人民政府办公楼四层401室。2013年11月20日成立。执行董事、总经理徐茂义。职工45人。资产总额184554万元，其中流动资产184554万元。

完成企业总产值1254万元，实现净利润－320万元。人均创利－6.04万元。国有资产保值增值率84.02%，净资产收益率－17.37%，产值利润率－25.52%，资产负债率99.16%。 （赵小磊）

【中铁房地产集团北京浩达置业有限公司】 房地产开发暂定资质企业。公司驻北京市顺义区林河经济开发区双河大街18号1幢513室。2013年11月29日成立。执行董事、总经理、党支部书记代春利。职工56人。

2014年公司开发的中国铁建·顺新嘉苑项目完成销售金额4.44亿元，销售面积3.18万平方米，销售回款22419.1万元。 （孟泓洁）

【中铁建（北京）物业管理有限公司】 物业管理一级资质企业。为中国铁建房地产集团有限公司所属各城市房地产公司开发楼盘业主提供物业服务。公司驻北京市石景山区阜石路166号泽洋大厦1606室。2012年8月23日，中铁建（北京）商务管理有限公司股权划转中国铁建房地产集团有限公司。执行董事、书记侯加海，总经理郑甘家。下辖北京、房山、门头沟、成都、贵阳、合肥、长沙、长春、南宁、保定、天津、广州、武汉、宁波、杭州、上海、大连、徐州等18家物业分公司。职工2796人，其中自有员工1570人、外委1226人。在管面积851万平方米，在管项目20个，包含30个物业服务中心。 （黄　懿）

【中国铁建房地产集团海南筹备处】 驻海南省海口市秀英区港澳大道15号远航大厦607－608。2013年8月成立。总经理彭长城。职工2人。 （傅小花）

【重要记载】

▲1月8日　中国铁建房地产集团有限公司二届二次职工代表大会暨2014年工作会议、党风建设和反腐倡廉工作会议在北京召开。

▲3月3日　集团公司召开年度营销工作会议。

▲3月13日　集团公司召开党的群众路线教育实践活动动员大会。

▲4月1日　华电置业有限公司总经理一行到访集团公司，双方就开展合作事宜进行交流。

▲4月11日　成立中铁房地产集团北京金郡兴盛置业有限公司。

▲4月23日　成立中铁房地产集团杭州京兆置业有限公司。

▲4月25日　成立广州增城房地产置业有限公司。

▲4月30日　成立成都中铁龙泰房地产开发有限公司。

▲6月10日　集团公司创办内刊《普法简报》。

▲6月16日　集团公司增设市场拓展二部。

▲10月8日　成立北京通瑞兴盛置业有限公司。

▲10月14日　集团公司领导班子被评为中国铁建2013年度“四好领导班子”。

▲10月15日　集团公司召开2014年度工作盘点推进会。

▲10月26日　中国铁建北京青秀尚城首期开盘成功,3个小时即宣告售罄。

▲10月29日　集团公司召开党的群众路线教育实践活动总结大会。

▲11月24日　集团公司以“身边人讲身边事分享平凡中的感动”为主题,开展道德讲堂活动。

▲12月29日　中国铁建房地产集团有限公司2014年度财务工作会议在北京召开。　（王重珍）

中铁第一勘察设计院集团有限公司

【简况】　中铁第一勘察设计院集团有限公司(简称铁一院)是国家大型综合性勘察设计单位,持有国家颁发的工程勘察、设计、咨询、建设监理、造价咨询,地质灾害评估、灾害防治、勘查、设计、施工,环境影响评价和测绘等21项甲级资质证书;拥有国家批准的对外经济技术经营合作权。主要经营铁路、轨道交通、公路、市政、建筑等行业中的工程勘察、工程设计、工程监理、工程项目管理与评估咨询、工程总承包、岩土工程治理、环境影响评价和对外经济技术合作等项目。1995年在全国大型综合性甲级勘察设计单位中第一个通过ISO9001质量体系认证;2008年在全行业首批取得建设部颁发的工程设计综合甲级资质,2010年经商务部会同住房和城乡建设部审批,取得新的对外承包工程资格证书;2009年建立并通过中国船级社质量认证公司“三标一体”(质量、环境、职业健康安全)综合管理注册认证和英国皇家UKAS质量体系认证。铁一院驻陕西省西安市西影路2号。前身是铁道部设计局西北设计分局,成立于1953年1月1日;1956年1月扩建改称铁道部设计总局第一设计院;1958年更名为铁道部第一设计院;2001年由事业单位改为科技型企业,并改称铁道第一勘察设计院;2003年由铁道部划归中国铁道建筑总公司管理;2007年7月企业改制改称现名。下辖14个专业设计处(院)、9个子公司、13个参(控)股公司、7个驻外经营分支机构。在岗职工3952人,其中干部3235人、技能人员717人。资产总额81.82亿元,其中流动资产69.9亿元、固定资产4.2亿元、其他资产7.72亿元。拥有仪器设备万余台(件),机械运输设备总值1.79亿元、净值3455万元。

2014年新签合同额52.2亿元,完成营业收入49亿元,实现利润3.48亿元、净利润2.95亿元。国有资产保值增值率107.85%,净资产收益率17.59%,营业利润率7.1%,投资回报率17.6%,资产负债率79.5%,应上缴款完成率100%。年内完成铁路线路勘察设计2162千米、电化线路1237千米,地质钻探97.4万米。铁一院勘察设计的大西铁路客运专线、拉日铁路、兰新第二双线年内开通运营;世界最长高原铁路隧道青藏铁路西宁—格尔木增建二线新关角隧道双线正洞全部贯通;黄韩侯铁路重难点控制工程纵目沟特大桥主桥顺利合龙。

全年取得知识产权124项,其中发明专利5项、实用新型专利96项、软件著作权23项。截至2014年底,铁一院共拥有知识产权284项,其中发明专利24项、实用新型专利207项、软件著作权52项、外观设计1项。获改革开放35年百项经典暨精品工程3项、甘肃省优秀勘察设计奖6项、陕西省优秀咨询成果奖22项。获国家级优秀QC小组成果2项、全国工程建设优秀QC小组9个。获省部级科技进步奖28项、中国铁建科技奖18项。铁一院承担总体总包设计的西安地铁2号线工程获2014年度全球杰出工程奖(FIDIC奖),乌鞘岭隧道、重庆万州长江二桥获FIDIC提名奖。年内,铁一院获得陕西省企业文化建设优秀成果奖、全国质量管理小组活动优秀企业、全国践行社会主义核心价值观企业文化模范单位、陕西省省级平安示范单位等荣誉,董事长、全国工程勘察设计大师王争鸣获2014年度杰出工程师奖。　（海　强）

【领导人员】

董事会

董事长	王争鸣
董　事	刘为民
	安光保
	董　勇
	周仲华

董事会秘书　　刘　岩

监事会

监事会主席　　丁　力

监　事　　方发源(2月免)

关维东(2月免)

王鲁林(2月任)

赵君瑞(2月任)

行政系统

院　长　　刘为民

副院长　　安光保

周仲华

朱力争

李金城

董　勇

彭文盛

魏州泉

张学伏

总会计师　　周仲华

总工程师　　张学伏

党群系统

党委书记　　王争鸣

党委副书记　　刘为民

丁　力

纪委书记　　丁　力

工会主席　　丁　力　　(海　强)

【职工队伍】 截至2014年底,铁一院有在岗职工3952人。其中,主业2279人,各公司1673人;干部3235人,技能人员717人;教授级高级工程师257人,高级职务1223人,中级职务1228人,初级职务527人;高级技师3人,技师148人,高级工312人,中级工127人,初级工87人,普通工人40人;博士研究生13人,硕士研究生610人(含硕士学位125人),大学本科2058人,大学专科586人,中专及以下685人;30岁及以下479人,31~35岁672人,36~40岁561人,41~45岁806人,46~50岁656人,51~54岁494人,55岁及以上284人,职工平均年龄41.67岁。

铁一院有中国工程院院士1名、全国勘察设计大师3名、FIDIC全球百年杰出咨询工程师1名、全国杰出工程师1名,享受国务院政府津贴人员17名、"百千万人才工程"国家级人选1名、国家有突出贡献中青年专家1名、陕西省"三秦学者"1名、陕西省突出贡献专家2名、陕西省优秀勘察设计师9名,陕西省"新世纪三五人才"第二层次人选2名;茅以升铁道工程师奖获得者3人、詹天佑铁道科学技术奖获得者3人、詹天佑中铁建专项奖获得者11人;院专业技术带头人57名、优秀青年工程师60名。

年内获取执业资格证书97人次。截至2014年12月,铁一院有762人次获得国家注册(执业)资格:一级注册建筑师13人、二级建筑师18人,一级注册结构工程师34人、二级注册结构工程师6人,注册岩土工程师37人,注册电气工程师33人,注册公用设备工程师25人,注册造价工程师72人,注册监理工程师203人,注册咨询工程师146人,一级建造师45人、二级建造师28人,注册城市规划师4人,环境影响评价工程师13人,注册安全工程师23人,环保工程师3人,水保工程师2人,测绘工程师12人,招标师10人,道路工程师7人,其他类别注册人员28人。255人次取得行业资格。　　(海　强)

【勘察设计】 2014年,面对国家铁路建设形势,铁一院通过前瞻性、预见性分析,超前安排重点项目的勘察设计工作,结合国家加快铁路发展新要求,及时组织生产大会战,确保勘察设计项目各阶段目标实现。年内完成铁路线路勘察设计2162千米、电化线路1237千米,地质钻探97.4万米。完成预可行性研究4237千米、初测645千米、可行性研究1365千米,定测2611千米,初步设计2650千米,补充定测361千米,施工图设计1500千米。设计文件交付履约率100%。

(任伍林)

【经营管理】 2014年,铁一院立足新起点,积极践行转型战略,完善优势区域市场布局,围绕主业深耕铁路市场、积极拓展公路和市政市场、持续提升城轨市场绩效的经营目标,全年签订合同1075项,合同金额18.51亿元,进款13.74亿元。其中,经营系统签订合同78项,合同金额9.05亿元,进款5.11亿元。

(1)工程承包与对外合作。年内新签工程承包合同额19.64亿元。其中,院属生产单位新签合同额13.11亿元,占新签合同总额的67%;改制单位新签合同额6.53亿元,占新签合同总额的33%。完成工程承包收入16.93亿元,实现工程承包项目进款9.17亿元。海外市场取得历史性突破,获得阿曼铁路、秘鲁利马地铁咨询服务项目竞标第一名,签订莫桑比克铁路项目前期工作合同;承揽斯里兰卡高速公路咨询服务项目,对院提升海外业务的层次和档次、培养高水平的项目管理人才具有里程碑意义。全年实现境外项目收入2055万元,海外项目获得出口退税39.08万元。

(2)财务管理。完善基础体系建设,深入梳理内控流程,先后出台铁一院《采购管理办法》《工程招标管理办法》《节能减排管理办法》。修订差旅费管理办法,调整差旅费标准。针对院转型发展过程中出现的新业务、新问题，完善各项财务制度，规范相关经济行为，先后制定《筹融资管理办法》《对外工程承包项目出口设备退税业务指导手册》。通过制定财务制度，有助于从源头遏制资产流失和规避财务风险，保证院各项生产经济活动有序可控，提升管控水平，为内部经济核算和财务管理提供制度规范和行为依据。通过提质增效、防控亏损活动的开展，有效提升责任成本管控效果。全年营业收入较2013年增长36%；利润同比增长7.6%；全年差旅费、业务招待费、办公费用、车辆使用费支出较上年分别下降了7.34%、25.16%、18.4%、25.98%。资本运营是铁一院转型发展的重要方向之一，组织相关人员进行相关领域的学习和研究，为资本运营项目做大做强提供财务保障。铁一院空港新城商务中心BT项目于12月31日建成并转入移交清算阶段，提前回购部分的资金全额到账。

(3)审计工作。年内，铁一院审计工作以财务审计和工程项目投资审计为工作重点，认真履行审计监督、评价、控制和服务职能，在探索和改进内部审计工作的同时，将推动提升单位内部控制和风险管理水平作为审计工作目标，进一步识别、梳理企业经济运行全过程的风险点，推进重点项目跟踪审计工作，参与物资设备采购招标监督，发挥内审工作对企业管理层面的影响，推动和促进全院监督机制的健全与落实。全年完成各类审计项目64项，其中财务收支审计34项、重点项目投资审计2项、领导干部(离任)经济责任审计1项、审签维修项目竣工决算27项。

(4)企业管理。年内，根据《中国铁建股份有限公司发展战略与规划编制大纲》的要求，制定《中铁第一勘察设计院集团有限公司三年滚动规划(2014—2016)》，从战略发展的角度调整主要经济指标及主营业务市场开发目标。开展院"十三五"发展规划编制的前期准备工作。制定《中铁第一勘察设计院集团有限公司风险信息收集与风险评估管理办法》，细化相关管控要求，规范风险信息收集及后续风险评估管理。出台《中铁第一勘察设计院集团有限公司规章制度管理办法》，明确规章制度制定的流程和各环节相关部门的工作职责。制定《规章制度清理工作计划安排》，组织相关部门成立工作组，落实责任和目标，全面梳理院现行各项制度和管理办法。梳理规章制度406项，拟废止59项、保留293项、修订或计划制定54项。参加全国工程项目管理完成合同额和工程总承包完成合同额排名，项目管理完成合同额排名全国第2位、工程总承包完成合同额排名第32位。铁一院在全国勘察设计企业排名第4名。参加《工程新闻纪录》(ENR)全球设计150强排名，位列第98名，比2013年提升1位。

(任伍林)

【技术管理与科技创新】 2014年，铁一院根据铁路建设项目土地综合开发、环境保护的新要求，印发专题指导意见；根据城市轨道建设的技术管理需要，细致梳理现行技术管理制度，逐步理顺院级技术管理体系工作思路。依托重点实验室平台，确立隧道及地下工程、城市轨道交通工程等重点研究方向，承担科研课题23项。申请知识产权128项，获得授权124项；完成科研项目结题33项，通过省级评审软件项目6项；主编国家标准1项、行业标准17项、其他标准2项。西安地铁2号线工程获2014年度全球杰出工程奖，新丰镇铁路编组站修建关键技术研究等28个项目获省部级科技进步奖；81个项目获中国铁建优秀勘察设计和优秀工程咨询奖。技术成果转化初显成效，"轨道几何状态测量仪"被列入2014年陕西省科技统筹创新工程计划，通过国家产品认证，具备生产销售资质；结合哈大铁路客运专线研发制造的接触网防融冰装置和移动式接触网两项产品成功实现销售；联合开发桥梁、隧道相关产品7项，其中两项支座产品取得相关专利并正式通过河北省科技厅成果鉴定，具备工程应用条件。全年获甘肃省优秀勘察设计奖6项、陕西省优秀咨询成果奖22项，中国铁建优秀勘察设计奖53项、中国铁建优秀咨询成果奖16项，3项工程入选改革开放35年百项经典暨精品工程。

(任伍林)

【人才培养】 2014年，人才推荐188人次，其中"百千万人才工程"国家级人选2人、国务院政府特殊津贴1人、中青年科技创新领军人才1人、全国勘察设计行业科技创新带头人1人、詹天佑铁道科学技术奖6人、茅以升铁道工程师奖2人、青年拔尖人才1人、英国皇家特许建造师资格2人、铁路建设工程评标专家46人、陕西省勘察设计专家库专家36人、重庆市建设工程勘察设计咨询委员会专家15人、铁路勘察设计评优专家76人。董事长、党委书记王争鸣获全国首届杰出工程师奖，1人获茅以升铁道工程师奖、1人获詹天佑铁道科学技术奖青年奖、1人获詹天佑中铁建成就奖、2人获詹天佑中国铁建人才(管理)奖、1人获铁道环保奖，173人次入选或被评为专家。全院执业资格取证97人次。2014年接收应届大学毕业生85人，其中硕士研究生55人。全年培训干部9143人次、工人172人次。

(海　强)

【党群工作】 (1)党的工作。2014年，铁一院党委下设基层党委6个、党工委4个、党组1个，党总支18个，党支部192个，其中在岗党支部148个、离退休党支部44个；党员3677名，其中在岗党员2104名、离退休党员1573名。铁一院工会下设二级工会6个、基层工会33个,会员3997人。铁一院团委下设基层团(工)委5个、团总支6个、团支部41个,共青团员253名,专兼职团干部105人。年内,铁一院各级党组织以开展党的群众路线教育实践活动为契机,以服务生产会战和转型发展为重点,改作风、树新风、抓关键、保重点,各项工作平稳有序推进。

①坚持两不误双促进,教育实践活动与生产会战同步开展。年内,院党委组织开展党的群众路线教育实践活动,全院220个党组织、3677名党员聚焦“四风”问题,对照“三严三实”要求,保质保量地完成了三个环节的活动内容。院党委坚持做到高效率起步、高质量推进、高标准整改,将反“四风”与促会战密切结合,将“七反七查”特色活动与院转型发展实际密切结合,将整改落实与群众反映的突出问题密切结合,党员干部精神面貌和工作作风明显改善,服务“最后一千米”问题得到有效解决,职工切实感受到了新变化、新气象,满意度测评由活动初始的89%提升至99%,得到上级党组织的肯定。教育实践活动与生产会战同步开展,职工攻坚克难、连续作战,党员领导干部深入现场、强化落实,领导干部与职工群众之间、机关部门与基层单位之间,相互理解更深了,沟通协调更顺了,呈现出了强大的团队战斗力。按期高质量完成黔张常、格库、兰合铁路等重点开工项目的勘察设计任务,实现大西高铁、兰新高铁、拉日铁路等重点项目的按期开通运营。以作风建设助推生产经营,以转型发展成果检验活动开展成效,实现两不误、双促进,成为院教育实践活动的最大亮点。

②坚持转型理念引领,产业格局实现均衡优化。年内,院党委坚持转型发展战略不动摇,强化技术支撑经营、服务拓展市场的理念,产业格局实现均衡优化。全年实现营业收入49亿元,新签合同额52.2亿元,实现利润3.48亿元、净利润2.95亿元。在新签合同额构成中,勘察设计27亿元、占52%,总承包23亿元、占44%,比例大幅提高;按产业板块划分,铁路21亿元,占比由2013年的47%降至40%,市场结构持续调整,产业链条不断优化。在各业务板块中,铁路市场从“十三五”规划和国家中长期路网规划着手做好“源头”经营,获取多个前期委托项目,积极承揽技改和运输配套项目。城市轨道市场,中标额、新签合同额、进款额较上年度均有提升,新中标成都地铁5号线勘察设计总承包、青岛R3线和乌鲁木齐2号线总体总包,承揽12个前期规划和可研项目,新兴市场与优势市场体量持续攀升。海外市场,成功签订斯里兰卡南部高速公路咨询服务合同,合同额创院海外项目历史新高。工程总承包、资本运营和房地产等新兴业务发展势头良好,获取青海矿业和日照钢铁铁路专用线总承包项目,成功进入一线城市房地产市场,产业延伸和结构转型对院稳定发展的支撑作用进一步突显。

③坚持强化能力建设,核心竞争力有效提升。年内,院党委坚持“强本固基”理念,强化核心竞争力打造,提升精益化管理水平。年内,铁一院勘察设计的西安地铁2号线获全球杰出工程奖,陕西省铁道及地下工程重点实验室通过省级验收;BIM技术研发和应用作为院重大专项科研攻关项目,技术成果在厦门、广州地铁设计中应用。成立勘察设计大师工作室,高端人才在前沿技术研究、科技创新、团队引领等方面的支撑作用更趋显著。坚持战略规划引领企业发展,人力资源管理信息系统正式运行,StarFlow平台实现互提资料电子化,有效提升生产和管理效率;建立健全企业风险防控长效机制,进一步夯实管理制度基础;持续加强财务管控,管理部门业务招待费大幅核减,财税创效和清收清欠工作取得实效。

④坚持正确舆论导向,文化宣传工作扎实推进。年内,院党委紧密围绕保会战、促生产、加快转型和开展好教育实践活动的年度主题,开展宣传和文化建设工作,内聚人心,外树形象,企业文化内涵和影响力有效提升。文化建设方面,贯彻党的十八届三中、四中全会精神,结合院转型发展实际,注重宣传教育、示范引领、实践养成相统一,先后获陕西省企业文化建设优秀成果奖、中国企业文化建设模范单位称号,1人被评为中国企业文化建设模范管理者。宣传工作方面,解读宣贯党的十八届四中全会精神,推动依法治企工作的有效开展;围绕“一带一路”规划研究、教育实践活动、生产会战等进行集中报道,营造良好的舆论导向;紧抓西安地铁2号线获全球杰出工程奖、兰新高铁通车、拉日铁路开通、新关角隧道贯通等重大事件,接受多家中央媒体的联合采访报道,有力提升“中铁一院”的品牌内涵和市场形象。

⑤坚持强化组织建设,提供坚强纪律保障。党组织建设方面,坚持开展创建“四好领导班子”“五好党支部”和争当“六好党员”活动,党支部的战斗堡垒作用进一步发挥;基层党组织建设更加规范,86个党支部(党总支)进行按期换届或调整。干部队伍建设方面,以决策力、组织力、执行力、大局意识及责任意识等为考核重点,完成36个领导班子、208名领导干部的3年综合考核及后备干部民主推荐工作。党风廉政建设方面,坚持发挥党委的主体责任和纪委的监督责任,切实增强党风廉政建设责任制的威慑力,组织开展集中学习、“零距离”现场旁听庭审、参观廉政教育基地、专题讲座报告会等一系列有特色、有影响的教育活动。结合院近年来发案特点及典型案例,印发《廉洁风险防控手册》和《廉洁文化建设纲要》,对廉洁文化建设

做出具体部署,增强全院的廉洁风险防控意识。拓宽检企共建平台,建立"三方联系机制",有效促进反腐倡廉工作的开展。

⑥坚持发挥服务保障作用,构建和谐稳定发展大局。年内,全院党群组织不断完善工作机制、创新工作平台,进一步发挥服务保障作用。

(2)工会工作。在银西、格库、兰合铁路等重点项目勘测现场组织开展劳动竞赛,岗位建功的氛围进一步浓厚;主动融入职工工作生活,组织开展重大节日送慰问、一年四季送关怀等内容丰富多样的"暖心、健身、益智"活动,和谐一院建设得到巩固和深化;评先树模工作成绩优异,共获国家级表彰2项,省部级各类先进26项。

(3)共青团工作。以服务青年成长成才为重点,举办全院青年方案汇报大赛等活动,搭建交流学习和能力提升的良好平台;召开院改制以来第一届团代会,充分发挥团组织和团员青年在院转型发展中的生力军作用。 (马建飞)

【新疆铁道勘察设计院有限公司】 驻新疆维吾尔自治区乌鲁木齐市北京南路703号。董事长、党委书记李斌,院长庄新玉。下辖建筑设计分院、线路运输分处、地质路基分处、桥梁隧道分处、环境设备分处、电信自控分处、工程经济分处、综合设计分处、EPC管理分处、工程测绘部、岩土事业部、信息中心、文整工厂,铁设驾校、物业管理中心、门诊部。职工543人。拥有全站仪、水准仪、绘图仪、计算机、钻机、载重汽车、测距仪、测高仪、GPS、静力触探车、地震仪、电磁勘探仪等仪器设备727台(套)。

2014年完成营业收入3.86亿元,新签勘察设计合同87项、合同金额4.18亿元,实现勘察设计收入1.7亿元。 (马建飞)

【青海铁道工程勘察有限公司】 驻青海省西宁市共和南路23号。执行董事、党工委书记刘德林,总经理李关民。下辖工程勘探队、第十一勘测设计队、工程设计所、后勤管理服务中心。职工67人。拥有全站仪、水准仪、绘图仪、计算机、钻机、测深仪、手持GPS、GPS等仪器设备96台(套)。

2014年完成营业收入2517万元。 (马建飞)

【甘肃铁道综合工程勘察院有限公司】 驻甘肃省兰州市和政路131号。董事长、院长贺光华,党委书记、副院长席新林。下辖岩土工程公司、物探研究所、勘测队、勘探队。职工274人。拥有全球定位仪(GPS)、全站仪、各类计算机、钻机、物理勘探设备、汽车、其他设备等仪器设备481台(套)。

2014年签订外委合同72项,新签合同金额8645万元,实现外委进款9481万元,完成营业收入1.66亿元。 (马建飞)

【陕西铁道工程勘察有限公司】 驻陕西省宝鸡市中山西路88号。董事长、总经理黄凯,党委书记侯全德。职工336人。拥有泥浆泵、钻机、其他施工机械、汽车、发电机组、柴油机、拌和机、粉喷桩机、空压机、静力触探仪、地下管线探测仪、地震仪、GPS定位仪、卫星定位仪、全站仪等仪器设备512台(套)。

2014年完成营业收入2.37亿元。 (马建飞)

【重要记载】

▲1月10日 铁一院湿陷性黄土地区高速铁路修建关键技术获国家科技进步二等奖。

▲同日 玉树地震灾后恢复重建总结表彰大会在青海西宁召开。铁一院城建院获评玉树地震灾后恢复重建先进集体,铁一院兰州院副院长兼总工程师乔登寿、城建院建筑所所长张世升获评玉树地震灾后恢复重建先进个人。中共中央政治局委员、国务院副总理汪洋出席大会并作重要讲话。

▲1月23日 陕西省委、陕西省人民政府授予铁一院文明单位标兵称号。

▲3月8日 铁一院通号处信号一所总工程师、教授级高级工程师田建芬被陕西省总工会授予"五一巾帼标兵"称号,环设处环保二所总工程师杜蓓获陕西省雁塔区"雁塔最美女性"称号。

▲3月19日 铁一院党委召开深入开展党的群众路线教育实践活动动员大会,中国铁建党委第六督导组参会指导。

▲4月1日 铁一院"王争鸣勘察设计大师工作室""冉理勘察设计大师工作室"在西安成立。

▲4月2日 铁一院获评全国工程勘察设计先进企业。

▲4月4日 陕西省省长娄勤俭在铁一院董事长、党委书记王争鸣陪同下调研新筑集装箱中心站与综合货运中心项目。

▲4月15日 铁一院董事长、党委书记王争鸣和铁一院拉日铁路副指挥长刘争平当选全国第二届"做出突出贡献的工程硕士学位获得者"。

▲4月15日 铁一院设计的世界最长高原铁路隧道青藏铁路西宁—格尔木增建二线新关角隧道双线正洞贯通。

▲4月28日 中共中央政治局委员、国务院副总理马凯到西成铁路客运专线项目现场调研。铁一院董

事长、党委书记王争鸣，院长刘为民陪同。

▲4月29日　中共中央政治局委员、国务院副总理马凯在西安主持召开部分地区铁路建设工作会议，铁一院董事长、党委书记王争鸣应邀参加会议。

▲5月1日　铁一院线运处线路设计一所、兰州院城建所获中华全国总工会授予的全国工人先锋号称号。

▲5月28日　铁一院"陕西省铁道及地下工程重点实验室"通过陕西省科技厅组织的专家验收。

▲6月20日　中国铁建总会计师王秀明，监事会主席、审计监事局局长黄少军一行到铁一院调研。

▲7月1日　铁一院召开"七一"表彰大会暨2014年中院务会议。

▲7月3日　铁一院总体设计的新建哈密—额济纳铁路项目新疆段开工建设。

▲7月8日　铁一院"卫星影像测制1:2000数字地形图应用研究""提高铁路隧道工程辅助设计系统可扩展性"2项QC成果获2014年度全国工程建设优秀质量管理小组二等奖。

▲7月29日　尼日利亚驻华大使欧纳迪皮先生一行到铁一院访问交流，副院长朱力争及有关部门负责人与来宾亲切交谈，双方就加强合作达成意向。

▲8月6日　《陕西测绘60年》一书首发仪式在陕西省测绘地理信息局举行，铁一院有6篇优秀文章收录该书。

▲8月7日　铁一院设计的包西铁路通道省界(陕西)张桥段站后"四电"工程BXZH-3标段电气化工程获国家优质工程奖。

▲8月14日　铁一院参加铁路首座茅以升公益桥——铁道工程师桥签约仪式，并承担该桥相应设计任务。

▲9月10日　铁一院在西安举办轨道交通工程信息化学术研讨会。

▲9月25—26日　由铁一院承办的中国铁道学会工程分会第六届线路专业委员会第四次会议在西安召开。来自线路专业委员会各成员单位的70余名专家教授参加会议。会议围绕"特殊工程地质条件下的铁路工程技术"主题进行学术交流，共征集学术论文97篇，其中铁一院36篇。会上，铁一院作《阿富汗国家铁路Torkhan经Kabul至Hairatan线限制坡度选线浅析》《黄土梁峁沟壑区复杂地质条件下的站位方案优选》《格库铁路柴达木盆地风沙区选线》等技术交流报告。

▲10月1日　铁一院总体总包设计的西安地铁2号线工程获2014年度FIDIC全球杰出工程奖。院长刘为民应邀出席在巴西里约热内卢举行的FIDIC年度工程颁奖典礼并接受颁奖。

▲10月16日　由中华国际科学交流基金会、中央电视台联合举办的2014年度杰出工程师奖颁奖典礼在中央电视台举行，铁一院董事长、全国工程勘察设计大师王争鸣获"杰出工程师"殊荣并应邀出席颁奖典礼。

▲10月17日　铁一院副院长李金城应邀参加湖南省委、省政府在益阳市举行的7条铁路、高速公路建设动员大会。湖南省委书记徐守盛、省长杜家毫出席。

▲10月20日　宁夏回族自治区副主席白雪山实地踏勘银川至中卫(中宁南)城际铁路，铁一院副院长、总工程师张学伏陪同并汇报方案。

▲10月24日　铁一院与巴基斯坦国家工程咨询公司在巴基斯坦驻华大使馆签订战略合作协议。

▲10月30日　铁一院主持的科研成果"大跨度钢箱叠拱桥在哈大客运专线中的应用研究"获中国施工企业科学技术奖特等奖。

▲10月31日　铁一院获陕西省企业文化建设优秀成果奖，董事长、党委书记王争鸣被评为陕西省企业文化建设突出贡献人物。

▲11月4日　铁一院召开党的群众路线教育实践活动总结大会，对全院7个多月开展群众路线教育实践活动情况进行全面梳理和总结，并进行群众满意度测评。中国铁建党委第六督导组出席会议。

▲11月8日　由铁一院承担设计的首座铁路工程师茅以升公益桥在佛坪县长角坝镇下沙窝村开工建设。

▲11月11日　铁一院获评中国企业文化建设模范单位，董事长、党委书记王争鸣被评为企业文化建设模范管理者。

▲11月21日　共青团中铁一院集团第一次代表大会在陕西西安召开。

▲11月27日　铁一院被授予全国质量管理小组活动优秀企业称号，桥隧处钢桁—槽型梁组合结构设计QC小组被授予全国优秀质量管理小组称号。

▲12月5日　铁一院自主研制的SGJ-T-TYY-1型轨道几何状态测量仪通过国家铁路局认证，并授予铁路专用计量器具新产品技术认证证书。

▲12月16日　铁一院设计的黔张常铁路2个先期控制重点工程桑植隧道和武陵山隧道同时开工建设。湖南省委书记、省人大常委会主任徐守盛，中国铁路总公司党组成员、纪检组长安立敏一行，考察工程建设情况并看望慰问黔张常铁路一线建设者。铁一院院长刘为民、副院长李金城陪同考察。

▲12月25日　铁一院设计的目前世界高海拔第一长隧新关角隧道建成通车。通往拉萨的列车由以往

的绕行关角山变为穿越关角山，通过关角山的时间缩短2个半小时。

▲12月26日　铁一院设计的兰新高速铁路全线开通运营，这是世界上一次性建设里程最长、首条在高海拔地区修建的高速铁路，甘肃、青海、新疆3省区由此跨入高铁时代。（海　强）

中铁第四勘察设计院集团有限公司

【简况】　中铁第四勘察设计院集团有限公司（以下简称铁四院）是从事交通基础设施建设勘测设计的高科技大型综合性企业。1953年2月4日成立，1956年1月扩编为铁道部第四设计院，2003年11月由原铁道部划转中国铁道建筑总公司（以下简称中国铁建）。2007年11月改制为中铁第四勘察设计院集团有限公司。

铁四院综合实力位居全国勘察设计实力百强前列，被认定为国家企业技术中心。是国家铁路投资咨询评估单位、国际工程咨询工程师联合会（FIDIC）和国际电工委员会（IEC标准）团体成员，中国城市轨道交通协会常务理事单位，中国工程咨询协会副会长单位。具有工程设计综合甲级、工程勘察综合一级资质，测绘甲级，地质灾害防治工程勘查、设计、监理甲级，地质灾害危险性评估甲级，环境影响评价甲级，工程咨询甲级，工程承包、工程监理、工程造价等20余项甲级及专项资质；主持过数十项国家、行业规范、标准编写；具有独立对外经营权；设有博士后工作站。职工4423人。资产总额120.35亿元，其中固定资产净值8.52亿元、流动资产87.01亿元、其他资产24.82亿元。拥有各类机器仪器设备18815台（套），其中全站仪、光电测距仪、GPS定位系统、RC30航空摄影仪、物理勘探、原位测试等先进设备1007台（套）。机械运输设备541台，净值5414万元，总功率59510千瓦，动力装备率14.51千瓦/人，技术装备率15216元/人，设备完好率99%、利用率99%。

2014年新签合同额60.3亿元，完成营业收入57.4亿元，实现利润6.5亿元、净利润5.4亿元。人均创利12.2万元。国有资产保值增值率125.56%，净资产收益率23.01%，产值利润率11.18%，投资回报率357.01%，资产负债率78.79%，应上缴款完成率100%。年内，铁四院获第四届全国文明单位、全国“讲理想、比贡献”活动先进集体、全国“安康杯”竞赛先进集体、湖北省首届文明诚信示范企业等荣誉。

（邵　澎）

【领导人员】

董事会

董事长　蒋再秋

董　事　蒋再秋　雷佳民　汤友富　王玉泽

职工董事　田要成

监事会

监事会主席　刘家美

监　事　钟登柏

职工监事　唐　左

行政系统

院　长　蒋再秋

副院长　汤友富　田要成　王玉泽　凌汉东　谢海林　莫小玲　蒋兴锟

总工程师　朱　丹

党群系统

党委书记　雷佳民

党委副书记　蒋再秋

纪委书记　刘家美

工会主席　刘家美

（朱　季）

【职工队伍】　职工4423人。在岗职工4423人，其中教授级高级工程师285人、高级工程师1603人、中级职务1469人。专业技术人员中，博士学位46人，研究生学历1313人，大学本科学历2200人。拥有国家勘察设计大师2人、国家监理大师1人，享受国务院政府特殊津贴专家6人，享受湖北省政府专项津贴7人，国家级有突出贡献中青年专家1人，湖北省有突出贡献中青年专家6人，新世纪百千万人才工程国家级人选2人，湖北省新世纪高层次人才工程第二层次人选6人；3人获詹天佑奖科学技术奖（成就奖），3人获詹天佑奖科学技术奖（青年奖），11人获詹天佑铁道科技发展基金奖，5人获茅以升铁道工程师奖，1人获武汉青年科技奖，1人当选武汉市十百千人才工程第二层次人选，铁四院专业技术带头人96人、青年科技拔尖人

才98人。987人次具有各类注册执业资格。（朱 季）

【勘察设计】 2014年，铁四院开展国家铁路局、中国铁路总公司及相关省市、铁路局"十三五"铁路规划研究40余项，完成38个项目综合开发前期研究。

（1）铁路会战。召开生产动员大会，围绕"四个确保"总体要求，多措施并举"保开工、保在建、保开通"，蒙华、怀邵衡、昌赣等14个项目顺利开工，杭长、贵广、郑开、武黄、武冈等项目按期开通，完成铁路线路勘察设计2336千米。中标乐清湾铁路、宁波至海宁城际铁路等项目60余项；获得佛莞城际、琶洲支线、曲菏城际等直接委托30项，巩固了铁路勘察设计市场份额和地位。连续5次位列铁路建设项目施工图考核A类。

（2）精细组织非铁路项目。拓展新型轨道交通业务，承担轨道交通总体总包设计40余项、工点和系统设计520项；昆明地铁首期工程，武汉1号线汉口北延线、4号线二期工程，长沙2号线一期工程，南京10号线以及无锡1、2号线相继开通试运营；中标徐州1、3号线及武汉21、27号线等6个项目的总体总包设计，承担线网规划、工点及系统设计任务50余项；承揽长沙磁浮工程，苏州、武夷山有轨电车等项目。深耕公路与市政市场，承担公路市政项目设计63项，承揽江西东昌高速公路、襄阳东西轴线、蚌埠淮河隧道、中山北站综合交通枢纽等项目27项。（邵 澎）

【开拓发展】（1）海外经营。铁四院承担总包设计和代建管理任务的尼加拉瓜运河项目开工建设，企业海外影响力显著提升。深度参与印度高铁规划研究，推进中国高铁"走出去"。新签拉各斯轻轨、吉布提铁路、乌干达交通规划等项目，海外经营进入新的收获期。

（2）工程总承包业务。高栏港专用线建成通车，铜鼓花山隧道顺利交付运营，长沙磁浮工程、佛山西站等重点项目顺利推进。2014年承揽山东郓城煤矿专用线总承包、深圳南坪快速路代建管理等项目63项。

（3）工程监理、工程咨询业务。中标监理项目26项，监理营业收入排名全国第8位，在中国铁路总公司上半年信誉评价中被评为A类企业。承揽咨询项目59项，在中国铁路总公司2014年上半年的铁路施工图审核考核中位列第一。

（4）多元经营业务。竞得杨春湖地块经营开发权，房地产业务进入"地产销售、项目建设、土地储备"滚动发展阶段。在长沙磁浮项目股权投资2.8亿元，带动承揽总承包合同28亿元。签订地下工程积水综合排放系统专利成果合同，专利产品制造业务。（邵 澎）

【科技创新】 2014年，铁四院技术中心被认定为国家企业技术中心；推进国家重点实验室创建工作，完成水下隧道技术工程实验室二级机构建设和研发人员配置；参与国家铁路局、中国铁路总公司科研课题，进一步融入国家、行业科技创新体系，牵头"中国铁路'走出去'发展战略研究"分课题工作，继续推进国家科技支撑计划"盾构施工煤矿长距离斜井关键技术研究与示范"课题的研究，依托工程建设推进中低速磁悬浮技术研发。年内，获国家级科技创新奖1项、省部级奖20项、中国铁建奖35项，获省部级勘察设计奖20项、中国铁建奖88项，其中"高水压浅覆土复杂地形地质超大直径长江盾构隧道成套工程技术"成果获国家科技进步二等奖；获国家授权专利140项，其中发明专利15项、软件著作权12项；铁四院被武汉市授予首家知识产权保护重点单位，定为湖北省第一批知识产权示范企业。制定《勘察设计实施意见》等技术管理办法，强化技术管控，促进生产组织效能提升。推进机载雷达等新技术应用，"BIM技术在新鼓山隧道的应用"获中国勘察设计协会建筑信息模型大赛二等奖。

（邵 澎）

【重点铁路工程项目建成】 6月18日，武汉"1+8"城市圈的另两条重要干线——武汉到黄石、黄冈两条城际铁路开通运营。一个以武汉为核心、连接周边8城市的"半小时铁路网"，正让武汉城市圈相互融合的同城美景渐行渐近。武汉以独拥三条城铁的"业绩"，成为国内开通省内城际铁路最多的城市之一。从2008年9月启动武汉城市圈城际铁路规划研究工作开始，铁四院优先安排勘察设计资源，以最快速度开展武咸、汉孝、武黄、武冈4条城际铁路勘察设计，使武汉城际铁路建设走在全国前列，进一步巩固了武汉"九州通衢"的交通枢纽地位。

9月16日，沪昆铁路客运专线南昌至长沙段正式开通运营。南昌至长沙段全长342千米，设计最高时速350千米，2010年7月1日开工建设，2014年7月试运行。沪昆铁路客运专线（全长2264千米）是国家《中长期铁路网规划》"四纵四横"快速客运网的重要组成部分，由沪杭（全长202千米，2010年10月26日通车运营）、杭长（全长933千米）、长昆三段构成，南昌至长沙段是杭长段重要组成部分。铁四院承担沪杭、杭长段总体设计。

12月10日，沪昆铁路客运专线杭州东至南昌西段正式开通运营，与9月16日开通运营的南昌至长沙段相连接。至此，铁四院总体设计的沪昆铁路客运专线杭州至长沙段全线建成通车。杭州东至长沙南运行时间由以前8小时15分缩短至3小时36分。杭长铁路客运专线主要承担华东与中南、西南地区间中长距离客流，同时兼顾沿线地区城际客流。

12 月 26 日，中国西南地区第一条时速 250 千米的高速铁路——贵广铁路客运专线通车运营，贵阳至广州 4 个小时即能到达。铁四院设计贵广铁路客运专线贺州至广州段全长 259 千米，与同日开通运营的南广铁路从肇庆开始并行，直至广州南站，四线并行地段长 80 千米。四线之间多次小夹角交叉跨越“绕成了麻花”，制约因素多、设计难度大、技术要求高，在全国一次建成的四线并行铁路中，长度和难度均位居前列。贵广铁路进入广州地区后，跨越珠江等多条重要支流及多处高等级道路，设计使用了斜拉桥、系杆拱桥、钢桁拱桥等多种特殊桥型结构，设计跨度大、难度大、造型优美。 （邵 澎）

【水下(地下)交通工程】 隧道建设尤其水下隧道，没有陆地建设所需的高昂的拆迁成本，穿江跨海又不影响通航、更不受风雪灾害的干扰，综合成本低，特别适合解决城市环境和复杂河势环境的交通问题。这一技术虽然在中国刚刚兴起，就已充分显现出强大的生命力。经过多年研究，铁四院隧道技术达到世界先进水平。承担并完成武广、郑西、合武、甬台温、温福、广深港等多项隧道高速铁路的标志性项目，以及万里长江第一隧(武汉长江隧道)、在高水压强透水地层修建的世界直径最大隧道(南京长江隧道)、铁路第一条盾构法水下隧道(狮子洋隧道)、铁路第一条矿山法水下隧道(浏阳河隧道)、钱塘江第一隧道(杭州庆春路隧道)、钱塘江第二隧道(钱江隧道)、世界首座公铁合建隧道(武汉三阳路长江隧道)、国内首座双层盾构(扬州瘦西湖隧道)、国内首座城际铁路水下隧道(长株潭城际铁路湘江隧道)、国内首座水下浅埋暗挖隧道(长沙湘江大道浏阳河隧道)、国内首座人行海底隧道(舟山沈家门港海底沉管隧道)，以及宽度最大、水深最大的围堰明挖法隧道(澳门大学横琴校区海底隧道)等技术含量高、建设难度大的开创性工程。截至 2014 年底，铁四院在水下隧道设计市场已占全国一半以上。参加国家科技部“863”计划课题“大型跨江海隧道结构力学特征及整体化设计方法研究”的研究，取得多项科研创新成果。

4 月 16 日，铁四院设计的钱江隧道通车运营。钱江隧道是钱江通道及接线工程下穿钱塘江的隧道，隧址位于钱江观潮胜地——盐官以西 2.5 千米处。钱江隧道段设计时速 80 千米，车道宽度组为 2 × (3.75 + 3.5)米，车道净高 5 米。隧道建筑总长度 4.45 千米，由江中盾构段、两岸明挖段及工作井组成，其中，江中段采用东、西线分离的圆形隧道结构形式，盾构法施工，长 3245 米。钱江隧道盾构法隧道外径 15 米，盾构机直径 15.43 米，是目前世界上已建成的最大直径盾构隧道之一。

8 月 14 日，铁四院设计的国内最为复杂的地下三层立交工程——南京青奥轴线地下立交工程如期投入运营。立交工程由梅子洲过江通道隧道、滨江大道隧道和青奥轴线地下空间三个部分叠落交错组成的地下三层互通立交结构，将南京绕城公路与扬子江大道快速成环，为 8 月 16 日开幕的 2014 年南京青年奥林匹克运动会提供快捷、便利的交通服务。

9 月 19 日，铁四院设计的目前世界上最大直径(跨度)单洞双层公路隧道——瘦西湖隧道上午 9 时 18 分正式建成通车。扬州瘦西湖隧道全长 3.6 千米，设计为上下两层的双向 4 车道，采用直径达 14.93 米的超大断面盾构机施工。

12 月 28 日，铁四院设计的武汉第二条穿越长江地铁——武汉地铁 4 号线二期通车运营。4 号线二期全长 16.7 千米，与 2 号线相比，4 号线越江跨越江面的宽度更宽，隧道埋深更深，地质情况更复杂，施工难度与风险更大。4 号线二期开通结束汉阳没有地铁的历史，有效缓解汉阳过江交通压力。 （邵 澎）

【企业管理】 (1)铁四院领导班子调整充实，优化调整部分二级领导班子，领导机制更高效、结构更合理、动力更强劲，干部职工作风和面貌焕然一新。

(2)完善内控与风险管理体系，做实各环节工作，内控评价在中国铁建勘察设计板块排名第一。成立法律事务部，实现总法律顾问专职化、法律顾问 100% 持证上岗，落实法律工作与生产经营、风险防控、质量管理“三结合”，法律工作在中国铁建专项表彰中获得所有奖项。做好财务收支迎审，扎实开展自查自纠和问题整改、长效改进；认真开展内部审计和外审配合工作，制定《规范企业经济行为规定》《内部审计管理办法》等制度，有效发挥“预防、免疫”作用。落实“两个责任”，深化“三转”工作，强化效能监察，营造廉洁高效的环境。

(3)新增国家“百千万人才工程”人选、有突出贡献中青年专家 1 人，新增省部级专家人才 10 人次；开展处副总工程师竞争上岗，专业技术带头人、青年拔尖人才选拔等工作；制定人才工程实施意见，人才队伍进一步壮大。修订绩效考核、岗位序列、工资分配等管理办法，改进岗位编制管理，规范劳动用工管理，完善人力资源管理体系。

(4)全面加强预算管理、成本管理和清收降债等工作；严控非生产性经营支出，业务招待费同比大幅下降。连续 4 年被评为中国铁建财务管理先进单位，被评为武汉市 A 级纳税单位。

(5)成立信息化平台建设项目部,开展子系统升级和集成,搭建信息化大平台基础框架,完成一期建设目标,部分单位投入试运行。

(6)研究改进安全管理机制,修订《突发事件应急预案》,强化安全风险管控、勘察设计质量与危险源管理,质量安全态势平稳。

(7)离退休、综合保卫部,信息、保障、图文、接待中心等单位服务生产经营大局,精心开展保障服务,工作满意度稳步提升。南苑办公区投入使用,总部设计大楼和杭州、苏州基地建设有序推进。 (邵 澎)

【党群工作】 (1)党的工作。围绕中心抓党建,抓好党建促发展,通过开展党的群众路线教育实践活动,不断加强基层组织建设、企业文化和文明创建等工作。①开展党的群众路线教育实践活动。以为民务实清廉为主题,以解决“四风”问题为主要任务,全院113个二级单位(部门)158个党支部3964名党员全部参加,实现教育活动全覆盖。组织学习党的十八大和十八届三中、四中全会精神,提高党员干部素质,铁四院党委中心组全年集中学习15次,编印理论文章专辑3期51篇;围绕“四风”问题,各级党组织广泛征求职工意见,对照检查、深入查摆问题,严格落实中央“八项规定”,以实际行动反对“四风”,出差轻车简从,交通食宿从简,各类会议同比减少6.7%,经费同比下降12%,文件同比减少9.6%,业务招待费同比下降70%;专项整治与整章建制相结合,食堂、单身职工宿舍、职工停车等4项涉及职工切身利益的专项整治问题全部落实;主要领导深入一线,密切联系基层职工群众,党群干群关系进一步密切。在活动民主测评中,总体评价“较好”以上达100%,对解决“四风”问题,特别是群众反映强烈突出问题的评价“较好”以上达98.7%。②加强基层组织建设。全年调整党组织37个,实现党组织与生产经营机构同步建立、同步配备党组织书记、同步开展工作、同步考核。开展示范基层党组织创建活动,明细工作职责,增强执行力,有效地发挥基层党组织的作用。③加强企业文化建设。宣传社会主义核心价值观、中国铁建“九种文化”、“四院精神”,培育全体职工,特别是青年职工企业文化认同,铁四院被评为湖北省国有企业企业文化建设示范单位。服务铁路会战,在各类媒体正面报道550余篇,被中国铁建评为对外宣传报道先进单位。结合武汉市争创全国文明城市活动,大力开展“铁四院创建全国文明单位”工作,被评为第四届全国文明单位。④加强党风廉政建设。铁四院党委先后10次通过中心组会议、干部大会,认真学习领会中央、中纪委会议精神以及习近平、王岐山重要讲话精神;两次召开党委常委会,专题研究贯彻落实党风廉政建设“两个责任”,促进企业健康稳健发展。签订各级“党风廉政建设责任书”,形成一级抓一级、层层抓落实的工作体系。制定“巡视工作办法”,有效地规范企业管理行为。狠抓案件查办,全年核实群众来信来访9件,初步核实违纪线索1件,约谈相关人员20人。

(2)工会工作。充分发挥联系群众的桥梁纽带作用,成为推动企业发展的重要力量。组织员工开展建功立业竞赛活动,中国铁建工会在铁四院召开设计系统劳动竞赛研讨会,将铁四院“五比五创”劳动竞赛考核评比办法在股份公司设计系统推广。连续3年获得全国“安康杯”竞赛先进单位称号。通过举办科技论坛、英语沙龙、“导师带徒”、技能大赛、学术讲座、比武练兵、读书等形式多样的活动,提高员工素质,获中国铁建“职工悦读”优秀组织奖,被评为全国职工书屋示范点。落实职代会制度,民主管理渠道畅通,被中国铁建命名为首批模范劳动关系和谐企业。深化“服务职工、服务基层”活动,制定《职工服务中心实施方案》,实现服务职工维权、帮扶等一站式立体互动的格局。开展丰富多彩的业余文体生活让职工缓解身心压力,培育团队协作精神。

(3)共青团工作。以引领青年思想方向,激发青春正能量为目标,利用纪念建国65周年、“五四运动”95周年等契机,以青年座谈会、主题演讲、参观革命圣地等形式,开展主题团日活动。以争创“青年文明号”为抓手,开展“青年突击队”“我与四院同发展,青春建功项目部”等主题实践活动,苏州地铁设计项目部获中央企业青年文明号称号。开展“导师带徒”、青年大讲堂、首届青年英语风采大赛,提高青年员工素质。开展青年爱心公益活动,下发《进一步加强铁四院郭明义爱心团队建设工作的通知》,设立爱心团队“爱心金”专项经费,2014年支出“爱心金”经费54906元。

(邵 澎)

【中铁四院集团广州设计院有限公司】 为铁四院全资子公司。具有铁道行业设计甲(Ⅱ)级、建筑工程设计甲级、工程勘察专业类岩土工程甲级,铁路、建筑、岩土工程咨询甲级,市政行业(桥梁工程、道路工程)专业设计及相应咨询乙级,工程测量乙级资质;下属广东至艺工程建设监理有限公司具有房屋建筑工程监理甲级、铁路工程监理甲级、市政公用工程监理乙级资质。公司驻广东省广州市越秀区共和西路6号。执行董事、总经理胡丙齐,党委书记杨德洲。下设线路所、市政所、桥隧所、建筑所、轨道所、设备所、通号所、工经所及勘测公司。职工281人,其中正式职工209人、临时聘用人员72人。资产总额5389万元。其中,固定资产原值800万元、净值99万元;流动资产5267万元。

2014年新签合同额14892万元,完成企业总产值8959万元,其中工程产值1053万元、勘测设计产值6178万元、监理产值1728万元。完成营业收入8605万元,实现利润757万元、净利润565万元。勘测设计文件合格率100%,优秀率40.5%;工程监理项目合格率100%。净资产收益率31.53%,利润增长率9.55%,资产负债率66.75%。 (郑四安)

【中铁四院集团南宁勘察设计院有限公司】 具有铁路综合工程、建筑工程、岩土工程、工程测量、市政工程(道路、桥梁)、工程咨询、房屋建筑工程监理甲级,铁路工程乙级质资,房屋建筑、市政基础设施工程一类施工图设计文件审查许可证,并拥有境外工程勘察设计、咨询经营资格。公司驻广西壮族自治区南宁市西乡塘区高新区科兴路(原高新五路)3号。执行董事、总经理张北瑞,党委书记梁国堂。职工212人,其中行政及技术管理人员61人、技术人员143人、技术工人8人。资产总额22783万元。其中,固定资产原值5943万元、净值3821万元;流动资产17197万元;其他资产1764万元。拥有各类汽车34台、钻机12台、GPS测绘仪器4台、全站仪8台、大型绘图仪3台。

2014年完成企业总产值20481万元,实现利润1419万元。人均创利6.58万元。国有资产保值增值率135%,净资产收益率28.68%,产值利润率6.92%,资产负债率81%,投资收益上缴率100%,应上缴款完成率100%。年内获省部级优秀咨询、设计成果奖5项,市厅级优秀咨询、勘察、设计成果奖17项,省部、市厅级QC成果4项。 (黎建国)

【重要记载】

▲1月2日 由铁四院、英国通用工程(香港)有限公司以及香港金城公司组成联合体承担的香港地铁南港岛线供电系统(C957)工程施工设计总承包项目获香港铁路公司颁发的质量管理铜奖。

▲1月8日 铁四院参与建设的武广铁路客运专线武汉站至赤壁北站综合工程等7项工程获国家优质工程奖;薛照钧、肖明清等7人被授予国家优质工程奖突出贡献者称号;南京长江隧道工程获全国工程建设项目优秀设计成果一等奖。

▲1月10日 铁四院申报的"桥建合一及功能可视化立体疏解客流铁路车站设计建造技术"成果获国家科技进步二等奖。

▲1月24日 铁四院中标国内首条旅游观光轨道交通项目——武夷新区旅游观光轨道交通勘察设计总承包工程。

▲1月29日 铁四院设计的国内首座海底沉管隧道——舟山沈家门港海底隧道建成通行。

▲3月1日 铁四院总体规划设计的世界上跨度最大的公铁两用斜拉桥——沪(上海)通(南通)铁路长江大桥开工建设。

▲3月21日 铁四院召开党的群众路线教育实践活动动员大会。

▲4月25日 铁四院以中铁建股份有限公司名义投标并中标长沙磁浮工程。

▲4月30日 铁四院总体设计的昆明地铁首期工程全线贯通运营。

▲5月5日 铁四院获评2013年度全国"安康杯"竞赛优胜单位。

▲6月30日 铁四院总体设计的杭黄铁路、怀邵衡铁路开工。

▲8月5日 铁四院设计的世界最大跨度钢箱混合梁铁路斜拉桥——宁波铁路枢纽北环线甬江特大桥主桥合龙。

▲8月14日 铁四院设计的国内最为复杂的地下三层立交工程——南京青奥轴线地下立交工程如期投入运营,为南京青年奥林匹克运动会提供快捷、便利的交通服务。

▲9月16日 沪昆铁路客运专线南昌至长沙段正式开通运营。南昌至长沙段全长342千米,设计最高时速350千米。铁四院承担沪杭、杭长段总体设计。

▲9月19日 铁四院设计的目前世界上最大直径(跨度)单洞双层公路隧道——瘦西湖隧道建成通车。

▲9月28日 铁四院再次入选湖北企业100强。发布会上,湖北省省长王国生为铁四院颁发奖牌。

▲10月21日 铁四院召开党的群众路线教育实践活动总结大会。党委书记雷佳民作总结讲话。

▲10月27日 铁四院领导班子被评为2013年度中国铁建"四好领导班子"。

▲11月7日 铁四院被评为全国守合同重信用企业和湖北省守合同重信用企业。

▲11月10日 铁四院申报的京沪高速铁路工程被国际咨询工程师联合会(FIDIC)评为FIDIC百年工程项目奖。

▲11月20日 尼日利亚交通部与中国铁建正式签署尼日利亚沿海铁路项目合同。铁四院于2010年6月开始项目前期研究,为项目投标中标提供核心技术支撑。该铁路全长折算单线里程1402千米,全线采用中国铁路技术标准,合同总金额119.7亿美元,成为中国对外工程承包史上单体合同金额最大的项目。

▲12月2日 铁四院总体总包设计的无锡地铁2

号线通过工程竣工验收。

▲12月4日　铁四院副院长王玉泽获全国勘察设计行业科技创新带头人称号。

▲12月5日　铁四院被认定为湖北省第一批知识产权示范企业。

▲12月10日　沪昆铁路客运专线杭州东至南昌西段正式开通运营，至此，铁四院总体设计的沪昆铁路客运专线杭州至长沙段全线建成通车。

▲12月12日　铁四院设计的京沪高速铁路等5项工程获得2013—2014年度国家优质工程奖。线站处靖仕元等6人获国家优质工程奖突出贡献者称号。

▲12月12日　铁四院副总工程师盛晖获评全国“讲理想、比贡献”活动创新标兵。

▲12月23日　铁四院承担总体设计的尼加拉瓜大运河开工建设。该运河全长276千米，总投资约500亿美元。在开通仪式上，奥尔特加总统与董事长蒋再秋亲切握手。

▲12月26日　贵广铁路客运专线通车运营。铁四院设计的贵广铁路客运专线贺州至广州段全长259千米。

▲12月28日　铁四院设计的武汉第二条穿越长江地铁——武汉地铁4号线二期通车运营。

▲12月30日　铁四院首座设计施工总承包的公路隧道——江西铜鼓县花山隧道通车运营。

▲12月30日　福建省铁路建设办公室发出通知函，明确铁四院为福厦铁路客运专线预可方案征集中选单位。

▲12月31日　铁四院完成的向莆铁路精密测量控制工程获2014年全国优秀测绘工程奖白金奖，厦深铁路（广东段）精密测量控制工程获2014年全国优秀测绘工程奖铜奖。

（邵　澎）

中铁第五勘察设计院集团有限公司

【简况】　中铁第五勘察设计院集团有限公司（以下简称铁五院），是集工程设计、勘察、咨询、监理、检测及科技研发、设备制造、工程总承包于一体的综合大型勘察设计企业。具有工程设计、工程勘察综合甲级，工程咨询、工程监理、地址灾害危险性评估等各类甲级资质20余项；拥有对外承包工程经营资格，是北京市科技研究开发机构。集团公司驻北京市大兴区康庄路9号。前身是中国人民解放军铁道兵科学研究处（院），始建于1958年10月；1984年1月1日集体转业，改编为铁道部工程指挥部科学技术研究所；1990年10月1日更名为铁道建筑研究设计院；2004年原哈尔滨铁路局齐齐哈尔、哈尔滨勘测设计院划转到铁五院；2005年7月1日更名为铁道第五勘察设计院；2008年1月企业改制改称现名。下辖线路运输设计院、地质路基勘察设计院、桥梁设计院、四电设计院、城市轨道交通设计院、建筑设计院、市政工程设计院、工程经济设计院、环境工程设计院、航务工程勘察设计院、技术研究院、工程咨询公司12个专业咨询设计院以及东北勘察设计院和郑州勘察设计院，工程管理处、海外事业部、试验中心、信息中心、图文中心、测绘中心6个直属单位，北京铁研建设监理有限责任公司、北京铁五院工程试验检测有限公司、北京中铁建北方路桥工程有限公司、北京铁五院工程机械有限公司、北京铁五院置业有限公司5个全资或控股子公司及《铁道建筑技术》杂志社；在上海、乌鲁木齐、沈阳、呼和浩特、济南、兰州、西安、成都、广州、南昌、太原、贵阳、南宁、厦门设立驻外经营机构。职工1703人。资产总额130747.4万元。其中，固定资产原值20464.9万元、净值9686.6万元；流动资产104914.5万元；其他资产16146.3万元。

2014年新签合同额201890万元，完成营业收入126753.9万元，实现利润12010.9万元。国有资产保值增值率121.39%，净资产收益率20.03%，产值利润率9.48%，资产负债率50.87%，应上缴款完成率100%。

（张　威）

【领导人员】

董事会

董事长	刘培硕
董　事	王立新
	王从贵
	庞建文
	杜寅堂

监事会

监事会主席	朱　霖

行政系统

院　长	王立新
副院长	王从贵（1月任）
	庞建文
	杜寅堂
	杨岳勤
	戴建国
	仇　湘

沙文杰(1月任)
刘长勇(1月任)
总工程师　杨岳勤
总会计师　戴建国
党群系统
党委书记　刘培硕
党委副书记　王立新
王从贵
纪委书记　朱　霖
工会主席　王从贵(1月免)
朱　霖(1月任)

(曹玉彬)

【职工队伍】 铁五院有正式职工1703人,其中在职在岗人员1656人、内退人员47人。在岗职工中,领导班子成员11人,中层领导人员142人;教授级高级工程师72人,高级职务491人,中级职务620人,初级职务343人;博士研究生学历12人,硕士研究生学历434人,大学本科学历1068人,专科及以下学历189人;平均年龄35岁。拥有全国勘察设计大师1人,全国工程监理大师1人,享受国务院特殊津贴的高级技术专家21人;詹天佑奖获得者10人,茅以升科学技术奖5人,中国铁道学会铁道环保奖1人。截至2014年底,注册在铁五院及所属子公司的各类注册人员321人次,其中一级注册建筑师11人、一级注册结构工程师12人、注册岩土工程师16人、注册电气工程师5人、注册设备工程师11人、注册造价工程师32人、注册城市规划师3人、注册环境评价工程师15人、一级建造师33人、注册监理工程师127人、注册咨询工程师56人。　(曹玉彬)

【铁路勘察设计】 2014年,铁五院铁路项目开展73项,其中规划及预可研36项、可行性研究6项、初步设计4项、施工图及配合施工16项、施工图审核项目11项。

(1)勘测。初测完成包兰铁路银兰段292千米、金台铁路237千米,项目里程累计529千米。定测完成徐宿淮盐铁路334千米、连镇铁路137千米;完成额哈铁路、干武二线、和邢铁路、长西铁路、阿莫铁路的补充定测工作。

(2)设计。竞标完成金台铁路、福厦铁路客运专线等9个项目,里程合计约800千米。规划研究完成或开展呼伦贝尔南下大通道课题研究、吉林"十三五"铁路网规划、徐州地区交通组织设计及配套设施综合开发等20个项目,里程合计约1500千米。预可研完成或开展九池铁路客运专线、百色至威舍铁路扩能改造、金华至建德铁路、梅州至惠州铁路、盐城至海安至南通、镇江至宣城铁路等16个项目,里程合计约2900千米。可研完成金台铁路、包兰铁路银兰段、徐宿淮盐铁路、锦赤铁路西港口站、东方希望铁路专用线、伊泰伊宁铁路专用线6个项目,里程合计约975千米。初步设计完成连镇铁路、长西铁路、和邢铁路、大准二线九十段4个项目,里程合计约710千米。施工图完成连盐铁路、额哈铁路、干武二线、和邢铁路、长西铁路、连镇铁路、锦白铁路、阿莫铁路、锦赤铁路、松陶铁路等12个项目,里程合计2050千米。　(赵　磊)

【城市轨道交通勘察设计】 铁五院开展城市轨道交通项目51项,分布于22个城市。其中,开展前期研究的项目有郑州地铁10号线预可研、呼和浩特地铁3号线可研、丹东有轨电车方案研究等7项;开展初步设计的有杭州地铁6号线、西安地铁5号线、郑州地铁5号线等6项;开展施工图设计及施工配合的有北京地铁7、15、16号线,合肥地铁1、2号线,西安地铁3、4号线等28项;开展咨询工作的有哈尔滨地铁1号线施工图审查,北京地铁6号线造价咨询等4项,哈尔滨地铁2、3号线及郑州地铁5号线勘察。　(赵　磊)

【经营管理】 一是不断完善大经营战略格局。通过进一步强化行业经营与区域经营的紧密结合,明确国内七大经营区域和国外目标市场的分管领导,建立层级清晰、分工明确的行业经营团队。院领导、计划处、驻外机构、二级单位各有侧重,各负其责,各有主攻,上下统一联动,贯彻纵向到底,横向到边的经营策略,全力做好高中低3个层面的立体经营。二是推进高端经营工作的开展。年内,院领导多次带领经营团队拜访区域及行业高层领导,超前捕捉有效信息,充分协调两级经营资源,全力推动项目落地,加大前期项目储备力度,重点加强对区域交通前期规划任务承揽。通过对重点项目进行回访,加强重点客户的经营维护。三是加强区域生产经营团队建设。增设厦门分院,完善东南地区战略布局;调整和增派南宁、贵阳、成都等办事处负责人及经营人员。通过全面提升驻外机构人员素质,优化驻外机构组织结构,基本形成辐射全国的经营网络,区域经营体系日趋完善。　(荀亮亮)

【科技创新】 2014年,铁五院推进技术中心建设,制定《中铁第五勘察设计院集团有限公司技术中心管理办法》。承担各级科研计划项目127项,其中国家级项目7项、省部级项目5项、中国铁建项目28项。年内,由铁五院承担的"铁路低高度平战结合多用途钢便梁研究"成果获2014年度中国铁道学会科学技术三等奖,"无砟轨道组合式轨排法施工技术及装备研究"成果获2014年度北京市科学技术三等奖，“土耳其安伊高速铁路电气化设计成套技术研究”等8项成果获2014年度中国铁道建筑总公司科学技术奖，“湿陷性黄土地区重载铁路建造关键技术研究与运用”成果获中国电建科学技术二等奖。全年获得授权专利26项，其中发明专利2项、实用新型专利21项、获软件著作权3项。（刘 嘉）

【企业管理】（1）技术质量管理。年内先后对徐宿淮盐铁路、金台铁路、包兰线银兰段、连淮扬镇铁路连淮段、长西线、哈尔滨轨道交通3号线、哈尔滨地铁2号线、北京地铁17号线、成都地铁10号线、郑州地铁5号线等重点工程勘察项目进行检查，解决勘测过程中存在的技术问题；对深圳、长沙、成都、贵阳、天津、西安、哈尔滨、青岛、合肥、乌鲁木齐、郑州、杭州等城市重点地铁项目进行巡查，加强现场指导；组织连盐线地基处理专项质量检查2次。修订铁五院《勘测质量检查及评定办法》《设计质量检查及评定办法》《建设项目变更设计及配合施工技术管理办法》《勘察设计专业分工》，进一步规范技术管理工作。组织2014年“全国质量月”活动，开展“技术质量合理化建议”活动。全年获国家级优秀工程勘察设计咨询奖1项、省部级勘察设计咨询奖18项，获国家工程建设（勘察设计）优秀QC小组2个、铁道行业优秀QC小组2个。

（2）财务管理。制定《中铁第五勘察设计院集团有限公司预算管理办法》，实现生产经营全过程预算控制；三位一体的财务集中管理模式逐步巩固，进一步强化铁五院财务管控力；从资金归集、资金预算、资金上存三方面有效推进资金集中管理工作；在设备采购环节、登记备案环节及年末盘点三方面继续加强资产管理；采取月度数据统计与年中、年末总结分析相结合的方式，进一步加强财务分析工作；积极开展财务监察工作，完善相关规章制度和内控程序，规范企业经济行为；财务综合管理信息系统平稳运行。

（3）监察审计。全年开展各类审计及效能监察项目13项，其中离任审计6项、基建项目竣工决算审计1项。深入连淮线勘察现场进行效能监察，协助解决青苗补偿等突出问题；监督工程总承包项目、勘察设计测绘业务投标及设备软件采购、基建项目委外招标113人次，协同相关单位、部门为企业节约资金近300万元；针对重大项目管理问题，发出监察建议书3份；督促配套签订保廉合同，促进委外单位自觉接受监督。

（王 斌　刘 柯　田 野）

【党群工作】（1）党委工作。截至2014年底，铁五院党委下辖基层党委3个、党总支10个、直属支部9个；党员1150人。3月，开展为期8个月的党的群众路线教育实践活动，活动突出问题导向，坚持与生产经营等重点工作有机结合，取得较好成效，受到中国铁建督导组的充分肯定，被推荐在全系统进行经验交流。年内，推进基层党组织建设，成立和调整基层党组织12个；发展新党员25名，31名预备党员按期转正。举办党组织书记专题培训班，提升各级党组织书记综合素质和履职能力。围绕铁路生产会战、为党的群众路线教育实践活动开展对内宣传，传递正能量，营造好氛围。结合土耳其安伊高铁、吉衡、赣韶、额哈等重点项目，在新华社、《人民日报》以及中央电视台等中央级主流媒体上开展相关报道，有效宣传企业品牌，扩大社会影响。制定《企业文化建设管理办法》，更新《企业文化宣传手册》，开展以“责任·荣誉”为主题的道德讲堂活动、“会战光荣榜”征文活动、“身边的故事”编辑活动、“美丽五院·我的家”主题微文摄影征集活动，推进以“四个家园”（学习家园、和谐家园、美丽家园、幸福家园）为目标的企业文化建设。围绕“坚持依法合规，打造阳光央企”主题，以“六个一”为重点，组织开展反腐倡廉宣传教育月活动，宣扬铁五院“廉洁一生平安、实干创造价值”的廉洁文化理念。

（2）工会工作。2014年，铁五院工会积极选树劳动竞赛先进典型和模范人物，2人获得火车头奖章，1人获中国铁建工人先锋号标兵称号。提升建家建线和“三不让”帮扶工作水平。参加中国铁建各项活动，在“经典诵读”比赛中获特等奖、一等奖各1名，在优秀读书心得评选活动中获二等奖、三等奖、优秀奖各1名，在第二届女职工读书征文活动中获优秀奖2名。

（3）共青团工作。2014年，铁五院团委下设团总支2个、团支部15个；共青团员236人，专兼职团干部33人。年内，召开中国共产主义青年团中铁第五勘察设计院集团有限公司第一次代表大会，88名团代表参加大会；召开纪念“五四”运动95周年暨“五四”青年表彰大会；组织青年员工参加“陪伴青年团员、心灵呵护老人、体验自我生命成长”主题活动。

（徐 琳　孙咏梅　刘海龙）

【线路运输设计院】 院长兼党委书记王宏洲。职工136人。下设经济运量（经调）、运输组织（行车）、线路、站场、轨道、机务、车辆、机械、规划等专业，业务范围涵盖铁路、公路、城市道路、城市（际）轨道交通、市政建设等领域的规划、勘测、设计、咨询、配合施工、科研及标准化业务建设等工作。

2014年度完成产值约9400万元。（李卫花）

【地质路基设计院】 院长富志根、党总支书记宋宇明。职工104人。下设地质所、岩土所、路基所、物探所、岩土试验室。主要承担铁路、公路及城市道路、城市轨道交通以及工业与民用建筑等工程的工程地质、水文地质、岩土工程、路基专业勘察(测)设计和物探、岩土实验工作。

2014年完成产值12910万元。（刘柏林）

【**桥梁设计院**】 院长兼党总支书记王合希。职工91人。以桥梁设计为主,主要承担铁路、公路、市政和高架轻轨桥梁等各种类型桥梁的设计、咨询、科研等业务。

2014年新签合同额5000万元,进款额3000万元。（王　涛）

【**四电设计院**】 院长兼党总支书记王宇重。职工94人。涉及电气化、电力、通信、信号四大类专业领域,覆盖牵引供电系统、牵引变电、接触网、供电段、电力、通信、信号、信息、电磁防干扰等专业。主要从事电气化、电力、通信、信号专业的设计、咨询、监理、总承包等。

2014年新签合同额3252万元,完成产值8556万元。（张素段）

【**城市轨道交通设计院**】 院长兼党总支书记杨国柱。职工148人。主要负责铁五院城市轨道交通工程的设计及铁路、公路隧道,各类山岭隧道,城市下穿通道,地铁周边建筑等设计、咨询类业务。

2014年完成产值1.1亿元。（严　涛）

【**建筑设计院**】 院长兼党总支书记涂强。职工113人。下设建筑所、结构所、设备所、电气所、方案部、生产经营综合部。主要负责普铁、客专等铁路沿线房屋、大中型站房、工业与民用建筑的设计。

2014年完成产值5500万元。（段春秀）

【**市政工程设计院**】 院长兼党总支书记姜保利。职工108人。主要从事公路,城市道路、桥梁、给排水等公用工程和建筑的工程咨询、规划、勘察设计、工程监理和施工总承包业务。是北京市政府基础设施投资咨询机构、重大项目稽查机构、节能评估文件编制机构。下设道路所、桥梁所、给排水所、建规所、工经所、总工室、综管部、天津分院。

2014年新签合同额8404万元,营业收入7500万元。（李玉蓉）

【**工程经济设计院**】 院长兼党总支书记石跃伟。职工29人。主要负责建设项目的勘察以及各设计阶段的施工组织设计和估、概、预算编制,工程造价有关的咨询服务及有关招投标咨询服务工作。

2014年新签合同额1000万元,完成产值960万元。（肖佳林）

【**环境工程设计院**】 院长兼党总支书记李嘉。职工46人。集工程咨询、勘察设计、工程总承包为一体,具有环境影响评价、水土保持方案编制、竣工环境保护验收调查、水影响评价、环境监控等专业资质及工程绿化设计施工总承包资质,同时是北京市第一批节能评估资格单位、政府投资项目评估中介机构、重大项目稽查专业机构。业务涵盖铁路环境保护、给排水、景观园林、生态修复勘察设计,环境影响评价、水土保持方案编制、环境保护竣工验收调查、节能评估、环境监测与监控、清洁生产咨询以及绿化工程总包等领域。

2014年新签合同额3130万元。（张维成）

【**航务工程勘察设计院**】 院长蔡泓。职工14人。集港航工程勘察、设计、咨询和专项工程设计施工总包于一体,专业设置涵盖港口总平面布置、装卸工艺、港工结构、水文、给排水及水利灌溉等方面,可承担港口、航道、锚地、通航建筑物、水工建筑结构、河道整治、水利灌溉等工程项目的规划、咨询、可行性研究、勘察设计、施工图审查等业务。

2014年新签合同额1078万元。（刘　陆）

【**技术研究院**】 院长杨永强。职工18人。

2014年,“铁路低高度平战结合多用途钢便梁研究”“既有路基密实状态检测仪”“既有线提速路基检测及评估技术研究”和“深水基础施工技术研究”等重大科研项目取得阶段性成果。（程慧林）

【**工程咨询公司**】 经理冯延明。职工54人。主要从事施工图审核、专用线设计、工程总承包等业务。全面负责铁五院咨询业务的生产组织和管理。

2014年新签合同额4576万元。（敬亚菱）

【**东北勘察设计院**】 院长、党委书记宋宏祥。驻黑龙江省哈尔滨市南岗区西大直街119号。职工244人。是集工程设计、工程勘察、工程咨询、工程监理、工程检测、科技研发、工程总承包于一体的综合性设计院,下设线站所、桥隧所、建轨所、通号所、路基所、工经所、测量所、勘察所、监理分公司、总承包公司等生产部门。

2014年新签合同额11652万元,完成产值10600万元。（王艳荣）

【**郑州勘察设计院**】 院长、党支部书记贾筱煜。驻河南省郑州市高新技术产业开发区总部企业基地·创新产业园100幢(翠竹街路1号)。下设线路站场所、桥梁隧道所、四电设备所、工程经济所及市政公路所5个专业所和20余个专业。

2014年新签合同额5391.7万元。 (王 帅)

【北京铁研建设监理有限责任公司】 董事长、经理刘江华,党委书记田思群。职工1600余人。下设哈尔滨、广西、南京、内蒙古等分公司。1994年经国家建设部核定为甲级监理单位,具有建设部铁路工程、公路工程、市政公用工程、房屋建筑工程等甲级监理资质,通过质量、环境、职业健康安全三体系认证。主要从事铁路、公路、工业与民用建筑、地铁与轻轨、市政公用工程、电力等专业的技术咨询及建设监理。

2014年新签合同额3.2亿元。公司被评为中国建设监理行业先进监理企业、全国质量信得过单位,获得中国对外承包工程商会颁发的企业信用等级证书(AA)。 (景 飒)

【北京铁五院工程试验检测有限公司】 经理王慨慷。职工28人。主要为土木工程提供从现场检测到安全评估、环境影响分析、监测与评价,再到加固设计与探测技术应用研究服务。业务涵盖工程试验、工程质量检测(监测)与评估、安全监测与评估、病害检测与加固(加强)设计、监控量测、超前地质预报、工程物探、探测技术应用研究和施工技术咨询。

2014年新签合同额3600余万元。 (吴文辉)

【北京中铁建北方路桥工程有限公司】 总经理兼党总支书记周光忠。职工285人。专门从事铁路节段拼装梁技术研究、拼装装备及附属产品开发、专项施工为一体的具有独特专利技术的科技型专业化公司。具有桥梁工程、爆破与拆除工程专业承包一级,地基与基础工程专业承包二级资质。公司生产性固定资产1亿元,拥有国内领先的自行研制开发的单线专用移动支架式造桥机4套、客运专线双线节段拼装造桥机4套、移动式大型龙门吊起重机6台、各类大中型桥梁施工和爆破施工机械设备330余台(套)。

2014年新签合同额1.5亿元,完成产值1亿元。 (沈子法)

【北京铁五院工程机械有限公司】 经理孙世豪,党总支书记王治斌。职工129人。拥有土地4万平方米、生产型厂房8000余平方米,大型机械40台(套)、精密仪器12台、加工设备105台(套),固定资产原值1975.58万元。主要产品:以双块式无砟轨道组合排架为代表的无砟轨道施工装备、以架桥机为代表的特种起重装备、以特种液压油缸为代表的液压产品以及盾尾后配套系列产品。

2014年新签合同额8052.79万元,完成产值6750.71万元,实现利润1577.98万元。公司年产无砟轨道施工成套设备55套。 (郑雪冰)

【北京铁五院置业有限公司】 经理周德宏。职工15人。主要承担铁五院房地产开发和投资管理业务。

2014年,公司完成铁五院研发实验及附属用房项目前期工作及其他项目装修改造工程。 (顾裕伟)

【工程管理处】 处长吕清泉。职工11人。主要负责铁五院工程总承包及资本运营业务的经营开发和生产管理。

2014年新签合同额6.4亿元。 (孙 伟)

【海外事业部】 部长冯志刚。职工6人。2014年1月成立,主要负责铁五院海外业务经营承揽、生产组织和外事管理工作。

2014年新签合同额320.5万元。 (冯 鑫)

【试验检测中心】 主任杨永强。下设建材、土工和桥梁结构等11个试验室。

2014年完成成贵、杭黄、京沈铁路等12个试验室的现场检查验收,对13个现场试验室开展授权变更工作。 (谭倩倩)

【信息中心】 主任欧勇明。职工8人。

2014年,自主研发的《动态承载比数据处理》《既有路基密实状态检测数据处理》《桥上无缝线路设计软件》获得软件著作权。 (欧勇明)

【图文中心】 主任熊希武。职工28人。设备40台(套),固定资产原值300万元。

2014年完成产值580万元。 (严义京)

【测绘中心】 主任周云。职工11人。2014年1月成立。

2014年,新建连云港至盐城铁路精密控制测量项目获得全国优秀测绘工程银奖。 (张 威)

【《铁道建筑技术》杂志社】 主编余春红。职工6人。

2014年出版《铁道建筑技术》13期(含1期增刊),刊发论文525篇,发行刊物7.8万册。杂志社总收入238.6万元。 (马妍钧)

【重要记载】

▲2月16日—17日　铁五院党委(全委)扩大会议暨第三届第四次职工代表大会、2014年工作会议在北京召开。

▲3月20日　中国铁建副总裁夏国斌在铁五院院长王立新陪同下,视察铁五院路桥公司黄韩侯铁路芝水沟特大桥施工现场。

▲4月15日　董事长、党委书记刘培硕被授予全国第二届"做出突出贡献的工程硕士学位获得者"。

▲6月24日　铁五院勘察设计的大准铁路二道河至九苏木段竣工通车。

▲6月30日　铁五院勘察设计的额哈铁路正式开工建设。

▲7月1日　铁五院负责勘察设计的吉衡铁路(原衡茶吉铁路)正式开通运营。

▲7月25日　铁五院负责电气化工程设计的土耳其安卡拉至伊斯坦布尔高速铁路二期工程顺利通车。

▲8月26日　贵州省铜仁市新城区路网工程正式开工,其中铁五院负责新城土地综合开发项目的设计工作。

▲9月29日　铁五院勘察设计的准池铁路全线铺通。

▲9月30日　铁五院勘察设计的赣韶铁路正式开通运营。

▲10月23日　路桥公司在宝兰铁路客运专线施工中,成功实现国内首次造桥机自行过隧。

▲10月26日　成都地铁2号线东延线载客试运营。铁五院承担该线全长6.5千米的高架段勘察设计总包工作。

▲10月28日　路桥公司施工的国内首座采用节段预制胶接拼装施工技术的特大桥——黄韩侯铁路芝水沟特大桥竣工。

▲11月25日　铁五院受住房和城乡建设部委托主持召开《城市轨道交通工程设计概预算编制办法》首次修编工作座谈会,来自住建部、全国各主要城市的地铁建设部门、设计及施工企业等单位的领导和专家40余人参加会议。

▲12月10日　铁五院勘察设计的新建松原至陶赖昭铁路正式开通。

▲12月28日　北京地铁7号线开通运营。铁五院负责其中2站3区间的设计任务。

▲12月31日　铁五院承揽的天堂河(北京段)新机场改线下穿京九铁路工程举行开工仪式。

(张　威)

中铁上海设计院集团有限公司

【简况】　中铁上海设计院集团有限公司(简称上海院)是国有大型综合甲级设计企业,也是华东地区唯一一家铁道综合甲I级设计院。从事城市轨道交通、铁路、市政房建、公路等领域的工程勘察设计以及工程总承包、监理、技术咨询等业务,拥有涵盖工程建设全过程的12项甲级资质和5项乙级资质,设有经济调查、行车、线路、路基、站场、桥梁、隧道、建筑、通信、信号、电气化、环境评价、工程经济等30余个专业。下设南昌、杭州、合肥、南京、天津、徐州、工勘、城建院及监理、咨询等二级单位。职工1278人。资产总额75138.5万元,其中流动资产54916.8万元、非流动资产20221.7万元。

2014年新签合同额103359万元,完成营业收入76986.2万元,实现净利润6638.9万元。国有资产保值增值率114.3%,净资产收益率13.6%,资产负债率31.6%,总资产周转率1.1次。　(吝永亮)

【领导人员】

董事会

董事长	李永利
副董事长	徐增堂(3月免)
董　事	薛新功

行政系统

院　长	薛新功
副院长	喻伟巍
	刘建红
	马汉枨
	张国峰
总工程师	薛新功(兼)
高级顾问	柳京京

党群系统

党委书记	徐增堂(3月免)
	李永利(3月任)
党委副书记	薛新功
	辛建成
纪委书记	辛建成(兼)
工会主席	辛建成(兼)

(吝永亮)

【职工队伍】 截至2014年底，职工1278人。其中，专业技术人员1148人，占职工总数的89.8%。高级职务362人、中级职务403人，中、高级职务人数占专业技术人员总数的66.6%。教授级高级工程师45人，享受国务院政府特殊津贴人员2人，上海市领军人才1人，詹天佑奖获得者4人，茅以升工程师奖获得者1人，有9人分别担任上海市科学技术委员会副主任及委员。 （陈英才）

【境外工程】 本格拉铁路 位于安哥拉共和国中部，西起大西洋沿岸的洛比托，经万博、奎托、卢埃纳，东至刚果边境的卢奥，穿越本格拉、万博、比耶及莫希科4省，与刚果共和国接轨并通过其境内铁路向东衔接坦赞铁路，线路全长1343.4千米。工程范围包括1343.4千米的线路大修设计和19.55千米的新建机场复线。

罗安达铁路 位于安哥拉共和国中北部，西起首都罗安达，经仁热、恩达拉坦多、卢卡拉，东至马兰热，穿越罗安达、本戈、北宽扎及马兰热4省，线路全长441.7千米。工程范围包括225.9千米的线路大修和215.8千米的线路中修及栋多支线54.5千米。

安哥拉多功能体育馆 新建安哥拉多功能体育馆，为一座室内体育馆，由一个24米×44米比赛场和相应的辅助功能组成，观众席容量3000人，建筑面积6858平方米，建筑高度21.3米，建筑层数2层，结构类型为钢筋混凝土框架结构+钢结构。

中柬金边经济特区规划设计 中柬金边经济特区是柬埔寨王国政府批准的国家级经济特区，位于柬埔寨金边与磅清扬省之间，规划用地面积2500万平方米，其中一期面积约1200万平方米、二期面积约1300万平方米。 （杨佳琦）

【勘察设计】 (1)铁路在建项目。①宁启铁路林场至南通段复线电气化工程。全长268.3千米，全线按国家铁路Ⅰ级标准设计。改造工程主要是增建二线，并对现有铁路进行电气化和提速改造。其中，南通段途经海安、如皋、通州、港闸，线路长91.2千米。宁启铁路建成后，将兼顾城际铁路功能的客货混运、通行双层集装箱列车的大能力快速通道，南京至南通运行时间可从3小时50分钟缩短至1小时50分钟，对于提升沿线城市品质、方便市民出行、加快经济社会发展具有十分重要的意义。②宁启铁路南通至启东段。新建线路从既有南通东站引出，向东经海门、临江至启东设站后，转向北至吕四港设吕四站，线路长93.6千米，其中南通东至启东段71.6千米、启东至吕四段22.1千米。线路桥梁比例53.3%。全钱设南通东站、海门站、临江站、启东站、吕四站。同时，南通至南通东段16.4千米线路进行电化改造。③新建连云港至镇江铁路。线路自在建连云港至盐城铁路连云港董集站引出，经淮安、扬州，跨越长江后至沪宁城际铁路镇江丹徒站，全长305.2千米。全线设董集、灌云、灌南、涟水、淮安东、宝应、界首、高邮、扬州南、横山、丹徒11座车站。线路跨越长江采用五峰山桥位方案，大桥采用双线铁路+8车道公路合建方案，主跨采用1036米的钢桁梁悬索桥方案。新建连云港至镇江铁路有利于完善国家快速铁路网布局，加强苏北、苏中地区与长三角地区联系，促进区域协调发展。④改建铁路合肥至芜湖铁路电气化改造工程。既有淮南铁路合肥东站至芜湖东站133.8千米、既有宁芜铁路芜湖东站至芜湖站12.4千米现状电气化改造延长裕溪口、巢湖西、撮镇、桥头集、东关等9座车站到发线有效长至1050米；封闭沈家巷站；合肥东站扩建既有到达场、调车场，改建既有下行出发场为直通场，并新建下行出发场，改建相关既有线；芜湖东、芜湖西站延长股道有效长至1050米；既有淮南铁路湾里机场段因净空实施改线工程；合肥东、芜湖东编组站综合自动化系统改造。⑤淮北至萧县北客车联络线工程。该工程自符夹铁路坡里至岱河间接轨引出，经萧县西至郑徐铁路客运专线萧县北，新建客车联络线24.84千米，桥隧比69.8%，技术标准为客运专线，双线，设计时速250千米。⑥符夹铁路扩能工程。南起符离集，向西北经淮北市、萧县至徐州夹河寨，新建总长87.28千米。全线按一次双线电化扩能考虑，对既有线进行部分改造，并行既有线增建二线，设计标准为国家铁路Ⅰ级，设计时速120千米。符夹线是陇海、京沪、京九三大路网干线间的联络线，是皖北地区煤炭运输通道，是一条以货运为主、兼顾少量客运的区域铁路。该工程建设有利于增强路网运输能力，畅通货运通道，提升铁路运输质量，增强路网灵活性，促进地方经济发展。⑦青阜铁路电化改造工程。在既有铁路青阜线徐楼（含）至阜阳北（不含）区间全线实施电气化工程，线路长132.3千米，同时在百善站、青町站、涡阳站、西潘楼站设置综合网工区，阜阳站设置网工区，在青町、江集新建牵引变电所，在海孜、涡阳、永兴集新建分区所。⑧阜淮铁路淮南铁路至合肥段水蚌铁路电气化扩能改造工程。阜淮铁路是安徽省淮北平原南部的煤运干线。阜淮铁路由西北向东南走向，起自淮南市洞山站，途经风台、颍上，至阜阳，全长130千米。阜淮线阜阳枢纽袁寨站（不含）至淮南站（含），淮南线淮南站（不含）至合肥东站，水蚌线水家湖站（含）至蚌埠站（含），全长282千米的电气化扩能改造工程。

(2)铁路前期项目。①华东二通道芜湖至宣城段。华东二通道铁路芜湖至宣城段北起芜湖市，南至宣城市,途经芜湖市的弋江区、南陵县、芜湖县,宣城市宣州区。该段铁路起自芜湖站,终至宣城站,线路长度为73.321千米,投资总额达89.9亿元。其中,弋江站至宣城站段,新建双线长度58.578千米;芜湖站至弋江站段长14.743千米。②阜阳北站扩能工程。阜阳北站衔接京九、青阜、漯阜、阜淮、阜六5条铁路,是阜阳铁路枢纽内唯一的编组站,也是华东路网中重要的编组站,现为单向纵列式三级四场站型。扩能改造工程主要建设内容包括新建上行系统,设到达场、调车场、出发兼直通场、漯阜兼地区车场;改造既有上行到发场(Ⅱ场)为交换场,最终形成双向三级八场站型。主要工程量:新建正线1.97千米,改建正线8.8千米,站线铺轨84.68千米,新铺道岔218组,框架小桥23座5015平方米,涵洞47座3642横延米。建设工期约两年。③芜湖至铜陵扩能工程。位于安徽省皖江地区,北邻长江,自芜湖经繁昌至铜陵,全长72.862千米,是沿江铁路的一部分。西接铜九线至江西省九江市,东连宁芜线至南京,在芜湖与华东二通道相交,联通宣杭、皖赣线。

(3)轨道交通项目。截至2014年底,上海院在上海、南京、苏州、北京、天津、沈阳、广州、成都、福州等24个城市共计承担120项轨道交通工程。其中,总体总包5条,分别为上海轨道交通3号线改造工程,南京宁和城际轨道交通一期工程、宁溧城际轨道交通工程,天津轨道交通4号线工程,成都轨道交通10号线一期工程。 (汪文锋)

【经营管理】 2014年,随着国内铁路建设市场的快速回暖,在手的连镇铁路、合芜电化、宁启南通至启东段、符夹铁路扩能、青阜电化改造项目和部分铁路局更改项目全面启动。作为刚性任务,确保2014年底前开工建设,上海院快速、积极部署,5月全面进入生产大会战状态。在历时6个月的大会战期间,上海院上下团结协作、积极应对,日夜奋战,按时完成各节点目标要求,取得阶段性胜利。

轨道交通市场保持迅猛的发展态势,积极投标,全年合同额突破4亿元。2014年,先后参与上海、天津、宁波、苏州、徐州、昆山、北京、厦门、广州、福州、乌鲁木齐等19批次79个标段的投标,中标天津地铁4号线工程土建8标段、苏州市轨道交通3号线东段Ⅲ-TJSJ11标段、北京地铁3号线工程设计投标土建设计07合同段等17个项目,在巩固原有的市场份额基础上,新开辟北京、徐州、福州3个轨道交通新市场,使轨道交通进驻的城市达到24座。全年轨道交通项目新签合同额4.5亿元。

加强合作,充实力量,加快推进海外市场开发。2014年,海外市场继续紧随中国铁建"大海外"战略的实践,通过高层交流、中层对接,进一步加强与中国铁建所属国际集团、中非建设等外经单位的合作;巩固与中铁二十局、二十四局、大桥工程局、上海建工、上海市政院等系统内外非外经单位的关系,与多家国际、国内知名设计咨询公司签署战略协议,形成"技术战略联盟"。为加大海外项目的经营、管理力度,成立海外经营处,先后跟踪阿曼铁路、安哥拉码头支线改线方案研究、俄罗斯赤塔煤矿配套工程、马来西亚铁路等多个境外项目,涉及铁路、市政及房建、轨道交通等市场领域,地域分布为非洲、欧洲、亚洲及拉丁美洲,遍及18个国外市场。

进一步完善区域经营机构,细化区域机构的职能分工,明确各区域内的项目信息收集与跟踪、项目委托、项目投标、合同、收费及项目执行等工作。加强办事处管理,推进办事处健康发展。

突出市场导向,强力推进前期研究工作。加强与中国铁路总公司、上海铁路局、南昌铁路局等单位的联系,先后承揽铜九铁路电气化改造工程前期研究、连镇铁路南延段的预可行性研究、启东至上海客运通道研究项目;参加国家铁路局组织的"十三五"铁路网规划方案研究,承接上海市市域铁路网规划研究项目,编制《开封市轨道交通线网规划》。

完善经营机制、规范工作流程、强化保证措施。制定上海院《二级院总承包项目收入清算细则》《项目设计、勘测劳务委外市场价格指导价》,修订《设计劳务分包管理办法》。加强人才队伍建设,年内参加中国铁建举办的第三、第四、第五期经营管理人员实战培训班及资本运营业务培训班;整理区域经营进市备案和项目备案情况,为经营承揽工作奠定基础。 (汪文锋)

【科技成果】 2014年,上海院获中国铁道学会科学技术二等奖3项、三等奖1项,中国施工企业管理协会科学技术奖科技成果一等奖1项、二等奖2项,上海市闸北区科技创新一等奖1项;获国家授权专利17项,其中发明专利4项、软件著作权3项;获省部级优秀咨询成果奖14项,其中上海市优秀工程咨询成果一等奖2项、二等奖2项,三等奖10项。

2014年,集团公司与申通地铁合作开展的科研课题"运营线路隧道内高等级轨道减振方案设计研究"列入上海市科学技术委员会科研计划项目。首次在中国铁路总公司立项的课题"大跨桥梁修建关键技术研究——宿淮线京杭运河特大桥大跨连续梁拱组合结构设计研究"顺利通过中国铁路总公司评审,成果总体技术水平达到国际先进。 (戴培新)

【党群工作】（1）党的工作。①党的群众路线教育实践活动。2014年3月中旬至11月上旬，上海院开展党的群众路线教育实践活动。活动中，完成“学习教育、听取意见”“查摆问题、开展批评”“整改落实、建章立制”三个环节的各项任务；集团公司本级征集意见653条，查摆“四风”方面突出问题13条，提出整改措施113项；所属二级单位征集意见1348条，查摆“四风”方面突出问题187条，提出整改措施199项。活动进展有序、扎实深入，达到预期目的，取得阶段成果。②领导班子及干部队伍建设。上海院坚持正确的选人用人导向，以公开、公平、公正为原则，以解决突出问题为出发点，进一步规范和完善干部考察、任用制度，大大提高干部选拔任用工作的透明度和群众参与度。年内调整杭州院、南京院、城建院、工勘院等单位的领导班子成员，并对集团公司总部相关部门的干部进行调整。全年提拔处级干部23人，换岗9人，免职5人。

（2）工会工作。以职代会为载体，深化院务公开和民主管理；以友爱基金为渠道，认真做好扶贫帮困及救助工作。2014年，落实“三不让”资金120余万元。

（3）共青团工作。推动“导师带徒”活动深入开展。2014年，68对师徒通过期满鉴定总结，127对师徒签订协议。（客永亮）

【南昌铁路勘测设计院有限责任公司】 具有工程咨询甲级，建筑工程、市政（桥梁、道路）工程乙级，城市规划丙级，测绘乙级，计算机信息系统集成四级资质。公司驻江西省南昌市工人新村二路27号。院长彭跃辉，党委书记胡庆安。职工291人。资产总额12397万元。其中，固定资产原值2543万元、净值1123万元；无形资产1521万元；流动资产9675万元；其他资产78万元。

2014年新签合同额11910万元，完成营业收入19076万元，实现利润610万元、净利润457万元。国有资产保值增值率106.61%，净资产收益率6.54%。（王安昌）

【杭州铁路设计院有限责任公司】 具有铁路工程、建筑工程设计乙级，工程咨询、工程总承包乙级资质。公司驻浙江省杭州市延安路468号浙江经贸广场综合楼B座6楼。院长钟国钢。下设铁道设计所、道桥设计所、建筑设计所、结构设计所、设备设计所等8个部门。职工93人。资产总额4772万元。其中，固定资产原值1586万元、净值1310万元；流动资产3414万元。

2014年新签合同额11819万元，完成企业总产值5856万元，实现利润617万元。国有资产保值增值率112.79%，净资产收益率12.59%。（孙世畅）

【中铁上海设计院集团合肥有限公司】 主要从事铁路、桥梁、工业与民用建筑、通信信号、给排水、电力、市政道路、轨道交通等工程勘察设计及工程总承包、技术咨询等业务。公司驻安徽省合肥市瑶海工业园区新海大道15号（中国铁建安徽大厦）。院长孟磊。下设铁道设计所、建筑设计所、市政所、勘察队等7个部门。职工70人。

2014年新签合同额7160万元，完成营业收入3185万元。国有资产保值增值率102.62%，净资产收益率16.72%。（袁秀侠）

【上海先行建设监理有限公司】 具有铁道工程综合、市政公用工程监理甲级，房屋建筑、公路工程监理乙级资质。1993年8月成立。公司驻上海市天目中路291号。总经理康新平。专业技术人员371人。

（贾凤丽）

【中铁上海设计院集团有限公司天津分院】 院长顾培龙。驻天津市南开区卫津路18号中恺国际广场新都大厦A座15层。下设线路设计所、建筑设计所、结构设计所、机电设计所等6个部门。职工54名。资产总额2395万元。其中，固定资产原值1735万元、净值1435万元；流动资产960万元。

2014年新签合同额4888.56万元，完成营业收入1961万元，实现利润272万元、净利润226万元。净资产收益率11.14%。（姜熙伟）

【中铁上海设计院集团有限公司南京设计院】 主要从事铁路、轨道交通、市政领域的工程勘察设计、总承包、技术咨询等业务。前身为上海铁路局南京铁路勘测设计所，2009年3月16日挂牌成立。驻江苏省南京市鼓楼区中山北路223号建达大厦7楼。院长潘必胜。下设道桥所、铁道所、建筑所。职工46人。资产总额1475万元，其中流动资产1423万元、非流动资产52万元。

2014年新签合同额6500万元，完成营业收入4799万元，实现净利润504万元。净资产收益率73.44%，总资产周转率3.18次。（王亚玲）

【中铁上海设计院集团有限公司徐州设计院】 前身为徐州铁路设计研究院，2013年1月1日组建成立。驻江苏省徐州市新城区镜泊西路吉田商务广场C栋4层。院长韩其胜。下设铁道设计所、道桥设计所、建筑设计所。职工32人。

2014年新签合同额5028万元，完成营业收入2686万元，实现利润217万元。（朱平）

【中铁上海设计院集团有限公司工程勘察院】 具有工程勘察综合类甲级,测绘乙级资质。2006年成立。院长陈震华,党总支书记徐幸福。驻上海市交通路3131号乙。下设地质工程所、测绘工程所、岩土工程所。职工97人。拥有精密测绘、勘探、物探及试验仪器等设备200余台(套)。

2014年,院测绘成果"沪杭高铁运营期控制网复测及构筑物监测工程"获全国优秀测绘工程奖金奖,科研成果"高速铁路精密测量关键技术应用研究及相关设备开发"获中国铁道学会铁道科学技术三等奖。

(李 帅)

【中铁上海设计院集团有限公司城建设计院】 2008年1月成立。院长朱德荣。驻上海市天目中路267号蓝宝石大厦13、14楼。下设建筑一所、建筑二所、结构一所、结构二所、设备所、机辆所等7个部门。专业涵盖建筑、结构、电力、给排水、暖通空调、机务、车辆、机械8个专业。工程技术人员109人。

2014年新签合同额13664.5万元,实现收入7315万元,实现净利润811万元。 (施宇平)

【重要记载】

▲2月18—19日 上海院在上海召开一届九次党委全委(扩大)会议、二届五次职代会和2014年工作会议。

▲2月19—20日 上海院召开经营工作会。

▲2月20日 上海院中标天津市地铁4号线土建工程设计项目。

▲3月5日 上海院中标新建乐清湾港区铁路支线工程勘察设计咨询项目。

▲3月5日 上海院中标新建庐江至铜陵铁路工程施工图审核项目。

▲4月8日 上海院中标新建九景衢铁路江西段JQJXJL-6标段、新建张家口至呼和浩特铁路ZHJL-4标段监理项目。

▲4月8日 上海院中标宁波地铁5号线一期土建工程设计、宁波地铁4号线通信系统项目。

▲4月9日 上海院获得城乡规划编制乙级资质证书。

▲4月24日 上海院召开领导干部大会。任命李永利为中铁上海设计院集团有限公司党委书记;免去徐增堂中铁上海设计院集团有限公司党委书记、党委常委、党委委员职务。中国铁建党委副书记、副董事长、工会主席彭树贵出席会议并作重要讲话。

▲4月25日 上海院当选上海市勘察设计行业协会第七届理事会常务理事单位。

▲5月4日 上海院中标上海轨道交通15号线通信系统3标段、信号系统4标段和土建工程设计8标段。

▲5月6—8日 上海院先后中标徐州市城市轨道交通1号线一期土建工程5标段,信号系统和AFC系统3标段。

▲5月9日 上海院中标苏州市轨道交通3号线东段、5号线西段土建工程车站工点设计项目。

▲6月26日 上海院中标广州市8号线北延线白云湖车辆段上盖土地一级整理项目勘察设计和4号线南延线南沙停车场上盖土地一级整理项目勘察设计项目。

▲6月28日 上海院领导班子召开党的群众路线教育实践活动专题民主生活会。上海市城乡建设交通工作党委委员、巡视员王来娣应邀出席会议,中国铁建教育实践活动第三督导组参会指导。

▲7月1日 上海院中标北京市轨道交通3号线土建工程工点设计07合同段。

▲7月18日 上海院中标南宁市轨道交通3号线工程系统设计5标段。

▲7月23日 上海院中标西安北客站至机场城际轨道交通工程轨道系统设计XTSJ-1标段。

▲9月5日 上海院获公路行业(特大桥梁)专业甲级资质。

▲9月19日 上海院主持研究的"大跨桥梁修建关键技术研究——宿淮线京杭运河特大桥大跨连续梁拱组合结构设计研究"科研成果通过中国铁路总公司评审。

▲10月10日 上海院中标南昌轨道交通3号线土建工程工点设计03标段。

▲10月14日 上海院与中柬金边经济特区有限公司签订"中柬金边经济特区技术服务框架协议""园区规划服务联合体协议"。

▲10月16日 上海院新建科研设计生产用房工程正式开工。

▲11月6日 上海院2012—2013年度"导师带徒"活动总结表彰暨2014—2015年度"导师带徒"签约拜师仪式在上海举行,有127对结成师徒关系。

▲11月18日 上海院获得市政行业(道路工程)专业甲级资质。

▲12月28日 上海院总体设计的连淮扬镇铁路开工建设。江苏省省长李学勇,中国铁路总公司副总经理黄民,副省长史和平参加开工仪式并作重要讲话,上海铁路局局长郭竹学主持会议。上海院董事长、党委书记李永利参加开工仪式。

▲12月30日 上海院设计的淮北至萧县北客车

联络线开工建设。郑西铁路公司董事长、总经理张锦耀,淮北市市委书记、人大常委会主任肖超英,淮北市市长黄晓武参加开工仪式并作重要讲话。上海院院长薛新功参加开工仪式。 (吝永亮)

中铁物资集团有限公司

【简况】 中铁物资集团有限公司是铁道部铁路建设项目部管物资代理公司、铁路用钢轨招标代理服务商,国家发展和改革委员会批准的成品油专项供应单位,是全球最大的铁路工程物流服务商和全国第二大铁路物资供应商。主营物流贸易、加工制造、国际业务、资本运营、集采代理和电子商务六大板块,致力于打造"综合物流产业引领者""供应链服务专家"。集团公司驻北京市海淀区西四环中路19号。前身是中国人民解放军铁道兵后勤部物资处,1984年1月集体转业,改编为铁道部工程指挥部物资处;1990年3月组建中国铁道建筑总公司物资局;1999年改称中铁建物贸公司;2000年12月4日更名为中铁建物资集团有限公司;2003年企业改制改称现名。下辖18个全资子公司、7个控股子公司和4个钢厂办事处,在重庆、大同、无锡等地设有40余个分公司和办事机构。职工2427人。资产总额216.96亿元。其中,固定资产原值8.97亿元、净值6.81亿元;流动资产190.4亿元;非流动资产26.56亿元。

2014年完成产值360.5亿元,实现净利润-0.75亿元。人均创利30万元,全员劳动生产率115万元/人年,职工年人均收入11万元。国有资产保值增值率75.73%,净资产收益率-20.5%,投资回报率-36.43%,资产负债率85.18%,应上缴款完成率100%。集团公司是工业和信息化主办的中国电子商务创新推进联盟副理事单位。连续7年被国家工商总局评为重合同守信用单位,年内获北京建设行业诚信企业、中国物流采购联合会AAA信用企业、全国用户满意企业、2014中国物流杰出企业称号;入选中国物流企业50强,排名第二;通过中国物流采购联合会国家5A级物流企业复核。 (王蕾)

【领导人员】

董事会

董事长	金跃良
副董事长	王涛
	李锦云(3月任)
职工董事	孔庆林(3月免)
	董佃俭(3月任)

监事会

监事会主席	孔庆林
监事	汪启帆
	李景光
职工监事	刘芳

经理层

总经理	王涛
副总经理	张长根(7月免)
	熊卫东
	李志群
	王跃飞
	唐建勇
	王青(3月任)
	王辉(3月任)
	吴利红(3月任)
	周庆国(3月任)
总会计师	王青(3月任)
总经济师	吴利红(3月任)
副巡视员	张长根(7月任)
	那学明(3月任)

党群领导

党委书记	金跃良
党委副书记	王涛
	孔庆林
纪委书记	孔庆林
工会主席	孔庆林(3月免)
	董佃俭(3月任)

(胡晓弦)

【职工队伍】 职工2427人。技术干部占干部总数的63%,技术工人占工人总数的55%。 (陈广文)

【经营管理】 (1)企业经营。集团公司受2014年行业衰退及内外不利因素的影响,经营业绩较2013年有一定下滑。①经营任务。新签合同额完成股份公司下达指标的88%,同比下降29%;产值完成60%,净利润完成52%。②经营方式。为应对不利局面,采取"四型转变":一是发展模式由规模速度型向质量效益型转变,即停止具有潜在风险的业务,加强业务审核与过程管控;二是合作对象由中小型民营企业向大型优质国有企业集中、转变,将前者从合作名录中排除,并增加与后者的合作业务量;三是风险管控由属地分散型向总部集中型转变,上收子公司的部分合同评审权限,加强合同审核,确保无新的大宗物资贸易风险;四是经营机制由粗放扩张型向协同联动型转变，改组增设区域经营指挥部暨集采分中心，强化项目对接、协调、承揽。③业务板块。全年新增基建代理项目33个，其钢轨需求达5000千米以上，约77万吨。中标成贵、福平铁路，石济、京沈铁路客运专线等大型铁路项目，新签合同额74.8亿元；昆明东南绕城高速、兰州轨道交通1号线、贵阳轨道交通1号线、合肥地铁等大型铁路外项目，新签合同额161.3亿元。完善集采制度与工作流程及核心供应商管理体系，推行信息化管理，为股份公司节约采购成本7000万元；不断提升道岔、扣件市场占有率；完成青岛、贵阳、陵水的混凝土建站供应；承揽埃塞铁路、吉布提铁路、尼日利亚电厂专用线等项目；全面升级中国大宗物资网，成为国内首个为建筑施工领域提供O2O(即Online To Offline，在线离线/线上到线下)模式服务的大宗商品电子交易综合服务平台，2014年的成交量在全国钢铁电商中位列第5；海南、成都、南昌等投融资项目成为集团公司的主要利润点；招标公司中标蒙华铁路项目物资设备代理服务及北京市城建改造项目，实现铁路外招标市场的“零”突破。

(2)企业管理。①加大清收降债力度。成立清欠与追责两个工作领导小组，及新疆公司、湖南公司、东北公司、中铁西城4个工作组，加强领导及督导工作，成效显著；下发管理制度，确定“谁欠款，谁负责收款”的债权终身负责制；约谈相关单位领导67人次；签订目标责任状，将清欠结果与绩效考核挂钩；对13名过失责任人予以撤职、降职、降级处分，涉事12家单位全员扣发、停发奖金；过失重至违法乱纪者交由检察机关处理，5人被捕，1人判刑。②机构变动。设立新疆办事处(后更名为中铁物资集团有限公司驻乌鲁木齐办事处)、湖南办事处；设立混凝土管理有限公司下属青岛、贵阳、成都、海南4家子公司；设立中铁建(海南国际旅游岛先行试验区)投资管理有限公司、中铁物资集团资产管理有限公司及南昌中铁建建设管理有限公司；将北京公司并入北京中铁工业公司；混凝土公司划归工业公司管理；将港澳公司划归华南公司；芜湖中铁科吉富轨道销售有限公司划归华东公司管理；批准北京中铁工业公司收购北京金陵航空客运代理有限公司；撤销中铁物资集团有限公司海南指挥部，将人员并入中铁建海南国际旅游岛建设管理指挥部；将集团公司所持的物流公司股权以公开挂牌交易的方式转让给合作方——北京盛大横森物流有限公司。机关增设纪委纪检监察室与清欠办公室，将原材料事业部与能源化工事业部合并为能源与原材料事业部，财务部核算科更名为核算税务科。③加强财务管理。资金集中度达97%；节约财务费用近5000万元，节税8000万元；开展财务监察。④强化合同评审，修订《合同管理办法》，完善流程。⑤加强信息化建设。新建集采供应管理、营销管理、印信管理、工会管理等信息系统；优化门户网、OA系统、合同管理及客商管理系统。⑥审计监督。树立预防理念，由事后审计为主逐步转移为事前参与、事中监督、事后审计。开展自查自纠工作，对集团公司所属34家公司进行审计，全年完成审计项目14个，审计总金额1119253万元，提出审计建议57条，均被采纳。⑦成立电子商务工作领导小组，加强电子商务业务的领导及开展。⑧成立“营改增”工作领导小组，按股份公司“营改增”工作总体部署全面实施。

(王 蕾)

【党群工作】 (1)党的工作。深入开展党的群众路线教育实践活动，打造“五个一”的自选动作，即开展好一系列学习教育活动，组织召开一次为民务实清廉专题研讨会，办好一个教育学习宣传专栏，开好一次专题组织生活会，建立一套切实可行的长效机制。①领导班子建设。全年组织党委中心组学习10次；坚持民主集中制原则，认真落实民主生活会制度，坚持定期沟通制度，树立防范风险意识，多种渠道开展风险防范教育。②党组织建设。配齐配强党组织书记。按照同级配备的原则，各子公司均配备党组织书记；按照分设专职、交叉任职的要求配备党支部书记，有效地发挥了保障监督作用。所属公司通过将年轻的党员干部充实到支部书记岗位、成立指挥部联合党支部、健全完善党组织配备、细化党员责任等手段，加强党组织建设。坚持和完善党内制度，多数单位严格执行“三重一大”制度，董事会、党委会、总经理办公会等集体决策议事制度，坚持领导班子沟通和联系点制度，坚持高质量召开民主生活会，增进班子沟通与团结；集团公司领导积极参加二级单位领导班子专题民主生活会，面对面指导基层班子建设；建立领导班子成员督导联系点制度，指导基层建设和生产经营工作；注重提高党支部书记的能力建设，采取请进来、送出去的方式强化对党支部书记队伍的培养；积极推进和实施领导人员任前谈话和任职试用期等制度，切实规范领导干部任职程序；按照“坚持标准，保证质量，改善结构，慎重发展”的要求，全年发展党员27名；加强干部队伍建设，集团公司完成15家子公司领导班子考核调整工作，任免干部190人次，其中提拔47人次、交流29人次、职务调整127人次、降职使用16人、改任调研员7人，委派会计人员12人次，试用期满考核任职14人；接收高校毕业生82人，选聘社会专业人才78人；63人(中级37人，初级26人)取得专业技术职务任职资格，16人参加股份公司高级职称评审。③思想宣传工作。在《中铁物资集团》报中设立党的群众路线教育实践活动、反腐倡廉工作专版，聚焦企业热点、难点，大力宣传在集采、国际贸易工作中的新进展、新成果。制定《中铁物资集团规范企业经济行为强化债务风险管控宣传提纲》，引导全系统干部职工深入领会“10 条红线、20 条黄线、40 条蓝线”的精神内核。积极参与国资委、北京市、股份公司和企业驻地开展的各类先进人物评选活动，集团公司副总经济师、海南公司党委书记陆强获得海南省五四奖章，并被增选为中国青年企业家协会理事，物贸公司王永阳被授予中央企业优秀志愿者称号。修订集团公司《新闻宣传管理办法》，规范对外宣传报道工作的审批程序，明确奖罚措施，激发工作热情。2014 年在股份公司及以上媒体刊发稿件 80 余篇，集团公司门户网站共刊登动态新闻 287 篇，编发《中铁物资集团》报 11 期；在《中国铁道建筑报》等媒体上刊发的稿件实现由“小简讯”向“深度稿件”转变，被股份公司评为新闻报道先进单位，2 人分别获百佳通讯员和十佳记者称号。④企业文化建设。通过参观铁道兵纪念馆、邀请退休老铁道兵讲艰苦创业历程、唱响《铁道兵志在四方》《铁建员工之歌》、观看《永远的铁道兵》等活动，培育员工对以“铁兵文化”为核心的中国铁建“九种文化”的认同感。⑤党风廉政建设。全年集团公司业务招待费同比下降 61.29%，管理费用同比下降 26.98%。组织播放警示教育片 43 场次，开展以案示警 12 场次，下发《规范企业经济行文，强化债务风险管控》的宣传提纲；各单位建立党风廉政建设责任制，明确党委书记对党风廉政建设负总责，党政主管领导履行第一责任人的职责。开展效能监察，查处亏损项目 12 个，并处罚相关责任人；严查违纪案件，成立工作组进驻新疆公司、湖南公司进行整顿；严格责任追究，在办案中对有问题的干部先免职后调查，对涉嫌构成犯罪的人员移交司法机关处理；立案调查新疆公司、物贸公司涉嫌违纪违法问题，华北公司、湖南公司涉嫌违纪违法问题向属地公安机关报案；全年撤职处理 4 名中层领导干部，6 人降职使用，被检察机关依法批准逮捕 4 人，为企业挽回直接损失 88.35 万元。

(2)工会工作。集团公司有工会委员会 16 个，女职工委员会 11 个，职工入会率 80% 以上。2014 年，慰问困难家庭 111 户，发放慰问金 22.8 万元；资助困难职工子女 10 人，发放助学资金 1.5 万元。开展“六比六赛”（即比效益，赛回款；比集采，赛盈利；比措施，赛安全；比管理，赛质量；比和谐，赛稳定；比素质，赛形象）劳动竞赛活动，湖南公司、铁路事业二部被评为劳动竞赛优胜单位。开展“好书推荐”、女职工征文、“汉字听写”“经典诵读”“悦读—视界”摄影及“优秀读书心得”评选等活动，拍摄《逐梦》《坚守》2 部微电影，分别获得首届全国职工微影视大赛优秀奖。参加中国铁建“幸福家庭”评选活动，两个家庭被评为中国铁建幸福家庭。

(3)共青团工作。召开共青团中铁物资集团有限公司第三次代表大会，选举产生第三届委员会，成立北京中铁国际招标有限公司团总支。集团公司机关团委书记刘玚、党委宣传部王锐超被评为北京市海淀区优秀团干部，国际贸易事业部王乾被评为北京市海淀区优秀团员。在铁建青年网及《中国铁建青年简讯》刊稿 120 余篇，在集团公司网站及报纸刊登稿件 84 篇，在《中铁物资集团》报开辟“我的青春我的团”专栏。 （王 蕾）

【中铁物资集团东北有限公司】 是原铁道部授权的铁路建设项目部管物资代理单位、国家铁路建设用钢轨指定供应商、原铁道部钢轨储备指定仓库和国家级战备物资储备仓库。前身是中国人民解放军铁道兵后勤部东北办事处，1984 年集体转业，改编为铁道部工程指挥部东北办事处，1989 年更名为中国铁道建筑总公司东北办事处，2003 年 4 月改制改称现名。主营铁路建设所需的钢轨、道岔及配件、金属材料、油料、煤炭、矿粉、火工品等，大型基建项目所需钢材、水泥等相关物资及工程物流、仓储物流服务等综合物流配送业务。公司驻辽宁省沈阳市大东区东北大马路 337 号。占地面积 12 万平方米，拥有铁路专用线 4 条，龙门吊车及各类装卸设备多台，年吞吐能力突破 200 万吨。董事长、党委书记季利平，总经理王成伟。在鞍山、哈尔滨、长春、包头、大连、西宁、南通、唐山等地设立子（分）公司和办事处。职工 329 人。资产总额 221696.35 万元。其中，固定资产原值 8374.35 万元、净值 5398.79 万元；流动资产 207582.04 万元；其他资产 14114.31 万元。

2014 年新签合同额 55.64 亿元，完成产值 35.26 亿元，实现净利润 -1554.46 万元。职工年人均收入 9.25 万元。国有资产保值增值率 86.59%，净资产收益率 -15.84%，产值利润率 -0.57%，资产负债率 96.37%，应上缴款完成率 100%。年内，公司获中国物流与采购信息化优秀案例、全国制造业与物流业联动发展示范企业、推动流通全国重点批发市场、国家 AAAAA 级物流企业等荣誉。 （刘 俭）

【中铁物资集团华东有限公司】 前身是中国人民解放军铁道兵后勤部华东办事处，1984 年 1 月集体转业，改编为铁道部工程指挥部华东办事处；1989 年 3 月更名为中国铁道建筑总公司华东办事处，2003 年 4 月企业改制改称现名。公司驻上海市长乐路 462 号。主营铁路线上料、现货贸易、工程物流、能源矿产及国际贸易业务。董事长郭佳(9月免)、李志群(9月任),法定代表人郭佳(9月免)、张泓(9月任),党委书记郭佳(9月免)、李庆生(9月任、10月免)、陆孜浩(10月任),总经理蔺建杰(10月免)、张泓(10月任)。下辖上海分公司、上海铁城汽车出租有限责任公司、杭州分公司、南昌分公司。职工117人。资产总额11.44亿元。其中流动资产10.32亿元。

2014年完成企业总产值47.90亿元,实现利润2959.46万元、净利润2195.35万元。人均创利26.90万元,全员劳动生产率61.17万元/人年,职工年人均收入17.80万元。国有资产保值增值率82.69%,净资产收益率19.88%,产值利润率0.62%,资产负债率91.27%,应上缴款完成率100%。 (王吉飞)

【中铁物资集团中南有限公司】 2005年7月7日成立,驻湖北省武汉市武昌区丁字桥路25号。主营业务为金属成材料、建筑材料贸易,机械设备租赁,房屋租赁,金属矿、非金属矿的销售,水泥、钢材、铁路设备器材销售、仓储服务及货物、技术、代理进出口业务。董事长、法定代表人、党委书记韩元军,总经理李学锋(1月任)。职工89人。资产总额9.4亿元。其中,固定资产原值3898.54万元、净值3328.51万元;流动资产90823.66万元;其他资产167.61万元。

2014年完成产值160031.91万元,实现净利润2103.08万元。人均创利31.75万元,全员劳动生产率1951.61万元/人年。国有资产保值增值率102.84%,净资产收益率24.49%,产值利润率1.75%,投资回报率24.83%,资产负债率90.77%,应上缴款完成率100.15%。 (邓芳菲)

【中铁物资集团西北有限公司】 前身是中国人民解放军铁道兵西北办事处,1984年1月集团转业,改编为铁道部工程指挥部西北办事处;2003年4月企业改制改称现名。公司驻陕西省西安市友谊东路150号。主要经营大型基建项目所需钢材、铁路建设所需钢轨、配件和水泥等物资供应、钢材现货贸易、部管物资代理、房屋租赁等业务。法定代表人、董事长王付东(2月免)、杨照荣(2月任),党委书记朱锦文(2月免)、董佃俭(2月任),总经理朱锦文(2月免)、王付东(2月任,9月免)、郭鹏心(9月任)。下辖银川分公司、陕西瑞中贸易有限公司。职工104人。资产总额9.27亿元,包括固定资产原值2542.66万元、净值1314.63万元,流动资产8.94亿元,其他资产1120.85万元。

2014年完成企业总产值18.76亿元,职工年人均收入10.77万元。 (梁 冰)

【中铁物资集团西南有限公司】 前身是中国人民解放军铁道兵西南办事处,1984年1月集体转业,改编为铁道部工程指挥部西南办事处,1989年更名为中国铁道建筑总公司西南办事处;2001年企业改制改称成都中铁建西南物资有限公司,2004年划归中铁物资集团有限公司,改称现名。主营批发、零售钢材、水泥等建材;普通货物代办仓储运输;煤炭批发经营;自有房屋租赁;货物进出口贸易。公司驻四川省成都市一环路北三段1号SOHO-C座。董事长、法定代表人、总经理刘家云(1月任),党委书记潘登华。下辖成都、重庆、拉萨3个分公司,及成都地铁、麻昭高速、深圳、天津、重庆轨道5个项目部。职工174人。资产总额17.14亿元,其中固定资产净值2.19亿元、流动资产14.43亿元、其他资产0.52亿元。

2014年新签合同额75.52亿元,完成企业总产值27.69亿元,实现净利润-349.50万元。人均创利-4.34万元,全员劳动生产率25.79万元/人年,职工年人均收入10.96万元。国有资产保值增值率77.21%,净资产收益率-4.89%,产值利润率3.53%,投资回报率-0.16%,资产负债率96.38%,应上缴款完成率100%。 (李 政)

【中铁物资集团华北有限公司】 2002年12月,由原石家庄中铁建材料总厂改制为中铁物资集团石家庄有限公司,2007年3月更为现名。主营钢轨、道岔、扣配件、轨枕等铁路专用器材和钢材、水泥、煤炭等大宗物资以及仓储物流等业务。公司驻河北省石家庄市长安区工人街22号。占地面积10.7万平方米。拥有库房126栋,面积4万余平方米;仓储物流区拥有铁路专用线、大型站台、货场和大型龙门吊。董事长、总经理踪敬民,党委书记谷建民。职工315人。固定资产原值4893.75万元、净值2793.85万元,流动资产146932.03万元,非流动资产13469.34万元。

2014年完成产值16.72亿元,实现利润1687.73万元。人均创利5.36万元,全员劳动生产率530.79万元/人年,职工年人均收入5.26万元。国有资产保值增值率110.56%,净资产收益率60.41%,产值利润率1.01%,投资回报率4.20%,资产负债率85.62%,应上缴款完成率100%。年内获国家守合同重信用企业称号。 (高立伟)

【中铁物资集团华南有限公司】 2004年1月成立。公司驻广东省广州市越秀区东风东路745号东山紫园商务大厦17层。董事长、法定代表人王辉(1月任),党委书记谢百旺,总经理邵宇军(1月免)、杨奎(1月任)。下辖华铁商务酒店、福州办事处。职工165人。

2014 年新签合同额 60 亿元，完成企业总产值 23.14 亿元，实现净利润 2727 万元。人均创利 19.79 万元，职工年人均收入 17.24 万元/人年。国有资产保值增值率 45.78%，净资产收益率 -41.38%，产值利润率 3.2%，投资回报率 0%，资产负债率 92.52%，应上缴款完成率 100%。（钟思琪）

【北京中铁工业有限公司】 前身是北京海石丰工业科技开发公司，2001 年 11 月由工厂局机关服务中心和海石丰工业科技开发公司重组而成，划归北京铁建工贸集团公司管理；2006 年 11 月划归集团公司管理，2007 年 7 月企业改制改称现名。2010 年 1 月北京海石丰工业科技开发公司注销；2014 年 2 月与中铁物资集团北京有限公司（下辖北京五棵松饭店有限公司）、芜湖中铁科吉富轨道销售有限公司、中铁物资集团混凝土管理有限公司合并重组，沿用现名。2014 年 9 月，芜湖中铁科吉富轨道销售有限公司划出北京中铁工业有限公司。主营铁路物资、工程物流、大宗商品贸易，矿产资源，驻厂监造，混凝土及制品加工制造、酒店餐服和物业管理。公司驻北京市石景山区玉泉路 65 号。董事长、法定代表人陈伟（2 月免）、周庆国（2 月任），党委书记张品（2 月任），总经理叶海峰。职工 352 人。资产总额 234748 万元，其中固定资产净值 3787 万元、流动资产 228607 万元、其他资产 2354 万元。

2014 年完成企业总产值 366907 万元。年内，公司收购金陵航空客运代理公司；北京五棵松饭店有限公司被北京市海淀区交通安全委员会被评为交通安全工作先进单位。（刘春园）

【北京中铁建物资贸易有限公司】 前身是中国人民解放军铁道兵印刷厂，1951 年 2 月创建于朝鲜战场；1984 年兵改工后为中国铁道建筑总公司机关直属单位，2002 年划归北京铁建工贸集团公司管理，2006 年 11 月划归中铁物资集团有限公司管理，2007 年 12 月改制改称北京中铁建印刷有限公司。2011 年 1 月正式注册成立北京中铁建物资贸易有限公司。主营钢材、矿石矿粉、焦炭、煤炭、水泥、燃料油、钢轨道岔销售；货物进出口、技术进出口、代理进出口；工程物资配送。公司驻北京市复兴路 40 号。董事长陈继生（2 月免）、陈海波（2 月任），党委副书记（主持工作）陈继生（2 月任），总经理刘忠河（2 月免）、陈伟（2 月任）。下辖北京中铁建印刷有限公司、铁印宾馆。职工 135 人。资产总额 49166.29 万元。其中，固定资产原值 1705.27 万元、净值 198.37 万元；流动资产 47798.11 万元；其他资产 1368.18 万元。

完成营业收入 8.01 亿元，实现净利润 -4159.25万元。人均创利 -36.17 万元。全员劳动生产率 -25.27 万元/人年，职工年人均收入 8.28 万元。国有资产保值增值率 16.96%，净资产收益率 -102.03%，产值利润率 -6.5%，资产负债率 97.6%，应上缴款完成率 100%。（杨 娜）

【中铁物资集团新疆有限公司】 2011 年 9 月 14 日成立。主营建筑材料、矿产品、铁路器材、农副产品等贸易；工程咨询、工程物流及进出口贸易等业务。公司驻新疆维吾尔自治区乌鲁木齐经济技术开发区中亚南路 81 号。执行董事李国锋（1 月免）、李志群（1 月任、9 月免），法定代表人黄忆龙（1 月免）、刘金桥（1 月任），总经理李国锋，党工委书记黄忆龙（1 月免）、刘金桥（1 月任）。下设喀什分公司。职工 69 人。资产总额 9.16 亿元。其中，固定资产原值 321.45 万元、净值 180.80 万元；其他资产 9.1 亿元。

新签合同额 4.36 亿元，完成产值 1 亿元，实现利润 -4.47 亿元。净资产收益率 208.37%，产值利润率 -1.39%，资产负债率 150.14%。（袁 浪）

【中铁物资集团江苏有限公司】 前身是中铁物资集团南京分公司，2007 年 7 月 17 日注册成立中铁物资集团南京有限公司，2012 年 11 月改为现名；2014 年将原合肥分公司、苏北分公司撤销合并，成立合肥分公司；原南京分公司更名为物流事业部。主营铁路建设及大型工程项目物资供应及服务。公司驻江苏省南京市鼓楼区中山路 179 号易发信息大厦 15 层 A、B 座。法定代表人、执行董事郑华荣，总经理任刚。职工 70 人。资产总额 89587 万元。

完成产值 174934 万元。职工年人均收入 7.9 万元。国有资产保值率 26.3%，净资产收益率 -106.95%，产值利润率 -2.8%，投资回报率 -73.98%，资产负债率 98.39%。（陈 玲）

【中铁物资集团兰州有限公司】 前身是兰州铁路局工程材料厂、中铁二十一局集团物资公司。2008 年划转中铁物资集团公司，2010 年 7 月 30 日在甘肃注册，12 月 28 日正式挂牌成立。主营铁路物资、铁路器材、工程物资销售；仓储服务、装卸搬运；进出口贸易、自营和代理货物及技术进出口业务；矿石、矿产品金属材料、建筑材料、橡胶、焦炭销售，煤炭批发。公司驻甘肃省兰州市西固区福利东路 68 号。占地面积 4.72 万平方米，拥有两条 350 米铁路专用线、5 台门式吊装设备、3 台叉车，起重能力近 100 吨。董事长、党委书记、法定代表人李景光，总经理刘文荣（1 月免）、石泉（1 月任）。下辖西宁分公司。职工 104 人。资产总额

9.4亿元。其中,固定资产原值3296万元、净值2833万元;流动资产8.4亿元。

完成产值11.85亿元,实现净利润-5425.49万元。职工人均创利-46.9万元,职工年人均收入6.1万元。国有资产保值增值率35.67%,净资产收益率-87.74%,产值利润率-8.77%,投资回报率-166.8%,资产负债率96.56%,应上缴款完成率100%。年内被评为国家5A级综合服务型物流企业。（周 桐）

【中铁物资集团海南有限公司】 2011年7月注册成立。主要经营金属、化工、能源、铁路器材、机械等五大领域的国内、进出口贸易服务,并为海南省国际旅游岛先行试验区、海军基地、高铁等基建项目提供工程物流、机械设备租赁服务。公司驻海南省海口市龙华区滨海大道123-8号信恒大厦16层。执行董事、法人代表陆强(7月免)、郑长伟(7月任),总经理郑长伟(7月免),党工委书记刘金桥(1月免)、陆强(1月任)。职工67人。

2014年完成产值9.6亿元,实现净利润-567万元。（莫云晓）

【北京中铁国际招标有限公司】 具有工程招标代理机构乙级,中央投资项目招标代理甲级资质。2012年4月成立,前身是中铁物资集团有限公司部管物资事业部。公司驻北京市西四环中路19号。执行董事、总经理刘建军,党工委书记张燕峰。职工38人。资产总额7685.66万元。

2014年新签合同额1.4亿元,完成企业总产值15269.76万元,实现利润124.68万元。人均创利4.25万元,全员劳动生产率23.25万元/人年,职工年人均收入21.8万元。国有资产保值增值率70.64%,净资产收益率8.62%,产值利润率1.13%,资产负债率84.43%,应上缴款完成率100%。（郭瑞瑞）

【中铁物资集团湖南有限公司】 2006年5月成立。前身是中铁物资集团武广有限公司,2010年划归中铁物资集团中南有限公司代管;2011年10月改为现名。主营业务为销售金属、非金属材料,建筑材料,钢轨,铁路专用设备及器材,货物技术进出口贸易等。公司驻湖南省长沙市经济技术开发区开元大道17号湘商世纪鑫城39层。执行董事邢跃跃(9月免)、李锦云(9月任),法定代表人邢跃跃(9月免)、陈明(9月任),党工委书记邢跃跃(9月免),党工委副书记(主持工作)陈明(9月任),总经理邱保军(9月免)、陈明(9月任)。职工50人。资产总额3.62亿元。其中,固定资产原值1354.5万元、净值1158万元;流动资产3.5亿元;非流动资产0.12亿元。

完成企业总产值5.91亿元,实现净利润-2.43亿元。人均创利-484.1万元,职工年人均收入12.69万元。国有资产保值增值率282.36%,净资产收益率394.21%,产值利润率-41.08%,资产负债率151.52%。（高 鹏）

【中铁物资集团云南有限公司】 2013年7月1日成立。主营非金属矿产品、金属矿石(粉)、建筑材料、电子商务,以工程物流项目为主,涉及各类大宗物资贸易。公司驻云南省昆明市官渡区广福路樱花语幸福广场A1-E栋8楼。执行董事、法定代表人田大鹏,总经理胡永强。下辖昆明分公司、贵阳分公司、滇西分公司、混凝土分公司。职工43人。

2014年完成企业总产值6.11亿元,实现净利润1441万元。国有资产保值增值率126.89%,净资产收益率23.70%,产值利润率2.36%,资产负债率86.43%,应上缴款完成率100%。年内,公司被昆明市官渡区政府评为昆明市官渡区经济贡献先进单位。（徐经纬）

【中铁物资集团香港有限公司】 2012年7月19日注册成立。注册地址为香港九龙旺角道33号凯途发展大厦704室。主营建材、钢材、矿产品、油品、煤炭、铁矿石(粉)、机械设备、铁路物资等进出口贸易。董事长李锦云(9月免)、王辉(9月任),总经理郭佳(9月免),常务副总经理(主持工作)韩向阳(9月任)。资产总额11268.39万元。其中,固定资产原值3.91万元、净值3.07万元;流动资产11265.33万元;其他资产3.07万元。

2014年完成企业总产值1.7亿元,实现利润144.57万元。净资产收益率61.64%,产值利润率3.52%,资产负债率97.33%,应上缴款完成率100%。与伊朗、印度尼西亚、马来西亚、沙特、泰国、越南和港澳等国家和地区的铁路部门建立了良好的长期合作关系。（王 乾）

【四川中铁建地铁投资管理有限公司】 具有项目建设投资管理、工程勘察设计与商务服务资质。2014年3月28日注册成立。主要负责成都地铁10号线一期项目的投融资、税务筹划及后续地铁项目的跟踪承揽。公司驻四川省成都市金牛区一环路北三段万达广场SOHOC座10楼。董事长潘登华(4月任),总经理杨继全(4月任)。职工40人。资产总额3亿元。其中,固定资产原值2.5万元、净值2.3万元;流动资产5713万元;长期应收款2.7亿元。

2014年，国有资产净资产收益率18.3%，产值利润率15%，资产负债率33.94%。（陈　悦）

【成都中铁建项目建设管理有限公司】 2012年由集团公司与中铁二十四局集团有限公司为运作成都正公路项目联合注资成立，集团公司占股51%，中铁二十局集团占股49%。具有项目投资、投资咨询、企业管理咨询、资产管理、项目管理、商务服务资质。公司驻四川省成都市金牛区一环路北三段万达广场。董事长潘登华。职工50人。资产总额20亿元。

2014年，国有资产保值增值率89.08%，净资产收益率10.5%，产值利润率17.78%，资产负债率41.32%。（陈　悦）

【中石油铁建油品销售有限公司】 具有成品油批发及危险化学品经营许可证。主要经营铁道建设系统内汽油、柴油、润滑油、沥青等石化产品业务。2009年11月19日，集团公司与中国石油天然气股份有限公司各出资5000万元共同组建成立。公司驻北京市朝阳区北辰东路8号汇宾大厦B座18层。董事长、法人代表陈明，总经理杨荷。职工15人。资产总额1.15亿元，其中固定资产净值42.2万元、流动资产11536.33万元。

2014年完成销售收入43678.58万元，实现净利润116.2万元。人均创利8.94万元。国有资产保值增值率101%，净资产收益率1.02%，产值利润率0.42%，投资回报率1.16%，资产负债率4.42%。（王福臻）

【中铁煤焦销售有限公司】 主营煤炭、焦炭、金属材料、沥青、建筑材料、机械设备销售。2012年8月由集团公司和山西煤炭运销集团有限公司合资成立。公司驻北京市石景山区玉泉路65号院。董事长王跃飞。职工22人。资产总额27449.7万元，其中固定资产净值34.9万元、流动资产2627.5万元、其他资产1139.6万元。

2014年完成营业收入5060.5万元。职工年人均收入10.1万元。资产负债率82.97%。（王　东）

【中铁西城钢铁有限公司】 2012年12月25日，集团公司与江苏西城三联控股集团有限公司分别出资3000万元和2000万元共同组建成立。主要经营西城钢铁生产原材料采购和成品销售业务。公司驻江苏省无锡市江阴市滨江西路8号16层。董事长、法人代表李庆生，总经理李文强（1月免）、张全兴（1月任）。职工14人。

完成产值51.63亿元，实现利润－4183万元。人均创利－322万元，全员劳动生产率39718万元/人年，职工年人均收入360077元。国有资产保值增值率13%，净资产收益率－92.6%，产值利润率－0.8%，投资回报率－82%，资产负债率98%。（李雪冬）

【中铁物资集团铁建民爆器材专营有限公司】 具有北京市民爆物品销售许可证。2006年10月由集团公司与湖南省南岭民爆器材股份有限公司共同出资组建成立。公司驻北京市海淀区西四环中路19号。主营炸药、雷管、导爆索等民用爆炸物品的销售。董事长范玉峰，党工委书记肖鹏，总经理姜延华。职工53人。资产总额45828万元。其中，流动资产45709万元；固定资产原值233万元、净值119万元。

2014年完成企业总产值130948万元，实现总利润2954万元、净利润2262万元。人均创利55.7万元。职工年人均收入16.7万元。国有资产保值增值率115.24%，投资回报率32.11%，应上缴款完成率100%。（李　艳）

【北京中铁福斯罗技术有限公司】 2009年3月17日成立，是集团公司与德国福斯罗公司组成的合资公司，由集团公司控股。主要研究开发扣件系统技术、技术转让和技术咨询。公司驻北京市海淀区西四环中路19号。董事长、法人代表熊卫东，总经理刘建国。职工12人。资产总额1789万元，其中流动资产1738万元。

2014年完成产值728万元，实现利润554万元。人均创利46万元。国有资产保值增值率111%，净资产收益率30.8%，产值利润率75.85%，投资回报率105.6%，资产负债率为22.81%。（白　岩）

【中铁物资集团钢之家电子商务有限公司】 2012年4月6日，集团公司与上海钢之家信息科技有限公司共同出资成立。主要经营电子商务、软件开发等业务。公司驻上海市浦东新区东方路818号众城大厦10楼D座。董事长、法人代表张泓，总经理吴文章。职工55人。资产总额2741.70万元，其中固定资产净值28.78万元、流动资产2673.08万元。

2014年完成销售收入（产值）30957万元，实现净利润80.87万元。年内，公司主营电子商务网站——中国大宗物资网被中国物流与采购联合会评为2014中国物流与采购信息化优秀案例，被中国电子商务创新推进联盟授予2014年在线供应链金融创新奖，获全国电子商务集成创新奖。（于壮强）

【中铁物资集团有限公司南昌指挥部】 2010年12月16日成立，是集团公司资本运作板块在江西省南昌市的项目管理机构，负责管理南昌中铁建建设管理有限公司投资建设的九龙湖路网项目、西客站路网二期项目、碟子湖大道和凤凰七路改造项目，以及BT联合指挥部投资建设的西客站路网一期项目。指挥部驻江西省南昌市红谷滩新区红谷中大道联发广场1906室。常务副指挥长周庆国。职工8人。

2014年完成投资42953万元，共收回回购款23600万元，实现净利润4636万元。 （周　成）

【中铁物资集团有限公司四川指挥部】 2013年6月成立。前身是中铁物资集团成都天府新区指挥部。指挥部驻四川省成都市金牛区一环路北三段万达广场SOHOC座10楼。指挥长潘登华，党工委书记杨继全。职工28人。主要负责四川省内及周边地区的项目投资和建设管理，统筹管理天府新区正公路项目及成都地铁10号线项目。资产总额46万元。其中，固定资产原值22万元、净值15万元；流动资产30万元。

2014年完成产值6.5亿元。职工年人均收入18万元。 （陈　悦）

【中铁建（海南国际旅游岛先行试验区）投资管理有限公司】 是根据中铁建与海南国际旅游岛开发建设有限公司签订的合同规定成立的融资公司。负责筹措海南国际旅游岛先行试验区基础设施与公建项目所需的建设资金。董事长汤世明（1月任），总经理陆强（1月任）。职工16人。

2014年实现产值34482万元。 （王玉林）

【重要记载】

▲1月3日　集团公司与华润水泥投资有限公司签订战略合作协议，明确在水泥、商品混凝土、煤炭等多领域的战略合作关系。

▲1月17日　中国电子商务创新推进联盟成立，集团公司被推选为副理事长单位。

▲3月　领导班子调整为李锦云为集团公司副董事长，另增王青、王辉、吴利红、周庆国为集团公司副总经理，董佃俭为工会主席，孔庆林改任巡视员。

▲4月18—20日　集团公司联合友发钢管集团和钢之家网站在上海举办中国大宗物资网上线2周年暨客户洽谈会、第十届钢铁产业发展战略暨钢铁产品产需研讨会及一系列重要发展战略高峰论坛。来自政府部门、行业协会、钢铁生产企业、钢铁原料企业、钢铁流通企业、金融证券及研究机构、新闻媒体等500余家单位的600余名代表参加。集团公司分别与天津友发钢管集团、中信银行、中金支付有限公司签订战略合作协议。中国大宗物资网分别与南京钢铁联合有限公司、新余钢铁股份有限公司、天津友发钢管集团、九江萍钢钢铁有限公司、三宝集团股份有限公司、萍乡萍钢钢铁有限公司、萍乡萍钢安源钢铁有限公司签订战略合作协议，与天津丽兴园物流发展有限公司签订指定仓库协议，与山东天保工贸有限公司签订商家专区协议。

▲5月25日　集团公司与广西盛隆冶金有限公司签订战略合作协议。

▲6月　集团公司财务部获2013年度中央企业青年文明号称号。

▲6月12—13日　中国电子商务创新推进联盟主办的首届在线供应链金融推进大会在北京国际会议中心召开。电子商务公司获2014年在线供应链金融创新奖。

▲6月16日　集团公司董事长金跃良会见阿里巴巴集团董事局主席马云、菜鸟网络科技有限公司董事长沈国军，探讨双方在互联网电子商务领域开展合作的可行性，并一致同意要充分利用各自资源，加强在电子商务领域的合作。

▲7月　在中国物流与采购联合会、工业和信息化部信息化推进司、内蒙古自治区交通运输厅联合主办的2014中国物流与采购信息化推进大会暨物流企业CIO峰会上，集团公司报送的“中国大宗物资网”项目以及东北公司报送的“信息化应用案例”项目被评选为2014年中国物流与采购信息化优秀案例。

▲10月30日　集团公司获2014中国物流杰出企业称号。

▲11月　中国大宗物资网获得全国电子商务集成创新奖，集团公司党委书记、董事长金跃良获得电子商务领军旗手奖。

▲12月　集团公司连续第8次被评为全国实施用户满意工程先进单位。

▲12月16日　蒙西至华中地区铁路煤运通道工程物资设备服务机构合同签定会在北京举行。集团公司与蒙华铁路公司签约。 （王　蕾）

昆明中铁大型养路机械集团有限公司

【简况】 昆明中铁大型养路机械集团有限公司（以下简称昆明中铁）1954年始建于陕西省宝鸡市，1964年搬迁至云南省昆明市,为中国人民解放军铁道兵 6441 工厂,1984 年兵改工更名为昆明机械厂,2003 年改制为国有控股公司,2008 年随中国铁建整体上市。资产总额 48.25 亿元,占地面积 59.17 万平方米。职工 2500 余人。是国家铁路大型养路机械生产基地、国家高新技术企业。昆明中铁一直致力于铁路养路机械化事业的发展,截至 2014 年底,为中国铁路提供各类大型养路机械 2000 余台,国内市场占有率 80%,并有部分出口,成为亚洲第一、世界第二的铁路养路机械研发制造企业。

2014 年,昆明中铁进行股改,拟从中国铁建分拆在香港 H 股上市。 （宋柏均）

【领导人员】

董事会

董事长	任延军
国有股董事	马云昆
	任延军
	杨朝凯
	江　河
	陈永祥

监事会

成　员	莫　斌
	胡　斌

经理层

总经理	任延军
副总经理	江　河
	黄兆祥
	胡　斌
	孙国庆
	张　忠
	陈永祥
	余园林
总工程师	胡　斌
总会计师	余园林

党群领导

党委书记	马云昆
党委副书记	任延军
	杨朝凯
纪委书记	莫　斌
工会主席	杨朝凯

（宋柏均）

【职工队伍】 截至 2014 年底,职工 2521 人,其中专业技术人员 568 人、高级技师 60 人、技师 84 人。专业技术人员中,博士研究生 2 人,在读博士 1 人,硕士研究生 102 人,本科学历 370 人。 （宋柏均）

【经营管理】 企业运营与经济指标情况。通过强化管理和结构调整,各项工作协调运转,显现系统能力,在全国工业企业效益普遍下滑的形势下,经济指标保持增长。2014 年新签合同额 32.51 亿元,同比增长 8.29%;完成营业收入 35.40 亿元,同比增长 15.99%;完成产值 35.07 亿元,同比增长 2.66%;实现净利润 3.51 亿元,同比增长 24.03%。全员劳动生产率 78.2 万元/人年。净资产收益率 12.99%,国有资产保值增值率 16.91%,资产负债率 31.56%,流动资产周转率 1.02 次。

(1)营销工作。昆明中铁以昆明、北京、上海、西安 4 个营销分公司为基础,完善区域营销平台,加快市场开拓步伐。进军城市轨道交通市场,以租购结合模式中标上海申通集团地铁铣轨车 1 台,涉及金额 9380 万元。努力实现服务创效,年内首次承揽有偿服务,创收 280 余万元;通过提供培训服务,创收 540 万元。技术、营销深度结合,技术成果快速孵化,成功将尚在研制的吸污车、除砂车、吸煤车、除雪车等产品推向市场。

(2)国际化营销。昆明中铁在前期探索和尝试的基础上,推动国际化工作走上正轨,取得突破。一是继续加强国际营销工作。推动面临搁置的“4+7”项目重新启动,涉及产品为今后中国铁路总公司集中采购的主要机型,对集团公司谋划“十三五”意义重大;签约哈萨克斯坦项目,第一次通过主动营销实现直接出口;“借船出海”,分别与中国土木工程集团公司、中铁二十局集团公司签约埃塞俄比亚、安哥拉铁路项目。全年实现海外销售 3.05 亿元,是 2013 年的 2.54 倍。二是继续推动和深化国际合作。与德国 VOITH 公司在技术合作的基础上,商谈资本合作,进军传动轴修造领域;与 Speno 公司合作生产 48 头打磨车,争取到较大比例的技术份额,并促成 Speno 公司降价超过 10%;与法国 SCULFORT 公司合作生产不落轮镟床,计划以产品利润收购该公司股权,通过资本运作建立海外“桥头堡”。三是加强外事管理,制定完善《昆明中铁集团公司国际合作管理办法》《昆明中铁集团公司外事管理办法》等制度,全面梳理与 PLASSER 公司的合作协议。四是首次参加德国柏林国际轨道交通展,亮相世界舞台,进一步扩大昆明中铁在国际市场的知名度,具有标志性意义。

(3)企业管理改革。昆明中铁以上市公司管理标准为目标,推动各项管理升级,全面推进规范运作。一是结合企业面临的新形势、新任务,从深化改革,创新体制机制,加快结构调整,实现提质增效升级等十个方面,优化完善集团公司发展总战略。二是推进人力资源改革。启动人力资源能力建设项目，拉开人力资源改革攻坚帷幕；加强工资管理，有效控制子公司工资总额发放；制定下发《高端人才引进管理办法》《大学生招聘管理办法》《博士后工作站管理办法》等制度，不断规范人力资源管理。三是加快信息化建设。推动企业资源计划 ERP 系统实际应用，将重要件技术要求、客户及供应商信息纳入 ERP 系统；推进企业信息化商业战略 PLM 系统二期建设及应用，逐步搭建集研发管理、成果共享和技术传承于一体的平台；升级 OA 办公系统，在线用户并发数由 300 人提升至 800 人，并实现移动办公。四是推进全面生产维护 TPM 项目，加强设备的维护保养，降低设备故障率，延长使用寿命，提高利用率。五是推进降本增效。全年节支 5173.02 万元，完成年度计划 4200 万元的 123.17%；加大政府资源开发力度，争取税收优惠及直接资金扶持 1.5 亿元，其中获得重大技术装备制造企业进口件免税额度 3958 万美元。六是强化企业内控。认真实施《内控评价缺陷认定后续整改实施方案》，持续改进，在股份公司 2014 年复评中排名第一；加强纪检监察及审计法务工作，完成所属 5 家子公司的纪检监察专项巡视和财务收支专项审计、薪酬审计，加强合同审核，对资金支付等重要环节出具法律意见，提升风险防控能力。

（4）产业结构调整。积极完善产业链，实施相关多元化，结构调整初具规模。一是将修理业务提升到与制造业务同等重要的地位，整合集团公司内部修理资源，提升修理水平，缩短修理周期，控制修理成本，设计年修理能力达到 150 个标准台。二是修订完善《整合市场资源，扩建铁路机械化养护营运公司策划方案》，为扩大养护施工业务奠定基础。三是加快进军新市场步伐。通过中标上海地铁项目，由铁路市场向城市轨道交通市场延伸；通过合作生产不落轮镟床，拓展机车车辆维修机械领域。四是经营管理逐步成熟。瑞维通公司生产经营走上正轨，实现扭亏为盈；昆维通公司构建与客户长期合作的“基地养护式”施工模式，有效地解决任务不均衡的问题；广维通公司在成立的第一年完成集团公司下达的各项经济指标；恒源公司为全集团提供有力的后勤保障，并努力拓宽外部市场；奥通达公司净利润首次突破亿元，占集团公司净利润的 32.48%，贡献率逐年加大。

（5）财务管理。昆明中铁不断加强财务管控力度，确保企业资金安全，创效能力显著提升。一是昆明中铁申报的“铁路大型养路机械成套设备产业化”项目，获得中央企业国有资本经营预算项目专项补助资金 4 亿元，并通过国资委的专项审计，为昆明中铁各项重要投资提供了资金支持。二是充分利用中国铁建财务公司存款利息高于商业银行的有利条件，将大部分资金存至财务公司，2014 年获得超额收益 1367.76 万元，位于中国铁建各子公司前列。三是启用全面预算管理系统，将所有收支项目均纳入全面预算管理范畴，及时对预算的执行情况进行对比分析和反馈通报，建立预算执行监督和考核机制，强化广大员工的全面预算意识，增进公司领导层对财务信息的了解，为决策提供有力的支撑。四是从产品设计、物料计划、物资采购、生产制造四个主要环节加强成本管控，明确相关单位每年的成本节支指标，责任到人，同时追溯和监督降本增效工作中不力之处，有效缓解市场物价和用工成本持续上涨的压力。五是财务基础工作做到三个“零”，即假发票为零、银行账户未达账为零、往来款项核对误差为零。严格执行“八项规定”，采取强化预算管理、严查违禁发票、加强制度落实、规范报销流程等措施，期间费用控制成效显著。2014 年管理费用较 2012 年的 1.88 亿元减少 42 万元，其中，业务招待费由 990 万元减少到 303 万元，降幅 69.39%，会议费由 488 万元减少到 98 万元，降幅 79.92%，办公费由 443 万元减少到 274 万元，降幅 38.15%，差旅费由 552 万元减少到 502 万元，降幅 9.06%。截至 2014 年底，昆明中铁有息负债为零，财务费用实现“由正转负”，由 5756 万元降到 －870 万元，减少 6626 万元。资产总额约 43 亿元，在资金充裕的情况下，通过合理筹划、及时还款等措施，成功将短期借款由 2012 年初的 7.5 亿元降到零有息负债，资产负债率由 2012 年初的 62.67% 下降到 28.41%，资产结构更加安全合理。筑牢“现金为王”理念，通过狠抓回款、严格预算、合理调配等手段，确保资金渠道畅通及运转安全。2014 年，经营性现金流量净额 8 亿元，与实现的净利润基本匹配。

（6）安全质量。根据中国铁建“确保安全生产，杜绝较大及以上安全事故和质量事故，全面降低一般安全事故和质量事故的发生率”的要求，加强安全管理。一是开展危险源辨识工作，把危险源辨识深入到每一个作业区域、岗位，实现危险源辨识全面化、风险评价客观化、控制措施分级化。二是实行“八防”识别及安全风险管理，根据关键部件生产过程中的不同特点，提出相应的具体控制措施。三是建立健全点检控制模式，即在施工过程中对涉及质量和安全的关键工序、操作实行点检表与实物对应的自检、互检、专检控制模式。

（宋柏均）

【科技成果】 加快新产品研发速度，隧道清筛机、侧切式清筛机、有砟铁路除沙车、TX－80 铁路道床吸污车（吸煤车）通过方案设计评审；无砟铁路除沙车正在进行样机试制；DC－32Ⅳ型捣固车进入总组装阶段，配合具有自主知识产权的稳定车、配砟车、清筛机等产品，计划组成维修或大修机组直接销售海外；接触网多功能综合作业车进入调试阶段；代表着目前世界大型养路机械最高技术水平且完全自主研发的XCDW－32正线道岔捣固稳定车完成调试；钢轨铣磨车和国务院重点关注的轨道除雪车正在进行运用考核；桥梁检查车取得型号合格及制造许可证，成为2013年铁路改革以来整个大型养路机械行业取得行政许可的第一种车型。二是积极推进国家铁路大型养路机械工程技术研究中心建设，完成液压综合试验台可行性论证、工艺设计及设备购置，通过EN15085体系年审和CNAS体系内、外部审核，创新平台建设稳步推进。（宋柏均）

【党群工作】 2014年，昆明中铁党委下设7个党委、26个党支部，有在职正式党员621人。年内，昆明中铁党委"坚持一个指导，贯穿一条主线，深化三个创新，建好三个阵地，突出五个重点"，紧紧围绕总体工作思路，深入开展党的群众路线教育实践活动，加强党建工作。坚持一个指导，即以党的十八届三中、四中全会精神和习近平总书记系列重要讲话精神为指导，突出精神统领，实现年度目标。贯穿一条主线，即深入开展党的群众路线教育实践活动，确立为民务实清廉的工作作风。深化三个创新，即领导方法创新、党群活动形式创新、精神文明建设载体创新，支撑引领科学健康发展。建好三个阵地，即建好宣传阵地、安全教育阵地、质量文化建设阵地，助推生产持续向好。突出五个重点，即领导班子建设、党风廉政建设、基层党支部建设、党员队伍建设、维稳工作，打造昆明中铁党建品牌。

加强工会共青团建设，充分发挥桥梁纽带作用。各级工会共青团组织紧紧围绕集团公司生产经营中心任务，开展"书香悦"阅读学习活动，倡导"让阅读随手可及、让阅读因人而异，让阅读丰富多彩"的良好风气；开展道德讲堂活动，选标树模；开展员工社团活动，倡导健康生活理念，为实现"昆明中铁梦"提供精神动力和智力支撑。（袁国强）

【昆明中铁恒源商务服务有限公司】 2012年6月1日成立，为昆明中铁的全资子公司。公司驻云南省昆明市金马镇羊方旺384号X－1幢1层101－102号。主要承担昆明中铁的后勤保障工作，经营项目有餐饮住宿、安全保卫、水电房屋维修、会务服务、绿化保洁、医疗卫生、交通运输设施设备管理等业务。下设4个行政管理机构、8个业务生产部门。职工394人，其中正式职工80人、劳务派遣员工74人、非全日制员工186人、保安54人。资产总额2100.21万元。其中，固定资产原值273.78万元、净值191.89万元；流动资产1907.43万元。运输设备3台，原值162.28万元、净值102.4万元。

2014年完成主营收入3046.19万元，实现利润15.96万元、净利润10.25万元。全员劳动生产率7.73万元/人年。正式职工年人均收入8.34万元，劳务派遣员工3.7万元，非全日制员工1.65万元。国有资产保值增值率0.91%，净资产收益率1.04%，资产负债率52.69%。（宋柏均）

【北京昆维通铁路机械化工程有限公司】 2010年5月10日注册，驻北京市房山区阎村镇阎富路1号－A120，法定代表人熊伟伶。具有铁路施工总承包三级资质。正式职工83人。机械运输设备110台（套），原值63697106元、净值34247935.4元。

2014年新签合同额8502万元，完成营业收入3911万元，实现净利润687万元。国有资产保值增值率108.91%，净资产收益率9.98%。（宋柏均）

【昆明广维通机械设备有限公司】 前身是昆明中铁大型养路机械集团有限公司制造总厂的铸造分厂和机加工分厂部分车间，2014年1月8日正式挂牌成立，是昆明中铁的全资子公司。职工124人。资产总额3489万元。其中，固定资产原值987万元、净值852万元；流动资产2635万元。机械运输设备129台（套），设备总功率3765千瓦，动力装备率31.11千瓦/人，技术装备率7万元/人。

2014年新签合同额3459万元，完成产值3429万元，实现利润217万元。人均创利1.75万元元，全员劳动生产率27.6万元/人年，职工人均年收入76116元。国有资产保值增值率106.13%，净资产收益率5.77%，产值利润率6.33%，投资回报率6.15%，资产负债率8.75%，应上缴款完成率100%。（宋柏均）

【昆明奥通达铁路机械有限公司】 2010年成立，为昆明中铁全资子公司。法人代表、执行董事张瑞荣，党委书记李伟。具有5种铁路小型养路机械生产资质。主要从事铁路养护维修机械的研发、制造、修理、配件制造、销售。公司驻云南省昆明市官渡区金马镇羊方旺384号。职工310余人。资产总额48263万元。其中，固定资产原值806万元、净值476万元；流动资产47550万元；其他资产237万元。2014年完成营业收入45530万元，实现产值56631万元，实现利润13441万元。全员劳动生产率182.7万元/人年，人均创收146.9万元，职工年人均收入6.3万元。国有资产保值增值率153.02%，资产负债率45.26%，净资产收益率53.02%，产值利润率23.75%，投资回报率53.02%。（宋柏均）

【北京瑞维通工程机械有限公司】 2009年6月成立。公司驻北京市房山区大件路77号。具有DC－32捣固车、QS－650全断面道砟清筛机、WD－320轨道动力稳定车、SPZ－200双向配砟整形车、CDC－16道岔捣固车、DCL－32连续走行捣固车6种机型国家级行政许可修理资质。职工254人。资产总额30595.66万元。

2014年新签合同额1.3亿元，完成营业收入13951万元，实现工业总产值18527万元，实现净利润1807万元。全员劳动生产率72.9万元/人年，人均创利7.1万元，职工年人均收入2.88万元。国有资产保值增值率105.79%，净资产收益率15.8%，产值利润率31.3%，资产负债率51.78%。 （宋柏均）

【重要记载】

▲1月8日 昆明广维通机械设备有限公司成立。

▲1月13日 昆明中铁获云南省质量效益型先进企业称号。

▲1月23—24日 昆明中铁召开第三次工会会员代表大会、三届一次职工代表大会暨2014年工作会议。

▲1月 昆明中铁通过云南省高新技术企业复审。

▲3月6日 昆明中铁获评云南省机械工程学会先进集体。

▲3月18日 昆明中铁召开党的群众路线教育实践活动动员部署大会。

▲4月21日 昆明中铁"铁工"商标获中国驰名商标认定。

▲4月25日 昆明中铁获云南省知识产权优势企业称号。

▲5月4日 昆明中铁举行纪念建厂60周年暨铁道兵改工30周年、第四届全国文明单位复查动员、"五四"运动95周年和共青团先进表彰大会。

▲5月26日 国务院国资委国有企业监事会第八办事处主任陶永山一行到集团公司调研。

▲5月27日 昆明中铁被授予第二届"昆明市名匠工作室"称号，钳工、高级技师叶小勇被授予第二届"昆明市名匠"称号；钳工、高级技师李浩被授予第二届"昆明市优秀技术能手"称号。

▲6月5日 中国铁建股份有限公司总会计师王秀明到集团公司调研。

▲6月26日 昆明中铁获评2014年度云南省质量管理小组活动优秀企业，总经理任延军获云南省质量管理小组活动卓越领导者称号。制造总厂总装分厂调试工段被推荐为全国质量信得过班组。总装分厂精益QC小组、研究院DWL－48捣稳车QC小组、研究院液压气动QC组、总装分厂兴铁QC小组、结构分厂结构分厂焊接QC小组获云南省优秀质量管理小组称号。总装分厂调试工段、铸造分厂熔化工段获云南省质量信得过班组称号。

▲7月1日 昆明中铁召开纪念建党93周年暨七一表彰大会。

▲7月3日 国务院总理李克强在中国铁路总公司总经理盛光祖陪同下，考察沪昆高速铁路建设，在长沙南站观看昆明中铁制造的DWL－48连续走行捣固稳定车作业。

▲7月9日 中国铁建股份有限公司副总裁夏国斌参加昆明中铁领导班子专题民主生活会，指导党的群众路线教育实践活动，推动查摆和解决"四风"方面的突出问题。

▲7月11日 昆明中铁获2014年度全国工程建设优秀质量管理小组三等奖。

▲7月18日 昆明中铁被评为昆明第十二届优秀企业、2013年度工业主营业务收入100强企业、2013年度工业企业纳税大户。

▲8月5日 昆明中铁组织开展"中铁力量，大爱乌蒙"为昭通鲁甸地震灾区爱心捐助活动，共捐款341475元。

▲8月20日 中国铁建股份有限公司总裁张宗言、副总裁夏国斌到瑞维通公司调研检查指导工作。

▲9月1—6日 以"开放合作、共建丝绸之路经济带"为主题的第四届中国—亚欧博览会在新疆维吾尔自治区乌鲁木齐举行。昆明中铁参加展览会。

▲9月22日 昆明中铁任雪婷、刘雄、周朝凤3名选手在中国铁建汉字听写大赛中获得第一名。

▲9月23—26日 第十届德国柏林国际轨道交通技术展览会在柏林国际展览中心举行，昆明中铁在参加展览会。

▲9月25日 昆明中铁2014年"导师带徒"活动拜师仪式在制造总厂机加工分厂举行，31对师徒代表举行拜师仪式。

▲10月10日 中国铁建股份有限公司第二届董事会第36次会议审议通过《关于昆明中铁大型养路机械集团有限公司境外上市方案的议案》，同意昆明中铁整体改制变更为股份有限公司后首次公开发行H股并在香港联合交易所上市。

▲10月15—17日 昆明中铁通过质量、环境、职业健康安全管理体系外部监督审核及"云南省清洁生产合格企业"检查验收。

▲10月22日 昆明中铁召开党的群众路线教育

实践活动总结大会。

▲10月28—31日　昆明中铁在北京参加第十二届中国国际现代化铁路技术装备展览会。

▲11月6日　昆明中铁召开金马项目启动动员大会。中信证券国际公司,贝克麦坚时律师事务所、德恒律师事务所,嘉源律师事务所,观韬律师事务所、安永会计师事务所,中资资产评估有限公司、博达浩华公司等中介机构负责人和项目团队参加大会。

▲11月13日　昆明市委书记高劲松到昆明中铁,就昆明市加快工业产业转型升级进行现场调研。

▲11月25日　为期4天的第七届中国国际工程机械、建材机械、工程车辆及设备博览会(宝马展)在上海新国际博览中心举行,昆明中铁在展会上受到社会各界的密切关注。

▲11月　昆明中铁获中国铁建“四好领导班子”称号。

▲12月2日　俄罗斯RPM集团铁路设备制造公司总经理KonstaDanilov到昆明中铁参观、洽谈合作。

▲12月6日　奥通达公司研发生产的NLB-500内燃螺栓扳手、YLB-760液压螺栓扳手、NMG-4.9内燃磨轨机、NCM-4.9内燃道岔磨轨机4种机型通过中国铁建审查。

▲12月13日　中国铁建副董事长、党委副书记、工会主席彭树贵,独立(外部)董事葛付兴、承文、路小蔷,董事会秘书余兴喜等一行到昆明中铁调研。

▲12月25日　中国铁建副总裁夏国斌到昆明中铁北方产业基地调研。

▲12月26日　昆明中铁召开人力资源能力建设项目启动大会。

▲12月30日　中国铁路总公司与昆明中铁在北京签订2014年大型养路机械采购项目合同,中标金额16.56亿元。　(富建强)

中国铁建重工集团有限公司

【简况】　中国铁建重工集团有限公司(以下简称铁建重工),原名中铁轨道系统集团有限公司,2007年5月28日组建,2011年7月更为现名。是集高端地下装备和轨道装备研究、设计、制造、服务于一体的专业化企业,在湖南长沙、株洲、四川隆昌、甘肃兰州等地建立制造基地,在长沙、北京、兰州等地建立11个研究院,是国家认定的重点高新技术企业和国家级两化融合示范企业。自主研制的具有完全自主知识产权的隧道盾构/TBM,广泛应用于长沙、北京、西安、武汉、广州、苏州、南京等城市轨道交通和铁路、煤矿、水利工程,目前国内市场占有率排名前列;自主研制的国内首台大直径硬岩隧道掘进机(TBM)和矿山法隧道机械,填补国内地下工程装备空白;创新开拓全断面掘进机在煤矿领域的应用,研制的煤矿斜井TBM填补世界空白;研发的预切槽隧道施工成套装备,实现先支护后开挖,全面提升传统隧道矿山法施工技术;研制的具备自主知识产权的链刀式连续墙设备,较好满足了深基坑支护的水泥土搅拌桩墙“深、快、强”的需要;研制的掘锚同步的护盾式高效掘锚机,解决煤矿采掘失衡难题,实现煤巷快速掘锚;建设国际先进的轨道系列设备生产线,道岔系列产品占据国内市场份额的三分之一,创造国内高速铁路最高运营时速的最好舒适度水平;闸瓦和弹条扣件产品不仅在国内市场优势明显还远销海外。铁建重工驻湖南省长沙市经济技术开发区东七路88号。下辖掘进机事业总部、特种装备事业总部、轨道设备事业总部、海外事业总部、制造供应中心、技术中心6个直管单位和中铁隆昌铁路器材有限公司、株洲中铁电气物资有限公司两个子公司。职工2488人,资产总额45.46亿元,其中流动资产32.46亿元、固定资产净值10.43亿元。总计生产设备2059台,总功率48746千瓦,技术装备率10.53万元/人,动力装备率17.45千瓦/人。

2014年新签合同额42.66亿元,完成企业总产值37.59亿元,实现营业收入34.40亿元。其中,掘进机产品新签合同额17.30亿元,实现营业收入7.43亿元;特种装备产品新签合同额0.97亿元,实现营业收入0.39亿元;轨道设备产品新签合同额15.22亿元,实现营业收入16.94亿元;弹条扣件与闸瓦产品新签合同额7.58亿元,实现营业收入9.65亿元;电气制品产品新签合同额1.59亿元,实现营业收入1.16亿元。实现净利润5.03亿元,上缴税费3.50亿元。人均创利24.83万元。国有资产保值增值率126.41%,资产负债率48.88%,总资产报酬率13.38%,净资产收益率22.13%。　(张新颖　刘婷　尹运丰　张海瑞)

【领导人员】

董事会

董事长	刘飞香
董　事	宋占波(7月免)
	周海祥
	王全生

监事会

监事会主席　　龚道君
监　事　　谭光勇
　　钟吉明

经理层

总经理　　刘飞香
副总经理　　周海祥
　　王全生
　　刘海华
　　贺勇军
　　王守慧
　　程永亮
　　李　健
总会计师　　李　健

党群领导

党委书记　　宋占波(7月免)
党委副书记　　刘飞香
　　龚道君
纪委书记　　龚道君
工会主席　　龚道君

(刘　婷)

【职工队伍】 职工2448人。其中,本科及以上学历874人,占职工人数的35.7%;大专学历570人,占职工人数的23.3%;高中(含中专、技校)及以下学历共1004人,占职工人数的41%。集团公司有专业技术人员753人。其中,高级职务83人,占专业技术人员的11%;中级职务239人,占专业技术人员的31.7%;初级职务431人,占专业技术人员的57.3%。全年接收高校毕业生94人,其中研究生38人、大学本科56人。

(王艳艳)

【经营管理】 (1)风险内控。建立健全绩效考核体系和薪酬制度体系,制定企业行为识别系统、企业理念识别系统、企业视觉识别系统。修订《内部控制与全面风险管理办法》《内部控制评价管理办法》《风险信息收集管理办法》《风险评估管理办法》《内控与风险管理手册》,明确职责分工、管理范围、实施程序、风险信息清单及分析识别、流程描述、权限指引等内容。开展2015年度重大、重要风险评估工作,重视对重大风险落实方案的执行。修订《内幕信息管理办法》《信息披露管理办法》《保密管理办法》,建立信息沟通机制和信息保密制度,明确信息处理和报送流程;修订《反舞弊工作管理办法》,规范舞弊案件工作程序。修订《内部审计管理办法》等审计管理制度,制定年度审计计划和缺陷整改方案。

(2)市场经营。年内,在北京、西安、成都分别设立北方指挥部、西北指挥部、西南指挥部;成立集团公司经营工作委员会,直接协调市场部、掘进机经营部、特种装备经营部、轨道设备经营部(含隆昌公司、电气物资公司经营业务)、海外事业总部、北方指挥部、西北指挥部和各省(市、区)经营部的日常工作。

(3)海外经营。积极应对海外市场形势,逐步扩大海外市场。2014年,出口产品新签合同3370万元,实现营业收入2061万元。非洲首条中国标准铁路尼日利亚现代化铁路阿卡段全线扣件和道岔产品成功交付,扣件产品首次进入泰国市场,盾构整机出口实现零的突破。加强海外市场项目跟踪,全面铺设海外经营渠道,在继续推广海外市场的电子商务营销和宣传同时,根据地下大型施工装备海外营销的特殊性,参加伊朗、土耳其、阿联酋、马来西亚等国家的铁路或隧道特种装备展览会,扩大产品的知名度。

(4)财务管理。按照"集中财权、分散事权、统一管理、分级核算"的原则,重塑构建财务核算和管控体系,建立"内控、监察、考核"三位一体的风险防范体系。坚持现金为王的资金管理理念,开源节流,加强应收款项的确权与清收,同时利用银行授信延长付款周期,确保生产经营有充裕的现金。铁建重工被建设银行湖南省分行授予AAA级信用等级,享受财政部重大技术装备进口免税额度2797万美元。

(王凤婷　武　劲　朱汉军　尹运丰)

【科技创新】 2014年,铁建重工连续3年获中国铁建科技创新先进单位和中国施工企业管理协会科技创新先进企业称号,首次获得中国专利奖优秀奖和长沙市企业科技创新市长奖。全年研发新产品51项,科技研发项目25项。其中,在研国家科技计划项目10项;新立省级重大科技计划项目2项;中国铁建科技计划项目4项。全年获得科技经费资助及奖励2820万元。年内,获得省部级科技进步奖3项、中国铁建科技进步奖2项;3个项目通过省部级科技成果鉴定,项目成果均达到国际先进水平;HPS3016混凝土喷射台车被评为湖南省首台(套)重大技术装备。依托国家"863"计划项目"大直径硬岩隧道掘进装备(TBM)关键技术研究及应用"的支持,完成国内首台大直径TBM研制并下线;承担的国家科技支撑计划项目"预切槽隧道施工成套设备关键技术研究""盾构施工煤矿长距离斜井关键技术研究与示范"进入工程应用阶段,产品达到国际先进水平;自主研制的ZTS6250泥水平衡盾构机成功应用于沈阳、兰州地铁,整体技术达到国际先进水平,部分技术达到国际领先水平;改进升级的LSJ60链刀式连续墙设备集两代机技术优势于一体,整机技术达到国际先进水平；自主研制的国内首台护盾式掘锚机突破掘锚完全同步技术，通过安标国家矿用产品新产品工业性试验，符合煤安标准要求。建立院士工作站，博士后科研流动站协作研发中心建站顺利。获国家授权专利46项，其中发明专利8项。铁建重工获湖南省知识产权运用示范企业、长沙市知识产权管理规范化试点企业称号。 （李鹏华）

【党的工作】 （1）开展党的群众路线教育实践活动。制定教育实践活动实施方案和教育实践活动推进计划，采取集中研讨学、专题辅导学、观看专题片等形式，加深广大党员干部对群众路线的了解；通过座谈、设置意见箱、发放征求意见函、走访调研等方式，坚持开门搞活动，共征求意见建议198条。制定和完善《改进工作作风密切联系职工群众的具体实施办法》《领导班子联系点制度》等216项规章制度，完善制度流程1278项。制定集团公司领导班子整改方案，明确17项整改任务，开展3项专项整治，确定8项制度建设计划，推进整改落实工作，建立长效机制。

（2）基层组织建设。以群众路线教育实践活动为契机，进一步调整基层党组织设置，充实党务工作人员，根据集团党员总体分布情况，设立党支部35个。开展“创先争优”和评选先进典型活动，集团公司表彰先进基层党组织3个、“五好党支部标兵”7个、“六好共产党员标兵”20名、优秀党务工作者8名，铁建重工党委被国务院国资委党委评为中央企业先进基层党组织。

（3）宣传报道工作。注重先进典型的选报和重要新闻事件的宣传，铁建重工被确定为全国“制造业向服务制造业成功转型”的典型，中央10多家主流媒体集中报道集团的先进事迹。中央电视台《新闻联播》播出的“深化改革·活力转型”专题以《创新+转型成就新跨越》为题报道铁建重工，中央电视台经济频道《经济半小时》播出的“速度背后的装备制造”专题，大幅度地提升了铁建重工的品牌影响力。利用长沙地铁开通之际，策划《铁建重工助力长沙驶入地铁时代》的报道，湖南省主流媒体给予了集中报道。

（钟祥军　向奇志）

【纪检监察工作】 2014年，铁建重工各级纪委进一步转职能、转方式、转作风，聚焦中心、突出主业，反腐倡廉建设各项工作再上新台阶。制定下发《党风廉政建设一岗双责工作办法》，明确规定党政主要领导承担“两手抓”责任，其他领导干部和业务部门也要承担“两手抓”任务。落实党员领导人员廉洁承诺实施办法，逐级签订廉洁承诺书，加强对履行党风廉政建设责任制情况的检查考核。开展以“坚持依法合规，打造阳光央企”为主题的第二个“反腐倡廉宣传教育月”活动。建立企业党风廉政建设“十告诫”制度，开展“清廉党支部”“清廉党小组”“清廉党员队伍”建设活动。修订完善《管理人员失职行为责任追究办法》，出台《关于纪检监察人员报告个人有关事项的规定》。推进惩防体系建设，落实预防和惩治腐败措施。加强招标采购效能监察，实现降本增效，全年参与重要物资招标采购物资类40项、设备类20项、基建类1项、服务类6项。 （邓　贤）

【工会工作】 2014年，召开铁建重工职工代表大会，完成换届选举。保持基层工会组织全覆盖，新成立二级工会4个。加强工会干部队伍建设，选举产生专职女工委主任，4个基层单位工会更换或配备工会主席。把班组建设与“职工之家”建设相结合，推动班组建设规范化。落实“三不让”承诺，改进和坚持走访慰问工作机制，开展“夏送清凉”活动，全年下发慰问金35万余元，累计走访慰问职工、困难家庭600多人次。坚持民主管理和工资集体协商制度，在报刊、网站开辟“董事长热线邮箱”“纪委电子邮箱”“职工论坛”“企务公开”等沟通通道；通过集体协商，员工收入稳步增长。

（李　俊）

【共青团工作】 2014年，铁建重工团委新成立4个二级团工委、20个团支部。重视培养生产一线的优秀青年工人推荐入党，提高“推优”质量，年内有7名共青团员被推荐为入党积极分子。开展青年安全生产示范岗的活动，继续开展以“一个指南、一项竞赛、两面旗帜”为总抓手的青年安全生产示范岗创建活动。组织参加中国铁建及社会各种比赛活动，在宣传企业形象、争取荣誉的同时，充分展示铁建重工团员青年的风采，年内先后获得中国铁建“我的青春梦想在铁建落地开花”演讲比赛优秀奖、中国铁建汉字听写大赛优秀奖、湖南省总工会健排舞大赛二等奖。 （李　俊）

【掘进机事业总部】 驻湖南省长沙市经济技术开发区东七路88号。2014年7月15日成立。总经理、党委书记周海祥（兼）。掘进机事业总部承担集团公司盾构机/TBM等掘进机系列产品的整机研发、设计、营销、总装、发运、售后服务和高端服务等业务，以及兰州等外地的盾构组装和合作生产管理，负责兰州管片生产。下设综合部、人力资源部、财务部、经营部、生产部、服务部、掘进机研究院7个部门。职工497人。

2014年新签合同额166396.41万元，完成企业总产值97788.24万元，实现利润17170.13万元。

（张　杰）

【特种装备事业总部】 驻湖南省长沙市经济技术开发区东七路88号。前身是中国铁建重工集团制造总厂,2014年5月1日企业改革重组改称现名。总经理郑大桥,党委书记郑建华。下设综合管理部、生产部、机械研究院、经营部、财务部、人力资源部、总装车间。职工157人。资产总额8311万元。

2014年完成企业总产值10029.77万元,实现销售收入3865万元。 (孙 鹏)

【轨道设备事业总部】 驻湖南省株洲市。前身是中国铁建重工集团道岔分公司,2006年成立;2014年5月1日企业改革重组改称现名。总经理、党委书记赵晖。固定资产原值42849.43万元、净值27510.78万元。职工755人。主要设备220余台(套),装机总功率15509千瓦,技术装备率19.1万元/人,动力装备率21.2千瓦/人,设备完好率99.05%。

2014年完成道岔2200组、辙叉2544个。专利"一种AT钢轨跟端的锻压方法"获得国家发明专利奖。 (何文超)

【制造供应中心】 总经理康彦君,党委书记卢庆文(8月免)、李勤(8月任)。主要为掘进事业部和特种装备事业部提供装配用的零部件及配品配件。下设工艺技术研究院、计划采购部、制造部、安全设备部、质量部、财务部、人力资源部、综合部。职工456人。资产总额38219万元,其中固定资产原值19845万元、净值15374万元。

2014年完成企业总产值10500万元,实现销售收入63100万元。 (陈 鹏)

【技术中心】 主任程永亮(兼)。下设液压技术研究院、电气技术研究院、技术中心办公室。是国家企业技术中心、湖南省地下掘进装备工程技术研究中心、博士后流动站协作研发中心、院士专家工作站。职工143人,其中博士研究生1人、硕士研究生26人。

(李鹏华)

【中铁隆昌铁路器材有限公司】 驻四川省内江市隆昌县金鹅镇外站路75号。1967年5月建厂,1971年竣工投产,归口原铁道部物资局管理;2004年1月,工厂随原上级主管单位中国铁路物资总公司与原铁道部脱钩,由国务院国资委管理;2008年5月,工厂从中国铁路物资总公司整体划转到中国铁道建筑总公司;2009年9月,整体改制为中铁隆昌铁路器材有限公司,隶属中国铁建重工集团(原轨道系统集团有限公司)。公司主要从事高速、普速、地铁扣件系统产品、合成闸瓦产品的生产经营。具备年产各类弹条扣件1500万套,高、低摩机车车辆合成闸瓦以及重载货运闸瓦300万块的能力,是国内最大的弹条扣件系统集成供应商之一。执行董事、总经理张栋,党委书记李滨。职工539人。主要设备285台(套),总功率17056.31千瓦,动力装备率31.64千瓦/人。

2014年新签合同额77185万元,完成营业收入96549万元,实现企业总产值88608万元,利润12499万元。国有资产保值增值率140.7%,净资产收益率37.94%,资产负债率57.99%,应上缴款项完成率100%。 (李宇才)

【株洲中铁电气物资有限公司】 驻湖南省株洲市红旗北路附52号。执行董事、党委书记姜文斌,总经理李云辉。固定资产3291万元,占地面积26万平方米,其中厂房面积2.6万平方米、仓储面积10万平方米。拥有铁路专用线1157米,年物资吞吐能力40万吨。下设7个职能部门、4个生产经营单位。职工215人,其中在岗职工143人。生产设备521台(套),总功率4018.68千瓦,动力装备率约15.28千瓦/人。

2014年新签合同额1.59亿元,实现营业收入1.16亿元,实现净利润300.39万元,完成企业总产值1.06亿元。 (葛 灿)

【重要记载】

▲1月8日 中国铁建总裁张宗言、副总裁庄尚标在铁建重工董事长、总经理刘飞香等陪同下,在长沙拜会湖南省省长杜家毫。双方就进一步加强合作,实现互利共赢进行深入会谈。

▲2月22日 铁建重工董事长、总经理刘飞香被评为2013年度中国机电工业年度人物。

▲2月 铁建重工被评为湖南省创新型(试点)企业。

▲3月17日 铁建重工集团党委召开党的群众路线教育实践活动动员大会。

▲3月26—27日 中国铁建副总裁夏国斌等一行到铁建重工调研,称赞集团发展成绩显著。

▲4月16日 2014年第九届鄂尔多斯国际煤炭及能源工业博览会在鄂尔多斯国际会展中心开幕,展期3天。铁建重工参加展览会。

▲4月28日 铁建重工被湖南省十大创新企业文化品牌,集团党委书记宋占波被授予湖南省十大创新企业文化杰出贡献人物称号。

▲4月 铁建重工副总经理程永亮入选"中青年科技创新领军人才"。

▲6月28日 铁建重工被评为中央企业先进基

层党组织。

▲8月6日　中国铁建党委副书记、副董事长、工会主席彭树贵，中国铁建工会副主席、女工委主任白晶等一行，深入铁建重工生产一线，看望慰问职工，并为困难职工送上慰问金。

▲8月15日　中央经济频道《经济半小时》栏目播出铁建重工的专题报道《速度背后的装备制造》。

▲9月1—6日　以"开放合作、共建丝绸之路经济带"为主题的第四届中国—亚欧博览会在新疆维吾尔自治区乌鲁木齐举行。铁建重工参加展览会。

▲9月4日　甘肃省兰州市委副书记、市长袁占亭在市政府会见铁建重工董事长刘飞香、副总经理周海祥等一行，双方就西部大开发和丝绸之路的建设带来的地企双方机遇等进行深入交流和探讨。

▲9月19日　由蒙西华铁路股份有限公司主办，铁建重工承办的蒙华铁路隧道预切槽方案专家研讨会在北京铁道大厦召开。

▲9月20日　国务院国资委党的群众路线教育实践活动检查组到铁建重工督导检查集团党的群众路线教育实践活动开展情况，称赞铁建重工在群众路线教育实践活动中边学边整改，成效显著，亮点突出。

▲10月29日　中国铁路工会中国铁建重工集团第一次代表大会召开。

▲10月　铁建重工生产的HPS3016混凝土喷射台车通过湖南省战略性新兴产业领域首台套重大技术装备认定。

▲11月4日　国务院国资委党委第一巡回督导组组长、监事会主席翟立功一行到铁建重工检查指导工作。翟立功表示铁建重工让更多来自制造强国昂贵的机器价格逐渐归于合理，为国家的经济建设作出了突出贡献。

▲11月5—7日　铁建重工参加在印度尼西亚首都雅加达会议中心举办的印度尼西亚国际基础设施大会暨展览会，重点展出土压平衡盾构机、泥水平衡盾构机、道岔、弹条扣件等产品。

▲11月15日　铁建重工召开党的群众路线教育实践活动总结大会。会议要求运用教育实践活动成果，全面加强作风建设，推动企业改革发展各项工作。

▲11月25日　为期4天的宝马展在上海新国际博览中心举办。铁建重工展出ZTT7565双模式斜井TBM、ZTS14930泥水平衡盾构机、HPS系列混凝土喷射台车等设备。

▲12月5日　铁建重工获得批准建设长沙市第二批院士专家工作站。按照长沙经济开发区"招才引智三年行动计划"政策，一次性给予20万元建站资助。

▲12月11日　中国铁建副董事长、党委副书记、工会主席彭树贵，中国铁建非执行董事葛付兴，独立非执行董事辛定华、承文、路小蔷等到铁建重工考察调研。

▲12月27日　铁建重工联合浙江大学、中南大学、中铁十八局集团公司等共同研发，拥有自主知识产权的国产首台大直径全断面硬岩隧道掘进机，在湖南长沙顺利下线，填补了中国大直径全断面硬岩隧道掘进机研制的空白。

▲12月27日　中国铁路总公司运输局在湖南株洲主持召开铁建重工"60AT2钢轨跟端加长型尖轨"技术审查会，标志着铁建重工研制的60AT2钢轨跟端加长型尖轨已完全具备上道条件，成为国内首家掌握跟端加长工艺技术，并有能力进行批量供货的单位。

▲12月　湖南省机械工业协会主持召开科研成果鉴定会议。专家组一致认定，铁建重工"ZTS6250泥水平衡盾构机整体技术"达到国际先进水平。其中，"泥水高效环流技术"达到国际领先水平；"LSJ60链刀式地下连续墙设备整体技术"达到国际先进水平；"激光靶式盾构导向系统整体技术"达到国内领先水平。

（刘　婷）

中国铁建国际集团有限公司

【简况】　中国铁建国际集团有限公司（以下简称国际集团）于2012年4月组建，定位为海外大型、特大型基础工程建设的承包商，交通建设及城市综合建设的运营商，能源、资源、投融资高端运作的发展商，技术开发、装备出口、物流贸易的服务商，是集设计施工总承包、能源、资源、投融资、物流贸易、运营维护等为一体的综合性海外企业集团，产业结构主要包括工程承包、铁路运营、国际物流、海外投资四大板块。下辖中国铁建股份有限公司阿尔及利亚分公司、中国铁建股份有限公司沙特分公司、中国铁建股份有限公司安哥拉分公司、中国铁建（加勒比）有限公司、中国铁道建设（香港）有限公司、中国铁建美国有限公司、中铁建（北京）国际贸易有限公司、中国铁建西非有限公司、中国铁建马来西亚有限公司、中国铁建（东南亚）有限公司、中国铁建墨西哥有限公司、中铁建中基国际有限公司。职工391人，其中专业技术干部378人。资产总额70.75亿元。其中，固定资产原值1.13亿元、净值0.93亿元；流动资产69.24亿元。

2014年新签合同额417.6亿元。年内采购设备675台(套),合同金额3.31亿元,集中采购设备节约资金1898.8万元,节资率5.7%。国际集团获“首都文明单位”称号。（综合管理部）

【领导人员】

董事会

董事长　卓　磊
副董事长　赵佃龙
　孙　勇(7月任,9月免)
董　事　郝桂林

监事会

监事会主席　魏万征
监　事　赵　勇(2月任,12月免)
职工监事　孙利民(2月任)

经理层

总经理　卓　磊
副总经理　郝桂林
　王选尚
　应尔强
　魏万征
　黄健民
　于洪忠
　李重阳
　胡　凡
总会计师　黄健民(兼)

党群领导

党委书记　赵佃龙
党委副书记　卓　磊(兼)
纪委书记　赵佃龙(兼)
工会主席　赵佃龙(兼)

（杨晋军　王壹平　王　帅　尹曼曼）

【职工队伍】　职工391人,其中干部390人、工人1人。大学本科及以上学历371人,占职工总数的94.9%。干部中,35岁以下251人,36~40岁46人,41~45岁49人,46~50岁29人,51~59岁15人。专业技术干部378人,其中高级技术职务115人、中级技术职务93人、初级技术职务170人。（王　帅）

【境外工程】　阿尔及利亚贝佳亚连接线项目　位于阿尔及利亚贝佳亚省和布维拉省境内。2013年12月11日签订合同,合同工期36个月,合同金额13亿美元。业主为阿尔及利亚国家高速公路局。截至2014年12月31日,开工累计完成产值30238万美元。

阿尔及利亚142千米道路改造项目　是对阿尔及利亚东西高速公路非中国铁建承建路段已损坏道路的改造,全长142千米。2013年8月4日下发授标函,分MN1、MN2、MN3、MN44个标段,2014年8月24日、10月22日分别签订合同,合同金额7408.3万美元,业主为阿尔及利亚国家高速公路局。主要工作为既有路面翻新、水沟、中央分隔带清理等。截至2014年12月31日,开工累计完成产值2029万美元。

阿尔及利亚布里达2000套保障房设计与施工项目　共计77栋楼,楼型分为R+5、R+7、R+8、R+9(R层为住房或商铺),F3户型。国际集团承接的主要为R+5楼型(占80%以上),部分多层。2013年12月20日签订合同,合同工期2014年9月10日—2016年9月10日,合同金额5967万美元。业主为贝佳亚房地产管理局,设计单位为BETCETAU。截至2014年12月31日,开工累计完成产值69万美元。

阿尔及利亚贝佳亚2000套保障房设计与施工项目　为住宅小区,总建筑面积13.4万平方米。项目共计23栋楼、73个单元。2013年12月20日签订合同,2014年9月10日开工,合同工期24个月,合同金额5967万美元。业主为贝佳亚房地产管理局,设计单位为BETCETAU。截至2014年12月31日,开工累计完成产值918万美元。

阿尔及利亚布里达5000套租售房项目　总建筑面积55万平方米,主要建筑为6层住宅楼,设置少量10层和15层住宅楼。2014年6月25日签订合同,合同金额19251万美元。业主为阿尔及利亚住房发展与改善局。截至2014年12月31日,开工累计完成产值822.4万美元。

阿尔及利亚赫利赞4000座大学城项目　包括教学楼、学生宿舍、行政楼、学校附属道路、管网等工程。2013年12月14日签订合同,合同工期24个月,合同金额2569万美元。业主为赫利赞省公共设施和住房局。截至2014年12月31日,开工累计完成产值642.1万美元。

阿尔及利亚赛迪夫2000套租售房项目　总建筑面积22万平方米,主要建筑为6层住宅楼,设置少量10层和15层住宅楼。2014年6月25日签订合同,合同工期32个月,合同金额7927万美元。业主为阿尔及利住房发展与改善局。截至2014年12月31日,开工累计完成产值636.2万美元。

阿尔及利亚赫利赞2000套租售房项目　总建筑面积22万平方米,主要建筑全部为6层住宅楼。2014年6月25日签订合同,合同工期32个月,合同金额7395万美元。业主为阿尔及利住房发展与改善局。截至2014年12月31日,开工累计完成产值493.9万美元。

阿尔及利亚东西高速公路项目　阿尔及利亚高速公路全长 1216 千米，分东、中、西 3 个标段，总投资 110.4 亿美元。2006 年 9 月，中国铁建与中国中信组成联合体中标该公路的中西标段 528 千米的设计施工总承包工程，合同投资 57.5 亿美元，合同总工期 40 个月。公路为双向 3 车道，采用欧洲技术标准。中国铁建负责中标段 169 千米的施工任务，合同金额 22.4 亿美元。2006 年 9 月 18 日正式开工，2012 年 4 月国际集团成立后，全面接管该项目的管理工作。2013 年 4 月 14 日，东西高速公路中、西标段中最后一个标段 M3 标段通车，实现东西高速公路的全线通车。因有新增和追加工程等，实际工程投资超过 30 亿美元。截至 2014 年 12 月 31 日，开工累计完成产值 298719 万美元（包含补充合同）。

沙特麦加轻轨铁路项目　全长 18.06 千米，其中 14.25 千米为高架桥。线路途经米纳、穆茨达里法和阿拉法特 3 个主要朝觐地区。全线设有车站 9 座、车辆段 1 处、主变电站 2 座。该项目为 EPC 总承包项目，2009 年 1 月 6 日正式签约，合同金额 17.7 亿美元，合同建设期 730 天，运营期 3 年，已完成合同内全部工作。沙特麦加轻轨铁路是中国企业在海外第一次采用 EPC 总承包模式建设的铁路项目，是中国企业在中东地区修建的第一条轻轨铁路，也是中国企业在海外铁路工程总承包中首次获得欧洲权威机构安全认证的大型项目。2013 年 4 月 2 日，中国铁建麦加轻轨铁路项目顺利完成初验移交，建设单位沙特政府城乡事务部、监理单位及中国铁建麦加轻轨铁路项目公司三方签字。2014 年继续进行工程缺陷整改，终验移交工作计划在 2015 年完成。

沙特达曼里维埃拉别墅项目　为框架结构，占地面积 6.2 万平方米，总建筑面积 4.3 万平方米（未含小型建筑诸如配电房等）。2013 年 12 月 15 日签订合同，合同工期 36 个月，合同金额 5705 万美元。业主为沙特市场及投资集团公司。

沙特达曼至利雅得 2 号线 78.4 千米铁路整修工程项目　由 15 个分段组成，共计 78.4 千米，其中最长分段 21.23 千米，最短分段 0.085 千米。2014 年 8 月 26 日签订合同，合同工期 20 个月，合同金额 3277 万美元，业主为沙特铁路机构。

沙特内政部第五期军营项目　设计施工总承包项目，合同工期 1440 天。业主按地块分批次移交工地，缺陷责任期 1 年。2014 年 11 月 19 日签订合同，合同金额 26 亿美元，业主为沙特内政部。

非洲科特迪瓦阿比让—大巴萨姆高速公路建设监理项目　项目监理组协助总包商对中国政府优惠贷款项目阿比让—大巴萨姆高速公路进行施工监理，项目合同 2013 年 9 月 23 日签订，合同工期 32 个月，合同金额 151 万美元，业主为 RESIAM 房地产开发责任有限公司。截至 2014 年 12 月 31 日，开工累计完成产值 74.8 万美元。

马来西亚槟城天空别墅（Marinox 公寓）项目　位于马来西亚槟城 TanjungTokong 海岸附近，项目为两座高层公寓，分别为 29 层和 33 层，共计 301 套三居室住宅，全部精装修。公寓设有健身房，游泳池和儿童活动场地；另设有 5 层的单体停车场以及部分地下停车位。2013 年 12 月 3 日签订合同，合同工期 25 个月，合同金额 3700 万美元。截至 2014 年 12 月 31 日，开工累计完成产值 611 万美元。

马来西亚巴生商业中心项目　位于马来西亚巴生市通往巴生港的主要大道之间。地下双层停车场，首层为 127 套复式商铺，首层以上为 139 间（3 层、4 层或 6 层楼高的）商业店面，两幢 32 层的酒店和办公大楼。总建筑面积 30 多万平方米。2014 年 4 月 10 日签订合同，合同工期 35 个月，合同金额 13950 万美元。截至 2014 年 12 月 31 日，开工累计完成产值 944 万美元。

马来西亚满家乐公寓项目（PavilionHilltop 公寓项目）　位于马来西亚吉隆坡 MontKiara，占地面积 2.4 万平方米，建筑面积 20 万平方米。由 2 栋 31 层公寓和 1 栋 30 层公寓构成，包括 5 层附属设施，4 层地下停车场，执行欧洲技术标准。2014 年 5 月 19 日签订合同，合同金额 12404 万美元，合同工期 31 个月。截至 2014 年 12 月 31 日，开工累计完成产值 842 万美元。

马来西亚四季酒店项目　集商业、公寓和酒店于一体的综合楼，位于吉隆坡双塔附近，总建筑面积 23 万平方米，建筑总高度 342.5 米。地下 4 层、地上 76 层。其中，首层至 7 层为裙楼（底商及附属设施）；8 层至 21 层为酒店（190 个客房）；22 层至 76 层为住宅公寓（242 个单元）。2014 年 7 月 8 日签订合同，合同工期 35 个月，合同金额 29570 万美元。截至 2014 年 12 月 31 日，开工累计完成产值 670 万美元。

泰国阳光花园住宅项目　泰国曼谷素坤逸路为中国天辰工程集团有限公司开发的公寓项目，为 L 型平面布局，总共 30 层，总建筑面积 4.3 万平方米，占地面积 6000 平方米。2014 年 1 月 6 日签订合同，合同工期 24 个月，合同总额 2760 万美元。截至 2014 年 12 月 31 日，开工累计完成产值 383 万美元。

泰国 G－LANDTower 写字楼项目　位于泰国曼谷市中心，建筑面积 15 万平方米。2014 年 4 月 10 日签订合同，合同总额 2300 万美元，合同工期 25 个月。截至 2014 年 12 月 31 日，开工累计完成产值 391 万美元。

泰国 115 节车厢采购项目　业主为泰国铁路总公

司，由国际集团、中铁十八局集团以及当地公司组成的联合体中标。供应商需按照提供的图纸和规范，给采购方提供全新的高于制造规范要求的商务火车车厢，数量为115节。2014年10月17日签订合同，合同总额15196万美元。年内按照计划绘制车辆图纸。

斯卡博罗总医院扩建项目　位于美洲特立尼达和多巴哥，项目工作量包括心导管手术室和核磁共振两个全套科室的土建部分和设备部分，为设计—施工—设备采购总承包项目，总建筑面积600平方米。2014年5月8日签订合同，2014年5月15日开工，计划2015年4月6日完工，合同金额971万美元。截至2014年12月31日，开工累计完成产值523万美元。

达卡高架桥PPP项目　位于孟加拉国首都达卡市中心。主线长19.73千米。工程量还包括1条连接线3.1千米，32条匝道总长23.9千米，8个收费广场和43个收费亭。2014年8月23日与第一达卡高架高速公路有限公司签订总承包合同，合同金额106200万美元。

沙特麦加轻轨朝觐运营项目　2014年朝觐运营自10月1日4: 00开始，历经7天6夜，至10月7日18: 00结束，持续运营158小时（包含“天窗”时间8小时）。期间共计开行列车1949列，累计发送朝觐者380万人次。2014年5月6日签订合同，合同金额7193万美元。截至2014年12月31日，已顺利完成5年期朝觐运营，2014年运营收入7181万美元。

（李田田　王晓峰）

【港澳工程】　广深港高速铁路深圳皇岗至香港米埔段隧道项目　以深圳河为界，深圳境内广深港段皇岗至深圳河段长1.856千米，业主为广深港铁路公司，标段号为ZH－4标段，由中铁十五局集团有限公司承包；香港段深圳河至米埔段香港境内长1.49千米，业主为香港铁路有限公司，由中国铁建国际集团香港有限公司以股份公司名义与新昌营造厂有限公司、中铁十五局集团有限公司组成联营公司承包，项目合同总金额17亿港元（约合21678万美元）。隧道从深圳地铁皇岗车站开始掘进，合同工期2010年3月—2015年5月。香港段主要工程量为双向9.6米直径盾构隧道1490延长米。2013年12月2日首台盾构机穿越深圳河，进入香港境内。截至2014年12月31日，联营公司累计完成产值19526万美元。

香港路政署无障碍通道设施合约项目　位于香港湾仔区及北区3个地点，为4条行人天桥（既有）及1条行人隧道（既有）加建8座升降机。合同金额685.6万美元，合同工期2014年6月27日—2018年4月27日。2014年6月20日签订合同，合同工期46个月。

香港土木工程拓展署行人天桥项目　2014年6月20日签订合同，合同工期34个月，合同金额387万美元。

（李田田　王晓峰）

【生产经营】　2014年新签合同额68.24亿美元，折合人民币417.6亿元。其中，境外市场新签合同额404.2亿元；境内市场新签合同额12.7亿元；港澳地区新签合同额0.7亿元。

（1）区域经营。按照股份公司海外市场区域化经营指示精神，国际集团把北非、中东、亚洲、美洲、非洲、南太作为市场布局重点，依托阿尔及利亚公司、沙特公司、香港、加勒比公司和新成立的亚洲、非洲、美洲三大事业部开展布局工作，成功开辟拉美市场，填补中国铁建系统在美洲市场布局的空白；同时全面深挖亚洲市场、中东市场潜力，为构建全球经营网络奠定基础。①开辟拉美市场。国际集团从零开始，中标玻利维亚鲁雷纳瓦克—里韦拉尔塔公路建设项目，实现全系统在南美市场的破局。在拉美墨西哥、委内瑞拉核心市场，以及巴拿马、巴西、阿根廷、乌拉圭、厄瓜多尔、哥伦比亚等周边市场强化布局，重点跟踪墨西哥高铁、巴西4号铁路、委内瑞拉房建工程、乌拉圭西线铁路等10余个项目。②全面布局亚洲市场。继续挖掘马来西亚、泰国市场潜力。设立巴基斯坦、印度尼西亚、柬埔寨代表处，在孟加拉、斯里兰卡、俄罗斯、蒙古等14个国家开展市场布局工作，签约孟加拉达卡高速公路、泰国马塔普港口等9个项目，合同总金额折合人民币130.4亿元，占国际集团新签合同总额的30%。③深入布局北非市场。在阿尔及利亚，国际集团与系统内各集团及当地国企合作，形成“国际集团负责部委、各集团负责各省”的经营格局，联合成立房建、公路、轨道交通和水利四大事业部，继续巩固在公路市场的既有优势，年内中标东西高速公路升级改造、17千米道路升级改造、特莱姆森连接线一期等公路项目。开发房建项目，中标共计11000套租售房项目，合同额近26亿元。重点跟踪边境新建铁路、各省轻轨等轨道交通项目，考察调研水利业务等。④滚动开发中东市场。中标沙特达曼至利雅得铁路整修工程和沙特内政部第五期军营项目，打开铁路和房建市场壁垒。在其他中东国家，重点跟踪伊朗高速铁路、科威特军事学院建设项目、卡塔尔客运与货运铁路网等13个项目。⑤开拓南太市场。依托香港公司，中标香港市政工程等4个项目，重点布局文莱、东帝汶以及澳洲市场。

（2）海外业务板块。按照股份公司结构调整、转型升级的战略思路，国际集团确定工程承包、铁路运营、海外投资、国际物流四大业务板块。2014年，国际集团多措并举，进一步探索海外铁路运营业务开展思路，尝试海外投资业务，积极开展国际贸易物流业务，延伸产业链条。①探索海外铁路运营业务。以沙特麦加轻轨运营为依托，发展海外铁路运营业务。2014年，成功组织第五次朝觐运营任务，储备一批优秀的铁路运营人才；调研南京、深圳等国内优秀地铁运营公司，探索发展海外铁路运营业务的途径和方式。②尝试海外投资业务。探索运营 EPC + F、EPC + PPP、BT 等商业开发模式，“小投资带动大项目”。国际集团中标孟加拉达卡高架高速公路等带资项目。积极跟踪马来西亚吉隆坡 TTDI 地块、泰国曼谷 RAMA3 地块等 9 个地产投资类项目。③开展国际贸易物流业务。成功签约合同总额 1.53 亿美元的泰国 115 节火车车厢采购项目；国际贸易公司通过开展钢铁矿产、化工塑料等业务，全年实现 5 亿元贸易产值业绩；特多湖沥青销售营业收入 490 万美元。

(3)海外项目管理模式。一是直管项目。针对大型的、综合复杂的以及专业性强的项目，由国际集团组建项目管理团队，配置、整合内外部资源，直接对项目进行管理，履行合同的项目。截至 2014 年 12 月 31 日，国际集团有阿尔及利亚东西高速公路中标段、沙特内政部第五期军营等直管项目 17 个，占在建项目合同总额的 66.47%。二是托管项目。针对中小型项目，委托履约能力强、可信赖的、长期合作的内部(或外部)单位(受托人)对工程项目进行管理的项目。截至 2014 年 12 月 31 日，国际集团有泰国马塔普港口、阿尔及利亚 4 个房建项目共 11000 套租售房等托管项目 16 个，占在建项目合同总额的 9.81%。三是联管项目。国际集团与其他公司(内部或外部的)组成联合体或设立项目公司，共同组建项目经理部，以执行合同、履行承包商的全部责任和义务。截至 2014 年 12 月 31 日，国际集团有孟加拉达卡高架高速公路等联管项目 5 个，占在建项目合同总额的 9.87%。四是监管项目。指受股份公司委托，对系统内其他兄弟单位承包的国际工程项目实施进行监督管理的项目。截至 2014 年 12 月 31 日，国际集团有阿尔及利亚阿尔及尔商业住房和保障房等监管项目 10 个，占在建项目合同总额的 4.60%。五是自管项目。指对于规模不大，难度较小的项目，由国际集团自行组织施工。该模式既可以满足项目实施要求，又减少各局组织上场的成本压力，确保项目收益。国际集团在特多斯卡博罗总医院项目改扩建项目上采用自管模式，合同额共计 971 万美元。

(王　沐)

【市场建设】 经营机制属地化建设。在项目投标和实施过程中，派出固定经营团队常驻所在国一线，深入调研所在国经营、市场、文化等环境，编制所在国或地区的市场背景资料，提前翻译或编制项目标准和规范。阿尔及利亚公司编制完成一套法语版、英语版欧洲规范，为今后在法语区或使用欧洲规范的项目运作提供了借鉴。

(王　沐)

【企业管理】 成立内部控制与风险管理领导小组，强化内部控制与风险管理工作的领导和统筹。梳理、优化总部部门制度和流程，把风险控制措施融入业务流程，形成《中国铁建国际集团有限公司规章制度汇编》。更新国际集团《内控与风险管理手册》《风险控制矩阵》，完善《项目风险信息库》，制定市场开发经理、项目经理能力测评及培训体系建设初步方案。与总部部门负责人及风险内控联络员签订责任状，实施风险内控考核，2014 年评选风险内控工作先进集体 8 家、风险内控工作先进个人 20 名。

(田春丽　易晓飞)

【党群工作】 (1)党的工作。国际集团党委下辖二级党委 6 个、党总支 3 个、党支部 18 个，有党员 223 人，其中在职党员 223 人。2014 年发展 10 名新党员。抓好领导干部作风建设，营造“实干、创业、求为、思进”的良好风气。推动学习型组织建设，举办世界区域经济和时政热点讲座；印发学习活页，督促中心组成员自学。强化基层单位领导班子配备，坚持党管干部、党管人才，全年按程序完成所属单位 43 名领导干部考察或任免。开展党的群众路线教育实践活动，通过命题式专题研讨、登门使领馆征求意见、严格标准召开专题民主生活会、认真按照两方案一计划进行整改，抓出活动实效，获股份公司党委充分肯定。强化基层党建工作，实现海外单位党组织机构 100% 覆盖、党员 100% 归家的“双百”目标。开展先进性教育活动，选树和推荐典型，以身边人身边事鼓舞感染广大职工。规范基层组织生活，落实“三会一课”制度，编辑《国际集团党建工作实用手册》指导基层党建工作开展。强化企业高端宣传，落实股份公司党委“企业形象宣传年”活动要求，与属地国媒体界互联互动，8—12 月先后组织接待特立尼达和多巴哥、墨西哥、马来西亚以及东南亚等多国和地区的媒体代表团专访中国铁建并进行宣传报道；多次邀请新华社、中央电视台、《人民日报》等中央级媒体专题报道中国铁建海外项目，极大提升中国铁建的正面形象和品牌知名度；精心打造企业文化宣传产品，与中央电视台合作拍摄《沙特轻轨运营宣传片》，为企业经营拓展提供专业化支持。展示企业良好形象，落实宣传责任，全年在各类媒体累计刊稿(图片)800 余篇/幅；抓好深度报道，围绕企业经营管理、属地发展等进行专题深度报道，展示企业发展状况和精神风貌。国际集团党委获股份公司先进基层党组织称号,志愿服务中国海军亚丁湾打击海盗护航编队项目被国资委评为中央企业优秀志愿服务项目。逐级签订党风廉政建设责任书,开展廉洁文化建设,在内刊开辟廉政专栏,刊载廉洁故事、警句、漫画和案例,传播廉洁文化。开展设备物资采购供应情况专项监察,监察涉及设备物资采购金额8433.35万元,监察发现管理问题17项,提出监察建议17条;全年监督所属单位设备物资招标采购活动66次,合同金额3.14亿元,节约采购资金1822万元。

(2)工会工作。成立基层工会(海外职工之家)5个,海外员工入会率95%。开展困难帮扶活动,努力解决海外一线员工在工作、学习和生活中的实际困难,全年组织送温暖、生日慰问等活动200余人次,发放慰问金10万余元。关爱女职工权益,在新装修的办公区为女职工设立哺乳室,落实女职工卫生费。探索工会特色工作,展示"家文化"独特魅力,印发《海外员工亲情服务体系暂行办法》,建立"一体两翼"的海外员工亲情服务体系,收集海外员工亲情档案200余份,总部包括公司领导在内的员工一一联系职工家属,帮助解决实际问题。开展"家文化"特色实践,7月联合团委举办"相聚北京,情系海外——走进中国铁建夏令营"活动,来自全国10个省市的海外员工家属及子女相聚北京,走进中国铁建,感受组织温暖和关怀。开展"悦读会"系列活动,组织"经典进企业,书香伴我行"主题海外职工书屋授牌仪式,成立"职工书屋"7个,赠送图书1000余册,年内代表中国铁建参加全国铁路总工会组织的"中国梦·铁路情·劳动美"演讲比赛获得特等奖。

(3)共青团工作。在沙特、阿尔及利亚、安哥拉、加勒比、贸易公司和总部6个单位成立团委,选举通过基层委员会的组成,配齐团委书记、团委委员,支部书记、支部委员。5月,召开国际集团第一届团代会,选举产生集团一届团委委员、团委书记。3月,开展第一届"十大杰出青年"评选活动。创新"导师带徒"模式,沙特、阿尔及利亚公司及总部成立"导师带徒"活动领导小组,明确领导小组职责,负责单位活动的开展实施及督促检查工作,2013—2014年度共有59位新员工完成活动目标和计划,14对师徒被评为优秀师徒。"党团搭台,业务唱戏",7月邀请外交部青年外交官到国际集团交流座谈,搭建业务开展平台。12月举办"情系铁建·相约青春"外交部—国际集团单身青年联谊会活动,60余名青年参加联谊,建立了良好的政企关系。 (彭 勇 蒋志涛 张大学 吕 煌)

【中国铁建股份有限公司阿尔及利亚分公司】 驻阿尔及利亚阿尔及尔市。总经理、党委书记魏万征。下辖贝佳亚项目经理部、特莱姆森项目经理部、道改项目经理部、房建项目经理部,中国土木工程集团公司和中铁十二局、十四局、十七局、十九局集团公司5个施工单位项目经理部,中交一院、铁一院、铁二院3个设计单位项目经理部。员工176人,其中中方员工135人、外籍员工41人。资产总额548588.6万元。其中,固定资产原值7589.3万元、净值6705万元;流动资产541883.5万元。机械运输设备31台(套),原值4758万元、净值4282万元,总功率6610千瓦,动力装备率45.58千瓦/人,技术装备率32.81万元/人,设备完好率100%、利用率90%。

2014年度新签合同额13.79亿美元。 (陈 洁)

【中国铁建股份有限公司沙特分公司】 驻沙特阿拉伯吉达市。总经理、党委书记李重阳。下辖沙特麦加轻轨铁路项目公司、沙特内政部五号军营项目部、达曼别墅项目部、78.4千米铁路整修项目部。员工489人,其中中方员工259人、外籍员工230人。

2014年新签合同额30.56亿美元,完成产值7683万美元,实现利润285万美元。 (陈曙光)

【中国铁建股份有限公司安哥拉分公司】 2013年4月15日,中国铁建股份有限公司发文设立;2014年10月17日在安哥拉注册。负责人王选尚。员工30人,其中中方员工23人、外籍员工7人。 (危 代)

【中国铁建(加勒比)有限公司】 驻特立尼达和多巴哥共和国首都西班牙港,2007年10月注册成立。董事长于洪忠,总经理韩文华。下设特立尼达和多巴哥共和国西班牙港市集装箱码头土建项目部、多巴哥斯卡博罗总医院扩建项目部、阿利玛医院项目部。员工24人,其中中方员工20人、外籍员工4人。资产总额3167万元,其中固定资产净值30万元、流动资产3137万元。

2014年完成企业总产值5846万元。 (刘小豹)

【中国铁道建设(香港)有限公司】 1999年3月成立,主要负责香港西部铁路4个标段工程建设项目的实施管理;2002年11月设为常驻机构,直属中国铁道建筑总公司海外事业部;2007年5月更名为中国铁道建设(香港)有限公司;2012年4月划归中国铁建国际集团有限公司管理。公司驻香港九龙观塘海滨道133号万兆丰中心10楼A室。董事、总经理于洪忠。下辖中铁国际贸易(香港)有限公司、中铁建物业投资(香港)有限公司。员工22人,其中内地员工11人、香港籍员工

11人。资产总额29816万元,其中净资产4490万元,

2014年新签合同额143087万元,完成营业收入2476万元,实现净利润465万元。 (魏博怡)

【中国铁建美国有限公司】 2010年6月9日在美国加利福尼亚州旧金山市注册成立。2012年3月划归中国铁建国际集团有限公司管理。具有加州土建总承包商和房建总承包商执照,经营范围包括高速铁路等基础设施建设项目设计与施工管理、机械进出口。负责人王军。 (田 丰)

【中铁建(北京)国际贸易有限公司】 驻北京市海淀区复兴路40号中国铁建大厦B座2层。法人代表徐政志。职工105人。资产总额8.447亿元,其中固定资产原值26.2万元、流动资产8.445亿元。

2014年完成营业收入7.40亿元,实现净利润1138万元。全员劳动生产率242089.12元/人年,职工年人均收入110836.79元。国有资产保值增值率154.12%,净资产收益率42.59%,产值利润率5.58%,投资回报率35.12%,资产负债率96.16%,应上缴款完成率100%。 (张 诺)

【中国铁建西非有限公司】 驻科特迪瓦共和国阿比让市。总经理常学辉。下设刚果(布)工作组、马里工作组。员工9人,其中中方员工6人、外籍员工3人。业务范围为非洲地区所有法语国家,跟踪推动科特迪瓦、刚果(布)、马里、塞内加尔、多哥、乍得等国家基础建设项目。 (赵 宁)

【中国铁建马来西亚有限公司】 驻马来西亚吉隆坡。2012年10月成立。总经理赵光明。职工58人,其中中方员工18人、外籍员工40人。

2014年承揽Pavilion Hilltop项目、巴生商业中心项目和四季酒店项目,新签合同额折合人民币34.7亿元,完成产值2.30亿元。 (王特特)

【中国铁建(东南亚)有限公司】 前身是中国铁建马来西亚公司泰国办事处,2013年12月在泰国曼谷注册成立。副总经理朱锡均。员工58人,其中中方员工11人,外籍员工47人。

2014年承揽曼谷阳光花园公寓项目、曼谷GTower写字楼项目和泰国115节火车车厢采购贸易项目,新签合同额60亿泰铢。 (李院生)

【中国铁建墨西哥有限公司】 驻墨西哥合众国首都墨西哥城。2014年8月注册成立。公司法定代表人应尔强。资产总额541.89万元,其中流动资产541.49万元。

2014年,与股份公司、国际集团共同参与墨西哥城至克雷塔罗高速铁路项目投标并中标,但由于墨西哥国内各种因素,项目中标遭到取消。随后由于石油价格持续低迷,为削减预算开支,墨西哥政府宣布项目无限期搁置。 (牛 伶)

【中铁建中基国际有限公司】 由中国铁道建设(香港)有限公司、中铁二十局集团有限公司、中国国际基金有限公司共同出资设立。注册地为中国香港,注册资金100万元港币。其中,中国铁道建设(香港)有限公司占有30%股权;中铁二十局集团有限公司占有20%股权;中国国际基金有限公司占有50%股权。副总经理王海珉(主持工作)。 (王海珉)

【亚洲事业部】 下辖马来西亚公司、东南亚公司,下设巴基斯坦代表处、柬埔寨代表处、印尼代表处和国内本部,经营市场覆盖亚洲14个国家和地区。国内本部(含代表处)员工20人;马来西亚公司注册地为马来西亚吉隆坡,中方员工18人、外籍员工40人;东南亚公司注册地为泰国曼谷,中方员工11人、外籍员工47人。

2014年承揽孟加拉达卡高架高速公路等9个项目,新签合同额130.4亿元,完成营业收入3.68亿元。 (杨 帆)

【非洲事业部】 总经理郝桂林。下辖国内本部、西非公司和东非代表处。国内本部员工9人;西非公司注册地为科特迪瓦的阿比让,下设塞内加尔、马里、刚果(布)工作组,员工9人,其中总代表1人;东非代表处驻肯尼亚内罗毕,员工2人,其中总代表1人。

2014年承揽科特迪瓦巴亚小区17栋住房建设项目、阿比让至大巴萨高速公路监理项目,新签合同额992万元。 (赵 宁)

【美洲事业部】 2013年12月成立。驻北京市海淀区复兴路40号。下辖中国铁建美国有限公司、中国铁建墨西哥有限公司、中国铁建国际集团有限公司玻利维亚代表处、中国铁建国际集团有限公司委内瑞拉代表处、中国铁建国际集团有限公司巴西代表处。总经理应尔强。职工27人。

2014年承揽玻利维亚鲁雷纳瓦克至里维拉尔塔公路项目,新签合同额5.79亿美元。 (牛 伶)

【重要记载】

▲1月6日 中国铁建总裁张宗言,执行董事、副

总裁、总经济师扈振衣在中国铁建大厦会见泰国意大利泰大众发展集团有限公司总裁蓬差·卡拉素塔一行,双方就开展广泛合作深入交流。中国铁建总裁助理兼国际集团董事长、总经理卓磊参加会见。

▲1月22日 中国铁建安哥拉分公司副总经理徐润平与安哥拉私人投资委员会(ANIP)主席MariaLuísaAbrantes女士签署私人投资合同,获得私人投资许可证书(CRIP),安哥拉外国投资主管部门正式批准设立中国铁建股份有限公司安哥拉分公司。

▲1月24日 国家发展和改革委员会外资司召集中国铁建、中国进出口银行和国家开发银行等单位参加墨西哥高速铁路项目协调会,会议明确墨西哥高速铁路项目由中国铁建牵头负责。

▲2月12—14日 国际集团召开一届一次职代会暨2014年工作会、党委全体(扩大)会、党风建设和反腐倡廉工作会。会上选举职工监事,通过职代会5个专门委员会组成人选,组织测评领导班子成员,签订2014年集体合同、生产经营责任状及党风廉政建设责任书,表彰2013年度先进集体、先进个人、经营工作先进个人、党风廉政建设先进单位。

▲2月18日 中国铁建执行董事、副总裁、总经济师扈振衣在中国铁建大厦会见印度尼西亚驻华大使易幕龙一行,就开展广泛合作进行深入交流。国际集团副总经理胡凡参加会见。

▲3月11日 中国铁建总裁张宗言在北京拜会柬埔寨国王诺罗敦·西哈莫尼,双方就柬埔寨铁路项目进行深入交谈。中国铁建总裁助理兼国际集团董事长、总经理卓磊参加会见。

▲同日 中国铁建下发《关于设立中国铁建(东南亚)有限公司的批复》,同意国际集团在泰国曼谷设立中国铁建(东南亚)有限公司。

▲3月13日 国际集团召开党的群众路线教育实践活动动员大会。

▲3月27日 国际集团召开第一届董事会第8次会议,会议审议通过《关于国际集团总部部门岗位设置及人员编制的议案》。

▲4月9日 国际集团副总经理应尔强与墨西哥合作伙伴GIA、Prodemex、Higa签订墨西哥高速铁路项目合作信函及半岛旅游铁路项目谅解备忘录。

▲4月10日 中国铁建马来西亚有限公司签约马来西亚巴生商业中心项目,合同工期3年,合同额8.67亿元。

▲4月18日 国家发展和改革委员会召集国际集团和中国港湾召开墨西哥高速铁路项目协调会,会议明确墨西哥高速铁路项目由中国铁建牵头负责。国际集团副总经理应尔强应邀参加会议。

▲4月23日 国际集团东非代表处在肯尼亚内罗毕正式成立。

▲5月4日 国际集团召开第一届团代会,选举第一届团委委员,表彰国际集团第一届“十大杰出青年”。

▲5月16日 中国铁道建设(香港)有限公司签订辽宁铁岭星悦南岸·综合商业区一期A1及A2地块项目合同,合同额12.23亿元。

▲5月18日 国际集团成立亚洲事业部、非洲事业部、美洲事业部党总支。

▲5月19日 中国铁建马来西亚有限公司签订马来西亚Pavilion Hilltop公寓项目合同,合同额8.05亿元。

▲5月19日 中国铁建执行董事、副总裁、总经济师扈振衣在北京东方君悦大酒店出席北京市与莫斯科市圆桌会议。国际集团党委书记、副董事长赵佃龙参加会议。

▲5月20日 中国铁建下发《关于设立中国铁建(墨西哥)有限公司的通知》,同意国际集团在墨西哥首都墨西哥城设立中国铁建(墨西哥)有限公司,股份公司持99%股权、国际集团持1%股权。

▲5月26日 中国铁建总裁助理兼国际集团董事长、总经理卓磊赴墨西哥城,与中国进出口银行、中国南车一起向墨方提交项目技术方案,获得墨西哥交通部长的高度评价。

▲5月29日 中国铁建执行董事、副总裁、总经济师扈振衣在中国铁建大厦会见中国驻马来西亚前大使柴玺和马来西亚ABN集团执行主席丹斯里K·Keswarn先生一行。国际集团党委书记、副董事长赵佃龙,副总经理胡凡参加会见。

▲6月16日 国际集团召开第一届董事会第11次会议。会议审议通过《关于国际集团在墨西哥设立中国铁建(墨西哥)有限公司的议案》《关于国际集团在亚洲地区成立中国铁建国际集团有限公司巴基斯坦代表处、印度尼西亚代表处、柬埔寨代表处的议案》《关于国际集团在肯尼亚成立中国铁建国际集团有限公司东非代表处的议案》。

▲6月18日 国际集团党委书记、副董事长赵佃龙在上海国际会议中心拜访刚果共和国总统萨苏,双方就基础设施建设等问题进行友好交流。

▲6月23日 中国铁建执行董事、副总裁、总经济师扈振衣在中国铁建大厦会见中国驻刚果(布)大使关键,双方进行深入交流。中国铁建总裁助理兼国际集团董事长、总经理卓磊,国际集团党委书记、副董事长赵佃龙参加会见。

▲6月29日 中国铁建阿尔及利亚分公司与阿

尔及利亚国家铁路基建施工公司(INFRAFER)签订战略合作协议,确立长期合作关系。

▲7月7日　国际集团召开第一届董事会第12次会议。会议审议通过《关于国际集团在加拉加斯设立中国铁建(委内瑞拉)有限公司的议案》。

▲7月8日　中国铁建马来西亚有限公司签订吉隆坡四季酒店项目合同,合同额18.64亿元。该项目建筑高327.25米。

▲7月10日　中国铁建总裁助理兼国际集团董事长、总经理卓磊拜会中国驻阿尔及利亚新任大使杨广玉。

▲7月15日　对外承包商会《国际工程与劳务》杂志社代表团访问国际集团,国际集团党委书记赵佃龙与来访客人就双方合作事宜进行会谈。

▲7月20—26日　国际集团开展"相聚北京·情系海外——走进中国铁建夏令营"活动,海外职工子女及家属30余人参加活动。

▲8月5日　中国铁建沙特分公司中标沙特达曼至利雅得2号线铁路整修工程项目,合同额约2亿元。

▲8月11日　中国铁建墨西哥有限公司注册成立。

▲8月12日　国际集团党委书记、副董事长赵佃龙在中国铁建大厦会见苏里南公共工程部部长拉宾椎·帕梅萨阁下,双方分别代表国际集团和苏里南正式签署苏圭大桥项目技术谅解备忘录。

▲8月14日　中铁建(北京)国际贸易有限公司与埃塞俄比亚ADAMA OF METEC公司签订2项水泵相关贸易合同,分别为销售组装水泵的设备和销售全散件形式的水泵,合同额共计2574.81万元。

▲8月15日　外交部青年外交官与国际集团青年员工进行交流座谈,双方青年员工30余人参加座谈。

▲8月17日　国际集团副总经理胡凡在江苏南京拜会马尔代夫总统亚明和中国驻马尔代夫大使王富康,通报马尔代夫马累至呼鲁累跨海大桥项目的初步设计情况,并就马尔代夫其他基础设施建设项目进行友好会谈。

▲8月23日　国际集团与意大利泰大众发展集团正式签约孟加拉达卡高架高速公路项目和泰国麦普塔普特散装码头项目,合同额分别为65.44亿元、26.61亿元。

▲8月27日　中国铁建总裁张宗言出席中国—巴基斯坦经贸投资推介会,并与巴基斯坦人民党联合主席、前总统扎尔达里深入交流。中国铁建总裁助理兼国际集团董事长、总经理卓磊与巴基斯坦信德省公共交通运输部常务秘书长瓦西夫·阿巴斯分别代表双方签订卡拉奇城市环形铁路和轻轨、卡拉奇城市快速公交两个项目的谅解备忘录。

▲8月27日　中国铁建执行董事、副总裁、总经济师扈振衣在中国铁建大厦会见特立尼达和多巴哥驻华大使钱德拉达斯·辛格阁下,并接受特立尼达和多巴哥媒体代表团的专题访问。国际集团党委书记、副董事长赵佃龙主持专访会议。

▲8月28日　国际集团与玻利维亚公路局签署玻利维亚鲁雷纳瓦克至里韦拉尔塔公路建设项目,合同额35.92亿元。

▲8月28日　中国铁建总裁助理兼国际集团董事长、总经理卓磊与长江勘察规划设计研究院院长、中国工程院院士钮新强,分别代表国际集团和长江设计院在湖北武汉签订战略合作协议。

▲8月28日—9月13日　国资委监事会主任陶永山等一行13人到中国铁建阿尔及利亚分公司,对中国铁建及其他3家中资企业在阿项目进行调研。

▲8月30日　国际集团召开第一届董事会第13次会议。会议审议并通过《关于国际集团在阿尔及利亚设立中国铁建股份有限公司阿尔及利亚代表处的议案》《关于国际集团在玻利维亚设立中国铁建国际集团有限公司玻利维亚分公司的议案》。

▲9月1—4日　国际集团员工王纪玮代表中国铁建,参加全国铁路职工"中国梦·铁路情·劳动美——我与改革创新"主题演讲比赛,获得演讲比赛特等奖。

▲9月18日　中国铁建下发《关于设立中国铁建国际集团有限公司巴基斯坦代表处的批复》,同意国际集团在伊斯兰堡设立中国铁建国际集团有限公司巴基斯坦代表处。

▲同日　中国铁建下发《关于设立中国铁建国际集团有限公司柬埔寨代表处的批复》,同意国际集团在金边设立中国铁建国际集团有限公司柬埔寨代表处。

▲同日　中国铁建下发《关于设立中国铁建国际集团有限公司印度尼西亚代表处的批复》,同意国际集团在雅加达设立中国铁建国际集团有限公司印度尼西亚代表处。

▲10月8日　中国铁建安哥拉分公司取得公共工程承包商和民用工程承包商资质。

▲10月8—12日　墨西哥媒体代表团访问中国铁建。

▲10月14日　中国铁建执行董事、副总裁、总经济师扈振衣在中国铁建大厦会见中国驻苏里南大使杨子刚,就进一步推动苏里南大桥项目和瓦尼卡医院项目进行沟通和探讨。国际集团副总经理于洪忠参加

会见。

▲10 月 17 日　《安哥拉共和国日报》刊登中国铁建安哥拉分公司注册信息，标志着中国铁建安哥拉分公司在安哥拉正式注册成立。

▲10 月 19 日　国际集团副总经理郝桂林赴乌干达拜会乌工程交通部部长，就乌干达标准规矩铁路项目运作和谅解备忘录进行探讨。

▲10 月 22 日　中国铁建下发《关于设立中国铁建国际集团有限公司玻利维亚分公司的批复》，同意国际集团在玻利维亚拉巴斯设立中国铁建国际集团有限公司玻利维亚分公司。

▲10 月 24 日　中国铁建安哥拉分公司正式取得安哥拉商业贸易资质（建筑）。

▲10 月 24 日　中国铁建总裁张宗言在中国铁建大厦会见玻利维亚发展规划部部长卡罗、公共工程部副部长科尔特斯一行。中国铁建总裁助理兼国际集团董事长、总经理卓磊参加会见。

▲10 月 30 日　国际集团召开党的群众路线教育实践活动总结大会。

▲11 月 3 日　墨西哥通信交通部正式宣布由中国铁建股份有限公司、中国铁建国际集团有限公司、中国铁建（墨西哥）有限公司、中国南车股份有限公司、GIA + A、Teya、Prodemex、GHP 组成的联合体中标墨西哥城至克雷塔罗高速铁铁路项目，合同额 508.2 亿比索，折合 37.5 亿美元。

▲11 月 4 日　国际集团非洲事业部代表国际集团签订塞内加尔共和国基础设施与陆路运输部、马里共和国装备与交通部与中国铁建国际集团的三方排他性框架协议。

▲11 月 6 日　因墨西哥国内政治原因，墨西哥政府撤销 11 月 3 日的墨西哥高速铁路授标结果，并决定重启招标程序。

▲11 月 8—10 日　国资委监事会主席吕黄生率领境外检查小组到中国铁建（加勒比）有限公司检查指导工作。中国铁建总会计师王秀明，国际集团副总经理、总会计师黄健民陪同检查。

▲11 月 9 日　中国铁建总裁特别助理赵晋华出席中印经济论坛。期间在印度尼西亚总统佐科·维多多的见证下，与 PT. RESTEEL INDUSTRY INDONESIA 签署印尼 Jakarta 至 Surabaya 的 800 千米高速铁路项目。国际集团副总经理胡凡等参加活动。

▲11 月 16 日　中国铁建总裁特别助理赵晋华在中国铁建大厦会见中国驻伊拉克大使王勇，双方就中国铁建在伊拉克开展项目合作等问题进行交流。中国铁建总裁助理兼国际集团董事长、总经理卓磊，国际集团党委书记、副董事长赵佃龙参加会见。

▲11 月 19 日　中国铁建沙特分公司签订沙特内政部安全总部发展项目——第五期合同的第 1、3、5 号包，合同额 121.54 亿元。

▲11 月 20 日　中国铁建董事长、党委书记孟凤朝在中国铁建大厦会见中国驻马里大使陆慧英，双方就加强合作及促进中国铁建在马里的发展进行深入交流和沟通。中国铁建总裁助理兼国际集团董事长、总经理卓磊，国际集团党委书记、副董事长赵佃龙参加会见。

▲11 月 30 日　中国铁建总裁助理兼国际集团董事长、总经理卓磊在中国铁建大厦会见来访的印度 RVNL 铁路总公司、高速铁路公司董事长萨蒂什·阿格尼霍特里一行，双方就德里至金奈高速铁路建设进行深入交流。国际集团副总经理胡凡参加会见。

▲12 月 1 日　中国铁建总裁张宗言、总裁特别助理赵晋华一行到国际集团参建的广深港高速铁路 826 项目视察。国际集团党委书记、副董事长赵佃龙陪同视察。

▲12 月 2 日　东南亚国家媒体考察团一行 15 人访问中国铁建，中国铁建董事长、党委书记孟凤朝出席见面会，中国铁建总裁助理兼国际集团董事长、总经理卓磊主持会议。

▲同日　中国铁建下发《关于设立中国铁建股份有限公司阿尔及利亚代表处的通知》，同意国际集团在阿尔及利亚首都阿尔及尔设立中国铁建股份有限公司阿尔及利亚代表处。

▲12 月 5—7 日　马来西亚媒体代表团一行来访，并赴开封、青岛、天津等地对中国高速铁路及中国铁建进行实地采访和体验。

▲12 月 10 日　中国铁建沙特分公司志愿服务中国海军亚丁湾打击海盗护航编队项目，被评为中央企业优秀志愿服务项目。

▲12 月 12 日　特立尼达和多巴哥共和国卫生部长弗亚德·可汗阁下参观国际集团承建的多巴哥斯卡博罗总医院扩建项目。

▲12 月 17 日　中国铁建总裁特别助理赵晋华在中国铁建大厦会见中国驻文莱大使杨健，双方就中国企业在文莱的发展情况进行深入交流。中国铁建总裁助理兼国际集团董事长、总经理卓磊参加会见。

▲12 月 18 日　中国铁建下发《关于成立中国铁建马来西亚建设有限公司的批复》，同意国际集团在马来西亚首都吉隆坡设立中国铁建马来西亚建设有限公司。

▲12 月 31 日　中国铁建（加勒比）有限公司与阿利玛医院项目管理公司 UDECOTT 签约阿利玛医院项目，合同额 14.28 亿元。　（张　岩　董毓华）

中铁城建集团有限公司

【简况】 中铁城建集团有限公司是房屋建筑工程施工总承包特级资质企业，于2013年11月由原中铁十二局集团建筑安装工程有限公司主体、原中铁十六局集团北京工程有限公司、原中铁二十二局集团第六工程有限公司、原中铁二十四局集团南昌建设有限公司、原中铁二十五局集团建筑安装工程有限公司整体重组成立。集团公司驻湖南省长沙市岳麓区杜鹃路772号。下辖第一、第二、第三工程有限公司和北京工程有限公司、南昌建设有限公司、房地产开发有限公司。职工5628人，其中正式职工4732人、集体所有制职工896人。资产总额965781.64万元，其中固定资产净值17117.27万元、流动资产944011.53万元、货币资金173322.71万元。拥有设备1412台（套），原值21086.33万元、净值8556.51万元，总功率52594.74千瓦，动力装备率9.52千瓦/人，技术装备率1.55万元/人。综合机械化施工程度90%以上。年施工生产能力200亿元以上。

2014年新签合同额120.53亿元，完成施工产值90.81亿元。完成主要实物工程量：土石方249万立方米，桥梁338延长米，隧道425延长米，站线铺轨40千米，铁路制梁1624片，无砟轨道21千米，通信线路3千米，供电线路2.4千米，房屋面积275万平方米，房屋竣工面积43.7万平方米。参建的京沪高速铁路济南西站站房工程获国家优质工程奖，获省部级优质工程2项、国家级安全文明工地1项、省部级安全文明工地11项。（李　卓）

【领导人员】

董事会

董事长　　罗海滨

董　事　　罗海滨

　　　　　倪　真

　　　　　邱　卫

监事会

监事会主席　　周晓兵

经理层

总经理　　倪　真

副总经理　　张宇川

　　　　　申景涛（9月任）

　　　　　王忠良（9月任）

　　　　　张晓峰（9月任）

总会计师　　陈培荣

党群领导

党委书记　　罗海滨

党委副书记　　倪　真

　　　　　周晓兵

　　　　　邱　卫

纪委书记　　周晓兵（兼）

工会主席　　邱　卫（兼）

（赵　平）

【职工队伍】 职工5628人，其中正式职工4732人、集体所有制职工896人。正式员工中，干部3187人，工人1545人；35岁以下2385人，36～44岁925人，45～49岁489人，50～54岁532人，55岁以上401人。干部学历结构：研究生学历45人，大专以上学历2883人，中专学历123人，高中学历136人。专业技术干部2846人，其中教授级高级工程师5人、高级职务286人、中级职务654人、初级职务1622人。工人学历结构：大专以上学历128人、中专、技校145人、高中485人、初中787人。技术工人1027人，其中高级技师16人、技师63人、高级工205人、中级工123人、初级工17人。

集体所有制职工896人，其中管理人员127人、专业技术人员77人。年龄结构：35周岁以下37人，36～45岁230人，46～55岁431人，56岁以上198人。高级专业技术职务4人，中级专业技术职务27人，助理级以下46人。（国明柱）

【工程施工】 铁四院总部设计大楼工程　位于湖北省武汉市，合同投资36784万元，合同工期2014年1月30日—2016年1月30日。主要工程量：房屋建筑面积97051平方米。项目经理胡迎辉。2014年完成施工产值9900万元。

中铁五院集团公司研发实验及附属用房工程　位于北京市大兴区，合同投资32346万元，合同工期2014年9月30日—2017年8月30日。主要工程量：房屋建筑面积96341平方米。项目经理林其涛。

珠海铁建大厦项目基坑支护及土石方工程　位于广东省珠海市，合同投资11007.4万元，合同工期2014年12月20日—2016年4月13日。主要工程量：房屋建筑面积11128平方米。项目经理王建会。

中国铁建长沙磁浮工程TJⅤ标段工程　位于湖南省长沙市，合同投资10900万元，2014年10月26日开工，计划2015年10月30日完工，业主要求12月31日竣工验收。主要工程量：房屋建筑面积14804平方米。项目经理赵军让。2014年完成施工产值506

万元。

中国铁建·国际花园工程　位于湖北省武汉市，合同投资31698万元，合同工期2014年9月30日—2016年6月10日。主要工程量：房屋建筑面积157151平方米。项目经理刘彦生。2014年完成施工产值5200万元。

昆铁家园住宅小区工程　位于云南省昆明市，合同投资17790万元，合同工期2013年5月25日—2015年10月5日。主要工程量：房屋建筑面积64323平方米。项目经理李靖滨。2014年完成施工产值7180万元。

贵阳国际城H4组团项目　位于贵州省贵阳市，合同投资20941万元，合同工期2014年1月10日—2015年11月14日。主要工程量：房屋建筑面积157096平方米。项目经理刘茂胜。2014年完成施工产值10274万元。

北京市现代有轨电车西郊线工程　位于北京市，合同投资9965万元，合同工期2010年12月28日—2012年6月18日。主要工程量：房屋建筑面积20139平方米。项目经理邹继东。2014年完成施工产值4200万元。

中国铁建·太原国际城工程　位于山西省太原市，合同投资23000万元，合同工期2014年3月15日—2015年12月10日。主要工程量：房屋建筑面积81387平方米。项目经理张化杰。2014年完成施工产值6800万元。

新建哈尔滨铁路集装箱中心站工程　位于黑龙江省哈尔滨市，合同投资38816万元，合同工期2013年6月15日—2015年6月15日。主要工程量：全长4.4千米。项目经理杨金辉。2014年完成施工产值21823万元。

青岛蓝色硅谷城际轨道交通工程　位于山东省青岛市，合同投资42204万元，合同工期2013年6月15日—2015年12月31日。主要工程量：标段线路全长7669米。项目经理刘志。2014年完成施工产值7962万元。

滨海信息安全产业园一期工程　位于天津市，合同投资44485万元，合同工期2012年12月12日—2015年7月31日。主要工程量：房屋建筑面积45827平方米。项目经理白立新。2014年完成施工产值19262万元。

海南书香小镇住宅工程　位于海南省文昌市，合同投资8200万元，合同工期2014年1月31日—2015年3月31日。主要工程量：房屋建筑面积44554平方米。项目经理梁尔河。2014年完成施工产值7870万元。

哈尔滨车辆段迁建工程　位于黑龙江省哈尔滨市，合同投资34202万元，合同工期2013年10月31日—2015年3月31日。主要工程量：房屋建筑面积51000平方米。项目经理高峰。2014年完成施工产值12846万元。

北京首都机场旅客捷运系统工程T3E－T2捷运联络线及汽车通道工程　位于北京市顺义区，合同投资34355万元，合同工期2010年11月10日—2012年10月15日。主要工程量：755米箱涵。项目经理张晓峰。2014年完成施工产值8801万元。

丰台区王佐二期工程　位于北京市丰台区，合同投资10778万元，合同工期2013年5月30日—2014年4月19日。主要工程量：房屋建筑面积60428平方米。项目经理商成剑。2014年完成施工产值9978万元。

门头沟永定镇居住及F1住宅混合公建中低价位、中小套型普通商品房项目二期（MC20－045地块2－1、2－2）项目　位于北京市门头沟区，合同投资9457万元，合同工期2013年8月29日—2015年8月26日。主要工程量：房屋建筑面积47264.53平方米。项目经理李留安。2014年完成施工产值6097万元。

杭州普福国际花园工程　位于浙江省杭州市，合同投资14993万元，合同工期2013年7月5日—2014年10月31日。主要工程量：房屋建筑面积70417.8平方米。项目经理孟庆海。2014年完成施工产值5785万元。

唐山勒泰中心项目　位于河北省唐山市，合同投资67999万元，合同工期2014年3月15日—2016年10月25日。主要工程量：房屋建筑面积299844.85平方米。项目经理羿生钻。2014年完成施工产值16286万元。

徐州新城区A3－3、4号地块项目　位于江苏省徐州市，合同投资10508.31万元，合同工期2013年11月22日—2014年12月15日。主要工程量：房屋建筑面积65514.9平方米。项目经理刘军南。2014年完成施工产值10419.14万元。

包头万郡大都城二期工程　位于内蒙古自治区包头市，合同投资37400万元，合同工期2013年9月1日—2015年8月30日。主要工程量：房屋建筑面积156888平方米。项目经理张海林。2014年完成施工产值15195万元。

上饶站改扩建工程　位于江西省上饶市，合同投资30200万元，合同工期2010年7月—2012年7月。主要工程量：房屋建筑面积25000平方米，桥梁11000延长米。项目经理周新春。2014年完成施工产值

3311 万元。

福平铁路工程　位于福建省福州市，合同投资30580 万元，合同工期 2013 年 11 月—2019 年 4 月。主要工程量：青湖特大桥 3179.37 延长米，岱岭隧道 0.5 座 1602.5 延长米，路基 1.4 千米。项目经理张丕荣。2014 年完成施工产值 1968 万元。（向明前）

【经营管理】（1）工程任务承揽。调整成立华南、华东、华北、西北、东北、东南、中原、北京、天津、川渝、云贵、湖南区域指挥部和海外经营事业部。制定集团公司《经营行为准则》《工程经营考核奖励办法》《区域经营机构管理暂行办法》《计划统计工作管理办法》等 15 项制度，完成整章建制工作。年内组织 51 名经营人员参加中国铁建举办的经营管理人员实战培训和经营业务人员培训。

（2）项目管理。2014 年，集团公司在建工程 149 项，涉及房建、铁路、市政 3 个专业，其中房建工程 106 项、铁路及站房工程 20 项、市政工程 14 项、其他工程 9 项。年内新开工项目 64 个，竣工项目 27 个。集团公司重点工程 34 项。全年出台 9 项规章制度夯实项目管理工作基础；推进项目标准化管理，在建项目保持平稳有序可控的局面；运用 PM 系统及工程管理系统，加强工程管理资料的统计工作。

（3）安全质量。印发 15 项安全质量日常管理制度以及年度《安全质量工作要点》《安全质量创优指标》《QC 活动成果目标》等年度安全质量目标管理文件，统一管理标准，规范管理行为，明确工作目标。加强所属工程公司及重点项目的调研、检查与指导工作，交流安全质量管理经验，查处安全质量隐患。举办标杆项目观摩暨标准化管理启动会，以点带面，在集团公司范围全面推进标准化管理，铸集团品牌、树企业形象。强化安全质量监督管理，对工程公司、工程项目安全质量管理情况实施季度检查与绩效考核，并排名通报考核结果，奖优罚劣，促进各单位切实加强安全质量管理，持续提升综合管理水平和安全质量保证能力。全年未发生安全质量事故，获国家优质工程奖 1 项、省部级优质工程 2 项、中国铁建杯优质工程 8 项、地市级优质工程 5 项，获国家级安全文明工地 1 项、省部级安全文明工地 11 项、中国铁建安全质量标准工地 5 项，获全国工程建设优秀 QC 小组 1 项、省部级 QC 小组奖 5 项。

（4）财务管理。积极融洽税企银企关系，通过中国交通银行等多家银行 AAA 授信评级，有序进行银行授信额度申请。积极构思会计信息化建设，初步论证共享中心建设。制定内部管理制度，保证企业合规运行、有章可循。理顺内部经济关系，确保各项经济指标全面实现。

（5）审计工作。建章立制，健全工作体系，制定内部审计管理制度，规范集团公司内部审计工作。开展自审自查工作，充分利用自查整改成果，建立自审自查整改长效机制。按照“有离必审”原则，进行离任领导经济责任审计。

（6）企业管理。完成“中铁城建集团有限公司”“中铁城建集团”的工商备案登记。集团公司取得房屋建筑工程施工总承包特级资质，子公司完成 40 项资质的分立、变更、申报工作。与各子公司原属集团划转移交工作基本完成。全面启动内控风险管理工作。（李　卓）

【科技工作】　集团公司技术中心通过湖南省省级企业技术中心认定。开发的“不停航机场跑道下大断面隧道修建技术”成果获北京市科技进步二等奖，“京沪高铁济南西站综合施工关键技术研究与应用”成果获山西省科技进步三等奖，“高速铁路客运专线既有线施工安全技术研究”成果获中国铁道学会科技进步三等奖；开发的“CPS 反应粘结型高分子湿铺防水卷材施工工法”“双预应力钢管斜抛撑系统施工工法”被评为山西省省级工法。（胡明文）

【党群工作】　（1）党的工作。集团公司下设 7 个党委、7 个党工委、129 个党支部；有党员 2406 名，其中在职党员 1938 名、离退休党员 265 名。紧密围绕房建专业化发展主线，以“基础建设年”活动、“五型”机关建设活动和群众路线教育实践活动为载体，健全工作制度，夯实管理基础。采取“坚持典型引路，强化政治引领”“坚持群众路线，强化作风建设”“融合企业文化，凝聚员工力量”“打造企业品牌，推广企业形象”等举措，为企业改革发展提供强有力的思想动力、舆论支持和文化保障。集团公司党委始终坚持党群工作与行政工作同部署、同推进、同考核的“三同”制度，确保各级党群组织、党群业务部门和党群干部同步配备到位，并按照“年初有要点，季度有重点，半年有考核”的思路，把各项目标任务落到实处、抓出实效。制定下发涵盖党建思想政治工作、宣传报道工作、舆情处置工作、信息、保密、维稳工作等方面的 71 项规章制度规范党群工作。新闻宣传工作围绕企业生产经营中心，以贯彻党的十八大精神、党的群众路线教育、集团公司成立大会、区域经营布局谋篇、项目标准化管理、特级资质就位、省级技术中心及“三标一体”通过、两级机关作风建设、特色项目风采展示等为主要题材，深入宣传企业。在深入贯彻落实股份公司“九种文化”的前提下，确定中铁城建特色文化理念，即“实干兴企、艰苦创业”的实干文化，“建造时代精品，改善人居环境，维护员工尊严”的企业使命,“打造基业长青的行业标杆”的企业愿景,“坚持房建主业,适度多元经营,构建完整价值链,打造核心竞争力”的发展战略。

(2)工会工作。选举产生中铁城建集团有限公司第一届工会委员会、经费审查委员会,协商产生第一届女职工委员会。建立企务公开工作领导小组和企务公开工作监督领导小组,保障职工群众的知情权、参与权和决策权。深入开展建家建线工作,把职工作业区、生活区、办公区、文化活动场所与施工生产同步规划、同步安排、同步投入、同步检查落实。全年发放送温暖资金63.84万元,“金秋助学”资金7.3万元,日常帮扶慰问资金37万元。年内在36个重点项目和13个事业部开展以“创新、奉献、发展”为主题的“七比一争”劳动竞赛活动。1人被评为湖南省劳动模范,1人获得湖南省五一劳动奖章,1人获得火车头奖章,10人被授予集团公司“启航杯”爱岗敬业标兵称号。

(3)共青团工作。集团公司团委下辖6个团委、90个团支部;有团员1275人,35岁以下青年职工2475人,28岁以下青年党员636人。加强组织建设,提高团的吸引力和凝聚力。党的群众路线教育实践活动为契机,推动党建带团建组织实施,为基层组织建设、基层工作和团干部队伍建设提供支持和保障。

(熊国青　袁　嘉)

【第一工程有限公司】 房屋建筑工程施工总承包一级,机电安装工程施工总承包二级,钢结构、机电设备安装工程专业承包一级,建筑装饰装修工程设计与施工一级,建筑幕墙工程设计与施工二级资质企业。前身是中铁十二局集团建筑安装工程有限公司。公司驻山西省太原市迎泽西大街169号。董事长、党委书记申景涛(11月免),总经理郑军。下辖常设项目部、专属项目部、专业分公司、后勤服务单位36个。职工891人,其中干部636人。资产总额23.3亿元,其中固定资产净值3340万元、流动资产22.9亿元。机械运输设备391台(套),总功率8244.3千瓦,设备完好率92%、利用率97.2%,技术装备率为0.87万元/人,动力装备率9.35千瓦/人。

2014年新签合同额49.59亿元,完成施工产值30.08亿元,实现利润8174.3万元。职工年人均收入9.8万元。国有资产保值增值率307%,净资产收益率3.13%,产值利润率2.95%,投资回报率2.64%,资产负债率84.3%,应上缴款完成率100%。完成主要实物工程量:土石方216万立方米,房屋建筑面积166万平方米、竣工面积15万平方米。年内获国家级优质工程奖1项、省部级优质结构工程奖1项,创省级安全文明工地1个、市级安全文明工地1个,获国家级优秀QC小组成果奖1项、省部级优秀QC小组成果奖1项,2项工法被评为山西省优秀工法。 (郭　浩)

【第二工程有限公司】 房屋建筑工程施工总承包一级,市政工程施工总承包二级,铁路工程施工总承包三级,建筑装修装饰、消防设施、环保、机电设备安装工程专业承包一级资质企业。由中铁二十五局建筑安装工程有限公司于2013年整体划转成立。公司驻广东省广州市。执行董事、党委书记王金海,总经理黄伟强。职工783人。资产总额12.75亿元,其中固定资产净值0.47亿元、流动资产12.14亿元。机械运输设备398台(套),设备原值8344万元、净值4049万元,总功率19868.8千瓦,动力装备率24.38千瓦/人,技术装备率4.97万元/人。设备完好率93.2%、利用率68.4%。机械化施工程度72.1%。年施工生产能力30亿元以上。

2014年新签合同额23亿元,完成施工产值21.3亿元,实现利润3555.07万元、净利润2815.3万元。人均创利5.38万元,全员劳动生产率27.13万元/人年。国有资产保值增值率154.08%,资产负债率85.75%,投资回报率2.56%,净资产收益率24.03%,产值利润率2.08%,应上缴款完成率100%。完成主要实物工程量:土石方35万立方米,房屋建筑面积485607平方米,制梁1553孔。年内,中铁骊都二期1标段工程获四川省结构优质工程奖,获国家授权实用新型专利1项;公司被评为广东省“安康杯”竞赛优胜单位。

(谢锦利)

【第三工程有限公司】 房屋建筑、市政公用工程施工总承包一级,建筑装修装饰、钢结构、消防设施、机电设备安装工程专业承包一级资质企业。公司驻天津市滨海新区海洋高新区桂海路21号。组建于1950年4月,先后称为中长铁路大修工程队、哈尔滨铁路工程处、哈尔滨铁路局基础建设处、哈尔滨铁路局第一工程处、哈尔滨铁路工程总公司和哈尔滨铁路建设集团有限责任公司;2003年10月,脱离哈尔滨铁路局,划归中国铁道建筑总公司管辖;2004年4月,由哈尔滨铁路建设集团第一、二、四公司和锅炉公司、装饰公司整合重组,成立为中铁二十二局第六工程有限公司;2013年10月整体划归中铁城建集团有限公司,成立中铁城建集团第三工程有限公司。董事长、党委书记杨刚,总经理栗尚明。下设20个直管项目部、2个统管项目部、牡丹江宝坻项目指挥部、设备中心、张家港搅拌站。职工2161人,其中全民职工1265人、集体职工896人。资产总额221059万元。其中,固定资产原值8782万元、净值3200万元;流动资产215905万元;其他资产5154万元。机械运输设备192台(套),设备原值2710.3万元、净值502.08万元,总功率6353千瓦,动力装备率2.94千瓦/人,技术装备率0.23万元/人,设备完好率91%、利用率71%。年施工能力15.5亿元以上。

2014年新签合同额161507万元,完成企业总产值154350万元,其中施工产值154350万元;实现利润3840万元,净利润2825万元。人均创利17770元。净资产收益率18.33%,产值利润率2.5%,资产负债率90.42%,应上缴款完成率86.71%,完成主要实物工程量:房屋建筑面积214949平方米,土石方150万立方米。工程质量合格率100%。年内获天津市结构海河杯优质工程奖2项、哈尔滨市结构优质工程奖1项,创天津市安全文明工地1个,获国家授权发明专利1项、实用新型专利5项。 (李怀志)

【北京工程有限公司】 房屋建筑、机电安装工程施工总承包一级,钢结构、建筑装修装饰工程专业承包一级,机场场道、桥梁工程专业承包二级,土石方工程专业承包三级资质企业。前身为中铁十六局集团北京工程有限公司,2008年6月成立;2013年10月改制重组为中铁城建集团北京工程有限公司。公司驻北京市朝阳区五里桥一桥非中心2号楼。执行董事、总经理张晓峰,党委书记王振喜。职工735人,其中干部702人、工人34人。资产总额137755万元。其中,固定资产原值3729万元、净值996万元;流动资产136736万元;其他资产22万元。机械运输及测量试验设备141台(套),原值2996万元、净值1074万元,总功率10279.54千瓦,动力装备率13.97千瓦/人,技术装备率1.46万元/人,设备完好率100%、利用率100%。

2014年新签合同额34.02亿元,完成企业总产值15.6亿元,实现利润0.3185亿元。净资产收益率23.39%,产值利润率15.89%,资产负债率82.79%,应上缴款完成率100.03%。完成主要实物工程量:房屋建筑面积745811平方米,涵洞1565横延米。年内,公司获全国工程建设质量管理优秀企业称号。

(王 石)

【南昌建设有限公司】 房屋建筑、市政公用工程施工总承包一级,铁路、机电安装、公路工程施工总承包二级,机电设备安装、钢结构、建筑装修装饰、隧道、桥梁工程专业承包一级资质企业。2013年由原中铁二十四局集团南昌建设有限公司整体划转成立。公司驻江西省南昌市二七南路116号。执行董事邓胜兵,党委书记陈仁光,总经理李世平。下辖江西顺兴房地产开发经营有限公司、南昌铁诚建设工程劳务有限公司、南铁智新建筑消防装饰工程有限公司。职工888人。资产总额110885.1万元。其中,固定资产原值4162.09万元、净值18259.47万元;流动资产109068.51万元。机械运输设备总功率6214.8千瓦,动力装备率7千瓦/人,技术装备率1.42万元/人。

2014年完成施工总产值8.6亿元,实现净利润350.05万元。国有资产保值增值率104.43%,净资产收益率2.68%,产值利润率0.4%,资产负债率83.53%。完成主要实物工程量:土石方79万立方米,隧道346延长米,桥梁288延长米,房屋建设面积13.62万平方米。工程质量合格率100%。 (李 宇)

【房地产开发有限公司】 房地产开发暂定资质。2014年9月成立。公司驻湖南省长沙市。职工11人。执行董事、总经理苏建宇。 (颜 灿)

【重要记载】

▲1月1日　集团公司启动"基础建设年"活动和两级机关学习型、务实型、服务型、创新型、廉洁型"五型机关建设"活动。

▲1月6日　集团公司召开干部大会。会议宣布罗海滨为党委书记、董事长,倪真为党委副书记、总经理人选,周晓兵为党委副书记、纪委书记,邱卫为党委副书记、工会主席人选,张宇川为党委委员、副总经理人选,陈培荣为党委委员、总会计师人选。

▲2月26日　集团公司在湖南长沙召开首次工作会议。会议确定集团公司2014年工作指导思想、基本思路、奋斗目标和主要措施。

▲3月18日　集团公司在湖南长沙举行成立大会。湖南省副省长张剑飞,长沙市市长胡衡华,中国铁建董事长、党委书记孟凤朝,中国铁建总裁张宗言出席成立大会并揭牌。

▲3月19日　集团公司召开党的群众路线教育实践活动动员大会。

▲3月　南昌建设有限公司获国家高新技术企业称号。

▲3月　二公司参建的海南东环铁路工程获国家优质工程奖。

▲5月15日　北京工程有限公司承建的勒泰商业综合体项目开工建设,总建筑面积72.8万平方米。

▲5月16日　集团公司参建的中国首条拥有完全自主知识产权的中低速磁悬浮铁路——长沙磁悬浮铁路工程开工建设。

▲5月18日　第一工程有限公司在山西太原揭牌成立。

▲6月18日　集团公司标杆项目观摩会暨标准

化管理启动会在山东济南举行。集团公司、工程公司、项目部三级管理骨干170余人参加现场观摩和标准化管理启动会。

▲7月8日　中国铁建党委副书记、纪委书记齐晓飞一行在集团公司调研指导。

▲8月25日　集团公司技术中心通过湖南省级技术中心认定。

▲9月24日　中国铁路总工会中铁城建集团有限公司工会第一次代表大会在湖南长沙召开，湖南省总工会党组成员、副主席、女职工委员会主任周乐红出席会议并作重要讲话。

▲9月25日　集团公司就总部落户湖南长沙岳麓区正式签订落户框架协议。

▲10月21日　国务院国资委监事会第八办事处副主任朱文山一行到集团公司考察。

▲10月30日　集团公司召开干部大会，中国铁建党委副书记、副董事长、工会主席彭树贵出席。会议宣布申景涛、王忠良、张晓峰为中铁城建集团公司副总经理人选、党委委员。

▲10月31日　集团公司获取房屋建筑施工总承包特级资质。

▲11月21日　集团公司取得安全生产许可证。

▲11月23日　集团公司通过质量、环境、职业健康安全管理体系认证。

▲12月4日　中国铁建总会计师王秀明一行到集团公司机关调研指导。

▲12月12日　中国铁建副董事长、党委副书记、工会主席彭树贵，非执行董事葛付兴，独立非执行董事辛定华、承文等董事会成员到集团公司机关调研。

▲12月26日　集团公司参建的济南西站工程获2013—2014年度国家优质工程奖。　（李　卓）

北京铁城建设监理有限责任公司

【简况】　北京铁城建设监理有限责任公司成立于1996年1月，前身是中国铁道建筑总公司建设监理分公司，1998年11月完成股份制改革，2006年9月进一步完善法人治理结构，设立董事会和监事会。公司驻北京市海淀区复兴路40号。下辖2个区域经营事业部、4个全资子公司、1个中外合资控股公司、22个分公司和近140个项目监理站。公司是中国建设监理协会常务理事单位、北京市建设监理协会副会长单位、中国铁道工程建设协会建设监理专业委员会常务委员单位和中国设备监理协会常务理事单位、北京市人防协会理事单位，被原铁道部确定为首批做强做大试点监理企业，具有铁路工程、公路工程、市政公用工程、房屋建筑工程、人防工程、地质灾害防治工程、设备监理甲级资质和电力工程监理乙级资质及工程咨询丙级、地基基础专项检测资质。固定资产净值1339万元。试验、检测设备800余台（套）。

2014年新签合同额5.42亿元，完成建筑安装总投资约440亿元，实现营业收入4亿元，实现净利润2056万元。在岗职工年人均收入7.83万元。国有资产增值保值率126.22%，净资产收益率23.20%，产值利润率7.26%，资产负债率73.56%。年内，获中国土木工程詹天佑奖1项、中国建设工程鲁班奖2项、改革开放35周年百项经典暨精品工程2项、国家优质工程奖1项；公司被评为北京市2013—2014年度诚信监理企业。　（李　馨　龚成术）

【领导人员】

董事会

董事长	王　鉴
董　事	贾晖东
	李克贤
	蔡梅群
	朱仰存

经理层

总经理	王　鉴（兼）
副总经理	贾晖东（兼）
	李克贤
	蔡梅群
总会计师	蔡梅群（兼）
总工程师	李克贤（兼）
总法律顾问	朱仰存（兼）

党群领导

党委书记	贾晖东
党委副书记	王　鉴
工会主席	朱仰存

（许　婕）

【主要工程项目监理机构】　西安北站工程监理站　驻陕西省西安市，总监宋玉库。

西成铁路客运专线陕西段工程监理站　驻陕西省汉中市宁强县，总监孙庆卫。

渝黔铁路工程监理项目部　驻重庆市巴南区，总监李巨才。

成绵乐铁路客运专线工程监理项目部　驻四川省绵阳市，总监蔡旭。

贵广铁路工程监理项目部　驻广西壮族自治区贺州市，总监路跃军。

京津城际延长线工程监理站　驻天津市，总监邵福元。

准朔铁路工程监理站　驻山西省忻州市，总监艾国民。

兰渝铁路3标段工程监理站　驻甘肃省定西市岷县，总监朱世伟。

西格二线关角隧道工程监理站　驻青海省海西蒙古族自治州乌兰县，总监杨多军。

兰渝铁路13标段工程监理站　驻重庆市，总监梅东冬。

宁安铁路工程监理站　驻安徽省芜湖市，总监张校东。

兰新铁路二线西大段工程监理站　驻青海省西宁市，总监虞传海。

郑徐铁路客运专线工程监理项目部　驻河南省永城市，总监樊金奎。

拉林铁路工程监理项目部　驻西藏自治区山南市桑日县，总监邹安全。

兰新铁路二线甘青段工程监理站　驻甘肃省嘉峪关市，总监安宁。

兰新铁路二线新疆段工程监理站　驻新疆维吾尔自治区哈密市，总监孙宇。

杭长铁路客运专线工程监理项目部　驻浙江省金华市，总监袁国忠。

云桂铁路工程监理项目部　驻广西壮族自治区百色市，总监黄景辉。

成渝铁路客运专线工程监理项目部　驻重庆市，总监王有鹏。

张唐铁路工程监理项目部　驻河北省唐山市，总监戴刚。

津保铁路工程监理项目部　驻天津市，总监王彬。

山西中南部通道工程监理项目部　驻山西省临汾市隰县，总监葛强。

成兰铁路工程监理项目部　驻四川省绵阳市安县，总监白春生。

成贵铁路工程监理项目部　驻贵州省毕节市大方县，总监白秀峰。

沪昆铁路扩能改造工程监理站　驻湖南省娄底市，总监唐迎春。

昆明市域铁路晋宁一期工程监理站　驻云南省昆明市，总监陈铭君。

乌鲁木齐新客站站房工程监理站　驻新疆维吾尔自治区乌鲁木齐市，总监尹肃。

西成铁路客运专线四川段工程监理项目部　驻四川省绵阳市，总监黄平原。

昆明南站站房工程监理站　驻云南省昆明市，总监韩振明。

福平铁路工程监理站　驻福建省长乐市，总监许景龙。

广佛环城际工程项目监理站　驻广东省佛山市，总监王甲成。

锦阜高速铁路工程监理项目部　驻辽宁省锦州市黑山县，总监侯和利。

沪通铁路工程监理项目部　驻江苏省常熟市，总监郭凤武。

连盐铁路工程监理项目部　驻江苏省连云港市，总监刘青。

青莲铁路工程监理项目部　驻山东省胶南市，总监田言军。

东莞站房工程监理项目部　驻广东省东莞市，总监彭国良。

格库铁路工程监理项目部　驻青海省格尔木市，总监王卫华。

海南西环线工程监理项目部　驻海南省儋州市，总监尹红喜。

九景衢铁路监工程理项目部　驻江西省婺源市，总监王喆。

田桓铁路工程监理站　驻辽宁省本溪市桓仁县，总监洪金广。

中俄同江大桥工程监理项目部　驻黑龙江省同江市，总监呼世玺。

京沈铁路客运专线京冀段工程监理项目部　驻河北省承德市平泉县，总监方路。

京沈铁路客运专线辽宁段工程监理项目部　驻辽宁省凌源市，总监谢全红。

哈佳铁路客运专线工程监理项目部　驻黑龙江省佳木斯市，总监秦学生。

九江长江大桥工程监理项目部　驻江西省九江市，总监冯卫红。

南昌站改造工程监理项目部　驻江西省南昌市，总监许万里。

瑞九铁路工程监理项目部　驻江西省瑞昌市，总监谢怀庆。

兴保铁路工程监理站　驻山西省忻州市保德县，总监敬廷银。

宁西铁路二线工程监理站　驻河南信阳市，总监赵连胜。

昆明地铁3号线车站工程监理站　驻云南省昆明

市，总监梁远宴。

上海地铁信号工程监理站　驻上海市，总监张强。

西安地铁4号线工程监理站　驻陕西省西安市，总监曹桂才。

深圳地铁11号线工程监理站　驻广东省深圳市，总监何科禄。

深圳地铁9号线工程监理站　驻广东省深圳市，总监柴浩强。

成都地铁3号线工程监理站　驻四川省成都市，总监伍玉江。

成都地铁7号线工程监理站　驻四川省成都市，总监赵维录。

南宁地铁2号线工程监理项目部　驻广西壮族自治区南宁市，总监余世海。

青岛地铁2号线工程监理站　驻山东省青岛市，总监李任良。

海口市海秀快速路工程监理站　驻海南省海口市，总监谢湘霞。

石家庄地铁1号线工程监理项目部　驻河北省石家庄市，总监赵云飞。

中石油陕京四线工程监理项目部　驻北京市怀柔区，总监李之桃。

中石油三线中段工程监理项目部　驻江西省萍乡市，总监杨成宽。

杭州环城北路地下工程监理项目部　驻浙江省杭州市，总监翟耀武。

杭州地铁4号线工程监理项目部　驻浙江省杭州市，总监秦林红。

天津地铁1号线工程监理项目部　驻天津市，总监沈永瑰。

天津地铁6号线工程监理项目部　驻天津市，总监周润。

成都地铁3、4号线工程监理项目部　驻四川省成都市，总监李源。

长春地铁1号线监理项目部　驻吉林省长春市，总监杨寿新。

白云机场城轨工程监理项目部　驻广东省广州市，总监丁文成。

广梅汕二线工程监理项目部　驻广东省潮州市，总监周子成。

珠海现代有轨电车工程监理项目部　驻广东省珠海市，总监钱文忠。

温州市域铁路S1线工程监理项目部　驻浙江省温州市，总监王兰军。

山西吕梁新城桥梁工程监理站　驻山西省吕梁市，总监高杰。

北京东洲家园房建工程项目监理部　驻北京市，总监崔建永。

资兴高速公路工程监理项目部　驻广西壮族自治区桂林市，总监周国强。

成都简蒲工程高速公路监理项目部　驻四川省成都市，总监叶志伟。

京新高速公路临白段（蒙甘界）工程监理项目部　驻内蒙古自治区巴彦淖尔，总监黄丹伟。（龚成术）

【职工队伍】　正式员工86人，年平均从业人员2963人，其中高级职称513人、中级职称1455人、初级职称589人。注册监理人员1852人，其中注册监理工程师232人、造价工程师25人、安全工程师112人、咨询工程师7人、一级建造师58人、设备监理工程师49人、人防监理工程师24人、铁道部注册监理工程师1300人、其他省部级注册监理工程师45人。（王玉洁）

【经营管理】　2014年，公司围绕“以深化改革为动力，提质增效为重点，坚持稳中求进”的工作思路，适度扩大经营规模，持续强化基础建设，提升服务质量和效率。提高经营含金量，坚决放弃高风险低效益项目投标。拓展公路市场，收购北京中港路通工程管理有限公司。北京汇信志勤信息技术有限公司新签合同额近千万，进入发展快车道。在监项目进展顺利，质量安全总体可控，企业内控管理持续加强。全面开启以区域经营和项目集中管理为核心的新一轮企业改革，不断提高企业管控的精益化和专业化。（龚成术）

【科技创新】　公司开发的项目管理系统获铁道科学技术奖；投标审批管理系统通过著作权评审登记；积极探索基于BIM技术的工程项目精细化管理方法与技术，与清华大学土木工程学院、香港理工大学建筑虚拟实验室等BIM研究权威机构合作，确立“以提高工程项目生产效率”为目标，以“先试后建”为核心思路的BIM应用方向。参与国家、地方、行业标准制定，青岛市建设主管部门委托公司编制的《青岛市城市轨道交通工程安全管理资料规程》发布使用；受国家铁路局委托，公司起草《铁路工程建设安全生产管理规定》，研究大纲通过专家评审。（龚成术）

【教育培训】　公司坚持“德才兼备、以德为先、任人唯贤”的用人标准、“内培外引、特需优先”的人才发展思路和“用业绩说话，无功即是过”的考核准则，全年提拔优秀青年干部80名。鼓励在职员工拓展知识面、提升业务能力，各单位重视培训力度，全年组织各类职业资格培训和继续教育39期1600人次，新增注册监理工程师 67 名,其他职业资格注册人员 36 名。监理队伍稳定,人员专业结构、职称结构、年龄结构满足监理工作需要。（王玉洁）

【党群工作】 3 月,公司开展党的群众路线教育实践活动。严格落实党风廉政建设"两个责任",与所属单位签订"党风廉政建设责任书",构建预防和惩治腐败的责任体系。开展宣传教育活动,与陕西省宁强县人民检察院在西成铁路客运专线陕西段监理站联合举办预防职务犯罪法制宣传讲座。

公司工会以"共筑铁建梦"为主题,以弘扬"铁城大家文化"为着力点,以构建和谐劳动关系为主线,坚持维权聚家、强基立家、和谐固家、发展兴家,推动企业与职工效益共享、利益共享。加强基层组织建设,深入开展"面对面、心贴心、实打实服务职工在基层"活动,务实服务职工,保障职工合法权益。修订《"三不让"基金实施办法》,开展困难职工帮扶、应急救助等活动。表彰第一届"建功铁城"先进单位和先进个人,激励广大职工勤奋劳动、诚实劳动、创新劳动,为建设美好铁城拼搏奉献,建功立业。（田春珍）

【北京铁城信诺工程检测有限公司】 2008 年 9 月成立。驻北京市复兴路 40 号。副经理步启军(主持工作,11 月任)。员工 20 人。

2014 年新签合同额 830 万元,完成营业收入 500 万元。（路利凤）

【北京中德工程咨询公司】 2010 年 9 月成立。注册资金 600 万元,公司控股 51%,德方持股 49%。驻北京市朝阳区东三环北路丙 2 号。经理延斯乌利西。员工 56 人。

2014 年完成营业收入 1779 万元。（梁兆佳）

【北京汇信志勤信息技术公司】 2013 年 5 月成立。驻北京市海淀区复兴路 40 号院。经理任军。员工 30 人。

2014 年新签合同额 913 万元,完成营业收入 492 万元。（孟丽君）

【北京中港路通工程管理有限公司】 2014 年 4 月,公司以 100% 的股权收购,注册资金 800 万元。驻北京市通州区马驹桥镇联东 U 谷。经理张海东。员工 340 人。

2014 年新签合同额 10800 万元,完成营业收入 2326 万元。（李艺璇）

【成都分公司】 2001 年 7 月成立。驻四川省成都市。经理阎平。员工 25 人。

2014 年完成营业收入 374 万元。（田　源）

【南京分公司】 2004 年 10 月成立。驻河南省郑州市。经理谢怀庆。员工 80 人。

2014 年完成营业收入 964 万元。（张　静）

【天津分公司】 前身是北京铁城建设监理有限责任公司第一分公司,2005 年 8 月改为现名。驻北京市朝阳区。经理陆裕云。员工 120 人。

2014 完成营业收入 1720 万元。（寇田喜）

【深圳分公司】 2007 年 9 月成立。驻广东省深圳市福田区。经理高建华。员工 90 人。

2014 年完成营业收入 1278 万元。（李　林）

【合肥分公司】 2008 年 4 月成立。驻安徽省合肥市。经理袁国忠。员工 60 人。

2014 年完成营业收入 1026 万元。（李　华）

【重庆分公司】 2008 年 12 月成立。驻重庆市渝北区洪湖东路 51 号。经理甘平。员工 177 人。

2014 年完成营业收入 1974 万元。（王　琴）

【电气化分公司】 2008 年 12 月成立。驻北京市海淀区复兴路 40 号。经理王亚林。员工 66 人。

2014 年完成营业收入 746 万元。（黄　琳）

【上海分公司】 2010 年 1 月成立。驻上海市闸北区。经理沈志林。员工 193 人。

2014 年完成营业收入 1332 万元。（倪　丽）

【兰州分公司】 2010 年 1 月成立。驻甘肃省兰州市。经理马增禄。工员 67 人。

2014 年完成营业收入 1179 万元。（李玉哲）

【广州分公司】 2010 年 3 月成立。驻广东省广州市花都区公益路 23 号北座钻石商务大厦 1601 室。经理张文建。员工 151 人。

2014 年完成营业收入(含珠海)2668 万元。（张　晶）

【青岛分公司】 2010 年 10 月成立。驻山东省青岛市四方区重庆南路 298 号。经理艾连庆。员工 56 人。

2014 年完成营业收入 576 万元。（董伟伟）

【建超分公司】 前身是成立于2009年4月的房建事业部,2011年8月改为现名。驻北京市海淀区复兴路甲36号。经理吴晓媛。员工186人。

2014年年完成营业收入1516万元。 (龚芋江)

【昆明分公司】 2011年11月成立。驻云南省昆明市。经理李韵铭。员工130人。

2014年完成营业收入1008万元。 (何克凤)

【杭州分公司】 2012年3月成立。驻浙江省杭州市。经理宣丽君。员工35人。

2014年完成营业收入301万元。 (汪秉珂)

【南昌分公司】 2012年4月成立。驻江西省南昌市。经理童元忠。员工66人。

2014年完成营业收入779万元。 (徐泽峰)

【银川分公司】 2012年5月成立。驻宁夏回族自治区银川市。经理张校东。员工69人。

2014年完成营业收入391万元。 (刘倩倩)

【长春分公司】 2012年6月成立。驻吉林省长春市。经理张春林。员工48人。

2014年完成营业收入614万元。 (侯月圆)

【辽宁分公司】 2013年2月成立。驻辽宁省沈阳市。经理孙洪海。员工200人。

2014年完成营业收入1711万元。 (胡佳文)

【太原分公司】 2013年1月成立。驻山西省太原市。经理邸爱民。员工16人。

2014年完成营业收入840万元。 (王 庚)

【重要记载】

▲1月21日 公司一届二次职工代表大会暨2014年工作会议召开。

▲1月15日 公司获2012—2013年度北京市优秀监理企业、北京市诚信监理企业称号。

▲2月26日 公司监理的中俄同江—下列宁斯阔耶铁路界河桥工程开工建设。黑龙江省省委书记、省人大常委会主任王宪魁,中国铁路总公司副总经理卢春房,俄方铁道部副部长等出席奠基仪式。

▲4月10日 公司设备监理资格实现扩项,新增铁道和城市轨道交通工程车辆甲级,扩充铁道和城市轨道交通工程线路、铁道和城市轨道交通工程电力及牵引供电系统、铁道和城市轨道交通工程自动化控制系统、热力及燃气工程设备等乙级资格监理专业范围。

▲4月15日 公司完成北京中港路通工程管理有限公司100%股权的收购工作。

▲4月 北京汇信志勤信息技术有限公司独立研发完成的投标审批管理系统,经国家版权局审核,通过著作权评审,核发“投标审批管理系统V1.0”计算机软件著作权登记证书。

▲5月6日 青海省委副书记、省长郝鹏一行到公司监理的西格铁路二线关角隧道工程调研。

▲5月14日 云南省委副书记、省长李纪恒考察公司监理的昆明南站工程。

▲5月15日 中共中央政治局委员、中央军委副主席许其亮在出访斯里兰卡期间,在中国驻斯里兰卡大使吴江浩等陪同下,视察由中国政府援助建设、公司负责维修工程监理的斯里兰卡班达拉奈克国际会议中心。

▲5月23日 北京汇信志勤信息技术有限公司研发的中国铁建共青团管理系统通过验收。

▲7月25日 成渝铁路客运专线监理项目部获重庆市工人先锋号称号。

▲9月10—12日 公司在辽宁沈阳召开区域经营工作推进会,部署推进区域经营的各项工作。

▲10月14日 北京汇信志勤信息技术有限公司研发的监理项目管理系统获铁道科学技术三等奖。

▲10月28日 公司监理的青藏铁路格拉段和京沪高速铁路两项工程被评为改革开放35周年百项经典暨精品工程。

▲10月30日 在中国驻斯里兰卡大使馆经商参处的主持下,公司监理的援斯里兰卡班厦维修项目移交给斯方班厦管理委员会使用。

▲11月5日 公司参与监理的京沪高速铁路获第十二届中国土木工程詹天佑奖。

▲11月14—15日 公司在海南西环线项目召开项目管理推进会,专题研究改进和创新项目管理。

▲11月27日 受国家铁路局工程监督管理司委托,公司邀请国家铁路局、中国铁路总公司、北京铁路局、中国中铁、中国铁建等业内安全管理方面的专家对由公司起草的《铁路建设工程安全生产管理规定》研究大纲进行首次论证。

▲12月14日 云南省委书记李纪恒一行到公司监理的昆明南新客站施工现场,就推进滇中城市一体化发展进行实地调研。

▲12月20日 公司参与监理的成绵乐铁路客运专线开通运营。

▲12月26日 公司参与监理的贵广铁路、兰新铁路二线、山西中南部铁路通道开通运营。

▲12 月 28 日　公司监理的西格铁路二线关角隧道开通运营。（龚成术）

中国铁建投资有限公司

【简况】　中国铁建投资有限公司（以下简称投资公司）于 2011 年 5 月 18 日在北京成立，是中国铁建股份有限公司的全资子公司，初始注册资本金 30 亿元。2012 年 12 月，注册资本金增加到 100 亿元。2014 年 2 月 14 日注册地由北京市迁至广东省珠海市横琴新区。公司业务涵盖高速公路、铁路、市政工程、轨道交通、城市综合开发、土地开发、矿产资源等投资、金融、旅游开发等股权投资类项目。下设区域公司 5 个、项目公司 16 个、建设指挥部 14 个。职工 247 人。资产总额 400.47 亿元。

2014 年新签合同额 413.68 亿元，完成营业收入 67.61 亿元，实现利润 13.19 亿元。资产负债率 69.26%。（张　森　张　媛）

【领导人员】

董事会

董事长	李　宁
董　事	王　巍
	李振刚

监事会

监　事	王泽泉

经理层

总经理	王　巍
副总经理	李振刚
	谭振武
	申　伟（1 月任）
	王　闯
	刘虎军
	刘青林（9 月任）
	李卫华（9 月任）
	范永芳（9 月任）
总会计师	王　闯

党群领导

党委书记	李　宁
党委副书记	王　巍
纪委书记	王泽泉（9 月任）
工会筹备委员会主任	李振刚（兼）

（李　爽）

【所属公司及项目指挥机构】　中铁建西藏投资管理有限公司　驻西藏自治区拉萨市经济技术开发区林琼岗 13－1 号。执行董事、总经理王闯。

中铁建西南（重庆）投资建设管理有限公司　驻重庆市江北区复盛镇正街（政府大楼）5 层。执行董事、总经理刘虎军。

中铁建南方投资有限公司　驻广东省珠海市香洲区海滨南路 88 号财富商务大厦 16 楼。执行董事、总经理李寿福，党委书记张新斌。

中铁建华东投资有限公司　驻江苏省南京市鼓楼区广州路 5 号君临国际 2 栋 21 楼。执行董事、总经理许玉和。

中铁建山东投资有限公司　驻山东省青岛市崂山区苗岭路 29 号山东高速大厦 7 楼。执行董事、总经理刘生秀。

中铁建山东京沪高速公路济乐有限公司　驻山东省济南市高新技术开发区天辰大街 1188 号。董事长孟乔然，总经理吴登义（合资方）。

中铁建湛江开发有限公司　驻广东省湛江市人民大道中 46 号中国建设银行 10 层。董事长、总经理、党工委书记郑玉欣。

中铁建桂林投资有限公司　驻广西壮族自治区桂林市万福路 88 号广州军区桂林疗养院宝贤楼。董事长、总经理、党委书记戴保民。

中铁建金鹰投资有限公司　驻北京市海淀区复兴路 40 号铁建大厦 A 座 5 楼。董事长陆凯，总经理冯建川（合资方）。

中铁建贵州安紫高速公路有限公司　驻贵州省安顺市西秀区新大十字建设银行大厦 13 楼。执行董事、党委书记、总经理马涛。

中铁建四川简蒲高速公路有限公司　驻四川省眉山市东坡区东坡真大北街。董事长、总经理范军，党委书记郑刚。

中铁建珠海西部投资开发有限公司　驻广东省珠海市金湾区红旗镇双湖北路华信荣楼东区。董事长、总经理常铁良。

中铁建兰州地铁投资有限公司　驻甘肃省兰州市城关区皋兰路 35 号。执行董事高志明，党委书记赵广正，总经理汤宝东。

中铁建甘肃投资建设有限公司　驻甘肃省兰州市城关区皋兰路 35 号。执行董事、总经理、党委书记高志明。

青岛蓝色硅谷轨道交通有限公司　驻山东省青岛市崂山区苗岭路 29 号山东高速大厦 7 楼。执行董事、总经理刘生秀。

中铁建山东济徐高速公路济鱼有限公司　驻山东

省济宁市任城区红星中路37号明冉大厦。执行董事、总经理、党委书记戚喜章。

中铁建(山东)德商高速公路有限公司　驻山东省聊城市东昌东路南柳园南路东新东方国际A栋8层810。执行董事、总经理、党委书记牛之印。

中铁建珠海投资开发有限公司　驻广东省珠海市金湾区红旗镇双湖北路华信荣楼东区。执行董事、党工委书记常铁良、总经理阮兴。

中铁建置业有限公司　驻北京市丰台区蒲安东里9号楼2层212室。执行董事、党委书记、总经理唐刚。

中铁建重庆轨道环线项目建设管理有限公司　驻重庆市渝北区财富中心财富园财富1号B幢6楼。执行董事、总经理李新民,党工委书记王成。

珠海铁建大厦置业有限公司　驻广东省珠海市横琴新区宝中路6号105室-277。执行董事魏佳中,副总经理刘龙(主持工作)。

中铁建青岛投资有限公司　驻山东省青岛市市北区瑞昌路168号汇通大厦6层。执行董事冯鹏,副总经理李宏杰(主持工作)。

中国铁建重庆市轨道交通环线二期工程建设指挥部　驻重庆市渝北区财富中心财富园财富1号B幢4楼。指挥长李新民。

中国铁建投资有限公司西北投资建设指挥部　驻甘肃省兰州市城关区皋兰路35号。指挥长、党工委书记高志明。2014年3月3日注销。

中铁建湛江东海岛工程建设指挥部　驻广东省湛江市人民大道中46号中国建设银行10层。指挥长郝文洲。

中铁建青岛蓝色硅谷轨道交通工程建设指挥部　驻山东省青岛市崂山区苗岭路29号山东高速大厦7楼。指挥长刘生秀。

中国铁建山东济鱼高速公路工程建设指挥部　驻山东省济宁市任城区红星中路37号明冉大厦。指挥长童鹏。

中国铁建山东德商高速公路工程建设指挥部　驻山东省聊城市东昌东路南柳园南路东新东方国际A栋8层810。指挥长牛之印。

中铁建珠海西部中心城区首期开发区域(B片区)基础设施工程建设指挥部　驻广东省珠海市金湾区红旗镇双湖路北段华信荣楼东区。指挥长常铁良。

中国铁建昆明市二环改扩建工程指挥部　驻云南省昆明市西山区福景路38号。指挥长琚建明,常务副指挥长黄小通。

中国铁建股份公司鱼洞长江大桥指挥部　驻重庆市巴南区鱼洞镇江滨路30号1号楼。指挥长王闯。

中国铁建贵阳工程建设指挥部　驻贵州省贵阳市金阳新区世纪城龙锦苑21栋。指挥长琚建明。

中国铁建成渝高速公路复线工程指挥部　驻重庆市。指挥长罗玉刚,党工委书记郑刚。

中国铁建南京青奥轴线地下工程指挥部　驻江苏省南京市鼓楼区广州路5号君临国际2栋21。党工委书记、指挥长许玉和。

中国铁建禄大和九宜公路建设指挥部　驻云南省昆明市西山区福景路38号。指挥长琚建明,常务副指挥长黄小通。

中国铁建投资有限公司联合体云南麻昭高速铁路B标段项目办公室　驻云南省昭通市昭阳区环城东路122号。指挥长王江来。

中国铁建长春地铁2号线工程指挥部　驻吉林省长春市关南区亚泰大街3218号。指挥长冯涛。

(张　森　张　媛)

【职工队伍】　在编员工247人,其中高级职务119人、中级职务49人、初级职务28人。专业结构:工程系列135人,经济系列62人,会计系列43人,政工系列7人;学历结构:博士8人,硕士79人,本科143人,大专16人,中专1人。年内增加员工65人,其中接收院校毕业生16人、调入49人。(朱川青)

【资本运营项目】　济乐高速公路(济南至乐陵段)BOT项目　全长114.87千米,建设标准为双向6车道高速公路,设计时速120千米,总投资75.42亿元。项目进入运营期。

成渝高速公路复线(重庆段)BOT项目　全长78.63千米,建设标准为双向6车道高速公路,设计时速120千米,总投资85.4亿元。由中国铁建股份有限公司和重庆高速集团按股比40:60出资,组建重庆渝蓉高速公路有限公司负责项目建设管理工作。项目进入运营期。2014年通行费收入9271.97万元,通行量2673260辆。

广西资源至兴安高速公路BOT项目　全长约83千米,项目建设标准为双向4车道高速公路,设计时速100千米,总投资94.69亿元。由投资公司与中铁第一勘察设计院集团有限公司按股比80:20出资。截至2014年年底,开工累计完成投资29.9亿元。

山东省德商高速公路夏津至聊城段BOT项目　全长约64千米,建设标准为双向4车道高速公路,设计时速120千米,总投资33.8亿元。截至2014年年底,开工累计完成投资18.1亿元。

济南至徐州高速公路济宁至鱼台(鲁苏界)段

BOT 项目　全长约 72 千米，建设标准为双向 4 车道高速公路，设计时速 120 千米，总投资 51.8 亿元，截至 2014 年年底，开工累计完成投资 18.69 亿元。

成都经济区环线高速公路简阳至蒲江段 BOT 项目　全长 127.4 千米，建设标准为双向 6 车道高速公路，设计时速 100 千米，总投资 155.1 亿元。由投资公司与中铁二十局集团有限公司按股比 80∶20 出资。截至 2014 年年底，开工累计完成投资 33.75 亿元。

贵州安顺至紫云高速公路 BOT 项目　全长 55.84 千米，建设标准为双向 4 车道高速公路，设计时速 80 千米～100 千米，项目总投资 49.968 亿元。截至 2014 年底，开工累计完成投资 1.28 亿元。

兰州市城市轨道交通 1 号线一期工程试验段土建施工 BT 项目　包括 2 个车站 1 个区间，即世纪大道站，全长 305.15 米，标准宽度 21.6 米，总高 13.74 米，车站总建筑面积 17608.98 平方米；世纪大道站至迎门滩站区间沿银安路设置，右线全长 574.649 米，左线全长 652.823 米；迎门滩站主体净长 242.05 米，车站总建筑面积 15110.64 平方米，共设 5 个出入口。总投资额为 3.79 亿元，2012 年开工。截至 2014 年 12 月 31 日，具备施工条件的项目已按期完工，开工累计完成建安产值 2.7 亿元，累计投入资金 2.3 亿元。根据提前回购协议完成 4 次回购，收回本金 2.5 亿元，收回建设期利息 1016 万元。完工工程完成回购 90%，剩余 5% 的质保金及 5% 的预留审计金，待交工并审计完成后，按合同约定收回。

南京市梅子洲青奥轴线工程 BT 项目　路线主线长 1668 米，11 条匝道总长 2896 米，滨江大道下穿隧道 1258 米，地下空间开发 24109 平方米。该项目是南京市 2014 年第二届世界青年奥林匹克运动会的重点交通配套工程。已开始回购。

青岛蓝色硅谷城际轨道交通工程 BT 项目　全长 58.44 千米，总投资 189.8 亿元。截至 2014 年底，开工累计完成投资 27.11 亿元。

长春地铁 2 号线一期工程 BT 项目　线路全长 20.45 千米，设车站 17 座，换乘站 6 座，西湖车辆段 1 座。计划工期 5 年，总投资 160 亿元，资本金比例为工程总投资的 25%，约 40 亿元。截至 2014 年年底，开工累计完成投资 5.15 亿元。

重庆市轨道环线二期（上浩至重庆西南段）工程 BT 项目　全长 19.07 千米。计划工期 4 年，总投资额 92.8 亿元。计划 2017 年底完工。

云南省渝昆高速麻柳湾至昭通段高速公路 B 标段项目　线路长 14.38 千米，建设标准为双向 4 车道高速公路，设计时速 80 千米，总投资 22.87 亿元，截至 2014 年年底，开工累计完成投资 18.69 亿元。完成五次回购，回购股权合计 5.8 亿元。

广东省湛江东海岛综合开发项目　分为两大板块，分别是东海岛北部的石化产业园区和东海岛南部围填海工程，其中北部投资 100 亿元、南部投资 200 亿元。北部石化产业区主要作为石化下游产业链生产基地和集散码头，规划面积 3000 万平方米；围填海工程陆域形成 927.44 万平方米。截至 2014 年年底，开工累计完成投资 22.9 亿元。

兰州市崔家大滩土地一级开发项目　总占地面积 267 万平方米，总投资 100 亿元。截至 2014 年底，项目累计收储土地 59 万平方米，中国铁建共支付兰州市七里河区政府征拆资金 11.835 亿元。

珠海西部中心城区（A 片区）土地一级开发项目　开发面积 402 万平方米，总投资 76.54 亿元。由投资公司和中铁第四勘察设计院集团有限公司按股比 60∶40 出资。2014 年 10 月注册成立中铁建珠海西部投资开发有限公司作为项目的实施主体。

珠海市西部城区 B 片区土地一级开发项目　开发面积 658 万平方米，总投资 98.5 亿元。公司成立中铁建珠海投资开发有限公司负责该项目的投资及建设管理。截至 2014 年底，开工累计完成投资 6.54 亿元。

北京东铁营棚户区改造项目　土地总面积 55 万平方米，共分 23 个地块，涉及拆迁农（居）民 5136 户。总投资 122.6 亿元。2014 年 10 月 31 日，项目成为北京市第一个纳入国家开发银行省级统贷平台的棚改项目，获得 100.9 亿元征拆融资。截至 2014 年底，开工累计完成投资 13.55 亿元。

珠海铁建大厦项目　占地总面积 1.73 万平方米，总投资 25 亿元，拟建含办公、公寓、商业的超高层商业综合体，计划 2019 年 12 月竣工验收。

厄瓜多尔铜矿项目　2009 年 12 月 10 日，中国铁建股份有限公司和铜陵有色金属集团控股有限公司共同出资成立中铁建铜冠投资有限公司，作为厄瓜多尔铜矿项目开发的实施主体，双方股东原出资比例 50%∶50%。2012 年 4 月，中国铁建股份有限公司授权委托中国铁建投资有限公司负责该公司的股权管理。2013 年 12 月 24 日完成股权调整，中国铁建股份有限公司持股 30%，铜陵有色金属集团控股有限公司持股 70%。2014 年 9 月 28 日，中铁建铜冠投资有限公司召开二届三次董事会和年度第二次股东会会议，一致通过《初步设计》，并就单体项目优化提出明确要求，最终确定：米拉多项目建设总投资概算 18.92 亿美元；建设工期 48 个月，开工 36 个月后形成 1000 万吨/年规模，开工 48 个月后形成 2000 万吨/年规模。当前制约米拉多铜矿投资建设的关键因素均取得重大突破，相关附属设施开工建设，为项目全面开工建设创造了条件。

纳(溪)叙(永)铁路项目　全长79.599千米,2004年11月开工,2011年3月竣工验收,2009年7月开通运行,总投资19.23亿元,中国铁建总投入12215万元。2014年1月13日,四川纳叙铁路有限责任公司与泸州川铁铁路有限责任公司合并后公司名称变更为川铁(泸州)铁路有限责任公司,公司注册资本金138208.23万元,由四川省铁路集团有限责任公司持股50.80%、泸州市兴泸投资集团有限公司持股33.93%、中国铁建持股8.84%和中国铁路建设投资公司持股6.43%四家股东共同出资组建。

(王　浩　王逸菲　朱凯第　张　森)

【经营管理】　(1)经营承揽。2014年承揽项目5个,新签合同额413.68亿元。其中,BT项目2个,分别为青岛蓝色硅谷城际轨道交通工程BT项目、重庆市轨道交通环线二期工程BT项目;BOT项目1个,为贵州省安顺至紫云高速公路BOT项目;土地一级开发项目2个,分别为北京市丰台区东铁营棚户区改造项目、珠海西部中心城区A片区土地一级开发项目。

(2)企业管理。优化组织机构,增设投资控制部、资金管理部、监察审计部(纪检部)、党群工作部,将原地产和股权投资部分设为房地产投资部和股权投资部,在办公室成立信息中心。加强风控体系建设,把风险内控评价工作扩展到所属三级单位,实现风险内控工作全覆盖。

(3)财务管理。强化管理制度建设,制定《业务招待费管理办法》《差旅费管理办法》《保险资金集中管理暂行办法》等管理制度。开展会计基础工作标准化活动,规范财务管理工作;拟订BT、土地一级开发、BOT项目会计核算办法,加强会计核算工作。享受国家税收优惠政策,全年节约税收成本1.7亿元。提高"营改增"应对能力,抓好"营改增"模拟演练,形成模拟运行报告,进一步增强税务管理能力,有效防范税务风险。

(4)资金管理。制定《融资管理办法》《资金集中管理考核暂行办法》和《资金调剂管理暂行办法》,下发《关于进一步加强资金管理的通知》,把筹融资、资金集中系列管理指标纳入所属单位绩效考核指标体系。9月,融资100.9亿元的丰台东铁营项目成为北京市首家纳入统贷平台的棚改项目,探索发行项目收益债正式启动。公司与13家银行签订综合授信协议,银行为公司提供293亿元的授信额度,保障了投资项目资金需求。年内,公司被中诚信评级机构授予主体AAA等级信用企业。11月,昆明、贵阳3个BT项目回购款融资方案实施,昆明禄大项目通过设立信托计划买断应收账款的方式,将企业债务转换成金融债务,一次性收回禄大公路剩余的32.34亿元回购款;昆明二环项目通过商票保贴、土储贷款等融资方式收回剩余的27.22亿元回购款;贵阳北二环项目通过贵阳市土储融资方案一次性收回11亿元回购款。全年向内部单位调剂资金20亿元,累计节省融资成本约1亿元,实现资金超额收益4211.99万元。

(5)监察审计。2014年,以项目审计为重点,开展德商项目、济鱼项目、长春地铁、珠海B片区4个项目的期中审计;开展长春地铁、南京青奥、重庆轨道3个项目的负责人离任经济责任审计。

(6)法律事务。确立总法律顾问制度,设立专职总法律顾问,17家实际开展经营的项目公司设立兼职总法律顾问,所属31家各项目公司、指挥部设置兼职法律联络员,建立了以总法律顾问为核心、公司法律合规部为主导、项目公司及指挥部法律联络员为支点的法律顾问网络式工作体系。严格执行"四项法律审核"(重大决策、规章制度、经济合同、授权委托书法律审核)制度。组织合同管理专项检查,规范合同管理工作。

(7)安全质量管理。坚持"安全第一、预防为主、综合治理"的工作方针,逐级落实安全质量监督管理责任制。推进施工企业信用评价考核工作,推行安全质量标准化建设,推动"四新"技术应用。创新安全领域"打非治违"专项行动活动形式,开展"每旬一个主题"的专项治理行动,推行检查与培训相结合的教育培训新机制,初步形成适合投资公司发展的安全质量监督管理机制。

(张　婷)

【党群工作】　(1)党的工作。投资公司下设党(工)委16个、党支部36个。3—11月,开展党的群众路线教育实践活动,以为民务实清廉为主题,贯彻整风精神,完成"学习教育、听取意见,查摆问题、开展批评,整改落实、建章立制"三个环节的各项工作。在教育实践活动中,公司两级单位共确定整改项目177项,专项整治项目48项,建立长效机制99项。宣传工作紧扣企业改革发展中心和转型升级重点,在求深、求新、突出亮点上下功夫。加强对企业发展战略推进实施方面的重点跟踪报道;突出对南京青奥、渝蓉高速、济乐高速、德商高速、麻昭高速等重点项目工程进展情况及重要节点的宣传报道;注重在国家实施"走出去"战略、丝绸之路经济带、西部开发等大背景下,展示厄瓜多尔铜矿项目、兰州地铁、简蒲高速、安紫高速等项目取得的成绩,提高公司的社会知名度,全年在省市及行业报刊、中国铁建网站、中国铁道建筑报、中华铁道网等媒体共刊稿200余篇。加强党风廉政建设,配备专职纪委书记,成立纪检部,党风廉政建设纳入党建工作总体规划。制定《中国铁建投资有限公司效能监察工作管理办法》,签订党风廉政建设责任书,建立廉洁档案,坚持领导干部任前廉政谈话制度。开展“三重一大”及中央八项规定贯彻落实监督检查工作,注重违反制度规定的监督检查,对严重违反规定的单位相关人员进行约谈。

(2)工会工作。推进两级工会组织建设,完善民主决策、民主管理和民主监督机制。制定《企务公开实施办法》,明确企务公开的主要内容、公开形式、公开时间和公开程序,公司各项经营管理活动在广大职工的监督下运行。年内组织职工参加员工悦读会系列活动、职工思想状况网络问卷调查、厂务公开民主管理征文、“工会在身边”全国职工微博大赛、第八届中国铁建杯羽毛球赛等活动。

(3)共青团工作。开展“青年文明号”创建工作,2个单位获中国铁建青年文明号称号,3个单位被确定为中国铁建青年文明号创建示范点。组织参加“我的青年梦想在铁建落地开花”演讲比赛、观看“岗位建功创一流,文明点亮中国梦”青年文明号交流展示直播等活动。 (张 媛)

【重要记载】

▲2月12日 公司2014年工作会议、党委(扩大)会议暨党风建设和反腐倡廉工作会议在北京总召开。

▲2月14日 公司注册地迁至广东省珠海市横琴区。

▲2月20日 经公司董事会决定:原地产和股权投资部分设为房地产投资部和股权投资部;成立投资控制部、信息化中心。

▲3月3日 经公司研究决定:撤销中国铁建投资有限公司西北投资建设指挥部。

▲3月11日 召开公司党的群众路线教育实践活动动员大会。

▲3月20日 公司投资建设的BOT项目赤望高速公路安顺至紫云段正式签约。

▲5月29日 国务院国资委第一巡回督导组成员、监事会第14办事处专职监事陈毓晖到公司检查指导群众路线教育实践活动开展情况。

▲9月19日 公司总部增设资金管理部、纪检部、监察审计部;分设党群工作部;将原法律审计部更名为法律合规部。

▲11月3日 公司召开党的群众路线教育实践活动总结大会。

▲11月24日 中国铁建决定由投资公司与铁四院合资设立中铁建珠海西部投资开发有限公司。

▲11月25日 公司投资建设的南京青奥轴线地下工程项目通过竣工验收。

▲11月 国有企业监事会主席吕黄生、中国铁建总会计师王秀明在投资公司总经理王巍陪同下到厄瓜多尔铜矿项目检查指导,对实施走出去战略占有优质资源、有效推进投资项目给予充分肯定。

▲12月15—17日 2014年度投资公司财务工作会议在北京召开。

▲12月16日 国资委第三巡视组到公司开展巡视走访工作。

▲12月18日 中国铁建董事长、党委书记孟凤朝在公司董事长李宁等陪同下到珠海横琴新区,在十字门金融岛中国铁建第一栋完全自主投资开发的超高层商业综合体项目铁建大厦施工现场调研指导,并慰问一线人员。

▲12月24日 中国铁建总裁张宗言,副总裁、总法律顾问庄尚标在公司总经理王巍等陪同下拜访北京市丰台区区委书记杨艺文。双方就加快推进东铁营棚户区改造项目建设工作进行深入交流,并就加大与丰台区的深入合作达成共识。

▲12月31日 昆明禄大九宜、昆明二环BT项目完成回购,贵阳北二环BT项目完成年度回购任务。昆明、贵阳3个完工BT项目2014年实现回购总额78.45亿元,完成年度BT逾期回购款清收计划指标(29亿元)的270%。 (张 媛)

中国铁建财务有限公司

【简况】 中国铁建财务有限公司(以下简称财务公司)是经中国银行业监督管理委员会批准,具有独立法人资格的非银行金融机构。2012年4月18日正式开业运营。2013年8月注册资本金由13亿元增至60亿元。其中,中国铁建股份有限公司出资56.4亿元,占比94%;中国铁道建筑总公司出资3.6亿元,占比6%。注册地北京市海淀区复兴路40号院1号楼中国铁建大厦10层东侧。

2014年完成营业收入14亿元,实现净利润6.21亿元,年末集中各类资金余额352亿元,全年日均资金余额259亿元。 (郭融晖 张国智)

【领导人员】

股东代表 庄尚标
　　　　 戾守义
　　　　 曹锡锐

董事会

董事长	庄尚标
董　事	扆守义
	曹锡锐
	冀　涛
	刘东伟

监事会

监事长	黄少军
监　事	黄健民
	彭长林

经理层

总经理	冀　涛
副总经理	王龙沙

党委会

党委书记	冀　涛
党委委员	果秀娟
	彭长林

（郭融晖）

【职工队伍】 在编员工48名。研究生（含硕士学位）17名，占员工总数的35.42%；高级职务11名，占员工总数的22.92%；35岁以下员工33名，占员工总数的68.75%。2014年有22名员工取得证券从业资格。

（郭融晖）

【信贷业务】 截至2014年底，财务公司累计为37家成员单位核定授信总额283亿元，比2013年增加109亿元；全年累计发放各项贷款152.84亿元，其中自营贷款149.82亿元、票据贴现0.68亿元、融资租赁2.34亿元。各项贷款余额133.23亿元，比2013年增长51.4%。其中，自营贷款129.65亿元，增长54.56%；融资租赁余额3.58亿元，增长151.36%。开立各类非融资性保函32份，金额6.68亿元，年底保函余额7.1亿元，比2013年增长137%。发放委托贷款105笔，金额94.43亿元，年底余额81.44亿元，比2013年增长58.04%。公司房地产开发贷款取得突破，先后为中国铁建房地产集团金达世纪及海丰置业两个项目公司核定17亿元的授信额度，发放房地产开发贷款5.56亿元；同时公司接受农行广西分行邀请，参加其牵头的中国铁建资兴BOT项目银团贷款。全年办理银行承兑汇票贴现业务4笔，贴现票据16张，金额0.68亿元。

（王　丽）

【资金集中】 坚持“加强集团资金集中管理”的功能定位和“以结算促集中，以流量带存量”的基本思路，推动成员单位利用公司平台开展结算业务，通过推进账户开立、资金中心柜台业务转移、建立区域资金池等方式不断提高结算业务规模和资金流量沉淀。截至2014年底，累计开立账户858个，吸收存款余额352亿元；发生结算业务25.4万笔，结算资金流量超过9500亿元，日均余额259亿元。

（王绍义）

【资金和投资业务】 财务公司密切关注资金市场价格和资金供给状况，设置专岗专人，每日关注银行报价，选择最优利率和期限，确保资金安全、监管监测指标符合规定的前提下，最大限度地放大同业利息收入，争取资金收益最大化。截至2014年底，公司与18家银行建立业务往来，累计在外部银行开立账户79个，同业存款余额251.87亿元，日均余额180亿元，全年获取同业利息收入7.28亿元，占营业收入比重为52.01%。6月6日正式取得全国银行间同业拆借业务资质，分别同中行、农行、交行、光大等银行开展同业拆借业务合作，全年拆入资金26笔，累计拆借资金近120亿元，获取利差近百万元。

（张国智）

【业务创新】 2014年，财务公司制定申请行业全牌照方案，成立3三个专项工作小组，分别向人民银行上海总部提出进入全国银行间同业拆借市场的申请，6月6日获得批准，拆借频繁、收益可观；向北京外管局提出开展结售汇业务资质申请，等待审批；向人民银行提出开展电子票据业务申请，获得批准并进行系统测试，待人民银行验收后即可上线运行；向中国银监会正式提出关于开展对金融机构的股权投资、有价证券投资、发行财务公司债券、办理成员单位产品的融资租赁和买方信贷及成员单位之间的委托投资等业务的申请。

（韩　鹏）

【风险管理和内部控制】 财务公司通过获批同业拆借业务资质和增加同业授信额度增强流动性风险控制能力，通过完善定价机制应对利率市场化风险，通过完善信息系统确保信息安全控制到位。2014年，财务公司内控分析和报告机制完备，运行正常，为规范运作发挥了积极作用。财务公司每日收集市场信息，业务实时监控；每季度就制度建设、公司治理、法律合规、监管指标情况向经理层和监管部门作出报告；每年就审计稽核结果、全面风险管理情况向董事会报告。根据银监局提出监管意见制定董事履职评价办法、三会议事规则、合规管理办法；明确贷审会工作任务，调整贷后监控频率；完善内审流程和报告路径；开发系统监测资金头寸、流动性指标和日常风险指标，并加入预警阈值；有序开展法务工作，法律审查率100%；公司业务经营严格限制在审批范围内，内部控制制度设置较为

完善，制度执行情况较好，内部控制有效。（张　帆）

【信息化建设】　2014年，财务公司在信息化建设方面持续优化核心业务系统，改造成员单位对账、回单打印等业务处理流程，丰富系统查询功能，提高系统运行效率和客户使用满意度；顺利完成公司OA协同办公系统的建设工作，实现无纸化办公；接入银行间市场交易中心，完成本币交易系统的在线拆借，增强公司资金融通能力；进一步优化信息系统的数据备份策略，建立远程异地备份机制，保障公司各类信息系统的稳定运行。（岳云飞）

【党群工作】　2014年，财务公司努力传承中国铁建核心价值观和企业精神，促进铁道兵文化和财务公司金融文化的融合。党群工作以"围绕中心、把握大势、服务大局"为总体方针，以开展党的群众路线教育实践活动为契机，把"转作风、促提升、强服务、谋发展"作为党群工作目标，不断增强公司的凝聚力和执行力。一是深入开展党的群众路线教育实践活动，切实改进工作作风。职工群众关注的焦点、热点问题、反映的"四风"问题得到整改，基层党组织的凝聚力和战斗力不断增强。二是认真抓好党建工作，增强企业凝聚力和战斗力。三是切实加强党风建设和反腐倡廉工作，营造风清气正的发展环境，结合公司纪委尚未成立的实际，认真落实党风廉政建设"两个责任"，把党风廉政建设各项工作落到实处。四是着力加强企业内外部宣传，提升企业美誉度，紧紧围绕生产经营中心任务，加强新闻宣传报道，积极创造良好的内外部舆论氛围。五是努力打造独具特色的铁建金融文化，加强企业软实力。（郭冬梅）

【重要记载】

▲1月21日　财务公司第一届董事会第5次会议召开。会议审议表决总经理年度工作报告，年度预算、决算执行情况，利润分配方案，下年度财务预算报告等议题。

▲同日　财务公司第一届监事会第3次会议召开。会议审议表决年度预算、决算执行情况，利润分配方案，下年度财务预算报告等议题。

▲6月6日　财务公司取得全国银行间同业拆借资格。

▲8月19日　财务公司第一届董事会第6次会议召开。会议审议表决，同意财务公司向银监会申请开办发行财务公司债券、承销成员单位的企业债券、有价证券投资、对金融机构的股权投资、成员单位产品的买方信贷及融资租赁、办理成员单位之间的委托投资六项业务；设立投资管理委员会，同意在原公司章程中对以上内容进行增加。

▲2014年　财务公司当选中国财务公司协会第九届理事单位，公司党委书记、总经理冀涛当选中国财务公司协会第九届理事。（郭融晖）

中铁建中非建设有限公司

【简况】　为加强和推进中国铁建股份有限公司海外区域经营，进一步巩固、做强非洲市场，尽快拓展非洲以外其他区域市场，实现股份公司海外战略目标，股份公司决定重组设立中铁建中非建设有限公司（以下简称中非建设），并于2014年11月18日举行干部大会暨重组揭牌仪式。中非建设注册资本金10亿元，中国铁建股份有限公司为唯一出资人以货币方式注入。公司驻北京市海淀区北蜂窝路6号北京中土大厦。重组设立的中非建设作为股份公司重要的海外经营平台，集中整合并优化配置股份公司各类优质的海外经营资源，在非洲拥有比较完善的市场经营布局，确立三大重点市场，暂管理非洲40个国别市场。其中，市场一部负责中、西部非洲（英语区）国家经营和开发工作，主要包括尼日利亚、塞拉利昂、加纳、利比里亚、冈比亚5个国家；市场二部负责中西非法语区国家经营和开发工作，主要包括几内亚、科特迪瓦、刚果（布）、刚果（金）、加蓬、中非、乍得、贝宁、尼日尔、多哥、布基纳法索、塞内加尔、毛里塔尼亚、赤道几内亚、喀麦隆和马里16个国家；市场三部负责南部非洲市场国家的经营和开发工作，主要包括博茨瓦纳、赞比亚、南非、莫桑比克、津巴布韦、纳米比亚、斯威士兰/南非、安哥拉、莱索托、马拉维、毛里求斯、塞舌尔、马达加斯加、苏丹、科摩罗15个国家。公司主营业务涵盖铁路、公路、城市轨道、房屋建筑、市政工程、水利水电、港口航道等工程承包，以及相关的投融资、勘察设计、特许经营、管理维护、工业制造、物流贸易等业务。下辖中非建设尼日利亚有限公司、石油天然气公司、塞拉利昂公司、加纳公司、几内亚公司、科特迪瓦公司、刚果（布）公司、乍得公司、赞比亚公司、博茨瓦纳公司、纳米比亚公司、津巴布韦公司、莫桑比克公司、南非办事处（南非商贸公司）、香港公司、北方公司、北京中土大厦（中土国际旅行社）、中非莱基投资有限公司18家子公司。截至2014年底，379人与中非建设签订劳动合同，公司本部劳务派遣2人，其中341人具备专业技术职务。资产总额94.07亿元。其中，固定资产原值37.72亿元、净值11.77亿元；流动资产79.17亿元；其他资产3.14亿元。机械运输设备8413台(套)，原值31.44亿元、净值9.27亿元，总功率1017968.69千瓦，动力装备率2751.27千瓦/人，技术装备率250.56万元/人，设备完好率95.25%、利用率97.49%。中非建设具有对外承包工程资格、市政公用工程施工总承包一级资质及中国对外承包商会、中国机电产品进出口商会会员资格。

2014年新签合同额132亿美元，完成营业收入78.14亿元，实现净利润6.01亿元。（齐晗毓）

【领导人员】

董事会

董事长	曹保刚
副董事长	孙　勇
董　事	初厚才
	薛立智

经理层

总经理	曹保刚
副总经理	初厚才
	薛立智
	张文锦
	池长贵
	吕　晶
总会计师、总法律顾问	薛立智

党群领导

党委书记	孙　勇
党委副书记	曹保刚
党委委员	初厚才
	薛立智
	张文锦
	池长贵
	吕　晶

（齐晗毓）

【职工队伍】 截至2014年底，签订劳动合同职工379人。学历结构：研究生63人，本科284人，大专18人，中专6人。年龄结构：35岁以下245人，36～50岁93人，51岁及以上41人。专业职务：高级职务93人，中级职务126人，初级职务122人。公司本部劳务派遣2人。（何　江）

【工程项目指挥机构】 尼日利亚阿卡铁路项目经理部　项目经理李庆勇，项目副经理吕锋，项目总工程师张卫东。

尼日利亚阿布贾城铁项目部　项目经理李正，项目总工程师顾拥武。

尼日利亚拉各斯轻轨项目部　项目经理李兵，项目副经理王鑫、秦磊。

尼日利亚巴达格瑞高速公路项目部　项目经理徐坤灿，项目副经理崔长庚，项目总工程师杨卫国。

尼日利亚4个航站楼扩建项目部　项目经理廖真奇，项目总工程师杨爱国。

尼日利亚巴耶萨州奥博罗马38千米公路项目　项目经理边涛，项目副经理兰庆川、马国俊，项目总工程师刘继昌。

尼日利亚达迈132千米高速公路及变更项目部　项目经理黄明春，项目副经理任少帅，项目总工程师郭松伟。

尼日利亚埃克特23.3千米公路项目部　项目经理王中非。

塞拉利昂佩佩港非洲矿业铁路项目部　项目经理刘宗超。

塞拉利昂弗里敦Dangote水泥厂项目经理部　项目经理杨之骏。

塞拉利昂弗里敦大西洋房地产项目经理部　项目经理刘刚。（袁翱翔）

【境外工程】 尼日利亚阿卡铁路现代化项目　2006年10月30日签约，阿布贾至卡杜纳段铁路项目作为尼铁现代化项目分段实施的第一段工程，项目补充协议于2009年10月26日签订。线路长186.5千米，合同投资8.5亿美元，合同工期36个月。2014年9—12月完成产值3127.07万美元。

尼日利亚阿布贾城铁项目　2007年5月4日签约，合同投资8.4亿美元，2014年9—12月完成产值3476.1万美元。

尼日利亚拉各斯轻轨项目　2009年4月30日中标，根据拉各斯州政府资金情况确定为分段实施。2014年9—12月完成产值8600万美元。

尼日利亚巴达格瑞高速公路项目　2012年签约，合同投资9.41亿美元，合同工期3年。LOT2A标段全长14.8千米，采取分段实施。2014年9—12月完成产值4400万美元。

尼日利亚4个航站楼项目　合同投资60000万美元。主要工程：阿布贾、拉各斯、哈尔科特、卡诺各有1个航站楼、1个货场，包括结构、水电、机场设备等。2014年9—12月完成产值9210.71万美元。

尼日利亚巴耶萨州奥博罗马38千米公路项目　合同投资20090.32万美元，合同工期48个月。2014年9—12月完成产值1542.98万美元。

尼日利亚达迈132千米高速公路及变更项目　2006年7月21日签约，合同投资48940.29万美元。

因安全局势不稳和资金不足,2014 年 9—12 月完成产值 37.88 万美元,项目停工。

尼日利亚埃克特 23.3 千米公路项目　2013 年 2 月 22 日签约,合同投资 20857.31 万美元。因业主资金不到位,2014 年 9—12 月期间,项目处于停工状态。

塞拉利昂非洲矿业铁路维护项目　合同投资 6000 万美元。截至 2014 年底,开工累计完成产值 832 万美元。因非洲矿业资金不足,2014 年 12 月 1 日项目暂停。

塞拉利昂 Dangote 水泥厂项目　2011 年 12 月 7 日签约,2012 年 3 月 7 日实施,初始工期 7 个月。截至 2014 年底,开工累计完成产值 990 万美元。该项目地处埃博拉疫情最为严重的地区弗里敦,2014 年 8 月 13 日业主撤离;8 月 16 日,该项目在完成业主下达的撤离前须完成的任务指标后暂停。

大西洋房地产项目项目　计划投资 1271 万美元,初始计划工期 2 年。截至 2014 年底,开工累计完成产值 254 万美元。该项目地处埃博拉疫情最为严重的地区弗里敦,2014 年 8 月 5 日项目暂停。

博茨瓦纳潘达马腾加农场排水附加工程项目　合同投资 1042.74 万美元,合同工期 24 个月。2014 年 8 月 1 日开工,计划 2016 年 7 月 31 日竣工。(袁翱翔)

【经营管理】 2014 年 9 月 1 日中非建设召开重组大会,12 月完成公司法定代表人、注册地址等工商变更。2014 年新签合同额 132 亿美元,折合人民币 809 亿元;完成营业额 14.6 亿美元,折合人民币 89.7 亿元;完成营业收入 78.14 亿元,实现净利润 6.01 亿元。

(1)调整经营思路和理念,完善经营组织架构。中西部非洲(英语区)市场继续保持支柱市场地位并发挥龙头作用,产业结构不断优化,新签合同额大幅增长;中西部非洲(法语区)市场加快推进市场布局,积极追踪重点项目;南部非洲市场加强管理,项目承揽取得突破;境内单位不断拓展思路,积极开拓市场。2014 年,跟踪及建设的多个重大项目取得突破性进展,尼日利亚莱基自贸区园区建设及招商引资工作取得一定进展,优惠政策得到进一步落实;博茨瓦纳、赞比亚、莫桑比克等市场呈现良好发展态势。

(2)重视资质申办管理,设立专项小组。公司成立资质申办领导小组,11 月取得对外承包工程资格证书。

(3)强化内控与风险管理,出台应对措施。中非建设把海外风险管控摆在突出位置,加强内部控制评价和合同管理,建立健全海外风险防范和预控机制,出台《中铁建中非建设重大、重要风险管控方案》,确定十大重大、重要风险内容,提出风险发生后及时应对风险、化解风险的措施办法,全程跟踪,严密管控,促进中非建设持续、健康、快速发展。

(4)构建严密监管体系,确保安全质量。公司始终坚持"安全第一,预防为主,综合治理""百年大计,质量第一"的方针开展安全质量监督管理工作。落实安全质量责任制,与各所属单位签订安全生产包保责任状,开展质量安全警示教育,加大监督检查和处罚力度;开展安全质量活动,提升项目管理水平。2014 年,针对非洲埃博拉疫情采取切实有效防控措施,保障了员工的生命安全和正常的海外经营秩序。年内未发生大的安全生产事故,在建工程未发生等级质量事故,工程合格率 100%。(张　琪)

【党群工作】 中非建设下辖党委 2 个、党总支 1 个、党支部 18 个、党基层组织 22 个,在职党员 251 名。完善党建制度体系,出台《党委中心组学习办法》等规章制度,规范公司党委运行机制。加强党委中心组学习,统一思想,确保企业改革顺利进行。注重对外宣传,抓住尼日利亚沿海铁路商务合同签约和阿卡铁路铺通的时机,组织中央媒体集中报道,先后刊发报道 16 篇,并在路透社、法新社等国际媒体进行报道。推进企业文化建设,推行企业双徽标方案。公司驻外机构认真履行社会责任,得到当地政府和百姓的一致好评,尼日利亚公司在当地资助足球比赛、资助学校、捐赠药品,博茨瓦纳公司参与资助孤儿活动,赞比亚公司为当地员工举行艾滋病防范知识讲座,塞拉利昂公司帮助运送防控埃博拉物资。加强反腐倡廉工作,增强全员廉洁从业意识,组织领导班子成员学习股份公司落实"两个责任"座谈会精神,收看中央党校政法教研部人权室主任王立峰《依法治国与权力制约和监督》讲座视频,开展学习党的十八届四中全会和依法治国的知识问答,进一步提高公司广大党员干部坚持依法合规、廉洁从业的认识,推动公司反腐倡廉工作的深入开展。落实中央八项规定,加强作风建设,制定《进一步改进工作作风、密切联系群众的具体规定》。开展评先活动,表彰先进集体 5 个、先进个人 48 名。开展"导师带徒"活动,评选"导师带徒"先进集体和优秀师徒,提升青年员工的业务水平。(刘英才)

【中非建设尼日利亚有限公司】 2010 年 3 月 24 日注册成立,注册地尼日利亚拉各斯尼铁大院 15 号。

2014 年新签合同额 145 亿美元,完成营业额 12.5 亿美元,工程收款 10.2 亿美元;实现净利润 3.7 万元。(曹少峰)

【中非建设博茨瓦纳有限公司】 1991 年 7 月注册成立,注册地博茨瓦纳特洛昆。职工 50 人。

2014 年新签合同额 6198 万元,完成营业额

3186.65万元。（王 旭）

【中非建设津巴布韦有限公司】 2014年1月派员常驻津巴布韦首都哈拉雷，开展当地合法注册以及国际项目的投标工作。（蒋 坤）

【中非建设纳米比亚有限公司】 2011年注册成立，注册地纳米比亚温得和克。职工11人。

2014年完成营业额1258万元。（吴 浩）

【中非建设塞拉利昂有限公司】 2011年4月11日注册成立。公司驻塞拉利昂弗里敦市蓝茉莉海滩“西非阳光”小区。

2014年，公司在严格做好埃博拉疫情防控的同时，尽最大努力开展生产经营活动，保障了员工安全，维护了公司利益。（何彦伟）

【中非莱基】 2006年3月在北京发起设立，资本金11.43亿元，并作为中方投资主体，与尼日利亚拉各斯州政府、莱基全球投资公司合资组建莱基自贸区开发公司（简称莱基开发），共同投资、开发、运营和管理尼日利亚莱基自贸区。

截至2014年底，累计完成投资9323万美元，31家企业入园兴建或投产，60余家企业签署投资意向书，协议投资总额44亿美元。（费 莉）

【轨道事业部】 2014年新签合同额18493.1万元，完成产值9992.62万元。工程项目主要分布在尼日利亚和塞拉利昂。其中，尼日利亚阿布贾城铁项目架设T型梁260片，铺轨19.9千米；阿卡铁路项目架设T型梁160片，正线机械铺轨176.4千米；拉各斯轻轨项目人工铺轨6.9千米，卡杜纳电厂专线项目完成米轨轨枕生产线3条。塞拉利昂铺轨4.950千米，道岔铺设15组。（王锦翠）

【北方公司】 2011年10月12日注册，注册资本金5000万元，注册地北京市海淀区北蜂窝路6号。职工178人。

2014年新签合同额8.49亿元，完成营业额12.26亿元，实现利润496771.67元，职工年人均收入15.74万元。国有资产保值增值率100.74%，净资产收益率0.73%，资产负债率20.63%。年内，尼日利亚阿卡铁路、埃塞铁路、吉布提铁路和乐清房建二期项目主体工程完工。（牛玉战）

【中土大厦】 驻北京市海淀区北蜂窝6号。是集住宿、餐饮、娱乐、写字间、会议、健身于一体的涉外四星级饭店，是中央国家机关政府采购中心北京地区党政机关会议定点饭店，具有特种行业许可证，可接待国内外宾客。建筑面积4万平方米，拥有客房260间、写字间112间。法人代表刘晓东，执行董事、总经理何明武。资产总额1.6亿元。

2014年完成营业额4000余万元。（郭小戈）

【重要记载】

▲8月28日 股份公司下发《关于重组恢复设立中铁建中非建设有限公司的决定》。

▲9月24日 中非建设与业主签署尼日利亚阿布贾城市铁路二期工程谅解备忘录。

▲9月26日 尼日利亚公司与尼日利亚巴耶萨州政府签署12亿美元一揽子公路项目合同。

▲11月18日 中非建设举行干部大会暨重组揭牌仪式。中国铁建总裁张宗言出席大会并与总裁特别助理赵晋华、史道泉一起为中非建设揭牌。

▲11月19日 尼日利亚沿海铁路项目在尼日利亚首都阿布贾正式签署商务合同，合同投资119.7亿美元。

▲11月24日 中非建设获中华人民共和国对承包工程资格证书。

▲12月2日 中非建设完成法定代表人、注册登记地等工商变更登记工作。

▲12月19日 尼日利亚公司中标尼联邦工程部两条公路项目，合同投资3.92亿美元。两条公路项目分别位于东南部地区的河流州、巴耶萨州。（齐晗毓）

诚合保险经纪有限公司

【简况】 诚合保险经纪有限公司是中国保险监督管理委员会批准成立，由中国铁建股份有限公司独家出资设立的全国性、综合性保险经纪公司。公司主营业务范围包括建筑安装工程一切险、建筑施工人员人身意外伤害险、企业财产险、机械设备险、机动车辆险、货物运输险、各类责任险等保险经纪业务。注册资本金1.1亿元。公司驻北京市海淀区复兴路40号中国铁建大厦。前身是原中国铁道建筑总公司商业保险中心，2009年11月正式成立诚合保险经纪（北京）有限责任公司，2011年11月更名为诚合保险经纪有限责任公司，2013年12月更为现名。下辖1个子公司、5个分公司。

2014年新签合同额1.17亿元，完成营业收入

9040 万元,实现利润 2900 万元、净利润 2171 万元。

（姜妮娜）

系统内部单位节省开支 2.02 亿元,协助各单位实现索赔收益 1.34 亿元。 （姜妮娜）

【党群工作】 开展党的群众路线教育实践活动,贯彻落实中央八项规定,坚持反对“四风”,加强作风建设。落实党风廉政建设责任制,制定“三项报告”、信访举报工作办法等 8 项管理制度,明确重点岗位和风险点,开展廉政隐患排查。加强廉政教育,组织开展观影、读书等专项主题活动,进行廉政理念宣贯。开展“四好领导班子”创建、基层党支部提升活动。举办首届“诚合杯”劳动竞赛,乒乓球、羽毛球、趣味游艺会等文体活动,丰富职工文化生活。2014 年 9 月,经股份公司团委批准,成立公司团委。 （解 丽）

【领导人员】

股东代表　　庄尚标

董事会

董事长　　曹锡锐

董　事　　汤建国

　　　　　孙国富

　　　　　金守华

监事会

监　事　　李忠心

职工监事　　郎玉华

经理层

总经理　　汤建国

副总经理　　张德清

　　　　　郎玉华

　　　　　钱生校

　　　　　文金朝

（姜妮娜）

【职工队伍】 职工 96 人,平均年龄 34 岁。其中,社会聘用员工 15 人;女员工 38 人;本科及以上学历 80 人;中高级专业技术资格 43 人;中共党员 51 人;一线经营人员 67 人。 （童财英）

【经营管理】 2014 年,完善区域经营布局,严密防控经营活动风险,营业收入同比增长 35%,净利率同比增长 24%;企业总资产 2 亿元,同比增长 8%,其中流动资产占 98.5%。区域经营形成体系,年内成立河北、广东、辽宁、长沙、天津等分公司筹备组或办事机构。市场开拓内外并举,股东内部通过集中采购平台进行交易的各类保险业务 374 个,实现收入 8758 万元,同比增长 16%,其中股东外业务 74 个、铁路市场业务 161 个、路外市场业务 287 个、国内业务 441 个、国外业务 7 个。铁路市场承揽成贵、呼张、京沈、石济等业务,公路市场承揽江北、黄延、宝汉、固西等 93 个公路业务,轨道交通实现石家庄、乌鲁木齐、兰州等区域市场滚动发展,获得尼日利亚 3 家中资企业保险服务授权。 （姜妮娜）

【保险资源集中管理】 2014 年,公司调整工作思路,改革健全内部工作机制,将机关业务部门撤并重组,成立经营部作为保险资源专责部门,配套完善相关措施力量,与系统内单位共同努力推动保险资源深度整合,与二级单位签订保险资源集中管理服务协议,全年为

中铁建(北京)商务管理有限公司

【简况】 中铁建(北京)商务管理有限公司驻北京市海淀区复兴路 40 号。前身是 2001 年组建的北京铁建工贸集团公司,2008 年 1 月改称现名。下辖北京铁建物业管理有限公司、中国铁道建筑总公司北京铁建医院、北京铁建宾馆、北京中铁建商贸中心、中铁国际航空服务有限公司、中国铁建股份有限公司机关汽车队。

2014 年完成营业收入 22594 万元,实现净利润 418 万元。国有资产保值增值率 109.7%。 （韩 晶）

【领导人员】

董事会

董事长　　周步科(7 月免)

　　　　　吕　岗(7 月任)

副董事长　　周步科(7 月任)

董　事　　孙　胜

　　　　　王凤丽

　　　　　石兴国

监事会

监事会主席　　唐国荣

职工监事　　潘吉江

经理层

总经理　　周步科(7 月免)

　　　　　吕　岗(7 月任)

副总经理　　孙　胜

　　　　　王凤丽

石兴国
倪训付
总会计师　王凤丽
总法律顾问　倪训付

党群领导

党委书记　周步科
党委副书记　唐国荣
纪委书记　唐国荣
工会主席　孙　胜

（韩　晶）

【职工队伍】 职工1282人，其中正式职工677人、外部聘用职工605人。在岗干部126人，其中高级职务15人、中级职务32人、初级职务40人。在岗工人702人，其中高级技师8人、技师50人、高级技术工人38人、中级技术工人4人、初级技术工人1人。（孙　乾）

【经营管理】 2014年，股份公司对商务公司相关单位实行服务质量和安全管理满意度测评，旨在提升服务水平，消除安全隐患，保障股份公司机关和院区工作的安全高效。商务公司高度重视，端正态度，在全年服务和创新创效、安全工作考核测评中取得较好成绩，服务工作得到认可。一是物业服务方面，做好股份公司机关办公区的服务工作。完成安全保卫、卫生保洁、会议接待、礼仪服务等日常工作，保障大厦常态运行，全年服务会议3553次，服务与会人员6.3万人次。推行“五员”管理(即安全员、服务员、维护员、质量员、信息员)等制度，加强院区的物业管理工作。院区被北京市评为首都绿化美化花园式社区。二是医疗服务方面，积极打造股份公司机关满意、院区居民认可的社区医院。铁建医院门诊量达到14.6万人次。其中，为院区和周边患者提供预约服务、上门服务7247人次；开展中医和理疗服务5.5万人次，服务慢病管理对象1889人，得到海淀区卫生局高度认可。三是餐饮服务方面，不断提高机关餐厅服务质量，增加饭菜品种，改进保鲜方法，增设现场制作食品，受到就餐人员的好评。机关餐厅全年服务顾客28.4万人次。四是车辆服务方面，保质保量完成股份公司机关车辆服务保障任务。全年出车3万余台次，安全行驶91万千米。

在做好服务工作的基础上，积极拓展外部市场，强力推进“走出去”发展战略。一是物业管理外部市场取得进展。9月，物业公司中标通号公司项目；10月，承接铁建广场项目；青秀尚城17万平方米项目开始前期服务；环保嘉苑10万平方米物业项目签订；京承高速服务区综合项目运作，为商务公司做大规模、资质升级打下基础。二是机票集中采购扎实推进。中铁航服与中国铁建系统32家二级单位、128家三级单位和项目部以及43家外部单位建立合作关系。全年销售国内机票9.2万张，同比增长26%；国际机票6635张，同比增长15.6%。为股份公司节约差旅成本1300余万元。三是商品物资贸易渠道拓展。开发茶油定制项目，打造新的经济增长点。调研酒类产品市场，优化酒类品质，全年销售酒类产品800余箱，完成收入62万元，清欠收入76万元。四是挖掘院区经营潜力取得实效。物业公司年内承揽小型项目收入285万元。铁建医院完成股份公司机关、中铁建设等单位6630人次的体检，创收358万元。机关餐厅接待婚庆、宴会，开展外卖等，创收294万元。（韩　晶）

【社会事务】 认真履行总部机关赋予的交通安全、消防安全、爱国卫生、绿化美化等社会事务职能，代表总部机关与地方政府沟通联系，保持总部机关良好的社会形象。2014年，总部机关继续获评北京市爱国卫生红旗单位、首都绿化美化花园式单位、北京市交通安全先进单位。（姬保兵）

【党群工作】 (1)2014年3—10月，参加第二批党的群众路线教育实践活动，公司党委对所属6个单位的领导班子提出反馈提醒意见65条，对所属单位19名领导班子成员提出反馈提醒意见60条。(2)党组织建设和领导班子建设。公司党委修订干部管理暂行规定，制定人才录用管理暂行办法，所属单位5名领导班子成员实行岗位交流，5名试用期满的领导干部进行考核，招聘3名应届大学毕业生。18个党支部召开专题组织生活会，198名党员参加民主评议党员活动，表彰优秀共产党员13名。(3)宣传思想工作和企业文化建设紧贴实际。开展纪念兵改工30周年等主题教育活动，在《中国铁道建报》等报刊刊发稿件40余篇，公司门户网站发布各类信息117篇，图片约300幅。(4)党风建设和反腐倡廉工作。公司召开党风建设和反腐倡廉工作会议，与所属单位签订党风廉政建设责任书。坚持干部廉政谈话制度、党员领导干部民主生活会廉洁自律情况报告制度，完善“三重一大”制度、反舞弊制度、投诉举报及举报人保护制度。参与铁建医院、玉泉东市场等单位的物资设备采购、设施改造工程招标工作。(5)工会共青团工作。年内筹集资金16.22万元，走访慰问职工家庭115户。组织汉字听写大赛，参加股份公司“悦读会”等系列活动。开展“导师带徒”、送温暖、学雷锋、慰问孤寡老人等活动，2个集体、4名青工受到股份公司表彰。（叶发卿）

【北京铁建物业管理有限公司】 驻北京市海淀区复兴路40号。主要负责中国铁建总部机关院区居民住宅、铁建大厦及外部小区项目的物业管理工作。下辖朝阳分公司、丰台第一分公司。朝阳分公司负责北京来广营国际城、花语城住宅区、乐想大厦、铁建广场的物业管理；丰台第一分公司负责中国通号轨道交通研发中心等区域的物业管理。执行董事、总经理杨跃连，党委书记王成宝。职工 619 人，其中正式职工 195 人、聘用职工 424 人。资产总额 3932 万元，其中固定资产净值 101 万元、流动资产 3816 万元、其他资产 15 万元。

2014 年完成营业收入 8085 万元，实现净利润 189 万元。公司被评为北京市海淀区万寿路地区和谐用工单位，所管辖的复兴路 40 号院被评为首都绿化美化花园式社区，中国铁建大厦被国家电网北京海淀供电公司评为优秀用电客户，礼仪部获中国铁建青年文明号、工人先锋号称号。（刘　芳）

【北京铁建医院】 驻北京市海淀区复兴路 40 号。前身是中国人民解放军铁道兵司令部门诊部，为事业法人单位，系一级综合性医院、社区卫生服务站、北京市基本医疗保险定点医疗机构。主要承担院区及周边社区居民的日常门诊、体检、社区卫生医疗服务。院长、党委书记张丽霞（12 月任），党委书记蒋兆林（12 月免）。职工 117 人，其中正式职工 42 人、聘用职工 75 人。资产总额 2427 万元。其中，固定资产原值 252 万元、净值 179 万元；流动资产 2248 万元。

2014 年完成营业收入 10228 万元，实现净利润 131 万元。门诊量 14.59 万人次，体检 6630 人。获北京市 2013 年度居家养老（助残）服务单位二等奖，被海淀区疾控中心评为计划免疫先进集体；1 人被评为中国铁建杯优质工程及质量管理先进个人，1 人获中国铁建青年岗位能手称号；2 人被北京市临床检验中心评为优秀质量管理员。（靖　争）

【北京铁建宾馆】 驻北京市海淀区复兴路 40 号。前身是铁道部工程指挥部机关招待所，下辖北京中铁建第三招待所、中国铁建股份公司机关餐厅、商务中心。总经理刘燕华，党委书记杨明云。职工 122 人，其中正式职工 48 人、外聘职工 74 人。资产总额 932 万元。

2014 年完成营业收入 1283 万元，实现净利润 40 万元。国有资产保值增值率 109.79%，产值利润率 3.45%，资产负债率 55.25%。（谭志强）

【北京中铁建商贸中心】 驻北京市海淀区复兴路 40 号。为中铁建（北京）商务管理有限公司所属全资子公司，独立法人实体。总经理、党委书记倪训付（12 月免），黄水祥（12 月任）。职工 55 人，其中在岗职工 26 人。资产总额 1676 万元。商贸中心以营销五粮液、古井贡酒，纯茶油，建筑材料租赁、物资贸易为主营业务。

2014 年完成营业收入 907 万元，实现净利润 1 万元。（宋兰平）

【中铁国际航空服务有限公司】 驻北京市海淀区复兴路 40 号。2010 年 7 月成立，为中铁建（北京）商务管理有限公司所属全资子公司，具有国际机票（一类）、国内机票（二类）代理资格。主要负责中国铁建系统机票集中采购及差旅管理服务业务。执行董事、支部书记石兴国（兼），总经理孙友霞。职工 31 人，其中正式职工 5 人、外聘职工 26 人。

2014 年，机票采购规模 13000 万元，为中国铁建系统内部单位节约成本 1300 余万元。完成营业收入 520 万元，实现净利润 54 万元。成本费用利润率 16.07%，资产负债率 15.6%。全年新增集团客户 53 家。（袁邦民）

【中国铁建股份有限公司机关汽车队】 驻北京市海淀区复兴路 40 号。为独立核算单位，主要负责总部机关日常办公、会议接待等车辆服务保障工作。队长王继平。职工 56 人，其中正式职工 51 人、外聘职工 5 人。资产总额 232 万元。汽车 60 辆。

2014 年出车 2.9 万台次，安全行驶 95 万千米。完成营业收入 806 万元，实现净利润 2 万元。国有资产保值增值率 100%。连续 31 年无安全等级事故，连续 13 年被评为北京市海淀区交通安全先进单位。（王玲靖）

中国铁建股份有限公司北京培训中心

【简况】 中国铁建股份有限公司北京培训中心（中国铁建股份有限公司党校）驻北京市大兴区龙河路 16 号。前身是 1983 年 12 月组建的中国人民解放军铁道兵指挥部干部学校；1984 年 1 月集体转业，改编为铁道部工程指挥部干部学校；1990 年 10 月改称中国铁道建筑总公司干部学校；1991 年 1 月 1 日定名为中国铁道建筑总公司党校、干部学校；2002 年 3 月，总公司批准成立中国铁道建筑总公司北京培训中心，实行一套班子，兼有党校、干校、北京培训中心三种职能；2005 年 5 月，总公司决定将干部学校更名为管理学院；2008

年1月5日，随着中国铁建股份有限公司整体上市，更名为中国铁建股份有限公司北京培训中心；2009年1月16日，总公司党委决定将中国铁道建筑总公司党校更名为中国铁建股份有限公司党校，实行培训中心（党校）党委领导下的主任（校长）负责制。下辖办公室（党委办公室）、教育培训处、教研开发处、财务处、后勤服务处、资产管理处6个部门。2002年被列入中央党校原中央企业工委分校（现中央党校国资委分校）教学管理体系，同年被列为中央国家机关会计人员继续教育培训单位。2006年被定为中央党校在职研究生教学点，2007年被定为中国人民大学会计专业硕士学位教学点，2010年被北京交通大学土木建筑工程学院设为工程项目管理硕士研究生教学点。2011年4月7日，国家事业单位登记管理局批准中国铁建股份有限公司北京培训中心（党校）培训业务范围变更为“政治思想教育、领导素质教育、建筑工程项目管理、工商管理和财务管理专业培训”，形成同时接待280多名学员的办学规模。校园占地面积1.8万平方米，建筑面积1.54万平方米。

2014年举办各类培训班69期，培训学员8780人，实现总收入3299万元，实现净利润66.24万元。北京培训中心被评为中央国家机关会计人员继续教育培训优秀单位。（陈登玉）

【领导干部】

主任（校长）	顾传智（7月免）
	吴建顺（7月任）
副主任（副校长）	单永新
党委书记	陈继柏（12月免，退休）
党委副书记	顾传智（7月免）
	吴建顺（7月任）
纪委书记	单永新（兼）
工会主席	单永新

（陈登玉）

【职工队伍】 职工33人。本科及以上学历26人，专科学历7人；高级职务14人，中级职务6人，初务职务7人。（陈登玉）

【教学培训】 2014年，教育培训工作实现“五个转变”。一是由传统的按层次办班向“主题立班”转变。坚持以办好主体班次为主轴，围绕股份公司中心工作，以“主题立班”为抓手，协助总部机关策划举办3期集团公司领导干部培训班，实现“十二五”局级领导干部党校培训零的突破；为服务中国铁建“实施区域经营”和“成本控制战略”，举办五期经营管理实战培训班和两期责任成本高级培训班，培养1600多名经营骨干及业务带头人；为落实“专业化发展战略”和打造“数字铁建”，配合总部机关开办项目书记、项目经理、法律合规、财务、PM系统培训班、审计作业与管理系统等不同类型专业培训班。“主题立班”深化了学员对实际问题的理论思考，增强了培训的针对性和实效性，为中国铁建加快结构调整，推进转型升级提供智力支持和人才保障。二是由坚持素质能力教育相结合向深化素质能力教育相结合转变。各类培训课程设置，着重准确把握党的十八届三中全会和四中全会、党的群众路线教育实践活动三根脉络，认真做好有关“进教材、进课堂、进头脑”的教学工作，及时调整或增加课程，按照特色理论与依法治国、企业管理与风险防控、党的建设与反腐倡廉、领导艺术与身心修养等模块设计课程，突出素质和能力讲授的分量，把素质和能力教育在“理论武装、知识能力、企情策略、党性锻炼”教学板块体系中相互渗透、相互融汇，坚持教学内容和教学单元板块“四位一体”的“转变”，使学员知识、素质、能力层级递升、知识拓展、新而管用。三是由教师为主体的灌输式培训向互动研究式转变。各类培训班除广泛运用理论阐释、经典导读、案例教学、研讨教学等教学形式外，注重拓展教学环节，抓好训前训后两头，开启“思学”之门；坚持学以致用，强化学用结合，拓展“用学”之路。通过理论辅导、纪律强化、品行修养、示范引领、实践体验、警示教育、党性分析等途径，着力引导学员坚定理想信念、巩固宗旨观念、强化责任担当。同时，设计和组织各种形式的教学互动，开展模拟训练和体验教学、以学员为主体举办师生论坛和辩论赛等方式，充分发挥教学、研究、咨询一体化的作用，增强教学的实践性和前瞻性。四是由单一的党校教师主体向师资力量多元化、互补化方向转变。实行聘请领导干部上讲台制度和建立兼职教师师资库。继续聘请业内专家、资深教授和股份公司领导、集团公司领导到校授课，新聘著名书法家给学员传授书法技艺，年内师资库新增38人。坚持让学员“听得进去、坐得下来、带得回去”的原则，做到面授与研讨结合、现场与调研结合、专业提升与党性素养结合。利用学员资源，发挥学员作用，鼓励学员上讲台，讲企情；讲热点、讲难点；讲发展、讲问题。五是由单一的班主任负责制向全员联动、提升服务满意度转变。全员以服务学员为宗旨，提供不同的办班服务标准，满足主办单位的办班要求。强化“学员至上、用心服务”意识，坚持“三个第一”，即把满足学员需求作为第一任务，把学员反映作为第一信号，把学员评价作为第一标准；做到“进校有引领、课堂有值班、课后有服务、离校有送行”。（陈登玉）

【学历教育】 中央党校在职研究生教育面向中国铁建系统内外招收处级以上干部和具有中级以上职务的专业技术人员，负责日常的教学、教务和学籍管理工作。在职研究生教育招生名额、学制、课程设置均由中央党校研究生院确定，授课教师由中央党校选派。自2006年开办以来，在职研究生教育稳步发展。截至2014年底，毕业学员418人；注册在职研究生学员183人，其中2012级56人、2013级61人、2014级66人。

工程项目管理硕士研究生教育的培养对象是国民教育系列大学本科毕业、从事工程项目管理或相关领域的实际工作两年以上的工程项目管理人员，招生名额、学制、课程设置均由北京交通大学确定，授课教师由北京交通大学选派。2010年开始招生，截至2014年底，注册在册学员131人，其中2012级46人、2013级38人、2014级47人。 （陈登玉 王爱芬 阮舫）

【行政工作】 以基础设施建设为保障，改善办学办公条件。为解决来校学员就餐问题，改善接待外聘教师就餐环境，将2号楼一层外租房收回，改作学员餐厅并投入使用。为拓宽办学渠道，实现培训现代化，筹建网络教学演播室。为解决网速慢问题，实施校内网络技术改造。为提高学员艺术修养，将1号楼三层会议室设置为书画室。同时，将2号楼二层会议室改造为集视频会议、一般会议等多功能为一体的综合会议室。推进责任成本管理，增强财务管控，年内成立资产管理处，实行大宗物资以及设备的集中采购。 （陈登玉）

【党群工作】 党务工作。校党委下设3个党支部，党员43人。开展党的群众路线教育实践活动，贯彻落实中央八项规定和反"四风"要求，编撰的《建筑施工企业在职培训研究》被评为股份公司优秀政研成果三等奖。全年编辑出版《铁建党校》校刊4期。强化廉政教育，注重"三抓三强"：抓党风廉政建设责任落实，强化领导体制和工作机制；抓风险防控，强化监督检查；抓廉政文化教育，强化反腐倡廉思想防线。年内未发生违法违纪案件。

工会工作。校工会下辖3个工会小组，工会工作兼职人员7人，工会会员36人。开展以"忠诚、求实、创新、守纪"为内容的"我为党校做贡献"活动。以"学习促成长，共筑党校梦"为主题，开展读书倡议会、经典诵读、优秀课程选听等活动，营造"读书好、好读书、读好书"的学习氛围。 （陈登玉 单永新）

【重要记载】

▲3月13日 校园监控系统工程竣工。

▲3月 北京培训中心被评为2013年度中央国家机关会计人员继续教育培训优秀单位。

▲5月17日 中国铁建总裁张宗言出席中国铁道建筑报社举办的新闻工作会暨记者通讯员培训班。

▲5月19日 中国铁建首期经营管理人员实战培训班举办。

▲5月26日 中国铁建总会计师王秀明出席中国铁建第二期责任成本管理高级培训班开班典礼。

▲6月24日 中国铁建副董事长、党委副书记、工会主席彭树贵出席中国铁建董事会规范运作暨重大信息内部报告培训座谈会。

▲6月27日 中国铁建副董事长、党委副书记、工会主席彭树贵出席中国铁建第十期工程项目书记培训班开班典礼。

▲7月22日 校园网改造工程竣工。

▲8月18—29日 中国铁建第二、第三期领导干部培训班举办。中国铁建董事长、党委书记孟凤朝，总裁张宗言，党委副书记、纪委书记、监事会主席齐晓飞，副总裁、总法律顾问庄尚标分别授课。

▲10月21日 中国铁建副总裁刘汝臣出席2014年第一期项目经理培训班开班典礼。

▲11月18日 中国铁建副董事长、党委副书记、工会主席彭树贵出席中国铁建工会基层干部培训班开班典礼。

（陈登玉）

北京通达京承高速公路有限公司

【简况】 北京通达京承高速公路有限公司（以下简称通达公司）于2004年4月由中国铁道建筑总公司和北京市首都公路发展集团有限公司（以下简称首发集团）分别以70%和30%的股份入股组建，共同投资建设京承高速公路二期工程。项目法人对项目的资金筹措、建设实施、运营管理、养护维修、债务偿还和资产管理等全过程负责，自主经营、自负盈亏，经营期满将项目设施无偿移交北京市人民政府授权机构。通达公司主要负责京承二期高速公路运营管理。

京承高速公路在国家高速公路网中具有重要地位，是高速公路主干线大（庆）广（州）线的一部分，也是北京市完善交通基础设施的一个重要项目。京承二期工程起点为北京市顺义区高丽营，终点至北京市密云县沙峪沟，全长46.7千米，概算投资39.2亿元，特许经营期限28年（不含建设期）。沿线设置高丽营、赵全营、北石槽、宽沟、怀柔、杨宋、密云经济开发区、密云8个收费站,互通式立交8座,分离式立交18座,通道14座,跨河桥18座,涵洞56座。2004年3月20日开工建设;2006年9月26日竣工,9月27日实行收费。 (池玉童)

【领导人员】

董事会

董事长	琚建明
副董事长	程行仑
董　事	余兴喜
	刘绍民

监事会

监事会主席	陈　焱
监　事	黄少军
	杨　薇

经理层

总经理	娄德兰
副总经理	铁建伟
	李朝东
财务总监	冀　涛

(池玉童)

【职工队伍】 截至2014年底,职工468人,其中干部29人。中铁建派驻12人,首发集团派驻21人,与通达公司签订劳动合同的423人。文化程度:本科以上学历34人,大专学历146人,中专学历116人,技校、职高及中技学历19人,高中及高中以下学历153人。年龄结构:30岁以下339人,31~40岁72人,41~50岁33人,51~59岁23人。 (池玉童)

【经营管理】 (1)收费管理。通达公司以安全稳定、带好队伍、抓好服务、收好费为工作主线,坚持"安全第一"的管理理念,建立"网络化组织,网格化管理"新模式,岗位服务品质不断提升。

(2)经营合同管理。推进"精细管理,无痕服务"理念,围绕排堵保畅工作任务,加强巡视、养护力度,开展各类专项行动排查治理工作。积极践行运营为主导、立体经营为依托的经营理念,继续强化拓宽盈利领域,依法依规开展设施、广告经营等业务。定期与路政部门召开联席会,对路政路产管理工作中涉及的问题进行沟通解决,并联合属地交管、路政开展超限超载、遗撒车辆治理工作。APEC会议保障期间,贯彻落实市委市政府提出的参照奥运标准做好APEC会议保障指示精神,围绕道路路面整治工程、设施病害修复、环境综合治理等保障任务,以积极落实、快速反应、有效应对为原则,圆满完成APEC会议期间京承高速公路二期道路的保障工作。

(3)实时监控。年内实施全程监控、收费系统及不停车收费系统(ETC)改造工程。其中,全程监控、收费系统改造工程主要包括新建监控室机电系统,改造通信系统,敷设光缆,增加道路摄像设备,更新收费设备等;不停车收费系统改造工程实行每座收费广场每条车道安装。

(4)财务管理。积极协调银行、地方税务机关关系,制定内控体系,规范公司日常经营管理。继续推进征地拆迁补偿、土地确权及竣工验收工作,加快服务区建设及配套服务。2014年完成营业收入34159万元,实现净利润815万元。

(5)综合管理。逐级签订安全责任书,层层建立安全责任制,修订完善应急预案,组织应急演练,加强综治维稳等安全管理。 (池玉童)

【重要记载】

▲3月13日　通达公司完成"两会"保障工作任务。

▲5月1—3日　通达公司完成"五一"劳动节小客车免费通行保障工作。

▲6月30日　召开通达公司股东会二届六次董事会暨监事会。

▲9月　怀柔收费站升级改造工程完成。

▲10月1—7日　通达公司完成"十一"国庆黄金周小客车免费通行保障工作。

▲10月22日　通达公司配合路政部门组织开展除雪演练任务。

▲11月10—11日　通达公司完成2014年APEC领导人非正式会议保障工作。 (池玉童)

重庆铁发遂渝高速公路有限公司

【简况】 重庆铁发遂渝高速公路有限公司(以下简称遂渝公司)于2004年9月9日在重庆注册成立,负责渝遂高速公路重庆段的建设、营运和管理。注册资本金19亿元,其中中国铁建占股80%、重庆高速集团占股20%,是中国铁建与重庆高速集团合作的BOT项目。下辖重庆润君房地产开发有限公司、重庆铁建置业有限公司、重庆铁发物业管理有限公司、重庆铁发北山地产有限公司、重庆铁发秀松高速公路有限公司、璧山区御湖新区环湖路工程指挥部和秀山高中第一中学工程指挥部；参股重庆中油铁发渝遂实业有限公司、重庆通力高速公路养护工程有限公司、重庆通渝科技有限公司。（陈丽玉 董历丽）

【领导人员】

董事会

董事长	扈振衣
副董事长	许顺生
	俞　舒（重庆高速集团委派）
董　事	余兴喜
	金守华
	曹锡锐
	龙　虎（重庆高速集团委派）

监事会

监事会主席	李忠心
监　事	刘素平（重庆高速集团委派）
职工监事	牛文明

经理层

总经理	许顺生
常务副总经理	张　泽
副总经理	唐跃兰（重庆高速集团委派）
	王中岐
财务总监	曹锡锐
财务副总监	刘　洋（重庆高速集团委派）
分管领导	周焰宏

党群领导

党委书记	许顺生
纪委书记	张　泽
工会主席	张　泽

（朱伦刚）

【职工队伍】 在册员工758人。其中，公司机关65人；渝遂路基层547人；铁发秀松公司29人；润君房地产公司36人；北山房地产公司34人；铁建置业36人；工程指挥部11人。（董历丽）

【经营管理】 截至2014年底，资产总额64.03亿元，负债总额40.91亿元，资产负债率63.89%；所有者权益23.12亿元，其中注册资本金15亿元、盈余公积3.48亿元。全年实现收入13.12亿元，其中通行费收入7.8834亿元、工程建设管理收入2.13亿元、房地产销售收入3.11亿元。其他业务收入2196万元，投资收益9626万元。实现净利润4.88亿元。（周晓红）

【高速公路营运】 2014年，渝遂高速公路通行费收入78834万元，比2013年增加5090万元，日均通行费收入215.98万元，日均增长13.95万元；公路养护巡查里程14.26万千米，发现各类问题1749起，出动清障车1123次，收取施救费61.9万元，在重庆高速公路客户满意度调查中，应急救援获得重庆高速路网并列第1名的好成绩；沿线广告租赁收入1207万元，比2013年增长20.58%，大路、潼南服务区被重庆市交通委员会评为五星级服务区。（陈丽玉）

【房地产开发】 北碚中国铁建·山语城　位于重庆市北碚城南新城区，占地面积26.67万平方米，综合容积率0.56，总建筑面积17.09万平方米，规划住宅555套。2014年完成投资17989万元，实现认购67套，金额17000万元，面积1.37万平方米；实现签约49套，签约金额13517万元，签约面积1.2万平方米；实现销售回款8643万元。

北碚公园1159项目　位于重庆市北碚区城南新区，占地面积2.22万平方米，综合容积率1.8，住宅楼3栋、写字楼1栋，总建筑面积5.2万平方米，规划住宅338套。2014年完成开发投资7279万元，实现认购83套，金额4412万元；签约81套，签约金额4315万元；回款2824万元。计划2015年6月实现交房。

涪陵·山语城项目　位于重庆市涪陵区江北北山坪北山新城，项目占地31.73万平方米，总建筑面积55.34万平方米。项目分两期开发建设，主要产品有公寓、洋房、别墅。2014年，一期项目开工，面积18.23万平方米。全年完成投资14067.6万元，开工累计完成投资49091.19万元。合计办理预售1.89万平方米，计划2015年1月开盘销售。（赵　炎）

【工程项目建设】 秀松高速公路项目　秀松高速公路是重庆铁发遂渝高速公路有限公司投资的BOT项目，全长30.52千米。项目于2014年1月9日中标，3月成立重庆铁发秀松高速公路有限公司。截至2014年底，已完成投资5.54亿元，占计划投资5亿元的110.8%。

璧山区黛山大道（南段）项目　璧山区黛山大道（南段）工程采用BPO模式建设。项目全长5.049千米，路基宽度46.5米，双向8车道，工程投资3.1亿元。项目于2013年8月6日开工建设，2014年8月底全部完工，2014年9月28日通车。工程进度、安全、质量受到重庆市璧山区政府的好评。

大足区万古工业园区一期项目　大足区万古工业园区一期基础设施工程项目由遂渝公司与中铁十七局集团四公司于2013年12月联合中标。主要包括180

万平方米土地整治和园区道路建设两部分。合同投资2亿元。于2014年12月完工交付使用。

秀山一中高中新区工程项目　由遂渝公司与中铁十七局集团公司于2014年7月21日联合中标。占地面积12.33万平方米，建筑总面积60193.71平方米，合同投资14586万元。（王向平）

【综合管理】　2014年，遂渝公司以“营运主业为支柱，创新驱动多元产业板块，稳健增长提效益，做大做强谋发展”为总体经营思路，以提高发展质量和效益为中心，合理布局，统筹谋划，有序推进公司运营管理、房地产开发、工程管理、投资理财等多元板块协调发展，提升整体经营能力。逐步完善公司架构体系，将公司机关原综合办公室分设为办公室、人力资源部、党群工作部，增设法务审计部、房地产管理中心和工程建设管理中心。制定新项目秀松公司、北山公司组织架构和岗位编制。完善制度建设，先后制定和完善公司《部门工作任务督查督办管理办法》《业务招待费管理办法》《项目公司行政及综合管理办法》《“三重一大”制度实施办法》《员工教育培训管理办法》《工程项目管理办法》。加强自身管理，开展“为公司做大做强献计献策”活动，在全公司及项目公司范围内收集整理“金点子”110条；建立意见箱管理制度，在各基层单位分设意见箱，及时发现和解决各类问题；举办公文处理及公文写作培训，提高公司管理员工公文处理水平和公文写作能力；组织驾驶员“爱岗敬业安全行车”技能竞赛，提高驾驶人员的业务技能；实施项目公司行政及综合管理检查，针对存在不足制定整改内容及要求，督促整改落实；抓重点工作督办落实，建立健全重点工作督办体系，制定工作任务督查督办管理办法，细化到任务分解表，促进各项工作的有序开展。组织开展“百日优质文明服务”活动，获重庆高速集团“百日优质文明服务”活动先进单位称号。（朱伦刚）

【党群工作】　遂渝公司党委下辖5个党支部，在职党员66名，预备党员2名；配备兼职党支部书记5名，兼职党务工作负责人10名。党委领导班子成员5人，平均年龄43.3岁，其中年龄在45岁以下的3人。深入开展党的群众路线教育实践活动。根据中国铁建教育实践活动实施方案要求，围绕“认真学习、听取意见”“查摆问题、开展批评”“整改落实，建章立制”三个环节，开展形式多样、富有成效的工作，促进教育实践活动平稳推进。抓党风廉政建设责任制，加强党的纪律建设和作风建设。印发《公司2014年纪委工作要点》《关于2014年春节期间改进工作作风加强廉洁自律的通知》《廉洁自律手册》，签订党风廉洁建设责任书，把改进作风建设作为2014年纪检监察工作的重要任务。年内，公司大路服务区、潼南服务区获重庆市交通委员会五星服务区称号，G93沙坪坝站获“路网五星收费站”称号；1名先进个人、6个先进集体获中国铁建团委表彰，4个集体获“重庆市青年文明号”称号，12人分别获“重庆市优秀共青团员”“青年岗位能手”称号。（李小香）

【重要记载】

▲1月9日　遂渝公司中标重庆秀山至松桃高速公路，项目以BOT模式投资建设。

▲3月　成立重庆铁发秀松高速公路有限公司，全面负责该项目建设及运营管理。

▲3月　遂渝公司在重庆召开2014年第一次股东会及二届十次董事会。

▲4月1日　遂渝公司开发的北碚·公园1159房地产项目取得预售许可证，正式对外销售。

▲5月1日　遂渝公司开发的北碚·山语城房地产项目完成二期景观示范区建设。

▲5月　遂渝公司获全国交通运输行业十大诚信企业、全国交通运输企业诚信共建示范单位称号，公司总经理许顺生获全国交通运输行业十大企业家称号。

▲7月15日　遂渝公司开发的涪陵·山语城房地产项目主体工程开工建设。

▲7月20日　遂渝公司与中铁十七局集团公司联合中标秀山县第一中学高中新区工程建设项目。

▲7月　遂渝公司在重庆召开2014年第二次股东会及二届十一次董事会。

▲9月28日　遂渝公司公司以BPO模式投资建设的璧山区黛山大道（南段）工程全线通车。

▲10月24日　遂渝公司召开党的群众路线教育实践活动总结会。

▲11月28日　遂渝公司开发的北碚·山语城房地产项目二期1标段及二期2标段共45栋别墅顺利完成交房。（陈丽玉）

创新驱动风帆劲　稳中向好破浪行

盘点中国铁建2014，又是一幅春华秋实的壮丽画卷。全系统新签合同额、完成营业收入、实现净利润等各项经济指标清晰地呈现出2014中国铁建稳中有进、稳中有为、稳中向好的经济运行脉络和持续健康发展的喜人局面。

中国铁建稳健发展的良好势头形成"蝴蝶效应"，也在股市上产生了同频共振，激励中国铁建股票连续涨停冲高，再次上演上市初期广受投资者追捧的大戏。股神巴菲特"价格体现价值"的至理名言，正是对中国铁建持续健康发展和追求高价值创造力的最好体现。

中国铁建2014的步伐铿锵有力，中国铁建2014的成果亮点频闪。

为实现2014年初确定的"深化改革，强化管理，全力开创企业升级发展新局面"的战略目标，中国铁建主动适应经济发展新常态，牢牢把握稳中求进总基调，坚持以深化改革和强化管控为主线，完善管理体系；以整治亏损和防控风险为重点，改善发展质量；以强力经营和狠抓现场为手段，提升竞争能力；以多元发展和国际经营为载体，推进结构调整；以队伍建设和全面建设为保障，夯实发展基础。向改革要红利，向创新要动力，不断强筋壮骨，夯实发展基础，企业活力明显增强。

中国铁建因改革而发展壮大，因改革而适应市场，不断赢得发展先机。2014年，再次打出深化改革组合拳：为提升房建专业施工能力，中铁城建集团在长沙应运而生；为打造桥梁工程专业品牌之师，中国铁建大桥工程局集团在天津正式揭牌；为优化"大海外"资源配置，中铁建中非建设有限公司重组设立，形成了三足鼎立的外经结构。通过加大资源整合力度，优化资源配置，增强管控力，使每一个产业都焕发出勃勃生机。

"不谋全局者，不足以谋一域；不谋万世者，不足以谋一时。"面对外部经济环境日趋复杂，中国铁建围绕"保增长"提效益目标，积极探索管理创新途径，打造管理升级版。

为彻底转变资源分散、揽干不分、各自为政的不良经营局面，中国铁建紧锣密鼓地组织召开区域经营管理推进会，确立了股份公司重在产业管理，集团公司重在市场经营，工程公司重在施工管理的主体经营结构，在全系统强力推进以集团公司为主导的区域经营管理创新模式，打造以区域经营为主干的规范化、标准化、科学化经营管理体制，在"三个不容动摇"和"六给两要"的总体要求推动下，有力地促进了区域经营管理模式的落地。与此同时，为提升区域经营能力和素质，规范经营人员行为，统一经营思想文化，中国铁建还启动了史上规模最大的"千人培训计划"，连续举办了5期"经营管理人员实战培训"，来自全系统各集团公司的区域指挥长，以及区域经营有关人员共1098人参加培训，充电提素。

面对建筑市场竞争加剧，规模效益时代一去不返的严峻形势，中国铁建以"不信东风唤不回"的坚定信念，将2014年确定为"亏损项目整治年"，重拳出击，铁腕治亏，狠抓亏损项目整治，加强债务风险管控，要求全系统认真贯彻"清、诊、治、惩、防"五字方针，全面清理亏损项目。2014年7月4日，中国铁建召开亏损项目整治暨债务风险管控工作布置会议，通过建立亏损项目治理和债务风险管控长效机制，筑牢止亏治亏有效屏障，全力打造企业消灭亏损、降低债务、提质增效的健康发展模式；仅10天后，中国铁建又快马加鞭，在生产经营大忙季节，启动"一把手"效能约谈机制，对10家单位的主管领导集体约谈，听取各单位上半年主要经济指标完成情况汇报，分析经济运行质量，共商"保增长"大计；随即，股份公司领导班子成员人人肩扛治亏降债责任，纷纷深入各自的项目联系点，帮扶和督导项目部降本增效。一系列举措，有力地促进了企业源头效益的增长和创效水平的提升。

为提升企业发展质量，中国铁建还提出了"七上八下"的总要求，即新签合同额、营业收入、净利润、经营性现金净流量、经济增加值、路内外信用评价等级、国家级评优奖项7项指标上升，安全事故、质量事故、项目亏损个数及额度、应收账款、生产经营性有息负债、资产负债率、信誉差评、违纪违法案件8项指标下降。一系列反映企业发展质量和效益的具体指标的量化，为企业稳增长、提效益打下了坚实基础。

宁要安全的效益，不要带血的利润。为贯彻落实国家四部委《隧道施工安全九条规定》，提升企业隧道施工安全和整体安全生产水平。2014年11月25日，中国铁建在太原召开隧道施工安全专题视频会议，结合企业具体实际，对培训上岗、施工方案、现场管理、探测预报、监测监控、作业人数、逃生通道、爆炸物品管理、应急预案9个方面明确了具体规定。为了增强规定落实的可操作性，中国铁建还推出"六项措施"细化"九条规定"，切实做到"铁规定、刚执行、全覆盖、真落实、见成效"，有力地促进了隧道施工安全和企业的安全生产。（下接584页）

中铁十二局集团京沪高速铁路4标段项目部总工程师赵常煜（右）入选中共中央宣传部“一线工程师”典型。

（孔祥文 摄）

人　物

本栏责任编辑　杨启燕

新闻人物

【叶朋云·全国青年岗位能手标兵】 叶朋云，中铁二十五局集团一公司铺架分公司经理。1978年5月出生。安徽省太湖县人。中共党员，本科学历，高级工程师。2001年7月—2009年2月任广州铁路第一工程公司设备租赁部主管，2009年2月—2011年2月任中铁二十五局集团广州公路铺架分公司副经理。在项目管理方面非常出色，仅2年时间铺架分公司的年产值就由5亿元上升到18亿元，每年上缴利润近2000万元。先后参加多条国家重点高速铁路建设，安全、优质地完成6500片各种梁的架设。组织技术人员通过对现有设备的改造，总结申报国家实用新型专利4项。改造架桥机为国内第一台既可架设900吨箱梁，又可架设450吨组合箱梁的架梁设备，创造日均架设2榀、最高5榀箱梁的运架速度。开发的《JA900A型架桥机小解体过隧道及重新组装施工技术》被评为国家级工法、获中国铁建科学技术一等奖，2项QC成果获广东省工程建设优秀质量管理小组二等奖。2012年被评为广东省杰出青年岗位能手、2014年获全国青年岗位能手标兵称号。《中国铁道建筑报》2014年6月19日第2801期对他的事迹进行了报道。 （秦秀娥）

【刘新来·心系企业、无私奉献的共产党员】 刘新来，中铁十四局集团公司原副总经济师。1954年10月出生，1972年12月入伍。历任战士、班长、排长、副指导员、指导员、副教导员，十四局二处二段政治教导员、三处副处长，杭州办事处主任、四处处长、局副总经济师兼杭州办事处主任、宁波办事处主任、三公司监事会主席、京广铁路改造工程指挥部指挥长等职，2009年10月退出领导岗位。2014年3月6日，在帮助青荣城际铁路指挥部工作期间，因患间质性肺炎，经抢救无效，不幸病逝。

在11年的军旅生涯中，刘新来先后参加通古铁路、太岚铁路、兖石铁路等国家重点工程建设；1975年8月，出色完成京广铁路河南驻马店抗洪救灾大抢险任务。兵改工后，刘新来组织多项重难点工程施工，浙赣铁路复线一期的出色完成，赢得二、三期建设任务的滚动发展；杭州笕桥机场跑道工程，被当地政府誉为“笕桥速度”；京广铁路改造工程，确保了全国铁路“第六次大提速”如期运行；鸡公山隧道创造月掘进700米纪录。刘新来退居二线后，谢绝多家民营企业高薪聘请，毅然地奋战在集团公司工期最紧、难度最大、任务非常艰巨的工程项目上。部队时期，5次荣立三等功，26次受到各种嘉奖；兵改工后，先后获得铁路大会战建功立业奖章、国务院国资委中央企业先进职工等荣誉；集团公司党委追授他“敬业奉献的模范共产党员”称号，股份公司党委追授他“心系企业、无私奉献的共产党员”荣誉称号。《中国铁道建筑报》2014年7月8日第2809期、8月12日第2824期对他的事迹进行了报道。 （刘瑞江）

【赵常煜·中宣部“一线工程师”典型】 赵常煜，中铁十二局集团公司技术中心副主任兼桥梁工程研究室主任、原京沪高速铁路土建4标段项目经理部总工程师，中共党员，教授级高级工程师。1970年3月出生，山西省晋中市人，1993年参加工作。长期从事桥梁工程技术和施工管理工作，参建的上海奉浦大桥、武汉天兴洲公铁两用长江大桥、武汉北编组站、京沪高速铁路土建4标段4项工程先后获中国建设工程鲁班奖。在担任中铁十二局集团公司京沪高速铁路土建4标段项目经理部总工程师期间，组织项目技术人员攻坚克难，积极创新，2项工法被评为国家级工法，14项工法被评为省部级工法，获授权发明专利4项、实用新型专利5项，8项科技成果获省部级科技进步奖。坚持“试验先行，样板引路”，通过标准化管理、规范化操作，实现零沉降、零缺陷的施工目标，有13个单项工程被评为京沪高速铁路建设样板工程。2010年12月3日，国产“和谐号”CRH380A新一代高速动车组，在中铁十二局集团公司建造的京沪高速铁路4标段轨道上进行试验，创造486.1千米的世界高速铁路运营试验的最高时速。先后获中国铁建劳动模范、山西省铁道学会优秀科技人才、京沪高速铁路公司十佳科技创新标杆、火车头奖章等荣誉，并入选团中央优秀青年科技人才库。2014年11月，被中宣部确定为集中宣传的“一线工程师”典型（全国14名），在中央电视台《新闻联播》、新华社等主流媒体面向全国进行宣传。《中国铁道建筑

报》2014年12月9日第2873期以《与中国高铁一起成长》为题报道了他的事迹。（张　诚）

【王俊超·国家优质工程奖突出贡献者】　王俊超，中铁建设集团公司铁路工程总指挥部项目经理。1980年3月19日出生，河北省清河县人。中共党员，高级工程师，一级建造师。2003年7月兰州铁道学院建筑工程专业本科毕业，2013年北京交通大学建筑工程专业硕士研究生在读。自2003年参加工作以来，历任项目技术员、项目总工程师、项目经理。先后参加新华社报刊楼改造、中央财经大学图书馆改造、哈大铁路客运专线长春西站站房及站台雨棚工程、亦庄绿色开关设备产业基地等工程施工。2008年担任项目总工程师，2009年10月担任哈大铁路客运专线长春西站工程总工程师。2014年同时管理长春西站、北京顺义云数据中心和亦庄绿色开关设备项目。当时正值亦庄绿色开关设备项目紧张施工期间，顺义云数据中心工程也要进行施工准备并举行开工奠基仪式，王俊超多方协调，2周内完成各项准备工作。2014年11月25日，顺义云数据中心工程顺利完成开工奠基仪式，项目的整体面貌得到甲方和外部来宾的一致好评。参建的长春西站工程获2014年度国家优质工程奖。在工作量只增不减的情况下，积累点滴时间对工作中的科技成果进行总结，撰写的论文《浅谈长春西站工程大跨度钢网架挠度控制》获《工程质量》杂志2013年增刊《施工技术成果优秀论文集》优秀论文一等奖。先后获中国铁建2011年度质量管理先进个人、2013年第六届十佳青年技术能手候选人提名等荣誉。2014年12月，《中国企业报》以《踏实管理敢于"亮剑"创精品工程——记中铁建设集团有限公司铁路分公司绿色开关设备产业基地项目经理王俊超》为题对他的事迹进行了专题报道。

（叶晓华）

【王伟·中国钢结构工程优秀项目经理(建造师)】　王伟，中铁建设集团公司铁路工程总指挥部合肥南站项目经理。1975年5月10日出生，四川省彭山县人。中共党员，教授级高级工程师，一级建造师。1998年7月西南交通大学工业与民用建筑专业本科毕业。自1998年参加工作以来，历任集团公司项目技术员、项目总工程师、项目经理，参加了胜古胜危改工程、澳门新世纪酒店、中国铁建办公楼、什刹海配电工程、厦门西站、长春站改、合肥南站等工程建设。1998年担任项目经理，2012年9月担任合肥南站项目经理。合肥南站工程是中国铁建和上海铁路局重点工程、合肥市地标性工程。该工程技术难度大、质量标准高，面临大面积、大跨度、多空间、施工队伍多、交叉作业难等难题。为打造精品工程，王伟组织甲方、监理及技术人员奔走于上海虹桥、南京南、杭州东和淮北站，汲取经验、科学施工，与项目技术人员创新实施"跳仓法""钢结构累积提升方案""高大模板支撑体系方案"等26套施工方案，节约工期近6个月。其中，"拉索玻璃幕墙施工方案"为国内首创。根据站房建设特点，王伟提出"保安全、抓效益、促进度"九字方针，着力加强成本管控，设计形成一套较为成熟的表格式成本管控法，实现项目成本的有序可控。他带领的合肥南站火车头QC小组被评为2014年度北京市工程建设优秀质量管理小组。合肥南站工程获2014年度北京市结构长城杯金奖、中国钢结构金奖。先后获火车头奖章、全国优秀项目经理、中国钢结构优秀建造师等荣誉。2014年4月15日，《中国企业报》以《七年坚守如一日，攻坚开拓铸辉煌——记中铁建设集团合肥南站项目经理王伟》为题报道了他的先进事迹。

（叶晓华）

科技人物

【王争鸣·全国首届杰出工程师奖获得者】　王争鸣，中铁第一勘察设计院集团公司董事长、党委书记。1957年9月出生，安徽省全椒县人。1982年毕业于西南交通大学铁道运输工程专业。中共党员，教授级高级工程师，国家注册咨询(投资)工程师、全国工程勘察设计大师、全球FIDIC百年杰出咨询工程师、全国优秀科技工作者、陕西省"三秦学者"特聘专家、陕西省有突出贡献专家。

参加工作30多年来，先后主持完成兰(州)西(宁)、关中、宁夏沿黄、乌鲁木齐、藏中南等5个西部重点城市群综合交通网的编制，统筹将铁路、公路、轨道交通、航空等多种交通方式纳入无缝衔接和零换乘的一体化综合交通体系，得到国家发展和改革委员会首肯，纳入国家基础建设规划；主持完成国内首条湿陷性黄土地区高速铁路郑西客运专线、首条严寒地区高速铁路哈大客运专线、首条大风戈壁地区一次建成里程最长高速铁路兰新第二双线的重大技术研究和科技攻关，形成具有自主知识产权的湿陷性黄土地区、严寒冻土地区及大风区高速铁路选线及修建关键技术；主持完成青藏、拉日、京九等铁路运输通道和长大铁路干线的勘察设计和重大技术方案决策；主持完成铁一院承担的西安、兰州、乌鲁木齐、北京、青岛、重庆、广州等20余个城市的轨道交通网规划、总体总包及勘察设计工作。先后主持完成《城际铁路引入枢纽地区衔接方式研究》《当前经济形势下陕西省铁路发展策略专题研究》《城市群区域交通结构合理配置研究》《客专、城际铁路通过能力计算方法及天窗设置方式研究》等科研课题研究，主持完成“一种基于立体正射影像对的大场景立体模型生成及量测方法”等8项发明专利及“新建铁路线路数字化设计平台的研究与应用”等软件研发工作。（马建飞）

【王玉泽 · 全国勘察设计行业科技创新带头人】 王玉泽，中铁第四勘察设计院集团公司副院长。1960年5月出生，江苏省丹阳市人。中共党员，教授级高级工程师，全国勘察设计大师，享受国务院政府特殊津贴专家。毕业于西南交通大学，工程硕士学位，历任铁四院二处、三处副总工程师，铁四院总工程师，铁四院副院长。

作为中国高速铁路技术的开拓者，长期从事高速铁路勘察设计和技术研发。主持的京沪高速铁路设计研究工作，开辟中国高速铁路技术储备、专题研究之先河；提出的设计参数与技术标准，填补国内高速铁路研究领域的空白，广泛应用于合宁铁路、武广铁路客运专线等高速铁路的研究和设计，为中国高速铁路技术自主创新作出突出贡献。多年来，30余项科技成果获省部级及以上科技成果奖。2014年，主持的“京沪高速铁路刚性桩复合地基处理综合技术”获中国铁道学会铁道科技进步一等奖，主持的“高速铁路建设节能减排重点技术研究”获中国铁道学会铁道科技进步三等奖、中国铁建科学技术二等奖，主持的“BIM技术在新鼓山隧道设计中的应用”获中国勘察设计协会创新杯BIM设计大赛二等奖、湖北省勘察设计协会第二届BIM设计大赛一等奖；他本人被授予全国勘察设计行业科技创新带头人称号，获得第十二届詹天佑铁道科学技术奖成就奖。（宋 涛）

【许伟书 · 全国施工企业科技精英】 许伟书，中铁二十四局集团公司副总经理、总工程师，教授级高级工程师。1967年11月出生，福建省龙岩市人。先后参加渝怀铁路、沪宁高速铁路等重难点项目的隧道、桥梁及高速铁路工程施工管理和科技攻关，工程优质、科技成果丰硕。主持的“西康线狮子岩隧道有轨运输快速施工机械设备配套与施工技术的研究”成果，提高了中铁五局集团隧道大型机械化施工技术水平；担任渝怀铁路中铁五局集团工程指挥部副指挥长期间，推广隧道光面爆破施工技术、中长隧道常规机械配套作业快速施工技术、地质雷达衬砌质量无损检测技术等先进施工技术和工艺，3项工程被评为全线精品工程，28项工程被评为全线样板工程；参建的乌鞘岭特长隧道工程获2008年中国建设工程鲁班奖；组织编制《武广客运专线施工工艺指南》，开展“武广铁路客运专线施工关键技术研究”“沈阳地铁土压平衡盾构施工技术研究”等科技项目的研发工作；完成的“管幕（棚）支护盾构中继间法顶进箱形桥施工技术”等5项科研成果获省部级科学技术奖，“用于挂篮的吊挂装置”等2项专利获实用新型专利授权。他本人获茅以升科学技术奖铁道工程师奖、建造师奖，被中国施工企业管理协会评为科学技术奖技术创新先进个人。（邓珊珊）

【贾洪 · 全国施工企业科技精英】 贾洪，中铁建设集团公司副总经理、总工程师兼技术中心主任。1966年出生，河南省遂平县人。1987年7月华东交通大学工业与民用建筑专业本科毕业，2004年1月北京工业大学建筑与土木工程硕士研究生毕业，2010年1月北京交通大学产业经济学博士研究生毕业。1987年参加工作，历任中铁建设集团公司项目技术主任、分公司副经理兼总工程师、集团公司总工程师、集团公司副总经理兼总工程师。教授级高级工程师、国家一级注册建造师、新世纪百千万人才工程人选、享受国务院特殊津贴专家，是清华大学、北京工业大学校外研究生导师、中国土木工程学会咨询工作委员会常务理事、中国建筑业协会建筑技术分会副会长、中国建筑业协会技术委员会专家、中国钢结构协会钢—混凝土组合结构委员会委员、中国绿色建筑与节能委员会委员、国际工程地质与环境学会会员，《施工技术》《铁道建筑技术》《工程质量》编委，国家级工法评委、北京市建筑工程结构长城杯评审专家组组长。主持集团公司全面科研、技术和质量管理工作。近年来，先后获国家科技进步二等奖1项、北京市科技进步二等奖2项、中国铁建科学技术奖10余项，获第六届詹天佑铁道科技青年奖、詹天佑铁道科技专项基金奖——中铁建成就奖和人才奖、首届中央企业青年创新银奖，发表专著1部、核心期刊发表科技论文10余篇，获授权发明专利1项。在建筑结构减震、高层和超高层钢结构、岩土工程、建筑管理等领域取得突出创新成果。（李 蒨）

【程永亮 · 第十三届中国青年科技奖获得者】 程永亮，中国铁建重工集团公司副总经理兼研究设计总院院长。1978年10月出生，河南省太康县人。2000年6月毕业于西南交通大学工程机械专业。中共党员，高级工程师，在读博士研究生，兼任国家科技部重点专项专家、国家城市轨道交通协会理事、中国土木工程学会地下工程分会掘进机委员会委员、北京轨道建筑学会理事等社会职务。程永亮多年从事全断面隧道掘进机（盾构/TBM）的研发工作，在全断面掘进机研发领域掌握和突破了多项关键核心技术，获专利授权30余项，其中发明专利4项。他本人先后获中国青年科技奖、茅以升科学技术奖铁道工程师奖、火车头奖章、中国铁建青年岗位能手、中国铁建十大杰出青年等荣誉。

自2008年以来，程永亮参与打造了国内最大的中国铁建长沙盾构产业基地，作为首席专家主持湖南省“大型盾构设备研制及其产业化”重大科技项目研究，突破多项关键技术，项目成果获中国施工企业管理协会科学技术奖技术创新成果一等奖、湖南省科技进步一等奖、中国铁道建筑总公司科学技术特等奖。2012年至今，作为国家“863”计划“大直径全断面隧道掘进装备（TBM）关键技术研究”的课题负责人，主导研制出国内首台大直径TBM，2014年底成功下线，填补国内空白。作为课题负责人主持湖南省战略性新兴产业科技攻关项目“长距离大坡度斜井TBM关键技术研究”，解决TBM在长距离、大坡度、深覆层施工环境下的多项设计难题，实现首台煤矿斜井TBM下线，改变传统煤矿矿井建设模式，填补煤矿行业TBM应用的空白。参与《土压平衡盾构施工规范》《盾构气压过渡舱设计制造标准》《掘进机械标准》等标准规范的编制，获授权发明专利4项。（李鹏华）

模范人物

【曾恕辉 · 全国五一劳动奖章获得者】 曾恕辉，中铁十一局集团城市轨道工程公司副总工程师、北京八号线9标段项目经理。1976年7月出生，江西省瑞金市人。1998年西南交通大学本科生毕业。中共党员，高级工程师。自2010年担任中铁十一局集团城市轨道公司北京地铁项目经理以来，参与建成大中型隧道工程15项、地铁车站3座，质量均合格或优良，获得政府城市建设主管部门、业主、集团公司多项表彰。2007年被沈阳地铁公司评为优秀共产党员，2009年被评为中铁十一局集团十佳项目总工程师，2011—2013年，连续3年被北京轨道交通建设管理公司评为优秀项目经理。曾恕辉长期从事隧道及地下工程施工，致力于工程技术管理、研发和综合管理，曾参加成都地铁盾构过砂卵石地层技术攻关并获得湖北省科技进步一等奖，先后在省部级学术期刊发表独著论文3篇，合著论文2篇，并取得公路、铁路、市政3个专业的一级建造师资格证书。积极倡导“雁一样的团队，鹰一样的个体”，把创新文化理念融入到项目管理的全过程，主管的项目部曾获得全国“安康杯”劳动竞赛优胜班组称号。（周 鹏）

【胡立春 · 全国五一劳动奖章获得者】 胡立春，中铁十六局集团地铁公司电工，外聘员工。1966年10月出生，江西省婺源县人。2003年参加工作以来，先后参与北京地铁10号线一期6标段、北京市南水北调配套工程团第九水厂输水工程3标段、北京地铁10号线二期11标段及北京轨道交通昌平线二期6标段等国家重大、重点工程建设。北京地铁10号线一期6标段工程是双盾构区间，不仅要穿越700多米的砂卵石地层，还要先后下穿1号线地铁、国贸桥、通惠河、京秦铁路桥等特大风险点，稍有差池就将酿成大祸，而德国海瑞克S206盾构机的压力传感器等核心进口部件只要失灵，工期至少耽误3个月，会造成施工风险和施工成本成倍增加，后果不堪设想。胡立春通过过硬的电机维修技术,确保了盾构机性能完好,正常掘进,顺利通过全部风险点,比业主要求工期提前4个月,受到业主的表扬和推广,该工程获全国安全文明工地称号。2007—2008年,在北京市南水北调配套工程团第九水厂输水工程3标段负责工程机械设备维修保障工作,多次参加德国海瑞克盾构机拆装,通过不断改进拆装方法使盾构机组装调试时间由最初的一个月缩短为10天,大大提高了工作效率;胡立春还掌握盾构机的拆装程序、进洞始发程序、掘进管理模式和出洞程序,并能对盾构机的故障进行普通诊断和维修,该工程创造盾构月掘进1006.8米的全国新纪录。（杜 松）

【叶明·全国五一劳动奖章获得者】 叶明,中铁十七局集团三公司宁安铁路项目助理工程师。1987年出生,中共党员,大专学历。2009年8月,叶明分配到三公司石武项目,在浉河特大桥悬灌梁施工中,参与设计的可以随挂篮模板一同行走的保温棚,得到业主、专家的一致好评。在宁安项目,他负责周岗特大桥和6个连续梁施工任务,因业绩出色,被评为百日大干先进生产者和先进个人。2010年8月,自愿存入中华骨髓库的造血干细胞血样与北京军区一名白血病患者血样匹配成功,他说服了父母,做出了捐献决定。住院期间,克服呕吐、骨骼和肌肉疼痛等困难,确保了采集和手术的正常进行。8月24日,从叶明体内抽出的145毫升"生命种子"使这名患者赢得了新生。叶明的工作能力和善举赢得了广泛认可,先后获集团公司劳动模范、上海铁路局宁安公司"感动宁安、爱心使者"、集团公司和股份公司优秀共青团员、十佳道德模范、火车头奖章、全国五一劳动奖章等荣誉称号。2013年6月17日,叶明作为中国铁建系统唯一代表光荣出席青年团第十七次全国代表大会。（岳永秀）

【杜越·全国五一劳动奖章获得者】 杜越,中铁二十局集团一公司副总经理兼总工程师,教授级高级工程师,中共党员。1965年出生,陕西省周至县人,本科学历。1987年7月参加工作,先后从事铁路、公路、桥梁施工技术和科技攻关工作,参加了京沪、沪宁、青秋浦等大型工程项目的施工。在中国第一座大跨度下承式哑铃型侧倾系杆提篮拱桥无锡华清大桥建设中,首次采用丝杠式可调内撑杆侧倾技术,实现平行拱转化成提篮拱。采用空间曲线顶推新技术施工,有效解决了无锡硕放互通枢纽及南京麒麟互通枢纽4座桥梁小半径钢箱梁跨越沪宁高速公路施工难题,创下江苏省"小半径空间曲线顶推钢箱梁"的先例。在公司承建的上海南至金山铁路扩建改造项目春申特大桥单孔96米钢桁梁上跨5股道繁忙铁路干线中,提出"采用在既有线旁边先拼装好钢桁梁,然后采取平面转体"的方法,成为中国第二座、世界第三座采用平面转体技术实现钢桁梁安装的桥梁。先后获陕西省优秀青年岗位能手、经济技术创新先进个人,中国施工企业管理协会科学技术奖技术创新先进个人,中国铁建优秀共产党员等荣誉。获中国铁道学会科技进步奖1项、中国施工企业管理协会科技进步奖2项、中国工程爆破协会科技进步奖1项、中国铁建科技进步奖9项;实用新型专利5项,发表论文8篇。（王 婷）

【饶胜斌·全国五一劳动奖章获得者】 饶胜斌,中国铁建大桥工程局集团锦屏工程指挥部高级工程师,大学本科学历,中共党员。1977年12月出生,四川省资中县人,2001年6月毕业于西南科技大学。2010年以来,先后参与协调锦屏二级水电站辅3号施工支洞,排引2号、3号施工支洞及排水洞,东端3号、4号引水洞施工。带领团队积极创新,通过组织编写施工组织、方案优化、现场实施和合理配置资源,采用先进工艺,相继克服强岩爆及大涌水反坡施工和锦屏二级水电站世界级岩爆难题,消除了整个锦屏二级水电站项目的重大安全隐患,保证了工程进度。他本人被评为锦屏水电工程防汛、安全文明生产先进个人,获得锦屏水电工程"建功十二五,铸水电丰碑"劳动竞赛建设者标兵及中国铁建"工人先锋号"标兵、四川省五一劳动奖章等荣誉。（姜 楠）

【高宪民·全国优秀企业家】

高宪民,中铁十六局集团北京轨道交通工程建设有限公司执行董事、总经理,研究生学历,教授级高级工程师,中共党员。1970年6月出生,1996年参加工作。高宪民根据国内轨道交通建设发展趋势及特点，提出“贯彻实施标准化管理，提升企业核心竞争力，树立企业品牌，创造明星项目，促进企业区域经营，推动项目滚动发展”的经营理念，并以公司深圳地铁3152标段项目为试点，进行深入探索，成为“标准化”管理的全国“明星项目”，促进公司珠三角地区滚动经营额超过40亿元。面对国内外复杂的经济形势和激烈的市场竞争，高宪民推动公司“三大转型”，即由单一的国内地铁专业型企业转型为施工为主+投资为辅、国内为主+国外为辅、地铁综合产业型企业，有效地优化了公司的产业结构，大大地提升了公司的综合竞争力。近三年来，公司获省部级以上科技进步奖2项、国家级QC成果奖12项、省部级QC成果奖12项、专利技术10余项，公司被评为北京市高新技术企业，获首都精神文明单位、先进党委中心组、互助共建先进单位等称号。获全国质量管理优秀企业家、火车头奖章等荣誉。（冯　爽）

【廖福兴·全国优秀企业家】　廖福兴，中国铁建大桥工程局集团四公司总经理。吉林省扶余县人，1969年6月出生，1992年参加工作，中共党员，大学本科学历，教授级高级工程师，国家一级注册建造师。2011年任职公司总经理后，带领公司全面参与黑龙江省公路三年建设，被评为黑龙江省公路建设三年决战先进单位。期间，公司获国家优质工程奖3项、省部级优质工程奖14项，科研成果奖12项、工法9项、国家专利33项。公司先后被评为全国守合同重信用单位、黑龙江省先进企业，连续3年被评为黑龙江省用户满意企业、守合同重信用单位。他本人先后获全国优秀施工企业家、中国工程建设优秀高级职业经理人、全国工程建设优秀项目经理等荣誉。（姜　楠）

【陈克望·全国优秀企业家】　陈克望，中铁二十四局集团上海铁建工程有限公司执行董事、总经理。中共党员，教授级高级工程师、一级注册建造师，高级职业经理人。1967年2月出生，湖南省醴陵市人。1993年6月参加工作。2011年2月任总经理以来，在他主持和领导下，企业管理逐步走向精细化、规范化、程序化和格式化模式，责任成本管理形成“揽、干、管、算”四位一体的机制，企业经济效益明显提高。企业资质管理取得10项总承包、专业承包资质，跨入一级资质企业行列。经营开发、施工生产再上新台阶，2013年新签合同额20亿元，完成施工产值16.98亿元；2014年新签合同额和完成施工产值双破20亿元。在甬台温铁路客运专线、沪宁城际、沪杭铁路客运专线等项目施工中亲力亲为，为公司隧道施工的突破作出重要的贡献，填补了公司在隧道施工上的空白。坚持“以人为本”，积极实施“人才强企”战略，精心营造人才结构合理、功能匹配、互相激励、活力竞相迸发的局面。近年来，通过陈克望的卓有成效管理实践，公司的竞争能力和履约能力明显增强，综合实力和社会信誉明显提高。先后获得四川省建筑业企业优秀经理、上海市重大工程立功竞赛建设功臣、上海市建设行业质量管理优秀职业经理人、全国工程建设质量管理先进工作者、中国工程建设优秀（高级）职业经理人等荣誉。（宋　洁）

【孟广顺·全国优秀施工企业家】　孟广顺，中铁二十一局集团公司董事长、党委书记。近三年来，他先后获全国建筑企业文化建设先进个人、中国工程建设优秀高级职业经理人、全国企业优秀党委书记等荣誉。根据建筑市场面临的新变化、新问题，孟广顺坚定不移地走小规模、精管理、高效益之路，有效地掌控了企业正确发展方向。以经营为龙头，正确把握市场走向；大力推进结构调整，转变经济发展方式；不断拓展房地产、海外、城轨、市政、铁路代维等业务板块，先后新成立5个专业化子分公司，组建12个区域指挥部；与地方政府、大型企业签订战略合作协议，扩大企业承揽范围，提升经营高端运作能力，初步形成集团工程总承包、房地产、资本运营等业务板块为一体的多元发展格局。2013年承揽工程任务305亿元，完成产值205亿元，实现利润2.53亿元。（高秋凤）

【李治强·全国优秀施工企业家】　李治强，中铁二十三局集团三公司执行董事、党委书记，教授级高级工程师，硕士，中共学员。1967年1月出生，山东省莱州市人。自1996年6月担任项目经理以来，负责了海军401医院门诊楼、青银高速公路、青岛流亭立交改造及机场连接线、济南309国道改造、安徽沿江高速公路、雅泸高速公路、攀枝花钢铁(集团)公司西昌钒钛资源综合利用等工程的施工,先后被评为四川省雅泸高速公路工程建设优秀项目经理、全国优秀项目经理,获国家级工法3项、省部级工法2项,中国施工企业管理协会科学技术一等奖1项。

(孙 帆)

【田国锐·中华技能大奖获得者】 田国锐,中铁十二局集团二公司测量队副队长,中共党员,技术员。1982年12月出生,山西省阳曲县人,2000年参加工作。参加工作以来,田国锐秉持“用精湛技术回报企业、用精品工程回报社会”的座右铭,凭借过硬的专业理论知识以及不畏艰苦、不辞劳累的学习、钻研、拼搏精神,练就了一身精准高超的测量技术,经他测量过的桥、隧、路基总延长800千米以上,重点、难点工程40余个,解决的施工测量难题50余项,差错率始终保持着零的纪录。先后培训近百名专业测量人员,带领的团队总结了专业论文20余篇、技术革新10余项,在企业科研生产中得到推广并发挥了巨大效应。他本人先后获中国铁建十佳青年技术工人、中国铁建劳动模范、山西省青年岗位能手、山西省五一劳动奖章、山西省享受政府津贴高级技师、2010年中央企业职工技能大赛工程测量工决赛金奖、中央企业先进职工、中央企业先进职工标兵、全国青年岗位能手、全国技术能手等荣誉。

(张 诚)

【郝民强·全国技术能手】 郝民强,中铁十二局集团二公司厦深铁路梅林隧道中心试验室主任,大专学历,技师。1975年2月出生,山西省临县人,2002年2月参加工作。郝民强在厦深铁路重、难点工程梅林隧道项目部工作期间,非常看重责任,处处从企业的利益出发,带领团队努力从试验配合比源头上为项目和企业降耗创效,仅此一项就为项目部创造了可观的经济效益,节约成本在1000万元以上。因业务能力突出、专业技术过硬被中国铁建推选参加2013年中央企业职工技能大赛,该团队在建筑材料试验工决赛中获得银奖,在建筑材料试验工决赛混凝土配合比设计及拌和项目中获得第一名,在建筑材料试验工决赛砂筛分项目中获得第一名。先后获梅林隧道项目部优秀员工、中国铁建优秀试验选手、中国铁建技术能手等荣誉。

(张 诚)

【郑腰华·全国技术能手】 郑腰华,中铁二十四局集团南昌公司下属江西铁建工程检测有限公司执行董事、党总支书记。1983年10月出生,江西省抚州市人。中共党员,大学本科学历,工程师,2006年7月毕业于南昌大学。自参加工作以来,他先后参建安景高速公路、南昌铁路枢纽西环线、向莆铁路、渭蒲高速公路、白云至龙里北铁路、贵阳枢纽渝黔引入、贵安新区贵安大道及贵州民族大学城、贵龙大道吴家庄特大桥等工程,试验检测优质精确。他十分重视新人培养,对于新进的大学生,在业务知识上毫无保留地传授,并通过成立“郑腰华劳模创新工作室”及“导师带徒”活动,开展传、帮、带,培养出一批思想成熟、作风硬朗、业务过硬的试验人才队伍,为南昌公司打造了一支有隧道、桥梁等专项检测的专业技术队伍。获中国铁建技术能手、中央企业技术能手、中央企业青年岗位能手等荣誉。

(宋 洁)

【杨建国·国家技能人才培育突出贡献奖获得者】 杨建国,中铁二十局集团技工学校校长。1981年7月参加工作,1989年4月调入中铁二十局技工学校,先后担任文化课教师、文化教研室主任、学生科副科长、教务科副科长、教学管理科科长、教学副校长,2011年5月担任学校校长职务。

2007年9月,技工学校接到总公司钢筋工大赛赛前强化培训任务。他作为强化培训工作负责人,细致认真地做好赛前强化培训,代表总公司参加大赛的6名选手,囊括全国钢筋工大赛的前3名,他本人被评为中国铁建劳动模范。2013年5月,学校再次承揽中铁建总公司的材料试验工技能大赛赛前培训任务。他按照“精心设计,科学实施,坚定信心,必拿名次”参赛目标,依照决赛的技术大纲和3项比赛科目,从理论知识成绩和试验操作成绩两个方面开展培训,10名参赛队员在决赛中取得四金六银的优异成绩。2014年,杨建国获得国家技能人才培育突出贡献奖。学校先后获得国务院、国资委技能竞赛优秀培训基地,国家安全生产应急救援培训演练基地,陕西省高技能人才培养基地和招生就业先进单位,陕西省职业技能鉴定中心职业技能鉴定先进单位等荣誉。

(孟繁荣)

2014年8月14日，由中铁第一勘察设计院集团公司义务设计、全国铁路工程师捐建的茅以升公益桥——铁道工程师桥签约仪式在陕西省汉中市佛坪县长角坝镇举行。其中，铁一院职工捐款10余万元，为公益桥的早日建成奉献爱心。

（吴延伟 摄）

统计资料

本栏责任编辑　**杨启燕**

中国铁建系统企业总产值完成情况排名

（2014 年度）

排 名	单位名称	完成企业总产值（万元）
1	中铁十二局集团有限公司	5167478
2	中铁十一局集团有限公司	4662670
3	中铁十六局集团有限公司	4001019
4	中铁十四局集团有限公司	3779456
5	中铁十七局集团有限公司	3736857
6	中铁物资集团有限公司	3605595
7	中铁建设集团有限公司	3307296
8	中铁十九局集团有限公司	3230664
9	中铁十八局集团有限公司	3202042
10	中铁二十局集团有限公司	2708258
11	中国铁建大桥工程局集团有限公司	2689998
12	中铁十五局集团有限公司	2619782
13	中铁二十一局集团有限公司	2101831
14	中国土木工程集团有限公司	2031357
15	中国铁建电化局集团有限公司	1934585
16	中铁二十二局集团有限公司	1892616
17	中铁二十四局集团有限公司	1885058
18	中国铁建房地产集团有限公司	1812246
19	中铁二十五局集团有限公司	1705296
20	中铁二十三局集团有限公司	1596611
21	中铁城建集团有限公司	908220
22	中国铁建投资有限公司	676052
23	中国铁建港航局集团有限公司	585444
24	中铁第四勘察设计院集团有限公司	523925
25	中铁第一勘察设计院集团有限公司	511789
26	中国铁建重工集团有限公司	375933
27	昆明中铁大型养路机械集团有限公司	350704
28	中国铁建国际集团有限公司	313152
29	中国铁建财务有限公司	139965
30	中铁第五勘察设计院集团有限公司	136020
31	中铁上海设计院集团有限公司	90149
32	北京铁城建设监理有限责任公司	32000
33	中铁建（北京）商务管理有限公司	22590
34	诚合保险经纪有限责任公司	9040
35	中国铁建股份有限公司北京培训中心	3299

（制表：荆彩萍）

中国铁建系统承揽任务合同额完成情况排名

（2014 年度）

排　名	单位名称	承揽任务合同额（万元）
1	中国土木工程集团有限公司	8706476
2	中铁十二局集团有限公司	6358580
3	中铁物资集团有限公司	6305461
4	中铁十一局集团有限公司	6244631
5	中铁十六局集团有限公司	5624421
6	中铁十四局集团有限公司	5586663
7	中铁建设集团有限公司	5432498
8	中铁十九局集团有限公司	5134481
9	中铁二十四局集团有限公司	4488022
10	中国铁建国际集团有限公司	4175953
11	中铁十八局集团有限公司	4175861
12	中国铁建投资有限公司	4136790
13	中铁二十局集团有限公司	4010553
14	中国铁建大桥工程局集团有限公司	3451523
15	中国铁建电化局集团有限公司	3450474
16	中铁二十一局集团有限公司	2917241
17	中铁十五局集团有限公司	2820175
18	中铁二十三局集团有限公司	2769215
19	中铁十七局集团有限公司	2721048
20	中国铁建房地产集团有限公司	2135209
21	中铁二十二局集团有限公司	2073127
22	中铁二十五局集团有限公司	1857445
23	中国铁建港航局集团有限公司	1354618
24	中铁城建集团有限公司	1315331
25	中铁第四勘察设计院集团有限公司	603128
26	中铁第一勘察设计院集团有限公司	521798
27	中国铁建重工集团有限公司	426582
28	昆明中铁大型养路机械集团有限公司	325143
29	中铁第五勘察设计院集团有限公司	201890
30	中铁上海设计院集团有限公司	103359
31	北京铁城建设监理有限责任公司	54211
32	诚合保险经纪有限责任公司	10600

（制表：荆彩萍）

中国铁建系统新签合同额完成情况统计

（2014 年度）

单位：万元

单位 \ 数量 \ 类别	年度计划	完成	其中						其中：海外	完成年度计划（%）	2013 年同期完成	同比增长（%）
			工程承包	勘察设计咨询	工业制造	物资贸易	房地产开发	其他				
总计	76613580	90152170	76111935	1001520	1527290	8704682	2661416	145327	12990761	117.7	92035703	-2.0
中国土木工程集团有限公司	4359580	8706476	8434267	15745		143203	396	112864	8526506	199.7	5051247	72.4
中铁十一局集团有限公司	4200000	6244631	5307139		93940	801835	41717		18216	148.7	6900708	-9.5
中铁十二局集团有限公司	5000000	6358580	6182876			165704	10000		991528	127.2	7646666	-16.8
中国铁建大桥工程局集团有限公司	3300000	3451523	3350665	5553	62273		33032		677229	104.6	3760396	-8.2
中铁十四局集团有限公司	3600000	5586663	5407936		129281		49446		893423	155.2	5164611	8.2
中铁十五局集团有限公司	3000000	2820175	2495765	3024		290885	30501		135357	94.0	3601961	-21.7
中铁十六局集团有限公司	4000000	5624421	5352252		1959	249184	21026		32000	140.6	4304651	30.7
中铁十七局集团有限公司	4500000	2721048	2631023	1217		88808			129598	60.5	5178805	-47.5
中铁十八局集团有限公司	3600000	4175861	4139839	2048	17974		16000		397130	116.0	5343596	-21.9
中铁十九局集团有限公司	4200000	5134481	5134481						206058	122.2	5592139	-8.2
中铁二十局集团有限公司	3500000	4010553	3815092	3006	13418	151669	27368		136366	114.6	3644484	10.0
中铁二十一局集团有限公司	2100000	2917241	2780954	261	33344		100802	1880	40385	138.9	3343618	-12.8
中铁二十二局集团有限公司	1800000	2073127	2003997				69130			115.2	2309694	-10.2
中铁二十三局集团有限公司	1500000	2769215	2586766	6393	176056				43412	184.6	2042691	35.6
中铁二十四局集团有限公司	2100000	4488022	4386110		101913				574410	213.7	3510128	27.9
中铁二十五局集团有限公司	1500000	1857445	1829077			27800	568		12293	123.8	1722027	7.9
中铁建设集团有限公司	5000000	5432498	4948679	703		354440	128677		92584	108.6	8020941	-32.3
中国铁建电化局集团有限公司	1500000	3450474	3309721	3389	137364				16228	230.0	2022244	70.6
中国铁建港航局集团有限公司	1400000	1354618	1342263	12354					274436	96.8	1292673	4.8
中铁城建集团有限公司	1200000	1315331	1315074	257						109.6		0.0
中国铁建国际集团有限公司	3000000	4175953	4045538	4721		125693			3965166	139.2	2227251	87.5
中铁第一勘察设计院集团有限公司	285000	521798	227502	294296					6770	183.1	382890	36.3
中铁第四勘察设计院集团有限公司	429000	603128	231232	356549			15347		1419	140.6	455591	32.4
中铁第五勘察设计院集团有限公司	160000	201890	37096	156749	8045				320	126.2	181510	11.2
中铁上海设计院集团有限公司	96000	103359	20136	81042				2181	97	107.7	84353	22.5
北京铁城建设监理有限责任公司	50000	54211		54211						108.4	45131	20.1
中铁物资集团有限公司	8000000	6305461				6305461			3074	78.8	9066106	-30.5
昆明中铁大型养路机械集团有限公司	325000	325143			325143					100.0	300154	8.3
中国铁建重工集团有限公司	400000	426582			426582				3675	106.6	402673	5.9
中国铁建房地产集团有限公司	2500000	2135209					2117407	17802		85.4	2113000	1.1
诚合保险经纪有限公司	9000	10600						10600		117.8	8163	29.9
中国铁建投资有限公司(不计入总数)	3000000	4136790						4136790		137.9	4860620	-14.9

注：中国铁建投资有限公司 2014 年新签合同额未计入总额。

（制表：荆彩萍）

中国铁建系统工程承包业务新签合同额按类别分完成情况统计

（2014 年度）

单位：万元

单位 \ 数量 \ 类别	工程承包	其他							
		铁路	公路	房屋建筑	城市轨道地铁	市政	水利电力	机场码头	其他工程
总计	76111933	30281306	11108772	15357059	6841226	7249599	1619367	722400	2932204
中国土木工程集团有限公司	8434267	7564183	282812	78839	46218	135457		38813	287945
中铁十一局集团有限公司	5307139	2169848	559543	862747	1548527	113916	18464		34094
中铁十二局集团有限公司	6182876	3252590	1370993	766814	519868	218727	23839	10619	19426
中国铁建大桥工程局集团有限公司	3350665	1106586	1109835	145009	572011	270686	119660		26879
中铁十四局集团有限公司	5407936	1197374	904239	1385633	734770	922395	187530		75996
中铁十五局集团有限公司	2495765	750535	844156	404380	255965	207607	7735		25387
中铁十六局集团有限公司	5352252	1561399	882976	681288	979233	1137499	54932	49393	5532
中铁十七局集团有限公司	2631023	1306169	481119	380016	125318	188826	31029		118546
中铁十八局集团有限公司	4139839	899687	770152	1090022	435846	639185	103609	4200	197138
中铁十九局集团有限公司	5134481	1908103	805550	455308	378054	104549	104739		1378178
中铁二十局集团有限公司	3815092	1292704	861335	757744	163719	390092	196382		153116
中铁二十一局集团有限公司	2780954	1117970	209543	494085	456413	371953	107935		23055
中铁二十二局集团有限公司	2003996	1032865	100754	257636	166164	69875	10275		366427
中铁二十三局集团有限公司	2586766	1088210	830472	354067	75405	193803	13020		31789
中铁二十四局集团有限公司	4386110	1015601	857533	1449805	218218	790488	6446		48019
中铁二十五局集团有限公司	1829076	935928	147040	392824	42934	242958	64621		2770
中铁建设集团有限公司	4948679	56297		4851020		41362			
中国铁建电化局集团有限公司	3309721	2706610	21065	543	494201		4756		82546
中国铁建港航局集团有限公司	1342264	8132	83726	10807	7340	12157	567743	634824	17535
中铁第一勘察设计院集团有限公司	227502	78595	147724	229			954		
中铁第四勘察设计院集团有限公司	231232	164730			15927	39037			11538
中铁第五勘察设计院集团有限公司	37096	37096							
中铁上海设计院集团有限公司	20136	19289				846			
中国铁建国际集团有限公司	4045538	20170	1059538	1207111		1273792	7336	266087	211505
中铁城建集团有限公司	1315074	151068		1102779	7255	53929			43

（制表：荆彩萍）

中国铁建系统企业总产值完成情况统计

（2014 年度）

单位：万元

单位 \ 数量 \ 类别	年度计划	企业总产值 完成	其中：施工产值	勘察设计咨询	工业制造	物资贸易	房地产开发	金融保险收入	运营维管收入	其他营业收入	其中：海外	完成年度计划（%）	2013 年同期完成	同比增长（%）
总计	58543912	62348997	51460149	1304936	1308276	4584014	2328320	179327	125472	1058503	3057701	106.5	60633285	2.8
中国土木工程集团有限公司	2012275	2031357	1818782	2933		169910				39732	1721512	100.9	1686229	20.5
中铁十一局集团有限公司	3600000	4662670	4611231		38333	4753	5528		1111	1714	26319	129.5	4209907	10.8
中铁十二局集团有限公司	4000000	5167478	5024857		1111	82391	10000	30322		18797	150999	129.2	4795565	7.8
中国铁建大桥工程局集团有限公司	2800000	2689998	2638446	2892	40532	387	2891			4850	54397	96.1	3023179	-11.0
中铁十四局集团有限公司	2900000	3779456	3548734		120722		110000				171865	130.3	2983680	26.7
中铁十五局集团有限公司	2600000	2619782	2405015	3024	6096	145739	40166		7974	11768	30069	100.8	2603682	0.6
中铁十六局集团有限公司	3000000	4001019	3857987		5295	70168	27765		39000	804	27271	133.4	3211468	24.6
中铁十七局集团有限公司	3500000	3736857	3605906			112251				18700	150721	106.8	3492374	7.0
中铁十八局集团有限公司	3050000	3202042	3131288	2031	2072		60000			6651	255072	105.0	3170432	1.0
中铁十九局集团有限公司	3200000	3230664	3230664								60602	101.0	3167687	2.0
中铁二十局集团有限公司	2650000	2708258	2502012	1625	46998	99469	18000		22480	17674	97056	102.2	2457355	10.2
中铁二十一局集团有限公司	1700000	2101831	1977411	261	17619		96000		4010	6530	8267	123.6	2045193	2.8
中铁二十二局集团有限公司	1650000	1892616	1783244			19800	56465			33107		114.7	2129417	-11.1
中铁二十三局集团有限公司	1300000	1596611	1487192	5863	101951					1605	30553	122.8	1478563	8.0
中铁二十四局集团有限公司	1650000	1885058	1839385		32927	1493				11253	45878	114.2	1786966	5.5
中铁二十五局集团有限公司	1300000	1705296	1650024			18268	20196			16808	10919	131.2	1831336	-6.9
中铁建设集团有限公司	3300000	3307296	2925793	562	8439	299752	70133			2617	51064	100.2	3140470	5.3
中国铁建电化局集团有限公司	1460000	1934585	1765677	2657	152795	1657			6219	5580	7000	132.5	1485457	30.2
中国铁建港航局集团有限公司	700000	585444	576941	8503								83.6	505092	15.9
中铁城建集团有限公司	800000	908220	908118							102	5170	113.5		0.0
中国铁建国际集团有限公司	150000	313152	171442	4721		91471			43872	1646	145097	208.8	127417	0.0
中国铁建投资有限公司	500000	676052								676052		135.2	534214	26.6
中国铁建财务有限公司	100400	139965						139965				139.4	90739	54.3
中铁第一勘察设计院集团有限公司	260000	511789		511789								196.8	365011	40.2
中铁第四勘察设计院集团有限公司	400000	523925		508836			15089					131.0	397534	31.8
中铁第五勘察设计院集团有限公司	115000	136020		129271	6749						291	118.3	108673	25.2
中铁上海设计院集团有限公司	88000	90149		87968						2181		102.4	81847	10.1
北京铁城建设监理有限责任公司	30000	32000		32000								106.7	29453	8.6
昆明中铁大型养路机械集团有限公司	350737	350704			350704							100.0	341600	2.7
中国铁建重工集团有限公司	350000	375933			375933							107.4	342177	9.9
中铁物资集团有限公司	7000000	3605595				3466505				139090	7579	51.5	7230618	-50.1
中国铁建房地产集团有限公司	2000000	1812246					1796087			16159		90.6	1750348	3.5
中铁建（北京）商务管理有限公司	17900	22590							806	21784		126.2	19613	15.2
诚合保险经纪有限公司	7100	9040						9040				127.3	7210	25.4
中国铁建股份有限公司北京培训中心	2500	3299								3299		132.0	2779	18.7

（制表：荆彩萍）

中国铁建系统施工单位建筑业总产值按构成分完成情况统计

（2014 年度）

单位：万元

单位	建筑业总产值	其中		按构成分			
		装饰装修产值	在外省完成的产值	建筑工程产值	安装工程产值	设备工器具产值	其他产值
总计	51460149	224514	43642053	49596789	786993	462390	613977
中国土木工程集团有限公司	1818782	5928	74633	1787133	8646		23003
中铁十一局集团有限公司	4611231		3990320	4588354			22877
中铁十二局集团有限公司	5024857	34081	4073598	4916009	90342	12109	6397
中国铁建大桥工程局集团有限公司	2638446		2564563	2597132	27634		13680
中铁十四局集团有限公司	3548734	4919	3019718	3446588	85859	1792	14495
中铁十五局集团有限公司	2405015	8020	2026723	2358339	15556	4670	26450
中铁十六局集团有限公司	3857987	8081	3721000	3725204	6747		126036
中铁十七局集团有限公司	3605906	13847	3294812	3481936	60063	1349	62558
中铁十八局集团有限公司	3131288	99	2475267	3021219	80005		30064
中铁十九局集团有限公司	3230664		3103523	3189550	26755		14359
中铁二十局集团有限公司	2502012		2177401	2430119	48271		23622
中铁二十一局集团有限公司	1977411	253	1892216	1867169	20646	31477	58119
中铁二十二局集团有限公司	1783244		1762256	1774223	3356		5665
中铁二十三局集团有限公司	1487192	1141	1321798	1484888	1615		689
中铁二十四局集团有限公司	1839385	4832	1764184	1749739	67107	19	22520
中铁二十五局集团有限公司	1650024		1344771	1650024			
中铁建设集团有限公司	2925793	119294	2087648	2901106	23496		1191
中国铁建电化局集团有限公司	1765677	3000	1765677	990934	204509	410974	159260
中国铁建港航局集团有限公司	576941		302525	576941			
中铁城建集团有限公司	908118	21019	856837	894755	13363		
中国铁建国际集团有限公司	171442		22583	165427	3023		2992

（制表：荆彩萍）

中国铁建系统施工单位建筑业总产值按类别分完成情况统计

（2014 年度）

单位：万元

单位	建筑业总产值	其中											
		铁路	公路	房屋建筑	市政	城市轨道地铁	铁路四电	水利	电力	机场	矿山	港口与航道	其他
总计	51460149	21043488	10964956	7233283	4595691	3784890	1403152	639298	206223	274263	576794	267474	470637
中国土木工程集团有限公司	1818782	988386	299694	130937	47239	198613		836		129096		14861	9120
中铁十一局集团有限公司	4611231	1845197	1234160	468213	141087	728516	91751	28727	10153		4147		59280
中铁十二局集团有限公司	5024857	2203990	1697774	322486	171216	245378	255920	47487	9152	31608			39846
中国铁建大桥工程局集团有限公司	2638446	999227	535129	251271	384046	341481	17489	81855	20346			314	7288
中铁十四局集团有限公司	3548734	1403486	1115976	261590	288485	298439	26413	15849	33975		92442	4026	8053
中铁十五局集团有限公司	2405015	752917	995456	217386	214824	178028		37638			2536		6230
中铁十六局集团有限公司	3857987	1353065	895772	384303	655357	427248	37191	91530		1228			12293
中铁十七局集团有限公司	3605906	1719244	941582	296838	279855	261958	5393	35506	7858		23671		34001
中铁十八局集团有限公司	3131288	765438	583026	466170	788425	313302		120457	41731	3050	11862		37827
中铁十九局集团有限公司	3230664	1376471	482058	290660	149743	314785	8256	69598	38765	33009	407496		59823
中铁二十局集团有限公司	2502012	1326565	580925	144603	204453	82044	23157	37158		22900	8433	13948	57826
中铁二十一局集团有限公司	1977411	1286002	175207	242936	74336	68455	87921	12891	1863	5767	8101		13932
中铁二十二局集团有限公司	1783244	1015291	167567	77042	387184	46264	65248	7979	4784				11885
中铁二十三局集团有限公司	1487192	686892	490800	140250	47668	41432	20250	35641	3309		250	5002	15698
中铁二十四局集团有限公司	1839385	690833	274038	273086	391640	94402	44734	5127	1770	30590	17852		15313
中铁二十五局集团有限公司	1650024	1073188	142956	100994	259434	45663	10991	10529	48		4		6217
中铁建设集团有限公司	2925793	388829		2477629	47115					8214			4006
中国铁建电化局集团有限公司	1765677	892318	14729	1162		79071	708438		30249				39710
中国铁建港航局集团有限公司	576941	72756	239146	4524	19875			490	2220			228839	9091
中铁城建集团有限公司	908118	199631	2833	612849	40995	19811				8801			23198
中国铁建国际集团有限公司	171442	3762	96128	68354	2714							484	

（制表：荆彩萍）

中国铁建系统施工单位建筑业总产值按地域分完成情况统计(一)

(2014年度)

单位:万元

单　　位	合　计	北京市	天津市	河北省	山西省	内蒙古自治区	辽宁省	吉林省	黑龙江省	上海市	江苏省	浙江省
总　　计	51460149	1654737	992718	1990961	2556427	1954411	1644091	701683	976670	198867	1912594	1138166
中国土木工程集团有限公司	1818782	800		538	527							56742
中铁十一局集团有限公司	4611231	103974	18712	300752	158048	182605	63649	39193	41703	13536	147734	84016
中铁十二局集团有限公司	5024857	82930	44098	144178	800260	72643	96865	68467	1336	2907	193359	1283
中国铁建大桥工程局集团有限公司	2638446	37193	73883	67299	51513	46942	354736	115670	166981	3852	84320	125389
中铁十四局集团有限公司	3548734	96136	136829	145274	84727	179771	29124	7636	698	5212	281708	18174
中铁十五局集团有限公司	2405015	18368	21365	107552	120927	26606	6228		18678	16630	110025	92046
中铁十六局集团有限公司	3857987	136987	151182	222733	81520	316850	65490	6175	86581	5035	164550	180754
中铁十七局集团有限公司	3605906			230898	311094	96598	53934	72655			104823	76346
中铁十八局集团有限公司	3131288	100700	400949	96071	91164	80832	90374	19807	21681	28667	57074	10037
中铁十九局集团有限公司	3230664	127141	27134	132367	103906	460502	442647	146780	54224	139	95678	42956
中铁二十局集团有限公司	2502012	9832		69049	73866	89320	48627	1750	16760		118471	8828
中铁二十一局集团有限公司	1977411	7320	7509	78113	17405	146732	79001				2450	5781
中铁二十二局集团有限公司	1783244	20988	3903	35709	48291	19931	63965	138035	270470		13129	55688
中铁二十三局集团有限公司	1487192			17720		82644	6084	21197	200376	6394	16257	550
中铁二十四局集团有限公司	1839385	10329	460	5578	14821	35459	944			75201	283525	239336
中铁二十五局集团有限公司	1650024	8218		13121	124260	10293	25299	3303	4556		7327	10332
中铁建设集团有限公司	2925793	787081	31379	175226	65349	24900	13568	22987		12640	179406	57771
中国铁建电化局集团有限公司	1765677	6413	1629	68132	342386	27351	152949	31338	20873	9433	12965	11577
中国铁建港航局集团有限公司	576941		25279	14411	1841		12503				19468	35274
中铁城建集团有限公司	908118	100327	48407	66240	64522	54432	15521	6690	71753	19221	20325	25286
中国铁建国际集团有限公司	171442						22583					

(制表:荆彩萍)

中国铁建系统施工单位建筑业总产值按地域分完成情况统计(二)

(2014 年度)

单位:万元

单　　位	安徽省	福建省	江西省	山东省	河南省	湖北省	湖南省	广东省	广西壮族自治区	海南省	重庆市
总　　计	1537230	2163299	1491477	2145117	1832393	1488100	1118250	3338463	1528382	583054	1474130
中国土木工程集团有限公司		1024		1210				14592			
中铁十一局集团有限公司	237115	113181	52510	32436	102902	620911	81875	400818	128263	-98	347941
中铁十二局集团有限公司	257992	171742	47665	109849	94746	16248	126795	552311	135481	95098	282230
中国铁建大桥工程局集团有限公司	151724	110386	234090	79357	40379	36502	9091	83759	57994		43962
中铁十四局集团有限公司	51944	116075	23964	529016	99509	101159	119259	324126	143425	92951	21736
中铁十五局集团有限公司	85661	84720	200693	37712	378292	152857	58598	195296	13189		46470
中铁十六局集团有限公司	135095	316434	263024	130099	130396	33052	81060	191737	86194	35324	76343
中铁十七局集团有限公司	48500	370909	68587	215178	419332	68087	55643	151461	5697	2849	147718
中铁十八局集团有限公司	43799	102800	33283	149609	98386	62506	210	158974	125198	115	157585
中铁十九局集团有限公司	9525	81323	94186	49431	41342	24958	18997	80534	231728		116417
中铁二十局集团有限公司	588	42390	15468	167372	133927	143255	47195	153693	69090	41585	33892
中铁二十一局集团有限公司	10025	22239	8461	57488	59824	7442	11401	31360		190742	3848
中铁二十二局集团有限公司	1540	279785	306	45891	34601	12720	23216	44766	4953	4251	6654
中铁二十三局集团有限公司		39072	19926	127545	17088	34805	60409	172949	106359		102661
中铁二十四局集团有限公司	291031	210010	137156	44193	18827		8290	3468	20970		41289
中铁二十五局集团有限公司	2104	-716	129774	44707	35477	1170	273436	305253	251201	5447	5207
中铁建设集团有限公司	185502	17218	124294	75592	109144	71285	55101	112378	110104	102715	
中国铁建电气化局集团有限公司		11608	1676	149430	17337	67712	36393	21329	22249		31157
中国铁建港航局集团有限公司	8956	66392		44148		17880		274421	12014		9020
中铁城建集团有限公司	16129	6707	36414	54854	884	15551	51281	65238	4273	12075	
中国铁建国际集团有限公司											

(制表:荆彩萍)

中国铁建系统施工单位建筑业总产值按地域分完成情况统计(三)

(2014 年度)

单位:万元

单　位	四川省	贵州省	云南省	西藏自治区	陕西省	甘肃省	青海省	宁夏回族自治区	新疆维吾尔自治区	澳门特别行政区	香港特别行政区	海　外
总　计	1780815	3110931	1894705	287748	2439715	2025250	815039	465841	1118918	27847	22289	3049831
中国土木工程集团有限公司										21837		1721512
中铁十一局集团有限公司	86765	348165	199499		227201	194054	75472	114598	67382			26319
中铁十二局集团有限公司	167920	110297	375470	122999	357695	140432	97705	50120	52737			150999
中国铁建大桥工程局集团有限公司	167252	83703	17156		25262	193019	8200	70665	43770			54397
中铁十四局集团有限公司	141402	105181	65398		184569	121589	10736	42953	96588			171865
中铁十五局集团有限公司	70362	80240	49006	91303	108713	26366	67988	503	64015	6010	18527	30069
中铁十六局集团有限公司	243788	65019	260880	3104	53330	113700	93996	75609	24675			27271
中铁十七局集团有限公司	125374	202302	145399	36144	240978	138167	2563	3973	59976			150721
中铁十八局集团有限公司	119937	218542	143330		258320	62893	54939	18841	69593			255072
中铁十九局集团有限公司	131713	60541	115750	26371	129552	140182	42400	19562	122076			60602
中铁二十局集团有限公司	99897	173838	94132		324611	280417	92421	5676	49006			97056
中铁二十一局集团有限公司	19669	125315	49214	5872	221055	463498	194799	24981	117600			8267
中铁二十二局集团有限公司	11509	496221	39346	876	71874	6952	22759	4915				
中铁二十三局集团有限公司	165394	100983	16334	1079	27755	42848	15690		54520			30553
中铁二十四局集团有限公司	53320	217869	29866		20707	18926			11932			45878
中铁二十五局集团有限公司	45174	161519	119979		8601	29071	6952	7829	211			10919
中铁建设集团有限公司	25309	226895	153504		127144	8237						51064
中国铁建电化局集团有限公司	60833	286355	5751		44808	26293	5863		284837			7000
中国铁建港航局集团有限公司	34070						1264					
中铁城建集团有限公司	11127	47946	14691		7540	18606	21292	25616				5170
中国铁建国际集团有限公司											3762	145097

(制表:荆彩萍)

中国铁建系统施工单位主要实物工程量完成情况统计(一)

(2014 年度)

单位	土石方（万立方米）	隧道（折合米）	桥梁			铁路正线铺轨		铁路站线铺轨（千米）	铺道岔（组）	铁路架梁（孔）	铁路制梁（片）
			总计（折合米）	特大桥（折合米）	大中桥（折合米）	总计（千米）	其中:高速（千米）				
总计	130082	1221289	1467953	640094	491469	9519	3174	1559	2899	29517	41690
中国土木工程集团有限公司	1143	3299	10074	902	2769	228		23	37	233	366
中铁十一局集团有限公司	11224	132021	178113	81047	85698	1750	1065	137	625	2742	4045
中铁十二局集团有限公司	11593	202929	179634	72129	104721	1126		135	11	3688	5907
中国铁建大桥工程局集团有限公司	5705	71956	63739	27660	25239	600	580	26	155	59	553
中铁十四局集团有限公司	11849	90663	186121	89631	28067	1223	454	106	74	5330	6935
中铁十五局集团有限公司	10858	60664	53840	17287	27330	584	373	97	99	576	556
中铁十六局集团有限公司	6325	104367	101162	23889	25788	344	256	21	57	233	180
中铁十七局集团有限公司	9285	133939	177832	88148	44050	399	76	106	181	3267	3735
中铁十八局集团有限公司	7646	84656	82455	17258	21674	55		13	27	486	184
中铁十九局集团有限公司	22495	98296	60266	25486	20536	664		60	160	712	896
中铁二十局集团有限公司	7447	70976	91437	44267	24055	253		42	61	2458	3058
中铁二十一局集团有限公司	6687	25310	79517	48989	25118	647		273	582	2769	4418
中铁二十二局集团有限公司	3447	43485	38789	22328	12190	816		267	220	1971	3573
中铁二十三局集团有限公司	4794	29120	45738	16820	13470	110		92	276	920	650
中铁二十四局集团有限公司	2861	20827	43910	22887	10791	286		18	48	2134	2564
中铁二十五局集团有限公司	2852	40004	55118	38196	15509	434	369	105	240	1722	2298
中铁建设集团有限公司											
中国铁建电化局集团有限公司											
中国铁建港航局集团有限公司	2221	7982	18634	2966	3220					212	148
中铁城建集团有限公司	249	425	338	30	178			40	46	6	1624
中国铁建国际集团有限公司	1401	370	1236	171	1065						

（制表:荆彩萍）

中国铁建系统施工单位主要实物工程量完成情况统计(二)

(2014 年度)

单　　位	铁路无砟轨　道(千米)	铁路机械化轨　道(千米)	地　铁(折合米)	轻　轨(折合米)	公　路		公路路面(平方米)	公路架梁(片)	通信线路	
					总　计(折合千米)	高速公路(千米)			总　计(千米)	其中:光缆(千米)
合　　计	2121	1635	240915	23763	2321	1414	205963589	111704	10418	6047
中国土木工程集团有限公司				7110	63	4	841741	1235		35
中铁十一局集团有限公司	177	111	83373	5732	213	195	161675768	14555	431	17
中铁十二局集团有限公司	108		3101		247	212	6815811	14549	748	88
中国铁建大桥工程局集团有限公司	231		20663	268	279	225	5559683	6673	53	53
中铁十四局集团有限公司	145		14569		38	5	121127	12719	572	100
中铁十五局集团有限公司	14	11	14526	211	237	162	5688088	9407	28	
中铁十六局集团有限公司	247		29659	5877	120	53	9500348	8554	212	208
中铁十七局集团有限公司	393	406	27588		250	112	1605325	11079	24	
中铁十八局集团有限公司	187		17626		286	11	1804474	530	19	
中铁十九局集团有限公司			19493	1627	187	175	3862486	5225	36	15
中铁二十局集团有限公司	50		4801	1596	128	113	1934888	5835	132	52
中铁二十一局集团有限公司	37		1476	857	83	34	59360	2513	311	230
中铁二十二局集团有限公司	35	744			9	5	53766	3539	334	102
中铁二十三局集团有限公司	279	12			40	26	3871449	6442	213	45
中铁二十四局集团有限公司	96	143	1413		8		49936	1298	118	76
中铁二十五局集团有限公司	102	207	2627		63	59	2129140	1609	652	633
中铁建设集团有限公司										
中国铁建电化局集团有限公司									6532	4393
中国铁建港航局集团有限公司					32			5937		
中铁城建集团有限公司	21			485				5	3	
中国铁建国际集团有限公司					38	23	390199			

(制表:荆彩萍)

中国铁建系统施工单位主要实物工程量完成情况统计(三)

(2014 年度)

单　位	通信设备（站）	自动闭塞（区间千米）	电器集中（联锁道岔）	供电线路（千米）	接触网（条千米）	牵引变电所（处）	变配电所（处）	房屋建筑施工面积	
								总计（平方米）	2014 年新开工面积（平方米）
合　计	1168	4384	3683	11589	19395	200	601	122774518	47646687
中国土木工程集团有限公司				20				555573	275530
中铁十一局集团有限公司		256	152	322	449	24	5	6581550	3048463
中铁十二局集团有限公司				1801	1085			7682191	2501555
中国铁建大桥工程局集团有限公司	3		1	237	144	13	57	3760474	1140442
中铁十四局集团有限公司	2	45	31	171			26	2348524	940454
中铁十五局集团有限公司				28				2961075	2062471
中铁十六局集团有限公司	1		8	32	4			3021441	2015822
中铁十七局集团有限公司				20				3443744	1505124
中铁十八局集团有限公司								6965875	3310386
中铁十九局集团有限公司				107				3142202	1302572
中铁二十局集团有限公司	11		19	191	260		17	1683326	733429
中铁二十一局集团有限公司	21	134	354	615	799	17	28	3330132	778705
中铁二十二局集团有限公司	7	130	25	585	66	19	13	1920579	1065726
中铁二十三局集团有限公司	12	170	124	57	26		11	1632281	1214298
中铁二十四局集团有限公司		112	516	119	48		11	2566399	1666044
中铁二十五局集团有限公司		372	188	414	26			3041996	1038134
中铁建设集团有限公司								52001857	18346105
中国铁建电气化局集团有限公司	1111	3165	2265	6868	16486	127	433	183365	133292
中国铁建港航局集团有限公司								29944	
中铁城建集团有限公司				2	3			11846713	3471822
中国铁建国际集团有限公司								4075277	1096313

（制表：荆彩萍）

中国铁建系统施工单位主要实物工程量完成情况统计(四)

(2014 年度)

单 位	房屋建筑施工面积		码 头(折合米)	护 岸(折合米)	防波堤(折合米)	挖 泥(万立方米)	水下炸礁(万立方米)	围 堰(万立方米)	吹 填(万立方米)	软基处理(万立方米)
	实行投标承包(平方米)	住 宅(平方米)								
合 计	120505957	81254963		1491	744	278		99	3528	1531
中国土木工程集团有限公司	520073	196594				10			20	16
中铁十一局集团有限公司	6416836	5108472				30			8	
中铁十二局集团有限公司	7682191	4881057								
中国铁建大桥工程局集团有限公司	3679355	2420219								
中铁十四局集团有限公司	2228736	2337914				5		5		2
中铁十五局集团有限公司	2151672	1900996						17		
中铁十六局集团有限公司	3021441	1998898								
中铁十七局集团有限公司	3544581	2167755		100		24				28
中铁十八局集团有限公司	6893035	5378078							12	
中铁十九局集团有限公司	3140124	1217935								
中铁二十局集团有限公司	1341332	1256808							6	627
中铁二十一局集团有限公司	3330132	3038511								2
中铁二十二局集团有限公司	1920579	376639								
中铁二十三局集团有限公司	1630285	601921				16				26
中铁二十四局集团有限公司	1666044	1290566								130
中铁二十五局集团有限公司	3041996	1244100								
中铁建设集团有限公司	52001857	37482111								
中国铁建电气化局集团有限公司	373698									
中国铁建港航局集团有限公司				1391	744	193		77	3482	700
中铁城建集团有限公司	11846713	6365716								
中国铁建国际集团有限公司	4075277	1990673								

(制表:荆彩萍)

中国铁建系统施工单位房屋建筑完成情况统计(一)

(2014 年度)

单位	合计			1. 住宅房屋			2. 商业及服务用房屋		
	施工面积(平方米)	竣工面积(平方米)	竣工价值(万元)	施工面积(平方米)	竣工面积(平方米)	竣工价值(万元)	施工面积(平方米)	竣工面积(平方米)	竣工价值(万元)
合计	122763529	12454175	2986511	80546935	8519006	1535152	11360357	837659	391485
中国土木工程集团有限公司	567901	95240	22240	196594	87420	17484	33445		
中铁十一局集团有限公司	6581550		11472	5108472		5557	266726		
中铁十二局集团有限公司	7682191	67275	359	4881057			124331		
中国铁建大桥工程局集团有限公司	3760474	816662	201289	2420219	665464	154586	306004		
中铁十四局集团有限公司	2340564	151006	178347	1814635	53809	141461	27685		
中铁十五局集团有限公司	2961075	527735	88589	1900996	321100	19304	398528		17000
中铁十六局集团有限公司	3021441	110602	12908	1998898	1885	1300	464042		
中铁十七局集团有限公司	3458331	10597	1500	2167755			522976		
中铁十八局集团有限公司	6965875	195839	61333	5378078	117150	22928	467740	15524	12393
中铁十九局集团有限公司	3142202	97854	34983	1217935	47778	17168	187242		
中铁二十局集团有限公司	1683326	563429	16800	1256808	356990	13094	37000		
中铁二十一局集团有限公司	3330132	1000570	241466	2592243	815264	165985	120629	1745	2275
中铁二十二局集团有限公司	1920579	1000	108284	376639		12899	74731		9215
中铁二十三局集团有限公司	1632281	111142	10851	820310			433347	51862	6828
中铁二十四局集团有限公司	2566399	547891	174915	1290566	235127	35566	96805	37148	38285
中铁二十五局集团有限公司	3041996	187898	29323	1244100	148154	22001	575728		
中铁建设集团有限公司	52001857	7463654	1652461	37482111	5668865	905819	4177327	557932	272599
中国铁建电气化局集团有限公司	183365	69196	11418						
中国铁建港航局集团有限公司									
中铁城建集团有限公司	11846713	436585	127973	6365716			2593597	173448	32890
中国铁建国际集团有限公司	4075277			2033803			452474		

(制表:荆彩萍)

中国铁建系统施工单位房屋建筑完成情况统计(二)

(2014 年度)

单　　位	(1)商厦房屋(批发和零售用房)			(2)宾馆用房屋(住宿用房)			(3)餐饮用房屋(餐饮用房)		
	施工面积(平方米)	竣工面积(平方米)	竣工价值(万元)	施工面积(平方米)	竣工面积(平方米)	竣工价值(万元)	施工面积(平方米)	竣工面积(平方米)	竣工价值(万元)
合　　计	5365070	171223	56290	1705852	399434	255055	408470	53809	15930
中国土木工程集团有限公司				33445					
中铁十一局集团有限公司				47183					
中铁十二局集团有限公司	16745						105086		
中国铁建大桥工程局集团有限公司	74300			27435					
中铁十四局集团有限公司	150						27535		
中铁十五局集团有限公司	398528		17000						
中铁十六局集团有限公司	288457			162603					
中铁十七局集团有限公司	398646			97205					
中铁十八局集团有限公司	34437			77300			3997		
中铁十九局集团有限公司	137242								
中铁二十局集团有限公司									
中铁二十一局集团有限公司			288	51729					
中铁二十二局集团有限公司							55751		
中铁二十三局集团有限公司	126862	51862	6828	186000					
中铁二十四局集团有限公司				14672	14672	30560			
中铁二十五局集团有限公司	302000								
中铁建设集团有限公司	1914428	119361	32174	777499	384762	224495	168893	53809	15930
中国铁建电气化局集团有限公司									
中国铁建港航局集团有限公司									
中铁城建集团有限公司	1227975			230781			47208		
中国铁建国际集团有限公司	445300								

(制表:荆彩萍)

中国铁建系统施工单位房屋建筑完成情况统计(三)

(2014 年度)

单　位	(4)商务会展用房屋			(5)其他商业及服务用房屋(居民服务业用房)			3. 办公用房屋		
	施工面积(平方米)	竣工面积(平方米)	竣工价值(万元)	施工面积(平方米)	竣工面积(平方米)	竣工价值(万元)	施工面积(平方米)	竣工面积(平方米)	竣工价值(万元)
合　计	421250	4250	4364	3459715	208943	59846	9758802	1033271	277912
中国土木工程集团有限公司							2700		
中铁十一局集团有限公司				219543			131602		5915
中铁十二局集团有限公司				2500			481435	65601	
中国铁建大桥工程局集团有限公司				204269			31180		
中铁十四局集团有限公司							140929		18265
中铁十五局集团有限公司							1680		
中铁十六局集团有限公司				12982			11986		
中铁十七局集团有限公司				27125			108096	10597	
中铁十八局集团有限公司				352006	15524	12393	176530	5541	5085
中铁十九局集团有限公司				50000			491778		
中铁二十局集团有限公司				37000			139135	30652	
中铁二十一局集团有限公司				68900	1745	1987	189696		
中铁二十二局集团有限公司				18980		9215	124975		
中铁二十三局集团有限公司				120485			100000		
中铁二十四局集团有限公司	4250	4250	4364	77883	18226	3361	60021	60021	15343
中铁二十五局集团有限公司				273728			108608	21664	3964
中铁建设集团有限公司	417000			899507			5219000	817954	224703
中国铁建电气化局集团有限公司							1700	1700	
中国铁建港航局集团有限公司									
中铁城建集团有限公司				1087633	173448	32890	687751	19541	4637
中国铁建国际集团有限公司				7174			1550000		

(制表:荆彩萍)

中国铁建系统施工单位房屋建筑完成情况统计(四)

(2014 年度)

单位	4. 科研、教育、医疗用房屋			(1)科学研究用房屋			(2)教育用房屋		
	施工面积(平方米)	竣工面积(平方米)	竣工价值(万元)	施工面积(平方米)	竣工面积(平方米)	竣工价值(万元)	施工面积(平方米)	竣工面积(平方米)	竣工价值(万元)
合计	5304319	522715	147609	1386341	27800	12180	2380553	348906	88956
中国土木工程集团有限公司	81065	7820	4756	15230			65835	7820	4756
中铁十一局集团有限公司									
中铁十二局集团有限公司	524105			20370			503735		
中国铁建大桥工程局集团有限公司	130160	20613	4538	45644			63903		
中铁十四局集团有限公司	142850	7698	7566				7698	7698	7566
中铁十五局集团有限公司	295406	143945	36319				295406	143945	36319
中铁十六局集团有限公司	100874						100874		
中铁十七局集团有限公司	230682		722	34005			196677		722
中铁十八局集团有限公司	226931			62314			68617		
中铁十九局集团有限公司	310856	13730	4111						
中铁二十局集团有限公司	43563	40787	279				43563	40787	
中铁二十一局集团有限公司	7057			7057					
中铁二十二局集团有限公司	96643						96643		
中铁二十三局集团有限公司									
中铁二十四局集团有限公司	336573	38624	7608				269911		
中铁二十五局集团有限公司	57678						57678		
中铁建设集团有限公司	2154787	144656	49069	1044574	27800	12180	290964	108814	29818
中国铁建电气化局集团有限公司									
中国铁建港航局集团有限公司									
中铁城建集团有限公司	526089	104842	32641	157147			280649	39842	9775
中国铁建国际集团有限公司	39000						38400		

(制表:荆彩萍)

中国铁建系统施工单位房屋建筑完成情况统计(五)

(2014 年度)

单　　位	(3)医疗用房屋(卫生医疗用房)			5. 文化、体育、娱乐用房屋			6. 厂房及建筑物		
	施工面积(平方米)	竣工面积(平方米)	竣工价值(万元)	施工面积(平方米)	竣工面积(平方米)	竣工价值(万元)	施工面积(平方米)	竣工面积(平方米)	竣工价值(万元)
合　　计	1537425	146009	46473	1282183	216999	62279	4260446	386207	159668
中国土木工程集团有限公司				37800					
中铁十一局集团有限公司				22096			253400		
中铁十二局集团有限公司				79800			115412		
中国铁建大桥工程局集团有限公司	20613	20613	4538	37703	37703	7598	289944	77882	30643
中铁十四局集团有限公司	135152			2012			96100		
中铁十五局集团有限公司				57885	57885	15966	118251		
中铁十六局集团有限公司				9596			177672	108717	11608
中铁十七局集团有限公司				52529			15681		778
中铁十八局集团有限公司	96000			67243	12743	4256	220360	30008	8294
中铁十九局集团有限公司	310856	13730	4111				292522		
中铁二十局集团有限公司			279				135000	135000	3427
中铁二十一局集团有限公司							55880	737	493
中铁二十二局集团有限公司							893132		86170
中铁二十三局集团有限公司							177402	5900	3377
中铁二十四局集团有限公司	66662	38624	7608	210163	81388	24741	106753	6753	1395
中铁二十五局集团有限公司							202407		
中铁建设集团有限公司	819249	8042	7071	705356	27280	9718	845528	21210	13483
中国铁建电气化局集团有限公司									
中国铁建港航局集团有限公司									
中铁城建集团有限公司	88293	65000	22866				265002		
中国铁建国际集团有限公司	600								

(制表:荆彩萍)

中国铁建系统施工单位房屋建筑完成情况统计(六)

(2014 年度)

单　　位	7. 仓　库			8. 其他未列明的房屋建筑物			9. 铁路工程		
	施工面积(平方米)	竣工面积(平方米)	竣工价值(万元)	施工面积(平方米)	竣工面积(平方米)	竣工价值(万元)	施工面积(平方米)	竣工面积(平方米)	竣工价值(万元)
合　计	422774	45467	11884	1261267	100801	55131	5185201	663703	304714
中国土木工程集团有限公司				3381			585		
中铁十一局集团有限公司				38198			214051		
中铁十二局集团有限公司				7571			1262651	1674	359
中国铁建大桥工程局集团有限公司				180074			113306		
中铁十四局集团有限公司							94503	86587	2065
中铁十五局集团有限公司				34957	3321		118519	1484	
中铁十六局集团有限公司				52588			24573		
中铁十七局集团有限公司	77374			268651					
中铁十八局集团有限公司	17204			54563	13818	8000	99483	1055	377
中铁十九局集团有限公司				279683			97702	8595	9018
中铁二十局集团有限公司				21119			47701		
中铁二十一局集团有限公司	18054	18054	2820	47776		50	227729	134370	56814
中铁二十二局集团有限公司	121566						7570	1000	
中铁二十三局集团有限公司	12266	12266	646				87555	39713	
中铁二十四局集团有限公司	23768	12447	6846	99512	76240	45071	342095		
中铁二十五局集团有限公司				10255			440009	18080	3358
中铁建设集团有限公司	28656			336			1308250	175757	167960
中国铁建电气化局集团有限公司							160200	66756	10540
中国铁建港航局集团有限公司									
中铁城建集团有限公司	123886	2700	1572	162603	7422	2010	538719	128632	54223
中国铁建国际集团有限公司									

(制表:荆彩萍)

中国铁建系统施工单位房屋建筑完成情况统计(七)

(2014 年度)

单位	10. 铁路四电			11. 公路工程			12. 城市轨道		
	施工面积(平方米)	竣工面积(平方米)	竣工价值(万元)	施工面积(平方米)	竣工面积(平方米)	竣工价值(万元)	施工面积(平方米)	竣工面积(平方米)	竣工价值(万元)
合计	117732	31140	13907	101948	1401		921828		
中国土木工程集团有限公司							34058		
中铁十一局集团有限公司							462905		
中铁十二局集团有限公司	22403			1082			117951		
中国铁建大桥工程局集团有限公司				5859			118500		
中铁十四局集团有限公司							2000		
中铁十五局集团有限公司							1000		
中铁十六局集团有限公司							15760		
中铁十七局集团有限公司									
中铁十八局集团有限公司							37201		
中铁十九局集团有限公司									
中铁二十局集团有限公司									
中铁二十一局集团有限公司	71068	30400	13029						
中铁二十二局集团有限公司	2796			93606					
中铁二十三局集团有限公司				1401	1401				
中铁二十四局集团有限公司									
中铁二十五局集团有限公司							11000		
中铁建设集团有限公司									
中国铁建电气化局集团有限公司	21465	740	878						
中国铁建港航局集团有限公司									
中铁城建集团有限公司							121453		
中国铁建国际集团有限公司									

(制表:荆彩萍)

中国铁建系统施工单位房屋建筑完成情况统计(八)

(2014 年度)

单　位	13. 市政工程			14. 电力工程			15. 水力工程		
	施工面积(平方米)	竣工面积(平方米)	竣工价值(万元)	施工面积(平方米)	竣工面积(平方米)	竣工价值(万元)	施工面积(平方米)	竣工面积(平方米)	竣工价值(万元)
合　计	1424749	21455	14474	301344	15453	1586	31602		
中国土木工程集团有限公司									
中铁十一局集团有限公司									
中铁十二局集团有限公司	44572						1191		
中国铁建大桥工程局集团有限公司	109856	15000	3924	17669					
中铁十四局集团有限公司	19850	2912	8990						
中铁十五局集团有限公司	33853								
中铁十六局集团有限公司	165452								
中铁十七局集团有限公司							14587		
中铁十八局集团有限公司	53394			126036					
中铁十九局集团有限公司	14823	3400	1500	157639	15453	1586	15624		
中铁二十局集团有限公司									
中铁二十一局集团有限公司									
中铁二十二局集团有限公司	128698						200		
中铁二十三局集团有限公司									
中铁二十四局集团有限公司	143	143	60						
中铁二十五局集团有限公司	392211								
中铁建设集团有限公司									
中国铁建电气化局集团有限公司									
中国铁建港航局集团有限公司									
中铁城建集团有限公司	461897								
中国铁建国际集团有限公司									

(制表:荆彩萍)

中国铁建系统施工单位房屋建筑完成情况统计(九)

(2014 年度)

单位	16. 机场工程			17. 矿山工程			18. 港口与航道工程			19. 其他工程		
	施工面积(平方米)	竣工面积(平方米)	竣工价值(万元)	施工面积(平方米)	竣工面积(平方米)	竣工价值(万元)	施工面积(平方米)	竣工面积(平方米)	竣工价值(万元)	施工面积(平方米)	竣工面积(平方米)	竣工价值(万元)
合计	227409			25538	8898	1600				229095	50000	9110
中国土木工程集团有限公司	178273											
中铁十一局集团有限公司										84100		
中铁十二局集团有限公司	18630											
中国铁建大桥工程局集团有限公司												
中铁十四局集团有限公司												
中铁十五局集团有限公司												
中铁十六局集团有限公司												
中铁十七局集团有限公司												
中铁十八局集团有限公司										41112		
中铁十九局集团有限公司				25538	8898	1600				50860		
中铁二十局集团有限公司										3000		
中铁二十一局集团有限公司												
中铁二十二局集团有限公司										23		
中铁二十三局集团有限公司												
中铁二十四局集团有限公司												
中铁二十五局集团有限公司												
中铁建设集团有限公司	30506									50000	50000	9110
中国铁建电气化局集团有限公司												
中国铁建港航局集团有限公司												
中铁城建集团有限公司												
中国铁建国际集团有限公司												

(制表:荆彩萍)

中国铁建系统建筑业企业从业人员及工资总额情况统计(一)

(2014 年度)

指标名称	计量单位	合计	中土集团	十一局	十二局	大桥局	十四局	十五局	十六局	十七局	十八局	十九局
一、从业人员												
(一)从业人员期末人数	人	285228	2513	16727	17839	14639	20354	21016	25499	19062	25276	14861
其中:女性	人	54518	376	3037	2885	1861	3664	5570	4320	3910	4555	3275
其中:非全日制	人	5797					510	4835				
按人员类型分												
在岗职工	人	228927	1538	16727	13220	12078	11938	16181	18582	19062	14292	14861
劳务派遣人员	人	9189	7					2614				
其他从业人员	人	47112	968		4619	2561	8416	2221	6917		10984	
按职业类型分												
中层及以上管理人员	人	11769	234	263	16	2677	2014	360	375	1184	447	392
专业技术人员	人	132215	706	10995	6204	7012	6128	8583	13078	8521	9492	8068
办事人员和有关人员	人	35679	1573		2693	894	4695	1063	8005	270	3054	509
商业、服务业人员	人	2256			366		320		30	648	239	
生产、运输设备操作人员及有关人员	人	103309		5469	8560	4056	7197	11010	4011	8439	12044	5892
(二)从业人员平均人数	人	284064	2485	16314	17336	14794	21026	21722	25266	19562	24541	15110
按人员类型分												
在岗职工	人	228995	1536	16314	13039	12066	13591	16825	18333	19562	13937	15110
劳务派遣人员	人	8667						2367				
其他从业人员	人	46402	949		4297	2728	7435	2530	6933		10604	
按职业类型分												
中层及以上管理人员	人	11924	236	260	18	2712	1934	365	376	1215	455	379
专业技术人员	人	130739	721	10366	6141	7132	6215	8645	13066	8745	9319	8130

续表

指标名称	计量单位	合计	中土集团	十一局	十二局	大桥局	十四局	十五局	十六局	十七局	十八局	十九局
办事人员和有关人员	人	35524	1528		2630	896	5252	1063	8012	277	2668	536
商业、服务业人员	人	2471			373		350		30	664	242	
生产、运输设备操作人员及有关人员	人	103406		5688	8174	4054	7275	11649	3782	8661	11857	6065
二、从业人员工资总额	千元	17885204	102712	1168064	1283759	888590	1142607	994842	1673364	1191375	1484004	1072451
按人员类型分												
在岗职工	千元	15769706	100652	1168064	1043569	775851	969761	915174	1402156	1191375	1047820	1072451
基本工资	千元	9227502	57116	711458	636546	170687	598750	836669	656069	557784	668196	756868
绩效工资	千元	4043815	27095	245897	188346	256031	323548	44570	441679	413351	149426	168237
工资性津贴和补贴	千元	1831197	15997	124262	166366	209480	37525	25623	299922	101642	135966	132079
其他工资	千元	667192	444	86447	52311	139653	9938	8312	4486	118598	94232	15267
劳务派遣人员	千元	341255										
其他从业人员	千元	1774243	2060		240190	112739	172846	79668	271208		436184	
按职业类型分	—											
中层及以上管理人员	千元	1575793	24652	79642	24749	291912	189420	51425	31960	123420	118767	81203
专业技术人员	千元	9106888	41629	782251	526658	388777	380770	466864	967868	536541	636348	608351
办事人员和有关人员	千元	2048844	36431		225557	37548	232069	57821	480720	11241	168695	29551
商业、服务业人员	千元	97557			9555		15420		1440	28671	12779	
生产、运输设备操作人员及有关人员	千元	97557			9555		15420		1440	28671	12779	

（制表：荆彩萍）

中国铁建系统建筑业企业从业人员及工资总额情况统计(二)

(2014 年度)

指标名称	计量单位	二十局	二十一局	二十二局	二十三局	二十四局	二十五局	中铁建设	电气化局	港航局	城建集团	国际集团
一、从业人员												
(一)从业人员期末人数	人	20766	14171	9664	10437	11410	9332	11959	10959	3033	4819	892
其中:女性	人	4792	3217	1795	2417	1551	1537	2009	2122	543	896	186
其中:非全日制	人					288			20	144		
按人员类型分												
在岗职工	人	16835	11089	9464	10164	10252	7716	8090	10021	1996	4156	665
劳务派遣人员	人	35	795		5	620	144	3869	571	515	14	
其他从业人员	人	3896	2287	200	268	538	1472		367	522	649	227
按职业类型分												
中层及以上管理人员	人	225	317	1246	107	287	246	220	296	135	622	106
专业技术人员	人	9518	5725	5327	6023	4765	5153	9901	3747	1214	1616	439
办事人员和有关人员	人	2063	148	803	342	1498	2874	1838	1214	720	1137	286
商业、服务业人员	人	206		54	32	38			278	45		
生产、运输设备操作人员及有关人员	人	8754	7981	2234	3933	4822	1059		5424	919	1444	61
(二)从业人员平均人数	人	20600	13947	9349	10643	11490	9279	11439	10688	2987	4634	852
按人员类型分												
在岗职工	人	16002	11034	9149	10326	10369	7634	7726	9746	1915	4074	707
劳务派遣人员	人	35	699		5	595	144	3713	586	511	12	
其他从业人员	人	4563	2214	200	312	526	1501		356	561	548	145
按职业类型分												
中层及以上管理人员	人	226	305	1224	107	504	248	222	290	133	609	106
专业技术人员	人	9396	5625	5119	6011	4573	5266	9316	3739	1195	1584	435

续表

指标名称	计量单位	二十局	二十一局	二十二局	二十三局	二十四局	二十五局	中铁建设	电气化局	港航局	城建集团	国际集团
办事人员和有关人员	人	2026		756	301	1545	2863	1901	1188	710	1113	259
商业、服务业人员	人	215	150	53	32	35			287	40		
生产、运输设备操作人员及有关人员	人	8737	7867	2197	4192	4833	902		5184	909	1328	52
二、从业人员工资总额	千元	1126600	857176	618595	413043	711187	696347	894264	853452	259873	296050	156849
按人员类型分	—											
在岗职工	千元	947062	789698	605213	398701	656134	598499	657494	814849	210058	263287	141838
基本工资	千元	685558	394301	309405	309709	334415	322895	515585	335669	115783	177447	76592
绩效工资	千元	202817	370299	182205	49858	191316	218798	74275	360463	80452	26784	28368
工资性津贴和补贴	千元	48316	6693	112742	27960	96521	55348	67634	70161	10149	49933	36878
其他工资	千元	10371	18405	861	11174	33882	1458		48556	3674	9123	
劳务派遣人员	千元	294	28048		9800	31433	8210	236770	23536	2708	456	
其他从业人员	千元	179244	39430	13382	4542	23620	89638		15067	47107	32307	15011
按职业类型分	—											
中层及以上管理人员	千元	55423	32464	123344	9080	69100	49656	32447	70340	29319	57246	30224
专业技术人员	千元	508417	451592	344896	336616	333178	413592	727204	334737	130375	102955	87269
办事人员和有关人员	千元	96241	6484	43742	12040	76061	180172	134613	77393	41929	66780	33756
商业、服务业人员	千元	9553		1394	1024	790			15758	1173		
生产、运输设备操作人员及有关人员	千元	456966	366636	105219	54283	232058	52927		355224	57077	69069	5600

（制表：荆彩萍）

中国铁建勘察设计单位主要经济技术指标完成情况统计

（2014 年度）

单位 \ 数量 \ 类别	企业总产值(万元)									从业人员年末人数(人)			
	合计	其中：境外	勘察设计产值			技术咨询与技术转让产值	勘察设计延伸经营产值	工程承包产值	其他产值	合计	其中		
			合计	其中							在岗职工	聘用人员	临时人员
				建设项目产值	三大部类产值								
合计	1301892	13347	712159	648943		23721	83164	418744	64104	19493	13961	5532	
中铁第一勘察设计院集团有限公司	511789	2063	272108	272108		4819	27331	207531		5054	3952	1102	
中铁第四勘察设计院集团有限公司	523925	8342	292903	292903		11172	24504	180257	15089	5946	4423	1523	
中铁第五勘察设计院集团有限公司	136020	2198	83932	83932		5912	25924	13427	6825	3864	1657	2207	
中铁上海设计院集团有限公司	90149	744	63216			1818	5405	17529	2181	1322	1270	52	
北京铁城建设监理有限责任公司	40009								40009	3307	2659	648	

续表

单位 \ 数量 \ 类别	专业技术人员年末人数(人)					生产人员年末人数(人)					注册执业年末人次数(人)						
	合计	其中				合计	其中				合计	其中					
		高级职务人员	中级职务人员	初级职务人员	其他人员		勘察生产人员	设计生产人员	工程监理人员	其他人员		一级注册建筑师	二级注册建筑师	一级注册结构工程师	二级注册结构工程师	其他注册工程师	其他注册人员
合计	14628	4812	6112	2949	755	16636	1923	8070	5260	1383	2921	59	24	138	10	2661	29
中铁第一勘察设计院集团有限公司	3235	1366	1269	512	88	3134	728	1988	119	299	1017	13	18	34	6	926	20
中铁第四勘察设计院集团有限公司	3916	1889	1406	621		5378	685	3697	801	195	904	26		67		806	5
中铁第五勘察设计院集团有限公司	3480	663	1570	963	284	3674	402	1432	1531	309	321	11		12	3	295	
中铁上海设计院集团有限公司	1187	381	412	264	130	1143	108	953	59	23	207	9	6	24	1	163	4
北京铁城建设监理有限责任公司	2810	513	1455	589	253	3307			2750	557	472			1		471	

续表

数量类别 / 单位	从业人员平均人数		完成主要实物量情况										
	合计	其中：勘察设计平均人数	工程地质（实钻米）	水文地质（实钻米）	工程物探（标准点）	预可行性研究铁路正线（公里）	初测铁路正线（公里）	可行性研究铁路正线（公里）	定测铁路正线（公里）	初步设计铁路正线（公里）	补充定测铁路正线（公里）	施工图铁路正线（公里）	线路（折算公里）
合计	18754	10573	3198199	7814	1802076	8574	3936	4894	6101	6389	4153	5895	5782
中铁第一勘察设计院集团有限公司	4990	3668	969056	5156	1150379	4237	645	1365	2611	2650	361	1500	2162
中铁第四勘察设计院集团有限公司	5875	4327	1714311		648808	1437	2556	2469	2368	2517	2920	2623	2336
中铁第五勘察设计院集团有限公司	3654	1564	264832	658	2600	2900	650	975	400	500	150	1050	594
中铁上海设计院集团有限公司	1272	1014	250000	2000	289		85	85	722	722	722	722	690
北京铁城建设监理有限责任公司	2963												

（制表：荆彩萍）

中国铁建系统人员情况统计

（2014 年度）

单位＼数量＼类别	从业人员年末人数	在岗职工	长期职工	临时职工	息工放假人员	其他从业人员	聘用离退休人员	零散外部劳务及其他人员	在岗职工和非在岗职工合计年末人数	非在岗职工年末人数	内部退养职工	长期病、休假及其他人员	其他非在岗人员	建制单位外部劳务人员年末人数	离休退休退职人员年末人数	离休人员	退休人员	退职人员
合计	305972	253788	244801	8987	5542	52184	1076	51198	290910	37131	26373	1813	9176	664917	87977	722	85952	1304
中国土木工程集团有限公司	4640	3755	3671	84		885	55	830	3760	5	3	2		261	511	24	487	
中铁十一局集团有限公司	12779	12727	12727			52		52	14013	1286	1231		55	82511	3410	5	3405	1
中铁十二局集团有限公司	16253	12248	12248		78	4005		4005	15364	3116	2896	231	220	87346	3682	1	3681	
中国铁建大桥工程局集团有限公司	14032	11471	10301	1170	128	2561		2561	14998	3527	3122	25	380	36755	4457	14	4371	72
中铁十四局集团有限公司	17240	12192	11745	447	311	5048		5093	14930	2738	1456	28	1254	19342	5449	11	5127	311
中铁十五局集团有限公司	18542	16452	16452		1002	2090		2090	21289	4837	2275	298	2264	17694	4312	5	4296	11
中铁十六局集团有限公司	24556	17639	17639		313	6917	189	6728	19555	1916	1132	61	723	29304	4046	7	3975	64
中铁十七局集团有限公司	19062	19062	16405	2657					21787	2725	2725			53871	1868		1844	24
中铁十八局集团有限公司	26058	14239	14239		117	11819		11819	17074	2835	2311	3	521	47993	3727	2	3669	56
中铁十九局集团有限公司	15861	15861	14718	1143	699				19256	3395	2039	145	1211	61713	2961	8	2911	42
中铁二十局集团有限公司	19683	15769	15769		21	3914		3914	18012	2243	1368	514	361	51002	2581	4	2461	116
中铁二十一局集团有限公司	14171	11089	11089		677	3082		3082	12702	1613	1535	49	29	24713	6043	49	5994	
中铁二十二局集团有限公司	9660	9505	9469	36		155		155	10687	1182	87	76	1019	15414	2657	48	2598	11
中铁二十三局集团有限公司	10437	10164	10164		489	273	18	255	12093	1929	977	271	681	21959	5225	57	4719	449
中铁二十四局集团有限公司	11176	10252	10252		1184	924	199	725	10737	485	337	60	88	28293	13709	108	13562	39
中铁二十五局集团有限公司	9204	7682	7671	11	126	1522	39	1483	8405	723	677	10	36	2411	7059	51	6933	75
中铁建设集团有限公司	8090	8090	8090						8090					61393	851	2	849	
中国铁建电气化局集团有限公司	10431	10068	9840	228	164	363		363	10810	742	742			7916	1218	2	1216	
中国铁建港航局集团有限公司	3033	1996	1996			1037	20	1017	2024	28	28				1092	8	1084	
中国铁建房地产集团有限公司	3465	3308	3308			157	11	146	3308						1		1	
中铁第一勘察设计院集团有限公司	4198	2279	2279			1919	72	1847	2946	667	663	4			3668	87	3577	4
中铁第四勘察设计院集团有限公司	5398	4381	4381			1017	329	688	4503	122	122				3558	81	3469	8
中铁第五勘察设计院集团有限公司	4045	3880	1673	2207		165		165	3944	64	44		20	107	414	25	389	
中铁上海设计院集团有限公司	1218	1164	1164			54	40	14	1175	11	11				473	9	464	
中铁物资集团有限公司	2620	2162	2162			458	42	416	2380	218	184		34	10	652	4	643	5
昆明中铁大型养路机械集团有限公司	2521	1799	1799		2	722		722	1839	40	40				584	3	575	6
中国铁建重工集团有限公司	2440	2408	2408			32	9	23	2422	14	14			711	587	3	584	
中国铁建国际集团有限公司	903	671	343	328		232		232	671									
北京铁城监理建设有限责任公司	3307	2659	2626	33		648	51	597	2659									
中国铁建投资有限公司	540	511	427	84		29		29	511									
中国铁建财务有限公司	40	38	38			2	2		38									
中铁建中非建设有限公司	4249	2851	2851			1398		1398	2851					71	3		3	
诚合保险经纪有限责任公司	97	91	91			6		6	91									
中铁建（北京）商务管理有限公司	871	837	280	557		34		34	875	38	38				271		271	
中国铁建股份有限公司北京培训中心	36	36	34	2					39	3	2	1			28		28	
中铁城建集团有限公司	4820	4156	4156		231	664		664	4723	576	261	35	280	14127	2329	88	2231	10
中国铁建股份有限公司机关	296	296	296						349	53	53				551	16	535	

（制表：张　寒）

中国铁建系统在岗职工和非在岗职工人数专项指标统计

（2014 年度）

单位	在岗职工和非在岗职工年末人数中专业技术人员	从事专业技术工作	从事专业技术管理工作	专业技术人员中 工程技术人员	专业技术人员中 女	专业技术人员技术职务 初级职务	中级职务	高级职务	无技术职务	从事专业技术管理工作之外的其他管理人员	年末人数按文化程度区分 合计	初中以下	高中	技校	中专	大专	大学本科	研究生
合计	158056	118301	39755	110095	25035	77580	43772	19960	16745	7747	300513	46396	37328	16721	20177	64023	110214	5654
中国土木工程集团有限公司	1065	488	577	934	151	301	382	341	41	52	3437	195	362	45	64	1011	1603	157
中铁十一局集团有限公司	11062	9489	1573	7835	1501	4831	2495	983	2753		17466	3046	2115	937	1121	2167	7964	116
中铁十二局集团有限公司	9356	6211	3145	5711	1378	4431	2816	1185	924		16210	3001	2439	605	977	1766	7251	171
中国铁建大桥工程局集团有限公司	7015	4403	2612	4977	931	3194	2079	1102	640	321	15485	2166	2743	1359	902	2531	5681	103
中铁十四局集团有限公司	9474	6811	2663	6994	1279	4583	2674	1206	1011	899	16730	2637	1952	533	1084	3492	6896	136
中铁十五局集团有限公司	9540	7431	2109	6630	1977	5421	2387	969	763	214	22783	4206	2864	2312	1473	5885	5931	112
中铁十六局集团有限公司	13061	10973	2088	8364	2059	6046	2712	1299	3004	931	21328	4065	3406	1288	1297	4073	6982	217
中铁十七局集团有限公司	10116	7139	2977	5431	1402	5531	2641	974	970	220	21958	2673	3037	1002	2317	4975	7823	131
中铁十八局集团有限公司	9965	6412	3553	6912	1647	5912	2237	1107	709	732	17619	2975	2302	921	792	4483	5994	152
中铁十九局集团有限公司	8176	5735	2441	5488	1235	4402	1947	863	964	552	18474	3127	2213	1039	1263	5097	5683	52
中铁二十局集团有限公司	9009	6134	2875	6403	1602	4550	2623	796	1040	547	19706	3102	2242	2387	1206	4636	6007	126
中铁二十一局集团有限公司	5850	5631	219	4413	1276	3459	1557	697	137		12997	2417	2135	558	792	3122	3896	77
中铁二十二局集团有限公司	6130	5192	938	4412	1017	3471	1589	597	473	541	10582	1522	1298	387	511	2871	3869	124
中铁二十三局集团有限公司	6636	4714	1922	4271	1391	3688	1781	648	519	379	12979	2136	1385	1046	998	3586	3757	71
中铁二十四局集团有限公司	4920	3421	1499	3796	451	2647	1699	525	49	177	10936	3198	1599	149	706	2022	3209	53
中铁二十五局集团有限公司	5267	3371	1896	3755	679	3106	1496	459	206	102	8880	1534	1023	138	497	1883	3766	39
中铁建设集团有限公司	4796	4221	575	3344	492	3371	996	38	391		8457	722	545	219	183	1901	4723	164
中国铁建电气化局集团有限公司	4253	2445	1808	3116	602	2273	1003	451	526	183	10443	1096	1132	376	2093	2332	3296	118
中国铁建港航局集团有限公司	1166	992	174	898	246	468	397	202	99	311	2100	57	66	70	69	355	1372	111
中国铁建房地产集团有限公司	1375	823	552	716	239	205	419	126	625	553	2956	262	214	88	172	811	1232	177
中铁第一勘察设计院集团有限公司	2515	2331	184	2297	473	148	1160	1191	16	2	3167	229	308	1	99	262	1797	471
中铁第四勘察设计院集团有限公司	4200	3521	679	3527	797	682	1731	1784	3	72	4984	122	131	84	140	471	2631	1405
中铁第五勘察设计院集团有限公司	3358	3127	231	3097	433	1123	1597	629	9	173	3775	1	83	672	655	482	1490	392
中铁上海设计院集团有限公司	1078	896	182	973	281	239	389	351	99		1247	41	39	3	28	131	812	193
中铁物资集团有限公司	1022	531	491	312	197	593	244	139	46	373	2636	156	279	16	62	530	1392	201
昆明中铁大型养路机械集团有限公司	644	492	152	474	132	223	281	126	14	57	1624	307	87	243	133	297	473	84
中国铁建重工集团有限公司	865	454	411	388	195	497	222	89	57	22	2197	261	305	126	124	512	782	87
中国铁建国际集团有限公司	298	243	55	187	49	25	44	68	161	122	513	26	24	2	7	61	247	146
中铁城建集团有限公司	3009	2318	691	2401	543	1737	896	263	113	76	5074	812	709	78	226	1106	2101	42
北京铁城监理建设有限责任公司	1830	1729	101	1831	266	270	936	311	313		1921	51	109	12	87	874	751	37
中国铁建投资有限公司	398	306	92			72	152	172	2	5	539	12			59	66	323	79
中国铁建财务有限公司	43	29	14		22	8	13	10	12		43					3	29	11
中铁建中非建设有限公司	115	72	43	51	4	22	36	19	38	89	185		2		2	48	97	36
诚合保险经纪有限责任公司	39		39	17	3	10	17	12		31	72		1			8	57	6
中铁建(北京)商务管理有限公司	88	61	27	17	48	38	33	20			673	202	176	25	29	145	87	9
中国铁建股份有限公司北京培训中心	25	9	16	3	6	1	12	10	2	11	40	1			1	9	26	3
中国铁建股份有限公司机关	297	146	151	120	31	2	79	198	16		297	38	3		8	19	184	45

（制表：张　寒）

中国铁建系统劳动报酬、生活费情况统计

（2014 年度）

单位 \ 数量类别	从业人员劳动报酬总额（千元）	在岗职工工资总额（千元）	其他从业人员劳动报酬总额（千元）	在岗职工工资和非在岗职工生活费总额（千元）	非在岗职工生活费总额（千元）	建制单位外部劳务人员劳动报酬总额（千元）	从业人员人均劳动报酬（元）	在岗职工人均工资（元）	息工放假人员人均生活费（元）	其他从业人员人均劳动报酬（元）	在岗职工和非在岗职工人均工资（生活费）（元）	非在岗职工人均生活费（元）	内部退养人员平均生活费（元）
合　计	19857104	17888806	1968298	18732495	843690	28689518	67871	71935	11487	45247	62859	18723	21340
中国土木工程集团有限公司	525505	478326	47179	478681	355	391749	151709	156035		85157	145650	25790	30740
中铁十一局集团有限公司	892068	890763	1305	933491	42728	2804916	59848	60131	12202	25536	50759	12842	12385
中铁十二局集团有限公司	1196377	1027210	169166	1134987	107777	4398642	73256	78947	5207	51096	67077	28877	29646
中国铁建大桥工程局集团有限公司	735752	735125	626	811772	76647	1276056	61437	61587	9956	91084	51421	20779	20850
中铁十四局集团有限公司	1223271	887988	335283	945011	57024	753419	49625	59301	12416	34526	49974	15421	15238
中铁十五局集团有限公司	1028870	967850	61020	1036204	68354	790031	53538	54989	9327	38555	45212	13547	21223
中铁十六局集团有限公司	1634576	1333241	301335	1378773	45532	1549944	62245	72744	27683	38046	65553	19129	23384
中铁十七局集团有限公司	1155401	1155401	0	1200490	45090	2135298	61685	61854			54636	15198	15257
中铁十八局集团有限公司	978865	879360	99505	932247	52886	1698195	56961	60997	11705	36250	52411	16856	17483
中铁十九局集团有限公司	1016517	1016517	0	1095483	78966	2575541	69712	69903	6286		59285	21250	27312
中铁二十局集团有限公司	1071794	882005	189790	920546	38541	1486684	54895	55556	8062	51764	49894	16749	23261
中铁二十一局集团有限公司	784203	727020	57183	777834	50814	972750	64792	67934	11359	41427	59901	24022	24446
中铁二十二局集团有限公司	615313	603233	12080	614683	11450	361455	68769	69193		58000	61950	10984	18488
中铁二十三局集团有限公司	362674	350282	12391	386317	36035	810709	35625	35323	4162	50655	31052	15101	19598
中铁二十四局集团有限公司	677028	637014	40014	649185	12170	1146829	60502	61464	12491	49550	57490	16538	17836
中铁二十五局集团有限公司	664649	578920	85729	603443	24523	71211	72905	76392	13715	55902	68912	23411	23527
中铁建设集团有限公司	626278	626278		638116	11838	4762287	92279	92532			85816	21840	
中国铁建电气化局集团有限公司	709917	673158	36759	691291	18133	227682	72567	74671	12416	49103	68825	20944	21866
中国铁建港航局集团有限公司	84022	78764	5258	79401	637		87890	98692		33875	94556	24135	22598
中国铁建房地产集团有限公司	350367	348470	1897	348470			129574	134053		19705	131489		
中铁第一勘察设计院集团有限公司	547188	307086	240102	334241	27156		120901	138396		102948	107999	32155	32358
中铁第四勘察设计院集团有限公司	861372	713314	148057	725247	11933		108201	169089		39838	161482	61550	61790
中铁第五勘察设计院集团有限公司	397668	394029	3639	397584	3555	3559	113404	115533		42092	111848	44898	50416
中铁上海设计院集团有限公司	182033	177302	4730	177715	413		149727	153406		83013	149295	33891	34023
中铁物资集团有限公司	307215	289191	18024	295472	6281	514	126183	140285	51747.35	49185	125027	23799	26358
昆明中铁大型养路机械集团有限公司	253663	203703	49960	205217	1515		104959	131562		57658	125451	26179	1086
中国铁建重工集团有限公司	149886	148100	1786	148583	483	30589	68627	69104		50504	66530	9906	18460
中国铁建国际集团有限公司	76753	76753		76753			191102	191625			187960		
中铁城建集团有限公司	267325	262223	5102	268186	5963	434696	59342	59800	7961.919	46786	52277	8969	12589
北京铁城监理建设有限责任公司	153817	127814	26003	127814			76037	81969		56077	80401		
中国铁建投资有限公司	80757	80757		80757			167351	167810			164600		
中国铁建财务有限公司	7613	7258	355	7258			224475	227630		180634	223276		
中铁建中非建设有限公司	48553	36920	11633	36920		6761	54338	253804		15662	248950		
诚合保险经纪有限责任公司	18624	18529	95	18529			278277	286105		48384	280633		
中铁建（北京）商务管理有限公司	57920	55629	2291	59468	3839		90287	91528		70670	88052	66358	66617
中国铁建股份有限公司北京培训中心	10889	10889		11035	146		265818	266546			247049	47927	61860
中国铁建股份有限公司机关	102383	102383		105291	2908		329721	330908			296563	49401	49594

（制表：张　寒）

中国铁建系统劳动工资主要指标情况统计

（2014 年度）

数量 项目 指标名称	计算单位	2012 年	2013 年	比 2012 年 ±	比 2012 年 ±
从业人员（在岗职工 + 其他从业人员）年末人数	人	287252	303311	16059	5.59
其中：在岗职工	人	246759	253788	7029	2.85
长期职工	人	244284	244801	517	0.21
临时职工	人	6776	8987	2211	32.63
其他从业人员	人	40595	52184	11589	28.55
聘用的离退休人员	人	1981	1076	-905	-45.68
在岗职工和非在岗职工合计年末人数	人	288428	290910	2482	0.86
其中：非在岗职工	人	42287	37131	-5156	-12.19
内部退养	人	37131	26373	-10758	-28.97
长期病、休假及其他	人	1834	1813	-21	-1.15
女性	人	62434	66333	3899	6.24
建制单位外部劳务人员年末人数	人	648012	664917	16905	2.61
离休退休退职人员年末人数	人	85741	87977	2236	2.61
从业人员劳动报酬总额	千元	18251964	19857104	1605140	8.79
其中：在岗职工工资	千元	16387060	17888806	1501746	9.16
其他从业人员劳动报酬	千元	1864904	1968298	103394	5.54
在岗职工工资和非在岗职工生活费总额	千元	17196399	18732495	1536096	8.93
其中：非在岗职工生活费	千元	809339	843690	34351	4.24
建制单位外部劳务人员劳动报酬总额	千元	27432657	28689518	1256861	4.58
从业人员人均劳动报酬	元	61983	67871	5888	9.50
其中：在岗职工人均工资	元	65515	71935	6420	9.80
其他从业人员人均劳动报酬	元	42082	45247	3165	7.52
非在岗职工人均生活费	元	18231	18723	492	2.70
其中：内部退养职工	元	20698	21340	642	3.10

（制表：张 寒）

中国铁建系统工人情况统计

（2014 年度）

项目		人数	项目		人数
2013 年末工人总数		119290	内部退养		184704
2014 年末工人总数		112940	外出劳务		425
合同期限	有固定期限	42727	行政奖励总人数		476
	无固定期限	69899	其中	局级劳动模范和先进个人	136
2014 年度新增工人		1728		省部级以上劳动模范	10
其中	新招收（招聘）工人	336		五一劳动奖章获得者	1
	接收复员退伍军人	330		省部级以上三八红旗手	–
	接收中专技校以上毕业生	415		火车头奖章获得者	7
	中国铁建系统外调人	112	行政处分总人数		25
	其　他	535	其中	记大过	14
2014 年度减少工人		8485		撤职	5
其中	调出中国铁建系统	42		留用察看	3
	办理退休	4444		开除	–
	因工死亡	5	除名		110
	非因工死亡	185	劳动教养		–
	终止劳动合同	199	刑事处分		–
	用人单位解除劳动合同	390	外部劳务	城乡建筑企业人数	409202
	劳动者解除劳动合同	955			
	其　他	2265		零散使用人数	66879

（制表：张　寒）

中国铁建系统工人构成情况统计

（2014 年度）

项目		人数	其中技术工人	项目		人数	其中技术工人
2013 年末工人总数		119290	89843	年龄	41～50 岁	–	19639
2014 年末工人总数		112940	84829		51～55 岁	25022	19730
其中	女工人	23345	13609		56～60 岁	12878	7719
	中共党员	23201	17402	参加工作时间	1983 年以前	42845	31094
	共青团员	14809	11284		1984～2000 年	43104	32570
	少数民族	2720	2021		2001 年以后	26995	21152
文化程度	初中及以下	37787	27268	获得国家职业资格证书人数	初级工	–	6072
	高中	29776	22853		中级工	–	16348
	中专、技校、职高	25801	21219		高级工	–	31753
	大专、高技	15962	10972		技师	–	8806
	本科及以上	3614	2504		高级技师	–	2297
年龄	30 岁以下	21693	17583		合　计	–	65367
	31～40 岁	25552	20145				

（制表：张　寒）

中国铁建系统铁道行业工种情况统计

（2014 年度）

工种名称	人数	工种名称	人数
铁路线路工	6469	电控组调工	–
铁路桥梁工	1751	通信工	1579
铁路桥梁装吊工	918	电源工	51
桥隧工	953	信号工	1943
铁路隧道工	1446	舟桥起重工	17
电力线路工	1186	舟桥组装工	–
接触网工	1575	轮渡组装工	–
道岔钳工	11	栈桥组装工	–
铺轨机司机	157	机动舟驾驶员	22
轨道车司机	612	蒸汽机车钳工	12
大型线路机械司机	512	蒸汽机车锅炉工	–
钢轨焊接工	98	蒸汽机车司机	33
钢轨探伤工	18	蒸汽机车副司机	13
浸注处理工	3	蒸汽机车司炉	1
木材防腐整备工	–	内燃机车司机	936
装载机司机	1692	信号员（长）	41
装卸工	167	扳道员（长）	71
通信组调工	–	调车长	185
通信钳工	–	运转车长	87
信号组调工	2	其　他	988
信号钳工	3	合　　计	23580

（制表：张　寒）

中国铁建系统社会通用及其他工种情况统计

（2014 年度）

工种名称	人数	工种名称	人数
车　工	386	筑路工	623
铣　工	100	砌筑工	912
磨　工	22	混凝土工	4480
镗　工	55	测量工	6946
组合机床操作工	19	钢筋工	2404
铸造工	49	架子工	841
锻造工	149	防水工	90
焊　工	4049	装饰装修工	24
金属热处理工	116	电　工	2695
冷作钣金工	128	电气设备安装工	71
涂装工	141	管　工	620
装配钳工	519	汽车驾驶员	10297
工具钳工	137	起重装卸机械操作工	1595
机修钳工	1563	天车司机	397
汽车修理工	1574	计算机操作员	1039
锅炉设备安装工	39	计算机维修工	20
锅炉操作工	298	话务员	44
维修电工	922	中式烹调师	783
手工木工	662	中式面点师	65
精细木工	5	钻探工	1322
土石方机械操作工	3099	合　　计	49301

（制表：张　寒）

中国铁建系统干部基本情况统计

（2014 年度）

单位	总数（人）干部总数	其中：女	其中：少数民族	各类干部（人）局级	副局级	相当局级职务	处级	调研员	副处级	相当处级职务	科级	副科级	相当科级职务	科员、办事员	专职从事专业技术工作	学历（人）高等院校：研究生毕业	高等院校：大学本科毕业	高等院校：专科毕业	中专毕业	高中	初中以下
中国铁建股份公司机关	297	65	7	61	40		54		6						136	44	236	17			
中国土木工程集团公司	844	130	38		9	1	68		56	64	47	44	29	160	366	183	591	47	5	15	3
中铁十一局集团公司	11034	1739	362	2	11		59		176	21	931	1354		2044	6436	140	8214	1785	254	414	227
中铁十二局集团公司	9356	1868	247	2	12		179	6	239	56	818	931	135	1362	5616	143	7374	1153	386	245	55
中国铁建大桥工程局集团公司	7133	1104	340	2	13	2	80		178	9	421	466	135	1381	4446	590	4355	1700	281	177	30
中铁十四局集团公司	9289	2248	117	2	15		131		194		691	941	201	1728	5386	115	5766	2704	527	147	30
中铁十五局集团公司	8916	2449	166	2	16		125	68	210	8	816	792	25	907	6124	97	4388	3484	537	305	105
中铁十六局集团公司	11330	3010	441	2	16		135	64	285	20	987	706	129	716	8270	272	6183	4017	451	253	154
中铁十七局集团公司	9187	1852	132	2	10		135	42	232	90	487	420	402	602	6765	119	6924	1663	249	232	
中铁十八局集团公司	10021	2162	388	2	14	2	154		366	63	995	1117	252	1568	5488	179	5490	3383	309	456	204
中铁十九局集团公司	8719	2065	812	2	15		141	1	256	11	760	1037	213	1589	6149	58	4571	3558	292	133	107
中铁二十局集团公司	9071	2395	142	2	13		109	55	197	13	995	607	297	1091	5692	137	5075	2886	559	304	110
中铁二十一局集团公司	5669	1194	172	2	11		96	24	215	4	458	565	3	962	3329	73	3385	1833	260	91	27
中铁二十二局集团公司	7276	1662	349	2	11	1	53	36	171		350	572	293	861	4926	133	3674	2684	319	279	187
中铁二十三局集团公司	6354	1533	102	2	12		94		161	3	512	599	22	1122	3827	61	3066	2564	457	129	77
中铁二十四局集团公司	5231	802	71	2	10		91		137	28	474	455	79	514	3441	57	3265	1464	295	108	42
中铁二十五局集团公司	5229	1061	404	2	9		77	16	142		296	209	264	736	3478	44	3398	1506	228	46	7
中铁建设集团公司	5165	743	212	2	11		85		142		245	142		1426	3125	167	3661	1032	43	159	103
中国铁建电气化局集团公司	3881	855	82	2	13		61	25	114	18	420	330	31	434	2433	93	2670	841	163	91	23
中国铁建港航局集团公司	1752	260	69	2	7	1	46	3	76		157	219	4	757	480	111	1204	287	53	42	55
中国铁建房地产集团公司	460	151	17	2	5		51		93							93	314	39	4	6	4
中铁第一勘察设计院集团公司	3235	641	91	2	9		80	25	125		67	23		113	2791	498	2157	454	95	25	6
中铁第四勘察设计院集团公司	4041	782	105	2	9		57		116	47	90	42		310	3319	1354	2219	371	76	17	4
中铁第五勘察设计院集团公司	1642			2	9		55	5	81		96					489	1023	130			
中铁上海设计院集团公司	1148	309	17	3	5		37	5	47		72	21		28	930	264	779	96	5	4	
中铁物资集团公司	1844	447	86	2	14	1	63	18	106	8	202	123	55	1252		209	1142	364	46	71	12
昆明中铁大型养路机械集团公司	514	111	48	2	9		60		20	3			9		411	104	341	60	4	5	
中国铁建重工集团公司	1013	258	28	3	7		37		39	1	44	82	3	241	556	79	661	218	17	38	
中国铁建国际集团公司	390	76	19	3	7		36		42	4	25	13	8	15	238	158	213	19			
中铁城建集团公司	3173	645	134	2	7		21	2	61	7	234	288		361	2190	44	2072	820	137	67	33
北京铁城监理建设公司	86	22		2	4		19		11					29	21	9	67	9	1		
中国铁建投资公司	246	53	8	3	8		45		71						119	87	143	16			
中国铁建财务公司	49	24	1	1	3		6		2							13	34	2			
中铁建中非建设有限公司	389	49	17	1	6		34		36	58	21	7	2	116	108	64	295	17	7	6	
诚合保险经纪有限责任公司	97	38	4	1	3	1	11		5	1	14			61		6	68	22		1	
中铁建（北京）商务管理有限公司	154	64	2	1	5		15		14	3	19	4	9	29	55	3	51	58	8	28	6
中国铁建股份公司北京培训中心	34	8	5	1	1		5		3	6			6	12		3	22	9			
合计	154269	32875	5235	130	379	9	2605	395	4425	546	11744	12109	2606	22527	96651	6293	95091	41312	6068	3894	1611

单位	政治情况（人）共产党员	共青团员	民主党派	无党派	年龄（人）25岁以下	26岁至30岁	31岁至35岁	36岁至40岁	41岁至45岁	46岁至50岁	51岁至54岁	55岁至59岁：小计	55岁至59岁：女	60岁以上
中国铁建股份公司机关	271		1			4	37	29	60	56	62	46		3
中国土木工程集团公司	509	110	6	219	89	237	187	74	90	55	50	62		
中铁十一局集团公司	4396	3665		2973	3321	3194	1622	982	677	307	427	504		
中铁十二局集团公司	3856	2855	1	2644	2119	2728	1414	922	798	517	441	417		
中国铁建大桥工程局集团公司	2889	1784	8	2452	1334	2058	1051	948	721	367	392	261		1
中铁十四局集团公司	3893	2090			946	2708	1956	1663	1051	400	305	260		
中铁十五局集团公司	3804	1649	1	3462	805	3213	1837	1114	682	372	516	377		
中铁十六局集团公司	4563	4521		1374	2315	3488	2133	1001	625	440	646	682		
中铁十七局集团公司	3420	4203			2012	3527	1320	709	538	291	334	456	42	
中铁十八局集团公司	3615	2272	103	4031	1430	2995	1928	1388	1037	434	479	330		
中铁十九局集团公司	3100	2928	5	2686	1284	2951	1600	793	949	315	331	494		2
中铁二十局集团公司	3990	1973	1	2518	1157	2729	1917	1183	714	428	489	454	3	
中铁二十一局集团公司	2585	1377		1707	535	1872	1134	558	643	367	288	272		
中铁二十二局集团公司	2794	2210	1	1225	1356	2507	1098	607	574	371	361	396	3	6
中铁二十三局集团公司	2423	1499		2432	965	2095	1013	838	702	358	330	53		
中铁二十四局集团公司	2517	1242	2	1470	1198	1369	680	384	519	379	435	266	1	1
中铁二十五局集团公司	2160	1667		1402	1202	1861	649	493	468	263	178	115		
中铁建设集团公司	2212	1496			1392	1850	768	354	265	108	190	238		
中国铁建电气化局集团公司	1645	1301		935	542	1391	656	470	334	193	167	127	1	1
中国铁建港航局集团公司	729	611	3	409	477	478	248	194	205	108	19	23		
中国铁建房地产集团公司	281				46	92	111	80	69	31	17	14		
中铁第一勘察设计院集团公司	1304	247	25		72	403	635	411	573	490	407	244		
中铁第四勘察设计院集团公司	2151	450	16	1424	162	866	884	386	605	594	388	156	2	
中铁第五勘察设计院集团公司	906	316			124	481	410	155	201	159	50	62		
中铁上海设计院集团公司	504	135	5	504	63	332	299	116	127	104	72	35	7	
中铁物资集团公司	884	459			249	628	331	201	150	96	112	76	1	1
昆明中铁大型养路机械集团公司	239	72	2	201	34	118	110	58	84	56	35	19		
中国铁建重工集团公司	454	400	34	125	290	210	102	195	86	84	38	8		
中国铁建国际集团公司	231	62	3		42	112	97	46	49	29	11	4		
中铁城建集团公司	989	1341		843	931	938	410	228	290	143	127	106		
北京铁城监理建设公司	54			32	2	15	6	8	22	17	13	3		
中国铁建投资公司	169	45			28	38	37	39	54	33	12	5		
中国铁建财务公司	26	9	1		7	17	9	8	4	3				1
中铁建中非建设有限公司	239	55	1	94	64	101	81	29	47	23	28	16		
诚合保险经纪有限责任公司	51	12		34	13	22	14	16	15	6	7	4	1	
中铁建（北京）商务管理有限公司	103	13		38	4	6	9	25	21	50	32	7		
中国铁建股份公司北京培训中心	28	1			1	2	1		5	5	7	13		
合计	63984	43070	219	35234	26611	47636	26794	16705	14054	8052	7796	6605	61	16

（制表：王　谐）

中国铁建系统技术干部情况统计

（2014 年度）

单位 \ 项目 \ 数量	总数(人) 技术干部总数	其中 副处以上领导	其中 高级	其中 中级	其中 初级	工程技术人员(人) 小计	教授级高级工程师	高级工程师	工程师	助工、技术员及未聘职务	卫生技术人员(人) 小计	正副主任医师	主治医师	医、护师及未聘职务	教师(人) 小计	教授、高级讲师	讲师	助教、助讲、教员及未聘职务	经济人员(人) 小计	高级经济师	经济师	助经、经济员及未聘职务	统计人员(人) 小计	高级统计师	统计师	助统、统计员及未聘职务	政工人员(人) 小计	高级政工师	政工师	助理政工师、政工员	会计人员(人) 小计	高级会计师	会计师	助会、会计员及未聘职务	文案人员	翻译人员	新闻人员	文艺人员	农艺研究体育律师
中国铁建股份公司机关	294	161	227	59	9	125	42	69	12	2	2	2							39	28	11		1	1			67	52	12	3	48	34	10	4	2		9	1	
中国土木工程集团公司	809	131	292	264	235	554	12	214	184	132									53	12	11	30					17	5	8	4	83	23	23	36	3	99			
中铁十一局集团公司	11034	255	1049	2694	5233	8626	74	683	2197	5672	169	11	61	97	26	4	12	10	510	73	80	357	8		2	6	667	111	203	353	1021	90	138	793	7				
中铁十二局集团公司	9196	494	1244	2824	4154	6633	62	858	2271	3442	251	34	74	143	21	2	5	14	637	95	137	405	9		1	8	459	78	180	201	1150	116	157	877	1	35			
中国铁建大桥工程局集团公司	6840	257	1149	1865	2903	4971	91	775	1485	2620	93	3	39	51	29	12	6	11	599	82	91	426	10		1	9	372	103	120	149	755	106	140	509	7	3		1	
中铁十四局集团公司	9227	342	1256	2722	4357	7196	67	872	2224	4033	65	2	27	36	26	4	12	10	483	100	122	261	5		1	4	564	103	176	285	871	105	156	610	9	8			
中铁十五局集团公司	8563	403	911	2252	5154	6412	64	556	1749	4043	87	4	27	56	6	5	1		566	79	153	334	4		3	1	566	119	161	286	915	82	157	676	6	1			
中铁十六局集团公司	10937	488	1205	2983	5850	8407	67	752	2483	5105	115	6	34	75	5		4	1	582	83	85	414	29		2	27	719	153	232	334	1079	144	143	792	1				
中铁十七局集团公司	8502	421	869	2242	4672	5958	44	552	1786	3576	310	43	73	194	9			9	717	75	70	572	14	1	7	6	661	126	203	332	831	72	102	657	1				1
中铁十八局集团公司	9422	564	1306	2337	5779	7387	52	923	2024	4388	101	8	26	67	44	22	14	8	471	61	56	354	6		2	4	383	124	107	152	1001	126	125	750	12	17			
中铁十九局集团公司	8382	418	1075	2240	5067	6243	25	679	1752	3787	238	23	106	109	13	6	5	2	632	152	76	404	7		3	4	359	95	123	141	864	95	149	620	3	22			1
中铁二十局集团公司	8550	345	850	2236	4637	5794	52	588	1463	3691	80	2	10	68	64	19	12	33	963	40	294	629	9		6	3	619	90	146	383	992	57	301	634	7	17		5	
中铁二十一局集团公司	5550	343	746	1685	3119	4213	48	545	1379	2241	48	1	17	30	5		5		300	18	62	220	4		1	3	295	92	86	117	676	40	131	505	6	1		2	
中铁二十二局集团公司	6515	281	603	1521	3865	5056	35	456	1278	3287	132	3	20	109	8		4	4	397	32	40	325	11		1	10	356	56	117	183	547	46	77	424	5	3			
中铁二十三局集团公司	5888	272	675	1546	3246	4438	23	470	1258	2687	31	2	8	21	2	1		1	380	61	67	252	5		2	3	380	56	120	204	627	60	90	477	10	12		0	3
中铁二十四局集团公司	5093	240	625	1720	2748	3906	25	438	1445	1998	3	1	1	1	5	2	1		390	53	65	272	6	1		5	259	57	125	77	522	48	83	391	1	1			
中铁二十五局集团公司	5153	236	497	1202	2882	3971	20	358	970	2623	8	1	4	3	3	1	2		407	39	95	273	2			2	250	44	56	150	505	33	74	398	4	3			
中铁建设集团公司	4502	230	321	693	2996	3179	14	216	569	2380	3		1	2	2		1	1	779	45	44	690	2		2		116	21	31	64	416	24	43	349	2	2			1
中国铁建电气化局集团公司	3725	204	511	1067	1780	2872	35	331	880	1570	12	1	4	7	1			1	210	38	25	147	3	1	2		209	53	100	56	414	50	56	308	1				3
中国铁建港航局集团公司	1255	135	211	406	638	955	9	152	311	483									121	15	44	62	1			1	70	16	24	30	107	19	27	61		1			
中国铁建房地产集团公司	366		102	137	127	217	4	74	96	43									57	1	18	38					9	4	1	4	81	19	22	40		2			
中铁第一勘察设计院集团公司	3233	205	1366	1269	512	2980	233	1133	1269	345	14	2	3	9	13	2	10	1	36	6	15	15	6	2	3	1	41	16	22	3	132	22	44	66	6	5			
中铁第四勘察设计院集团公司	3987	184	1888	1399	647	3688	285	1498	1360	545	1		1		16	1	14	1	51	11	18	22	25	7	13	5	74	20	34	20	119	48	39	32	8	4	1		
中铁第五勘察设计院集团公司	1454	142	476	548	324	1372	20	443	527	382									12	2	5	5					10	7	3		57	13	12	32		3			
中铁上海设计院集团公司	1148	97	323	442	310	1051	45	270	411	325	1	1							15	3	2	10	2		2		2	1	1		33	1	15	17	8				36
中铁物资集团公司	1159	153	132	236	791	277		68	89	120					1	1			600	25	79	496	1		1		83	21	29	33	194	17	37	140	2		1		
昆明中铁大型养路机械集团公司	514	91	135	240	115	400	6	115	190	89									58	6	25	27	3		2	1	13	4	8	1	38	4	14	20		2			
中国铁建重工集团公司	598	30	56	141	401	499	10	45	106	348									48	3	10	35	1		1		16	3	5	8	30	5	15	10		4			
中国铁建国际集团公司	379	91	116	93	170	210	7	80	75	48	1	1			1		1		81	9	6	66					13	9		4	44	6	7	31		29			
中铁城建集团公司	3071	86	299	666	1569	2517	5	235	567	1710	5	1		4	1		1		150	16	18	116					108	20	48	40	289	22	31	236	1				
北京铁城监理建设责任公司	86	36	55	20	11	69	4	44	15	6					1	1			3		1	2					3	1	2		8	4	2	2				1	1
中国铁建投资公司	246	127	121	43	26	140	24	68	24	24									60	8	9	43					8	3	4	1	38	18	6	14					
中国铁建财务公司	49	12	11	1		5			2	3									14	1	4	9	1			1	3	2		1	26	8	7	11					
中铁建中非建设有限公司	368	133	103	110	115	236	5	73	77	81	2			2					33	8	6	19					6		2	4	42	10	8	24		46	1		2
诚合保险经纪有限责任公司	54	21	23	21	10	26		6	13	7									11	6	5						3	2	1		14	9	2	3					
中铁建(北京)商务管理有限公司	133	24	18	45	70	52	1	5	13	33	33	3	21	9					17	2	7	8					18	5	2	11	13	2	2	9					
中国铁建股份公司北京培训中心	27	12	14	6	7	5		1		4					8	6	2										10	5	3	2	4	2	1	1					
合计	146282	7652	20846	39969	74522	110635	1510	14644	32554	61869	1805	155	557	1093	302	83	110	107	10482	1288	1856	7338	175	13	58	104	7798	1672	2492	3634	14582	1578	2445	10558	113	320	12	10	48

（制表：王　谐）

中国铁建系统政工干部情况统计

（2014 年度）

单位	总数（人）合计	其中：选聘	其中：女	其中：少数民族	其中：共产党员	其中：民主党派	其中：已取得专业职务	其中：局级	其中：处级	部门情况（人）党委政治部门	纪委	工会	共青团	其他	学历（人）本科及以上	专科毕业	专科肄业	中专毕业	中专肄业	高中	初中	年龄（人）35岁以下	36岁至40岁	41岁至45岁	46岁至50岁	51岁至54岁	55岁至59岁	60岁以上
中国铁建股份公司机关	75	75	22	4	66		73	22	20	20	12	13	2	28	69	6						7	5	12	14	20	16	1
中国土木工程集团公司	15		4		14		15		10	7	2	3		3	13	2						3	3	1	2	3	3	
中铁十一局集团有限公司	542	542	99	21	467		479	1	32	92	30	31	10	379	285	129		20		90	18	154	66	63	48	77	134	
中铁十二局集团公司	457	121	89	16	357	1	437	3	43	203	32	53	37	132	232	106		37		69	13	158	29	50	42	79	99	
中国铁建大桥工程局集团公司	372	27	103	15	298	1	324	2	29	87	20	26	5	234	221	114		22		14	1	103	58	52	56	52	51	
中铁十四局集团公司	434	9	74	11	401		412	4	57	362	28	29	15		279	111		17		27		78	95	89	60	60	52	
中铁十五局集团公司	555	55	187	13	442		391	5	64	115	44	60	18	318	296	170	8	18		51	12	188	68	74	49	101	75	
中铁十六局集团公司	700	52	238	27	498		627	3	54	152	65	86	57	340	404	220	2	14		44	16	317	45	34	42	97	165	
中铁十七局集团公司	684		214	6	410		661	1	73	346	108	152	78		388	200		23		73		332	52	50	32	68	150	
中铁十八局集团公司	468	59	100	14	406		352	2	72	143	29	62	18	216	257	160		13		37	1	123	94	70	53	79	49	
中铁十九局集团公司	392	32	82	37	284		320	3	59	116	25	59	21	171	192	145	3	9		28	15	73	50	60	30	78	100	1
中铁二十局集团公司	618	81	201	9	446		429	3	37	56	31	41	34	456	326	179	1	49		52	11	262	84	103	55	59	55	
中铁二十一局集团公司	243	14	39	6	223		240		41	56	29	25	12	121	137	89		11		6		59	15	54	40	34	41	
中铁二十二局集团公司	348	51	93	14	288		266	3	32	44	23	31	18	232	200	108		12		21	7	107	37	54	25	70	54	1
中铁二十三局集团公司	344	13	108	10	271		268	3	51	118	29	31	11	155	207	105	3	11		15	3	117	49	64	48	54	12	
中铁二十四局集团公司	359	19	46	1	241		355	2	55	76	13	34	10	226	222	108		16		8	5	159	18	35	42	49	55	1
中铁二十五局集团公司	262	22	65	19	242		241	3	41	95	23	20	14	110	180	67		7	1	6	1	81	34	45	48	30	24	
中铁建设集团公司	155	155	27	5	143		116	2	1	117	28	6	2	2	65	55		2		25	8	30	8	13	12	34	58	
中国铁建电气化局集团公司	233	15	92	6	182		86	3	25	101	21	39	14	58	143	68		5		11	6	78	35	31	25	24	39	1
中国铁建港航局集团公司	94	20	32	5	87		70	2	14	45	16	20	13		79	15						42	15	19	11	5	2	
中国铁建房地产集团公司	13		6		10		12	1	4	5	3	4		1	11	2						6	1	3	3			
中铁第一勘察设计院集团公司	41	16	9	2	41		41	1	17	11	5	5	2	18	33	8						8	7	7	12	3	4	
中铁第四勘察设计院集团公司	74	1	9		70		71	1	23	13	5	5	1	50	54	20						11	7	8	12	19	17	
中铁第五勘察设计院集团公司	10		4	1	9				3	4		1		5	9	1						2	5	1	1	1		
中铁上海设计院集团公司	2	2			2		2	1	1	1	1				2											1	1	
中铁物资集团公司	83		32	4	68			2	13	26	7	14	3	33	70	12		1				34	8	7	9	12	13	
昆明中铁大型养路机械集团公司	13		2	3	12		12	1	8	4	1	4		4	8	5								4	3	3	3	
中国铁建重工集团公司	29	9	13	1	24		16		6	10	3	7	4	5	19	9				1		12	2	5	7	1	2	
中国铁建国际集团公司	11		2		11		11	2	4	6	2	2	1		11							7	1	1	1		1	
中铁城建集团公司	130	1	34	7	114		96	4	21	24	12	16	5	73	84	32		4		7	3	33	12	27	12	15	31	
北京铁城监理建设责任公司	3	3	2		3		3		2	3					2	1							1	1		1		
中国铁建投资公司	8				8		8		3	8					8							2	3	2		1		
中国铁建财务公司	3	3	3		3		2		2	2				1	3							1		1	1			
中铁建中非建设有限公司	6		2		4		6		3	1	1	2		2	5	1						2			2		2	
诚合保险经纪有限责任公司	4	4	3		4		3		2	4					1	3						2			1	1		
中铁建（北京）商务管理有限公司	18	18	6		18		18	2	4	2	1	2	3	10	14	4								1	4	6	7	
中国铁建股份公司北京培训中心	10		5	2	8		10		4					10	1	9						2		4		2	2	
合计	7798	1419	2042	257	6167	2	6463	82	926	2475	649	883	408	3383	4529	2255	17	291	1	585	120	2591	907	1041	802	1137	1315	5

（制表：王　谐）

中国铁建系统机械动力设备资产综合情况统计

（2014 年度）

单位	职工人数	企业年度利润总额（元）	期末实有			新购		报废		大修		资产增长率（%）	成新率（%）	设备总功率（千瓦）	技术装备率（万元/人）	动力装备率（千瓦/人）
			总台数	原值（元）	净值（元）	台数	原值（元）	台数	原值（元）	台数	费用（元）					
中国土木工程集团公司	896	-69910000.00	2046	979391465.53	413740887.56	422	240460232.70	53	13520601.36			-70.58	42.24	314024.36	46.18	350.47
中铁十一局集团公司	18204	590770000.00	4576	3949845395.05	2227318980.24	410	688091211.11	195	79715898.08	279	25263173.00	18.22	56.39	689562.28	12.24	37.88
中铁十二局集团公司	16951	651622000.00	7015	3925299697.33	1377147874.89	216	179112960.18	282	138855672.17	132	17851905.00	1.10	35.08	815574.14	8.12	48.11
中国铁建大桥工程局集团公司	15000	206942010.00	3856	2626944195.90	1128532565.68	140	139361507.09	71	18335194.00	107	47945294.87	7.63	42.96	362100.50	7.52	24.14
中铁十四局集团公司	15571	522000000.00	3638	3952825726.24	1926853813.45	278	477366468.39	185	102034818.63	99	15960263.80	19.70	48.75	527934.69	12.93	35.43
中铁十五局集团公司	15534	13187878.89	5435	3787968641.25	1861183345.83	387	162061531.00	604	55775332.66	77	18851575.00	0.01	49.13	742731.92	9.04	36.09
中铁十六局集团公司	20795	497000000.00	3323	3428862755.92	1853911982.66	239	353481070.94	132	146006335.57	30	1997563.44	2.50	41.70	580239.30	8.92	27.90
中铁十七局集团公司	19371	433600000.00	6065	3453957025.60	1696254046.28	484	237261684.00	283	70488787.00	72	4513063.50	6.90	49.11	650135.01	8.76	33.56
中铁十八局集团公司	16969	581860000.00	6617	4628869181.89	2161278507.32	709	522109220.68	330	61168508.66	18	2552540.00	6.00	46.69	726445.27	12.74	42.81
中铁十九局集团公司	18256	509127834.76	5042	4226076016.34	1927610695.66	308	415583684.12	135	58766367.63	131	13413217.66	6.78	45.61	684678.25	10.56	37.50
中铁二十局集团公司	18595	319350000.00	3041	1998256855.55	950635433.03	211	36917962.37	142	75312503.01	104	5565103.52	8.88	47.57	513636.90	5.11	27.62
中铁二十一局集团公司	12878	267000000.00	3599	1303824747.97	680256067.08	156	112521715.29	226	59854158.00	66	2289526.87	17.56	52.17	269615.13	5.28	20.94
中铁二十二局集团公司	10748	423270000.00	8253	1480772941.64	653436348.02	336	54539946.24	426	29244618.80	13	12536720.00	4.76	44.13	347494.36	6.08	32.33
中铁二十三局集团公司	12094	132731410.50	13078	1889943427.35	774595505.64	590	31357396.83	795	40508004.62	8	3264705.00	0.08	40.99	294143.02	6.40	24.32
中铁二十四局集团公司	10737	381960000.00	5063	1263150160.70	438812472.31	358	28537652.60	688	63511011.92	3	718100.00	0.08	34.74	149988.44	4.09	13.97
中铁二十五局集团公司	8447	37610872.55	5726	904172359.66	436696910.35	307	52514075.00	383	39667689.36	109	5039583.00	-3.01	48.30	139935.20	5.17	16.57
中铁建设集团公司	8221	874698200.00	790	235735843.52	103075549.07	-	-	2	3335000.00	-	-	-	43.73	52838.00	1.30	6.40
中国铁建电气化局集团公司	8940	803450000.00	1455	635664748.07	252874168.16	104	16368149.13	34	7424602.00	40	8058066.40	2.58	39.78	85926.70	2.83	9.61
中国铁建港航局集团公司	1846	140234279.56	1379	279776825.86	490955793.87	92	133449488.91	27	16766859.68	1	70000.00	121.61	175.48	33004.94	26.60	17.88
昆明中铁大型养路机械集团公司	1603	290112685.80	1983	443901459.15	199486648.20	148	9406109.80	28	2845054.41	-	-	2.12	44.94	21500.00	27.69	13.41
中国铁建重工集团公司	2793	503279807.00	2059	556701625.44	294218207.44	44	5908174.13	9	73422.00	1	455700.00	1.07	52.85	48745.96	10.53	17.45
中铁建中非建设公司	370	598655902.11	8143	3143739879.60	927083407.06	886	488723076.23	387	73984162.23	115	3164287.26	0.18	0.29	2529.80	250.56	6.84
中铁城建集团公司	5522	162379804.63	1412	210863311.45	85565139.48	37	7290601.18	52	6363550.00	4	145686.00	3.58	40.58	52594.74	1.55	9.52
2014 年合计	260341	8870932685.81	103594	49306544287.01	22861524349.23	6862	4392423917.92	5469	1163558151.79	1409	189656074.32	7.92	46.00	8105378.90	8.78	31.13
2013 年合计	246664	3917025217.19	95559	44059142447.60	22804920497.10	8678	3483799444.24	4225	771900689.59	1119	153012061.02	6.80	51.76	8343677.92	9.25	33.83

（制表：张宏成）

中国铁建系统大型施工设备综合情况统计

（2014 年度）

单位 \ 项目 数量	期末实有					新购				报废			大修		闲置			成新率（%）	闲置率（%）	完好率（%）	利用率（%）
	总台数	其中进口台数	原值（元）	其中进口原值（元）	净值（元）	台数	其中进口台数	原值（元）	其中进口原值（元）	台数	原值（元）	净值（元）	台数	费用（元）	台数	原值（元）	净值（元）				
中国土木工程集团公司	79	24	488044925.85	172615792.01	163370753.68	15	1	99140900.00	2284700.00	–	–	–	1	50000.00	23	112792973.63	8272989.41	33.47	23.11	82.53	60.84
中铁十一局集团公司	202	47	2484166118.78	1208528911.87	1521363481.16	11	4	414113276.00	226763276.00	1	5746170.00	–	10	7225761.00	65	532182193.28	288897488.36	61.24	21.42	95.77	71.34
中铁十二局集团公司	191	40	1620999381.70	430711743.58	697340913.34	1	–	8600000.00	–	7	64191446.00	27678487.93	6	5516768.00	72	356897763.22	103908011.69	43.02	22.00	95.10	70.50
中国铁建大桥工程局集团公司	102	29	1499333825.31	260960530.72	590648212.04	2	–	99444792.00	–	–	–	–	15	26113601.28	38	337185890.06	139661051.25	39.39	25.00	93.00	75.00
中铁十四局集团公司	173	46	2755362403.46	1628768396.27	1450501412.88	14	–	391507500.00	–	25	44129029.00	1481782.61	10	7364263.40	52	961170648.20	350391666.71	52.64	23.00	95.00	75.00
中铁十五局集团公司	178	49	2560091017.93	1255299311.65	1318015719.67	4	–	58404957.26	–	–	–	–	7	13094652.00	52	640051925.47	303570420.61	51.48	25.00	93.00	75.00
中铁十六局集团公司	1628	45	2643755535.60	844615121.58	1407028592.41	216	6	355903682.00	11685218.00	41	22366982.58	10800417.35	17	4950063.44	354	731805429.00	308614046.38	53.20	22.00	100.00	78.00
中铁十七局集团公司	195	32	1854045754.89	393670472.15	1013305715.05	5	–	135587000.00	–	3	18160000.00	3433070.43	5	1154978.00	47	479277425.81	191587289.50	54.65	25.00	96.00	86.00
中铁十八局集团公司	189	68	2363290464.56	1792450384.06	1382709723.69	9	–	345750000.00	–	–	–	–	1	690008.00	62	479504772.62	190883086.72	58.51	21.00	92.63	84.50
中铁十九局集团公司	307	90	2617510830.79	514933494.29	1317097241.68	31	18	354906305.12	157079619.98	7	19398600.00	969930.00	34	6999876.29	46	484957996.60	191216829.18	50.32	20.59	89.60	78.50
中铁二十局集团公司	102	8	808858067.00	53839676.00	416245095.14	–	–	–	–	3	22415330.71	2715798.18	3	1555000.00	17	188000044.00	64781578.06	51.46	28.68	96.80	85.37
中铁二十一局集团公司	67	3	757236217.82	30056430.23	331575777.22	3	–	83740000.00	–	2	36886309.62	22845486.51	–	–	16	164885309.62	97078411.16	43.79	30.00	92.00	75.00
中铁二十二局集团公司	68	22	514212482.41	135728511.30	256082684.10	1	–	3020000.00	–	–	–	–	9	12271532.00	12	87718446.45	29973918.88	49.80	17.06	93.00	88.00
中铁二十三局集团公司	83	21	638453391.82	235155569.20	310903724.19	–	–	–	–	2	10046000.00	979485.00	6	3207750.00	19	130448872.75	48459506.46	48.70	20.43	94.31	69.00
中铁二十四局集团公司	96	12	647860933.57	89273408.93	231972177.64	–	–	–	–	3	9284600.00	464230.00	–	–	43	308957741.34	109043729.91	35.81	47.69	93.00	44.20
中铁二十五局集团公司	51	6	370099381.00	66619864.00	204160840.84	6	–	28380000.00	–	–	–	–	–	–	6	51758036.00	13304703.63	55.16	12.25	90.21	85.91
中铁建设集团公司	8	1	44265089.00	8500000.00	19348133.00	–	–	–	–	–	–	–	–	–	–	–	–	43.71	–	100.00	100.00
中国铁建电气化局集团公司	376	42	418895140.10	126368698.20	186888064.66	13	2	3330405.00	788600.00	2	265017.00	286191.56	16	4142566.40	29	61328350.00	3724323.00	44.61	14.60	90.00	85.40
中国铁建港航局集团公司	9	–	143519722.66	–	408654863.24	–	–	126465272.91	–	–	2.00	1511341.38	1	112090.60	2	8063018.75	1018094.68	284.74	5.6	95.6	76.2
昆明中铁大型养路机械集团公司	41	19	251158696.47	106805831.59	132883457.63	–	–	–	–	–	–	–	–	–	–	–	–	53.00	–	100.00	81.00
中国铁建重工集团公司	53	4	317702247.16	101002447.49	223590422.81	–	–	–	–	–	–	–	–	–	–	–	–	70.38	–	100.00	100.00
中铁建中非建设有限公司	113	24	417594093.99	75069831.41	136137104.59	29	11	96938251.52	32185543.00	–	–	–	–	–	7	38599674.20	6686752.26	0.33	0.09	1.00	0.91
中铁城建集团公司	16	2	51827248.12	5909000.00	26587726.82	–	–	–	–	–	–	–	–	–	12	43419637.52	20653591.72	51.30	100.00	43.80	–
2014 年合计	4327	634	26268282969.99	9536883426.53	13746411837.48	360	42	2605232341.81	430786956.98	96	252889486.91	73166220.95	141	94448910.41	974	6199006148.52	2471727489.57	52.00	23.20	92.16	77.33
2013 年合计	3507	561	22235845877.59	8377387572.85	13356055316.08	209	29	1081397854.13	209760187.20	61	152883633.00	33684214.06	111	81856478.04	697	4774669692.45	2019090874.53	60.07	21.47	91.13	78.40

（制表：张宏成）

中国铁建系统设备专业人员综合情况统计

（2014 年度）

单位 \ 项目 数量	设备管理人员（人）						设备操作技术工人（人）						主要工种人数（人）			全年专业培训	
	总人数	其中					总人数	其中					机械司机	汽车驾驶员	修理工	期数	人数
		高级工程师	工程师	助理工程师	技术员	其他管理人员		高级技师	技师	高级工	中级工	初级工					
中国土木工程集团公司	112	17	26	24	12	33	318	7	31	126	55	99	201	172	50	37	316
中铁十一局集团公司	901	149	121	282	113	236	1805	57	136	832	432	348	787	506	189	46	698
中铁十二局集团公司	614	51	80	162	49	272	2077	61	328	578	558	552	901	907	107	52	698
中国铁建大桥局集团公司	578	43	77	207	90	161	848	25	94	368	232	129	415	413	136	14	356
中铁十四局集团公司	752	126	128	175	102	221	1291	490	91	260	394	56	395	578	117	19	396
中铁十五局集团公司	616	30	95	199	136	156	2057	31	222	656	831	317	932	754	240	32	477
中铁十六局集团公司	1509	151	194	244	280	220	1595	299	145	420	637	540	1047	950	413	18	593
中铁十七局集团公司	952	44	132	213	177	386	2836	60	386	970	819	601	1320	1376	381	15	384
中铁十八局集团公司	962	65	108	209	130	450	1574	56	326	581	363	248	507	649	186	45	336
中铁十九局集团公司	1050	52	191	272	219	316	2217	64	407	550	547	649	775	729	165	128	1542
中铁二十局集团公司	692	18	81	175	154	264	1367	42	198	319	479	329	678	512	118	23	277
中铁二十一局集团公司	1075	95	98	244	182	456	2243	36	179	402	1207	419	495	542	124	33	888
中铁二十二局集团公司	612	38	151	216	120	87	717	20	107	251	209	130	283	364	150	48	724
中铁二十三局集团公司	389	24	76	118	70	101	1080	34	197	303	218	328	683	567	164	25	498
中铁二十四局集团公司	386	23	80	104	25	154	818	27	43	187	367	194	179	355	88	75	444
中铁二十五局集团公司	411	23	44	143	102	99	483	9	27	128	196	123	197	424	100	32	592
中铁建设集团公司	86	2	13	19	16	36	370	2	14	37	203	114	218	296	26	2	58
中国铁建电气化局集团公司	107	3	15	20	13	56	623	1	43	133	168	278	331	341	9	14	300
中国铁建港航局集团公司	109	5	19	31	16	38	79	3	2	0	4	70	46	42	10	17	28
昆明中铁大型养路机械集团公司	72	4	16	18	2	32	709	24	48	262	204	171	47	19	7	3	19
中国铁建重工集团公司	449	26	94	92	73	164	1241	24	72	250	387	508	104	15	59	225	3157
中铁城建集团公司	148	8	20	42	18	60	347	7	6	158	150	26	28	70	49	18	494
中铁建中非建设有限公司	87	1	15	27	13	31	111	2	37	29	38	21	17	18	74	2	40
2014 年合计	12669	998	1874	3236	2112	4029	26806	1381	3139	7800	8698	6250	10586	10599	2962	844	13315
2013 年合计	13367	1140	1877	3256	2073	4371	28409	1541	3204	8171	8752	7112	12311	11859	3628	855	12299

（制表：张宏成）

中国铁建系统原材料、能源收支存情况统计

（2014 年度）

物资名称	计量单位	年初库存量		收入量累计		消费量累计		年末库存量	
		数　量	金　额	数　量	金　额	数　量	金　额	数　量	金　额
总　值	万元		826078		22468022		22522145		771954
（一）能源类	万元		32329		1776930		1783107		26152
其中：煤炭	吨	29546		297709		299732		27523	
电力	万千瓦时	1436		4099357		4100228		565	
原油	吨								
汽油	吨	814		91266		91568		513	
煤油	吨			261		261			
柴油	吨	33186		1233688		1239110		27765	
燃料油	吨	412		43188		43220		379	
天然气	立方米	5063		2235506		2240569			
其他能源	吨标煤	6		3948		3900		55	
（二）原材料类	万元		793749		20691092		20739038		745803
1. 黑色金属类	万元		362116		6924055		6964063		322108
其中：钢材	吨	736998		17402132		17606816		532315	
2. 有色金属类	万元		1212		11125		12158		179
3. 化工类	万元		14408		383714		381711		16411
其中：炸药	吨	4217		159438		158950		4705	
雷管	万发	578		16333		16448		464	
导火索	万米	182		12613		12635		160	
4. 建材类	万元		106014		5378269		5382625		101657
其中：水泥	吨	581868		61256474		60809066		1029276	
5. 木材类	万元		6467		171678		171624		6521
其中：原木	立方米	9317		137384		139605		7096	
锯材	立方米	13388		315118		315720		12786	
胶合板	立方米	11106		241524		239734		12897	
6. 金属制品类	万元		49450		409954		428175		31229
7. 一次转值机电类	万元		26910		1190182		1194863		22228
8. 其他类	万元		227172		6222116		6203819		245469

（制表：刘宝庆）

中国铁建系统房地产开发经营情况统计

（2014 年度）

开发单位	项目名称	建设地点	规划总建筑面积（万平方米）	其中：地上建筑面积（万平方米）	项目计划总投资（万元）	2013 年底开工累计完成投资（万元）	2014 年实际完成投资（万元）	其中：企业自有资金（万元）	其中：银行贷款（万元）	其中：其他资金（万元）	2014 年实际销售面积（万平方米）	2014 年实际销售金额（万元）	2014 年实现营业收入（万元）
总　计			3852.32	3079.10	26540445	12965123	3336892	1441354	801443	1094095	300.67	2685712	2388600
中国铁建房地产集团有限公司			2232.93	1775.64	17525431	9987741	2301860	633959	717261	950640	212.07	2117407	1800723
北京天太金海置业有限公司	中国铁建·北京西派国际	北京	13.86	9.63	201055	221952	-21055	-3836		-17219	0.11	3276	298
中铁房地产集团长沙置业有限公司	中国铁建·长沙山语城	湖南长沙	91.10	74.10	351497	241558	20052			20052	5.99	33796	48705
徐州中铁房地产开发有限公司	中国铁建·徐州龙域中央	江苏徐州	65.10	55.14	244850	243588	211			211	0.05	325	1474
贵州中泓房地产开发有限公司	中国铁建·贵阳国际城	贵州贵阳	207.13	177.63	1127188	633501	67130			67130	19.77	108725	102553
长春中铁房地产开发有限公司	中国铁建·长春国际花园	吉林长春	58.19	49.74	227509	172248	12345	-14750	-7500	34595	4.94	28342	13728
中铁嘉业(北京)投资有限公司	中国铁建·北京原香小镇	北京	21.52	17.16	200630	200630	-48	-48			0.30	788	1499
中铁地产(成都)开发有限公司	中国铁建·成都国际城	四川成都	128.03	102.41	536297	483719	36502			36502	19.06	118942	107986
中铁房地产集团(广西)有限公司	中国铁建·南宁凤岭山语城	广西南宁	41.89	32.27	252838	247616	-2397			-2397	1.01	6873	16072
湖南中盛嘉业房地产开发有限公司	中国铁建·长沙国际城	湖南长沙	74.43	67.72	235626	131381	30047	1409		28638	5.39	28773	52163
中国铁建房地产集团合肥置业有限公司	中国铁建·合肥国际城	安徽合肥	164.80	137.76	766385	580681	60479			60479	19.05	136620	61418
北京第六大洲房地产开发有限公司	中国铁建·北京国际城	北京	84.42	61.23	883865	629785	105146			105146	6.70	124555	360095
中铁房地产集团北京丰基置业有限公司	中国铁建·北京青秀城	北京	30.94	24.76	387451	380255	7196	-9692		16888	0.47	465	536
中铁房地产集团浙江京城投资有限公司	中国铁建·杭州国际城	浙江杭州	36.40	27.20	598321	481202	55593	20388		35205	6.48	102897	95660
中铁房地产集团北京正达置业有限公司	中国铁建·北京长阳国际城	北京	29.64	23.53	284384	270561	1270			1270	0.07	288	288
中铁房地产集团四川有限公司	中国铁建·成都西派国际	四川成都	34.25	24.37	410327	224777	83684		38148	45536	6.49	93980	114735
中铁房地产集团四川有限公司	中国铁建·成都青秀城	四川成都	26.55	19.31	155308	149002	726	-1547		2273	2.08	16477	18844
中铁房地产集团广州有限公司	中国铁建·广州荔湾国际城	广东广州	25.16	17.62	302137	281711	13095	3962		9133	2.32	48804	183278
中铁房地产集团天津置业有限公司	中国铁建·天津国际城	天津	113.18	86.78	1200320	660457	68932			68932	1.90	43604	47130
中铁嘉业(北京)投资有限公司	中国铁建·北京原香漫谷	北京	43.03	33.74	348322	221428	61878	36990	6889	17999	8.46	97059	46979

续表

开发单位	项目名称	建设地点	规划总建筑面积（万平方米）	其中：地上建筑面积（万平方米）	项目计划总投资（万元）	2013年底开工累计完成投资（万元）	2014年实际完成投资（万元）	其中：企业自有资金（万元）	其中：银行贷款（万元）	其中：其他资金（万元）	2014年实际销售面积（万平方米）	2014年实际销售金额（万元）	2014年实现营业收入（万元）
中铁房地产集团北京丰昊置业有限公司	中国铁建·北京山语城	北京	32.58	26.92	370359	289577	50262	9019	23100	18143	5.16	106163	98783
中铁房地产集团(贵州)有限公司	贵阳兰草坝项目(暂定)	贵州贵阳	58.93	50.51	287254	128505	-27296	-27296					1
中铁房地产集团宁波京城投资有限公司	中国铁建·宁波山语城	浙江宁波	24.47	15.47	129072	51326	10139	3413	1278	5448	0.36	3581	
中铁房地产集团武汉有限公司	中国铁建·武汉国际城	湖北武汉	47.48	39.46	300543	128409	32918	27409		5509	4.62	39251	81066
中铁房地产集团北京顺捷金海置业有限公司	中国铁建·北京梧桐苑	北京	43.75	38.00	459624	386898	24365	12160		12205	1.49	35841	26613
中铁房地产集团北京正达置业有限公司	中国铁建·北京国际花园	北京	19.05	15.95	231741	135304	34989	-113354	42000	106343	5.02	102146	202565
中铁房地产集团长沙置业有限公司	中国铁建·长沙梅溪青秀	湖南长沙	68.92	59.20	408094	154096	43587		40261	3326	2.57	16619	28302
中铁房地产集团上海置业有限公司	中国铁建·上海青秀城	上海	29.28	22.54	417338	242232	64202	38310	7962	17930	5.54	107609	53803
中铁房地产集团杭州京发置业有限公司	中国铁建·杭州国际花园	浙江杭州	7.04	5.10	84290	60779	20689	13908	4690	2091	0.90	15163	35074
北京金达世纪房地产开发有限公司	中国铁建·北京青秀尚城	北京	21.91	16.91	207033	104806	15597	15597			11.28	84013	
徐州中铁房地产开发有限公司	中国铁建·徐州原香漫谷	江苏徐州	20.60	15.40	105496	46104	46783	20027	14756	12000	2.33	14699	
中铁房地产集团杭州京顺置业有限公司	中国铁建·杭州青秀城	浙江杭州	16.43	11.52	170721	110850	34435	4828	54029	-24422	3.03	43130	
中铁建(大连)置业有限公司	中国铁建·大连青秀蓝湾	辽宁大连	34.60	26.25	349788	180040	46565	-8374	42939	12000	3.03	30831	
中铁房地产集团四川有限公司	中国铁建·成都北湖国际城	四川成都	48.76	35.63	466744	239723	41789	3	34970	6816	1.08	9509	
中铁房地产集团合肥蜀山置业有限公司	中国铁建·合肥青秀城	安徽合肥	58.37	47.75	386378	91512	48651		48651				
成都中铁建锦城投资有限公司	中国铁建·成都锦江国际花园	四川成都	20.37	14.55	185747	62755	56442	20868	28358	7216	4.65	44059	
中铁房地产集团广西江湾置业有限公司	中国铁建·南宁江湾山语城	广西南宁	46.40	36.51	261818	60988	28881	6381	10000	12500	3.88	32173	
成都中铁建投资有限公司	中国铁建·成都西派澜岸	四川成都	37.23	27.13	504937	233884	28331		23931	4400	0.03	580	
中铁房地产集团北京海丰置业有限公司	中国铁建·北京环保嘉苑	北京	12.69	9.76	266713	189425	11392	11392					
中铁房地产集团武汉有限公司	中国铁建·武汉国际花园	湖北武汉	16.05	13.20	133165	53192	11040	4317	6723				
中铁房地产集团江苏置业有限公司	中国铁建·南京青秀城	江苏南京	43.53	33.09	632257	291514	122959	-31339	139298	15000	1.75	30240	
佛山中铁房地产置业有限公司	中国铁建·佛山国际公馆	广东佛山	28.43	21.13	415439	102729	118153	118153					

续表

开发单位	项目名称	建设地点	规划总建筑面积（万平方米）	其中：地上建筑面积（万平方米）	项目计划总投资（万元）	2013年底开工累计完成投资（万元）	2014年实际完成投资（万元）	其中：企业自有资金（万元）	其中：银行贷款（万元）	其中：其他资金（万元）	2014年实际销售面积（万平方米）	2014年实际销售金额（万元）	2014年实现营业收入（万元）
中铁嘉业（北京）投资有限公司	中国铁建·北京原香嘉苑	北京	22.79	19.72	200603	84207	27616	9526		18090	8.90	93418	
中铁房地产集团北京浩达置业有限公司	中国铁建·北京顺新嘉苑	北京	12.45	9.70	197930	102834	22455	-1710	11000	13165	3.18	44391	
中铁房地产集团杭州京兆置业有限公司	中国铁建·杭州江南国际城	浙江杭州	38.74	26.37	436512		171081	8783		162298			
中铁房地产集团北京金郡兴盛置业有限公司	北京大兴区旧宫镇009号地块项目（暂定）	北京	31.37	23.66	426486		288467	158258	120000	10209	14.63	131706	
广州增城中铁房地产置业有限公司	中国铁建·广州增城国际花园	广东广州	22.25	15.93	204442		90119	90119					
成都中铁龙泰房地产开发有限公司	成都市成华区东华2组1#地块项目（暂定）	四川成都	21.34	16.16	171699		55848	30070	25778				
北京通瑞兴盛置业有限公司	北京市通州区永顺镇051号地块项目（暂定）	北京	55.74	38.26	398898		180615	180615			18.00	137700	
广州中土实业发展有限公司	中国铁建·广州实业	广东广州	1.76	1.76									4515
中铁建（北京）物业管理有限公司	中国铁建·物业公司	北京											19560
中国铁建房地产集团有限公司总部	调差	北京											-23000
中国土木工程集团有限公司			1.10	1.10	7320	1900	3470	3470					
东非有限公司	坦桑尼亚奥斯特贝住宅项目	坦桑尼亚达累斯萨拉姆市	1.08	1.08	7320	1900	3470	3470					
中铁十一局集团有限公司			68.00	54.60	466378	86663	130675	130675			5.70	41717	5527
重庆璧和房地产开发有限公司	中国铁建·璧河国际	重庆	4.22	3.55	16860	15161	1030	1030			0.34	1417	5527
中铁十一局集团武汉房地产开发有限公司	中国铁建·梧桐苑	湖北武汉	36.64	30.58	234829	71502	23420	23420			5.32	40300	
中铁十一局集团重庆房地产开发有限公司	中国铁建·西派国际	重庆	27.09	20.45	214689		106225	106225					
重庆房地产开发有限公司	中国铁建·西派国际	重庆	27.09	20.45	214689		106225	106225					
中铁十二局集团有限公司			17.00	14.10	61737	39700	8550	8550			2.20	10000	10000
湖南华铁房地产有限责任公司	中国铁建·天天向上家园	湖南长沙	14.20	11.31	53187	39700					0.18	1500	1500
北海晋海房地产开发有限公司	晋海御园	广西北海	2.79	2.79	8550		8550	8550			1.97	8500	8500

续表

开发单位	项目名称	建设地点	规划总建筑面积（万平方米）	其中：地上建筑面积（万平方米）	项目计划总投资（万元）	2013年底开工累计完成投资（万元）	2014年实际完成投资（万元）	其中：企业自有资金（万元）	其中：银行贷款（万元）	其中：其他资金（万元）	2014年实际销售面积（万平方米）	2014年实际销售金额（万元）	2014年实现营业收入（万元）
中国铁建大桥工程局集团有限公司			47.70	41.60	273719	184278	53660	40831	12829		5.00	33032	19538
黑龙江华府房地产开发有限公司	哈尔滨先锋路改造开发项目	黑龙江哈尔滨	18.19	16.49	113000	93000	15928	15928			1.10	10409	1029
天津市春江房地产开发有限公司	中铁滨海欣城	天津	15.21	12.70	76400	30416	15487	13791	1696		1.64	9983	
天津市春江房地产开发有限公司	靖江雅园二期工程	天津	4.90	4.05	39213	38967					0.37	827	1222
长春春江房地产开发有限公司	中铁·香提美郡	吉林长春	9.39	8.38	45106	21895	22245	11112	11133		1.92	11813	17287
中铁十四局集团有限公司			114.10	91.50	638144	400119	69106	405	16000	52701	7.80	49446	108776
济南庆龙置业有限公司	中国铁建·国际城	山东济南	38.84	27.34	308691	184982	35777		3000	32777	2.01	21290	103089
青岛中铁凯华房地产开发有限公司	中国铁建岸芷汀兰（东区）	山东莱西	8.37	8.37	27858	24791	703			703	0.19	1104	1704
中铁十四局集团凯华置业有限公司	中国铁建岸芷汀兰（西区）	山东莱西	18.62	18.62	55028	13027	6405	405	6000		1.78	7668	190
南京昌和房地产开发有限公司	中国铁建·江佑铂庭	江苏南京	26.91	21.17	152000	143762	4824			4824	0.18	2728	3065
济南中铁凯华房地产开发有限公司	明山秀水	山东章丘	16.93	12.45	76567	26937	13030		7000	6030	0.96	5379	728
泰安市凯华房地产开发有限公司	泮河嘉苑	山东泰安	4.38	3.57	18000	6620	8367			8367	2.72	11277	
中铁十五局集团有限公司			127.50	106.70	393803	155185	59777	50569		9208	6.80	30501	44531
中铁十五局集团河南置业有限公司	中国铁建·东来尚城	山东临沂	25.74	20.18	97248	68080	13910	13910			2.30	14256	14366
中铁十五局集团河南置业有限公司	中国铁建·东来尚城	河南周口	31.05	26.83	111943	51774	13162	13162			1.32	5235	15049
中铁十五局集团河南置业有限公司	中国铁建·东来尚城	贵州都匀	70.75	59.66	184612	35331	32705	23497		9208	3.19	11010	15116
中铁十六局集团有限公司			122.20	103.60	523614	137542	118384	118384			4.40	21026	27765
海南京博房地产有限公司	京博雅居	海南琼海	9.58	9.58	26000	25407	5573	5573			1.01	5550	5001
海南椰竺置业有限公司	怡陶园小区	海南定安	3.45	3.35	7900	9397	1514	1514			0.37	1581	385
福建省顺昌远宏房地产开发有限公司	天天花园四期	福建顺昌	18.27	14.97	60777	53396	6697	6697			2.15	10693	22379
置业公司梧州公司	中国铁建·玫瑰湾	广西梧州	7.52	6.22	24738	11890	9110	9110			0.74	2878	
通辽首通房地产开发有限公司	通辽市科技与创新产业孵化园区	内蒙古通辽	20.05	17.84	87380	23726	5631	5631			0.10	324	

续表

开发单位	项目名称	建设地点	规划总建筑面积（万平方米）	其中：地上建筑面积（万平方米）	项目计划总投资（万元）	2013年底开工累计完成投资（万元）	2014年实际完成投资（万元）	其中：企业自有资金（万元）	其中：银行贷款（万元）	其中：其他资金（万元）	2014年实际销售面积（万平方米）	2014年实际销售金额（万元）	2014年实现营业收入（万元）
置业公司梧州公司	中国铁建·江语城	广西梧州	20.68	17.68	80109	13726	1	1					
置业公司江西京诚房地产有限公司	中国铁建·青秀城	江西南昌	42.60	34.00	236710		89858	89858					
中铁十八局集团有限公司			50.48	39.64	296838	96015	91370	72570	18800		1.00	16000	60000
湖北博瀚置业有限公司	中国铁建·1818中心	湖北武汉	33.80	26.00	206261	96015	66570	66570			1.00	16000	60000
中铁十八局集团天津置业有限公司	中国铁建·御水园	天津	10.26	4.88	44891		18800		18800				
中铁十八局武汉房地产开发有限公司	中国铁建·中北春天	湖北武汉	6.42	8.76	45686		6000	6000					
中铁十九局集团有限公司			63.60	47.60	226838	64679	55899	33108		22791	7.50	14508	
中铁十九局集团房地产开发有限公司	中国铁建·梧桐苑一期	辽宁沈阳	29.63	20.56	109093	32371	53629	30838		22791	7.50	7254	
中铁十九局集团房地产开发有限公司	中国铁建·梧桐苑二期	辽宁沈阳	34.00	27.00	117745	32308	2270	2270				7254	
中铁二十局集团有限公司			135.8	105.50	742600	216371	76270	76270			4.30	27368	18000
中铁二十局集团房地产开发有限公司	同景国际城C组团	重庆	9.80	7.77	33000	33000					0.13	289	1469
重庆中景置业有限公司	同景国际城Q组团	重庆	12.30	9.88	59500	54484					0.23	955	7636
中铁二十局集团房地产开发有限公司	同景国际城DEF组团	重庆	25.10	21.04	142800	25300	45852	45852			3.91	26124	8895
中铁二十局集团房地产开发有限公司	同景国际城R组团	重庆	5.30	3.99	33600	3598	1340	1340					
中铁二十局集团房地产开发有限公司	中国铁建·山水逸城	重庆	62.18	46.83	408700	99989	14584	14584					
安徽中景置业有限公司	中国铁建·燕山城	安徽蚌埠	21.10	16.00	65000	0	14494	14494					
中铁二十一局集团有限公司			225.70	175.30	1312621	552712	14040	14040			8.50	64942	95307
中铁二十一局集团德盛和置业有限公司	中国铁建·梧桐苑	陕西西安	33.42	25.74	168727	168727	15316	15316			3.49	10077	69307
中铁二十一局集团德盛和置业有限公司	中国铁建·国际城	陕西西安	180.00	140.00	1080679	320985	29141	29141			0.83	25035	
中铁二十一局集团甘肃房地产开发有限公司	中铁二十一局集团兰州综合基地	甘肃兰州	12.29	9.57	63215	63000	215	215			4.19	29830	26000
中铁二十二局集团有限公司			265.6	213.40	1469772	440196	65302	64579		723	13.30	69130	76560
黄石天方科技置业有限公司	天方百花园三期	湖北黄石	13.41	12.64	51723	46647	3530	3530			0.22	4000	4393
中铁二十二局集团第三工程有限公司	中国铁建·海曦	福建厦门	5.79	4.62	66441	64969	1472	1472			0.45	5299	13227
中铁二十二局重庆房地产有限公司	中铁5号	重庆	5.40	3.93	30954	24186	3725	3725			1.13	12530	17000
中铁房地产开发(保定)有限公司	中国铁建·京南一品	河北保定	50.65	41.42	214135	185918	14574	14574			9.73	30859	41940
文昌书香小镇发展有限公司	书香小镇	海南文昌	25.51	20.71	227875	67600	22600	21877		723	0.74	6600	

续表

开发单位	项目名称	建设地点	规划总建筑面积（万平方米）	其中：地上建筑面积（万平方米）	项目计划总投资（万元）	2013年底开工累计完成投资（万元）	2014年实际完成投资（万元）	其中：企业自有资金（万元）	其中：银行贷款（万元）	其中：其他资金（万元）	2014年实际销售面积（万平方米）	2014年实际销售金额（万元）	2014年实现营业收入（万元）
中铁二十二局集团太原房地产开发有限公司	中国铁建・国际城	山西太原	159.48	125.91	842482	44000	13811	13811					
中铁二十四局集团有限公司			22.6	19.50	63000	17410	2500	2500					
九江铁建置业有限公司	锦绣城	江西九江	22.55	19.45	63000	17410	2500	2500					
中铁二十五局集团有限公司			22.80	18.20	70321	33658	4166	4166			0.10	585	20127
中铁二十五局集团房地产开发衡阳有限公司	中国铁建・金色蓝庭	湖南衡阳	16.19	13.20	40817	7454	2650	2650					
柳州龙泰房地产开发有限公司	中国铁建・金色蓝庭	广西柳州	6.58	4.96	29504	26204	1516	1516			0.09	585	20127
中铁建设集团有限公司			203.60	165.80	1212860	459008	102811	16083	36553	50175	12.40	117966	66039
西安侨隆置业有限公司	中国铁建・瑞园	陕西西安	12.90	11.45	77758	56232	14897			14897	2.66	21000	21000
中铁建设集团(信阳)房地产开发有限公司	中国铁建・领秀城	河南信阳	100.54	87.75	391092	152769	15331		5300	10031	4.80	24124	45039
中铁建设集团北京佳景晟房地产有限公司	苹果园交通枢纽 J、P 地块商业金融项目	北京	12.23	8.25	183191	86207	17793		17793		1.12	42842	
中铁建设集团金日房地产有限公司	中国铁建・国际城	山东莱州	55.09	41.11	282105	32980	39477	770	13460	25247	3.79	30000	
大连创富房地产开发有限公司	东港 K01 地块	辽宁大连	22.80	17.27	278714	130820	15313	15313					
中铁第一勘察设计院局集团有限公司			33.40	26.40	198665	21275	25901	18044		7857	5.90	51042	
新疆逸博房地产开发有限公司	天汇花园	新疆乌鲁木齐	3.18	2.41	18402	1553	7240	7240			0.56	4042	
陕西逸博置业有限公司	中国铁建・逸园 A 区	陕西西安	14.50	11.28	83643	19722	14381	6524		7857	5.37	47000	
陕西逸博置业有限公司	中国铁建・逸园 B 区	陕西西安	5.01	3.79	26805		2625	2625					
甘肃逸丰房地产开发有限公司	兰州 Soho	甘肃兰州	6.00	5.10	45000		562	562					
兰州新区逸博房地产开发有限公司	鑫铁大厦	甘肃兰州	4.69	3.83	24815		1093	1093					
中铁第四勘察设计院局集团有限公司			78.80	62.70	431170	66476	92454	92454			3.20	15662	15000
中铁四院集团房地产开发有限公司	中国铁建・荷塘星城	河南株洲	37.70	29.80	144698	66476	22454	22454			3.24	15662	15000
武汉铁科高创置业有限公司	杨春湖项目	湖北武汉	41.06	32.94	286472		70000	70000					
中国铁建投资有限公司			15.20	11.80	585130		53762	53762					
珠海铁建大厦置业有限公司	铁建大厦	广东珠海	15.16	11.77	585130		53762	53762					
中铁建中非建设有限公司			4.50	4.50	40484	4195	6935	6935			0.51	5380	381
尼日利亚有限公司	拉各斯七公顷房地产开发项目	尼日利亚拉各斯市	3.17	3.17	32729	3500	5650	5650			0.51	5380	381
塞拉利昂有限公司	塞拉利昂弗里敦 1.9 公顷房地产开发项目	塞拉利昂弗里敦市	1.35	1.35	7755	695	1285	1285					

（制表:傅志跃）

（上接526页）

在追求安全发展的同时，企业可持续发展的步伐也更加坚实。为给企业持续健康发展营造一个风清气正的发展环境，中国铁建党委以落实中央“八项规定”为契机，以开展党的群众路线教育实践活动为抓手，结合巡视和效能监察工作，不断加大党风廉政建设和反腐倡廉力度。2014年11月27日，中国铁建在国资委所属央企中率先组织召开落实党风廉政建设“两个责任”工作促进会议，对推动落实“两个责任”制度化、规范化、体系化建设进行了全面部署，为打造“阳光央企”营造了良好的发展氛围。

依法治企是企业依法决策、依法经营管理、依法维护合法权益的重要组织保障和制度保障。2014年12月25日以来，中国铁建全面推进依法治企工作，以深化完善总法律顾问制度为核心，以建立健全企业法律风险防范机制建设为重点，着力加强合同管理，坚持法律全程参与服务重大项目，深入开展境外法律风险防范，大力推进工程项目法律风险防范体制建设，进一步开展知识产权法律保护等工作，不断推动企业走上法制管理轨道。

“天行健，君子以自强不息”。中国铁建攻坚克难，再展宏图，昂首挺进世界500强前80强和中国500强第六强，书写了“2014”的辉煌篇章。这支“人民铁军”，正劈波斩浪、砥砺奋进，以更加豪迈的姿态去追寻下一个年轮的铁建梦想！

（摘自2015年1月27日《中国铁道建筑报》）

2014年8月11日，中国铁建区域经营管理工作推进会在铁建大厦召开。（刘建国 摄）

文献辑要

本栏责任编辑 杨启燕

中国铁建股份有限公司
重大新中标项目与新签合同信息披露实施细则

中国铁建董〔2014〕159 号

第一章　总　则

第一条　为了确保中国铁建股份有限公司(以下简称"公司"或"股份公司")内部重大信息及时报送和有效管理,保证公司向广大投资者及时、准确、完整、充分地披露重大新中标项目与新签合同情况,切实保护公司、股东、债权人及其他利益相关人的合法权益,根据上海证券交易所、香港联合交易所有限公司(以下简称"香港联交所")有关规定及《中国铁建股份有限公司信息披露管理办法》(以下简称《信息披露管理办法》)、《中国铁建股份有限公司重大信息内部报告制度》(以下简称《重大信息内部报告制度》)的要求,结合公司实际,制定本细则。

第二条　本细则所称"重大新中标项目与新签合同",是指按照规定,需要以临时公告形式在上海证券交易所、香港联交所及公司指定信息披露媒体上披露的公司及所属各单位的重大新中标项目与新签合同。

第三条　本细则的适用范围包括:公司相关职能部门、公司所属各单位。

第二章　重大新中标项目与新签合同信息披露方式与标准

第四条　重大新中标项目与新签合同的披露方式为实时披露,项目中标或合同签订后即予以披露。

第五条　符合以下标准的"重大新中标项目与新签合同",应予以实时披露。

(一)境内项目中标价或合同金额达到 30 亿元人民币及以上;

(二)境外项目中标价或合同金额达到 5 亿美元(或等值的其他币种)及以上;

(三)股份公司董事会审议通过并中标或签订合同的 BT、BOT、土地一级开发等类似项目。

以上信息,以公司接到中标通知书、签订合同等相关法律文件或取得有关行政批文等为准。

第六条　公司已对外披露的新中标项目,在正式签订合同时如无合同金额的重大变化(增减额不超过 10%)或合同条件的重大变化,公司相关职能部门、所属各单位可不再报送相关信息,股份公司也不再单独对外披露。公司已对外披露的新中标项目与新签合同,如后期发生重大变化,影响了项目或合同的正常履行,公司相关职能部门、所属各单位应及时报送相关信息,股份公司应及时发布后续公告。

第三章　工作程序

第七条　公司所属各单位负责收集本单位重大新中标项目与新签合同信息,第一时间同时上报股份公司相关职能部门和董事会秘书局。公司经营计划部负责公司国内重大新中标项目与新签合同信息的收集、报送等工作,资本运营部负责公司 BT、BOT、土地一级开发等类似的重大新中标项目与新签合同信息的收集、报送等工作,国际部负责公司海外重大新中标项目与新签合同信息的收集、报送等工作。董事会秘书局负责重大新中标项目与新签合同信息的对外披露工作。

第八条　公司董事会秘书局、经营计划部、资本运营部、国际部须指定专人,负责公司重大新中标项目与新签合同信息的收集、报送、披露及部门间的信息沟通工作。

第九条　对于重大新中标项目,所属各单位应在中标后立即(因时差等特殊原因不晚于 24 小时,下同)将重大新中标项目信息报告单、项目简介或情况说明(如有)和中标通知书上报股份公司相关职能部门。股份公司相关职能部门对信息进行审核,并于收到信息当日提交董事会秘书局。

对于重大新签合同、协议(包括框架协议、意向书、备忘录等具有合同、协议性质的文件)等事项,所属各单位应在合同、协议签字后立即将重大新签合同信息报告单、项目简介或情况说明(如有)和合同、协议的正式签字盖章版本上报股份公司相关职能部门。股份公司相关职能部门对信息进行审核,并于收到当日提交董事会秘书局。

第十条　为确保重大新中标项目与新签合同及时披露,所属各单位应在投标时即着手准备信息报告书面文件,在合同、协议签字前,通过电子邮件、网上办公系统等提前向股份公司董事会秘书局报送合同、协议的主要内容和计划签订日期。签订合同的对方同为上市公司也需对外披露的，应与董事会秘书局提前协调披露时间和内容。

第十一条 股份公司相关职能部门应由专人及时收集整理新中标项目或新签合同信息，经部门负责人审核签字后，送交董事会秘书局。董事会秘书局根据相关规定对信息进行整理，按规范格式起草披露公告，经部门负责人审核并报董事会秘书及公司分管领导审批后，同时在上海证券交易所网站、香港联交所网站、公司网站和指定媒体披露。

对于不能确定是否属于应披露事项，或存在不确定事项的，相关职能部门应及时与董事会秘书局沟通。

第十二条 重大新中标项目与新签合同信息的对外披露，由董事会秘书局按照《信息披露管理办法》相关规定，履行相关程序。

第四章 保密措施

第十三条 公司相关职能部门、所属各单位应合理界定需要知悉重大新中标项目与新签合同信息的人员范围。任何接触或知悉有关事项的单位和个人均负有保密义务，在其任职期间及任职结束后仍然有效，直至该信息成为公开信息。对于违反规定致信息失密、给公司造成损失或重大影响的，应按有关规定追究相关责任人的责任。

第十四条 任何接触和知悉相关信息的单位和个人，在该信息通过法定渠道披露前，不得以任何方式泄露，包括在内部报刊、网站刊登或接受新闻媒体采访。公司相关职能部门和所属各单位有义务告知招标人或合同对方履行保密义务。如招标人或合同对方有公开发布信息的计划，公司相关职能部门和所属各单位须事先与董事会秘书局沟通，以保证该信息为外界知晓的时间不早于通过法定渠道披露的时间。如该信息在正式披露前无法保密，公司将按照证券监管机构要求，采取在两地交易所申请股票停牌等其他措施。

第十五条 公司按照行业管理要求，向上级主管部门或银行、税务机关、工商管理部门、统计部门等外部使用人报送的材料、报表等含有本细则所述事项的，须严格遵守《信息披露管理办法》、《重大信息内部报告制度》及《中国铁建股份有限公司内幕信息知情人管理制度》等规定。

第十六条 本细则自发布之日起执行。

中国铁建股份有限公司战略规划管理办法

（中国铁建发展〔2014〕173 号）

第一章 总 则

第一条 为完善中国铁建股份有限公司（以下简称“公司”）战略规划管理体系，构建战略规划管理长效机制，保证战略管理工作的科学性、有效性、及时性，提高战略规划管理水平，确保实现规划目标，根据《中华人民共和国公司法》、国资委《中央企业发展战略和规划管理办法（试行）》和公司《章程》，特制定本办法。

第二条 本办法所称战略规划是指根据国家及地方发展规划和产业政策，在分析外部环境和内部条件现状及其变化趋势的基础上，为企业长期生存与发展所作出的未来一定时期内方向性、整体性、全局性的定位、发展目标和相应的实施方案。

第三条 本办法是公司战略规划分析与制定、评价与选择及实施与控制等管理过程的依据，适用于公司总部和所属各子公司。

第二章 战略规划构成及内容

第四条 公司战略规划按层级分为总体发展战略规划、业务和职能发展规划、所属子公司发展规划；按周期分为五年发展规划、三年滚动规划。

第五条 总体发展战略规划是对公司发展方向和发展目标的全面规划，是统领公司全局的纲领性文件，是制定业务和职能发展规划及所属子公司发展规划的主要依据。业务和职能发展规划是总体发展战略规划在主要业务和职能方面的细化与拓展，包括人才、科技、设计咨询、经营、房地产、设备物资、物流贸易、工业制造、财务、法律、海外、信息化、品牌、企业文化规划等。所属子公司战略规划是总体发展战略规划与业务和职能发展规划的具体体现。

第六条 战略规划的主要内容包括现状与发展环境分析、发展战略与指导思想、规划目标、规划实施要点及计划和保障措施等五部分，具体内容按照《中国铁建股份有限公司发展战略与规划编制大纲》要求编制。

第三章 管理机构与职责

第七条 董事会是总体发展战略规划、五年发展规划的最高决策机构和批准机构。

第八条 业务和职能发展规划、所属子公司战略规划、三年滚动规划由总裁办公会议审议和批准。

第九条 发展规划部是战略规划管理的主管部门，主要职责：

(一)负责组织制定总体发展战略规划，经总裁办公会议、董事会战略与投资委员会审议之后，提交董事会审议、决定；

(二)负责组织制定三年滚动规划，提交总裁办公会议审议、决定；

(三)负责制定战略管理流程，组织研究和规范战略研究工作的方法及程序，并制定有关规定；

(四)定期开展总体发展战略规划评价工作，并组织开展所属子公司发展规划评价工作；

(五)组织开展战略规划的宣贯和工作交流、培训等相关工作；

(六)负责收集、整理、汇总、分析战略管理信息。

第十条 机关业务部门及所属子公司是战略规划的实施单位。机关业务部门参与总体发展战略规划的制定与管理，负责制定总体发展战略规划实施计划，并负责相关业务和职能战略规划的编制与管理工作。所属子公司负责自身发展规划的制定与管理工作。

第四章 战略规划管理流程

第十一条 战略规划编制

(一)总体发展战略规划、业务和职能发展规划、所属子公司发展规划以五年为编制周期，除遇企业重大战略调整以外，每一编制周期的最末一年编制下一期发展战略规划。三年滚动规划作为总体发展战略规划的细化与分解，按年编制。

(二)总体发展战略规划、三年滚动规划由发展规划部牵头组织编制，机关业务部门负责搜集整理相关资料信息并参与编制。总体发展战略规划经股份公司董事会审议通过后发布实施。三年滚动规划以发布实施的总体发展战略规划为依据，每年年初编制未来三年的战略规划，经总裁办公会审议通过后实施。

(三)业务和职能战略规划由机关业务部门依据总体发展战略规划，按照业务和职能发展目标要求组织编制。业务和职能发展规划由总裁办公会审议通过后发布实施。

(四)所属子公司发展规划由各子公司在总体发展战略规划框架内，依据自身企业定位和发展目标组织编制。所属子公司发展规划经股份公司批准之后发布实施。

第十二条 战略规划实施 机关业务部门和所属子公司按照总体发展战略规划设定路径和目标，制定分阶段落实目标和措施及各年度实施计划，年度计划应与经营计划、全面预算、业绩考核相衔接。

第十三条 战略规划实施评价

(一)总体发展战略规划、所属子公司发展规划实施评价由发展规划部组织实施，业务和职能战略实施评价由机关业务部门组织实施。

(二)总体发展战略规划实施评价包括年度评价和五年期评价，年度评价于每年财务报表对外公布后进行，五年期评价在每一期结束后进行。

(三)不定期选择部分子公司组织发展规划实施评价，评价内容主要包括：战略方向选择、战略定位、目标设定合理性、战略保障措施和方法、上一年或上一期战略规划落实情况、达到效果以及存在问题和改进措施等。评价结果作为业绩考核、人事调整的重要参考。

第十四条 战略规划调整 非遇企业重大转型等情况外，以三年滚动规划作为总体发展战略规划和所属子公司发展规划的调整规划，以三年滚动规划为依据确定年度计划。企业发生重大战略调整时，按照战略规划编制要求重新编制战略规划。

第五章 附 则

第十五条 本办法由股份公司发展规划部负责解释。

第十六条 本办法自2015年1月1日起实施。

中国铁建股份有限公司工程招标管理办法

(中国铁建经计〔2014〕55号)

第一章 总 则

第一条 为规范企业工程建设招标活动，加强工程项目的全面管理，保证工程质量，提高经济效益，保护企业的合法权益，依据《中华人民共和国招标投标法》、《中华人民共和国招标投标法实施条例》等法律法规，制定本管理办法。

第二条 本管理办法所称工程，是指企业固定资产投资的建设工程、企业控股对外投资建设工程(BT、BOT等工程)、房地产开发建设工程、企业总承包工程中依法进行分包的工程等;包括建筑物和构筑物的新建、改建、扩建及相关的装修、拆除、修缮等。

所称工程招标活动,是指工程项目的勘察、设计、咨询、施工、监理等方面的招标活动。为完成工程基本建设所必需的设备、材料以及其他相关服务(劳务分包等)的招标工作,执行企业其他有关规定。

第三条 工程招标分为邀请招标和公开招标。中国铁建所属单位依法能够建设、生产或者提供的,可进行邀请招标;中国铁建所属单位依照国家法律或地方规定不能建设、生产或者提供的,可进行公开招标。

第四条 中国铁建所属只有两家(含)以下单位依法能够建设、生产或者提供服务的需要发包的工程,通过竞争性谈判或者议标方式确定承发包关系。

第五条 工程招标活动遵循公开、公平、公正原则。公开招标活动必须严格按照国家的有关法律法规执行。任何单位和任何个人不得以任何方式非法违规干涉工程招标活动。

第六条 本办法适用于中国铁建所属单位在国内投资建设工程及总承包项目可依法分包工程的招标活动。

第二章 组织管理

第七条 股份公司经营计划部是企业工程建设项目招标工作的牵头管理部门,对系统内重大工程项目的招标活动实施指导、监督检查;各业务职能管理部门分别对其主管的企业控股对外投资建设工程(BT、BOT项目等)、房地产开发建设工程、企业依法可进行分包的工程和企业固定资产投资建设工程的招标工作实施职能管理;监察部门对工程招标活动全面实施监察。

所属二、三级子公司均要明确本单位工程招标工作的职能管理部门,负责对本单位工程招标工作进行统一协调管理。

工程建设招标实施分级管理。股份公司及所属二、三级子公司可分别独立组织本单位的工程招标工作,禁止三级以下子公司组织工程招标工作。

第八条 股份公司本级固定资产建设项目的工程招标,由机关房地产管理中心负责组织实施;本级其他项目的工程招标,由相关分公司、项目公司、项目建设指挥部或项目经理部具体组织实施。

第九条 招标组织实施机构(含子公司、项目公司、项目建设指挥部、项目经理部等,下同)具有编制招标文件和组织评标能力的,可以根据本级法人单位的授权,自行办理招标事宜;不具有相关能力的,应当由本级法人单位授权选择具有相应资格的招标代理机构,委托其办理招标事宜。

中国铁建所属有相应资格招标代理机构的,除国家及项目所在地有关法规规定禁止外,应选择中国铁建所属的具有相应资格的招标代理机构;招标方式执行企业有关规定。中国铁建所属无相应资格招标代理机构的,方可对外选择招标代理机构,具体方式执行国家及工程所在地有关法律法规。任何单位和个人不得以任何方式为招标组织实施机构指定招标代理机构。

依法必须进行公开招标、招标法人单位自行办理招标事宜的,招标组织实施机构应代表本级法人向当地有关行政监督部门备案。

第十条 选择招标代理机构办理招标事宜的,招标组织实施机构应代表本级法人,与被委托的招标代理机构签订书面委托合同,合同约定的收费标准应当符合国家和企业的有关规定。

第十一条 工程招标组织实施机构应在本级法人的授权范围内依法开展工作,遵守企业有关管理制度,招标过程中的重大节点工作应经本级法人审批后实施,并将招标过程资料向本级法人的招标工作职能管理部门备案。

第三章 招　标

第十二条 按照国家有关规定需要履行项目审批、核准手续的依法必须进行公开招标的项目,其工程招标范围、招标方式、招标组织形式应报当地项目审批、核准部门审批、核准。

根据本办法必须进行招标的工程(包括邀请招标和公开招标工程),其招标范围、招标方式、招标组织形式,招标组织实施机构均应向本级法人的职能管理部门备案。

第十三条 本办法第二条规定范围内的各类工程,达到下列标准之一的,必须进行招标:

(一)单项工程建安估算价在200万元人民币以上的;

(二)勘察、设计、咨询、监理等单项合同估算价在50万元人民币以上的;

(三)单项合同估算价低于第(一)、(二)项规定的标准,但工程建安总投资额在3000万元人民币以上的。

任何单位和个人不得将根据本办法必须进行招标的工程肢解成小标段或者以其他任何方式规避招标。

第十四条 工程有下列情形之一的,可以不进行招标:

(一)涉及国家安全、国家秘密、抢险救灾或者属于利用扶贫资金实行以工代赈、需要使用当地劳务工等特殊情况；

（二）需要采用不可替代的专利或者专有技术；

（三）招标法人单位（指股份公司及所属二、三级法人单位，下同）依法能够自行建设、生产或者提供；

（四）企业承包工程的业主指定专业分包商；

（五）国家规定的其他特殊情形。

有前款第四项所列情形，属于本办法第四条规定的项目，由股份公司职能管理部门进行认定；其他项目执行国家有关规定。

第十五条 依法必须进行招标的工程，应当公开招标。但有下列情形之一的，可以邀请招标：

（一）中国铁建所属单位依法能够建设、生产或者提供的；

（二）技术复杂、有特殊要求或者受自然环境限制，只有少量潜在投标人可供选择；

（三）采用公开招标方式的费用占项目合同金额的比例过大；

（四）企业承包工程中依法可进行分包的工程招标。

前款所列第二项、第三项情形，应当按照国家有关法规报当地项目审批、核准部门或有关行政监督部门认定。

第十六条 采用公开招标方式的，应当发布招标公告、编制招标文件。采用资格预审办法对潜在投标人进行资格审查的，应当发布资格预审公告、编制资格预审文件。

依法必须进行公开招标工程的资格预审公告和招标公告，应当依法在指定的媒介发布。在不同媒介发布的同一招标工程的资格预审公告或者招标公告的内容应当一致。

编制资格预审文件和招标文件，股份公司系统工程招标的资格预审文件和招标文件，由招标组织实施机构根据国务院发展改革部门会同有关行政监督部门制定的标准文本实施编制；股份公司本级可根据国务院发展改革部门会同有关行政监督部门的规定制定企业的资格预审文件和招标文件的标准文本。

第十七条 采用邀请招标方式的，应当向三个（含）以上具备承担招标工程能力、资信良好的特定法人或者其他组织发出投标邀请书。

邀请招标，因内部潜在投标人原因无法依本办法进行招标的，应当逐级上报，由企业职能管理部门协调内部潜在投标人进行投标；协调无效的，由股份公司职能管理部门批准，通过竞争性谈判或议标方式确定内部承发包关系或进行公开招标。

第十八条 招标组织实施机构应当按照资格预审公告、招标公告或者投标邀请书规定的时间、地点发售资格预审文件或者招标文件。资格预审文件或者招标文件的发售期不得少于5日。

发售资格预审文件、招标文件收取的费用应当限于补偿印刷及编制招标文件的成本支出，不得以营利为目的。

第十九条 提交资格预审申请文件的时间应当合理确定。提交资格预审申请文件的时间，自资格预审文件停止发售之日起不得少于5个工作日。

第二十条 资格预审应当按照资格预审文件载明的标准和方法进行。招标组织实施机构应当组建资格审查委员会审查资格预审申请文件。资格审查委员会及其成员应当遵守国家及地方有关评标委员会及其成员的规定。

第二十一条 资格预审结束后，招标组织实施机构应当及时向资格预审申请人发出资格预审结果通知书。未通过资格预审的申请人不具有投标资格。

通过资格预审的申请人少于3个的，应当重新招标。

第二十二条 采用资格后审办法对投标人进行资格审查的，应当在开标后由评标委员会按照招标文件规定的标准和方法对投标人的资格进行审查。

第二十三条 招标组织实施机构可以对已发出的资格预审文件或者招标文件进行必要的澄清或者修改。澄清或者修改的内容可能影响资格预审申请文件或者投标文件编制的，招标组织实施机构应当在提交资格预审申请文件截止时间至少3日前，或者投标截止时间至少15日前，以书面形式通知所有获取资格预审文件或者招标文件的潜在投标人；不足3日或者15日的，招标组织实施机构应当顺延提交资格预审申请文件或者投标文件的截止时间。

第二十四条 潜在投标人或者其他利害关系人对资格预审文件有异议的，应当在提交资格预审申请文件截止时间2日前提出；对招标文件有异议的，应当在投标截止时间10日前提出。招标组织实施机构应当自收到异议之日起3日内做出答复；做出答复前，应当顺延招标活动。

第二十五条 对招标工程划分标段的，应当遵守国家法规的有关规定，不得利用划分标段限制或者排斥潜在投标人。根据本办法必须进行招标的，不得利用划分标段规避招标。

第二十六条 招标文件中应当载明投标有效期。投标有效期从提交投标文件的截止之日起计算。

第二十七条 招标文件中要求投标人提交投标保证金的，投标保证金不得超过招标工程估算价的2%，最高不得超过80万元人民币，有效期应当与投标有效期一致。

第二十八条 招标组织实施机构可以自行决定是否编制标底。一个招标工程标段只能有一个标底。标底必须保密。设有最高投标限价的，应当在招标文件中明确最高投标限价或者最高投标限价的计算方法。招标组织实施机构不得规定最低投标限价。

第二十九条 对邀请招标有条件进行工程总承包的，招标组织实施机构应当对设计、施工以及与工程建设有关的货物、服务全部或者部分实行总承包招标。公开招标，招标组织实施机构自行决定是否采用总承包方式。

以暂估价形式包括在总承包范围内的设计、施工属于根据本办法必须进行招标的，应当由总承包人或原招标组织实施机构根据本办法进行工程分包招标；以暂估价形式包括在总承包范围内的货物、服务属于依法或根据企业有关规定必须进行招标的，应当由总承包人或原招标组织实施机构依法或根据企业有关规定进行招标。

前款所称暂估价，是指总承包招标时不能确定价格而在招标文件中暂时估定的工程、货物、服务的金额。

第三十条 招标组织实施机构终止招标的，应当及时发布公告，或者以书面形式通知被邀请的或者已经获取资格预审文件、招标文件的潜在投标人。已经发售资格预审文件、招标文件或者已经收取投标保证金的，招标组织实施机构应当及时退还所收取的资格预审文件、招标文件的费用，以及所收取的投标保证金及银行同期存款利息。

第四章 投 标

第三十一条 本办法所称投标，是指企业作为招标人情况下的投标活动，不包括企业的对外投标活动。

第三十二条 投标人应当按照招标文件的要求编制投标文件。投标文件应当对招标文件提出的实质性要求和条件做出响应。

第三十三条 投标人撤回已提交的投标文件，应当在投标截止时间前书面通知招标组织实施机构。招标组织实施机构已收取投标保证金的，应当自收到投标人书面撤回通知之日起5日内退还。

在投标有效期内撤销投标文件的，招标组织实施机构可以不退还投标保证金。

第三十四条 未通过资格预审的申请人提交的投标文件，以及未按照招标文件要求递交投标文件，招标组织实施机构应当拒收。

招标组织实施机构应当如实记载投标文件的送达时间和密封情况，并存档备查，在开标前不得开启。

第三十五条 在资格预审公告、招标公告或者投标邀请书中，应当载明是否接受联合体投标。接受联合体投标并进行资格预审的，联合体应当在提交资格预审申请文件前组成。资格预审后联合体增减、更换成员的，其投标无效。

联合体各方在同一招标标段中以自己名义单独投标或者参加其他联合体投标的，相关投标均无效。

第三十六条 招标人不得强制投标人组成联合体共同投标，不得限制投标人之间的竞争。招标人不得与投标人串通投标，损害企业利益、社会公共利益或者他人的合法权益。

第三十七条 投标人不得以他人名义投标或者以其他方式弄虚作假、骗取中标。禁止投标人相互串通投标、招标组织实施机构与投标人串通投标。

前款所称弄虚作假行为以及投标人相互串通投标、招标组织实施机构与投标人串通投标行为，依据《中华人民共和国招标投标法实施条例》中的有关条款进行认定。

第五章 开标、评标和定标

第三十八条 招标组织实施机构应当按照招标文件规定的时间、地点开标。

投标人少于3个的，不得开标；招标组织实施机构应当重新招标。

投标人对开标有异议的，应当在开标现场提出，招标组织实施机构应当现场做出答复，并制作记录。

第三十九条 评标由招标组织实施机构依法或依本办法组建的评标委员会负责。

第四十条 依法必须公开招标工程的评标委员会的组成办法，按照《中华人民共和国招标投标法》、《中华人民共和国招标投标法实施条例》中的有关条款执行。

第四十一条 股份公司根据国家的评标专家专业分类标准和管理办法，制定本企业的评标专家专业分类标准和管理办法，并组建本企业的综合评标专家库。

邀请招标工程的评标委员会，由招标组织实施机构的代表和有关技术、经济等方面的专家组成，成员人数为五人以上单数，其中技术、经济等方面的专家不得少于成员总数的三分之二，评标委员会成员中，招标人(含代理机构)代表不得超过三分之一。

前款专家应当从本企业的评标专家库内相关专业的专家名单中以随机抽取方式确定。任何单位和个人不得以明示、暗示等任何方式指定或者变相指定参加评标委员会的专家成员。

第四十二条 招标组织实施机构应当向评标委员会提供评标所必需的信息，但不得明示或者暗示其倾向或者排斥特定投标人。

评标时间应当根据工程规模和技术复杂程度等因素合理确定。超过三分之一的评标委员会成员认为评标时间不够的,评标时间应当适当延长。

第四十三条 评标委员会成员应当依照国家有关法律法规和企业的有关制度,按照招标文件规定的评标标准和方法,客观、公正地对投标文件提出评审意见。招标文件没有规定的评标标准和方法不得作为评标的依据。

评标委员会成员不得私下接触投标人,不得收受投标人给予的财物或者其他好处,不得向招标组织实施机构征询确定中标人的意向,不得接受任何单位或者个人明示或者暗示提出的倾向或者排斥特定投标人的要求,不得有其他不客观、不公正履行职务的行为。

第四十四条 招标工程设有标底的,招标组织实施机构应当在开标时公布。标底只能作为评标的参考,不得以投标报价是否接近标底作为中标条件,也不得以投标报价超过标底上下浮动范围作为否决投标的条件。

第四十五条 投标文件中有含义不明确的内容、明显文字或者计算错误,评标委员会认为需要投标人做出必要澄清、说明的,应当书面通知该投标人。投标人的澄清、说明应当采用书面形式,并不得超出投标文件的范围或者改变投标文件的实质性内容。

评标委员会不得暗示或者诱导投标人做出澄清、说明,不得接受投标人主动提出的澄清、说明。

第四十六条 评标完成后,评标委员会应当向招标组织实施机构提交书面评标报告和中标候选人名单。中标候选人应当不超过3个,并标明排序。

评标报告应当由评标委员会全体成员签字。对评标结果有不同意见的评标委员会成员应当以书面形式说明其不同意见和理由,评标报告应当注明不同意见。评标委员会成员拒绝在评标报告上签字又不书面说明其不同意见和理由的,视为同意评标结果。

第四十七条 依法必须进行公开招标的工程,招标组织实施机构应当自收到评标报告之日起3日内公示中标候选人,公示期不得少于3日。依本办法必须进行邀请招标的工程,招标组织实施机构应当自收到评标报告之日起3日内向所有投标人通知中标候选人。

投标人或者其他利害关系人对评标结果有异议的,应当在中标候选人公示期间或接到通知之日起3日内提出。招标组织实施机构应当自收到异议之日起3日内做出答复;做出答复前,应当暂停招标活动。

第四十八条 依本办法必须进行招标的项目,招标组织实施机构应当确定排名第一的中标候选人为中标人。排名第一的中标候选人放弃中标、因不可抗力不能履行合同、不按照招标文件要求提交履约保证金,或者被查实存在影响中标结果的违法行为等情形,不符合中标条件的,招标组织实施机构可以按照评标委员会提出的中标候选人名单排序依次确定其他中标候选人为中标人,也可以重新招标。

第四十九条 中标候选人的经营、财务状况发生较大变化或者存在违法行为,招标组织实施机构认为可能影响其履约能力的,应当在发出中标通知书前由原评标委员会按照招标文件规定的标准和方法审查确认。

第五十条 中标人确定后,招标组织实施机构应当将定标情况及时向本级法人职能管理部门和行政监察部门备案,向中标人发出中标通知书,同时将中标结果通知所有未中标的投标人。

第五十一条 招标组织实施机构应当根据本级法人单位的授权,自中标通知书发出之日起三十日内,依照国家和企业的有关法规,和投标人签订书面合同。合同的标的、价款、质量、履行期限等主要条款应当与招标文件和中标人的投标文件的内容一致。招标组织实施机构和中标人不得再行订立背离合同实质性内容的其他协议。

招标组织实施机构最迟应当在书面合同签订后5日内向中标人和未中标的投标人退还投标保证金。

第五十二条 招标文件要求中标人提交履约保证金的,中标人应当按照招标文件的要求提交。履约保证金不得超过中标合同金额的10%。

第五十三条 中标人应当按照合同约定履行义务,完成中标工程。中标人不得向他人转让中标工程,也不得将中标工程肢解后分别向他人转让。

除企业承包工程中依法分包的工程禁止再次分包外,其他工程的中标人可以按照合同约定或者经招标法人单位同意,将中标工程的部分非主体、非关键性工作分包给他人完成,相关分包依本办法必须招标的,应当由中标人依本办法组织分包招标。

中标人必须就分包工程向招标法人单位负责。

第六章 罚 则

第五十四条 股份公司本级招标组织实施机构和所属二、三级子公司有下列行为之一的,给予通报批评;情节严重的,依据《中国铁建股份有限公司招标监督暂行规定》、《中国铁建股份有限公司职工违纪违规处分暂行规定》追究有关招标机构、子公司主要领导、分管领导和责任人的责任:

(一)对依本办法必须招标的工程不予招标,或者采取将工程肢解成小项目以及其他方式规避招标的;

(二)违反本办法强制指定招标代理机构,限制和

排斥潜在投标人或投标人,或者以其他方式干涉招标活动的;

(三)与投标人串通搞虚假招标,在评标过程中诱导或胁迫评标委员会成员,事前指定中标人,影响招标活动“公开、公平、公正”的;

(四)不按本办法履行各项招标工作程序,招标活动混乱无序的;

(五)在招标活动中有其他违反国家和企业有关法规的。

第五十五条 在招标活动中,投标人有下列行为之一的,投标文件按废标处理;情节严重的,对邀请投标人予以通报批评,对外部投标人永久取消其在企业范围内的投标资格:

(一)经确认与招标组织实施机构或其他投标人串标、围标的;

(二)经确认在评标过程中与评标委员会成员私下接触的;

(三)以他人名义投标或者在投标中弄虚作假的;

(四)在投标过程中不讲诚信,通过资格预审后无特殊原因不递交标书,或被列为排名第一的中标候选人后无故放弃中标的;

(五)在投标过程中有其他违反国家和企业有关法规的。

第五十六条 在招标活动中,企业评标委员会成员有下列行为之一的,予以警告;情节严重的,取消其评标专家资格:

(一)评标期间与招投标利益相关人员私下接触,或接受利益相关人财物或其他好处的;

(二)经确认在评标工作中不能客观公正地履行职责的;

(三)违反保密纪律透露评标相关情况的;

(四)在评标过程中有其他违反国家和企业有关法规的。

第五十七条 任何人均有权向企业的招标职能管理部门和监察部门投诉和举报招标组织实施机构、招标法人单位、投标人和评标委员会成员的违规违纪问题。

第七章 附 则

第五十八条 海外项目工程招标活动参照本办法执行。本办法与工程所在国家法规有抵触的,从其法规。

第五十九条 本办法未尽事宜,执行国家有关法规。

第六十条 本办法由股份公司经营计划部负责解释。

第六十一条 本办法自2014年1月1日起施行。

中国铁建股份有限公司设备投资管理办法

(中国铁建设物〔2014〕17号)

第一章 总 则

第一条 为规范企业设备投资管理,提高企业技术装备水平和设备投资效益,促进企业可持续发展,依据国家有关法律法规和国务院国资委《中央企业投资监督管理暂行办法》、《中国铁建股份有限公司对外投资管理制度》、《中国铁建股份有限公司设备管理规定》,制定本办法。

第二条 本办法适用于股份公司及所属各集团公司、公司、培训中心、各项目公司(指挥部)(以下简称“各单位”)。

第三条 本办法所指设备是在生产活动中可供长期反复使用的机械、车辆和机具等固定资产。

第四条 设备投资应与企业发展规划和生产经营业务发展相适应,并满足施工生产的需要,遵循“技术先进、经济合理、配套适用、安全可靠、节能环保”和“先调剂后购买”的原则,优先选用环保、节能设备,禁止选用国家明令淘汰的设备。

第二章 投资规划

第五条 各单位根据本单位主业和其他业务板块发展情况,结合企业发展规划,制定设备投资规划,报股份公司备案。

第六条 各单位根据投资规划和国资委要求,编制并及时上报企业设备购置三年滚动计划,计划表样见附件2

第三章 投资计划

第七条 各单位要根据国资委要求和《中国铁建股份有限公司设备管理规定》,制定年度固定资产设备购置计划。股份公司年度固定资产设备购置计划分为上年度结转购置计划、实施购置计划、预期购置计划三类。

第八条 年度固定资产设备购置计划外的设备投资,需先申请补充计划后方可投资;股份公司在每年第三季度调整年度固定资产设备购置计划。

第四章 投资论证

第九条 年度固定资产设备购置计划(不含预期购置计划设备)中单台价格1000万元以上(包括本数),以及同一工程项目一次批量购置金额2000万元以上(包括本数)的专业配套设备投资要从必要性、可行性方面进行论证,并附设备投资论证报告,论证报告内容格式见附件。

第十条 预期购置计划中的设备采购报批时,单台价格1000万元以上(包括本数),以及同一工程项目一次批量购置金额2000万元以上(包括本数)的专业配套设备要附设备投资论证报告。

第十一条 年度固定资产设备购置计划外的单台价格1000万元以上(包括本数),以及同一工程项目一次批量购置金额2000万元以上(包括本数)的专业配套设备投资,采购报批时要说明原因,并附设备投资论证报告。

第五章 审批权限

第十二条 单台价格1000万元以上(包括本数)不足1亿元的设备投资由股份公司总裁审查批准。单台价格1亿元以上(包括本数)不足2亿元的设备投资由股份公司董事长审查批准。

除应提交股份公司股东大会审议的设备投资,单台价格2亿元以上(包括本数)的设备投资由股份公司董事会审议批准。

第十三条 单台价格10万元以上(包括本数)的设备采购计划须经股份公司审批后方可实施。各单位的采购计划通过股份公司电子商务平台上报,按照管理权限逐级审批。

第六章 决策程序

第十四条 各单位按管理规定对年度固定资产设备购置计划履行决策程序后报股份公司审批。

第十五条 各单位年度固定资产设备购置计划外的单台价格1000万元以上(包括本数),以及同一工程项目一次批量购置金额2000万元以上(包括本数)的专业配套设备投资,采购报批时需附决策文件。

第七章 附 则

第十六条 各单位依据本办法并结合实际,制定实施细则。

第十七条 本办法自印发之日起施行。

中国铁建股份有限公司设备租赁管理办法

(中国铁建设物〔2014〕160号)

第一章 总 则

第一条 为加强设备租赁管理,理清设备租赁职能,明晰设备租赁程序,规范租赁设备使用,提高租赁设备效率,根据《中国铁建股份有限公司设备管理规定》(中国铁建设物〔2011〕139号),特制定本办法。

第二条 本办法适用于中国铁建股份有限公司(以下简称股份公司)及所属各集团公司、公司、培训中心、各项目公司(指挥部)(以下简称各单位)。

第三条 本办法中设备租赁是指为满足施工生产或提高既有设备利用率而进行的设备租用或出租,不包括融资租赁。

第二章 租赁原则

第四条 依法合规。设备租赁必须符合国家、行业及企业的相关要求。

第五条 安全适用。租赁设备必须技术状态完好,性能满足施工组织设计要求。

第六条 经济合理。在现有设备确实无法满足需求且新购设备不经济的情况下,方可租赁;租用内部设备充分体现双方经济利益,租用外部设备充分体现市场化的原则。

第七条 招标比价。大型设备或批量设备租赁,具备招标条件的,应实行招标比价,综合考虑设备的规格、生产能力、新旧程度、技术安全性能、租赁单价及其相关费用等因素，择优选择。

第八条 先批后租、先内后外、先签合同后进场。

第九条 量化计价，消耗核算。租赁设备计价方式应优先采取工程量法，不宜采取工程量法时，根据项目实际情况采取台班租赁、月租等方式，但必须以降低设备租赁费用为目的。

第三章 组织机构与职责

第十条 股份公司各级设备管理部门是设备租赁业务主管部门。各单位应当建立健全设备租赁管理体系，设备管理机构职能应包括设备租赁管理。

第十一条 股份公司设备管理部门设备租赁主要职责

1. 制定股份公司设备租赁管理的政策和制度。

2. 指导、监督和检查各单位设备租赁管理工作，协调集团公司之间内部设备的租赁。

3. 督促各单位及时更新中国铁建设备管理系统中的设备动态信息，提供闲置设备信息查询服务。

4. 每季度收集整理股份公司大型设备租赁情况统计表(见附件1)，并在股份公司系统内公布。

5. 负责审批单台原值3000万元以上设备租赁。

第十二条 集团公司设备管理部门设备租赁主要职责

1. 贯彻执行股份公司设备租赁管理办法，并制定集团公司设备租赁管理制度。

2. 建立设备租赁市场价格信息公开机制，定期更新发布设备租赁限价并监督实施。

3. 督促设备产权单位及时更新中国铁建设备管理系统中的设备动态信息，了解需求设备的闲置资源情况。

4. 统筹协调本集团各工程公司之间、本集团公司与其他集团公司之间的设备租赁。

5. 制定本集团公司内部单台价值3000万以下的设备租赁审批权限和流程，并负责相应权限内及集团本级设备租赁的审批。

6. 收集整理集团公司设备租赁情况，定期上报大型设备租赁报表。

第十三条 工程公司设备管理部门设备租赁主要职责

1. 贯彻执行上级有关设备租赁管理的各项规章制度，结合本公司实际制定设备租赁管理实施细则，并组织实施。

2. 负责项目上场设备配备计划的编制，审批设备租赁计划，审核设备租赁合同，监督检查项目租赁设备的使用情况。

3. 负责大型设备、批量同类设备的招标租赁。

4. 负责按照集团公司规定的权限和流程上报审批。

5. 定期对本公司的设备租赁情况进行通报，负责设备出租方的评价。

6. 掌握本公司设备的闲置情况，及时更新中国铁建设备管理系统中的设备动态信息，了解需求设备的闲置资源情况，在集团公司的统筹协调下实施与其他单位之间的设备租赁。

7. 收集整理本公司设备租赁情况，定期上报设备租赁报表。

8. 建立租赁设备台账，全面掌握本公司租赁设备动态；调查租赁设备市场价格信息，并定期上报。

第十四条 工程公司项目部设备管理部门设备租赁主要职责

1. 执行落实上级有关设备租赁管理的各项规章制度。

2. 负责设备租赁计划的制订及上报，根据上级批复意见组织实施。

3. 负责租赁合同的谈判及上报，根据批复意见签订与执行。

4. 租赁设备的进场验收与使用管理。

5. 租赁设备的经济核算，并按合同进行租金结算。

6. 对设备出租方进行评价，并上报。

7. 设备租赁市场价格调查。

第四章 流程和合同管理

第十五条 设备租赁流程

1. 工程公司项目部根据施工组织设计编制设备配置方案，调查设备来源并进行经济对比分析，根据需要提出设备租赁计划报工程公司设备管理部门。

2. 工程公司设备管理部门综合考虑集团公司内部闲置设备情况，根据权限进行审批。超出权限的设备租赁计划报集团公司设备管理部门。

3. 集团公司统筹考虑本集团各工程公司、其他集团公司闲置设备情况进行批复，超出权限的设备租赁计划报股份公司设备管理部门。

4. 股份公司全面考虑系统内部闲置设备情况进行批复。

5. 工程公司项目部根据批复意见进行设备租赁合同的谈判和签订。

6. 工程公司项目部根据设备租赁合同约定进行租金结算及退还设备。

7. 工程公司项目部对设备租赁的经济性、合理性及供应商提供的设备质量和服务等内容进行综合分析与评价，并报工程公司备案。

第十六条 合同管理

1. 设备租赁合同依据股份公司《设备租赁合同

（范本）》（详见附件2），按有关规定审核后签订，租赁合同报工程公司设备管理部门备案。

2. 合同签订前出租方应提供设备规格能力、技术状况、保险证件、产权归属等相关资料。租赁的特种设备须满足《中华人民共和国特种设备安全法》相关要求。

3. 工程公司项目部负责设备租赁合同的执行，工程公司和集团公司设备管理部门应对设备租赁合同执行情况进行监控。

第五章　使用管理

第十七条　进场管理

依照租赁合同的约定，使用单位设备管理部门组织设备进场及验收，并签认验收手续。

第十八条　使用管理

1. 租赁设备应纳入项目设备管理体系进行统一管理。

2. 使用单位设备管理部门要建立租赁设备管理台账，包括使用状况、消耗核算、费用摊销、租金结算、租赁情况统计等。

3. 凡进入施工现场的租赁设备，须服从现场管理，严格执行安全操作规程，做到安全文明施工。

4. 使用单位要做好租赁设备操作人员的岗前安全教育，操作人员必须持证上岗，熟知安全操作规程及有关安全生产常识，严禁违章作业。特种设备操作人员必须持有有效的质量技术监督部门颁发的特种作业证。

5. 特种设备的安装与拆解，严格选择具有相应资质的单位进行作业。设备安装后，必须取得属地技术质量监督部门使用许可手续后方可投入使用。

6. 使用单位应定期进行设备检查，督促设备出租方加强设备维护保养，发现异常，及时排除。

7. 合理调配租赁设备，开展单机（车）核算，做好统计分析。

第十九条　退场管理

租赁合同履行完毕，使用单位与出租方办理有关租赁设备退场手续，做到租赁设备及时、有序和安全地退场。

第六章　租金结算

第二十条　租赁设备必须按合同约定的结算方式进行结算，由设备管理部门牵头，相关部门确认。

第二十一条　结算的基础资料须手续完备、内容完整、真实可靠。

第七章　监督与检查

第二十二条　根据股份公司关于党风廉政建设和廉洁从业的有关规定，加强设备租赁工作的监督与检查，禁止违规操作。加大租用设备使用管理透明度

第二十三条　加强租赁设备使用过程的管控，明确责任，制定奖惩措施并与纪检监察部门配合，按相关规定监督管理。

第二十四条　各级设备管理部门应对租赁管理情况进行检查，定期通报设备租赁情况及检查结果，并形成总结逐级上报。

第二十五条　对发生违规租赁行为的有关单位及责任人依据相关规定进行处罚。

第八章　附　则

第二十六条　股份公司所属各单位应根据本办法，结合本单位实际制定相应的设备租赁管理办法或实施细则。

第二十七条　本办法自颁布之日起实施。

第二十八条　本办法由股份公司设备物资部负责解释。

2014年中国铁道建筑总公司文件目录

文　件　号	文　件　标　题
中铁建财〔2014〕1号	中国铁道建筑总公司关于2013年度产权管理工作情况的报告
中铁建发展〔2014〕2号	中国铁道建筑总公司关于大集体企业改革的请示
中铁建科设〔2014〕3号	中国铁道建筑总公司关于推荐2014年度国家科学技术奖候选项目的函
中铁建科设〔2014〕4号	关于颁发2013年度中国铁道建筑总公司科学技术奖的通知
中铁建安质〔2014〕5号	中国铁道建筑总公司关于2013年安全生产工作情况的报告
中铁建安质〔2014〕6号	中国铁道建筑总公司关于2013年安全生产工作情况的报告
中铁建安质〔2014〕7号	中国铁道建筑总公司关于2013年安全生产工作情况的报告

续表

文件号	文件标题
中铁建财〔2014〕8号	中国铁道建筑总公司关于上报2014年度预算报告的请示
中铁建财〔2014〕9号	中国铁道建筑总公司关于2014年度对外捐赠预算的报告
中铁建财〔2014〕10号	中国铁道建筑总公司关于2014年度测试评价目标建议值的报告
中铁建外事〔2014〕11号	关于邀请前非盟主席让平先生访问中国铁道建筑总公司的请示
中铁建经计〔2014〕12号	中国铁道建筑总公司关于报送2013年投资完成情况和2014年投资计划的报告
中铁建经计〔2014〕13号	关于下达总公司2014年固定资产建设项目的通知
中铁建法〔2014〕14号	中国铁道建筑总公司关于2013年度重大法律纠纷案件情况的报告
中铁建财〔2014〕15号	中国铁道建筑总公司关于2013年度《企业年度工作报告》的报告
中铁建审监〔2014〕16号	中国铁道建筑总公司关于恳请取消经济责任审计工作立项的请示
中铁建财〔2014〕17号	关于上报《中国铁道建筑总公司2014年度产权管理工作计划》的报告
中铁建国际〔2014〕18号	中国铁道建筑总公司关于沙特麦加轻轨项目变更索赔情况的报告
中铁建财〔2014〕19号	中国铁道建筑总公司关于2013年度国有资产评估项目统计的报告
中铁建经计〔2014〕20号	转发国资委等五部委《关于加快推进国有企业棚户区改造工作的指导意见》的通知
中铁建资本〔2014〕21号	中国铁道建筑总公司关于请求核准投资开发中铁建铜冠投资有限公司厄瓜多尔米拉多铜矿的请示
中铁建战备〔2014〕22号	关于转发《国防交通储备物资报废管理办法》的通知
中铁建财〔2014〕23号	中国铁道建筑总公司关于2013年财务决算的请示
中铁建财〔2014〕24号	关于中国铁道建筑总公司关于2014年度产债务风险管控方案的报告
中铁建财〔2014〕25号	中国铁道建筑总公司关于2013年度测试评价总结分析情况的报告
中铁建人〔2014〕26号	关于推荐中国铁道建筑总公司监事会兼职监事（企业职工代表）人选的报告
中铁建董〔2014〕27号	中国铁道建筑总公司关于中国铁建董事会2013年度工作情况的报告
中铁建财〔2014〕28号	中国铁道建筑总公司关于进口贴息资金支持的请示
中铁建财〔2014〕29号	中国铁道建筑总公司关于进口贴息资金支持的请示
中铁建财〔2014〕30号	中国铁道建筑总公司关于2013年度财务绩效评价工作的报告
中铁建财〔2014〕31号	中国铁道建筑总公司关于2013年度国有资本收益情况的报告
中铁建人〔2014〕32号	中国铁道建筑总公司关于2013年工资总额清算的请示
中铁建科设〔2014〕33号	中国铁道建筑总公司关于申报2014年工程咨询单位资格的请示
中铁建财〔2014〕34号	中国铁道建筑总公司关于2014年对外投资合作专项资金的请示
中铁建财〔2014〕35号	中国铁道建筑总公司关于2014年对外投资合作专项资金的请示
中铁建人〔2014〕36号	中国铁道建筑总公司关于推荐监事会兼职监事（企业职工代表）人选的报告
中铁建资本〔2014〕37号	中国铁道建筑总公司关于申请对尼日利亚莱基境外合作区进行年度考核的请示
中铁建资本〔2014〕38号	中国铁道建筑总公司关于申请对尼日利亚莱基境外合作区进行年度考核的请示
中铁建国际〔2014〕39号	中国铁道建筑总公司关于2013年国际化经营情况的报告

续表

文 件 号	文 件 标 题
中铁建财〔2014〕40 号	中国铁道建筑总公司关于 2013 年度境外产权管理状况的报告
中铁建发展〔2014〕41 号	中国铁道建筑总公司关于上报《中国铁建股份有限公司 2014—2016 年滚动规划》的报告
中铁建法〔2014〕42 号	关于进一步加强总公司、股份公司直管单位、托管单位合同管理工作的通知
中铁建经计〔2014〕43 号	中国铁道建筑总公司关于玉树灾后重建项目国有资本经营预算问题的请示
中铁建财〔2014〕44 号	中国铁道建筑总公司关于 2012 年中央国有资本经营预算支出项目绩效评价的报告
中铁建人〔2014〕45 号	中国铁道建筑总公司关于工资总额预算管理备案制及 2014 年度工资总额预算方案的请示
中铁建科设〔2014〕46 号	中国铁道建筑总公司关于推荐国家企业技术中心申报单位的请示
中铁建国际〔2014〕47 号	中国铁道建筑总公司关于尼日利亚沿海铁路项目情况的报告
中铁建财〔2014〕48 号	中国铁道建筑总公司关于 2015 年国有资本经营预算预申报的报告
中铁建人〔2014〕49 号	中国铁道建筑总公司关于监事会兼职监事(企业职工代表)人选选举结果的报告
中铁建财〔2014〕50 号	中国铁道建筑总公司关于 2014 年上半年测试评价目标执行情况的报告
中铁建战备〔2014〕51 号	关于转发《国防交通储备物资动用管理办法》的通知
中铁建国际〔2014〕52 号	中国铁道建筑总公司关于土耳其安伊高铁项目全线通车情况的报告
中铁建国际〔2014〕53 号	中国铁道建筑总公司关于土耳其安伊高铁项目全线通车情况的报告
中铁建国际〔2014〕54 号	中国铁道建筑总公司关于土耳其安伊高铁项目全线通车情况的报告
中铁建国际〔2014〕55 号	中国铁道建筑总公司关于土耳其安伊高铁项目全线通车情况的报告
中铁建办〔2014〕56 号	关于《中国铁道建筑总公司管理类文件材料归档范围和档案保管期限规定》(修订方案)的请示
中铁建财〔2014〕57 号	中国铁道建筑总公司关于 2014 年第二批对外投资合作专项资金的请示
中铁建财〔2014〕58 号	中国铁道建筑总公司关于 2014 年第二批对外投资合作专项资金的请示
中铁建办〔2014〕59 号	中国铁道建筑总公司贯彻落实《关于加强和改进新形势下档案工作的意见》情况的报告
中铁建资本〔2014〕60 号	中国铁道建筑总公司关于中国土木工程集团有限公司投资吉布提铁路项目 10% 股权的报告
中铁建外事〔2014〕61 号	中国铁道建筑总公司关于邀请玻利维亚发展规划部部长艾尔瓦. 比维安娜. 卡罗. 伊诺霍萨女士访问中国铁建的请示
中铁建经计〔2014〕62 号	中国铁道建筑总公司关于国有企业棚改项目调查规划的报告
中铁建国际〔2014〕63 号	中国铁道建筑总公司关于境外重大经济合作项目风险排查情况的报告
中铁建法〔2014〕64 号	中国铁道建筑总公司关于报送 2012—2014 年法制工作总结及有关报表的报告
中铁建国际〔2014〕65 号	中国铁道建筑总公司关于澳门轻轨一期 C350 和 C370 项目有关情况的报告
中铁建法〔2014〕66 号	中国铁道建筑总公司关于请求协调解决中铁十五局集团公司沙特诉讼案件的请示
中铁建法〔2014〕67 号	中国铁道建筑总公司关于重大法律纠纷案件备案的报告
中铁建发展〔2014〕68 号	中国铁道建筑总公司关于为中铁建中非建设有限公司办理对外承包工程资格证书的请示
中铁建国际〔2014〕69 号	中国铁道建筑总公司关于中标墨西哥城至克雷塔罗高速铁路项目的报告
中铁建国际〔2014〕70 号	中国铁道建筑总公司关于中标墨西哥城至克雷塔罗高速铁路项目的报告
中铁建国际〔2014〕71 号	中国铁道建筑总公司关于中标墨西哥城至克雷塔罗高速铁路项目的报告

续表

文 件 号	文 件 标 题
中铁建国际〔2014〕72 号	中国铁道建筑总公司关于中标墨西哥城至克雷塔罗高速铁路项目的报告
中铁建科设〔2014〕73 号	关于公布 2014 年度勘察设计“四优”、优秀工程咨询成果项目的通知
中铁建国际〔2014〕74 号	中国铁道建筑总公司关于中标墨西哥城至克雷塔罗高速铁路项目的报告
中铁建国际〔2014〕75 号	中国铁道建筑总公司关于中标墨西哥城至克雷塔罗高速铁路项目的报告
中铁建人〔2014〕76 号	关于落实国务院领导重要批示妥善解决祁连山隧道和关角隧道农民工工资支付等有关情况的报告
中铁建财〔2014〕77 号	中国铁道建筑总公司关于玉树灾后援建工作有关情况的报告
中铁建财〔2014〕78 号	中国铁道建筑总公司关于 2015 年国有资本经营预算支出计划的报告
中铁建财〔2014〕79 号	中国铁道建筑总公司关于 2014 年度财务决算有关事项的报告
中铁建财〔2014〕80 号	中国铁道建筑总公司关于中国铁建股份有限公司非公开发行 A 股有关事项的请示

2014 年中国铁道建筑总公司党委文件目录

文 件 号	文 件 标 题
中铁建党宣〔2014〕1 号	关于表扬、感谢对铁道兵纪念馆暨中国铁建展览馆筹建工作给予支持的单位、个人的通知
中铁建党组〔2014〕2 号	中国铁道建筑总公司党委关于报送第一批党的群众路线教育实践活动有关材料的报告
中铁建党组〔2014〕3 号	关于调整总公司纪委、监察局机构设置和定员编制的通知
中铁建党宣〔2014〕4 号	关于中铁十五局集团一公司广乐项目部农民工讨薪事件有关情况的报告
中铁建党宣〔2014〕5 号	总公司党委、总公司关于组织好铁道兵纪念馆暨中国铁建展览馆参观活动的通知
中铁建党宣〔2014〕6 号	总公司党委、总公司关于表彰铁道兵纪念馆暨中国铁建展览馆筹建工作先进单位、先进个人的决定
中铁建党干〔2014〕7 号	总公司党委　总公司　转发国务院国资委党委关于王秀明、庄尚标同志职务任免的通知
中铁建党纪〔2014〕8 号	关于国资委第三巡视组反馈意见整改情况的报告
中铁建党组〔2014〕9 号	关于重庆铁发遂渝高速公路有限公司成立工会的批复
中铁建党干〔2014〕10 号	关于朱民暹同志不再担任中国铁建股份有限公司非执行董事的请示
中铁建党干〔2014〕11 号	关于中国铁建股份公司有限公司监事会主席人选推荐考察情况的报告
中铁建党组〔2014〕12 号	中国铁道建筑总公司党委第一批群众路线教育实践活动整改落实情况的报告
中铁建党干〔2014〕13 号	关于中国铁道建筑总公司王秀明在出资企业兼职的请示
中铁建党干〔2014〕14 号	关于中国铁建股份公司有限公司第三届董事会组成人选、监事会主席人选及扈振衣同志免职退休的请示
中铁建党组〔2014〕15 号	关于同意召开中国铁道建筑总公司第三次（中国铁建股份有限公司第二次）代表大会和团委组成人员候选人预备人选的批复
中铁建党组〔2014〕16 号	关于共青团中国铁道建筑总公司第三次（中国铁建股份有限公司第二次）代表大会和共青团中国铁道建筑总公司第三届（中国铁建股份有限公司第二届）委员会第一次全体会议选举结果的批复
中铁建党干〔2014〕17 号	关于李国瑞同志担任全国政协中国经济社会理事会理事的请示

续表

文　件　号	文　件　标　题
中铁建党干〔2014〕18 号	关于霍金贵同志担任中国铁道建筑总公司老年体协第二届理事会常务副主席的报告
中铁建党组〔2014〕19 号	关于中国铁建党的群众路线教育实践活动的总结报告
中铁建党干〔2014〕20 号	总公司党委　总公司关于转发《关于扈振衣同志免职的通知》《关于同意中国铁建股份有限公司第三届董事会监事会及领导班子有关人选的函》
中铁建党组〔2014〕21 号	关于中国铁建党组 2014 年度党员领导干部民主生活会工作方案的报告
中铁建党组〔2014〕22 号	中国铁道建筑总公司党委关于第一批群众路线教育实践活动整改方案情况的报告
中铁建党组〔2014〕23 号	关于贯彻落实中央八项规定精神工作情况报告

2014 年中国铁建股份有限公司文件目录

文　件　号	文　件　标　题
中国铁建发展〔2014〕1 号	关于印发《中国铁建股份有限公司 2014 年度重大、重要风险管控方案》的通知
中国铁建安质〔2014〕2 号	关于表彰 2013 年度安全生产先进单位和达标单位的通报
中国铁建安质〔2014〕3 号	关于兑现 2013 年安全工作包保责任状的通报
中国铁建安质〔2014〕4 号	关于调整中国铁建股份有限公司安全生产委员会组成人员的通知
中国铁建董〔2014〕5 号	关于进一步严格执行重大信息内部报告等有关制度的通知
中国铁建安质〔2014〕6 号	关于公布 2013 年度中国铁建杯优质工程奖的通知
中国铁建科设〔2014〕7 号	关于颁发 2013 年度股份公司优秀专利奖的通知
中国铁建安质〔2014〕8 号	关于表彰 2013 年度安全质量标准工地(车间)的通报
中国铁建经计〔2014〕9 号	关于各单位落实区域经营情况的通报
中国铁建发展〔2014〕10 号	关于整合撤并三、四级法人公司和分公司情况的通报
中国铁建办〔2014〕11 号	关于转发张毅同志在中央企业、地方国资委负责人会议上的讲话的通知
中国铁建财〔2014〕12 号	关于进一步加强保险资源集中管理的通知
中国铁建监〔2014〕13 号	关于发布 2012 至 2013 年度股份公司效能监察示范项目的决定
中国铁建发展〔2014〕14 号	关于发布 2013 年度“中国铁建工程公司 20 强”和“中国铁建专业工程公司 10 强”的通知
中国铁建安质〔2014〕15 号	关于表彰 2013 年度中国铁建杯优质工程及质量管理先进个人的通报
中国铁建法〔2014〕16 号	关于表彰 2013 年度法制工作先进单位和先进个人的通报
中国铁建设物〔2014〕17 号	关于印发《中国铁建股份有限公司设备投资管理办法》的通知
中国铁建信息〔2014〕18 号	关于印发《施工项目综合管理(PM)系统建设应用实施方案》的通知
中国铁建经计〔2014〕19 号	关于下达 2014 年生产经营计划的通知
中国铁建办〔2014〕20 号	关于表彰 2013 年度股份公司网站信息报送先进单位和优秀信息员的通报
中国铁建董〔2014〕21 号	中国铁建股份有限公司关于增发 H 股房地产核查问题的请示

续表

文　件　号	文　　件　　标　　题
中国铁建资本〔2014〕22 号	关于投融资项目排查情况的通报
中国铁建财〔2014〕23 号	关于 2013 年度产权管理工作开展情况的通报
中国铁建监〔2014〕24 号	关于给予许东坤行政降职处分的决定
中国铁建发展〔2014〕25 号	关于成立中国铁建股份有限公司武汉轨道交通 8 号线工程指挥部的通知
中国铁建科设〔2014〕26 号	关于印发《超大直径泥水平衡盾构机项目领导小组第一次会议纪要》的通知
中国铁建科设〔2014〕27 号	关于公布 2013 年度中国铁建优秀工法的通知
中国铁建经计〔2014〕28 号	关于印发《2014 年企业投资计划》的通知
中国铁建经计〔2014〕29 号	中国铁建股份有限公司关于核发中铁第五勘察设计院办公区《权属审查意见书》的请示(回复)
中国铁建资本〔2014〕30 号	关于转发《中央预算内直接投资项目管理办法》的通知
中国铁建办〔2014〕31 号	关于调整股份公司经理层领导分工的通知
中国铁建科设〔2014〕32 号	关于公布股份公司 2013 年度优秀科技论文的通知
中国铁建办〔2014〕33 号	股份公司　股份公司党委关于印发 2014 年会议计划的通知
中国铁建发展〔2014〕34 号	关于调整中国铁建股份有限公司内部控制与风险管理领导小组人员的通知
中国铁建财〔2014〕35 号	关于 2013 年度责任成本管理现场考评情况的通报
中国铁建发展〔2014〕36 号	关于调整中国铁建股份有限公司信息化领导小组成员的通知
中国铁建发展〔2014〕37 号	关于调整中国铁建股份有限公司信息技术专业标准委员会成员的通知
中国铁建办〔2014〕38 号	股份公司　股份公司党委关于落实股份公司党委全会和职代会暨工作会议领导讲话(报告)重点工作责任分工的通知
中国铁建发展〔2014〕39 号	关于成立中国铁建股份有限公司信息安全领导小组的通知
中国铁建人〔2014〕40 号	关于印发《股份公司 2014 年员工培训计划》的通知
中国铁建设物〔2014〕41 号	中国铁建股份有限公司关于推荐新时期重大技术装备项目的请示
中国铁建法〔2014〕42 号	关于印发《BT/BOT 项目法律风险防范指引》的通知
中国铁建办〔2014〕43 号	关于 2013 年度视频会议使用效果考评情况的通报
中国铁建审监〔2014〕44 号	关于表彰 2013 年度审计工作先进单位和先进工作者的通报
中国铁建办〔2014〕45 号	关于表彰 2013 年度政务信息工作先进单位和先进个人的通报
中国铁建财〔2014〕46 号	印发《关于加强降本增效工作的决定》的通知
中国铁建财〔2014〕47 号	印发《关于进一步规范集团内部经济关系的若干意见》的通知
中国铁建财〔2014〕48 号	关于 2013 年度责任成本管理考评情况的通报
中国铁建财〔2014〕49 号	关于 2013 年成本费用 6 项指标情况的通报
中国铁建办〔2014〕50 号	股份公司　股份公司党委关于印发《中国铁建股份有限公司业务招待费管理办法》的通知
中国铁建法〔2014〕51 号	关于妥善做好生效法律文书执行工作等相关问题的通知
中国铁建发展〔2014〕52 号	关于成立中国铁建股份有限公司福建指挥部的通知
中国铁建房产〔2014〕53 号	关于印发《关于进一步加强房地产业务管理的指导意见》的通知

续表

文件号	文件标题
中国铁建财〔2014〕54号	关于下达2014年度资金集中管理预算指标的通知
中国铁建经计〔2014〕55号	关于印发《中国铁建股份有限公司工程招标管理办法》的通知
中国铁建发展〔2014〕56号	股份公司　股份公司党委关于将中铁建中非建设有限公司整体划转到中国土木工程集团有限公司的决定
中国铁建工管〔2014〕57号	关于表彰中国铁建股份有限公司2013年度优秀项目经理的通报
中国铁建安质〔2014〕58号	关于2014年安全包保责任书签订情况的通报
中国铁建法〔2014〕59号	关于印发《中国铁建股份有限公司审批事项清单(2014年版)》的通知
中国铁建发展〔2014〕60号	关于成立中国铁建股份有限公司海南指挥部的通知
中国铁建审监〔2014〕61号	关于印发《中国铁建股份有限公司二〇一四年度审计工作思路及审计项目计划》的通知
中国铁建人〔2014〕62号	关于认真贯彻执行《劳务派遣暂行规定》有关问题的通知
中国铁建董〔2014〕63号	关于印发《中国铁建董事会2013年工作要点》的通知
中国铁建科设〔2014〕64号	关于2013年度合理化建议和技术改进项目评审结果的通报
中国铁建安质〔2014〕65号	关于印发《中国铁建股份有限公司工会安全监督检查员管理办法》的通知
中国铁建发展〔2014〕66号	关于对所属单位2013年度内部控制评价结果的通报
中国铁建经计〔2014〕67号	中国铁建股份有限公司关于解决向莆铁路概算清理有关问题的报告
中国铁建工管〔2014〕68号	关于表彰2013年劳动竞赛获奖单位和先进个人的通报
中国铁建办〔2014〕69号	关于加快推进档案工作评价活动的通知
中国铁建办〔2014〕70号	关于印发《中国铁建年鉴》2014年卷框架设计及编写分工的通知
中国铁建科设〔2014〕71号	关于公布2014年度股份公司技术重难工程项目的通知
中国铁建办〔2014〕72号	关于印发《商务公司有关服务单位和创新创效工作满意度测评实施方案(试行)》的通知
中国铁建监〔2014〕73号	关于印发《2014年中国铁建执法和效能监察工作指导意见》的通知
中国铁建法〔2014〕74号	关于落实法制工作第三个三年目标第二年度进展情况的通报
中国铁建财〔2014〕75号	中国铁建股份有限公司关于利用德国促进贷款项目余款购置矿山施工设备的请示
中国铁建发展〔2014〕76号	关于做好2013年度内部控制缺陷整改工作的通知
中国铁建资本〔2014〕77号	关于转发《境外投资项目核准和备案管理办法》的通知
中国铁建安质〔2014〕78号	关于表彰2014年度中国铁建股份有限公司优秀质量管理小组的通报
中国铁建人〔2014〕79号	关于做好2014年度专业技术职务任职资格评审工作的通知
中国铁建发展〔2014〕80号	关于印发《总部机关2013年度内部控制缺陷整改工作方案》的通知
中国铁建发展〔2014〕81号	关于在珠海横琴设立中国铁建南方总部的通知
中国铁建发展〔2014〕82号	关于成立中国铁建股份有限公司长沙磁浮工程设计施工总承包项目部的通知
中国铁建国际〔2014〕83号	关于表彰海外经营工作先进单位和先进个人的通知
中国铁建法〔2014〕84号	关于开展中国铁建落实法制工作第三个三年目标检查验收工作的通知
中国铁建发展〔2014〕85号	关于印发《中国铁建股份有限公司关于加强资质管理工作的指导意见》的通知

续表

文　件　号	文　件　标　题
中国铁建法〔2014〕86 号	关于印发《适用法律、法规及其他要求清单　(2014 年版)》的通知
中国铁建资本〔2014〕87 号	关于转发《政府核准投资项目管理办法》的通知
中国铁建财〔2014〕88 号	关于印发《中国铁建股份有限公司建筑业营业税改征增值税模拟运行方案》的通知
中国铁建经计〔2014〕89 号	关于进一步加强经营基础工作持续提升企业管理效能的通知
中国铁建经计〔2014〕90 号	关于 2013—2014 年计划统计论文评选结果的通报
中国铁建经计〔2014〕91 号	中国铁建股份有限公司关于中铁第五勘察设计院集团设计楼、实验及附属用房项目建设性质及用途的请示
中国铁建国际〔2014〕92 号	中国铁建股份有限公司关于恳请铁路总公司继续支持沙特朝觐运营工作的请示
中国铁建办〔2014〕93 号	关于印发《中国铁建股份有限公司系统档案全宗编号及档案单位名称代号》的通知
中国铁建财〔2014〕94 号	中国铁建股份有限公司关于申请外债担保额度的请示
中国铁建经计〔2014〕95 号	关于下达区域指挥部(经营机构)2014 年经营考核计划指标的通知
中国铁建发展〔2014〕96 号	关于成立中国铁建股份有限公司“营改增”工作领导小组的通知
中国铁建发展〔2014〕97 号	关于成立中国铁建昆明绕城高速公路东南段 A 标项目经理部的通知
中国铁建董〔2014〕98 号	关于表彰 2013 年度重大信息内部报告工作先进个人的通报
中国铁建财〔2014〕99 号	关于公布子公司负责人 2013 年度绩效考核结果的通知
中国铁建财〔2014〕100 号	关于表彰 2013 年度绩效考核优秀单位的通报
中国铁建财〔2014〕101 号	股份公司　股份公司党委关于印发《中国铁建股份有限公司 2014 年度债务风险管控方案》的通知
中国铁建房产〔2014〕102 号	关于印发《中国铁建股份有限公司房地产业务风险管理办法》的通知
中国铁建财〔2014〕103 号	关于印发子公司负责人 2014 年度绩效考核实施方案的通知
中国铁建财〔2014〕104 号	股份公司 股份公司党委关于印发《中国铁建股份有限公司整治亏损项目活动方案》的通知
中国铁建国际〔2014〕105 号	中国铁建股份有限公司关于墨西哥城至克雷塔罗高速铁路项目情况的报告
中国铁建发展〔2014〕106 号	关于成立中国铁建海外专家委员会的通知
中国铁建发展〔2014〕107 号	关于成立中国铁建股份有限公司整治亏损项目工作领导小组的通知
中国铁建发展〔2014〕108 号	关于成立中国铁建股份有限公司整治亏损项目办公室的通知
中国铁建发展〔2014〕109 号	关于进一步明确机关部门海外管理职责的通知
中国铁建国际〔2014〕110 号	中国铁建股份有限公司关于恳请派有关专家赴沙特帮助指导 2014 年朝觐运营工作的请示
中国铁建财〔2014〕111 号	股份公司　股份公司党委关于印发《中国铁建股份有限公司关于进一步规范企业经济行为的规定》的通知
中国铁建发展〔2014〕112 号	关于增设总裁特别助理职位的通知
中国铁建经计〔2014〕113 号	中国铁建股份有限公司关于解决兰渝铁路投资有关问题的请示
中国铁建经计〔2014〕114 号	中国铁建股份有限公司关于铁路竣工项目结算及有关问题的报告
中国铁建经计〔2014〕115 号	关于印发《中国铁建股份有限公司经营行为准则》的通知
中国铁建安质〔2014〕116 号	关于表彰 2014 年全国“安全生产月”活动先进个人暨年度安全生产先进工作者的通报
中国铁建经计〔2014〕117 号	关于印发《中国铁建股份有限公司区域经营机构建设考核暂行办法》的通知

续表

文 件 号	文 件 标 题
中国铁建经计〔2014〕118 号	关于表彰 2013 年度经营工作先进单位、经营工作先进个人的通报
中国铁建发展〔2014〕119 号	股份公司 股份公司党委关于成立中国铁建全面深化改革领导小组的通知
中国铁建人〔2014〕120 号	关于子公司负责人 2013 年度薪酬结算有关事项的通知
中国铁建经计〔2014〕121 号	中国铁建股份有限公司关于铁路竣工项目结算及有关问题的报告
中国铁建治亏办〔2014〕122 号	关于股份公司领导督导联系整治亏损项目工作安排的通知
中国铁建安质〔2014〕123 号	关于开展 2014 年全国“质量月”活动的通知
中国铁建国际〔2014〕124 号	中国铁建股份有限公司关于协调中国铁路总公司参与墨西哥高铁项目投标及运营管理的请示
中国铁建发展〔2014〕125 号	关于加强三级公司风险内控工作的通知
中国铁建发展〔2014〕126 号	股份公司　股份公司党委关于重组恢复设立中铁建中非建设有限公司的决定
中国铁建安质〔2014〕127 号	关于对安全生产工作奖励的通报
中国铁建房产〔2014〕128 号	关于建立房地产项目可售库存预警及应对机制的通知
中国铁建法〔2014〕129 号	关于印发《海外项目代理协议法律风险防范指引》的通知
中国铁建法〔2014〕130 号	关于印发《中国铁建选择合作方风险警示名录》(2014 年版)的通知
中国铁建发展〔2014〕131 号	关于企业文化部新闻处更名及调整定员的通知
中国铁建信息〔2014〕132 号	关于印发《中国铁建信息标准化指南》等 37 项信息化规范的通知
中国铁建发展〔2014〕133 号	关于印发《中国铁建股份有限公司 2014 年度内部控制审计计划》的通知
中国铁建董〔2014〕134 号	关于印发《中国铁建股份有限公司重大信息内部报告制度(修订稿)》的通知
中国铁建发展〔2014〕135 号	关于进一步加快内控缺陷整改工作的通知
中国铁建治亏办〔2014〕136 号	关于建立整治亏损项目工作情况定期报告制度的通知
中国铁建信息〔2014〕137 号	关于印发《中国铁建股份有限公司信息化合同管理规定》的通知
中国铁建人〔2014〕138 号	关于公布 2014 年高级技师任职资格人员名单的通知
中国铁建人〔2014〕139 号	关于公布 2014 年“四电”专业技师任职资格人员名单的通知
中国铁建发展〔2014〕140 号	关于中铁城建集团有限公司与中铁十六局集团有限公司房建业务及特级资质重组的通知
中国铁建治亏办〔2014〕141 号	关于印发《中国铁建股份有限公司城市轨道交通工程二次经营工作指南》的通知
中国铁建工管〔2014〕142 号	关于表彰股份公司项目管理先进单位及优秀项目经理部的通报
中国铁建发展〔2014〕143 号	关于成立中国铁建股份有限公司新疆指挥部的通知
中国铁建发展〔2014〕144 号	关于设立中国铁建安全生产应急救援(指挥)中心的通知
中国铁建财〔2014〕145 号	关于印发《直管项目管理费核定及控制办法》的通知
中国铁建财〔2014〕146 号	关于印发《直管项目财务管理办法》的通知
中国铁建工管〔2014〕147 号	关于印发《施工现场临时营地管理规定(暂行)》的通知
中国铁建审监〔2014〕148 号	关于转发《党政主管领导干部和国有企业领导人员经济责任审计规定实施细则》的通知
中国铁建办〔2014〕149 号	关于印发《中国铁建股份有限公司机关办公类固定资产实物管理办法》的通知

续表

文　件　号	文　件　标　题
中国铁建财〔2014〕150 号	股份公司　股份公司党委关于开展自审自查“回头看”工作的通知
中国铁建科设〔2014〕151 号	关于表彰 2013 年度科技工作先进单位和先进个人的通报
中国铁建法〔2014〕152 号	关于规范海外经营管理中产权代持有关合同管理的通知
中国铁建发展〔2014〕153 号	关于成立铁建蓝海广德投资基金管理有限公司的通知
中国铁建设物〔2014〕154 号	中国铁建股份有限公司关于增加重大技术装备享受进口税收政策项目资质的请示
中国铁建财〔2014〕155 号	关于表彰 2014 年度财务工作先进单位和先进个人的通报
中国铁建安质〔2014〕156 号	关于印发《落实〈隧道施工安全九条规定〉的六项措施》及其说明的通知
中国铁建人〔2014〕157 号	关于印发《中国铁建股份有限公司职业技能鉴定管理办法(试行)》的通知
中国铁建法〔2014〕158 号	关于对墨西哥高铁项目进行诉讼的报告
中国铁建董〔2014〕159 号	关于印发《中国铁建股份有限公司重大新中标项目与新签合同信息披露实施细则》的通知
中国铁建设物〔2014〕160 号	关于印发《中国铁建股份有限公司设备租赁管理办法》的通知
中国铁建科设〔2014〕161 号	关于下达股份公司 2014 年度科技研究开发计划的通知
中国铁建发展〔2014〕162 号	关于加强中国铁建特级资质申报工作的通知
中国铁建发展〔2014〕163 号	关于中铁建中非建设有限公司与中铁十二局集团第一工程有限公司中铁大桥局集团第三工程有限公司进行业务重组的决定
中国铁建科设〔2014〕164 号	关于公布 2012－2013 年技术标准编制奖励项目的通知
中国铁建董〔2014〕165 号	关于成立中国铁建股份有限公司股权再融资领导小组的通知
中国铁建人〔2014〕166 号	转发《人力资源社会保障部关于国有企业招聘应届高校毕业生信息公开的意见》的通知
中国铁建法〔2014〕167 号	关于表彰优秀总法律顾问、法制工作先进单位、先进个人和优秀项目法律联络员的通知
中国铁建法〔2014〕168 号	关于落实法制工作第三个三年目标第三年度进展情况的通报
中国铁建经计〔2014〕169 号	关于印发《中国铁建股份有限公司工程板块国内经营集团公司区域指挥部 20 强评选办法》的通知
中国铁建国际〔2014〕170 号	关于印发《中国铁建股份有限公司海外经营管理工作指导意见》的通知
中国铁建发展〔2014〕171 号	关于组建中铁建大桥设计研究院的通知
中国铁建人〔2014〕172 号	关于印发《中国铁建股份有限公司技术能手评选表彰管理办法(试行)》的通知
中国铁建发展〔2014〕173 号	关于印发《中国铁建股份有限公司战略规划管理办法》的通知
中国铁建财〔2014〕174 号	关于印发《中国铁建股份有限公司工程承包企业清收清欠管理办法》的通知
中国铁建财〔2014〕175 号	印发《关于引入铁建蓝海基金投资建设项目的指导意见》的通知
中国铁建发展〔2014〕176 号	关于设立审计分局的通知

2014 年中国铁建股份有限公司党委文件目录

文 件 号	文 件 标 题
中国铁建党宣〔2014〕1 号	关于转发中宣部 中组部《关于组织党委(党组)中心组深入学习习近平总书记系列讲话精神的通知》的通知
中国铁建党宣〔2014〕2 号	股份公司党委关于转发《党的十八届三中全会精神宣讲提纲》的通知
中国铁建党办〔2014〕3 号	关于转发《中国铁路总公司办公厅关于做好 2014 年春节及两会期间铁路建设安全稳定工作的通知》的通知
中国铁建党宣〔2014〕4 号	关于表彰土耳其安伊高铁对外报道先进集体、先进个人的通报
中国铁建党组〔2014〕5 号	关于印发《中国铁建股份有限公司领导班子成员建立工作联系点暂行办法》的通知
中国铁建党宣〔2014〕6 号	股份公司党委关于进一步加强和改进中心组学习的实施办法
中国铁建党组〔2014〕7 号	关于调整纪委、监察局机构设置和定员编制的通知
中国铁建党组〔2014〕8 号	关于调整中国铁建股份有限公司党的群众路线教育实践活动领导小组及工作机构的通知
中国铁建党组〔2014〕9 号	关于印发《中国铁建股份有限公司党委第二批党的群众路线教育实践活动实施意见》的通知
中国铁建党组〔2014〕10 号	关于股份公司党委向所属单位派出党的群众路线教育实践活动督导组的通知
中国铁建党宣〔2014〕11 号	股份公司党委 股份公司关于表彰企业文化建设先进单位、优秀项目部和先进个人的决定
中国铁建党组〔2014〕12 号	关于中铁城建集团有限公司成立党委、纪委和工会、共青团组织的通知
中国铁建党任〔2014〕13 号	关于胡勇等 3 人任职的通知
中国铁建党办〔2014〕14 号	关于印发《中国铁建股份有限公司机关效能建设工作条例》的通知
中国铁建党办〔2014〕15 号	关于印发《中国铁建股份有限公司加强和改进调查研究工作的意见》的通知
中国铁建党办〔2014〕16 号	股份公司党委 股份公司关于印发《听取处理职工意见和群众诉求暂行办法》的通知
中国铁建党组〔2014〕17 号	关于转发国资委党委党的群众路线教育实践活动有关文件的通知
中国铁建党办〔2014〕18 号	关于转发《国资委党委关于 2014 年维护稳定工作的意见》的通知
中国铁建党组〔2014〕19 号	关于转发《关于认真学习贯彻习近平总书记在河南省兰考县调研指导党的群众路线教育实践活动时讲话的通知》的通知
中国铁建党组〔2014〕20 号	关于转发《关于做好第二批教育实践活动学习教育、听取意见工作的通知》的通知
中国铁建党办〔2014〕21 号	关于表彰 2013 年党委信息工作先进单位和先进个人的通知
中国铁建党办〔2014〕22 号	关于举办第十七届大路画展的通知
中国铁建党组〔2014〕23 号	关于中铁建山东京沪高速公路济乐有限公司组建党组织有关事宜的批复
中国铁建党办〔2014〕24 号	关于中国共产党中铁十三局集团有限公司党委印章更名的批复
中国铁建党组〔2014〕25 号	关于增补中国铁建电气化局集团有限公司党委委员的批复
中国铁建党组〔2014〕26 号	关于转发《关于认真组织学习〈习近平关于党的群众路线教育实践活动论述摘编〉的通知》的通知
中国铁建党干〔2014〕27 号	关于做好 2014 年度政工专业职务任职资格评审工作的通知

续表

文 件 号	文 件 标 题
中国铁建党组〔2014〕28号	关于转发《关于在教育实践活动中学习弘扬焦裕禄精神践行"三严三实"要求的通知》的通知
中国铁建党办〔2014〕29号	关于调整股份公司党委常委分工的通知
中国铁建党组〔2014〕30号	转发中央组织部关于认真学习贯彻习近平总书记"三严三实"要求的通知
中国铁建党组〔2014〕31号	关于转发《关于在第二批教育实践活动中组织学习收看电视系列片〈践行群众路线的好榜样〉等事项的通知》的通知
中国铁建党纪〔2014〕32号	关于印发《中国铁建股份有限公司党委巡视工作暂行办法》的通知
中国铁建党纪〔2014〕33号	关于成立中国铁建股份有限公司党委巡视工作领导小组的通知
中国铁建党组〔2014〕34号	关于转发《关于做好第二批教育实践活动查摆问题、开展批评工作的通知》的通知
中国铁建党组〔2014〕35号	关于转发《刘云山同志在党的群众路线教育实践活动视频会议上的讲话》的通知
中国铁建党组〔2014〕36号	关于转发《关于认真学习贯彻习近平总书记重要批示精神确保第二批教育实践活动取得实效的通知》的通知
中国铁建党组〔2014〕37号	关于印发《中国铁建第二批党的群众路线教育实践活动查摆问题、开展批评工作方案》的通知
中国铁建党宣〔2014〕38号	股份公司党委　股份公司关于印发《中国铁建股份有限公司舆情处置暂行办法》的通知
中国铁建党组〔2014〕39号	关于转发《关于进一步整治"会所中的歪风"的通知》的通知
中国铁建党组〔2014〕40号	关于转发《关于认真学习贯彻习近平总书记指导兰考县委常委班子专题民主生活会时的重要讲话精神的通知》的通知
中国铁建党组〔2014〕41号	关于转发《关于河南省兰考县委专题民主生活会情况的通报》的通知
中国铁建党组〔2014〕42号	关于表彰先进基层党组织优秀共产党员和优秀党务工作者的决定
中国铁建党宣〔2014〕43号	关于表彰2013年度对外报道先进单位和先进个人的决定
中国铁建党纪〔2014〕44号	关于印发《中国铁建股份有限公司2014—2017年巡视工作规划》的通知
中国铁建党组〔2014〕45号	关于在第二批教育实践活动中深化四风突出问题专项整治的通知
中国铁建党组〔2014〕46号	关于省区市第一批教育实践活动单位清理整改情况的通报
中国铁建党组〔2014〕47号	关于增补中铁物资集团有限公司党委委员的批复
中国铁建党纪〔2014〕48号	关于对自审自查发现问题进行追责处理的通知
中国铁建党干〔2014〕49号	关于转发国务院国资委党委《关于严格落实组织工作重要事项请示报告制度的通知》的通知
中国铁建党组〔2014〕50号	关于转发《关于上报"四风"突出问题专项整治工作进展情况的通知》的通知
中国铁建党任〔2014〕51号	关于钱桂林同志免职的通知
中国铁建党组〔2014〕52号	关于转发国资委党委党的群众路线教育实践活动领导小组三个文件的通知
中国铁建党纪〔2014〕53号	关于印发股份公司巡视组《关于巡视中铁十八局集团有限公司情况的反馈意见》的通知

续表

文 件 号	文 件 标 题
中国铁建党组〔2014〕54 号	关于转发中组部办公厅关于发动广大党员订阅使用共产党员微信、共产党员易信通知的通知
中国铁建党纪〔2014〕55 号	关于转发《国资委党委关于在中央企业开展有关问题专项治理的通知》和孟凤朝同志讲话的通知
中国铁建党组〔2014〕56 号	关于转发《关于认真学习贯彻习近平总书记在听取兰考县委和河南省委党的群众路线教育实践活动情况汇报时重要讲话精神的通知》的通知
中国铁建党组〔2014〕57 号	关于转发《中共中央组织部　中央党的群众路线教育实践活动领导小组关于做好处置不合格党员工作的通知》的通知
中国铁建党组〔2014〕58 号	关于认真做好群众路线教育实践活动群众测评和总结工作的通知
中国铁建党办〔2014〕59 号	股份公司党委关于国庆节期间贯彻落实中央八项规定精神　坚决纠正“四风”问题的通知
中国铁建党组〔2014〕60 号	关于单独设立股份公司机关工会的通知
中国铁建党组〔2014〕61 号	股份公司党委、股份公司关于表彰 2013 年度“四好”领导班子的决定
中国铁建党纪〔2014〕62 号	转发《最高人民检察院铁路运输检察厅和中国中铁股份有限公司　中国铁建股份有限公司关于加强铁检机关与铁路建设单位工作联系配合的通知》
中国铁建党组〔2014〕63 号	关于转发《中央党的群众路线教育实践活动领导小组　中共中央组织部　中共中央宣传部关于广泛开展向全国优秀共产党员龚全珍、杭兰英、刘伦堂同志学习活动的通知》的通知
中国铁建党组〔2014〕64 号	关于印发孟凤朝同志在中国铁建党的群众路线教育实践活动总结大会上的讲话的通知
中国铁建党纪〔2014〕65 号	关于印发《关于巡视中铁十七局集团有限公司情况的反馈意见》的通知
中国铁建党组〔2014〕66 号	关于转发《国资委党委关于深化“四风”整治、巩固和拓展党的群众路线教育实践活动成果的实施意见》的通知
中国铁建党组〔2014〕67 号	中国铁建股份有限公司党委关于印发《2014—2018 年党员教育培训工作规划》的通知
中国铁建党宣〔2014〕68 号	股份公司党委　股份公司关于龙岩厦蓉高速公路扩建工程 A3 合同段后祠隧道出口塌方救援情况的通报
中国铁建党组〔2014〕69 号	关于转发《关于对群众路线教育实践活动整改落实情况进行“回头看”的通知》的通知
中国铁建党干〔2014〕70 号	关于落实中组部、国资委清理整顿企业领导干部参加社会化培训文件精神的通知
中国铁建党组〔2014〕71 号	关于印发《中国铁建党委关于深化“四风”整治、巩固和拓展党的群众路线教育实践活动成果的实施意见》的通知
中铁建党干〔2014〕72 号	关于中国铁建股份有限公司领导班子调整补充的请示

2014 年 11 月 25 日，中国铁建隧道施工安全专题视频会在山西太原召开。图为中铁十七局集团应急救援队隧道顶管救援演练现场。 （周福荣 摄）

附　录

本栏责任编辑　**杨启燕**

美国《财富》2015 年度
“世界企业 500 强”前 30 名企业名单

2015 年排名	2014 年排名	公司名称	营业收入（百万美元）	利润（百万美元）	国家
1	1	沃尔玛	485651	16363	美国
2	3	中国石油化工集团公司	446811	5177	中国
3	2	荷兰皇家壳牌石油公司	431344	14874	荷兰
4	4	中国石油天然气集团公司	428620	16359.5	中国
5	5	埃克森美孚	382597	32520	美国
6	6	英国石油公司	358678	3780	英国
7	7	国家电网公司	339426.5	9796.2	中国
8	8	大众公司	268566.6	14571.9	德国
9	9	丰田汽车公司	247702.9	19766.9	日本
10	10	嘉能可	221073	2308	瑞士
11	11	道达尔公司	212018	4244	法国
12	12	雪佛龙	203784	19241	美国
13	13	三星电子	195845.3	21922.7	韩国
14	14	伯克希尔－哈撒韦公司	194673	19872	美国
15	15	苹果公司	182795	39510	美国
16	29	麦克森公司	181241	1476	美国
17	20	戴姆勒股份公司	172279.1	9235.3	德国
18	25	中国工商银行	163174.9	44763.9	中国
19	24	EXOR 集团	162163	428.5	意大利
20	16	安盛	161173.4	6664.5	法国
21	21	通用汽车公司	155929	3949	美国
22	18	意昂集团	151460.5	-4191.8	德国
23	19	Phillips 66 公司	149434	4762	美国
24	27	通用电气公司	148321	15233	美国
25	22	埃尼石油公司	147175.8	1712.6	意大利
26	17	俄罗斯天然气工业股份公司	144408.5	4124.4	俄罗斯
27	26	福特汽车公司	144077	3187	美国
28	28	巴西国家石油公司	143657	-7367	巴西
29	38	中国建设银行	139932.5	36976.6	中国
30	35	CVS Health 公司	139367	4644	美国

美国《财富》2015年度“世界企业500强”中国企业名单

序号	2015年排名	2014年排名	公司名称	营业收入（百万美元）	总部所在城市
1	2	3	中国石油化工集团公司	446811.0	北京
2	4	4	中国石油天然气集团公司	428620.0	北京
3	7	7	国家电网公司	339426.5	北京
4	18	25	中国工商银行	163174.9	北京
5	29	38	中国建设银行	139932.5	北京
6	31	32	鸿海精密工业股份有限公司	139039.4	台北
7	36	47	中国农业银行	130047.7	北京
8	37	52	中国建筑股份有限公司	129887.1	北京
9	45	59	中国银行	120946.0	北京
10	55	55	中国移动通信集团公司	107529.4	北京
11	60	85	上海汽车集团股份有限公司	102248.6	上海
12	71	* *	中国铁路工程总公司	99537.9	北京
13	72	79	中国海洋石油总公司	99262.2	北京
14	77	76	来宝集团	97604.6	香港
15	79	80	中国铁道建筑总公司	96395.2	北京
16	87	122	国家开发银行	89908.4	北京
17	94	98	中国人寿保险（集团）公司(	87249.3	北京
18	96	128	中国平安保险（集团）股份有限公司	86021.8	深圳
19	105	107	中国中化集团公司	80635.0	北京
20	107	111	中国第一汽车集团公司	80194.5	长春
21	109	113	东风汽车集团	78978.6	武汉
22	113	115	中国南方电网有限责任公司	76662.0	广州
23	115	143	中国华润总公司	74887.0	香港
24	143	168	中国邮政集团公司	65693.2	北京
25	144	152	中国兵器工业集团公司	65615.1	北京
26	146	185	天津市物资集团总公司	65300.8	天津
27	156	166	太平洋建设集团	63369.1	南京
28	159	178	中国航空工业集团公司	62287.7	北京
29	160	154	中国电信集团公司	62147.6	北京
30	165	187	中国交通建设集团有限公司	60119.2	北京
31	174	208	中国人民保险集团股份有限公司	57047.5	北京
32	186	160	中国中信集团有限公司	55325.7	北京
33	190	217	交通银行	54464.2	上海
34	196	165	神华集团	52731.1	北京
35	198	133	中国五矿集团公司	52383.1	北京
36	207	248	北京汽车集团	50566.0	北京
37	218	211	宝钢集团有限公司	48323.4	上海
38	224	221	中国华能集团公司	47401.4	北京
39	227	210	中国联合网络通信股份有限公司	46834.8	上海
40	228	285	华为投资控股有限公司	46774.1	深圳
41	231	286	联想集团	46295.6	北京
42	234	279	山东魏桥创业集团有限公司	45757.1	滨州
43	235	350	招商银行	45613.8	深圳
44	239	271	河北钢铁集团	45543.7	石家庄
45	240	227	中国铝业公司	45445.0	北京
46	247	295	正威国际集团	43611.7	深圳
47	253	313	中国电力建设集团有限公司	43009.7	北京
48	258	268	绿地控股集团有限公司	42515.1	上海
49	264	290	山西焦煤集团有限责任公司	41829.8	太原
50	265	276	中国化工集团公司	41813.3	北京
51	270	267	中国建筑材料集团有限公司	40644.4	北京
52	271	338	兴业银行	40594.7	福州
53	272	401	中粮集团有限公司	40524.5	北京

续表

序号	2014年排名	2013年排名	公司名称	营业收入(百万美元)	总部所在城市
54	274	308	江苏沙钢集团	40334.4	张家港
55	276	357	中国医药集团	40105.7	北京
56	281	330	中国民生银行	39921.9	北京
57	282	277	怡和集团	39921.0	香港
58	288	278	中国机械工业集团有限公司	39722.5	北京
59	296	383	上海浦东发展银行股份有限公司	38683.8	上海
60	304	327	渤海钢铁集团	37986.2	天津
61	315	304	冀中能源集团	37201.0	邢台
62	316	300	台湾中油股份有限公司	37000.0	台北
63	321	314	中国航空油料集团公司	36178.0	北京
64	326	354	中国冶金科工集团有限公司	35807.5	北京
65	328	384	中国太平洋保险(集团)股份有限公司	35669.8	上海
66	336	363	和记黄埔有限公司	35097.1	香港
67	339	345	浙江物产集团	34810.5	杭州
68	341	369	大同煤矿集团有限责任公司	34704.2	大同
69	342	349	中国华信能源有限公司	34699.4	上海
70	343	297	中国国电集团公司	34627.4	北京
71	344	365	新兴际华集团	34497.9	北京
72	345	368	中国华电集团公司	34487.7	北京
73	354	381	江西铜业集团公司	33778.2	贵溪
74	355	375	和硕联合科技股份有限公司	33652.5	台北
75	358	372	潞安集团	33290.4	长治
76	362	366	广州汽车工业集团	33237.4	广州
77	364	328	河南能源化工集团	33163.7	郑州
78	366	382	中国电子信息产业集团有限公司	33084.9	北京
79	371	403	中国船舶重工集团公司	32732.6	北京
80	373	305	山东能源集团有限公司	32551.9	济南
81	379	386	山西晋城无烟煤矿业集团有限责任公司	31504.9	晋城
82	380	432	陕西延长石油(集团)有限责任公司	31391.0	西安
83	382	309	晋能集团	31317.8	太原
84	389	409	广达电脑	30569.6	龟山
85	390	398	中国有色矿业集团有限公司	30456.3	北京
86	391	465	中国能源建设集团有限公司	30322.1	北京
87	392	396	中国大唐集团公司	30206.9	北京
88	393	385	台塑石化股份有限公司	30132.8	麦寮
89	400	394	开滦集团	29727.3	唐山
90	402	348	首钢集团	29668.9	北京
91	403	393	中国电力投资集团公司	29584.7	北京
92	409	391	山西阳泉煤业(集团)有限责任公司	29397.5	阳泉
93	416	* *	陕西煤业化工集团	28665.6	西安
94	420	* *	中国光大集团	28155.3	北京
95	423	* *	仁宝电脑	27909.1	台北
96	426	469	中国通用技术(集团)控股有限责任公司	27670.9	北京
97	432	451	中国远洋运输(集团)总公司	27483.0	北京
98	437	* *	中国航天科技集团公司	27190.4	北京
99	451	475	鞍钢集团公司	26212.9	鞍山
100	457	* *	中国保利集团	26046.6	北京
101	464	* *	海航集团	25646.4	海口
102	467	* *	友邦保险	25433.0	香港
103	471	* *	国泰人寿保险股份有限公司	25322.8	台北
104	472	* *	台积电	25173.5	新竹
105	477	466	浙江吉利控股集团	24986.4	杭州
106	500	310	武汉钢铁(集团)公司	23720.9	武汉

注:表中2014年排名名次标* *的为2015年首次入选或2014年未入选企业。

2015年全球最大250家承包商中国企业排名

序号	企业名称	2015年排名	2014年排名	排名变化	营业收入情况(亿美元)	
					合计	国际收入
1	中国中铁股份有限公司	1	3	↑2	1131.06	54.64
2	中国建筑工程总公司	2	1	↓1	1105.79	72.39
3	中国铁建股份有限公司	3	1	↓1	970.44	24.50
4	中国交通建设集团有限公司	4	4	—	603.15	158.27
5	中国水利水电建设集团公司	7	14	↑7	386.90	116.53
6	中国冶金科工集团公司	10	10	—	300.26	26.69
7	上海建工集团股份有限公司	12	11	↓1	266.22	7.46
8	中国化学工程集团公司	29	32	↑3	107.70	14.20
9	中国葛洲坝集团股份有限公司	33	37	↑4	96.14	28.23
10	浙江省建设投资集团有限公司	34	39	↑5	94.17	4.22
11	中国石化工程公司	40	51	↑11	80.64	11.18
12	北京城建集团	41	46	↑5	78.86	2.22
13	安徽建工集团有限公司	42	53	↑11	77.89	5.50
14	青建集团股份公司	43	47	↑4	77.44	13.15
15	北京建工集团有限责任公司	44	54	↑10	75.51	6.55
16	云南建工集团有限公司	45	50	↑5	74.86	3.00
17	江苏南通三建集团有限公司	48	57	↑9	71.65	3.75
18	东方电气集团股份有限公司	51	49	↓2	70.18	15.67
19	中国机械工业集团有限公司	55	59	↑4	58.11	50.35
20	中国石油天然气管道局	65	82	↑17	47.19	20.09
21	江苏南通六建建设集团有限公司	68	106	↑38	45.21	1.64
22	中国通用技术(集团)控股有限责任公司	72	67	↓5	42.05	16.47
23	新疆生产建设兵团	79	97	↑18	37.06	5.82
24	中国石油工程建设(集团)公司	88	101	↑13	32.95	18.91

续表

序号	企业名称	2015年排名	2014年排名	排名变化	营业收入情况(亿美元)	
					合计	国际收入
25	中国土木工程集团公司	93	142	↑49	30.85	26.91
26	江苏中兴建设有限公司	98	137	↑39	29.01	4.11
27	中石化石油工程技术服务胜利公司	101	91	↓10	28.55	1.83
28	中信建设有限责任公司	110	94	↓10	26.19	26.05
29	中国寰球工程公司	118	89	↓29	24.18	3.35
30	大庆油田建设集团	121	117	↓4	23.37	2.83
31	南通建工集团股份有限公司	122	139	↑17	23.25	2.71
32	中国电力工程顾问集团公司	124	156	↑32	22.85	1.32
33	中国石油集团工程设计有限责任公司	129	113	↓16	21.35	5.46
34	中铝国际工程股份有限责任公司	134	* *	* *	19.94	2.53
35	中国武夷实业股份有限公司	138	145	↑7	18.81	3.76
36	中国江苏国际经济技术合作公司	143	146	↑3	17.39	4.81
37	中原石油工程有限公司	145	141	↓4	17.25	5.49
38	烟建集团有限公司	146	168	↑22	16.69	2.51
39	北京住总集团有限责任公司	151	* *	* *	15.91	1.52
40	中国水利电力对外公司	152	177	↑25	15.42	15.20
41	上海电气集团股份有限公司	154	102	↓52	15.36	9.73
42	中钢设备有限公司	158	140	↓18	14.76	5.42
43	中地海外建设集团有限公司	185	195	↑10	11.10	11.02
44	沈阳远大铝业工程有限公司	190	154	↓36	10.59	4.10
45	中国能源建设集团天津电力建设公司	193	210	↑17	10.40	4.68
46	中国地质工程集团公司	215	216	↑1	8.30	5.70
47	中国江西国际经济技术合作有限公司	239	* *	* *	7.38	6.19
48	重庆对外建设(集团)有限公司	248	* *	* *	7.05	2.03

注:排名变化情况栏中,“—”表示与上年持平,“↑”表示比上年上升,“↓”表示比上年下降,“* *”表示上年未进入250强排行榜。

2015年国际承包商250家中国企业入选名单

序号	排名		企业名称	2014年国际营业额（百万美元）	
	2015年	2014年		海外	全球
1	5	9	中国交通建设集团有限公司	15827.0	60314.6
2	11	23	中国电力建设集团有限公司	11653.4	38689.6
3	17	20	中国建筑股份有限公司	7239.1	110579.4
4	23	28	中国中铁股份有限公司	5464.2	113105.7
5	27	25	中国机械工业集团有限公司	5035.1	5811.3
6	44	51	中国葛洲坝集团股份有限公司	2823.0	9614.4
7	47	71	中国土木工程集团有限公司	2690.5	3085.3
8	49	68	中国冶金科工集团有限公司	2669.0	30026.2
9	52	46	中信建设有限责任公司	2605.3	2618.6
10	58	39	中国铁建股份有限公司	2450.0	97044.0
11	64	63	中国石油天然气管道局	2009.4	4719.3
12	66	76	中国石油工程建设(集团)公司	1890.9	3294.5
13	72	79	中国东方电气集团有限公司	1567.2	7018.0
14	74	84	中国水利电力对外公司	1520.4	1541.7
15	76	82	中国化学工程集团公司	1420.1	10770.3
16	81	98	青建集团股份公司	1315.0	7744.0
17	84	89	中石化炼化工程(集团)股份有限公司	1117.7	8064.4
18	86	93	中地海外集团有限公司	1102.3	1109.8
19	91	64	上海电气集团股份有限公司	973.0	1536.0
20	93	85	中国通用技术(集团)控股有限责任公司	945.4	4583.1
21	100	129	上海建工集团股份有限公司	746.0	26621.8
22	104	216	中国成套设备进出口(集团)总公司	698.9	698.9
23	109	128	北京建工集团有限责任公司	654.5	7550.9
24	110	149	中国中原对外工程有限公司	634.3	634.3
25	112	139	中国江西国际经济技术合作公司	619.2	737.9
26	113	140	中国河南国际合作集团有限公司	615.2	615.2
27	115	164	威海国际经济技术合作股份有限公司	595.2	595.2
28	118	130	新疆生产建设兵团建设工程(集团)有限责任公司	582.3	3706.1
29	120	124	中国地质工程集团公司	569.6	830.4
3	126	133	安徽建工集团有限公司	550.4	7788.6
31	127	137	中石化中原石油工程有限公司	549.4	1725.3
32	128	136	中国石油集团工程设计有限责任公司	546.1	2134.8

续表

序号	排名		企业名称	2014年国际营业额（百万美元）	
	2015年	2014年		海外	全球
33	129	154	江西中煤建设集团有限公司	545.2	545.2
34	131	147	中钢设备有限公司	542.4	1476.4
35	137	126	中国江苏国际经济技术合作集团有限公司	480.6	1739.1
36	138	229	中国能源建设集团天津电力建设公司	467.6	1040.0
37	142	167	中鼎国际工程有限责任公司	441.4	441.4
38	143	104	中国万宝工程公司	437.7	437.7
39	146	180	浙江省建设投资集团有限公司	422.3	9417.0
40	147	175	江苏中信建设集团有限公司	410.5	2900.5
41	148	115	沈阳远大铝业工程有限公司	409.8	1058.6
42	152	148	中国大连国际经济技术合作集团有限公司	400.0	461.7
43	153	158	安徽省外经建设(集团)有限公司	379.8	541.8
44	154	170	中国武夷实业股份有限公司	376.2	1881.1
45	155	171	江苏南通三建集团有限公司	374.9	7165.2
46	165	238	中国寰球工程公司	334.9	2418.4
47	171	244	中国有色金属建设股份有限公司	313.3	515.6
48	172	221	烟台国际经济技术合作集团有限公司	311.3	401.3
49	175	166	云南建工集团有限公司	300.1	7486.0
50	178	201	大庆油田建设集团有限责任公司	282.6	2337.4
51	181	* *	中国山东对外经济技术合作集团有限公司	275.6	275.6
52	182	196	南通建工集团股份有限公司	271.1	2325.0
53	191	* *	中铝国际工程股份有限公司	253.2	1994.1
54	194	204	中国甘肃国际经济技术合作总公司	250.6	384.5
55	195	210	烟建集团有限公司	250.5	1668.8
56	196	* *	山东科瑞石油装备有限公司	250.2	280.3
57	206	214	北京城建集团有限责任公司	221.6	7885.5
58	210	222	重庆对外建设(集团)公司	203.0	704.7
59	212	207	中石化胜利石油工程有限公司	183.2	2855.4
60	216	174	中国电子进出口总公司	173.7	173.7
61	221	240	中国沈阳国际技术合作有限公司	168.0	275.4
62	222	243	江苏南通六建建设集团有限公司	163.6	4520.5
63	224	* *	山东天泰建工有限公司	160.0	665.0
64	228	233	北京住总集团有限责任公司	152.4	1591.1
65	234	* *	中国电力工程顾问集团有限公司	132.2	2284.9

注:表中2014年排名名次标* *的为2015年首次入选或2014年未入选企业。

2015 年中国企业 500 强名单

名次	企业名称	营业收入(百万元)
1	中国石油化工股份有限公司	2825914
2	中国石油天然气股份有限公司	2282962
3	中国建筑股份有限公司	800028.8
4	中国工商银行股份有限公司	658892
5	中国移动有限公司	641448
6	上海汽车集团股份有限公司	630001.2
7	中国中铁股份有限公司	612559.2
8	中国铁建股份有限公司	591968.4
9	中国建设银行股份有限公司	570470
10	中国农业银行股份有限公司	520858
11	中国平安保险(集团)股份有限公司	462882
12	中国银行股份有限公司	456331
13	中国人寿保险股份有限公司	445773
14	中国交通建设股份有限公司	366673.2
15	中国人民保险集团股份有限公司	351496
16	中国电信股份有限公司	324394
17	中国中信股份有限公司	317235.6
18	中国联合网络通信股份有限公司	288570.9
19	中国海洋石油有限公司	274634
20	联想集团有限公司	271191.3
21	中国神华能源股份有限公司	248360
22	中国太平洋保险(集团)股份有限公司	219778
23	中国冶金科工股份有限公司	215785.8
24	国药控股股份有限公司	200131.3
25	江西铜业股份有限公司	198833.5
26	宝山钢铁股份有限公司	187789
27	交通银行股份有限公司	177401
28	中国电力建设股份有限公司	167091.2
29	招商银行股份有限公司	165863
30	万科企业股份有限公司	146388
31	新华人寿保险股份有限公司	143187
32	美的集团股份有限公司	142311
33	中国铝业股份有限公司	141772.3
34	珠海格力电器股份有限公司	140005.4
35	万洲国际有限公司	136104.9
36	中国民生银行股份有限公司	135469
37	五矿发展股份有限公司	134559.4
38	华润创业有限公司	133216.8
39	华能国际电力股份有限公司	125406.9
40	兴业银行股份有限公司	124898
41	上海浦东发展银行股份有限公司	123181
42	中国建材股份有限公司	122011.2
43	厦门建发股份有限公司	120924.8
44	中国南车股份有限公司	119724.3
45	京东商城电子商务有限公司	115002.3
46	上海建工集团股份有限公司	113661.7
47	恒大地产集团有限公司	111398.1
48	保利房地产(集团)股份有限公司	109056.5
49	苏宁云商集团股份有限公司	108925.3
50	中国南方航空股份有限公司	108313
51	大连万达商业地产股份有限公司	107871
52	中国国际航空股份有限公司	104825.7
53	中国航油(新加坡)股份有限公司	104396.4
54	中国北车股份有限公司	104290.5
55	TCL 集团股份有限公司	101296.6
56	武汉钢铁股份有限公司	99373.1
57	河北钢铁股份有限公司	98257.4
58	甘肃酒钢集团宏兴钢铁股份有限公司	95753.2
59	中国海外发展有限公司	94665.6
60	中石化石油工程技术服务股份有限公司	94481
61	上海医药集团股份有限公司	92398.9
62	国机汽车股份有限公司	90343.5
63	中国东方航空股份有限公司	89746
64	铜陵有色金属集团股份有限公司	88818.5
65	青岛海尔股份有限公司	88775.4
66	山西太钢不锈钢股份有限公司	86766.4
67	碧桂园控股有限公司	84548.8
68	中兴通讯股份有限公司	81471.3
69	东风汽车集团股份有限公司	80954
70	潍柴动力股份有限公司	79637.2
71	腾讯控股有限公司	78932
72	中国光大银行股份有限公司	78531
73	上海电气集团股份有限公司	76784.5

续表

名次	企业名称	营业收入（百万元）
74	中国长城计算机深圳股份有限公司	75801.7
75	鞍钢股份有限公司	74046
76	中国粮油控股有限公司	73556
77	平安银行股份有限公司	73407
78	中国通信服务股份有限公司	73176.2
79	中国葛洲坝集团股份有限公司	71605.4
80	冠捷科技有限公司	71478.6
81	阿里巴巴集团控股有限公司	70810
82	中国中煤能源股份有限公司	70663.8
83	大唐国际发电股份有限公司	70194.3
84	中国国际海运集装箱（集团）股份有限公司	70070.9
85	新希望六和股份有限公司	70012.2
86	华润置地有限公司	69724
87	上海物资贸易股份有限公司	69626
88	中国化学工程股份有限公司	69255.7
89	华电国际电力股份有限公司	68397.7
90	中国太平保险控股有限公司	67149
91	中国远洋控股股份有限公司	64374.5
92	兖州煤业股份有限公司	63922.7
93	山煤国际能源集团股份有限公司	63237.7
94	长城汽车股份有限公司	62599.1
95	云南铜业股份有限公司	62404.5
96	复星国际有限公司	61738.4
97	国电电力发展股份有限公司	61474.8
98	中国船舶重工股份有限公司	60972
99	新兴铸管股份有限公司	60793.3
100	安徽海螺水泥股份有限公司	60758.5
101	国美电器控股有限公司	60359.8
102	庞大汽贸集团股份有限公司	60314.5
103	马鞍山钢铁股份有限公司	59820.9
104	中国信达资产管理股份有限公司	59790.1
105	四川长虹电器股份有限公司	59503.9
106	紫金矿业集团股份有限公司	58760.5
107	比亚迪股份有限公司	58195.9
108	世茂房地产控股有限公司	56080.6
109	华润电力控股有限公司	55760
110	湖南华菱钢铁股份有限公司	55673.2
111	厦门国贸集团股份有限公司	55287.9
112	中国中材股份有限公司	55284.8

名次	企业名称	营业收入（百万元）
113	华夏银行股份有限公司	54885
114	中升集团控股有限公司	54786.7
115	云南云天化股份有限公司	54492.3
116	内蒙古伊利实业集团股份有限公司	54436.4
117	大秦铁路股份有限公司	53970.7
118	神州数码控股有限公司	53915.7
119	重庆长安汽车股份有限公司	52913.3
120	山东钢铁股份有限公司	51865.2
121	上海百联集团股份有限公司	51164.2
122	龙湖地产有限公司	50990.7
123	中国蒙牛乳业有限公司	50049.2
124	百度股份有限公司	49052.3
125	厦门象屿股份有限公司	48384
126	深圳市爱施德股份有限公司	48320.6
127	山东黄金矿业股份有限公司	45794.3
128	河南双汇投资发展股份有限公司	45695.7
129	中国外运股份有限公司	45659.8
130	连云港如意集团股份有限公司	45638.5
131	金地（集团）股份有限公司	45636.4
132	浙江浙能电力股份有限公司	44179
133	招商局地产控股股份有限公司	43385.1
134	中国大冶有色金属矿业有限公司	42808.3
135	本钢板材股份有限公司	41422.1
136	北京金隅股份有限公司	41241.5
137	陕西煤业股份有限公司	41150.2
138	九州通医药集团股份有限公司	41068.4
139	百丽国际控股有限公司	40008.1
140	东方电气股份有限公司	39036.2
141	远洋地产控股有限公司	38896.1
142	中国海外宏洋集团有限公司	38697.4
143	中化国际（控股）股份有限公司	38605.2
144	雅居乐地产控股有限公司	38317.6
145	浙江物产中大元通集团股份有限公司	38156.8
146	昆仑能源有限公司	37901.9
147	北京控股有限公司	37816.6
148	北京银行股份有限公司	36878
149	京东方科技集团股份有限公司	36816.3
150	永辉超市股份有限公司	36726.8
151	大昌行集团有限公司	36675.2

续表

名次	企业名称	营业收入（百万元）
152	中海集装箱运输股份有限公司	36233.5
153	北方华锦化学工业股份有限公司	36082
154	特变电工股份有限公司	36074.8
155	海南航空股份有限公司	36043.8
156	柳州钢铁股份有限公司	35618.6
157	广州富力地产股份有限公司	34705.4
158	天音通信控股股份有限公司	34596.9
159	中航国际控股股份有限公司	34426.4
160	安徽江淮汽车股份有限公司	34195.3
161	一汽轿车股份有限公司	33857.2
162	中海油田服务股份有限公司	33720.2
163	北汽福田汽车股份有限公司	33691.3
164	中金黄金股份有限公司	33551.2
165	国投电力控股股份有限公司	32957.2
166	老凤祥股份有限公司	32835
167	中国重汽（香港）有限公司	32809.4
168	新余钢铁股份有限公司	32370.3
169	贵州茅台酒股份有限公司	32217.2
170	大商股份有限公司	32205.9
171	深圳市飞马国际供应链股份有限公司	32119.1
172	绿城中国控股有限公司	32049
173	荣盛石化股份有限公司	31810.8
174	中国正通汽车服务控股有限公司	30910.1
175	宝信汽车集团有限公司	30723.4
176	深圳华侨城股份有限公司	30718.2
177	三一重工股份有限公司	30364.7
178	重庆百货大楼股份有限公司	30140.1
179	创维数码控股有限公司	29927.7
180	玖龙纸业（控股）有限公司	29901.4
181	内蒙古包钢钢联股份有限公司	29791.9
182	保利协鑫能源控股有限公司	29366.6
183	中信证券股份有限公司	29197.5
184	联华超市股份有限公司	29152.4
185	新奥能源控股有限公司	29087
186	青岛啤酒股份有限公司	29049.3
187	广东电力发展股份有限公司	29046.6
188	青岛海信电器股份有限公司	29007.1
189	上海国际港务（集团）股份有限公司	28778.7
190	中国东方集团控股有限公司	28495.5
191	中国船舶工业股份有限公司	28323.7
192	中化化肥控股有限公司	28311.1
193	恒逸石化股份有限公司	28062.5
194	南京钢铁股份有限公司	27885.5
195	四川路桥建设股份有限公司	26972.7
196	中国长江电力股份有限公司	26897.8
197	华夏幸福基业股份有限公司	26885.6
198	安阳钢铁股份有限公司	26851.8
199	中航动力股份有限公司	26764.4
200	海信科龙电器股份有限公司	26534.4
201	天津港发展控股有限公司	26475.5
202	厦门信达股份有限公司	26358.6
203	云南锡业股份有限公司	26133.6
204	同方股份有限公司	25993.7
205	中联重科股份有限公司	25851.2
206	华润水泥控股有限公司	25772.5
207	郑州宇通客车股份有限公司	25728.3
208	中国航空科技工业股份有限公司	25710.4
209	国电科技环保集团股份有限公司	25605.6
210	江铃汽车股份有限公司	25537.3
211	上海隧道工程股份有限公司	25421.8
212	申能股份有限公司	25407.4
213	中铝国际工程股份有限公司	25343.8
214	桐昆集团股份有限公司	25094.9
215	融创中国控股有限公司	25072
216	内蒙古伊泰煤炭股份有限公司	24806.1
217	深圳市中金岭南有色金属股份有限公司	24608.7
218	中国燃气控股有限公司	24562.4
219	山西西山煤电股份有限公司	24390.9
220	西部矿业股份有限公司	24247.1
221	北京首钢股份有限公司	23985.2
222	河南神火煤电股份有限公司	23967.1
223	哈尔滨电气股份有限公司	23794.5
224	方兴地产（中国）有限公司	23310.5
225	徐工集团工程机械股份有限公司	23306.3
226	荣盛房地产发展股份有限公司	23119
227	唯品会控股有限公司	23091
228	中国机械设备工程股份有限公司	23007.7
229	华润燃气控股有限公司	22654.9

续表

名次	企业名称	营业收入（百万元）	名次	企业名称	营业收入（百万元）
230	广州汽车集团股份有限公司	22375.9	270	宝业集团股份有限公司	18898
231	际华集团股份有限公司	22241.2	271	云南驰宏锌锗股份有限公司	18897.6
232	深圳市怡亚通供应链股份有限公司	22141.8	272	云南白药集团股份有限公司	18814.4
233	物产中拓股份有限公司	22091.5	273	恒安国际集团有限公司	18800.1
234	万华化学集团股份有限公司	22088.4	274	广州白云山医药集团股份有限公司	18799.9
235	南京医药股份有限公司	22075.8	275	北京大北农科技集团股份有限公司	18444.9
236	金融街控股股份有限公司	22035.9	276	北京王府井百货（集团）股份有限公司	18277.1
237	海洋石油工程股份有限公司	22031.4	277	冀中能源股份有限公司	18256.8
238	江苏中南建设集团股份有限公司	21792.1	278	中国有色金属建设股份有限公司	18223.8
239	吉利汽车控股有限公司	21738.4	279	龙源电力集团股份有限公司	18207.2
240	安徽皖江物流（集团）股份有限公司	21540.8	280	超威动力控股有限公司	18187.1
241	中储发展股份有限公司	21477	281	湖北宜化化工股份有限公司	18181.9
242	厦门金龙汽车集团股份有限公司	21431	282	阿特斯太阳能有限公司	18116.1
243	中航飞机股份有限公司	21198.1	283	福建三钢闽光股份有限公司	18022.3
244	中国食品有限公司	21096.9	284	海通证券股份有限公司	17978.5
245	广东海大集团股份有限公司	21090.4	285	中国医药健康产业股份有限公司	17857.4
246	宜宾五粮液股份有限公司	21011.5	286	新疆金风科技股份有限公司	17704.2
247	北京首都开发股份有限公司	20850.5	287	江苏宏图高科技股份有限公司	17472.1
248	阳泉煤业（集团）股份有限公司	20722.7	288	东风汽车股份有限公司	17471.2
249	新城发展控股有限公司	20718.7	289	金科地产集团股份有限公司	17323.5
250	苏州金螳螂建筑装饰股份有限公司	20688.6	290	杭州海康威视数字技术股份有限公司	17233.1
251	新疆八一钢铁股份有限公司	20636.3	291	武汉武商集团股份有限公司	17160.8
252	中国电力国际发展有限公司	20447.2	292	天虹商场股份有限公司	16998
253	光明乳业股份有限公司	20385.1	293	中百控股集团股份有限公司	16909
254	航天信息股份有限公司	19959.2	294	攀钢集团钒钛资源股份有限公司	16779.3
255	中国国旅股份有限公司	19935.9	295	天地科技股份有限公司	16578.6
256	阳煤化工股份有限公司	19929.1	296	哈药集团股份有限公司	16508.9
257	重庆农村商业银行股份有限公司	19802.4	297	江西正邦科技股份有限公司	16483.6
258	酷派集团有限公司	19644	298	深圳长城开发科技股份有限公司	16444.2
259	大明国际控股有限公司	19633.8	299	玉柴国际有限公司	16436.1
260	广东韶钢松山股份有限公司	19496.6	300	龙元建设集团股份有限公司	16230.3
261	郑州煤电股份有限公司	19494.6	301	旭辉控股（集团）有限公司	16179.3
262	深圳欧菲光科技股份有限公司	19482.3	302	平顶山天安煤业股份有限公司	16119.4
263	广州发展集团股份有限公司	19445.8	303	上海电力股份有限公司	16102
264	康佳集团股份有限公司	19423.5	304	金发科技股份有限公司	16093.6
265	上海豫园旅游商城股份有限公司	19152.9	305	山西潞安环保能源开发股份有限公司	16030.3
266	山东晨鸣纸业集团股份有限公司	19101.7	306	华新水泥股份有限公司	15996.2
267	云南铝业股份有限公司	19092.8	307	南京银行股份有限公司	15991.5
268	华东医药股份有限公司	18947.4	308	中国忠旺控股有限公司	15971.2
269	北京物美商业集团股份有限公司	18902.3			

续表

名次	企业名称	营业收入（百万元）	名次	企业名称	营业收入（百万元）
309	康美药业股份有限公司	15949.2	349	理文造纸有限公司	13489.5
310	江河创建集团股份有限公司	15904.3	350	合生创展集团有限公司	13446.7
311	雅戈尔集团股份有限公司	15903.2	351	宁波港股份有限公司	13415.2
312	环旭电子股份有限公司	15873	352	广发证券股份有限公司	13395
313	上海实业控股有限公司	15752	353	北京华联综合超市股份有限公司	13331.7
314	越秀地产股份有限公司	15701.7	354	东华能源股份有限公司	13314.3
315	唐山冀东水泥股份有限公司	15664.7	355	鲁西化工集团股份有限公司	13029.4
316	中国山水水泥集团有限公司	15596.4	356	北京京能电力股份有限公司	12963.9
317	内蒙古鄂尔多斯资源股份有限公司	15568.4	357	福耀玻璃工业集团股份有限公司	12928.2
318	通威股份有限公司	15408.9	358	英利绿色能源控股有限公司	12927.4
319	山东恒邦冶炼股份有限公司	15384.9	359	浙江亚厦装饰股份有限公司	12917.1
320	宁波银行股份有限公司	15356.8	360	安徽省皖能股份有限公司	12866.3
321	浙江龙盛集团股份有限公司	15150	361	广州东凌粮油股份有限公司	12804
322	中国雨润食品集团有限公司	15113.7	362	浙江正泰电器股份有限公司	12767.2
323	株洲冶炼集团股份有限公司	15102.2	363	徽商银行股份有限公司	12748.1
324	神马实业股份有限公司	14886.1	364	上海世茂股份有限公司	12701
325	中国联塑集团控股有限公司	14822.8	365	歌尔声学股份有限公司	12699
326	广深铁路股份有限公司	14800.8	366	唐山三友化工股份有限公司	12695.4
327	双钱集团股份有限公司	14730.6	367	天士力制药集团股份有限公司	12577.7
328	江苏洋河酒厂股份有限公司	14672.2	368	深圳能源集团股份有限公司	12506
329	东方国际创业股份有限公司	14548.7	369	龙光地产控股有限公司	12497.9
330	蓝思科技股份有限公司	14497	370	网易公司	12480.4
331	吉林亚泰(集团)股份有限公司	14455.4	371	中航直升机股份有限公司	12455.4
332	杭州钢铁股份有限公司	14449	372	海马汽车集团股份有限公司	12352
333	凌源钢铁股份有限公司	14373	373	海澜之家股份有限公司	12338.4
334	开滦能源化工股份有限公司	14296.2	374	中海发展股份有限公司	12333.8
335	中国西电电气股份有限公司	14082	375	步步高商业连锁股份有限公司	12296.8
336	浙江英特集团股份有限公司	14073.8	376	重庆钢铁股份有限公司	12245.1
337	山东南山铝业股份有限公司	14056	377	宝胜科技创新股份有限公司	12162.4
338	中信资源控股有限公司	14046.5	378	五菱汽车集团控股有限公司	12138.7
339	天能动力国际有限公司	14043.7	379	人人乐连锁商业集团股份有限公司	12117.4
340	美国通用钢铁控股有限公司	14008.9	380	华泰证券股份有限公司	12062.3
341	天合光能有限公司	13988.8	381	浙江海亮股份有限公司	12061.4
342	华电福新能源股份有限公司	13895.4	382	内蒙古亿利能源股份有限公司	12010
343	阳光城集团股份有限公司	13894.1	383	北京首商集团股份有限公司	11814.7
344	银座集团股份有限公司	13818	384	国信证券股份有限公司	11792.3
345	宁波建工股份有限公司	13644.4	385	杭州滨江房产集团股份有限公司	11758.6
346	内蒙古蒙电华能热电股份有限公司	13633.9	386	长春欧亚集团股份有限公司	11542.1
347	金正大生态工程集团股份有限公司	13554.4	387	方大特钢科技股份有限公司	11509.3
348	北京燕京啤酒股份有限公司	13503.8	388	浙江栋梁新材股份有限公司	11451.7

续表

名次	企业名称	营业收入（百万元）
389	力帆实业（集团）股份有限公司	11416.8
390	湖北兴发化工集团股份有限公司	11392
391	中天城投集团股份有限公司	11390.9
392	远东智慧能源股份有限公司	11351.8
393	阜丰集团有限公司	11297.7
394	晶澳太阳能控股有限公司	11295.5
395	长春一汽富维汽车零部件股份有限公司	11273.4
396	魏桥纺织股份有限公司	11211.2
397	海南天然橡胶产业集团股份有限公司	11198.7
398	新疆中泰化学股份有限公司	11177
399	紫光股份有限公司	11144.9
400	申洲国际集团控股有限公司	11131.5
401	赛轮金宇集团股份有限公司	11128.2
402	中钢国际工程技术股份有限公司	11061.3
403	新湖中宝股份有限公司	11038.3
404	招商证券股份有限公司	11002.5
405	山西漳泽电力股份有限公司	10922.8
406	深圳控股有限公司	10908.2
407	河北建投能源投资股份有限公司	10891.1
408	北京京客隆商业集团股份有限公司	10890.8
409	中海石油化学股份有限公司	10796.9
410	烽火通信科技股份有限公司	10721.2
411	安源煤业集团股份有限公司	10651.6
412	中青旅控股股份有限公司	10607.2
413	上海梅林正广和股份有限公司	10590.8
414	沈阳化工股份有限公司	10534.4
415	浙江东方集团股份有限公司	10522.4
416	中文天地出版传媒股份有限公司	10503.1
417	青海盐湖工业股份有限公司	10474.4
418	江苏亨通光电股份有限公司	10471.1
419	天虹纺织集团有限公司	10470.3
420	合景泰富地产控股有限公司	10465.8
421	山东太阳纸业股份有限公司	10457.9
422	时代地产控股有限公司	10419
423	金叶珠宝股份有限公司	10332.5
424	江苏沙钢股份有限公司	10308.1
425	广西柳工机械股份有限公司	10293.4
426	瑞安房地产有限公司	10249
427	搜狐网络有限责任公司	10237.6
428	中建西部建设股份有限公司	10211
429	厦门钨业股份有限公司	10142.7
430	浙江海正药业股份有限公司	10096.8
431	唐人神集团股份有限公司	10071.3
432	首长国际企业有限公司	10063.4
433	首创置业股份有限公司	10058
434	远大中国控股有限公司	10038.6
435	经纬纺织机械股份有限公司	10013.4
436	北京城建投资发展股份有限公司	10011
437	晶科能源控股有限公司	9978.5
438	合肥百货大楼集团股份有限公司	9972.2
439	广东粤运交通股份有限公司	9878.1
440	梅花生物科技集团股份有限公司	9865
441	内蒙古西水创业股份有限公司	9832.1
442	华电能源股份有限公司	9829.4
443	万向钱潮股份有限公司	9828.9
444	佛山市海天调味食品股份有限公司	9817.2
445	深圳市海王生物工程股份有限公司	9802.4
446	深圳广田装饰集团股份有限公司	9788
447	中国生物制药有限公司	9765.3
448	浙江巨化股份有限公司	9763.6
449	山东华鲁恒升化工股份有限公司	9710.1
450	北京同仁堂股份有限公司	9685.9
451	河南中孚实业股份有限公司	9672.8
452	宝龙地产控股有限公司	9663
453	江苏凤凰出版传媒股份有限公司	9618.2
454	昱辉阳光集团	9554.8
455	蓝星化工新材料股份有限公司	9544.4
456	浙江苏泊尔股份有限公司	9534.6
457	中工国际工程股份有限公司	9532.9
458	深圳市燃气集团股份有限公司	9530.9
459	广州广船国际股份有限公司	9530.7
460	重庆机电股份有限公司	9485.6
461	北京顺鑫农业股份有限公司	9480.7
462	安徽辉隆农资集团股份有限公司	9435.7
463	华北制药股份有限公司	9401
464	上海锦江国际酒店（集团）股份有限公司	9364.1
465	铜陵精达特种电磁线股份有限公司	9268.1
466	山东华泰纸业股份有限公司	9261.8

续表

名次	企业名称	营业收入（百万元）	名次	企业名称	营业收入（百万元）
467	中利科技集团股份有限公司	9246.1	484	河南豫光金铅股份有限公司	8879.2
468	辽宁成大股份有限公司	9238.6	485	宁波华翔电子股份有限公司	8712.8
469	志高控股有限公司	9233.2	486	大同煤业股份有限公司	8676.3
470	江苏汇鸿股份有限公司	9232	487	申万宏源集团股份有限公司	8656.8
471	建业地产股份有限公司	9228.8	488	石药集团有限公司	8642.5
472	宜宾天原集团股份有限公司	9184	489	西王特钢有限公司	8641.5
473	辽宁禾丰牧业股份有限公司	9139.4	490	江苏中天科技股份有限公司	8641.3
474	浙江沪杭甬高速公路股份有限公司	9051.1	491	信义玻璃控股有限公司	8568.3
475	中粮地产（集团）股份有限公司	9040.8	492	无锡商业大厦大东方股份有限公司	8553.7
476	中南出版传媒集团股份有限公司	9038.8	493	金堆城钼业股份有限公司	8526.4
477	第一拖拉机股份有限公司	9027	494	奇虎360科技有限公司	8509.4
478	太原重工股份有限公司	9023.3	495	上海紫江企业集团股份有限公司	8501.4
479	中国天瑞集团水泥有限公司	8950.3	496	嘉凯城集团股份有限公司	8448.8
480	中粮屯河股份有限公司	8939.4	497	大亚科技股份有限公司	8439.7
481	上海交运集团股份有限公司	8935.5	498	舜宇光学科技（集团）有限公司	8426.5
482	安踏体育用品有限公司	8922.7	499	海丰国际控股有限公司	8425.6
483	国电南瑞科技股份有限公司	8907	500	安徽水利开发股份有限公司	8409.4

中国铁建所属单位名录

单位名称	地址	电话	邮政编码
中国土木工程集团有限公司	北京市海淀区北蜂窝4号	010－63263392	100038
中土国际贸易有限公司	北京市宣武门西大街大成广场28号7门11层1108室	010－63600930~42	100053
中土集团南方建设有限公司	广东省珠海市吉大石花东路58号华景西苑28栋6座	0756－3222650	519015
海南基冠房地产开发(香港)有限公司	海南省海口市大同路25号华发大厦B座502室	0898－66526568	570102
中土集团福州勘察设计研究院有限公司	福建省福州市晋安区茶园街道沁园支路41号	0591－87051157	350013
中土东非有限公司	坦桑尼亚达累斯萨拉姆市邮政信箱4083	00255－22－2851129	
中国土木阿尔及利亚有限公司	阿尔及尔市,El－Achour区,Oued Romane街,Ouahrani 70号	00213－21－307103－111	
中土集团公司阿联酋分公司	阿拉伯联合酋长国阿布扎比市43076号邮箱	00971－2－6459417	
中国土木工程集团(俄罗斯)有限责任公司	Room 310“B”,154 Lenin Str. YuZhno_sokhalinsk 693000, Russia	007－42－42464758	52514
中国土木工程集团有限公司利比亚分公司	利比亚的黎波里Gargash街邮政信箱1409	00218－21－4834600	
中国土木工程集团有限公司沙特分公司	No. 8 Humaidan shuw Street SulaimaniaDist, P. O. Box:99861 Riyadh 11625 KSA	00966－1－4608288	
中国土木工程集团(香港)有限公司	香港九龙尖沙咀漆咸道南39号铁路大厦23楼	00852－22718899	
中国土木工程(澳门)有限公司	澳门新口岸北京街怡德商业中心15楼E、F座	00853－28781160	
中铁(澳门)有限公司	澳门友谊大马路南方大厦1楼JLMNO座	00853－28706416	
中土巴西国际商业有限公司	Rua. Prof. Artur Ramos, 241/cj. 91, Jardim Paulistano CEP 01454－011,Sao Paulo－SP	0055－11－38127068	
中土集团公司日本代表处	NAGAMINE BILDG,7F 2－12－13,SHINKAWA CHUO－KU, TOKYO 104－0033,JAPAN	0081－3－35535065	
中土集团公司(波兰)有限公司	波兰华沙德拉夫斯卡大街17号	0048－22－8223062	
中国铁建土耳其安卡拉分公司	629. Sokak,Villa 3. Funda Beyazevler Sitesi,Oran 06500 Ankara,Turkey	0090－312－4911130/29	
土铁项目欧洲代表处	德国法兰克福60431海波林大街62号	0049－69－520148	
中土埃塞俄比亚工程有限公司	埃塞俄比亚的斯市 邮政地址:Woreda 05, Subcity, Addis Ababa, Ethiopia		
中铁十一局集团有限公司	湖北省武汉市武昌区中山路347号	027－88710617	430071
第一工程有限公司	湖北省襄阳市航空路73号	0710－3712139	441104
第二工程有限公司	湖北省十堰市白浪中路99号	0719－8362010	442013
第三工程有限公司	湖北省十堰市武当路15号	0719－8763791	441300
第四工程有限公司	湖北省武汉市东湖开发区华光大道21号	027－87586437	430074
第五工程有限公司	重庆市沙坪坝区新桥新村71号	023－89065226	400037
第六工程有限公司	湖北省襄阳市七里河路2号	0710－3718609	441003
电务工程有限公司	湖北省武汉市东湖开发区佳园路19号	027－87570805	430074
建筑安装工程有限公司	湖北省襄阳市长虹北路3号	0710－3719250	441057
桥梁有限公司	江西省鹰潭市南站路24号	0701－7027093	335003

续表

单 位 名 称	地 址	电 话	邮政编码
城市轨道工程有限公司	湖北省武汉市东湖开发区佳园路23号	027-87201501	430074
房地产开发有限公司	湖北省武汉市武昌区中山路347号	027-88710663	430071
新加坡分公司	29, Mandai Estate, Innovation Place, Tower 3, #07-04, Singapore	0065 65090015	729932
北京办事处	北京市海淀区羊坊店东路19号	010-63988099	100038
东南指挥部	福建省福州市北环中路2号屏山苑C座1405室	0591-87735892	350003
中南指挥部	湖北省武汉市武昌区中山路347号中铁大厦	027-88710951	430071
华南指挥部	广东省广州市天河区东方一路华港花园豪情湾A座3003	020-38783380	510630
新疆指挥部	新疆维吾尔自治区乌鲁木齐市新市区四平路文光尚都3单元1001室	0991-6630975	834000
川渝藏指挥部	四川省成都市成华区建设路2号首创爱这城9栋2单元902室	028-87621693	610051
云贵指挥部	贵州省贵阳市云岩区市北路123号关刀岩黔灵半山小区B5栋2单元402室	0851-6751059	550000
西北指挥部	陕西省西安市南二环东段141号新亚大厦1302室	029-82235838	710054
内蒙古指挥部	内蒙古自治区呼和浩特市新城区赛马场北路琦琳北辰2栋1单元5楼东户	0471-6504820	010051
北方指挥部	山西省太原市杏花岭区旱西门街多地尔花园A座二单元1502号	0351-3523337	030001
华东指挥部	上海市普陀区远景路97弄58号2401室	021- 63067353	200061
东北指挥部	辽宁省沈阳市沈河区市府大路356号恒运豪庭2-1-28-1	024-31973537	110011
央企联络部	北京市西城区马连道1号院依莲轩A座2303室	010-63344155	100050
水电联络部	北京市西城区马连道1号院依莲轩A座2303室	010-63344155	100050
东南亚指挥部	29, Mandai Estate, Innovation Place, Tower 3, #07-04, Singapore	0065 65090015	729932
中东指挥部	北京市西城区马连道1号院依莲轩A座2305室	010-63344155	100050
非洲指挥部	北京市西城区马连道1号院依莲轩A座2305室	010-63344155	100050
美洲指挥部	北京市西城区马连道1号院依莲轩A座2305室	010-63344155	100050
襄阳管理部	湖北省襄阳市七里河路2号	027-3718400	441003
中铁十二局集团有限公司	山西省太原市西矿街130号	0351-2653130	030024
第一工程有限公司	陕西省西安市灞桥区柳雪路368号	029-89512850	710038
第二工程有限公司	山西省太原市小店区人民南路19号	0351-6355010	030032
第三工程有限公司	山西省太原市万柏林区西线街39号	0351-6356010	030024
第四工程有限公司	陕西省西安市未央区徐家湾红旗东路3号	029-86584951	710021
建筑安装工程有限公司	山西省太原市西矿街130-1号	0351-2654076	030024
电气化工程有限公司	天津市空港经济区环河北路与中心大道交口空港商务园西区12号楼	022-58096806	300308
第七工程有限公司	湖南省长沙市天心区友谊路202号	0731-85585548	410004
市政工程有限公司	广东省珠海市情侣南路158号海愉半岛花园2栋4单元1105室	0756-3233506	519015
铁路养护工程有限公司	西藏自治区拉萨市经济技术开发区林琼岗路13-1号	0891-6752100	850000
海南振海工程有限公司	海南省海口市面前坡东村1号	0898-36630208	570206
国际工程有限公司	北京市大兴区亦庄经济技术开发区科创十三街锋创科技园18号20栋	010-56386137	100176
物资有限公司	山西省太原市万柏林区西线街27号	0351-2656551	030024

续表

单位名称	地址	电话	邮政编码
房地产开发有限公司	山西省太原市西矿街130号	0351－2653770	030024
投资管理有限公司	山西省太原市西矿街130号	0351－2654079	030024
铁道大厦	山西省太原市迎泽西大街143号	0351－2653765	030024
中心医院	山西省太原市西矿街182号	0351－2654145	030053
湘潭铁路工程学校	湖南省湘潭市广技路58号	0732－58281074	411100
兴城疗养院	辽宁省兴城市兴海北路二段103号	0429－3919478	125100
广州工程指挥部	广东省广州市天河区中山大道建中路5号9层	020－85558258	510665
华东工程指挥部	上海市闵行区鹤庆路66号	021－54710423	200240
西北工程指挥部	陕西省西安市未央路125号第5国际A座17层	029－62602915	710018
川渝工程指挥部	四川省成都市武侯区广福正街5号7层	028－85099545	610041
云贵工程指挥部	云南省昆明市国贸路577号	0871－7183879	650200
北京办事处	北京市宣武区马连道南街1号A栋2207室	010－63478128	100055
中国铁建大桥工程局集团有限公司	天津市空港经济区中环西路32号	022－88958900	300300
第一工程有限公司	辽宁省大连市沙河口区沙跃街9号	0411－62838201	116033
第二工程有限公司	广东省深圳市盐田区东海大道盐田港9号小区中铁大厦	0755－25288114	518083
第三工程有限公司	辽宁省沈阳市沈河区方家栏路60号	024－24202435	110043
第四工程有限公司	黑龙江省哈尔滨市道外区先锋路459号	0451－55188210	150008
第五工程有限公司	四川省成都市新都区学院路东路289号	028－83961732	610500
第六工程公司	吉林省长春市二道区岭东路2138号	0431－86161068	130033
电务工程有限公司	天津市空港经济区中环西路32号	022－58802072	300300
中铁现代勘察设计院有限公司	天津市空港经济区中环西路32号	022－58802099	300300
钢结构工程有限公司	天津市空港经济区中环西路32号	022－58209308	300300
园林环境工程有限公司	安徽省合肥市花园大道9号	0551－62933229	230000
天津市春江房地产开发有限公司	天津市空港经济区中环西路32号	022－58802010	300300
长春春原工程检测有限公司	吉林省长春市二道区岭东路2138号	0431－86161114	130033
天津工程科技有限公司	天津市空港经济区中环西路32号	022－58802001	300300
深圳市中铁达实业公司	广东省深圳市盐田区盐田港后方陆域6号区中铁达物流大厦	0755－25206299	518083
赣州市铁龙工程实业有限公司	江西省赣州市八一四大道南段铁龙大酒店	0797－8159099	341000
物业管理分公司	吉林省长春市二道区岭东路2138号	0431－86161114	130033
西北工程指挥部	甘肃省兰州市城关区张掖路1号保利大厦B座5楼	0931－8479719	730030
华东工程指挥部	上海市青浦区新府中路1331弄19号	021－69781517	201708
华北工程指挥部	天津市空港经济区中环西路32号	022－58802001	300300
北京工程指挥部	北京市石景山区玉泉西里二区远洋山水31楼8单元202号	010－88609844	100040
新疆工程指挥部	新疆维吾尔自治区乌鲁木齐市鲤鱼山南路汇展园小区南3－4－402室	0991－6652901	830000
南方工程指挥部	广东省广州市天河区金穗路18号	020－38296900	510623
北京办事处	北京市石景山区玉泉西里二区远洋山水31楼8单元202号	010－88609844	100040
中铁十三局技师学院	吉林省长春市兴隆山镇	0431－86165313	130102
中铁十四局集团有限公司	山东省济南市和平路1号	0531－88386449	250014

续表

单　位　名　称	地　　址	电　话	邮政编码
第一工程发展有限公司	山东省日照市海曲东路66号	0633－2285916	276826
第二工程有限公司	山东省泰安市东岳大道西首	0538－2183456	271000
第三工程有限公司	山东省兖州市北环城路16号	0537－83493230	271200
第四工程有限公司	山东省济南市英雄山路267号	0531－82516869	250002
第五工程有限公司	山东省兖州市北站	0537－3638015	272017
电气化工程有限公司	山东省济南市和平路16号	0531－88385366	250014
隧道工程有限公司	山东省济南市十六里河镇兴隆山庄	0531－88387001	250002
北京中铁房山桥梁有限公司	北京市房山区大件路1号	010－89349121	102400
山东凯华置业有限公司	山东省济南市和平路16号	0531－88385800	250014
山东铁正工程试验检测中心有限公司	山东省济南市和平路16号	0513－88386413	250014
水利水电工程分公司	山东省济南市历下区中润世纪广场A3座18号楼10层	0531－88386697	250014
建筑安装工程分公司	山东省济南市二环东路3966号东环国际广场B座3层	0531－82516088	250100
海外工程分公司	山东省济南市和平路16号	0531－88385631	250014
北非建设分公司	山东省济南市和平路1号办公楼东楼一楼招待所	0531－82516190	250014
市政工程分公司	山东省青岛市高科园香港东路254号	0532－80622658	266061
西安建设投资有限公司	陕西省西安市未央路199号基业大厦7层	029－86402366	710021
驻京办事处	北京市海淀区阜成路115号	010－88120700	100142
资金管理中心	山东省济南市和平路16号	0531－88385500	250014
交通战备办公室	山东省济南市和平路1号	0531－88386637	250014
职工教育培训中心	山东省济南市十六里河镇兴隆山庄	0531－88387263	250002
物业管理中心	山东省济南市和平路1号	0531－88385175	250014
机关门诊部	山东省济南市和平路16号	0531－88385142	250014
中铁十五局集团有限公司	河南省洛阳市四通路2号	0379－62637114	471013
第一工程有限公司	陕西省西安市经济技术开发区凤城二路13号	029－62689130	710018
第二工程有限公司	河南省焦作市工业路518号	0391－2589888	454151
第三工程有限公司	四川省成都市郫县犀浦镇珠江东街16号	028－87847202	611731
第四工程有限公司	河南省郑州市二七区新圃东街117号	0371－67055019	450052
第五工程有限公司	河南省洛阳市瀍河区买家街123号院	0379－62639114	471002
第六工程有限公司	河南省洛阳市邙山路4号院	0379－62631640	471013
第七工程有限公司	河南省洛阳市洛常路6号院	0379－62631065	471002
都匀桥梁有限公司	贵州省都匀市北工区	0854－8326123	558004
河南置业有限公司	河南省郑州市航海路197号	0371－87553035	450000
四川建筑勘察设计有限公司	四川省宜宾市岳武里14号	0831－8221117	644000
济阳迎宾黄河大桥有限公司	山东省济阳县经二路73号	0531－84225799	251400
京津指挥部	北京市石景山区政达路2号	010－68547013	100041
华北指挥部	山西省太原市晋源区龙山大街		030025
东北指挥部	辽宁省沈阳市大东区东北大马路337号	024－31396998	110044
华东指挥部	上海市闵行区莘沥路232号	021－64921100	201199
华中指挥部	江苏省南京市江宁区将军大道129号	025－85437406	211100

续表

单 位 名 称	地 址	电 话	邮政编码
中南指挥部	湖北省武汉市武昌区友谊大道特1号	027－88703059	430060
华南指挥部	广东省广州市天河区天河北路帝景苑商业中心	020－38466822	510635
西南指挥部	云南省昆明市福景路38号	0871－8052558	650228
西北指挥部	陕西省西安市友谊东路新兴翰园		710054
新疆指挥部	新疆维吾尔自治区乌鲁木齐市青海路123号	0991－7881952	830011
海外工程指挥部	北京市朝阳区百子湾西里金海商富中心	010－59572623	100124
国际工程公司	北京市朝阳区百子湾西里金海商富中心	010－59572623	100124
湖州投资开发公司	浙江省湖州市吴兴区太湖旅游度假区通湖路524号	0572－2176917	313000
福州投资开发公司	福州市台江区海润滨江花园B区	0591－87488173	350000
职工培训中心	河南省洛阳市邙山路1号院	0379－62637521	471013
中铁十六局集团有限公司	北京市朝阳区红松园北里2号	010－84311177	100018
第一工程有限公司	北京市顺义区府前东街15号	010－89959686	101300
第二工程有限公司	天津市河东区万新村三区	022－24017036	300162
第三工程有限公司	浙江省湖州市湖东路288号	0572－2096966	313000
第四工程有限公司	北京市怀柔区迎宾中路2号	010－51045421	101400
第五工程有限公司	河北省唐山市丰润区光华道2号	0315－3082231	064000
北京轨道交通工程建设有限公司	北京市通州区新华西街26号	010－69551058	101100
铁运工程有限公司	河北省高碑店市兴华北路117号	0312－5591013	074000
路桥工程有限公司	北京市密云县新北路29号	010－69063643	101500
电务工程有限公司	北京市朝阳区金盏乡皮村北街16号	010－51884400	100018
置业投资有限公司	北京市朝阳区皮村北巷甲2号	010－51883599	100018
北京工程有限公司	北京市朝阳区红松园北里2号	010－51884760	100018
地铁工程有限公司	北京市朝阳区惠河南街1008－A四惠大厦	010－87661921	100124
北京商务总部	北京市朝阳区红松园北里2号	010－51884855	100018
华北指挥部	北京市朝阳区红松园北里2号	010－51883170	100018
华中指挥部	湖北省武汉市武昌区黄鹂路73号东湖林语5－1－102号	027－86795072	434000
华东指挥部	浙江省杭州市江干区城星路89号尊宝大厦银尊1502	0571－28319391	310016
东北指挥部	辽宁省沈阳市和平区兰州北街28－2号	024－31900695	110001
地铁和地下工程指挥部	北京市朝阳区红松园北里2号	010－51883376	100018
中铁十七局集团有限公司	山西省太原市平阳路84号	0351－7257114	030006
第一工程有限公司	山西省太原市小店区人民北路18号	0351－7093970	030032
第二工程有限公司	陕西省西安市咸宁中路55号	029－62827210	710043
第三工程有限公司	河北省石家庄市中山西路	0311－83986582	050081
第四工程有限公司	重庆市北部高新区洪湖西路18号上丁企业公园25栋	023－67030811	401121
第五工程有限公司	山西省太原市小店区人民北路20号	0351－2620114	030032
第六工程有限公司	福建省福州市连江中路181号中铁大厦	0591－3662081	350014
建筑工程有限公司	山西省太原市平阳路南路34号中铁十七局集团建筑科技大厦	0351－7259567	030032
电气化工程有限公司	山西省太原市平阳路南路34号中铁十七局集团建筑科技大厦	0351－7059678	030032
上海轨道交通工程有限公司	上海市浦东新区张杨路1515弄16号	021－68554723	200135

续表

单 位 名 称	地 址	电 话	邮政编码
铺架分公司	山西省太原市平阳路南路34号中铁十七局集团建筑科技大厦	0351－7259983	030032
物资有限公司	山西省太原市平阳路南路34号中铁十七局集团建筑科技大厦	0351－3252633	030032
山西铧兴工程检测有限公司	山西省太原市平阳路西一巷17号	0351－7258527	030012
房地产开发有限公司	山西省太原市平阳路南路34号中铁十七局集团建筑科技大厦	0351－7257842	030032
勘察设计院	山西省太原市平阳路南路34号中铁十七局集团建筑科技大厦	0351－7257427	030032
物业管理中心	山西省太原市平阳路84号	0351－7258316	030006
中心医院	山西省太原市小店区人民北路19号	0351－7259800	030032
中铁十八局集团有限公司	天津市河西区大沽南路1519号	022－60282114	300222
国际工程有限公司	天津市河西区大沽南路中铁十八局办公大楼	022－60282748	300222
第一工程有限公司	河北省涿州市冠云西路128号	0312－3686966	072750
第二工程有限公司	河北省唐山市丰润区光华道28号	0315－7763222	063030
第三工程有限公司	河北省涿州市冠云路	0312－3686114	072750
第四工程有限公司	天津市津南区双港新技术产业园区丽港园33号楼	022－60978285	300350
第五工程有限公司	天津市滨海新区新北路3199号	022－25216507	300450
第六工程有限公司	天津市河西区大沽南路中铁十八局院内	022－60282685	300222
建筑安装工程有限公司	天津市空港经济区环河北路80号商务园东区	022－58098566	300308
北京中铁大都工程有限公司	北京市大兴区西红门镇	010－60243246	100076
房地产开发有限公司	天津市河西区大沽南路中铁十八局院内	022－60283031	300222
隧道工程公司	重庆市北碚区蔡家岗镇凤栖路六号2幢	023－60310378	400700
轨道交通工程有限公司	广西壮族自治区南宁市青秀区金洲路31号城市杰作23层	0771－2380180	530021
勘察设计院(原科研设计院)	天津市河西区大沽南路中铁十八局办公大楼	022－28187974	300222
物业管理公司	天津市河西区大沽南路中铁十八局院内	022－60282472	300222
投资公司	天津市河西区大沽南路中铁十八局院内	022－60283256	300222
中铁十九局集团有限公司	北京市经济技术开发区荣华南路19号	010－59819114	100176
第一工程有限公司	辽宁省辽阳市白塔区卫国路138号	0419－2324114	111000
第二工程有限公司	辽宁省辽阳市白塔区和平路17号	0419－2327210	111000
第三工程有限公司	辽宁省沈阳市沈北新区沈北路76－27A号	024－66679269	100136
第五工程有限公司	辽宁省大连市金州区拥政街586号	0411－82163715	116000
第六工程有限公司	江苏省无锡市凤翔路987号(凤加创业园)	0510－83109698	214045
第七工程有限公司	广东省珠海市拱北港昌路111号中铁大厦	0756－8180416	519020
电务工程有限公司	北京市大兴区西红门新建服装开发区金服大街13号	010－57550018	100076
轨道交通有限公司	北京市顺义区林河经济开发区林河大街16号	010－57477798	101300
房地产开发有限公司	辽宁省辽阳市白塔区和平路17号	0419－2327005	111000
矿业投资有限公司	北京市丰台区莲怡园东路风荷曲苑3号楼	010－52730878	100161
国际建设分公司	北京市亦庄经济技术开发区西环南路26号院8号楼	010－67817857	100176
辽阳基地	辽宁省辽阳市白塔区和平路17号	0419－2327940	111000
计量测试中心	辽宁省辽阳市白塔区和平路17号	0419－2327082	111000
物资总公司	辽宁省辽阳市白塔区和平路17号	0419－2327498	111000
职工中心医院	辽宁省辽阳市白塔区卫国路75号	0419－2327160	111000

续表

单 位 名 称	地 址	电 话	邮政编码
西南指挥部	重庆市渝中区莱袁路209号新东福花园紫烟阁10－1	0877－3806011	400016
西北指挥部	陕西省西安市交大科技园区华尔兹花园1号楼2单元2003室	029－83399828	710043
东北指挥部	辽宁省沈阳市浑南新区浦江御品7号楼	024－31501023	110004
华东指挥部	江苏省南京市栖霞区万兴路89号	025－85577819	210000
华南指挥部	广东省广州市萝岗区科学城科学大道119号科城大厦	020－82199203	510530
北京指挥部	北京市石景山区鲁谷大道聚兴园3号楼2单元102室		100040
东南指挥部	江西省萍乡市经济开发区郑和路9号	0591－83546636	337000
华北指挥部	天津市南开区阳光壹佰新城东南侧浅水湾花园33－2	022－83739957	300100
中原指挥部	河南省郑州市郑东新区正光路49号晖达新领地A12楼	0371－86231882	450016
新疆指挥部	新疆维吾尔自治区乌鲁木齐市鲤鱼山南路1143号		830054
中铁二十局集团有限公司	陕西省西安市太华北路89号	029－82153333	710016
第一工程有限公司	江苏省苏州市新区大同路10号	0512－66160328	215151
第二工程有限公司	北京市海淀区西四环北路158号慧科大厦东区12层	010－88591101	100142
第三工程有限公司	重庆市南岸区黄桷垭镇崇文路28号附7号	023－61808899	400000
第四工程有限公司	山东省青岛市东海东路89号	0532－88017020	266061
第五工程有限公司	云南省昆明市官渡区国贸路星河明居A幢附属楼	0871－7176639	650200
第六工程有限公司	陕西省西安市辛家庙康新路	029－62600206	710032
第七工程有限公司	甘肃省兰州市张掖路250号时代广场9楼	0931－4903591	730030
电气化工程有限公司	陕西省西安市高新区新型工业园企业壹号公园6号	029－62680950	710119
房地产开发有限公司	重庆市南岸区江南大道19号城市之光30楼	023－62968322	400060
西安工程机械有限公司	陕西省西安市辛家庙广安路3619号	029－62600300	710032
安哥拉国际有限公司	安哥拉罗安达省维亚纳市格古西区中国村		
陕西物资有限公司 (海外工程保障中心)	陕西省西安市华清东路125号 上海市宝山区友谊路318号5号楼	029－82320372 021－56782099	710032 201900
技工学校	陕西省渭南市向阳北街245号	0913－2167628	714000
西安基地管理处	陕西省西安市太华北路89号	029－82152759	710016
咸阳基地管理处	陕西省咸阳市文林路	029－33785467	712000
乐山基地	四川省乐山市人民西路281号	0833－2113790	614000
集采中心	陕西省西安市太华北路89号	029－82152532	710016
北京办事处	北京市海淀区玲珑路恩济西园2号楼2层	010－88134719	100142
东北工程指挥部	黑龙江省哈尔滨市松北区世茂大道132号钻石湾地中海别墅区阳光F区5号	0451－51931516	150028
华北工程指挥部	天津市河北区元纬路与七马路交口仁恒河滨花园3号楼1201室	022－86388181	300141
北京工程指挥部	北京市海淀区玲珑路恩济西园2304室	010－88155335	100142
新疆工程指挥部	新疆维吾尔自治区乌鲁木齐新市区长春南路宝石花苑3号楼1－1102	0991－6692185	830000
陕西工程指挥部	中铁二十局集团机关综合楼4楼	029－82152621	710016
西北工程指挥部	甘肃省兰州市北滨河路92号会展中心对面云祥花苑1号楼2单元14层	0931－8384204	730000
西南工程指挥部	广西壮族自治区南宁市青秀区中泰路9号天健国际公馆B座1009室	0771－5328299	530029
川渝工程指挥部	四川省成都市高新区天府大道北段20号高新国际广场B座401号	028－85315100	610041

续表

单 位 名 称	地 址	电 话	邮政编码
中原工程指挥部	湖北省武汉市洪山区团结大道128号爱家国际华城17栋1单元2301室	027-88049352	430063
华东工程指挥部	上海市闵行区新龙路1111弄万科朗润园57栋301室	021-52237007	201101
湖南工程指挥部	湖南省长沙市雨花区东进路西子花苑13栋2单元1703室	0731-85327952	410007
华南工程指挥部	广东省广州市番禺区华南碧桂园小区岭御苑岭御一街8号204室	020-31043807	511442
海外工程指挥部	陕西省西安市太华北路89号	029-82153510	710016
中铁二十一局集团有限公司	甘肃省兰州市安宁区北滨河西路921号	0931-4539658	730070
第一工程有限公司	新疆维吾尔自治区乌鲁木齐市河南西路12号	0991-7924437	830011
第二工程有限公司	甘肃省兰州市城关区和平路63号	0931-4952187	730000
第三工程有限公司	陕西省咸阳市迎宾大道	029-33784008	712000
第四工程有限公司	陕西省西安市高新区唐延路中段洛克大厦8、9楼	029-68593506	710065
第五工程有限公司	重庆市江北区海尔路港城工业区D区港安二路28号		400025
第六工程有限公司	北京市经济技术开发区科创十四街99号33幢A座	010-58872110	101111
电务电化工程有限公司	甘肃省兰州市城关区红山根西村148号	0931-4937395	730000
路桥工程有限公司	陕西省西安市高新区唐延路37乙号洛克大厦	029-68593626-602	710065
德盛和置业有限公司	陕西省西安市雁南五路曲江文化商务会所6层	029-85567281	710061
甘肃房地产开发公司	甘肃省兰州市安宁区莫高大道26号	0931-7704704	730070
国际工程有限公司	北京市海淀区万丰路18号院5号楼3层	010-59811985	100010
勘察设计院	甘肃省兰州市城关区和平路63号	0931-4930615	730000
中铁二十二局集团有限公司	北京市石景山区石景山路35号	010-51889839	100043
第一工程有限公司	北京市石景山区鲁谷路74号	010-51889913	100040
第二工程有限公司	北京市石景山区实兴大街30号院6号楼12层	010-57551525	100041
第三工程有限公司	福建省厦门市槟榔路一号连谊广场4楼	0592-5536927	361004
第四工程有限公司	河北省高碑店市和平路39号	0312-2823016	074000
第五工程有限公司	重庆市渝中区大坪正街140号2栋1单元10-6号	023-68573556	400042
哈尔滨铁路建设集团有限责任公司	黑龙江省哈尔滨市南岗区西大直街113号	0451-86422547	150006
电气化工程有限公司	北京市石景山区京源路2号桥三角地一号院2号楼北楼	010-63379259	100040
北京中铁天瑞机械设备有限公司	北京市海淀区复兴路40号	010-51889787	100855
房地产开发有限公司	北京市石景山区实兴大街30号院6号楼11层	010-57551383	100041
铁路运营指挥部	北京市海淀区复兴路40号	010-51888752	100855
中铁二十三局集团有限公司	四川省成都市二环路西二段10-1号	028-68311110	610072
第一工程有限公司	山东省日照市黄海二路65号	0633-31638029	276826
第二工程有限公司	黑龙江省齐齐哈尔市铁锋区站前大街256号	0452-2924257	161000
第三工程有限公司	四川省成都市温江区天府街中段336号	028-67230000	611130
第四工程有限公司	四川省成都市东门街84号	028-83389372	610063
轨道交通工程有限公司	上海市南汇区惠南镇南路335号	021-68038111	201300
第六工程有限公司	重庆市北部新区金开大道68号协信星光天地二幢22-27楼	023-63037128	401121
第八工程有限公司	四川省成都市青羊区青羊工业总部基地G区8栋A/B座	028-65587899	610091
川东水泥有限公司	四川省渠县三汇镇川水路7号	0818-7887826	635209
电务工程有限公司	天津市南开区密云一支路燕宇花园45号	022-27531522	300100

续表

单位名称	地址	电话	邮政编码
第七发展工程有限公司	广东省深圳市龙岗区天安数码城1栋B座1004室	0755-89890169	518172
建筑设计研究院	四川省达州市通川区张家湾路2号	0818-2373110	635000
中铁建生态环境设计研究有限公司	北京市大兴区金苑路20号	010-5184980	102628
中铁二十四局集团有限公司	上海市会文路2号	021-51221317	200071
安徽工程有限公司	安徽省合肥市新海大道15号	0551-2124910	230001
江苏工程有限公司	江苏省南京市玄武区板仓街9号C区1号楼	025-85437820	210042
上海铁建工程有限公司	上海市共和新路911号	021-51231157	200070
浙江工程有限公司	浙江省杭州市江城路692号	0571-87806165	310009
福建铁路建设有限公司	福建省福州市火车站沁园路77号	0591-87577551	350013
南昌铁路工程有限公司	江西省南昌市二七南路109号	0791-7022857	330002
新余工程有限公司	江西省新余市铁兴路216号	0790-6968255	338025
南昌建设有限公司	江西省南昌市二七南路116号	0791-6110683	330002
上海电务电化有限公司	上海市天目中路585号新梅大厦18F	021-51226558	200070
贵溪桥梁厂有限公司	江西省贵溪市柏里大道	0701-3773371	335400
鹰潭设备安装工程有限公司	江西省鹰潭市环城东路105号	0701-6447216	335000
上海房地产开发有限公司	上海市民德路20号	021-51223735	200071
路桥分公司	上海市秣陵路80号华象大楼15F	021-51236006	200070
轨道交通分公司	上海市虬江路1000号聚源大厦10F	021-51223097	200071
中铁二十五局集团有限公司	广东省广州市中山一路55号	020-61324527	510600
西北分公司	陕西省西安市碑林区东关政街70号招商局广场2号楼12层	029-83267704	710048
第一工程有限公司	广东省广州市越秀区桂花岗东2号	020-61357357	510405
第二工程有限公司	湖南省衡阳市珠晖区乐群里166号	0734-2523457	421002
第三工程有限公司	湖南省长沙市芙蓉区人民中路职院街129号	0731-82636687	410001
第四工程有限公司	广西壮族自治区柳州市和平路138号	0772-3924757	545007
第五工程有限公司	山东省青岛市崂山区科苑纬三路25号	0532-58709377	266000
第六工程有限公司	广西壮族自治区柳州市红岩路二区75号	0772-3928979	545007
电务工程有限公司	广东省广州市越秀区共和西路8号	020-61327499	510600
房地产开发有限公司	广东省广州市中山一路57号	020-61324047	510600
轨道交通工程有限公司	广东省广州市南沙区环市大道西路滨海花园综合楼D栋	020-39051868	511457
南方实业开发有限公司	广东省广州市越秀区共和西路8号	020-61323737	510600
广州铁诚工程质量检测有限公司	广东省广州市越秀区共和西路8号	020-61331039	510600
西北分公司	陕西省西安市碑林区东关正街70号招商局广场12楼	029-88130672	710043
中铁建设集团有限公司	北京市石景山区石景山路20号	010-51885010	100131
北京分公司	北京市石景山区石景山路20号	010-51885128	100131
天津分公司	天津市河东区华兴道6号	022-24328210	300450
西安分公司	陕西省西安市高新区高新四路17号	029-88898426	710075
山西分公司	山西省太原市南沙河北沿岸295号	0351-7775591	030021
郑州分公司	河南省郑州市金水区东明路187号	0371-68107338	450008
武汉分公司	湖北省武汉市蔡甸区蔡甸街新天村八组	027-83598852	430035
长沙分公司	湖南省长沙市开福区秀峰路69号山语城会所	0731-85229261	410210

续表

单　位　名　称	地　　址	电　　话	邮政编码
广东分公司	广东省珠海市拱北迎宾大道西侧御花园乾清阁7层D	0756－8119401	519020
海南分公司	海南省洋浦吉浦路怡园小区2幢2单元204室	0898－68575319	570125
济南分公司	山东省济南市槐荫区经十路段店立交桥27180号	0531－87586029	250014
华东分公司	上海市闵行区莘松路855号第一幢三楼A区	021－34687677	201103
南宁分公司	广西壮族自治区南宁市青秀区民族大道131号航洋国际2号2811号	0771－3196977	530022
昆明分公司	云南省昆明市西山区石安公路西山新城草海时代3号	0871－8103425	650100
四川分公司	四川省成都市龙泉驿区龙都南路198号龙都大厦6楼	028－86758762	610023
中铁建设集团房地产开发有限公司	北京市石景山区石景山路20号	010－51812904	100131
铁路工程总指挥部	北京市石景山区石景山路20号	010－51885657	100131
海外工程分公司	北京市石景山区石景山路20号	010－51885043	100131
工程资源分公司	北京市丰台区南苑西营房甲5号院	010－52252285	100076
建筑设计院	北京市石景山区石景山路20号	010－51885084	100131
设备安装分公司	北京市丰台区张仪村路16号	010－51885165	100040
装饰分公司	北京市丰台区张仪村路16号	010－51885423	100040
市政工程分公司	北京市丰台区张仪村路16号	010－51885153	100040
北京中铁建工物资有限公司	北京市丰台区张仪村路16号	010－51885211	100040
商品混凝土分公司	北京市丰台区张仪村路16号	010－51885172	100040
模板架构件加工租赁中心	北京市丰台区张仪村路16号	010－51885508	100040
设备租赁分公司	北京市丰台区张仪村路16号	010－51885232	100040
北京中铁电梯工程有限公司	北京市丰台区张仪村路16号	010－51885201	100040
中铁建钢结构有限公司	河北省涿州市华阳中路143号	0312－3972508	072750
房产膳食服务管理中心	北京市石景山区石景山路20号	010－51885414	100131
中国铁建电气化局集团有限公司	北京市石景山区石景山路29号	010－88779813	100043
第一工程有限公司	河南省洛阳市白马寺镇18号	0379－62630033	471013
第二工程有限公司	山西省太原市尖草坪区昌盛西街18号	0351－3258099	030023
第三工程有限公司	河北省高碑店市兴华北路57号	0312－7932801	074000
第四工程有限公司	湖南省长沙市雨花区中意一路728号	0731－85627012	410116
第五工程有限公司	四川省成都市青阳区成飞大道青阳工业总部基地N区12栋	028－81726003	610091
南方工程有限公司	湖北省武汉市东湖开发区佳园路17号	027－51129200	430074
北方工程有限公司	山西省太原市迎泽西大街369号	0351－6354026	030053
北京京燕饭店有限公司	北京市石景山区石景山路29号	010－68876666	100043
西安电气化制品有限公司	陕西省渭南市华县莲花寺	0913－4810300	714101
科技有限公司	河北省高碑店市西大街建国胡同9号	0312－7938502	074013
北京中铁建电气化设计研究院	北京市石景山区石景山路29号京燕饭店8层	010－88779906	100043
北京城市轨道工程公司	北京市石景山区石景山路29号	010－88779952	100043
轨道交通器材有限公司	江苏省常州市武进区雪堰镇潘家工业集中区	0519－86547055	213179
康远新材料有限公司	江苏省江阴—靖江工业园区	0523－84609066	214521
新疆维管段公司	新疆维吾尔自治区乌鲁木齐市天津北路234号嘉华园小区北区5号楼2单元202室	0992－7326109	830010
中国铁建港航局集团有限公司	广东省珠海市前山翠峰街189号	0756－6250000	519000
第一工程分公司	广东省广州市番禺区南村兴南大道118号	020－84567003	511442

续表

单位名称	地址	电话	邮政编码
第二工程分公司	浙江省宁波市鄞州区泰康中路558号	0574－89069058	315194
第三工程有限公司	山东省青岛市崂山区海尔路168号城投大厦17、18楼层	0532－55719696	266061
第四工程分公司	重庆市江北区港安二路28号冠陆两江汇谷D栋10－11层	023－67071033－6013	400025
船舶工程分公司	广东省珠海市斗门区白蕉镇经济开发区	0756－6329151	519000
路桥工程有限公司	广东省广州市番禺区南村兴南大道118号	020－84568242	510000
岩土工程有限公司	广东省广州市番禺区南村兴南大道118号	020－84567181	510000
勘察设计院有限公司	广东省广州市番禺区南村兴南大道118号	020－83383677	510000
中国铁建房地产集团有限公司	北京市海淀区复兴路40号中国铁建大厦B座	010－52689999	100855
中铁房地产集团长沙置业有限公司	湖南省长沙市开福区秀峰路69号山语城会所3楼	0731－84849200	410210
徐州中铁房地产开发有限公司	江苏省徐州市新城区中国铁建·原香漫谷售楼处3楼	0516－85969070	221000
贵州中泓房地产开发有限公司	贵州省贵阳市南明区太慈桥车水路11号	0851－5505188	550000
长春中铁房地产开发有限公司	吉林省长春市汽车经济技术开发区长沈路2488号	0431－85739807	130011
中铁地产(成都)开发有限公司	四川省成都市高新区锦城大道1288号	028－61682255	610041
中铁房地产集团(广西)有限公司	广西壮族自治区南宁市金湖路63号金源CBD现代城C座17层1736～1753号	0771－2829988	530111
中铁嘉业(北京)投资有限公司	北京市房山区城关镇兴东大街133号(原乡漫谷售楼处)	010－89321188	102400
湖南中盛嘉业房地产开发有限公司	湖南省长沙市经济技术开发区漓湘路与东六线交汇处中国铁建·国际城售楼部二楼	0731－84023296	410100
中铁房地产集团合肥置业有限公司	安徽省合肥市庐阳区北二环桃源路99号	0551－65661988	230041
北京第六大洲房地产开发有限公司	北京市朝阳区来广营乡清河营东路2号乐想汇3号楼	010－84912850	100012
中铁房地产集团北京丰基置业有限公司	北京市丰台区西四环南路101号丰台科技园创新大厦6层	010－63722296	100070
中铁房地产集团浙江京城投资有限公司	浙江省杭州市拱墅区石祥路249号杭州中国铁建·国际城S1号楼副楼	0571－88297918	310015
中铁房地产集团北京正达置业有限公司	北京市房山区长阳镇京良路北侧(地铁篱笆房站北800米)	010－80368198	102401
中铁房地产集团(天津)置业有限公司	天津市河北区金钟河大街与月牙河交口中国铁建售楼处	022－26779666	300150
中铁房地产集团广州有限公司	广东省广州市荔湾区康王中路486号和业广场1703室	020－81237200	510140
中铁房地产集团四川有限公司	四川省成都市高新区锦城大道1288号	028－61682255	610041
中铁房地产集团北京丰昊置业有限公司	北京市丰台区王佐镇西王佐村中国铁建·(北京)山语城售楼处	010－83391566	100074
中铁房地产集团(贵州)有限公司	贵州省贵阳市南明区太慈桥车水路11号	0851－5505188	550003
中铁房地产集团宁波京城投资有限公司	浙江省宁波市象山丹城丹阳路558号财富中心2403室	0574－89502619	315700
中铁房地产集团武汉有限公司	湖北省武汉市汉阳区龙阳大道龙阳湖北路向西500米,中国铁建·国际城营销中心	027－84656131	430050
中铁房地产集团北京顺捷金海置业有限公司	北京市门头沟区龙兴南二路10号院1号楼	010－56918899	102308
中铁建(北京)物业管理有限公司	北京市石景山区阜石路166号泽洋大厦1606室	010－88909173	100043
中铁房地产集团上海置业有限公司	上海市宝山区宝安公路933号	021－66021912	201906
中铁房地产集团杭州京发置业有限公司	浙江省杭州市拱墅区石祥路249号杭州中国铁建·国际城S1号楼副楼	0571－88297900	310015

续表

单　位　名　称	地　　址	电　话	邮政编码
中铁房地产集团杭州京顺置业有限公司	浙江省杭州市拱墅区石祥路249号杭州中国铁建·国际城S1号楼副楼	0571－88297900	310015
中铁房地产集团北京金达世纪房地产开发有限公司	北京市昌平区南邵镇金家坟村委会	010－60748147	102200
中铁建(大连)置业有限公司	辽宁省大连市沙河口区富静园11号	0411－84399506	116021
中铁房地产集团合肥蜀山置业有限公司	安徽省合肥市庐阳区北二环桃源路99号	0551－65661988	230041
中铁房地产集团广西江湾置业有限公司	广西壮族自治区南宁市金湖路63号金源CBD现代城C座17层1736－1753号房	0771－2829988	530111
中铁房地产集团北京海丰置业有限公司	北京市丰台区西四环南路101号丰台科技园创新大厦6层	010－63722296	100070
中铁房地产集团江苏置业有限公司	江苏省南京市玄武区中央路258－28号锦盈大厦12楼	025－86827900	210009
中铁房地产集团北京浩达置业有限公司	北京市顺义区顺通路38号	010－57048899	101320
成都中铁建投资有限公司	四川省成都市高新区锦城大道1288号	028－61682255	610041
成都中铁建锦城投资有限公司	四川省成都市高新区锦城大道1288号	028－61682255	610041
佛山中铁房地产置业有限公司	佛山市南海区桂城南海大道建行大厦A副楼4楼部分		528200
中铁第一勘察设计院集团有限公司	陕西省西安市西影路2号	055－65021(路)	710043
新疆铁路勘察设计院有限公司	新疆维吾尔自治区乌鲁木齐市北京南路703号	073－56021(路)	830011
青海铁道工程勘察有限责任公司	青海省西宁市共和南路23号	075－92227(路)	810007
甘肃铁道综合工程勘察院有限公司	甘肃省兰州市民主西路35号	071－34733(路)	730000
陕西铁道工程勘察有限公司	陕西省宝鸡市中山西路88号	017－22123(路)	721001
甘肃综合铁道工程承包有限责任公司	甘肃省兰州市和政路127号	071－34597(路)	730000
甘肃铁一院工程监理有限责任公司	甘肃省兰州市和政路127号	071－33053(路)	730000
西安铁一院工程咨询监理有限责任公司	陕西省西安市西影路2号	055－49011(路)	710043
甘肃格瑞生态技术有限公司	陕西省西安市西影路2号	055－49064(路)	710043
甘肃环通工程试验检测有限公司	甘肃省兰州市和政路131号	071－33676(路)	730000
甘肃宏图文印有限公司	陕西省西安市西影路2号	055－49068(路)	710043
中铁第四勘察设计院集团有限公司	湖北省武汉市武昌区和平大道745号	027－86812844	430063
线路站场设计研究处	湖北省武汉市武昌区和平大道745号	027－86816139	430063
桥梁设计研究处	湖北省武汉市武昌区和平大道745号	027－86811470	430063
地质路基设计研究处	湖北省武汉市武昌区和平大道745号	027－51155953	430063
设备设计研究处	湖北省武汉市武昌区和平大道745号	027－86814195	430063
通信信号设计研究处	湖北省武汉市武昌区和平大道745号	027－51155236	430063
电气化设计研究处	湖北省武汉市武昌区和平大道745号	027－86814200	430063
工程经济设计处	湖北省武汉市武昌区和平大道745号	027－51155305	430063
环境工程设计研究处	湖北省武汉市武昌区和平大道745号	027－51156234	430063
城市轨道与地下工程设计研究院	湖北省武汉市武昌区和平大道745号	027－51155288	430063
建筑与城市规划设计研究院	湖北省武汉市武昌区和平大道745号	027－51184246	430063
道路交通设计研究院	湖北省武汉市武昌区和平大道745号	027－51156792	430063
工程勘察院	湖北省武汉市洪山区铁机村	027－51156248	430063
信息中心	湖北省武汉市武昌区和平大道745号	027－86811459	430063

续表

单 位 名 称	地 址	电 话	邮政编码
图文印制中心	湖北省武汉市武昌区和平大道745号	027-86814198	430063
保障服务中心	湖北省武汉市武昌区和平大道745号	027-51155657	430063
接待中心	湖北省武汉市武昌区和平大道745号	027-51155080	430063
武汉铁道工程承包有限责任公司	湖北省武汉市武昌区和平大道745号	027-86715014	430063
铁四院(湖北)工程监理咨询有限公司	湖北省武汉市武昌区和平大道745号	027-86811518	430063
武汉铁四院工程咨询有限公司	湖北省武汉市武昌区和平大道745号	027-51156952	430063
中铁四院集团房地产开发有限公司	湖北省武汉市武昌区和平大道745号	027-55729(路)	430063
武汉鸿基岩土工程院有限责任公司	湖北省武汉市武昌区和平大道745号	027-51155953	430063
武汉铁四院工程造价咨询有限公司	湖北省武汉市武昌区和平大道745号	027-51155305	430063
武汉铁四院控制爆破技术有限公司	湖北省武汉市武昌区和平大道745号	027-51155512	430063
惠州大亚湾铁惠实业有限公司	广东省惠州市惠阳区人民六路锦珠花园B栋502号	0752-3362178	516211
武汉铁辰工程检测有限公司	湖北省武汉市武昌区和平大道745号	027-51155407	430063
北京分院	北京市海淀区北小马厂华天大厦11楼	010-63323794转1616	100039
广州分院	广东省广州市三元里大道463号矿泉游泳场	057-58519	510400
南京分院	江苏省南京市鼓楼区中央路399号天正国际广场15楼	025-84585248	210037
福州分院	福建省福州市北环东路96号沁园新村3-101	0591-87595548	350013
郑州分院	河南省郑州市金水区郑汴路138号英协广场A座27楼	0371-65923637	450004
杭州分院	浙江省杭州市江干区彭埠镇备塘中路后新片90号	0571-56725720	310017
厦门分院	福建省厦门市思明区湖滨东路6号华龙大厦29楼	0592-5800708	361010
深圳分院	广东省深圳市南山区学府路荟芳园D栋5楼	0755-26530649	518052
苏州分院	江苏省苏州市高新区青石路500号	0512-68139639	215009
无锡分院(无锡轨道设计院)	江苏省无锡青扬路99号数码大厦601室	021-80217888	214023
中铁四院集团广州设计院有限公司	广东省广州市越秀区共和西路6号	020-61329017	510600
中铁四院集团南宁勘察设计院有限公司	广西壮族自治区南宁市高新区高新五路3号	0771-2721367	530003
海南分公司	海南省海口市和平南路78号宁屯大厦11层	0898-65337543	570203
上海分公司	上海市广灵四路24号甲开隆大厦7层	021-65608347	200083
合肥分公司	安徽省合肥市新火车站正阳路	0551-62123667	230011
长沙分公司	湖南省长沙市袁家岭五一大道253号湘域中央2号楼32层	0731-88152886	410011
中铁四院集团西南勘察设计公司	云南省昆明市世纪城国际商务中心2号楼19层	0871-68273284	650241
海峡(福建)交通工程设计有限公司	福建省福州市台江区交通路43号	0591-83371570	350004
乌鲁木齐办事处	新疆维吾尔自治区乌鲁木齐市阿勒泰路306号香格里拉美泉小区12座B室	0991-3818118	830011
南昌分公司	江西省南昌市红谷滩区绿茵路799号联发公寓1单元1501	0791-88890913	330000
昆明投资公司	云南省昆明市呈贡新城白龙潭善书院25栋	0871-63962233	650500
温州分公司	浙江省温州市龙湾区钱江路85号	0577-56679699	325011
徐州分公司	江苏省徐州市解放南路265号	0516-83950879	221000
华东有轨电车公司	江苏省苏州市高新区青石路500号	0512-68310027	215009

续表

单 位 名 称	地 址	电 话	邮政编码
济南分公司	山东省济南市历下区和平路1号	0531－88386829	250014
佛山分公司	广东省佛山市南海区桂城南海大道北5号兴业大厦A座3楼	0757－63380501	528200
中铁第五勘察设计院集团有限公司	北京市大兴区康庄路9号	010－51011506	102600
线路运输设计院	北京市大兴区康庄路9号	010－51011110	102600
地质路基勘察设计院	北京市大兴区康庄路9号	010－51011606	102600
桥梁设计院	北京市大兴区康庄路9号	010－51011569	102600
四电设计院	北京市大兴区康庄路9号	010－51011265	102600
城市轨道交通设计院	北京市大兴区康庄路9号	010－51011227	102600
建筑设计院	北京市大兴区康庄路9号	010－51011589	102600
市政工程设计院	北京市大兴区康庄路9号	010－51011584	102600
工程经济设计院	北京市大兴区康庄路9号	010－51011269	102600
环境工程设计院	北京市大兴区康庄路9号	010－51011180	102600
航务工程勘察设计院	北京市大兴区康庄路9号	010－51011159	102600
技术研究院	北京市大兴区康庄路9号	010－51011517	102600
工程咨询公司	北京市大兴区康庄路9号	010－51011660	102600
东北勘察设计院	黑龙江省哈尔滨市南岗区西大直街119号	0451－86424957	150006
郑州勘察设计院	河南省郑州市高新区翠竹街1号总部企业基地100号楼	0371－86628312	450000
北京铁研建设监理有限责任公司	北京市大兴区康庄路9号	010－53203301	102600
北京铁五院工程试验检测有限公司	北京市大兴区康庄路9号	010－53271770	102600
北京中铁建北方路桥工程有限公司	北京市大兴区康庄路9号	010－53271798	102600
北京铁五院工程机械有限公司	北京市大兴区魏善庄镇黄徐路49号	010－89230536转8009	102611
北京铁五院置业有限公司	北京市大兴区康庄路9号	010－51011179	102600
工程管理处	北京市大兴区康庄路9号	010－51123805	102600
试验中心	北京市大兴区康庄路9号	010－51011268	102600
信息中心	北京市大兴区康庄路9号	010－51011565	102600
图文中心	北京市大兴区康庄路9号	010－51011512	102600
《铁道建筑技术》杂志社	北京市大兴区康庄路9号	010－53271773	102600
上海办事处	上海市长宁区定西路1310弄6号507－508室	021－52394268	200050
乌鲁木齐办事处	新疆维吾尔自治区乌鲁木齐市新市区北京南路946号金坤大厦9楼	0991－6111200	830011
呼和浩特办事处	内蒙古自治区呼和浩特市新城区南马路57号	0471－6939772	010050
成都办事处	四川省成都市高新区吉泰三路8号新希望国际C座1201号	028－87710489	610041
西安办事处	陕西省西安市新城区咸宁中路125号中科院三楼	029－83222458	710043
沈阳办事处	辽宁省沈阳市和平区南四马路28－4号2单元12楼3号	024－23835546	110005
济南办事处	山东省济南市市中区经八路66号三箭瑞福苑二区二号楼二单元702室	0531－81761657	250031
南昌办事处	江西省南昌市西湖区丁公路恒贸国际华城10栋B单元804室	0791－82020730	300033
广州办事处	广东省广州市越秀区福今东路12号东山雅筑B1702房	020－38732110	510080
兰州办事处	甘肃省兰州市东岗西路638号兰州财富中心26楼东区	0931－8838852	730000
太原办事处	山西省太原市迎泽区迎泽南街鼎元时代中心A座2204	13601069103	030001

续表

单位名称	地址	电话	邮政编码
贵阳办事处	贵州省贵阳市金阳新区黔灵山路1号贵阳日报印务中心一号楼三层	15811075535	550001
南宁办事处	广西壮族自治区南宁市青秀区东葛路3－1号5层	0771－2810219	530022
中铁上海设计院集团有限公司	上海市天目中路291号	021－63818358	200070
南昌铁路勘测设计院有限责任公司	江西省南昌市工人新村二路27号	0791－87021157	330002
杭州铁路设计院有限责任公司	浙江省杭州市延安路468号省经贸大厦B座6楼	0571－56735698	310006
中铁上海设计院集团合肥有限公司	安徽省合肥市瑶海工业园区新海大道15号(中国铁建安徽大厦)	0551－62123581	230011
上海先行建设监理有限公司	上海市天目中路291号	021－63817060	200070
中铁上海设计院集团有限公司天津分院	天津市南开区卫津路18号中恺国际广场新都大厦A座15层	022－27776838	300073
中铁上海设计院集团有限公司南京设计院	江苏省南京市鼓楼区中山北路223号建达大厦7楼	025－85835758	210009
中铁上海设计院集团有限公司徐州设计院	江苏省徐州市新城区镜泊西路吉田商务广场C栋4层	0516－80805777	221000
中铁物资集团有限公司	北京市海淀区西四环中路19号	010－51881098	100143
东北有限公司	辽宁省沈阳市东北大马路337号	024－88204558	110044
华东有限公司	上海市杨浦区逸仙路25号同济晶度大厦18－19层	021－62172358	200437
中南有限公司	湖北省武汉市武昌区丁字桥路25号	027－87929851	430070
西北有限公司	陕西省西安市碑林区友谊东路150号	029－82258498	710054
西南有限公司	四川省成都市一环路北三段1号SOHO－C座	028－87666612	610031
华北有限公司	河北省石家庄市桥东区工人街22号	0311－85364898	050000
华南有限公司	广东省广州市越秀区东风东路745号东山紫园国际商务大厦17楼	020－28079988	510080
北京中铁工业有限公司	北京市石景山区玉泉路65号	010－51889458	100040
北京中铁建物资贸易有限公司(北京中铁建印刷有限公司)	北京市海淀区复兴路40号	010－51888248	100039
新疆有限公司	新疆维吾尔自治区乌鲁木齐市经济技术开发区中亚南路81号	0991－3776903	830026
江苏有限公司	江苏省南京市中山路179号易发信息大厦15楼A、B座	025－83368825	210005
兰州有限公司	甘肃省兰州市西固区福利东路68号	0931－7535894	730060
海南有限公司	海南省海口市龙华区滨海大道123－8号16层	0898－68567275	570125
北京中铁国际招标公司	北京市石景山区玉泉路65号院	010－51887691	100040
湖南有限公司	湖南省长沙市经济技术开发区开元大道17号湘商世纪鑫	0731－88289001	410100
云南有限公司	云南省昆明市官渡区广福路樱花语写字楼A1－E栋8楼	0871－63575127	650200
芜湖中铁科吉富轨道销售有限公司	安徽省芜湖市弋江区火龙岗镇芜南路281号	0553－3019182	241131
香港有限公司	香港九龙旺角道33号		
成都中铁建项目建设管理有限公司	四川省成都市金牛区一环路北三段万达广场SOHO－C座1002室	028－83106801	610031
中石油铁建油品销售有限公司	北京市朝阳区北辰东路8号汇宾大厦B座－18层	010－84989890	100101
中铁煤焦销售有限公司	北京市石景山区玉泉路65号院	010－51886233	100040
中铁西城钢铁公司	江苏省江阴市滨江西路8号江锋广场16层	010－51881083	214400
铁建民爆器材专营有限公司	北京市石景山区玉泉路65号院	010－51873806	100040
北京中铁福斯罗技术有限公司	北京市海淀区西四环中路19号218房间	010－51881070	100143
钢之家电子商务公司	上海市黄浦区长乐路462号	021－62147165	200020

续表

单位名称	地址	电话	邮政编码
鞍钢办事处	辽宁省鞍山市铁东区二一九路16号国贸大厦西座18楼	0412-2288198	114001
包钢办事处	内蒙古自治区包头市昆区民族东路香港花园景秀苑10栋55号	0472-2185878	014010
攀钢办事处	四川省攀枝花市炳草岗大街泰隆大厦14楼	0812-3359182	617000
武钢办事处	湖北省武汉市武昌区丁字桥25号	027-87129876	430071
南昌指挥部	南昌市红谷滩新区红谷中大道联发广场1906室	13910088276	330038
四川指挥部	四川省成都市金牛区一环路北三段万达广场SOHO-C座10楼	028-83106080	610031
海南指挥部	海南省陵水黎族自治县黎安镇演村	0898-83384839	572400
昆明中铁大型养路机械集团有限公司	云南省昆明市官渡区金马镇杨方旺384号	0871-63831998	650215
昆明奥通达铁路机械有限公司	云南省昆明市官渡区金马镇杨方旺384号	0871-65388007	650215
昆明广维通机械设备有限公司	云南省昆明市金马镇杨方旺384号	0871-63831305	650215
北京昆维通铁路机械化养护工程有限公司	北京市房山区大件路1-7号	010-59735819	102400
北京瑞维通工程机械有限公司	北京市房山区大件路1号	010-59735836	102400
昆明中铁恒源商务服务有限公司	云南省昆明市官渡区金马镇杨方旺384号	0871-3831230	650215
中国铁建重工集团有限公司	湖南省长沙市经济技术开发区东七路88号	0731-84071801	410100
道岔分公司	湖南省株洲市建设北路	0731-84071806	412005
中铁隆昌工务器材有限公司	四川省隆昌县金鹅镇外站路75号	0832-5166500	642150
株洲中铁电气物资有限公司	湖南省株洲市田心北站路81号	0731-22681288	412001
制造总厂	湖南省长沙市经济技术开发区东七路88号	0731-84071860	410100
研究设计总院	湖南省长沙市经济技术开发区东七路88号	0731-84071884	410100
兰州隧道装备有限公司	甘肃省兰州市新区纬三路	0931-8258017	730050
中国铁建国际集团有限公司	北京市复兴路40号中国铁建大厦B座7层	010-52689100	100039
中国铁建阿尔及利亚项目经理部	143. route de AMARA, CHERAGA, ALGER, ALGERIE	00213-774976187	100062
中国铁建股份有限公司沙特分公司	Arabian Business Center Third Floor, Office No. 304 King Abdullah Road North east of Tariq Bin Ziad Square, Jeddah, Kingdom of Saudi Arabia	00966-25619700	
中国铁建股份有限公司安哥拉分公司	Talháo N. 1, Projecto Luanda Sul, Sector Talatona, Município de Belas, Luanda, Angola	00244-947030605	
中国铁建(加勒比)有限公司	No. 78 Ellerslie Park, Maraval, Port-of-Spain, Trinidad and Tobago	001868-62202074	
中国铁道建设(香港)有限公司	香港九龙观塘海滨道133号万兆丰中心10楼A室	00852-27749886	
中国铁建美国有限公司	22 Battery St., Suite 333, San Francisco, CA, U. S. A.	001-4157952118	94111
中铁建(北京)国际贸易有限公司	北京市海淀区复兴路40号中国铁建大厦B座	010-68657866	100039
中国铁建西非有限公司	COCODY-II PLATEAUX, ABIDJAN, C ? TE D' IVOIRE ANGRE 8è TRANCHE	00225-46076285	
中国铁建马来西亚有限公司	No. 46, Jalan Damai, Off Jalan Tun Razak, 55000 Kuala Lumpur, Malaysia	00603-21628228	55000
中铁城建集团有限公司	湖南省长沙市岳麓区杜鹃路772号	0731-88605600	410205
第一工程有限公司	山西省太原市迎泽西大街169号	0351-2654912	030024
第二工程有限公司	广东省广州市越秀区共和西路8号	020-87657007	510600
第三工程有限公司	天津市滨海新区海洋高新区桂海路21号	022-60615955	300450
北京工程有限公司	北京市朝阳区常营五里桥一街1号院	010-85717577	100024
南昌建设有限公司	江西省南昌市二七南路116号	0791-87021287	330002

续表

单位名称	地址	电话	邮政编码
北京铁城建设监理有限责任公司	北京市海淀区复兴路40号	010－52689375	100855
北京铁城信诺工程检测有限公司	北京市海淀区复兴路40号院75号楼(机关活动中心)624－627室	010－51886935	100855
重庆铁城建设监理有限责任公司	重庆市渝北区洪湖东路51号财富中心C2栋1801室	023－86362370	401121
北京铁城精诚公路工程咨询有限公司	北京市丰台区马家堡东路71号立业大厦1303室	010－67569191	100027
郑州铁城工程咨询有限公司	河南省郑州市金水区鑫苑路26号21号楼东单元2776号	0371－69529839	450008
北京中德工程咨询有限公司	北京市朝阳区东三环北路丙2号天元港中心B座1509室	010－84417528	100027
北京铁城建设监理有限责任公司成都分公司	四川省成都市通惠门路3号锦都2幢2单元0904号	028－66663176	610015
南京分公司	河南省郑州市金水区花园路59号21世纪湖左岸68栋173单元17304室	0371－55070795	450002
深圳分公司	广东省深圳市福田区侨香路香格丽苑C幢13A02	0755－28536274	518034
天津分公司	北京市朝阳区红松原2号中铁16局转	010－51883750	100018
电气化分公司	北京市海淀区复兴路40号院75号楼(机关活动中心)620－623室	010－51886938	100855
重庆分公司	重庆市渝北区洪湖东路51号财富中心C2栋1801室	023－86362370	401121
合肥分公司	安徽省合肥市蒙城北路板桥商住楼1－802室	0551－65695161	230041
兰州分公司	甘肃省兰州市城关区金昌南路152号山水名庭山座1902	0931－4895173	730000
上海分公司	上海市闸北区延长中路775号如家酒店3楼303－304室	021－66309270	200007
青岛分公司	山东省青岛市四方区重庆南路298号雁山世纪606室	0532－83939296	266100
广州分公司	广东省广州市花都区公益路23号北座钻石商务大厦1601	020－36932016	510800
珠海分公司	广东省珠海市香洲凤凰北路2013号1单元5楼503室	0756－2169560	519099
建超分公司	北京市海淀区复兴路甲36号百朗园A2 1218室	010－88204006	100039
海南分公司	海南省海口市龙华区国贸大道48号新达商务大厦2808室	0898－68567835	570125
昆明分公司	云南省昆明市官渡区大树后营统建小区四栋5－2	0871－3394092	650216
南昌分公司	江西省南昌市红谷中大道1368号鼎峰中央A座六楼	0791－83960112	330038
杭州分公司	浙江省杭州市上城区清泰街346号雪峰大厦1228室	0571－85193375	310000
乌鲁木齐分公司	新疆维吾尔自治区乌鲁木齐市青海路5号	0991－3681069	830011
银川分公司	宁夏回族自治区银川市兴庆区公园街银川国际贸易中心B幢17单元B06号	0951－5686899	750001
长春分公司	吉林省长春市亚泰国税小区17栋104室	18088652193	130028
福州分公司	福建省福州市晋安区新华印刷厂生活区1座302室	0591－83952079	350011
西安事业部	陕西省西安市未央区大白杨西村御园温泉小区C商1B座1901室	029－62980890	710016
公路事业部	北京市丰台区马家堡东路71号立业大厦1303	010－67569191	100027
中国铁建投资有限公司	北京市复兴路40号中国铁建大厦B座	010－52689553	100855
中铁建西藏投资管理有限公司	西藏自治区拉萨市经济技术开发区林琼岗13－1号		850000
中铁建西南(重庆)投资建设管理有限公司	重庆市江北区复盛镇正街(政府大楼)5层	023－63410818	401121
中铁建南方投资有限公司	广东省珠海市香洲区梅华东路338号水务集团东门706室	0756－8725136	519000
中铁建华东投资有限公司	江苏省南京市建邺区江东中路359号国睿大厦一号楼B区207室	025－57033306	210019
中铁建山东投资建设管理有限公司	山东省青岛市崂山区海口路260号	0532－87915389	266000
中铁建山东京沪高速公路济乐有限公司	山东省济南市高新技术开发区天辰大街1188号	0531－89703607	250101

续表

单 位 名 称	地 址	电 话	邮政编码
中铁建湛江开发有限公司	广东省湛江市人民大道中46号中国建设银行10层	0759-2532665	524000
中铁建桂林投资有限公司	广西壮族自治区桂林市万福路88号广州军区桂林疗养院保贤楼	0773-2086679	541002
中铁建金鹰投资有限公司	北京市海淀区复兴路40号铁建大厦A座5楼	010-52689728	100855
中铁建四川简蒲高速公路有限公司	四川省眉山市东坡区东坡真大北街	028-36028199	620010
中铁建兰州地铁投资有限公司	甘肃省兰州市城关区皋兰路35号	0931-8417516	730000
中铁建甘肃投资建设有限公司	甘肃省兰州市城关区皋兰路35号	0931-8410595	730000
青岛蓝色硅谷轨道交通有限公司	山东省青岛市崂山区王哥庄镇曲家庄	0532-87915382	266105
中铁建山东济徐高速公路济鱼有限公司	山东省济宁市中区东门大街5号楼	0537-5168383	272000
中铁建(山东)德商高速公路有限公司	山东省聊城市东昌东路南柳园南路东新东方国际A栋8层810室	0635-5056579	252000
中铁建珠海投资开发有限公司	广东省珠海市香洲区梅华东路282	0756-2680002	519000
中铁建置业有限公司	北京市丰台区郑王坟南6号A座	010-53310140	100075
珠海铁建大厦置业有限公司	广东省珠海市横琴新区宝中路6号105室	0756-2680801	519800
中国铁建投资有限公司西北投资建设指挥部	甘肃省兰州市城关区皋兰路35号	0931-8417516	730000
中铁建湛江东海岛工程建设指挥部	广东省湛江市人民大道中46号中国建设银行10层	0759-2532532	524003
中铁建青岛蓝色硅谷轨道交通工程建设指挥部	山东省青岛市崂山区海口路260号内	0532-87915382	266000
中国铁建山东济鱼高速公路工程建设指挥部	山东省济宁市中区东门大街5号楼	0537-5168383	272000
中国铁建山东德商高速公路工程建设指挥部	山东省聊城市东昌东路南柳园南路东新东方国际A栋8层810室	0635-5056579	252000
中铁建珠海西部中心城区首期开发区域(B片区)基础设施工程建设指挥部	广东省珠海市香洲区梅华东路282	0756-2680002	519000
中国铁建昆明市二环改扩建工程指挥部	云南省昆明市官渡区新亚洲体育城星都总部36栋5楼	0871—64134698	650214
中国铁建股份公司鱼洞长江大桥指挥部	重庆市巴南区鱼洞镇江滨路30号1号楼	010-52689573	100855
中国铁建贵阳工程建设指挥部	贵州省贵阳市金阳新区世纪城龙锦苑21栋	0851-4857033	550009
中国铁建成渝高速公路复线工程指挥部	重庆市璧山县璧城镇农市街30号	023-85296399	402760
中国铁建南京青奥轴线地下工程指挥部	江苏省南京市建邺区富春江东街69号方中大厦17楼	025-57033308	210019
中国铁建禄大和九宜公路建设指挥部	云南省昆明市官渡区新亚洲体育城星都总部36栋5楼	0871-63560775	650214
中国铁建投资有限公司联合体云南麻昭高速铁路B标段项目办公室	云南省昭通市昭阳区环城东路122号	0870-2169888	657000
中国铁建长春地铁2号线工程指挥部	吉林省长春市关南区亚泰大街3218号	0431-88637731	130000
中国铁建财务有限公司	北京市复兴路40号中国铁建大厦10层东	010-52689029	100855
中铁建中非建设有限公司	北京市海淀区北蜂窝路6号北京中土大厦	010-63260860	100038
中非建设尼日利亚有限公司	尼日利亚拉各斯市尼日利亚国家铁路公司大院15号		
中非建设博茨瓦纳有限公司	博茨瓦纳哈伯罗内市特鲁昆	00267-3925332	
中非建设塞拉利昂有限公司	塞拉利昂蓝茉莉海滩“西非阳光”小区		

续表

单　位　名　称	地　　址	电　话	邮政编码
北方公司	北京市海淀区北蜂窝8号中雅大厦B座10层	010-63435030	100038
北京中土大厦	北京市海淀区北蜂窝6号	010-63260860	100038
诚合保险经纪有限责任公司	北京市复兴路40号中国铁建大厦8层东	010-52689665	100855
湖北分公司	湖北省武汉市武昌区中山路347号中国铁建大厦26层		430060
云南分公司	云南省昆明市官渡区民航路398号顺新时代大厦1栋505室	0871-68258522	650041
重庆分公司	重庆市渝北区洪湖东路55号20幢(原A24)02-3-1号	023-63064571	401121
甘肃分公司	甘肃省兰州市城关区皋兰路5号建行铁路支行办公室楼905室	0931-8410895	730030
陕西分公司	陕西省西安市新城区清东路125号中铁二十局陕西物资有限公司办公室5层	0298-2152695	710032
中铁建(北京)商务管理有限公司	北京市复兴路40号	010-51888421	100039
北京铁建物业管理有限公司	北京市复兴路40号	010-51887649	100039
北京铁建宾馆	北京市复兴路40号	010-51889602	100039
中国铁道建筑总公司北京铁建医院	北京市复兴路40号	010-51888417	100039
北京中铁建商贸中心	北京市复兴路40号	010-51887115	100039
中铁国际航空服务有限公司	北京市复兴路40号	010-52689222	100855
中国铁建股份有限公司机关汽车队	北京市复兴路40号	010-51886222	100039
中国铁建股份有限公司北京培训中心(党校)	北京市大兴区龙河路16号	010-69296634	102600
中国铁道建筑报社	北京市复兴路40号	010-51887497	100855
中国铁建上海代表处	上海市共和新路666号中土大厦22楼	021-36399708	200070
中国铁建云南指挥部	云南省昆明市官渡区星都总部基地36栋	0871-63574667	650214
中国铁建川渝指挥部	重庆市渝北区洪湖东路55号财富中心19栋	023-67912619	401120
中国铁建北京区域指挥部	北京市复兴路40号中国铁建大厦4层	010-52688772	100855
中国铁建广州区域指挥部	广东省广州市中山一路55号	020-61335366	510600
中国铁建昆明新机场快速公交工程指挥部	云南省昆明市官渡区新亚洲体育城星都总部36栋3楼	0871-63574667	650214
中国铁建昆明轨道交通3号线工程指挥部	云南省昆明市盘龙区王旗营路77号金领地大厦1502室	0871-65893899	650224
青岛地铁2号线工程指挥部(青岛分公司)	山东省青岛市崂山区海口路260号	0532-88010033	266061
重庆铁发遂渝高速公路有限公司	重庆市渝北区洪湖东路55号财富中心19栋	023-67912787	401121
北京通达京承高速公路有限公司	北京市怀柔区庙城怡安园	010-51043072	101401

索 引

使用说明

一、本索引采用内容分析索引法编制，除大事记外，年鉴中有实质检索意义的内容均予以标引，以便检索使用。

二、本索引基本上按汉语拼音音序排列，具体排列方法如下：以数字开头的，排在最前面；以英文字母开头的，列于其次；汉字标目则按首字的音序、音调依次排列，首字相同时则以第二个字排序，依此类推。

三、索引标目后的数字，表示检索内容所在的正文页码；数字后面的英文字母 *a*、b，表示正文栏别，合在一起即指该页码及所在的版面区域。年鉴中用表格、图片反映的内容，则在索引标目后面用括号注明（表）（图）字，以区别于文字标目。

四、为反映索引款目间的隶属关系，对于二级标目，采取在上一级标目下缩二格的形式编排，之下再按汉语拼音音序、音调排列。

0～9

A ~ Z

A

C

D

E

F

G

H

J

K

L

M

N

P

Q

R

S

T

W

X

Y

Z

(王彦祥、张若舒、毋栋 编制)